KB028142

유전자 키

유전자 키
GENE KEYS

당신의 DNA 안에 숨겨진 더 높은 목적을 풀어낸다

Unlocking The Higher Purpose Hidden in Your DNA

리처드 러드 지음 / **김석환, 김종근** 옮김

물병자리

To all who are reading or hearing these words:

May your heart burst open in unconditional Love

May your mind be illuminated by infi nite Peace

May your body be fl ooded by the light of your Essence.

May all whom you touch in this life

Th rough your thoughts, your words and your deeds

Be transformed by the Radiance of your Presence.

이 말을 읽거나 듣고 있는 사람들 모두에게 :

당신의 가슴이 무조건적인 사랑으로 열리기를

당신의 마음이 무한한 평화로 빛나기를

당신의 몸이 당신 본질의 빛으로 넘쳐나기를

이 삶에서 당신이 생각과 말과 행동으로 영향을 준 모든 사람들이

당신의 현존의 빛으로 변형되기를 기원합니다.

유전자 키 GENE KEYS

초판 1쇄 인쇄일 2018년 3월 9일
초판 1쇄 발행일 2018년 3월 27일

지은이 | 리처드 러드
옮긴이 | 김석환, 김종근
펴낸이 | 류희남
편집기획 | 천지영
교정교열 | 신동욱
본문디자인 | 강지원

펴낸곳 | 물병자리
출판등록 1997년 4월 14일(제2-2160호)
주소 03173 서울시 종로구 새문안로5가길 11, 801호 (내수동, 옥빌딩)
전화 02) 735-8160 팩스 02) 735-8161
이메일 aquari@aquariuspub.com
트위터 @AquariusPub
홈페이지 www.aquariuspub.com

ISBN 978-89-94803-44-9 (03180)

• 이 도서의 국립중앙도서관 출판도서목록(CIP 2018005132)은 서지정보유통지원시스템 홈페이지(http://seoji.nl.go.kr)와 국가자료공동목록시스템(http://www.nl.go.kr/kolisnet)에서 이용하실 수 있습니다.

<······· 차 례

이 책을 쓰는 것은 나에게는 커다란 모험이었습니다. 5년 전에 처음 시작할 때부터 이 일은 저를 즐겁게 춤추게 했습니다. 나는 많은 작가들이 자신들의 책에 그들만의 영혼이 있음을 느끼는 똑같은 경험을 한다는 것을 알고 있습니다. 유전자 키는 내 주변에 새로운 풍경이 풍부하게 만들어지는 것을 지휘, 감독하며 내 삶의 다양한 색상의 가닥을 순수한 가능성을 지닌 거대한 마법의 카펫으로 엮어냈습니다.

많은 사람들이 보이는 곳에서나 보이지 않는 곳에서 이 여행이 나에게 가능하도록 만들어주었습니다. 쉴라 부캐넌Sheila Buchanan과 닐 테일러Neil Taylor는 처음부터 나와 함께 유전자 키의 길을 걸어 왔으며, 나는 그들이 나와 이 작업에 보여준 끊임없는 신뢰와 사랑과 지혜에 대해 항상 빚을 진 느낌이 들 것입니다. 이 책이 존재함은 곧 그들이 수년간 나를 지원해준 이타적인 정신에 크게 기인한 것입니다.

더 최근에, 나의 삶은 또한 테레사 콜린스Teresa Collins와 마샬 레퍼츠Marshall Lefferts가 있음으로 인해 축복받았습니다. 이들 두 사람은 유전자 키를 자신의 존재에 깊숙이 받아들여 나로 하여금 텍스트의 살아있는 몸 안에 새로운 차원의 통합과 융합을 발견할 수 있게 힘을 실어 주었습니다. 테레사와 마샬 두 사람 모두는 유전자 키에게 무조건적인 사랑과 시간과 풍부한 선물을 주었고 성장하는 우리의 공동체와 작업에 큰 도움을 주었습니다. 그들의 기술이 함께 뭉쳐짐으로써 이 책이 출판되기까지 점검해야 할 모든 일들을 두루 살필 수 있었습니다. 다시 한번, 그들 모두에게 말로 표현할 수 없는 감사를 드립니다.

물론 수년간 저에게 영향을 준 많은 교사들이 있었습니다. 그들의 심장은 이 가르침의 살아 있는 혈관 속에서 뛰고 있습니다. 무엇보다도 옴람 미카엘 아이반호프Omraam Mikhael Aivanhov는 나에게 끊임없는 참고가 되었습니다. 그는 우리의 차원을 넘은 곳에서 나를 인도해 주었습니다. 대백색형제단Great White Brotherhood의 개념과 다가오고 있는 행성 차원의 공동지배(synarchy, 공동지배)에 대한 그의 예언적인 깨우침이 유전자 키 뒤에 숨어 있는 많은 지혜 속에 스며 있습니다. 나는 수년간 나의 의식의 상층부를 인도한 이 위대한 리시(Rishi, 영감을 받은 시인)의 순결함과 내면의 빛을 존중하고 경배할 수 있게 된 것에 대해 개인적으로 풍성해졌음을 느끼고 있습니다.

좀 더 실용적인 측면에서 유전자 키는 휴먼디자인 시스템Human Desgin System의 설립자인 라 우루 후Ra Uru

Hu에게 큰 빚을 지고 있습니다. 라는 주역의 진정한 본질에 대해 내 눈을 뜨게 해주었고, 또한 주역에 숨겨진 코드를 읽는 방법을 가르쳐 주었습니다. 나는 내 상위의 본성으로 안내해 주고 궁극적으로는 그 천재성으로 유전자 키를 향한 길을 닦아준 이분에게 항상 깊은 사랑과 감사를 느낄 것입니다.

또 다른 실용적 차원에서 나는 탁월한 편집과 텍스트 재구성, 그리고 유동성과 자연스러운 리듬을 더해 준 바바라 맥킨리Barbara McKinley에게 과도한 빚을 졌습니다. 그녀는 보기 드문 능력과 위대한 자비의 영혼을 소유한 여성입니다. 또한 책의 지면 배정을 맡아 준 린다 래Lynda Rae와 아름다운 잠자리dragonfly를 만들어준 재키 모리스Jackie Morris에게 많은 감사를 드립니다. 또한 이 책과 유전자 키를 이 세상으로 가져오는 데 도움을 준 멜라니 에클레어Melanie Eclare와 톰 페터릭(Tom Petherick, 천국에서 보낸 한 쌍의 별)에게도 특별한 감사를 드립니다.

이 책이 모습을 나타내기까지의 여정은 많은 우여곡절 중의 하나였습니다. 나는 이 길을 가는 동안 만났던, 운명과 마음이 어떤 차원에서 이야기에 엮여진 주인공들에게 감사드리고 싶습니다. 그리고 워너 피찰Werner Pitzal의 놀라운 형제애, 린다 로리Linda Lowrey의 신뢰와 헌신, 피터 맥스웰 에반스Peter Maxwell Evans의 모든 정성, 마리나 에프래모글루Marina Efraimoglou의 따뜻함과 관대함, 체탄 파킨Chetan Parkyn의 끝없는 열정, 샐리 설Sally Searle의 공감 가득한 우정, 그리고 쇼펜 리Shofen Lee의 일관된 순수한 마음에 감사를 드립니다. 내가 이 모든 사람들에게서 느낀 깊은 사랑과 인정은 더 높은 주파수 속으로 몰입하고 가장 아름다운 보석과 통찰력을 끌어내는 나 자신의 능력을 크게 올려주었습니다. 다시 한번 말로 다 할 수 없는 감사를 드립니다.

내가 지난 수년간 만난 모든 학생들에게도 감사를 드립니다. 그들 중 많은 사람들이 든든한 친구, 동료 그리고 어떤 경우에는 서로의 교사가 되었습니다. 이런 가르침을 중심으로 형성된 핵심 공동체의 사랑과 지원과 격려 없이는 이 중 어떤 일도 가능하지 않았을 것입니다. 나는 위대한 일들이 우리 모두 앞에 놓여 있음을 알고 있으며, 우리가 하나로 통합된 의식의 장으로서 더 깊이 교감하게 되어 기쁩니다. 모두를 위해 건배!
마지막으로, 나는 내게 영원한 영감과 기쁨을 주는 가족, 부모님, 그리고 아름다운 아이들에게 경의를 표해야 합니다. 무엇보다도 사랑하는 아내 마리안Marian에게 큰절을 올립니다. 그녀의 용기와 빛과 순수한 정신은 제가 보다 높은 차원의 새로운 가르침을 지구로 가져올 수 있게 만들었습니다. 종종 우리가 만든 창조물에 대해 모든 찬사를 받을 수 있는 사람은 바로 우리 남자들입니다. 실제로 말을 한 사람은 나였지만 마술이 일어날 수 있는 공간을 마련해 준 사람은 마리아였습니다. 그 때문에 나는 항상 내 마음속에 그녀를 말로 표현할 수 있는 것보다 더 소중히 생각할 것입니다. 뮤즈이면서 동시에 어머니로서, 그리고 친구이자 아내로서 그녀는 내 꿈의 기초가 되었으며 나의 별이 반짝이는 하늘의 배경이 되는 땅이었습니다.

한국판 유전자 키의 서문 ·······>

한국어 서문을 쓰게 되어 매우 기쁘게 생각합니다.
유전자 키가 처음 계획되었던 때부터 저는 유전자 키가 어떻게든 다시 아시아로 돌아갈 것을 알았습니다. 이 일은 아주 신비로운 신의 숨겨진 계획이라고 믿습니다.

유전자 키는 살아서 움직이는 지혜의 전달체입니다. 이것은 때때로 이해하기 어려운 부분이 있는데, 특히 과학적인 추론과 사실에 대한 증거의 필요성을 지나치게 강조하는 서구 사람들에게는 더욱 그렇습니다. 그러나 지혜라는 것은 이성과 직관을 하나로 모아주는 통합적인 선물로서 서양과 동양을 이어주는 완벽한 가교입니다.

유전자 키는 고대 동양의 지혜를 간직한 보물인 I-Ching에 뿌리를 두고 있습니다. 현대적인 유형의 I-Ching으로 실용적인 삶의 지침서이자 변화하는 시대에 살고 있는 우리에게 도움을 주는 영혼의 동반자입니다.

특히 유전자 키를 처음 소개하는 아시아의 언어가 한국어라니 얼마나 놀라운 일입니까! 한국은 평화와 균형을 소중히 여기며, 서구의 첨단 과학 기술과 동양의 전통적 지혜에 모두 열린 마음을 가지고 있는 국가라고 알고 있습니다. 심지어 국기에는 세계에서 유일하게 I-Ching의 상징이 포함되어 있습니다!

그러면 유전자 키란 무엇일까요? 또한 여러분의 삶을 어떻게 도와 줄 수 있을까요?

이 책을 읽어 갈수록 알게 되겠지만, 읽는 순간에는 스스로에게 매우 정직해야 합니다. 그 과정에서 여러분의 삶이 변해가는 것을 느낄 수 있으며, 우리 내면에 숨어있는 잠재력의 변화 과정을 거울처럼 비춰 줄 것입니다. 정서적 억압을 드러내는 그림자를 읽을 때 거울 속에 비친 자신을 직면하세요. 그것은 여러분에게 겸손이라는 선물을 가져다 줄 것입니다.

그리고 여러분에게 드러나는 취약성을 수용하며 읽을 때, 그림자 안에 숨어있는 선물이 힘의 원천이 되어줄 것입니다, 이 과정에서 평화와 용서의 동인이 되어줄 삶의 깊은 사랑과 지혜가 생겨나고, 우리는 강인함과 위대한 자비심을 가지게 될 것입니다.

유전자 키에 담겨있는 지혜를 읽고 공부하면서 여러분의 일상적인 묵상이 되게 하세요. 늘 그림자, 선물, 시디와 함께 명상하세요. 시디는 자연스런 상태이며 다가올 인류의 미래 의식입니다. 이 고귀함은 멀리 떨어져 있는 것이 아니라, 우리들 삶의 일상이 될 것입니다. 이것은 신의 영역에서 왔고, 우리는 그 영역의 일부입니다.

이보다 더 위대한 가르침은 없습니다. 더 많은 사랑을 경험하기 위해서 자신과 타인들의 사랑에 대한 결핍을 이용하는 것입니다. 이것은 태양이 매일 하고 있는 일이며, 태양 주위의 빈 공간에서 빛과 온기를 끌어내는 작업과도 같습니다. 빛의 결핍으로서 빛을 만들어 내는 것입니다.

이것이 바로 유전자 키가 여러분의 삶을 변화시킬 수 있는 방법입니다.

이 지혜의 책과 충분히 친해졌다면, 삶의 여정의 지도를 보여주는 홀로제네틱 프로파일Hologenetic Profile과 골든 패스Golden Path 어플리케이션을 사용해 보세요. 그러면 내면의 목적의식, 행복감, 안정적인 관계, 그리고 삶의 지속적인 번영을 얻게 될 것입니다.

태극기 안에 네 개의 괘卦가 한국인들의 위대한 잠재력을 보여 주는 것이라면, 유전자 키의 가르침은 다른 어떤 곳보다 이 나라에 속하는 것입니다. 책을 쓴 저자로서 소유권을 주장하지 않으며, 나의 깊은 존경과 경의를 담아 유전자 키를 한국 사람들에게 바칩니다. 유전자 키를 현명하게 사용하여 더 강해지고, 더 사랑을 나누고, 무엇보다도 여러분의 개인과 국가적인 DNA 안에서 위대한 지혜의 화신이 나타나기를 기대합니다.

리처드 러드

2018.02.13

역자 서문 ·······>

인생의 전환점이었던 나의 고등학교 시절 당대 최고의 선승이었던 청화 대선사와의 첫 만남이 물질적 삶에서 오늘날 영적인 여정의 첫걸음이 되었다. 이후로 나의 삶은 유전자 키에서 말하듯이 늘 새로운 발견의 연속이었다. 하나를 경험하고 나면 어느새 또 다른 하나가 내 앞에 나타났다. 주체할 수 없는 호기심은 내놓으라하는 기인들에게 나를 안내하였고, 질문은 한결 같았다. 나는 누구인가? 변화무쌍한 나를 스스로 이해할 수 없었기에 자연스럽게 다양한 분야의 공부를 할 수 있었다. 그런 여정의 끝에 만나게 된 유전자 키는 그간의 삶의 여정을 거울처럼 보여주는 하나의 지도와 같았다. 유전자 키를 하나 하나 묵상하는 과정은 그 동안의 경험을 하나로 통합시켜주듯 아름다운 스토리텔링이 되어주었다. 한 가지 경험에 오래 머물지 않는 나를 10년이라는 시간동안 줄기차게 붙잡아 놓은 것은 유전키가 유일하다.

유전자 키를 한 문장으로 표현한다면 "동양의 주역이 서양으로 넘어가 통합된 지혜의 화신으로 귀환하였다."고 할 수 있을 만큼 소중한 보물이 담긴 지혜의 창고이다.

나의 첫 번째 스승이 준 화두는 둥근 '원'이었다. 오랜 세월 이 화두의 결과로 휴먼디자인과 유전자 키를 '원' 안에 담게 되었고, 이것을 통해 동양의 나와 서양의 러드가 만나게 되었다. 유전자 키를 만나고 출간 작업을 하는 과정에서 나의 영적 여정이 리차드 러드와 밀접하게 연결되었음을 알게 되었다. 그가 저술한 책들은 동서양의 심리학과 영성을 아우르는 뛰어난 통찰력으로 나를 본질의 핵심으로 안내해 주었다. 나는 수년간 대학원에서 제자들과 휴먼디자인을 공부하며 분석을 넘어 실제의 삶에 적용될 수 있는 방법을 연구해왔다. 그리고 현재는 휴먼디자인과 유전자 키를 담은 한국형 홀로그램 메디테이션이라는 통합적인 명상방법과 의식변형을 위한 양자도약게임을 개발하여 대중에게 알리고 있다.

이제 남은 일은 나에게 주어졌던 귀한 경험들을 단순히 사회적인 성공과 개인의 목표를 위해서 쓰는 것이 아니라, 4차 산업과 더불어 예측 할 수 없이 급격히 변화하는 이 시대에 진정한 사회적 공동체를 만들어 가는데 밑거름이 되는 것이다.

자신만의 지도를 볼 수 있는 유전자 키는 우리가 나아갈 비전을 제시하고 더불어 우리의 고귀한 자산을 재발견하는 촉진제 역할을 해준다. 이 책과 만나는 순간 여러분은 유전자 열쇠를 통한 공동체의 일원이 되는 것이다.

내 삶의 여정에서 만난 많은 인연에 감사를 전하고 싶다. 특별히 600 페이지에 이르는 원서와 긴 시간 씨름하며 끝까지 함께 해주신 김석환 고문님께 무한한 감사를 드린다. 어려운 여건 속에서도 굳건하게 출판을 결심해주신 물병자리 류희남 대표님께도 감사의 마음을 전한다. 또한 내가 흔들림 없이 이 길을 갈 수 있도록 지지해준 사랑하는 가족, 열정적인 연구소 가족, 그리고 오랫동안 나를 믿고 따라준 대학원 학생들에게 감사를 전한다.

유전자 키를 통해서 진정한 삶의 즐거움을 만끽하는 요즘 나의 유전자 키들이 전해주는 메시지를 온 마음으로 경험하고 있다.

나의 유전자키 46번은 이렇게 말한다.
"삶 속에서 당신의 꿈이 이루어지기 위해서는 이 한 가지만 기억하면 된다.—심각하지 말라!"

2018년 2월 Gene keys Korea Network Group

김 종 근 대표

이 책을 사용하는 방법 ·······>

유전자 키의 가르침은 다양한 방식으로 탐색할 수 있는 개방형 시스템으로 설계되었습니다. 다른 많은 가르침들과는 달리, 유전자 키는 정해진 훈련이나 교사를 통해 외부에서 부과되는 구조가 아니라 당신 안에서 깨어나 스스로 습득되고 전달되는 가르침입니다. 이런 의미에서 유전자 키는 당신 자신의 삶에 맞게 조정하고 당신 자신의 페이스대로 움직이고 직감과 상상력을 신뢰하는 하나의 모험입니다.

묵상

하나의 가르침으로서 유전자 키가 갖고 있는 커다란 잠재력은 당신의 내면에 강력하고 새로운 창조적 충동을 깨우는 것입니다. 그리고 당신이 이 충동을 따를 때 당신은 당신의 천재성이 출현되는 것을 목격하기 시작합니다. 이것을 가능하게 하는 중심이 되는 기술은 묵상contemplation입니다. 묵상은 일종의 잊힌 영적 경로입니다. 명상과는 달리, 묵상은 마음을 완전히 우회하는 것이 아니라 오히려 마음을 장난스럽게 이용하여 우리의 뇌와 신체 내부의 새로운 경로를 여는 것입니다. 우리가 우리의 생화학에 미묘한 변화를 가져올 수 있는 것은 유전자 키에 대한 지속적인 부드러운 묵상을 통해서입니다.

유전자 키는 시간이 지남에 따라 묵상되고 소화되도록 고안되었습니다. 각 키에는 고유한 메시지가 포함되어 있으며, 각 메시지가 흡수되어 당신의 삶에서 변화가 발생하는 것을 느끼기까지는 시간이 걸립니다. 묵상은 단순히 무언가를 생각하는 것보다 훨씬 그 이상의 것입니다. 그것은 육체적, 정서적, 정신적 차원에서 보편적 진리를 직접적으로 받아들이는 것입니다. 따라서 인내심을 갖고 편안한 느낌으로 유전자 키로 가는 여행을 시작하는 것이 좋습니다. 묵상의 길에 들어서려면 내면을 천천히 움직여서 주변의 것들을 보다 분명하게 보도록 하십시오.

의식의 코드북

유전자 키는 의식의 새로운 코드북입니다. 당신의 삶에 직접 적용하려면 당신에게 특별히 적용되는 코드와 방법을 알아야 합니다. 모든 생물학적 코드는 특정 시간에 각인되며 그 시간은 우리에게 당신에 대해 많은 것을 말해 줄 수 있습니다.

유전자 키 서문을 읽으면 당신의 홀로제네틱hologenetic 프로파일을 배우게 될 것입니다. 당신의 프로파일은 출생한 시간, 날짜 및 장소로 계산되며 www.genekeysgoldenpath.com에서 무료로 이용할 수 있습니다. 일단 홀로제네틱 프로파일을 갖게 되면, 당신의 목적, 사람과의 관계 및 당신의 성공에 강력한 영향을 미치는 특정 유전자 키가 강조되면서 묵상의 여정이 본격적으로 시작됩니다.

골든 패스

당신의 홀로제네틱 프로파일은 유전자 키를 통해 당신을 아주 깊은 독자적인 여행으로 초대합니다. 출생 시 각인된 일련의 유전자 키들은 당신의 내면이 깨어나는 길을 열어 줍니다. 그리고 그것을 묵상하고 당신의 일상생활에 그 가르침을 적용할 때, 새로운 영혼이 당신 안에서 살아나는 것을 느끼게 될 것입니다.

유전자 키 홀로제네틱 프로파일

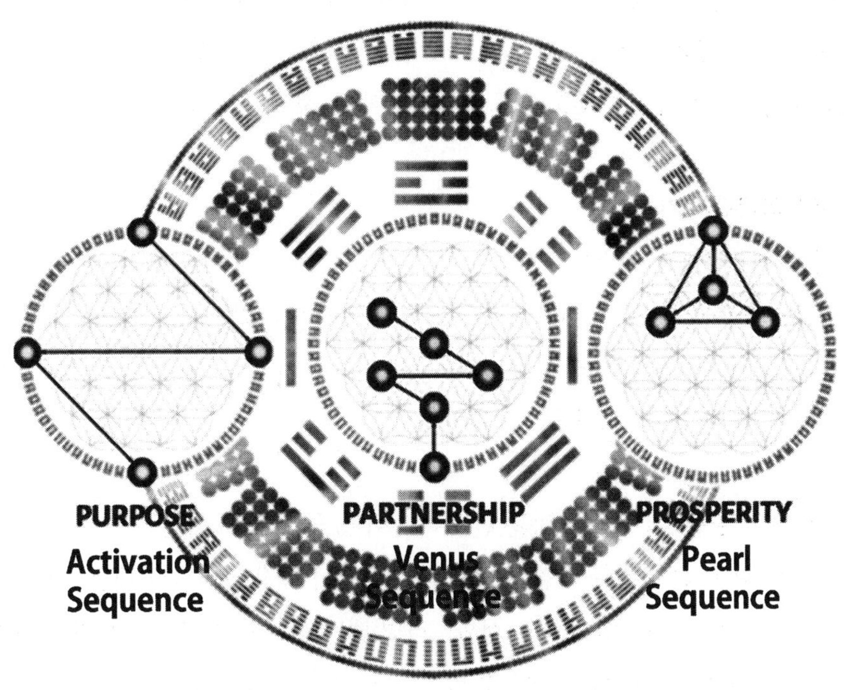

당신의 재능을 통한 천재성 발견

GeneKey Korea Network Group
www.genekeys.co.kr

세 가지 시퀀스가 있습니다.
활성화 시퀀스 –네 가지 최고의 재능을 통해 당신의 천재성을 발견하는 것.
비너스 시퀀스 –관계에서 당신의 마음을 여는 것.
펄 시퀀스 –봉사를 통해서 성공을 얻는 것.

이런 시퀀스는 하나의 통합된 여행으로 여겨져 총칭하여 골든 패스Golden Path라고 합니다.

유전자 키의 메시지를 묵상하면서 당신은 골든 패스의 시퀀스를 구성하는 유전자 키에 특별한 주의를 기울일 수 있습니다. 각 시퀀스와 당신의 삶의 관계는 골든 패스 프로그램Golden Path Program을 통해 www.genekeysgoldenpath.com 웹사이트에서 찾을 수 있습니다. 이 프로그램은 당신을 현재의 당신으로 만드는 물리적인 힘에 대한 깊은 묵상을 향해 떠나는 단계적인 여행입니다. 시퀀스와 유전자 키를 통해 묵상의 골든 패스를 걷으면서 그것을 당신 삶의 관점에 고려하고 적용하는 동안 당신은 스스로가 매우 강력한 변형의 길을 걷고 있음을 발견하게 될 것입니다.

창조적 동반자로서의 유전자 키

유전자 키를 사용하는 데에는 다른 많은 방법이 있습니다. 당신은 이 책을 오리지널 주역 사용법 또는 오라클처럼 사용하고 싶을 수도 있습니다. 당신은 당신이 가지고 있는 질문이나 직면한 도전에 대한 대답으로 이 책을 무작위로 열어볼 수 있습니다. 이럴 때 당신이 자주 읽게 되는 유전자 키에는 그 이슈의 숨겨진 본질을 두드러지게 보여주는 묘술이 있습니다.

책 뒤쪽에서 '의식의 스펙트럼'이라고 하는 단어 목록이 있습니다. 이 목록은 각 주파수 레벨에서 64개의 유전자 키 각각에 대한 단어를 나열합니다. 만일 당신이 특정 그림자 상태를 경험하거나 특정한 부정적 동작을 받아들일 수밖에 없게 되는 상황이라면 해당 상태와 일치하는 유전자 키를 찾을 때까지 그림자에 대한 여러 가지 단어를 스캔할 수 있습니다. 그 특정 유전자 키를 읽으면 그 상태 뒤에 숨겨진 높은 차원의 의식을 볼 수 있게 될 것입니다. 이것은 다른 사람들을 위해서나 당신 자신을 위해서나 당신의 연민을 크게 향상시킬 수 있습니다.

유전자 키 서적을 어떤 식으로 사용하기로 선택했든, 이 책은 한 번 읽은 다음 폐기하는 책이 아니라 독창적인 동반자로 계속 사용되는 책이 될 것입니다. 유전자 키는 개방형 시스템이므로 당신 삶 속에서 이것을 이용하거나 적용하는 새로운 방법을 새로 고안해낼 수 있습니다. 가장 중요한 것은 상상력을 사용하고 여행을 즐기는 것입니다.

---

1. Gene Keys korea Network Group (아시아 최초 유전자 키 번역 출간)
   유전자 키, 휴먼디자인의 교육과 활용에 대해서 안내해주는 한국 내 모임
   "http//www.genekeys.co.kr"

2. 유전자 키 본사 교육 및 컨텐츠 국제 네트워크 안내
   "http//www.genekeys.com"

3. 유전자 키를 통해 인생의 황금열쇠를 알 수 있는 홀로제네틱 프로파일 무료차트 제공
   "https//teachings.genekeys.com/free-profile/"https://teachings.genekeys.com/free-profile/

※ 자세한 문의는 "http//www.genekeys.co.kr"또는 이메일 "gkkorea@genekeys.co.kr",
물병자리 출판사에 안내를 요청하시면 됩니다.

당신의 홀로제네틱 프로파일Hologenetic Profile 사용설명서 ·······>

홀로제네틱 프로파일Hologenetic Profile은 특별한 당신 의식의 내부 설계도를 개인화된 지도입니다. 골든 패스Golden Path는 이 지도를 통해 네비게이션처럼 변화해 가는 경로를 설명합니다. 이것은 유전자 키GeneKey의 미스터리를 통해 여러분 자신의 길을 찾는 것이고, 그것을 따라 가다보면 삶에 많은 변화를 가져오게 될 것입니다. 유전자 키 본사 웹 사이트 www.genekeys.com(https://teachings.genekeys.com/free-profile/)에서 홀로제네틱 프로파일Hologenetic Profile을 무료로 제공합니다. 유전자 키 코리아 네트워크 그룹www.genekeys.co.kr에 들어가면 자세한 프로파일 상담과 교육 강좌 안내를 받을 수 있습니다.

1. 홀로제네틱 프로파일Hologenetic Profile

아래의 개인정보를 입력하면 pdf로 프로파일을 받아볼 수 있습니다.

Create your personal Gene Keys Profile

Name	Enter your name (optional)
Email	Email Address
Birth Place	Country
Birth City	Birth City
Birthdate	Day / Month / Year
Birthtime	Hour / Min AM○ PM○

What if I don't know my birth time?

About Your Privacy

Language	ENGLISH

Create My Profile

2. 홀로제네틱 프로파일 Hologenetic Profile **구조 안내**

다음은 〈유전자 키〉를 활용하여 프로파일을 보는 방법에 대한 기본 안내입니다. 유전자키 코리아 네트워크를 통해 골든 패스에 등록하시면 각 시퀀스, 구, 경로 및 라인에 대해 전문적인 분석을 통한 상담 받으실 수 있습니다.

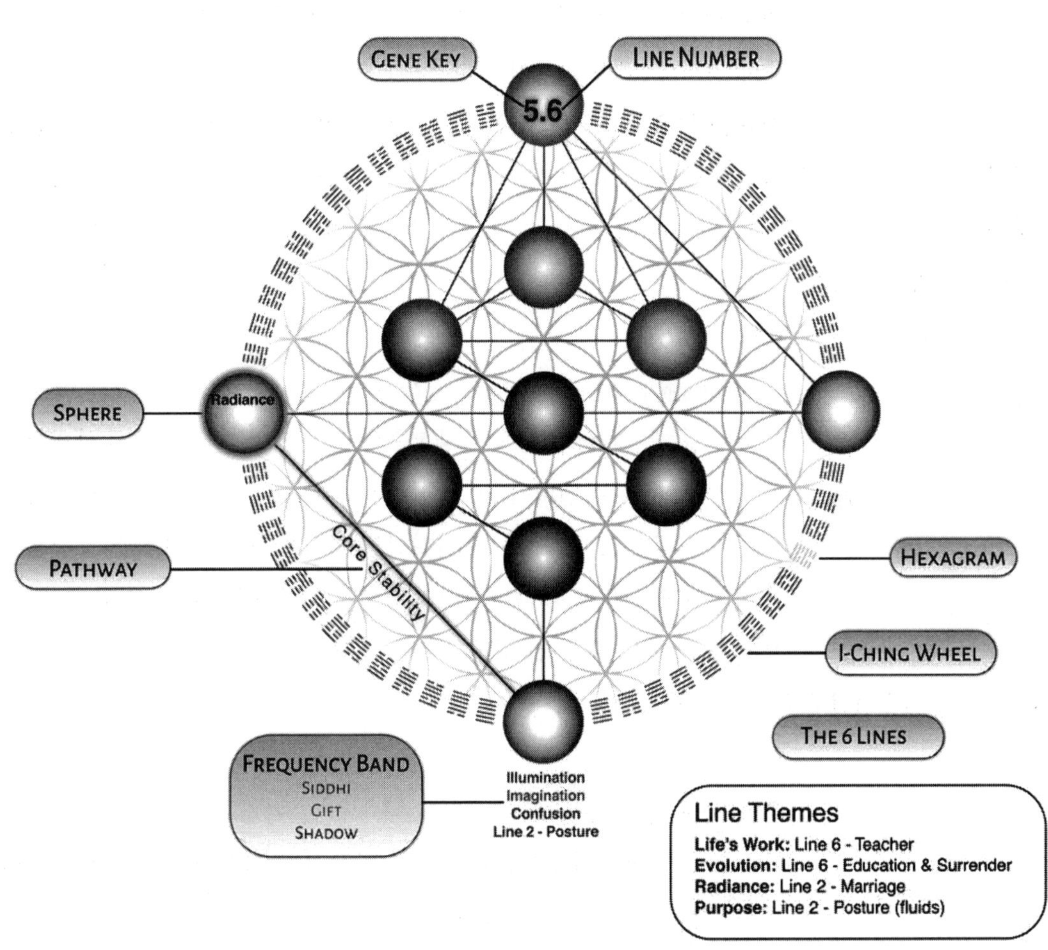

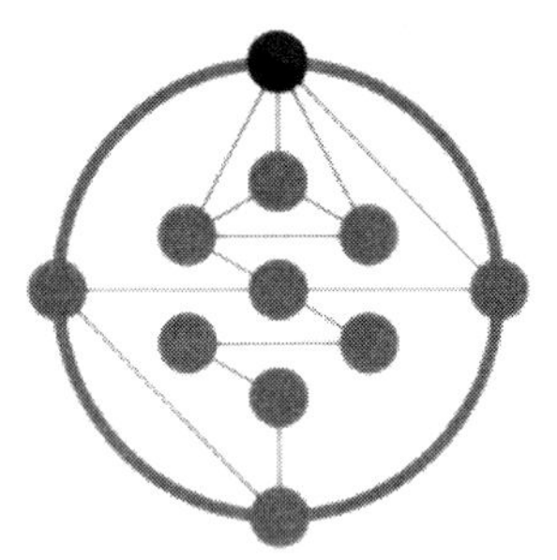

인생의 일Life's Work, Brand

활성화 시퀀스에서 4가지의 주요 재능 중 첫 번째인 인생의 일Life's Work은 더 깊은 목표가 외부세계와 만나는 곳입니다. 외적인 일은 당신이 삶에서 하고 있는 것 중 하나이며, 직업 혹은 일상적인 역할입니다. 창의적인 표현에 가장 잘 맞는 역할이자 외부와 타협하지 않고 자신이 되어서 완전한 자유를 허용하게 하는 것입니다. 인생을 설계하는 이야기의 기초적인 틀이 무엇인지를 알려 줍니다. 마지막 펄 시퀀스에도 포함되어있는 인생의 일Life's Work은 인생에서 진정한 인정을 받을 수 있도록 가장 높은 선물을 드러내는 방법을 안내하고 있기 때문에 자신만의 고유의 '브랜드Brand'로 알려져 있습니다.

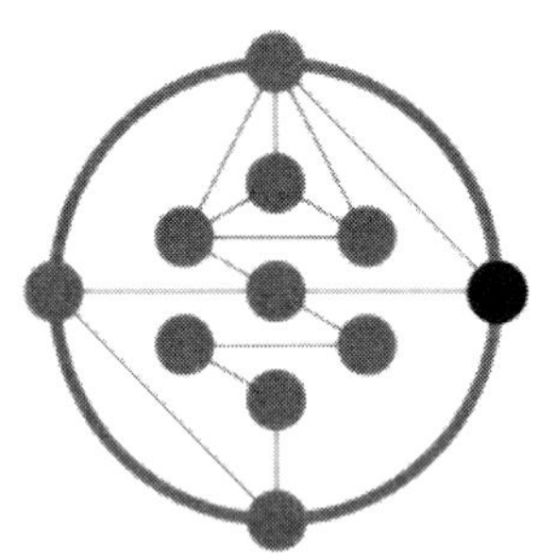

진화Evolution

진화Evolution는 인생의 일Life's Work과는 반대적 측면을 나타내며 삶에서 가장 큰 도전을 나타냅니다. 이 유전자 키의 목적은 당신이 성장하고 성숙하고 궁극적으로 번창하도록 격려하는 것입니다. 진화에 대한 도전은 그림자의 주파수를 통해 나타나며, 직면하는 것을 배울 때 삶은 점차적으로 변화해 갈 것입니다. 진화의 가장 큰 목적은 자신의 고통을 초월하고 궁극적으로 깊고 지속적인 평화를 찾도록 하는 것입니다.

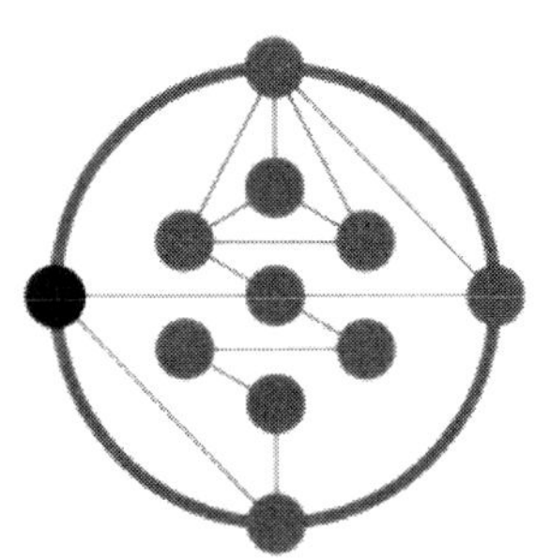

빛Radiance

빛Radiance은 신체적, 정서적, 정신적 건강과 직접적인 관련이 있습니다. 숨겨진 선물중 하나로서 이 유전자 키Gene Key는 그림자 주파수를 통해 당신의 건강과 웰빙을 해치거나 또는 멋진 사랑과 활력을 가져다 줄 것입니다. 빛Radiance은 당신의 진화Evolution와 간접적인 관계를 가지고 있기 때문에 인생의 교훈을 더 많이 듣고 배울수록, 더 빛나게 될 것입니다. 높은 의식 수준에서 볼 때, 빛Radiance는 신비한 잠재력의 최종적 개화를 나타냅니다.

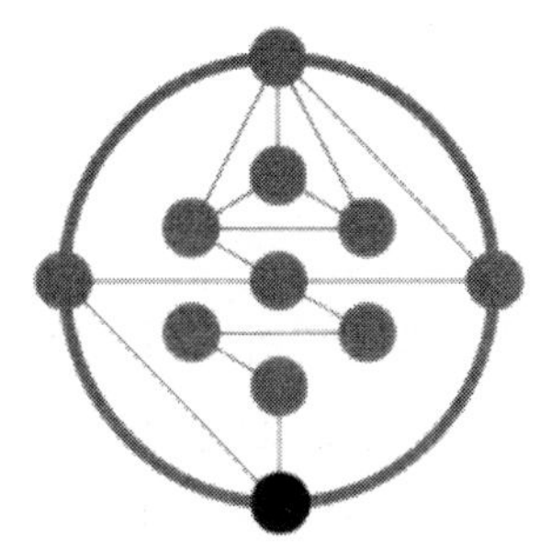

목적Purpose

다른 숨겨진 재능으로서의 목적Purpose은 당신의 DNA 깊숙한 곳에 숨겨져 있습니다. 가장 높은 꿈을 믿고, 인생의 일Life's Work을 통해 드러낼 용기를 갖게 되면, 목적Purpose은 존재 깊은 곳에서부터 자라나게 됩니다. 이 유전자 키Gene Key의 선물이 점화될 때, 외부적 삶의 동시성과 품위의 힘이 활성화됩니다. 목적Purpose은 이미 준비되어 있고, 해야 할 일은 잠금장치를 푸는 것입니다. 이것은 자신의 내면의 고귀함을 받아들이고 이타심과 조건 없는 사랑을 통해 표현할 때만 일어날 수 있습니다.

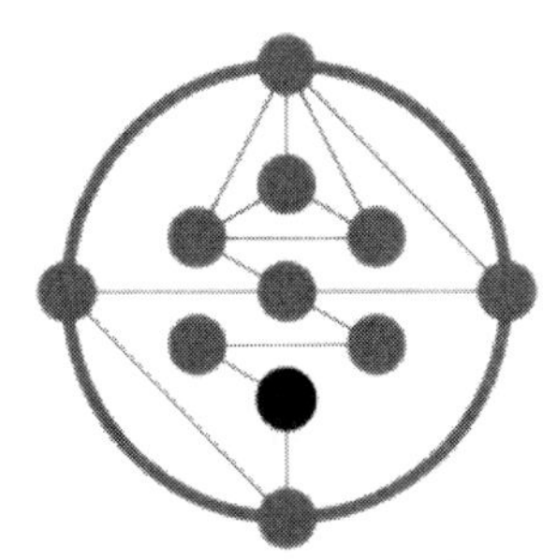

끌어당김Attraction

비너스 시퀀스에 통합되어 있는 이 구Sphere는 끌어당기는 힘을 나타내는데, 특정한 시간 당신의 삶으로 카르마의 관계를 끌어당기는 오라장으로 신비한 자기장의 힘을 나타냅니다. 이 유전자 키Gene Key는 누군가가 당신의 삶에 들어오게 되는 것에 대한 본질을 결정합니다. 만약 그림자를 회피할 때 현재 진행 중인 외부의 충돌로 드러나게 될 것이며, 관계 속에서 다시 직면하게 됩니다. 이 유전자 키Gene Key의 그림자를 수용하면, 당신은 선물들을 발견하기 시작할 것이고, 관계는 새로운 전망과 가능성을 열어 줍니다. 가장 높은 수준에서, 이 유전자 키Gene Key는 영적인 본질인 탄트라의 비밀을 풀 수 있습니다.

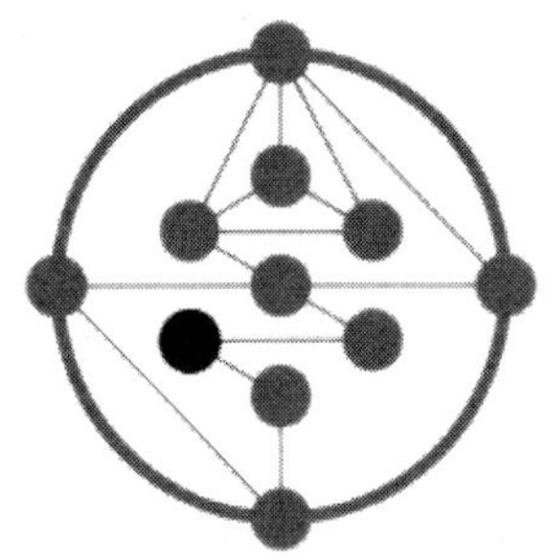

IQ

이 구Sphere는 14살에서 21살까지의 세 번째 7년 주기와 관련이 있습니다. 우리의 정신적 발달 주기이기 때문에, 이 유전자 키Gene Key의 그림자는 감정을 통제하고 직관을 무시하는 마음을 다스리는 법을 배우게 합니다. 이 유전자 키Gene Key의 패턴을 자각하게 됨으로써, 정서적 삶에 영향을 끼치는 통제적이고 억압적인 형태의 것이 선물로 드러날 수 있도록 안내합니다. 이것은 주요한 정서적 트리거를 무력화 시킬 것이고, 모든 관계에서 반응하거나 도발적인 성향을 완화시켜줄 것입니다. 당신의 IQ는 무의식적으로 나타나는 편협함이나 독선적인 사고로부터 해방되었을 때 삶의 모든 가능성을 아우르기 위해서 높은 수준으로 올라가게 됩니다.

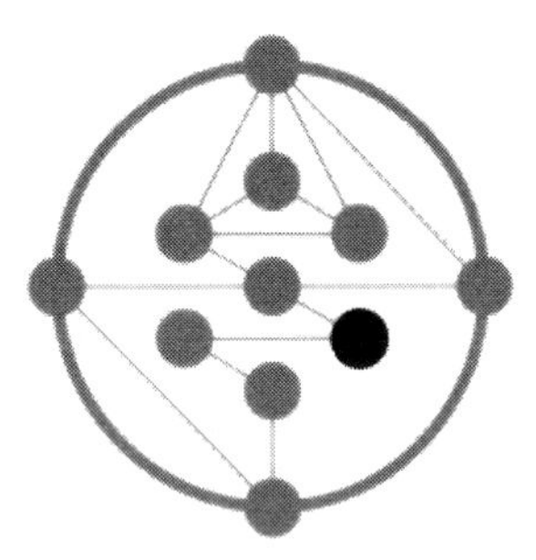

EQ

이 구Sphere는 7살에서 14살까지의 두번째 7년 주기와 관련이 있습니다. 우리의 정서적 발달 주기이기 때문에, 이 유전자 키Gene Key의 그림자가 당신의 주된 정서적 방어 기제를 통제하는데, 어떤 경우에도 안전하지 않다고 느끼는 것은 어린 시절 조건화된 패턴 때문입니다. 일단 이 패턴을 인정하고 마음을 열게 되면, 당신은 감정이 훨씬 더 편안해 질 것이고, 압도되지 않으면서 자연스럽게 감정들이 흘러가도록 할 것입니다. 이 유전자 키Gene Key는 자신의 내면 아이를 해방시켜주는 것과 관련이 있고, 이 유전자 키Gene Key의 선물이 열리면, 삶에서 명랑함과 자유가 거대한 파도와 같이 밀려올 것입니다.

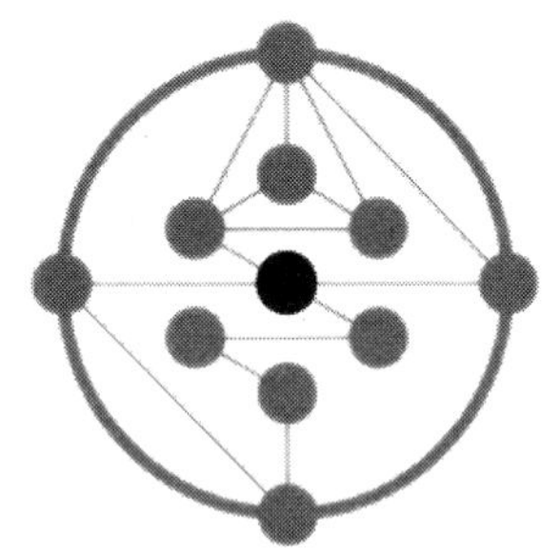

SQ

'러브 포인트'로도 알려져 있는 이 구Sphere는 생후 7살까지 첫 7년 주기와 관련이 있습니다. 신체 발달 주기이기 때문에, 이 유전자 키Gene Key는 기초적인 생리적 리듬과 정체성의 근간이 되는 구조적인 패턴들을 통제합니다. 당신의 자각이 '러브 포인트'에 깊숙이 도달했을 때, 어린 시절 이후 처음으로 심장이 지속적으로 다시 뛰는 정점에 도달하게 됩니다. 이 유전자 키Gene Key의 그림자는 자존감을 약화시키는 무의식적인 패턴입니다. 이 그림자를 직면하고 유전자 키Gene Key의 선물과 시디를 자각하게 되는 순간, 모든 관계가 마침내 깊은 만족감과 명료함으로 확고해지게 됩니다.

중심Core / 소명Vocation

중심Core에 있는 구Sphere는 신체적, 정서적, 정신적 인 삶의 패턴들이 어머니의 자궁 속에서 각인되어지는 9개월의 임신 기간과 관련이 있습니다. 중심Core은 가장 깊은 잠재력의 마지막 층을 나타냅니다. DNA 안에서 발견되는 것은 모든 인류와 공유하고 있는 오래 된 상처입니다. 당신의 인식이 내면의

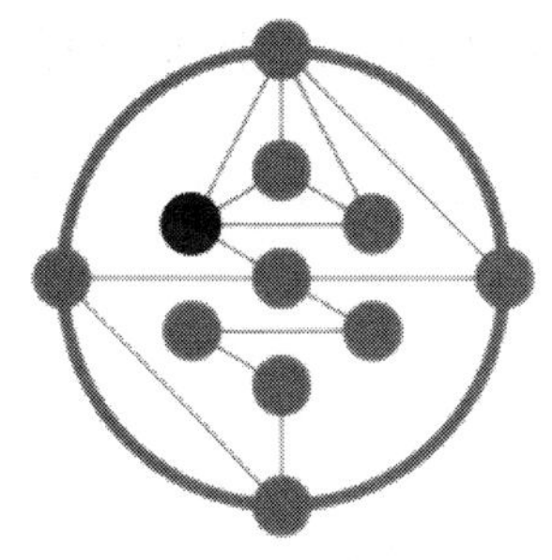

이곳을 관통함에 따라, 역설적으로 모든 존재와 함께 통합되어 있음을 경험하게 될 것입니다. 이 유전자 키Gene Key의 그림자는 언젠가 삶에서 드러나도록 동기를 부여할 수 있는 위대한 선물인 가장 숭고한 소명이 감추어져 있습니다. 어린 시절의 비너스 시퀀스를 따라 이 유전자 키Gene Key의 잠금이 해체되면 모든 고통이 신성으로 변화되는 초기의 신념체계로 되돌려 놓을 수 있습니다.

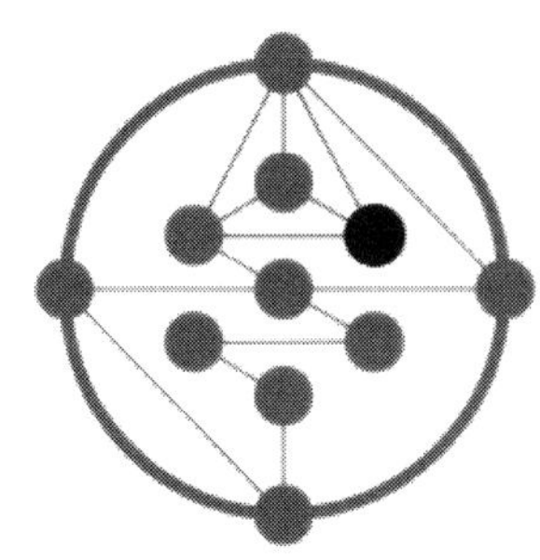

문화Culture

문화Culture의 유전자 키Gene Key는 세상의 사회적 구조에 어떻게 가장 잘 적응하는지 보여 줍니다. 펄 시퀀스에서 이 유전자 키Gene Key의 그림자는 직접적으로 번영을 드러내는 것을 가로막습니다. 이 그림자는 두려움을 통해 일을 함으로서 그 결과 삶에서 놀라운 성장의 시기를 열 수 있습니다. 문화Culture의 선물과 시디는 더 높은 삶의 목적을 촉진시키는 힘에 방아쇠를 당깁니다. 또한 삶에 강력한 새로운 동맹자들을 불러와 당신의 목적에 도움을 줍니다. 또한 문화Culture는 당신이 공동체의 일부로서 가장 잘 작동하도록 디자인되었는지를 보여 줍니다. 그것은 물질적, 정서적, 정신적 번영을 일으킵니다.

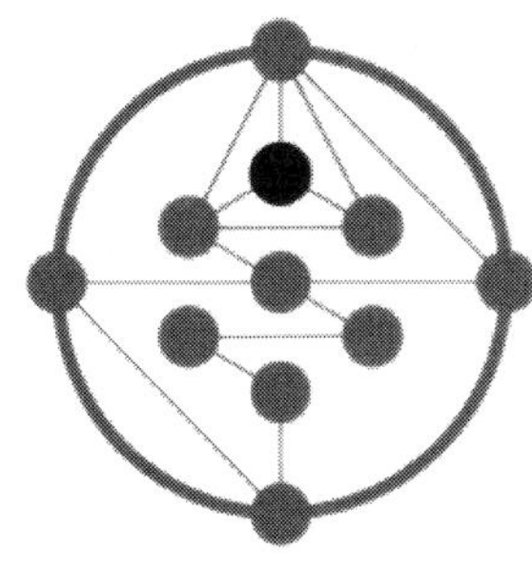

진주Pearl

진주Pearl는 당신의 일생에 있어서 가장 큰 결실입니다. 이 유전자 키Gene Key는 근본적인 그림자 패턴을 놓아버리고 나면 보상과 품위를 가져다줍니다. 이 유전자 키Gene Key의 그림자 영향으로 인해 아름답고 단순한 것에서 멀어지거나, 고되고 지루하게 사는 상황과 타협할 때 삶은 더욱 팍팍해집니다. 이 유전자 키Gene Key의 선물과 시디는 삶에서 무엇이 없어서는 안 되는 것인지 상기시켜 주는 명쾌함을 경험하게 합니다.

〈유전자 키〉를 보고 있는 독자라면 당신의 홀로제네틱 프로파일의 11개의 구Sphere를 순서대로 하나씩 정독을 하는 것만으로도 놀라운 통찰을 느낄 수 있습니다. 또한 관계의 문제가 있을 때 천천히 상대방의 프로파일을 펼쳐놓고 11개의 구Sphere를 따라 가다보면 어느덧 갈등은 사라지고 명료함과 더불어 문제의 본질과 만나게 될 것입니다.

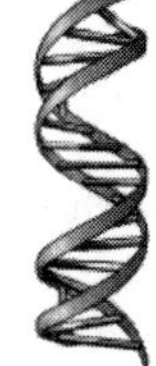

1부 :
당신의 DNA 안에 숨겨져 있는 더 높은 목적의 잠금을 해제함

성 베네딕트의 눈

완벽한 가을 아침이었습니다. 황금빛 태양이 시브루니Sibruini 산 위로 떠오르면서 땅의 졸고 있는 눈에서 하얀 서리를 가볍게 닦아내고 있었습니다. 한 수녀가 나를 옆문으로 안내했고, 더듬거리는 이탈리아어로 나는 그녀에게 성스러운 동굴로 가는 길을 물었습니다. 친절히 그리고 아무 말 없이, 그녀는 수도원의 미로 같은 복도를 거쳐 무수한 발자국에 패인 계단을 내려가도록 안내해 주었고 마침내 나는 가장 마법 같은 곳에 서게 되었습니다.

그 뒤로 두 시간 동안 나는 한때 어느 은둔자가 평생 동안 신의 비전을 기다리고 기도하면서 매일 철야를 했던 곳에서 그가 썼을 법한 돌베개에 머리를 얹고 누워 있었습니다. 3년 후, 그는 하늘로부터 천둥 번개가 치듯이 비전을 받아 내면의 성소에서 밖으로 나와 얼마 되지 않아 역사상 가장 위대하고 성공적인 기독교 수도원을 세웠습니다. 그의 이름은 성 베네딕트St. Benedict였습니다.

내가 이 이야기를 하는 이유는 그 차가운 석판 위에 누워 있을 때 나 또한 어떤 비전을 경험했고, 적어도 어떤 비전이 비춰지는 것을 경험했기 때문입니다. 갑자기 나는 한 쌍의 눈이 예고도 없이 나를 쳐다보고 있는 것을 보았습니다. 나는 그 눈에서 어떤 얼굴도 기억해낼 수 없었습니다. 하지만 내가 살아 있는 동안 나는 그 눈을 절대로 잊지 못할 것입니다. 그 눈은 진리를 보았고 가장 깊은 사랑과 앎으로 넘쳐흐르는 눈이었습니다. 친숙한 단어 한 줄기가 비전과 함께 내 머릿속에서 만트라처럼 울려 퍼졌습니다.

"내 눈은 주님이 오시는 영광을 보았습니다…"
나는 이 눈이 성 베네딕트의 눈임을 알았습니다.

많은 새로운 것들이 비전으로 시작됩니다. 내가 모든 진정한 비전에서 배웠던 것은 그것이 단 하나의 사건에만 국한되지 않는다는 것입니다. 일단 다운로드가 되면 비전은 원래의 진정한 목적을 시작합니다. 당신을 원래 경험의 고조된 주파수로 변형시키는 것입니다. 이 책은 하나의 비전을 중심으로 펼쳐지며, 말이 할 수 있는 만큼 그 비전의 핵심을 전달합니다. 내가 개인적으로 받은 비전은 성 베네딕트의 눈을 보기 훨씬 이전에 나왔습니다. 그것은 내 인생의 초기에 나에게 다가왔고, 나는 그 후로 비밀리에 그것을 내 안에 간직하고 있었습니다. 어쩌면 그 비전이 나에게로 온 것이 아니라 나로부터 왔다고 말하는 것이 더 나을지도 모릅니다. 왜냐하면 이 책이 증언하는 것처럼 우리의 운명은 우리의 DNA 안에 씌어져 있기 때문입니다.

성 베네딕트의 비전처럼 나의 비전은 모든 창조물의 완벽함을 직접 체험한 것이었습니다. 나 또한 내 비전에서 미래를 보았습니다. 그러나 나는 그것이 이미 일어난 일로 보았고, 그것은 은둔자의 눈에서 흘끗 보았던 것과 똑같은 확신을 가져다 주었습니다. 이 책은 보편적인 눈을 통해, 인류의 미래에 대한 아름다움과 경이로움과 확실함을 이미 보았던 바로 그 눈을 통해서 하나의 관점을 제공해 줍니다. 우리는 새로운 태양 시대Solar Age에 접어 들어가고 있으며 유전자 키는 태양이 그러하듯이 좋은 것만을 주고 있습니다.

당신의 더 높은 목표는 무엇인가?

당신은 살아 있는 천재입니다. 모든 인간은 날 때부터 천재genius로 태어납니다. 나는 당신이 천재가 될 수 있는 능력을 가지고 있다고 말하는 것이 아니라, 당신이 바로 지금 천재라는 것입니다. 삶 속에서 당신의 더 높은 목표는 당신의 특별한 천재성을 세상과 나누는 것입니다. 그러나 천재란 무엇입니까? 이 단어의 어원은 사람을 돌보아 주는 일종의 보호자를 말합니다. 또한 이 단어는 유전자gene라는 단어와도 분명하게 연관되어 있는데, 이는 그것이 지능 또는 지성에 유전적이고 세습적인 재능을 가진 어떤 특별한 사람들과 관련이 있는 이유 중 하나입니다. 오늘날 우리가 천재에 대해 생각할 때, 우리는 일반적으로 그것을 아인슈타인의 경우처럼 지적 기량으로 생각합니다.

나는 여러분이 천재를 새로운 방식으로 이해해 주셨으면 합니다. 우선, 천재가 되기 위해서는 지능적이 될 필요가 없습니다. 천재란 당신이 정점에 살고 있는 상태를 말합니다. 그것은 당신이 아무것도 억제하지 않은 채, 아무것도 갖지 않고, 따라서 자신의 두려움을 초월하면서 당신의 삶을 사는 것입니다. 천재가 된다는 것은 열린 가슴으로, 깊은 사랑으로 삶을 살아갈 수 있는 용기를 갖는 것입니다. 유전자 키를 여행할 때 당신은 모든 위대한 인간의 삶을 여행하게 될 것입니다. 그들의 이름이 직접적으로 언급되지는 않을지라도, 훌륭한 삶을 사는 데 무엇이 필요한지를 인식하게 될 것입니다. 위대한 삶이 반드시 유명한 삶을 의미하는 것은 아닙니다. 당신이 알고 있는 모든 사람들 중에서 진정으로 존경하는 사람을 생각해보십시오. 그들의 행동이 아니라 인품, 인내심, 지칠 줄 모르는 낙관주의, 용기를 말입니다. 천재는 가장 평범한 환경에서 번창할 수 있습니다.

당신의 천재는 당신을 그저 진정으로 즐거운 인간으로 만들 뿐입니다. 그것이 당신의 더 높은 목표입니다.—살아 있는 것 외에는 아무런 이유 없이 빛나는 것입니다. 당신의 천재는 그 내면의 빛을 통해서만 나타날 수 있습니다. 그것이 당신을 정말로 기쁘게 하지 않는다면, 그것은 당신의 천재가 아닙니다. 당신의 천재는 토양이고 당신의 더 높은 목표는 그 토양으로부터 성장합니다.—그것이 초라한 풀이든, 정말 맛있는 과일이든, 아니면 훌륭한 참나무가 되든 말입니다. 유전자 키는 성장 과정을 안내하는 원예 안내서지만 씨앗은 이미 당신 내면에, 당신의 DNA 안에서 기다리고 있습니다.

이 책의 이름에서 이미 당신은 더 높은 목표를 향한 과정은 열쇠와 자물쇠의 개념과 많은 관련이 있음을 알 수 있을 것입니다. 이는 DNA가 실제로 존재하는 코드이며 그 코드는 당신이 올바른 키를 갖고 있을 때만 해제될 수 있기 때문입니다. 이것이 어떻게 작동하는지 나중에 더 자세히 배우겠지만, 지금은 당신 자신만의 천재적 영역으로 당신을 안내하는 것이 유일한 목적인 코드북을 당신 손에 가지고 있다는 것을 깨닫는 것이 중요합니다. 보편적인 열쇠는 당신의 손에 있지만, 오직 당신만이 당신의 특정한 유전 코드에 맞는 올바른 열쇠와 올바른 순서를 발견할 수 있습니다. 그것은 우리 각자에게 멋진 퍼즐이며, 우리의 가슴만이 우리에게 그 길을 보여줄 수 있습니다. 당신의 더 높은 목표를 풀어내는 과정은 당신 마음의 권위를 가슴으로 돌려놓는 과정입니다. 오직 이것만이 당신의 삶을 변형시킬 것입니다.

놓아버림의 항해

유전자 키는 당신의 삶을 영원히 바꾸어 놓을 항해로서 당신에게 제공됩니다. 나에게 있어서 이 책을 쓰는 일은 내면의 헌신과 변형의 행위였습니다. 64개의 유전자 키 각각에 포함된 유전형질은 세포 수준에서 내 자신의 유전자 코드에 대한 새로운 해석을 풀어 주었고, 이는 나에게 더 높은 진정한 목적을 밝혀 주었습니다. 더 큰 가능성이 내면에서 깨어났으며, 우리 모두가 평생을 통해 짊어지고 다니는 부정적인 패턴으로부터 벗어나도록 새롭고 더 높은 주파수가 나를 계속 끌어내고 있습니다. 이것은 언제나 쉬운 일이 아니었습니다. 유전자 키의 많은 언어와 그 해석은 우리의 무의식적인 두려움에 뿌리를 두고 있습니다. 당신 스스로가 발견하게 될 것이지만 그런 두려움은 당신의 DNA에 너무 촘촘하게 짜여 있어서 그것을 직접 대면하려면 진정한 용기가 필요합니다. 그러나 두려움은 더 높은 차원의 원료이며 반드시 통과해야 하는 것입니다.

유전자 키를 처음으로 받아들인 사람으로서, 나는 대담한 동료 항해자들에게 전달하고 싶은 몇 가지를 배웠습니다. 첫 번째는 유전자 키가 항상 당신 내부에 존재하는 살아 있는 에너지장을 나타낸다는 것입니다. 그들은 체계적이고 논리적인 과정이 아니라 야생의 지혜입니다. 이것은 내 마음에게 개인적으로 매우 어려운 일이었습니다. 왜냐하면 내면 존재에 이미 설정된 경로는 존재하지 않는다는 것을 발견했기 때문입니다. 당신은 이 가르침을 당신 스스로 당신의 내면에서 이끌어 내야 합니다. 당신에게 길을 보여줄 구루나 안내자는 없습니다. 당신 스스로 발명해내지 않는 한 어떤 기법도 없습니다. 이 서문 전반에 걸쳐 계속 당신과 나누게 될 조용한 지시봉만이 있을 뿐입니다. 나에게 있어서 유전자 키는 새로운 개념을 추가하는 것이 아니라 개념을 해체하는 것에 더 가깝습니다. 결국 가장 중요한 것은 변형은 스스로 일어난다는 것입니다. 왜냐하면 당신은 준비가 되어 있을 뿐이기 때문입니다.

유전자 키를 통한 나의 개인적인 항해는 내 안에서 계속 새롭고 대담한 파노라마를 열어 줍니다. 무엇보다도 유전자 키는 나에게 내적인 자유를 주었습니다. 때로는 많은 낡은 시스템, 교사들, 그리고 심지어는 친구들로부터도 벗어나야 했습니다. 왜냐하면 그들의 관점은 거대한 내적 자유와 조화를 이루거나 편안함을 주지 않았기 때문입니다. 유전자 키에 대한 나의 획기적인 발전은 내가 교편을 잡고 있었던 미국에서 돌아온 후에 55번째 유전자 키를 작성하게 되었을 때 일어났습니다. 이 유전자 키는 자유를 위한 활성화 코드 그 자체이기 때문에 아마도 나는 더 준비가 되어 있어야 했었습니다! 그러나

이 유전자 키가 내 안에 열렸을 때 나는 진정한 자유에 대한 나의 두려움이 얼마나 깊었는지를 발견하고 충격을 받았습니다. 이제 나는 이 자유에 대한 두려움이 특히 역사상 지금 이 시점에서 모든 인간의 두려움 중 가장 큰 것 중의 하나임을 깨닫습니다.

55번째 유전자 키를 읽으면 인류에게 무엇이 필요한지 맛보게 될 것입니다. 사실, 우리가 지금 현재 살고 있는 이 시간은 이 책 전체에 걸쳐 "위대한 변화"의 시기로 표현됩니다. 이는 인류 내의 분자 수준에서 일어나고 있는 변화이며, 또한 모든 자연계와 모든 생물에도 충격을 주고 있습니다. 환경, 정치적 사회적 구조, 세계 경제, 종교, 과학 및 기술 등 오늘날 당신이 보고 있는 모든 곳에서 의식의 도약을 준비하는 세계를 보게 될 것입니다. 그런 시대는 본질적으로 불안정하며 다가올 변화에 대한 깊은 집단적 두려움이 우리 세계 전반에 걸쳐 유령처럼 움직이고 있습니다. 55번째 유전자 키가 직접적으로 문제 삼고 있는 것이 바로 이 두려움입니다.

내가 이 두려움에 더 깊이깊이 빠져들고 내 안에서 55번째 유전자 장의 살아 있는 유전형질을 만났을 때 내면의 자유에 대한 방대하고 억제되지 않은 감각이 내 몸을 토네이도처럼 휩쓸었습니다. 나는 마음이 삶에 대한 통제로부터 벗어났을 때 오는 단순한 자유를 접하게 되었습니다. 두려움은 그저 증발해 버리고 말았습니다. 또 다른 훨씬 더 강력한 존재가 내 태양신경총 내부에서 깨어나 운전석으로 들어갔습니다. 새로운 자각이 내 가슴에 안긴 신생아처럼 눈을 뜨며 깨어났습니다. 그 맹렬함은 엄청났습니다. 빛이 내 DNA 안에서부터 방출되면서 내 몸에서 쏟아져 나와 우주의 인식 가능한 모든 측면에 연결되었습니다.

그때 나는 DNA자체의 위대한 내적 비밀을 배웠습니다.
DNA는 웜홀(벌레 구멍)[1]입니다. 그것은 활성화될 때 홀로그램 우주의 핵심으로까지 열리는 코드가 포함되어 있습니다. 따라서 DNA 분자는 실제로 빛의 변환기입니다. 웜홀이 더 많이 열려 있을수록 더 많은 빛이 그것을 통해 쏟아져 나옵니다. 토러스(torus, 원환체)와 마찬가지로, 그것은 자기 쪽으로 빛을 끌어내기도 하고 밖으로 내보내기도 합니다. 결국 웜홀 자체가 붕괴될 정도로 너무도 많은 빛이 당신

1 역자 주 : 블랙홀과 화이트홀의 연결로

을 통해 방출될 것입니다. 그 결과로 만들어진 초신성은 당신의 진정한 보편적 본성이 모든 창조물과 하나임을 보여줍니다.

당신의 길을 이 마지막 영광스러운 개화를 향해 비추는 것, 당신 자신의 신성과 하나가 되는 것, 이것이 64 유전자 키의 가장 고귀한 역할입니다. 그때 아마도 당신의 눈 또한 순수한 앎과 깊은 연민과 두려움 없는 자유의 불로 반짝이면서 당신은 낡은 자아의 동굴로부터 나와 성 베네딕트처럼 승리자로 떠오르게 될 것입니다.

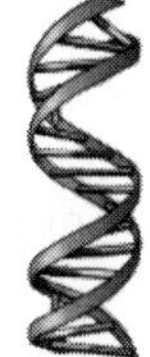

2부 :
64유전자 키
당신의 DNA에게 말하는 책

당신이 누구든, 무엇이든, 어디에 있든,
만일 당신이 계속 초월하지 않는다면 당신은 죽어 가고 있는 것이다.

—3번째 유전자 키

통합의 시대

우리 인류의 내면에 중대한 변화가 점차 동이 트기 시작하면서 현재 우리가 당연하게 생각하는 많은 것들이 변형될 것입니다. 인류의 영역에서 현재 일어나고 있는 가장 큰 변화 중 하나는 과학의 역할입니다. 수백 년 동안 과학은 자연을 객관적으로 관찰하고 경험적 증거를 근거로 논리적으로 추정하는 좌뇌 접근법에 기초해서 만들어졌습니다. 그러나 새로운 인간인 호모 상투스homo sanctus가 주로 정신적 인식으로부터 더 이상 작동하지 않는다면 세상을 보는 완전히 새로운 방법이 등장할 것입니다. 실제로, 삶이 되지 않고는 삶을 관찰하는 것이 더 이상 가능하지 않을 것입니다. 고정된 현대의 논리적인 마음에게는 이것이 이해하기 쉬운 일이 아닙니다. 근본적인 변화가 우리의 뇌 구조에 나타나고 있으며 심지어 오늘날에도 우리는 그것이 나타나는 초기 징후를 보고 있습니다. 우리는 지금 통합의 시대에 들어서고 있는 것입니다.

진정한 통합은 인간 두뇌의 좌우 반구가 균형을 이룰 때만 가능합니다. 이것은 새로운 종류의 사고가 인류에게 나타나고 있음을 의미합니다. 그것은 정말로 생각하는 것이 아니라 아는 것knowing 입니다. 예를 들어, 이 책 속에 있는 단어를 읽을 때, 그 안에는 그것이 당신 존재의 핵심에 진정으로 옳다는 것을 그냥 알게 되는 통찰이 있을 수 있습니다. 이런 종류의 직관적인 앎은 당신의 삶이 더 조화롭게 될수록 더 강해지고 더 일관성 있게 됩니다. 지금 일어나고 있는 일은 우주 전체에서 발견되는 근본적인 홀로그램 패턴에 당신이 다가가고 있다는 것입니다. 당신의 유전자에서 발견되는 것과 같은 똑같은 기하학이 광활하게 회전하고 있는 은하계에서도 발견되고 있습니다. 중대한 변화가 당신의 DNA를 통해 움직임에 따라 그것은 당신 삶의 모든 측면을 재배열하기 시작하고 있고, 당신이 이런 편재적인 보편적 패턴과 서서히 조화를 이루도록 만들고 있습니다.

64 유전자 키는 진리에 대한 이 새로운 접근법의 도래를 알려주고 있습니다. 그것이 우리 우주의 상상할 수 있는 모든 측면에서 발견되는 핵심적인 원형이기 때문입니다. 64비트 매트릭스는 물리학, 생물학, 음악, 기하학, 건축학, 컴퓨터 프로그래밍 및 우리 인간이 기울이는 연구와 노력 대부분의 분야에 필수적입니다. 그것들은 시공간 자체의 기초를 이루는 기본적 사면체 구조를 형성합니다. 그러므로 그들이 자연계의 핵심에서 계속해서 발견된다는 것은 놀라운 일이 아닙니다. 우리가 앞으로 보게 될 것처럼, 우리의 DNA 바로 그것이 이 똑같은 64겹 기하학을 기반으로 우리를 우주 전체의 홀로그램 소우주로 만들고 있습니다. 베다Vedic, 이집트Egyptian, 마야Mayan, 중국Chinese을 포함한 많은 위대한 고대 문명과 전통의 지혜는 이 수학적 구조를 그들의 예술, 우주론과 과학에 암호로 표시했습니다. 우리가 어디를 바라보든, 우리의 세포 구조에서부터 천체의 리듬과 운행에 이르기까지 우리는 더 독특한 모양과 형태로 끊임없이 자신을 반복하는 똑같은 프랙털 패턴을 보고 있습니다.

유전자 주역

이 64개의 그리드(grid, 격자판, 기준선망)에 기반한 가장 잘 알려진 시스템 중 하나는 중국의 주역—변화의 책입니다. 이 신비스러운 근원이 수천 년을 거슬러 올라가는 이 탁월한 시스템은 유전자 키를 설명하는 주요한 영감 중의 하나입니다. 수세대에 걸쳐 현자와 보통 사람들은 자연과 조화를 이루는 명쾌한 결정을 내리는 데 도움이 되는 신탁 도구로 주역을 사용했습니다. 그러나 이 이상으로 주역은 모든 생명체 안에 있는 에너지 역학에 대한 광범위한 디지털 지도를 제공합니다.

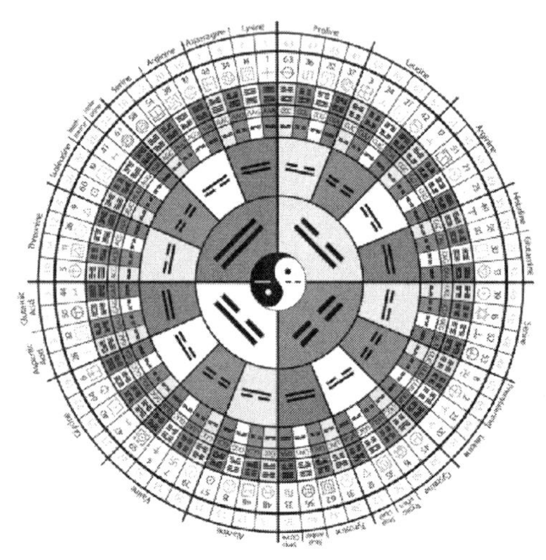

이것은 유전적 코드와 수학적으로 유사하다는 점에서 특히 매력적입니다. 많은 과학자, 형이상학자, 신비주의자들이 DNA와 주역 사이의 이 놀라운 관계를 탐구하기 시작했습니다.

이 주제에 대한 깊이 있는 논문에 빠져들 필요도 없이 여기에 주역과 유전 암호의 관계에 대한 간단한 설명이 있습니다. 당신의 DNA는 두 줄기의 뉴클레오티드nucleotide[2]로 이루어져 있습니다. 한 가닥은 다른 뉴클레오티드의 완벽한 반영체입니다. 이 이진법 패턴은 주역의 음과 양의 기초이기도 합니다. 당신의 유전자 코드는 또한 3개의 그룹으로 배열된 4개의 염기로 구성됩니다. 이들 각각의 화학적 분류는 아미노산과 관련이 있으며 코돈으로 알려진 것을 형성합니다. 당신의 유전자 코드에는 64개의 코돈이 있습니다. 이와 비슷하게 주역에는 음과 양의 기본 치환이 4개뿐이며, 이들은 또한 괘trigrams로 알려진 세 그룹으로 배열되어 있습니다. DNA의 두 가닥이 서로를 반영하는 것과 똑같은 방식으로 각각의 괘에는 파트너가 있습니다. 이 두 상징이 함께 주역의 기초인 헥사그램을 만듭니다. DNA에 64개의 코돈이 있는 것처럼, 주역에는 64개의 헥사그램이 있는 것입니다.

주역과 유전 암호 간의 정확한 수학적 상관관계를 통해 우리는 우리 몸의 살아 있는 세포 내에서 공명하는 새로운 전체론적 언어를 만들 수 있습니다. 실제로, 64개의 유전자 키는 유전자 주역입니다.
즉 당신의 DNA에게 직접 말을 하는 책입니다.

자유의 유전적 다운로드

지금까지 유전자 키에 대한 간단한 배경 정보에 대해 이야기했으니 이제부터는 그들이 실제로 작동하는 방식을 살펴보기로 하겠습니다.

나는 당신이 유전자 키에 완전히 독창적인 방식으로 접근하도록 권하고 싶습니다. 우선, 책 읽기에 관해서 배운 모든 일반적인 규칙을 버리시기 바랍니다. 이 책은 일반적인 책이 아닙니다. 이것은 당신의 일상적인 현실, 즉 당신의 DNA를 구성하는 요소에 침투하도록 특별히 고안된 유전자 다운로드입니다. 둘째로, 유전자 키를 소화시키는 과정에 들어서면서, 당신이 꾼 가장 허황된 꿈에서 당신의 삶이 어떻게 보이는지 상상해 보십시오. 당신의 마음이 만들어내는 것이 무엇인지는 별로 중요하지 않습니다. 중요한 것은 당신이 절대적인 내적 자유의 느낌을 당신 자신 안에서 다시 포착한다는 것입니다.

---

2 역자 주 : 핵산의 구성 성분

유전자 키의 과정은 당신 자신에게 자유를 가져다주는 것이며, 이 자유는 당신의 상상 속에서 시작됩니다. 당신은 자신이 갖고 있는 본성의 가장 높은 가능성에 자신을 열어야 합니다. 이 과정이 계속되면 아주 깊은 두려움을 느끼게 될 것입니다. 좋은 소식은 당신이 더 이상 이런 두려움을 두려워할 필요가 없다는 것입니다. 우리는 이제 그 두려움이 모든 인간 존재의 혈통 DNA에 간직되어 있는 조상 전래의 두려움이라는 것을 알고 있습니다. 우리는 그들이 하나의 종種으로서 우리의 생존을 위해 거기에 있어야 한다는 것을 이해합니다. 유전자 키는 당신의 자유의 길을 막고 있는 각각의 특정한 두려움을 직면하고 근절할 수 있는 기회를 제공합니다.

세상 어딘가에 있는 과학자가 매일매일 DNA에 대해 새롭고 놀라운 것을 발견합니다. 유전학은 모든 과학 분야에서 가장 뜨겁고 새로운 최첨단 분야 중 하나입니다. 그럼에도 불구하고, 이 분야에서 가장 위대한 과학적 통찰 중 일부는 우리의 미래에 놓여 있을 수 있습니다. 그러나 과학이 당신의 마음에 무언가를 증명할 때까지 기다릴 필요는 없습니다. 당신은 살아 있기 때문에 이미 DNA 실험실에 직접 들어가고 있습니다. 당신은 DNA가 당신이 올바른 코드를 입력하기만을 기다리고 있다는 것을 발견할 것입니다. 일단 DNA가 당신의 지시를 받으면 새로운 프로그램을 실행하고, 당신에게 새로운 몸, 새로운 삶, 그리고 새로운 현실을 만들어 줄 것입니다. 증거는 당신 안에 있습니다.

실험실 주변을 조금 둘러보고 자연이 당신에게 준 장비 중 일부를 살펴보도록 합시다.
잠시 당신의 손바닥을 바라보고 피부를 관찰하십시오. 그것은 수백만 개의 작은 피부 세포로 이루어져 있습니다. 이제 그 중에서 단 하나의 세포만을 살펴보겠습니다.
세포의 기본 요소는 세 가지입니다.—외부 세포막, 세포의 작동 기계를 포함하는 내부 맨틀(세포질), 세포 DNA와 그 명령을 포함하는 핵이 있습니다. 당신의 신체에는 약 60조 개의 세포가 있습니다. 모두 역할과 책임이 다릅니다. 하지만 가장 중요한 것은, 바로 지금 당신의 몸에 있는 모든 각각의 세포가 두 가지 필수적인 일을 하고 있다는 것입니다:

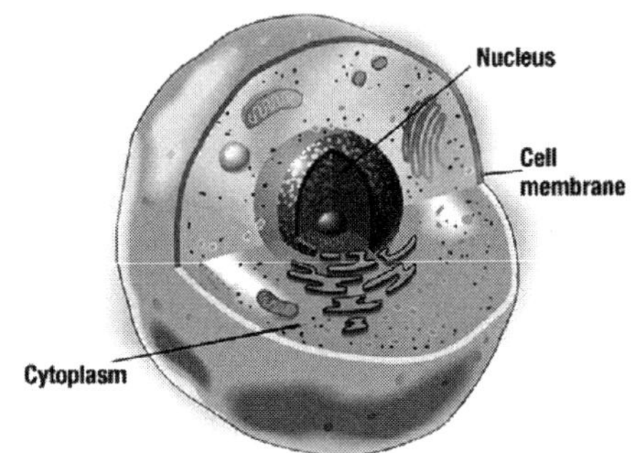

세포는 듣고 있고 응답하고 있습니다.

각각의 세포는 세포막에 박혀 있는 수많은 분자 안테나를 통해 당신의 주변 환경이 들려주는 소리를 듣고 있습니다. 이 세포질 피부는 환경 신호를 해석하고 세포의 핵 내에 있는 DNA에 해당 지침을 전달합니다. 그러면 DNA는 세포 내에 필요한 기계를 작동시킴으로써 반응합니다. 그것은 증기선의 망루에서 받은 정보를 엔진실로 전달하는 선장과 같습니다. 망루에서 장애물을 발견하면 그들은 선장에게 경보를 발령하고 선장은 엔진실의 작업자에게 터빈을 구동하는 용광로를 열거나 닫고 프로펠러와 맞물리는 기어를 전환시키라고 명령합니다. 당신의 몸에서도 이와 같습니다. 세포 안의 분자 스위치가 DNA에게 어떤 유전자의 스위치를 켜고 어떤 유전자의 스위치를 끌지를 알려줍니다. 이 과정은 당신이 살아 있는 한 항상, 낮이나 밤이나 모든 60조 개의 세포 안에서 계속됩니다. 그리고 당신은 당신의 몸 안에 저장된 엄청난 분자 동력을 풀 수 있도록 설계되었습니다.

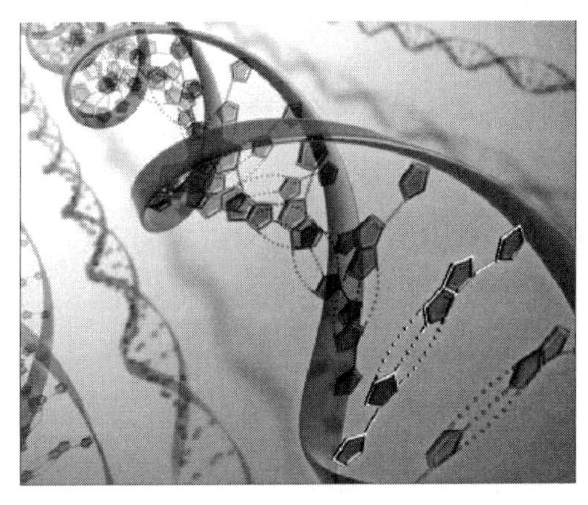

이제 엔진실 내부, 즉 세포의 핵을 살펴봅시다. 여기서 우리는 친숙한 이중 나선형의 DNA를 볼 수 있습니다. 대부분의 사람들이 깨닫지 못하는 것은 DNA는 하나의 소금으로서 전기의 천연 전도체라는 사실입니다. DNA는 전자기파에 극도로 민감합니다. 약간만이라도 기분이 바뀌어도 DNA로부터 반응을 일으키는 환경 신호가 충분히 생성됩니다. 마찬가지로 부정적인 생각이나 긍정적인 생각은 몸 전체에 미묘한 전자기 전류를 발생시켜 DNA를 휘저어 어떤 형태의 생물학적 반응을 일으킬 것입니다. 우리 대부분은 우리의 기분, 생각, 신념 및 전반적인 태도가 우리 몸을 사실상 어떻게 형성시키는지 완전히 알지 못합니다.

DNA가 매우 예민하기 때문에 먹는 음식에서부터 함께 사는 사람들에게 이르기까지 삶의 모든 것이 당신의 태도를 통해 당신의 몸을 만들어내고 있습니다. 당신의 태도는 DNA에 도달하는 전자기 신호의 특성을 결정합니다. 예를 들어, 어떤 날 재수가 없어 마음이 부정적이 되어 있다면, 이 태도는 몸 전체에 낮은 주파수의 충동을 유발합니다. 당신의 DNA는 이에 반응하여 뇌의 특정 호르몬 경로를 차단할 것이며, 그로 인해 당신은 슬픔, 우울함, 또는 좌절감을 느끼게 될 것입니다. 반면에 재수가 없는 날이라고 해도 부정적인 사고방식에서 벗어나 웃을 수 있다면 높은 주파수의 전기 신호가 DNA에 도달할 것이고 따라서 당신은 더 가볍고 즐겁게 느낄 것입니다. 당신의 DNA는 당신의 하루를 훨씬 밝게 느끼게 할 특정 호르몬 신호를 활성화시킴으로써 반응할 것입니다.

태도를 통해 DNA를 프로그래밍하는 과정은 잘 알려진 플라시보(placebo, 위약) 효과의 기본 토대이며 또한 후성유전학epigenetics으로 알려진 유전학의 중요한 새로운 분야의 핵심입니다. 후성유전학은 환경이 어떻게 유전자에 영향을 미치는지를 연구하는 학문입니다. 이 흥미진진한 생물학의 새 영역은 우리 모두가 학교에서 배웠던 오래된 모델보다 훨씬 더 전체론적입니다. 후성유전학에서는 환경의 영향이라는 개념을 양자물리학의 전자기 세계로 확장할 때 인간의 태도도 반드시 포함시켜야 합니다. 양자 수준에서 환경은 곧 당신의 태도입니다.

이 모든 것이 의미하는 바는 당신이 결코 DNA의 희생자가 될 수 없다는 것입니다. 당신은 운명의 희생자가 될 수도 없습니다. 당신은 단지 자신의 태도에 희생자가 될 수 있을 뿐입니다. 당신이 생각하는 모든 생각, 당신이 느끼는 모든 감정, 당신이 내뱉는 모든 말, 그리고 당신이 취하는 모든 행동은 당신의 유전자와 당신의 현실을 직접적으로 프로그램합니다. 결과적으로, 양자 수준에서 당신 자신의 유전자를 프로그램하는 환경을 창조하고 있는 것입니다. 다음 절에서는 이것이 어떻게 작동하는지, 그리고 당신의 DNA에서 가장 높은 잠재력을 풀어낼 수 있는 최적의 환경을 어떻게 만들어낼 수 있는지에 대해서 더 배울 것입니다.

이것이 유전자 키가 가지고 있는 위대한 비밀, 자유의 비밀입니다. 당신이 스스로 그것을 발견할 때, 당신의 삶은 바로 당신의 눈앞에서 변형될 것입니다.

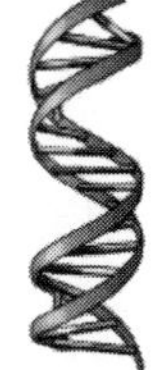

3부 : 빛의 언어

초심자의 마음에는 무한한 가능성이 있다. 그러나 전문가의 마음에는 가능성이 거의 없다.

—스즈키[3]

고대의 묵상법

유전자 키가 무엇인지 단 한 줄로 말해야 한다면, 나는 그것을 64개의 유전 원형으로 구성된 보편적인 언어라고 말할 것입니다. 유전자 키가 무슨 일을 하는지를 말해야만 한다면, 나는 그들이 당신의 상상력에 의해서만 제한된 수준에서 당신 자신을 완벽하게 재구성하고 당신의 삶을 재창조한다고 말하고 싶습니다.

유전자 키는 또한 유전형질(전송)입니다. 불교에는 '다르마(dharma, 법)'라는 멋진 말이 있습니다. 그것은 여러 가지 차원의 의미를 가지고 있는 용어 중 하나입니다. 그것은 우주에 퍼져 있는 더 높은 진리 또는 보편적인 법칙의 존재를 지적합니다. 다르마를 깨닫는 것은 말을 넘어선 것이기 때문에, 침묵과 깊은 명상을 통해서만 전달될 수 있습니다. 유전자 키는 그런 유전형질(전송)일 뿐입니다. 전형적으로 그들은 각각 보편적인 진리의 프랙털 측면을 포함하고 있습니다. 유전 원형으로서 그들은 당신이 신체 각 세포 속에서 진리가 울려 퍼지게 하도록 허용합니다.

이것은 우리가 유전자 키의 살아 있는 다르마 장에 들어가기 전에 알아야 할 매우 중요한 사항입니다. 유전자 키는 말을 넘어선 전달이기 때문에 지능적이고 욕심 많은 마음에게 그 비밀을 넘겨주지 않을 것입니다. 마음으로 그것을 더 쫓아가면 갈수록 당신은 더 좌절하게 될 수 있습니다. 전형적으로 유전자 키는 묵상되도록 고안되었으며, 묵상은 이완과 인내심을 요구합니다. 묵상은 고대의 신비로운 예

---

3 Suzuki, Shunriyu(2006). Zen Mind, Beginner's Mind. Shambhala.

술 중에서 가장 위대하면서 가장 이해되지 않는 것 중의 하나입니다.

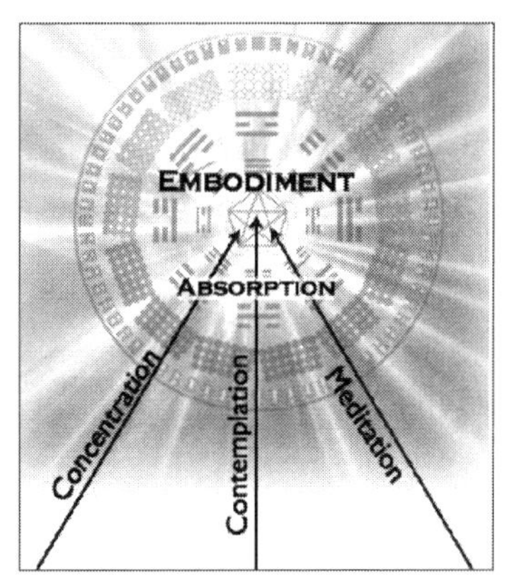

진리로 가는 세 가지 대표적인 길

더 높은 의식으로 인도하는 세 가지 대표적인 길이 있습니다. 명상meditation과 집중concentration, 그리고 묵상contemplation입니다. 각각의 길이 서로 현저하게 다르다고 해도 모두 동일한 최종 목표－통합(absorption, 흡수)으로 이끌어 줍니다. 우리는 나중에 이에 대해서 더 많이 살펴볼 것입니다. 명상은 모든 형태와 생각과 감정을 있는 그대로 지켜보든 위대한 수동적인 기술입니다. 이렇게 지속적으로 지켜봄으로써 시간이 지나면서 내면의 명료함이 자연스럽게 일어나게 되며, 실재의 본성에 대한 자각에서 정점에 이르게 됩니다. 명상은 우뇌에 뿌리를 두고 있습니다. 반면에 집중은 노력의 길입니다. 집중을 통해 당신은 당신의 마음과 정신과 영혼으로 당신의 내면 존재를 당신의 진정한 본성과 재결합시키기 위해 노력합니다. 대부분의 신비 체계와 요가의 모든 유형이 집중의 길에 기반을 두고 있습니다. 집중은 좌뇌에 뿌리를 두고 있습니다. 지속적으로 점진적인 정제 과정을 통해, 이 길 역시 실재의 본질에 대한 깨달음에 도달합니다.

이 두 길의 바로 중간에 있는 것이 묵상입니다. 묵상은 명상과 집중의 두 가지 측면을 모두 활용합니다. 그것은 뇌의 뇌량에 뿌리를 두고 있습니다. 좌뇌와 우뇌를 연결하는 부분입니다. 묵상은 일종의 세포 차원의 소화와 관련이 있습니다. 묵상의 대상을 정하고 어떤 노력이나 긴장 없이 온 존재로 그것에 집중합니다. 어떤 의미에서 당신의 마음과 감정과 직감으로 그것을 가지고 노는 것입니다. 그것은 마치 다이아몬드 반지가 든 벨벳 케이스를 손에 들고 계속 손가락으로 부드럽게 만져 보면서 그 느낌과 그 안에 무엇이 들어 있는지 궁금해하는 일종의 신비를 즐기는 것과 같습니다. 그러다가 어느 순간엔가 손가락이 갑자기 예기치 않게 벨벳의 깊은 주름에 묻혀 있는 숨겨진 작은 자물쇠를 발견합니다. 갑자기 케이스가 열리고 보물이 드러납니다.

이것이 깊은 이완 상태에서 유전자 키에 접촉하게 되는 가장 좋은 방법입니다. 참된 지성은 가슴의 인내와 부드러움을 통해 활성화되며 그런 다음에야 마음으로 확인됩니다. 여기서 당신은 수수께끼를 풀기로 작정한 전문가로 다가가기보다는 초보자의 마음으로 신비를 사랑하는 사람이 되어야 합니다.

의식의 스펙트럼 – 신경 언어 알파벳

유전자 키에 들어서게 되면 당신은 말의 세계에 발을 디디게 됩니다. 단어 그 자체는 그저 당신을 말을 넘어선 상태로 들어가도록 안내하는 포인터이자 코드일 뿐입니다. 모든 말은 당신의 몸 안에 있는 방에서 울려 퍼집니다. 그들은 당신의 존재 안팎으로 진동합니다. 예를 들어 갈등이라는 말을 가지고 마음속으로 조용히 그 소리를 내면 몸 전체로 들리는 전자기적인 진동이 만들어집니다. 그런 다음 이 단어가 만들어지고 있다는 느낌을 상상하면 당신 생리의 내면 깊숙한 곳에 더 강력한 신호를 보내게 됩니다. 기억하십시오, 당신의 DNA는 너무도 예민하여 모든 것을 듣고 그에 따라 반응합니다.

이 책의 끝 부분에 보면 의식의 스펙트럼으로 알려진 단어 목록이 있습니다. 이들은 각각 64개의 유전자 키와 관련된 특정 단어 코드입니다. 당신은 각 유전자 키가 이 스펙트럼에 걸쳐 있으며 그림자, 선물, 시디로 알려진 세 가지 수준 또는 주파수 밴드로 나눠진다는 것을 알게 될 것입니다.

의식의 스펙트럼은 당신의 개인적인 유전자 프로그래밍 언어입니다. 그것은 정말로 신경 언어 알파벳입니다. 말하자면 당신이 이 단어와 그 의미를 당신 자신의 삶에 적용하면 건강한 고주파 전자기 신호로 당신의 유전자에 있는 프로그램을 해제하고 재프로그램하게 될 것입니다. 유전자 키의 목표는 먼저 당신의 DNA에서 모든 낮은 주파수 패턴(그림자)의 프로그램을 해제한 다음 천재(선물 및 시디)의 높은 주파수 패턴으로 세포를 재프로그램하는 것입니다.

좀 더 확실하게 하기 위해, 의식의 스펙트럼 언어로 더 깊이 들어가기 전에 지금까지 배웠던 모든 것을 요약해 보고 유전자 키를 활성화하는 법을 알아보겠습니다.

지금까지 당신은 유전자가 어떻게 당신 본성의 청사진을 유지하는지 살펴보았습니다. 그러나 세포막을 통해 유전자가 어떻게 활성화되는지를 결정하는 것은 환경입니다. 당신은 또한 환경이라고 하는 개념은 생각/감정/말을 포함하도록 확대되어야 하며, 이 모든 것들이 당신의 DNA에 중대한 영향을 미치는 미묘한 전자기 신호를 생성한다는 것을 알아보았습니다. 그리고 자신의 기능을 조정하고 당신의 전 존재에 걸쳐 변형을 촉발하기 위해 당신의 유전자와 직접 의사소통하는 것이 목적인 매우 특이한 언어인 유전자 키를 소개받았습니다. 마지막으로, 당신은 유전자 키로 작업하는 주된 수단은 묵상의 예술이라는, 유전자 키가 가지고 있는 진실을 빨아들이는 놀이 같지만 일관된 방법이라는 것을 배웠습니다.

자물쇠, 키, 코드
그림자에서 시디까지의 길

64개의 그림자 – 지하세계로 통하는 길

유전자 키의 새로운 언어로 들어가기 시작하면서, 당신은 진동의 세계를 여행하게 될 것입니다. 모든 생명체는 단순한 진동입니다. 그리고 우리가 이미 보았듯이 DNA는 자기가 받아들이는 진동의 주파수에 따라 생명을 창조합니다. 두려움은 낮은 주파수의 에너지장을 만들어내는 반면 사랑은 높은 주파수의 에너지장을 만들어냅니다. 각각의 서로 다른 주파수대역은 DNA 내에서 서로 다른 코드를 활성화합니다. 예를 들어 우리 몸에는 잠금이 해제될 때 너무도 깊은 평화로운 느낌을 표출하여 실제로 마음을 통과하는 생각을 침묵시키는 코드가 포함되어 있습니다. 그러나 유전자는 세포에 극도로 높은 주파수의 에너지를 보낼 때만 이런 상태를 만들 수 있습니다. 그런 높은 상태가 당신의 DNA 속에 숨겨져 있다고 말하는 이유가 바로 그것입니다. 그들은 그림자 주파수로 알려진 낮은 주파수에 의해 숨겨져 있습니다.

64개의 그림자 주파수는 많은 사람들이 정상적이라고 인식하는 의식 상태입니다. 어떤 경우에는 이런 속성이 건강하다고 말하기도 합니다. 하지만 그것은 확실히 그렇지 않습니다. 64개의 그림자 주파수는 우리가 동물의 왕국의 일부였던 때부터 고대의 유전적 기억에 의해 생성된 집합적 에너지장을 형성합니다. 64개 그림자의 주요 초점은 두려움에 근거한 개별적 생존이며, 따라서 항상 뇌의 가장 오래된 부분과 그 뇌에 관련된 생리를 자극합니다.

인간의 뇌가 수십만 년에 걸쳐 놀라운 진화를 거듭했음에도 불구하고 인류의 집단의식은 여전히 고대의 두려움에 기반한 코드에 강력한 영향을 받습니다. 당신이 삶에서 아무리 열심히 노력한다고 해도 자신의 그림자 주파수 패턴(소위 어두운 면)을 완전히 깨닫지 못한다면 높은 주파수를 절대로 열 수 없습니다.

당신 안에서 작동하고 있는 무의식적인 두려움을 직면하도록 해주는 내면의 언어를 제공하는 것, 바로 이것이 유전자 키의 진정한 작업입니다. 단지 출생한다는 것만으로도 당신은 현재의 삶에는 실제로 아무런 뿌리도 없는 조상 전래의 기억과 두려움을 물려받았습니다. 그들은 집단적 인간 유전자 풀에서 왔습니다. 그림자 유전자 키로 작업할 때, 그것은 당신의 무의식뿐만 아니라 집단 무의식에 깊숙이 박혀 있는 실재하는 생리적 두려움을 가지고 작업하고 있는 것입니다. 그림자 주파수에 대한 묵상이 DNA 속에 있는 아주 오래된 코드를 뒤흔들어 놓으면 당신의 삶과 당신 주변의 세계가 두려움에 뿌리를 둔 주파수에 의해 얼마나 많이 지배되고 있는지 알게 될 것입니다. 그리고 무의식의 숨겨진 측면을 매일 일상적으로 자각함으로써 서서히 그리고 효율적으로 그들을 무력화시킬 것입니다.

진정한 당신

당신은 64개의 그림자 각각이 억압된 표현이나 반응적인 표현을 통해 작동한다는 것을 알게 될 것입니다. 당신의 성격과 당신의 문화, 그리고 어린 시절에 주어진 조건화의 특성에 따라, 당신은 이런 에너지를 필요로 하는 패턴 중 하나 이상을 행동하게 될 가능성이 많이 있습니다. 억압된 본성은 두려움에 뿌리를 둔, 더 내향적인 심리적 패턴으로 나타나는 반면에 반응적 특성은 더 외향적이며 분노로 나타나는데 이는 정말로 밖으로 향하는 두려움입니다. 또한 많은 사람들이 이 두 극 사이를 왔다 갔다 하는 것이 일반적이므로 두 가지 모두를 고려하는 것이 중요합니다.

유전자 키, 그리고 특히 그림자를 읽고 묵상할 때 이 여행의 기초가 진실이 되는 것에 대한 것임을 염두에 두십시오. 자신의 그림자를 알고 이해할 때 당신은 진정한 인간이 됩니다.—진정한 인간이란 자기 수용의 힘을 통해서 자신의 주파수가 자동적으로 더 높은 차원의 단계로 진화하는 사람입니다. 유전자 키를 향한 항해의 시작은 가장 힘든 시간이 될 수 있습니다. 그 키들이 당신이 오랫동안 피해왔던 코드를 풀어 주기 때문입니다. 우리가 이 억압되고 반응적인 그림자 패턴에 잡혀 있기 때문에, 당신 자신이 더 높은 주파수로부터 자신을 잠가놓았다는 것을 깨닫는 것은 정말로 하나의 엄청난 계시입니다. 그러나 당신이 가는 길에 다가오는 모든 통찰과 돌파구에 대해 자신감을 가지세요. 당신이 도약할 때마다 DNA의 주파수가 당신과 함께 도약합니다. 이런 내적인 과정에는 시간이 필요하고 용기만큼이나 큰 인내가 필요합니다. 그러나 이 과정을 겪어가는 동안 높은 주파수가 당신의 피를 따라 흐르는 맛을 느끼기 시작합니다. 이것은 형언할 수 없는 고귀한 선물입니다. 진정한 당신의 재탄생을 나타내는 것이기 때문입니다.

64가지 선물 – 당신의 가슴을 열어줌

모든 그림자에는 선물이 있습니다. 이것이 유전자 키 전송의 핵심입니다. 그것은 인간의 이야기 속에 엮여진 놀라운 왜곡 중 하나입니다. 우리의 모든 신화, 우화, 소설, 영화와 이야기의 기본은 우리의 고통이 결과적으로 초월의 씨앗을 포함하고 있다는 것입니다. 당신이 그림자를 받아들이고 품어 안을 때, 그들은 갑자기 진정한 본성을 드러내고 새로운 창조적 충동이 당신 몸 전체로 풀려나옵니다. 당신의 DNA 안에 미묘하지만 강력한 변이가 일어납니다. 유전학에서 돌연변이란 세포 내에서 유전 암호가 복사되는 방식의 변화를 말하며, 이는 단백질이 만들어지는 방식을 변화시켜 당신의 생화학적 생리를 변화시킵니다. 그림자가 당신의 감추어진 선물을 드러낼 때, 당신의 삶의 템포 전체가 변화합니다.

혈액의 화학이 바뀌고, 생체 리듬이 바뀌고, 기분이 안정되고, 식이 패턴이 바뀌고, 삶에 대한 전반적인 태도가 향상되고 낙천적으로 변합니다. 이 모든 변화는 당신이 유전자 키를 계속 묵상하는 동안 자기 나름의 시간 속에서 자연스럽게 발생합니다.

일단 그림자를 변형시키는 과정을 시작하면 자신의 견해와 전체 신념 체계가 비약적인 도약을 거치게 됩니다. 당신이 선물 주파수에서 점점 더 많은 삶을 살기 시작할 때, 당신은 심지어 당신 스스로가 64시디로 알려진 가장 높은 상태에 도달할 수 있는 가능성을 열고 있는 것을 발견하게 됩니다. DNA의 주파수가 높아지면 높아질수록 당신은 주변의 에너지장에 더욱더 민감해집니다. 세상의 대부분이 그림자 주파수에서 작동하기 때문에 이것은 당신에게 어려운 도전이 될 수 있습니다. 그러나 선물 주파수의 본성은 당신의 가슴을 열어 주는 것, 특히 그림자를 향한 가슴을 열어 주는 것입니다. 일단 당신 안의 그림자를 알게 되면, 진화는 다른 사람들의 주파수를 높이기 위해 당신을 이용하게 될 것이며, 이는 의심할 여지없이 당신을 어떤 형태의 봉사로 이끌 것입니다.

오라(기운)의 힘 깨우기

인체는 오라로 알려진 강력한 전자기장을 형성하는 미묘한 생체에너지 기호를 방출합니다. 백 가지가 넘는 다양한 문화가 이 현상에 이름을 붙여 왔으니 이는 결코 새로운 계시가 아닙니다. 새로운 것은 (심지어 단백질 합성 이전의) 신체에서의 DNA 분자의 주요 역할이 실제로 전자기 수신 및 전송이라는 것을 이해하는 것입니다. 주파수를 화학으로 변환함으로써 DNA는 오라의 전반적인 활력과 속성을 생성합니다. 당신의 삶에서 선물 주파수가 증가함에 따라 당신의 오라가 성장합니다. 당신의 오라는 빛의 파동을 생성하고 당신 주변에 발산하는 능력과 당신의 건강에 직접적으로 연결되어 있습니다. 당신의 몸 안에서 더 높은 주파수가 가슴을 열어 주고 당신을 사랑과 환희로 넘치게 채워줍니다. 그런 파동은 다른 사람들의 오라장으로 바로 들어가 차단된 통로를 열어 강력한 치유 에너지에 접근할 수 있게 합니다.

최근에 인간의 오라는 또한 어트랙터attractor 장에 연결되어 왔습니다. 그 주파수를 통해, 어트랙터 장은 자신에게로 유사한 주파수를 끌어당기며, 그것은 모든 관계 속에서 일어나는 매력의 기초입니다. 그러나 이보다 더 나아가서 당신의 오라가 확장될 때 당신은 우주의 더 큰 리듬과 더 깊은 조화를 이루기 시작합니다. 그리고 이것은 결국 당신의 삶에서 강력한 표현을 만들어냅니다. 당신의 오라는 행운의 보편적인 법칙인 동시성의 힘과 맞물려 있습니다. 이것은 모든 차원에서 당신의 삶에 번영을 가져오며, 당신의 팽창하는 에너지장과 자연스러운 공명을 통해 당신을 삶의 진정한 협력자들과 하나로 묶습니다. 64개 선물 각각이 특정한 천재적 재능을 열고 그때 당신의 오라의 방사를 통해서 자신을 표현합니다.

64시디 – 깨달음 백과사전

유전자 키에 대한 당신의 묵상이 당신의 삶 속에서 계속 깊어지고 선물을 활성화시키면서, 당신의 주파수는 점차 더 높아지고 정교해집니다. 이 과정의 특정 시점에서 묵상은 자발적으로 통합(흡수, absorption)에 이르는 길을 열어 줍니다. 통합은 매우 높은 주파수의 의식 상태로서 DNA가 내분비 시스템을 촉발하여 지속적으로 특정한 희귀 호르몬을 분비하도록 합니다. 피놀린pinoline, 하르민harmine, 멜라토닌melatonine을 포함하는 이 호르몬은 뇌 기능 향상과 관련이 있으며 영적 조명과 초월의 상태를 포함합니다. 통합은 당신의 오라가 자신의 전자기장을 지속적으로 공급할 만큼 높은 주파수를 생성하고 있을 때만 일어날 수 있습니다.

이런 단계에서는 짧은 기간 동안이라도 낮은 주파수로 되돌리는 것은 더 이상 가능하지 않습니다.

선물 주파수와 시디 주파수는 모두 의식 안에서의 양자적 도약을 수반합니다. 인류의 집단의식은 그림자 주파수로부터 거대한 전이가 일어나 선물 주파수 안에서 새롭게 안정된 자각으로 도약할 준비가 됩니다. 이것이 전 지구적인 유전 변이에 촉매작용을 할 것입니다. 동시에, 선물에서 시디 주파수로 전이하려고 준비하는 훨씬 더 작은 인류 집단이 있습니다. 시디라는 단어는 산스크리트어로 '신성한 선물'을 의미하는 말에서 비롯된 것입니다. 시디를 둘러싼 아주 많은 고대 전승이 있습니다(정확하게 64개가 있다고 말하는 전통도 있습니다!). 유전자 키의 맥락에서, 64시디는 궁극적인 인류의 자각을 생물학적으로 표현한 것입니다. 그들은 말 그대로 영적 자각에 대한 여러 가지 표현의 백과사전입니다.

당신의 DNA는 초전도체

인간 존재로서 극히 일부 사람들만이 이해할 수 있거나 말로 표현할 수 없는 시디의 영역으로 양자 도약이 일어나기 전에, 어떤 특이한 현상이 반드시 발생해야 합니다. 당신의 DNA 중에서 엄청난 양(90% 이상)이 유전학자들에게는 아무런 목적이 없는 것처럼 보입니다. 따라서 그것은 정크(junk, 유전자 기능이 없는) DNA라는 매력적이지 못한 이름을 얻었습니다. 이것은 이런 유형의 DNA가 갖는 진정한 역할을 크게 오해한 결과입니다. 과거의 집단적 기억 패턴 전체를 갖고 있는 것이 바로 정크 DNA입니다.—인간으로서의 과거만이 아니라 동물, 파충류 같이 멀리 떨어져 있는 과거, 그리고 더 나아가서 식물, 박테리아로까지 거슬러 올라가는 먼 옛날의 과거입니다. 시디 상태에 도달하기 전에 우리는 모든 유전적 기억을 DNA에서 제거해야 합니다. 이것은 또한 당신의 주파수가 점점 더 높아질 때, 집단적 선조들의 과거로부터 오는 더 깊고 더 깊은 그림자 패턴을 처리해야 한다는 것을 의미합니다.

인도 요가 전통에서 산스카라sanskaras로 알려진 이 고대 그림자 주파수는 문자 그대로 모든 인간 DNA에 감겨 있습니다. 그들을 푸는 유일한 방법은 빛 그 자체입니다. DNA에 대한 연구에 따르면, 이례적인 전자기 특성 중 하나는 광자(초경질 입자)를 끌어당겨 그들을 이중 나선을 따라 나선형으로 만들 수 있다는 것입니다. 자신의 주위에 빛을 직조하여 몸 안에 숨겨진 진정한 역할을 드러내는 것, 신체의 안팎을 드나드는 주파수를 기하급수적으로 증가시키는 것이 유일한 존재 목적인 초전도체로서 역할을 하는 것이 곧 이 DNA의 능력입니다. 이것은 결국 당신 존재의 구조를 완전히 변형시킵니다. 매우 드물게 일어나는 이 현상은 이론적으로는 전위 파열transposition burst로 알려져 있으며 당신 몸 안에 있는 수천 개의 DNA 요소가 새롭고 이질적인 유전적 위치로 갑자기 이동하고 동기화되는 움직임을 수반합니다. 그것은 완전히 새로운 종류의 인간—호모 상투스(santus, 신성)—신성한 인간—의 특별한 탄생을 의미합니다.

그림자에서 시디에 이르는 통로를 고려할 때, 어쩌면 당신은 유전자 키가 보여주는 진화의 항해가 무엇인지 알 수 있을 것입니다. 그들은 원래 빛의 내적 언어이며, 비록 말로 엮여 있지만 그 말들은 실제로 빛 그 자체의 주파수일 뿐입니다. 유전자 키는 단순히 당신이 DNA의 살아 있는 구조에 보내는 메신저이며, 그들의 역할은 훨씬 더 즐거운 삶을 다룰 수 있는 완벽하게 갖추어진 몸을 만들 수 있도록 DNA를 지시하는 것입니다. 당신 몸 안에 있는 가장 깊은 두려움조차도 당신 DNA의 가슴에 있는 순수하고 빛나는 빛을 가리는 낮은 주파수 패턴에 지나지 않습니다.

유전자 키를 통해 가는 항해는 내면 공간의 최전선으로 가는 거대한 모험입니다. 그것은 당신 안에 있는 전사의 영을 당신의 세포 DNA 안에 숨어 있는 개인적이고 집단적인 악마들과 마주하도록 불러낼 것입니다. 그럼에도 불구하고 놀이 같기도 하지만 초점을 맞춘 묵상과 건강한 인내와 용기의 예술로 무장한 당신은 인간 잠재력의 최고 수준으로 통과해 나아갈 것입니다. 항상 기억해야 할 것은 이것이 복잡한 여정이 아니라는 점입니다. 당신의 마음은 계속 시도하면서 그것을 복잡하게 만들 수도 있겠지만, 그것은 사실 호흡만큼 자연스러운 일입니다. 일을 하고, 설거지를 하고, 아이들을 돌보고, 휴식을 취하고, 잠을 자고, 심지어 꿈을 꾸는 등의 일상생활을 하는 동안에도 당신은 유전자 키를 계속 묵상할 수 있습니다. 유전자 키의 패턴은 자동적으로 나타날 것입니다. 따라서 당신이 해야 할 일은 듣고 배우는 것뿐입니다. 당신 앞에 펼쳐지는 삶은 당신의 DNA 내부에서 일어나는 일의 거울입니다. 당신이 그것을 묵상한다면 그것은 마치 마술처럼 당신의 눈앞에 나타날 것입니다!

내비게이션 도구

알려지지 않은 영역으로 항해를 시작하기 전에 미리 준비하는 것이 좋습니다. 유전자 키의 언어는 다양한 분야에서 나온 특정한 용어를 사용합니다. 당신은 새로운 아이디어, 개념 및 감정의 미로를 통해 움직이면서 이 새로운 용어에 스스로를 적응시킬 필요가 있을 수도 있습니다. 각 유전자 키를 보면 생리와 아미노산에 관련이 있고, 코돈 고리Codon Ring라고 불리며 프로그래밍 파트너가 있는 유전자 가족의 일부라는 것을 알 수 있습니다. 이런 각 측면은 앞으로 당신이 묵상해야 할 관문입니다. 이 책의 뒷부분에는 개인적 역량증진Personal Empowerment 용어집이 있습니다. 이것은 유전자 키의 모든 주요 용어와 개념에 대한 심도 있는 안내서이며 당신의 삶은 물론 그 의미에 대한 실용적인 적용법에 대해서도 설명합니다. 이 책에서 사용된 각각의 용어는 유전자 키의 전반적인 통합의 맥락에서 특별한 의미를 갖는다는 것을 기억하는 것이 중요합니다. 이런 의미는 단어의 전통적인 해석과는 많이 다를 수 있습니다. 이 용어집은 계속 진행 중인 의미와 영감의 폰트처럼 사용할 것을 권장합니다. 당신이 스스로 발견하게 될 것이지만 그것은 용어집 그 이상입니다. 오랜 시간 동안 묵상함에 따라 모든 용어는 DNA의 주파수를 높이는 권능을 간직하게 됩니다.

프로그래밍 파트너

유전자 키에 대한 가장 큰 통찰 중 하나는 그림자, 선물, 그리고 시디의 결합에 대한 정확한 이해에서 비롯됩니다. 고대 중국의 현자들이 주역, 변화의 책Book of Changes을 발전시키면서 그들은 자신들의 계시를 상황에 맞춰 조정하고 더 자세히 진술하는 다양한 방법을 발견했습니다. 가장 큰 진전은 헥사그램hexagrams으로 알려진 64개의 원형이 1에서 64까지의 선형 시퀀스와는 반대로 원으로 배열되었을 때 일어났습니다. 유전자 키의 순환 배열은 각 유전자 키가 어떻게 바이너리 프로그래밍 장의 절반으로 작동하는지 볼 수 있게 합니다. 유전자 키를 프로그래밍 파트너와 함께 묵상할 때 어떻게 이런 유전적 결합이 높은 주파수를 차단하거나 해제하면서 몸, 마음, 감정 안에서 생체자기제어(심장 박동처럼 보통 의식적인 제어가 안 되는 체내 활동을 전자 장치로 측정하고 그 결과를 이용하여 의식적인 제어를 훈련하는 방법.) 루프를 생성하는지를 볼 수 있습니다.

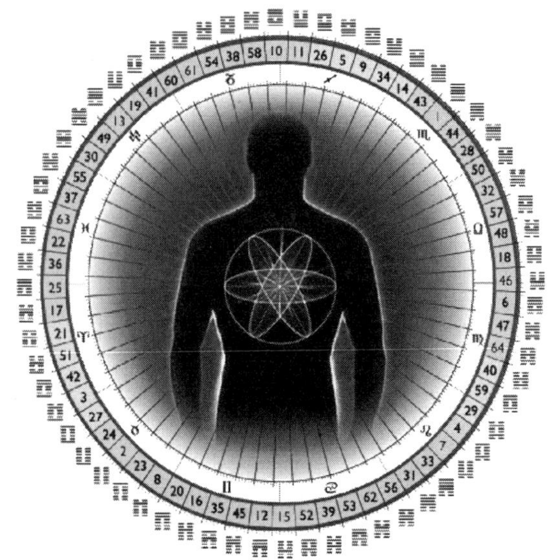

21개의 코돈 고리

유전학에서 세포 안에 있는 유전자의 역할은 삶의 기본 요소인 단백질을 만들기 위해 다양한 아미노산을 합성하는 것입니다. 주요 아미노산은 또한 이 책에서 21 코돈 고리Codon Ring

로 알려진 유전자 가족으로 분류됩니다. 각각의 고돈 고리는 특정한 이름을 가지고 있으며 인류 자체의 더 큰 몸 안에서 집단적 프로그래밍 기관의 역할을 합니다. 인간 신화의 대부분은 이 화학적 그룹에서 나오고 각 고리는 커다란 신비를 내포하고 있습니다. 그들은 히브리어 알파벳과 같은 본래의 신성한 알파벳들은 물론 타로카드의 풍부한 상징주의와 직접적으로 연결되어 있습니다. 그들의 더 깊은 의미는 이 책의 영역 밖에 있지만, 이 코돈 고리를 통해 유전자 키를 고려할 때 당신 자신의 DNA 안에서 그들의 비밀을 풀 수도 있습니다. 무엇보다도 이것은 당신의 항해입니다. 그리고 당신이 얼마나 대담해질지는 전적으로 당신에게 달려 있습니다!

4부 : 유전자 키 접근 각도

자기 자신의 길을 걷기

solvitur ambulando, 성 아우구스티누스St. Augustine의 말입니다. 이것은 '걸으면 골치아픈 문제들이 해결된다'는 뜻입니다. 우리는 이것을 유전자 키의 신조로 삼을 수 있습니다. 삶의 어떤 측면에 대해 어떤 질문을 던지더라도 유전자 키는 대답으로 가는 길을 보여줄 것입니다. 왜냐하면 유전자 키는 단순히 안으로 가는 길을 보여줄 것이며 바로 그것이 항상 대답을 찾는 곳이기 때문입니다. 당신이 해야 할 일은 계속 탐구하면서 계속 걷는 것입니다. 원래 주역은 당신이 인생에서 내려야 하는 어떤 결정이라도 그것을 이끌어 주는 능력이 있는 신탁입니다. 유전자 키는 훨씬 더 나아가 당신의 유전자 내에 실제로 살아 있는 주역으로 당신을 인도합니다. 이 책이 해야 할 일을 끝내면 당신은 진리를 찾기 위해 당신 밖을 다시 돌아보는 일이 절대로 없을 것입니다.

이 서문 전반에 걸쳐서 이 책은 당신에게 하나의 항해로 제시되었습니다.—위대한 수수께끼로의 모험—당신이 누구이며 왜 여기에 있는지에 대한 신비로의 모험 말입니다. 보시다시피 유전자 키에 들어갈 수 있는 길은 여러 가지 다양한 경로가 있습니다. 이 책뿐만 아니라 무수히 많은 서로 다른 방식으로 유전자 키를 활용하는 다양한 도구와 시스템이 있습니다. 나는 당신이 이 다양한 길에 압도당하지 말고 당신 자신의 페이스로 가장 편안하게 느껴지는 방법을 찾으라고 권하고 싶습니다. 이제는 눈치를 챘을지도 모르겠지만 유전자 키는 단지 또 다른 정보 시스템이 아닌 하나의 생방송입니다. 그러므로 그들은 이완되고 묵상적인 태도를 취할 때에만 자기들의 비밀을 내어 줄 것입니다. 첫 걸음 걸이의 특질이 앞으로 올 여행의 모양을 결정합니다. 그러므로 당신이 여기에 온 것을 환영받고 있음을 알기 바랍니다. 당신에게는 당신이 원하는 수준이 어떤 것이든 그 수준에서 유전자 키를 탐색할 수 있는 충분한 시간이 있습니다.

아날로그와 디지털

가장 광범위한 차원에서 유전자 키에 접근할 수 있는 방법에는 두 가지가 있습니다. 전체론적 관점을 담은 아날로그 방식과 세부적인 부분에 뛰어드는 디지털 방식이 그것입니다. 삶은 두 가지 모두로 구성되어 있으며 둘 사이에 건전한 균형을 유지하는 것이 좋은 일입니다. 지금까지 보아 왔듯이, DNA 자체는 논리적이고 이진법적인 방식으로 해석될 수 있는 패턴과 시퀀스로 정리된 디지털 바이너리 코드입니다. 아날로그 방식은 완전히 다릅니다. 그것은 신비스럽고, 장난스럽고, 자발적이고, 직관적입니다. 높은 주파수는 오직 아날로그 방식으로만 잠금이 해제될 수 있으며, 디지털 방식은 이런 주파수와 경험을 어떻게 우리의 정신적 이해에 접지 시키는가입니다. 아날로그와 디지털 둘 모두를 결합한 결과가 묵상입니다.—그것은 유전자 키로 가는 기본이 되는 길입니다.

아날로그 시퀀스 – 마법이 일어나도록 허용함

위의 관점에서 당신은 지적인 이해가 밖으로 드러나지 않은 채로 유전자 키로 가는 당신 자신만의 아날로그 경로를 만들어내도록 초대받았습니다. 당신의 타고난 천재성은 당신의 가슴을 통해서만 꽃을 피울 수 있습니다. 지적 능력은 천재성의 가장 큰 적이 될 수 있습니다. 그러나 유전자 키가 당신의 가슴속에서 노래하도록 허용하면, 지능은 가슴을 끌고 가려고 하는 것이 아니라 자신의 본래 장소를 찾아가 당신의 가슴을 도와줍니다. 그러므로 나는 비순차적인 방식으로 유전자 키를 여행하도록 권고합니다. 그러면 그것은 지능의 주의를 흐트러뜨리고 매트릭스를 통해 당신 자신만의 독특한 통로와 경로를 열어줄 것입니다. 이것은 원래 주역의 마법처럼 서로 다른 시간에 무작위로 다른 페이지를 열어보는 것이 허용되어야 하는 그런 종류의 책입니다.

이런 아날로그 방식으로 유전자 키의 장에서 놀이를 함으로써 시퀀스의 진정한 신비를 배우게 될 것입니다. 우리는 시퀀스를 디지털로 보는 경향이 있지만 (예 : 1-10), DNA 내부에는 명확한 논리적 패턴을 따르지 않는 기하학적 시퀀스가 있습니다. 어쩌면 유전자 키를 돌아다니는 여행에서 당신은 그 교훈을 배울 때까지 어떤 특정 유전자 키로 반복해서 다시 돌아가게 될 것입니다. 아마도 어떤 유전자 키는 당신이 내부에서 그들을 활성화시킬 준비가 될 때까지 나타나지 않을 것입니다. 텍스트를 살짝 훑어보기도 하고 처음부터 끝까지 파고들기도 하면서 당신만의 고유한 시퀀스를 발견하십시오. 유전자 키를 지나가는 항해가 당신의 신체적 생화학에서도 일어나고 있음을 기억하십시오. 모든 유전자 키는 DNA를 통해 내분비 시스템에 직접 연결되어 있으며, 이는 호흡 패턴에서부터 심장 박동수까지 신체의 모든 부분에 영향을 미칩니다. 당신의 태도가 당신의 유전자와 이야기하고, 당신의 유전자가 당신의 분비선과 이야기하며, 당신의 분비선은 당신의 삶이 더 높은 조화와 일치하도록 재구성합니다.

당신이 겪게 되는 과정에는 의심할 여지없이 DNA 내부의 빛이 매우 어둡고 멀리 보이는 시간이 있을 것입니다. 그런 시기에 당신의 태도가 가장 중요합니다. 당신은 자신만의 시퀀스대로 전환점에 도착했을 수도 있습니다. 그때 당신은 당신 안에서 일어나는 느낌을 존중해야 합니다. 당신의 시퀀스는 절대 잘못될 수 없습니다! 유전자 메모리에서 그림자를 영원히 지울 수 있도록 DNA가 그림자 패턴을 토하고 있다는 것을 이해하십시오. 모든 사람의 순서에는 계시와 통찰과 돌파구로 이끌어 주는 뒤틀기와 뒤집기가 있습니다. 이 책에서 받는 각각의 계시는 당신을 다른 사람과 다른 상태로 남아 있게 합니다. 모든 돌파구는 당신의 DNA가 더 높은 주파수로 변이되게 하며 결국 당신이 이전과 다르게 느끼고 다르게 행동하게 만듭니다. 진정한 마술은 내면의 시퀀스가 당신의 외적인 삶에 반영될 때 생생하게 나타납니다. 당신의 어트랙터 장이 바뀌고 우주가 당신에 반대해서가 아니라 당신을 위해서 일을 하기 시작하면서 새로운 외적인 사건의 시퀀스가 일어납니다.

무엇보다도, 당신의 DNA가 이용되기를 기다리고 있는 기적의 백화점임을 아십시오. 독서의 모든 일반적인 규칙을 버리도록 하십시오. 각 페이지가 맘대로 날아다니게 하십시오. 그리고 각각의 페이지가 그 기적을 풀어 열 때 아날로그 마술의 흐름을 즐기십시오!

디지털 시퀀스 – 홀로그램에 들어서기

일단 당신이 아날로그 방식의 정신과 마법을 흡수하면, 유전자 키와 함께하는 당신의 항해가 본격적으로 시작됩니다. 그때 당신은 디지털 디즈니랜드로 다이빙할 수 있습니다! 서문에서 이미 말했듯이, 우주에 대한 요즘 우리의 과학적 이해는 급속하고 급진적으로 변화하고 있으며, 새로 나타나고 있는 그림은 마음이 산산조각 나는 것과 다를 바가 없습니다. 양자물리학은 우리가 우주에서 볼 수 있는 모든 것이 우주의 다른 모든 것에 반영되는 것처럼 보인다고 보여주고 있습니다. 마음 그 자체는 우주와 함께 얽혀져 더 이상 객관적인 추론에 소용될 수 없게 되었습니다. 여러 세대 동안 과학에 의해 회피

되었던 분야인 의식에 대한 연구는 이제 과학적 탐구의 가장 뜨거운 분야 중 하나가 되고 있습니다.

따라서 유전자 키를 가지고 놀이를 하는 동안 당신은 자신이 무엇에 흥미를 갖게 되었는지 알아야 합니다. 당신은 홀로그램 우주의 중심으로 발을 들여 놓고 모든 삶의 프로그래밍 매트릭스에 들어서고 있습니다. DNA 내부에서 경험하는 모든 주파수 변화는 우주의 모든 원자에 영향을 미칠 것입니다. 당신이 진화할 때, 모든 존재들이 당신과 함께 진화할 것입니다.

디지털 우주에서 모든 삶의 전체론적 구조는 무한한 프랙털 양상으로 세분됩니다. 이런 다양한 요소, 관계 및 시스템은 모두 해체되고, 우리는 소우주적 관점에서 더 증가된 이해를 통해 볼 수 있습니다. 다른 말로 하면, 당신이 정말로 뭔가의 바닥끝까지 가고 싶다면, 당신은 그것을 분해해야 합니다! 이것이 디지털 방식의 기초입니다.

당신의 홀로제네틱hologenetic 프로파일

모든 인간은 자신의 존재 속에 깊숙이 각인된 독특한 신성기하학을 갖고 태어납니다. 이 기하학은 끊임없이 변화하는 우주 안에서 출생의 정확한 시간과 장소를 통해 구성될 수 있습니다. 이와 똑같은 구조가 또한 당신의 DNA에 암호로 복제되어 유전적 패턴과 디지털 시퀀스의 개인 프로파일을 남과 뚜렷이 구별되게 형성하며 각각의 패턴은 삶의 서로 다른 측면과 관련됩니다. 이것이 당신의 완전 유전자 프로파일이며, 당신이 누구이고, 어떻게 작동하며, 무엇보다도 당신이 여기에 왜 존재하는지를 말해주는 원래의 청사진입니다.

당신의 홀로제네틱 프로파일은 당신이 갖고 있는 천재성의 다양한 측면을 드러내거나 깨워주게 될 다양한 유전자 시퀀스를 보여주는 개인적인 지도입니다. 여기에는 당신의 인생 목적, 당

신의 관계 패턴, 당신의 재정적 번영, 당신 가족의 역학 관계, 당신이 어렸을 적의 발달 주기, 당신의 건강과 치유와 영적 자각을 관장하는 시퀀스가 있습니다. 각 시퀀스는 세상에서 단 하나뿐인 응용 프로그램을 가지고 있으며 그 자신만의 도구와 가르침의 세트가 있습니다. 한 예가 비너스 시퀀스로 알려진 관계 시퀀스입니다. 이 시스템은 개인의 DNA 내에 있는 특정한 정신적 문제와 감정적 장애를 정확히 지적해냅니다. 이런 장애는 인간관계와 건강에서 어려움을 야기할 수 있습니다. 유전자 키를 이용한 패턴 인식의 간단한 기술을 통해 누구든 자기 파괴적인 성향을 보고 그것을 훨씬 더 유익한 패턴으로 변모시킬 수 있도록 안내 받을 수 있습니다. 비너스 시퀀스는 수많은 관계와 개인들에게 거대한 변형을 가져다준다는 것이 반복적으로 나타났습니다.

당신은 비너스 시퀀스와 같이 많은 응용 프로그램 중 하나를 통해 유전자 키에 들어가거나 아니면 이 책을 통째로 묵상할 수도 있습니다. 어느 쪽이든, 당신 삶의 어느 한 영역에서 주파수를 높일 때, 다른 모든 영역에서도 주파수를 높이게 된다는 것을 아는 것이 중요합니다.

묵상, 통합 및 구현 – 핵심 경로

유전자 키로 가는 당신의 여행은 묵상으로 시작됩니다. 이 서문을 여기까지 읽어 오는 도중에도 당신의 묵상은 시작되었습니다. 이 가르침에 내재되어 있는 진리는 이미 당신의 오라 속으로 들어가고 있으며 거기에서 반드시 스며들도록 허용되어야 합니다. 묵상의 기술은 인내와 소화에 관한 것입니다. 열린 마음을 가지고 있다면 유전자 키의 전송은 당신의 감정체인 아스트랄체로 더 깊숙이 들어갈 것입니다. 당신이 더 높은 주파수를 받을 준비가 되었는지에 따라, DNA는 전송이 당신의 신체 속으로 들어갈 때 반응할 것입니다. 이런 일이 일어나기 위해서는 전송이 먼저 당신의 마음과 느낌을 통과해야 합니다. 어느 지점에서나 전송은 어떤 장애나 그림자 패턴에 부딪힐 수 있습니다. 당신의 마음속에서는 이것이 판단이나 의견 또는 믿음으로 나타날 수도 있습니다. 당신의 감정을 통해 그것은 억압된 무의식의 기억이나 죄책감, 수치심 또는 두려움과 같은 억압적인 감정 패턴으로 나타날 수도 있습니다.

이런 그림자 패턴은 모든 인간의 DNA 속에 숨어 있으며 유전자 키에 대한 묵상은 자연적으로 그들을 빛으로 데려다 줄 것입니다. 유전자 키로 여행하면서 항상 내면의 귀를 열어 놓고 자연 발생적인 반응, 육감과 생각에 귀를 기울이십시오. 불쾌감을 유발하는 것은 무엇보다 중요하며, 그것에 충분히 주의를 기울일 것을 권장합니다. 이것은 매우 개인적인 항해입니다. 그리고 더 높은 주파수를 생각하고 느끼고 실행함을 통해서 그들이 당신의 내부에서 공명하도록 할 때, 그들은 자신들을 기다리고 있는 당신의 DNA로 가는 길을 발견할 것입니다. 당신은 DNA 속에 있는 높은 주파수 패턴이 언제 잠금 해제되었는지 알게 될 것입니다. 왜냐하면 당신의 몸과 마음과 가슴이 그것을 쏟아지는 빛으로 느끼게 될 것이기 때문입니다. 그런 순간들은 소중히 여겨져야 하며, 당신의 묵상이 깊어질수록 그들은 더 자주 올 것입니다.

몸이 높은 차원으로부터 영양분을 받기 위해 세포 수준에서 열릴 때 흡수(통합)가 일어납니다. 그러기 위해서는 깊은 감정적 성숙과 훌륭한 정신적 명료함이 필요합니다. 흡수 상태에서 당신의 오라는 DNA가 빛을 세포 속으로 빨아들이기 시작할 때 팽창합니다. 이 단계에서는 당신의 몸조차도 가장 높은 본질을 묵상하게 되며, 당신은 천재의 가장 높은 발현인 시디를 맛보기 시작하게 됩니다. 세포들이 점점 더 높은 주파수에 익숙해지면, 당신은 유전자 키가 당신에게 지향하도록 지시해 주었던 전송의 핵심을 구현하기 시작합니다. 이 마지막 구현의 단계가 묵상의 절정입니다. 이 아름다운 상태에 들어설 때, 당신은 더 이상 기술이나 도구가 필요 없다는 것을 알게 됩니다.

구현Embodiment – 빛의 속도를 뛰어 넘는 도약

구현은 모든 말과 설명을 종식시킵니다. 비록 여전히 단어를 사용하고 있을지라도, 당신은 이제 빛 그 자체의 언어로 들어갔습니다. 그것이 64시디로 표현됩니다. 이 단계에서 당신은 유전자 키가 어떻게 세포의 안팎으로 정보를 전달하는 메신저가 되어 말을 넘어선 이 기적이 일어날 수 있도록 하는지 보게 될 것입니다. 당신이 자신을 더 높은 진화의 일부로 인정하게 될 때, 당신의 평생 작업과 내면의 목적이 마침내 일치하게 됩니다. 당신은 위대한 각성의 일부입니다. 당신은 인류의 몸 안에 있는 DNA 분자이며, 당신은 완전히 깨어 있습니다. 당신의 유일한 역할은 새로운 높은 주파수로 당신 주위의 모든 세포를 프로그래밍하기 시작하는 것입니다. 당신이 각성의 전송을 구현할 때, 당신은 자신만의 목소리를 발견하게 될 것이며, 당신의 빛에 끌려온 사람들에게 당신의 언어를 적용하게 될 것입니다. 당신은 중요한 것은 언어가 아니며 메시지와 메신저의 주파수라는 것을 깨닫게 될 것입니다.

요즘 세상의 아이들을 볼 때, 그들의 자연 그대로의 순수한 상태가 우리가 창조한 현대 사회와 만나면서 그들의 눈 속에서 환멸감이 일어나는 것을 쉽게 볼 수 있습니다. 이 아이들이 지금 가장 필요로 하는 것은 우리 자신의 순수함을 되찾고 우리의 낭만적인 천재성을 세상에 되돌려주는 것입니다. 유전자 키에 내포된 진리를 구현하는 것은 곧 순수한 로맨스를 전달하는 것입니다.—그것은 우리 각자의 내부에 마법이 살아 있으며, 무엇이든 가능하고 기적은 일어날 수밖에 없다는 것을 보여줍니다. 미래 세계는 아이들의 눈을 가진 어른들에 의해 창조된 세계가 될 것입니다. 호모 사피엔스에서 호모 상투스로 가는 앞으로의 유전적 돌연변이는 두려움과 경쟁에 뿌리를 둔 낡은 시스템이 아니라 자연 그대로의 우주 법칙에 따라 만들어진 것만을 추구하는 깨달은 아이들의 연속적인 물결을 이 세상으로 가져올 것입니다. 55번째 유전자 키가 증언하는 바와 같이, 살아 있다는 것이 정말로 특별한 때입니다.

이런 변화는 이것을 읽고 있는 당신이 물리적으로 빛의 전송을 구현할 수 있을 때에만 일어날 것입니다. 이것이 일어나기 위해서는 존재 속에서 깊은 이완의 지점에 도달해야 할 것입니다. 왜냐하면 구현은 이완 속에 뿌리를 두고 있기 때문입니다. 우리가 말했듯이, 묵상이 핵심 통로입니다. 그것은 이완된 자세와 경건한 태도를 필요로 합니다. 우리는 그림자는 단순히 그림자일 뿐이고 모든 것은 선물을 가지고 있음을 항상 기억해야 합니다. 당신이 태도를 바꾸게 될 때, 모든 그림자가 똑같은 빛에 의해 비춰지는 것을 보게 될 것입니다. 이것은 자기를 용서하는self-forgiveness 여행입니다. 무엇보다 먼저 자기 자신에게 자비로워야 합니다. 당신이 자신의 그림자를 용서할 때, 당신은 당신 자신에게 64가지 선물을 주게 될 것입니다. 그리고 각각의 유전자 키 안에 훨씬 더 소중한 뭔가가 있다는 것, 그리고 그것이 당신 DNA 안에 숨겨진 더 높은 차원의 목적을 드러낼 열쇠라는 것을 이제 알게 됩니다.

유전자 키와 많은 응용 프로그램을 통해 항해를 즐기시기 바랍니다. 그들은 묵상적 즐거움을 위한 축제처럼 여러분에게 제공됩니다. 또한 이들이 새로운 언어를 구현할 준비가 된 다른 사람들을 끌어들이기 위해 설계되었기 때문에 나는 당신이 이 책을 넘어선 여행을 계속하면서, 끊임없이 확장되는 신비의 장 안에서 당신 자신의 빛과 천재성을 찬양하면서 그들을 공동 창조자로서 탐구하기 바랍니다.

1st GENE KEY

시디
아름다움
선물
신선함
그림자
엔트로피

엔트로피Entropy에서 신트로피Syntropy로

프로그래밍 파트너 : 2번째 유전자 키
코돈 고리Codon Ring : 불의 고리Ring of Fire
(1, 14)

생리 : 간
아미노산 : 리신Lysine

첫 번째 그림자
엔트로피Entropy

시바의 춤

옛날 옛적에, 어쩌면 억겁 이전에, 지금은 신화가 된 땅에서 한 청년이 커다란 강 옆에서 깊이 반성하며 앉아 있었다. 이 강이 지금은 더 이상 존재하지 않지만 전설에 따르면 그 강에서 유래된 것이 현재 중국으로 알려진 곳의 심장을 관통하는 양쯔 강일 수도 있다고 한다. 청년이 부드러운 파도가 자기 발에 찰랑거리는 것을 지켜보고 있을 때 갑자기 작은 거북이가 커다란 녹색의 주맥主脈에서 나타나 자랑스럽게 물에서 나와 청년 옆에 앉아 그와 조용히 함께 묵상했다.

한참 동안 어느 쪽도 말을 하지 않았다. 마침내 청년은 분명히 거대한 보편적 통찰epiphany의 정점에 서서 크고 경탄스러운 한숨을 내쉬며 작은 거북이에게 소리쳤다.

"아, 작은 자여, 그때는 뭐지?…"

놀랍게도 거북이는 반 바퀴 돌았고 무심히 젊은이를 등지고 섰다. 그러면서 계속 조용히 햇볕을 쬐고 있었다.

청년은 작은 거북이의 등과, 봄 햇볕을 받아 물기가 마른 껍질의 복잡한 연동 패턴을 뚫어지게 바라보았다. 그가 바라보고 있을 때 이상한 일이 일어나기 시작했다. 보면 볼수록 질문의 본질이 더 잘 이해된 것이다. 그래서 그는 그 순간에 열중하였고 온 마음으로 작은 거북이의 등을 응시했다. 서서히, 거의 알아차리지 못할 정도로 천천히, 모든 것이 사라지기 시작했다. 처음에는 거북이가,

그런 다음에는 우주가, 그리고 마침내는 청년 자신이 사라졌다. 몇 시간 후 젊은이가 의식을 되찾았을 때 그 거북이는 사라졌다고 한다.
그날 이후 인류는 우주의 모든 측면을 이해할 수 있는 수단을 갖게 되었다. 그것은 미천한 거북이의 등에 있는 서로 얽힌 패턴에서 발견되었다. 그리고 시간이 지남에 따라 그것은 인간에 의해 발견된 것 중에서 가장 심오한 지식이 되었다. 그것이 주역이 된 것이다.

중국의 주역은 역대 가장 위대한 영적 서적 중의 하나입니다. 수천 년 전 복희씨伏羲氏, Fu Hsi라고 하는 전설적인 중국 황제가 쓴 이 책은 계절과 삶의 순환을 보여주는 이진법의 코드를 압축했습니다. 이 책에서 이 삶의 과정은 남성 또는 여성으로 된 6줄의 간단한 코드로 표시되었고 총 64개의 조합으로 되어 있습니다. 첫 번째 헥사그램으로 알려진 첫 번째 원형은 6개의 남성적인 선으로 이루어져 있습니다. 이 원형은 우주의 모든 창조적인 생명의 기본 코드로 표현되었습니다. 그 반대인 두 번째 헥사그램은 6줄의 여성적인 선으로 구성되어 있으며 우주의 모든 창조적인 생명에게 길을 안내하는 기본 코드로 표현되었습니다. 당신 자신의 DNA로 들어가는 여행을 시작하는 이 시점에 모든 것의 가장 위대한 비밀, 곧 모든 이중성의 비밀 역학이 숨겨져 있습니다. 우리가 여기서 처음으로 발견하게 되는 또 다른 사실은 주역과 삶에서 항상 책임을 맡는 것은 여성들이라는 점입니다! 당신이 유전자 키의 신비에 점점 더 깊숙이 들어가면 이 말이 진실로 의미하는 바를 서서히 이해하기 시작할 것입니다.

주역은 유전자 코드의 수학적 거울이며, 실제로 모든 64원형은 네 개의 근본 원리로 축소될 수 있습니다. 이것들은 주역의 시퀀스 자체의 시작과 끝에서, 즉 첫 번째와 두 번째 유전자 키와 63번째와 64번째 유전자 키에서 포착됩니다. 이 두 쌍은 이 위대한 책 자체의 프롤로그 및 에필로그와 비슷합니다. 이 네 가지 원리 또는 기둥 위에 생명이 세워집니다.

첫 번째 유전자 키의 낮은 주파수—첫 번째 그림자는 엔트로피(entropy, 시스템 내 정보의 불확실성 정도를 나타내는 용어, 예측 불허)라는 단어로 완벽하게 설명됩니다. 엔트로피의 간단한 정의는 다음과 같습니다.

"닫힌 시스템 내에서 에너지의 장애 또는 비가용성의 척도. 엔트로피가 많다는 것은 작업에 사용할 수 있는 에너지가 적다는 것을 의미한다."[4]

4 http://www.pbs.org/faithandreason/physgloss/entropy-body.html

현대 물리학과 열역학은 엔트로피의 기본적인 인식 법칙에 기초합니다. 우리가 마음을 통해 보면, 우주는 단 하나의 방향을 갖고 있는 것으로 보입니다. 즉 질서에서 혼돈으로 움직인다는 것입니다. 이 첫 번째 그림자는 주파수가 행성 전체를 이 낮은 차원에서 삶을 유지하도록 합니다. 그것은 우리 문명에 던져진 덮개와 같습니다. 우리의 마음에 따르면 우리는 엔트로피에 대해 아무것도 할 수가 없습니다. 그것이 우리의 가장 주된 문제입니다. 인간은 일반적으로 자신을 받아들이지 않습니다. 그리고 엔트로피를 인간의 느낌으로 바꾸면 그것은 일종의 깊은 무감각, 또는 어둠의 감각이 됩니다. 엔트로피는 사실 사랑의 반대입니다.

우리가 처음 두 개의 주요 유전자 키들로부터 무엇인가를 배운다면 그것은 이중성의 본성 자체에 관한 것입니다.—생명은 극성이 없이는 존재할 수 없다는 것입니다. 유전자 키 계시의 중심에 있는 의식의 스펙트럼의 전체 개념은 스펙트럼의 한쪽 끝에 있는 그림자의 극성과 다른 쪽에 있는 시디에 달려 있습니다. 각각이 서로를 낳습니다. 엔트로피는 창조성의 화이트홀에 상반되는 블랙홀이며, 이 첫 번째 유전자 키는 창조성에 관한 것입니다. 창조성을 활용하는 비결은 실제로 첫 번째 그림자에 있습니다. 사실, 이 책의 모든 유전자 키에 대한 비밀은 64가지 그림자 각각 안에 숨겨진 잠재 에너지를 활용하고 수용하는 데 있습니다. 이 두 가지 주요 유전자 키에서 이 사실을 파악하면서 당신은 다가올 항해를 진심으로 준비해야 합니다.

그렇다면 당신의 삶에서 엔트로피는 무엇을 의미합니까? 방금 말했듯이 엔트로피는 인간 안에서 무감각으로 나타납니다. 그리고 이 무감각은 실제로 의식이 극도로 풍부한 상태입니다. 무엇보다도 먼저 당신은 그것이 화학적 상태라는 것을 이해해야 하고, 둘째로 그것이 갑자기 들어오며 만일 완전히 받아들여지면 단지 순식간에 지나가 버리고 만다는 것을 이해해야 합니다. 엔트로피와 창조성은 우리가 살고 있는 우주 안에서 펼쳐지는 영원한 춤입니다. 많은 신화가 이 춤을 잡아냈습니다.—힌두교 신 중의 시바 신Lord Shiva의 춤추는 모습은 존재하는 모든 것을 파괴하기도 하고 창조하기도 하는 춤추는 신의 한 모습일 뿐입니다.

우리는 수천 가지의 이론에도 불구하고 왜 우리 인간이 어떤 날에는 우울하고 다른 날에는 행복한지 정확히 알지 못합니다. 바깥 날씨가 있는 것과 마찬가지로, 우리 안에도 날씨가 있으며 그것은 모든 사람에게 서로 다르게 나타납니다. 그러나 이런 내면의 기상 패턴의 예측할 수 없는 본질 때문에 너무도 많은 사람들이 힘들어하고 있습니다. 당신 안에 창조의 움직임이 느껴질 때, 당신은 행복합니다. 당신 안에서 엔트로피가 느껴질 때, 당신은 더 이상 행복하지 않습니다. 당신 삶에서 일어나는 에너지의 지속적인 상호작용은 당신이 항상 행복한 편을 유지하고 우울한 편에서 벗어나고 싶어 하게 만듭니다. 여기에 당신 본성의 가장 큰 결함이 있고 우울증에 대한 엔트로피의 진정한 에너지의 왜곡이 있습니다.

첫 번째 그림자는 당신의 삶 속에서 생기가 없거나 슬프거나 기분이 가라앉을 때마다 나타납니다. 이것은 신체의 화학적 과정이며, 그것을 이해하려고 시도하거나, 그 이유를 찾거나, 아니면 최악으로는 그것을 고치려고fix 시도하면 자연스러운 처리 과정은 깨끗하게 마무리 짓지 않을 것입니다. 마음으로 이 상태를 거부할 때 발생할 수 있는 커다란 위험 중 하나는 당신이 그 과정에 개입하여 그것을 우울증으로 고정시키게fix 된다는 점입니다. 왜냐하면 이 첫 번째 그림자는 우울증으로 이어질 수 있는 화학적 과정을 유발하기 때문입니다. 대부분의 우울 상태는 우리의 유전체 구성 내에서 특정 그림자 주파수에 저항한 결과입니다. 당신의 개인적인 유전적 성향에 따라, 당신은 다른 사람들보다 다소 가라앉은 기분이 될 수도 있습니다. 일반적으로 말하면, 더 창조적인 사람일수록, 이런 종류의 우울한 화학의 영향을 더 깊이 받을 수 있습니다.

엔트로피의 상태는 더 정확히 말하면 진공 상태와 유사합니다. 당신의 시스템은 재충전되고 있으며 따라서 당신 안에 있는 에너지는 일종의 정체 상태로 물러납니다. 당신이 그것을 허용할 만큼 충분히 참을성이 있다면, 그 결과로 생긴 감정이나 감정과 열정 양쪽 모두 또는 어느 한쪽의 결핍은 아주 특별한 어떤 일이 일어날 수 있는 다치기 쉬운 환경을 제공합니다. 이 어떤 일이 창조적인 과정입니다. 다른 말로 하면, 당신의 낮은 에너지는 당신이 아직 그것을 볼 수는 없지만 무언가가 만질 수 없는 것이 당신 안쪽에 잉태되고 있다는 것을 의미합니다. 그 상태가 표현 단계로 변형될 때만 그 과정이 무엇인지 알게 될 것입니다. 그러므로 당신 삶 속에서 이 낮은 곳에 머무는 시기는 매우 특별한 시기이며, 일반적으로 당신은 내부에서 자라는 씨앗의 발아를 돕기 위해 홀로 있어야 하고 물러나 있어야 합니다. 그런 시기에 최악의 적은 당신에게 무엇이 잘못된 것인지 궁금해하는 당신 자신의 마음(또는 누군가의 마음)이 개입하는 것입니다. 이 첫 번째 그림자의 프로그래밍 파트너는 두 번째 그림자인 어긋남Dislocation입니다. 이것은 당신이 자신에게 무슨 일이 일어나고 있는지를 지적으로 이해하려고 할 때 당신의 정신적인 혼란 상태를 더 악화시키기만 할 뿐입니다. 두 번째 그림자는 불안의 불길에 기름을 붓는 경향이 있습니다. 왜냐하면 모든 것이 전체와 조화를 이루지 않는다는 느낌을 주기 때문입니다. 사실은 그렇지 않지만 말이지요.

이 첫 번째 그림자 때문에 하나의 종으로서의 인류는 원래 될 수 있었던 만큼 창조적이지 않습니다. 그 이유는 개인이 경험하는 엔트로피의 자연발생적 국면에 대한 집단적인 부인의 무게 때문입니다. 이 그림자는 오직 용기와 인내와 신뢰의 거대한 도약을 필요로 하는 개인 차원에서만 해결되고 받아들여질 수 있습니다. 갑자기 눈이 멀어지고 길을 잃었을 때, 할 수 있는 가장 좋은 방법은 조용히 최소한의 주의를 기울이면서 시스템을 부드럽게 통과시키게 하는 것입니다. 당신의 삶 속에서 자연스럽게 엔트로피를 깊이 받아들이는 것은 결국 당신이 진정한 잠재력의 잠금을 해제하여 급기야는 그것을 완전히 초월하게 할 것입니다.

억압적 본성 – 우울증Depressive

이 그림자의 내향적인 본성은 필연적으로 우울증으로 이어집니다. 우울증의 상태는 두려움에 뿌리를 둔 정신적 붕괴로 인해 낮은 주파수의 감정 상태가 얼어붙음으로써 유발될 수 있습니다. 일단 두려움이 신체의 시스템을 장악하면, 엔트로피는 삶의 표면층에서 점점 더 많은 에너지를 뽑아냅니다. 그런 상태는 각각 다른 수준에서 발생할 수 있습니다.– 일부는 영구적일 수 있고 다른 일부는 산발적일 수 있습니다. 어떤 것은 사람들을 병들게 만들 수 있고, 다른 어떤 것은 그저 눈빛을 흐리게 할 수도 있습니다. 일단 우울한 상태가 고정되면 그것은 오직 개인 각자에 의해서만, 그리고 누구의 도움도 없는 상태에서만 깨질 수 있습니다. 개인은 우울증을 초래한 두려움을 제압해야 하며 모든 수준에서 태도의 주파수를 바꾸어야 합니다.

반응적 본성 – 광적인Frenetic

이 그림자의 반응적인 면은 어떤 대가를 치르더라도 그들이 느끼고 있는 감정에서 벗어나고자 하는 광적인 충동으로 나타납니다. 문을 닫고 혼자서 엔트로피와 조화롭게 움직이는 대신, 이 사람들은 즉각적으로 활동을 늘리고 다른 사람들과 접촉합니다. 그들은 자신 내부에서 일어나고 있는 일들을 억압하려는 노력에 열광하게 되고, 무모한 계획에 참여하거나 단조로운 패턴에 묶여 자신들의 건강을 급격히 손상시킬 수 있습니다. 그런 사람들은 자신 몸의 화학과는 반대 방향으로 움직이기 때문에 큰 위험에 처하게 됩니다. 감정을 피하려고 하는 그들의 충동은 그렇지 않았다면 전혀 문제가 되지 않았을 모든 종류의 질병에 노출시키게 됩니다.

첫 번째 선물

신선함Freshness

우울의 아름다움

대부분의 고대 창조 신화에서 생명은 맨 먼저 빛으로 나타납니다. 성경의 창세기에서, 이것은 영원히 "빛이 있으라!"는 분명한 메시지로 서양인들의 마음에 영원히 심어져 있습니다. 이 첫 번째 선물은 우주의 창조 에너지의 표현으로서 빛의 개념에 뿌리를 두고 있습니다. 다른 일반적인 창조 신화들은 성경에서 신이 큰 소리로 외친 위의 말에 기초하고 있습니다. 여기 이 첫 번째 선물에는 '빛과 소리'라는 두 가지의 본질적인 원리가 합쳐 있습니다. 창조의 세 번째 위대한 상징은 이 두 원칙을 불이라는 상징을 통해 통합합니다. 불은 아마도 가장 위대한 창조적 원형일 것입니다.

왜냐하면 그것은 태워 버릴 뿐만 아니라 변형시키기 때문입니다. 두 번째 유전자 키가 당신의 진정한 방향을 지시하는 반면, 그 프로그래밍 파트너인 첫 번째 유전자 키는 당신이 거기에 도달할 수 있도록 실제적인 추진력을 제공합니다.

어떤 누군가가 낮은 주파수의 화학 과정을 통과해 깨끗해질 때마다, 그들은 이 창조 신화를 재현합니다.—어둠에서 갑자기 빛이 나타나며—그리고 마술처럼 낮은 에너지장이 높은 에너지장으로 전환되어 기쁨으로 경험됩니다. 기쁨은 슬픔이 그러듯이 예기치 않게 찾아오지만 즐거움은 그것을 표현할 욕구, 그리고 특히 그것을 당신의 목소리나 예술을 통해 표현하려는 욕구와 함께 찾아옵니다. 이 첫 번째 선물은 신선함Freshness의 선물이라고 불립니다. 이유는 감각을 마비시키는 화학적 영역에서 나온 것은 그것이 무엇이든 완전히 새롭기 때문입니다. 각각의 유전자 키에 대한 각각의 단어는 매우 구체적이며 신선함이라는 단어는 예를 들어 새로움newness이라는 단어와 다릅니다. 신선함은 마치 내면의 불로 타오르는 뭔가를 나타내는 것처럼 생기를 전달합니다. 이것이 첫 번째 선물의 힘을 받은 사람들이 자신들을 표현하는—마치 다른 세계에서 가져온 뭔가의 후광으로 둘러싸인 것처럼 표현하는—정확한 방식입니다.

이 첫 번째 선물은 작은 그룹 내에서 기적을 행할 수 있습니다. 이 선물을 통해 당신의 주파수를 상승시킬 때, 당신은 다른 사람에 의해 타고난 지도자로 선정될 수도 있는 사람이 됩니다. 동시에 당신은 다른 사람들이 따라 오는 것에 관심이 없기 때문에 어떤 리더십 역할을 맡기를 꺼리게 될 것입니다! 신선함의 첫 번째 선물이 정말로 원하는 것은 당신을 통해서 자신을 완전히 표현하는 것이며 그럼으로써 당신 자신이 다른 사람들에게 미치는 영향을 지켜보는 것을 즐길 수 있도록 하는 것입니다. 이 선물이 당신의 DNA 안에서 깨어나자마자 당신은 당신이 속한 그룹의 사람들에게 무의식적으로 생명과 빛을 주입시키고 있다는 것을 알게 될 것입니다.

이런 이유 때문에 첫 번째 선물은 가족, 소규모의 팀 또는 사적인 그룹의 영역에서 탁월하게 드러나도록 되어 있습니다. 신선함은 그것이 개화되기 위해서는 적합한 환경이 필요한 선물입니다. 그것은 당신이 필요로 할 때 중앙에 무대를 제공하는 열린 마음을 가진 사람들이 필요합니다. 신선한 에너지가 방출되고 당신의 창조적인 영향력이 느껴지게 되면 당신은 자신이 발산하고 있는 힘을 망치지 않기 위해 가능한 빨리 물러나야 할 필요가 있습니다. 당신의 비결은 신선한 꽃은 곧 시들게 된다는 것을 아는 데에 있습니다. 당신의 빛이 어떤 그룹에나 침투하면서 영감과 기쁨을 가져오는 것처럼, 당신의 우울 역시 마찬가지로 똑같은 그룹으로부터 에너지를 끌어낼 수 있습니다.

신선함의 선물은 하나의 불멸의 진리를 믿습니다.—창조성은 결코 통제될 수 없다는 것입니다. 그것은 그저 올 때 올 뿐입니다. 그리고 그것이 없을 때, 당신은 기다리고 휴식을 취하는 것 외에 할 수 있는 것이 아무것도 없습니다. 이 첫 번째 유전자 키는 불의 고리The Ring of Fire로 알려진 코돈 링Codon Ring을 통해 타협Compromise이라는 그림자를 가진 14번째 유전자 키에 화학적으로 결합됩니다. 당신의 창조적인 불이 타오르고 있을 때, 모든 사람들은 당신 주위에 모여 당신의 온기와 영감을 얻고 싶어 합니다. 그러나 당신의 불이 죽어 깜박거리게 될 때, 당신은 눈에 띄지 않게 됩니다. 그때 의지의 힘으로 창조성에 다시 불을 붙이려고 한다면, 결국 자신뿐만 아니라 다른 사람들과 거대한 타협을 하게 될 것입니다. 당신에게 삶은 완전히 매여 있거나 아니면 완전히 휴식을 취하는 것입니다.

당신의 삶이 그런 창조성의 맥박으로 두드러진다면, 아마도 이 첫 번째 유전자 키 안에서 강한 유전적 활성화가 이뤄질 것입니다. 그와 같이 당신은 창조적 과정의 예측할 수 없는 힘의 생생한 사례가 되어 첫 번째 그림자를 분해시키기 위해 여기에 있습니다. 당신의 진정한 힘은 당신 자신과 혼자 있을 수 있고 자신의 독특함과 타이밍의 힘을 신뢰하는 당신의 능력에 달려 있습니다. 당신이 뛰어드는 모든 어두운 구덩이에서 놀랍고 깊은 창조적인 재치가 나옵니다. 신선함의 천재성은 이전에는 어느 누구도 볼 수 없었고 아무도 복제할 수 없었던 것을 세상에 가져오는 것입니다.

당신 안의 생명의 책에 있는 첫 번째 유전자 키가 창조성에 전념한다는 사실은 인간 종 전체에 대해 많은 것을 말해 줍니다. 우리는 우리 내부의 그림자 상태를 극복함으로써 우리의 진정한 천재성이 나타날 수 있도록, 그리고 우리의 정신을 세상에 합칠 수 있도록 설계되었습니다. 개인의 창조성을 통해서 모든 질병과 부정적인 패턴이 궁극적으로는 이 지구를 떠나게 됩니다. 이것이 신선함의 진정한 의미입니다.—창조적 과정을 위한 명확한 통로가 되어 진화가 당신을 통해 움직여 궁극적인 사랑과 아름다움과 통합의 영구적인 상태로 나아갈 길을 찾도록 하는 것입니다.

첫 번째 시디
아름다움Beauty

프로메테우스의 불

이미 살펴보았듯이, 첫 번째 선물은 빛과 불의 힘에 뿌리를 두고 있습니다. 여기 시디 주파수에서 이 빛은 존재하는 모든 것입니다. 그리고 그것은 인간의 의식을 통해 빛남으로써 우리가 아름다움이라고 부르는 것이 됩니다. 아름다움은 삶의 이유이며, 삶은 아름다움의 이유입니다. 이 시디가 우주의 네 가지 거대한 기둥 중 하나로서 어떤 사람 안에서 꽃을 피울 때마다 그 사람의 삶은 인류 전체의 방향 전환의 상징이 됩니다. 그러므로 그것은 유전자 매트릭스 내에서, 심지어 선물 주파수에서도 매우 중요합니다.

앞서 언급한 4가지 기본 키(1, 2, 63 및 64번째)는 여러 문화권에서 감지되었고 여러 다양한 신화에 구현된 신성한 원형적 기초를 나타냅니다. 이 네 가지 주요 에너지는 카발리스트(Kabalist, 유대교 신비주의자)들에게 Hayoy Ha Kadosh 또는 네 가지 신성한 피조물로 알려져 있으며, 또한 소위 신의 신비한 이름인 사자음tetragrammaton, 四子音[5]에 구체화되어 있습니다. 고대의 영지주의 전통은 그것들을 네 가지 요소로 숭배했고, 아메리카 원주민들은 그것들을 네 방향으로 알았으며 이집트인들은 스핑크스의 모습으로 조각했습니다. 64개 유전자 키의 근간을 이루는 중국의 주역에는 그 기초에 우주 생명의 근본 전체를 지탱하는 보편적 원리인 네 가지 바이그램(bigram, 위아래로 방향을 바꾸어 읽으면 다른 단어로 읽히는, 쌍을 이루는 단어)이 있습니다. 우리의 유전학에서는 이런 네 가지 원형의 원리가 네 가지 기본—모든 유전적 언어가 만들어지는 네 가지 주요 문자—에 반영됩니다.

이런 모든 상관관계에 비추어 우리는 전체적으로 우리 종에 대한 첫 번째 시디의 중요성을 알 수 있습니다. 인간의 경우, 첫 번째 시디는 아름다움Beauty이며 모든 다른 시디와 마찬가지로 그것은 또한 프로그래밍 파트너인 두 번째 시디 통합Unity에 의지합니다. 아름다움은 모든 것들의 통합 속에 있습니다. 진정한 아름다움은 그것이 인간 안에서 나타나고 실현될 때, 전체와의 통합된 상태를 전제로 합니다. 이 통합, 또는 하나 됨은 우리가 상상할 수 있는 것과 다릅니다. 그 아름다움은 그것이 너무도 자연스러워 표현될 수 없을 뿐이라는 데에 있습니다. 그것은 표현될 때마다 오해되었습니다. 시디 상태를 이해하는 유일한 방법은 그 속에 빠져 죽는 것이고, 그것은 당신이 아름다움 속에 빠져 죽어야 한다는 것을 의미합니다. 우리 인간이 무언가를 보거나 무언가를 느끼고 그것을 아름답다고 선언하는 순간, 우리는 그것을 분리시킨 것이고 하나 됨의 상태에서 떠난 것입니다. 그것이 더 낮은 차원에서 반영된 것은 분명하지만 이것은 진실한 아름다움이 아닙니다.

진정한 아름다움은 비어 있음emptiness입니다. 그것을 이해할 사람도 없고 그것을 느낄 수 있는 것도 없습니다. 그것은 단순히 존재하지 않을 뿐입니다.—이것이 비어 있음의 역설입니다. 그것이 말해질 수 있거나 복사될 수 있거나 공유될 수 있다면 그것은 참된 아름다움이 아닙니다. 그것은 유일무이하며 설명될 수 없는 것입니다. 아름다움은 인간이라는 형태로 표현된 하나 됨입니다. 낮은 주파수에서 우리는 아름다움을—그것이 아름다운 얼굴인지, 일출인지, 또는 음악인지 빛이나 소리를 통해서만 이해할 수 있습니다. 아름다움에 대한 우리의 관념은 언제나 무언가가 부재

5 역자주 : 신의 이름인 야훼를 히브리어 네 자음으로 표시한 학문적인 명칭, YHWH, 엄위하신 하느님의 이름 "야훼"라는 말을 감히 발음할 수가 없어서 유대인들은 야훼라는 발음 YHWH 대신 "아도나이(Adonai : 히브리어로 주님)"라는 말을 썼다.

하는 것보다는 무언가가 존재하는 것에 뿌리를 두고 있습니다. 참된 아름다움은 부재에―어둠이나 침묵에 더 큰 관련이 있습니다. 그러나 이 말들조차도 아름다움이 뿌리를 내린 곳에 가까이 가지 못합니다. 왜냐하면 그들은 이원성의 세계, 언어와 상대성의 세계에 있기 때문입니다.

첫 번째 시디가 당신 안에 시작할 때, 이 우주의 모든 것이 아름답고 신선한 것으로 경험됩니다. 그림자 상태조차도 아름답습니다. 아름다움 안에서는 통합 외에는 아무것도 없습니다. 모든 것은 이 통합의 독특한 창조적 표현으로 경험됩니다. 모든 것이 독특함의 정수로 빛이 나고 넘쳐흐르지만 동시에 모든 것이 하나의 원천을 공유합니다. 아름다움이 당신 안에 이런 식으로 불이 붙으면 더 이상 다른 사람들을 가르치는 교사가 될 수 없습니다. 이제는 가르칠 것이 더 이상 없기 때문입니다. 어떻게 당신이 아름다움의 경험을 가르칠 수 있겠습니까? 그것은 단지 품어 안을 수만 있는 불입니다. 그러므로 우리에게 남은 유일한 운명은 인류의 미래 삶의 모범으로서 당신의 삶을 사는 것입니다. 그리고 당신이 형상으로 나타낸 그 아름다움의 표현은 우리의 공통된 미래에 대한 증거가 될 것입니다. 이런 식으로 깨우치는 것은 인류에게 커다란 영감이 됩니다. 과거에는 그런 사람들이 대중의 손에 큰 고통을 겪었습니다. 너무 위험할 정도로 독특하고 아름다워지는 것은 질투와 부정의 세력으로부터 불을 끌어당기는 것입니다.

아름다움의 시디는 정상적인 의식에게는 이해될 수 없습니다. 그것은 어떤 일이 벌어진다고 해도 자신의 독특함을 타협 없이 실행할 수밖에 없기 때문입니다. 따라서 그것은 우리 신화 속에서 계속 지속되며 자주 우리 신성의 결과라고 여겨집니다. 신들의 창조적인 프로메테우스 불은 몇 안 되는 용기 있는 사람들에 의해 도난당합니다. 그것은 우리 우주 안에 있는 태고의 남성적 창조력이며, 시바신의 위대한 링감(lingam, 남근상)이나 페니스뿐만 아니라 남성의 생식력에 관한 우리의 모든 위대한 문화적 상징에 구현되어 있습니다. 아이러니하게도, 아름다움은 우리 밖의 어떤 것으로―우리가 열망해야 하는 어떤 것, 살아 있는 동안에는 결코 진정으로 얻을 수 없는 어떤 것으로 소중히 간직됩니다. 사실, 아름다움은 우리의 본성입니다. 그것은 바로 여기, 바로 지금, 우리 모두 각자의 안에 있습니다. 역설적이게도 그것은 우리의 절대적인 평범함과 우리의 절대적인 비범함 모두에서 발견됩니다.

당신은 그림자 주파수에서 이 첫 번째 유전자 키의 기초가 엔트로피의 장이며, 그곳에서 에너지는 끊임없이 질서에서 혼돈으로 움직인다는 것을 상기할 것입니다. 주파수 자체가 없어지고 초월되는 시디 주파수 수준에서 우리는 우리 자신이 영원한 신트로피(Syntropy, 동향성同向性, 병렬[평행]성竝列[平行]性) 장에 있음을 발견합니다. 신트로피는 무한한 차원 안에서의 에너지의 움직임을 말하며, 모두 의식으로 가득 차 있으며 모두 질서와 사랑으로 결합되어 있습니다. 내면의 신성한 불이 당신의 DNA를 통해 방출될 때, 당신은 기적의 능력을 갖게 됩니다. 불의 코돈 링Codon Ring of Fire은 아름다움Beauty과 너그러움Bounteousness의 두 시디(1번째와 14번째 유전자 키)를 하나로 통합합니다. 그렇기 때문에 그것은 창조의 중심에 있는 에너지 배아를 나타내며 존재 자체의 목적— 끊임없이 아름다운 것을 창조하고 그것에게 끊임없이 아름답다는 의식을 채워 주는 것—을 나타냅니다.

시디
하나 됨
선물
오리엔테이션
그림자
어긋남

하나로의 복귀

프로그래밍 파트너 : 1번째 유전자 키
코돈 고리Codon Ring : 물의 고리Ring of Water
(2, 8)

생리 : 흉골
아미노산 : 페니알라닌

두 번째 그림자
어긋남Dislocation

그것은 당신이 보는 대로 변한다

두 번째 유전자 키는 64 유전자 키 중 가장 전형적으로 여성적인 것이기 때문에 두 번째 유전자 키와 그것이 보여주는 여행은 우주적인 지혜의 아주 단순한 정수를 갖고 있습니다. 인류의 본성과 외계인에 대비되는 우리의 존재에 대한 이유를 설명하고 싶다면 이 두 번째 유전자 키보다 나은 것이 없습니다. 첫 번째 유전자 키가 에너지와 빛의 위대한 남성적 원리에 대한 이야기를 말해주듯이 두 번째 유전자 키는 이 이야기를 형태의 세계에 접지시킵니다. 의식의 그림자 수준에서조차도 이 유전자 키는 우리에게 존재하는 모든 것에는 목적이 있음을 가르쳐줍니다. 진화의 어떤 시점에서도 서로 연결된 거대한 계획의 일부가 아닌 것은 일어난 일이 없습니다. 이것은 여성적인 원리에 속하는 진리입니다.—그것은 존재하는 모든 이질적으로 보이는 세포와 사건을 묶어주는 힘이며 이런 의미에서 우리 모두를 하나의 통합체로 끌어들이는 위대한 어머니 같은 포옹을 나타냅니다. 통합의 위대한 진리에 대한 당신의 개인적인 울림이 당신의 DNA를 통과하는 전반적인 진동수를 결정합니다. 당신이 그것을 믿든 부인하든, 그것을 원하든 아니면 그것을 구체화하든 진실은 변하지 않습니다. 우주 안에는 모든 것을 연출하는 힘이 있습니다. 그리고 그것은 바로 당신 안에서 발견됩니다.

두 번째 그림자는 어긋남의 그림자입니다. 어긋남이라는 단어는 매우 재미있는 단어입니다. 그것은 시간과 공간 안에서 길을 잃어버린 듯한 느낌과 단절된 느낌을 은연중에 나타내고 있습니다. 그러나 당신이 외로움을 느끼거나 단절된 느낌을 받거나, 두려워하거나 낙담할 때, 당신이 길을 잃어본 적은 실제로는 결코 없습니다. 단지 그렇게 느껴질 뿐입니다. 그림자 상태는 사실 생물학적 기능에 뿌리를 두고 있는 인간의 관점일 뿐입니다. 당신의 삶에서 모든 창조물과 완벽하게 조화를 이루지 못하는 순간은 단 한 순간도 없습니다. 또한 당신이 잘못된 결정을 내리거나 엉뚱한 방향으로 갈 수 있는 가능성은 조금도 없습니다. 그것은 모두 당신의 생리 작용의 뉘앙스일 뿐입니다.

당신의 생리는 당신의 인식을 결정하고, 당신의 인식은 당신의 진화적 주파수를 측정하는 척도입니다. 진화적 주파수는 당신의 인식이 향상된 현재의 상태를 나타냅니다. 인간의 인식은 진화론적인 곡선을 따릅니다. 그것은 우리의 동물적 기원에 뿌리를 둔 채 원시적인 형태로 시작되었으며, 그런 다음 뇌가 진화하기 시작하고 우리가 현재의 생각하는 사람으로 전환되면서 역사의 어느 특정 시점에서 큰 도약을 겪었습니다. 우리는 이제 생각하는 사람으로서 정점에 도달했으며 또 다른 큰 도약을 준비하고 있습니다.—그것은 태양신경총의 신경절에 뿌리를 둔 새로운 생물학적 인식으로의 도약입니다. 당신이 어디로 가고 있는지 알고자 한다면 당신이 어디에서 왔는지를 이해해야 합니다. 그리고 당신이 가는 목적지는 모든 존재의 하나 됨을 인식하는 것입니다. 그것은 엄청난 역설입니다. 당신은 이 하나 됨의 상태를 떠난 적이 없습니다. 그러나 인간의 생리 내부의 운영체제는 지금 이 연속적인 연결감을 느낄 수 있도록 허락하지 않습니다.

소위 원시적 인간 인식이라는 것— 우리 행성에 아직도 남아 있는 원주민 부족의 인식을 살펴보고, 인간의 두뇌가 너무 빨리 발달하기 오래전에 존재해 왔던 원초적인 인식으로의 복귀를 꿈꾸는 일은 매우 유혹적인 일입니다. 대부분의 원주민 문화들은 삶 그 자체와 분리되는 느낌으로 살아가지 않습니다. 따라서 현대 인류는 종종 표류하고 있는 듯한 느낌을 갖게 됩니다. 우리는 우리가 택한 방향에, 즉 우리를 휩쓸고 있는 거대한 기술적 혁명으로 예증된 방향에 뭔가 잘못이 있다고 생각하는 경향이 있습니다. 그러나 인간 두뇌의 급속한 발전은 인식이 더 거대한 도약을 하는 중요한 다리입니다. 그럼에도 불구하고 마음은 커다란 사각 지대입니다. 마음이 가지고 있는 방식대로 진화함에 따라 우리는 그 오래전의 본능적 인식에 머무르지 못하게 되고, 그래서 인류가 어쩌면 실제로 스스로를 파괴할지도 모른다는 두려움이 전 세계적으로 뿌리를 내리고 있습니다.

우리가 나쁜 방향으로 가고 있다는 두려움은 두 번째 그림자로부터 나옵니다. 우리가 이 거대한 집단적 두려움을 느끼는 것은 우리가 우리 자신을 자연과 분리된 것으로 보기 때문입니다. 우리의 인식은 우리를 진실로부터 멀어지게 합니다. 이 집단적 두려움은 우리의 개인적인 삶에도 널리 퍼져 있습니다. 두 번째 그림자는 프로그래밍 파트너인 첫 번째 그림자 엔트로피Entropy와 함께 우리를 신뢰와 결속의 상태에서 살지 못하게 만들고 우리의 행동에서 이런 고립감을 더 강화시킵니다. 신뢰에서 나오는 행위는 두려움에서 나오는 행위와는 매우 다른 결과를 가져옵니다. 전자는 모든 사람들에게 더 많은 에너지를 만들어 주고 후자는 모든 사람으로부터 에너지를 빼앗아 갑니다. 당신의 개인적인 삶에서, 만일 당신이 그것을 허용한다면, 두 번째 그림자는 당신을 방해 주파수로 끌어당기면서 당신이 내리는 모든 결정에 좋지 않은 영향을 미칠 것입니다. 이것은 당신이 삶과 동시성 속에 있지 않은 것처럼 보인다는 뜻이며, 따라서 당신은 자신에게 도움이 되는 기회를 놓치게 되고 모든 관심사들이 매우 진이 빠지게 되는 반복적인 패턴으로 끝나게 됩니다.

하지만 두 번째 그림자 어긋남은 삶이라는 대본에 없어서는 안 되는 매우 중요한 부분입니다. 이 경험이 환영幻影임에도 불구하고 그것은 실제로 당신으로 하여금 보편적인 흐름에서 벗어나는 경험을 하게 만듭니다. 궁극적으로 혼란을 자초하는 수준의 주파수조차도 존재 전체 구조의 일부입니다. 두 번째 그림자는 당신이 어긋남과 외로움의 느낌을 피하려고 할 때 당신 자신이 무기력함을 목격하게 합니다. 당신이 솔직하고 완전한 자각으로 이 그림자 세계에 깊이 들어가자마자 그것은 마술처럼 변하는 것처럼 보입니다. 당신 내면의 정직함에서 일어나는 변화는 마음으로부터 벗어나 더 새롭고 훨씬 더 다각적인 자각으로의 도약을 촉발합니다. 우리는 정말로 이것을 통찰할 필요가 있습니다.—당신이 뭔가를 함으로써 당신의 현실이 변화되는 것은 아니라는 것. 모든 인간의 DNA에는 미리 엮어 놓은 지각의 변화가 있습니다. 그것이 활성화될 때 그것은 생리적 진화의 한 측면으로서 당신의 의도와 상관없이 일어납니다. 어떤 특정한 시점이 되면 새로운 인식이 그냥 열리기 시작합니다. 처음에는 아주 서서히 열리지만 시간이 지남에 따라 당신의 삶의 질에 놀라운 발전이 일어납니다. 당신이 보는 대로 그것은 변화합니다.

우리에게 내려온 주역의 가장 초기의 버전에는 보다 현대적인 번역과 시퀀스와 대비할 때 몇 가지 변칙이 있는 것으로 보입니다. 이 중에서 가장 흥미로운 것 중 하나는 첫 번째와 두 번째 헥사그램hexagram의 순서입니다. 가장 오래된 버전에는 완전한 음陰을 나타내는 이 2번째 헥사그램부터 시작했다는 강력한 증거가 있습니다. 원문을 번역한 남성 본위의 제도는 틀림없이 맨 첫 번째 것을 음에서 양으로 바꿔 놓았을 것입니다! 비의적祕儀的으로 볼 때나 신화적으로 볼 때, 남성보다 여성으로 시작하는 것이 훨씬 더 합리적입니다. 다시 말하지만 그것은 당신의 주파수에 따라 다릅니다. 그림자 주파수에서 남성은 언제나 먼저 오고 이것은 불신, 분리, 힘의 길이 됩니다. 그러나 여성은 통합, 항복, 신뢰에 기초를 두고 있으며 이는 모든 높은 주파수의 전형적인 특징입니다. 또한 곤坤으로 알려진 이 헥사그램에 대한 번역 중 하나는 필드(field, 지역, 장, 분야)라는 단어입니다. 이것은 우리가 살고 있는 보편적인 영역을 나타내기 때문에 두 번째 유전자 키를 설명하기에 아주 적합한 단어입니다. 이 필드와 조화롭게 움직이는 것이 지향되어야 하며 필드와 조화롭지 못하게 움직이는 것은 방향을 잃고 어긋나는 것입니다.

억압적 본성 – 길을 잃음Lost

두 번째 그림자의 두 가지 패턴의 뉘앙스는—길을 잃어버린 듯한 패턴 또는 열병閱兵을 하듯 엄격한 패턴—우리 인류 대다수의 상태를 묘사합니다. 억압적 본성의 경우 길을 잃은 상태는 자신의 진정한 보편적 운명과 일치하지 않는 상태를 나타냅니다. 억압적 본성은 더 큰 환경을 고려하지 않고 자신의 길만을 따르는 물질주의와 이기심의 길을 적절하게 묘사합니다. 우리의 진정한 운명은 이기주의에서 깨어나 보편성으로 가는 것입니다. 삶의 영적 차원에 대한 감각이 없는 사람들은 이렇게 길을 잃어버린 상태를 살고 있으며 그 부산물로 불행과 고통이 따릅니다. 더 큰 우주의 힘에 직접적으로 연결되는 경험이 없다면 삶의 시련을 다루는 데 있어서 도움이 되는 것이 아무것도 없습니다. 삶 자체는 아무런 목적도 없는 것처럼 보입니다. 자신의 존재 안에서 우주와 연결되지 않는다면 우리는 항상 세상 속에서 허우적거리게 될 것입니다.

반응적 본성 – 엄격한 통제Regimented

이 그림자의 반대편 극은 삶의 정상을 넘어서서 외부의 리듬이나 구조가 강제로 집행되는 것입니다. 이것은 결코 해결된 적이 없는 깊은 분노에서 유래합니다. 엄격한 통제란 실제로 자신을 개인과 신성에 대한 직접적인 경험 사이에 두는 세계의 많은 위대한 종교를 말합니다. 통제는 또한 삶을 의미 있고 논리적인 틀의 형태로 체계를 세우려는 과학을 말할 수도 있습니다. 삶을 통제하고 정확히 밝히려는 모든 시도는 두 번째 그림자의 반응적 측면에서 나옵니다. 이 어느 것도 종교와 과학이 잘못되었다고 말하려는 것이 아닙니다. 그들 둘이 개인 안에 있는 숨겨진 조화를 이해하기 어렵게 만들지만 않는다면 말이지요. 삶의 진정한 의미와 목적은 우리 자신의 가슴 속에서, 존재하는 모든 것과 완벽하게 동시성으로 움직이는 신비로운 경험을 통해서 발견되어야만 합니다.

두 번째 선물
오리엔테이션Orientation

미네랄 자력

두 번째 그림자에서 묘사된 과정 전체는 두 번째 선물 오리엔테이션Orientation을 포함합니다. 그림자 주파수에서 당신은 방향 감각을 잃지만, 선물 차원에 도달하기 시작할 때 당신은 다시 방향을 맞추게 됩니다. 다시 말하지만 두 번째 그림자에서 논의된 것처럼 여기에 당신 측에서 어떤 행위를 하느냐는 문제가 되지 않습니다. 왜냐하면 비록 당신이 아주 많은 것을 하고 있는 것처럼 느껴질 수도 있지만 실제로는 당신 안에서 진행되는 과정에 변화가 시작되기 때문입니다. 어쩌면 당신은 자신의 그림자를 보는 데 도움을 주었던 치료사에게로 가기 시작했습니다. 그리고 그것이 결과적으로 당신의 결정을 바꾸게 하고 따라서 당신의 삶을 변화시키기 시작했습니다. 어쩌면 당신은 이 과정을 촉발시킨 위대한 신비 시스템이나 교사를 발견했을 수도 있습니다. 또 어쩌면 그것은 개인적인 위기의 결과로 일어났을 수도 있고 아니면 당신이 완전히 놀랄 정도로 자발적으로 일어났을 수도 있습니다. 핵심은 모든 인간의 삶은 당신의 DNA 안에 있는 동일한 원형 패턴을 따른다는 것입니다. 진화 그 자체는 당신을 통합과 하나 됨을 자각하는 길로 냉혹하게 끌고 가고 있습니다.

오리엔테이션의 선물에는 두 가지 측면이 있습니다. 그것은 행동에 영향을 미치는 인식의 변화로 나타나거나, 인식의 변화를 촉진시키는 행동의 변화로 나타납니다. 당신의 경험이 어떤 음색을 가졌는지에 상관없이 당신이 선물 주파수 수준에서 영구적으로 머물기 이전에 나타나는 많은 지표가 있습니다. 사람들이 가지고 있는 중요한 경험 중 하나는 감정이 더 많아지는 것과 동시성이 일어나는 것입니다. 동시성은 선물 오리엔테이션이 직접 드러난 것입니다.—그것은 당신이 존재의 열쇠 구멍을 들여다 볼 수 있게 하고 자신을 더 넓은 지각적 맥락에 위치할 수 있게 합니다. 동시성은 강제로 만들어질 수 있는 것이 아니며 두 번째 선물의 여성적인 본성으로부터 흘러나옵니다.—다른 말로 하자면, 당신이 보고 있지 않을 때 일어나는 것입니다. 당신의 인식이 최고 수준의 생리적 수준에서—태양신경총 시스템을 통해 작동하기 시작하면 당신은 더 쉬운 삶의 리듬에 빠지게 됩니다. 당신은 더 이상 어긋남을 느끼지 않으며 삶을 점점 더 마술적인 차원에서 경험하게 됩니다.

자각이 일어나는 다른 지표 중 하나는 8번째 선물 스타일Style에 있습니다. 물의 고리The Ring of Water로 알려진 화학 계열을 통해서 이 두 번째 선물은 8번째 선물과 강력한 유전적 관계를 공유하는데 그것은 새롭고 독창적인 삶의 방식으로 나타납니다. 당신이 더 넓은 맥락으로 방향을 잡게 될 때 당신의 진짜 얼굴이 세상에 자신을 드러내기 시작합니다. 변하는 기분과 약속에 짓눌리는 대신에 당신은 그것을 새로운 재능을 개발하는 수단으로 사용합니다. 당신은 또한 다른 사람들의 인식과 예상을 무시하기 시작합니다. 간단히 말해서 당신이 인생을 아주 많이 즐기기 시작하여 이 상승하는 에너지가 위풍당당하게 당신의 삶에 쏟아져 들어오게 됩니다.—그것은 때로는 조금 위험하기는 하지만 언제나 신선하고 아무도 흉내 낼 수 없는 독특한 개인적 감각입니다. 당신의 당당함 또는 당신의 스타일은 또 다른 역설의 표시입니다.—당신이 모든 창조물과의 통합에 더 많이 접하게 될 때, 특히 당신의 창조적 과정을 통해서 당신만의 고유성이 향상되는 것을 지켜보게 됩니다.

두 번째 선물은 당신 주위에 일종의 어트랙터attractor의 장을 만들어낸다는 점에서 DNA 내에서 특별한 역할을 합니다. 그것은 소우주를 대우주와 통합시킬 뿐만 아니라 물질과 정신을 결합시킵니다. 비밀은 이 유전자 키가 코드화하는 화학 물질과 아미노산에 있습니다. 모든 인간에게는 자기磁氣 특성을 지닌 특정한 미네랄이 있으며 이 두 번째 선물은 이 미네랄의 화학적 구성과 목적에 관여합니다. 우리 몸 안에 있는 이 미네랄, 특히 우리의 내분비선 안에 있는 미네랄은 우리가 삶을 조화롭게 사는 법이나 조화롭지 않게 사는 법을 알려주는 것으로 보입니다. 예를 들어 생물학자들은 송과선松果腺의 세포 조직에서 마그네타이트magnetite라고 알려진 철 화학물질을 발견했습니다. 이 미네랄은 전자기적 활동을 세포기능에 연결하는 열쇠로 생각되었습니다. 그것이 대부분의 동물에서도 발견된다는 사실은 모든 생물체가 더 넓은 리듬과 일치되게 하는 자기유도 시스템을 내장하고 있음을 시사합니다. 이 자성을 통해 모든 생명체들이 원자의 회전에서부터 큰 은하의 회전에 이르기까지 서로 연결되어 있습니다.

두 번째 선물을 통해 주파수가 증가함에 따라 당신은 더 조화롭게 살게 되며 오라의 전자기력이 증가합니다. 이 선물의 여성적인 순종의 특성에 더 많이 빠져들게 될수록 보편적인 힘이 당신을 통해 더 많이 넘쳐나게 됩니다. 리듬이 점점 더 미세해지다가 너무 미세해져 조화를 잃게 되면 신체의 자성 미네랄 변환기가 즉시 이 사실을 뇌에 전달합니다. 당신이 삶의 숨겨진 의제를 볼 수 있는 것이 바로 이 두 번째 선물을 통해서입니다.—모든 존재들이 자신들의 하나됨을 인식하도록 하는 것입니다. 두 번째 선물에 중심을 둔 사람의 주위에 있는 어트랙터장은 주변에 있는 모든 것들에게 강력한 영향을 미칩니다.—즉, 조화를 이루게 된다는 뜻입니다. 삶의 과정에 깊숙이 내어 맡기고 조화를 이루고 있는 사람들에게 그토록 영향력이 넘치는 이유가 바로 이것입니다. 그들은 다른 사람들이 자신의 보편성의 위대한 진리에 어떻게 굴복하는지 또는 어떻게 저항하는지를 직관적으로 감지할 수 있습니다. 시간이 지남에 따라 그런 사람들은 자기 오라의 자력을 통해 다른 사람들을 자신의 개인적인 조화 속으로 끌어옵니다.

두 번째 시디
하나 됨Oneness

신성한 논리

두 번째 시디는 깨달음이나 각성의 경험을 묘사합니다. 그것은 신성한 여성Divine Feminine의 본질이기 때문에 모든 시디 상태의 초석입니다. 신성한 여성적인 극성은 그 안에 엄청난 신비를 가지고 있습니다. 왜냐하면 어떤 면에서는 그것을 극이라고 할 수 없기 때문입니다. 남성적인 극은 매우 간단하고 직선적이지만, 여성적인 극은 이성과 이해의 의미를 넘어서 있습니다. 남성적 원리는 실제로 이원성이라기보다는 여성성이 표면화된 것입니다. 시디 차원에서는 이원성 같은 것이 존재하지 않습니다. 이원성은 기이한 종류의 신성 논리에 의해 파괴됩니다. 이렇게 인식이 높아진 수준에서 수학은 정신 수준에서와는 다르게 작동합니다. 하나 더하기 하나는 2가 되지 않으며, 항상 3이 됩니다. 시디 수준에 실제로 존재하는 유일한 숫자는 1과 3뿐입니다. 하나는 하나입니다. 그것은 자신의 본성 안에서 그대로 놓여 있는 의식입니다. 이것은 음 또는 여성성의 궁극적인 상태이거나, 이 2번째 헥사그램이 종종 알려지듯이 수용적입니다.

'수용적', '여성적', '굴복하는', 또는 '어머니'와 같은 단어는 우리가 그와 대립되는 것의 극으로 이해하는 경향이 있기 때문에 오해될 수가 있습니다. 그러나 그들은 그 너머에 있는 것을 암시합니다. 그래서 우리가 두 번째 시디가 실제로 무엇을 의미하는지를 파악해야 한다면 다른 방식으로 고려할 필요가 있습니다. 이것은 직관적으로만 파악할 수 있는 어떤 것입니다. 따라서 하나The One가 자신을 형태를 갖춘 현현으로서 밖으로 드러낼 때 그 하나는 이원성duality을 창조한 것이 아니라 삼중성trinity을 창조한 것입니다. 모든 이원성은 사실 하나의 관계이며 모든 관계는 실제로 3입니다.—한 남자가 있고 한 여자가 있을 때 거기에는 즉시로 하나의 커플—관계 자체도 있는 것입니다. 신의 수학에서 2라는 숫자는 항상 환상입니다.—그것은 논리적으로 존재할 수 없습니다. 숫자 2에 대해 무엇이든 말할 수 있다면 그것은 하나의 '다리'라고,—그것이 태어나기도 전에 즉각적으로 변환되는 역동적인 과정이라고 말할 수 있을 것입니다.

이들은 일반적인 논리로는 접근할 수 없는 개념입니다. 하나 됨은 이해될 수 있는 것이 아니며 오직 살아질 수만 있습니다. 마치 우리의 지각 장치와 바로 연결되어 있는 것처럼 보임으로써 우리가 내리는 정의를 회피하는 물리학의 양자 입자처럼 말입니다. 깨달음은 하나의 경험이 아닙니다. 이것은 선禪의 공안公案처럼 명상의 대상이 되는 하나의 문장입니다. 만일 당신이 하나 됨을 달성해야 하는 경험이거나 언젠가는 일어날 수도 있는 경험이라고 본다면, 당신은 두 지점 사이에 있는 직선 안에 갇히게 됩니다. 세 번째는 초월입니다. 그것은 당신에게 일어나지 않습니다.—오히려 그것은 당신을 부정합니다. 아이러니하게도 초월은 이름에서 풍기는 것처럼 당신을 삶에서 멀어지게 하지 않습니다.—초월은 당신을 삶의 중심에 있게 만듭니다. 그곳은 언제나 당신이 있었던 곳입니다. 그것은 모든 반대를 통합하고, 모든 수수께끼를 끝내며, 모든 신비를 있는 그대로 남겨 두고 설명할 수 없는 신뢰감을 줍니다. 통합의 시디를 묘사하는 데에 신뢰 같은 단어를 실제로 사용할 수도 없습니다. 왜냐하면 신뢰는 또다시 이원성을 시사하기 때문입니다.—즉 어찌 되었든 신뢰하는 사람과 신뢰 받는 사람이 있다는 것을 보여주기 때문입니다. 이것이 시디 상태가 갖고 있는 멋진 딜레마입니다.

모든 시디와 마찬가지로 두 번째 시디는 형태의 세계에서 개인을 통해 현현될 때 특정한 신화를 수반합니다. 시디는 우리 DNA의 주축 중 하나로서, 이 시디 안에 사는 사람의 삶은 진화의 역사와 큰 관련이 있습니다. 이 존재들은 우리의 행성 전체에 엄청난 자기적 영향을 끼칩니다. 공상과학 소설처럼 들릴지 모르지만 인간 존재 안에서 표현되는 두 번째 시디는 우주 공간을 통과하면서 실제로 지구의 방향을 바꾸어 놓습니다. 따라서 두 번째 시디는 만일 우리의 종 전체가 의식 속에서 도약할 때 인류의 세계에서만 태어날 수 있습니다. 그런 도약이 이루어지기 위해서는 우주에서 어떤 기하학적 좌표 집합이 정렬될 때까지 기다려야 합니다. 이것은 점성술사들이 항상 하늘에서 찾아내고 이해하고자 하는 정렬입니다.

두 번째 시디는 신화적으로 기독교 신화에서 베들레헴의 별로 나타납니다. 다른 문화에서도 하늘의 별들과 혜성들이 나타나거나 일직선으로 정렬되는 것과 관련된 위대한 존재들에 대한 이야기가 있습니다. 이 시디는 그러므로 우리 의식의 궁극적인 상태에 관한 것을 말하고 있습니다. 그것은 우리가 언제 존재하는지 뿐만 아니라 어디에 존재하는지에도 연결되어 있습니다. 지구 자체는 은하를 통과하는 궤도에 있고, 우리 시대의 특정 지점에서 우주의 다른 기하학적 측면과 일치되어 움직입니다. 예를 들어 고대 마야인들은 2012년 지구가 우리 은하의 중심과 일직선이 될 것이라고 믿었으며, 그것이 그들에게는 상승된 의식의 시대가 탄생함을 의미했습니다. 시간과 공간 속의 이런 특정 시점에서 두 번째 시디는 우리 행성에서 다시 구현될 수도 있으며, 2012년의 경우에는 각각의 개인을 통해서가 아니라 전체를 통해 그렇게 할 가능성이 가장 큽니다.

주역에서 유래한 태양계의 유전 시계에 따르면, 우리는 2027년에 분점의 세차운동이 55번째 유전자 키로 이동하면서 인류의 유전적 변화의 가능성을 열어 놓음으로써 또 하나의 큰 축선 포인트를 경험하게 될 것입니다. 2012년과 2027년은 이 책이 출판되는 시간의 틀 속에서 엄청난 의미를 갖고 있지만 그뿐만이 아니라 가까운 장래에, 그리고 먼 장래에 많은 축선 포인트가 뒤따를 것입니다. 두 번째 시디는 의식 그 자체의 원래 본질이며 진화의 흐름에 휩쓸리면서 시간과 공간에서 펼쳐지는 매우 아름다운 계획으로 드러납니다. 그런 모든 신화적 여행은 지구의 여행과 우주의 여행을 되풀이하며, 그들 모두가 어머니와 가정의 따뜻한 안락함을 떠남으로써 시작하기 때문에 언젠가는 다시 원래의 곳으로 돌아가야 합니다. 존재하는 모든 것과 하나 되고 통합되는 그 상태를 깨닫는 것, 이것이 참으로 하나의 종種으로서의 우리의 최종적인 운명입니다.

3rd GENE KEY

시디
순수함
선물
혁신
그림자
혼돈

아이의 눈을 통해

프로그래밍 파트너 : 50번째 유전자 키
코돈 고리Codon Ring : 삶과 죽음의 고리
(3, 20, 23, 24, 27, 42)

생리 : 배꼽
아미노산 : 류신

세 번째 그림자

혼돈Chaos

혼돈에서 질서로

세 번째 그림자는 인간 개개인은 자연이나 무한자와 비교할 때 기본적으로 무력하다는 모든 믿음의 핵심에 있습니다. 이것은 믿음의 두 가지 기본 요소인 종교와 과학의 프로그래밍 영역입니다. 한편으로 우리에게는 종교가 있습니다. 종교는 유일신이나 다신을 개입시킴으로써 인류를 자연과 분리시키며, 그럼으로써 우리의 무의식적 실재 전체에 분열을 일으킵니다. 그때 이 실재는 신이 어떤 것이라는 우리 자신 또는 다른 사람의 투사로 만들어진 숭배에 반드시 기초를 두어야 합니다. 그런 상황은 결과적으로 자유의지와 모든 것을 통솔하는 신에 의한 심판이라는 개념을 만들어냅니다. 다른 한편으로 우리에게는 과학도 있습니다. 과학은 우리의 본성이 유전자에 의해 미리 결정된 것으로 보며, 이 유전자는 오직 생존을 위해서만 미리 프로그램되어 있어 모든 인간을 예측 불허한 운의 희생양으로 남겨 놓습니다. 두 개의 어떤 시나리오에서든 개인은 잘못되게 되어 있습니다. 우리는 신성을 보고는 그것을 단지 부정하기만 하거나, 아니면 자유를 보고는 오로지 운이 좋고 강한 사람만이 성공하는 무자비한 경쟁의 세계에 던져지게 됩니다.

아마도 다른 어떤 것보다 더 중요한 것은 세 번째 그림자는 지구상의 생명체의 가장 중요한 단위인 단세포 구조에 대한 이해를 통해 인간 DNA의 역할의 본질을 정확히 담아낸다는 것입니다. 단세포에 대한 이해를 통해 우리는 위의 두 믿음 체계가 정확하게 지금 우리가 서 있는 곳, 즉 거대한 진화의 분기점으로 우리를 이끌어 온 매우 자연스러운 유기적 과정으로부터 어떻게 성장해 왔는지 보게 될 것입니다. 행성 의식으로서 우리는 이제 아주 깊은 틈새 앞에 서 있으며 이 문턱에 대한 인류의 반응은 반드시 혼돈으로 끌고 가거나 아니면 질서 있는 완전 체계로 끌고 가야 합니다. 역사상 우리 지구 전체와 그 모든 생물체가 인간 행동의 균형에 의존한 적은 일찍이 없었습니다. 틈chasm이라는 단어와 혼돈chaos이라는 단어가 같은 어원에서 유래한다는 것은 흥미롭습니다. 왜냐하면 이 세 번째 유전자 키가 우리 인간들이 혼돈으로 이해하고 있는 것을 지배하기 때문입니다. 또한 혼돈이라는 단어의 원래 의미가 '태초의 우주'에 더 가깝다는 사실도 매우 흥미롭습니다. 그 단어가 무질서와 동일시된 것은 오직 두려움에 바탕을 둔 오해 때문이었습니다.

세 번째 그림자 안에 있는 심오한 신비의 바닥에 이르려면 우리의 현재 진화론적 분기점에 대한 반응으로 현대 과학이 어떤 방향으로 생각하고 있는지를 살펴보는 것이 어쩌면 도움이 될 것입니다. 현대의 주류 과학적 사고는 여전히 대부분 두 거인들, 물리학의 뉴턴과 생물학의 다윈에 기반을 두고 있습니다. 우리가 들어 알고 있는 것과는 달리, 과학계는 아인슈타인이 만들어 낸 충격의 여진과 그가 발견한 것에 아직도 휘청거리고 있습니다. 아인슈타인의 돌파구는 물리학과 모든 과학에게 거의 이해될 수 없는 광대한 차원을 열어 주었습니다. 정직한 물리학자들이 이제 확실하게 말할 수 있는 것은 과학적 사고의 튼튼한 기반 자체가 너무도 심하게 흔들려서 어떤 과학적 전제도 다시는 당연한 것으로 받아들여질 수 없다는 것입니다. 아인슈타인의 양자 세계는 기꺼이 자신들의 명성을 거는 몇 명의 용감한 개척자를 제외하고는 아직도 주류 생물학으로 스며들지 못하고 있습니다. 다윈의 유전자 결정론에 관한 독단적인 신조가 널리 퍼져있으며 아직도 모든 현대 의료 행위의 뿌리에 남아 있습니다. 그러나 새로운 양자생물학은 사실 현대 과학의 외딴 변경에서 형성되는 과정에 있으며 매력적인 가능성이 많습니다.

새로운 생물학의 핵심에는 단세포에 대한 완전히 새로운 이해가 깔려 있습니다. 주류의 견해에 따르면 세포의 두뇌는 생명의 유전적 지시DNA가 존재하는 핵 안에 있습니다. 뇌가 핵에 있고 핵에 지시가 들어 있다면 지시는 세포를 제어하고 따라서 우리를 제어한다는 생각이 들게 됩니다. 그런데 양자생물학은 이것에 직접적으로 이의를 제기하는 놀라운 것을 발견했습니다. 결국 세포의 뇌는 핵 내에 존재하는 것이 아니라 환경과 접점이 되는 세포막에 존재한다는 것입니다. 간단히 말해서 이는 곧 삶이 경쟁하기보다는 서로 협동하도록 설계되었다는 것을 의미합니다. 이 새로운 생물학적 관점은 양자물리학과 함께 고려할 때 엄청나게 이치에 맞습니다. 양자물리학은 모든 생명체가 분리주의자가 아니라 서로 밀접한 관계가 있고 전체론적이라고 주장합니다. 예전의 낡은 관점에서 보면 우리 인간은 우리의 이기적인 유전자의 희생자입니다. 반면에 새로운 시각에서 보면 희생자는 없으며 단지 서로 연결되고 공동 의존적인 우주만이 존재합니다.

주역에서 이 세 번째 헥사그램의 원래 중국 이름은 특이합니다. 그것은 전통적으로 초반의 난관 Difficulty at the Beginning으로 번역되고 있습니다. 혼돈은 시작에 관한 것이기 때문에 이것은 매우 심오한 통찰입니다. 현대 과학의 혼돈 이론은 시스템 내의 초기 조건에서 일어나는 미세한 변화에 기초하고 있습니다. 그러나 삶의 진화적 측면에서 보면 단세포의 주된 명령은 어떤 희생을 치르더라도 생존하는 것입니다. 이것이 이 세 번째 그림자의 의식을 형성합니다. 진화에서 가장 큰 도전은 항상 시작에 있습니다. 왜냐하면 모든 세포는 혼자 힘으로 자립하는 법을 배워야 하기 때문입니다. 강한 자만이 살아남을 수 있습니다. 마찬가지로 인간은 세 번째 그림자의 주파수에서 단세포 의식에 잡혀 있습니다. 이것이 우리 행성 전체에서 군림하고 있는 의식과 똑같은 의식이며, 거기에서 파생되는 부산물이 곧 우리가 혼돈이라고 부르는 것입니다. 그러나 혼돈은 필연적으로는 질서로 연결되는 숨겨진 패턴을 숨기는 관점일 뿐입니다. 만일 삶이 정말로 그렇게 이기적이라면 그것은 처음부터 시작하지 않았을 것입니다.

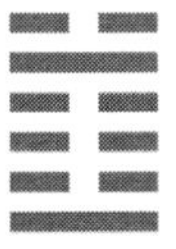

프랙털(fractal, 차원분열도형)의 법칙에 따르면, 단세포를 지배하는 법칙과 똑같은 법칙이 개별적인 인간들을 지배합니다. 그것은 진화를 시작한 초기부터 인간은 생존하도록 프로그래밍되어 있었다는 뜻입니다. 우리의 생존 본능은 우리 두뇌의 원시적인 측면에 뿌리를 두고 있으며 우리의 유인원 조상 때부터 진화를 배우면서 지배적인 특징이 되었습니다. 우리 현대인들의 신념과 이데올로기의 대부분은 두려움에 뿌리를 두고 있는 우리 의식의 오래된 측면에 기초하고 있으며, 우리는 우리 개별 세포 안에서 분리된 채로 남아 있습니다. 우리의 주류 과학적 사고는 아직도 우주에는 우연만이 있을 뿐 조직적인 힘이 존재하지 않는다는 분열적인 세계관에 기초하고 있습니다. 마찬가지로 우리의 종교적 사고도 같은 단세포 의식에 붙잡혀 있어 우리는 세상을 안과 밖으로, 그리고 우리와 신으로 분리시켰습니다.

그러면 이 모든 것이 실제로 무엇을 의미하고, 그것이 일상생활에서 우리에게 어떻게 영향을 미칩니까? 한 가지 대답은 이 그림자의 상대 극, 50번째 그림자 부패Corruption에 있습니다. 그것은 당신이 당신 자신의 생각에만 갇혀 있다는 뜻입니다.—가장 원시적인 요소를 작동시키는 주파수만을 허용함으로써 DNA 안의 데이터를 오염시키는 것은 바로 당신입니다. 당신 앞에 놓인 깊은 골에 당신 자신을 더 넓게 열면 열수록 당신은 혼돈이라는 것이 처음부터 존재하지 않았다는 것을 깨닫게 될 것입니다. 그것은 단지 초반의 난관이었을 뿐입니다. 우리가 변화하도록 짜여 있음에도 불구하고 우리로 하여금 변화를 두려워하게 만드는 것이 바로 이 세 번째 그림자입니다. 진화를 위해서는 혼돈에 저항하려는 대신에 혼돈을 끌어안아야 합니다. 세 번째 그림자는 인간이 삶 자체를 불신하게 만들고 따라서 서로 잡아먹고 잡아먹히는 낡고 오래된 생존 전략을 채택하게 만듭니다. 놀랍게도 당신이 혼돈을 신뢰하고 환경이 당신을 새로운 돌연변이로 변형시키도록 허용할 때, 가장 위대한 마법이 드러납니다.—혼돈 속에서는 항상 거대한 근본적 변형의 명령이 있고 또 항상 그래 왔었다는 것입니다.

억압적 본성 – 소심함(Anal, 항문의, 지나치게 꼼꼼한)

삶이 단순히 우연에 기초한다는 우리의 뿌리 깊은 두려움은 최초의 위대한 통제 메커니즘 중 하나에 이어집니다.—항문 정체의 메커니즘입니다. 프로이트가 이 현상을 발견했지만 그것은 이미 많은 요가와 명상 체계에서 수천 년 동안 알려져 온 것입니다. 두려움은 항문 주위의 근육에 매우 미묘한 제약을 활성화하며 이는 결국 우리의 호흡 패턴 전체에 영향을 미칩니다. 호흡이 점점 얕아지게 되면 삶에 대한 통제를 유지해야 할 필요성을 통해 두려움이 나타납니다. 거의 모든 인간들이 경증에서 급성까지 약간의 항문 정체로 고통 받고 있습니다. 우리의 시스템이 이 뿌리 깊은 긴장을 놓아 버리기 시작하는 것은 오직 우리가 우리 안에 있는 근본적인 두려움의 핵심을 건드리기 시작할 때뿐입니다. 우리가 두려움을 더 많이 느끼고 허용할수록 우리는 우주의 포옹 속으로 우리를 더 많이 놓아 버리게 되고, 우리가 그동안 얼마나 깊이 그 두려움에 매달려 있었고 그 두려움에 의해 보호받고 있었는지를 알게 됩니다.

반응적 본성 – 무질서 Disordered

생명에 대한 두려움의 대한 역반응은 그것을 분노의 형태로 밖으로 표현하는 것입니다. 그 결과 우리를 두렵게 만드는 바로 그것, 곧 혼돈과 무질서가 만들어집니다. 이런 본성에는 예측 가능한 방향이나 리듬 또는 목적이 전혀 없습니다. 그들은 억압된 본성을 두려워하게 만드는 바로 그 진동을 이 세상에 가져옵니다.—때로는 공격의 형태로, 때로는 무정부 상태로, 그리고 항상 파괴의 형태로. 다시 말하지만 경증부터 급성까지 이 질병의 정도는 다양합니다. 우리가 삶에 대한 신뢰를 멈추고 두려움을 믿을 때마다, 우리는 혼돈의 진동을 함께 창조하기 시작합니다. 그 두려움이 가장 평범한 상황에서조차도 분노로 변할 때마다, 그 분노는 파괴적인 힘을 지니고 있으며, 결국 필연적으로 우리 곁을 떠나지 않고 계속 나타날 것입니다. 이런 의미에서 완전히 인정되지 않은 모든 분노는 세상에 세 번째 그림자의 주파수를 더욱더 강화시킵니다.

세 번째 선물

혁신Innovation

섬 사고방식Island Mentality[6]의 종말

세 번째 그림자에 있어서 아주 멋진 점은 좁고 두려움에 근거한 단세포적인 인생관에도 불구하고 그것이 우리의 미래에 대한 비밀을 갖고 있다는 것입니다. 우리가 해야 할 일은 우리 자신의 진화를 되돌아보고 결국 어디에서 세 번째 선물, 즉 '혁신'의 선물로 끌고 가야 하는지를 살펴보는 것입니다. 단세포 유기체가 우리 지구 전체에 번식함에 따라 진화는 양자 도약, 즉 다세포 생명으로의 전이를 준비했습니다. 만일 모든 세포의 핵 속 깊숙한 곳에서 이기적인 충동이 무엇보다 중요하다는 것이 사실이라면 두 개의 세포가 서로 협력할 가능성은 거의 없을 것입니다. 왜냐하면 그들의 디자인 자체가 그들을 서로 경쟁하도록 밀어붙일 것이기 때문입니다. 그러므로 세포와 그 진정한 두뇌의 천재성은 양자생물학자들이 있다고 말하는 곳에—즉 세포막 안에 있어야 합니다. 우리는 세포막이 단세포가 환경에 반응할 수 있게 한다는 것을 알고 있습니다. 그러나 세포막은 이것보다 한 걸음 더 나아갑니다.—그것은 DNA가 환경에 영향 받도록 허용해야 합니다. 이것이 양자생물학의 기본 원리이며, 현재 주류의 생물학적 교리에 위배되는 이단이나 다름없는 것으로 간주됩니다.

우리가 지금 알 수 있는 것은 삶이 실제로 이런 식으로 작동한다는 것입니다. 수백만 년 전 단세포 의식은 다세포 의식으로 도약했습니다. 그것은 즉 DNA 안에 있는 생존에 기반한 프로그래밍은 세포가 더 큰 유기체로 동화되도록 틀림없이 돌연변이되었거나 스스로 적응했다는 것을 의미합니다. 인류에게 동일한 비유를 적용할 때, 우리가 보게 되는 것은 세 번째 선물 혁신Innovation을 통한 인간 개인의 권한 강화입니다. 혁신은 삶에 내장되어 있습니다. 바꾸어 말하면, 삶 자체는 초기 프로그래밍(초반의 난관)을 초월하여 새롭고 더 높은 형태의 의식을 발견하도록 설계되었습니다. 이기심과 혼돈 너머에는 협력과 혁신이 있습니다. 혁신은 진정으로 당신이 스스로 생각하기 시작할 때만 일어납니다. 이것이 일상적으로 일어나는 것처럼 들릴 수도 있겠지만 실제로는 비교적 드문 일입니다. 진정으로 혁신적이기 위해서는 집단적 세계관을 넘어서서 볼 수 있는 매우 높은 주파수에 도달해야 합니다.

혁신의 선물은 단순히 창조적인 것보다 훨씬 흥미롭습니다. 이는 당신이 두려움에 근거한 그림자 주파수의 관점을 영원히 벗어났음을 의미합니다. 혁신은 낙관주의를 즐깁니다. 비록 이것이 희망

6 역자주 : 스스로를 예외적이거나 다른 사람들보다 우월하다고 생각하는 고립된 사람들의 정신 상태, 지리적으로 제한된 사회를 말하는 것이 아니라 문화적, 도덕적, 이데올로기적으로 자신의 세계에 갇혀 있는 상태.

위에 세워진 낙천주의 같은 것이 아니지만 말입니다. 진정한 낙관주의는 창조의 중심에 있는 역동적인 에너지입니다. 세 번째 선물을 통해 당신은 자신의 DNA 안에 있는 더 높은 측면을 활용하기 시작합니다. 그것은 DNA 자체가 변한다는 것이 아니라 그것을 통과하는 주파수가 숨겨진 프로그래밍을 활성화시킨다는 것입니다. 이것이 단세포 생명이 협력적인 삶에게 양보한 방식이며, 인간의 이기심이 집합 의식에게 양보해야만 하는 방식이며 또한 양보하게 될 방식입니다. 전체는 개별적인 인간 구성 요소보다 훨씬 강력합니다.—거기에 어려움이 있는 것입니다.

혁신은 본질적으로 협력을 의미합니다. 인생을 고차원으로 완전히 변형시키기 위해서는 통합하고 종합해야 합니다. 혁신의 길은 대체로 새로운 요소의 도입을 통해 무언가를 향상시키는 것을 의미합니다. 세 번째 선물을 가지고 일하는 사람들은 인생의 위대한 신시사이저(합성자)들입니다. 왜냐하면 그들은 모든 생명의 하부 구조에 새겨진 태고의 법칙, 즉 통합이 곧 효율이라는 것을 이해하기 때문입니다. 이것은 삶과 죽음의 고리Ring of Life and Death로 알려진 코돈 그룹에 암호화되어 내장된 메시지입니다. 그것은 모두 변화에 기반을 두고 있으며, 그것이 바로 주역 '변화의 책'이라는 단어가 말하는 바입니다. 삶은 끊임없이 변형되고 있습니다. 삶은 돌연변이함으로써 방금 초월한 그 차원과 관점을 초월하고 또 포함하고 있습니다. 당신이 누구이든, 무엇이든, 그리고 어디에 있든, 만일 당신이 계속해서 초월하지 않는다면 당신은 죽어가고 있는 것입니다.

세 번째 선물은 자주 간과되는 또 다른 선물, 즉 '놀이'의 선물과 관련이 있는 '통합'에 대해 멋진 것을 가르쳐줍니다. 진정으로 혁신의 천재를 보고 싶다면 놀고 있는 어린아이를 지켜보기만 하면 됩니다. 세 번째 그림자의 눈을 통해 보았을 때 어린이들은 오직 혼돈만을 만들어내고 있는 것처럼 보이지만, 세 번째 선물의 더 높은 눈에 보이는 어린아이는 천재의 살아 있는 표현입니다. 만일 우리가 환경으로부터 오는 어떤 특정 주파수를 허용하고 DNA에 영향을 주는 세포막의 이미지를 기억해 낼 수 있다면, 이것이 바로 어린아이가 우리에게 비추어 주는 것과 정확하게 똑같습니다. 아이는 (부모들이라면 누구나 알고 있듯이!) 환경을 변형시키기도 하지만 동시에 환경에 의해 변형됩니다. 혁신의 선물은 어른들 또한 환경에 따라 자신들이 형성되도록 허용할 것을 요구합니다. 이것은 당신이 아이처럼 개방적이고 열린 마음을 가져야 한다는 것을 의미합니다. 모든 선입관, 교리 또는 신념들은 그들이 더 이상 통합을 발전시키는 데에 도움이 되지 않을 때 내버려져야 합니다. 혁신은 또한 깊은 내면의 신뢰감을 요구합니다. 당신이 이 선물을 계속 사용할 때 당신은 당신의 위치를 업데이트하고 변경해야 합니다. 비록 당신이 모든 것이 서로 어떻게 어울리는지 아직 보지 못했을지라도 당신은 근본적인 통합의 정신을 느끼게 됩니다. 그리고 무엇보다도 당신은 엄청난 재미를 느끼게 됩니다.

혁신의 선물을 통해 인류는 앞으로 오게 될 수세기 동안 살아남기 위해서 이제는 뭐든지 해야만 합니다. 초기의 단세포 생물들과 마찬가지로 우리는 복잡한 다세포 생물로 돌연변이해야 합니다. 초기의 생물들이 결국은 뇌가 되는 신경계를 개발한 것처럼 우리는 우리의 정부와 현대적인 글로벌 통신 문화를 발전시켰습니다. 그러나 우리의 가장 큰 혁신은 아직 오지 않았습니다. 그것은 문자 그대로 우리의 뇌를 두개골에서 훨씬 더 진보된 태양신경총 시스템으로 재배치하는 것입니다. 세포의 진정한 뇌가 핵이 아니라 세포막에 있는 것처럼 우리의 진정한 뇌는 우리의 감정 시스템을 통해 있습니다. 세포막과 마찬가지로 태양신경총 시스템은 신체의 안팎에 어떤 주파수를 허용할 것인지를 결정합니다. 따라서 개인이 돌연변이하여 더 높은 주파수를 받아들이면 이 주파수는 우리 DNA 내에 깊이 새겨진 집단생활의 더 높은 조직 원리의 잠금을 해제해 줍니다. 이 결정을 내리는 자는 우리가 아니라 삶입니다. 이 코드들은 이미 우리 DNA 안의 깊은 곳에 있는 미로 같은 경로를 따라 꿰어진 채로 기다리고 있습니다. 이것은 신성한 비밀입니다. 삶은 계속 혁신하기로 설계되었으며, 단세포의 섬 사고방식을 갖고 있는 오래된 인간들의 날은 이미 지나갔습니다.

세 번째 시디
순수함Innocence

놀이와 일하지 않음

세 번째 그림자와 그 선물에 관해 토론하면서 우리는 이 세 번째 유전자 키의 진정한 깊이와 타당성을 이해하기 위해 꽤 복잡한 영역을 둘러보았습니다. 일단 당신이 정신적 영역을 벗어나게 되면, 이해한다는 것은 사실 가장 간단한 일 중의 하나입니다. 주파수의 절대 정점에서 세 번째 시디는 순수함Innocence에 관한 것입니다. 이 시디는 인간을 포함한 모든 생명체가 본질적으로 순수하다는 것을 상기시켜 줍니다. 인간으로서 저지르는 가장 흔한 오해는 우리가 삶의 일부가 아니라는 것입니다. 마음은 우리가 삶을 통제할 수 있다고 말하고 있는 것처럼 보이지만 사실 이것은 뇌에서 만들어진 환상입니다. 인간은 삶의 도구이며, 삶 속에서 행해지는 실험입니다. 그러나 우리가 삶의 한 부분에 지나지 않는 한 우리는 결코 삶의 주인이 될 수 없습니다.

인간은 오늘날 두뇌 중심적인 종種으로 남아 있습니다. 우리는 중심이나 핵이 삶을 통제해야 한다는 욕구를 우리가 얼마나 깊이 느끼고 있는지 보아 왔습니다. 이 욕구는 우리가 하는 사고의 모든 수준과 우리 사회의 모든 수준 안에서 표현되고 있습니다. 그것은 신을 찾으려 하는 우리의 욕구에서 전형적으로 나타나고 있습니다. 아무도 통제될 수 없다는 생각은 우리를 공포에 질리게 만듭니다! 세상에 정부가 없다면 어떻게 될까요? 만일 우리에게 종교, 교육, 경찰, 군대 또는 돈이 없다면 어떻게 될까요? 우리가 이 질문에 줄 수 있는 유일한 대답은 '혼돈'입니다. 왜냐하면 우리가 삶을 신뢰하지 않기 때문입니다. 사실은 우리가 무슨 일이 일어날지 알지 못한다는 것이지만, 우리 안에 있는 아이는 대답을 찾아내기를 간절히 원합니다. 그것이 세 번째 시디의 모든 것입니다. 그것은 장벽도 없는 것이고, 법도 없는 것이고, 일도 없는 것입니다. 그저 노는 것뿐입니다!

한 종으로서 인류는 스스로를 엄청나게 잘못 판단했습니다. 우리는 지금 이 순간에 지구상에서 의식의 최첨단을 대표합니다. 우리가 지금 보고 있는 인간이 언젠가 과거의 유물이 될 때, 우리는 세 번째 시디를 통해 이 시간을 되돌아보고는 우리가 진화하는 이 시대에 왜 그렇게 심각했었는지 궁금해할 것입니다. 세 번째 시디의 관점에서 보면 우리는 아무리 잘 봐주려고 해도 아주 터무니없이 웃기는 상태입니다. 인간의 의식이 스스로를 우주의 중심이라고 믿는 단계를 거쳐야 했다는 것은 세 번째 시디에게는 엄청난 농담거리입니다. 그러나 어린아이에게 놀이는 절대적으로 진지한 일입니다. 어린아이의 손에 있는 장난감은 우리의 개인적인 삶이 우리 우주의 중심이 되는 것과 마찬가지로 정말로 우주의 중심이 됩니다. 우리는 순진하게도 살아서 형태의 세계 안에서 모든 장난감을 가지고 이 장대한 의식의 탐구를 끝마치는 거대한 행운의 엄청난 중요성을 모르고 있습니다.

언젠가 아이는 결국 자랄 것입니다. 인류는 지구와 천계의 조화라고 하는 어마어마한 최종 운명을 향해 진화할 것입니다. 그러나 한 가지 확실한 것은 의식은 결코 자라지 않을 것이라는 점입니다. 의식은 계속 탐구하고 놀고 영원히 실험할 것입니다. 그것의 본성이 단지 순수함이기 때문입니다. 삶은 순수하고, 우리는 삶입니다. 따라서 우리는 순수합니다. 그것이 다음 천년의 방정식입니다. 세 번째 시디가 곧 세상에 나올 때, 우리의 순수함에 대한 거대한 기억이 인류에게 나타날 것입니다. 새로운 운명의 첫 번째 그릇이(55번째 유전자 키에서 말한) 모두 어린아이일 것이기 때문입니다. 이 아이들의 이상한 점은 그들 안의 의식이 결코 성장하지 않을 것이며 심각해지지 않을 것이라는 것입니다. 그들의 인식은 우리 현재의 두뇌 중심적인 인식과 완전히 다른 새로운 방식으로 작동할 것입니다. 그들의 두뇌는 환경 그 자체일 것이며 모든 다른 인간, 생물, 식물, 돌, 별 안에 있게 될 것입니다. 우리는 그런 종류의 우주 의식을 아직 상상할 수는 없지만 그것은 곧 거대한 쇄파(碎波, 부서지는 파도)처럼 세상에 쏟아질 것입니다.

삶이 항상 그래 왔듯이 인류는 안에서부터 변화할 것입니다. 인류는 자체적인 환경에 의해 형성됩니다. 만일 인류가 그 환경에 위협이 된다면 생명은 그 메시지를 다시 세포 구조 속으로 전달하여 보다 효율적인 프로그램을 돌연변이시킵니다. 이것은 인류가 내릴 수 있는 결정이 아니라 유기체 전체가 내릴 수 있는 결정입니다. 이 게임에는 패자가 없습니다. 왜냐하면 모든 세포가 자신의 고유한 정보를 전체에게 순수하게 제공하기 때문입니다. 돌연변이 과정에서 새로운 생명 코드가 활성화되고 돌연변이하지 않는 세포는 단순히 소멸될 것입니다. 이것은 인류에게 이미 발생하기 시작한 완전히 자연스럽고 유기적인 과정입니다. 우리는 우리 자신의 순수함을 신뢰하지 않기 때문에 그것을 두려워합니다. 인간의 커다란 두려움은 우리 자신의 독특함을 잃는 것입니다. 만일 우리가 그것을 잃어버리고 혼합된 수프가 된다면 그것은 정말로 진화에서 한 발 뒤로 물러나는 것이 될 것입니다. 그러나 진화는 뒤로 가지 않습니다.—그것은 오직 진보만을 알고 있습니다. 우리 자신의 개인적인 정체성을 포기함으로써 우리는 사실 동시에 집단적이면서 개인적인 또 다른 더 큰 개인적인 정체성을 창조하는 것입니다.

인체 자체는 인류가 움직이는 방향의 대표적인 예입니다. 우리 몸은 환경에 반응하면서 단세포 아메바에서 진화했습니다. 우리 몸 안에 있는 단 하나의 세포도 이기적일 수 없습니다. 아니면 우리는 죽게 될 것입니다. 생명은 진화를 유지하는 가장 쉬운 방법이 경쟁하는 개별 세포들을 하나의 몸으로 통합하는 것임을 자신의 순수함 속에서 저절로 발견하였습니다. 삶이 혼자 놀도록 내버려 두었을 때 어떤 놀라운 것들이 발견되는지! 놀이의 혼돈은 깊이 신뢰받고 존경받아야 한다는 것, 이것이 '삶과 죽음의 고리' 안에 담긴 핵심 메시지입니다. 놀이는 천재의 표현이며 천재는 항상 가는 길에 만나게 되는 도전에 대한 새로운 해결책을 찾습니다. 우리 모두는 정말로 아이들, 우주의 아이들입니다. 그리고 우리가 진정으로 해야 할 일은 우리의 심각함을 놓아 버리고 삶이 우리 앞에 가져다주는 아주 아름다운 보석 안에서 즐거움을 찾는 것입니다.

이 세 번째 유전자 키와 그 다양한 주파수 수준을 읽으면서 당신은 아마도 당신이 참여하고 있는 실험의 경이로움과 그 규모를 느낄 수 있을 것입니다. 아인슈타인이 말했듯이 "신은 주사위를 굴리지 않습니다." 인간의 두뇌는 이와 같이 심오한 통찰을 이해할 수 있도록 설계되지 않았습니다. 우주 안에 있는 확실한 질서는 우리 신비주의자들이 많은 이름으로 불렀던 인간 안의 보다 진보된 인식 체계에 의해서만 포착될 수 있는 어떤 느낌입니다. 무엇보다도 그것은 인간의 가슴, 그리고 모든 창조물 간에 있는 사랑과 단결의 느낌과 같습니다. 당신의 진정한 집은 당신의 몸 안에 있지 않으며, 또한 그것을 통해 모든 것이 조화를 이루는 단 하나의 중심이 우주 어딘가에 있는 것도 아닙니다. 당신이 찾고 있는 센터는 사랑 그 자체의 느낌이며, 그것은 당신의 영원한 순수 상태가 도처에 중심을 가진 채 현현된 것입니다.

4th GENE KEY

시디
용서
선물
이해
그림자
편협함

만능통치약

프로그래밍 파트너 : 49번째 유전자 키
코돈 고리Codon Ring : 통합의 고리
(4, 7, 29, 59)

생리 : 신피질
아미노산 : 발린

네 번째 그림자
편협함Intolerance

젊은이의 어리석음

고대 중국인들이 주역의 네 번째 헥사그램에 이름을 지었을 때 그들은 젊은이의 어리석음Youthful Folly이라는 멋진 이름을 붙여 주었습니다. 그리고 이렇게 함으로써 그들은 저차원의 본성에 대한 심오한 이해를 보여 주었습니다. 네 번째 그림자, 편협함Intolerance의 그림자는 인간의 감정에 헝클어지는 마음의 습관에 뿌리를 두고 있습니다. 편협함은 프로그래밍 파트너인 49번째 그림자 반응Reaction과의 관계를 통해 가장 잘 이해됩니다. 인간은 감정에 지배를 받기 때문에 일반적인 감정 상태는 불안정하고 혼란스럽습니다. 우리는 각자 안에 있는 조용하고 분명한 지시에 자신을 맞추는 것이 아니라 기분에 반응하는 경향이 있습니다. 우리 자신의 감정이나 타인의 감정에 반응하면서 우리는 우리가 느끼는 것이 진실임에 틀림이 없고 우리의 마음은 우리와 일치한다고 판결을 내립니다.

네 번째 그림자는 본질적으로 마음의 위대한 선물 중의 하나인 '논리logic'를 근본적으로 오용하는 것입니다. 이 4번째 유전자 키의 힘은 논리적인 패턴을 읽고 푸는 힘이며, 4번째 선물의 경우에서 보듯이 이 능력은 모든 삶의 리듬 패턴과 경향을 보편적으로 이해하도록 이끌어 줍니다. 그러나 감정적 반응이나 과도한 반응을 기반으로 하는 낮은 주파수에서 이 그림자는 그 변덕스러운 본성을 유지시키기 위해 왜곡된 논리의 힘을 이용합니다. 다른 말로 하자면, 네 번째 그림자가 재수 없는 날을 보내고 있고 누군가를 좋아하지 않기로 결정하면, 싫어하는 것을 뒷받침하는 논리적인 이유를 줄줄이 찾아낼 것입니다. 논리의 비뚤어진 관점, 바로 이것이 편협함의 참 모습입니다. 그림자 주파수에서 마음은 실제로 삶의 중요한 결정을 내릴 수 있는 권한을 부여 받았지만 종종 재앙을 초래합니다. 왜냐하면 그것의 진정한 역할은 뭔가를 결정하는 것이 아니기 때문입니다. 그것의 진정한 역할은 이해하고 의사소통하는 것입니다.

젊은이의 어리석음이라는 이름이 정말로 적절하다는 것은 이 그림자가 극단적인 감정 상태에 이를 때 어떤 일이 일어나는지를 살펴보면 명백해집니다. 그림자 주파수에서 당신은 당신의 감정 상태와 절대적으로 동일시합니다. 그리고 그것이 당신이 삶을 사는 방식을 정의합니다. 해결되지 않은 감정 패턴은 당신의 마음에 받아들여져 절대적인 진리로 가장하는 매우 복잡한 논리적 뼈대가 세워집니다. 네 번째 그림자의 매체를 통해, 의견이나 판단, 또는 분한 마음은 강한 신념과 확실성으로 변형됩니다. 이런 식으로 사람들은 자신만의 논리로 스스로 눈이 멀게 하고 스스로 착각하게 되며 때로는 위험해질 수 있습니다. 편협함은 논리의 주관적 왜곡을 기반으로 합니다. 그것은 논쟁의 양쪽 측면에서 모든 패턴을 보는 것이 아니라 자기가 보고 싶어 하는 패턴만을 판단합니다. 네 번째 선물 이해Understanding의 힘은 한쪽만을 편드는 함정을 피하면서 관점의 모든 측면을 객관적으로 평가할 수 있는 능력에 기초합니다.

인간의 논리적 마음은 실제로 어느 한쪽을 두둔하도록 설계되지 않았습니다. 논리의 본질은 객관성에 기초를 두는 것입니다. 그러나 두려움에 사로잡히면 객관성은 죽고 논리는 집단적 수준에서조차도 주관적이 됩니다. 당신은 어떤 것이 어떻게 동시에 집단적이면서 주관적일 수 있는지 궁금해할 수 있습니다. 인종차별과 편견은 주관적이고 논리적인 논증을 통해 이런 두려움을 강화시키는, 특정 인구 집단을 통해 나타나는 유전적 또는 조상 대대로 내려오는 두려움의 예입니다. 심지어 과학조차도 그것이 모든 반론에 열려 있지 않다면 진정으로 객관적이 되는 경우가 흔치 않습니다. 과학의 경우 반론은 종교로부터 나올 수 있습니다. 종교는 논리가 진리를 얻는 유일한 수단이라는 것에 이의를 제기합니다. 과학이 자신의 본질 자체에 대해 회의적일 때, 오직 그때만이 과학은 진정으로 객관적이라고 간주될 수 있습니다. 네 번째 그림자는 모든 인간 정신 구조에, 과학적인 구조로부터 영적인 구조까지 매우 미묘한 흐름을 형성합니다.—그것은 어느 한쪽을 편들지 않을 수 없습니다.

모든 그림자 상태의 근본적인 본성은 두려움입니다. 네 번째 그림자의 경우 두려움은 다른 사람에게 투사되고 그런 다음 방어적인(때로는 공격적인) 정신 자세를 취함으로써 강화됩니다. 이것은 편협함이 만들어지는 방식이며 때로는 극도로 미묘합니다. 편협함은 사실보다는 의견에 근거를 둔 입장을 취합니다. 만일 당신이 논쟁의 반대편을 여유 있게 조사한다면, 당신의 의견이 뭔가에 대한 깊은 감정적 두려움에 뿌리를 두고 있다는 것을 즉시 이해할 것입니다. 논리가 가진 커다란 문제는 단지 자신을 반증할 수만 있다는 것인데, 그것은 우리 인간들에게 전혀 안전하다는 느낌을 주지 않습니다. 따라서 대부분의 사람들은 논쟁의 어느 한 편을 선택합니다. 그것이 어떤 정신적인 확실성을 느낄 수 있게 만들어 주기 때문입니다. 그러나 아이러니하게도 정신적 확신이 몸이 안전하다고 느끼게 할 수는 없습니다. 몸은 다른 아무것도 원하지 않으면서 순간에 내어 맡길 때만 안전하다고 느낄 수 있습니다.

네 번째 그림자는 패턴을 조사하고 질문을 해결하고자 하는 욕구에 끊임없이 불안해합니다. 한 가지 대답이 나오면 그것은 단순히 다른 질문으로 대체됩니다. 이 유전자 키의 역할은 '이해하는 것'이지만, 이해는 마음 그 자체를 통해서는 올 수 없습니다. 이것이 네 번째 그림자가 갖고 있는 딜레마의 본질이며 많은 사람들이 자신들의 선물을 깨닫지 못하게 합니다. 곧 알게 되겠지만, 이해는 당신의 마음이 결코 무엇인가를 진정으로 이해할 수 없다는 것을 깨달을 때 찾아옵니다! 이 거대한 내면의 깨달음에 이르기 전에, 당신은 네 번째 그림자와, 언젠가는 영원한 평화를 가져다 주는 대답에 도달하게 될 것이라는 그림자의 끈질긴 약속의 영향을 받으면서 삶을 살아갈 것입니다. 이것이 젊은이의 어리석음입니다. 왜냐하면 그런 평화를 가져다주는 지적인 대답은 존재하지 않는다는 사실을 오직 수많은 고뇌와 경험을 거친 후에야 깨닫게 되기 때문입니다. 네 번째 그림자에는 오직 두 가지 옵션만이 있습니다.—한쪽 의견에 만족하고 반대쪽을 거부하거나, 아니면 당신의 내면 깊숙한 곳에 있는 불확실한 느낌을 끝내려는 실속 없는 탐구에 길을 잃는 것입니다. 네 번째 선물을 진정으로 이해하는 도약이 있기 전에는 영원한 오해와 편협에 빠지는 것 외에 다른 선택은 없습니다.

억압적 본성 – 냉담 Apathetic

이 4번째 유전자 키의 정신적 역동성이 억압적 본성의 무의식적인 두려움에 의해 얼어붙게 될 때, 그 결과로 오는 것이 냉담한 마음입니다. 냉담한 마음은 더 이상 밝지도 않고 지성적이지도 않으며 무엇인가를 이해하기를 포기하고 일종의 정신적인 무기력 상태에 빠진 무너진 마음입니다. 이런 사람들은 자신이 다른 사람들보다 덜 똑똑하다고 믿습니다. 그럴 때 사실 그들은 무의식적인 두려움으로 인해 정말로 마비됩니다. 그들의 두려움은 자신의 결정과 행동에 대해 자기가 책임을 져야 한다는 것입니다. 그때 그들은 그러기는커녕 무엇에 대해서도 아무 의견도 갖지 않는 쪽을 선택합니다. 그런 사람들은 상당히 깨달았고 매우 열려 있는 척할 수는 있지만, 그들 내면에는 활력이 빠져 있습니다. 따라서 그들에게는 동기뿐만 아니라 건강에도 문제가 있을 수 있습니다. 그들이 무관심에서 탈출하려고 한다면 그저 생각을 다시 시작하기만 하면 됩니다. 하지만 그들의 생각이 그들의 삶을 지배하지 않도록 해야 합니다.

반응적 본성 – 트집 잡기Nit-picking

반응적 본성에서, 생각은 사람의 삶을 지배합니다. 반응적 본성은 질문에 대한 답변을 끊임없이 욕구하고, 이런 대답들이 그들에게 안도감을 가져다 줄 것이라는 믿음을 갖고 있습니다. 그러다가 이것이 사실이 아니라는 것을 알게 되면, 그들은 화를 내고 누군가를—그들에게 모든 대답을 줄 것이라고 생각했던 사람이나 시스템을—비난합니다. 이런 사람들은 어떤 문제가 해결되는 느낌에 대한 욕구를 놓아 버리지 못해 마음에게 이 느낌을 가져오는 권한을 주고는 끝없이 실망하기만 합니다. 이들은 무의식적으로 자신의 좌절감에서 빠져나오기 위해 환기구를 찾아다니면서 가장 관련성이 없는 세세한 것에 매달립니다. 그러다가 그런 세세한 것을 발견하면 비난하거나 불평할 기회를 갖게 되어 갇혀 있던 분노와 긴장을 일부 풀게 됩니다. 이 사람들은 무엇보다 자신의 마음이 언젠가 위안을 가져다줄 수 있다는 희망을 놓아 버리는 방법을 찾아야 할 필요가 있습니다. 그렇게 할 때, 그들은 마침내 자신들의 영원한 실망을 다른 사람들에게 투사하는 것을 멈추고, 마음에서 벗어나 그들 안에서 일어나는 새로운 인식을 발견하기 시작할 수 있습니다.

네 번째 선물
이해Understanding

양자적 공안公案

만일 당신이 강력한 지적 능력을 가진 사람이라면, 네 번째 선물은 신선한 공기를 들이쉬는 멋진 호흡을 나타냅니다. 동시에, 그것은 당신의 존재 전체에서 거대한 양자 도약을 요구합니다. 이해의 선물은 지식과는 아무런 관련이 없습니다. 지식은 당신의 마음이 영속적인 불안감을 없애기 위해 필요하다고 생각하는 것입니다. 그러나 지식은 절대로 평화로운 느낌을 가져다 줄 수 없습니다. 기껏해야 지식은 평화에 대한 희망을 줄 수 있을 뿐입니다. 아이러니하게도 당신의 지적인 탐구를 유지시키고 당신을 그림자 주파수의 경계 안에 계속 머무르게 만드는 것이 바로 그 희망입니다. 오직 진정한 이해만이 평화를 가져올 수 있습니다. 진정한 이해는 마음의 영역 밖에 있기 때문입니다. 이해는 존재 전체의 것이며, 두뇌 안의 인지 능력에게 동의를 요구하지도 않고 요구할 수도 없습니다.

네 번째 유전자 키에게 결정을 내려야 할 책임을 부여하지 않고 자연스러운 과정을 거치게 한다면, 그것은 실제로 아주 마법 같은 일을 합니다.—당신의 인식을 마음으로부터 밀어내 버리는 것입니다. 지식을 통해 이해에 이르려고 하는 마음의 필사적인 노력은 모든 가능한 각도에서 삶을 바라보면서 끊임없이 스스로를 좌절시킵니다. 어느 특정한 시점에서 이 모든 억눌린 에너지가 마음으로부터 폭발해 나와 양자적인 도약을 합니다. 이것이 바로 선禪의 공안이라는 개념이 작용하는 방식입니다. 공안은 마음이 풀어보도록 주어진 역설이며, 마음이 결국에는 자신의 논리가 공안을 풀 수 없다는 것을 깨닫는 바로 그 순간 이해가 시작됩니다. 이 양자 도약이 진정한 이해이며, 이것은 당신의 몸 전체에 홍수처럼 넘쳐흐르고 태양신경총 영역으로부터 방사되는 앎의 느낌입니다.

'이해'의 선물은 불만을 만족시킬 유일한 대답이며, 다른 방법보다는 당신의 마음이 완전히 소진됨으로써 나와야 합니다. 어떤 개념을 모든 각도에서 논리적으로 바라보면, 논리를 통해 궁극적으로 증명할 수 있는 것은 아무것도 없다는 사실을 깨닫기 시작합니다. 왜냐하면 논리는 항상 그 반대를 증명하는 데에도 사용될 수 있기 때문입니다. 당신이 결국 이것을 알게 될 때, 당신의 존재 전체는 빛이 나기 시작합니다. 왜냐하면 마음은 진정으로 중요한 것을 해결하는 데에 아무 소용이 없다는 것을 완전히 깨닫게 되기 때문입니다. 이것이 결과적으로 마음을 해방시켜 자기가 가장 좋아하는 것을 할 수 있게, 즉 연구하고 의사소통하고 놀 수 있게 해줍니다.

네 번째 선물이 당신의 존재를 풀어내야만 하는 의무에서 자유로워질 때, 그것은 마침내 진정한 천재성으로 들어오게 됩니다.—존재의 패턴을 갖고 놀면서 그들을 새롭고 독창적인 방식으로 배열하는 것입니다. 당신이 복부 안 깊숙한 곳에서 본능적인 깨달음의 느낌을 가질 때, 당신의 마음은 자신의 관점을 방어할 욕구에 더 이상 방해받지 않습니다. 사실, 당신은 모든 논리 공식이 무엇이든 증명하거나 반증하도록 조작될 수 있다는 것을 알고 있습니다. 그런 높은 이해의 주파수는 또한 세계에 봉사하고자 하는 충동을 일으키며 네 번째 선물의 정신적 민첩성을 사용하여 자신의 상위 자아의 지시를 따를 수 있습니다. 삶의 근본적인 패턴을 보는 데 있어 새로 발견된 천재성은 이 네 번째 선물의 또 다른 측면, 즉 사람을 이해하는 능력에 직접적으로 접근할 수 있게 합니다.

어떤 정신적 구조의 모든 측면을 봄으로써 '이해'의 선물은 편협함의 가능성을 쓸어내 버리고 그 선물을 사용하여 세상에 긍정적인 변화를 가져오는 새로운 역할이나 시스템을 창출합니다. 네 번째 선물의 프로그래밍 파트너는 49번째 선물 '혁명Revolution'입니다. 이 에너지는 항상 진정한 이해를 동반합니다. 이해의 본질 자체가 전반적으로 사회를 개선하는 것입니다. 왜냐하면 이 네 번째 선물 안에 있는 역동적인 에너지가 여전히 어떤 불안함으로 경험되기 때문입니다. 그림자 수준에서 이것은 자신의 불안을 해소하기 위한 초조함이었으며, 선물 주파수서 이것은 전반적으로 사회 안에 있는 불안정을 해결하기 위한 초조함이 됩니다. 따라서 이해는 항상 그 안에 세상의 편협함과 분열이라는 문제를 해결하려는 의도의 씨앗이 담겨 있습니다.

55번째 유전자 키와 49번째 유전자 키를 통해 촉발되는 다가오는 유전자의 변화에서 이 네 번째 선물의 역할은 몇 가지 매우 중요한 유전적 변화를 겪게 될 것이며, 그것은 서서히 인류를 휩쓸고 지나갈 것입니다. 이 원형의 가장 높은 측면에서 강력한 시디 에너지가 안으로 말려들어오게 이 4번째 유전자 키는 물론 그것과 관련된 아미노산 발린에서 사소하지만 매우 중요한 유전적 돌연변이가 발생할 것입니다. 이 돌연변이는 본질적으로 네 번째 그림자 '편협함Intolerance'을 단계적으로 제거할 것입니다. 이 새로운 돌연변이의 시퀀스를 가지고 있는 아이들은 정서적으로 양극화되지 않을 것입니다. 그들의 정신 시스템은 평생 폭동을 일으키지 않을 것입니다. 네 번째 선물 '이해'는 태어날 때부터 마음이 움직이는 방식을 통제할 것입니다. 그들은 지구적인 차원에서 사회 혁명을 일으킬 것이며, 이 혁명은 기존 시스템과 구조의 어리석음을 논리적으로 이해하는 데에 기반을 둘 것입니다. 이 네 번째 선물을 통해 새로운 공식이 세상에 나올 것이며, 그것은 의심의 여지없이 새로운 것을 창조하는 것보다는 오래 지속된 문제를 해결하는 기술적인 돌파구로 이끌어 갈 것입니다.

네 번째 시디

용서Forgiveness

무자비한 용서

다가오는 변화는 사회혁명을 일으킬 뿐만 아니라 현대인의 위대한 행위 중의 하나인 지식 검색을 종결시킬 것입니다. 네 번째 그림자가 파열되면서 이해가 지식의 자리를 대신할 것이며 현대 세계의 많은 추진력들이 소멸될 것입니다. 우리는 더 이상 논리적으로 존재의 모순을 이해할 필요가 없을 것입니다. 왜냐하면 인식의 새로운 중심이 우리에게 존재에 대한 물리적이고 활력 있는 이해를 제공할 것이기 때문입니다. 따라서 이 세상에서 논리의 역할은 바뀔 것입니다. 그것은 더 이상 우리의 편견과 두려움을 방어하는 데 사용되지 않을 것이며 더 이상 개인적인 이익을 위해 사용되지 않을 것입니다. 가장 높은 주파수에서의 논리는 가능한 가장 효율적인 사회를 조율하는 수단입니다. 진정한 효율성은 살아 있는 시스템의 더 높은 전체론적 이해에 기반을 두고 있습니다. 우리 모두가 서로에게 어떻게 연결되어 있는지를 이해하게 되면 우리는 이기심이 모든 것 중에서 가장 비효율적인 주파수라는 것을 스스로 알게 될 것입니다.

네 번째 선물은 훨씬 더 세련된 주파수, 즉 '용서Forgiveness'의 시디를 위한 도약대를 만들어 줍니다. 용서는 이해에서 태어났지만, 존재가 이해를 뛰어 넘는 도약을 할 때 생겨납니다. 용서는 사회혁명으로부터 한 단계 더 나아갑니다. 어떤 한 사람이 이해와 선의를 가지고 있다고 해서 그들이 완벽한 사회를 조직할 수 있다는 것을 의미하는 것은 아닙니다. 역사는 혁명이 결코 세상을 변화시키지 않는다는 것을 보여주었습니다.—혁명은 단지 사회를 변화시킬 뿐이고, 그것도 대개는 단지 잠시일 뿐입니다. 49번째 유전자 키의 가장 큰 가능성은 '재탄생Rebirth'의 시디이며, 이것은 항상 용서와 함께 동시에 깨어나는 시디입니다. 우리가 보았듯이, 이해는 일종의 사회개혁을 부추김으로써 전체에 기여하겠다는 충동을 이끌어냅니다. 그러나 용서는 순수한 시디 상태이며 그것 자체로는 전혀 불안함이 없습니다. 모든 시디 상태는 라인line의 끝입니다.—그들은 우리 유전자의 절대적인 초월과 인간됨의 종말을 나타냅니다.

용서는 어떤 존재가 그리스도 의식에 도달할 때 풀려나오는 벼락같은 것입니다. 그것은 형태의 세계 안에서 경계선을 녹이는 일종의 우주의 온기와 같습니다. 용서는 모든 형태의 뒤에 있는 진리를 볼 수 있게 합니다. 더 나아가서, 그것은 우리가 꿰뚫어 볼 수 있게 하고 그로써 진리와 하나가 되게 합니다. 시간과 관련한 용서의 힘에 대한 거대한 신비가 있습니다. 용서는 진화하는evolve[7] 힘이라기보다는 오히려 퇴화하는involve[8] 힘을 나타냅니다. 왜냐하면 그것은 글자 그대로 미래로부터 과거를 향해 오는 것이기 때문입니다. 그것은 그리스도처럼, 형태의 세계로 내려오는 신의 특성입니다. 인간의 형태로 내려오면서, 용서는 모든 인류의 머리 위에 손을 얹고 시간을 거슬러 올라가 우리의 집단적인 과거를 파고들고, 억겁의 시간 동안 갇혀 있고 정체되어 있는 에너지를 풀어 주고 해방시켜 줍니다. 용서는 이런 식으로 모든 인류의 선조로부터 내려오는 혈통을 타고 내려가면서 유전적인 장벽을 제거하고, 가는 곳마다 카르마의 저주를 풀어냅니다. 이것이 바로 '용서'의 시디가 종종 기적을 일으킬 수 있다고 믿어지는 이유입니다. 여러 세대를 거쳐 정체된 카르마의 빚을 풀어낼 수 있기 때문입니다. 그렇게 카르마의 빚이 풀어짐으로써 카르마에 휘둘리던 사람들은 믿을 수 없는 변형을 겪을 수 있습니다. 이 신비는 '일곱 개의 봉인The Seven Seals'으로 알려진 전송을 통해 22번째 유전자 키에서 더 깊이 탐구됩니다.

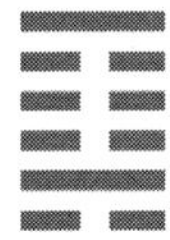

네 번째 시디는 '신의 은총Divine Grace'의 직접적인 대리인입니다. 말하자면 그것은 인간의 법을 고집하지 않습니다. 그것은 모든 차원에서 오래된 빚의 해결에 관여합니다. 순수하게 개인적인 차원에서, 인간 생애의 과정 전체는 카르마 빚이라는 개념을 기반으로 합니다. 특히 관계를 통해 모든 빚을 다 갚을 때까지, 당신은 탄생과 환생의 게임을 벗어날 수 없습니다. 또한 그것은 '통합의 고리Union of Ring'의 일부이기 때문에 네 번째 시디의 궁극적인 역할은 개인적으로나 인종적으로 또는 신화적으로 카르마 빚을 해결함으로써 인류를 집단적인 통합으로 이끌어 가는 것입니다. 물질

7 주 : 밖으로 전개해 나감

8 주 : 안으로 들어옴, 포함함

적인 영역에서 보자면, 우리는 언젠가는 국가들 사이에서 서로의 재정적인 빚을 탕감함으로써 이 통합이 드러나는 것을 보게 될 것입니다. 용서는 정말로 그 자체로 집단적인 현상입니다. 우리 인간들이 결코 그것을 통제하거나 날조할 수 없었던 이유가 바로 그것입니다. 그것은 당신에게 뜻밖의 일처럼 나타나며, 당신 안에서 전에는 숨 막힌 채로 있던 어떤 것이 열리게 됩니다. 그것은 정말로 기적입니다.

더 많은 존재들이 이 시디를 이 세상으로 가져올 때, 그들은 인류의 집단적 카르마를 풀어 나가는 데 자신들의 역할을 합니다. 그런 존재들은 삶에서 아무것에도 매달리지 않습니다. 왜냐하면 이해를 넘어서 순수한 진리로 들어왔기 때문입니다. 우리가 지금 알고 있는 용서는 이 4번째 시디의 초월beyondness과 비교할 때 아주 작은 그림자에 불과합니다. 순수한 용서는 시간과 공간을 뚫고 모든 방향으로 방사하는 우주의 만병통치약입니다. 그것은 모든 질문을 종결시키는 마지막 대답입니다. 그리고 용서의 첫 번째 원자가 마침내 시간의 맨 처음으로 돌아갈 때, 이미 그랬던 것처럼 우리가 알고 있던 세계는 녹기 시작할 것입니다. 모두가 용서받을 때, 용서 그 자체는 더 이상 존재하지 않으며 단지 진리만이 존재합니다. 네 번째 시디의 최종 운명은 과거와 미래, 흑과 백, 음과 양 사이의 관계를 무너뜨리는 것, 결국에는 시공 자체의 논리적 구조에 종말을 가져오는 것입니다. 진정한 용서는 무자비합니다. 왜냐하면 모든 것을 그 근원으로 되돌려 주는 순수한 파멸의 힘이기 때문입니다. 용서의 궁극적인 목표는 사실 형태의 세계 그 자체에 종지부를 찍는 것입니다.

시디
영원함
선물
인내심
그림자
조급함

시간의 끝

프로그래밍 파트너 : 35번째 유전자 키
코돈 고리Codon Ring : 빛의 고리
(5, 9, 11, 26)

생리 : 천골신경총
아미노산 : 트레오닌

5번째 그림자
조급함Impatience

새로운 유전자 코드

64개 유전자 키의 근간을 구성하는 것이 5번째 유전자 키입니다. 생명의 모든 코드와 패턴을 담고 있는 5번째 유전자 키는 의식의 거대한 디지털 도서관을 형태로 나타냅니다. 이 코드는 각각의 살아 있는 단일 세포 내에 숨어서 DNA의 나선 패턴으로 감겨 있습니다. 5번째 유전자 키는 모든 생명체 속에서 발견되는 유전자 키 중의 하나입니다. 왜냐하면 그것만이 홀로 유기체가 특정 환경에서 안정을 유지하게 하는 매우 리드미컬한 패턴을 유지하기 때문입니다. 더 나아가서 5번째 유전자 키는 게놈(세포나 생명체의 유전자 총체) 안에 있는 아주 신비스러운 체스의 말입니다. 왜냐하면 그것 또한 모든 분리된 유기체를 하나의 커다란 보편적인 리듬, 즉 생명의 박동으로 통합하기 때문입니다.

5번째 유전자 키는 이런 보편적인 패턴을 통해 모든 살아 있는 형태들을 묶기 때문에, 낮은 주파수에서는 삶에 대한 깊은 불신을 나타내는 경향이 있습니다. 이것은 5번째 그림자 '조급함Impatience'을 통해서 나타납니다. 우리는 모든 인간이 자신 안에 뿌리 깊이 새겨진 죽음에 대한 두려움을 짊어지고 있음을 알고 있습니다. 당신이 깨닫지 못할 수도 있는 것은 이 두려움 주위에 많은 단계의 층이 있다는 것입니다. 성격적인 차원에서는 외적인 두려움, 어린 시절의 사건을 통해 빨아들인 전형적인 두려움의 패턴이 있습니다. 이 개인적 두려움은 결국 커다란 집단적 두려움으로 가게 됩니다. 예를 들어, 변화에 대한 두려움입니다. 그러나 가장 깊은 수준, 인식의 벼랑 끝에는 가장 오래된 고대로부터 내려오는 두려움이 있습니다. 이 5번째 그림자가 바로 그런 두려움을 나타냅니다. 이 고대로부터 내려오는 집단적 두려움은 하나의 기본적인 근원으로부터 유래합니다.—우주에는 근본적인 질서가 없다는 두려움입니다. 당신의 유전자 주파수가 이 두려움에 맞춰지게 될 때는 당신 삶에 안정감을 가져오기 위해 어떤 시도를 하든, 당신의 몸 자체는 결코 안전함을 느끼지 않을 것입니다. 이것이 사실 대다수 인류의 정상적인 의식 상태입니다.

5번째 유전자 키 안에는 생명의 타이밍에 대한 거대한 비밀이 있습니다. 이 유전자 키는 보편적인 리듬과 자연스러운 타이밍을 신뢰하거나 신뢰하지 않는 것에 관한 것입니다. 그것은 계절의 리듬을 설정하고, 모든 생명체의 세포의 성장과 쇠퇴의 시기를 정하며 동물과 인간의 모든 이동 패턴을 관장합니다. 우리가 보았듯이, 생명의 타이밍에 관한 모든 불신은 인간의 본성에서 5번째 그림자 '조급함'을 통해 나타납니다. 이 조급함은 지구상에 있는 모든 질병의 가장 큰 원인 중 하나입니다. 왜냐하면 그것은 당신의 건강과 안녕을 약화시키고 삶의 중심에서 벗어나도록 방해할 것이기 때문입니다. 어떤 면에서는, 조급함은 긍정적인 특성으로 보일 수도 있습니다. 왜냐하면 그것은 당신을 현실에 안주하는 대신에 행동을 이끌어 낼 때까지 재촉할 수 있기 때문입니다. 이것은 잘못된 생각입니다. 왜냐하면 조급함은 불안에 뿌리를 두고 있으며 불안에서 일어나는 모든 행동은 전체와 조화를 이루지 않기 때문입니다. 조급함에서 나오는 행동과 결단에서 나오는 행동에는 큰 차이가 있습니다.

조급함은 인간의 자연스러운 특징이 아닙니다. 오히려 그것은 생리적 차원에서 자연스러운 리듬이 상실된 결과입니다. 만일 당신이 조급함을 느끼고 있다면 호흡은 얕아지고 신경계는 과도하게 활성화됩니다. 이때 당신의 주된 느낌은 모든 것이 원래 그렇게 되어야 하는 상태가 아니라는 것입니다. 물론 이 느낌은 절대적으로 사실이 아닙니다. 모든 것은 항상 정확하게 그렇게 되기로 한 상태입니다. 그런데 실제로 일어난 일은 당신이 당신의 자연 상태, 즉 신뢰의 상태에서 벗어났다는 것입니다. 조급함은 항상 마음에 뿌리를 두고 있으며, 마음은 각각의 인간들에게 독특합니다. 그것은 대뇌 신피질의 특이한 특성, 즉 우리가 모든 것을 과거, 현재, 미래라는 시제 속에서 일어나는 것으로 인식하는 방식에 따라 정보를 처리하는 특성 때문입니다. 조급함을 피할 수 있는 유일한 방법은 마음에서 벗어나고 마음의 시간 영역에서 벗어나는 것입니다. 이것이 바로 이 유전자 키의 더 높은 주파수에서 일어나는 일입니다.

64개의 그림자의 원형에 대해서는 조화를 이루는 짝을 통해 바라볼 때 배울 수 있는 것이 너무도 많습니다. 심리학적으로 보면, 32개의 그림자 짝 안에서 모든 인간의 문제와 강박관념의 근원을 찾을 수 있습니다. 각각의 그림자 짝은 문자 그대로 강박적인 패턴을 만들도록 설정되어 있습니다. 5번째 그림자 '조급함'의 프로그래밍 파트너는 35번째 그림자 '배고픔(Hunger, 갈망)'입니다. 이 두 상태는 말 그대로 서로에게 먹이를 줍니다.—불안감을 피하려는 갈망은 조급함으로 끌고 가고 그 반대도 마찬가지입니다. 그리고 그것은 모두 시간이 다 지나가는 것에 대한 두려움에 쫓깁니다. 현대 사회에서, 당신은 정말로 이 깊이 자리 잡은 두려움이 온 인류를 통해 물결치는 것을 느낄 수 있습니다. 우리는 삶 그 자체가 진화의 패턴을 설정하고, 우리는 단지 그 패턴의 대리인이라는 것을 잊어 버렸습니다. 때때로 개인적인 삶과 집단적 차원 모두에서 자연의 돌연변이는 삶의 안정성이 뒤집힐 때 일어납니다. 만일 당신이 그런 시간의 영혼 속으로 깊이 빠져 들어갈 수 있다면, 사실은 아무것도 균형에서 벗어난 것이 없으며 모든 것은 때가 되면 스스로를 드러낼 것임을 깨닫게 될 것입니다.

5번째 유전자 키는 모든 생명체를 더 넓은 패턴으로 연결하기 때문에 당신은 우연히 일어나는 일은 아무것도 없다는 것을 깨닫는 법을 배워야 합니다. 모든 것은 다른 모든 것에 연결되어 있습니다. 따라서 당신이 어려운 시기를 거치고 있을 때, 그것은 모든 삶이 어려운 시기를 지나가고 있다는 것을 의미합니다. 당신의 일상생활에 끼어드는 주제들은 모든 인간과 모든 생물이 동시에 겪고 있는 보편적인 주제입니다. 오늘날 우리 행성의 대중 의식 상태를 보면 보편적인 돌연변이가 진행되고 있는 것을 보게 될 것입니다. 우리의 종 전체는 깊은 유전적 양자 도약을 겪고 있습니다. 당신이 당신의 개인적인 두려움을 받아들이려고 애쓰듯이, 인류는 집단적인 두려움을 받아들이려고 애쓰고 있습니다. 당신이 지금 이 글을 읽고 있다는 사실은 삶이 엄청난 깊이에서 스스로를 점검하고 있으며, 그렇게 함으로써 프로그래밍 매트릭스에서 모든 이상이나 결함을 발견하고 있음을 말해 주고 있습니다. 각각의 결함은 목격되는 순간 삭제되며, 각각의 두려움은 받아들여지는 순간 약해지기 시작합니다. 오래된 유전자 코드 밑에서 새로운 유전자 코드가 자신을 드러내는 것입니다.

요약하자면, 이 5번째 그림자 '조급함'은 특정한 일련의 환경적 조건에 대한 낮은 주파수의 응답에 불과합니다. 다른 모든 그림자처럼, 그것은 단순히 인식과 태도의 문제입니다. 시간은 항상 당신의 인식이나 기분에 따라 움직입니다. 당신의 호흡이 평온하고, 리드미컬하며, 깊다면, 시간이 녹아 사라지는 것처럼 보입니다. 이 5번째 유전자 키의 가장 높은 주파수에서는 시간이라는 것을 의식하지도 못합니다. 자신이 조급하고 불안하다는 것을 의식하면 할수록, 당신은 진정한 중심 속으로 빠져들기 시작할 것이며, 시간과 타이밍에 대한 관심이 점점 더 줄어 들 것입니다. 이것이 더 높은 주파수의 탄생이며, 그 주파수를 우리는 '인내patience'라고 부릅니다. 이 5번째 유전자 키는 받아들임이 곧 인내라는 가장 아름다운 방정식을 담고 있습니다. 왜냐하면 두려움에 빠지면 빠질수록 당신은 더 인내심을 갖게 될 것이기 때문입니다.

억압적 본성 – 비관적Pessimistic

비관주의가 조급함에 뿌리를 두고 있다는 생각은 흥미로운 일입니다. 모든 억압적 본성의 주요 특징 중 하나는 '붕괴'입니다. 만일 당신이 억압적 성향을 지니고 있다면, 당신은 과거의 어떤 수준에서 어떤 종류의 힘든 실패를 경험했습니다. 조급함이 사람으로 하여금 인생을 포기하게 몰아붙일 때, 그것은 비관주의로 자신을 드러냅니다. 비관주의는 다름 아니라 자신의 삶 속에서 리듬이 완전히 상실된 흔적입니다. 아무것도 나아질 수 없고 절대로 더 나아지지 않을 것이라는, 깊이 자리 잡은 두려움의 표현입니다. 비관주의는 결국에는 위기 상황이나 어떤 심리적 붕괴, 그리고/또는 신경 쇠약으로 끝날 때까지 스스로를 계속해서 잡아먹으면서 사람을 밑으로 향하는 나선형으로 끌어당깁니다. 어떤 사람이 비관주의에 휩쓸리게 되면 거기에서 떨어져 나오기 위해 미리 준비할 수 있는 대책은 없습니다. 그들의 친구 또는 관찰자로서, 당신은 삶이 그들을 위해 위기 상황을 만들어 낼 것이라고 믿어야 합니다. 왜냐하면 결국에는 그렇게 될 것이기 때문입니다. 그런 파멸이나 돌파구만이 한순간에 자신의 패턴에서 빠져나올 수 있을 만한 충분한 에너지를 가지고 있습니다.

반응적 본성 — 밀어붙이는Pushy

분노에 근거한 비관주의는 밀어붙임입니다. 이것은 단순히 다른 유형의 신경계일 뿐이며, 내면을 향해 붕괴하는 대신 외향적인 방식으로 조급함에 대해 반응합니다. 밀어붙이는 사람들은 끊임없이 삶의 흐름을 강요하려고 노력하고 있습니다. 그들은 주변의 다른 사람들을 밀어붙이고 걸핏하면 화를 내고 지나치게 악질적이 됩니다. 그리고 아무런 뚜렷한 이유도 없이 갑자기 사람들을 비난하기도 합니다. 이런 사람들은 또한 마치 삶이 자신의 길을 의도적으로 막고 있는 것처럼 자연스러운 타이밍이 동시성에서 벗어나고 아무것도 쉬워 보이지 않는 매우 조화롭지 않은 상황을 드러내는 경향이 있습니다. 그럼에도 불구하고 이런 종류의 성격은 완고하게 밀어붙임으로써 상황을 더욱더 악화시켜 결국은 그 압박을 풀기 위해 무언가 또는 누군가가 한 순간에 폭발할 수밖에 없게 만듭니다. 이때 당신은 자연스러운 삶의 패턴에 대한 저항이 결국 어떤 식으로 사람을 억압적 본성 또는 반응적 본성에서 전환점으로 몰고 가는지를 볼 수 있게 됩니다. 그런 전환점에서, 유일한 결정은 이것뿐입니다. – 내가 다시 살기 시작하기를 원하는가? 사람이 무엇을 결정하든, 그것은 삶의 더 넓은 패턴의 일부로서 존중되어야 합니다.

5번째 선물
인내심Patience

빛의 도서관

조급함에 대한 해독제는 '인내심'입니다. 이것은 아주 명백한 진리처럼 들릴지도 모르지만 실제로는 상당히 심오합니다. 그러나 인내심에 있어서 아이러니한 점은 인내심을 배우려면 인내심이 필요하다는 것입니다! 그리고 인내심은 실제로 배울 수 있는 것입니다. 그것은 스스로 증명하는 선물입니다. 다른 말로 하면, 더 많이 참을수록 인내심은 항상 보상을 가져다주며, 따라서 더 쉽고 더 자연스럽게 기다리는 것을 더 많이 배우게 됩니다. 그러나 인내심은 기다리는 것과 같은 것이 아닙니다. 당신은 인내심으로 기다릴 수도 있으며 조급하게 기다릴 수도 있습니다.

인내심은 당신의 존재가 타고난 토양입니다. 반면에 조급함은 두려움과 조건화로부터 비롯됩니다. 인내심은 신뢰에 관한 것입니다. 이 두 단어에는 매우 비슷한 의미가 있습니다. 만일 당신이 삶을 신뢰한다면, 당신은 매순간, 심지어 매우 힘든 순간에도 삶을 신뢰할 것입니다. 그리고 그렇게 함으로써 당신은 항상 흐름 속에 있게 될 것입니다. 당신은 삶을 살아가면서 당신 주위에 많은 리듬이 있으며, 당신에게 안정감을 주는 것이 이 리듬의 근본이라는 것을 알게 될 것입니다. 가장 확실한 리듬은 사계절의 변화에서 볼 수 있습니다. 만일 당신이 내적으로 고요한 상태라면, 계절의 흐름이 당신의 심령 안에 매우 강력한 인상을 만들어 줄 것입니다. 그것은 아주 깊은 진실을 말해줍니다.—예를 들어 봄은 항상 겨울 뒤에 온다는 것처럼 말입니다. 일상생활에서도 당신은 자원이 부족한 겨울을 경험할 것입니다. 그때 당신은 잠시 길을 잃은 것 같이 느낄 수도 있고, 또는 아무 뚜렷한 이유도 없이 우울함을 느낄 수도 있습니다. 그런 단계가 삶에 설정되어 있습니다. 그리고 만일 당신이 인내심을 갖는다면 그들은 스스로 변화하여 항상 어떤 마술을 드러낼 것입니다.

이 5번째 유전자 키는 빛의 고리Ring of Light로 알려진 화학 계열의 매우 중요한 요소로서 당신의 유전자 내에서 아주 심오한 역할을 합니다. 그것은 트레오닌threonine으로 알려진 아미노산을 암호화함으로써 개개의 세포들이 빛을 붙잡아 그 빛을 에너지로 전환시키는 청사진을 결정합니다. 당신의 살아 있는 오라의 자성을 통해, 당신은 빛의 주파수를 당신의 몸의 세포 구조 깊숙이 끌어들이거나 제한합니다. 만일 당신이 두려움으로 삶을 산다면, 자기적으로 말해서 당신은 DNA에 닿는 빛의 양을 제한시키고 있는 것입니다. 당신의 가슴이 더 열리면 열릴수록 당신은 바로 그 동일한 DNA 속으로 더 높은 주파수를 자력으로 더 많이 끌어들입니다. 오직 특정한 주파수에서만 특정 코드가 활성화될 수 있습니다. 예를 들어 사랑에 빠졌을 때, 당신은 항상 당신의 DNA 안에서 더 높은 코드가 깨어나는 것을 경험하게 될 것입니다. 시간이 다르게 흘러갈 것입니다. 마치 당신이 시간 없는 거품 속에 있는 것처럼 말이지요. 사랑에 빠져본 사람은 누구나 이런 종류의 경험을 인정하거나 기억할 수 있을 것입니다.

5번째 선물 '인내심'은 생각보다 훨씬 더 큰 선물입니다. 인내심이 몸의 깊은 곳에서 실제로 경험될 때, 그것은 당신의 가슴을 열게 하고, 결과적으로 DNA 내의 더 높은 코드를 켤 수 있게 합니다. 당신의 DNA는 빛의 주파수에 전적으로 의존하는 의식의 도서관입니다. 몸은 이 높은 주파수로 깨어나기 위해 설계되었습니다. 이것이 인류가 정말로 오직 한 가지, 사랑 속에서 사는 것만을 추구하는 이유입니다. 자신의 삶의 리듬으로 깊은 신뢰와 인내에 정착하면 할수록 당신의 가슴은 열릴 것이고 당신이 가는 길에 찾아오는 모든 것과 모든 사람들에게 대하는 태도가 더 부드럽게 되고 더 양보하게 될 것입니다. 당신은 DNA의 더 높은 기능, 코드 안의 코드를 발견하기 시작할 것입니다. 이 코드는 당신 밖의 어떤 것이나 어떤 사람에게 의존하지 않습니다. 가슴이 열려 있는 상태, 또는 사랑에 빠진 상태는 완전히 자연스러운 인간의 상태입니다. 이 세상에는 이 상태에 영원히 살고 있는 사람들이 있습니다.

인내하는 사람에게 오는 선물은 내면의 고요함뿐만 아니라 통합도 있습니다. 당신이 기다리면서 삶이 자신의 자연스러운 리듬을 드러내도록 내버려 두면, 당신은 또한 삶이 가장 잘 안다는 것을 깨닫게 됩니다. 당신은 뒤늦게야 삶이 환상적인 태피스트리tapestry[9]로 직조된 아름답고 완벽한 패턴으로 만들어져 있으며 당신의 개인적인 삶은 그런 우주 패턴을 따른다는 것을 거듭 깨닫게 됩니다. 침착하게 기다리는 방법을 안다면, 당신은 항상 더 넓은 패턴의 일부이며 그들이 사실 언제나 당신을 응원하고 있다는 것을 깨닫게 될 것입니다. 무엇보다도 '인내심'이라는 선물은 삶의 음악을 들을 수 있게 합니다. 그것은 당신의 삶 뒤에 있는 미묘한 메트로놈에 당신을 조율시킵니다. 당신이 아랫배 깊숙이 숨을 쉬게 하고 결코 바깥 삶의 상황에 갇혀 있다고 느끼지 못하게 합니다. 인내심은 거친 모서리를 부드럽게 하고, 가슴과 마음을 계속 열어 주며, 삶이 간단하고 쉽게 보이게 만듭니다. 당신이 조급하게 될 때, 비록 한 순간만이라도, 당신은 더 큰 삶에 귀를 기울이고 신뢰하기를 멈춘 것입니다. 이런 이유로 인내심은 항상 사람의 영혼이 위대한지 아닌지를 측정하는 진정한 척도였습니다.

9 여러 가지 색실로 그림을 짜 넣은 직물. 또는 그런 직물을 제작하는 기술.

5번째 시디
영원함Timelessness

존재의 속도에 부딪침

DNA의 발견과 인간 게놈 지도의 작성 이후에 특정 질병과 관련이 있는 것으로 보이는 유전자를 확인하고 찾아내는 노력에 엄청난 양의 에너지가 쏟아 부어졌습니다. 이제 우리 인간이 삶의 코드를 깨뜨렸으니, 우리의 목표는 삶을 보다 안전하게 만들고 그러는 목적을 위해 코드를 이용하는 것입니다. 그것은 이해할 수 있는 일입니다. 하지만 그림자 주파수가 깨닫지 못하는 것은 단지 코드를 읽을 수 있다고 해서 당신이 그 코드에 묶인다는 의미는 아니라는 점입니다. 예를 들어, 어떤 어린 아이가 심장 질환에 대한 유전적 성향이 있다는 것을 아는 것은 결국 양날의 검이 되는 결과를 낳을 수 있습니다. 바로 그 앎이 그 질병의 발생 가능성을 증가시키기 때문입니다. 만일 부모가 두려움으로 반응한다면, 그 주파수는 정말로 더 강화됩니다. 선물의 주파수 수준에서, 당신은 DNA의 더 높은 발현 역시 존재한다는 것을 이제 막 배웠습니다. 열린 가슴으로 사는 삶은 최고의 건강 상태로 사는 것이고 따라서 그런 유전적 성향을 무시하는 것입니다. 그러나 여기 시디 주파수에 숨어 있는 더 높은 진리가 있습니다.—그것은 곧 모든 코드는 결국 초월될 수 있으며 실제로 초월되도록 설계되었다는 것입니다.

이 진리는 매우 중요합니다. 그림자 주파수가 문제라고 생각하는 것은 사실상 감금에서 풀려나기를 기다리는 더 높은 유전 변이일 수도 있습니다. 여기 가장 높은 시디 주파수에서 코드는 더 이상 디지털 방식으로 해제될 수 없습니다. 그것은 말하자면 마음이 그들을 이해하지 못한다는 뜻입니다. 오직 인간의 영혼만이 DNA에 있는 가장 깊은 비밀을 풀 수 있습니다. '깨달음'으로 알려진 위대한 비밀이 기다리고 있는 곳이 여기 5번째 시디입니다. 가장 높은 코드는 빛의 스펙트럼 안에 있는 높은 주파수의 홍수에 의해서만 깨어날 수 있습니다. 이것이 고대인들이 깨어남의 현상을 '깨달음enlightenmnet'이라고 이름 붙인 이유입니다. 당신이 당신 자신을 더 높은 주파수의 빛에 열어 놓을수록 당신의 세포 DNA 안에서 진동이 더 높아집니다. 각성은 대개 리듬 방식이나 로그 방식으로 일어납니다. 그것은 말하자면 몸이 충분히 성숙한 깨달음에 앞서 주기적으로 더 높은 시디 주파수로 넘치고 있다는 것입니다. 이런 사건 사이의 시간 간격은 그것이 일어날 때마다 약 절반씩 줄어듭니다. 몸은 자신의 기능을 영구적으로 바꾸게 될 경험을 준비하고 있는 것입니다.

높은 주파수의 빛이 그렇게 유입되는 경험을 할 때마다 당신은 유전자 코드의 결합이 지워지는 강렬한 돌연변이를 통과하게 됩니다. 이것은 몸을 매체로 하여 의식의 표면으로 올라가는 깊은 무의식적인 두려움으로 경험됩니다. 그런 시기가 지나가면 당신의 시스템 전체는 문자 그대로 재부팅됩니다. 삶 속에서 이런 시기는 매우 힘들고 도전적일 수 있으며 당신은 일종의 방향 감각을 상실하는 경험을 할 수도 있습니다. 그것이 시디의 한계점에 가까워지면 몸의 주파수가 빛의 속도에 근접하기 시작할 것입니다. 시간이 결국 녹아 사라지고 순수한 존재를 경험하는 것은 오직 당신의 주파수가 빛의 속도에 다다를 때뿐입니다. 존재의 속도에 이르는 것, 이것이 모든 인간의 DNA에 숨어 있는 더 높은 목적입니다.

5번째 시디에서 인내심 자체가 완전히 초월되고 뭔가 멋진 일이 일어납니다.—분리된 존재로서의 당신이 더 이상 존재하지 않는 것입니다! 조급함과 인내심은 같은 스펙트럼의 양 끝이고 시간이라는 존재 속에 뿌리를 두고 있습니다. 의식의 스펙트럼에서 배울 수 있는 대단히 흥미로운 교훈이 있으며, 이 교훈을 배울 수 있게 해주는 유일한 키가 바로 인내심입니다. 삶 속의 모든 존재들이 기다리고 있습니다. 삶 그 자체는 죽음을 기다리는 것으로 보일 수 있습니다. 우리 각자는 미래가 우리에게 다가오기를 기다리고 있습니다. 그리고 미래가 다가올 때 우리는 삶이 우리를 위해 무엇을 계획했는지 알게 됩니다. 의식은 독특한 원형 패턴을 가진 운반체를 통해 춤을 춥니다. 때때로 우리는 그림자 상태에서 고군분투하고 있으면서도 다른 사람들에 대해 깊은 평화의 감정을 느끼는 우리 자신을 발견할 수도 있습니다. 우리의 삶은 양면성의 바람 속에서 깜박거리는 촛불과 같습니다. 조급함에서 인내심으로, 두려움에서 신뢰로, 그리고 다시 그 반대로 끊임없이 움직입니다.

시디 상태는 이것과 다릅니다. 시디 상태에서 당신은 게임으로부터 도약해 나옵니다. 당신은 계속 깜박거리기는 할 수도 있지만 촛불의 불꽃으로 인식되지 않습니다. 당신은 인내심이나 조급함이라는 측면에서 말할 수 없습니다. 왜냐하면 시간이나 정체성이라는 측면에서 이야기할 수 없기 때문입니다. 이것이 '영원함(Timelessness, 시간 없음)'의 시디가 의미하는 것입니다. 영원함은 의식 자체의 본질입니다. 태어나지도 않고 죽지도 않습니다. 영원함은 몸이 인내심을 보여주든 성급함을 드러내든 상관하지 않습니다. 영원함은 그저 존재할 뿐입니다. 영원함은 따라서 모든 투쟁의 죽음입니다. 인내심과 조급함은 절대적인 상태가 아닙니다. 그것들은 인간의 인식을 통해 경험되는 삶 속의 상대적인 극성입니다. 오직 영원함, 시간 없음만이 절대적인 상태, 시디의 상태인 것입니다.

64시디의 본질은 이 5번째 시디를 통해 매우 분명하게 알 수 있습니다. 그 말은 매력적으로 들릴지 몰라도 이들은 매력적인 상태가 아닙니다. 대부분의 시디들은 사실 매우 평범합니다. 그것들은 당신이 당신 자신이라고 부르는 일련의 패턴들이 결국은 일련의 패턴 이상이 아니라는 것을 스스로 경험할 때 일어납니다. 이 점에 있어서 의식은 그 자신을 보게 되며, 당신을 통해 작동하는 인식은 당신이 죽을 때까지 당신 본성의 패턴이 계속 실행된다고 하더라도, 결코 다시는 똑같지 않다는 것을 보게 됩니다. 이 커다란 변화는 소아小我가 촛불의 깜박임이 어떤 한 상태에서 다른 상태로 움직이는 것을 간섭하려고 하는 시도를 중단할 때 일어납니다. 다른 말로 하자면, 당신이 그림자 주파수에서 벗어나려고 노력하기를 중단할 때, 즉 당신 안에 더 이상 싸움이 없을 때, 오직 그때만이 역설이 일어날 수 있는 것입니다.

이 5번째 시디는 또한 언어의 문제를 보여줍니다. 이 책에서 우리는 주파수대역 측면에 대해서 이야기합니다. 우리는 더 높은 선물 상태는 더 높은 주파수를 가지고 있으며 그림자 상태는 더 낮은 주파수를 갖고 있다고 말합니다. 이런 말이 더 높은 상태를 얻으려는 인간의 진화적 충동을 부추깁니다. 이런 말 때문에 더 높은 주파수가 당신의 목적지라는 생각을 하게 됩니다. 아이러니하게도, 시디 상태는 실제로 주파수라는 개념으로 말할 수 있는 것이 전혀 아닙니다. 왜냐하면 주파수는 시간 속에서 파동 패턴을 가진 진동에 의존하기 때문입니다. 그렇다면 우리는 영원함이나 다른 63개의 시디에 대해서 어떻게 논의할 수 있습니까? 대답은 '할 수 없다'입니다, 그러나 우리는 여전히 말 속에서 장난을 칠 수 있습니다. 이것이 의식의 스펙트럼의 숨겨진 교훈입니다. 즉, 의식은 측정될 수도 없고, 구분될 수도 없기 때문에 실제로는 오류입니다. 이쯤 되면 당신은 64 유전자 키의 탐구를 계속 진행할 이유가 있는지 궁금해질 것입니다! 글쎄요, 있기도 하고 없기도 합니다! 한 가지 사실은 말할 수 있습니다.—당신의 마음이 당신이 삶 속에서 아무것도 할 수 없다는 사실을 더 깊이 알아차릴수록, 더 작은 유전적 본성과 더 큰 은하의 본성 모두에게 더욱더 항복해야 합니다. 결국에는 영원함만이 비밀을 말하게 될 것입니다.

시디
평화
선물
외교
그림자
갈등

평화로의 길

프로그래밍 파트너 : 36번째 유전자 키
코돈 고리Codon Ring : 연금술의 고리
(6, 40, 47, 64)

생리 : 장간막신경총
아미노산 : 글리신

6번째 그림자
갈등Conflict

성Sex의 전투

6번째 그림자 '갈등'은 인간의 커뮤니케이션 문제와 관련하여 가장 영향력 있는 유전자 키입니다. 가장 높은 잠재력에서 6번째 유전자 키는 지구 평화의 원형인 반면에 가장 낮은 잠재력에서는 모든 갈등의 근본 원인입니다. 이런 갈등은 인간의 감정 시스템은 물론 극도로 감정적인 상태를 처리할 수 없는 우리의 무능력함에서 기인합니다. 갈등은 두 명 이상의 사람들이 자신의 감정 상태와 동일시할 때마다 발생합니다. 감정 시스템에 당신의 의지를 굴복시키는 한, 당신은 감정의 변덕스러운 본성에 옭아 매일 것입니다.

인체 내에서 6번째 그림자는 혈액의 pH 수준과 관련이 있습니다. pH 수준이 하는 일은 세포가 잘 자랄 수 있도록 산도와 알칼리도의 최적 균형을 유지하는 것입니다. 더 넓게 비유하자면, 6번째 그림자는 일반적으로 이 세상이 균형을 잃은 것에 대한 것임을 알 수 있습니다. 특히 그것은 남녀 간의 불균형에 관한 것이며, 시간이 지남에 따라 이성 간의 전투라는 개념이 생겨났습니다. 이 싸움이나 갈등은 단지 남성과 여성에 관한 것만이 아닙니다.—종교와 과학, 동양과 서양, 부자와 가난한 사람 등 모든 양극의 균형에 관한 것입니다. 세상 그 자체는 고유한 pH 수준이 있으며, 그리고 그것이 불균형을 이루는 곳이라면 어디에서든지 갈등이 발생합니다. 산성이 과다한 신체 조직에 바이러스와 암이 번성할 수 있는 환경이 형성되는 것과 똑같은 방식으로 사회의 불균형은 대격변, 부정부패, 그리고 최악의 경우에는 전쟁을 초래합니다.

6번째 그림자는 개인적으로는 관계를 통해서 또는 집단적으로는 공동체를 통해서 해석될 수 있습니다. 개인적 차원에서 이 그림자는 당신의 감정 상태를 통해 나타납니다. 부끄러움이나 죄책감이나 학대를 통해 감정적으로 억눌린 적이 있다면, 당신 존재의 모든 것이 교란된 것입니다. 마찬가지로, 당신이 감정에 완전히 지배받는다면, 당신 안에는 조화라는 감각이 있을 수 없습니다. 감정 상태가 당신의 생리적 건강에 얼마나 영향을 미치는지는 잘 알려져 있습니다. 감정적으로 스트레스를 받으면 몸이 고통스러워할 것입니다. 감정 문제는 지구상에서 질병의 가장 큰 원인이며, 이 6번째 그림자의 프로그래밍 파트너인 36번째 그림자 '격변Turbulence'이 이 사실을 강하게 뒷받침합니다. 36번째 그림자는 당신이 삶 속에서 어떤 것에 대해 불확실하거나 불안해할 때 당신을 긴장하도록 길들입니다. 지구 전체의 배경 주파수를 구성하는 것이 바로 이 긴장입니다. 이 두 그림자 사이의 생체자기제어[10] 고리는 신경과민과 방어에 뿌리를 두고 있습니다. 36번째 그림자는 6번째 그림자에 먹이를 주면서 당신을 긴장하게 만들고 6번째 그림자는 그에 대한 반응으로 당신을 방어적으로 행동하게 합니다. 마찬가지로 당신의 방어는 다른 사람들을 긴장된 태도로 행동하게 만듭니다.

인간은 무의식적으로 갈등에 중독되어 있습니다. 우리는 개인적으로나 지구적인 차원에서 평화를 갈구하지만, 우리의 낮은 주파수는 갈등의 패턴을 계속 더 강화시킵니다. 이것은 우리의 관계에서 보다 분명하게 나타납니다. 남성과 여성의 갈등은 가장 오래된 상처의 일부이며, 우리의 유전자에 뜨겁게 각인되어 있습니다. 당신은 이성으로부터 자신을 방어하도록 유전적으로 프로그램되어 있습니다. 그리고 주파수가 이성의 감정적인 중력을 넘어 올라가기 전까지는 진정으로 평화가 무엇인지 알 수 없습니다. 갈등을 끝내려면 이성에게 당신의 매력을 포기해야 한다는 것, 이것이 6번째 그림자의 깊은 아이러니입니다. 섹스와 전쟁은 깊은 관련이 있습니다. 이것은 많은 사람들에게 심오하기도 하고 어쩌면 혼란스러운 진리이며, 우리가 그것에 대해 할 수 있는 것이 아무것도 없기 때문에 특히 그렇습니다. 인간의 성적 특성은 생리적인 돌연변이를 통해서만 초월할 수 있으며, 돌연변이는 실재의 더 높은 차원에 연결되는 정도에 달려 있습니다.

사회적인 차원에서 볼 때, 6번째 그림자는 다른 인종 그룹들 간의 관계에 영향을 줍니다. 여기서 유전적 방어 반사(defence reflex, 외부로부터의 위해危害를 피하기 위한 합목적성 운동)는 정말로 위험하게 됩

10 심장 박동처럼 보통 의식적인 제어가 안 되는 체내 활동을 전자 장치로 측정하고 그 결과를 이용하여 의식적인 제어를 훈련하는 방법.

니다. 이유는 우리가 다른 유전자 풀과 문화를 불신하도록 프로그램되어 있기 때문입니다. 국경이라는 개념을 처음 탄생시킨 것이 이 6번째 그림자이며, 전쟁을 일으키는 것도 이 6번째 그림자입니다. 전쟁은 수천 년 동안 우리 유전자 구성의 부산물이었습니다. 그러나 진화적인 관점에서 볼 때 6번째 그림자는 말처럼 무서운 것은 아닙니다. 그것은 우리 유전자의 오래된 부분이며 우리의 진화에 필요한 부분이었습니다. 인종의 다양성이 처음부터 존재했었고 서로 다른 유전자 풀이 너무 많은 근친교배 없이 확장되고 번성하도록 했습니다. 상대적으로 최근에서야 모든 유전자 풀이 서로 합쳐지기 시작했습니다. 이는 인류가 매우 중요한 유전적 축에 도달했다는 것을 암시합니다.

6번째 그림자는 경계를 유지하는 것에 관한 것입니다. 누가 포함되어 있고 누가 제외되어 있는지에 관한 것이며, 그 전체적인 기초는 방어입니다. 6번째 그림자는 당신이 위험으로부터 자신을 방어해야 한다고 믿게 만듭니다. 이것은 개인적인 차원이나 국가적인 차원 모두에서 볼 수 있습니다. 당신의 감정적 방어 전략은 주로 7세에서 14세 사이의 두 번째 7년 주기 동안, 사춘기를 거치면서 정해집니다. 엄청난 양의 생명 에너지가 우리가 아이였을 때 느꼈던 변덕스런 감정적 상황으로부터 우리 자신을 보호하기 위해 단단히 합쳐집니다. 탈 조건화의 깊은 과정 속에 들어가지 않는 한, 우리는 어른이 되어서도 이런 방어 전략을 계속 짊어지고 다닐 것입니다. 이와 같은 식으로 국가적 차원에서 우리는 대부분의 에너지를 방위에 투자합니다. 전 세계의 총 방위 예산은 1000억 달러를 훨씬 상회합니다. 이 총액의 10분의 1만이라도 창조적인 방식으로 사용되었다면 이 세상이 어떻게 달라졌을지는 겨우 상상만 할 수 있을 뿐입니다.

6번째 그림자는 우리가 세계 평화를 만들 수 없는 이유입니다. 인간이 개인 차원에서 감정적 혁명을 통해 움직이고 관계에서 평화를 찾는 그런 시기가 오기 전까지, 우리는 이 그림자를 넘어설 수 없습니다. 그러나 앞으로 보겠지만, 혁명은 일어나고, 사실 가장 큰 혁명은 바로 지금 시작되고 있다는 것이 우리 인간의 이야기에 씌어 있습니다.

억압적 본성 – 지나치게 주의하는Over—Attentive

6번째 그림자의 억압적 본성은 그 대가가 얼마가 들어가든 사람들 사이의 평화를 유지하는 것에 관한 것입니다. 이 패턴은 전적으로 두려움에 기반을 두고 있으며, 이런 사람들은 자신의 감정적 환경을 통제하기 위해 전적으로 자신과 타협할 것임을 의미합니다. 이것은 지나치게 주의하는 방어 패턴이며, 이들이 복종하는 사람들입니다. 억압적 본성은 수위를 조절하는 태도를 취함으로써 갈등을 숨기려고 할 것입니다. 여기서 문제는 갈등이 투명하게 처리되지 않는 한, 그것은 결국 폭발하는 경향이 있다는 것입니다. 지나치게 주의하는 본성은 깊은 중심에 거짓이 있습니다. 즉, 다른 사람들에게 무의식적인 불신을 불러일으킬 것이라는 뜻입니다. 지나치게 주의를 기울이는 본성은 또한 눈치 없는 본성을 끌어내는 경향이 있으며, 이로 인해 극적으로 기능 장애가 있는 관계와 가족 역동성이 생깁니다. 이 사람들이 마침내 갈등에 직면할 용기를 갖게 되면 그들은 그것이 두려워했던 만큼 나쁜 것이 결코 아니라는 것을 깨닫게 됩니다.

반응적 본성 – 요령 없는(Tactless, 눈치 없는)

이 6번째 그림자의 다른 면은 감정을 전혀 담고 있을 수 없다는 것입니다. 정서적인 요령과 타이밍의 부족은 필연적으로 반발을 가져오는 낮은 주파수의 본성을 배반합니다. 이 사람들은 항상 자신들이 어려운 감정적 상황에서 있는 자신을 발견하며, 분노를 터뜨림은 물론 그것을 다른 사람들에게 투사함으로써 상황을 더 나쁘게 만듭니다. 그들은 자신의 변덕스러운 감정을 책임지지 못합니다. 그들의 가장 일반적인 방어 전략은 비난하고 불같이 화를 내는 것입니다. 요령 없는 본성의 딜레마는 자신이 요령 부족이라는 사실에 귀를 막고 있다는 것입니다. 이 사람들은 문제가 항상 다른 사람에게 있다고 생각하여 불행하게도 친구가 없고 다른 사람들이 가까이 다가오기가 매우 어렵게 만듭니다. 그런 패턴을 유지할 수 있는 유일한 유형의 사람은 위에서 설명한 지나치게 주의하는 본성을 가진 사람입니다. 이 패턴을 깨뜨리는 비결은 반응적 본성이 자신의 감정에 대해 전적으로 책임을 지게 하는 것입니다. 십대의 정신 상태에 머무르지 않고 말이지요.

6번째 선물

외교Diplomacy

방어 내려놓기

고조된 주파수에서 6번째 선물은 갈등과 논쟁의 세계에서 아주 빠르게 멀리 떨어져 나갑니다. 이것이 '외교'의 선물—다른 사람들과 조화롭게 주고받을 수 있도록 자신의 행동을 조절하는 능력입니다. 이 선물은 다른 사람에게 가슴을 열 때 생기는 부산물입니다. 자신의 감정 조절이 더 명확해짐에 따라 당신은 더 평화로움을 느끼기 시작합니다. 이 선물은 신체의 pH 균형과 아주 깊이 연결되어 있기 때문에 당신의 주변 환경에 감정적 오라를 안정시키는 효과도 있습니다. 다른 말로 하면, 사람이 자신의 무의식적인 투사를 알아차리고 인정할 수 있을 때, 그들은 어디에서나 집단적인 그림자 패턴을 부숴버립니다. 만일 한 사람이 반응/비난 게임을 하지 않으면 다른 사람은 어쩔 수 없이 자신의 악마와 타협할 수밖에 없습니다.

이 선물을 통해 몸의 pH 균형이 어떻게 더 잘 이해될 수 있는지 알 수 있습니다. 관계가 건강해지기 위해서는 음과 양, 주는 것과 받는 것, 듣는 것과 표현하는 것 사이에 균형이 있어야 합니다. 이 균형이 상실되면 갈등이 뒤따라옵니다. 6번째 선물은 평화를 유지하기 위해 필요한 만큼의 주고받음을 즉시로 실행하는 효과가 있습니다. 예를 들어 관계 속에서 어떤 한 사람이 공격적이 되면, 이에 대한 외교적인 대응은 그 공격을 흡수한 다음 거기에 아무것도 덧붙이지 않고 다시 에너지를 돌려주는 것입니다. 이것은 여러 가지 방식으로 행해질 수 있지만 가장 일반적인 것은 요령 있는 정직입니다. 정직은 특별한 힘을 가지고 있으며 '외교'의 핵심 중의 하나입니다. 다른 열쇠는 타이밍입니다. 당신은 올바른 방법으로, 올바른 순간에 정직해야 합니다.

6번째 선물을 드러내는 사람들은 언제나 자신의 오라의 강한 공명장을 통해 어떻게 행동하고 무슨 말을 할지에 대한 적절한 타이밍을 맞추는 데 능숙합니다. 이 사람들은 몸으로 다른 사람의 오라를 느낄 수 있습니다. 이렇게 할 수 있는 것은 그것이 특정 유전적 선물이기도 하고 또한 그들이 감정적으로 성숙하기 때문이기도 합니다. 감정적으로 성숙하다는 것은 감정이 가장 깊은 상태에 있는 동안에도 자각이 작동한다는 것을 의미합니다. 자신의 감정 패턴을 점점 더 많이 알게 되면 될수록 감정 시스템을 통과하는 주파수가 풀려나오고 더 활발해집니다. 이로써 갈등에 대한 조기 경보 시스템처럼 당신은 에너지 차원에서 훨씬 더 민감해집니다. 이 6번째 선물을 가지고 일을 하고 있을 때, 당신은 다른 사람의 갈등을 그것이 일어나기도 전에 감지할 수 있으며, 이를 통해 자신의 행동이나 말을 누그러뜨려 갈등을 풀 수 있게 됩니다.

그러나 외교의 선물은 올바른 말을 할 수 있는 능력 이상의 것입니다. 그것은 낮은 주파수에서도 누구나 익힐 수 있는 단순한 표면 기술입니다. 진정한 외교는 사람의 오라를 통해 움직이는 활동적인 선물입니다. 이 6번째 유전자 키는 경계선 침투에 관한 것입니다. 인간의 성에 너무 깊숙이 각인되어 있기 때문입니다. 6번째 그림자 때문에 이성 간에 엄청난 마찰이 있습니다. 양측은 자신들의 개성을 지키기에 너무도 바쁘기 때문에 거기에 진정한 사랑이나 진정한 관계는 거의 없습니다. 그리고 이 마찰은 쌍방이 자신의 방어에 매달리는 한 계속 유지됩니다. 6번째 선물이 인간관계 속으로 들어가면 사람들 사이에서 감정의 장벽이 무너지기 시작합니다. 6번째 선물은 양쪽 사이의 자연스러운 마찰을 제거하는 과정을 촉매하며, 그렇게 함으로써 서로 간에 더 큰 에너지 교환이 이뤄지게 합니다. 이것이 바로 사랑에 빠지는 경험입니다.

연금술의 고리Ring of Alchemy로 알려진 화학적 유전 계통의 한 부분으로서, 6번째 선물은 인간 종의 변형에서 중추적인 역할을 하고 있습니다. 이 코돈 고리는 4개의 유전자 키(6번째, 40번째, 47번째, 64번째)로 구성되며, 각각의 테마는 '외교Diplomacy', '결의Resolve', '돌연변이Transmutation', '상상력Imagination'입니다. 이것은 매우 강력한 유전적 그룹입니다. 6번째 선물은 인간관계의 장벽을 허물어뜨리고, 40번째 선물은 공동체를 새롭게 열어주며, 47번째 선물은 옛 방식을 변화시킬 수 있게 해주고, 64번째 선물은 우리에게 새로운 방식으로 삶의 신선한 가능성을 열어 줍니다. 따라서 집단적 차원에서 6번째 선물을 드러내는 사람들은 서서히 지구에 평화를 가져오는 이 깊은 연금술 과정에 참여하고 있습니다. 이 사람들은 개인, 문화, 전체 종족 모두에서 방어가 얼마나 사람을 질식하게 하는지를 깨닫습니다. 이 선물이 더 광범위하게 세상으로 들어설 때, 그리고 실제로 그렇게 되어야 하지만, 우리는 사람들을 서로 멀어지게 만드는 여러 형태의 경계와 장벽이 무너지는 것을 보게 될 것입니다.

6번째 시디
평화Peace

영광의 몸 만들기

궁극적인 방어는 공(空, 비어 있음)입니다. 이것은 위대한 현자들이 가르치는 지혜의 정수입니다. 방어는 우리가 서로 분리되어 있다는 환상을 갖게 합니다. 그러나 그것은 참으로 헛된 것입니다. 왜냐하면 그것은 애초부터 실제로 존재하지 않는 것을 대상으로 방어하기 때문입니다. 중국의 장자가 말한 '빈 배Empty Boat'라는 유명한 이야기가 있습니다.

어느 날 한 노인이 배를 타고 강을 가로 질러가고 있었는데, 실수로 다른 배와 충돌하게 되었습니다. 두 번째 배에 탄 남자가 노인에게 큰 소리로 욕을 하기 시작했습니다. 그런데 두 번째 남자가 실망스럽게도, 그 노인은 아무런 반응도 하지 않았고, 그저 그를 무표정하게 바라보기만 했습니다. 노인은 자신의 개별성에 대한 모든 감각을 초월한 깨달은 사람이었습니다. 그에게 있어서 그의 배 안에는 소리를 지를 대상이 없었고, 따라서 방어할 사람도 없었습니다. 그래서 그의 내면에서는 아무런 반응이 없었습니다.

6번째 시디 '평화'는 참으로 위대한 시디 중 하나입니다. 그것은 모든 시디의 근본이 되는 본성입니다. 진정한 본질이 의식으로 구체화되면 사실상 그것은 형태 자체의 근본적인 본성인 것입니다. 6번째 시디는 6번째 선물에서 일어나는 과정의 마지막 결과입니다. 6번째 선물은 맞은편끼리 끊임없이 균형을 잡는 것으로 나타납니다. 이런 의미에서, 외교는 미묘한 노력이 요구됩니다. 왜냐하면 외교는 이원성의 영역 안에서 저글링juggling[11]을 하기 때문입니다. 그러나 어느 시점에서는 이 과정이 자발적으로 6번째 시디로 이어지고 이원성 자체가 초월됩니다. 6번째 선물이 평화를 유지하는 활동이라고 하면, 6번째 시디는 평화 그 자체라고 말할 수 있습니다. 평화는 모든 경계가 풀어질 때 경험되는 현실입니다. 그것이 인류의 진정한 본성입니다.

---

11 공 같은 물건을 세 개 이상 들고 공중으로 던져 가며 다양한 묘기를 보이는 것.

너무도 많은 훌륭한 교사들이 6번째 시디 '평화'에 대해 말했습니다. 천국이 이미 왔지만 사람들은 그것을 보지 못할 뿐이라고 예수가 말했을 때, 그는 이 시디에 대해 이야기하고 있었습니다. 평화는 시디 상태에 있는 사람들을 둘러싼 오라입니다. 이 시디 상태에서는 당신의 존재 안에 있는 의식이 당신의 감정적 본성과 분리됩니다. 그것은 위로 올라가 감정적 갈망의 진동 위에 떠 있습니다. 이것은 당신의 개별성 안에 있는 어떤 것으로도 만들어질 수 없는 자발적인 과정입니다. 왜냐하면 바로 그 개성이 죽어야 하기 때문입니다. 이전에 갈망으로 경험했던 근본적인 감정 에너지가 이제는 평화로 경험됩니다. 자각은 감정적인 인간 드라마의 우여곡절 속에 더 이상 갇히지 않습니다. 가장 깊은 의미에서 무언가 완전히 놀라운 일이 당신 안에서 일어납니다. 최종적인 경계, 즉 당신의 몸의 경계가 녹아 사라집니다. 이 일이 일어날 때 의식은 더 이상 몸에 국한되지 않고 모든 형태를 두루 돌아다니면서 경험하게 됩니다. 당신은 삶의 모든 것이 살아 있다는 것을 깨닫습니다. 그리고 형태가 사라짐으로써 비록 형태 안의 의식이 사라질지라도 이 삶과 죽음의 게임 뒤에 있는 의식은 항상 남아 있게 된다는 것을 깨닫습니다.

이 계시로부터 나오는 평화의 느낌은 말로 설명될 수 없습니다. 모든 방어가 사라지고 당신의 배는 비게 됩니다. 역설적으로, 그리고 동시에, 바로 이 공이 모든 것으로 넘쳐흐릅니다. 이것이 현실화되기 전과 도중, 그리고 그 이후에 당신의 몸 안에서 심오한 변화가 일어납니다. 당신의 외벽이 녹아 버렸기 때문에, 그 과정이 당신 몸의 화학 안에 반영되고 모든 내부의 갈등은 끝나게 됩니다. 그것은 마치 몸 안에 있는 모든 세포들이 서로 평화를 이루고 그들 자신의 내면의 에덴동산을 경험하는 것과 같습니다. 이런 의미에서 진정한 에덴동산은 몸 자체입니다. 이런 일에 뒤따라오는 평화의 물결은 모든 인류의 집단의식 속으로 깊이 들어옵니다. 6번째 시디를 육체적으로 경험한다는 것은 당신의 몸을 진리 속에서 목욕시키는 것과 같습니다. 그것은 당신의 의식보다 훨씬 더 큰 의식이 당신의 몸을 통해 육체적으로나 감정적으로 돌아다니는 것을 경험하는 것입니다. 현재의 인간 형태가 이런 높은 의식 상태를 위해 설계된 것이 아니기 때문에 이런 시디를 경험하는 사람의 몸 안에서는 어떤 이상한 현상이 일어날 수도 있습니다.

6번째 시디는 인류의 원래 상태이면서 또한 미래 상태입니다. 그것으로부터 낙원에 대한 신화와 기억, 그리고 미래를 위한 우리의 직관과 가장 큰 희망이 나옵니다. 이 상태가 당신 안에서 동이 트기 시작할 때, 당신의 몸은 돌연변이를 일으키기 시작합니다. 어떤 의미에서는 이 강렬한 새 주파수를 수용할 수 있는 더 나은 운반체를 만들려고 노력하고 있지만 원자재는 아직 완전히 제시되지 않았습니다. 인류는 이런 주파수를 수용할 수 있는 새로운 에너지 회로를 아직도 발전시키고 있습니다. 많은 위대한 현자들이 갑자기 병에 걸리게 되는 이유가 바로 그것입니다. 특히 그들은 몸의 pH 안에서 문제와 불균형을 겪을 수 있습니다. 이런 일들은 몸이 미래 상태를 따라 잡으려고 하기 때문에 발생합니다. 신체적으로 경험되는 것에 상관없이, 완전한 평화의 느낌은 깜빡거리지도 않습니다. 드물기는 하지만, 미래의 신체 요소는 유전자를 통해 얻을 수 있으며, 미래의 신체를 만드는 과정은 계속될 수 있고 또 계속되고 있습니다. 여기에는 앞에서 언급한 '연금술의 고리Ring of Alchemy'의 일부인 47번째 시디 '변형Transfiguration'이 포함됩니다. 6번째 시디는 새로운 유전 형태를 만드는 방법에 대한 지침이 들어 있다는 점에서 매우 특별한 의미를 지닙니다. 6번째 유전자 키가 코드화하는 아미노산인 글리신glycine이 깊은 우주의 성간 구름에서 발견된 유일한 아미노산 중 하나라는 사실은 흥미롭습니다. 여기에서 암시하는 것은 이 아미노산이 은하계의 새로운 생명체 형성에 중요한 역할을 할 수 있다는 것입니다.

인류의 새로운 형태는 몸의 pH와 몸 그 자체 안에 있는 경계에 관한 문제와 관련이 있습니다. 궁극적인 경계는 우리의 피부이며, 이 시디로 인한 결과 중 한 가지는 피부의 돌연변이일 수 있습니다. 이 돌연변이는 피부 세포가 빛을 잡는 방식에 영향을 미치며 따라서 이 시디를 드러내는 사람의 피부는 투명한 것처럼 보일 수 있습니다. 47번째 시디 역시 이 과정에 참여한다면 더욱더 놀라운 현상이 일어납니다.—인체가 고대인들이 무지개 몸rainbow body 또는 영광의 몸body of glory이라고 불리는 것으로 변형하는 것입니다. 이 변형이 결국은 우리의 종 전체를 사로잡게 될 것입니다. 이 과정을 만드는 것이 6번째 시디입니다. 우리의 피부 세포가 빛을 잡는 법을 배우는 동안, 우리의 소화 시스템은 점차적으로 사용되지 않게 될 것입니다. 왜냐하면 빛은 미묘체subtle body의 궁극적인 영양소를 포함하고 있기 때문입니다. 몸의 pH에 관한 한, 이 신체적 형태의 영성화는 pH 스케일이 극단으로 흐르는 것을 점차 약화시켜 몸의 산도와 알칼리도를 감소시킵니다. 결국 몸 안의 모든 용액이 중성화됨에 따라 pH 스케일의 기초를 형성하는 수소 이온이 증발할 것이고 몸 또한 함께 사라질 것입니다.

집단적 차원에서, 6번째 시디는 다가오는 전 지구 의식의 변화에서 완전히 돌연변이하는 마지막 시디가 될 것입니다. 평화가 집단의식의 자연스러운 상태로서 이 지구상에서 인정될 때, 오직 그때만이 인류의 미래 운송 수단이 만들어질 수 있습니다. 다시 말해서, 세계 평화라고 하는 신화는 우리를 형태 그 자체 너머로 데려다 줄 미래의 몸을 건설하기 위한 구실입니다.

시디
미덕
선물
안내
그림자
분리

덕은 그 자체로 보상이다

프로그래밍 파트너 : 13번째 유전자 키
코돈 고리Codon Ring : 통합의 고리
(4, 7, 29, 59)

생리 : 횡경막
아미노산 : 발린

일곱 번째 그림자
분리(Division, 구분, 분할, 분열)

분리된 세계

7번째 그림자 '분리'는 인류 사회가 계층구조에서 작동하는 주된 이유 중 하나입니다. 이 그림자는 계층구조의 출현에 책임이 있을 뿐만 아니라 당신을 계층구조 측면에서 생각하게 만들기도 합니다. 우리는 이런 식으로 생각하는 데 너무도 익숙해져서 다른 방법이 존재할 수 있다고 생각하지도 않습니다. 계층구조는 구분을 기반으로 합니다. 그것은 인간을 사회 계급, 경제 계급, 인종 계급, 정치적 집단으로 구분합니다. 이 구분의 이유는 우리의 심리보다 훨씬 더 깊이 뿌리 박혀 있습니다.—그것은 실제로 우리 유전자에 찍혀 있습니다. 우리는 지도자를 따르도록 프로그램되어 있으며, 또한 특정한 사람들이 지도자로서 행동하도록 프로그램되어 있는 것도 이 7번째 그림자 때문입니다.

리더십과 권력의 모든 문제는 이 그림자 속에 담겨 있습니다. 고대 중국인들은 주역의 7번째 헥사그램을 군대The Army라고 명명했습니다. 그것은 아주 적절한 이름입니다. 군대는 정치적 차원에서 한 나라의 진정한 권력을 대표하며, 군대를 통제하지 않으면 진정한 힘을 갖고 있는 것이 아닙니다. 군대의 상징은 또한 영감을 통한 권력보다는 힘을 통한 권력의 개념을 나타냅니다. 이것은 7번째 선물과 시디를 통해 표현된 리더십의 본질입니다. 이 그림자는 항상 힘으로 통치하며, 오늘날 우리 지구 전체의 정치 시스템을 운영합니다. 높은 이상을 가슴 깊이 간직하고 있는 현대의 민주주의조차도 권력을 통한 리더십의 개념을 완전히 근절하지는 못합니다. 그러나 민주주의 지도자들은 군사력 대신에 다수의 힘을 통해 이끌어야 합니다.—그들은 다수표를 확보해야 하는 것입니다.

미묘하게도 민주주의조차도 분열을 조장합니다. 현대의 정치 지도자들은 여전히 속이고, 진리를 왜곡시키고 조작할 수도 있으며 심지어 돈으로 리더십을 얻어 정상에 도달할 수 있습니다. 리더십이 가장 높은 주파수인 7번째 시디 '미덕Virtue'을 요구할 때까지, 우리는 결코 정치적 분열과 계층구조의 종말을 온전히 보지 못할 것입니다. 7번째 그림자는 진정한 존경심이나 충성심을 요구할 수 없습니다. 왜냐하면 그 중심에 다른 사람의 이익보다는 권력에 대한 욕심이 있기 때문입니다. 우리의 지도자로 선출된 사람들은 알파alpha로 표시되는 유전자 각인이 있기 때문에 선택됩니다. 그러나 이것이 반드시 그들을 좋은 지도자로 만드는 것은 아닙니다. 지도자가 있는 것처럼 추종자도 있어야 하며 이 추종자들은 7번째 그림자에 똑같이 영향을 받습니다. 인류의 대중 의식은 낮은 주파수로 작동하기 때문에 그들은 높은 주파수의 지도자들을 알아보지 못하며 따라서 그들이 권력을 갖게끔 선출하지 않습니다.

대중 의식이 높은 주파수의 지도자를 선출하여 자기들을 미래로 인도하게 하는 경우는 매우 드뭅니다. 이런 일은 대개 특별한 시대에 발생합니다. 한 예로 체코와 슬로바키아 연방 공화국의 시인이자 극작가였던 바츨라프 하벨Baglav Havel이 1989년에 대통령으로 선출되었습니다. 그 당시 공산주의의 몰락으로 행성 의식이 급격히 상승하자 진정한 덕을 가진 사람이 지도자의 자리를 차지하는 것이 가능하게 되었습니다. 그러나 대부분의 인류 역사에서 정치 지도자들은 진정하고 흔들림 없는 덕성보다는 개인적인 야망을 가진 사람들이었습니다. 그리고 7번째 그림자 '분리'는 정치 세계의 무대에 국한되지 않고 모든 사회적 차원에서 작동합니다. 이것의 또 다른 이유는 7번째 그림자의 프로그래밍 파트너인 13번째 그림자 '불화Discord'에서 찾을 수 있습니다. 13번째 그림자는 사람들의 마음과 조화를 이루거나 공감하는 능력이 없는 것을 말합니다. 그러므로 그것은 서로 다른 그룹 사이에서 유대감과 신뢰의 원칙을 약화시킵니다.

다른 사람을 권위자 또는 안내자로 인정할 때마다 7번째 유전자 키가 작동합니다. 그림자 주파수의 경우, 끼리끼리 모이게 되어 있습니다.—다른 말로 하자면, 의식이 희생자 수준에 머물러 있는 사람은 동일한 에너지 주파수를 더욱 강화시키는 사람에게 끌리게 됩니다. 당신이 약하면, 당신은 당신의 약점을 더 심하게 만들고 심지어는 자신의 이익을 위해 그것을 이용하는 사람들을 자석처럼 끌어들입니다. 이 희생자 의식 속에서 평생을 살아 왔다는 것을 처음으로 깨닫게 될 때, 그것은 큰 충격이 될 수 있습니다. 더 깊은 충격은 오늘날 대부분의 권위자들—의사, 테라피스트, 비즈니스 고문, 심지어 우리의 영적 교사조차도 '분리'의 그림자를 도와주는 일에 종사하고 있다는 사실입니다. 지도자로 인정받는 대부분의 사람들은 당신이 희생자가 되는 것을 멈추기를 바라지 않습니다. 왜냐하면 그들은 그것이 자기들을 실업자로 만들게 될 것임을 무의식적으로 두려워하기 때문입니다. 이런 식으로 지도자도 추종자만큼이나 7번째 그림자의 희생자가 되는 것입니다.

개인적 차원에서 당신은 다른 사람에게 당신에 대한 권한을 부여하려는 경향을 항상 주의해야 합니다. 7번째 그림자는 보통 특정 지도자의 숨겨진 의도를 거의 마지막에 이를 때까지 보지 못합니다. 권력의 위치에 있는 누군가에게, 또는 엄청난 카리스마나 개인적인 매력을 가진 누군가에게 자신의 권위를 양보하는 것은 너무나 쉬운 일입니다. 진정한 지도자는 당신을 그들에게 구속하기보다는 당신이 자신을 스스로 이끌어 가도록 당신에게 권한을 부여하는 데에 관심이 있는 사람입니다. 아이러니하게도 진정한 지도자는 항상 당신을 밀어내려고 하는 반면에 거짓된 지도자는 항상 당신을 붙잡으려 애를 씁니다! 다른 사람을 존경심으로 바라보는 데에는 잘못된 것이 아무것도 없습니다. 그것은 인간의 여정에서 완전히 자연스러운 단계입니다. 비결은 진정으로 당신의 말을 들을 수 있는 사람을 찾는 것입니다. 진정한 지도자는 궁극적인 청취자입니다.—그는 당신의 고통에 너무 깊이 공감하여 마침내 당신은 두려움 없이 고통을 받아들이고, 초월할 수 있게 될 것입니다.

그림자 주파수에서 리더십의 핵심에는 힘을 잃을 것을 두려워하는 두려움이 있으며, 그것이 계급을 유지시키는 원동력입니다. 비즈니스 세계에서는 7번째 그림자 '구분'이 표준입니다. 돈이 관련되는 곳에서는 어디서나 계층구조가 가장 엄격합니다. 군대와 마찬가지로, 명령은 상부로부터 내려오고 부하는 반드시 복종해야 합니다. 이와 같은 모델에는 진정한 자율성이나 양방향 커뮤니케이션이 없습니다. 이런 종류의 비즈니스에는 신뢰나 일반적인 인간적 친밀감의 여지가 거의 없습니다. 왜냐하면 가슴에서 나오는 가장 중요한 지침은 스스로를 돌보고 돈을 버는 것입니다. 결과는 오직 분리일 수밖에 없습니다. 분리는 '각자의 일은 각자가 알아서 하는' 태도, 또는 조금 더 좋게 봐준다면 '각자의 비즈니스는 각자를 위해서 하는' 태도를 만들어냅니다. 이것이 아직도 대부분의 비즈니스의 본질입니다. 이 책의 시작 부분에서 언급했듯이, 우리 인간은 세상에서 작동할 수 있는 또 다른 방법이 있을 수도 있다는 것을 정말로 깨닫지 못하고 있습니다. 우리가 집단적으로 생각할 수 없다는 것이 곧 세상을 분열시키는 것입니다.

권력에 의해 타락하지 않는 지도자만이 진정한 권력을 원하는 대로 가집니다. 미래에 그런 지도자들이 인정될 때, 우리는 인간을 서로 구분하는 힘이 서서히 해체되는 것을 보게 될 것입니다. 궁극적으로 비즈니스, 정치, 그리고 리더십의 모든 영역의 배후에 있는 원동력은 커다란 도약을 해야 할 것입니다.—즉, 두려움에서 사랑으로 옮겨 가야만 할 것입니다. 또는 비즈니스의 측면에서는 자급자족에서 전체를 위한 봉사로 전환되어야 할 것입니다. 이것이 7번째 선물이 가리키는 길이며 마지막으로 7번째 시디에 완전히 꽃을 피우게 될 것입니다.

억압적 본성 – 숨김Hidden

7번째 유전자 키가 억압되었을 때, 그것은 세상에 나타나지 못하게 될 뿐입니다. 이 사람들은 지도자라고 인정되는 유전자 각인을 가지고 있지만 숨어 있습니다. 이것이 그들 내면에 엄청난 압박은 물론 좌절과 분개를 만들어내며, 그 모든 것이 신체적 증상과 감정으로 드러날 수 있습니다. 오늘날 세상에는 실제로 다른 사람들이 그들을 볼 수 없게 방해하고 그들로부터 이득을 얻지 못하게 하는 그림자 뒤에서 살고 있는 숨은 지도자들로 가득합니다. 사람이 알아볼 수 없게 만드는 그 힘은 바로 그 사람의 내면에서부터 나오며 그들이 세상에서 하는 일과는 아무런 관계도 없습니다. 따라서 이 사람들이 리더십을 발휘하려면 먼저 자신 안에 있는 힘을 알아차려야 합니다. 그들이 그렇게 할 때, 낙관주의와 지성의 거대한 파도가 세상으로 다시 풀려 나오며, 그로 인해 그들은 즉시 사회로부터 인정받게 됩니다.

반응적 본성 – 독재Dictatorial

7번째 그림자의 반응적인 측면은 스스로가 지도자임을 잘 알고 있으며, 자신의 위치를 남용하여 이로부터 최대한의 이익을 얻습니다. 이 사람들은 자신을 따르는 사람들을 자신의 이익을 위해 이용하며, 그들의 지위를 추종자로 더욱 단단히 만듭니다. 진정한 리더십은 사람들이 다른 사람을 의지하지 않도록 합니다. 반면에 이런 리더십 스타일은 그들 존재의 순수한 힘이나 더 교묘한 수단을 통해 완전한 신뢰를 요구합니다. 이 사람들은 패턴의 달인이며 다른 사람들을 특정한 패턴에 묶어둠으로써 그들을 조종할 수 있습니다. 이것은 사고나 믿음의 지적 패턴, 강력한 감정 게임 또는 돈과 관련된 물질적 패턴일 수 있습니다. 이 게임은 추종자들이 리더십이 필요하다고 믿도록 올가미를 채우는 것입니다. 당연히 그런 지도자들은 희생자 의식 수준에 머무르기를 원하는 추종자들만 끌어당깁니다.

7번째 선물
안내Guidance

왕좌 뒤의 권력

진정한 리더십은 진정한 교육과 마찬가지로 누구에게도 자신을 내세우지 않습니다. 그것은 다른 사람들의 개인적인 힘을 빼앗는 것이 아니라 그들이 삶 속에서 자신의 길을 찾아갈 수 있도록 도울 수 있는 선물입니다. 바로 이것이 이 7번째 선물 '안내의 선물Gift of Guidance'이라는 이름의 의미입니다. 7번째 그림자에서 논의한 것처럼, 지도자들이 어떤 종류의 추종자나 지지자들을 끌어들일지를 결정하는 것은 바로 지도자들의 뒤에 있는 추진력입니다. 선물의 주파수 차원에서 우리는 두려움에서 봉사를 향해 움직여가는 것을 보게 됩니다. 이 주파수에서 움직이는 지도자는 집단적인 조직 차원에서 생각할 수 있습니다.—그들은 개인이 스스로에게 적절히 권한을 부여하지 않으면 조직이 번성하지 않는다는 것을 알고 있습니다. 이를 위해 7번째 선물을 가진 사람들은 사회의 모든 수준에서 개인에게 더 많은 권력과 창조력과 자율권을 허용하는 강력한 지지자이면서 동시에 실행가입니다.

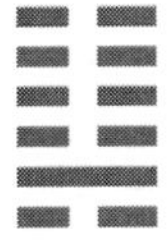

7번째 선물은 여러 면에서 이상적인 민주주의로 나타납니다. 민주적인 이상에서 모든 개인은 자유로우며 지도자들은 사람들에 의해 사람들을 대표하고 인도하도록 선택됩니다. 현대 민주 정부는 대중의식의 의견을 경청하고 분별력을 사용하여 국가를 이끌도록 설계되었습니다. 이런 식으로 7번째 선물과 그 프로그래밍 파트너인 13번째 선물 '분별Discernment'은 집단 구조 내의 모든 개인이 함께 일하는 단일 패턴으로 집단을 구성합니다. 이것이 최소한의 민주주의의 이상입니다. 우리 모두가 알고 있듯이, 그것은 자주 그런 식으로 되지 않습니다. 일단 권력을 잡으면 지도자들은 자신의 의도를 따르는 경향이 있으며, 이것은 대다수의 사람들이 실제로 원하는 것을 반영할 수도 있고 그렇지 않을 수도 있습니다. 정치는 어느 정도 구부러진 항로를 따르는 경향이 있으며, 그 항로는 지도자의 핵심 자질과 원칙에 크게 의존합니다. 따라서 현대 민주주의는 자유를 장려하지 않는 원시적인 정부의 방식과 비교할 때 더 높은 의식의 방향으로 크게 변화하고 있는 것입니다.

7번째 선물 '안내'는 봉사라고 하는 이상에 의지합니다. 다른 사람이나 그룹을 진정으로 인도하기 위해서는 자신의 의견과 판단을 제쳐놓고 그들의 욕구를 열심히 경청할 필요가 있습니다. 훌륭한 안내자는 훌륭한 경청자입니다. 때로는 올바로 들어주기만 해도 사람들은 안내자의 직접적인 조언 없이도 자신들의 문제에 대한 해답을 발견합니다. 7번째 선물을 가진 사람들은 강력한 자력을 가지고 있으며, 그들의 오라 속에 있는 것만으로도 당신은 자신의 방향을 명확하게 볼 수 있습니다. 이 사람들은 특히 다른 사람들이 미래의 패턴을 보도록 도움을 줄 수 있습니다. 이것은 말 그대로 그들이 미래를 볼 수 있다는 뜻이 아니라, 그들의 안내가 미래의 추세와 일직선을 이룬다는 것을 의미합니다. 이 사람들이 지도자로 두각을 나타내는 것은 군중보다 앞서가는 자질 때문입니다. 그러나 그들이 인정받는 것은 그들이 사는 시대에 달려 있습니다. 역사를 통해 우리는 정부나 기업, 과학 또는 예술 분야에서 세상에서 가장 위대한 지도자로 알려진 많은 사람들이 종종 그들이 살던 시대에는 인정받지 못했다는 것을 알고 있습니다.

현재 사회 내 다양한 차원에서 7번째 선물이 나타나고 있다는 강력한 증거가 있습니다. 인본주의 심리학자 에이브러햄 매슬로Abraham Maslow가 1940년대에 인간 욕구 계층Hierarchy of Human Needs이라는 유명한 모델을 소개한 이후로, 그것은 조직 구조를 이해하는 기초가 되었습니다. 그것은 특히 비즈니스 세계에서 발전되어 완전히 새로운 방식으로 커다란 인간의 틀을 이해할 수 있게 해줍니다. 비즈니스는 그 자신의 화학과 생명력이라는 측면에서 전체적인 문화라고 말해질 수 있습니다. 처음으로 사람들은 비즈니스 전체의 의식 수준에 대해 이야기합니다. 이것은 비즈니스 세계에 스며든 높은 의식의 초기 단계입니다. 처음으로 진정으로 전체론적이고 서비스에 기반을 둔 비즈니스가 탐욕에 기반을 둔 낡고 오래된 제국보다도 더 성공적일 수 있다는 것을 증명할 때 가장 큰 형태의 변화가 올 것입니다.

일부 새로운 조직 모델도 역시 다양한 스타일의 리더십에 대한 의식 수준을 이해하기 시작합니다. 유전자 키를 탐색하면서, 우리는 그림자에서 선물로의 도약과 선물에서 시디로의 도약이라는 두 가지 거대한 양자 도약을 포함하는 세 가지 수준을 바라보고만 있습니다. 실제로 의식의 스펙트럼에는 많은 다른 차원에 길을 내주는 더 세밀한 대역이 있습니다. 하나의 새로운 비즈니스 모델은 힌두교의 차크라 시스템에 따라 지도자를 일곱 단계의 의식 수준으로 나눕니다. 따라서 우리는 권위주의자(1번째 차크라)에서 조력자(4번째 차크라), 선지자(7번째 차크라)에 이르는 리더십 스타일을 가지고 있습니다. 7번째 선물에 해당하는 것은 중간급의 리더십 스타일 '조력자Facilitator'입니다. 조력자는 이름에서 알 수 있듯이 의사소통과 실행을 보다 쉽고 원활하게 해줍니다. 7번째 선물을 가진 사람들은 앞에서 이끌어 가는 것이 아니라 그룹 자체의 에너지를 이끌어갑니다. 그들은 유기적인 팀 조화가 간섭을 최소로 받으며 독자적으로 발전할 수 있는 공간을 만듭니다. 그들은 그들이 막후에서 조용히 인도하는 동안 필요한 선물을 가진 다른 사람들이 각광을 받도록 하는 것에 종종 만족합니다. 이런 의미에서 7번째 유전자 키는 왕좌 뒤에 있는 힘의 원형입니다. 일을 통제함으로써 강요하는 것이 아니라 삶의 과정을 신뢰하는 것, 이것이 '안내'의 진정한 의미입니다. 삶 자체에 항복할 수 있는 이 능력이 진정한 리더십의 기초입니다.

7번째 시디
미덕Virtue

세상을 수리함

7번째 시디는 각각의 인간 내면에 숨겨진 활기 넘치는 청사진입니다. '미덕'이라는 말에 대한 많은 해석에도 불구하고, 진정한 미덕은 도덕이나 태도에 대한 우리의 개념과는 아무런 관련이 없습니다. 누구나 시디의 힘을 갖지 못하면서도 거짓으로 도덕적인 행동을 할 수 있습니다. 우리는 7번째 선물 전반을 통해 이 유전자 키가 리더십 문제와 얼마나 깊이 관련되어 있는지를 보았습니다. 모든 동물들의 무리에는 다른 동물이 자동으로 따라가는 알파alpha가 있습니다. 인간들 사이에서도 마찬가지입니다. 리더십은 유전자에 의해 결정되지만 리더십의 특성은 유전자를 통과하는 주파수에 의해 결정됩니다. 선물 수준에서 우리는 권위주의적 리더십 스타일이 어떻게 더 민주적 스타일인 조력자로 대체되었는지를 보았습니다. 여기 7번째 시디에서 우리는 선지자적인 지도자를 발견하지만, 더 중요하게도 우리는 덕이 있는 지도자를 발견합니다.

진정한 리더십은 미덕과 유사합니다. 그러나 세상은 진정한 지도자를 거의 보지 못했습니다. 이 7번째 시디는 자신을 알아볼 수 있을 정도로 대중 의식의 주파수가 높아지는 역사상의 특정한 때를 기다립니다. 조건이 맞지 않는다면, 이 사람들이 지엽적인 수준에서 큰 영향력을 행사하고 있을지라도 집단적 사회 차원에서 인식되지 않은 채 지나가 버리고 맙니다. 〈도덕경〉에서는 노자가 진정한 덕에 대해서 말하는데, 그가 말하는 덕은 뛰어난 사람을 통해 사회에 영향을 미칩니다. 말은 구식일 수도 있지만 그 메시지는 순수합니다.—미덕의 비밀은 자연에 완전히 내어 맡기는 데에 있다. 사실, 도道라는 말은 일반적으로 미덕으로 번역됩니다. "미덕은 자신의 보상이다"라는 멋지고 자주 인용되는 말도 이 책을 통해서 탄생했습니다. 거기에는 또 다른 위대한 미덕의 비밀이 있습니다. 미덕은 알아봐 주기를 바라거나 떠받들어 주기를 바라는 욕구를 넘어서 있습니다. 미덕은 단순히 자신들의 정점에 살고 있는 사람들을 통해 방해받지 않고 표현되는 본성을 말하는 것입니다.

미덕은 수세기에 걸쳐 심하게 오해를 받은 시디였습니다. 이 시디가 나타난 존재들은 참으로 모범적인 삶을 살았습니다. 7번째 시디는 미래의 남성과 미래의 여성의 씨앗을 가지고 있습니다. 정상적인 사람이 그런 식으로는 거의 살 수 없는 완벽한 행동의 원형입니다. 그런데 낮은 의식 수준에 있는 사람들이 시디 상태가 꽃을 피우고 있는 사람들의 행동을 모방하려 하는 데에서 혼란이 발생했습니다. 이것은 깊은 긴장감을 조성합니다. 왜냐하면 미덕은 그 안에 있는 어떤 길이라기보다는 최종적으로 꽃을 피운 결과이기 때문입니다. '미덕'의 시디는 인류를 미래로 끌어들이는,

길을 안내하는 순수성입니다. 그것은 인류의 표층 밑에서 끊임없이 거품을 일으킵니다. 인간이 행한 모든 미덕의 행위는 전체성의 의식 속에서 고조된 것을 나타냅니다. 이 시디는 사실 우리가 결코 스스로를 파괴하지 않을 것이라는 보험 증서입니다. 매일같이 사람들은 어디에서나 사소하고 때로는 보이지 않는 미덕을 행하고 있습니다. 그리고 이런 행위의 힘은 헤아릴 수 없는 것입니다. 그들은 실제로 혼돈의 힘을 상쇄시킵니다.

위대한 유대교 신비주의 책 조하르(Zohar, 유대교 신비주의 카발라의 고전)에는 이 7번째 유전자 키를 통과하는 여행에 대한 강력한 비유가 있습니다. 그것은 티쿤 올람Tikkun Olam으로 알려진 카발리스트(Kabbalist, 유대교 신비주의) 개념에 요약되어 있습니다.—그것은 보통 '세상을 수리하는(바로잡는) 것'으로 번역되는 말입니다. 카발리스트들은 창조주가 세상을 만들었을 때, 신성한 빛Divine Light을 담을 일련의 그릇을 창조했는데, 빛이 이 그릇으로 흘러 내려가다가 산산이 부서져 물질의 영역으로 떨어졌다고 말합니다. 따라서 우리가 살고 있는 세상은 신성한 빛이 갇혀 있는 원래 그릇의 무수히 많은 조각들로 이루어져 있습니다. 카발리스트들은 더 나아가 인간이 행하는 모든 고결한 행위가 이 깨진 조각 중의 하나를 수리하는 데 도움이 된다고 말합니다.

우리는 이 아름다운 비유에서 7번째 그림자 '분리'가 어떻게 그릇을 부수고 세상을 갈라놓는 힘을 나타내는지, 그리고 반면에 '안내'의 선물이 어떻게 조각들을 재결합시키는 과정을 시작하는지 알 수 있습니다. 모든 조각을 재조립한 최종 결과는 7번째 시디에 의해, 당신이 당신 존재 깊은 곳에서 완성된 그림을 볼 때 나타납니다. 이 시디가 드러나는 사람은 아담 카드몬Adam Kadmon—신성이 실현된 완성된 그릇이 됩니다. 이 의식 수준에서 미덕은 인간을 통해 표현된 우주의 의도가 됩니다. 그런 존재가 행하는 모든 행동의 뿌리에는 미덕의 순수한 힘이 있으며, 이 미덕은 세상을 바로잡는 뛰어난 효과가 있습니다. 7번째 시디는 인간이 인류의 완벽한 미래가 확실함을 볼 수 있게 하며, 또한 실제로 그 안에서 살 수 있게 합니다. 이런 식으로, 그런 사람들은 진실로 자신의 시대보다 앞서 있습니다. 그들은 자신들의 존재 안 깊은 곳에서 미래를 기억해 냈기 때문에 그들에게는 시간이 멈춘 것이었지만 말입니다.

이 7번째 시디와 프로그래밍 파트너인 13번째 시디 '공감Empathy' 사이에서 연주되는 재미있는 푸가(fugue, 모방 대위법적인 악곡 형식의 일종 또는 그 작법)가 있습니다. 이것은 우로보로스(ouroboros, 자기 꼬리를 입에 문 모습으로 우주를 휘감고 있다는 뱀)의 고대 상징, 즉 자신의 꼬리를 먹는 뱀으로 가장 잘 이해할 수 있습니다. 7번째 시디가 우리를 미래로 끌어들이는 반면, 13번째 시디는 우리를 과거로부터 밀어냅니다. 이 두 위대한 시디는 인간 안에서 동시에 꽃을 피우며 시간의 시작에 심어진 씨앗을 나타내는 13번째 시디와 시간의 마지막에 꽃을 피우는 7번째 시디와 함께 인류의 집단적 운명에 관여합니다. 이 두 시디에는 그 둘에 연결된 수많은 비밀의 신화가 있습니다. 이 상태를 꽃피우는 사람들은 인류 전체를 위해 활력이 넘치는 안내자 역할을 합니다. 그들은 많은 문화권에서 많은 이름으로 불렸습니다.―세계의 수호자, 일루미나티, 빛나는 자 또는 선택된 자―그러나 그들은 또한 많은 문화권에서 깊은 오해를 받아왔습니다.

'통합의 고리Union of Ring'로 알려진 유전 사슬의 핵심 링크인 이 7번째 시디는 4번째, 29번째, 59번째 유전자 키와 화학적으로 연결되어 있습니다. 아울러 이 화학 계열은 우리 지구의 인간관계를 정화하는 집단 코드를 포함합니다. 용서, 봉헌, 투명성과 결합된 미덕의 역동성은 완전히 새로운 현상이 인류에 심어지도록 무대를 설정합니다. 집단 리더십은 개별 리더십을 넘어선 단계입니다. 그 안에서 리더십은 개인들 사이에서 공감을 가지고 공유된 에너지장이 되며, 따라서 계급 사회에 종말을 가져옵니다.

7번째 시디는 집단 속에서 깨어나기 위해 특정한 순간을 기다립니다. 요한계시록에서 이 7번째 시디는 상징적으로 그리스도 의식의 재림에 앞서 일곱 번째 인seventh seal을 여는 것으로 나타납니다. 숫자 7을 둘러싼 신화와 관련하여 여기에 더 깊은 비밀이 있습니다. 그러나 이 더 깊은 수준에서 우리는 어쩌면 왜 원래의 중국 헥사그램이 '군대The Army'라고 불렸는지 알 수 있을 것입니다. 군대는 계시록에 있는 집단 그룹을 말합니다. 그들은 144,000명으로 알려져 있으며, 44번째 시디를 읽어보면 그들에 대해 더 많이 배울 수 있습니다. 근본적으로, 이 존재들의 집단은 더 높은 의식이 우리 행성의 집단적 차원에서 우선적으로 접하게 될 유전적 장비를 나타냅니다. '장비equipment'라는 용어는 여기에서 소위 선택한 사람들과 관련된 매력의 느낌을 없애기 위해 의도적으로 사용됩니다. 이 존재들은 시디가 자발적으로 여러 세대의 주기에 걸쳐 꽃을 피우게 될 지도자들의 집단 프랙털입니다. 그들은 모든 사회 수준에서 발견될 것입니다. 이 존재들 또는 지도자들 각각의 핵심 본질은 미덕, 즉 7번째 시디이며, 그것들을 하나로 묶는 말은 13번째 시디 '공감Empathy'입니다.

궁극적으로, 7번째 시디는 미래에 관한 것이며, 미래는 아이들에 관한 것입니다. 7번째 시디가 인류 안에서 꽃을 피울 때, 그것이 나타나는 첫 번째 장소 중 하나가 부모와 교사를 통해서입니다. 덕이 있는 사람들 사이에서 자라는 아이들은 다른 종류의 교육이나 지도가 필요하지 않습니다. 지금에도 이 사소한 정보가 부모들에게 필요한 가장 훌륭한 열쇠입니다. 진정한 미덕의 오라 속에서 자라는 아이들은 그들이 어디를 가든 그 에너지를 가져갈 것이고 그렇게 함으로써 서서히 그러나 확실하게 우리 지구의 미래를 변화시킬 것입니다.

8th GENE KEY

시디
절묘함
선물
스타일
그림자
평범함

자아의 다이아몬드

프로그래밍 파트너 : 14번째 유전자 키
코돈 고리Codon Ring : 물의 고리
(2, 8)

생리 : 갑상선
아미노산 : 페닐알라닌

8번째 그림자
평범함Mediocrity

안전지대를 넘어

오늘날 우리가 살고 있는 세상, 특히 서양을 볼 때, 얼마나 많은 사람들이 비슷한 삶을 살고 있는지 매우 놀랍습니다. 8번째 그림자는 모든 다른 주파수의 그림자와 마찬가지로 특정한 두려움에 기반을 두고 있습니다. 이 경우에서는 남과 다른 것에 대한 두려움입니다. 8번째 그림자는 개인이 대중 의식에서 벗어나 삶의 진정한 모험을 탐구하는 것을 못하게 합니다. 개성의 본질은 반란이지만 반란은 안전하지 않습니다. 따라서 인류의 대중 의식은 대신 안전이라는 환상을 선택합니다. 8번째 그림자는 전 세계에 걸쳐 망을 만들어내며, 이 망은 행성의 안전지대를 지지합니다. 예를 들어, 어떤 종류의 위기나 사랑하는 사람의 죽음을 통해 인생이 당신을 강압적으로 성장하도록 할 때, 오직 그때만이 이 안전지대의 경계를 벗어나 당신의 진정한 본성을 경험하게 됩니다.

특히 서양에서는 개성이 매우 일찍부터 각인됩니다. 이 책에서 반복적으로 다루어지는 이슈 중 하나는 현대 교육, 특히 7세까지 지속되는 교육의 영향입니다. 대부분의 교육 시스템은 다름보다는 똑같음을 권장합니다. 왜냐하면 다름은 시스템 자체를 위협하기 때문입니다. 현대 교육에서 어린 아이들은 시험이라는 수용의 과정을 거치는데, 바로 그 시험의 본성이 자발적인 혁신의 영역을 거의 또는 전혀 가지지 않고 암기된 정보를 되새김질하는 것입니다. 이런 주입식 교육은 이른 아동기부터 시작하여 20대 초반까지 지속되어 부모와 부모의 부모를 형성시켰던 동일한 시스템을 통해 순환됩니다. 똑같음을 규칙으로 삼는 시스템을 구축함으로써 우리는 성공적으로 개인을 아웃사이더와 반동주의자로 만들었습니다.

자녀가 개성을 유지하기 위해서는 어떤 교육을 받아야 하는지 궁금해할 수 있습니다. 8번째 유전자 키의 근본적인 질문은 이것입니다. '정규교육이 정말로 필요한가?' 현대 사회에서는 우리 교육시스템에 내재된 '융통성 없음'이 점점 더 문제가 되고 있습니다. 당연히 정규교육에 타고난 성향을 보이는 아이들이 항상 있을 것입니다.—어떤 아이는 다양한 과목에서, 그리고 다른 어떤 아이는 특정 과목에서 말이지요. 그러나 다른 많은 어린이들은 그저 정규교육을 필요로 하지 않으며 분명히 그런 교육에 잘 반응하지 않습니다. 물론 이 문제는 현대인들의 라이프스타일의 다른 많은 측면과 연결되어 있습니다. 우리가 진화하고 있는 이 단계에서 깨달아야 할 것은 이 8번째 그림자가 아주 이른 시기에 당신 안에 심어졌으며, 대부분의 경우 당신의 선물을 경험하고 천재성을 발견할 기회를 거의 갖지 않게 된다면 삶의 막판에 가서는 잊힐 수밖에 없다는 것입니다.

8번째 유전자 키에서 일어나는 깊은 두려움 중 하나는 성공에 대한 두려움입니다. 이 두려움은 프로그래밍 파트너인 14번째 그림자 '타협Compromise'을 통해 강화됩니다. 당신은 실패할 것이 두려워서가 아니라, 성공하기 위해서는 사회 전체와 그들이 당신에게 거는 기대에 반항해야 한다는 것을 알기 때문에 당신의 꿈과 타협합니다. 당신은 자신이 누군지 모르기 때문에 자신이 될 수도 있는 것을 두려워합니다. 14번째 시디의 가장 높은 주파수는 14번째 시디 '관대함Bounteousness'에 관한 것입니다. 그것은 평범함의 올가미로부터 과감히 벗어나려고 하는 개인에 대한 보상입니다. 다른 말로 하면, 가보지 않은 길이 보물로 이끌어 줍니다. 8번째 그림자는 세상이 알아볼 수 있는 고정관념을 줍니다.—그것은 당신이 스스로를 누구라는 생각에 안심하게 만들 뿐만 아니라 다른 사람들이 당신이 누구라는 생각에 안심하게 만드는 것입니다. 이 틀에 박힌 껍데기가 없다면 당신이 누가 될 수 있을 것이며, 다른 사람들이 어떻게 당신에게 다가가겠습니까? 답은 많은 사람들이 두려움과 경외감으로 당신을 바라볼 것이라는 것입니다.

평범함은 자기 자신이 아닌 다른 사람에 의해 정의되며 두 가지 주요 기능이 있습니다. 첫째, 평범함은 고정관념에서 벗어나지 못하게 합니다. 이 낮은 주파수의 영향을 받아 다른 사람들처럼 생각하고, 다른 사람들처럼 보이고, 다른 사람들처럼 행동합니다. 그리고 다른 사람들이 당신에 대해 어떻게 생각할까라는 것이 기초가 될 것입니다. 평범함의 두 번째 기능은 진화가 아니라 사회의 시스템에 봉사하는 것입니다. 다른 말로 하면, 당신은 인간이 만들어 놓은 시스템의 바퀴에서 톱니가 됩니다. 그렇게 함으로써 당신은 핵심이 아닌 배경의 일부가 됩니다. 평범함은 사람들이 주인공이 되지 못하게 합니다. 요즘 우리 대부분은 그저 우리가 삶에서 성취할 수도 있었던 것에 관해 꿈을 꾸는 데에 만족할 뿐입니다. 우리는 다른 사람들의 영화를 보고 깊은 감동을 받을 수도 있습니다. 그러나 8번째 그림자는 우리 자신이 충분히 그런 삶을 실현시킬 수 있다고 믿지 못하게 합니다. 그리고 그 이유는 두려움 때문입니다. 두려움은 우리 사회의 기반 전체에 걸친 고질적인 현상입니다. 그리고 두려움의 경계를 뛰어 넘는 사람들은 주류 문화가 이해할 수 없는 세계로 이동합니다.

8번째 그림자는 당신을 외부 권위의 추종자로 만듭니다. 그것은 심지어 당신을 시스템과 결혼시키고 그 시스템이 당신의 권위가 됩니다. 이 그림자는 당신의 진정한 제한되지 않은 본성의 신선한 공기를 마시지 못하게 합니다. 그것은 어떻게 해서든지 당신을 옭아매여 자유사상가가 되는 것을 방해합니다. 자유사상가가 무엇입니까? 그것은 삶이 강요하는 현재의 구조를 넘어서 볼 수 있는 사람입니다. 자신의 자발적인 독창성을 위해 사는 사람입니다. 자유사상가는 삶도 자유롭게 삽니다. 그들은 다른 사람들에게 영향을 받고 영감을 받았을지라도 그들 누구도 따라가지 않습니다. 8번째 그림자는 잘 다져진 인생길—현실과 타협한 라이프스타일, 대다수의 사람들이 살고 있는 상상력이 부족한 순응주의자의 삶을 나타냅니다. 이 그림자의 어둠과 두려움을 헤쳐 나가면서 당신이 정말로 누구이며, 당신이 진정으로 무엇을 할 수 있는지를 발견하는 데에는 커다란 에너지와 용기가 필요합니다. 만일 당신이 평범함을 벗어나고 싶다면, 세상에서 당신 자신만의 길을 찾고 당신 자신만의 정체성을 만들어내야 할 것입니다. 그것은 다른 길과 같지 않을 것이며, 당신을 안전지대로부터 위험지역으로 데리고 갈 것입니다. 그곳에는 당신 자신만의 깊고 활기찬 본성을 신뢰하는 것 외에는 당신이 성공할 것이라는 아무런 보장도 없는 곳입니다.

억압적 본성 – 경직된Wooden

평범함의 주류를 따르는 사람들은 근본적으로 생명력이 결여되어 있고 진정한 목적의식이 부족합니다. 이들은 말과 행동이 세상에 도움이 될 수도 있지만 동시에 열정이나 투지가 없는 사람들입니다. 그런 삶은 나무로 된(경직된) 삶이며 그런 사람들은 속이 텅 비어 있습니다. 그들은 어린 시절부터 어른이 되는 과정 어디에선가 스스로 꿈을 포기했습니다. 두려움을 품어 안지 못한 채, 그들은 평생을 통해 책임과 많은 타협에 휘말리게 되었습니다. 그 결과 그들은 자신의 삶도 아닌 삶, 숨을 쉴 수도 없고, 새로운 것을 창조할 수 있는 공간도 허락하지 않는 삶을 살고 있습니다.

반응적 본성 – 인위적인Artificial

반응적 본성과 억압적 본성의 차이는 인간의 정신입니다. 억압적 본성에서 인간의 정신은 삶의 어느 시점에서 내면에서 붕괴되었습니다. 반응적 본성에서 이 정신은 자신의 꿈에 근거한 환상을 창조하는 세계에 연결됩니다. 그런 사람들은 완전히 인위적인 삶을 삽니다. 표면적으로 성공적이고 심지어 독창적인 것처럼 보일 수도 있지만 표면에 낀 오래된 녹 밑을 보면 그들은 자신의 정신을 시스템의 일부와 타협했습니다. 그들의 관계를 살펴보면 억압적 본성과 반응적 본성 사이의 차이를 찾아낼 수 있습니다.—억압적인 면은 그들의 관계가 변화에 대한 두려움에서 벗어나도록 내버려두지 않습니다. 반응적인 면은 관계에 머무를 수 없습니다. 왜냐하면 그들의 껍데기가 결국에는 부서져 분노가 표면으로 솟아오르기 때문입니다. 거기에서 대개 그들은 달아나 버리고 맙니다.

8번째 선물
스타일Style

이유 있는 반란

8번째 그림자의 헤비급 주파수를 깨고 나오기 위해서는 자신을 신뢰하는 신나는 도약을 해야 합니다. 이 8번째 선물은 세상에 신선한 것을 가져오기 때문에 사람들의 시선을 사로잡습니다. 선물 '스타일'은 이 단어에 대한 우리의 통속적인 해석과는 관련이 거의 없습니다.—그것은 당신만의 독특한 반항 정신을 따르는 것에 더 관련이 있습니다. 진정한 스타일은 물질주의적인 올가미로 측정될 수도 없고, 위조될 수도 없습니다. 그것은 당신의 개성이 자연스럽게 꽃 피는 것입니다. 당신 자신의 스타일을 찾는다는 것은 다른 사람들이 어떻게 생각하는지에 걱정할 필요 없이 자기 자신이 되는 것입니다. 스타일은 마음 옆으로 우회하기 때문에, 모방하거나 예상할 수도 없으며 항상 자연스럽게 자발적으로 나옵니다. 그것은 또한 위험한 길을 따라가는 것도 포함되지만, 그 위험은 사회가 위험이라고 정의한 것일 뿐입니다.

진정한 스타일은 흔히 정상이라고 생각하는 평범한 회색 세계를 산산조각 내는 일에서 큰 기쁨을 느낍니다. 비록 당신의 진정한 본성을 표현하는 순수한 즐거움과 자유가 일상적인 어떤 좋지 못한 영향보다도 훨씬 더 클지라도 이 선물은 사회 속에서 행복하게 앉아 있을 수 없습니다. 개인의 독창성은 현대 사회가 지지하고 우상화하는 것이지만, 현실적으로 우리는 너무 많은 다양한 색상을 가진 개인들을 두려워합니다. 스타일은 피부 깊이보다 더한 것입니다. 그것은 창조 그 자체의 최첨단입니다. 이 선물을 나타내는 개인은 자신을 통제하는 창조적인 과정을 통제하지 못하고 그것에 굴복했습니다. 창조성은 생색나지 않는 일이 될 수 있습니다. 때때로 개인은 자신이 살아 있는 때보다 너무 앞서서 사망 이후에도 자신의 독특함을 인정받지 못합니다. 그러나 그런 과정에 들어서는 데서 오는 자유가 확장되는 느낌은 너무도 성취감을 주어 성공이나 실패는 더 이상 그들의 삶에서 중요한 원동력이나 고려 사항이 아닙니다.

스타일은 사회는 물론 사회의 논리적이고 시스템에 기반을 둔 사고에 위험합니다. 그것은 또한 너무도 많은 시스템이 통제하고 설명하려고 하는 자연을 모방하기 때문에 위험합니다. 자연과 마찬가지로 스타일은 자연 그대로의 유기적이며 예측할 수 없는 에너지에 의해 형태가 부여됩니다. 천재적이고 양자 도약이 넘칩니다. 개인에게 8번째 선물은 목적에 대한 깊은 성취감을 가져다주지만, 종종 이 사람들은 자신들의 선물을 세계에 접속시킬 수 없다는 것을 발견합니다. 스타일 자체는 사람을 아웃사이더로 만들지 않습니다.—사실 그것은 삶의 비밀 과정에 관여하는 내부자가 되게 만듭니다. 그러나 세상에 대한 통제를 유지하려고 노력하는 힘에게 스타일은 위험하거나 기껏해야 기이하거나 괴짜인 것으로 간주됩니다. 개인의 독특함이 대개 그것이 받아들여질 수 있고 그것이 숨 쉴 수 있는 공간이 있는 예술, 패션, 음악과 같은 영역에 국한되어 있는 이유가 바로 그것입니다. 일반적으로 사회의 다른 대부분의 영역에서는 개인적인 스타일이 억압됩니다. 왜냐하면 그것은 이해되지도 않고 믿어지지도 않기 때문입니다.

집단이 자유사상가 사람들로 구성되어 합쳐질 때까지 8번째 선물 '스타일'은 사회의 변두리에 남을 것입니다. 그 사이에 그림자 상태의 낮은 주파수에서 깨어 나오는 사람들은 개별적 자유사상가에게 많은 재량을 허용할 수 없는 집단의 유령을 직면해야 할 것입니다. 다행스럽게도 스타일에 대한 자신만의 감각을 가진 자유사상가는 실제로 누군가와 어울리는 일에 관심이 없습니다. 그들의 유일한 관심사는 더 많은 자유사상가를 해방시키는 것입니다! 그런 자유는 정말로 전염성이 있습니다. 따라서 그런 사람들은 비록 자신들은 그렇게 생각하지 못할 수도 있겠지만 강력한 사명을 타고났습니다.

마지막으로, 이 8번째 선물은 단순히 꿈을 꾸기보다는 실제로 개인의 꿈을 발현시키는 일에 대한 것입니다. 8번째 선물이 DNA 안에서 풀려나면 갑자기 당신은 일이 일어나게 하기 시작합니다. 그리고 당신에게는 마치 세상이 그저 꿈의 세계에 갇혀 있는 것처럼 보일 수 있습니다. 이것은 더 높은 주파수에서 일어나는 부산물입니다. 이제 당신에게는 무엇이든 가능해집니다. 왜냐하면 당신이 내면의 영혼에 굴복함으로써 당신을 통해 오는 창조성의 힘이 이전에는 차단되었던 채널과 기회를 자유롭게 풀어 주기 때문입니다. 그것이 천재의 힘입니다. 왜냐하면 천재는 그 안에 단지 새로운 개념 이상의 것을 담고 있기 때문입니다.—천재는 그것을 발현시킨 개인을 훨씬 뛰어넘는 더 높은 영역으로부터 내려온 의도를 전달합니다.

8번째 시디
절묘함Exquisiteness

영원한 사랑의 매듭

8번째 시디 '절묘함'은 모든 시디 상태의 자연스러운 계시이며 발현입니다. 각각의 시디는 다른 모든 시디 안에 반영된다는 의미에서 홀로그램입니다. 절묘함은 신성의 본질이 개인을 통해 빛나기 시작할 때 경험됩니다. 이 최상의 환희 상태에서, 당신은 당신 자신의 원래 모습을 사랑하게 됩니다. 왜냐하면 신성한 흐름은 이 독특함을 통해서 접근될 수 있기 때문입니다. 절묘함은 모든 말을 뛰어 넘는 아름다움을 의미합니다. 당신은 창조의 중심에서 다이아몬드처럼 빛나고, 어디를 바라보든 선명도가 서로 다른 다양한 다이아몬드를 보게 됩니다. 그리고 각각의 다이아몬드는 독특하고 절묘하며 서로 비교될 수 없습니다.

모든 차원이 역설적으로 끝나는, 극히 일부만이 이해하는 이 의식수준에서 당신은 개성과 차별성이라는 위대한 농담을 깨닫게 됩니다.—개별성은 그것이 절묘함에도 불구하고 마음이 만들어 낸 환상입니다. 당신은 자신이 하나밖에 없는 유전 매개체에 올라타고 있는 것을 경험합니다. 하지만 당신의 존재는 모든 차별화된 형태 뒤에 있는 의식의 장에 있습니다. 이것은 당신이 당신의 유전을 초월하는 단계입니다. 당신은 형태의 수준에서 차별화된 채로 있지만, 집단적 보편적 차원에서 당신의 의식은 모든 형태에 스며들어 당신은 바닷물에 떨어지는 한 방울의 물방울만이 아니라 바다 자체가 됩니다.

당신의 진정한 본성은 야생입니다. 신성이 관련되는 곳에는 길들이기라는 것이 없습니다. 따라서 이 절묘한 상태는 인류의 많은 베일을 통해서 볼 수 있습니다. 모든 시스템은 창조의 원천에서 곧바로 나오는 이 거칠고 패기만만한 에너지 밑에서 허물어집니다. 이 시디를 드러내는 소수의 사람들은 구름 사이에서 놀고 있는 빛처럼 가볍고 아름답습니다. 삶은 결코 반복되지 않으며 매순간이 절대로 똑같지 않습니다. 각각의 초마다 삶은 새롭습니다. 이것이 유명한 선禪, Zen에서 온 말의 의미입니다. "당신은 결코 같은 강에 두 번 발을 디딜 수 없다." 이 말은 8번째 시디의 진리—인간 본성의 진리를 가리킵니다. 물처럼 그것은 항상 움직이고 변화하며 진화하고 있지만 강 자체는 변하지 않습니다. 그리고 강은 곧 의식입니다.

이 진리가 내면에서 비춰지는 사람들은 역사의 회색 배경 속에서 밝은 빛으로 빛납니다. 우리 사이를 걸었던 위대한 아바타들과 현자들이 이 시디의 진정한 본성을 표현했습니다. 우리가 저지르는 가장 흔한 실수는 그런 사람들을 모방하려는 것입니다. 그것은 바로 우리를 우리 자신의 독특함에서 벗어나 우리를 '평범함'의 그림자로 다시 떨어뜨립니다.

8번째 시디의 사람들은 지도자가 아닙니다. 그들은 본보기입니다. 그들은 누구도 자기들을 따라오거나 모방하는 것을 원치 않습니다. 그런 사람들의 눈에 진짜가 아니거나 모방이 보이는 곳은 어디나 그들의 본성 자체가 그것의 추악함을 폭로합니다. 이런 특성 때문에 그들은 사람들을 해방시켜주는 매우 강력한 힘을 갖고 있습니다. 동시에 그들은 자주 사회로부터 비난받고 쫓겨납니다. 소크라테스처럼 그들은 사람들이 자신의 대답과 자신의 질문을 찾기를 바랍니다. 그들의 존재 자체가 개인들을 구조화된 시스템으로부터 해방시키는 빛으로 작용합니다. 그들의 언어는 반역자의 언어이며, 그들에게 아름다움이라는 말은 개인의 진정한 본성을 반영하는 뜻으로 사용합니다. 그들은 어떤 표현에도 제한되지 않고 과학이나 예술, 요가 또는 탄트라, 논리 또는 시와 함께 놀 것입니다. 왜냐하면 그들에게 모든 표현은 신의 절묘함을 형태로 나타내는 수단일 수 있기 때문입니다. 이 8번째 시디의 지복至福, blissfulness에 빠진 사람에게 모든 삶은 아주 명확합니다. 이 명확성은 또한 삶의 불확실성과 야생성에서 역설적으로 발견됩니다. 이 사람들은 다른 사람들이 따를 수 있는 흔적을 남기지 않습니다. 그들은 삶을 결코 풀리게끔 디자인되지 않은, 모순과 신비의 연속으로 알고 있습니다.

물의 고리Ring of Water로 알려진 유전 계열의 한 측면으로서, '절묘함'의 시디는 2번째 시디 '통합Unity'과 화학적으로 결합되어 있습니다. 이들은 인간 게놈에 있는 두 개의 위대한 여성 유전자 키이며 모든 사람들을 자기실현으로 가는 피할 수 없는 여행으로 끌어들입니다. 21 코돈 고리의 위대한 신비 중 하나가 여기에 있습니다. 물의 고리는 상대극인 불의 고리Ring of Fire와 영원한 유전적 매듭을 형성합니다. 이 두 화학 계열과 그들의 아미노산 페닐알라닌phenylalanine과 라이신lysine은 우리 인간을 운명의 궤적에 따라 움직이게 하며 우리의 유전 물질이 반드시 그 상대 짝을 찾게 합니다. 몸 속 깊은 곳에서조차도, 이 화학 계열은 우리 안의 모든 반대 세력들이 균형을 이루도록 근본적인 청사진을 세웁니다. 이 두 코돈 고리의 혼선 속에서 신비한 숫자 8의 형태가 우리 각자 안에서 만들어집니다. 우리의 행성 유전자 풀 안에 있는 이 영원한 사랑의 매듭은 각각의 남자와 여자가 정면으로 마주하게 설정합니다. 숫자 8의 진정한 상징은 우리 각자 내면에 묻혀 있는 보물, 즉 우리의 진정한 본성의 찾기 힘든 다이아몬드를 끊임없이 탐구하는 것을 의미합니다.

8번째 시디의 사람들은 아주 아름다운 희귀 보석처럼 반짝입니다. 그런 사람들은 길을 걸어 다니면서 자신의 길을 창조합니다. 그들이 세상에 남기는 유산은 어떤 특정한 상태에 도달하기 위해 어떻게 살아야 하는지 또는 무엇을 해야 하는지에 대한 모든 개념을 해체시키는 것입니다. 이들은 세상에서 낯설지 않은 유일한 사람들입니다. 왜냐하면 그들은 존재 자체 안에 있기 때문입니다. 그들에게 있어서 세상에서 유일한 아웃사이더는 안내나 정의를 얻기 위해 자신의 밖을 바라보는 사람들이며, 유일하게 낯선 사람은 누군가를 모방하면서 삶을 허비하는 사람들입니다. 왜냐하면 그것이 그들에게는 낯선 사람으로 만들기 때문입니다. 이 사람들은 당신에게 그들을 따라가고 싶다는 희망을 주지 않습니다. 그들이 세상에 줄 수 있는 유일한 것은 그들만의 아주 절묘한 사랑입니다.—어떤 수단이나 의미도 필요 없이 신비 자체에 버려지는 절대적인 기쁨입니다. 그들의 기쁨은 존재의 쇄도, 스쳐 지나가는 순간의 고통스러운 파동, 그리고 당신 자신의 존재의 핵심을 건드려야만 올 수 있는 무한한 기쁨입니다.

9th GENE KEY

시디
무적
선물
결단
그림자
무력함

극미함의 힘

프로그래밍 파트너 : 16번째 유전자 키
코돈 고리Codon Ring : 빛의 고리
(5, 9, 11, 26)

생리 : 천골신경총
아미노산 : 트레오닌

9번째 그림자
무력함Inertia

꿈에 길들여짐

중국 주역의 원래 헥사그램 도형에서 9번째 유전자 키는 다소 특이하고 수수께끼 같은 이름을 갖고 있습니다. 그것은 보통 '작은 것을 길들이는 힘Taming Power of the Small'으로 번역됩니다. 당신이 주역에 익숙하다면, 또 다른 헥사그램, 즉 26번째 헥사그램 '큰 것을 길들이는 힘The Taming Power of the Great'을 기억해 낼 수 있을 것입니다. 분명히 이 두 원형과 유전자 키에는 강한 유대가 있습니다. 우리는 그들이 똑같은 화학 코돈 고리와 그 아미노산 트레오닌threonine의 일부임을 유전학적으로 알 수 있습니다. 이에 대해서는 나중에 논의할 것입니다. 이런 옛 중국 이름의 경우처럼, 그들은 여러 층의 진리와 가능성을 포함합니다. 9번째 그림자의 경우, 작은 것을 길들이는 힘은 불필요하고 관련 없는 세세한 일에 함몰되는 경향을 나타냅니다. 대부분의 인간은 그저 그럭저럭 살면서 주위의 모든 세세한 일의 희생자가 되는 삶을 살고 있을 뿐입니다. 더 높은 주파수에서는 당신의 높은 목적에 도움이 되는 것에만 당신의 에너지를 쏟음으로써 작은 것을 길들입니다. 그러나 그림자 주파수에서는 세세한 일이 당신을 길들이면서 당신의 생명력을 빨아먹고 당신의 열정(16번째 선물이면서 9번째 유전자 키의 프로그래밍 파트너)을 도둑질하며 결국 당신을 흔한 타성과 무관심의 상태로 끌어 들입니다(16번째 그림자).

중국의 현자 노자는 다음과 같은 유명한 말을 했습니다.

"천 마일의 여행길도 첫 걸음부터 시작한다."

좀 더 정확한 번역은 "천 마일의 여행길도 자신의 발밑에서 시작한다"일 수도 있습니다. 이 영원한 한 조각의 지혜는 미래가 당신을 어디로 데려가든 말든 그런 일에 관심을 갖지 말고 당신 바로 앞에 있는 것에 집중하라는 말입니다. 9번째 그림자는 당신이 초점을 어디에 두어야 하는지에 관한 것입니다.—그리고 마음이 아니라 당신의 일상적 활동에 우선적으로 초점을 두는 것입니다. 우리가 곧 알게 되겠지만 이 9번째 유전자 키에는 매우 마법적인 무언가가 있습니다. 그것은 모든 비밀 중에서 가장 위대한 것 중의 하나입니다.—당신의 타고난 운명을 방해하는 것을 어떻게 막을 것인가. 9번째 그림자와 9번째 선물을 나타내는 이미지는 각각의 디딤돌로 만들어진 길입니다. 9번째 그림자의 주파수에서 디딤돌은 원으로 돌아가게 되어 있습니다. 그래서 각 계단에서 내려다보면 당신이 똑같은 옛날의 발자국을 따라가고 있을 뿐이고 당신의 에너지는 아무 곳에도 가고 있지 않다는 것을 깨닫지 못합니다. 이것이 지구에 살고 있는 대다수 인간들의 의식 상태입니다.

그러나 선물 수준에서 디딤돌은 멀리 수평선 위로 넘어갑니다. 당신은 그들이 어디로 가고 있는지 알지 못하지만 그것은 중요하지 않습니다.—당신은 그들이 당신을 앞으로 끌어가고 있다는 것을 알고 있습니다. 이것은 당신이 딛는 각각의 발걸음이 지극히 중요한 것으로만이 아니라 하나의 모험으로 받아들이게 합니다. 이 9번째 유전자 키는 일상생활에서 올바른 행동을 찾는 것에 관한 것입니다. 모든 단계가 당신이 어떤 꿈을 꾸든 그 꿈이 가는 방향으로 인도해야 합니다. 이 길에는 우리가 평범한 차원에서 하는 많은 작은 행동들—예를 들어, 먹는 일, 씻는 일, 쇼핑하기, 요리하기 등—이 있습니다. 매일 일상적으로 행하는 평범한 집안일일지라도 모든 단계들이 당신이 꾸는 꿈의 방향으로 인도하기 때문에 그 꿈들이 성취되지 않는다는 것은 불가능한 일입니다. 당신의 활동이 감기를 유발하거나 아니면 지루해진다고 해도 그것이 반드시 잘못된 행동이라는 뜻은 아닙니다. 그것은 아마도 당신이 더 큰 꿈과 연결되지 않았음을 의미합니다.—당신은 작은 일이 당신을 길들이도록 허락한 것입니다. 삶이 지루하거나, 무관심해지거나, 아니면 에너지가 부족하거나 또는 무력함을 느낄 때마다 당신이 자신의 꿈과 다시 연결되는 것은 당신 혼자에게만 달린 일입니다.

높은 목적의식이 없을 때, 인간은 풍요로움을 방해하는 에너지장을 만들면서 원을 맴돕니다. 심지어 더 나쁜 경우에는 9번째 그림자의 '무력함'이 희생자 모드의 마음을 먹고 살며, 그것은 계속 비난하거나 걱정하는 패턴을 반복합니다. 그러나 모든 인간은 기슴속으로는 타고난 반역자입니다. 우리는 거친 야생의 피조물입니다. 우리는 우리의 꿈이 길들어지거나, 클립으로 고정되라고 이 세상에 온 것이 아닙니다. 우리는 마술을 일으키기 위해 이곳에 있습니다. 그리고 우리의 모든 깨어 있는 순간들이 단 하나의 비전이나 이상을 향해 초점이 맞춰지지 않는 한 마술은 일어날 수 없습니다. 9번째 그림자는 즉각적인 결과와 상황의 개선이 나오지 않을 때 당신으로부터 모든 희망과 열정을 빨아내 버립니다. 그것은 당신이 초점을 잡지 못하게 하고 성취하지 못하게 하며 당신의 집중과 인내를 방해합니다. 이 9번째 그림자의 현대적인 표현 중의 하나는 '사소한 것에 대한 중독'입니다.—우리의 삶에 불필요하거나 관련이 없는 세세한 것에 중독되는 것을 말합니다. 그것이 아름답거나 실용적인 경우가 아니면, 그것은 아무 문제없이 사소한 것으로 분류될 수 있습니다.
9번째 그림자는 당신에게 정말로 중요한 것, 즉 아름다움으로부터 당신의 에너지를 뽑아내 버립니다.

이 9번째 그림자와 그 프로그래밍 파트너 16번째 그림자 '무관심Indifference'의 에너지장은 많은 인간이 갇혀 있는 매우 강렬한 구름입니다. 이 두 개의 유전자 키 모두가 당신의 몸에서 빠져나가는 거대한 배수관입니다. 열정이 부족하면 에너지 부족으로 이어지고 그 반대도 마찬가지입니다. 당신이 하고 있는 모든 일이 실제로는 원 안을 맴돌면서 아직도 본질적으로는 관련이 없는 세세한 일에 초점을 맞추고 있을 때에도 당신은 변화를 위한 조치를 취하고 있다고 믿을 수도 있습니다. 무기력의 장에서 벗어나는 유일한 길은 의지의 거대한 행동으로 그것에 구멍을 내는 것입니다. 피해자 주파수에서 벗어나는 이 첫 번째 발걸음이 당신의 경로를 재설정하여 주변을 맴도는 것이 아니라 앞으로 나아가게 합니다. 이 9번째 그림자는 몸 안의 에너지 시스템에 깊은 영향을 미치며 더 높은 전압과 우주의 높은 주파수 에너지를 차단합니다. 그것은 또한 당신 내면에 있는 방향 안내 시스템, 즉 당신의 가슴에 부정적인 영향을 끼칩니다. 당신이 행하는 모든 행동의 뒤에 당신의 가슴이 있지 않다면, 당신은 삶에서 부적절한 코스를 택한 것이고, 그뿐만 아니라 계속해서 당신의 건강을 해치게 됩니다.

요약하자면, 당신의 생명력이 낮은 것 같거나, 아니면 에너지가 부족하여 당신의 삶에 열중하는 것이 어려운 것 같다면, 그 해답은 어쩌면 9번째 그림자에 있을지도 모릅니다. 당신은 바로 당신 앞에 있는 것에 온 주의를 기울이는 것이 아니라 미래에 너무도 집중하고 있거나, 아니면 일상적인 행동과 활동의 밑바닥에서 움직이고 있는 전반적인 목적에 대한 감각이 없는 것입니다. 내면에 초점을 맞추는 감각이 없다면, 에너지의 많은 부분이 불평하는 일에—그것이 말로 하는 것이든 아니면 마음속으로 하는 것이든 상관없이—들어갑니다. 이 모든 에너지는 더 높은 목적, 즉 당신이 평범한 세상과 그 모든 세세한 일을 뛰어 넘도록 도와줄 수 있는 무엇인가를 찾아야 합니다. 대부분의 사람들은 자신의 몸 안에 얼마나 많은 에너지가 들어 있는지 알지 못합니다. 만일 당신이 온 마음을 쏟는다면 성취하지 못할 일은 정말로 아무것도 없습니다.

억압적 본성 – 망설이는Reluctant

이 9번째 그림자의 억압된 측면에는 내면의 망설임이 있습니다. 그것은 우리가 그것을 이해하고 심지어는 그것으로부터 빠져나가는 길을 보고 있음에도 불구하고 우리의 상황에 대해 할 수 있는 일이 아무것도 없는 것처럼 보입니다. 자신의 패턴에서 벗어나는 것을 꺼리는 것은 의식적인 선택이 아니라 모든 생명력이 동결된 내적인 역동성입니다. 이 망설임은 본질적으로 우리에게 도움이 되지 않는 익숙하고 반복적인 패턴을 따름으로써 초래된 것으로, 의지가 마비된 상태입니다. 우리 내면의 망설임으로부터 벗어난다는 것은 안전지대를 떠나 우리의 두려움에 직접 들어간다는 것입니다. 이 사람들이 자신의 패턴을 깨뜨릴 수 없다는 것이 구경꾼들에게는 실망스러운 일일 수 있지만, 그런 뿌리 깊은 두려움에 사로잡힌 사람들에게도 실망스러운 일일 뿐입니다. 궁극적으로 그것을 깨고 나오든 아니면 지속적이고 불행한 쇠퇴의 길로 추락하든 그것은 결국 인간의 의지력에 달려 있습니다.

반응적 본성 – 산만한Diverted

9번째 그림자의 반응적 본성은 완전히 다른 종류의 무력감을 포함합니다. 이런 사람들은 그들 안에 있는 그 어떤 것도 조용히 앉아 있을 수 없다는 듯이 가만히 있지를 못합니다. 그들의 전술은 산만함이며, 몸에서 에너지와 분노를 끌어낼 수 있는 자극을 무의식적으로 찾아다닙니다. 당연히 그런 사람들은 도피주의자의 패턴을 무한정 유지할 수 없으며 건강과 때로는 재정에 엄청난 피해를 입힙니다. 이 사람들은 삶에서 고정된 패턴을 전혀 찾지 못합니다. 그들이 그렇게 하려고 한다면, 모든 분노가 폭발할 것입니다. 이로 인해 기간이 어느 정도가 되었든 진중한 약속을 지키는 것이 불가능하게 됩니다. 그들의 삶은 엄격한 의미에서 무기력한 것이 아니지만 성취의 측면에서는 무기력합니다. 왜냐하면 그들은 결코 이완하거나 휴식을 취할 수 없기 때문입니다.

9번째 선물
결단Determination

모든 의도적인 행위는 마술적인 행위다.

9번째 선물은 결단을 부채질합니다. 결단의 선물은 아주 작은 행위의 바위 위에 세워집니다. 진위 여부로 논쟁의 여지가 있는 영국 마술사 알리스터 크롤리Aleister Crowley는 한때 이 선물과 관련이 깊은 진리를 이렇게 말했습니다.

"모든 의도적인 행위는 마술적인 행위이다."

심지어 가장 작은 행동조차도 우주로 뻗어 나가는 효과가 있습니다. 억울함 또는 두려움에서 나온 행동은 세상과 개인 모두에게서 그림자 주파수를 강화시킵니다. 무관심한 행동은 무관심을 강화하는 반면, 기쁨이나 봉사로 행해진 행위는 더 많은 기쁨을 낳습니다. 우리가 이 9번째 유전자 키의 매트릭스를 살펴볼 때마다 그것은 계속해서 같은 진리를 가리키고 있습니다.―내면에서 어떤 이상이 불타지 않는 사람은 근본적으로 군중을 추종하는 사람으로 남을 운명이라는 것입니다. 그러나 이것이 꿈을 꾸는 선물이 아니라 하나의 강력한 목표를 향해 지속적인 활동과 작업의 선물이라는 것을 구분하는 것이 중요합니다.

9번째 선물의 힘은 반복의 힘입니다. 이 선물은 홈을 만듭니다. 그리고 일단 그 홈이 파지면 당신 삶의 모든 에너지가 같은 패턴을 따라가는 경향이 있습니다. 이것은 결단의 선물이 왜 그렇게 강력한지를 설명하며, 낮은 주파수에서 9번째 그림자의 무력함을 벗어나는 것이 왜 그렇게 어려운지를 설명합니다. 낮은 주파수를 깨고 나와 당신의 비전이나 이상을 깊은 내면의 감각과 분별력으로 연결시키면, 당신은 진정으로 천 개의 단계가 있는 여정을 시작한 것입니다. 당신이 그 순간부터 취하는 모든 각각의 단계, 즉 그 모든 행위는 그것이 아무리 하찮게 보일지라도 바로 그 핵심 비전의 방향으로 이끌어 줍니다. 당신이 가슴이 가는 방향으로 계속 나아갈 때, 당신은 갈수록 더 쉽게 따라갈 수 있는 강력한 홈을 만들어내기 시작합니다. 그리고 그것을 세상 사람들은 결단으로 아는 것입니다. 이것은 결국 당신의 삶의 전체 모습을 변화시킵니다. 결국에는 당신이 삶의 목적을 따르는 데서 오는 내면의 힘을 느끼기 시작할 것이기 때문입니다.

결단의 선물에서 이상한 점은 당신이 결단을 하면 할수록 의지력과 에너지를 더 적게 쓰게 된다는 점입니다. 이것은 결단을 큰 전투 또는 투쟁으로 여기는 일반적인 견해와는 상반됩니다. 결단의 비밀은 탄력(가속도)입니다. 진심으로 행해진 모든 작은 행동들은 결국에는 멈출 수 없는 탄력을 만들기 시작합니다. 우주 전체의 힘은 그런 사람의 뒤에 모이기 시작합니다. 그림자 주파수에서 떨어져 나오는 처음 몇 단계는 의지와 용기의 엄청난 힘을 요하기 때문에 큰 힘을 쓰는 것은 오직 처음 시작에서만 필요합니다. 따라서 9번째 선물은 선물 주파수의 위대한 비밀 중 하나를 드러냅니다.―당신이 가슴의 길을 밟으면 밟을수록 그 길은 점점 더 쉬워진다는 것입니다. 당신은 삶에 길들여지는 대신에 가장 작고 가장 하찮은 행동들을 길들임으로써 당신 자신의 방향과 운명을 만들어내는 것입니다.

9번째 선물은 자기력磁氣力과 중요한 연결 고리를 가지고 있습니다. 모든 삶은 자기적磁氣的이며, 이 선물은 자기력을 사용하여 자신을 진정한 북쪽, 즉 우주 전체가 추구하는 내면의 방향과 리듬에 맞춥니다. 이것이 우리가 말하고 있는 홈입니다. 보편적인 에너지 그리드의 힘줄을 가로지르거나 어긋나는 방향으로 움직이는 것이 아니라 밑으로 끌어 내리는 것입니다. 이 의미에서의 결단은 또 다른 의미를 드러냅니다. 삶에서 당신의 진정한 행로는 이미 정해져 있기 때문에, 당신이

해야 할 일은 단지 그것을 찾아내고 그것을 따라야 한다는 것입니다. 그림자 주파수에서 언급했듯이 이 9번째 선물의 가장 마법적인 면 중의 하나는 그것이 당신의 마음에 끼치는 영향입니다. 일단 홈에 자신의 중심을 잡고 당신의 행로가 점점 더 확실하게 느껴지면, 당신의 마음은 결국 당신을 해치지 않게 됩니다. 당신 몸 안에서 흐르는 자연스러운 흐름이 보편적인 조화를 이루기 시작합니다. 그리고 그렇게 되면 뇌파가 느려지고 당신은 더 높은 의식의 장으로 들어갑니다. 당신의 영적인 주파수가 올라가면 갈수록 당신의 뇌파 주파수는 떨어진다는 것, 이것이 유전자 키의 역설 중의 하나입니다.

이런 급격한 정신적 기능의 변화는 당신의 삶의 행로를 능률적으로 만드는 데에 도움을 줍니다. 마음이 의식의 깊은 단계에서 작동함으로써, 당신은 자신의 정신적 구조, 즉 자신의 의견, 두려움, 믿음, 심지어는 희망까지도 결국에는 버리게 됩니다. 당신의 마음은 더 넓고 집단적인 의식 속으로 가라앉게 됩니다. 마음은 갈수록 당신을 덜 해칠 뿐만 아니라 당신의 방향이 논리적으로 타당하다는 것을 확인해 줍니다. 높은 선물 주파수에서 시디 의식으로 도약하기 시작할 준비가 되기 시작할 때. 당신은 아주 작은 것들을 통과할 수 있는 막대한 힘을 알게 됩니다. 현실에 대한 당신의 비전이 확대되어 우주를 담게 됨에 따라, 당신은 자신이 실제로 얼마나 작은지를 깨닫게 됩니다. 동시에 당신은 자신이 진정으로 결단을 내려 자신의 가슴을 경청할 때 전체에 대한 자신의 공헌이 얼마나 큰지를 알게 됩니다.

9번째 시디

무적Invincibility

내부 공간 – 최종적인 전방

우리를 둘러싼 세계는 작은 것을 길들이는 데에서 오는 권력의 사례로 가득 차 있습니다. 인류가 원자의 힘, 즉 물질의 기본적인 자성 단위를 지배했을 때, 우리는 그것의 엄청난 에너지를 잠금에서 풀어내고 거대한 보편적 법칙을 입증했습니다.—어떤 것이 작아지면 작아질수록 그 안에 있는 보편적인 에너지는 더욱더 응축된다는 것입니다. 이 법칙은 우리가 9번째 선물을 통해 배운 대로 당신의 개인적인 삶에 적용될 수 있습니다. 이 9번째 유전자 키 안에는 우리를 기다리는 놀라운 사실이 하나 있습니다. 그것은 '무적Invincibility'의 시디라는 궁극적인 표현 안에서 발견됩니다. 9번째 시디는 무한히 작은 것, 즉 극소량의 힘에 관한 것입니다. 극히 작은 것은 또한 역설적입니다.—줄 하나를 계속해서 반으로 나누면 이론적으로는 영원히 계속할 수 있습니다. 따라서 극히 작은 것은 끝이 없게 되며 내부 공간은 외부 공간으로 이어집니다.

의식의 최고 수준에서는 수준 자체가 사라집니다. 외부 공간은 내부 공간이 되고, 시간은 무한해지면서도 절대적으로 존재하며, 모든 경계는 의식 그 자체에 흡수됩니다. 무언가가 모든 경계를 잃는 순간, 그것은 상반되는 두 가지가 됩니다.—무방비 상태이자 동시에 무적이 됩니다. 그러므로 무적은 당신의 개인적 인식을 다시 우주 의식으로 합치는 것으로 정의될 수 있습니다. 무적이 되기 위해서는 모든 가능한 적들에게 항복해야 합니다. 자신의 실재 전체를 녹여 그들 속으로 사라지게 함으로써 말입니다. 이것이 이 두 이름의 시디, 즉 9번째 작은 것을 길들이는 힘과 26번째 큰 것을 길들이는 힘이 아주 밀접하게 연결되어 있는 이유입니다. 9번째 시디는 '무적'을 나타내고 26번째 시디는 '불가시성(눈에 보이지 않음)'을 나타냅니다. 무적이기 위해서는 또한 보이지 않아야 하며, 반대의 경우도 마찬가지입니다. 무적은 우주의 의지에 녹아 사라지는 것을 의미합니다. 그리고 이 시디가 다양한 문화권에서 신성화된 시디입니다. 예를 들어 기독교에서는 대천사 미카엘이 무적의 원형을 가지고 있습니다.

우주에서 진정으로 무적인 유일한 힘은 사랑입니다. 사랑은 오직 주는 것만을 알고 있습니다. 따라서 그것은 진공상태로 비워지고 결과적으로 점점 더 많은 사랑으로 계속 넘치게 됩니다. 그런 힘에 대항하여 싸우는 것은 불가능합니다. 왜냐하면 그 힘은 다른 모든 에너지를 그 근원으로 돌려보냄으로써 기능하지 못하게 만들기 때문입니다. 인간이 이 시디를 얻을 때, 그들의 삶은 무너뜨릴 수 없는 사랑의 힘의 힘을 표현하게 됩니다. 이 사람들은 우주 전체가 인체 내에서 소우주 형태로 존재한다는 것을 발견했으며, 이 진리를 가르치는 교사가 될 수도 있습니다. 이런 점에서 그들은 거시 경제학이 소우주에서 발견될 수 있는 기술의 거장이 될 수 있습니다. 그런 사람들은 지상에서 성취해야 하는 매우 특별한 임무를 가진 신성한 빛의 강렬한 주파수의 초점이 됩니다. 작은 것을 길들이는 힘은 삶의 매우 특정한 측면을 정확하게 집어내어 그 부위에 엄청남 힘을 가져다주는 레이저와 같습니다. 보통 사람들은 그런 사람의 오라를 거의 견디지 못할 수도 있습니다. 왜냐하면 오라가 당신이 가장 두려워하는 그림자 측면을 집중 조명하기 때문입니다. 만일 당신이 그런 사람들과 카르마로 맺어지는 축복을 받은 사람이라면 당신이 살아 있는 동안 완전한 실현을 달성할 가능성이 매우 큽니다.

우리가 진화하는 동안 우리의 DNA 안에 있는 더 높은 프로그래밍 매트릭스가 특정한 시간에 우리 안에 있는 특정한 힘을 깨우기 위해 어떻게 코드화되는지를 보는 것은 매우 흥미로운 일입니다. 9번째 시디는 트레오닌threonine으로 알려진 아미노산에 의해 유전 구조 간에 서로 연결되어 있는 시디 계열에 속합니다. 트레오닌은 5번째, 9번째, 11번째, 26번째 시디를 모아서 인류의 고차원적인 본성에서 시간과 빛이라는 두 개의 강력한 보편적 주제를 집단적으로 잠금 해제합니다. 빛의 고리The Ring of Light로 알려진 이 4가지 테마 '무적', '영원함', '빛', '비가시성'은 유전자 풀 전체에서 작동하도록 설계된 일종의 교차 메시지를 형성합니다. 인류가 오라로 전달되는 빛의 파장을 통해 가장 높은 유전적 주파수로 매우 빨리 깨어날 때가 올 것입니다. 그러므로 시간을 정신적으로 경험하는 것의 종말은 인간의 오라가 서로 상호작용함으로써 촉발될 것입니다. 이런 관점에서, 인류는 자신의 집단적 본질을 실현할 때만 무적이 될 것이며, 그 시점에서 개인은 내재하는 그룹 의식에 완전히 구멍이 뚫려 있다는 의미에서 비가시적이 됩니다.

시디가 오늘날 우리에게 가르쳐주는 것은 우리가 행하는 모든 행동이 진화 전체에 매우 중요하다는 것입니다. 당신의 삶이 우주적인 초점에 맞추게 되면 삶 자체가 당신 안에서 강렬해질 것이며, 자연스럽게 환경은 물론 다른 사람들과 훨씬 더 협력적인 패턴으로 당신을 이끌 것입니다. 모든 의도적인 행동은 창조의 힘 또는 쇠퇴의 힘을 움직이도록 설정된 마법적인 행동입니다. 당신이 여행의 시작 지점에 설 때마다, 전체 여행과 홈을 만들기 시작하는 다음 몇 단계의 음색을 설정하는 것이 첫 번째 단계입니다. 비교적 적은 단계를 거친 후라고 해도 방향을 바꾸는 것은 매우 어렵게 됩니다. 왜냐하면 그것은 당신 자신을 비틀어서 기존 홈에서 빼내 와 새로운 것을 만드는 일이기 때문입니다. 따라서 새로운 주기, 새로운 관계, 새집, 또는 새해에 자연스럽게 시작하는 단계에 이를 때마다 당신은 언제든지 이 진리를 기억해야 할 것입니다. 처음 몇 단계는 앞으로 있을 진화에 매우 중요하다는 것 말입니다. 당신은 꿈의 에너지를 잡아 깊은 내면에 붙들고 있어야 합니다. 왜냐하면 당신의 삶에서 마법과 드러냄의 힘을 집중시키는 렌즈로서 작용하는 것이 바로 그 꿈이기 때문입니다.

시디
존재
선물
자연스러움
그림자
자기 집착

편안함

프로그래밍 파트너 : 15번째 유전자 키
코돈 고리Codon Ring : 인간애의 고리
(10, 17, 21, 25, 38, 51)

생리 : 가슴(심장)
아미노산 : 아르기닌

10번째 그림자
자기 집착Self-Obsession

자아의 미로

인간 개성의 핵심 중의 하나로서 10번째 유전자 키와 그 주파수대역은 모든 인간 문제 중 가장 깊은 것 중의 하나인 자기 사랑의 개념을 가리키고 있습니다. 인간 내면의 이 만져지지 않는 힘은 여기 있는 10번째 그림자에서 삶을 시작합니다. 이 그림자는 당신 자신의 밀접한 환경, 즉 당신의 몸에 계속 초점을 맞춥니다. 이것은 인간 게놈 내의 모든 측면과 원형의 가장 원시적인 것 중의 하나입니다. 그것은 그림자 주파수에서 모든 생명력을 강화하고 그 생명력을 안으로 밀어 넣습니다. 그것은 결국에는 64개의 그림자 중에서 가장 신비로운 것 중의 하나가 됩니다. 각성과 초월에 대한 개인적인 여행이 바로 여기에서 진정으로 시작됩니다. 그러나 이 유전적 구심력은 당신의 당면한 관심과 주의에서 다른 존재를 배제합니다. 초기 인류의 조상들에게서, 이 10번째 그림자는 다른 어떤 것보다도 개인의 생존을 보장했습니다. 왜냐하면 자신의 안전을 다른 어떤 것보다 더 우선시했기 때문입니다. 인류에게서 다른 사람이나 더 높은 대의를 위해 목숨을 버리는 것은 이 10번째 그림자를 초월한 것입니다. 왜냐하면 10번째 그림자의 최우선적인 목표는 자신을 먼저 내세우는 것이기 때문입니다.

현대 세계에서, 10번째 그림자는 비록 각성하고 있는 징조를 보이고는 있지만 아직도 집단적 차원에서 우리를 지배합니다. 10번째 그림자가 강조하는 것은 개개인이며, 그것은 축복인 동시에 저주가 될 수도 있습니다. 개별적인 차별화는 진화 자체의 초석입니다. 우리 인간이 우리 자신의 정체성과 독창성을 발견하지 못한다면 우리는 그것을 초월할 수 없고 우리 사회를 더 높은 수준으로 발전시킬 수 없습니다. 우리가 서로 다르다는 것을 인정하면 할수록, 우리는 하나의 통일체로 움직인다는 것이 곧 축복입니다. 이것은 인간의 모든 역설 중에서 가장 아름다운 것 중의 하나입니다.―우리의 다양성, 바로 그것을 통해서만 우리는 통일성에 도달할 수 있습니다. 그러나 진화에 대항하는 힘이 있습니다. 이 힘은 내부에서 나와 우리의 진정한 독특함을 경험하지 못하게 합니다. 이 그림자의 프로그래밍 파트너는 15번째 그림자 '지루함Dullness'입니다. 이 15번째 그림자는 서로 달라지는 것에 대한 두려움을 감추기 때문에 집단적 차원에서 당신을 멈추게 합니다. 15번째 그림자는 우리를 군중을 쫓아가는 레밍lemming[12]으로 만들며, 따라서 우리의 독특함을 짓밟습니다.

15번째 그림자가 당신 자신의 독특함을 제외한 모든 것에 관심을 기울이는 것과 마찬가지로, 10번째 그림자는 그 반대의 역할을 합니다.―당신의 독특함에만 집착하게 하고 그것을 어떻게 발견하고 따를 것인지에 매달리게 합니다. 따라서 오늘 우리는 세상에서 두 가지 주요 유형, 즉 군중을 따르는 사람들과 무슨 수를 써서라도 군중을 벗어나려고 하는 사람들을 볼 수 있습니다. 10번째 그림자는 자신 밖에 있는 사람을 고려하지도 않고 고려할 수도 없습니다. 이 그림자를 통해 당신은 너무도 자신에게 집착하여 주변 사람들의 감정을 더 이상 보거나 듣지 않습니다. 이렇게 되면 당신이 다른 사람들과 관계를 맺을 수 있다고 느낄지라도 다른 사람들이 당신과 관계를 맺는 것은 매우 어렵게 됩니다. 비록 당신이 많은 관계를 맺고 있을지라도, 사실은 당신의 머릿속에 정말로 다른 사람들의 존재에 대해 충분한 공간이 없는 것입니다. 모든 사물과 사람이 당신 자신의 주관적 투사 영역을 통해 관측되며 이런 객관성의 상실은 단 하나의 결과로 끌고 갈 수 있습니다. 모든 관계에서 큰 혼란을 만드는 것입니다.

10번째 그림자의 렌즈를 통해서 다른 사람을 바라볼 때 보게 되는 모든 것은 변화시키고 싶은 사람들입니다. 따라서 당신은 다른 사람의 독특함을 받아들인다는 것이 극히 어렵다는 것을 발견합니다. 심리학과 정신의학에서 이런 자기 집착은 나르시시즘narcissism으로 알려져 있으며 건강한 정신의 필수적인 구성요소로 간주됩니다. 그러나 그림자 주파수에서 나르시시즘과 같은 자기애는 그것이 유래된 전설처럼 사람을 자신의 생각에 끊임없이 갇혀 있게 합니다. 아이러니하게도, 낮은 자아를 주제로 하는 전문가가 되면 될수록, 당신은 상위 자아로부터 더 멀어지는 여행을 하게

12 나그네쥐. 먹이를 찾아 집단으로 이동해 다니다가 많은 수가 한꺼번에 죽기도 한다. 그래서 사람들 사이에서는 이들이 집단으로 벼랑을 뛰어내려 자살을 한다는 믿음이 있다.

됩니다.

10번째 그림자 '자기 집착'은 두려움에 의해 유발되며 그것은 아주 특별한 무의식적인 두려움입니다.—그것은 자신의 정체성을 잃는 것에 대한 두려움입니다. 모든 인간의 두려움 중에서 가장 깊은 것 중의 하나인 이 두려움은 삶 속에서 일종의 영구적인 정의를 찾기 위해서 당신이 누구인지를 알아내려는 패턴으로 당신을 강하게 밀어 넣습니다. 당신의 진정한 정체성을 찾으려는 이 탐구는 가장 위대한 탐구입니다. 델포이의 신탁 문 위에 있는 돌로 새겨진 유명한 격언, "너 자신을 알라"에서 전형적으로 보여주듯이 이것은 자신을 알아가는 지식의 영원한 여행입니다. 그러나 그림자 수준의 낮은 주파수에서는, 자신을 알아가는 이 지식에 대한 탐구가 하나의 집착이 되어 실제로 당신이 누구이고 당신이 무엇인지를 정의할 수 없게 합니다. 두려움을 피하고 싶은 갈망 속에서 당신은 드라마와 모험으로 가득 찬 끝없는 여행을 하지만 궁극적으로는 당신 자신을 마주볼 필요가 전혀 없는 여행을 합니다. 이것이 바로 10번째 그림자의 술책입니다.—당신 자신이 비추어진 상의 그림자를 쫓도록 당신에게 속임수를 씁니다. 그리고 진정한 본성을 향한 당신의 여행은 당신 자신을 가두는 그물이 되고 마는 것입니다.

현대 서구 세계에서는 자기 집착이 어디에나 있습니다. 사람들은 자신이 어떻게 느끼고, 어떻게 보이는지, 무엇을 입고, 무엇을 갖고, 어디에서 사는지에 집착하고 있습니다. 당신이 당신 자신을 보고 있는 한 당신은 당신 주위를 볼 수 없습니다. 바로 그것이 문제입니다. 자신의 강박관념을 알아차리게 될 때까지는 그것을 초월할 수 없습니다. 그것이 필요악인 이유가 바로 그것입니다. 내면을 향한 모든 여행은 이 자기 집착으로 시작되며 정말로 끝없는 미로가 될 수 있습니다. 자기 집착이 영적 탐구의 형식을 취할지라도, 그것은 함정이 될 수 있습니다. 사실 여러 면에서 오늘날 서구 세계의 많은 사람들을 사로잡고 있는 진리에 대한 영적 탐구는 모두에게 가장 큰 자기 집착입니다. 그 길 자체가 쉽게 자신이 되는 것을 방해하는 중독이 됩니다. 자신의 진정한 정체성을 더 많이 찾으면 찾을수록 그것은 더 덧없어지기만 합니다.

원형으로 맴도는 모든 길은 결국 돌파구에 도달합니다. 자기를 찾는 길을 걷는 사람들(주역의 10번째 헥사그램의 고대 중국 명칭은 '걸음Treading'입니다)은 일단 자기들이 찾고 있는 것이 발견될 수 있는 것이 아니라는 것을 깨닫게 되면 결국 쳇바퀴에서 탈출할 것입니다. 이것은 자발적인 계시로서 당신이 자아를 찾는 미로에서 정말로 길을 잃을 때만 일어날 수 있습니다. 그런 계시가 시작되는 데에는 얼마나 오랜 시간이 걸릴지 아무도 말할 수 없습니다. 왜냐하면 그것은 개인마다 다르며 흉내 낼 수 있는 것이 아니기 때문입니다. 10번째 그림자를 통해 오는 진정한 계시는 필연적으로 10번째 선물 '자연스러움Naturalness'을 통해 나타나는 창조적인 폭발로 이어집니다.

억압적 본성 – 자기 부정Self-Denying

그림자 '자기 집착'의 내재적 본성은 자신을 모두 부인하는 것입니다. 이런 종류의 자기 집착 에너지의 반전은 원심력에 의해 완전히 밖으로 향하게 되고 자기 자신을 제외한 모든 것에 초점을 맞춥니다. 이들은 다른 사람들을 위해서나 다른 사람들을 통해서 삶을 살고 있는 사람들입니다. 그러나 그런 순교는 긍정적으로 해석되지 않으며 진화에 도움이 될 수 없습니다. 이런 삶은 전적으로 타협으로만 이루어져 자신을 부정하는 사람들이 집단을 위한 좀비처럼 됩니다. 이런 식의 말이 충격적으로 들릴지 모르지만, 전 세계 인구의 대다수가 진정한 자기 사랑이 없고 진정한 중심이나 진정한 가슴이 없는 삶을 살고 있습니다. 이런 사람들이 거대한 세계적 종교들의 주요 목표물입니다. 그들의 자기 부정은 그들 자신 안에 있는 신성을 인식하지 못하게 하여 그들 외부에 그런 권위를 투사하는 것이 훨씬 쉽다는 것을 발견합니다.

반응적 본성 – 자아도취증Narcissistic

자기 집착의 힘이 반응적 본성을 통해 밖으로 표면화될 때, 그것은 다른 모든 것을 배제한다는 의미에서 진정한 자아도취증이 됩니다. 억압적 본성이 자신의 존재를 부인하는 것처럼 반응적 본성은 다른 사람의 존재를 부인합니다. 이들은 전적으로 자기들 주변의 삶만을 기반으로 하는 사람들입니다. 그들 안의 두려움은 분노로 존재하고 있습니다.–그들은 자신의 정체성을 잃을까 봐 그 두려움을 다른 사람들과 사회 전반에 투사합니다. 그런 사람들은 자신의 어느 부분도 다른 사람들에게 양보하지 못합니다. 그들은 세상이나 다른 사람들이 어떻게 해서든지 자기들의 자유에 대한 권리를 빼앗을 것이라는 편집증에 빠져 살고 있습니다. 반응적 본성은 사람들과의 관계가 무엇보다도 가장 힘들다는 것을 발견합니다. 왜냐하면 그들은 본질적으로 참된 자아가 아닌 다른 사람과의 사랑에 갇혀 있기 때문입니다. 참된 자아는 그 본성이 사랑이기 때문에 어디에나 있고 어느 것에도 있습니다. 그러나 그런 개념을 깨닫기 위해서는 안전에 대한 환상–개인의 정체성이라는 환상–을 주는 것을 버려야 합니다.

10번째 선물
자연스러움Naturalness

자신만의 신화를 삶

'자연스러움'의 선물은 모든 인간들 각자 안에서 기다리고 있는 선물입니다. 그것은 당신 존재의 중심이며 오직 이 센터를 통해서만 당신만의 독창성을 표현할 수 있습니다. 각 개인의 삶은 이 10번째 유전자 키의 주파수를 통한 여행입니다. 자연스럽게 된다는 것은 자신이 된다는 것을 의미합니다. 우리는 모두 우리 자신이 되려고 노력하지만, 우리 중 많은 사람들이 우리 자신이 아니라 다른 사람이 되도록 조건화되어 왔습니다. 우리가 복잡한 신피질을 발전시키기 시작한 이래로 우리 역사를 통틀어 이런 식이었습니다. 마음이 그 자신을 반영할 준비가 되자마자 근본적인 질문 '나는 누구인가?'가 태어났습니다. 이 질문이 나오기 이전에 인간들은 자연스러움의 상태로 살았습니다. 동물계의 일부보다는 더 나았지만 아직은 호모사피엔스(homo sapiense, 라틴어로 '지혜가 있는 사람'이라는 뜻)로 완전히 발전하지 못했다는 의미입니다. 그럼에도 불구하고 자연스러움이 정상인 동물의 왕국을 통해서 이 10번째 선물에 대해 얼마나 많이 배울 수 있는지는 여전히 흥미롭습니다.

인간의 여행은 물론 독특하며 동물들의 여행과는 분명히 다릅니다. 우리는 스스로를 바라볼 수 있는 마음을 가지고 있는 이 수수께끼를 풀어야 합니다. 근본적인 질문 '나는 누구인가?'는 자연스러움의 선물이 다시 한번 실현될 수 있기 전에 대답을 받아야 합니다. 이 10번째 선물에는 너무도 많은 역설이 있습니다. 그중 주된 하나는 당신이 어떤 사람이라고 생각하는 한 원래의 당신이 될 수는 없지만, 이 어떤 사람을 찾아 떠나서 그들이 존재하지 않는다는 것을 깨달아야 한다는 것입니다! '나는 누구인가?'라는 이 작고 간단한 질문에는 많은 긴장감이 내재되어 있습니다. 그리고 당신의 정체성 주변에 있는 이 긴장감을 놓아 버리는 것이 10번째 선물의 핵심입니다. 10번째 선물 '자연스러움'은 자기 집착이 스스로 고갈될 때만 시작될 수 있습니다. 당신 자신의 고유한 본성으로의 여정에서 오는 첫 번째 위대한 계시는 어떤 종류의 꼬리표로도 당신을 정의할 수 없다는 것입니다. 일단 당신이 당신의 이름도 아니고 당신의 행동, 감정, 생각 또는 신념도 아니라는 것을 이해하면, 인간의 본성이 당신이 생각했던 것보다 훨씬 더 크고 넓은 어떤 것임을 깨닫게 됩니다.

선물 주파수 수준에서, 당신이 누구인지를 정의하려는 모든 시도가 가라앉기 시작하면서 당신의 존재를 통해서 당신의 삶 속으로 엄청난 에너지가 방출됩니다. 이 에너지의 일반적인 징후는 장난스러움의 감각이 결합된 강렬한 창의력입니다. 당신은 정체성을 잃는 동시에 더 넓은 맥락에서 중심을 잡기 시작합니다. 자연스러움의 선물은 훈련되거나 복사될 수도 없고 체계화될 수도 없습니다. 그것은 오직 내면의 자유와 여유로움이 증가되는 느낌을 통해서만 나타날 수 있습니다. 당신의 삶에서 편안함과 안락함이 증가되는 이 느낌은 보편적인 것처럼 보이는 오래된 원형의 순서를 따르는 경향이 있습니다. 우리가 보았듯이, 융Jung이 개성화individuation라고 부른 이 과정은 '나는 누구인가?'라는 질문으로 시작됩니다. 이 질문은 또한 '내가 왜 여기에 있는가?' 또는 '왜 나는 이것을 하고 있는가?'와 같은 다른 모습으로 나타날 수도 있는데 당신의 삶의 목적과 의미에 대해 내면에서 질문하는 과정을 시작합니다.

자연스러워지는 두 번째 단계는 어떤 의미에서는 이전의 책임으로부터 당신 자신을 고립시키고 당신 자신의 본성을 더 이해할 수 있는 깊은 내면의 질문과 탐구입니다. 대부분의 사람들에게 이 단계는 오랜 시간 동안 지속되며, 대부분의 사람들이 자기가 누구인가에 대한 끊임없는 탐구에 빠지면서 자기 집착의 낮은 주파수에 묶이게 되는 단계이기도 합니다. 그러나 어떤 지점에 이르면 분명하게 정의될 수 없는 것을 발견하려고 노력하는 것이 헛되다는 것을 깨달으면서 이 단계는 자연스럽게 붕괴되고 결과적으로 모든 탐색을 중단하게 됩니다. 이 깨달음은 당신의 삶에서 엄청난 전환점이 되고 자기 집착으로부터 놓여나는 것으로 나타납니다. 또한 그것은 매우 어려운 시간이 될 수 있습니다. 왜냐하면 당신이 그것으로 자신의 정체성을 규정할 수 있었고 그것으로부터 안전을 도출했던 모든 생각과 기술을 놓아 버리기 때문입니다. 다행스럽게도 이 세 번째 단계는 신속하게 당신의 존재로 통합되며, 당신은 점점 깊이 편안해지는 새로운 차원으로 들어서게 됩니다. 이 네 번째 단계는 처음으로 당신 내부에 있는 것을 진정으로 표면화하기 때문에 일종의 재탄생과 같은 것입니다. 그것은 깊은 즐거움과 목적의 시간입니다. 그리고 당신이 다시 한번 진정으로 자연스럽게 느껴지기 시작하는 것은 이 편안한 감각을 발견할 때뿐입니다.

자신이 되는 과정의 5번째이자 마지막 단계는 개별화되고 차별화된 자아가 꽃 피우는 것으로 나타납니다. 이것은 당신 자신의 신화가 절정에 올랐을 때, 그리고 항상 당신 속에 잠재되어 있는 높은 원칙에 기초하여 완전히 새로운 것을 세계에 가져올 때입니다. 내적 존재의 마지막 개화는 현재의 규범에 대한 도전으로 나타납니다. 당신의 진정한 본질은 항상 진화의 최첨단에서 발견되기 때문입니다. 그 아이디어는 그것이 무엇이든 간에 세상에 표현됨으로써 개인 안에 있는 진정한 아름다움을 나타냅니다.

이 작업 전반에 걸쳐 우리 DNA 안에 숨겨진 화학 경로에 대해 참고할 내용이 있습니다. 이런 유전자 네트워크는 21개의 코돈 고리Codon Rings로 알려져 있으며 많은 신비를 품고 있습니다. 10번째 유전자 키는 10번째, 17번째, 21번째, 25번째, 38번째 및 51번째 유전자 키를 포함하는 '인간애의 고리The Ring of Humanity'라는 화학 계열에 속합니다. 가장 복잡한 코돈 그룹 중 하나인 이 화학 계열은 모든 문화권의 위대한 신화적 줄거리를 가지고 있습니다. 이 6개의 유전자 키는 인간을 의미하는 모든 신화적인 요소들을 요약합니다. 처음 발단부터 상처받아(25), 당신의 그림자와 전투를 벌여야 하고(38), 정신의 한계를 극복하고(17), 삶을 통제하려는 당신의 욕구를 포기하고(21) 깨어나기 전에(51) 당신이 진정한 자아를 발견해야(10) 합니다. 당신은 이처럼 심오한 분류를 통해 우리 인간들이 기본적으로 똑같은 드라마에 의해 얼마나 깊이 속박되어 있는지를 알 수 있습니다. 여기에 발견되어야 하는 커다란 아름다움이 있으며, 그것을 발견하면 자연스러움이 모든 것 중에서 가장 간단한 것임을 마침내 깨닫게 될 것입니다. 삶과 다투기를 멈추기로 결정한 순간 그것은 그저 당신 안에 있을 뿐입니다!

10번째 시디
존재Being

성스런 게으름

차별화된 자아가 10번째 선물을 통해 세상에서 가장 높은 것을 드러낼 때 마지막으로 놀라운 일이 기다리고 있습니다. 자기 이해라는 개념 전체를 종식시키는, 당신 자신이 되어 가는 과정에는 6단계가 있습니다. 어떤 면에서는 그것은 '나는 누구인가?'라는 운명적인 질문을 묻기 전의 단계로 돌아가는 것입니다. 이 6번째 단계는 10번째 시디 '존재Being'입니다. 10번째 시디가 인간 안에서 시작될 때, 그 사람에게는 진화 자체조차도 끝이 난 것입니다. 10번째 시디에서, 분리된 자아는 자발적으로 세 번째 단계의 더 높은 거울 속에서 녹아 사라지며 자기 이해를 위한 탐색은 끝이 납니다. 그러나 이 시디 수준에서 자아, 비자아, 마음, 형태, 목적, 의미 등의 이 모든 것들이 녹아 사라집니다. 10번째 시디가 가지고 있는 것을 암시하는 유일한 단어는 '존재'라는 단어입니다. 신비전통에서는 이것이 때로는 "나는 존재한다.I AM"의식으로 알려져 있습니다. 그러나 '나'라는 단어의 사용은 오해의 소지가 있을 수 있습니다. 10번째 시디에는 '나'라는 감각이 없습니다.—오직 존재로 표현되는 순수한 의식만이 있을 뿐입니다.

10번째 시디는 포용 받지 못한 모든 사람들이 깊이 오해하게 되어 있습니다. 프로그래밍 파트너인 15번째 시디 '개화開花, Florescence'와 함께, 그것은 모든 시대에서 위대한 형이상학적 모순 중의 하나에 영감을 불어 넣습니다. 이 역설은 불교 특유의 현상을 통해서 잘 표현됩니다.—아라한阿羅漢과 보살菩薩이라는 깨달음이나 자기 실현의 가장 높은 상태가 표면화된 두 가지 현상을 말합니다. 무거운 불교 교리에 짓눌리지 않고서도 인간의 완성에 대한 이 두 가지 표현은 각각 '존재being'와 '되어 감becoming'을 나타내는 것으로 이해될 수 있습니다. 아라한은 순수한 존재를 나타내는 10번째 시디에 속하며 진화가 더 이상 존재하지 않거나 더 이상 문제가 되지 않는 상태입니다. 아라한의 경우, 일단 그 또는 그녀가 깨닫게 되면 우주 전체 또한 깨닫게 됩니다. 따라서 더 이상 해야 할 것은 없습니다. 보살의 경우에는 15번째 시디에 속하며 삶에 끝이 없고 끊임없이 개화가 진화하는 상태입니다. 따라서 보살은 다른 사람들을 해탈로 안내하는 형태로 진화가 스스로 완성되는 것을 돕기 위해 고의적으로 자신들의 깨달음을 유보시키는 맹세를 합니다.

인간의 완전성에 대한 이 두 가지 표현—아라한과 보살—은 신비집단 안에서 수많은 혼란을 야기했습니다. 존재의 길은 인도에서 가장 오래된 영적 흐름 중 하나인 아드바이타 베단타(Advaita Vedanta, 불이일원론, 절대자와 자아가 둘이 아니라 동일한 하나라는 범아일여 사상)의 전통으로 강력하게 대표됩니다. 10번째 시디를 통해 엄청난 가벼움과 삶 자체에 관한 위대한 유머가 탄생했습니다. 10번째 시디를 통해 삶을 체험한다는 것은 평범한 인간이 중요하다고 생각하는 모든 것이 놀이나 환상으로 축소되는 것을 보는 것입니다. 아라한에게 삶은 무의미하며, 시간은 하나의 환상이고 따라서 진화 자체는 하나의 놀이입니다. 이 관점은 일반적으로 깨닫지 못한 사람에게 이기적으로 보이고 진화에 계속 동일시하는 자기들에게 위협으로 여겨졌기 때문에 사람들은 대부분 아라한들을 회피하게 되었습니다. 따라서 깨달음에도 정치학이 넘쳐납니다! 이런 상태의 밖에 있는 사람들에게는 그들이 서로 완전히 반대되는 것처럼 보입니다. 그러나 그들을 드러내는 존재들에게는 양 극성이 함께 경험됩니다. 그들 사이의 유일한 차이는 자신의 경험이나 계시를 묘사하기 위해 사용하는 언어뿐입니다. 아라한은 세상에서 해야 할 일로 남겨진 것이 아무것도 없습니다. 반면에 보살은 다른 사람들을 돕는 데 깊이 초점을 맞춘 사명을 가지고 있습니다.

10번째 시디는 인간의 형태를 통해 오는 진정으로 아름다운 의식을 표현한 것입니다. 이들은 각성으로 모든 존재를 품어 안는 사람들입니다. 10번째 유전자 키를 통해 오는 자신에 대한 강렬한 집중은 결국 형태와 동일시하는 것을 깨고 모든 것을 진아Self로 경험하며, 사랑을 진아의 다양한 측면이 떠다니는 유체로 경험합니다. 당신은 이 10번째 시디의 메시지가 특히 우리 인간이 점점 더 우리 자신의 진화에 참여하도록 부름 받고 있는 오늘날의 세상에서 얼마나 쉽게 오해되고 있는지 알 수 있습니다. 10번째 시디는 그것이 단지 하나의 놀이, 게임, 릴라(leela, 놀이) 또는 연극일 뿐이며 그 안에서 우리의 가장 높은 야망도 궁극적으로는 무의미하다는 것을 상기시켜 줍니다. 만일 모든 사람들이 이런 견해를 견지한다면 진화 자체는 가는 길을 멈출 것이 명백합니다. 왜냐하면 이 관점은 진화의 종말을 나타내기 때문입니다. 10번째 시디는 진화 놀이의 아름다움을 보지만 그것의 기반을 깎아내는 것 외에 다른 대안은 없습니다. 존재는 모든 것의 기반을 깎아냅니다.—현재 이 순간의 경이로움 외에는 어느 것에도 동일시하는 것을 허용하지 않습니다.

10번째 시디의 신비에 들어간 사람에게는 존재와 되어감의 두 극이 하나입니다. 존재의 진정한 본성에 안주하고 그와 동시에 형태의 넘치는 흐름이 진화를 통해 점점 더 복잡해지는 것을 목격하는 것이 그들의 계시입니다. 각 사람의 겉으로 드러난 운명은 유전적으로 유전자 내부에 연결된 첫 번째 유전자 키에 의해 관장됩니다. 따라서 특정한 깨달은 존재의 언어와 스타일을 결정하는 것이 첫 번째 시디입니다. 10번째 시디가 상당히 오랫동안 형이상학자들에 의해 너무나 불리하게 심판받아 왔다는 것은 조금은 슬픈 일이기도 하지만 어쩌면 이해될 수도 있는 것입니다. 그 힘은 사람들이 멍청히 앉아서 존재의 신성한 게으름 속에 자신들의 삶을 꿈처럼 날려 보내는 것을 원치 않습니다. 아라한들의 조용한 날들은 다른 것으로 대체되었습니다. 이것에 호의를 보이는 현대의 견해는 진화론자의 견해입니다. 오늘날 우리는 진화론에 사로잡혀 있습니다. 진화가 우리를 어디로 데려가는지, 그리고 우리가 하나의 종으로서의 우리 자신의 방향을 통제할 수 있는지에 사로잡혀 있는 것입니다. 오늘 시간을 통해 움직이는 것처럼 잠재적인 위기의 시기에 존재는 아무것도 하지 않는 것으로 보입니다. 앞으로 우리가 몇 세기 동안 생존하여야 한다면, 우리가 반드시 해야 할 일이 있습니다.

10번째 시디에 속한 사람에게는 해야 할 일이 아무것도 없었습니다. 왜냐하면 그것을 할 사람이 없기 때문입니다. 그러니 왜 우리가 우리 미래에 대해 소란을 떨어야 합니까? 존재는 형태를 쓴 의식의 본질이며, 어떤 의제나 방향이 없습니다. 존재는 그저 존재할 뿐입니다. 그 간단한 말에 모든 이해력을 초월한 힘이 있으며 10번째 시디를 인간 게놈 안에서 잠자고 있는 거인으로 규정합니다. 자신이 되는 것보다 더 큰 힘은 없습니다. 우리는 세계와 개인들의 삶의 모든 드라마 뒤에 있는 존재의 본성을 기억해내야만 합니다. 존재의 최고 상태에서 매여 있지 않은 채로 휴식을 취하는 것, 동시에 진화의 모험에 참여하는 것, 이것이 미래의 인간이 통달해야 할 가장 큰 임무일 것입니다.

11th GENE KEY

시디
빛
선물
이상주의
그림자
막연함

에덴의 빛

프로그래밍 파트너 : 12번째 유전자 키
코돈 고리Codon Ring : 빛의 고리
(5, 9, 11, 26)

생리 : 천골신경총
아미노산 : 뇌하수체

11번째 그림자
막연함Obscurity

인간 에고의 파시스트 체제

11번째 유전자 키는 완전히 새로운 세계, 즉 빛의 세계로 당신을 열어 줄 것입니다. 참으로, 빛의 고리로 알려진 중요한 유전적, 화학적 그룹을 명명하는 것이 바로 이 유전자 키입니다. 이 유전자 키는 인간의 내적인 시각과 외적인 시각 모두에 대한 것입니다. 따라서 그것은 인간의 눈에 관련되어 있고 또한 이미지가 시각령(視覺領, 시신경으로부터 흥분을 받아들이는 대뇌 피질의 부분)을 거쳐 상상으로 두뇌에 전달되는 방식에 관련되어 있습니다. 우리는 빛에 대한 가능한 모든 연구 중에서 가장 매력적인 연구 중의 하나를 이 유전자 코돈을 통해 볼 수 있습니다. 아미노산 트레오닌은 11번째 유전자 키를 통해 DNA를 프로그램합니다. 또한 트레오닌은 5번째, 26번째, 9번째 유전자 키를 암호화합니다. 이 네 가지 유전자 키 각각은 인간이 빛과 연결될 때 매개체 역할을 하는 다른 코드와 관련이 있습니다. 가장 높은 의식 수준에서, 5번째 시디 '영원함Timelessness'은 시간이 어떻게 공간이라는 매체를 통해 빛과 연결됨으로써 종식될 수 있는지 그 방법을 보여줍니다. 이것이 바로 광속의 초월이 또한 시간과 공간의 초월이 되는 이유입니다. 26번째 시디 '불가시성Invisibility'은 자기력을 통해 인간의 지각을 조작하는 초자연적인 능력에 관한 것이며, 9번째 시디 '무적Invincibility'은 레이저 같이 빛이 한 곳에 집중시켜 당신의 물리적 실재를 해체시키고 그로 인해 결과적으로 당신을 전능하게 만듭니다.

이 4가지 유전자 키는 각각 그림자 주파수의 렌즈를 통해 볼 수 있으며, 이는 더 나아가서 인간의 고통이 빛을 매개로 하여 명료함의 힘을 사용할 수 있는지의 여부에 얼마나 깊이 연결되어 있는지를 보여 줍니다. 11번째 그림자와 선물의 경우에서 우리는 빛과 인간의 마음 사이의 접점을 보고 있습니다. 11번째 그림자는 빛과, 뇌가 그 빛을 처리하고 변환하고 전달하는 방식 사이에 간섭 주파수를 배치합니다. 다른 말로 하면, 모든 세상 경험은 11번째 그림자를 매개로 하여 옆으로 빗겨나게 됩니다. 따라서 그것은 환상과 망상과 모호함의 장을 나타냅니다.

이 행성에서 대다수의 인류가 아주 좁은 광파대역 속에서 살고 있습니다. 그것은 사람들이 현실을 명확하게 보지 않는다는 뜻입니다. 대부분의 사람들이 현실이라고 생각하는 것은 진정한 현실을 매우 희미하고 왜곡되게 보고 있는 하나의 관점일 뿐입니다. 11번째 그림자는 인간 두뇌의 오른쪽 반구의 매우 특정한 기능을 크게 제한합니다. 즉, 언어와 숫자를 통해 패턴과 사실을 보는 것이 아니라, 뇌의 깊이 움푹 들어간 곳으로부터 일어나는, 서로 연결되어 있고 직관적으로 간파되는 수많은 프랙털 이미지를 통해 현실을 간파하는 마음의 측면을 말합니다. 뇌의 오른쪽 반구는 오랫동안 두뇌의 여성적인 측면으로 여겨져 왔습니다. ― 그것은 마음의 수평적 사고이며 직관적이고 예술적인 측면입니다. 현실에 대한 인식이 당신 본성의 이 여성적인 면이 완전히 기능하지 않은 채 얼마나 심하게 제한되고 있는지를 볼 수 있다면, 당신은 엄청난 충격을 받을 것입니다.

11번째 그림자 '모호함Obscurity'은 당신을 근본적으로 가상현실 속에 집어넣습니다. ― 그것은 11번째 그림자와 프로그래밍 파트너인 12번째 그림자 '허영심Vanity'의 프로그래밍 결합을 통해 만들어진 것입니다. 이 현실은 매우 제한된 일련의 특정 매개 변수를 통해서만 삶을 볼 수 있는 완전한 모호함입니다. 그것이 작동하는 방법은 이렇습니다. : 두뇌의 여성적인 극을 나타내는 11번째 그림자가 인간 안에 두려움의 장을 만듭니다. 두뇌의 오른쪽에서 당신의 마음에 흘러넘치는 이미지는 통제될 수도 없고, 그것들은 의미 있는 것처럼 보이지도 않습니다. 대부분의 경우, 그들은 두뇌의 후미진 곳으로 밀려나며, 그곳에서 비밀스런 환상, 억눌린 꿈, 감정적 문제, 감춰진 의제로 나타납니다. 그러므로 뇌의 남성 지향적인 왼쪽 면(17번째 그림자에서 압축됨)은 당신의 현실을 제어하는 수단으로 논리를 사용하기 때문에 훨씬 더 지배적입니다. 우뇌가 혼돈스럽고, 비논리적이며, 이상주의적인 것처럼 보이는 반면에 좌뇌는 통제와 이성의 목소리입니다.

이야기의 다음 부분은 12번째 그림자를 통해 우리 게놈의 다른 면으로부터 프로그래밍하는 것입니다. 12번째 그림자는 빛보다는 소리로 프로그램합니다. 그것은 11번째 그림자의 추상 지향적인 현실을 내면의 언어로 번역합니다. ― 그것은 신경언어로 가공된 현실로서 당신은 그것을 세상에 투사합니다. 이 가상 세계의 중심에는 분리된 자아, 즉 빛과 소리를 매개로 하여 계속해서 당신을 조작하는 내부 미디어를 통해 작동하는 파시스트 내부 정권에 의해 유지되는 통제된 환영이 자리 잡고 있습니다. 다른 말로 하면, 11번째와 12번째 그림자는 그들이 원하는 것만을 당신이 보고 듣도록 허용합니다. 이것이 당신에게 익숙하게 들린다면, 그것은 바깥세상이 내면의 현실을 비추는 경향이 있기 때문입니다. '허영심'은 화면의 한가운데에 앉아 있는 거짓 주인공에게 주어진 이름이며, 이 행성의 거짓된 실체의 기초를 형성합니다. 다른 많은 체계와 전통은 이 내부 구조를 에고 ego라고 명명했습니다.

에고 또는 분리된 자아는 우리의 집단적인 유전적 조건화가 꾸며낸 것이며, 우리의 조건화가 따로 분리될 수 있는 것처럼, 에고도 점차 해체될 수 있습니다. 이것은 매우 섬세한 작업이며, 대부분의 신비 시스템과 특정 유형의 정신분석의 기초입니다. 인간에게 큰 두려움은 뇌의 억압된 오른쪽 반구에 남아 있습니다. 샤먼의 수련, 신비 기법, 마약, 테라피 또는 예술 등 어떤 형태를 통해서든 두뇌의 이 부분에서 수문이 열리기 시작하면, 당신의 실재 전체가 큰 위험에 처하게 됩니다. 당신은 억압된 무의식으로부터 쏟아져 내려오는 상상의 홍수에 압도당하기 시작할 수 있으며, 내면의 언어는 그런 해체의 결과를 통합하지 못할 수도 있습니다. 이런 내면의 사건들이 죽음으로 여겨지고, 종종 두려움이 우뇌를 통해 나타나는 원형과 동일시하려고 하는 망상 상태가 될 수 있는 이유가 바로 그것입니다.

11번째 유전자 키와 우뇌의 비밀은 원형의 비밀입니다. 무의식으로부터 홍수처럼 밀려오는 각각의 요소나 이미지 모두는 하나의 원형을 나타냅니다.―그것은 해체 과정을 반영하는 집합적인 연금술적 이미지입니다. 당신을 황홀하게 만드는 원형이 있고 두려워하게 만드는 원형이 있습니다. 현대 사회에서 대중 의식은 가장 주된 배출구를 스토리, 텔레비전 또는 영화를 통해 이 원형의 세계로 향하도록 유지합니다. 당신은 그 원형을 벗어날 수 없습니다. 왜냐하면 그들이 당신 자신의 정신의 투영이기 때문입니다. 그러나 원형의 진정한 힘은 당신의 몸속에서 일어나는 생물 물리학적인 반응입니다. 이것들은 객관적으로 볼 수 있는 그런 이미지가 아니라 분비선을 통해 몸 전체를 자극하는 신경학적 고리입니다. 당신은 가장 큰 두려움을 일으키는 특정한 원형을 피하려고 노력하지만 결코 그렇게 할 수 없습니다. 피하려고 하면 할수록 그들은 더 쫓아다니며 괴롭힙니다. 따라서 당신은 당신이 싫어하는 바로 그 상황을, 특히 관계 속에서 계속 재현합니다. 거기에서 그 원형은 자주 당신의 파트너의 형태를 취합니다.

11번째 그림자는 정말로 잃어버린 꿈, 도피주의자의 행동, 부정, 죄책감, 억압의 지뢰밭입니다. 꿈속에서 당신에게 오는 이미지를 신뢰하기 시작하고 그것을 상상 속에 품는다면, 당신은 자신이 설정한 거짓 꿈으로부터 모습을 드러내기 시작할 것입니다. 그런 상태로부터 깨어 나오는 것은 어마어마한 경험입니다. 그것은 나머지 세상의 환상에서 벗어나 대다수와 어울리지 못하는 새로운 종류의 길을 걷는 것입니다. 그것은 당신이 언젠가는 11번째 그림자에서 11번째 선물로 옮겨가기 위해 거쳐야 하는 단계입니다. 당신이 결국 용감하게 내적으로 도약할 때, 아주 오랫동안 당신 안에 숨어 있던 꿈이 당신을 흔들어 깨우고 새롭고 끝없는 지평선을 당신에게 소개할 것입니다.

억압적 본성 – 환상Fantasising

우뇌의 원형적인 이미지가 억압될 때, 그것은 안으로 돌아 들어가 환상의 세계를 만듭니다. 건강하고 창조적인 배출구를 발견하는 한 환상에는 잘못된 것이 아무것도 없습니다. 그러나 대부분의 경우 그런 배출구를 발견하지 못합니다. 억압의 근본은 두려움이며, 이 두려움이 받아들여지지 않을 때, 그것은 우리의 온 몸과 존재에 엄청난 고갈을 가져옵니다. 살아지지 않은 삶은 서서히 몸의 에너지를 소모시켜 모든 형태의 신체적 건강 문제를 야기합니다. 이보다 더 나쁜 것은, 창조적인 배출구를 찾지 못하는 내적 환상은 우리가 우리의 진정한 운명을 따르는 것을 방해합니다. 우리의 운명은 항상 이 환상 뒤에 숨어 있습니다. 우리가 그 환상을 우리 안에 오랫동안 붙들고 있을수록 그들은 점점 더 꼬이게 되어 결국에는 단순한 원형으로 시작했던 것이 훨씬 더 어두운 형태로 왜곡됩니다. 우리가 그런 형태에 대한 책임을 질 수 있을 때까지, 우리는 우리 안에 있는 창조적인 힘을 방출할 수 없습니다.

반응적 본성 – 착각에 빠짐Deluded

거부와 분노에 뿌리를 둔 반응적 본성은 내면의 환상을 투사 영역으로 바꾸어 그것을 세상에 드러내려고 합니다. 분노를 끌어안고 더 깊은 두려움을 극복하면, 우리 안에 있는 원형은 실제로 세상에 드러나게 될 것입니다. 그러나 반응적 본성은 결코 이것을 허용하지 않습니다. 반응적 본성은 외부 세계를 이용하여 그 내부에 있는 것을 숨깁니다. 이들은 마음속에 훌륭한 생각을 가지고 있지만 결코 그것을 드러내지 않는 사람들입니다. 그들이 거부하는 정도의 깊이 때문에, 그들은 언젠가는 되고 싶어 하는 모습의 내적인 이미지를 내려놓을 수 없습니다. 그런 사람들은 결국 실망과 실패로 나아갑니다. 망상은 더 깊고 실제적인 꿈을 숨기는 가짜 꿈이 표면화된 것입니다. 진정한 꿈이 밝혀지기 전까지 밖으로 나타나는 것은 단지 드러낼 힘이 없는 허식일 뿐입니다.

11번째 선물
이상주의Idealism

마법의 현실주의

11번째 선물은 지금 시대의 위대한 키 중 하나입니다. 뇌의 오른쪽 반구에서 오는 이미지와 창의력으로 놀 수 있는 사람들이 많아질수록 세상은 더 건강해질 것입니다. 여성적인 힘과 여성에 대해 일반적으로 오랜 역사를 통해 행해진 억압은 11번째 그림자를 통해 오는 뇌 화학 내의 불균형이 직접적으로 드러난 것입니다. 우리 안에 갇혀 있는 이미지는 우리 선조로부터 내려온 과거의 압력입니다. 다른 말로 하자면, 이런 이미지들은 기억입니다. 게다가, 이 기억들은 단순한 개인적인 기억뿐만 아니라 수천 년 동안 억압되어 있는 집단적인 기억들입니다. 그런 기억들은 당신 안에 원형으로 존재하며, 원형이 무엇을 할 수 있는지 이해하기 시작하는 순간, 당신은 11번째 선물 이상주의Idealism의 역동적인 에너지와 함께 작업하기 시작합니다.

이상주의는 현대 사회에서 부당한 평가를 받습니다. 그것은 현실주의의 반대인 것으로 여겨집니다. 현실주의는 드러냄의 힘과 관련되어 있는 반면, 이상주의는 일반적으로 약자로 여겨집니다. 60번째 선물 '현실주의Realism'는 사실 마술적 진리에 근거합니다.—마술이 일어나기 위해 필요한 유일한 것은 어떤 구조적 형태와 열린 마음입니다. 이는 이상주의의 진실한 본성과 전혀 상충되지 않습니다. 대부분의 사람들이 이상주의로 생각하는 것은 사실 자신의 꿈을 드러내지 못하는 11번째 그림자 '모호함Obscurity'입니다. 세계에 이상주의가 드러나기 위해 필요한 것은 단지 그것을 드러낼 수 있는 구조입니다. 그것은 작은 일이 아니지만 우선 당신의 진정한 이상과 꿈이 정말로 무엇인지 발견해야 합니다.

11번째 선물의 원형을 마음에 품기 시작하는 순간, 내면의 삶 속에 혼돈스러워 보이는 이미지 홍수가 일어납니다. 당신이 이것에 준비되어 있지 않고 필연적으로 따르게 될 연쇄 반응에 준비되어 있지 않다면, 모든 종류의 망상이 일어날 수 있습니다. 원형과 함께 작업하는 힘은 당신이 경험하거나 느끼는 것에 상관없이, 그것이 당신 자신의 정신이 투사된 것임을 미리 아는 것입니다. 예를 들어 부처가 된 경험이 있거나 메시아의 힘을 경험한 적이 있다면, 이 경험에 동일시되는 것이 아니라 당신 자신의 심령 과정에서 그것을 연금술의 단계로 볼 수 있는 것입니다. 위험은 동일시에서 오는 것입니다. 과거 삶에 대한 전체적인 개념은 그런 동일시에 기반을 두고 있으며, 과거의 역사적 인물로 자신을 동일시하는 것은 완전히 무해한 것으로 보이지만 실제로는 원형이 당신 안에서 더 깊숙이 흘러 들어가는 것을 막습니다. 원형은 과거에서 미래로, 그리고 그 반대로 미래에서 과거로 프랙털 패턴으로 이동합니다. 당신은 오직 현재에서만 안전합니다. 왜냐하면 현재만이 당신이 동일시할 수 없는 유일한 것이기 때문입니다.

이상주의는 원형적인 기억이 형태의 세계 속으로 지속적으로 흐르는 것을 나타냅니다. 자유로운 움직임이 허용되는 한, 그것은 세상에서 당신의 꿈을 드러낼 것입니다. 당신의 꿈에 대해 가장 곤란한 점 중 하나는 그것이 형태의 세계로 나타날 때 그것이 무엇이 될지 결코 알 수 없다는 것입니다. 당신은 그것이 당신의 가슴 깊숙한 곳에서 움직인다는 것을 느낌으로 알 뿐입니다. 당신의 마음은 당신의 꿈과 이념 주변의 시각적인 이미지로 마술을 부립니다. 그리고 이것이 흐름을 막는 가능성이 일어나는 곳입니다. 당신은 꿈의 힘을 믿어야 하며, 동시에 그것의 생김새를 포기해야 합니다. 당신이 보거나 보았던 모든 이미지, 원형 또는 신화적 경험은 과거에서 미래로, 그리고 또한 그 반대로 움직이는 강의 일부입니다. 이 때문에, 11번째 선물의 진정한 본질은 당신 앞을 지나가면서 당신 삶의 일부가 되는 원형을 가지고 놀 수 있는 능력입니다. 이 유희성이 바로 당신의 경험을 단단히 잡으려는 성향을 느슨하게 합니다.

이미 감을 잡았겠지만 11번째 선물은 마술과 동화의 세계입니다. 하지만 그것의 진정한 힘을 잘못 판단하지 마십시오. 이 이상주의의 에너지는 올바른 구조가 만들어질 때 바깥세상에 위대한 일들을 드러낼 것입니다. 11번째 선물을 통해 본질적인 세상의 모든 형태가 우리 안에 소용돌이치고 있습니다. 이것이 부족 토템, 즉 특별하고 강력한 선조의 힘이 스며든 피조물의 땅입니다. 모든 문화권에는 이런 토템이 아주 많습니다. 현대 사회에서도 우리는 사업과 삶을 나타내는 상징물과 동물을 사용합니다. 이 기호들 각각은 당신의 내적 이상과 공명할 때 그 뒤에 진짜 힘이 실려 있습니다. 11번째 선물의 세계에서 모든 것은 형태 없는 세계에서 형태의 세계로 움직이는, 현재의 동맥을 통해 과거에서 미래로 이동하는 거대한 원형의 끝없는 패턴의 상징입니다.

우리 인류가 우뇌로 다시 한번 생각하기 시작할 때, 우리는 우리에게 몹시도 필요한 균형을 형태의 세계에 가져올 것입니다. 그 결과 가부장제의 우위가 가라앉고 여성적인 힘이 남성적인 힘과 균형을 이루는 현상이 우리 주변 세계에 나타날 것입니다. 이것이 우리가 살아가고 있는 이 시대의 진정한 의미입니다. 고대 부족의 지식이 다시 한번 우리 행성의 집단의식에 쏟아져 들어오는 이유가 바로 그것입니다. 마법의 진정한 예술이 다시 한번 우리의 세계로 돌아오는 것은 바로 이 11번째 선물을 통해서입니다.

11번째 시디

빛Light

선악과를 뿌리째 뽑음

11번째 선물의 원형적 흐름을 따라갈 때, 당신의 삶은 많은 우여곡절을 맞닥뜨리게 되고, 팽창하고 급강하하고 도전에 부딪치면서 궁극적으로는 받아들여지는 자체 강화의 독특한 과정을 따라갑니다. 그러나 마주하고 있는 원형이 하나의 기본 원형으로 결합될 때까지 점점 더 적은 수의 이미지에 융합되기 시작하는 때가 옵니다. 이 이미지 또는 존재는 당신의 인과응보의 표시입니다. 기본 원형은 당신 본성의 모든 측면이 증발하는 것을 나타내며, 그 모습은 너무도 강력하여 문자 그대로 진화와 성장의 과정에 종말을 가져옵니다. 언젠가는 당신은 이 내면의 다이몬(daemon, 고대 그리스 신화 속에 나오는 반신반인의 존재)과 얼굴을 마주 보며 앉아, 그것이 만들어내는 느낌, 즉 경외감, 공포, 혼돈과 사랑을 느껴야 합니다. 마음이 이 피조물에게 주려고 하는 모습이 어떤 것이든, 그것은 원형 자체의 극도로 높은 주파수에 먹혀 버립니다. 기본 원형에는 여러 문화와 여러 교리가 붙여 준 많은 이름이 있습니다. 그것은 프로이트 심리학의 '도플갱어', 영지주의의 '문턱의 수호자', 또는 기독교의 '광야의 악마'입니다. 그것은 선과 악에 대한 집단적 신화의 투사를 요약한 표현입니다.

이 위대한 내면의 다이몬에 부딪힘으로써 분리된 자아는 원형 자체에 녹아 들어가기 시작합니다. 무엇엔가 동일시되려는 모든 투사나 충동은 모두 마음에서 서서히 제거됩니다. 그 과정이 일단 끝나면 진정한 실재가 인간 내면에서 처음으로 모습을 드러냅니다. 그것은 마치 세계가 정화된 것처럼 보입니다. 모든 형태의 뒤에서 모든 형태를 통해 빛이 비추어집니다. 맑은 순수한 빛이, 물리적인 빛이 아니라 모든 동일시를 뛰어 넘은 지성이 비추어지는 것입니다. 당신은 신성의 마음과 몸 안으로 들어갑니다. 이 희귀한 일이 11번째 시디의 표현이며, 그것은 하나의 시디 상태의 특징입니다. 선형적인 의미에서, 이 11번째 시디는 집단 무의식에 저장된 모든 원형적 기억이 개인의 삶을 통해 걸러지고 표현될 때 일어나는 결과를 나타냅니다. 그것은 마치 에덴동산에서 추방된 인간을 구분 짓는 베일을 꿰뚫어 버린 것과 같습니다. 당신은 아이의 눈을 통해 다시 한번 세상을 경험합니다.—마치 신화 속의 에덴동산처럼 말입니다.

11번째 시디를 통해 당신은 마음의 진정한 본성을 '공(비어 있음)' 또는 '광활함'으로 보게 될 것이며, 마음이나 마음 없음no-mind이 뇌를 통해 순수한 빛으로 경험된다는 것을 알게 될 것입니다. 빛 자체는 신성한 존재의 광채를 형태의 세계 안에서 비유로 나타낸 것입니다. 11번째 시디 '빛'은 시디 상태 밖에 있는 사람들에게 전달해 줄 수 있는 가장 가까운 단어이기는 하지만 우리 눈이 감지하는 빛과 같은 것이 아닙니다. 빛과 함께 말로 표현할 수 없는 평화의 숨결이 옵니다. 그것은 모든 각각의 형태 안에서부터 파도처럼 계속 부서집니다. 선물의 주파수 수준에서 마법으로 여겨졌던 것이 이제는 자연스러운 현실로 간주됩니다. 어둠 속에서만 빛이 발견될 수 있다는 것은 가장 큰 신비입니다. 이 시디 안에 있는 사람에게는 아무것도 모호하지 않으며 아무도 숨길 수 없습니다. 이제는 모든 것이 빛과 주파수의 관점에서 측정되며, 누가 진정성이 있고 누가 가장하고 있는지 아주 분명합니다.

11번째 시디를 얻는 존재에게, 빛은 모든 것입니다. 그들은 빛을 입은 것처럼 보입니다. 왜냐하면 그것이 그들이 볼 수 있는 모든 것이기 때문입니다. 그들이 교사가 된다면, 그것은 그들이 마음을 이해하는 것을 볼 때 당연한 것이지만, 그들은 자신의 빛을 계속 반영하면서 동시에 다른 사람들을 그들 자신의 어둠으로 안내합니다. 11번째 시디의 순수한 빛을 이해하는 사람들의 위대한 아이러니는 그들이 실제로 사람들을 그 빛에 더 가까이 가게 하기 위해 빛으로부터 멀리 끌어내는 것처럼 보인다는 것입니다. 이 시디를 세상에 가져오는 사람은 모든 인류의 진정한 미래에 대한 비전을 제시합니다. 의식이 시작되는 시점으로 돌아가는 여행에서 그런 사람들은 자기 주변에서 진화의 근본적인 성취를 봅니다. 비록 시간이 이 에덴의 상태를 증명하지는 못하지만, 그런 사람들은 항상 그 안에 살고 있으며, 그것이 그들의 위대한 역설입니다.

인류 역사 전반에 걸쳐 특정 세대는 행성 의식에서 특정한 진화론적 도약을 할 수 있는 키를 지닌 채 세상에 태어납니다. 순환하는 점성술적 배열을 통해 이런 세대들은 11번째 선물의 활성화 정도가 높습니다. 그들은 이상주의자이며, 세상에 와서는 세상을 변화시킵니다. 이것이 일어난 마지막 시기는 오늘날 우리 주변에서 보는 현대 세계의 무대를 설정한 영국의 산업혁명 당시였습니다. 그러나 그런 시대에 항상 세계에 와서 11번째 시디를 통해 깨어나 우리의 미래에 대한 새로운 영적 비전을 가져오는 한두 사람이 있습니다. 오늘날, 이 책의 집필과 동시에, 또 다른 세대가 세상에 태어나고 있습니다. 그러나 그들은 다른 의제를 갖고 있습니다. 미래의 이상주의자들은 더 많은 시디 주파수를 세계로 가져와 더 큰 혁명을 위한 토대를 마련할 것입니다. 하지만 그것은 기술적인 혁명이 아닐 것입니다. 미래의 혁명은 인간의 영혼 자체 내부에서 일어나는 변형일 것입니다.

11번째 시디는 오랜 세월 동안 많은 사람들을 혼란스럽게 만들었습니다. 현대의 새로운 시대에는 시디가 약속한 빛을 적극적으로 찾고 있는 사람들이 엄청나게 증가하고 있습니다. 그러나 이 시디를 달성한 사람은 자신의 정신의 가장 어두운 면을 여행하는 것을 제외하고는 그렇게 하지 않습니다. 내면의 빛을 받아들이는 움직임은 좋은 의도로 포장될 수 있지만, 그 대부분은 단지 11번째 그림자의 모호함을 통해 드러날 뿐이며, 그것은 어둠을 끌어안을 필요가 없는 빛을 원합니다. 결과적으로, 세상에는 진행되고 있는 멋진 그림자의 역학이 작동하고 있습니다. 이것은 '저기 위에 있는' 빛을 찾는 위대한 종교 매체에서 특히 사실입니다. 빛은 결코 우리 외부에 있는 것이 아니며 물질 자체 안 깊은 곳에 존재합니다. 가장 밀도가 높은 영역이 가장 높은 진동을 숨기며, 진실한 상승은 아래쪽과 안쪽으로 움직인다는 것은 거의 알려지지 않은 역설적인 법칙입니다.

오늘날의 세계에서 가장 큰 도전은 선과 악에 대한 우주적인 이슈를 명확하게 하는 것입니다. 뇌의 왼쪽에서 작동하는 대중 의식은 다른 무엇보다도 빛을 선호합니다. 뇌의 오른쪽을 통과하는 어둠의 여성적인 원리가 빛에 반대되는 것으로 설정되었습니다. 이것이 우리의 투사된 빛의 이미지와는 반대로, 어둠이 항상 진정한 빛의 돌파를 앞서는 이유입니다. 11번째 시디의 순수한 빛은 선악과는 아무런 관련이 없습니다. 그것은 이중성의 초월을 나타냅니다. 당신은 이 11번째 유전자 키가 영성과 종교의 개념으로 얼마나 깊이 감겨 있는지 확인할 수 있습니다. 또한 기독교의 에덴 신화가 선악의 지식나무와 얼마나 깊이 연관되어 있는지 볼 수 있습니다. 우리가 선과 악의 관점에서 보는 한, 우리는 타락을 받아들인 것입니다. 미래에 55번째 유전자 키에 의해 촉발된 위대한 돌연변이가 인류에게 닥쳐오게 되면, 11번째 시디는 상징적으로 선과 악의 지식 나무를 뿌리째 뽑아 버리면서 세상에 대한 우리의 인식을 깨뜨릴 것입니다. 그 시점에서, 우리는 빛을 내뿜는 생명나무를 직접 취할 것입니다. 이 빛은 우리의 미묘체를 먹임으로써 우리의 음식이 될 것이고 서서히 우리를 창조의 핵심으로 녹아들어가게 할 것입니다.

이 11번째 유전자 키와 시디에서 오는 심오한 마지막 계시는 2012년과 연결된 의식 전환에 관한 것입니다. 55번째 유전자 키를 읽으면 이 날짜가 현재 인간 종이 거쳐 가고 있는 위대한 변화와 어떻게 관련되어 있는지 이해하게 될 것입니다. '멜로디 공명Melodic Resonance'의 시간으로 알려진 2012년은 우리 행성을 우리 은하의 중심과 기하학적으로 정렬시킵니다. 이 사건은 수천 년 동안 많은 토착 문화에서 예언되었습니다. 64개의 유전자 키의 거대한 바퀴에서, 모든 유전자 키는 우주와의 관계에서 정확한 위치를 가지며 따라서 우주의 흐름이 우리의 행성계 속으로 들어올 때 그것을 걸러 냅니다. 은하의 핵심 자체와 기하학적으로 관련이 있는 것이 11번째 유전자 키입니다. 이것이 바로 여기에서 핵심의 빛이 11번째 시디를 거쳐 나타나는 이유입니다. 우리가 2012년을 향해, 그리고 그 너머로 나아갈수록 은하의 중심에서 오는 순수한 빛은 기하학적으로 우리 행성에 도달하고 우리의 전체 생태계를 급격하게 변형시킬 것입니다. 이것은 또한 우리의 DNA를 자극해 내면의 빛을 방출하게 하고 많은 사람들의 시디 상태를 촉매 작용하게 할 것입니다. 이것은 결과적으로 인류 전체와 가이아 자체의 주파수 영역을 기하급수적으로 증가시킬 것입니다.

시디
순수성
선물
차별
그림자
허영심

순수한 가슴

프로그래밍 파트너 : 11번째 유전자 키
코돈 고리Codon Ring : 비밀의 고리
(시련의 고리-12, 33, 56)

생리 : 갑상선
아미노산 : 없음
(종결자 코돈)

12번째 그림자
허영심Vanity

최종 시험

12번째 유전자 키는 그림자 및 시디와 함께 인간 유전체 매트릭스에서 보다 특별하고 광범위한 원형 중의 하나입니다. 이 지식과 유전학의 관계에서, 64개의 유전자 키 각각은 유전 암호에 코돈codon으로 알려진 해당 화학 계열이 있습니다. 유전 암호를 해독하기 위해 과학자들은 DNA에 있는 암호화된 정보 뭉치에서 화학적 기준점을 찾아야 하며 이 기준점은 시작 코돈start codons과 정지 코돈stop codons으로 알려져 있습니다. 그런 화학적 지점은 유전자 코드 자체의 전체 안에 특별한 중요성을 지니고 있습니다. 이 12번째 유전자 키는 56번째 및 33번째와 함께 과학이 정지 또는 종료 코돈이라고 칭하는 것과 관련이 있습니다. 순수하게 원형적인 차원에서 3개의 정지 코돈(총칭하여 시련의 고리Ring of Trials로 알려짐)은 자기실현으로 향해 가고 있는 인간을 시험하는 세 가지 거대한 신화적 시련으로 볼 수 있습니다. 12번째 그림자 '허영심'은 '시련의 고리'의 내적인 핵을 표시합니다. 그것은 이 그림자 상태가 인간 시험의 3부작에서 세 번째 측면과 마지막 측면을 나타낸다는 뜻입니다.

12번째 유전자 키는 특별합니다. 21 코돈 고리의 신비 속에서, 이 12번째 유전자 키는 '비밀의 고리Ring of Secrets'로 알려진 '시련의 고리Ring of Trials' 안에서 하나의 고리를 형성합니다. 그러나 그 비밀은 당신이 12번째 시디에서 가장 높은 주파수를 활성화할 때까지 단단히 잠겨 있습니다.

허영심Vanity은 자부심(26번째 그림자)처럼 의식의 정상까지 우리를 따라 갑니다. 그것은 우리 대부분에게 편치 않은 단어이며, 허영심으로 인해 우리는 대개 우리 자신을 그것과 연관시키는 것을 좋아하지 않습니다. 청중 앞에서 강화되는 자부심과는 달리 허영심은 훨씬 더 내적인 그림자입니다. 허영심은 산의 정상에 있는 바위에 달라붙는 이끼와 같습니다. 당신의 의식이 아무리 멀리 발전해 나아가더라도, 허영심은 최고로 높은 진동에서도 미묘하게 달라붙을 것입니다. 어떤 의미에서는 허영심은 인간 최초의 악덕이며, 또한 당신을 놓아주는 마지막 그림자입니다.

12번째 그림자는 자신의 독특함을 사랑하는 것입니다. 그것은 당신 자신을 사랑하는 법을 배우는 것에 대한 것입니다. 그리고 바로 그것이 허영심의 진정한 정의입니다. 그러나 허영심은 자신을 사랑하는 것이 실제로 다른 사람들을 사랑한다는 것임을 깨닫게 될 때, 즉 자신의 자아로부터 함께 양자적인 도약을 요구하는 계시를 깨닫게 될 때, 오직 그때만이 허영심을 멈추게 됩니다. 그러므로 이 12번째 그림자는 개인의 힘에 관련된 문제는 물론 당신의 혼 안에 잠재하고 있는 가장 순수한 자질을 표현하고자 하는 인간의 열망과 관련된 문제에 깊이 관여하고 있습니다. 그것은 당신이 훌륭한 지성과 예술성으로 나아가게 하지만, 동시에 당신이 당신의 넓은 가슴속으로 들어서는 것을 방해합니다. 허영심은 만일 당신이 가슴으로부터 나온다면 힘을 잃을 것이라고 두려워합니다.

이 유전자 키는 영혼이나 가슴의 표현을 포함하기 때문에 자신의 호흡과 감정의 힘에 연결되는 능력에 깊이 관여합니다. 이것은 갑상선과 부갑상선, 그리고 특히 말의 주요 기관인 후두와 연결되어 있습니다. 우리를 동물과 구별시켜 주는 것이 수직 후두입니다. 비전의 지식에서, 수평 후두를 갖고 있는 동물은 집단정신 아래에서 움직이는 반면, 우리의 수직 후두의 발달은 에고가 들어오는 것을 허용했다고 합니다. 사실, 당신의 생각을 언어와 진동으로 변환시켜, 당신의 말에 독립된 힘이 있다는 착각을 불러일으키는 것이 이 12번째 유전자 키입니다. 이 독립성의 개념에서 두 개의 강력한 인간 속성—허영심과 에고가 태어났습니다. 고대 요가 시스템에서는 목 차크라로 대표되는 후두와 성 센터를 대표하는 생식샘 사이에 깊은 연관성이 있습니다. 이것은 사춘기 동안 후두의 급속한 성장에도 반영됩니다. 고대인들은 오래전 이 두 센터가 실제로 하나였지만 시간이 지남에 따라 분리되어 후두가 서서히 닫히게 되었다고 말합니다. 네덜란드어에서는 후두를 쉴드크리어schildklier라고 하는데, 이는 쉴드(shield, 방패) 샘을 의미하며, 후두가 커다란 비밀을 숨기는 보호 메커니즘임을 암시합니다. 흥미롭게도 갑상선thyroid이란 단어는 방패를 뜻하는 그리스어에서 유래했습니다.

12번째 그림자의 위대한 비밀은 언어입니다. 에덴동산에서 아담이 사과를 삼켰고, 그 사과가 목구멍에 달라붙어 오늘날까지 모든 사람들에게 아담의 사과로 남아 있다고 합니다. 아담의 사과는 단어, 사고 및 행동으로 동일시된 마음의 남성적 원칙을 나타내며 후두는 언어를 통해 권력이라는 환상을 줍니다. 12번째 그림자는 자신의 목소리를 사랑하는 것에 대한 것이고, 따라서 그것은 언어의 뿌리입니다. 그러나 우리가 최고 수준의 주파수에서 보게 되는 것처럼, 중요한 것은 당신이 무엇을 말하느냐가 아니라 당신의 목소리 뒤에 있는 주파수입니다. 허영심은 가장 아름다운 단어를 선택할 수는 있지만 결코 그 음색의 주파수를 숨길 수는 없습니다.

64개의 그림자 중 본질적으로 나쁜 것은 없다는 것을 여기서 기억하는 것이 중요합니다. 만일 당신이 어떤 것을 나쁘다거나 악으로 선언하면 그 안에 숨어 있는 선물을 놓치게 될 것입니다. 허영심은 단지 12번째 유전자 키의 낮은 주파수이며, 어쨌든 허영심은 '순수함Purity'의 시디의 기초입니다.

허영심은 또한 말을 뛰어 넘어 침묵 속에 숨을 수도 있습니다. 때때로 당신의 허영은 당신이 말하지 않은 데에 숨어 있습니다. 그것은 당신의 생각과 감정 속에 자신을 숨깁니다. 자기 동일시가 있는 곳이라면 어디에나 허영심이 있습니다. 허영심이 인류에게 커다란 시련이 되는 이유는 그것이 에고의 영역 밖에 있기 때문입니다. 그래서 당신은 이렇게 생각하고 있을지도 모릅니다. '내가 그것에 관해 무엇을 할 수 있는가?, 이 그림자 상태를 어떻게 변환시켜야 하는가?' 자, 이 그림자는 너무도 찾기 힘들기 때문에 그것에 대해 전혀 아무 생각도 하지 않는 것이 좋습니다. 당신이 자신의 허영심을 극복하고 있을지도 모른다는 바로 그 생각조차도 더 많은 허영심을 가져다줍니다! 당신이 알아야 할 것은 당신이 삶과는 별개로 자신을 경험하는 한—당신의 개성에 대한 힘과 경이로움을 느끼는 한—허영심은 여전히 거기에 있을 것입니다. 조용히 당신과 보조를 맞추면서 말입니다. 당신이 시디의 가장 높은 주파수로 접근하여 허영심이 드디어는 갑자기 당신에게 매달리는 것을 풀어 버린다고 해도 그것은 언제가 되어도 늦을 뿐입니다.

그러나 허영심에는 최대의 적이 있습니다.—바로 사랑입니다. 허영심은 당신을 계속 고립시킴으로써 당신이 진정으로 다른 것을 사랑하는 것을 방해합니다. 당신은 아름답고 지혜롭고 도덕적일 수도 있습니다. 그러나 여전히 허영심으로 당신은 다른 사람들로부터 계속 자신을 방어할 것입니다. 당신의 의식이 진화하면 할수록 당신의 허영심은 더욱 미묘해지고 따라서 더욱더 강력해집니다. 허영심은 하나의 방패로서 프로그래밍 파트너인 11번째 그림자 '모호함'과 함께 진실을 숨깁니다. 이 자료를 읽으려는 사람들에게 허영심은 큰 도전 중의 하나입니다. 주파수를 순화시키면 자연스럽게 당신은 당신이 다른 사람들과 어찌 되었든 다르며 세상의 나머지 사람들보다도 더 순수해지고 있다는 환상에 빠지게 됩니다. 자신의 상위 자아에 더 동일시하기 시작하며, 거기에서 당신의 낮은 자아는 즐거워합니다! 지금은 영적인 진화에서 가장 까다로운 시기입니다. 왜냐하면 여기 상대적으로 높은 주파수에 남는 것이 너무도 쉽기 때문입니다. 당신은 강력하고, 특화되고, 현명하고 좋은 의미를 갖고 있다고 느낍니다. 그러나 당신은 아직 가장 큰 도약을 이루지 못했습니다.—진정한 순수성으로의 도약—당신 자신의 죽음으로의 도약 말입니다.

억압적 본성 – 엘리트주의자Elitist

허영심에는 본질적으로 두 가지 유형이 있습니다.—거친 허영심과 세련된 허영심입니다. 12번째 그림자의 억압적 본성은 세련된 버전으로, 특정 성격에서 엘리트주의로 나타납니다. 엘리트주의는 비밀리에 작업하는 허영심입니다. 이 성격은 겉으로는 당신의 의견에 동의하지만 안에서는 말하는 것과는 아주 다르게 느낄 수 있습니다. 종종 그들은 거리를 두고 떨어져 있는 것을 선호하며 어떤 의견도 남기지 않으려고 자제합니다. 이것은 영적으로 진화된 영역입니다.—자기 자신에게 많은 노력을 기울인 소수의 사람들입니다. 이 사람들은 속으로 주변에 있는 대부분의 다른 사람들보다 더 깨끗하다고 느낍니다. 그들은 다르다는 데에, 또는 어떤 신념이나 체계를 초월해 있다는 것에 대해 커다란 자부심을 가질 수 있습니다. 그런 허영심은 그런 사람이 자신의 내면이 가장 갈망하는 도약, 영원한 상위 의식으로의 도약을 할 수 없다는 것을 확실히 보장합니다. 이 도약은 우리 자신의 허영심에 대한 자각이 시작될 때만 시작됩니다.

반응적 본성 – 악의적인Malicious

악의는 분노에서 유래하며, 분노는 결과적으로 두려움에 기인합니다. 허영심의 반응적 본성은 이 유전자 키의 선물인 '차별Discrimination'의 선물을 다른 사람들을 해치는 수단으로 사용할 수 있습니다. 엘리트주의자들이 약자로 여겨지는 것을 두려워하여 침묵으로 빠져 들어가는 반면, 이 사람들은 튼튼한 목소리 선물을 공개적으로 이용하여 다른 사람들에게 고통을 가합니다. 모든 고전적인 희생양 패턴과 마찬가지로, 그런 사람들은 보통 어떤 식으로든 이용당한다는 느낌을 받고는 자신의 말이나 행동이 끼칠 수 있는 손상에 대해서는 생각하지도 않고 악의적으로 반응합니다. 12번째 유전자 키는 그 밑에 정말로 감정적인 힘이 있습니다.—그리고 언어와 소통에 대한 천부적인 재능이 있습니다. 이 사람들은 실제로 다른 사람들의 버튼을 자기 목소리의 힘으로 누르는 방법을 알고 있습니다. 그들은 다른 아무도 할 수 없는 방식으로 사람들을 해칠 수 있습니다. 그들의 악의는 미리 계획된 것이 아닐 수도 있지만 대개 잔인하고 자신들에게 재앙으로 끝이 납니다.

12번째 선물
차별Discrimination

순수 예술의 비밀

차별은 선물로 들리지 않을 수도 있지만, 12번째 유전자 키를 진정으로 이해하면 거기에 큰 힘이 있다는 것을 알게 될 것입니다. 차별한다는 것은 어떤 것과 어떤 사람이 삶에서 당신에게 건전한지를 선천적으로 아는 것입니다. 허영심의 에너지는 그것이 잘 사용되지 않으면 단순히 자기 파괴적입니다. 차별이 바로 그것입니다. 당신은 허영심을 가지고–다른 사람들보다 더 낫고, 어떻게든 더 순수하게 되려는 욕구–그것을 예술로 바꾸어 놓습니다. 12번째 선물은 음악, 언어, 춤, 드라마, 그리고 무엇보다도 사랑 등 예술과 깊은 관련이 있습니다. 12번째 선물의 사랑은 보편적인 사랑이 아닙니다(25번째 유전자 키와 같은). 그것은 사랑에 '빠지는' 것에 관한 것입니다. 이것은 모든 부수적인 드라마, 집착, 아름다움, 위험과의 인간적인 사랑입니다. 허영심은 오직 자신만을 사랑하는 것에 대한 것이며, 반면에 차별은 궁극적으로 당신을 기분 좋게 하는 당신 밖에 있는 사물과 사람을 사랑하는 것에 관한 것입니다.

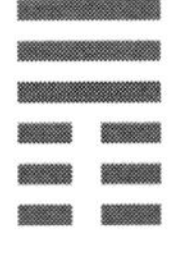

이 12번째 선물은 감정에 관한 것입니다. 만일 이 선물이 당신의 홀로제네틱 프로파일의 강력한 측면이라면 삶 전체에 걸쳐 느낌과 감정에 강하게 동기를 부여받고 움직이게 될 것입니다. 당신의 선물은 이런 감정을 다른 사람들과 소통하는 것이며, 그것을 무수히 많은 방법으로 할 수 있습니다. 이 선물에 강하게 영향을 받는다면 당신은 진정한 표현의 아름다움을 알게 될 것입니다. 즉, 무언가 또는 누군가가 진정한 영혼을 표현하지 않을 때 그것을 알아차리게 됩니다. 이것은 당신을 다른 사람들에 대한 최고의 비평가로 만들 수 있습니다. 그러나 이 선물은 다른 사람의 결함과 세세한 것을 비판하는 것이 아닙니다(이는 18번째 유전자 키의 낮은 표현입니다).–그것은 진짜가 아닌 것을 집중 조명하도록 설계되었습니다. 차별은 더 높은 주파수에 조율되는 것에 관한 것이며, 이는 은유적으로 벽을 꿰뚫어 볼 수 있음을 의미합니다. 어떤 사람이 조작하고 있거나 숨겨진 의제가 있는 경우, 차별의 선물을 가진 사람은 즉시 그것을 깊은 불편함으로 느낍니다. 그들이 무언가에 사랑에 빠지지 않는다면 그들은 그것을 불신하는 것이고 그들의 삶에 있는 사람들에게도 마찬가지입니다. 그런 사람에게는 진정성이 곧 모든 것입니다.

12번째 선물을 가진 사람들은 세계적인 마법사들이나 이상주의자들에게 받아들여질 수 없습니다. 그들은 순수성에 대한 깊은 존경심을 가지고 있으며, 그것은 자연스러운 신중함에 뿌리를 두고 있습니다. 이 12번째 선물의 프로그래밍 파트너는 11번째 선물 '이상주의'입니다. 이는 그들 역시 이상주의자이지만 그들은 이상주의가 실용주의와 차별의 균형을 필요로 하며, 그렇지 않을 경우 그것은 단지 몽상일 뿐이라는 것을 이해한다는 의미입니다. 차별의 선물은 당신을 군중으로부터 떨어뜨려 놓습니다.—자연스럽게 더 높은 주파수를 추구하기 때문에 그렇게 하는 데에는 선택의 여지가 없습니다. 그것은 더 높고 순수한 것으로 끊임없이 애쓰고 있는 당신의 DNA의 한 측면을 나타내며, 그것은 타협에 영향을 받는 어떤 사람이나 어떤 것에게 직접적으로 도전한다는 것을 의미합니다. 차별은 인류에게 삶의 무대 뒤에서 작동하는 더 높은 질서의 맛을 제공합니다. 이것이 진정한 예술을 통해 종종 나타나는 이유입니다. 그들은 진정으로 예술을 사랑하는 사람들입니다. 12번째 선물은 진정한 것은 그것이 어떤 것이든 피하지 않습니다.—그것이 아무리 골치 아픈 일일지라도 말입니다. 이 사람들은 훌륭한 음식 차별가, 음악 차별가 그리고 언어 차별가입니다. 그들은 인류의 위대한 예술가, 명연주자, 시인, 배우, 교육자가 될 수 있습니다. 그들의 선물은 삶의 드라마 속으로 두려움 없이 들어가서 그것이 그들의 혈관을 통해 흐르고 그들의 느낌을 통해 표현되도록 허용합니다.

이 선물이 수반하는 감정의 깊이 때문에 그것은 인간 종의 방향에 관해 어떤 깊은 것을 말해 줍니다. 우리는 우리의 영혼 안에서 가장 깊은 열망과 느낌을 표현하는 법을 배우기 위해 여기에 왔습니다. 이것이 우리가 언어와 예술을 마스터해야 하는 이유입니다.—왜냐하면 그것들은 감정을 초월하고 더 높은 차원에 다가갈 수 있는 변형적인 영역이기 때문입니다. 이 12번째 선물로부터 인류의 위대한 교육자가 나옵니다.—그들은 예술이 그들의 가슴을 건드리게 하고 동시에 그 정수를 언어와 표현을 통해 다른 사람들에게 전달할 수 있게 하는 희귀한 사람들입니다. 진정한 열정이 세계로 퍼져 나가는 곳이면 어디서나 이 12번째 선물의 영향을 보고 있는 것입니다. 그것은 전면적이고 소모적이지만 동시에 고도로 정제되어 있습니다. 궁극적으로 이 사람들은 진정한 사랑의 신화에 이끌려 있습니다.—그것이 그들이 영혼 속 깊은 곳에서 갈망하는 것이며, 그들의 행위와 말이 최고의 위치에서 이 인간적인 열망의 아름다움과 고뇌를 반영하는 이유가 바로 그것입니다.

갑상선 시스템과의 연결 때문에 12번째 선물에는 변형과 죽음이라는 위대한 가르침이 내제되어 있습니다. 모든 높은 예술에는 이 12번째 선물을 통해 오는 동일한 코드가 포함되어 있습니다.
삶은 변형에 관한 것이며, 죽음은 의식의 한 단계에서 다른 단계로의 상징적인 움직임이라는 것입니다. 이 진리는 오랜 세월에 걸쳐 언제나 위대한 비극과 희극 속에 암호화되어 왔으며, 당신의 감정적 본성을 통해서 그런 진리가 스며들어 전해져 왔습니다. 신진대사를 조절하고 일반적인 에너지, 기분 및 호흡 패턴에 큰 영향을 주는 것은 갑상선 시스템입니다. 당신이 웃거나 울 때 당신은 변형의 신성한 영역 속으로 들어갑니다. 당신의 화학과 호흡의 패턴을 바꾸기 위해 초월자가 당신의 몸속으로 들어가는 것은 웃음과 눈물을 통해서입니다. 모든 유전자 키 중에서 이 12번째 선물은 한 상태에서 더 높은 상태로 가는 신화적인 통로를 나타냅니다. 거기에서 정지 코돈은 당신이 당신의 과거와 동일시하는 것을 소멸시켜 버리고, 당신이 어떤 영구적이고 근본적으로 다른 무언가로 변형될 수 있게 합니다.

12번째 시디
순수성Purity

공허에 삼켜짐

참된 사랑에 대한 인간의 열망은 현실적으로 더 높은 수준의 의식 속에 존재하는 영원한 상태의 낮은 주파수입니다. 이 상태는 많은 문화권에서 많은 이름으로 불리고 있는데 본질적으로 인간의 욕망에 더렵혀지지 않고 마음의 이원론적인 메커니즘을 넘어서 있는 순수한 본성입니다. 우리 가슴의 또 다른 표현인 더 높은 마음만이 12번째 시디 진정한 '순수성Purity'을 이해할 수 있습니다.

허영심과 순수성은 인간 의식의 양 끝에 있는 거울입니다. 당신의 낮은 자아는 허영심으로 자신과 사랑에 빠지며, 더 높은 자아는 순수성으로 자신과 사랑에 빠집니다. 순수성이란 신성이 당신과 사랑에 빠질 때라고 말할 수 있습니다. 이것은 당신이 신성한 사랑의 영역 안으로 들어 올 때만 일어날 수 있습니다. 당신의 행동, 생각, 느낌, 당신이 숨 쉬는 공기는 한 가지 목적에 공명해야 합니다.—그것을 수피들은 '연인과 사랑에 빠진다'라고 말합니다. 그 연인은 저기 바깥에 있는 어떤 것이 아닙니다.—그것은 당신의 진정한 본성의 본질이며, 당신이 그것에 빠지는 이유는 그것이 당신 안에 깊이 자리 잡고 있기 때문입니다.

허영심은 우리가 보았듯이 여행이 끝날 때까지 당신을 계속 좇습니다. 당신이 선물의 높은 주파수에서 살고 있을지라도 허영심은 여전히 존재합니다. 의식의 최고봉을 달성했을 때만 신비로운 사건이 발생합니다.—당신이 얻은 모든 것을 포기하는 것입니다. 당신은 무無를 구해야 합니다. 이것이 시련의 고리에 있는 3개의 큰 시련 중 마지막입니다. 위와 아래가 동시에 열리고 당신은 코돈 고리—비밀의 고리의 가장 안쪽에 있는 신성한 성소에 들어갑니다. 그러나 이 기적이 일어나려면 운반체가 절대적으로 순수하고 완벽해야 합니다. 순수성은 오해를 많이 받는 용어입니다. 인간 언어에서 그것은 거의 모든 것에 형용사로 적용될 수 있지만 가장 높은 주파수에서는 오직 한 단어, 즉 가슴에만 적용할 수 있습니다. 당신의 가슴이 마침내 원래의 순수성을 기억할 때, 오직 그때만이 당신은 마지막으로, 그리고 기꺼이 당신의 존재를 포기할 것입니다.

우주에 있는 모든 것은 가장 핵심에 똑같은 원래의 순수성이 있습니다.—우리는 모두 신성한 결정의 조각이며, 우리의 형상이 연마의 과정을 거치듯이, 의식은 우리를 통해 자신을 기억하기 시작합니다. 심지어 가장 사악한 존재들도 핵심에는 빛나는 순수한 가슴이 있습니다. 그것은 사실은 악이 없음을 의미합니다. 오직 밀도의 수준에 차이가 있을 뿐입니다. 이것은 당신이 여기 비밀의 고리에 담고 있는 위대한 비밀입니다. 고대의 화학 시스템에서 목 센터는 모든 시작 중에서 가장 위대한 것으로 간주되었습니다. 인도의 차크라 시스템에서는 비슈다vishuddha로 알려진 목 차크라가 높은 의식을 위한 정보 센터입니다. 가슴 차크라를 포함한 모든 하부 차크라가 목에서 합성되고 순화됩니다. 이런 측면에서 그것은 알려진 것과 알려지지 않은 것의 경계를 나타냅니다. 마찬가지로 유대교의 카발라에서 목은 다아트daath, 즉 심연으로 알려진 보이지 않는 영역으로 상징됩니다. 이 심연은 더 높은 의식이 시작되기 위해 반드시 건너야 하며, 죽음의 교차점은 힘들게 얻은 모든 지식을 놓아 버리는 상징입니다. 그것은 당신이 자신의 죽음을 만나고 더 높은 영역에서 다시 태어나는 궁극적인 정화입니다.

이 심연을 통과하여 12번째 시디 영역에 들어간 사람은 다시 한번 어린아이처럼 됩니다. 가슴을 통해, 그들은 신성을 인식할 수 있습니다.—갈망을 넘어서, 개념을 넘어서, 하지만 아직도 깊이 인간적인 채, 그리고 말을 넘어선 목소리로 말입니다. 다른 사람들은 비록 그들이 인간적이라는 것이 무엇을 의미하는지에 대한 가장 자연스러운 표현이라고 할지라도, 그런 사람들은 정말로 이 세상에 속하지 않는다고 느낍니다. 이 상태에서는 아무것도 그들의 순수성을 오염시킬 수 없습니다. 그들의 몸은 노쇠하고 추할 수도 있지만, 그들의 가슴은 자신들의 진정한 본성의 진리로 노래를 부르는 것밖에 할 수 있는 것이 없습니다. 이 시디를 드러내는 사람들은 종종 세상에서 보이지 않은 채 가장 겸손한 삶을 살아갑니다. 그들은 종종 세상을 조용히 지나가면서 단순한 삶을 살아가고 있지만, 그들을 만나는 사람들에게 순수성은 정말로 인간의 형상으로 존재할 수 있다는 것을 상기시켜 줍니다.

12번째 시디의 주파수로 연주하고 싶다면 자신의 가슴을 계속 상기시키기만 하면 됩니다. 카르마층 밑에서 선조로부터 내려오는 두려움과 피할 수 없는 어린 시절의 조건화는 위대한 보편적 가슴의 한 면을 능가합니다.—그리고 그 순수성은 기억될 수 있습니다. 그것의 색깔은 당신 안에 있는 영원한 자식이기 때문에 흰색을 넘어서는 흰색입니다. 당신이 도울 수는 없지만 사랑에 빠지는 것이 바로 당신입니다. 12번째 시디에서 세상을 바라보는 것은 이 크리스탈 같은 도구를 통해 모든 사람을 보는 것입니다.—그것은 당신이 만나는 모든 사람들 안에서 볼 수 있는 모든 것입니다. 그러나 당신이 어떤 것을 부정적인 방식으로 보는 순간, 당신 안에 있는 이 존재는 즉시 사라질 것입니다.

순수성은 언어로 표현될 때 시가 되고, 생각으로 표현될 때 본질이 됩니다. 언어와 생각을 결합할 때, 우리는 정신의 차원을 넘어서 상승하는 마스터 코드를 갖고 있습니다. 64 시디 각각에 대한 실제 단어는 정상적인 의미에서의 단어가 아닙니다.―그들은 더 높은 주파수의 영역으로 들어가는 입구입니다. 순수성Purity이라는 단어는 진동 수준에서 의성어의 본질이 있습니다. 다른 말로 하면, 당신이 가슴과 마음속으로 순수성Purity이라는 단어를 반복해서 발음한다면, 당신은 자신의 가슴 안에 순수성의 특성이 살아 있는 것을 실제로 느낄 것입니다. 이것은 확언에 관한 것이 아닙니다. 단순히 기법을 수행하고 그것을 느낄 수 있는 것이 아닙니다. 당신 자신의 가슴 안에서 준비되어 있어야 합니다.―당신은 이 기적을 느끼기 위해 그 단어와 그것이 뜻하는 모든 것을 사랑해야 합니다. 가슴의 방 안에서 시적으로 사용되고 진동하는 단어는 다른 사람들의 가슴을 감싸고 있는 두려움의 층을 관통할 수 있는 힘이 있습니다.

순화된 생각은 훨씬 더 강력한 효과를 냅니다. 음성 언어는 우리 태양계(음파가 결국 사라짐)에 미치는 영향을 제한하는 소리를 사용합니다. 그러나 생각으로 가려진 언어는 거의 상상할 수 없는 속도로 여행하며 문자 그대로 우주의 벽을 뛰어 넘습니다(오직 순수한 사랑만이 우주의 벽을 무너뜨릴 수 있습니다.―25번째 유전자 키를 보세요). 그러므로 순수한 생각은 창조의 모든 수준과 창조 안에 있는 모든 존재에 거의 즉각적으로 영향을 미칠 것입니다. 순수한 생각은 찻잔에 떨어진 설탕 덩어리와 같습니다. 아주 짧은 시간 내에 그것은 모든 것에 스며듭니다. 특정 수준에서, 생각의 순수성은 초공간의 가장자리로 당신을 데려갈 것입니다. 생각을 신성의 본질에 스며들게 하면 할수록, 당신의 전체 존재는 일종의 탈출 속도escape velocity에 도달하게 됩니다. 특정 수준의 주파수에서 당신은 그저 거대한 찻잔 속으로 녹아 사라집니다! 당신은 마음과 하나가 됨으로써 마음을 초월합니다. 여기서 역설은 마음이 되어 가는 동안 마음이 사라진다는 것입니다. 이것이 유전적 정지 코돈의 진정한 상징입니다.―그것은 당신 자신이 개인적으로 존재하는 것을 끝내고, 그것이 진정한 허영심, 즉 당신이 분리되어 있다는 환상을 드러내는 것입니다. 당신은 너무도 순수해서 존재 자체가 아닌 다른 존재로 존재한다는 것이 불가능합니다. 위대한 우주의 목 센터를 가로지르면서 당신은 삶 그 자체에 삼켜지는 것입니다.

13th GENE KEY

시디
공감
선물
분별력
그림자
불화

사랑을 통한 경청

프로그래밍 파트너 : 7번째 유전자 키
코돈 고리Codon Ring : 정화의 고리
(13, 30)

생리 : 편도체
아미노산 : 글루타민

13번째 그림자
불화Discord

비관론의 화학

13번째 유전자 키는 경청의 주제에 관한 것입니다. 이 유전자 키를 통해 우리는 듣는 기술에 얼마나 많은 차원이 있고 그것이 인간 의식의 확장이나 수축에 얼마나 깊이 연관되어 있는지를 알게 될 것입니다. 그림자 주파수에서 이것은 불화Discord의 그림자입니다. 이것은 세상에서 당신의 경험을 듣고 배우는 것을 못하는 것입니다. 경청listening은 듣기hearing와 완전히 다릅니다. 듣기는 청각 정보의 음향을 흡수하는 것을 말하지만 경청은 당신의 존재 전체로만 할 수 있는 어떤 것입니다. 종종 경청은 효과적으로 기능하기 위해 자기 안으로의 침잠과 시간을 필요로 합니다. 경청은 또한 삶의 경험을 감정적인 차원에서 처리하는 방법과 크게 연관되어 있습니다. 경청과 감정 사이의 연결 고리는 이 유전자 키의 미래에, 특히 그림자 주파수에 중대한 영향을 미칩니다. 현재 모든 인간의 태양신경총 시스템에서 일어나는 전 지구적 돌연변이 때문에 우리의 감정적인 화학 작용은 엄청난 변화를 겪고 있으며 13번째 그림자는 이런 변화에 의해 영향을 받을 것입니다.

프로그래밍 파트너인 7번째 그림자 '분리Division'와 함께 이 유전적 파트너십은 종으로서의 인류의 향방에 막대한 영향을 미칩니다. 이 두 유전자 키는 인간들이 그룹 차원에서 상호작용하는 방식을 관장하는 주요 프로그래밍 에이전트입니다. 그들은 실제로 게놈 내의 종족 프로그래밍 원형보다 훨씬 더 깊이 파고 들어가고 있습니다. 그것은 또한 우리의 상호작용 능력에 영향을 미칩니다. 7번째와 13번째 유전자 키는 인류의 의식을 우리 운명에 맞춰서 조종합니다. 7번째 유전자 키가 당신을 미래로 끌어들이는 반면에, 13번째 유전자 키는 당신이 과거를 듣고 과거로부터 배우라고 촉구합니다. 당신의 유전자 안에 있는 이 원형적 배치는 이 두 유전자 키를 마치 그들이 어찌되었든 인간의 영향이 미치는 범위 밖에 있다는 듯이 다른 것들과 다르게 만듭니다. 당신의 미래를 결정하는 것은 이 코드의 주파수 내에서 벌어지는 전투입니다. 13번째 유전자 키는 특히 모든 64개의 유전자 키 중 가장 중요한 것 중 하나인데 그 이유는 그것이 당신이 과거를 처리하는 방식을 포함하기 때문입니다.

불화는 자신의 과거를 피하지 못하는 것을 일컫습니다. 인간 게놈 안에는 집단적 인간 경험의 도서관이 쌓여 있습니다. 그리고 이 모든 기억을 처리할 수 없다는 것이 당신을 동일한 자기 파괴적 패턴에 묶어 두는 이유입니다. 13번째 그림자는 정화의 고리(The Ring of Purification)로 알려진 동일한 유전적 코돈 특징과의 연결을 통해 30번째 그림자에 매우 중요한 화학적 연결을 공유합니다. 30번째 그림자—욕망Desire의 그림자—는 경청하는 능력 사이의 연결이 인간 욕망의 원초적인 힘과 비교되는 곳입니다. 글루타민glutamine으로 알려진 아미노산을 암호화하는 이 코돈은 훌륭한 유전자 싸움터 중의 하나입니다. 흥미롭게도 지금, 이 아미노산을 장의 다양한 기능과 오작동에 연결시키는 수많은 과학적 증거가 있습니다. 상징적으로 우리는 인간이 얼마나 효과적으로 과거를 처리하는지를, 우리 몸이 얼마나 효과적으로 낭비를 제거하는지와 연결시킬 수 있습니다. 30번째 그림자에서 발견된 욕망의 힘은 일반적으로 과거의 경험을 경청하는 능력보다 중요하며, 전반적으로 인류에 도움이 되지 않는 길로 우리를 또다시 인도합니다.

문제는 인간의 감정 시스템에 뿌리가 있으며, 이 30번째 그림자 '욕망Desire'이 그 핵심입니다. 욕망은 현재의 형태로 만족할 수 없기 때문에 전체 인류의 향방에 영향을 미칩니다. 과거에 일어났던 일임에도 불구하고 우리는 똑같이 좋지 않은 결정과 판단을 계속합니다. 이것이 전 지구적인 불화 주파수를 설정하며, 그 안에서 우리는 우리가 어디에서 잘못 가고 있었는지를 분명하게 볼 수 있지만 집단적인 차원에서 그것을 치료하지 못합니다. 이것의 한 예가 현재의 지구 온난화의 위협입니다. 우리는 우리의 삶의 방식이 장기적으로 지구의 미래에 어떤 영향을 미치는지 볼 수 있습니다. 그러나 우리의 욕망은 그것에 대해 무언가를 할 수 있는 에너지를 앗지릅니다. 인류 역사에 깊은 지식이 있는 사람이라면 매번 같은 주기가 반복되지만 그것이 매번 다른 뉘앙스로 반복된다는 것을 보게 될 것입니다. 오늘날 그 어느 때보다 문제에 대한 전 지구적인 인식이 높아진 것은 사실입니다. 그러나 이런 인식이 인간의 행동을 변화시키는 것은 아닙니다. 우리는 우리가 만들고 있는 불화를 듣고는 있지만, 그것을 경청하지는 않습니다. 결국, 내면의 욕망을 만족시키려는 우리의 감정적 충동이 항상 승리합니다. 그것이 13번째 그림자의 딜레마인 것입니다.

주역의 13번째 헥사그램에 대한 고대의 이름은 '인간의 동료애Fellowship of Man'입니다. 그것은 겉으로는 희망으로 가득 찬 아름다운 이름입니다. 그리고 그것은 사실 이 13번째 유전자 키의 더 높은 주파수를 설명해줍니다. 그러나 더 낮은 주파수에서는 우리가 경청하지 못하기 때문에 우리 자신의 단기적인 의제만을 계속 추구하며 결국은 더 큰 사회에 비참한 결과를 초래합니다. 아이러니하게도 우리는 우리 자신의 욕망에서 위안을 찾을 수 없습니다. 아무리 많은 욕망을 만족시키더라도 더 많은 욕망이 또 나타납니다. 우리는 전반적인 딜레마에 귀를 기울여 들을 수 없기 때문에 세상에서 불화만을 듣습니다. 그런데 우리는 아직 집단적 차원에서 그것을 볼 수 없습니다. 따라서 우리는 인간의 동료애가 정말로 무엇인지 알아낼 준비가 되어 있지 않습니다. 이것이 우리가 미래의 방향(7번째 그림자를 통해)을 계속 분열의 미래로 프로그램하는 이유입니다. 진정한 문제에 귀 기울이지 않을 때, 우리의 모든 행동은 우리 사회에서 점점 더 많은 분열을 야기합니다.

이 모든 선조들의 기억으로부터, 그리고 인간의 동료애를 발견하거나 창조해 낼 수 없는 우리의 무능함에서, 거대한 비관주의가 무의식적인 차원에서 나타납니다. 우리는 누구나 할 것 없이 더 이상 우리 자신의 본성을 극복하고 진정으로 평화로운 세상을 만들 수 있다는 것을 믿지 않습니다. 역사는 이에 대해서 설득력 있는 증거를 제시합니다. 실제로 우리의 비관주의는 우리의 유전자에 직접적으로 나타납니다. 왜냐하면 놀랍게도 우리의 비관주의가 실제로 올바른 기초 위에서 형성되었기 때문입니다.—우리는 우리 자신의 본성을 극복할 수 없다는 것 말입니다. 오직 자연만이 우리를 극복할 수 있습니다. 그것이 지금 바로 파이프라인에 있는 것, 바로 그것입니다. 자연은 새로운 종류의 인간을 준비하고 있습니다. 자연은 전체적으로 과거의 경험을 배우고 들었습니다. 그리고 우리가 도망칠 희망이 없는 망에서 우리를 자유롭게 하는 데 필요한 거대한 도약을 우리를 통해서 만들 것입니다. 자연은 경청의 기술이 더 이상 원시적인 욕구와 경쟁할 필요가 없는 인간을 창조할 것입니다. 전례 없이 아주 급작스럽게 단번에 휩쓸어 버리면서 자연은 욕망 그 자체를 죽임으로써 이것을 해낼 것입니다.

억압적 본성 – 관대함Permissive

이 사람들은 다른 사람들에게 공감하고 동정적인 척하면서 사실은 아무것도 하지 않습니다. 이 그림자의 억압적인 면은 모든 사람의 말을 경청하는 것처럼 보일 수 있지만, 진정한 근성이 없다는 것이 곧 명백해집니다. 이 사람들은 아무것도 배우는 것도 없이 다른 사람들이 자기들을 함부로 다루게 놓아둔다는 의미에서 관대합니다. 그들은 당신이 무슨 말을 하든 다 동의할 것입니다. 그들은 듣는 것을 경청하는 것으로 착각하고, 그렇게 함으로써 다른 사람들로부터, 그리고 주변 환경으로부터 스스로를 감정적으로 단절시킵니다. 이것은 어떤 정도이든 상관없이 고통과 즐거움의 주기를 받아들이고 싶어 하지 않는 감정적인 억압의 가장 깊은 형태 중의 하나입니다. 따라서 그것은 양 극단을 모두 희생시키고 그릇된 안전 의식에 안주합니다.

반응적 본성 – 편협함Narrow-Minded

불화가 반응적 존재를 통해 나타날 때, 그것은 편협함 또는 심한 편견이 됩니다. 이 사람들은 당신이 무슨 말을 하든 상관없이 당신의 의견에 반대할 것입니다! 편협함은 반응적인 감정 패턴에 갇힌 채로 그런 방식의 삶을 사는 것입니다. 이 사람들은 말 그대로 자신의 욕망의 한계를 넘어서서 볼 수 없으며 비관주의로 가득 차 있습니다. 그들의 철학은 모든 인간을 현재의 위치로 오게 이끌어 준 두려움의 패턴에 기초를 두고 있으며, 진정한 변화의 가능성에 열려 있지 않습니다. 그런 사람들은 인간의 본성에 대한 깊은 쓰라림을 마음속에 품고 있습니다. 그리고 이것은 아주 빈번하게 분노로, 특히 사물을 자신의 방식으로 보지 않는 사람들에게 나타납니다. 그런 사람들에게는 미래와 인류에 대해 낙관적인 사람들의 견해가 틀렸음을 밝히는 것이 인생에서의 사명이 됩니다.

13번째 선물
분별력Discernment

인간의 동료애

분별력은 당신의 감정적 본성이 점점 더 의식에 다가갈 때 나타납니다. 당신이 욕망에 얼마나 깊이 사로잡혀 있는지 깨닫게 되면 인류 전체 또한 이해하게 됩니다. 이 놀라운 의식의 팽창으로부터 13번째 선물 '분별력'이 생깁니다. 타인에 대한 당신의 견해가 당신의 감정과 얼마나 깊이 연관되어 있는지를 알게 되면서 분별력은 개인적인 차원에서 시작됩니다. 개인적인 감정을 지켜보고 살펴볼 때만이 당신은 더 객관적인 방식으로 사물을 볼 수 있게 됩니다. 시간이 지남에 따라 당신의 개인적인 의제가 더욱 명쾌해지고 더 넓은 관점에서 다른 사람과 세상에 귀 기울이는 능력을 되찾게 됩니다. 이 주파수의 수준에서 당신은 욕망이 몸을 통해 빠르게 흘러가는 것을 완전히 깨닫게 되고, 그것을 멈추기 위해 할 수 있는 일이 아무것도 없지만 더 이상은 그 욕망의 희생자가 아닙니다. 처음으로 당신은 당신 자신의 개성을 분명히 보게 되며, 그 개성 뒤에 뭔가 다른 것이 있다는 것을 깨닫습니다.–이는 개성의 감각보다 더 큰, 일종의 지켜보는 의식입니다. 이것이 경청하는 능력의 탄생입니다.

당신의 분별력이 높아지면서 많은 선물이 다가옵니다. 그것은 마치 세상을 덮고 있던 큰 베일이 벗겨진 것처럼 보일 수도 있습니다. 앞서 보았듯이, 13번째 유전자 키는 집단적 과거 경험과 인류의 기억이 저장된 보관소입니다. 당신은 이제 이 카르마 도서관으로부터 반응하는 것이 아니라 당신 자신의 과거의 신비를 벗겨내기 시작합니다. 당신이 무작위적인 일련의 경험으로 생각했을 수도 있던 것들이 눈으로 보고 알 수 있는 패턴을 따르는 것으로 보일 수 있습니다. 이제는 주관적 감정을 인격화시키는 드라마에 빠지지 않은 채 삶을 하나의 신화적인 차원에서 볼 수 있게 됩니다. 이 신화적인 사고가 마음이 욕망의 베일 뒤에 있는 것을 귀 기울여 들을 수 있는 능력을 해석하는 방식입니다. 신화의 수준에서 인생을 보는 것은 우리의 삶 속에서, 개인적인 삶은 물론 더 큰 인간의 집단적 역사에서 펼쳐지는 거대한 원형을 보는 것입니다. 이런 식으로 자신의 과거를 이해함으로써 당신은 모든 개인들의 줄거리가 동일한 주제의 변형이라는 것을 알 수 있습니다. 이 수준에서 우리는 이런 똑같은 전형적인 주제가 모든 문화의 의식, 동화, 전설 및 신화에 있다는 것을 알아볼 수 있습니다.

주관적인 감정 수준에서 삶을 보는 것을 멈추면 새로운 느낌의 풍경이 당신 안에서 열립니다. 이 느낌은 당신의 감정 시스템을 초월하는 미래의 능력이 나타나는 초기의 징후이며, 그것은 낙관주의로 경험됩니다. 낙관주의는 당신의 태양신경총 시스템 안에서 의식이 점차적으로 팽창하는 것이 세상으로 전달되고 투사되는 것입니다. 사람은 그것을 역순으로도 볼 수 있습니다. 모든 생명체를 연결하는 의식은 태양신경총 시스템 안으로 받아들여지고 그로 인해 훨씬 더 넓은 실재, 즉 진정한 인간의 동료애를 포함하는 대아Self의 감각을 확장합니다. 우리의 문화유산을 통해, 그것이 무엇이든 간에 우리 모두에게는 결국 우리 자신의 감정 드라마를 초월하기 위해 필요한 신화, 이야기, 원형이 내포되어 있습니다. 세상의 모든 이야기, 의식儀式, 신념은 우리 DNA의 기본 구조로부터 자라나왔습니다. 문화나 지리에 관계없이, 심지어는 전혀 고립된 곳에서도 역사를 통해 동일한 패턴이 반복해서 나타나고 있는 이유가 바로 그것입니다.

이런 집단적 신화와 동화에는 다양한 돌연변이를 포함하여 진화의 화학적 코드가 담겨 있습니다. 이야기들은 항상 어두운 과도기를 지나 궁극적으로는 의식의 초월 상태에 도달합니다. 분별력이 낙관주의로 이어지는 이유가 바로 이것입니다. 분별력의 선물로, 당신은 상징을 단지 보는 것만이 아닙니다. 당신은 당신 자신의 삶 속에서 상징을 경험합니다. 분별력이 당신에게 그런 낙관주의를 가져다주는 이유가 바로 그것입니다. 신화 속의 모든 인물들은 세계정신의 양상이며, 그들이 통과하는 모든 상황은 우리 자신의 유전적 영적 진화의 일부입니다. 이 모든 것이 오늘날 특히 관련이 있습니다. 왜냐하면 우리가 전체적인 종으로서 신화적 시험을 통과하고 있기 때문입니다. 이런 일이 일어난 것은 아마도 처음일 것입니다. 분별력이 있는 사람들은 우리 역사의 지금 국면이 우리가 지금 살고 있는 두려움에 기초한 문화의 주관적인 해석과는 상관없이 의식의 초월적인 도약으로 이끌어야 하고 또 이끌게 될 것이라는 것을 본능적으로 알고 있습니다.

13번째 시디
공감Empathy

거대한 우주 허브

13번째 시디는 파트너인 7번째 시디처럼 그 안에 은밀한 지혜가 많이 감춰져 있습니다. 우리의 DNA는 믿을 수 없을 만큼 놀라운 실체입니다.—그것은 우리 종 전체의 기억과 우리의 근원을 거슬러 올라가 초기 생명체의 기억까지도 포함합니다. 신 자신의 프랙털 조각처럼, DNA는 이 행성에서 탄생한 생명의 시작으로 연결되는 살아 있는 고리를 형성합니다. 심지어 더 깊이 들어가, 그것은 우주가 처음으로 싹트기 시작한 바로 그 씨앗으로 우리를 연결시켜 줍니다. 우리의 집합적 과거로부터 오는 정보가 회복될 수 있는 것은 바로 이 13번째 시디를 통해서입니다. 일종의 우주 사서처럼 그것은 삶의 페이지에 쓰인 모든 책의 접속 코드를 가지고 있습니다. 우리는 여기서 단지 정보만을 말하는 것이 아니라 경험을 말하는 것입니다. 13번째 시디는 야생 표범이나 딸기, 또는 연체동물이 되는 것이 어떤 경험인지 그 본질을 풀 수 있습니다. 이것이 공감의 힘입니다.

오늘날 대부분의 사람들은 '공감empathy'이라는 단어를 그 깊은 의미도 모른 채 사용합니다. 이 단어는 상당히 현대적인 단어로서, 아리스토텔레스가 만들어낸 훨씬 오래된 단어인 '동정sympathy'과 언제나 혼동됩니다. 64 유전자 키의 언어에서 공감은 시디적인 진동을 나타내며, 따라서 마음으로 파악될 수 없습니다. 왜냐하면 진정한 공감은 어떤 식으로든 마음과는 아무 상관도 없기 때문입니다. 접두어 em은 '안within'을 의미하고 접두사 sym는 '함께with'를 의미합니다. 여기에 단어를 이해하는 열쇠가 있습니다. 동정은 다른 사람과 '함께 느끼는 것'을 의미하는 반면에 공감은 그 사람 '안에 있다는 것'을 의미합니다. 대부분의 사람들은 다른 사람 안에 있는 것을 상상할 수 없습니다. 따라서 이 용어는 은유로 간주되어 왔으며 일반적으로 다른 사람에게 또는 다른 사람 안으로 정신적으로나 감정적으로 투사하는 것으로 이해됩니다. 이제 이 간단한 단어의 원래 힘을 되찾도록 합시다. 공감의 시디는 개별화된 자아의 완전한 해체를 필요로 합니다. 일단 자신의 형태와 동일시하는 것이 끝나면 공감은 모든 살아 있는 형태의 배경 인식으로 자신을 드러냅니다. 다른 말로 하면, 우리는 실제로 서로의 속 안에 있습니다. 동정은 둘을 요구하지만, 공감은 하나만을 요구합니다.

우리는 이 13번째 유전자 키의 기초가 경청을 기반으로 한다는 것을 보았습니다. 사실, 13번째 시디의 수준에서는 경청이 모든 것입니다. 블랙홀처럼 이 경청은 그 안에 들어오는 모든 것, 공간이나 시간이나 그 모든 것을 빨아들입니다. 결국 경청은 너무도 전체적이 되어 주체와 객체 모두를 혼합하여 경청이라는 개념 자체도 사라집니다. 이것이 공감의 시디가 실제로 무엇을 뜻하는지 작은 암시를 줍니다. 대중 의식이 항상 13이라는 숫자를 얼마나 격렬하게 두려워했는지를 주목해 보는 것은 참으로 흥미롭습니다. 전통 문화에서 13이라는 숫자는 타로 시스템을 통해 좋지 않은 명성을 얻었습니다. 타로카드에서 13은 '죽음' 카드를 의미합니다. 이 고전적인 비전의 코드는 언제나 원래의 진리 속에서 발견됩니다. 공감은 참으로 하나의 죽음인 것입니다.—이는 인류의 근본적인 본성을 나타내는 분리된 자아의 죽음입니다. 공감은 인류의 가장 진정한 감각 기관입니다. 하지만 개인을 통해서는 기능할 수 없고, 오직 집단을 통해서만 기능할 수 있습니다.

13번째 시디와 7번째 시디는 시간을 통해서 서로를 프로그램합니다. 13번째 시디는 과거의 저장고로서 인류의 미래를 프로그램하며, 7번째 시디는 과거를 프로그램합니다. 여기서 뒷부분의 말은 말이 되지 않는 것처럼 보이지만, 시디 수준에서는 그것이 사실입니다. 시디 수준에서, 씨앗과 과일은 서로 때문에 서로 안에 존재합니다. 우리는 미래가 불확실하다고 생각하지만, 반면에 과거는 그것이 기억되는 방식 때문에 마찬가지로 불확실합니다. 이것이 신화의 힘입니다.—그것은 어떤 사건이나 일련의 사건들을 시간 속으로 끌어들여 그들을 불멸로 만들 수 있습니다. 공감한다는 것은 모든 위대한 신화가 튀어나온 달걀에 접속하는 것입니다. 공감만이 신화보다 더 멀리 더 깊숙이 갑니다. 왜냐하면 그것은 반대편을 다시 합치고 이야기 자체를 종결짓기 때문입니다. 공감은 시간 밖의 의식 상태입니다. 비록 그것이 시간을 품어 안고 있지만 말입니다. 다시 말하건대 공감은 13이라는 숫자의 신비로 상징되어 있습니다. 그리고 그것은 12의 커다란 바퀴의 중심을 나타냅니다. 그것은 둥근 테이블의 중심에 있는 성배, 또는 12제자에 둘러싸인 그리스도의 신비로운 숫자입니다. 13은 아라크네(Arachne, 베짜기에서 아테나Athena에게 져서 거미가 된 여자), 거미의 수이며, 황도대의 신비로운 13번째 기호입니다. 그녀는 창조의 거미줄 중심에 앉아 자신의 다리를 통해 존재하는 모든 것을 끊임없는 공감하고 있습니다.

시디 상태를 달성하기 전에 처리해야 할 거대한 두려움이 있습니다. 13번째 시디의 경우, 이것은 13번째 그림자의 보편적인 불화에 완전히 흡수되는 것을 포함합니다. 이 두려움에 대한 인간의 해석은 살아 있고 따뜻한 모든 것에서 단절되는 느낌의 경험입니다. 그것은 홀로 있음이 고뇌로 경험되는 얼음처럼 차가운 지대입니다. 그러나 이 경험을 제거함으로써 13번째 시디는 새로운 세계에 눈을 뜹니다.—그 세계는 과거가 빛나는 새로운 미래로 마술같이 변형된 그런 세계입니다. 우리는 여기서 이 유전자 키가 '정화의 고리The Ring of Purification'의 일부라는 것을 상기할 수 있을 것입니다. 욕망에 대한 인간의 중독은 시디 의식 상태에서 끝나고, 사람의 영혼은 더 이상 지구로 되돌아오지 않고 더 높은 영역에서 태어난다고 합니다. 이는 그런 사람에게 일어나는 일에 대한 문자적 해석이라기보다는 신화적 해석입니다. 모든 위대한 비전의 해석—카르마, 환생, 심판—은 문자 그대로라기보다는 신화적이어야 합니다. 왜냐하면 진정한 시디 상태는 말로 전달할 수 없기 때문입니다. 보편적인 공감 속에서, 당신은 인간 가족의 중심에 들어가고 존재하는 모든 것과 함께 하나가 됩니다.

이 시디를 통해 의식의 진실에 깨어난 사람들은 우리의 역사 속에 살아 있는 신호등이 될 것입니다. 이 사람들은 가장 깊은 예술, 즉 경청의 기술을 배웠습니다. 그런 사람 앞에 앉는다는 것은 경청을 통해 치유 받는 것입니다. 이 수준에서 경청하는 것은 더 이상 수동적인 현상이 아닙니다. 그것은 실제로 오라 차원에서 아주 강력한 정화입니다. 위대한 우주의 어머니가 경청한다는 것은 모든 두려움을 표면으로 가져와 사랑으로 망각시키는 것입니다. 이 사람들은 모든 샤먼 중에서 가장 강력합니다.－그들은 당신 안에 있는 과거의 관문을 아주 넓게 열어 주어 당신은 자신을 한 곳에 초점을 맞춘 개체가 아닌 거대한 우주적 수용체로 알게 됩니다. 그들은 모든 창조물과 존재들이 당신 안에 살고 있다는 것을 보여줄 수 있습니다. 그리고 만일 당신이 집단적 과거에 자신을 폭넓게 연다면, 당신은 또한 우리 공동의 미래를 보게 될 것입니다. 그런 존재에게는 인간의 동료애로 알려진 거룩한 완벽의 상태는 끊임없는 명백한 현실입니다.

14th GENE KEY

시디
풍부함
선물
능력
그림자
타협

빛을 발하는 속성

프로그래밍 파트너 : 8번째 유전자 키
코돈 고리Codon Ring : 불의 고리
(1, 14)

생리 : 소장
아미노산 : 리신

14번째 그림자
타협Compromise

새는 마차

주역에서 14번째 헥사그램의 단어는 일반적으로 대규모 소유Possession in Great Measure라는 말로 번역되며, 전통적으로 물건으로 가득한 대형 마차로 상징됩니다. 부와 건강, 번영의 상징이며, 모든 주제는 행운과 열심히 일하는 것과 연결됩니다. 이 14번째 유전자 키와 그림자는 실제로 인간이 일하는 방식과 관련이 있습니다. 그것은 당신이 하는 일, 당신이 함께 일하는 사람들, 그리고 무엇보다도 당신이 일하는 방식의 실질적인 선택에 관한 것입니다.

모든 인간은 일을 하려는 타고난 유전적 욕구가 있습니다. 흥미롭게도 일work이라는 단어는 영어로 노력의 개념과 연관되어 있습니다. 이 단어는 이 14번째 유전자 키의 집단적인 그림자가 우리 삶에 얼마나 깊이 뿌리내려 왔는지를 보여줍니다. 일은 실제로 많은 것을 의미할 수 있습니다. 그것은 모두 삶에 대한 당신의 태도에 달려 있습니다. 14번째 그림자의 근원은 타협이며, 타협은 이 행성의 대다수 사람들에게 규범이 되었습니다. 타협은 우리의 정신에 너무 깊숙이 박혀 있어 우리는 우리가 그것을 하고 있다는 것을 깨닫지도 못하고 있습니다.

타협은 개인적인 자유의 느낌 없이 사는 삶의 부산물입니다. 그것은 상상력 부족, 당신 자신의 독특함과 개성의 힘을 믿지 못하는 것을 의미합니다. 14번째 그림자는 8번째 그림자 평범함Mediocrity과 짝을 이루며, 따라서 우리 인간들은 이 두 낮은 주파수의 희생양 상태에 끼어 살면서 영감 없는 상황에서 벗어나는 방법을 상상도 하지 못합니다. 우리 중에 우리의 불만에서 벗어날 수 있는 길을 볼 수 있는 사람들조차도 꿈을 향한 긴 여정을 완료할 수 있는 힘과 역량이 결여되어 있다는 뿌리 깊은 두려움 때문에 우리의 꿈을 실제로 좇아갈 용기가 거의 없습니다.

타협은 우리 내부 깊숙한 곳에서 시작됩니다. 그것은 우리가 아주 어렸을 때부터 우리 부모와 학교로부터 세상의 그림자를 물려받으면서 시작됩니다. 많은 사람들이 어렸을 때 위대함을 꿈꾸고 갈망하지만 대부분은 40대에 이르면 그 꿈을 포기하고 맙니다. 많은 사람들은 그보다 훨씬 더 일찍 포기하고, 우리 중 일부는 심지어 시작도 하지 않습니다. 오늘날의 세상에서 자라는 대부분의 어린아이들은 영화배우나 축구 선수 또는 유명한 가수가 되는 꿈을 꿉니다. 그리고 대부분의 성인들은 이런 꿈을 젊은이의 삶에서 지나가는 단계라고 보고 있습니다. 그러나 이 젊은이들은 삶의 영역에서 뛰어나고 싶은 자신만의 타고난 욕구를 무의식적으로 투사하고 있습니다. 이른 시기에 꿈꾸는 이런 종류의 열망은 실제로 매우 높은 주파수로 타오르며, 만일 그것이 유지되고 잘 활용되고 또한 방향이 주어지면 결국에는 이런 아이들을 뛰어난 방향으로 이끌 것입니다.

슬픈 진실은 대부분의 아이들의 꿈은 학교에 의해 설정된 교육 커리큘럼의 끝없는 단조로움 속에서 밟혀 뭉개진다는 것입니다. 대부분의 아이들이 일을 지루함, 노력, 또는 고됨과 연관시키는 것을 배우는 곳이 바로 학교입니다. 이런 현대적인 학교 시스템의 문제점은 아이들을 각기 다른 방식으로 다루는 것이 아니라 교육을 받아야 하는 하나의 집합체로 취급하면서 동질화시키는 경향이 있다는 것입니다. 많은 아이들은 학교에 전혀 적합하지 않습니다. 여기에 덧붙여, 부모가 자기 자신을 믿지 않는다면, 아이들에게 창조적으로 영감을 주는 것이 매우 어려울 것입니다. 아이러니하게도 우리가 열정을 가장 필요로 할 때 꿈에 대한 열정을 성인기까지 길게 유지할 수 없다는 것은 놀라운 일입니다.

타협은 사회 시스템을 통해 우리에게 심어집니다. 타협할 때마다 당신은 차선책을 받아들이는 것입니다. 따라서 절대로 삶을 온전히 즐길 수가 없습니다. 당신이 삶을 즐기지 않는다면 결코 삶 속에서 뛰어나게 되지 못할 것입니다. 즐거움과 열정은 당신이 뛰어나도록 밀어주는 터빈의 연료입니다. 모든 아이들은 어떤 천재성을 갖고 태어났습니다. 그리고 올바른 방향으로 발전하도록 허용된다면 필연적으로 천재성이 드러날 것이며 그들이 하는 일은 다른 사람들에게 똑같은 높은 기준을 성취하도록 고무시킬 것입니다. 천재성 그 자체는 타협과 마찬가지로 매우 전염성이 있습니다. 천재성은 너무도 전염성이 강하고 힘을 실어 주기 때문에 개인들이진정으로 인류 전체의 집단적 주파수를 바꿀 수 있습니다.

타협은 처음에는 매우 미묘합니다. 그것은 당신의 행동에 관한 것이 아니라 당신의 정신에 관한 것입니다. 당신이 정말로 좋아하지는 않지만 당신의 꿈을 향해 나아가는 발판이 되는 것을 한다면 그것은 당신의 방식을 변화시킬 것입니다. 그러나 만일 당신이 좋아하지 않는 일을 사회가 어떤 식으로든 그것을 하도록 압력을 가했기 때문에 한다면, 당신은 미끄러운 경사면에 있는 것과 같습니다. 그런 종류의 타협은 쉽게 습관이 될 수 있으며, 결국에는 당신의 영혼을 빨아먹을 것이고 당신을 당신의 진정한 잠재력으로부터 더 멀리 끌어낼 것입니다. 당신은 당신이 하는 일을 삶의 전반적인 방향의 한 부분으로 보면서 열정이 살아 있도록 유지시켜야 합니다. 이것이 가장 지루한 일에도 의미를 부여할 수 있는 방법입니다.

64개의 유전자 키는 천재의 모든 가능한 유형에 대한 유전자 코드를 담고 있습니다. 이것이 바로 64개의 선물입니다.—그것은 진정한 천재를 위한 집합적 매트릭스를 형성합니다. 속屬, genus과 천재genius라는 두 단어는 서로 밀접하게 관련되어 있는데, 속genus은 전체 인간의 종을 압축한 것이고, 마찬가지로 천재도 모든 유전자 풀 전체에 나타나는 유전적 특성이기 때문입니다. 그러나 널리 알려진 믿음과는 달리 천재는 특별하지도 않고 희귀하지도 않습니다. 그것은 태어났다는 것만으로도 모든 인간 각각에 하나의 씨앗으로 존재합니다. 천재에 대한 오해는 그 단어의 정의에 관련되어 있습니다. 그것은 주로 지능을 지칭하는 것으로 사용됨으로써 좁혀졌습니다. 그러나 천재라는 단어의 어원은 훨씬 더 신비한 능력을 가리킵니다.—그것은 당신의 삶 속에서 당신을 안내하는 영혼이나 다이몬(daemon, 고대 그리스 신화 속에 나오는 반신반인의 존재) 종류인 것입니다. 그런 영혼은 당신의 상위 자아higher self, 大我, 즉 훨씬 더 높은 주파수에서 당신을 통해 작동하는 홀로제네틱 프로파일인 것으로 보일 수도 있습니다.

천재는 창의력, 창조성, 열정을 의미하지만 결코 지적 능력이 뛰어난 사람들에게만 국한되는 것은 아닙니다. 이 14번째 유전자 키는 불의 고리The Ring of Fire라고 불리는 유전자 코돈 그룹을 형성합니다. 그것은 천재란 행동을 하게끔 부추겨질 필요가 있는 불꽃임을 시사합니다. 이 불의 고리의 다른 화학 성분은 신선함Freshness의 선물을 가진 첫 번째 유전자 키입니다. 그러므로 천재는 신선함과 새로움의 개념에 밀접하게 관련되어 있습니다. 이 세상에서 개인에게 행해진 가장 큰 피해는 사람들이 타협하고 꿈을 포기하도록 강요하는 낮은 주파수 집단의식에 의한 지속적인 프로그래밍입니다. 천재의 불꽃은 태어나면서부터 존재하며, 만일 어린 나이에 인식된다면 그 아이는 그 특별한 천재의 불꽃을 부채질하기 위해 개별적으로 맞추어진 어린 시절을 살 수 있습니다.

마지막으로, 타협은 당신을 창조자가 아니라 추종자로 만들기 때문에 번영을 가져다 줄 수 없습니다. 진정한 번영은 우리가 집단이라는 기계에서 단순히 또 다른 톱니가 되는 것이 아니라 우리가 여기서 하기로 된 일을 하는 것으로부터 나옵니다. 번영은 개인의 창의적인 노력의 부산물이며 지속적이고 자율적인 방향 감각을 요구합니다. 당신이 타협을 하는 순간, 당신의 마차는 에너지를 누출하기 시작합니다. 당신이 태어나면서 갖고 온 재물이 부패하기 시작합니다. 타협의 주파수는 행운과 동시성의 가능성을 무효화합니다.—그것은 아름다움이 전혀 일어날 수 없고 타고난 천재성과 목적이 조금도 실현될 수 없는 임자 없는 땅입니다.

억압적 본성 – 무력한Impotent

무의식적으로 두려움에 의해 지배되는 사람들에게, 14번째 그림자는 거의 피할 수 없는 딜레마를 나타냅니다. 삶에서 타협을 많이 하면 할수록 힘이 없는 사람은 도망치고 싶은 생각이 더 들게 됩니다. 우리의 실제 생체 에너지의 상당 부분은 이 14번째 유전자 키 안에 있으며, 우리가 만족스러워 하는 일을 통해 이 에너지를 방출하지 않으면 우리의 힘은 우리 안에서 질식하게 됩니다. 무력함이란 단어는 우리의 성에 적용되는 이중의 의미를 가지고 있으며, 이것은 또한 이 14번째 유전자 키와 깊이 관련되어 있습니다. 성적인 공명과 생식력은 부분적으로 우리가 우리 삶에서 얼마나 성취하는지에 달려 있습니다. 두려움 때문에 타협을 하면 실제로 우리의 생식력이 고갈됩니다. 무력함은 반드시 약하게 보인다는 뜻은 아닙니다. 억압된 본성은 종종 무슨 일이 일어나든 함께 가면서 약점을 감추는 좋은 일을 합니다. 이런 측면에서 진정한 무력함은 혼자 서서 자신의 독특한 길을 추구할 용기가 없다는 것에 관한 것입니다.

반응적 본성 – 노예가 됨Enslaved

이 그림자의 반응적 본성은 또한 기본적인 불안정성을 기반으로 합니다. 하지만 무력함으로 무너지는 것이 아니라 이 사람들은 자신을 증명하려고 노력함으로써 반응합니다. 이것은 오늘날의 세상에서 전형적인 패턴입니다.—우리는 사람들이 자신이 특별하다고 자신과 다른 사람들에게 증명하려고 하면서 실제로는 자신들에게 맞지 않은 일을 열심히 하는 것을 봅니다. 이 사람들은 인정받고자 하는 욕구에 노예가 되어 있습니다. 아이러니하게도, 인정을 받는다고 해도 그것이 그들에게 성취감을 주지는 않습니다. 왜냐하면 그들은 삶 속에서 자신의 진정한 잠재력을 발휘한 적이 없기 때문입니다. 그런 사람들은 단순히 힘이 있는 척하고 있을 뿐입니다. 당신이 그들을 자극하면, 그들은 곧 분노로 불안감을 표시할 것입니다. 진정한 힘은 다른 사람이나 세상에 자신을 증명할 필요가 없습니다. 진정한 힘은 당면한 일에만 관심이 있습니다.

14번째 선물

능력Competence

아랫배의 불

우리가 보았듯이, 모든 인간 안에는 잠재된 천재가 있습니다. 이 천재는 당신이 타협을 멈출 때 나타납니다. 능력이란 자신이 하는 일을 사랑하는 사람에게 동반되는 특성입니다. 그것은 가르칠 수 없는 선물 중의 하나입니다. 왜냐하면 진정한 능력은 단순히 일을 잘 하는 것 이상의 것을 의미하기 때문입니다. 능력은 효율성, 열정, 재능, 유연성 등 물질적인 성공의 네 가지 키를 포함합니다. 그것은 효율적입니다. 왜냐하면 가는 길에 놓인 모든 장애물에 대한 가장 빠르고 가장 간단한 해결책을 찾기 때문입니다. 그리고 그것은 열정적입니다. 왜냐하면 그렇게 함으로써 깊은 성취감을 얻기 때문입니다. 그것은 재능이 있습니다. 왜냐하면 아무도 할 수 없는 방식으로 하고 있기 때문입니다. 그것은 유연합니다. 왜냐하면 그것은 상상할 수 있는 어떤 사업적인 영역에도 적용될 수 있기 때문입니다.

유능하다는 것은 필요할 때마다 논리적으로나 측면으로 생각할 수 있다는 것을 의미합니다. 효율성의 키는 창조성과 수용성 사이에서 자연스럽게 전환할 수 있는 능력입니다. 이는 그것이 스스로 조절된다는 것을 의미합니다. 행동과 동시에 이 선물은 귀 기울여 들으면서 동시에 환경에 반응합니다. 몸 안에서, 이 인식은 태양신경총 영역에 해당합니다. 이곳은 당신이 어떤 순간에라도 어떻게 중심을 느낄 것인지를 지시하는 생물 물리적인 영역입니다. 중심을 느끼는 것은 배로 움직이고 숨을 쉬는 것이며, 수세기 동안 많은 문화가 이 진리를 이해했습니다. 태양신경총의 개념 전체와 아랫배의 불(성취하고자 하는 내면의 충동)은 우리 몸의 이 영역의 힘에 대한 깊은 이해에서 비롯됩니다.

배꼽은 상징적으로 인간의 힘과 생식력의 모습으로 보입니다. 14번째 선물은 이 광대한 내부의 힘을 이용합니다. 배의 비밀은 미는 것보다는 끌어당기는 것에 관한 것입니다. 이에 대한 좋은 비유는 전 세계의 목공예에서 사용되는 다양한 기술에서 찾을 수 있습니다. 동양에서는 톱이 서양처럼 바깥 방향으로 나가는 것이 아니라 배 쪽으로 당겨집니다. 그 결과로 잘린 단면은 밀어서 만들어진 것보다 더 세밀합니다. 또한 근육의 힘으로 밀어내는 것보다 배 쪽으로 톱을 잡아당기는 것이 훨씬 적은 에너지를 사용합니다. 서양 스타일의 유일한 장점은 더 빠르다는 것이지만 장기적으로 볼 때 질이 항상 양보다 경제적인 투자입니다. 이런 의미에서 능력은 자연스럽고 조화로운 리듬에 맞추어 완전한 정밀도와 우아함으로 작업을 수행하는 것입니다.

14번째 선물 능력Competence은 매우 전염성이 있는 선물 중 하나입니다. 이미 언급했듯이, 그 중의 하나는 열정입니다. 이것은 그룹 기업이나 비즈니스에서 필수적인 자질입니다. 사실, 이 14번째 선물은 성공적인 비즈니스 벤처나 팀의 주요 구성 요소입니다. 이 선물에서 오는 열정은 그룹 내에서 응집력을 만드는 구속력입니다. 자신의 홀로제네틱 프로파일에서 강력하게 활성화된 14번째 선물을 가진 사람들은 종종 특별한 비전이나 아이디어를 구현할 수 있는 원동력입니다. 그들은 종이에 쓰인 아이디어를 세상으로 펼치는 데에 필요한 팀 정신을 불러일으키는 선물입니다. 또한 유능한 팀은 타협하는 회원을 포함할 수 없다는 점도 흥미롭습니다. 모든 팀 구성원은 동일한 이상에 대한 공동의 열정으로 서로 뭉쳐야 합니다.

14번째 선물의 프로그래밍 파트너는 8번째 선물 스타일Style입니다. 능력은 또한 모든 것에 대한 독특한 접근방식이 있습니다. 어떤 면에서 유능하다는 것은 물질적인 차원에서 새롭고 흥미진진한 태클 방식을 혁신하는 것입니다. 14번째 선물은 또한 독특하고 개성 있는 스타일과 다른 사람의 조언을 존중합니다. 이 사람들은 정말로 재능이 있습니다. 그들은 그들 자신의 독특한 방식으로 일하는 것을 두려워하지 않습니다. 그것이 비록 결코 전에 본 적도 없고 행해진 적도 없었더라도 말입니다. 동시에 이 사람들은 자신의 일에 도움이 된다면 다른 사람들의 조언을 거부하지 않고 그들을 강력한 팀 플레이어로 만듭니다. 이 14번째 선물이 당신의 홀로제네틱 프로파일의 일부분이거나 그냥 그것에 마음이 끌린다면, 아마도 당신은 작은 팀 안에서 가장 일을 잘할 수 있는 사람일 것입니다. 당신이 팀의 리더이든 아니든 상관없습니다. 유일하게 중요한 것은 당신의 독특한 능력이 존중된다는 것입니다. 이들은 자기들이 참여하고 있는 일을 정말로 사랑하고 또한 함께 일하고 있는 사람들을 정말로 사랑한다면 무언가를 해낼 수 있는 엄청난 능력을 가진 사람들입니다. 이 점에서 그들은 다른 사람들을 가르치는 타고난 교사입니다. 왜냐하면 그들은 사람들에게 독립심과 자신감을 심어주기 때문입니다.

14번째 선물에는 또 다른 잠재력이 있습니다.—끌어당김의 힘입니다. 능력은 올바른 지원을 이끌어낼 뿐만 아니라 물질적인 부를 자기력으로 끌어당길 수 있는 능력을 가진 강력한 자기장을 만듭니다. 일단 선물 주파수에 도달하기만 하면 의식은 계속 확장되는 경향이 있습니다. 이것은 돈과 재산에 관해 많은 사람들이 하는 말의 근원지입니다. 예를 들어, "부자가 되려면 부가 필요하다." 또는 "부는 부를 창출한다." 등입니다. 번영은 권한 부여를 위해 사용되는 한 기하급수적으로 커지는 전염성 있는 에너지장입니다. 능력은 성공과 권력을 무서워하지 않으며 어디를 가든 확신과 자신감을 방사합니다. 그것은 번영을 자연스럽게 창출하는 힘의 장입니다. 그것은 그렇게밖에 할 수가 없습니다. 왜냐하면 그 안에 너무도 많은 창조적인 힘이 있기 때문입니다. 그것은 단지 올바른 배출구만 찾으면 됩니다.

마지막으로, 14번째 선물은 거대한 유연성이 있습니다. 강경하면서 동시에 유능할 수는 없습니다. 능력이란 그들이 개입되어 있는 물질적인 일을 사랑하는 사람이 일을 하는 오라입니다.—그 일이 사무실에 있거나 집에 있거나 상관이 없습니다. 특히 14번째 선물을 가지고 있는 어머니는 영적, 감정적, 물질적 번영을 위해 가족 내의 모든 역동성을 만들어 낼 수 있습니다. 가족의 중추로서 그들의 강력한 정신은 자녀가 성장할 때 그들에게 영향을 주고 힘을 주는 것은 물론 파트너나 남편들에게 힘과 목적의식을 불어 넣어 줍니다. 사실 14번째 선물을 활성화하는 순간 당신은 DNA를 통해 특정한 향기를 내뿜어 곧 가족이나 팀의 중추가 됩니다. 또한 당신의 자신감과 능력의 오라는 어떤 방향으로든 쉽게 전달될 수 있습니다. 이런 유연성은 기술을 보유하는 것과 같은 것이 아닙니다. 그것은 현실적이고 집중적인 방식으로 어떤 일이든 붙잡고 싸우는 두려움 없는 개방성입니다. 만일 어떤 일을 어떻게 하는지 모른다면 당신은 배웁니다. 그리고 일단 배우면 그것을 다른 삶의 영역에 적용할 수 있습니다. 이런 식으로 14번째 선물은 동시에 여러 다른 방향으로 잠재력을 지속적으로 확장합니다.

14번째 시디
풍부함Bounteousness

단세포 천국

시디 의식 수준에서, 에너지는 형태 형성의 장을 매개체로 하여 개인을 통해 전달됩니다. 형태 형성의 장은 아원자sub-atomic 수준에서 모든 생물과 물질 분자를 연결하는 활동적인 그리드(grid, 격자판)입니다. 인간이 이 활동적인 매트릭스의 힘을 이용하기 위해서는 몸이 매우 높은 주파수의 파장을 방출해야 합니다. 시디 수준에서 그들의 존재 전체는 진공처럼 됩니다. 놀라울 정도의 무언가가 시디 수준에 있는 사람의 화학에 발생합니다. 그리고 이런 변형은 생리적으로 너무도 강력하기 때문에 일반적으로 에고로 알려진 탑승자를 문자 그대로 차에서 몰아냅니다.

사람의 몸에서 가장 높은 의식 상태는 또한 가장 낮은 것과 유사하다는 것을 주목하는 것은 흥미로운 일이며 어떤 사람에게는 아마도 논란의 여지가 있을 수도 있는 일입니다. 그것은 의식의 작업 방식 측면에서 볼 때 가장 낮은 것입니다. 왜냐하면 시디 수준에 있는 사람은 우리 행성에서 가장 기초적인 생명체인 진핵 생물과 가장 근접하게 닮았기 때문입니다. 아메바와 같은 진핵 생물은 의식이 있음에도 불구하고 의식할 수 없으며, 이런 점에서 우리 행성의 생명의 구성 요소입니다. 이런 원시적인 단세포 유기체는 시디 수준 의식의 적절한 상징입니다.—그들은 유전적 지시와 보호막의 형태를 포함하는 핵을 가지고 있습니다. 시디 상태를 나타내는 것과 마찬가지로 거기에 정상적인 인식의 기능은 없습니다. 당연히 인간의 의식은 계속되지만 기계적으로, 그리고 외부 자극에 의해 촉발될 때에만 작동합니다. 그렇지 않으면 그 시디 상태는 아메바 내에 있는 그것과 매우 유사합니다.—핵 안에는 따라야 할 유전적 지시가 있지만 그 외에는 아무것도 없습니다!

64개의 유전자 키는 모든 인간 안에 있는 이 유전적 지시를 나타냅니다.—그들은 모든 인간의 행동의 기저가 되는 원형 알파벳을 형성합니다. 지시 사항이 얼마나 명확히 준수되는지는 운송수단의 주파수와 그 화학적 특성에 달려 있습니다. 그림자 수준에는 지침을 방해하는 많은 배경 소음이 있습니다. 이 배경 소음은 과거는 물론 세포 안에 축적된 집단 유전적 과거로부터 비롯된 것입니다. 유전 주파수가 선물 수준으로 올라갈 때 소음은 줄어들고, 그때 당신은 당신의 과거로부터 사는 것은 줄어들기 시작하고 매순간 속에서 사는 것이 더 많아지기 시작합니다. 하지만 이 수준에서도 집단적 유전 기억은 여전히 당신의 행동에 영향을 미치는 무의식적인 미묘한 조건화 요소로 남아 있습니다. 진정한 시디 수준에서는 모든 개인과 유전적 역사의 흔적이 당신 몸에서 태워져야 합니다. 이것은 작은 일이 아닙니다.

우리는 이 마지막 말의 중요성을 이해하려고 노력할 필요가 있습니다. 모든 인간의 DNA 안에는 앞서 왔던 모든 인간의 집단 기억이 저장되어 있습니다. 그것은 모든 느낌, 두려움, 열망과 욕망이 인간의 여행의 시작으로 거슬러 올라간다는 것을 의미합니다. 그리고 그에 앞서 우리가 파생되기 이전의 모든 생물 안에 있는 모든 본능이 다시 아메바로 되돌아간다는 것을 의미합니다. 이 행성에 있는 진화하는 생명체의 헤아릴 수 없는 유전적 역사 모두가 우리 DNA에서 지워져야 합니다. 이 일이 일어났을 때만 인류의 진정한 힘은 아무런 제한 없이 경험될 수 있습니다. 이것이 바로 14번째 시디입니다.—그리고 그것은 고대 중국인이 이 원형에 붙인 이름 안에 요약되어 있습니다.—거대한 규모로 소유함Possession in Great Measure.

14번째 시디는 개인으로서의 당신이 갖고 있는 힘의 핵심 원형입니다. 그것은 풍부함Bounteousness의 시디입니다.—그것은 인간이 된다는 것이 의미하는 궁극적인 유산입니다. 이 시디는 인간의 진정한 유전적 유산, 즉 풍부하게 창조하는 능력입니다. 그러나 14번째 시디는 축적에 관한 것이 아니라 생식력에 관한 것입니다. 당신의 진정한 잠재적 생식력은 당신의 유전자에서 대부분 잠들어 있습니다. 14번째 시디가 사람 안에서 꽃을 피울 때, 그들은 인류 자체의 원동력이 됩니다. 그들의 모든 말과 생각과 행동은 형태 형성의 장 깊숙이 도달하고 인류 전체를 새로운 방향, 즉 풍요의 방향으로 밀고 나갑니다. 인간 안에 있는 넘쳐 나는 잠재적 생식력은 거의 무한합니다. 이 시디가 증언하듯이 어떤 한 사람이 유익한 방향으로 종의 전체 방향에 영향을 미칠 수 있다면, 모든 인간이 이 시디를 나타내야 할 때 어떤 일이 일어날지는 그저 상상만 할 수 있을 뿐입니다. 14번째 시디의 집단적인 깨어남은 거의 모든 문화가 언젠가 언급했던 '하늘과 땅의 결합'일 것입니다. 그것은 그저 황금시대로 그치는 것이 아니라 모든 인간이 함께 뜻을 같이 하는 영원한 상태, 즉 개인의 힘과 집단적 힘이 하나가 되고 같은 것이 되는 상태입니다.

14번째 선물에서 보았듯이 이것은 전염성이 있는 유전자 키입니다. 그리고 우리는 이것이 그림자 주파수에서도 전염성이 있음을 기억해야 합니다. 타협만큼 전염성 있는 것은 거의 없습니다. 그러나 가장 높은 수준에서 14번째 유전자 키는 인류에 대한 위대한 운명을 가지고 있습니다. 사람들이 이 시디를 통해 깨어날 때, 그것은 세상을 마치 불붙듯이 여행하기 시작할 것입니다. 여기에 형태 발생 장이 어떻게 작동하는지의 예가 있습니다. 누군가 진정으로 14번째 시디를 나타내면, 단지 그들에 대해 생각하는 것만으로도 삶의 여러 단계에서 번영의 홍수가 촉발될 것입니다. 이 시디를 나타내는 단 한 명의 남성이나 여성은 단 한명이라도 그들이 가는 곳마다 번영과 영적 웰빙의 물결을 만들 수 있습니다. 이것이 구루의 힘에 대한 오래된 믿음의 기원입니다. 구루를 생각하거나 구루의 사진을 갖고 있는 것만으로도 당신의 삶에 유익한 변화가 올 것이라고 합니다.

이 14번째 시디를 마치면서 우리는 한 가지를 더 이해할 필요가 있습니다.—그것은 어떤 사람들에게는 받아들이기 힘든 진리입니다. 개인의 힘은 신화 이상의 것이 아닙니다. 이 14번째 유전자 키가 모두 개인적인 힘에 대한 것이라는 사실에도 불구하고, 14번째 시디는 모든 개인적인 것의 종말에 관한 것입니다. 이 수준에서 우리는 인류를 하나의 커다란 확장하는 유전적 운송수단으로 보아야 합니다. 각각의 개인은 더 큰 몸체에 있는 일련의 생체 에너지 사용 지침서일 뿐입니다. 이 의미에서 개성은 실제로 참견과 똑같은 것입니다. 만일 몸 안의 세포가 자신의 정체성을 갖고 있는 것처럼 행동한다면 그 세포는 깨끗하게 기능할 수 없습니다. 그것은 마치 그 세포의 창문이 더럽고 정보가 더 큰 몸체에서 세포로 효율적이고 투명하게 통과할 수 없는 것과 같습니다. 그것의 병은 그것이 자율적으로 존재한다고 생각한다는 것입니다. 마찬가지로 우리 인간은 비록 우리 자신이 복잡하다고 생각하고 싶어 하지만 훨씬 더 큰 몸 안에 있는 단세포 유기체와 유사합니다. 우리는 단지 더 높은 삶을 위한 구성 요소일 뿐입니다. 그런 의미에서 우리는 완전히 소모품입니다. 중요한 것은 우리가 아닙니다.—거기에 우리는 없습니다.—거기에는 오직 더욱더 많은 풍요로움을 모든 방향으로, 그리고 모든 의식 수준에서 창조해내는 시디 프로그래밍만 있을 뿐입니다. 그것이 풍부함의 진정한 정의입니다.

시디
개화
선물
자성
그림자
지루함

영원히 꽃을 피우는 봄

프로그래밍 파트너 : 10번째 유전자 키
코돈 고리Codon Ring : 추구함의 고리
(15, 39 52, 53, 54, 58)

생리 : 간
아미노산 : 세린

15번째 그림자
지루함Dullness

또 다른 힘든 날

시인 엘리어트T.S. Elliot는 문학에 관한 한 "세계는 셰익스피어와 단테로 나누어져 있다.-세 번째는 없다"라고 말했습니다. 대부분의 사람들이 셰익스피어를 알고 있고 일상생활에서 자기도 모르게 그의 표현을 많이 사용하고 있지만, 반면에 단테는 대부분이 수수께끼로 남아 있습니다. 그럼에도 불구하고 그의 최고의 작품 〈신의 희극The Divine Comedy〉에서 단테는 지금까지 기록된 인간 의식의 지도 중에서 강장 훌륭한 지도를 우리에게 남겼습니다. 셰익스피어가 드라마를 이용했던 반면 단테는 우화를 인간 본성에 관한 불멸의 진리를 전달하는 수단으로 사용했습니다. 신의 희극은 본질적으로 의식의 지형을 낮은 주파수에서 가장 높은 주파수로 움직이는 것으로 설명합니다. 64개의 유전자 키는 그림자와 선물과 시디의 세 가지 주요 주파수대역에서 경험될 수 있습니다. 단테는 이와 똑같은 의식의 수준을 지옥과 연옥과 천국으로 명명했습니다.

이 15번째 유전자 키는 탐구의 고리The Ring of Seeking로 알려진 복잡한 인간 유전체 청사진 세트의 핵심 요소입니다. 당신의 게놈에 있는 이 코돈은 진실한 본성을 인식하지 못하는 상태로 시작하여 신의 형태로 표현되는 각성에 이르기까지 진화적인 여행을 시작합니다. 당신의 모든 투쟁, 고통, 고뇌, 승리와 환희가 여기 이 코돈 고리에 기록됩니다. 왜냐하면 그것은 신의 희극처럼 각성으로 향한 여행의 지형을 규정하기 때문입니다. 이 유전자 구조 내에서 15번째 유전자 키는 아마도 모든 유전자 키 중에서 가장 중요한 역할을 할 것입니다. 간단히 말해서, 그것은 우리를 인간으로 유지시켜 줍니다. 인간이 된다는 것은 반대 세력과 반대 주파수의 싸움터가 되는 것입니다. 그 중 일부는 당신을 천국으로 끌고 올라가고 다른 일부는 당신을 지옥으로 끌어 내립니다. 인류는 의식이 이런 많은 갈등을 해결하도록 하는 다리입니다.

15번째 그림자 '지루함Dullness'은 낮은 주파수의 인간 태도가 몸 안에서 살아 있는 것을 나타냅니다. 그것은 평범한 삶에 대한 두려움입니다. 단테의 지옥에서 핵심 요소 중의 하나는 반복입니다. 범죄자와 악인들은 그들의 악행의 결과가 영원히 계속해서 반복되는 끝없는 순환에 갇혀 있는 것으로 자주 묘사됩니다. 15번째 그림자의 가장 큰 두려움 중 하나는 단지 이것뿐입니다.—결코 바뀌지 않는 반복되는 리듬에 갇혀 있다는 것. 그런데 여기서 단테가 자신의 위대한 작품에서 완벽하게 포착한 커다란 아이러니는 삶이 끝없는 반복 패턴과 리듬으로 이루어져 있다는 것입니다. 64개 유전자 키의 신비에 점점 더 깊숙이 들어가면, 물리학과 양자 이론의 가장 최근에 나온 사실과 추정의 뒤에 있는 진실을 깨닫기 시작할 것입니다.—우주는 무한한 프랙털 변화 속에서 동일한 패턴이 거듭거듭 반복되는 홀로그램인 것처럼 보인다는 것입니다.

이 15번째 유전자 키는 유기적인 삶의 다양성에 관한 것입니다. 15번째 그림자는 삶의 지루함을 강조합니다. 그것은 실제로 동물과 식물에 대한 인간의 인식의 태도를 나타냅니다. 그러나 다른 생명체의 경우에는 지루함이라는 단어를 사용하지 않을 수도 있습니다. 개는 한 달 동안 현관 앞에 앉아 절대적으로 아무것도 하지 않고도 결코 지루하지 않을 수 있습니다. 실제로 우리 인간이 동물을 관찰할 때, 우리는 종종 그들이 아무 걱정도 없는 것처럼 보이는 데에 일종의 질투심을 느낍니다.—그들의 삶은 너무도 단순합니다. 우리의 자기 반성적 인식으로 우리 인간은 진정으로 마법 같은 무언가를 할 수 있으며 동시에 엄청나게 무서운 것을 할 수 있습니다.—우리는 태도를 취할 수 있는 것입니다. 인간의 대뇌 신피질만이 지루함을 가능하게 합니다.

동일한 경험을 하는 두 사람은 말 그대로 완전히 다른 두 세계를 맛볼 수 있습니다. 한 사람은 천국에 있을 수 있고 다른 한 사람은 지옥에 있을 수 있습니다. 뿐만 아니라, 당신의 태도는 삶의 사건에 영향을 미칩니다. 그것이 마술의 첫 번째 위대한 법칙입니다. 경험은 태도를 반영합니다. 태도는 실제로 삶의 위대한 신비 중의 하나입니다. 그 출처를 정의할 수 없기 때문입니다. 그것이 당신이 생각하는 방식이라고 생각할 수도 있지만, 그것이 당신의 생각을 통해 작동한다고 해도 그것은 당신의 마음이 아닙니다. 당신은 그것이 당신의 무의식이라고 생각할 수도 있지만 그것은 심리와 생리의 가장 깊은 수준 아래에서 작용합니다. 간단히 말해서, 당신의 태도는 어떤 순간에 의식이 당신의 인식을 어떻게 사용하고 있는지를 나타냅니다. 그것은 소우주와 대우주를 연결하는 막이며, DNA가 프로그램을 하고 또 환경에 의해 프로그래밍되는 방식입니다. 이것은 삶에 대한 자연스러운 반응이며, 그 주요한 지시어는 오직 한 가지—성장으로 구성되어 있는 것 같습니다. 마지막으로, 태도는 당신의 호르몬, 뇌 화학 및 당신의 의식적인 지각을 완전히 넘어선 어떤 것, 즉 영혼에 연결됩니다.

15번째 그림자는 어떤 이유에서든 사람의 정신이 가라앉는 느낌을 받을 때마다 인간의 행동으로 나타납니다. 당신의 태도가 변하는 가장 큰 원인 중 하나는 빛, 또는 빛의 결핍입니다. 예를 들어 날씨의 변화가 전형적인 예입니다. 흐린 날에 모든 인간은 동물과 식물처럼 생리에 미묘한 변화를 경험합니다. 그것이 당신의 태도를 가리키는 그런 변화를 해석하는 방법입니다. 어떤 인간도 존재의 지루함을 피할 수 없습니다. 그것은 모두 단순히 당신이 그것을 다루는 방법의 문제입니다. 그것은 사실 깊은 인간적 경험이며 기본 심리학의 핵심입니다. 그것은 극단적인 상태 즉, 우울, 폭력, 분노, 좌절로 이어질 수 있습니다. 당신의 관점이 바뀌는 순간, 그것이 내면의 빛 때문이든 아니면 바깥의 빛 때문이든, 지루한 느낌은 실제로 믿을 수 없을 만큼 흥미롭고 역동적이 될 수 있습니다. 우리는 이것이 어떻게 15번째 선물—'자성磁性, Magnetism'의 선물에서 더 높은 주파수로 일어나는지 볼 수 있습니다. 이 단어는 우리가 지루함이라고 부르는 것의 진정한 본질을 이해하는 데 도움이 되는 단서를 제공합니다.—그것은 자성의 결핍, 또는 극성의 결핍에 근거합니다. 지루함은 스펙트럼의 정상도 아니고 바닥도 아닙니다.—그것은 실제로는 극성이 전혀 없는 중간에 있습니다. 여기에 문제가 있습니다.—극성은 절대로 지루하지 않습니다. 분노는 지루하지 않습니다. 폭력은 지루하지 않습니다. 오직 어떤 양전하나 음전하의 결핍만이 지루합니다.

이 마지막 진실—의식의 스펙트럼은 한쪽 끝에 음극이 있고 다른 쪽에 양극이 있는 직선이 아니라는 사실—은 정말로 놀라운 통찰입니다. 15번째 그림자가 말하고 있는 것은 모든 그림자 상태는 그 중심에 이와 똑같은 지루함이 있으며, 그 그림자 자체는 우리가 이 지루함에 어떻게 반응하는가에 따라서만 나타난다는 것입니다. 그것은 모두 당신이 얼마나 그 지루함에 깊이 빠져들게 할 것인가에 달려 있습니다. 당신이 지루함을 더 깊이 받아들일수록 그것은 더 깊이 신비로워집니다.—마치 붓다가 말한 공空처럼 말입니다. 가장 깊은 진리는 삶 그 자체는 아무 의미가 없다는 것입니다. 이 진리로 당신이 무엇을 하느냐가 당신이 어떤 종류의 우주에서 사느냐를 결정합니다. 만일 마음의 수준에 머무른다면 당신은 어쩌면 그 지루함에서 벗어나기 위해서 무언가를 찾으려고 할 것입니다. 만일 더 깊은 감정의 단계에 머무른다면, 당신은 아마도 육체적인 에너지가 가라앉는 것처럼 일종의 우울증에 빠질 것입니다. 15번째 그림자의 프로그래밍 파트너는 10번째 그림자이며, 이는 자기 집착self-obsession에 관한 것이고, 당신은 이 극성을 벗어날 수는 없습니다. 당신은 다른 주파수에서만 그것을 경험할 수 있습니다. 만일 당신이 어떤 반응에 붙잡혀 있지 않은 채 지루함이 당신의 존재 전체에 스며들게 할 수 있다면, 그것은 지루함을 멈출 것입니다. 당신은 그것을 성장으로 경험할 것이며, 더 높은 수준에서는 '개화Florescence'라고 알려진 의식의 꽃 피움을 경험할 것입니다.

이것이 의식의 스펙트럼Spectrum of Consciousness의 진정한 기적입니다.—모든 그림자 상태는 신성한 선물을 감춥니다. 그것은 그림자에서 시디로 이동하는 과정을 밟지 않습니다. 그것은 단순히 순수한 받아들임의 문제입니다. 그림자, 선물, 시디의 세 가지 수준은 모두 실제로 하나입니다. 그림자에서는 선물이나 시디를 볼 수 없습니다. 선물에서는 그림자를 볼 수 있지만(사실은 선물의 창조적인 에너지를 사용하고 있는 것입니다.) 시디를 볼 수는 없습니다. 시디에서만 모든 것을 볼 수 있습니다. 당신은 그림자의 실제 경험과 시디의 경험 간에는 어떤 차이도 없다는 것을 알게 됩니다. 유일한 차이는 당신이 자신을 발견한 상태에 저항하지 않는다는 것입니다. 지루함은 지루함입니다. 삶은 무의미합니다. 이 진리를 받아들이기 위해서는 삶을 전체적으로 살아야 합니다. 느낌을 없애는 비결이나 기법은 없습니다. 삶은 절대적으로 평범합니다. 그리고 당신 또한 절대적으로 평범해야 합니다. 진정한 낙원으로 가는 유일한 길은 이 절대적인 평범함을 통해서입니다.

억압적 본성 – 비어 있는Empty

지루함이 선천적으로 억압적인 성향을 가진 사람에게 나타날 때 그것은 공허함으로 나타납니다. 이 둔함은 지루함과는 아주 다릅니다. 지루함 안에는 어떤 불안한 에너지가 숨겨져 있습니다(35번째 그림자 참조). 이런 종류의 공허함은 우울증에 매우 가까우며, 사실 필연적으로 우울증으로 이어질 것입니다. 그런 사람은 어느 정도 포기했습니다. 그것은 부정적인 수용 또는 체념의 일종입니다. 그것은 자신의 본성 안에서 어느 정도의 깊이로 들어가 거기에서 붙잡혀 있는 수용입니다. 억압적 본성은 두려움에 기반을 둔 본성이며, 그런 사람들은 거기에 붙잡혀 있습니다. 왜냐하면 어떤 수준에서는 두려움 그 자체를 두려워하게 되기 때문입니다. 이것이 잠금 메커니즘을 만들고 이로 인해 우울증과 이와 유사한 다른 질환이 유발됩니다. 그런 사람들은 공허함이 그들 안으로 더 깊이 들어가는 것을 두려움이 방해한다는 것을 발견할 때만이 이 상태를 벗어날 수 있습니다. 이미 보았듯이, 일단 누군가가 이 원초적인 공허함이 그것들을 완전히 만족시킬 수 있게 하면, 그것들은 더 이상 그들과 분리된 것으로 경험되지 않으며 공허함으로 경험되지도 않습니다. 오히려 그 반대로 에너지와 활력의 거대한 파도를 일으킵니다.

반응적 본성 – 극단주의자Extremist

만일 당신이 반응적 본성을 가지고 있다면, 당신은 지루함에 반항할 것입니다. 이 사람들도 지루함을 받아들이지 않습니다. 그러나 그들의 본성은 부정을 통해 도피하는 것입니다. 그들은 종종 리듬이나 목적에 대한 진정한 감각도 없이 한 가지 경험에서 다른 것으로 옮겨가면서 일종의 모호함 뒤에 숨어 있습니다. 극단주의자이기 때문에 그들은 자신들이 모든 종류의 다양한 상황과 장소에 있는 것을 발견할 수 있습니다. 그러나 그들에게는 열정에 대한 진정한 방향 감각이 없습니다. 이 사람들은 항상 움직이고 있으며, 자신의 그림자로부터 달아나면서 결코 어떤 것도 또는 아무에게도 약속할 수 없습니다. 그런 사람들은 숨겨진 분노를 가지고 있어서 오랫동안 다른 사람들과 함께 하지 못합니다. 그들이 자신의 반응 패턴을 간파할 때만 자기들이 어디에서 도망치고 있는지를 받아들일 수 있습니다.

15번째 선물
자성Magnetism

슈만공진Schumann Resonance[13]을 때림

15번째 유전자 키는 삶의 신비 속으로 들어가는 강력한 관문입니다. 그것은 인간과 다른 생명체를 연결시켜 주는 유전자 키 중 하나이며 그렇게 함으로써 우리를 자연의 살아 있는 영혼 또는 가이아(Gaia, 만물의 어머니로서의 땅을 인격화한 신)와 깊이 연결시켜 줍니다.

1977년에 과학자 오토 슈만Otto Schumann이 주목할 만한 발견을 했습니다. 그는 전자기 스펙트럼 내에서 지구의 심장 박동의 정확한 주파수를 수학적으로 예측했습니다. 슈만공진Schumann Resonance이라고 불리는 7.8Hz의 진동은 말 그대로 모든 생명체의 심장에서 진동하는 맥박입니다. 이 맥박은 우리를 하나의 생명체로 묶어 줍니다. 15번째 선물은 슈만공진에 대한 DNA 내의 내부 지표를 나타냅니다. 모든 인간의 질병은 개인의 전자기장과 지구에서 방출되는 더 큰 장 사이의 교란 때문에 발생합니다. 당신의 주파수가 슈만공진과 일치하지 않을 때마다, 당신은 자연스러운 리듬과 일치하지 않은 것이며 당신의 생리 화학은 압력과 스트레스를 경험합니다.

현대 인류가 직면한 커다란 도전 과제 중 하나는 속도를 늦추는 법을 배우는 것입니다. 슈만공진은 특히 대부분의 현대인들이 익숙해져 있는 것보다 훨씬 느리게 움직이는 주파수 진동입니다. 가이아에 있는 모든 삶에서 시간은 매우 독특하게 움직입니다. 가이아는 결코 서둘러 본 적이 없습니다. 가이아의 힘은 녹색의 힘입니다. 만일 우리가 지금 상태 그대로 천 년 동안 지구를 떠난다면, 우리의 도시와 도로는 다시 한 번 녹색의 숲이 될 것입니다. 이것이 바로 가이아의 속도와 힘

13 뇌우에 의해 발생한 전자기장이 전파할 때, 지표와 전리층 사이의 도파관 역할에 의해 발생하는 공진 현상.

입니다. 자성은 모든 창조물과 형태의 구속력이기 때문에, 슈만공진으로 깊숙이 들어가면 갈수록 당신은 더 자기적이 됩니다. 이것은 자연의 썰물과 삶의 흐름에 대한 신뢰에 관한 것입니다. 당신은 낮은 주파수의 흔들림이 이런 더 느린 주파수를 너무도 쉽게 지루함으로 경험할 수 있음을 알 수 있습니다. 사실 DNA의 주파수가 슈만공진에 도달하면 시간 경험은 완전히 멈춥니다. 이것은 오늘날 우리의 행성에서 살아 있는 많은 토착 문화에 의해 여전히 경험되고 있고 구체화된 진리입니다. 지구의 자연스러운 리듬에 가깝게 사는 것은 세상을 천천히 움직이는 지혜와 명료함을 경험하는 것입니다.

당신이 의식 속에서 선물 주파수 수준으로 상승할 때, 당신은 이 15번째 유전자 키에서 일어나는 미묘한 돌연변이를 통해 삶의 다양성에 대한 근본적인 아름다움을 처음으로 경험합니다. 당신이 두려워했던 바로 그 상태가 당신의 생명력을 빼앗아 가고 있다는 사실은 실제로 중요한 자기 에너지의 엄청난 원천이 됩니다. 지루함은 더 이상 지루하지 않습니다. 그것은 마치 당신이 빈 용기를 들여다보며 갑자기 그것이 비어 있지만 가득 차 있다는 것을—잠재력으로 가득 차 있다는 것을 깨닫는 것과 같습니다. 이런 태도의 단순한 변화는 DNA 내에서 잠재된 높은 자기력의 잠금을 해제할 수 있게 합니다. 이런 자기력은 끌어당김(attraction, 매력)의 법칙의 기초입니다.—그것은 당신의 높은 목적, 그것이 돈이든, 사람이든, 아니면 자원이든 그것에 도움이 되는 것을 당신에게로 끌어오는 우주의 법칙입니다. 슈만공진에 도달하기 전까지는 이 수월해 보이는 법칙의 힘이 당신의 삶에서 실현될 수 없습니다.

15번째 선물을 강한 특성으로 보여주는 사람들은 유형의 물리적 존재감을 발산합니다. 이 점에서 그들은 다른 사람들과 달라 보입니다. 자성의 선물Gift of Magnetism은 사람을 육체적으로 생명력으로 빛나게 만들어 그들을 문자 그대로 삶보다 더 커 보이게 합니다. 그것은 열정과 개방성으로 가득 찬 선물이며, 무엇보다 사랑의 선물입니다. 이 15번째 선물에서 풀려나온 자성은 우주적인 통합의 힘으로서 자연 세계의 모든 힘을 활용할 수 있게 합니다. 그런 사람들은 종종 자연이나 동물, 식물, 유기적 왕국과 개인적으로나 일을 통해 매우 강한 관계를 맺고 있습니다. 자연 세계와 그것의 리듬의 다양성에 뿌리를 두고 있는 15번째 선물은 모든 감각적인 삶을 자연스럽게 존중합니다. 자성이 같은 종의 가족을 함께 붙잡는 것처럼, 15번째 선물을 가진 사람들은 인류에 깊은 연대감을 느낍니다. 이것은 어떤 극단적인 행동이나 영역을 기꺼이 받아들이고 함께 일을 하는 선물입니다. 자성은 누구도 배제하지 않으며, 이 사람들이 삶에서 더 많은 다양성을 만날수록 그들은 더 많이 성취됩니다.

그러나 15번째 선물의 진정한 아름다움은 평범함을 받아들이는 데 있습니다. 이 선물을 통해 삶을 경험하는 것은 윌리엄 블레이크William Blake의 말에 따르면 "야생화에서 천국을 보는 것"입니다. 그것은 삶의 홀로그램 풍경을 당신 앞에 나타나는 것과 완전히 똑같이 보는 것입니다. 15번째 유전자 키에게는 신비적인 것과 세속적인 것 사이에 구분이 있을 수 없습니다. 왜냐하면 삶은 모든 인간 문화의 신화적인 이야기 줄거리를 통해 불멸의 여정으로 경험되기 때문입니다. 15번째 유전자 키를 통해, 당신은 세속의 한 가운데에서 전사로서 서게 됩니다. 가장 지루한 일상의 문제가 당신에게는 개인적인 변형의 기회일 뿐인 것으로 보일 수 있습니다. 위대한 영적 시련은 극단에서가 아니라 일상생활에서—요리하거나 집을 청소하거나 일하러 가는 동안 당신의 관계 속에서—만나게 됩니다. 이것이 "천국을 찾기 위해서라면 자신의 문 밖을 나갈 필요도 전혀 없다"는 수수께끼 같은 말의 근원입니다.

자성의 선물은 오라를 수단으로 하여 영향을 주고받는 힘이라고 요약할 수 있습니다. 자성은 오라의 힘에 관한 모든 것입니다. 괴테Goethe가 말했듯이 : "살아 있는 모든 것은 자신의 주변에 분위기를 조성합니다." 모든 생명체는 생체 에너지장을 방출하며, 그것은 기하학적 법칙을 통해 주변 환경과 상호작용합니다. 서로 다른 형태들 사이에서 정보를 전달하고 수행하기 위해 오라의 힘을 풀어내 주는 것이 이 15번째 선물입니다. 당신의 오라가 지구의 고유 진동수에 따라 공명을 하면 할수록 당신의 오라는 더 넓어지고, 자연 속의 많은 숨겨진 실체와 접촉하게 됩니다. 결국 당신의 오라 주파수가 완벽한 공명이 되면 지구의 그리드 자체와 연동되며 당신의 의식은 기하급수적으로 확장되어 가이아는 물론 모든 창조물과 하나가 됩니다.

15번째 시디
개화Florescence

샴발라[14]의 출현

15번째 시디는 개화Flurescence라고 알려진 것으로 꽃을 피우는 과정을 의미합니다. 실제로 각각의 시디는 개화의 과정을 나타냅니다. 당신의 궁극적인 개화, 바로 그것이 상위 자아Higher Self가 뜻하는 것입니다. 개화는 쫓아가거나 서두르거나 강요할 수 있는 것이 아닙니다. 그것은 일시적으로 인간에게 발생하는 상태일 뿐입니다. 즉, 그것이 어떤 특정한 사람에게 발생하게 될지 또는 언제 발생하게 될지 예측할 수 없다는 뜻입니다. 한 가지 사실만이 확실합니다.—우리 인간들은 그것이 다른 곳에서 발생할 때 그것을 알아차린다는 것입니다. 의식이 자발적으로 꽃을 피우고 있는 사람은 마술과 빛과 유형의 자기적 신비에 둘러싸인 사람입니다. 개화는 인간 자력의 정점으로서

14 히말라야 오지에 있는 현인들의 '낙토(樂土)'.

인간의 오라를 통해 초신성처럼 나타납니다. 그리고 일단 시작되면, 점점 더 깊고 깊은 차원으로 확장되고 또 계속 확장됩니다. 그런 사람은 그런 더 높은 차원을 갈망하는 많은 다른 사람들에게 하나의 자석이 됩니다.

개화는 예측될 수 없지만 그것이 발생하기 전에 나타날 수 있는 특정 징후가 있습니다. 10번째 유전자 키—자연스러움Naturalness의 선물, 15번째 유전자 키의 프로그래밍 파트너—를 찾아보면 단서를 찾을 수 있습니다. 사람이 있는 그대로의 자신에게 진정으로 자연스럽고 편안해질 때, 진정으로 자신의 삶과 다른 사람들의 삶을 받아들이게 될 때, 그들은 이제 막 꽃을 피우고 있는 것입니다. 개화는 인식이 마지막으로 휴식을 취할 때 경험됩니다. 왜냐하면 인식이 자신을 찾는 것을 멈출 때, 오직 그때만이 진정으로 휴식할 수 있기 때문입니다. 인식이 마침내 휴식을 취할 때, 항상 그 안에 있었던 의식은 마침내 빛을 비추기 시작합니다. 고대의 현인들은 말하기를 현실이 감지되기 위해서는 마음이 고요해져야 한다고, 또는 생각이 멈춰야만 한다고 했습니다. 이것은 실제로 오랜 세월 동안 잘못 해석되어 왔습니다. 멈춰야 하는 것은 생각이 아니라 생각과의 동일시입니다. 멈춰야 하는 것은 생각하는 사람입니다!

위의 진리를 듣고 많은 사람들이 인식의 근원을 찾아다녔고 또 지금도 계속 찾고 있는 중입니다. 그러나 인식을 가지고 아무리 뭘 하려고 해도 진리를 밝힐 수는 없습니다. 깨달음을 보장할 수 있는 기법이나 시스템이 없는 이유가 바로 이것입니다. 인식이 그 스스로 휴식을 취해야 합니다. 위대하고 놀라운 수수께끼입니다. 우리가 꽃을 피우는 속도를 높이기 위해 할 수 있는 일이 아무것도 없다는 사실은 축복이자 동시에 저주로 볼 수 있습니다. 마음에게는 그것이 저주로 보일 수 있습니다. 왜냐하면 마음은 뭔가 하는 것을 좋아하기 때문입니다. 그러나 내면의 존재에게는 그것이 커다란 축복입니다. 왜냐하면 이 진리의 구현은 진보적인 수준의 이완으로 이어질 것이기 때문입니다. 궁극적으로, 개화는 아무것에도 의지하지 않습니다. 그것은 만들어질 수 있는 것이 아닙니다. 명상으로도, 좋은 카르마로도, 어떤 형태의 노력으로도, 그리고 노력하지 않음으로도 말입니다. 개화는 은총Grace입니다. 그것은 언제든 어디서든 그것이 일어나고 싶은 느낌이 들 때 일어나는 것입니다!

이 15번째 유전자 키는 다차원 유전 하위 프로그램인 '탐구의 고리Codon Ring of Seeking'의 줄기를 형성합니다. 이 화학 계열의 각 구성원은 우리 삶에서 해결되기를 바라는 여러 다른 압력에 불을 붙입니다. 예를 들어, 54번째 유전자 키는 사회적으로나 영적으로나 물질적으로 일어나려고 하는 반면, 52번째 유전자 키는 완전한 휴식 상태를 추구합니다. 추구하려는 이 모든 압력이 결국 끝나게 되는 것은 15번째 시디의 신비를 통해서입니다. 개화라는 단어의 뿌리인 자연을 보면 그 자연이 많은 식물에서 많은 새싹을 만들어내지만 그 모든 식물들은 자기만의 때가 될 때 꽃을 피우는 것을 볼 수 있을 것입니다. 또한, 각각의 특정 식물의 새싹은 역동적인 에너지로 집단적으로 피어납니다. 인간에게 있어서 깨달음은 이와 똑같은 방식으로 서로 다른 시간대에서 작동합니다. 깨달음은 결코 단 한 사람에게만 일어나지 않으며 특정 기간 동안 연속적으로 여러 세대를 거쳐 일어납니다. 그것은 한 번 발화하면 여러 종류의 삶에서 여러 가지 다른 종류의 프랙털 개화를 통해 스스로를 다 풀어내는 현상입니다.

태곳적부터 인류는 사람들이 태어나는 때의 리듬과 타이밍을 이해할 수 있는 직관적 시스템을 창안해 냈습니다. 서로 다른 문화들이 명백하고 근본적인 진리를 발견했습니다. 64개의 유전자 키 각각은 그 연도의 아크 안에 위치하여 우리 각자에게 독특한 유전적 점성술을 만들어냅니다. 그들의 유전학적 프로파일에서 두드러진 홀로제네틱 프로파일에서 15번째 유전자 키가 두드러지게 태어난 사람들은 거의 언제나 춘분에, 또는 춘분에 근접해서 태어납니다. 이것은 춘분의 힘이 개화의 힘이기 때문입니다.—그때 자연의 모든 것들이 꽃을 피우게 됩니다. 따라서 15번째 시디를 드러내는 사람은 활기를 가지고 있으며 그것은 그저 저항할 수 없는 것입니다.

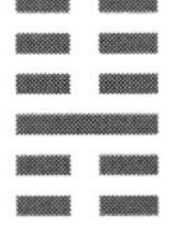

개화Florescence라는 말은 꽃 피움flowing이라는 단어보다 훨씬 더 광범위합니다. 개화는 기하급수적으로 꽃봉오리가 터져 피어나는 과정입니다.—마치 어느 하나의 꽃에만 초점이 맞춰지는 것이 아니라 꽃나무 전체가 모두 동시에 싹을 터뜨리는 것입니다. 개화의 우아함이 그런 사람들에게 일어날 때 그들이 그렇게 합니다.—그들은 한 번에 여러 방향으로 꽃을 피웁니다. 그들의 잠재력은 끝이 없는 것처럼 보입니다. 그들의 다양한 관심은 지치지 않는 것으로 보입니다. 마치 그들이 삶의 모든 가능한 영역에서 동시에 꽃을 피우는 듯이 말입니다. 그런 존재는 어느 곳에서나 멈춰 어떤 특정한 경로나 길에 머무르지 않습니다. 그들 안에 있는 인식은 자기가 반드시 해야 하는 일을 합니다.—그것은 봄의 에너지를 반영합니다. 자기 앞에 무엇이 지나가든 항상 움직이고 성장하고 탐구하고 즐거워하는 것입니다.

15번째 시디는 마음이 완전히 통제를 포기했을 때만 일어날 수 있습니다. 개화는 마음에게는 완전히 혼란스럽습니다.—그것은 너무 자발적이고, 너무 예측할 수 없으며, 너무 거칠고 제멋대로여서 마음은 그것을 다루기는커녕 따라가지도 못합니다. 그것은 100권의 책을 한꺼번에 쓰면서 그 책 사이를 무작위로 뛰어다니고 동시에 100가지의 다른 일자리를 잡고 그들 사이를 무작위로 움직이는 작가와 같을 것입니다. 개화는 자연의 고유한 거칠고 유기적인 리듬을 따르며, 그것은 신뢰와 굴복과 어린아이 같은 즐거움을 요구합니다. 당신이 슈만공진과 완벽한 조화를 이루게 되면 시간 자체는 당신의 존재 안에서 멈출 것입니다. 이것은 말로 전달하기가 불가능한 경험입니다. 그리스도의 말로 하면 그것은 우리가 영적으로 땅을 물려받는 때입니다. 우리는 인류애philos anthropos의 신비를 경험하게 됩니다.—그것은 자선 활동의 원칙에 구현된 인류의 순수한 사랑입니다. 삶의 모든 것이 이제는 자신의 정수를 끊임없이 전체에게로 되돌려 주는 자선 활동으로 보입니다.

이 '탐구의 코돈 고리Codon Ring of Seeking'는 현재 지구상의 모든 생명체의 본질적인 리듬 구조를 변화시키는 깊은 변이 과정을 겪고 있습니다. 무엇보다 그것은 인간들이 살아 있는 생물계, 특히 식물의 섬세한 균형을 더 잘 인식하게 해줍니다. 인간의 추구하는 압력이 환경오염과 산업의 팽창을 통해 우리 지구의 녹색을 태워 버리자 우리는 우리가 전 지구적인 리듬에서 이런 커다란 변화에 책임이 있음을 깨닫게 됩니다. 우리의 기후는 진행되고 있는 깊은 에너지 변화의 부산물일 뿐입니다. 이 유전자 코돈 안의 깊은 곳에서, 역동적인 해방의 에너지가 전기적이고 폭발적인 39번째 유전자 키를 통해 움직이고 있습니다. 더 높은 주파수의 이 유전자 키는 실제로 55번째 유전자 키를 통해 지구상의 모든 생명체를 변형시키게 될 거대한 변화의 선구자입니다. 그러나 여기서는 세린serine으로 알려진 아미노산과 함께 탐구의 고리Ring of Seeking에서 시작됩니다. 인간의 추구는 결국 스스로를 태워버릴 것입니다.—표면에서 어떻게 보이든 간에 그것은 우리가 하나의 종種으로서 따르고 있는 더 높은 궤도입니다. 이 코돈 고리에 있는 6개의 유전자 키 각각은 39번째 유전자 키로 시작하여 15번째 유전자 키로 끝나면서 순서대로 깨어날 것입니다. 이런 각성이 인류와 자연을 통해 일어나면서 우리는 우리의 주요 자기 그리드가 더 높은 주파수로 재조정됨에 따라 강력하고 미묘한 지구 변화를 경험하게 될 것입니다.

15번째 시디가 인류를 위해 실제로 하는 일은 우리를 더 높은 진화와 맞추는 일입니다. 우리 자신을 넘어서 있는 진화를 보는 것은 항상 어려운 일입니다. 그럼에도 불구하고 진화는 존재합니다. 우리의 훌륭한 교사들과 신화는 항상 그들을 알고 있었습니다. 지구 자체는 인류보다 훨씬 더 미세한 왕국을 가지고 있습니다.—그리고 이 왕국은 또한 인간의 의식과 융합함으로써 의식의 도약을 준비하고 있습니다. 가장 큰 개화는 지구 자체 내에 잠재된 숨겨진 높은 힘이 표면으로 상승하고 인간의 의식을 흡수할 때 일어납니다. 이 내면에서의 각성은 오랫동안 모든 인간 신화의 일부분이었습니다.—그 신화는 지저에 있는 거대한 도시와 샴발라Shambhala 또는 아가르타Agartha로 알려진 그들의 중심에 있는 빛나는 보석에 대해 이야기합니다. 그런 신화는 우리 지구의 모든 DNA를 휩쓸고 있는 유전적 변화에 대해 증언합니다. 그것은 심지어 은하계와 우주 자체의 진화에 영향을 미치고 있습니다. 개화는 우리가 하늘에서 보는 초신성의 거울입니다. 하지만 그것은 형태 자체의 구조 안 깊은 곳에서 일어나는 초신성입니다. 간단히 말하면, 개화는 모든 형태의 깨달음이 의식의 진정한 본질에 대해 일으키는 폭발적인 연쇄 반응입니다. 그것은 모든 생명체의 운명에 새겨져 있으며 곧 인류에게로 다가올 것입니다.

시디
숙달
선물
다재다능함
그림자
무관심

마술의 천재

프로그래밍 파트너 : 9번째 유전자 키
코돈 고리Codon Ring : 번영의 고리
(16, 45)

생리 : 부갑상선
아미노산 : 시스테인

16번째 그림자
무관심Indifference

책임의 분산

그림자 주파수에서 당신이 더 높은 실재를 인식하지 못하게 하는 가장 강력하고 널리 영향을 미치는 세력 중 하나가 무관심입니다. 당신이 무관심한indifferent 한, 당신은 결코 달라질different 수 없습니다. 이것이 16번째 그림자의 핵심입니다. 그것은 편안한 안전지대를 벗어나 삶의 변화를 완전히 포용하는 것에 대한 인간의 두려움에 관한 것입니다. 번영의 코돈 고리Codon Ring of Prosperity의 한 측면으로서, 16번째 유전자 키는 탁월함에 관한 것입니다. 세상에서 진정으로 성공하기 위해서는 다른 모든 사람들보다 뛰어난 한 가지를 찾아야 합니다. 이것이 모든 인간의 진정한 운명입니다. 그러나 이 꿈을 결실로 가져오려면 먼저 그림자에서 벗어나 지금과 달라지는 위험을 감수해야 합니다. 무관심은 당신의 귀중한 시간과 생명력을 본질적이지 않은 것에 집중하게 하는 에너지장입니다. 이 맥락에서 본질적이지 않은 것은 당신의 주의를 현재 순간과 그것의 무한한 잠재력으로부터 빼앗는 모든 것입니다. 당신이 본질적이지 않은 것에 초점을 맞추는 한, 당신은 삶에서 정말로 중요한 것에 무관심하게 될 것입니다.

홀로코스트 생존자이자 작가인 엘리 비젤Elie Wiesel은 이 주제에 관해 다음과 같이 말했습니다.

"사랑의 반대는 증오가 아니라 무관심이다.
예술의 반대는 추함이 아니라 무관심이다.
신앙의 반대는 이단이 아니라 무관심이다.
그리고 인생의 반대는 죽음이 아니라 무관심이다."[15]

16번째 유전자 키는 인류의 건강 상태가 집단적으로 표현된 것을 나타냅니다. 현대 세계에서 이 표현은 아주 명백합니다. 세상의 대다수가 빈곤 속에 살고 있는 반면 선택된 일부는 번창한다는 것은 16번째 그림자의 힘을 증명해 주는 것입니다. 그들 소수는 세상에서 모든 삶을 다 빨아먹습니다. 사람들은 자발적으로 일어서서 스스로 달라지기를 원치 않기 때문에 기꺼이 삶의 측면에서 앉아서 지켜보기만 합니다. 사회 심리학에서는 이 공통적인 인간의 패턴을 '책임의 분산diffusion of responsibility'이라고 하며 종종 여러 명의 다른 사람들이 인근에 있는 경우 고통 속에 있는 다른 사람들을 마주할 때 눈길을 돌리려는 경향을 나타냅니다. 그러나 16번째 그림자 '무관심'의 부산물로서 책임의 분산은 훨씬 더 미묘한 에너지 수준에서 아주 광범위하게 발생합니다.

무관심은 진정으로 하고 싶은 일을 하고 있지 않은 이 세상 모든 사람들이 만들어내는 에너지장입니다. 이런 상태가 되는 유일한 이유는 두려움 때문입니다. 당신이 누구이든, 그리고 당신의 삶의 환경이 어떻든 상관없이 당신이 두려움을 뛰어넘는다면 당신은 갑자기 전보다 훨씬 더 유능해질 것입니다. 무관심의 장에서 깨어 나오기 위해서는 당신 자신의 두려움 속으로 깊이 뛰어들어, 당신 삶을 진정으로 아름답게 만들지 못하게 하는 무기력함을 극복하는 용기를 내야 합니다. 무관심에는 많은 얼굴과 변명이 있습니다. 삶에서 진정으로 원하는 것을 하지 않기 위해 사용하는 주된 변명 중의 하나는 충분한 시간이 없다는 핑계입니다. 자신을 시간의 희생양으로 만드는 습관은 16번째 그림자의 핵심적인 도피전략입니다. 하지만 시간은 실제로 그것과 아무 관련이 없습니다. 당신은 시간보다는 당신의 마음의 희생자가 되었습니다. 시간 자체는 물처럼 유동적이며, 그리고 17번째, 5번째, 52번째 유전자 키가 증언하는 것처럼 구부러질 수도 있고, 짧아질 수도 있고, 비틀어질 수도 있고, 길어질 수도 있고, 심지어 멈춰질 수도 있습니다. 당신이 일어서서 당신의 꿈을 따르기 시작하는 순간, 시간은 당신의 적이 아니라 오히려 당신의 동맹자가 되어 당신의 욕구에 자동적으로 맞춰 적응합니다.

16번째 그림자의 프로그래밍 파트너는 9번째 그림자 '무력함Inertia'입니다. 우리는 이 두 가지 유전적 힘이 어떻게 인간을 어디로든 도달할 수 없게 막는지 쉽게 볼 수 있습니다. 그림자의 극성이

15 US News & World Report (October 27, 1986).

그러하듯이, 그들은 낮은 주파수에서 에너지를 가두어 놓는 생체자기제어 고리를 만듭니다. 이 경우 무관심은 무력함을 극복할 수 없습니다. 왜냐하면 무언가를 할 수 있을 정도로 에너지가 강하게 느껴지지 않기 때문입니다. 이 16번째 그림자는 세상에 대한 계획과 선의로 완전히 가득 차 있을 수 있지만 그들은 거의 시작도 하지 않습니다. 이것은 몽상pipe dream의 그림자입니다.—그것은 당신이 실제로는 시작할 필요도 없이 당신의 꿈이 어느 날엔가 현실화될 것이라는 망상입니다. 이 그림자에 잡혀 있는 사람들의 삶에서 빠져 있는 것은 열정이라는 아주 중요한 요소입니다. 열정은 주역에서 16번째 헥사그램의 원래 중국 이름입니다. 열정은 당신을 무력함에서 끌어내고 무관심의 얼어붙은 패턴을 깨뜨릴 수 있는 열쇠입니다. 열정적이 되기 위해서는 단순히 경험을 꿈으로만 꾸는 것이 아니라 실제로 경험해야 합니다.

무관심의 집단적 무게를 극복하는 가장 큰 도전 중 하나는 당신의 꿈이 진정으로 어떤 것이든 그것에 동일시하지 못하는 당신의 무능력함입니다. 탈피하는 과정에서 경험이 반드시 중요한 이유가 바로 그것입니다. 세상을 구하는 방법을 그저 백일몽으로 꿈을 꾸거나 계획하는 것만으로는 충분치 않습니다.—실제로 작업을 시작해야 합니다. 이 그림자의 마술에 걸린 다른 주요 변명은 "나는 아직 준비가 되지 않았다"입니다. 다시 말하지만, 이 변명은 잘못된 시간 개념에 기초합니다. 사실 당신은 항상 준비되어 있습니다. 당신은 지금 당장이라도 준비가 되어 있습니다. 꿈을 계속 연기한다면 그 꿈은 항상 꿈으로 남을 것입니다. 당신이 실제로 그들을 시작할 용기가 있다면, 당신은 꿈을 따라가면서 배울 것입니다. 운명의 길로 나아갈 수 있는 용기가 있을 때, 즉각적으로 두 가지 일이 일어납니다.—첫 번째로 당신은 당신 자신의 열정에서 새로운 에너지가 엄청나게 솟아오르는 것을 느낍니다. 그리고 두 번째로 당신은 다른 사람들로부터 오는 압력 때문에 당신의 길을 타협하는 것을 그만 두게 됩니다.

오직 당신의 용기와 열정만이 책임의 분산으로 만들어진 집단 에너지장벽을 무너뜨릴 수 있는 힘이 있습니다. 그림자 주파수에서 당신은 무엇이 가능한지 알지 못합니다. 당신은 오직 마음으로만 봅니다. 그런데 그 마음은 현실 전체를 감당하지 못합니다. 당신의 열정은 당신의 꿈이 불가능하다는 대중 선전을 극복할 수 있는 힘이 있으며, 당신의 용기는 당신을 질식시키려는 개개의 압력으로부터 당신을 보호해주는 검입니다. 이 새로 찾은 용기로 당신은 마침내 완전히 구현된 인간 존재로 설 수 있게 됩니다. 이 유전 코돈에는 깊은 기업가 정신이 있습니다. 결국 그것은 번영의 고리Ring of Prosperity라고 불립니다. 그것은 진정한 번영의 장을 열어 주는 그룹 시너지(45번째 유전자 키)의 힘과 결합된 재능의 융합입니다. 당신이 자신의 재능을 넓힐수록 보편적인 의식의 장이 당신을 반기면서 반응합니다. 오직 혼자서 독립함으로써만 당신은 비전을 응원하고 방향을 제시하고 실현시킬 수 있는 올바른 사람들을 찾게 될 것입니다.

16번째 그림자는 모든 인간 속에 숨겨진 독특한 선물과 관련이 있습니다. 그러나 그림자 주파수에서는 이것이 매우 혼란스러울 수 있습니다. 16번째 그림자는 기술과 기법과 시스템에 모든 힘을 기울이면서 그들을 더 생동감 있게 만드는 인간의 정신을 방치합니다. 이 사람들은 정보와 기술에 중독되기만 할 뿐 이런 기술을 초월하는 경우는 거의 없습니다. 16번째 그림자는 전문가를 만드는 반면 16번째 시디는 마스터를 만듭니다. 이 두 사람 사이의 거리는 거의 측정할 수 없을 정도입니다. 전문가가 되기 위해서는 무관심하고 열정적이지 않은 채로 남아 있어야 합니다. 왜냐하면 일단 열정이 풀려 나오면 기술은 훨씬 더 환상적인 무언가에 굴복하기 때문입니다.—그것은 '다재다능Versatility'의 놀라운 선물을 열어 줍니다. 당신이 더욱더 다재다능해지면 처음으로 당신은 정말로 달라지게 됩니다.—특별해지는 것입니다. 그리고 그런 일이 일어나는 순간 마침내 당신은 무관심을 죽인 것입니다.

억압적 본성 – 속기 쉬움Gullible

무관심이 억압될 때 그것은 잘 속는 것으로 나타납니다. 이 사람들은 집단의 대중 선전에 희생자가 됩니다. 하나의 예로, 이들은 "정부가 세상일을 도울 수 없다는데 우리가 어떻게 할 수 있겠는가?"라는 변명을 하는 사람입니다. 이것은 근본적으로 사람들이 다른 사람들의 무관심 뒤에서 자신들의 무관심을 감추게 합니다. 가장 깊은 수준에서 이런 성향은 약점과 무기력한 느낌을 조장합니다. 예를 들어 TV에서 뉴스를 켤 때마다 당신은 이 거대한 부정적인 조건화의 장을 만납니다. 이 장에 어떻게 반응하느냐가 당신의 주파수를 결정합니다. 억압적 본성의 반응은 아무것도 할 수 있는 것이 없다는 믿음에 머리를 모래 속에 파묻습니다.

반응적 본성 – 자기기만Self-Deluded

무관심의 본질은 실제로 사람이 반응하는 것을 불가능하게 하므로, 이 경우의 반응적 본성은 부적절한 이름인 것으로 보입니다. 이 사람들은 구조, 체계 및 기술에 대한 집착에 자신들의 두려움을 숨깁니다. 그들은 마음이 따르는 구조들과 너무나 깊이 동일시하게 되어 처음부터 그 구조에 대한 이유를 잊어버립니다. 이것이 깊은 자기기만을 일으켜, 이 사람들은 자신의 주변에 강력한 정신의 장벽을 건설하여 세상과 다른 사람들을 잠가 버립니다. 어떤 의미에서 이 사람들은 또한 억압적 본성처럼 쉽게 속지만, 그것은 다른 사람의 선전보다 자신의 선전에 속는 것입니다. 그들은 자기들의 마음에 납득당합니다. 그러나 그들의 마음의 벽 뒤에는 무관심한 것과는 거리가 먼 커다란 분노가 있으며, 그 분노는 결국 자신들의 자기기만을 통찰하지 않는 한 자신들을 파괴하게 될 것입니다.

16번째 선물
다재다능함Versatility

지속성의 재능

16번째 그림자를 논의할 때, 당신은 아주 중요한 것을 깨달을 필요가 있습니다.—무관심은 당신의 유전을 통해 작동하는 인류의 집단적 주파수의 표현입니다. 이 때문에 이 특성에는 어떤 잘못도 있을 수 없으며 비난을 할 수도 없습니다. 무관심은 단지 대중 의식이 아직 자신의 진정한 본성을 보지 못하기 때문에 일어납니다. 즉, 아직 그 자신을 전체적 실체holistic entity로서 깨닫지 못하는 것입니다. 그러나 우리의 새로운 인식은 우리를 하나의 단일 의식으로 동일시할 수 있게 할 것입니다. 이 동일시는 예를 들어 누군가가 뉴스를 보기 위해 텔레비전을 켜고 불쾌한 것을 보게 될 때, 그들은 그것과 관련된 사람들과 더 이상 동일시하지 않을 것임을 의미합니다. 그 사람들이 그들 자신의 의식의 한 측면이라는 뿌리 깊은 인식이 있을 것입니다.

인류를 더 큰 몸으로 새롭게 인식하게 되면 당신은 자연스럽게 봉사하게 될 것입니다. 두려움을 조장하는 선전에 넘어간다는 것은 더 이상 가능하지 않을 것입니다. 왜냐하면 우리 지구에서 희생자 의식은 사라질 것이기 때문입니다. 16번째 선물에 내재된 힘이 분명해지는 것은 바로 이 단계에서입니다. 16번째 선물의 장점은 놀라운 다재다능함입니다. 16번째 선물은 기술과 기법을 배우고 습득하는 것을 포함합니다. 그러나 진정한 다재다능함은 기법을 초월할 때 일어납니다. 그림자 주파수에서는 당신의 기술이 당신을 올가미로 묶어 버리는 반면에 선물 주파수에서는 그것이 진정한 자아로 들어가는 사다리가 됩니다. 그림자 수준에서 초점은 기술이나 기법 자체에 있는 반면, 여기 선물 수준에서는 기술이 오직 한 가지 목적에만 도움을 줍니다.—더 높은 의식 상태로 가는 다리로서 역할을 하는 것입니다.

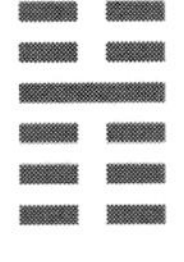

동일시는 어떤 기술을 배울 때 절대적으로 요구되는 사항입니다.—당신은 당신이 공부하고 있는 기술에 완전히 몰입해야 합니다. 모든 학습 주기는 7년의 세포 패턴으로 작동합니다. 이것은 인간이 실제로 무언가를 배우는 데 7년이 걸린다는 것을 의미합니다. 왜냐하면 그것이 몸의 세포가 기술이나 기법에 의해 물리적으로 각인되기까지 걸리는 시간이기 때문입니다. 따라서 누군가가 기술을 완전히 흡수했다면 7년 후에는 자동으로 그 기술을 넘어설 것입니다. 당연히 모든 기술에는 점점 더 높은 수준이 있으며 궁극적으로 숙달에 이릅니다. 그러나 이 초월의 열쇠 단계에서 다재다능함의 선물이 관여합니다. 다재다능함은 기술이 아닙니다.—그것은 기술을 그것과 완전히 동일시하지 않은 채로 사용할 수 있는 주파수 상태입니다. 이것은 기술이 재능이 되는 수준입니다. 재능은 어떤 특정한 기술이 숙달되었을 때 일어납니다. 재능을 갖게 되면 당신은 더 이상 기술에 대해 생각할 필요가 없으며 전혀 새로운 세상이 당신에게 열릴 것입니다.

본질적으로, 16번째 선물은 기술에 관한 것이 전혀 아닙니다. 그것은 기술을 이 상위 상태에 도달하기 위한 매체로 사용합니다. 다재다능함의 선물은 필요한 모든 기술을 습득하고 그것을 단 하나의 목적을 위해 사용하는 능력입니다.—즉, 인류의 향상과 전체를 위한 봉사입니다. 다재다능함은 열정의 역동적인 에너지에 의해 움직입니다.—그것은 당신이 뭔가를 철저하게 즐겁게 하고 있다는 느낌입니다. 그것은 또한 사람들의 삶을 개선하고 전체에 봉사하는 느낌입니다. 주파수의 선물 수준에서는 진정으로 놀라운 일이 일어납니다.—한 선물이 다른 선물과 상호교환이 가능하게 되는 것입니다. 개인적인 유전체 구성이 무엇이든 상관없이, 만일 이 주파수 수준에서 작동할 수 있다면 동일한 주파수의 모든 상태를 함께 연결하는 형태 형성의 장을 통해 64개의 선물을 끌어낼 수 있습니다. 이것이 16번째 선물의 진정한 의미입니다.—그것은 당신이 필요로 하는 어떤 선물에도 주파수를 맞출 수 있고 그 선물을 사용할 수 있는 능력입니다. 그것이 진정한 다재다능함입니다.

주파수의 선물 수준은 특정한 일련의 기술로 정의되는 것이 아니라 당신이 그 안으로 들어가는 에너지장입니다. 원래 중국 주역에서, 이 16번째 헥사그램은 음악, 미술, 춤 등의 예술과 관련이 있었습니다. 사실 다재다능의 수준에서 당신은 예술이나 과학의 어떤 가지가 다른 가지와 기꺼이 상호 교환될 수 있다는 것을 알게 될 것입니다. 선물 수준은 우리가 천재라고 부르는 수준이며 천재의 본성은 다재다능함입니다. 사람은 모든 창조물에 퍼져 있는 에너지의 징후를 이해하는 능력이 있습니다. 레오나르도 다빈치Leonardo Da Vinci는 예술과 과학 사이를 아주 쉽게 왔다 갔다 할 수 있는 다재다능한 능력을 보여준 사람의 좋은 예입니다. 진정한 천재는 자신을 단 하나의 가지에만 제한하는 경우가 거의 없습니다. 왜냐하면 그것은 선물을 제한하게 되기 때문입니다. 다재다능함의 큰 기쁨은 당신의 날개를 가능한 한 넓게 펼치는 것입니다.

다재다능함은 또한 에너지 효율이 높은 의식의 장이기도 합니다. 인류가 요즘 에너지를 사용하는 방식을 살펴보면, 16번째 그림자의 힘이 작동하는 명백한 증거를 볼 수 있습니다. 에너지를 찾는 우리의 요즘 방식은 단일 원천에서 에너지를 끌어와 그 원천을 모든 사람에게 분배하는 것입니다. 이것은 화석 연료(오일, 석탄 및 가스)에 대한 우리의 집착을 통해 표현됩니다. 우리는 우리 행동의 결과를 완전히 무시하는 방식에서 우리의 거대한 무관심을 볼 수 있습니다. 따라서 지구의 광활한 지대가 진보라는 이름으로 강간당하고 있습니다. 현대 비즈니스는 자연 세계의 풍경, 동물 및 생물은 말할 것도 없고 소수 민족의 어려운 처지에 완전히 무관심합니다. 무관심은 바이러스처럼 움직이고, 자원을 다 빼먹은 다음 계속 다른 자원으로 옮겨 나아갑니다. 이것은 계속 지속될 수 없는 길입니다. 앞으로 다가오는 세기 동안 다재다능함의 선물이 인간 게놈에서 유지되기 시작할 때, 우리는 에너지 소비를 지금과 다른 훨씬 더 풍요로운 방식으로 해결하는 방법을 배울 것입니다.

우리가 환경을 다재다능함이 작동하는 방식에 대한 비유로 생각한다면, 우리는 그것이 살아 있는 시스템의 모든 측면을 어떻게 고려하는지 볼 수 있습니다. 그것은 누구에게나 어떤 것에나 해를 주지 않는 순수한 효율성에 관심이 있습니다. 그러므로 16번째 선물은 자립하는 삶의 개념과 매우 밀접한 관련이 있습니다. 요소 중 하나를 고갈시키고 다른 요소로 이동하는 대신 다재다능함은 그들 요소 모두를 동시에 사용하면서 그들 사이에서 유동적이고 자연스러운 에너지 교환을 찾습니다. 에너지 사용의 측면에서 보면, 이는 모든 가정, 작은 마을 또는 큰 마을이 궁극적으로 자급자족해야 한다는 것을 의미합니다. 가정이나 소규모 공동체를 유지하기에 충분한 에너지를 생산하기 위해서는 태양열, 물, 바람, 심지어 지열의 힘까지 요구될 수 있습니다. 요즘에는 너무 많은 신규 대체 에너지 자원이 있어 시간이 지나면 정부가 운영하는 에너지 기구라는 개념 전체가 불필요해질 것입니다. 위의 예는 이 16번째 선물에 갇혀 있는 진정한 잠재력에 대한 단 한 가지 예일 뿐이며, 금융업에서 양봉업에 이르기까지 어느 분야에도 적용될 수 있습니다. 무엇보다도 다재다능함은 낭비를 싫어합니다.—이것은 모든 것을 사용하고 재활용할 수 있는 선물입니다. 어떤 기술이나 기법을 그들에 의해 제한되거나 고착되지 않은 채 사용할 수 있는 이유가 바로 그것입니다.

우리는 16번째 유전자 키가 '번영의 고리Ring of Prosperity'의 일부이며, 그룹 시너지에 관한 45번째 유전자 키와 함께 이 화학 조합이 진정한 번영을 활성화하기 위한 마스터 프로그램임을 보았습니다. 진정한 번영은 집단적으로 함께 일하면서 자신의 천재성을 따르는 사람들에 의해 초래됩니다. 이 16번째 유전자 키는 앞으로 올 인류의 진화와 지속 가능성을 위해 대단히 중요합니다. 왜냐하면 그것은 우리 아이들의 올바른 교육을 포함하기 때문입니다. 이 유전자 키를 통해 우리는 아이들의 타고난 재능을 일찍 발견할 수 있으며 그런 재능을 육성하는 데 가장 적합한 환경을 만들어 줄 수 있습니다. 이 번영의 고리에는 길드(Guild, 직업, 관심, 목적이 같은 사람들의 협회/조합)의 신비한 비밀이 있습니다.—그 길드는 함께 모여질 때 우리 문명 전체에 기하급수적인 번영을 가져올 수 있는 천재의 유전자 그룹입니다.

16번째 시디
숙달Mastery

시디의 기적

이 16번째 유전자 키를 간략하게 살펴보면, 우리는 그것이 부족한 열정과 당신이 하고 있는 일에 동일시할 수 없음으로 야기되는 무관심에 뿌리를 두고 있음을 기억합니다. 당신이 아무리 숙련되었다고 해도 이 열정이 없다면 다음 단계, 즉 재능을 얻을 수 없습니다. 더 나아가서 재능은 일정 기간(적어도 7년 이상) 동안 얻어야만 하는 것이고 그것의 자연스러운 표현은 다재다능함입니다. 한 방향으로 주의를 크게 집중해야 한다는 점에서 기술은 학습에 대한 수직적인 접근이며, 그리고 전체적인 추진력은 그 분야에서 가능한 한 많은 것을 이해하고 배우는 것이라고 말할 수 있습니다. 다재다능함은 당신의 존재 전체에서 주파수의 변화를 일으키는데, 그것은 수직 장과 동시에 수평 장을 열어 주기 때문입니다. 당신은 더 이상 한 가지 규율에만 고정되어 있지 않으며 전체적인 수준에서 삶을 보기 시작하면서 모든 시스템과 기술이 진정으로 통합된 방식으로 상호 연결되는 것을 보게 됩니다. 그러므로 당신은 한 방향으로 묶여 있는 독단적인 제한 없이 인간의 과학과 예술의 스펙트럼 전체에 걸쳐 당신의 재능을 활용할 수 있습니다. 이 수준에서 당신은 모든 생명 과정의 자연법칙을 활용하며, 따라서 멀리 떨어져 있거나 관련성이 없는 것으로 보이는 분야에서조차도 당신의 재능을 쉽게 전달할 수 있습니다. 예를 들어 당신은 예술가일 수도 있지만 당신의 재능은 비즈니스 또한 포용합니다. 선물 수준에서 당신의 재능은 단일 기술 세트와 동일시하지 않는 요령을 기반으로 합니다.

시디 수준에서는 역설이 우리 앞에 열립니다. 우리는 그림자 수준에서 동일시 결여로부터 선물 수준에 접근하면서 기술과의 동일시까지, 그런 다음 진정으로 다재다능해지기 위해 그 동일시를 풀어 버리는 것까지 거쳤습니다. 시디 수준에서 당신이 하고 있는 일과의 동일시 문제는 더 이상 적합하지 않습니다. 이처럼 높아진 의식 수준에서 당신의 정체성은 지워지고 당신은 빈 그릇이 됩니다. 여기에서 모든 학습이 끝나고 더 이상의 수준은 없습니다. 재능과 심지어 다재다능함에는 아직도 수준이 남아 있습니다. 최고의 피아니스트조차도 여전히 발전하고 확장될 수 있습니다. 그러나 16번째 숙달Mastery의 시디로 수평적으로나 수직적으로 확장되거나 진화하는 모든 게임은 끝났습니다.

16번째 시디는 세상에서 비교적 드문 표현입니다. 왜냐하면 그것은 마법의 능력이라고 불리는 것을 포함하기 때문입니다. 천재의 모든 측면 뒤에 있는 청사진은 예술에서 과학에 이르기까지 16번째 시디를 통해 옵니다. 몸의 각 세포에 있는 DNA가 모든 삶의 청사진을 간직하고 있는 것처럼,

16번째 시디는 인간이 쏟는 모든 노력의 장에서 숙달의 청사진을 활성화합니다. 이것이 갖는 의미는 정말로 충격적입니다. 음악 분야의 사례를 생각해보십시오. 라흐마니노프Rachmaninov의 피아노 협주곡 3악장은 서구 고전음악 중에서 가장 어렵고 엄청난 작품 중의 하나로 간주됩니다. 이 음악을 연주하는 법을 배우려면 뛰어난 재능을 가지고 있더라도 수년간의 지속적인 연습과 훈련이 필요합니다. 그러나 이 작품을 연주하는 방법에 대한 고유의 감각적 지식은 실제로 살아 있는 모든 인간 속에 이미 담겨 있습니다. 16번째 시디는 이것과 다른 모든 고유의 감각적 지식에 직접 접근할 수 있게 합니다. 즉, 16번째 시디가 활성화되면, 평생 피아노를 만져 본 일도 없던 당신이 이 음악뿐만 아니라 어떤 피아노 거장의 곡도 연주할 수 있습니다.

16번째 시디는 35번째 시디 '무한Boundlessness'과 흥미로운 연관성이 있으며, 더 자세히 분석하면 그 이유를 알 수 있습니다. 기적 시디 중의 하나인 35번째 시디의 유일한 목적은 삶에 대한 평균적인 인간의 관점을 기하급수적으로 확장하는 것입니다. 그것은 만일 당신이 마음을 움직일 수만 있다면 불가능한 것이 없다고 증언합니다. 더 높은 의식에 대한 전통적인 동양적 접근에서 시디는 64 유전자 키에 대한 이 연구와는 다른 맥락에서 이해됩니다. 거기에서 시디는 전통적으로 진정한 깨달음으로 가는 길에 장애물로 등장하는 특별한 힘으로 여겨집니다. 이런 종류의 말은 실제로 기적과 특수한 능력을 나타내도록 설계된 인간 게놈의 시디 군에서 유래합니다(분명한 예는 14번째, 16번째, 35번째, 60번째 시디입니다). 시디 상태에 도달하면, 당신은 일종의 우주적 다재다능함을 얻게 되고, 당신의 운명은 당신의 유전적 성향에 따라 계속 펼쳐집니다. 소위 '시디의 유혹lure of the siddhis'이라고 불리는 영적 집단에는 많은 혼란이 있습니다. 그들에 대항해서 말한 사람들은 또한 그들 자신의 한계를 통해 말하고 있었을 수도 있습니다. 시디의 특별한 힘에는 잘못된 것은 절대적으로 아무것도 없습니다. 사실 그들은 우리 진화의 필수적인 부분입니다.

16번째 유전자 키에 내재된 열정은 또한 시디에서도 나타납니다.—거기서 열정은 자신의 진정한 본질을 보여줍니다. 열정이라는 단어는 '신의 숨결에 소유 당함to be possessed by the breath of God'이라는 뜻의 라틴어와 그리스어에서 파생되었습니다. 신성한 흐름이 인간을 홍수처럼 밀어 덮치면서 인간들이 형태의 세계와 동일시하는 것을 부서뜨리는 것처럼 신은 우리를 통해 놀이를 하고 있으며 이 놀이의 형태 중의 하나는 창조에 대한 숙달을 보여주는 것입니다. 기적에 무관심하다는 것은 불가능한 일입니다. 그리고 기적은 16번째 시디의 가장 높은 표현입니다.—결국, 신이 재미를 누리지 못한다면, 누가 재미를 누리겠습니까? 16번째 시디의 특별한 힘은 오직 한 가지 목적만 갖고 있습니다.—그것은 전체에 봉사하는 것입니다. 비록 그것이 우주적인 오락의 형태로 나타난다고 할지라도 말입니다. 진정한 숙달은 절대적으로 개인적인 힘을 전혀 갖지 않는 것입니다.—그것은 신성의 뜻에 합쳐지는 것이며 따라서 무無의 달인master of nothingness이 되는 것입니다. 이것은 궁극적인 연극이며 모든 예술 중에서 최고입니다. 그리고 동시에 인류를 무관심으로부터 끌어내는 놀라운 힘을 갖고 있습니다.

시디
전지
선물
선견지명
그림자
의견

눈

프로그래밍 파트너 : 18번째 유전자 키
코돈 고리Codon Ring : 인간애의 고리
(10, 17, 21, 25, 38, 51)

생리 : 뇌하수체
아미노산 : 아르기닌

17번째 그림자
의견Opinion

제3의 눈을 닫음

17번째 그림자와 18번째 그림자의 결합을 깊이 살펴보면 인류의 가장 위대한 정신적 선물과 딜레마, 즉 의견과 판단을 보게 될 것입니다. 이 두 가지 특성은 인간 두뇌의 논리적 왼쪽 반구를 대표합니다. 논리적 판단을 기반으로 의견을 만드는 능력은 인간의 위대한 힘 중 하나입니다. 우리를 다른 모든 창조물과 구별 짓는 것이 바로 이 조합입니다. 그러나 그것은 또한 우리를 다른 모든 창조물과의 상호연관성으로부터 멀어지게 만들었습니다. 따라서 매우 높은 주파수 수준에서 두뇌 내의 남성적 극성의 이런 두 가지 속성이 실제로 우리 인류를 진화의 마지막 단계로 몰아가기로 되어 있다는 것은 아이러니하게 보일 수 있습니다. 17번째 시디 '전지Omniscience'를 통해 인간의 마음은 마침내 우리가 모든 존재와 하나가 되는 완벽하고 아름다운 모습을 볼 것이며, 18번째 시디 '완벽Perfection'을 통해 우리는 실제로 그 비전을 완전하게 드러낼 것입니다.

그러나 그림자 주파수에서 의견과 판단의 이 두 속성은 단지 구분만을 만들어 낼 뿐입니다. 왜냐하면 그들은 전체 자체가 아닌 전체의 좁은 측면만을 보고 도전하는 것에 기반을 두기 때문입니다. 이 두 속성이 전체의 모든 측면을 동시에 볼 수 있게 되는 것은, 그것은 전지로 알려진 특성인데, 당신이 의식의 최고 수준에 도달했을 때뿐입니다. 그림자 주파수는 종종 낮은 징후가 발생하는 불쾌한 결과에도 불구하고 항상 위대함의 씨앗을 간직하고 있습니다. 17번째와 18번째 그림자의 예에서 우리의 유전적 이진법이 함께 깊이 작용하여 우리의 삶을 얼마나 비참하게 만드는지 실제로 볼 수 있습니다. 18번째 그림자 '판단'은 모든 인간의 불만에 뿌리를 둔 욕구이며 그것이 가진 단 하나의 역할은 17번째 그림자의 매개를 통해 이 깊은 불안의 원인을 찾으려 노력하는 것입니다.

17번째 그림자 '의견'은 인간 두뇌 안의 지적 능력으로서 논리의 기본인 패턴 인식을 전문으로 하는 뇌의 디지털 왼쪽 반구에 해당합니다. 18번째 그림자의 불안한 본성으로 인해 이 17번째 그림자는 마음을 통해 그 불안에 대한 해답을 찾으려 합니다. 그런데 그것의 본성은 자신을 세상에 투사하는 것입니다. 다른 말로 하면, 의견의 그림자는 외부 세계, 사회, 사람, 심지어는 자신 안의 결함을 찾기 위해 프로그램되어 있습니다. 결함이 발견되면 그것은 전체 세계관에 대한 씨앗이 되며, 층 전체가 그 개인의 마음속에 세워집니다. 투사된 결함은 항상 비교의 형태를 기반으로 하는데, 18번째 그림자를 통해 들어오는 불만족스러운 모든 에너지의 초점이 됩니다. 이것이 인간의 의견이 형성되는 방식입니다.—즉, 그들은 단 한가지의 투사 주변에서 결정체를 이루며, 그것은 이른 시기의 조건화로 탄생하며 결국 시간이 지남에 따라 두더지가 파 놓은 흙 두둑이 산으로 변합니다.

이 설명은 이른 아동기의 조건화가 어떻게 어린아이들의 정신적 메커니즘에 영향을 주는지를 단순하게 설명한 것입니다. 당신의 의견은 처음 7년 안의 어느 시점에 심어진 씨앗으로부터 싹튼 것입니다. 비록 그들이 10대의 어느 시점, 세 번째 7년 주기까지도 표면에 나타나지 않는다 해도 말입니다. 어린 아이가 처음 7년 동안 어떤 외부적인(신체적, 감정적 또는 정신적) 합성 패턴 없이 자연스럽게 성장한다면, 아이가 독선적인 성인으로 성장할 가능성은 아주 희박합니다.

현대 사회에서 의견은 실제로 건전한 것으로 간주됩니다. 그리고 사실 의견이 본질적으로 불건전한 것은 아닙니다. 논리적 좌뇌는 양측을 비교함으로써 생각합니다. 문제는 불만족이 의견과 동일시하기 시작하고 교리로 바뀔 때 일어납니다. 바로 이 시점에서 또 다른 질병disease이 당신 안에 뿌리를 내립니다.—심각함이라는 질병(dis-ease, 편치 않음)입니다.

의견의 건강한 표현은 똑같이 발달된 뇌의 오른쪽 반구를 갖는 어떤 재미에 뿌리를 두고 있습니다. 왼쪽 뇌가 부분을 보는 반면, 오른쪽 반구는 전체만을 봅니다. 두뇌의 내부 구조가 균형을 이루면, 남성적인 면은 항상 여성적인 면에게 도움을 줄 것입니다. 왜냐하면 전체를 보지 않고 부분을 보는 것은 제한적이고 분열적이며 위험하기 때문입니다. 자신의 의견에 대해 지나치게 진지해질 때마다 당신은 즉시 자신을 방어해야 합니다. 폭력의 근원에 있는 것이 바로 이 역학입니다. 우리가 곧 알게 되겠지만 선물의 주파수 수준에서 의견은 멀리 내다보는 선견지명에 굴복합니다. 멀리 보는 것은 상황의 양면을 동시에 보는 것을 기반으로 합니다. 오른쪽 뇌가 전체 그림에 배경을 제공하면 왼쪽 뇌가 전체의 어떤 한 가지 요소에만 고정될 수 없게 됩니다. 이런 측면에서 만일 당신이 어느 한쪽을 선택한다면 그것은 18번째 선물 '진실성Integrity'을 유지하려는 단 한 가지 목적을 위한 것입니다.

어린 시절의 건강한 두뇌 발달은 지능과 거의 관련이 없으며 오히려 간섭하지 않는 것과 관련이 있다는 것은 흥미로운 일입니다. 처음 7년 동안, 아이들은 실제로 놀이를 통해 배울 수 있는 환경만을 필요로 합니다. 생물학적이고 계절적인 리듬을 따르지 않는 외부 리듬의 강요는 개발되고 있는 뇌와 신경계의 섬세한 구조를 미묘하게 방해할 것입니다. 당신의 내적인 타이밍이 발견되는 곳이 바로 여기 17번째 유전자 키입니다. 이 타이밍은 몸속 깊숙이 심어져 있으며 지구 자체의 주파수에 연결되어 있습니다. 7년의 세포주기는 수정되는 시점부터 계속 성장하는 어린이의 모든 시스템에서 메아리치는 깊은 내면의 북소리에 설정됩니다. 이런 강력한 자연스러운 리듬이 이른 시기에 혼란에 빠지면, 어른이 될 때 내적인 타이밍이 왜곡될 것입니다. 이 시간 왜곡은 가장 일반적으로 정신적 불안으로 나타나는데 삶의 후반부에 나타나는 다양한 생리적 문제로도 이어질 수 있습니다. 이 모든 것은 진단하기도 어렵고 고치기도 매우 어려울 수 있습니다.

17번째 그림자는 수많은 사람들이 세상을 바라보는 방식을 지배합니다. 집단적 차원에서 이 그림자는 오늘날 우리가 주변에서 보고 있는 세상을 만들어냈습니다. 그것은 인류를 세계의 좌뇌적 시각을 기초로 하여 국가, 종교, 계급으로 분류했습니다. 우리 사회의 거의 모든 측면은 구분과 비교와 의견을 기초로 합니다. 대부분의 인간들은 더 큰 환경에 대한 장기적인 영향을 고려하지 않은 채 왼쪽 두뇌가 그들에게 말하는 것의 힘에 맞춰 결정을 내립니다. 우리가 더 큰 그림을 보지 못하게 된 것은 이 17번째 그림자 때문입니다. 이 그림자는 오직 보기로 프로그램되어 있는 것만을 볼 수 있기 때문에 원래의 불만족의 싹 주위에 삶을 만들어냅니다. 따라서 우리 아이들은 세상이 그들로 하여금 행동하도록 프로그램을 짠 방식으로 행동합니다. 그들이 그것에 순응하든 아니면 반발하든 상관도 하지 않고 말입니다. 그들은 17번째 그림자가 선례로 주어진 세계에 태어났습니다. 그리고 그들의 눈이 보는 모든 것은 그들 자신만의 관점이고 그것을 어떻게 유지하는가 하는 방법입니다.

그러나 프로그래밍 파트너인 18번째 그림자가 보여주듯이, 인간이 태어날 때부터 타고난 불만은 그 본성이 신성합니다. 자연과 전체에 대항하는 모든 것에 도전하는 것이 바로 그 힘입니다. 그래서 그것은 완벽한 세계를 창조하기 위해 인간을 궁극적으로 몰아 부칠 것입니다. 이 17번째 그림자를 통해서만 불만의 기본적인 욕구가 좌뇌를 돕기 위해 비틀어집니다. 그곳에서 그것은 전체를 돕는 것이 아니라 부분을 돕고 따라서 세상에 더욱더 많은 분열을 일으킵니다. 이 그림자는 구조를 이해하는 데 매우 능숙하기 때문에 두뇌 내의 주요 조직 요원으로서 언어를 구조화하고, 숫자를 사용하며, 사물들을 수준, 대역, 계층구조로 보게 합니다. 그것의 힘으로 그것은 또한 당신의 개인적 실재의 언어를 창조하고, 그 언어는 초월을 허락하지 않는 이원론적인 언어 구조 위에 세워집니다. 당신이 내적 언어의 구조를 두 개의 상반되는 견해—민주주의 또는 공화당, 보수주의 또는 노동당, 남성 또는 여성—을 넘어서 있는 세 번째 수준에 열어 놓으면, 당신은 DNA 안에 있는 힘을 점화시켜 전적으로 그림자의 주파수를 탈출하게 됩니다.

요약하면, 17번째 그림자는 인간의 사고를 이원론적인 차원에서 유지하며, 좌뇌 접근법을 지나치게 강조함으로써 이를 실행합니다. 그것은 논리적 지식인으로 하여금 당신의 신경 언어적 실재의 핵심을 보게 합니다. 이런 의미에서 그것은 타협하여 전체적인 우뇌를 약화시키고 억압합니다. 그 과정은 11번째 그림자를 통해 자세히 설명됩니다. 세 번째 초월적인 관점이 당신에게 열리는 것은 이 두 관점을 결합하고 균형을 이룰 때뿐입니다. 이것은 바로 64개의 유전자 키가 뇌 내부에서 하고 있는 일입니다.—그들은 당신의 논리가 자신을 초월하고 세 번째 관점을 발견하도록 디지털로 다시 프로그램하는 일련의 새로운 신경 언어 매개변수를 제공합니다. 궁극적으로 더 넓고 더 큰 실체를 인식하게 하는 것은 이 세 번째 관점입니다. 그것은 마스터와 신비주의자들이 '제 3의 눈 열기'라고 불렀던 내면의 재배선 과정과 똑같은 것입니다.

억압적 본성 – 자기 비판적Self-Critical

17번째 그림자가 내면으로 향할 때 마음속에 일관되게 자신을 다른 사람과 비교하고 나아가 다른 사람들을 편드는 경향이 생기게 됩니다. 이것은 자기 비판을 통해 끊임없이 자신을 깎아 먹는 인간을 낳습니다. 그것은 무의식 속에 깊숙이 박혀 있는 패턴으로서 자기들이 무엇을 하고 있는지 거의 인식하지 못한다는 것을 의미합니다. 이런 성격 유형의 자기 비판적 측면은 대개 자기들이 의견을 주장하는 것은 고사하고 자신이 의견을 가질 정도로 가치 있다고 평가하지 않습니다. 그런 사람들은 스스로 일어서는 데 필요한 근성이 부족합니다. 왜냐하면 자기 자신에 대한 진정한 감각이 없기 때문입니다. 17번째 그림자의 힘은 일단 견해가 정해지면 항상 그 견해의 타당성을 증명할 증거를 찾을 수 있다는 것입니다. 왜냐하면 패턴 인식에 능숙하기 때문입니다. 따라서 이 사람들은 자신들의 삶의 가치가 거의 없다는 핵심적인 신념을 뒷받침하기 위해 평생을 걸쳐 증거를 축적합니다.

반응적 본성 – 독선적Opinionated

의견은 자신을 옹호할 변호가 요구되는 것으로 이해될 수 있습니다. 17번째 그림자가 바깥으로 향할 때, 전 세계에 걸쳐 두드러지게 나타나는 대단히 인상적인 교리 체계를 만듭니다. 이 그림자는 특히 남성들에게 큰 호소력을 발휘합니다. 남성의 두뇌는 본성적으로 합리적인 접근을 선호하기 때문입니다. 이 사람들은 논리를 사용하여 자신들의 의견과 견해를 강화시키고, 그럼으로써 다른 사람들을 본질적으로 틀린 것으로 만듭니다. 세상의 대다수는 의견의 기반이 되는 과학, 시스템 및 계층구조를 만들어내는 사람, 그리고 그 의견을 믿고 부지불식간에 그들의 희생양이 되는 사람들로 구성됩니다. 의견을 방어하는 사람들은 자신들의 무의식적인 분노에 지배되는데 그 분노는 자신의 더 깊은 두려움의 표현입니다. 진정으로 의견이 없는 인간을 찾는 것은 극히 희귀한 일입니다. 그런 사람은 삶의 양면을 모두 다 보는 마법의 장소로 들어가 자신의 두려움을 들여다보고 그들의 분노를 받아들여야 합니다. 오직 양면을 모두 다 볼 때만 균형을 잡을 수 있고 통제가 이루어질 수 있습니다.

17번째 선물
선견지명Far-Sightedness

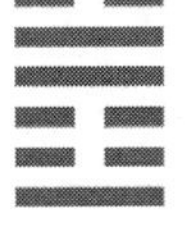

가슴을 통한 예지

세상에서 종종 이성으로 통하는 것은 실제로 누군가의 의견이 그것을 정당화하기 위한 사실들로 치장되어 있다는 것은 아이러니입니다. 그림자 주파수에서 인간의 마음은 하나의 주장을 세우고 그런 다음 그 반론을 은폐함으로써 논리와 사실을 왜곡합니다. 인류의 대다수는 쉽게 어느 한쪽 또는 다른 쪽의 영향을 받습니다. 모든 인간 드라마는 마음의 이중성에서부터 탄생됩니다. 그리고 인류의 대중 의식은 드라마를 사랑합니다. 그것은 모두 언론 담당자들이 가지고 노는 게임입니다. 만일 당신이 이 게임에서 도망쳐 나왔다고 생각한다면, 자신의 의견을 깊이 들여다보십시오. 그러면 아마도 당신은 당신 자신의 마음이 실제로 얼마나 쉽게 통제되었는지를 발견하게 될 것입니다.

사실 인간들은 스키너의 쥐와 같이 그들이 볼 수 있도록 프로그램되어 있는 것, 즉 결함만을 봅니다. 모든 의견은 삶의 기하학에 있는 결함을 토대로 합니다. 당신이 의견 게임을 뛰어 넘어 존재의 더 높은 영역으로 들어갈 수 있는 것은 오직 당신이 자유에 대한 두려움을 초월했을 때뿐입니다. 또한 의견을 넘어서려면 삶을 심각하고 개인적으로 보는 것을 그만두어야 합니다. 대부분의 사람들에게 17번째 선물은 그들의 능력을 넘어서 있는 것처럼 보입니다. 왜냐하면 당신의 견해를 포기하는 것은 어떤 고정된 것에 동일시하려는 마음의 뿌리 깊은 욕구를 포기하는 것이기 때문입니다. 당신의 마음은 확고한 견해나 철학을 발견하면 두려움을 억제할 수 있고 삶을 통제할 수 있을 것이라고 믿습니다. 대부분의 인간의 마음을 들여다보면 책이나 과학적으로 입증된 이론, 종교적 신념 및, 또는 전통적 견해로 조건화된 층층의 도그마를 발견할 것이며, 필사적으로 삶에 대해 확신을 갖기 위해 노력하는 마음을 발견할 것입니다.

그러나 17번째 선물은 어떤 편에도 서지 않고 의견을 넘어서 있는 실체의 위대한 전체론적 시각을 갖는 것에 관한 것이 아닙니다. 17번째 선물은 정신적으로 역동적인 선물입니다.—그것은 수동적 수용이라는 철학 옆에 하릴없이 앉아 있지 않습니다. 이 선물은 목적이 있으며, 그것은 삶의 작은 역학을 이해하는 것뿐만 아니라 전체 그림을 보는 것입니다. 17번째 그림자처럼 17번째 선물은 프로그래밍 파트너인 18번째 선물 '진실성Integrity'에 의해 주도됩니다. 따라서 17번째 선물의 진정한 목적은 진실에 대한 모든 그릇된 설명에 도전함으로써 진실성을 지키고 유지하는 것입니다. 그림자 주파수에서 좁은 마음으로 인도하는 바로 그 특성이 선물 주파수에서 열린 마음을 창조하는 사명을 가지고 있습니다. 논리의 놀라운 진실은 63번째 유전자 키에서 찾아 볼 수 있습니다. 그것은 논리가 비록 한편으로는 신비롭지만 실제로는 얼마나 자명적인지를 보여줍니다. 이것이 논리의 아름다움입니다.—논리는 높은 수준에서 항상 스스로를 패배시킵니다. 17번째 그림자가 정신적 스핀을 사용하여 사람들의 마음을 특정 방향으로 조건화하는 것처럼, 17번째 선물은 스핀의 자체 버전을 사용하여 자기 잇속만 챙기는 도그마를 약화시킵니다.

그림자 주파수에서 대중들이 옹호하는 의견에 비해 17번째 선물의 장점은 더 높은 형태의 인지—선견지명, 멀리 내다보는 시야를 수반한다는 것입니다. 17번째 선물은 사람의 삶에 방향을 지시하지 않기 때문에 항상 의도했던 것을 자유롭게 할 수 있습니다.—주파수를 낮추는 패턴과 주파수를 상승시키는 패턴을 구별하는 것입니다. 이 선물은 의견을 넘어서 볼 뿐만 아니라 또한 의견을 불러일으키고 그 의견에 휘말리는 인간들의 경향의 작동 메커니즘을 파악합니다. 제3의 눈이 열리는 것으로 알려진 과정이 시작되는 것은 바로 이 선물 주파수의 작업을 통해서입니다. 이 과정의 첫 번째 단계는 특정 의견에 동일시하는 것이 무의미하다는 것을 알게 될 때 일어납니다. 이 선물은 일방적 표현의 필요성을 우회하고 논쟁의 기저를 이루는 더 깊은 문제를 강조하는 완전히 새로운 내면의 언어에 접속하게 해줍니다.

17번째 유전자 키는 인간 유전체 매트릭스에서 가장 복잡한 코돈 그룹 중의 한 측면입니다. 인간애의 고리Ring of Humanity로 알려진 이 화학적 그룹과 그와 관련된 아미노산 아르기닌은 인간 운명의 청사진 바로 그것을 담고 있습니다. 이 그룹에서 우리는 인간들이 겪는 고통의 주요 원인 중의 하나가 17번째 그림자의 의견에 뿌리를 두고 있음을 알 수 있는데, 그것은 오직 차이점만을 찾아보는 것입니다. 그러나 우리는 또한 이 인간애의 고리 안에 감겨 있는 인류의 미래의 진화를 발견할 수 있습니다. 특히, 이런 유전자 키들의 선물 주파수는 우리 종에 내재되어 있는 정말로 자연스러운 6가지 필수적인 인간의 속성을 보여줍니다. 그 중에 17번째 선물 '선견지명Fa-sightedness'이 있습니다. 이 코돈 그룹 안의 많은 유전자 키들은 가슴의 권위를 신뢰하는 인간의 능력과 사랑에 관한 것입니다. 따라서 선견지명은 마음에서부터가 아니라 오히려 가슴에서부터 직접 일어난다고 말할 수 있습니다. 이 17번째 선물은 사실 지각의 진정한 도구입니다.

우리는 이미 17번째 그림자가 계층구조만을 보도록 프로그래밍되어 있음을 보았습니다. 그것은 이원론적인 정신 구조를 넘어서 다른 실체들이 존재한다는 것을 단순히 이해하지 못할 뿐입니다. 그러나 대량으로 만들어진 도그마의 저주파 영역에서 해방된 17번째 선물은 더 높은 실체와 차원을 보기 시작합니다. 그것은 완전히 새로운 방식으로 봅니다. 지능을 제공하는 대신, 17번째 선물은 태양신경총 시스템에서 나오는 인식을 통해서 봅니다. 그것은 보편적인 지식이 좌뇌의 논리적 구성 내에서 정착할 수 있게 합니다. 그러면 그것은 하나 됨의 메커니즘을 완전히 새롭고 매혹적인 방식으로 표현할 수 있습니다. 삶의 역학을 이런 방식으로 보면서, 17번째 선물은 또한 다른 특별한 능력—예언을 보여주기 시작합니다. 17번째 선물은 미래를 미리 보는 방향으로 유별나게 기울어져 있습니다. 17번째 선물의 초점이 어느 쪽으로 훈련되든지, 그것은 한 패턴이 또 다른 관련 패턴을 낳는 방식을 볼 수 있는 능력이 있으며, 초월적 관점을 논리적 관점으로 변형시킬 수 있기 때문에 진화의 한 국면이 다른 국면으로 논리적으로 진행되는 것을 볼 수 있습니다.

이 17번째 유전자 키가 당신의 홀로제네틱 프로파일의 필수적인 부분이라면, 이 예지의 특정한 선물은 당신에게 강력한 현실이 될 수 있습니다. 그러나 당신은 11번째 유전자 키를 가진 사람과 같은 방식으로 시각적이 아닙니다. 이 17번째 선물은 원형을 볼 수 없습니다. 오히려 그것은 숫자에 뿌리를 둔 패턴을 보고 문자와 단어로 번역할 수 있습니다. 이 사람들은 진화의 신성 수학과 그 계획의 진행 과정을 이해할 수 있습니다. 전체 계획과 그 부분을 보는 과정에서 그들은 정말로 진정한 과학자입니다. 전통적 견해에 제한되지 않고 자유롭고 삶의 완성에 대한 깊은 앎을 자기들이 원하는 대로 자유롭게 번역하면서, 17번째 선물을 가진 사람들은 궁극적으로 차기의 새로운 인간문명을 조직할 사람입니다. 더 나아가서, 선물 주파수는 가슴의 주파수이기 때문에 이 17번째 선물을 사용하는 각각의 사람은 모두 우리의 공동 미래에 대한 전체적인 그림의 특정 프랙털 시각을 유지합니다. 즉, 그들 중 단 한 사람이라도 다른 사람과 의견을 달리 하는 일이 결코 없을 것이라는 뜻입니다.

17번째 시디
전지Omniscience

눈

당신이 이제 감을 잡기 시작한 것처럼, 17번째 유전자 키의 더 높은 주파수 차원은 인류의 공동 미래에 대한 견해를 제공합니다. 그리고 앞으로 올 실체의 다양한 양상이 조직되고 구성될 것이라는 견해가 이 예지를 통해서 나옵니다. 17번째 선물을 가지고 있는 모든 개인은 통합으로 나아가는 커다란 진화론적 패턴의 특정한 측면을 감독합니다. 그러나 선물 수준에서 당신의 견해는 여전히 전체 패턴의 특정 측면에 한정됩니다. 예를 들어, 17번째 선물을 가진 어떤 사람은 인류에게 도움이 될 새로운 경제적 패러다임을 재구성하는 방법을 보게 될 수 있으며, 또 다른 사람은 비슷한 모델을 기반으로 공동체 네트워크를 만드는 방법을 보게 될 수 있습니다. 이런 식으로, 각각의 17번째 선물은 진화하는 인류의 전체적인 조각 그림 맞추기의 프랙털 부분을 가지고 있습니다.

전체 그림이 단 한 사람 앞에 펼쳐지는 것은 우리가 17번째 시디에 올 때뿐입니다. 이 시디는 제3의 눈이 완전히 열렸음을 나타냅니다. 이 의식 수준에서, 보는 사람과 보이는 대상은 하나가 되며 같은 것이 됩니다. 남겨지는 것은 그것을 통해 의식이 끝없이 쏟아져 나오는 것은 단 하나의 눈뿐입니다. 이것은 '전지Omniscience'의 시디라고 불립니다. 전통적인 종교적 도그마에서는 오직 신God 또는 신들gods만이 전지로 여겨지는데, 이것은 낮은 주파수가 얼마나 효과적으로 제3의 눈을 계속 닫힌 채로 유지하는지를 보여주는 훌륭한 예입니다. 인간 안의 이 다른 눈은 더 높은 기능의 뇌하수체 안에 위치하고 있으며 여러 가지 방법으로 열릴 수 있습니다. 다양한 요가 수련이 제3의 눈을 여는 것을 특별히 목표로 하고 있으며 힌두교의 차크라 체계에서는 두 눈 사이에 있는 6번째 아즈나 차크라에 해당합니다. 많은 약물과 향정신성 식물도 뇌하수체를 매개로 하여 제3의 눈의 기능에 영향을 미칩니다. 수천 년 동안, 샤먼들은 자연의 향정신성 식물을 더 높은 의식을 보는 수단으로 사용해 왔습니다.

그러나 제3의 눈을 일시적으로 활성화하는 것은 우리에게 높은 의식 상태를 잠깐 일별하게는 하지만 그것은 전지의 시디와 비교될 수 있는 것이 아닙니다. 각성의 연금술적인 순서에서, 전지의 시디는 가슴이 완전히 열린 후에만 꽃을 피울 수 있으며 가슴이 열리는 단계는 그 길을 따라 자기의 모든 흔적을 파괴합니다. 그것은 마치 내면의 태양이 떠오르면 오직 그때만 눈이 떠질 수 있는 것과 같습니다. 이 17번째 시디는 각성보다 더 오래 생존하는 것이 마음의 유일한 측면이기 때문에 이례적인 것입니다. 마음의 다른 모든 측면들은 이 단 하나의—마음의 눈을 제외하고는 더 높은 주파수로 변환됩니다. 일단 가슴이 꽃을 피우면, 내면의 눈은 뇌와 순수의식 사이에 의사소통 연결 고리 또는 인터페이스를 제공합니다. 내면의 눈은 모든 방향에서 동시에 보는 완벽한 원형으로 묘사될 수 있습니다. 17번째 선물이 미래의 패턴을 읽는 반면에, 17번째 시디는 미래를 정확하게 볼 수 있습니다. 17번째 그림자를 통해 시간이 왜곡되는 것처럼, 그것은 17번째 시디를 통해 환상으로 보이는데, 그것은 과거, 현재, 미래를 하나의 영원한 의식의 화면으로 경험합니다.

세계가 진실한 선지자와 신탁을 얻는 것은 전지의 시디를 통해서입니다. 진실한 선지자는 항상 장님이고 진실한 신탁은 항상 귀머거리라는 고대의 전통이 있습니다. 이것은 당신이 의식을 통해 보는 것이 아니라 의식이 당신을 통해 보는 것을 의미한다는 것을 상징합니다. 그런 높은 주파수에서 인체는 단지 의식의 도구가 됩니다. 17번째 시디를 통해 의식은 마야(maya, 환영幻影 현상 세계)의 밖에 앉아 있으면서 마야의 게임을 합니다. 17번째 시디가 의견이나 견해를 제시한다면, 그것은 어떤 인간 드라마가 펼쳐질 수 있도록 그렇게 하는 것입니다. 어떤 스승들이 때로는 제자들에게 기이한 것을 말하는 이유가 바로 그것입니다.—어떤 특정한 의견이 그 개인의 의식을 통과하여 어떤 특별한 돌연변이가 일어나도록 하기 위해서입니다. 바로 전지로부터 그런 것들이 말해지고, 시디 상태에서 말하는 사람은 누구나 이 같은 과정을 따릅니다. 이것은 또한 세상에 들어와 자신을 드러내는 시디입니다. 때로는 그리고 어떤 사람들을 위해서, 그들의 미래에 대해 듣는 것은 그들의 카르마적인 유산의 일부입니다. 당신의 미래에 대해 듣는 것은 때로는 실제로 그 미래를 만들어내고 때로는 그것을 무효화하는 반대되는 효과를 만들어냅니다.

논리적 사고로 17번째 시디를 이해하려고 한다면, 필연적으로 실패할 것입니다. 마음은 단 하나의 의견만을 견지할 수 있습니다.—미래가 미리 예정되어 있든지 아니면 우리가 사는 대로 미래가 창조되든지 둘 중의 하나입니다. 두 가지가 모두 맞아야 한다는 모순을 마음은 이해할 수 없습니다. 왜냐하면 두 가지가 모두 공동 의존적이기 때문입니다. 17번째 시디가 세상에 나타나면 인간의 마음이 엉망이 됩니다! 전지에게는 경계선이나 수준이나 과거의 삶은 있을 수가 없습니다. 오직 끝없는 프랙털 패턴만이 계속 반복됩니다.—똑같지만 항상 새롭습니다. 뱀이 자기 꼬리를 먹고 있는 것입니다. 이것은 오직 완벽(프로그래밍 파트너인 18번째 시디)만을 보고 완벽만을 아는 시디입니다. 그처럼 그것은 결함을 보는 것을 넘어서 있습니다. 왜냐하면 이전에 결함으로 보였던 것이 사실은 전지 그 자신의 상태를 가져오는 도구일 뿐이기 때문입니다. 전지는 바로 이 정확한 순간에 일어나고 있는 모든 일은 어떤 것이든 절대적으로 완벽하다고 증명합니다. 왜냐하면 그것이 형태의 세계를 파고들 때 의식의 지시를 따르고 있기 때문입니다. 이것이 아마도 주역에서 17번째 원형의 원래 이름 '따름Following'의 감추어진 뜻일 것입니다. 일어나는 모든 일은 계획을 따르고, 계획은 완벽하며, 계획은 우리가 길을 걸을 때 미리 결정된 것이기도 하고 만들어지기도 합니다.

17번째 시디가 세상에 나올 때 그것은 신성의 후기(afterthought, 미리 세심히 계획한 것이 아니라 나중에 생각한[덧붙인] 것)처럼 나타납니다. 그것은 은총Grace의 일곱 힘 중의 하나로서 삶에서 행해질 필요가 있는 것은 아무것도 없다는 진리를 제공하는 것 외에 다른 목적을 제공하지 않습니다. 당신이 결정하는 것은 무엇이나 절대적으로 옳으며 존재하는 모든 것과 완전히 조화를 이룹니다. 완벽을 보기 위해서는 완벽을 구현해야 합니다. 그리고 그런 상태는 시작 부분이 아니라 결말 부분입니다. 전지의 은총이 보이는 곳이면 어디에서나 인간이 부인하는 것은 끝이 납니다. 만일 당신이 봉사의 길을 따르고 있다면, 그것이 올바른 것입니다. 만일 당신이 배신이나 살인 또는 복수의 길을 따르고 있다면, 당신이 거부할 때와 거부를 버리고 나올 때 둘 다가 모두 올바른 것입니다. 이 17번째 시디의 진실은 세상에 격변을 일으킵니다. 우리 인간은 개인의 정체성을 훼손하는 진리를 듣고 싶어 하지 않습니다. 그러나 의식은 형상의 세계를 통해 모든 의견을 표현해야 합니다. 모든 삶의 가장 깊은 아이러니는 유명한 신비가의 말에서 발견됩니다. : "신은 당신이 거기에 없을 때만 당신을 방문할 수 있다." 다른 말로 하면, 전지가 어떻게 생겼는지 알고 싶다면, 당신은 존재하기를 멈춰야만 합니다.

18th GENE KEY

시디
완벽함
선물
진실성
그림자
판단

마음의 치유력

프로그래밍 파트너 : 17번째 유전자 키
코돈 고리Codon Ring : 물질의 고리
(18, 46, 48, 57)

생리 : 림프계
아미노산 : 알라닌

18번째 그림자
심판, 판단Judgement

희생자 마음

인간의 유전체 매트릭스에 내장된 것은 불완전성에 대한 민감성입니다. 그리고 인간의 비판과 판단의 특성을 일으키는 것이 이 민감성입니다. 우리가 곧 알게 되겠지만, 18번째 유전자 키와 그것의 주제 '심판/판단Judgement'과 '진실성Integrity'은 당신과 다른 사람들에게 권한을 부여하거나 또는 권한을 빼앗는 효과를 가질 수 있습니다. 심판의 주제는 당신이 상상할 수 있는 다른 어떤 특성과 마찬가지로 깊은 인간 본성 안에서 바쁘게 돌아다닙니다.

18번째 그림자는 어린 시절에 시작됩니다. 그것은 권위에 도전하는 타고난 욕구가 있습니다. 그리고 당신의 삶에서 처음으로 겪게 되는 진짜 권위자는 부모입니다. 부모에게 도전하는 것은 근본적으로 건강한 일입니다. 그것은 차별화하려는 우리의 타고난 충동의 일부이기 때문입니다. 이 과정은 우리가 대충 14세에서 21세에 걸친 세 번째 7년 주기에 들어서면서 본격적으로 시작됩니다. 이 발달 단계는 주로 정신 능력의 성장과 확장에 관한 것이며, 우리의 앞으로의 의견이 규정되고 판단 능력이 시험되고 만들어지는 것이 바로 이 기간 동안입니다. 이 과정의 핵심은 자녀보다 부모의 주파수에 더 많이 있습니다. 만일 부모가 이 과정을 개인적으로 취하는 실수를 저지른다면, 아이는 이 생물학적 단계를 통해 완전히 전이를 끝내지 않을 것이며, 대신 부모와 동일한 낮은 주파수에서 붙들려 있게 될 것입니다. 그러나 만일 부모가 자신의 독자적인 판단 패턴 또는 자기 판단 패턴에 붙들려 있지 않다면, 이 단계는 진정한 성인을 만들게 될 것입니다. 슬프게도 대부분의 어린이들은 진정한 성인으로 가지 못하고 남은 삶 동안 깊고 낮은 주파수 패턴에 단단히 갇힌 상태로 머물게 됩니다.

18번째 그림자는 희생자 마음victim mind으로 알려진 집단 현상을 일으킵니다. 희생자 마음은 전 세계에 걸쳐 모든 훼손시키는 사고, 판단하는 사고 패턴의 집합체입니다. 전형적인 하루 동안 진심으로 자신의 생각을 조사해 보면, 생각의 상당 부분이 희생자 마음의 영향을 받는다는 것을 발견하게 될 것입니다. 다른 말로 하면, 당신은 당신의 마음이 인류 전체의 집단적 부정적인 사고 패턴에 의해 영향을 받도록 허용하고 있는 것입니다. 이 마지막 말의 진정한 요점은 많은 사람들에게 큰 충격이 될 수 있습니다. 희생자 마음의 세계는 불평하고 걱정하는 험담의 내면세계입니다. 우리 대부분은 우리 삶의 모든 측면에 대해, 특히 우리와 관계를 맺고 있는 사람들에 대해 속으로 불평하고, 돈이나 건강과 같은 평범한 문제에 대해 끊임없이 걱정합니다. 아이러니하게도, 부와 건강이라는 측면에서 우리를 풍요롭지 못하게 하는 것이 바로 이런 종류의 생각입니다. 당신은 불평하는 것이 절대적으로 인간적이라고 생각할지도 모르지만, 그것은 불평하는 사람과 희생자 모두의 오라에 부정적인 주파수를 만들어냅니다. 다른 말로 하면, 더 많이 불평할수록 당신은 당신 자신과 세상에게 더 많은 손해를 입히는 것입니다.

도덕적으로 말하자면, 판단은 현대 사회에서 나쁜 평가를 얻습니다. 우리는 '판단하지 않는 것'을 삶의 가장 높은 목표 중 하나인 것처럼 이야기합니다. 사실 판단하지 않는다는 것은 불가능한 일입니다. 왜냐하면 판단은 인간의 마음이 생각하는 방식이기 때문입니다. 희생자 마음을 주파수가 낮은 것으로 정의하는 이유는 당신을 당신이 생각하는 것과 동일시하기 때문입니다. 다른 말로 하면, 당신의 판단이 당신의 정체성을 정의하고 당신이 더 안전하게 느끼도록 만듭니다. 그러나 만일 당신이 판단을 내릴 수 있고 동시에 판단하는 것을 인식한다면, 당신은 더 이상 자신의 마음에 갇히지 않게 되며 따라서 판단을 둘러싼 주파수가 바뀌게 됩니다. 18번째 그림자가 17번째 그림자 '의견Opinion'과 쌍을 이루기 때문에 이 두 가지 유전 테마는 DNA 구조를 통해 떨어질 수 없이 연결되어 있습니다. 모든 판단은 의견에 뿌리를 두고 있으며 그 반대도 마찬가지입니다. 당신이 당신의 의견이라고 생각하면 할수록 당신은 더욱더 많이 방어해야 합니다. 반면에 그 생각을 더 가볍게 붙들면 당신은 옳다는 것에 더 적게 집착하게 될 것입니다. 이 18번째 그림자는 옳게 되려는 욕구에 관한 것입니다. 당신이 옳게 되려는 욕구를 놓아 버리기 위해서는 당신의 정체성을 더 느슨하게 하고 더 가볍게 해야 합니다. 이 유전자 키가 당신의 홀로제네틱 프로파일의 일부라면, 자신에게 해야 할 가장 중요한 질문은 이것입니다. : 나는 옳아야 하는가, 아니면 행복해야 하는가?

18번째 그림자에서 너무나 매력적인 점은 판단 자체의 세부사항이 전혀 상관이 없다는 것입니다. 당신의 정치적 견해가 무엇인지, 또는 당신이 누군가를 얼마나 싫어하거나 반대하는지는 중요하지 않습니다. 유일하게 중요한 것은 자신이 얼마나 진지하게 자신의 판단을 내리느냐입니다. 당신의 정체성이 당신의 판단에 달려 있다면 당신이 어디를 가든 당신은 당신의 의견을 통해서가 아니라 당신의 주변으로 내보내는 요동치는 주파수를 통해 사람들을 부정적으로 자극할 것입니다. 비록 당신의 판단이 당신에게는 긍정적이라고 느껴지더라도, 당신이 그것을 너무 단단히 붙들고 있기 때문에 다른 사람들에 의해 여전히 오해될 가능성이 있습니다. 17번째와 18번째 그림자의 테마는 세부사항에 쉽게 집착하게 될 수 있습니다. 희생자 마음은 삶에서 가장 작고 가장 관련이 없는 세부사항에 병적으로 집착할 수 있습니다. 낮은 주파수에서 이런 것들은 지나치게 부풀리는 종류의 마음이며 실제로 사실에서 멀리 떨어진 의견을 지지합니다.

18번째 그림자는 모든 인간 상호작용의 주요 비밀 중 또 다른 하나를 갖고 있습니다.-모든 판단은 자기 판단이라는 사실입니다. 우리 인간들은 우리 자신을 서로 분리된 것으로 인식하기 때문에 이 중요한 사실을 놓칩니다. 다른 사람에게 도전하는 것은 자신 안에 분열을 일으키는 것입니다. 이것은 다른 사람에게 절대로 도전해서는 안 된다는 것을 의미하지 않습니다. 그것은 다른 사람이 당신 안에 있는 어떤 것을 나타내고 있으며 따라서 당신은 그것을 해결할 기회를 얻고 있다는 것을 의미합니다. 18번째 그림자의 주파수를 높이는 열쇠는 당신의 삶에서 밖에 있는 모든 것은 해결을 찾으려는 내면의 과정을 비춰 주는 거울이라는 관점에 있습니다. 이것이 바로 18번째 유전자 키의 가장 최고의 측면이 '완벽Perfection'인 이유입니다. 왜냐하면 삶은 당신에게 당신 자신의 완성을 실현하기 위한 길을 끊임없이 제공하고 있기 때문입니다.

물질의 코돈 고리의 한 측면으로서, 18번째 유전자 키는 인간 게놈에 묻혀 있는 저주파 두려움의 유전적 연결 고리의 일부입니다. 이런 두려움은 신체의 면역체계 내에 깊숙이 자리 잡고 있으며 모든 사람이 더 높은 상태에 입문할 수 있는 매트릭스를 만듭니다. 당신이 높은 수준의 주파수와 깨달음에 접근할 수 있게 하는 것은 바로 이런 두려움을 통과하는 것입니다. 이 코돈 내의 유전자 키 집단을 통해 정신은 먼저 물질세계로 스며들어가 진정한 빛을 발산합니다. 이 내면세계에서, 18번째 그림자는 당신의 정신적인 몸, 곧 마음의 진실성을 관장합니다. 이 그림자의 비밀은 당신의 바깥세상이 당신의 더 큰 몸이라는 것을 점진적으로 깨닫는 것입니다. 당신이 이것에 대한 책임을 더욱더 깊이 받아들이면, 당신은 삶을 덜 개인적으로 여기게 되며 삶은 더 수월해집니다. 따라서 18번째 그림자는 DNA 안에 있는 장소로서 물질세계와 그것의 모든 오락에 정신적으로 집착하게 만들어 장기적으로는 당신의 고통을 증가시키는 역할을 할 뿐입니다. 그러나 당신이 희생자 마음을 벗어날 때, 당신은 이런 측면의 DNA 코딩 구조를 변경시키기 시작하고 따라서 당신의 삶에 더 높은 에너지 주파수를 끌어 들이고 모든 것을 더 나은 방향으로 변화시킵니다.

억압적 본성 – 열등감 Inferiority

18번째 그림자의 억압적인 측면은 열등감을 느끼는 것입니다. 이 패턴은 부모와의 관계를 통해, 특히 십대 동안 발전합니다. 이 형성기 동안 부모들이 우리를 너무 가혹하게 판단한다면 자기 판단의 패턴이 시작됩니다. 만약 당신이 이런 사람들 중의 하나라면 당신의 패턴은 판단을 자신에게 내리는 것입니다. 자신의 자기 판단으로부터 당신은 순응주의자가 되고 스스로 자신의 신념에 따라 일어서는 것이 아니라 다수의 사람들을 따라 갑니다. 모든 판단은 비교에 기초하며, 자기 판단으로 당신은 자신보다 우월하다고 생각하는 사람과 비교하여 자신이 열등하다고 생각합니다. 이것은 결과적으로 뿌리 깊은 열등감과 자신을 폄하하는 끊임없는 습관을 심어 줍니다.

반응적 본성 – 우월감 Superiority

18번째 그림자의 반응적 측면은 스스로 우월하다는 느낌을 기반으로 다른 사람을 판단하는 것으로 나타납니다. 이 판단은 부모로부터 시작하여 모든 권위 있는 인물에 도전해야 한다는 끊임없는 욕구로 나타납니다. 부모에게 도전하는 과정이 자연적인 해소로 허용되지 않는다면, 이 행동 패턴은 자신의 성격의 영구적인 부분이 됩니다. 그것은 우리 부모가 우리 주위에 충분히 강한 경계선을 유지하지 않고 대신 자신들의 자기 판단에 희생양이 될 때 일어납니다. 그때 도전하려는 욕구는 부모가 그들의 진실성을 유지할 만큼 충분히 강하지 않은 것에 대한 아이의 무의식적인 분노 때문에 강하게 굳어집니다. 이것은 사춘기의 삶에서 누군가는 어떻게든 위에 있다는 믿음과 권위에 대해 깊은 멸시로 해석됩니다. 이들은 다른 사람들을 훼손시키는 것으로 정체성이 형성되는 변덕스러운 사람들입니다.

18번째 선물
진실성Integrity

세상을 떠맡음

18번째 유전자 키는 심리적으로 매우 심오합니다. 그것은 조건화의 키를 가지고 있기 때문에 실제로 심리학의 기초입니다. 아이가 태어난 순간부터 DNA 안의 선천적인 충동은 환경의 경계를 탐구하기 시작합니다. 이 유전자 키는 당신이 사는 동안 만나게 되는 물질적, 감정적, 정신적 경계에 관한 것입니다. 우리는 생물학적으로 7년 주기로 각인되어 있기 때문에 21세가 될 때까지는 우리의 삶에 완전히 육화되지 않았다고 말할 수 있습니다. 처음 7년은 골격 구조, 근육, 기본적인 생리 및 운동 등 우리의 신체적 기초의 발전을 통해 물리적 세계의 온전함을 비판적으로 테스트합니다. 두 번째 7년 주기는 우리가 사춘기를 지나감에 따라 감정적인 삶의 발전을 보고 성적 취향을 다루는 방법과 그것이 매력과 반발을 통해 우리의 기본적인 정체성을 지배하는 방식을 봅니다. 세 번째 7년 단계는 우리의 사고가 극도로 빠르게 발전하고 많은 수준의 판단과 의견으로 구성된 정신적 구조를 채택하는 십대를 통해 성인이 되는 육화 주기를 완성합니다.

초기의 세 단계는 각각 대수적 방식으로 만들어집니다. 즉, 첫 번째 주기에서 마주치는 문제는 두 번째 및 세 번째 주기에서 동일한 연결점에 다시 나타납니다. 이런 각각의 주기 내내 물질의 코돈 고리는 물론 그것과 관련된 유전자 키는 외부 환경을 지속적으로 테스트하면서 중요한 역할을 합니다. 본질적으로, 이 유전자 키들은 아이가 세상에서 자신을 건강한 방식에 맞출 수 있도록 지속적인 생체자기제어를 찾고 있습니다. 신체적, 감정적, 정신적인 3 단계는 각각 46번째, 48번째, 18번째 유전자 키에 의해 지배받는 반면, 57번째 유전자 키는 임신 기간 동안 세 번의 3개월 주기를 통해 이 3단계의 더 깊은 씨앗을 심어 놓습니다. 따라서 이 코돈 고리는 신체적, 감정적, 정신적 건강의 기반을 지배하기 때문에 발달 수준에서 매우 중요합니다. 유전자 키가 더 깊이 이해되면서, 특히 이 4가지 유전자 키는 우리가 아동교육의 전체 개념에 접근하는 방식에 커다란 혁명을 가져올 것입니다.

18번째 유전자 키는 14세에서 21세 사이의 청소년기를 통해 지적 발달을 관장하기 때문에 청소년기의 도전적인 단계에 대해 부모가 가질 수 있는 많은 질문에 답을 줍니다. 세 번째 주기에서 나타나는 패턴은 이전의 두 주기에서 일어난 일에 달려 있습니다. 예를 들어 두 번째 단계의 중간에 부모가 헤어질 경우 이 같은 유형의 변동이 당신의 삶에서 세 번째 주기의 중간에 나타날 것입니다. 그러나 이번에는 감정적인 초점보다는 정신적인 초점이 생깁니다. 모든 초기 발달단계에서 초기 주기의 측면을 치료할 수 있는 많은 기회가 있을 수 있습니다. 아니면 당신과 주변 사람들이 이런 문제를 어떻게 처리하느냐에 따라 이런 저주파 패턴을 자신의 정신에 훨씬 더 깊이 새겨 넣을 것입니다.

따라서 18번째 유전자 키가 지배하는 세 번째 7년 주기는 부모가 자녀가 진정한 성인기에 도달하도록 도와야 하는 마지막 기회이기 때문에 가장 중요한 주기입니다. 부모가 자신의 진실성에 깊이 뿌리를 내리지 못하면 자녀가 가장 어려운 단계를 깨끗하게 통과할 수 있도록 적절한 환경을 조성하지 못할 것입니다. 따라서 18번째 유전자 키는 아이가 성인기를 통합된 성인으로 들어가는지 아니면 성인인 체하는 상처받은 아이로 들어가는지를 결정합니다. 당연히 부모는 이 십대 단계의 기간 동안 강한 경계를 설정해야 하지만 18번째 유전자 키는 실제로 이것에 관한 것이 아닙니다. 진실성의 선물에 숨겨진 비밀은 당신의 판단이나 자기 판단에 반응하지 않은 채 자신의 공간을 유지할 수 있어야 한다는 것입니다. 부모로서, 당신은 이 기간의 격변에 의해 자녀의 삶으로 끌려갈 것입니다. 그러나 부모로서 당신은 또한 그것으로부터 물러서서 그것을 신뢰하는 법을 배워야 합니다. 부모가 이 기간 동안 자녀의 삶에서 자신의 역할이 얼마나 중요한지를 진정으로 이해한다면, 그들은 판단을 덜 하고 행동하게 될 것이며 스스로를 훨씬 더 확신하게 될 것입니다.

하나의 진동으로서의 진실성은 단순히 당신의 가치에 단단히 매달리는 것 이상을 의미합니다. 실제로 그것은 건축가와 엔지니어가 재료의 구조의 강도를 설명하는 데 자주 사용되는 단어입니다. 진실성은 깊은 물리적 속성이며 실제로 신체 내에서 인장 강도를 유지하는 면역 체계의 기능입니다. 십대 주기에서 이슈를 해결해야 하는 많은 사람들에게 당신의 조건화를 대상 목표로 하는 테라피나 몸 작업 또는 다른 어떤 지속적인 시스템을 통해 그렇게 하는 데에는 온전히 7년이 걸릴 것입니다. 진실성은 인간이라는 운반도구 속으로 태어났지만, 십대에든 또는 그 이후에든 반드시 성취되어야 하는 것입니다. 어떤 사람이 진실성의 선물을 얻거나 건전한 통로를 통해서 성인기에 성장하여 들어갈 때, 그것은 영원히 유지될 것입니다. 왜냐하면 그것이 모든 인간의 참된 본질이기 때문입니다. 64개의 유전자 키의 가장 큰 기회 중 하나가 부모에게 제공됩니다. 만일 당신이 당신 자녀의 높은 주파수를 그들이 태어날 때부터 볼 수 있고, 그 주파수를 좋을 때나 안 좋을 때나 자녀들을 위해 계속 유지할 수 있다면, 당신 눈앞에 살아 있는 기적을 보게 될 것입니다.

18번째 유전자 키가 당신의 홀로제네틱 프로파일에서 두드러진다면, 당신의 삶은 어린 시절에 뿌리를 둔 이런 반복적인 문제로 당신을 끊임없이 이끌어 갈 것입니다. 당신은 자신에게 속하지 않은 조건화의 측면을 풀어내기 위해서 무엇이 당신을 지금의 당신으로 만들었는지를 이해해야 할 것입니다. 시간이 지남에 따라 당신은 조건화가 작동하는 방식을 이해하는 마스터가 될 것이고 다른 사람들이 당신처럼 자유로워지게 도울 수 있게 될 것입니다. 당신이 희생자 마음의 덫으로부터 자유로워질 때, 판단은 진실성, 즉 희생자 마음의 연금술이 됩니다. 그것은 같은 에너지이고 같은 원형이지만 높은 차원의 의식에서 경험되는 것입니다. 판단, 비판, 교정은 올바른 방법으로 사용될 때 아주 훌륭한 특성입니다. 진실성의 선물은 당신이 하는 모든 일에 높은 기준을 요구하고 유지하는 것에 관한 것입니다. 완전히 치유된 성인으로서, 당신의 목적은 다른 사람들이 자신들의 어린 시절을 완성하도록 도와 결국 그들이 자신의 삶을 즐기고 자녀들에게 그들의 진실성을 넘겨줄 수 있게 하는 것입니다.

진실성을 유지하기 위해서는 용감해야 합니다.—당신의 높은 기준을 충족시키지 못하는 것과 그런 사람에게 도전해야 합니다. 진실성으로 사는 것은 당신이 설정하고 있는 높은 기준을 충족시키고 세상에 도전하기 위해 온 세상을 떠맡는 것입니다. 누구나가 진실성으로 살고 있는 볼 때마다, 그것은 객관적이고 비개인적인 방식으로 판단력을 사용하는 사람을 보는 것입니다. 판단을 개인적으로 사용하지 않고 가슴으로 판단하는 법을 배우는 것, 이것이 18번째 유전자 키의 위대한 선물입니다. 가슴으로부터 판단하는 것은 결코 잔인할 수 없습니다. 왜냐하면 진정한 진실성은 진실과 연민의 정신으로 전체를 섬기는 단 한 가지 목적만을 갖고 있기 때문입니다.

18번째 시디
완벽함Perfection

보살

18번째 선물이 어린 시절부터 성인기까지의 여정을 완성시키듯이, 18번째 시디는 정신적 고뇌를 치유하는 방법과 우주에서 우리의 진정한 자리를 온전한 성인으로서 차지하는 방법을 보여줍니다. 그리고 그 방법은 완벽함의 비전을 향한 지칠 줄 모르는 자비로운 봉사를 하는 것입니다.

진실성으로 전체에 봉사할 때, 놀라운 일이 일어납니다.—당신은 점점 더 불만을 갖게 되는 것입니다! 좋은 일을 더 많이 하면 할수록, 당신은 얼마나 더 많이 할 수 있는지를 깨닫게 됩니다. 이것은 신성한 불만으로 알려져 있습니다. 어디를 보든 당신은 세상이 어떻게 하면 개선될 수 있는지 보게 됩니다. 당신이 점점 더 많이 진실성에 닻을 내리게 될수록, 당신은 봉사의 목표를 더 높이 세우게 됩니다. 완벽은 인간이 목표로 할 수 있는 가장 높은 비전이며, 당신은 이 가장 높은 이상을 목표로 시작합니다.—당신 자신을 위해서가 아니라 세상을 위해서입니다. 이 수준에서 당신은 현실의 구조 자체에 도전하기 위해 판단의 원형을 사용합니다. 더 높은 단계는 무한하며 따라서 달성하기가 불가능한 것처럼 보이지만, 마음으로 풀릴 수 없는 선의 공안처럼, 만일 당신이 계속 완벽을 목표로 한다면, 그것은 결국 당신 안에서 자연스러운 상태로 꽃을 피울 것이고 당신은 완벽에 대한 정의를 뛰어 넘을 것입니다.

18번째 시디는 심오한 역설을 간직하고 있습니다. 완벽의 상태로 사는 것은 마음의 죽음을 수반하며, 그처럼 완벽은 결말입니다. 당신이 완벽을 실현하면 진화는 끝납니다. 그러나 18번째 시디는 보살 서원 전통의 원천입니다. 보살은 가장 높은 의식 상태를 포기하고 세상에 머물러 다른 사람들이 그 상태에 이르도록 도와주는 존재입니다. 이 전통에는 깊은 유전적 진실이 은유적으로 담겨 있습니다. 우리의 유전자는 완벽에 이를 때까지 전체에 봉사하도록 프로그램된 보살인 것입니다.

우리는 18번째 유전자 키가 높은 수준의 원칙을 준수하기 위해 환경에 끊임없이 도전함으로써 건강을 보장하도록 설계된 것을 보아 왔습니다. 그러면 완벽한 건강이란 무엇인가? 이것은 흥미로운 질문입니다. 창조 전체를 포함하기 때문입니다. 인류의 진정한 건강은 모든 인간의 상처가 치유되기 전까지는 달성될 수 없습니다. 비록 어떤 한 인간이 모든 인간의 이해를 뛰어 넘는 완벽의 상태를 달성할 수 있다고 해도, 몸은 여전히 인류의 일부이며, 세상에 상처가 있는 한, 완벽한 건강은 거의 아무도 경험할 수 없습니다. 다른 말로 하면, 전체가 치유되지 않으면 완벽한 건강이 일어날 수 없는 것입니다. 이것이 의식의 시디 상태가 아직도 세상에서 목적을 가지고 있는 이유입니다.—그들이 모든 인류에게 내적인 완벽의 상태를 반영함으로써 시간이 지나면 우리는 바깥세상에서도 그 상태를 다시 만드는 것입니다. 18번째 시디는 또한 언젠가는 세상에 정신적 치유의 새로운 과학을 가져올 것입니다. 이 과학은 마음이 자기 자신만의 차원에 존재하는 에너지장이라는 이해를 기초로 세워질 것입니다. 우리가 이 시디의 잠금을 해제하기 시작할 때, 우리의 마음은 순간적으로 정신적, 감정적, 심지어 신체적인 문제를 치료하는 데 사용될 수 있습니다. 광기와 같은 깊은 정신 장애조차도 이 18번째 시디와의 접촉을 통해 완전히 치유될 수 있습니다. 그것은 인간의 완벽함이 우리가 믿을 수 있는 것보다 더 빨리 한꺼번에 오게 될 치유의 새로운 시대를 예고할 것입니다.

물질의 코돈 고리The Codon Ring of Matter는 인류 전체가 언젠가는 진화를 끝내고 하나의 종으로서의 우리가 마침내 영원의 차원에 들어가는 완벽의 상태에 도달할 것임을 보증합니다. 이 고리 내의 유전자 키 각각은 물질 차원의 영성화의 한 측면에 책임을 집니다. 18번째 시디는 정신적 차원을 통해 지구에 완벽을 가져오는 방법에 대한 지식을 담고 있습니다. 이 시디 안에서 사는 사람에게, 완벽은 이미 모든 창조의 밑바탕에 각인되어 있습니다. 이 사람들은 우리가 오랫동안 갈망하고 있는 에덴에 살고 있지만 역설적으로 그들은 그 상태를 내적 현실에서 외적 현실로 옮기는 것을 도와야 합니다.

18번째 시디는 오늘날 세계에서 자주 볼 수 없습니다. 그것은 완벽의 원형이 육화하는 것을 포함합니다. 그런 사람들은 인류에게 베푸는 봉사에 지칠 줄 모릅니다. 역설적이게도, 그들은 개인적인 영적 경험을 통해 세상이 정확하게 있는 그대로 완벽하며 개선될 필요가 하나도 없다는 것을 압니다. 그러나 그들은 죽을 때까지 끊임없이 자신과 세상을 개선하기 위해 이런 완벽의 원형에 주도됩니다. 시디 상태 내의 모든 존재들은 내면의 진화를 완성시켰지만 아직도 자신들이 이 세상에 살고 있다는 딜레마를 공유합니다. 육체적인 운반체는 깨달음의 최고 시디 상태에 들어간 후에 완전하게 그 프로그램을 바꿉니다. 18번째 유전자 키가 당신의 홀로제네틱 프로파일 내에서 활성화되면 당신은 당신이 상상할 수 있는 모든 방법으로 계속 인류를 완벽으로 이끌어 나갈 것입니다. 우리는 그런 사람들은 흔히 성자라고 부릅니다.

18번째 시디의 또 다른 측면은 우리가 생각하는 방식, 특히 우리가 다른 사람들에 대해 생각하는 방식에 관한 것입니다. 위대한 보편적 법칙 중 하나는 에너지가 생각을 따른다는 것입니다. 이 유전자 키는 정신 차원을 넘어서는 엄청난 힘을 가지고 있으며, 사람의 정신적 실체를 완전히 재구성할 수 있습니다. 18번째 시디를 보여주는 사람은 피해자 마음의 위에 있습니다.—그들이 누군가를 볼 때, 심지어 정말로 악하게 보이는 사람조차도, 그들은 그 사람에게 숨겨진 상위 자아만을 봅니다. 그 사람 주위에 있는 높은 사고 주파수를 유지시킴으로써, 그들은 실제로 다른 사람의 주파수를 높이는 숨겨진 기류에 영향을 미칩니다. 이것이 '시디적 사고siddhic thinking'라고 불리며 그것은 가슴으로 생각하는 것과 관련이 있습니다. 이것은 긍정적 사고보다 훨씬 더한 것입니다. 시디적 사고는 실제로 18번째 시디를 나타내는 오라를 둘러싸고 있는 에너지장이며, 이런 의미에서 이것은 정상적인 의미의 사고로 간주되어서는 안 됩니다.

각 유전자 키는 고유한 높은 프로그래밍 기능이 있습니다. 일부는 자신의 열반의 지복에 푹 빠져 앉아 있도록 설계되어 있고, 다른 사람들은 훨씬 더 확실한 역할을 수행하기 위해 설계되었습니다. 18번째 시디는 실제로 매우 신비한 목적을 수행합니다—인류를 하나 됨의 실현에 더 가까이 가져오면서 정신적 차원의 분열을 치유합니다. 그것은 세상의 마음에 이 커다란 갈라진 틈이 치유될 때까지는 가만히 앉아 있을 수 없으며 그렇게 앉아 있지도 않을 것입니다. 더 높은 실체는 마음을 단순한 두뇌의 기능으로 인식하는 것이 아니라 살아 있는 오라로 짜인 정신체 또는 정신적 차원으로 인식합니다. 이 정신체는 인간의 오라장에 있는 개개의 구조이며 동시에 모든 인간을 하나로 묶는 위대한 차원입니다.

완벽은 시간이 없는 영원한 영역 안에만 존재합니다. 그것은 진화의 끝이기 때문에 시간과 공간을 초월합니다. 보살 유전자 키는 물질 차원에서 완벽이라는 공동의 비전을 세우는 것이 유일한 목적인 개별적인 인간으로 계속 우리 행성으로 돌아옵니다. 우리 모두는 우리가 그것을 인식하든 안 하든 이 위대한 춤에 관여하고 있습니다. 우리는 모두 언젠가 완벽을 얻고 이 이야기의 끝에 도달하게 될 꿈을 향해 나아가고 있습니다. 언젠가 우리 모두가 보게 되듯이, 이야기의 끝은 우리의 보편적 삶의 시작이 될 것입니다.

19th GENE KEY

시디
희생
선물
민감함
그림자
공동 의존

미래의 인간

프로그래밍 파트너 : 33번째 유전자 키
코돈 고리Codon Ring : 가이아의 고리
(19, 60, 61)

생리 : 체모
아미노산 : 이소류신

19번째 그림자
공동 의존Co-Dependence

대대적인 변화

49번째 및 55번째 그림자와 함께 19번째 그림자는 현재 우리 시대의 시사와 가장 관련이 있는 그림자일 것입니다. 우리는 전례 없는 전 지구적 돌연변이의 시대에 살고 있습니다. 이 돌연변이는 가장 신체적인 면에서 가장 영적인 면에 이르기까지 여러 단계에 걸쳐 있습니다. 인류에게 일어나는 일의 본질을 진정으로 포착하기 위해서는 영적 차원을 바라볼 것이 아니라 스펙트럼의 반대쪽, 즉 생물 유전학을 바라볼 필요가 있습니다. 인간의 마음은 인과관계에 깊이 빠져 있습니다. 우리가 원인을 인식하는 한, 우리는 목적이 있다고 믿습니다. 당신이 유전학자라면 당신이 보는 모든 것은 삶의 진화를 목적으로 봉사하는 것으로 보이며, 반면에 당신이 신비주의자라면, 모든 것이 의식의 진화를 목적으로 하는 것입니다.

수천 년 동안 인류는 영적 차원에서 삶의 목적을 이해하려고 노력했지만, 최근까지도 우리는 물질적 차원에서 삶의 목적을 이해할 능력도 갖지 못했습니다. 유전학의 출현으로 우리는 진화 자체를 이끌어내는 미세 과정micro-processes을 보게 되었습니다. 과학자는 사람의 영적 진화가 생물학적 진화의 결과로 발생한다고 말합니다. 신비주의자는 그것을 반대 방향으로 보는 경향이 있습니다. 과학적 견해에서 흥미로운 점은 그것이 낮은 주파수 영역 즉 물질의 영역에 초점을 맞추고 있다는 것입니다. 19번째 그림자는 현재 심각한 변이를 겪고 있는 게놈의 한 측면을 나타냅니다. 돌연변이는 한 상태에서 다른 상태로의 자발적이고 갑작스러운 양자적 도약입니다. 유전학에서 돌연변이는 종종 유전자가 서로 복제할 때 일어나는 실수입니다. 이런 실수는 매혹적인 새로운 화학 조합으로 이어져 결국 완전히 새로운 형태의 진화로 이어질 수 있습니다.

19번째 그림자 '공동 의존Co-dependence'은 우리 종족의 원형을 이루는 과거에 뿌리를 두고 있습니다. 공동 의존이란 독립성 아래에 있는 의식 상태를 의미합니다. 독립적이라는 것은 자신에게만 의지한다는 것을 의미하며, 반면에 공동 의존이라는 것은 외부의 대리자에게 의존한다는 것을 의미합니다. 원시인으로서 우리는 생존을 위해 주로 자연에 의지했고 외부의 대리자에 의지했기 때문에 우리는 그것을 의인화했습니다. 다른 말로 표현하자면, 우리는 그 대리자를 나타내기 위해 신들을 만들어냈습니다. 따라서 세상의 모든 종교가 탄생한 것은 19번째 그림자에서부터입니다. 신God 또는 일련의 신들gods과의 관계는 그것이 외부의 권위에 대한 필요성에 기초를 두고 있기 때문에 순전히 공동 의존적인 관계입니다. 여기에 19번째 유전자 키에서 위대한 인간 이야기 중 하나, 즉 신과의 관계에 대한 이야기가 암호화되어 있습니다. 사람이 자신의 밖에 있는 신을 믿는 한, 우리 행성의 주파수는 19번째 그림자의 수준에 머물러 있을 것입니다. 인간의 고통의 진동은 우리보다 높은 주파수를 가진 별도의 권위의 존재에 달려 있습니다. 이 마지막 문장은 그림자 주파수를 특징짓는 희생자가 되는 것이 무엇을 의미하는지에 대한 궁극적인 정의입니다. 19번째 그림자에 대한 프로그래밍 파트너는 33번째 그림자 '망각Forgetting'입니다. 저기 바깥에 신을 창조하는 과정에서 우리는 우리 안에 잠자고 있는 힘을 잊어 버렸습니다.

우리가 우리 자신 밖에 갖고 있는 최종적인 의존은 식량에 대한 의존입니다. 신은 항상 식량에 관한 것이었고 식량은 항상 영토에 관한 것이었습니다. 식량 생산은 종족의 영토를 기반으로 했기 때문에 처음부터 다른 국가와 다른 문화가 발전되었습니다. 그러나 오늘날, 적어도 선진국에서는 식량이 더 이상 우리 종족에서 나올 필요가 없습니다. 그것은 세계 어느 곳에서나 날아 들어올 수 있습니다. 우선 한 예를 들자면 우리의 식이 욕구는 우리의 환경을 보다 효율적으로 조작하는 법을 배워 감에 따라 변하고 있습니다.

핵물리학과 유전학 같은 과학을 통해 인류는 점점 더 많이 신을 갖고 놀기 시작하고 있으며 따라서 공동 의존 상태에서 독립 상태로 이동하고 있습니다. 이제 우리는 더 이상 그들을 크게 필요로 하지 않습니다. 우리가 현대의 기술로 신을 능가할 수 있기 때문입니다. 사회가 발전하면 할수록 우리는 외부 대리인으로서의 신에 대해 의문을 더 깊이 갖게 됩니다.

그러나 19번째 그림자는 현재 거대한 유전적 돌연변이를 겪고 있습니다. 즉 사람들의 종교에 대한 의존도 또한 변형을 겪고 있는 중이라는 뜻입니다. 충분히 갖지 못한 것에 대한 옛 종족의 두려움이 죽어가고 있으며, 그것과 함께 거대한 종교들이 죽어가고 있습니다. 그런 뿌리 깊은 고대의 공동 의존적 관계의 파괴는 우리 세계에 큰 영향을 미칩니다. 낡은 방법은 죽고 새로운 방법이 나와야 합니다. 그것이 돌연변이의 목적이며, 그 과정은 하나의 파괴입니다. 결국 먼지가 가라앉을 때만이 새로운 창조가 완전히 실현될 것입니다. 이 모든 것이 너무도 무서운 것처럼 보일 수 있는 이유는 그것이 완전히 새로운 길이 열리는 우리의 진화적 발전에 있는 분기점을 나타내기 때문입니다. 그 새로운 길을 통해 인간들이 낡은 종족적 공동 의존의 방식을 버리고 떠나야 합니다. 세상은 점점 더 독립적이 되는 사람들과, 낡은 방식의 안락함에 매달리는 사람들로 나뉘고 있습니다. 우리는 이제 지구적 차원으로 세계주의와 파벌주의 사이, 그리고 과학과 종교 사이의 전투에서 이것이 분명하게 나타나는 것을 보기 시작하고 있습니다.

개인으로서의 우리에게 19번째 그림자의 변형은 우리 관계에서 가장 두드러지게 나타날 것입니다. 밖에서 일하는 남편과 집에만 있는 아내의 예전 스타일의 공동 의존적 관계는 독립이라는 새로운 차원에게 길을 내주고 있습니다. 여성해방은 우리 문명의 기본구조를 변화시키고 있으며 어머니와 아버지가 더 높은 수준의 독립성을 얻을 수 있도록 아이들은 점점 더 집단적으로 보살핌을 받고 있습니다. 우리가 이런 상황을 좋아하든 그렇지 않든 그것은 선진국 전역에서 일어나고 있습니다. 우리 아이들은 한 종족 가정의 아이들로서보다는 사회의 아이들로서 자라고 있습니다. 거대한 유전적 변화가 국경을 넘어 일어나기 때문에, 남성/여성 관계의 역학은 그 어느 때보다 도전적입니다. 커다란 변화가 일어나고 있으며, 새로운 패러다임의 탄생에 부응하기 위해 역할이 변화하고 있습니다. 그것이 탄생하기까지는 많은 어려움이 있을 수도 있겠지만, 그리 멀지 않은 미래에 19번째 그림자는 세상에서 완전히 사라질 것입니다.

이 19번째 유전자 키를 통해 움직이는 현대의 돌연변이는 지구상의 모든 생명에게 전례 없는 영향을 미치고 있습니다. 60번째와 61번째 유전자 키와 함께 가이아의 코돈 고리의 필수적 측면으로서, 그것은 세계정신의 패턴 바로 그것을 무너뜨리고 있습니다. 60번째 그림자 '단단함Rigidity'과 61번째 그림자 '정신병Psychosis'은 오랫동안 우리 행성을 장악하고 있었습니다. 지금 우리 DNA의 화학에 큰 반응이 일어나고 있습니다. 그리고 옛날 방식은 오직 그들이 알고 있는 실체만을 단단히 붙들고 있는 것처럼 보입니다. 우리의 공동 의존이 무너지면서 이 코돈 고리의 그림자와 엄청난 잠재적인 폭력을 통해 엄청난 두려움이 만들어지고 있습니다. 그러나 진실은 모든 생명체가 하나이기 때문에 모든 생명체는 공동 의존적이었고 지금도 공동 의존적이라는 것입니다. 심지어 독립조차도 환상이며, 이 깨달음은 19번째 그림자의 생존을 기초로 하는 낮은 주파수 실체로부터 작동하는 세계적인 정신병에 종지부를 찍고 있습니다. 이 가이아의 고리를 통해 우리는 이 행성 지구를 공유하는 모든 존재들과 다시 한번 하나가 되어 살아야 하며 결국은 그렇게 될 것입니다.

억압적 본성 – 궁핍한Needy

19번째 그림자의 억압적 본성은 궁핍함, 또는 매달림으로 나타납니다. 이들은 혼자가 될지 모른다는 두려움에서 과거를 놓아버릴 수 없는 사람들입니다. 이것은 다른 사람들을 그들의 욕구에 대한 희생자로 만드는 데 기반을 둔 파멸의 관계 역학을 만들어냅니다. 억압적 본성은 그림자 패턴을 전달하는 방식에서 매우 교활할 수 있습니다.–이 사람들은 자신의 욕구를 충족시키기 위해 죄책감 같은 미묘한 도구를 사용할 가능성이 큽니다. 그들은 궁핍함을 느낄 필요가 있으며, 그들이 갈망하는 관심을 끌기 위해 온갖 종류의 드라마를 종종 완전히 무의식적으로 연출할 것입니다. 그들은 부정적인 관심negative attention의 달인입니다.–다른 사람들의 에너지를 자기들에게 끌어들이면서 그것을 어떤 식으로 표현하든 상관하지 않습니다. 폭력조차도 관심의 한 형태입니다. 그런 패턴을 깨고 벗어나는 유일한 방법은 독립적이 되는 것입니다.

반응적 본성 – 고립된Isolated

이 유전자 키가 분노하는 표현은 고립주의자입니다. 이 사람들은 아무도 필요 없다고 큰소리치면서 어떤 관심도 거절합니다. 그런 본성은 단지 독립적인 척할 뿐이며, 표면 아래에서는 분노로 부글거립니다. 물론, 이런 식으로 스스로를 고립시키는 사람들은 항상 다른 사람들의 눈 바로 앞에서 그렇게 하려고 엄청나게 주의를 기울입니다. 그들은 자기들이 얼마나 외로운지 애써 보여주면서 관심을 갈구하고 다른 사람들이 그들을 혼자 남겨놓고 떠날 때 심지어 적개심을 갖게 됩니다. 아이러니하게도, 다른 사람들이 그들을 지지하거나 우정을 보여줄 때, 그들은 폭발하여 그동안 쌓아둔 모든 노여움을 다른 사람에게 투사합니다. 억압적 본성과 반응적 본성이 어떻게 함께 전형적인 역기능의 공동 의존 관계의 완벽한 동력을 만들어내는지 쉽게 볼 수 있습니다.

19번째 선물
민감함Sensitivity

속삭이는 사람

민감함Sensitivity의 선물은 다른 사람들의 욕구에 매우 잘 맞추는 것입니다. 다른 사람들과 그들의 욕구를 감지할 수 있으려면 먼저 그들로부터 독립해야 합니다. 그것이 이 19번째 선물입니다. 당신이 독립의 주파수에 이르는 순간 당신 본성의 에너지가 명백해집니다. 이 19번째 선물은 또한 터치(touch, 건드림)의 선물입니다. 글자 그대로 건드릴 수도 있겠지만 꼭 그럴 필요는 없습니다.

이런 사람들 중 많은 사람들이 힐러나 테라피스트의 재능이 있습니다. 그것은 단지 신체적인 촉감 이상이며 사람들과의 터치는 물론 동물과의 터치도 있습니다. 우리가 그 그림자에서 배운 것처럼, 이 유전자 키는 물질적인 욕구에 뿌리를 두고 있습니다. 그리고 당신이 자신의 욕구에 따라 주파수를 높일 때, 갑자기 당신 주변에 있는 모든 것과 모든 사람들의 욕구를 알게 됩니다. 이것이 19번째 선물을 위대한 환경의 척도로 만듭니다.

인간에게는 공감각(synaesthesia, 共感覺 : 어떤 하나의 감각이 다른 영역의 감각을 일으키는 일)으로 알려진 드문 현상이 있습니다. 공감각은 서로 다른 감각을 내부적으로 연결하는 유전적 능력입니다.—예를 들어, 눈으로 냄새를 맡거나 손으로 색을 느끼기 등입니다. 그것은 실제로 19번째 선물과 깊이 연결되어 있으며, 더 높은 주파수가 이 유전자 키를 통과할 때 종종 활성화될 수 있습니다. 공감각은 감각 환경에 대한 민감도가 증가될 때 나오는 부산물입니다. 이 19번째 선물이 당신의 홀로제네틱 프로파일의 측면이라면, 주변 환경을 깊이 느낄 수 있고 특히 살아 있는 오라 장을 통해 다른 사람들의 감정 패턴과 욕구를 느낄 수 있는 잠재 능력을 발견할 가능성이 높습니다. 많은 예술가와 힐러들은 이런 종류의 재능을 가지고 있으며 숨겨진 높은 에너지장을 손가락이나 피부 또는 머리카락을 통해 느낄 수 있습니다. 자연에서 이런 영역을 감지하면 에너지 변동, 강렬한 색채, 기분과 내적인 압력 패턴의 세계와 같은, 대부분의 사람들과는 완전히 다른 세계를 볼 수 있습니다. 가장 깊은 의미에서, 19번째 유전자 키의 높은 주파수는 마법의 영역에 접근합니다.

우리는 19번 그림자가 외부 음식에 대한 인간의 의존성에 기초한다는 것을 기억할 것입니다. 19번째 선물은 단순히 이 관점을 더 높은 수준으로 옮겨 놓습니다. 높은 주파수에서 음식은 정말로 생명 에너지이거나, 또는 고대인들이 프라나prana 또는 기氣라고 부른 것입니다. 이 선물은 모든 생명체를 연결하는 살아 있는 바이오 에너지에 대한 민감도를 높입니다. 도처의 자연에서 이 에너지의 풍요로움을 느끼기 위해 당신의 가슴과 존재가 열릴 때, 당신은 처음으로 감정적으로 독립적이 됩니다. 자신의 DNA 안에 있는 사랑을 활성화하는 것만이 존재의 더 넓은 의미를 가져다 줍니다. 게다가, 이 19번째 유전자 키는 인간 게놈에서 대대적인 변화가 즉각적인 영향을 미치는 첫 번째 장소 중 하나이기 때문에, 우리는 공동 의존성에서 독립성으로의 전환이 인간 문화 전반에 걸쳐 점점 더 증가되는 것을 볼 수 있습니다. 그것은 초기 단계에서는 쉬운 길이 아닙니다. 갑작스럽게 환경에 대한 감도가 높아지면 공동 의존을 향한 이전의 경향들을 전보다 더 알게 됩니다. 당신이 큰 변화에 가슴을 열었다고 해도, 세상의 대부분은 아직 그렇게 하지 않았습니다. 따라서 그것은 불편함은 말할 것도 없고 큰 책임감을 느끼게 합니다.

우리의 공동 의존이 우리 환경에 얼마나 많은 피해를 주고 있는지 사람들이 더 잘 알게 됨에 따라 오늘날 우리는 우리 문화 전반에 결쳐 거대한 변화에 대해 그런 반응을 보고 있습니다. 19번째 유전자 키는 무의식 상태로, 특히 집단 무의식 상태로 들어가는 유전적 포털입니다. 흥미롭게도, 이 선물은 원주민 문화 같은 자연에 가까이 사는 문화에서 강력한 활성화가 이뤄지는 것으로 보입니다. 그런 종족 집단에서는 오감을 초월한 영역에 대해 민감성이 항상 증가되어 있었습니다. 현대인들이 그런 문화에서 순박함으로 해석하는 것은 실제로 무의식의 양자적 실체에 대한 유전적 민감성이 높이 상승되어 있는 것입니다. 이 유전자 키가 인류들 안에서 다시 깨어나고 있음에 따라 우리는 우리의 꿈에서 변화를 보고 있고, 이 포탈을 통해서 꿈을 통해 오는 고대의 마법에 대한 감각에 다시 연결될 수 있습니다. 19번째 선물을 갖고 있는 사람들은 종종 샤먼들인데 그것은 다른 세계와 다른 영역에 대한 그들의 높아진 민감도 때문입니다.

19번째 유전자 키는 인류가 자연 안에서 다른 진화의 왕국에 접속될 수 있게 해주는 세 가지의 기본 관문(62번째 및 12번째 유전자 키와 함께) 중의 하나입니다. 천사 또는 여신의 영역으로 종종 불리는 이 왕국은 인류와 유사한 진화론적 패턴을 따르지만 평행한 차원에 있는 의식의 차원입니다. 19번째 유전자 키는 인간 DNA의 유전적 마커처럼 행동하며 당신이 특정 유전적 주파수에 이르렀을 때만 마커가 포털을 활성화시켜 정보가 평행 세계 사이에서 명확하게 교차되도록 합니다. 어떤 인간은 요정들을 보거나 영이나 천사의 목소리를 들을 수 있는 능력으로 항상 인정되어(또는 실제로 신용을 잃어) 왔습니다. 이것은 19번째 선물을 통해 특별히 나타나는 유전적 능력입니다. 물론, 19번째 그림자에는 낮은 주파수의 상대가 있는데, 그것은 종종 인간을 악마 영역으로 알려진 더 낮은 왕국 또는 지하의 왕국에 맞춰지게 할 수 있습니다. 사실, 대부분의 인간은 이 평행 진화에 의해 알게 모르게 직접 영향을 받습니다. 오직 더 높고 도덕적인 주파수만이 당신을 그림자의 힘으로부터 독립적이 되게 합니다. 그렇지 않으면 그림자의 힘은 당신을 낮은 주파수의 패턴과 감정적인 상태로 끌어당깁니다.

19번째 선물은 특히 포유류 왕국과 강력한 연관이 있습니다. 그것은 무의식적인 영역과 의식적인 영역 사이에서 포탈 역할을 하기 때문에 이 포털을 사용하는 방법을 알고 있는 사람은 인간 이외의 다른 영역의 정보에 접속할 수 있습니다. 이 유전자 키는 인간과 음식의 관계에서 발전했기 때문에 또한 전통적으로 우리가 식량으로 동물, 특히 포유류 동물들을 죽인 이후로 자연과의 관계에서도 진화했습니다. 인간과 동물 사이의 오래된 희생의 관계는 실제로 이 두 종 사이의 영원하고 성스러운 협약에 근거합니다. 민감한 사람들은 이 종 사이에서 맺어진 계약의 미래 운명을 알게 될 것입니다. 대부분의 종족 문화는 동물과 인간이 하나의 의식이었을 때의 전설을 갖고 있습니다. 그리고 미래에는 인간과 동물이 공존하는 집단 양자장에 다시 들어가는 것, 이것이 우리의 궁극적인 운명입니다.

속삭이는 사람들, 특히 동물과 소통할 수 있거나 완전히 다른 종 사이에서 다리 역할을 할 수 있는 사람들의 기원이 바로 우리의 DNA에 있는 다른 포유동물과 인간 사이의 아주 오래된 연결입니다. 그런 사람들은 특정 종의 조상 유전자 풀에 조율할 수 있으며 종종 일반인보다 더 깊은 수준에서 자연과 깊은 연결을 느낍니다. 종족 사회에서, 샤먼이 갖고 있는 특정한 기술은 종족의 배후에 있는 선조들의 영혼을 종족 내의 개인들에게 연결하는 것이었습니다. 이것은 19번째 선물의 기능을 직접적으로 반영한 것입니다. 이런 선물을 가진 사람들은 항상 다른 영역을 자연스럽게 해석하는 사람들이었습니다. 물질, 감정, 정신, 신성 등 모든 영역 사이의 에너지 통로와 포털에 대한 인식이 높아짐에 따라, 그들은 마술적인 영역의 개척자이자 창시자로 표시됩니다.

오늘날, 19번째 선물을 가진 사람들은 그룹으로 함께 일하는 모든 분야에서 민감성을 이용하게 될 것입니다. 무의식적으로 다른 사람들의 욕구를 느끼는 그들의 능력은 그들이 종종 영매로 여겨진다는 것을 의미합니다. 그러나 그들은 또한 물질 차원의 욕구의 실재에도 매우 현실적인 기반을 둘 수 있습니다. 예를 들어 돈, 일, 관계의 영역에 균형을 이루기 위해 높은 민감성을 사용할 수 있습니다. 사실 그들의 존재는 이런 종류의 문제에 초점을 맞추게 합니다. 이 선물은 진정으로 모든 영역과 미래의 기능에 걸쳐 있으며, 우리가 앞으로 보게 되겠지만 그들 사이를 갈라놓은 장벽을 무너뜨림으로써 고대의 마법 영역과 현대의 물질 차원을 융합시킵니다.

19번째 시디
희생Sacrifice

5번째 시작 – 수태고지Annunciation

19번째 선물을 통한 주파수의 길은 공동 의존co-dependence에서 독립independence으로, 그리고 마지막으로는 상호 의존Interdependence으로 이어집니다. 상호 의존은 다른 두 가지를 뛰어 넘는 양자 도약을 나타내며, 그것의 실현이 우리 종의 미래 운명입니다. 여러 면에서 19번째 시디 '희생Sacrifice'의 씨앗을 담고 있는 것이 19번째 그림자 '공동 의존Co-Dependence'입니다. 공동 의존적인 관계에서, 두 파트너는 그들의 진정한 자아의 일부를 관계에 희생시켰고, 결과적으로 그들이 느끼는 통합의 결핍은 관계의 부정적인 패턴을 이끌어냅니다. 진정으로 상호 의존적인 관계에서, 두 파트너는 개성에 대한 자신의 감각을 자신의 신성에 대한 더 높은 시야에 희생하며, 자신을 위해서는 전혀 아무것도 붙들지 않습니다. 상호 의존의 진정한 의미는 분리된 자아의 죽음을 포함하는, 우주에 있는 모든 존재들과의 합일 상태에 들어가는 것에 관한 것입니다. 이런 종류의 희생은 당신의 가슴을 무조건적으로 다른 사람에게 줄 때만 일어날 수 있습니다. 당신은 죽는 것이 아니라 실제로 더 높은 차원의 존재로 다시 태어납니다. 소아를 포기할 때, 당신은 더 위대한 대아의 실현을 달성합니다.

19번째 유전자 키를 통해 당신은 각 주파수 수준이 어떻게 완전히 자신을 초월해야 하는지 볼 수 있습니다. 일단 인간이 외부 대행자에 대한 공동 의존성을 극복하면, 그들은 마침내 독립을 성취하게 됩니다. 마찬가지로, 일단 그들이 독립을 달성하면, 또 다른 거대한 도약을 해야 합니다. 그들이 힘들게 얻은 독립을 포기하고 전체 자체를 신뢰해야 하는 것입니다. 집단적 구조에 대한 이 항복은 단어의 의미에서 가장 높은 수준의 희생을 수반합니다. 이것은 당신의 분리된 정체성의 희생이며, 아마도 그것은 분리된 자아에게는 훨씬 더 무섭게도 당신의 몸의 희생입니다. 19번째 시디는 49번째 시디 '재탄생Rebirth'과 깊은 관계를 맺고 있습니다. 이 두 시디는 결국에는 인간종에게 닥치게 될 불가결한 신비 과정을 나타냅니다. 위대한 비밀은 세계의 위대한 신화 속에 보존되어 있으며, 여기에서 우리는 세계 나무에 거꾸로 매달려 있는 노르스 오딘(Norse Odin, 게르만 민족의 신)이나 십자가에 매달린 그리스도 같은 희생 신화를 볼 수 있습니다. 모든 희생 신화는 재탄생으로 이어집니다. 그리고 그런 모든 신화들은 인간의 DNA 속에 숨겨진 깊은 유전적 비밀을 의인화한 것입니다.

지금까지 보았듯이 이 19번째 유전자 키는 동물의 왕국과 깊은 연관이 있습니다. 인류는 동물의 영역에서 진화해 나왔습니다. 우리는 영장류에서 일어난 일련의 유전적 돌연변이로 인해 결국에는 새로운—호모 사피엔스*Homo sapiens*의 창조로 이어진 결과입니다. 이 19번째 시디를 통해 의식이 이 형태에서 저 형태로, 매번 더 높은 주파수를 수용하기 위해 이전의 형태보다 더 복잡한 형태를 만들면서 어떻게 여행해왔는지 볼 수 있습니다. 이 사슬 내의 모든 단계에서 진화를 계속하기 위해 상위 형태는 하위 형태를 의지하며 살았습니다. 그러므로 삶은 살아 있는 희생의 사슬입니다. 지구는 정말로 우리의 완전한 영적 실현의 각성과 병행하는 일련의 유전적 도약을 위한 번식지입니다. 우리의 인식은 일련의 러시아 인형과 같습니다. 인식의 도약을 할 때, 우리는 이전에 이해했던 것보다 더 넓은 틀 안에 수용되어 있다는 것을 깨닫게 됩니다. 우리 지구가 통과해야 하는 총 9개의 차원이 있으며, 우리가 이런 각각의 차원을 통과할 때, 결국에는 진정한 보편적인 인간으로서 태어나기 전에 우리는 더 작은, 지역적인 자아를 희생해야 합니다.

의식은 이제 사람을 앞지르기 시작하고 있고 더 높은 형태로 나아가고 있습니다. 그러나 새로운 형태는 오래된 형태에서 나와야 하기 때문에 DNA의 깊은 곳에서 새로운 돌연변이가 촉발되고 있습니다. 이것은 지구에서의 거대한 인구 폭발의 주된 이유 중 하나입니다.—우리 유전자는 호모 사피엔스를 전혀 다른 것으로 바꾸기에 충분한 유전적 돌연변이를 일으킬 수 있는 최대한의 다양성을 필요로 합니다. 그것은 또한 우리의 DNA를 통해 너무도 많은 새로운 질병이 나타나고 있는 이유이기도 합니다. 그들은 모두 초기 돌연변이입니다.—앞으로 이어서 나올 것들의 선구자입니다. 19번째 시디를 통해 자신을 전체에 희생해야 하는 것은 개인뿐만이 아닙니다. 모든 인간 종도 희생해야 합니다. 우리 주변에서 일어나고 있는 모든 일들, 즉 오염, 지구 온난화, 전쟁, 사회적 격변 등은 우리가 겪고 있는 엄청난 유전 과정의 결과입니다.

19번째 시디를 가진 사람들은 현재의 필요보다는 인류의 미래의 필요에 항상 초점을 맞추고 있습니다. 이 사람들은 우리가 무엇을 통과해야 하는지 뿐만 아니라 앞으로 무엇이 와야 하는지를 이해합니다. 그런 사람들은 미래 의식의 전령으로서 홀로 서 있으며 그들의 삶은 그런 의식에 대한 희생의 훌륭한 모범입니다. 그들은 커다란 돌연변이가 일어나는 시기에 나타납니다. 왜냐하면 그들 자신이 그 돌연변이에 휘말려 있기 때문입니다. 돌연변이된 고도로 민감한 DNA로, 그들은 새로운 형태가 출현하고 있음을 보고 다가오는 의식의 변화를 위해 사람들을 준비시키는 일에 최선을 다하고 있습니다. 그들은 새로운 인간의 출현을 알리는 고도로 민감한 다리 역할을 하며, 미래의 베일 뒤에 있는 새로운 패러다임에 대한 정보를 현재에 전달할 능력을 갖고 있습니다. 모든 시디는 이런 식으로 희생을 해야 합니다. 왜냐하면 그들 각각은 현재에서 일하고 있는 미래에서 온 존재를 대표하기 때문입니다.

19번째 시디는 신비로운 입문의 비밀을 담고 있습니다. 우리의 집단적인 행성 진화가 끝나기 전에 지구 의식의 모든 측면은 입문의 아홉 포털을 통해 움직여야 합니다. 이런 각각의 입문은 22번째 유전자 키에서 더 깊이 탐구됩니다.

행성 입문의 9포털

1. 출생
2. 침례
3. 견진성사
4. 결혼
5. 수태고지
6. 성찬식
7. 사제 서품
8. 축성
9. 찬송

각각의 입문은 우리를 전체와의 공동 의존에 대한 더 넓은 인식으로 인도합니다. 19번째 시디가 형태로 나타날 때 위대한 존재는 전체를 대신하여 개인적으로 희생합니다. 이것은 그리스도의 삶의 신비와 숨겨진 의미입니다. 개인의 희생을 통해, 19번째 시디는 전체 집단이 그룹 입문을 통과하게 합니다. 우리는 기독교 제식이 많은 육화 과정에서 유기적으로 일어나는 입문 그 자체와는 거의 관계가 없거나 아무런 관계가 없는 구조로 효과적으로 동결되었음에도 불구하고 어떻게 그 위대한 입문의 코드를 견지하고 있는지 볼 수 있습니다. 그 때 이 유전자 키가 필수적인 측면인 가이아의 고리는 이 동일한 입문의 여행에 지구에 있는 모든 존재를 연결합니다. 가이아의 궁극적인 형태로서 인류는 위대한 입문 중의 하나인 5번째 입문 '수태고지'의 끝점에 서 있습니다. 신비하게 들리겠지만, 이 위대한 입문은 인류의 몸 안에 있는 거룩한 아이의 수태와 관련이 있습니다. 따라서 인류 전체는 더 높은 비전을 위해 독립을 희생해야 합니다.

이 신비로운 수태고지는 이 위대한 희생적 충동을 총체적으로 개척하는 진화한 영혼들의 단체인 공동지배Synarchy를 통해서만 일어날 수 있습니다. 19번째 시디는 인간 안에서 집단적인 차원에서 깨어나는 첫 번째 시디 중 하나가 될 것입니다. 인류 내부에서 위대한 돌연변이가 일어나고 우리가 5번째 입문을 통과하자마자 우리는 어떤 종류의 변화가 일어났는지 보게 될 것입니다. 새로운 인간의 특성 중 하나는 심령술사를 훨씬 뛰어 넘는 믿을 수 없을 정도의 민감성입니다. 그런 존재의 의식은 자신이 다른 인간과 분리되어 있다는 것을 인식하지 못할 것이고, 따라서 스스로를 돌보지 않고 모든 인류를 위해 일하게 될 것입니다. 우리는 그것을 희생이라고 부르고 있지만, 그것은 그들에게 맞는 말이 아닙니다. 왜냐하면 그들은 그 외에 다른 방식으로 사는 것을 알지 못하기 때문입니다. 이 19번째 시디는 높은 주파수의 의식을 담게 될 미래 형태의 출현을 알리는 전령이며, 따라서 그것은 우리 언어가 크게 부적절함을 보여줍니다. 우리의 언어가 오감에 의존하여 발전했듯이 미래의 형태는 완전히 다른 언어로 운영될 것입니다. 현재의 인간 언어는 청각이지만, 미래의 형태는 우리가 촉각이라고 부르는 것에 더 가까운 감각을 사용하여 주변 환경을 통해 의사소통을 할 것입니다. 이것이 가이아의 진정한 언어입니다.—행성 영역의 모든 존재들이 내재된 통합을 완전히 의식할 수 있게 하는 서로 연결된 오라 조직입니다.

20th GENE KEY

시디
현존
선물
자기 확신
그림자
피상

신성한 옴

프로그래밍 파트너 : 34번째 유전자 키
코돈 고리Codon Ring : 삶과 죽음의 고리
(5, 9, 11, 26)

생리 : 천골신경총
아미노산 : 트레오닌

20번째 그림자
피상Superficiality

곤충 혁명

20번째 유전자 키와 그것의 다양한 주파수의 언어는 순전히 실존적 언어입니다. 그것은 어떤 식으로든 생각을 전혀 포함하지 않으며 따라서 지적 수준에서는 파악하기가 상당히 어렵습니다. 특히 20번째 그림자는 의식이 인간의 모습으로 얼마나 깊이 구체화될 수 있는지에 관한 것입니다. 의식이 형태 안에서 더 방해를 받을수록 의식의 표현은 덜 순수해질 것입니다. 이 유전자 키는 인간을 통해 자신을 표현할 수 있는 의식의 양에 관한 것이며, 이 의미에서 64개의 모든 유전자 키 중에서 가장 신비로운 것 중 하나입니다. 20번째 그림자의 경우에는 자신을 표현할 수 있는 의식은 거의 없어 이 주파수에서 작동하는 인간들에게 삶의 진정한 잠재력은 매우 약하게 반영됩니다. 이 그림자의 역할은 인간을 삶의 변두리에 머물러 있게 하고 삶 속으로 진정으로 뛰어들지 못하게 하는 것입니다. 그것이 '피상Superficiality'의 그림자입니다.

마치 20번째 그림자가 인간의 잘못인 것처럼 들릴지도 모르겠습니다. 그리고 어쩌면 우리가 일을 달리 하거나 더 잘 한다면 이런 곤경에서 벗어날 수 있을 지도 모르겠다고 생각할 수도 있습니다. 그러나 앞으로 보게 되겠지만, 우리 DNA의 이런 측면은 매우 오래된 것입니다. 사실 그것이 우리를 현재의 진화 상태로 이끌었습니다. 20번째 유전자 키와 그 그림자는 인간보다 앞서 존재했던 종들을 통해 개발된 인간 게놈의 일부를 나타냅니다. 특히, 이 유전자 키는 인간이 곤충의 세계와 공유하고 이 두 세계 사이의 일부 두드러진 유사점을 이용할 수 있게 해주는 가장 중요한 측면입니다. 우리가 곤충을 관찰할 때, 우리가 볼 수 있는 것들 중 하나는 그들이 믿을 수 없을 정도로 항상 바빠 보인다는 것입니다. 대부분의 곤충은 여름철에 매우 짧은 기간 동안만 살고, 그 며칠, 몇 주 또는 몇 달 동안 그들은 삶을 유지하고 번식하는 데에만 초점을 맞추는 순수한 실존적 삶을 삽니다. 초기 인류의 조상들은 유전적 프로그래밍이 대부분 호흡하고, 먹고, 죽이고, 교미하는 등의 물리적인 몸을 통해 표현되었던, 이와 비슷한 실존적 현실 속에서 살았습니다. 우리의 진화를 거꾸로 돌려보게 되면 뒤로 가면 갈수록 우리의 삶은 더욱더 실존적이었던 것으로 보입니다.

이 모든 것이 신피질의 발달로 바뀌었습니다. 왜냐하면 이것이 우리 인식의 지형에서 육체적인 본능으로부터 빠르게 성장하는 뇌의 인지 능력으로 변화를 촉발시켰기 때문입니다. 인간이 생각하기 시작하면 이상한 일이 일어납니다.—우리가 현재 순간을 떠나는 것처럼 보이는 것입니다. 이 착시 현상은 마음이 생각의 모든 대상을 일시적인 틀에 가둬두는 선형적인 방식으로만 생각할 수 있기 때문에 발생합니다. 이것이 마음의 믿어지지 않을 정도의 놀라운 능력의 절충점입니다. 마음의 천재성으로 인해, 마음은 시간이라고 하는 거짓 실체의 영역 내에서 생각하도록 제한되어 있습니다. 당신이 당신의 생각에 의해 지배되는 한, 의식은 완전히 기능하지 못하게 방해받습니다. 이것이 우리가 이 유전자 키에서 '피상'으로 언급하고 있는 것입니다. 피상적으로 산다는 것은 마음에 의해 조작된 거짓 환상 속에서 사는 것을 의미합니다.

우리 중 많은 사람들은 소위 말하는 옛 시절을 그리워합니다. 그때는 인간의 마음이 우리의 실체를 장악하고 있지 않았으며, 보다 원시적이고 더 단순하고 어떻게든 더 순수한 존재로 살았다고 생각합니다. 사실은 그 시절이 어떤 식으로든 더 순수한 것은 아니었으며 진화는 뒤로 갈 수 없다는 것입니다. 우리가 동물처럼 완전히 본능으로 행동했을 때, 우리는 도덕이나 양심에 대한 감각이 거의 없었습니다. 우리가 만일 지금 이 순간 거기에 투영되었다면, 좋았던 옛날은 아마도 우리에게 끔찍하고 야만적으로 보일 것입니다. 인간 두뇌의 진화는 특히 지난 100년 동안 우리 행성의 얼굴을 변화시켰습니다. 그리고 때때로 우리는 세상을 불평하기를 좋아하지만 이 변형은 대부분 큰 이익을 가져 왔습니다. 인간에 대한 흥미로운 점은 우리가 고대의 본능적인 동물 인식, 현재의 합리적인 정신적 인식, 그리고 앞으로 전적으로 온라인으로 올 미래의 전체론적 영적 인식의 혼합물이라는 것입니다. 옛날에 대한 우리의 향수는 실제로 영적 인식이 완전히 발달했던 인간 진화의 초기에 대한 우리 안의 유전적 기억으로부터 유래합니다. 그러나 이 에덴 시대에 대한 모든 증거는 대격변에 의해 완전히 제거되었으며, 그것은 또한 우리의 DNA에 돌연변이를 일으켰고 결국에는 현재의 지능적 시대를 가져 왔습니다. 여기에 대해서는 55번째 유전자 키에서 더 많이 배우게 될 것입니다.

피상적인 것처럼 보이는 것은 실제로 우리의 인식이 작동하는 방식에 대해 이뤄지는 조정입니다. 이제 끝나가고 있는 진화 단계가 피상적인 시대입니다.—지금 인류는 자연에서 벗어난 것처럼 보입니다. 그러나 이것은 사실이 아닙니다. 우리가 지금 현재 존재할 수 없는 인식에 의해 지배받고 있다는 사실에도 불구하고, 우리는 우리가 그것을 좋아하든 그렇지 않든 여전히 현재의 순간에 살고 있습니다. 우리의 현재 정신적 장치는 우리가 과거에 했던 방식으로 삶과 하나 되는 느낌을 방해할 뿐입니다. 진화는 우리가 이 정신적 단계를 완료할 수 있도록 피상적이 되기를 요구합니다. 그러나 그것은 삶 자체의 원천으로부터 근본적으로 떨어져 나오도록 이끌었으며 이것은 우리가 그 근원으로 돌아가려는 간절한 바람에 반영되어 있습니다. 우리의 모든 과학적이고 종교적인 갈망은 인간의 두뇌를 뛰어 넘지 못하는 의식의 무능력으로 인해 생겨났습니다. 이런 관점에서 볼 수 있듯이, 64개의 그림자가 모두 어떻게 이 하나의 수수께끼 때문에 나오게 되었는지 알 수 있습니다. 마음은 우리가 삶과 하나가 되는 느낌을 방해하는 것입니다.

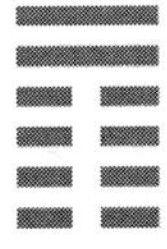

피상적인 것이 행동으로 옮겨지면, 그것은 단지 활동 자체를 위해서 활동하는 눈 먼 활동이 됩니다. 그림자의 주파수에서 삶과 진정으로 하나가 되는 유일한 시간은 당신이 바쁠 때입니다. 비록 본질적으로 이 바쁨이 진정으로 존재하지 않더라도 말입니다. 오히려 그것은 인식의 부재입니다. 이것이 인간을 곤충과 비슷한 것처럼 보이게 만듭니다. 우리는 개인적 수준에서 믿을 수 없을 정도로 바쁘도록 프로그램되어 있습니다. 그러나 특정 곤충 사회와 달리 우리는 아직도 집단으로 활동하지 않습니다. 20번째 그림자의 프로그래밍 파트너는 34번째 그림자 '포스Force'이며, 이는 자기 도취self-absorption에 관한 것입니다. 당신의 활동에 인식이 부족할 때, 그 활동은 환경에 혼란을 초래하는 파괴적인 힘이 됩니다. 이 두 그림자는 당신의 마음이 만들어낸 상황에 대한 반응으로 활동으로나 활동이 부족한 것으로 나타납니다.

마음이 태양신경총에 뿌리를 둔 우리의 미래 인식에 의해 무시되었을 때, 오직 그때만이 의식은 더 이상 저항이 없는 활동을 나타내기 시작할 수 있습니다. 이것이 바로 붓다가 '올바른 행동right action, 正業'이라고 부른 것입니다. 올바른 행동은 DNA의 주파수가 당신을 그림자 상태에서 들어올릴 때 발생합니다. 이 시점에서 모든 행동은 자연스럽고 조화롭게 나타납니다. 오직 진화의 최종 단계에서만 인간은 개미나 벌 같은 더 복잡한 곤충 사회를 모방하기 시작할 것입니다. 왜냐하면 의식은 모든 개인을 통해 숨을 쉬기 시작하면서 집단을 하나로 섞기 때문입니다.

억압적 본성 – 부재Absent

20번째 그림자의 내향적인 성격은 완전히 부재不在하는 인상을 줍니다. 이것은 주로 사람의 눈에 반영되는데, 그것은 뚫어지게 쳐다보거나 아니면 다른 생각을 하는 것처럼 보일 수 있습니다. 이 20번째 그림자의 표현은 영구적인 주제가 아닌 간헐적인 주제가 될 수도 있습니다. 그런 사람들의 의식은 일시적으로 대체되는 강렬한 무의식적인 두려움에 의해 종종 얼어붙습니다. 몸에서 의식이 빠져 나가는 것은 실제로 일종의 작은 죽음입니다. 그것은 또한 강렬한 충격을 통해 나타날 수도 있습니다. 이들은 자신의 마음속에 있는 활동이나 비활동에 따라 삶이 돌발적으로 켜지거나 꺼지는 사람들입니다.

반응적 본성 – 정신없이 바쁜Hectic

반응적 본성에서, 마음은 억압된 본성과 반대되는 것을 할 것입니다. 두려움을 마비시켜 버리는 대신, 이런 종류의 본성은 두려움을 즉각적으로 활동으로 바꿀 것입니다. 따라서 이 사람들은 끊임없이 움직이고 있으며, 열정적인 자기 몰두에서 멈추지 못합니다. 다시 말하지만, 이것은 인류 집단 사이에 매우 널리 퍼져 있는 상태인데, 그 이유는 이 그림자와 우리의 마음이 그것을 활동으로 바꾸는 방식 사이의 깊은 연관 때문입니다. 우리가 살고 있는 세상은 우리 인간의 프로그래밍이 그렇게 만들기 때문에 점점 더 정신없이 바빠지고 있습니다. 인간에게 새로운 인식이 새롭게 시작됨에 따라 엄청난 양의 활동은 그저 중단될 것입니다. 왜냐하면 그것은 마음의 불안정함이 만들어 낸 부산물로서 나타나기 때문입니다.

20번째 선물
자기 확신Self Assurance

신성한 이완

'자기 확신Self Assurance'의 선물은 먼저 인간이 결정을 내림에 있어서 결정권자로서 자신의 생각을 버리는 것을 배울 때 나타나게 됩니다. 자기 확신과 함께 매순간 삶에 완전한 항복을 해야 합니다. 삶에는 자신의 계획과 흐름이 있다는 것을 받아들이기 시작할 때, 당신은 또한 정신적인 수준에서 그 과정을 방해하는 것을 멈추기 시작합니다. 어떤 기술도 이 선물로 이끌어 줄 수 없습니다. – 오직 삶 그 자체만이 어떻게 놓아 버릴 수 있는지 보여 줄 수 있습니다. 이 선물은 실제로 더 높은 영적 인식 상태의 선도자입니다. 당신은 삶에서 결정은 그저 만들어지는 것이며, 따라서 결정 때문에 고뇌할 이유가 하나도 없다는 것을 발견하기 시작합니다. 더 높은 수준의 주파수에서의 결정은 미리 계획되기보다는 순간에 이루어집니다. 당신의 마음은 어떤 행동의 과정 속에서 결정을 내릴 수도 있습니다. 그러나 결정이 실제로 선물 주파수에서 이루어질 때, 그것은 당신의 존재 전체를 통해 즉각적이고 분명하게 나타납니다.

20번째 선물은 행복한 삶의 기초이며 생명과 죽음의 고리로 알려진 유전적 계열의 일부입니다. 생명과 죽음의 고리는 실제로 아이들이 행복하고 건강하며 깨달은 성인으로 성장할 수 있는 완벽한 환경을 만드는 법을 가르쳐줍니다. 자녀가 진정으로 자기 확신을 갖고 자라기 위해서는 애타주의를 모델로(27), 그러면서도 거리를 두고(42), 발명(24)과 혁신(3), 그리고 무엇보다도 단순함(23)을 권장해야 합니다. 이 5가지 열쇠는 부모에게 완전한 삶의 체계의 토대가 될 수 있으며, 그들에 대한 묵상은 자녀와 부모 모두에게 완전한 자유로 이끌어 줄 수 있습니다. 자기 확신은 프로그래밍 파트너인 34번째 선물을 거쳐 개인의 힘Strength과 직접적으로 유사합니다. 모든 자녀들은 부모와 친구를 통해 올바른 사랑의 환경을 제공받는 한, 발달하는 과정에서 유기적으로 나타나는 본래의 힘이 있습니다. 어린아이를 위한 궁극적인 사랑의 환경은 자기 확신이 있는 성인들에게 둘러싸이는 것입니다. 올바른 행동을 하는 대가족 또는 성인 공동체가 만들어내는 개방성과 진정성과 이완의 장은 어린아이들을 위한 완벽한 자연스러운 교육의 기반입니다.

자기 확신은 삶에 대해 걱정하는 인간의 성향이 끝나는 것을 표시합니다. 비록 그것이 사실 내적인 유머 감각이나 삶을 가볍게 대하는 감각이긴 하지만 그 안에 일종의 유머 감각이 있습니다. 이 주파수 수준에서, 당신은 당신이 알고 있는 것보다 더 높은 차원에서 당신이 존재할 수도 있다는 것을 아주 희미하게 짐작하기 시작합니다. 당신은 또한 더 높은 존재가 실제로 당신을 돌보아주고 있다고 느끼기 시작합니다. 인간은 이런 느낌을 여러 가지 방법으로 의인화하기를 좋아합니다.―지도령이나 천사를 통해서, 세상을 떠난 사람들의 영혼과의 접촉을 통해서, 또는 신 그 자신이 우리를 지켜본다는 것처럼 말입니다. 가장 순수한 의미에서, 이 자기 확신의 상태는 사실상 당신 자신의 더 큰 본성이 나타나고 있는 것입니다. 그것은 더 많은 의식이 육체라는 매개체 안으로 육화되도록 허용되고 있다는 표시입니다. 아이러니하게도, 당신이 이 느낌을 의인화하면 할수록, 그 성장 속도는 더 줄어듭니다. 왜냐하면 그것은 그것이 실제로 속하지 않는 마음의 영역으로 다시 들어가기 때문입니다. 이 선물 수준에서 일어나는 일은 인류의 미래의 인식 도구인 태양신경총 시스템을 실험하기 시작하는 것입니다.

인체 내에는 우리의 태양신경총 시스템의 기능에 있어 더 높은 돌연변이에 대한 유전자 지침이 들어 있습니다. 일단 이런 종류의 개별적인 돌연변이가 촉발되면(55번째 유전자 키에 의해 유발됨) 완전히 새로운 차원의 인식 기능이 가능하게 됩니다. 20번째 선물은 이 더 높은 돌연변이의 바탕을 마련하고, 우리는 20번째 시디에서 그것이 완전히 나타나는 것을 볼 것입니다. 당신의 자기 확신은 희생자 마음이 되는 것을 피할 수 있는 능력과 직접적으로 같은 것입니다. 이 요령을 배우기 시작할 때, 당신은 명상적인 인식의 미묘한 확장을 경험합니다.—마음에 사로잡히지 않으면서 마음을 지켜보는 능력입니다. 이 넓어지는 감각은 계속해서 자라며, 더 깊숙이 들어가면 갈수록 마치 당신 밖에 있는 어떤 힘에 잡힌 것처럼 보입니다. 이 확장의 부산물이 자기 확신의 특성입니다.—모든 것이 다 잘될 것이라는 지속적인 느낌입니다. 이 단계에서 일종의 안도감이 시작됩니다.—당신은 이제 더 이상 삶을 시도하고 통제할 필요가 없습니다. 반대로, 당신은 이제 삶이 당신을 움직이도록 허락합니다.

실제로 이 선물과 함께 일어나는 일은 태양신경총 내의 인식이 당신의 마음으로부터 넘겨받기 시작한다는 것입니다. 중국과 일본에서는 하라hara 또는 단전으로 알려진 태양신경총 중심을 기반으로 한 심오한 이해가 있었습니다. 고대 요가 시스템의 수행자들은 이 숨겨진 잠재의식을 단전 안에서 발견하고 의학에서 무술에 이르기까지 단전을 중심으로 그들의 철학 전체를 구축했습니다. 태양신경총 센터에서 발생하는 인식은 항복에 근거합니다. 이런 의미에서 이것은 매우 강력한 보편적인 여성적 힘을 이해하는 것에 관한 것입니다. 자기 확신의 힘이 '주장'보다 '항복'에 근거한다는 것은 어떤 사람들에게는 충격적일 수 있습니다. 자기 확신은 주장이나 기법을 통해 구축될 수 있는 단순한 자신감보다 훨씬 더 큰 것입니다. 20번째 선물은 신뢰와 인내와 항복을 통해서만 계발될 수 있으며, 그 중 어느 것도 기법이 아닙니다. 이와 같이, 자기 확신은 밖으로 나가서 인생을 쫓는 것보다 모든 것이 당신에게 오는 것을 허용하는 철학에 근거합니다. 20번째 선물이 내면의 편안함을 위한 진정한 기초인 것은 이 신성한 게으름 때문입니다.

20번째 시디
현존Presence

신성한 옥타브

20번째 시디는 매우 독특해서 그것에 대해 말할 수 있는 것이 거의 없습니다. 신화적으로 그것은 '신의 숨결breath of God'이나 '신의 말씀word of God'으로 표현됩니다. 현존Presence은 존재의 근본적인 본질입니다. 사실 현존이라는 말은 이 시디를 공정하게 보여주지 않습니다. 이 시디를 '그The' 현존이라고 이름 붙인 것이 실제로 더 사실적일 것입니다. 왜냐하면 정관사를 사용하면 이것이 어떤 개인과는 아무런 관계도 없는 의식 상태라는 명백한 인상을 주기 때문입니다. 그것은 인간이라는 도구를 통해 신성의 존재가 드러난 것입니다. 인간이 시디 상태에 도달할 때마다 그 또는 그녀는 그 현존으로 가득 차 있습니다. 순수한 의식은 자신의 존재를 넘쳐나게 하고, 정신 활동을 침묵시키고 그 사람을 영원한 현재의 순간으로 이끌어갑니다. 이것이 일어날 때, 인간의 마음에 의해 창조된 온 세상은 갑자기 완전히 피상적인 것으로 보입니다. 잎이나 돌 같은 아주 작은 것들이 그 안에 인간이 갖고 있는 가장 위대한 생각 전체보다 더 많은 생명이 있는 것으로 이해됩니다. 현존은 모든 곳에서 경험되고 모든 것에 내재되어 있으며 우리가 편재omnipresence라고 부르는 단어를 얻는 곳입니다.

현존 상태에서 개인은 더 이상 존재하지 않습니다. 당신은 사흘 동안 같은 자리에 앉아 있는 것을 볼 수도 있을 것입니다, 그리고 그것이 1초도 지나지 않은 것처럼 보일 것입니다. 시간은 모든 존재의 배경 의식에 녹아 사라집니다. 데자뷔의 짧은 순간을 경험할 때, 당신은 진정한 현존의 순수한 순간을 맛보고 있는 것입니다. 그 안에서 현재 순간은 과거와 미래 모두를 위한 통로가 되고, 순간적으로 그것들을 심화시키고 초월합니다. 현존은 또한 누구나 느낄 수 있다는 점에서 특별합니다. 이 시디가 어떤 사람 안에서 꽃을 피울 때, 그것은 실제로 주위에 미묘한 분위기를 만듭니다.—사람의 오라를 퍼뜨리고 모든 창조물에 방사하는 일종의 고요한 안락함입니다. 현존 안에 존재하는 큰 효과 중의 하나는 숨을 깊게 만드는 것입니다. 현존은 숨을 통해 모든 인간을 하나로 연결시킵니다. 그러므로 현존의 분위기에 젖어 있는 사람들은 하나의 실체로서 숨을 쉬기 시작합니다.

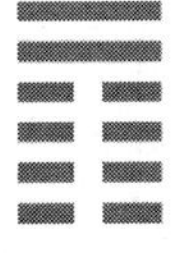

진정한 시디 상태는 완전한 이완 중의 하나입니다. 긴장의 정도를 더욱더 깊이 풀어 주면, 현존의 높은 주파수가 당신을 한숨 쉬게 만들고, 그것은 당신의 몸이 거대한 편안함의 상태에 이르기까지 계속됩니다. 현존은 또한 사람의 시선에서 강렬한 부드러움으로 감지될 수도 있습니다. 현존에 빠져 있는 사람에게는 문제가 될 것은 절대적으로 아무것도 없습니다.—생각은 아무 상관도 없으며 고통은 더 이상 존재하지 않습니다. 왜냐하면 마음이 뿌리에서 끊어졌기 때문입니다. 피상적이지 않다는 것은 말할 것도 없습니다. 오직 침묵만이 진리에 순순히 접근할 수 있습니다. 우리는 삶과 죽음의 고리—이 유전자 키와 연관된 코돈 고리—를 통해서 현존이 또한 수천 년 동안 구도자들이 추구해 온(23번째 유전자 키) 정수Quintessence와 동일한 것임을 알 수 있습니다. 그것은 또한 침묵Silence(24), 무아Selflessness(27), 순진무구Innocence(3) 및 찬양Celebration(42)의 경험과 직접적인 관계가 있습니다.

20번째 시디는 옥타브의 신비한 본성과 관련이 있습니다. 그것은 우리가 살고 있는 우주 도처에 있는 모든 진동을 시작하고 끝내고 함께 연결시키는 탁월한 음표입니다. 그것은 또한 8번째 색깔입니다.—다른 7개의 색상을 포함하는 순수한 흰색이며, 또한 숫자 0으로 우리를 데리고 가는, 모든 형태가 그것으로부터 생겨나는 검정색입니다. 무엇보다도 그것은 빛과 소리의 영역을 하나로 묶어 주는 신성한 호흡으로서 우리로 하여금 순수한 존재로서 의식 속에 완전히 들어갈 수 있게 합니다.

20번째 시디는 또한 실체의 여덟 번째 차원, 로고 플레인Logic plane으로 알려진 우리 신성의 진정한 바탕과 관련이 있습니다. 의식이 인간을 둘러싸고 있는 7개의 층(각각에 대한 자세한 설명은 22번째 유전자 키 참조)—우리가 헤엄치는 의식의 영원한 우주의 바다—을 통해 확장됨에 따라 로고스의 몸 또는 신성한 단어는 마침내 그 영광 가운데 계시됩니다. 이 로고의 영역, 즉 8번째 초월적 차원은 인류를 초월하고, 말을 뛰어 넘으며, 형태를 뛰어 넘습니다.

인류의 일곱 가지 신성한 몸

1. 육체
2. 아스트랄체
3. 정신체
4. 인과체
5. 붓다체
6. 아트마체
7. 모나드체
8. 로고체

일단 현존이 어떤 사람의 안에서 열리면, 그들이 세상에서 역할을 유지하는 것은 어렵습니다. 왜냐하면 바깥세상에는 그들에게 중요한 것이 아무것도 없기 때문입니다. 그런 사람들은 더 이상 사회에 적합하지 않으며, 다른 사람들에게 그들의 현실을 설명할 수도 없습니다. 그들이 할 수 있는 일은 계속 존재하는 것입니다. 그리고 그들은 삶이 그들에게 가져오는 경험을 그대로 허용하지만 그것은 모두 그들에게 흥미로운 것들이 아닙니다. 현존은 그 앞에서 욕망, 성, 생각, 심지어 감정까지 끝을 내면서 모든 것을 쓸어버립니다. 이 사람들은 현존 그 자체 외에는 더 이상 아무것도 느끼지 않습니다. 가장 깊은 인간의 유전적 프로그램—먹고 살아야 한다는 충동—조차도 현존의 위엄 속에 함몰됩니다. 이 상태에 들어간 일부 사람들이 실제로 살아남으려면 누군가 음식을 먹여 주어야 합니다. 그러나 대부분의 사람들에게 인간의 습관은 유지되고 계속 기능합니다. 비록 그것들이 의식이 지속적으로 유지되는 데에 필수적이지 않은 것으로 이해되고 있음에도 불구하고 말이지요.

미래의 세계에서, 20번째 시디는 결국 인류를 흡수할 것입니다. 그렇게 할 때 우리는 영원한 세상에 들어갈 것입니다. 그 세상에서는 마음이 단지 우리가 의사소통하는 것을 돕는 것 이외에 다른 어떤 역할도 하지 않을 것입니다. 태양신경총에서 일어나는 돌연변이를 통해, 20번째 시디는 마침내 인류가 우리 세계와 편안하게 있게 해줄 것입니다. 동양 문화에서 세상의 중심부에 있는 원초적인 소리는 옴카Omkar의 상징을 통해 알려져 있습니다. 그의 소리는 옴Aum입니다. 20번째 시디가 시작될 때, 들리는 소리가 바로 이것입니다.-소리 없는 소리, 모든 삶을 연결하고, 모든 창조물을 채우며, 모든 것을 순수한 실존적 실체로 되돌려주는 소리입니다

21st GENE KEY

시디
대담함
선물
권위
그림자
통제

고귀한 삶

프로그래밍 파트너 : 48번째 유전자 키
코돈 고리Codon Ring : 인간애의 고리
(10, 17, 21, 25, 38, 51)

생리 : 폐
아미노산 : 아르기닌

21번째 그림자
통제Control

계층구조의 소멸

인간을 괴롭히는 주요 쟁점 중의 하나이며 엄청난 갈등과 기본적인 인권 침해의 원인이 되는 것이 통제의 문제입니다. 모든 통제는 전적으로 단 하나의 주제에 뿌리를 두고 있습니다.—영토입니다. 우리가 곧 알게 되겠지만, 우리가 영토를 이해할 수 있는 방법은 다양합니다. 첫 번째 영토는 자신입니다.—자신의 육체적, 감정적, 지적인 범위와 자신의 오라의 경계입니다. 이 주제를 확장한다면 인간관계와 가족을 또 다른 형태의 영토로 볼 수 있습니다. 더 나아가, 가정과 땅은 분명히 가족 영토의 확장입니다. 그 다음으로 외적인 영역이 국가로 구성되어 있는 공동체 전체 또는 인종이 있습니다. 마지막으로 지구 자체가 있습니다. 지구는 모든 인간의 현재 영토를 형성합니다. 이것은 많은 영역을 구성하며 함께 모여 통제에 뿌리를 둔 수많은 인간적 갈등의 잠재력을 만들어냅니다.

영토를 보는 또 다른 방법은 자신의 삶을 영역으로 보고 삶의 사건을 그 영토 내에서 통제하고자 하는 측면으로 보는 것입니다. 21번째 그림자는 확실히 삶을 이렇게 바라보는데, 그것은 깊은 유전적 수준과 무의식적인 수준에서 그렇게 보는 것입니다. 인류가 아직도 그림자 주파수에서 집단적으로 움직이고 있기 때문에 우리는 생명을 수백만 개의 개별 영토로 나누고 그들을 통제하려고 하는 데 익숙합니다. 우리가 정말로 하나로 통일된 유기체라고 생각할 때, 이것은 우스꽝스러운 방법으로 보이지만, 그럼에도 불구하고 이것이 세상이 돌아가는 방식입니다. 그림자 주파수에서 모든 사람은 희생자입니다.—통제하는 사람은 스스로 통제된 상태를 유지하기 위해 자신의 욕구를 희생한 사람이며 통제된 사람들은 통제하는 사람의 희생자인 것입니다.

21번째 그림자가 있는 곳이라면 어디에서나 너무 약해서 전혀 아무것도 통제할 수 없는 사람이거나, 또는 자신의 환경에서 모든 것을 통제해야 하는 뿌리 깊은 욕구를 가진 사람이거나 둘 중의 하나를 발견하게 될 것입니다. 과거에는 통제가 자원과 식량에 관한 것이었고, 식량은 영토를 유지하고 방어하는 데 달려 있었습니다. 그러나 현대 세계에서는 유전적 동력은 바뀌지 않았지만 싸움터가 바뀌었습니다. 오늘날 싸움터는 돈입니다. 그리고 이 21번째 그림자는 권력과 돈과 많은 관련이 있습니다. 그림자 주파수에서, 돈이 있으면 힘도 있는 것처럼 보입니다. 그러나 선물 수준이나 그 이상의 수준에서 진정한 힘은 돈과 아무 관련이 없음을 알게 될 것입니다. 통제는 긴장과 두려움에 근거합니다. 그것은 모든 환경 도처에 긴장과 경계를 만듭니다. 훨씬 더 중요한 것은 계층이라는 개념을 만들어낸다는 것입니다. 왜냐하면 거기에 통제하는 사람이 있고 통제되는 사람이 있기 때문입니다. 일종의 왜곡된 방식으로, 통제하는 사람과 통제되는 사람 사이의 이런 관계는 실제로 아주 잘 작동될 수 있습니다. 그것이 계급이나 카스트라는 개념의 기초이며 그것의 이상적인 형태에서는 하층 계급에 먹을 것을 제공해 주고 보호해 주는 것이 상층 계급의 책임이 되었습니다.

이것이 우리 행성에서 대부분의 사회가 수천 년 동안 기능해 온 방식이었으며, 세상의 대부분은 아직도 이 오래된 방식으로 운영됩니다. 그것이 왕족과 조상으로부터 내려오는 가족의 혈통의 기본 개념입니다. 이런 아주 오래된 시스템에 대해 의구심을 갖기 시작하고 그 시스템이 점차 통제와 권력을 잃어가게 된 것은 극히 최근의 일입니다. 이런 계층적 통제가 쇠퇴하는 징후 중 하나는 서구에서 중산층의 부상이었습니다. 그러나 중산층의 새로운 부상은 예전의 제도보다 훨씬 많은 것을 제공하지는 않습니다. 그것 또한 예전의 제도처럼 많은 문제를 만들어냅니다. 가족은 이제 어느 때보다도 서로 단절되어 있으며, 모든 가족이 자기들 스스로를 책임지는 세상이 되었습니다. 통제하려는 강한 욕구는 단지 장소만 옮겼을 뿐입니다. 통제는 이제 자본주의를 통해 가장 강력하게 운영됩니다.

통제 문제는 가부장제의 문제입니다. 가부장제 형태의 정부는 정치에서 교육과 비즈니스에 이르기까지 사회의 근간을 이루고 있습니다. 통제하는 대부분의 사람들은 권력과 돈에만 관심이 있고, 권력이나 돈에 관심이 없는 사람들은 일반적으로 너무 순종적이어서 어떤 행동도 취하지 못합니다. 진정한 비전을 갖고 있는 몇몇의 용감한 인물을 제외하고는 지구상에서 진정한 권력을 가진 자리는 개인적인 의제를 따르는 사람들로 가득 차 있습니다. 21번째 그림자는 가부장제를 이길 수 없는 것처럼 보이게 하기 때문에 더 나은 세상에 대한 대부분 사람들의 진정한 비전은 기회가 주어지기도 전에 질식하게 됩니다. 그러나 새로운 주파수의 첫 번째 물결이 세상에 나타나고 있습니다. 21번째 선물을 가진 사람들이 권력의 자리를 차지하게 되면 균형이 바뀌기 시작할 것입니다. 왜냐하면 이 유전자 키의 높은 주파수는 권력이나 돈 또는 통제에 관심이 없기 때문입니다. 세 가지 모두를 선물로 가지고 있음에도 불구하고 말이지요. 그들은 정말로 지역 사회 봉사에 관심이 있습니다. 이것보다 더한 것은 그들은 그들의 비전을 실행할 수 있는 용기를 가지고 있다는 점입니다. 그리고 그것이 모든 차이를 만들 것입니다.

통제와 권력이라는 사안에 대해 많은 오해가 있습니다. 선천적으로 재능 있는 지도자가 항상 있을 것입니다. 그러나 더 높은 주파수에서 사람들은 리더십을 봉사로 봅니다. 즉, 그들과 함께 봉사하는 사람들, 또는 그들 밑에서 봉사하는 사람들은 결코 그들 아래에 있지 않습니다. 오히려 그들은 그들 곁에서 함께 일하고 있습니다. 옛 시스템의 문제는 모델이 아니라 그 모델에 들어가 있는 사람들의 주파수입니다. 시스템이 모든 사람을 정확하게 제자리에 두는 순간, 더 이상 시스템은 가부장제나 모계가 아닙니다. 그것은 실제로 공동지배적이게 됩니다. 공동지배Synarchy는 모든 사람들이 평등하지만 일부는 여전히 다른 사람들보다 더 많은 권위를 가진 모델입니다. 그러나 이 권한은 두려움보다는 주파수에 근거합니다. 계급 제도가 성공하지 못한 곳에서 공동지배가 성공하는 이유는 공동지배에 있는 사람들 모두는 각자 자기의 역할에 만족한다는 것입니다. 그 책임이 많든 적든 관계없이 말입니다. 그런 모델에 대한 자세한 설명은 44번째 유전자 키를 참조하시기 바랍니다.

우리 행성 전역에 걸친 영토 분열의 궁극적인 뿌리는 삶 자체에 대한 불신입니다. 이것이 인간들의 진정한 질병입니다. 권력과 돈을 통한 통제와 영토는 단순히 이 질병이 드러난 것일 뿐입니다. 21번째 그림자의 프로그래밍 파트너는 48번째 그림자 '부적절함Inadequacy'으로서, 이 영토의 통제력을 잃을 것에 대한 두려움을 받쳐줍니다. 우리는 단지 우리가 하나의 단일한 실체임을 아직 알지 못할 뿐입니다. 우리가 우리의 진정한 본성을 집단적 전체론적인 인간 가족으로 볼 때가 되면, 삶을 통제하려는 욕구가 멈출 것입니다. 궁극적으로 통제할 수 있는 위치를 얻게 되는 유일한 사람들은 통제를 포기한 사람들입니다. 그 사람들은 비즈니스, 정부, 그리고 모든 수준의 인간 사회에서 우리의 미래 지도자입니다. 영토와 다른 사람들의 삶에 대한 엄격한 통제를 계속 시도하는 사람들은 결국 우리가 우리 자신을 상대로 싸우고 있을 뿐이라는 것을 알게 될 것입니다.

억압적 본성 – 순종적인Submissive

모든 억압적 본성은 개인의 힘을 부정하는 것에 기반을 두고 있습니다. 이것은 21번째 그림자를 통해 순종으로 나타납니다. 이 사람들은 자신의 권위를 주장하지 않고 다른 사람들이 자기를 통제할 수 있게 합니다. 이것에 덧붙여, 억압적 본성은 삶 자체를 통제하는 것을 미루는 경향이 있어 삶이 지시해 주는 방향에 대한 책임을 지지 않습니다. 삶이 가져오는 것에 항복하는 것과 자신의 운명의 길에 영향을 주는 것 사이에는 가느다란 선이 있습니다. 이 사람들은 의지력의 중심을 잃은 채 무의식적으로 자신에게 일어난 일에 대해 삶을 비난합니다. 21번째 선물의 진정한 본질은 상황을 통제하고 관리하는 것이지만, 이 그림자의 순종적인 측면은 통제하는 것을 두려워합니다. 왜냐하면 그것은 자신의 행동과 잠재적인 성공 또는 실패에 대해 혼자 책임져야 한다는 것을 의미하기 때문입니다. 이 사람들은 오히려 삶에 전혀 참여하지 않으려고 합니다. 그들은 종종 느긋한 것으로 가장합니다. 그러나 사실 그런 사람들은 진정한 책임으로부터 숨어 있는 것입니다.

반응적 본성 – 통제Controlling

21번째 그림자의 다른 측면은 통제에 대한 극심한 욕구입니다. 이들은 우리가 종종 통제광(control freaks, 만사를 자기 뜻대로 하려는 사람)이라고 부르는 사람들입니다. 그들의 분노는 너무 단단히 꼬여 있어서 주변 환경의 일부가 통제를 벗어나는 것을 허용하지 못합니다. 억압된 본성이 느슨해지면 반응적 본성이 빡빡해집니다. 이 사람들은 자기들이 그것을 주도하지 않는 한 어떤 변화도 처리하지 못합니다. 만일 다른 사람들이 이 사람들의 깊이 통제된 삶의 경계를 침범하면, 갇혀 있던 모든 긴장과 분노가 폭발할 것입니다. 그런 성격은 계급의 지배력을 통해 또는 도덕적인 우위를 내세워 다른 사람들을 지배하기 위해 노력합니다. 불행히도, 그런 통제에 대한 지속적인 주장은 당신의 몸, 특히 당신의 가슴에 큰 타격을 줍니다. 이들은 깊은 신체적 또는 감정적 위기에 의해서만 겸손해질 수 있는 사람들이며, 그렇게 할 수 없기 때문에 삶에서 종종 그런 위기를 만납니다.

21번째 선물
권위Authority

순종의 권위

'권위Authority'의 선물은 선천적으로 내재된 선물입니다. 홀로제네틱 프로파일에 21번째 선물이 있고 가슴에서 말하고 행동한다면, 어디를 가든 다른 사람의 충성을 불러일으킬 것입니다. 권위는 이 21번째 유전자 키가 사물이 자신의 방식대로 가는 것과 사물이 가는 방식을 통제하는 것 사이에 정교한 균형을 발견했을 때 유전자 키에서 나오는 진정한 진동입니다. 권위는 의도에 의해 결정되는 주파수입니다. 만일 당신이 21번째 그림자의 계급적인 기초를 통해 권위를 주장한다면 당신은 통제와 두려움을 통해 통치하며, 그것은 절대로 진정한 충성을 불러일으키지 않습니다. 그런 경우 주변사람들은 충성스러운 것처럼 보일 수 있지만 적절한 상황이 주어지면 자신들의 충성을 다른 곳으로 신속하고 쉽게 이전시킬 것입니다. 참된 충성은 사랑의 주파수가 두려움의 주파수를 능가할 때만 유지될 수 있습니다. 그런 사람들에게는 다른 사람들에 의해 권위가 주어지며, 이것이 권위의 진정한 의미입니다. 권위는 의지를 통해 주장될 수 없습니다. 그것은 오직 신뢰를 통해서만 얻을 수 있는 것입니다.

권위는 한 개인과 다른 개인, 또는 개인과 집단 사이에 일어나는 오라장 내의 현상입니다. 진정한 권위는 통제하기 보다는 통합합니다. 이것은 주인과 종의 원형에 의해 잘 이해될 수 있는데, 그것이 우리 사회의 기반입니다. 가장 깊은 관계의 일부는 권위의 위치에 있는 한 사람과 복종적인 것으로 보이는 사람 사이에서 형성됩니다. 그러나 그런 관계에 있는 두 당사자가 서로에게 깊이 봉사하고 있다면 그 관계는 지배와 복종이라는 사회적 고정 관념을 초월합니다. 이런 관계가 작동하려면 양 당사자가 동등하게 상대방에게 봉사해야 합니다. 이 경우 관계는 서로에게 유익하고 잠재적으로 매우 강력할 수 있습니다.

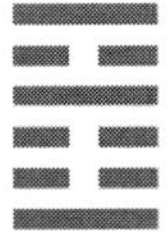

권위와 복종 사이의 관계는 음과 양, 우리의 우주 전체에 걸친 남성 에너지와 여성의 에너지 사이의 관계입니다. 남성적 극성은 권위를 대표하고 여성적 극성은 그 권위의 신하 또는 종을 대표합니다. 이 관계가 대부분의 인간 사회에서 문화적으로 확립되었다는 사실에도 불구하고 남성과 여성과는 거의 상관이 없습니다. 여성들도 똑같이 권위자가 될 수 있고 남성 또한 종이 될 수 있습니다. 그것은 단지 모계와 가부장제(부계) 차이일 뿐입니다. 하지만 관계의 뿌리에 있는 의도가 순수하지 않으면 어느 것도 효과가 없습니다. 여성 쪽이 너무 복종적이라면, 남성 쪽은 너무 통제적이 될 것이고, 그 반대도 마찬가지입니다. 이런 종류의 관계에서 생기는 불균형은 이 21번째 유전자 키의 그림자 측면이 드러난 것입니다. 어느 쪽에서도 권력에 대한 욕구나 억울함이 있을 수 없습니다. 이 원형의 균형은 21번째 선물의 높은 주파수의 특징입니다. 당신은 모든 관계가 이 똑같은 드라마를 재생한다는 것을 알게 될 것입니다.—그것이 부모와 자녀, 남편과 아내, 고용주와 직원 간의 핵심 관계입니다.

21번째 선물의 아름다움과 마술은 관계 속의 양측이 서로 항복할 때 일어납니다. 권위가 종이 되고 종이 권위가 될 때 관계는 실제로 권력으로 활기가 넘칩니다. 바깥 면에서 이런 관계는 일방적인 것처럼 보일 수 있지만 안쪽 면에서는 힘의 균형이 역전됩니다. 이것이 일어날 때만 권위의 진정한 의미가 분명해집니다. 큰 집단, 공동체, 회사, 심지어 군대에서, 권위자가 모든 부하들을 대표하고 그들과 연결된다면, 그들은 그 집단을 강하게 묶는 충성도에 영감을 불어넣을 것입니다. 이런 종류의 리더십은 7번째 또는 31번째 유전자 키와는 매우 다른데, 그것들은 모든 통제를 완전히 놓아 버리고 그룹의 집단정신을 신뢰하여 자신의 결정을 내릴 수 있는 능력에 기초합니다. 21번째 선물의 경우, 한 사람이 그룹의 의사 결정자가 될 것이라는 합의가 이루어지므로 이 사람은 전체 그룹에 책임이 있습니다.

인간 유전자 매트릭스에는 여러 가지 스타일의 리더십이 있습니다. 31번째 선물이 그룹의 목소리를 대표하고 7번째 선물이 그룹의 핵심을 대표하는 반면, 21번째 선물은 그룹의 의지를 나타냅니다. 따라서 이 사람들은 다른 사람보다 더 많은 책임을 다루도록 설계되어 있습니다. 왜냐하면 그들의 의지가 자신에게 복종하는 모든 사람들에게 직접적인 영향을 미치기 때문입니다. 핵심은 권위자로 선출된 자의 의지가 복종하는 사람들의 의지를 대표한다는 점입니다. 앞서 보여준 바와 같이, 이런 관계가 충분히 높은 주파수로 작동할 때, 권위에 있는 사람은 단순히 그 또는 그녀의 추종자들의 의지를 전달하는 도관이 됩니다. 그런 일이 발생하면 초월이 일어납니다. 그런 관계는 왕위가 아닌 친족 관계에 세워집니다. 권위자는, 가장 높은 주파수에서 보게 되겠지만, 계급 제도에서 그들 아래에 있는 사람들과 지속적으로 공감을 유지해야 합니다. 이런 문화적 고정 관념의 융합과 초월이 발생할 때만 최고의 정신이 인간 집단으로 육화될 수 있습니다.

이 21번째 유전자 키는 그것의 더 넓은 유전 계열이나 코돈 고리의 맥락에서 볼 때 더 이해될 수 있습니다. 인간애의 고리Ring of Humanity의 일부로서, 그것은 모든 인간이 갖고 있는 상처의 완전한 측면을 형성합니다. 인류의 중심에 있는 신성한 상처와 우리 모두가 겪는 고통의 원인은 인간애의 고리를 구성하는 유전자 키로 풀릴 수 있습니다. 계층구조는 인간들의 가장 오래된 상처 중의 하나이며 우리의 고통의 각 측면과 마찬가지로 사랑으로만 치유될 수 있습니다. 이 유전자 키 내에서 더 높은 주파수를 활성화하려면 커다란 용기가 있어야 합니다. 권위를 통해서나 아니면 복종을 통해서나 강력한 인간이 다른 사람에게 완전히 항복하는 것이 필요합니다. 사실 항복은 권위를 복종시키고 복종은 권위를 갖게 만듭니다. 그것이 바로 상처를 치유하고 계층구조와 통제를 끝내는 것입니다.

21번째 시디
대담함Valour

새로운 기사의 시대

21번째 선물에서 우리는 봉사에 기초를 둔 진정한 권위가 충성도에 영감을 불어 넣는 것을 보았습니다. 의식의 최고 수준에서, 이 사랑과 힘의 결합은 크고 비할 데 없는 이상–대담함Valor의 이상으로 바뀝니다. 우리는 대담함valour과 용기courage, 특히 전투 중에 군인이 보여주는 용기라는 단어를 서로 연관시키는 경향이 있습니다. 비록 그런 이미지에 약간의 진실이 있긴 하지만, 대담함이라는 단어를 의식의 시디적인 측면에 사용하는 것은 역경에 직면한 용기courage의 개념을 훨씬 뛰어 넘습니다. 대담함은 21번째 유전자 키 중 가장 높은 주파수입니다. 그것은 당신의 유전적 특징 내에서 특정한 화학적 특징을 통해 세상에 방출되는 살아 있는 에너지장입니다. 대담함은 다른 강력한 단어인 고귀함nobility의 부산물입니다.

고귀함을 이해하는 것은 인간 운명의 영역으로 들어가는 것입니다. 인류의 사회적 역사에, 그리고 우리의 집단적 무의식 속에는 왕실의 사람들–왕이나 여왕, 황제 또는 황후–에 대한 어떤 이미지, 즉 남자와 여자 중에서 가장 높은 가능성의 상징이 계속 있어 왔습니다. 오랜 세월에 걸쳐 특정한 인물들에게 그런 투사를 하려는 시도는 대개 심각하게 부족함을 보여주었지만, 고귀함은 일반적으로 왕족이나 유전적 혈통과 관련된 자질입니다. 우리는 고귀함이 혈통과는 관련이 거의 없으며 인격에 더 많이 관련되어 있다는 것을 발견했습니다. 사실, 영웅 신화의 대부분은 인간의 고귀함과 대담함이라는 이 개념에 집중합니다. 대담함은 따라서 행동으로 옮겨진 고귀함으로 이해될 수 있습니다. 그것은 덕, 지혜, 사랑, 용기, 그리고 무엇보다도 희생을 포함합니다. 진심으로 대담한 행위는 절대적인 자기 포기의 행위로, 당신은 당신의 존재 전체로 더 높은 이상에 일직선으로 맞춰 서 있습니다. 역사책에서는 이것이 왕과 나라를 위해 죽어 가는 것으로 기록되었을 수도 있지만 시디의 언어로 보면 그것은 사실 신성한 이상을 위해 죽는 것에 관한 것입니다.

그림자 수준에서 통제에 대한 욕구는 다른 사람들의 두려움과 반응을 조장합니다. 선물 수준에서 권위는 충성도를 고취시킵니다. 시디 수준에서 대담함은 교감을 불러냅니다. 45번째 시디 '교감Communion'과 21번째 시디 '대담함Valor' 사이에는 깊은 유전적 연결이 있습니다. 교감은 개별적 존재를 더 높은 집단적 존재와 융합시키는 것에 관한 것이며, 이것이 바로 대담함의 주파수를 통해 일어나는 일입니다. 대담함은 행동조차 할 필요가 없습니다.–그것은 다른 사람들의 가슴을 울게 만드는 그런 강도의 진동입니다. 그것은 다른 사람의 진정한 고귀함을 인식하는 것이고 다른 사람이 바로 당신 자신의 거울이라는 것을 깨닫는 것입니다. 인간애의 고리의 한 측면으로서, 우리는 모든 인간이 그들의 최종 운명으로서 이 높은 인식을 가지고 있음을 봅니다. 당신이 누구든 또는 당신이 어떤 삶을 살아가든 상관없이, 당신 삶의 어느 시점에서 당신은 대담함으로 행동할 수 있는 기회가 주어집니다. 이 순간들은 신화적인 순간들이며 당신 미래의 삶의 대본이 그들에게 달려 있습니다. 대담함으로 행동하는 것은 더 높은 세상에 들어가는 것입니다.

대담함은 관계 속에서 반대 극 사이의 저항이 붕괴된 최초의 위대한 징후입니다. 그것은 다른 사람 안의 고귀함에 절을 하는 것입니다. 영적으로 말하자면, 그것은 네 번째 입문 '결혼Matrimony'으로 나타납니다(22번째 유전자 키 참조). 거기에서 대담함의 특성은 다른 존재에 대한 자기희생을 통해 절멸을 얻으려고 합니다. 그것은 당신의 계급적 역할에 대한 통제를 절대적으로 포기하는 것입니다. 이것은 사회적으로 당신이 당신의 지위에 항복하고 영적으로는 당신의 카르마에 항복한다는 것을 의미합니다. 대담함은 상대방이 아무리 불쾌하게 보이더라도 상대방의 얼굴에서 신성의 반영을 보는 절대적인 용기이며 사랑입니다. 원형으로서 대담함은 모든 카르마의 종말을 의미합니다. 비록 그 이전의 상태가 종종 엄청난 카르마를 갖고 있다고 하더라도 말이지요. 대담함은 삶의 모루(대장간에서 뜨거운 금속을 올려놓고 두드릴 때 쓰는 쇠로 된 대)에서 단조(鍛造, 고체인 금속재료를 해머 등으로 두들겨 일정한 모양으로 만드는 조작)되어야 합니다. 자신이 몸을 담고 있는 물이 아무리 흙탕물이라고 해도 당신의 순수한 본성은 결코 더러워질 수 없다는 것을 깨달아야 합니다. 21번째 유전자 키가 당신의 개인적인 홀로제네틱 프로파일의 일부라면, 이 역설을 이해하기 전에 당신의 손을 더럽힐 필요가 있을 것입니다.

마스터—즉, 이 시디를 통해 실현을 달성한 존재—가 되기 위해서는 당신이 솔선수범해야 합니다. 당신은 가장 단단히 통제된 계층적 상황에서 살아가는 것의 절대적인 두려움을 알아야 합니다. 당신은 통제에 대한 인간의 욕구를 이해해야 하고, 통제를 잃는 것에 대한 당신의 두려움의 깊이를 이해해야 합니다. 당신은 통제를 포기하지 않을 힘에 의해 시험을 받아야 하고, 계속해서 외부의 통제를 받아야 합니다. 일단 외부의 통제가 당신의 진정한 고귀함을 빼앗아 갈 수 없다는 것을 알게 되면, 이 대담함의 시디는 마침내 당신의 DNA 깊숙한 곳에서 시작될 것입니다. 이 시디를 통해서 실현을 달성한 존재는 비록 그들이 권위자일지라도 권위자처럼 느껴지지 않습니다. 이 희귀한 사람들은 비록 그들의 의식 상태에서 나오는 절묘한 향기에도 불구하고 당신과 친구로서 교감할 것입니다. 그런 깊은 수준의 인간적인 교감을 창출하는 것은 대담함의 시디 안에 있는 매우 겸손한 특성입니다.

21번째 시디가 믿을 수 없을 정도로 겸손하고 우호적일지 몰라도, 두려움의 힘에 위협을 받을 때는 심각한 강펀치를 날립니다. 이것은 모든 위대한 주인공과 여주인공의 용감하고 예의바른 행동으로 상징되는 진정한 기사도의 에너지장입니다. 이 힘은 가장 높은 이상을 위해 싸우고 그들을 따르는 모든 사람들을 위해 그 이상을 견지합니다. 이 시디와 함께하는 사람들은 최고의 이상, 즉 모든 존재들 간의 교감의 이상을 위해, 그리고 그것의 모범으로서 기꺼이 죽을 것입니다. 그런 사람들의 삶은 종종 그들 죽음의 희생적 성격 때문에 신화가 됩니다. 그럼에도 불구하고, 이 시디를 통한 각성은 그런 죽음을 명백하게 예고하지 않습니다.—이것은 단순히 이 21번째 유전자 키의 가장 높은 표현의 상징일 뿐입니다. 55번째 유전자 키의 출현과 인류 안에서 로맨스 정신이 다시 살아남으로써 이 21번째 시디는 실제로 새로운 신화와 기사도 정신의 새로운 시대를 열어 가고 있습니다.

대담함의 본질은 여성적 극성에 항복하는 남성적 극성의 상징에 있습니다. 21번째 시디의 프로그래밍 파트너는 48번째 시디 '지혜Wisdom'이며, 그것은 신성한 여성의 위대한 원형 중의 하나입니다. 대담함은 따라서 통제권(남자로 상징)을 신뢰(여성으로 상징)에 포기하는 것을 나타냅니다. 이 항복은 여성의 힘에 의한 남성의 힘의 절대적인 종말을 초래하는데, 그것은 많은 고대 창조 신화에 포함된 고대 신화의 법칙입니다. 남성이 여성에게 항복하는 것은 역할과 극성의 반전을 만들어내며, 따라서 영적 교감이 완성됩니다. 역설적이게도, 이 신성한 결합을 통해 남성의 힘은 그 상대편을 통해 진정으로 힘을 얻습니다. 다른 말로 하면, 남성의 힘은 여성에게 항복함으로써 권한을 부여받고 기사의 작위가 부여됩니다. 이 이미지가 남성과 여성을 문자 그대로 표현하는 것이라기보다는 내적인 진실임을 이해하는 것이 중요합니다. 대담함의 힘은 따라서 낮은 자아가 상위 자아의 미지의 세계로 죽는 것에서 발견되어야 하는 사랑과 용기로 요약될 수 있습니다.

시디
은총
선물
자애로움
그림자
불명예

압박 하의 은총

프로그래밍 파트너 : 47번째 유전자 키
코돈 고리Codon Ring : 신성의 고리
(22, 36, 37, 63)

생리 : 태양신경총
(두개골신경절)
아미노산 : 프롤린

22번째 유전자 키 소개

고통의 달콤함

64개의 유전자 키는 완전히 새로운 합성물의 씨앗이 세상에 출현하는 것을 나타냅니다. 여기서 새로운 것이란 유전자 키 자체에 대한 지식이 아니라 인간 진화 프로그램의 완전한 매트릭스로서의 계시임을 분명히 하는 것이 중요합니다. 각 유전자 키는 영원한 지식과 지혜의 백과사전을 열어 주는 포털입니다. 유전자 키에 대한 깊은 묵상과 명상은 당신에게 새로운 세계를 열어줄 것입니다. 모든 대답이 당신 안에 있기 때문에 해답이 없는 질문은 없습니다. 또한 유전자 키의 높은 주파수에 들어가면 질문 자체가 사라지기 시작하고 더 높은 상태가 자신의 DNA 내에서 스스로를 드러냅니다. 진화의 이 단계에서 지식 그 자체는 어떤 실질적인 흥미도 가지지 않게 되고 당신은 그것을 이제는 버릴 수 있는 다리 이상의 것이 아님을 알게 됩니다. 이것은 붓다가 말한 다음의 말에 반영되어 있습니다.

"나의 가르침은 사람들이 그것을 타고 먼 해안에 도달할 수 있는 뗏목이다. 슬픈 사실은 너무도 많은 사람들이 뗏목을 해안으로 착각한다는 것이다."

22번째 유전자 키는 64개의 유전자 키의 전체 매트릭스 내에서 특별하며, 매우 특정한 가르침과 강력한 전송을 포함합니다. 이 의식의 전송만으로도 DNA가 작동하는 방식이 바뀔 수 있습니다.

여러 면에서 22번째 유전자 키는 55번째 유전자 키에 대한 자매 전송이며, 둘 사이에는 위대한 비밀이 숨겨져 있습니다. 55번째 유전자 키가 각성의 과정을 신체 내에서 일어나는 유전적 진화 과정으로 묘사하는 것과 마찬가지로, 22번째 유전자 키는 각성 과정을 신의 직접적인 개입이 당신의 몸속으로 들어가는 것으로 묘사합니다. 따라서 이 두 개의 유전자 키를 통해서 진화와 퇴화의 힘이 결국에는 하나로 합쳐집니다. 22번째 유전자 키의 장으로 들어가면 마법의 발동 과정에 참여하게 되어 더 높은 존재를 당신의 삶에 직접적으로 초대합니다. 이런 의미에서 22번째 유전자 키는 기도하는 경건한 방식으로, 그리고 벌거벗음의 정신으로 접근해야 합니다. 여기에 조합된 많은 정보가 있습니다. 마음으로 그것을 파악하려고 하지 말고 그것이 당신의 DNA로 내려오게 하십시오. 그리고 단지 그것이 갖고 있는 놀라운 전송이 무엇인지 평가해 보십시오.

22번째 유전자 키의 주제는 고통의 참된 의미입니다. 자신의 삶에서 고통을 묵상하기 시작할 때, 당신은 아마도 그것이 어떤 놀라운 축복을 갖고 있는지 보게 될 것입니다. 이 간단하고 달콤한 깨달음은 당신의 삶을 변형시킬 수 있고 변형시킬 것입니다. 위대한 어머니의 품 안에 오신 것을 환영합니다!

22번째 그림자
불명예Dishonour

아카식Akashic[16] 대양

우리가 이미 들은 것처럼 22번째 유전자 키는 매우 특별합니다. 이 말은 단도직입적입니다. 진화의 대본에 쓰인 것은 특정한 변칙과 신성한 우주의 경이로움입니다. 이런 측면에서 22번째 유전자 키에 경쟁할 만한 다른 유전자 키는 없습니다. 그것이 삶의 신화적인 드라마를 그렇게 강렬하게 만드는 이유입니다. 모든 위대한 드라마는 보편적인 하나의 주제밖에 없습니다.—즉 구원의 주제입니다. 드라마가 구원으로 끝났는지 여부에 관계없이, 그것은 인간 가슴속의 갈망으로 항상 거기에 남아 있습니다. 우리가 영화나 이야기를 보거나 들을 때마다 마지막에 구원이 없다면 우리의 가슴은 기만당한 느낌이 들 것입니다. 우리의 마음은 예술을 높이 평가할 수 있지만, 속죄의 느낌이 없이는 위대한 진리가 잘못 표현되었다는 느낌이 듭니다. 22번째 유전자 키는 구원의 진리에 관한 것입니다. 강한 지적 편견을 가진 사람들에게는 그것이 필연적으로 환상적이거나 낭만적인 것처럼 보일 것입니다. 그것은 신이 평범한 세상에 직접적으로 개입하는 것에 관한 것이기 때문입니다.

16 산스크리트어로 아카식은 하늘을 뜻함, 우주 도서관.

우리 대부분이 보고 있는 세상이 존재하고 있는 모든 것은 아닙니다. 우리는 대부분 아주 한정되고 회로가 닫힌 매개변수 내에서 살고 있습니다. 인간은 일반적으로 형태의 세계 뒤에 존재하는 커다란 우주 법칙에 대한 개념을 갖고 있지 않습니다. 이들 중 가장 위대한 것 중 하나는 신성한 기억의 법칙Law of Divine Memory입니다. 이 법칙은 모든 생각과 감정과 행동이 우주의 몸체 안 모든 곳에서 기록되어 있다고 말합니다. 과학은 이제 우리가 원자보다 작은 입자의 방대한 정보 장에 살고 있다는 것을 보여줍니다. 그들 중 일부는 너무 작아서 실제로 물질을 통과합니다. 이 의식의 바다는 여러 차원에서 존재하며 생각, 행동, 감정, 말, 심지어 의도에도 응답합니다. 그것은 만들어진 모든 인상을 붙잡아 기록하는 훌륭한 메모리 뱅크와 같은 역할을 하는 광대한 양자 장입니다. 고대인의 언어로, 그것은 종종 아카식 레코드Akashic Record라고 불립니다.

22번째 유전자 키는 이 신성한 기억의 법칙과 깊은 관련이 있습니다. 그것은 마치 주파수와 소리와 진동에 반응하는 거대한 수신 접시와 같으며 정말로 모든 것을 듣습니다. 우주의 에올리안(Aeolian, 바람의 신) 풍명금과 마찬가지로 수신은 현이 조율되는 방식에 따라 결정됩니다. 22번째 그림자의 경우, DNA 문자열은 조화를 이루지 못하고 당신이 하는 행동과 경험은 유사하게 기형입니다. 이것이 '불명예Dishonor'의 그림자입니다. 그것은 오직 세상에만 존재합니다. 왜냐하면 대부분의 사람들이 자기들의 행위가 기록된다는 것을 깨닫지 못하기 때문입니다. 우리는 모든 행동, 생각 또는 느낌이 아카식 바다에서 물결을 일으키고 있으며, 그 각각의 물결은 반드시 언젠가는 원점으로 돌아와야 하며 또 돌아온다는 것을 깨닫지 못하고 있습니다.

22번째 그림자는 인간 게놈에서 가장 강력한 감정적 그림자 유전자 키 중 하나입니다. 매우 열정적이며 성적이며, 극도의 단맛과 극도의 폭력을 포함하는 엄청난 감정의 폭을 갖고 있습니다. 게놈의 상황 때문에 그것은 우리 행성의 관계 문제 대부분을 직간접적으로 책임집니다. 그러나 우리가 이 심오한 유전자 키로 여행을 떠나기 전에 자신 안에 있는 부정적인 감정이 현재 세계에서 자연스러운 부분임을 염두에 두어야 합니다. 만일 그것들이 예술이나 창의력 또는 서비스로 유용하게 변형되거나 승화될 수 있다면 그 힘은 어마어마한 것입니다. 그것은 자신의 감정에 대해 얼마나 많은 책임을 질 수 있는지의 문제입니다. 그러나 오늘날 대부분의 세상 사람들은 완전히 감정에 영향을 받으며 부정적인 감정의 힘을 다른 사람에게 투사할 때마다 당신은 당신 자신과 다른 사람을 모두 모욕하는 것입니다.

많은 영적 가르침은 더 달콤하고 도덕적인 주파수를 위해 부정적인 감정 상태를 가라앉혀야 한다고 권장합니다. 실제로 이것은 대부분의 위대한 종교의 기초입니다. 그러나 어떤 상태나 느낌을 가라앉히는 것은 그 감정을 모욕하고 불신하는 것이며, 그 감정을 받아들이는 것을 방해합니다.

22번째 유전자 키의 관점에서 보면, 당신이 가진 모든 감정, 기분 또는 생각은 당신이 그것을 믿을 수 있도록 신이 직접 갖다 놓은 것입니다. 이 과정을 신뢰하는 것은 그것을 행동으로 옮기는 것과 명백하게 같은 것이 아닙니다. 신뢰는 큰 용기를 필요로 하는 강력한 내면의 과정입니다. 22번째 그림자의 속임수 중 하나는 그들이 단순히 시스템을 자연스럽게 통과하도록 허용하기보다는 기분을 바꾸거나 수정하려고 노력하도록 유도하는 것입니다. 사실은 먼저 고난을 겪지 않으면 더 높은 의식 상태에 도달할 수 없다는 것이 사실입니다.

이것이 아카식 장과 22번째 유전자 키의 진정한 목적입니다.—그들은 당신에게 자신의 고통 조각들을 받아들일 것을 요청합니다. 당신 자신의 생각과 말과 행동에 책임을 지지 않는다면, 아카식 장은 당신에게 동일한 힘을 반복해서 보냅니다. 이것이 위대한 보편적 법칙 중 하나인 카르마 법칙의 기초입니다. 카르마 법칙에 대해서는 밑에서 더 자세히 살펴보겠습니다.

3가지 순수한 것들

우리가 22번째 유전자 키와 그림자 주파수의 전송 필드에 깊숙이 들어가면, 3명의 위대한 세계 교사나 아바타가 남긴 고통의 본질에 관한 세 가지 흐름의 가르침을 만나게 됩니다. 이 세 존재는 실제로 하나의 존재이며, 인간의 진화 과정에서 세 가지 프랙털 측면으로 나뉘어졌습니다. 비록 이들이 개별적인 인간 또는 동방박사(Magi, 예수 탄생을 축하하러 간 3인의 동방 박사)였지만, 그것들을 같은 진리의 세 가지 프랙털 전송으로 보는 것이 더 도움이 됩니다. 첫 번째는 헤르메스 트리스메기스투스Hermes Trismegistus입니다. 그의 유산은 아틀란티스 시대로 거슬러 올라가며, 그의 이름(세 번 위대함을 뜻함)은 이 전송의 3중 속성을 직접 반영합니다. 헤르메스는 여러 이름으로 불립니다.—그 중 몇 가지만 예를 들자면 토트Toth, 메를린Merlin, 과 복희씨(Fu Hsi, 伏羲氏, 삼황오제三皇五帝의 수위首位로 꼽히는 전설상의 제왕 또는 신神)가 있습니다. 이 프랙털이 나타내는 가르침은 연금술이나 고차원 마술의 가르침입니다. 모든 참된 연금술은 신성의 뜻과 일치시킴으로써 고통을 변형시키는 것에 관련되어 있습니다. 두 번째 위대한 교사는 그리스도입니다. 그의 프랙털은 사랑과 희생을 통한 고통의 변형을 나타냅니다. 마지막으로, 세 번째 위대한 교사는 붓다Buddha입니다. 그의 프랙털은 지혜와 연민을 통한 고통의 변형을 나타냅니다.

모든 64개의 유전자 키가 22번째 유전자 키에 의해 직접적으로나 간접적으로 영향을 받으므로 이 세 가지 위대한 프랙털과 그들의 가르침은 유전자 키 계시의 본질을 형성합니다. 통합은 이 위대한 신성한 사랑과 지혜의 삼위일체로 이루어져 있습니다.

위대한 남성적 삼위일체의 너머와 그 뒤에 있는 우주 어머니는 그들의 상호작용에서 태어난 의식의 네 번째 초월의 장을 낳습니다. 이것은 남성적 아바타 의식의 위대한 흐름을 포용하고 보호하며 포함하는 신성한 우주 어머니의 장입니다. 인류 안에서, 이 위대한 존재로 들어가는 하나뿐인 직접적인 포털이 22번째 유전자 키입니다. 위대한 우주 어머니는 모든 고난을 해결하는 마스터키를 갖고 있으며 가르침 그 자체 뒤에 있습니다. 그녀는 세 가지 전송의 비밀입니다. 그녀는 가르침을 넘어서 있지만 그 길은 고통Suffering을 통한 은총Grace의 길입니다. 연금술의 길, 희생의 길, 마음 씀의 길 등 고통을 통한 세 가지 위대한 길로 충분히 깊숙이 들어가는 사람들은 결국에는 위대한 우주 어머니를 만날 것입니다. 왜냐하면 그녀는 인간의 고통을 종식시키는 은총의 정신을 나타내기 때문입니다.

종교에서 성모에 대해 말하는 많은 설명과 상반되게 그녀는 실제로 매우 황홀하고 감각적인 에너지장입니다. 이것은 22번째 그림자가 인류에게서 성적 쾌락의 자연스러운 즐거움을 부정함으로써 여성의 본질을 불명예스럽게 만드는 또 다른 방법입니다. 고통이 그녀의 은총을 통해 끝나면 참된 기쁨이 시작될 것입니다. 어머니는 샥티(Shakti, 성력, 시바신의 아내) 또는 성적으로 해방된 에너지가 실제로 당신의 분리된 자아를 삼켜 버리는 장이며, 그녀가 그렇게 할 때, 최상의 신성한 환희가 당신의 몸과 오라를 통해 쏟아져 들어오는 것을 경험하게 됩니다. 이것은 근엄한 할머니의 모습이 아니라 젖으로 가득 찬 우주의 가슴이며, 그 천국의 우유가 당신 존재의 가장 높은 측면에 양분을 줄 것입니다. 우리가 22번째 은총의 시디를 보다 심도 있게 탐구할 때, 우리는 창조 도처에서 이 장이 어떻게 모든 곳에 스며들게 되는지 보게 될 것입니다.

헤르메스, 그리스도, 붓다가 사실은 동일한 삼위일체의 세 가지 측면이라는 것을 깨닫게 되면, 이 가르침의 세 가지 흐름이 서로 융합될 때 훨씬 명확하게 이해된다는 것을 발견하게 될 것입니다. 헤르메스와 동방 박사를 통해 연금술과 변형의 가르침이 세상에 들어 왔습니다. 붓다는 카르마와 재생의 가르침을 가져 왔으며, 그리스도는 용서와 속죄의 가르침을 가져 왔습니다. 이 전송이 수세기를 거치면서 너무도 왜곡되고 혼동됨으로써 원래의 단순한 전송과 닮은 점이 거의 없게 되었습니다. 다음에 이어지는 페이지에서 우리는 인간 진화의 여정을 구성하는 과정과 감지되지 않는 미묘한 세계의 근본적인 구조를 탐구하면서 이 세 가지 위대한 가르침과 지혜의 흐름을 다시 결합시킬 것입니다.

그리스도의 신비체Corpus Christi – 인류의 일곱 가지 신성한 몸

영적 과학 또는 오컬트(occult, 비술, 주술) 과학, 즉 오감을 초월하는 실체의 미묘한 층에 대한 이해를 위해 모든 것을 쏟는 시스템이 많이 있습니다. 동양과 인도의 위대한 시스템은 수천 년 동안 상위 영역을 직접 경험한 수없이 많은 직관적 통찰을 우리에게 남겨 주었습니다. 19 세기가 끝날 무렵,

이 경험의 대부분은 서양에서 접근할 수 있게 되었고 많은 새로운 사고의 흐름이 모여들었습니다. 신지학Theosophy과 인지학Anthroposophy이 태어났으며 동서양의 수많은 신비롭기도 하고 과학적인 개념과 계보가 충돌하고 합쳐지는 현대의 뉴 에이지로 이어지면서 영적 과학의 새로운 시대가 시작되었습니다. 그것은 흥미롭기도 하지만 혼란스러운 시간이기도 합니다. 우주적인 혼합으로부터 웅대한 새로운 통합이 나타나기 때문입니다.

신비주의의 지속적인 통찰 중의 하나는 인간 오라의 '미묘체微妙體'라는 개념입니다. 당신이 어느 시스템을 따르느냐에 따라 6개에서 10개의 미세한 차원 또는 단계가 있습니다. 이 오라 층들은 집합적으로 그리스도의 신비체Corus Christi 또는 그리스도의 몸Body of Christ을 구성합니다.
아래 나열된 것은 인간의 오라와 그 기본 속성의 7 가지 기본 층입니다.

인류의 일곱 가지 신성한 몸

1. 육체
2. 아스트랄체
3. 정신체
4. 인과체
5. 붓다체
6. 아트마체
7. 모나드체

1. 육체 – 육신은 육화의 근간을 형성합니다. 물리적인 차원에서, 인류의 집단적 기억은 우리의 DNA에 저장되어 있습니다. 인간 진화의 궁극적인 목적은 육체를 모나드체와 완전히 합쳐서 육체가 진정한 본질로 되돌아가 동화되도록 하는 것입니다. 이것은 찬양Glorification으로 알려진 9번째 입문에 해당합니다. 이에 대한 논의는 이 유전자 키의 끝 부분에 있습니다. 육체는 에테르체로 알려진 미묘한 쌍둥이 상대를 가지고 있는데, 그것을 중심으로 진정한 건강에 대한 과학이 만들어집니다. 시간이 지남에 따라 육체는 당신의 아스트랄체와 그것의 감정 상태를 더 근접하게 반영합니다.

2. 아스트랄체 – 아스트랄체는 가장 일반적인 것에서 가장 높은 것에 이르기까지 모든 인간의 감정과 욕구를 수집하고 저장하고 전달하는 인간 오라의 층입니다. 아스트랄체에서 즐거움과 고통은 아스트랄 차원을 효과적으로 지옥 영역과 천국 영역으로 나누는 진동 주파수로 반영됩니다. 아스트랄체는 수면 중에 가장 활발한데, 그때 아스트랄체는 꿈을 통해서 매일의 욕구 충동을 처리합

니다. 육체와 에테르체의 옆에 있는 층으로서, 아스트랄체는 또한 건강에 큰 영향을 미칩니다. 사망한 후, 아스트랄체는 육체에 살아 있을 때 가졌던 모든 감정적 충동 하나 하나의 진실한 본성에 직접적으로 대면하게 됩니다.

3. 정신체 – 정신체는 감정보다 높은 주파수에 존재하며 생각하는 삶으로 구성됩니다. 정신체는 모든 인류의 집단적 정신체에 크게 영향을 받습니다. 이것은 우리의 생각을 아스트랄체의 충족되지 않은 욕망으로 끌어들이는 경향이 있습니다. 당신의 생각이 더 높은 충동으로 바뀌면, 정신체는 점차 아스트랄체로부터 스스로 떨어져 나와 더 큰 힘을 얻습니다. 정신체는 또한 낮은 의식에 의해 사용되어 아스트랄체의 자연적 충동을 억압할 수 있는데, 이는 또한 모든 수준에서 건강 문제를 일으킬 수 있습니다.

4. 인과체 – 때때로 혼soul이라고 불리기도 하는 인과체는 육체에 직접적으로 상응하지만 더 높은 차원에 있습니다. 그것은 혼이 가진 선의의 집합을 빛으로 기록된 기억 신호로 저장합니다. 이 미세하게 조율된 매체는 인간의 몸으로 태어나 거쳐 간 여러 여행 중에 우리가 입문한 모든 높은 주파수의 생각과 말과 행동에 대한 저장 허브를 만듭니다. 사망한 후, 하위의 세 몸은 분해되고, 오직 정제되고 순수한 것만이 인과체에 끌어올려져 유지됩니다. 인과체는 언어를 넘어서 있는 더 높은 비전과 원형에 반응하지만, 여전히 직접 전송을 통해 하위 3개의 단계로 전달될 수 있습니다. 인과체가 더 맑아지면, 더 높은 몸은 더 높은 주파수를 낮은 세 몸으로 보내는 수단으로 인과체를 사용할 수 있습니다. 이런 점에서, 인과체는 하위 차원과 상위 차원 사이를 연결하는 다리입니다.

5. 붓다체 – 붓다체는 아스트랄체의 더 높은 옥타브입니다. 그것은 인류와 지구의 모든 차원은 사실 하나의 단일 유기체라는 순수한 진리를 드러냅니다. 일단 당신의 인식이 붓다체 안에 완전히 정박되면, 인과체는 녹아 사라지고 일반적인 의미의 부활은 더 이상 필요하지 않습니다. 인간이 깨달음과 관련된 보편적 사랑과 더 높은 엑스터시의 장에 접속하게 되는 것은 붓다체를 통해서입니다. 그것은 신성한 행위의 성스러운 삼위일체의 세 번째 여성 영역을 나타냅니다.

6. 아트마체 – 정신체 보다 더 높은 옥타브로서, 아트마체는 인간이 육체적 육화 과정 밖의 더 높은 진화에 접근하도록 허용합니다. 붓다체는 연민을 통해 인류와 연결을 유지하는 반면, 아트마체는 신성한 삼위일체의 두 번째 측면인 신성한 마음과 신성한 가슴으로 당신의 인식을 직접 융합하면서, 인식을 그리스도 의식의 우주 장으로 가져옵니다. 위대한 아바타들이 세상으로 들어가는 것은 아트마체를 통해서입니다. 그것은 또한 시디의 영역이기도 하며, 그것은 신의 기적 같은 수많

은 초자연적 현현의 영역입니다.

7. 모나드체 – 정상적인 의미에서 몸이라고 할 수 없는 모나드는 신의식 자체의 억제되지 않은 태고의 본질입니다. 그것은 하위 세계로 들어가기 위해 취하는 베일인 인과체를 통해 형태의 세계로 들어가며, 삼위일체의 첫 번째 측면, 신성한 의지Divine Will에 해당합니다. 모나드체는 물리적 차원 바로 아래의 모든 차원에 있는 각각의 단일 원자 내에 존재합니다. 그러나, 의식이 아트마체로 올라갈 때까지 모나드체는 완전히 표현될 수 없습니다. 그것이 표현할 때, 그것은 아트마체와 모든 다른 것들을 그것과 함께 응축시키면서 이해를 뛰어넘는 의식으로서 진정한 신성한 본질을 드러냅니다. 이 단계에서 육체, 아스트랄체, 정신체 등의 하부 세 몸체 각각은 인과체, 붓다체, 아트마체 등 그들의 높은 주파수 상대로 흡수되며, 따라서 셋이 하나가 되는 삼위일체의 신비한 본성을 드러냅니다.

카르마와 환생

22번째 유전자 키의 프로그래밍 파트너는 47번째 유전자 키이며, 이 연결을 통해 우리는 많은 것을 배울 수 있습니다. 47번째 유전자 키는 인간의 DNA에 저장된 세계의 카르마에 관한 것입니다. 우리는 아카식 대양이 어떻게 일곱 개의 미묘체를 통해 모든 행동을 기록하고 이 물리적 저장이 어떻게 DNA를 통해 이루어지는지를 보았습니다. 인간의 유전 암호에서 세상의 상처가 발견됩니다.—시간의 시작부터 모든 인간의 결합된 고통과 부정적인 생각과 행동과 말이 몸 안의 비 암호화 또는 정크(junk, 쓰레기) DNA에 감겨 있습니다. 당신의 고유한 유전 인자에 따라 인류의 집단적 카르마의 특정 측면이 DNA에서 강조되며, 이는 개인의 카르마와 당신 삶의 근본적인 대본을 결정합니다. 이 모든 유전적 저장은 47번째 유전자 키를 통해 이루어집니다. 반면에 22번째 유전자 키는 죽음을 견뎌내는 우리의 미묘한 매개체에 관한 것입니다.

이 시점에서 '생존의 화신survival incarnation'으로 불리는 더 높은 미묘체가 실제로 아카식 대양 자체의 측면이라고 깨닫는 것이 중요합니다. 그들은 더 높은 주파수에서 서로 겹치는 메모리 슬레이트와 같습니다. 최상위 수준에서는 모든 층들이 분해되어 단일 의식 필드가 나타납니다. 이것이 환생이 상대적인 진리일 뿐인 이유입니다. 그것은 의식이 자리 잡게 되는 신체와 관련이 있습니다. 이 기본적인 이해를 통해 우리는 모든 인간의 고통에 대한 위대한 열쇠 중 하나를 이해할 수 있습니다.—그 고통이란 곧 우리 자신의 생각과 감정과 행동에 대한 책임을 수용하지 못하는 것입니다. 삶은 우리가 다룰 수 있는 각인을 정확하게 우리에게 줍니다. 그리고 만일 우리 자신이나 다른 사람들을 욕되게 하면, 사실 장기적으로는 우리 자신의 고통을 증가시키게 됩니다.

바르도 상태

사망하는 동안, 그리고 사망 이후에 일어나는 인식의 상태에 관해 고대의 많은 문화에는 여러 가지 가르침이 있습니다. 이런 상태는 종종 바르도bardo 상태라고 불립니다. 이 과정이 간단하고 명확해지는 것은 우리가 그리스도와 붓다의 가르침을 결합할 때에만 가능합니다. 죽음의 시점에서, 당신의 다양한 몸체가 분리됩니다. 당신의 육체는 분명히 땅으로 돌아오지만, 당신의 현생의 모든 감정과 생각을 담고 있는 아스트랄체와 정신체는 분리와 정제의 연금술 과정을 시작합니다. 부정적인 낮은 주파수 패턴은 버려지고 높은 주파수 패턴은 유지되어 인과체로 끌어올려집니다. 더 이상 육체가 없기 때문에 죽음 이후 바르도 상태에서 감정은 우리가 상상할 수 있는 것보다 더 강렬하게 경험됩니다. 사실, 감정과 생각은 실제로 그들 자신의 삶인 척 가장합니다. 강렬한 고통과 공포, 또는 강렬한 즐거움과 황홀경을 유발시키는 주파수를 가진 천사나 악마처럼 보이면서 말입니다.

바르도 상태에서의 이 과정은 순수한 구원 중의 하나입니다 여기에서 당신 존재의 미묘한 측면들이 당신이 형태 안에 있는 동안의 행동과 생각과 느낌의 결과를 만납니다. 그림자 의식의 모든 측면이 제거되고 정화됩니다. 인간의 직감은 이 과정을 충분히 회상함으로써 다양한 문화적 종교적 신념에 이 과정을 통합시킵니다. 그러나 대부분의 인간적인 사고는 보복과 구원의 개념 사이에서 근본적인 오류를 범합니다. 그림자 의식에서 인간은 그리스도의 용서의 가르침을 통해 은총이 작용하는 것을 보지 못합니다. 우리는 사후 세계에서 우리의 죄를 진실로 속죄하지만, 그것은 우리의 인과체가 다시 돌아오기 전에 깨끗한 슬레이트를 얻을 수 있도록 하기 위해서입니다. 바르도 상태에는 정해진 직선적인 시간 감각이 없기 때문에 천국이 영원한 것으로 보일 수 있는 것처럼, 정말로 지옥이 영원한 것으로 보일 수 있습니다.

따라서 22번째 유전자 키는 당신이 형태를 가진 상태에서나 형태가 없는 상태에서나 당신 자신의 고통으로부터 배우는 것처럼 당신의 인과체가 육화를 거듭하면서 점점 더 밝고 명료해지도록 합니다. 그림자 주파수에서, 이 과정은 당신에게 집단 카르마의 조각을 받아들이도록 가르치고, 당신에게 그것을 변형시키는 기회를 줍니다. 이것이 진정한 그리스도 의식입니다. 그리스도 의식은 모든 인간 안에 있습니다. 우리는 계속해서 용서받으며, 이 은총을 더 깊이 받아들일수록 우리가 형태를 가질 때 선에 대한 충동이 더욱 강해집니다. 결과적으로 우리의 인과체는 너무도 빛나게 되어 더 높은 의식이 그것을 통해 하위의 몸체인 정신체, 아스트랄체, 육체로 내려와 강력하게 영향을 미치기 시작합니다. 우리의 생각은 신에게로 더 많이 돌아서고, 우리의 감정과 욕망은 더 높은 원인을 위해 희생되고, 그리고 궁극적으로는 심지어 우리의 육체가 그 위에 쌓인 여러 층의 슬레이트가 투명하게 빛나는 것처럼 빛을 발합니다.

즉석 카르마

위의 관점에서 카르마는 아마도 새롭고 아름다운 방식으로 이해될 수 있습니다. 개인 카르마는 한 번의 생을 넘어 여행하지 않으며 인간 집단으로 넘어갑니다. 모든 부정적인 행위는 바르도 bardos에서 미래를 위해 기록되며 결국 인류의 집단 DNA에 찍히며 거기에서 그것은 결국 시정되어야 합니다. 인류는 정말로 하나의 존재이기 때문에 이 수준에서 카르마는 공유됩니다. 특정한 대중적 신념과는 반대로, 외적인 육체적 삶의 조건은 전생에서의 당신의 행동을 반영하지 않습니다. 인과체의 투명성 수준은 그 상태가 좋든 나쁘든 상관없이 자신의 진화에 필요한 육화 환경을 끌어들입니다. 더 높은 수준의 투명성에서 인과체는 종종 더 큰 고통을 겪을 것입니다. 왜냐하면 그 매체를 통해 더 큰 연민이 현현되기 때문입니다. 진화론적 육화 과정은 9가지 입문으로 알려진 특정한 원형 순서를 따릅니다. 이 과정은 이 유전자 키의 마지막 부분에서 탐구할 것입니다.

카르마는 사후의 상태에서 정화되더라도, 단 한 번의 생 동안에 드러날 수 있습니다. 인과의 법칙은 물질적인 차원에서도 마찬가지입니다. 그러나 물질적 차원은 매우 밀도가 높습니다. 그것은 우리가 항상 좋은 행동이나 나쁜 행동, 생각이나 말의 결과를 즉각적으로 보지 못한다는 뜻입니다. 그렇긴 해도 우리는 지금 위대한 신기원의 종말을 향해 살고 있습니다. 그런 때 자연 법칙은 종종 휘어지는 것처럼 보입니다. 인류의 일반적인 집단의식은 수천 년 동안 아카식 대양에 집결되었으며, 그렇게 함으로써 대양이 기능하는 방식을 효과적으로 프로그래밍했습니다. 우리의 의식이 더 빨리 진화함에 따라 신성 기억 법칙의 전환이 바뀌고 있습니다. 다른 말로 하면 카르마의 속도가 빨라지고 있는 것입니다. 머지않아 우리는 육체 차원에서조차도 구원이 나타날 진화의 시점에 도달할 것입니다. 이것이 다가오고 있는 시대입니다.—인간의 고통을 초래하는 신성한 상처를 치유하는 시대인 것입니다.

이 마지막 요점은 우리 자신의 감정과 생각을 다루는 방식에 관해 생각해야 할 모든 것을 우리에게 제공해야 합니다. 곧, 우리 중 누구도 우리의 행동이나 감정의 진실을 숨길 수 없게 될 것입니다. 그리 멀지 않은 미래에, 22번째 그림자는 누군가가 불명예스럽게 행동할 때마다 거의 즉시 카르마를 만들어 낼 것입니다. 이것은 우리가 우리 자신과 주변 세계를 보는 방식을 완전히 바꿔 놓을 것입니다. 정의는 보편적인 법칙입니다. 그러나 낮은 주파수의 인간들은 너무도 자주 이 아름다운 법칙을 보복이나 복수로 잘못 해석합니다. 은총 때문에 진화는 뒤로 이동할 수 없으며 형태가 이전될 수도 없습니다. 이는 모두 DNA의 문자열이 얼마나 미세하게 조율되어 있는지의 문제입니다. 낮은 주파수로 조율하면 기쁨을 느끼지 못하게 할 뿐만 아니라 우리 조상의 DNA에 저장된 인간 카르마의 무게를 더하게 될 것입니다. 이런 의미에서 모든 인간은 자신의 행위로 인한 결과를 경험하기 위해 자유 의지의 느낌이 주어집니다. 그러나 여기서 핵심은 우리가 많은 종교가 우리를 믿게 만든 것처럼 처벌과 보복을 통해서 배우지 않는다는 것입니다. 우리는 기쁨과 성취를 통해 배웁니다. 그리고 그것은 22번째 선물, '은총'의 선물을 통해서 옵니다.

억압적 본성 – 적절한 Proper

22번째 그림자는 억압적인 단계에서 성격에 대한 깊은 거짓된 감각을 불러일으킵니다. 이 사람들은 겉으로는 매우 균형 잡혀 있으며 평온하고 올바른 것처럼 보일 수 있습니다. 그들은 종종 사회적으로 매우 능숙할 수 있습니다. 그러나 내적으로는 그들의 감정은 종종 끓어오릅니다. 그들은 깊은 성적 욕구를 숨길 수 있고 종종 깊은 증오와 분노를 조장할 수 있습니다. 적절함의 좋은 전형은 영국의 빅토리아 시대입니다. 표면적으로, 일반적인 문화는 공손함과 절제 중 하나였습니다. 사실 그때는 억압된 열정과 성욕과 공격성의 지하 세계를 은폐하는 시기였습니다. 모든 억압적인 그림자는 깊은 두려움에 뿌리를 두고 있습니다. 22번째 그림자의 두려움은 통제력을 잃는 것에 대한 두려움입니다. 우리는 그림자 자체는 그 어느 것도 나쁘지 않다는 것을 기억해야 합니다. 중요한 것은 우리가 어떻게 그것을 다루느냐 입니다. 억압적 본성을 지닌 사람이라면 그것을 뭉근히 끓도록 놔두어 결국 넘치게 하는 대신에 그것을 긍정적으로 활용하여 내면의 부정성을 변형시킬 수 있습니다. 그러나 이 사람들에게 도덕에 대한 감각이 없다면 이 그림자는 가장 폭력적이고 폭발적인 본성을 은폐할 수 있습니다.

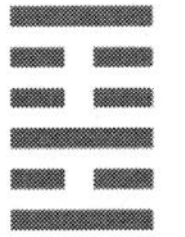

반응적 본성 – 부적절한 Inappropriate

22번째 그림자의 반응 버전은 부적절하거나 반사회적인 행동으로 나타납니다. 이 사람들은 자신들의 감정적인 반응을 통제하지 못합니다. 그들은 감정을 그대로 드러내면서 평판이 아주 좋지 않지만 열정적인 삶을 종종 영위합니다. 그들의 행동과 태도는 일반적으로 파괴적이며, 처음에는 자기 자신들에게보다 다른 사람들에게 더 파괴적입니다. 그림자 상태에서도, 이 원형은 훌륭한 예술이나 음악을 만들어 낼 수 있는 창조적인 힘을 가지고 있지만, 너무도 자주 자신의 열정을 다루지 못하고 다른 사람들을 존중하지 못하는 무능력이 자신들의 사생활을 갈기갈기 찢어 놓습니다. 무엇보다도 이 사람들은 다른 사람이나 자기 자신의 말에 귀를 기울이지 못합니다. 따라서 비록 의도가 좋을지라도, 그들은 때를 잘못 맞추고 오해를 받을 운명에 놓이게 됩니다.

22번째 선물
자애로움Graciousness

친절의 우유

22번째 선물은 '자애로움Graciousness'의 선물입니다. 그것이 손을 대는 누구에게나 깊은 영향을 미치는 희귀하고 아름다운 품성입니다. 아름다운 품성입니다. 자애로움은 당신이 삶에서 무엇을 하든, 당신은 항상 다른 사람들의 감정을 고려한다는 것을 의미합니다. 이것은 위대한 사회적 선물 중의 하나입니다. 그리고 만일 그것이 당신의 홀로제네틱 프로파일의 일부라면, 당신의 삶 전체가 사람들의 감정에 긍정적인 방향으로 영향을 미치도록 설계되어 있습니다. 이 선물이 당신 프로파일의 기본 요소가 아니더라도, 당신의 삶과 당신이 만나는 모든 사람들의 삶을 완전히 변화시킬 수 있는 엄청난 능력을 여전히 가지고 있습니다. 22번째 선물은 사람들의 감정을 그저 흔들어 놓는 것이 아니라 그들의 가슴과 심지어는 그들의 영혼을 만지는 것에 관한 것입니다. 자애로움은 당신이 하는 모든 일에서 우아함과 배려로 행동한다는 것을 의미합니다.

그림자와 마찬가지로 22번째 선물은 다른 사람들에게 미치는 영향이 매우 강력합니다. 그림자가 다른 느낌을 완전히 모욕하고 혼란스럽게 할 수 있기 때문에, 자애로움의 선물은 다른 사람들이 부정적으로 부과된 감정에서 벗어날 수 있도록 도울 수 있습니다. 이 선물의 핵심에는 다른 사람들을 사랑이나 웃음 또는 눈물의 상태에 대한 정상적인 의식 이상으로 고양시킬 수 있는 엄청난 친절이 있습니다. 이런 이유 때문에 이 선물과 관련된 많은 사람들은 삶에서 예술적, 음악적 또는 음성적 역할을 담당하여 거기에서 자연스러운 사회적 우아함을 통해 다른 사람들에게 영향을 줄 수 있습니다. 우리가 그림자에서 살펴보았듯이, 이 유전자 키의 하위 측면에 있는 사람들은 그들이 말하거나 행동하는 것에 대한 책임을 인정하지 않습니다. 그러나 선물 수준에서는 모든 사물이나 모든 사람들이 서로 연결되어 있음을 알기 시작합니다. 당신은 깊은 수준에서 모든 사람들이 듣고 있다는 것을 깨닫게 되고, 당신이 누군가에게 공정하지 못한 일을 한다면, 그것이 당신에게 돌아올 것임을 본질적으로 알게 됩니다. 이것은 결과적으로 이 선물 주위에서는 다른 사람들이 깊이 이해받고 경청되고 있다는 느낌을 받는다는 것을 의미합니다.

카르마에 대한 깊은 인식은 삶에서의 많은 일들이 관계와 감정의 영역에 놓여 있음을 의미합니다. 이 유전자 키의 선물 주파수에서 당신은 자신이나 다른 사람을 무시하지 않고 안전하게 자신의 감정을 부드럽게 하는 법을 배웁니다. 자애로움의 선물로, 당신은 자신의 카르마와 선조로부터 내려온 DNA의 카르마를 분산시킵니다. 이것은 엄청나게 큰일이며, 비록 당신의 관계가 매우 어려울지라도 항상 다른 사람들을 존중하는 주파수를 유지한다는 것을 의미합니다. 22번째 선물은 또한 자신이 다른 사람의 감정의 희생자가 되지 않도록 함으로써 자기 존중과 다른 사람에 대한 존중 사이에 건강한 균형을 유지하도록 합니다. 봉사와 자기 사랑 사이의 섬세한 균형이 당신을 감정적 고통의 힘을 깊이 이해하는 사람으로 나타내줍니다. 이 때문에 다른 사람들은 당신에게서 인도와 권위를 기대할 것입니다.

자애로움의 선물은 또한 혼Soul의 선물이라고 부를 수도 있습니다. 그것은 다른 사람들의 감정을 깊이 존중하면서 동시에 어떤 감정도 붙들지 않고 삶을 전체적으로 사는 능력입니다. 만일 당신이 22번째 선물의 높은 자질을 활용할 만큼 충분히 운이 좋다면, 당신의 삶은 예술, 음악, 로맨스, 깊은 관계, 마법으로 가득 찰 수 있습니다. 그러나 무엇보다도 이것은 깊은 사랑과 혼이 있는 곳에서 삶을 사는 선물입니다.

비너스 시퀀스 – 자애로움의 직접 전송

2004년 여름, 태양 앞을 가로 지르는 금성의 희귀한 이동 중에, 심오한 지식이 세상에 나타났습니다. 비너스 시퀀스Venus Sequence라고 불리는 이 시스템은 점성학 데이터를 결합한 64개의 유전자 키를 사용하여 개개인이 각 육화 과정에서 취하는 카르마의 패턴을 정확하게 보여줍니다. 비너스 시퀀스는 카르마를 당신의 삶 도처에 펼쳐지는 유전적 서열로 드러내 줍니다. 이 카르마를 자애로움으로 받아들일 수 있는 능력은 당신이 얼마나 빨리 그리고 얼마나 쉽게 자신의 고통을 초월하게 되는지를 결정합니다. 더 나아가서, 당신 자신의 카르마의 순서가 펼쳐지고 변환됨에 따라 그것은 당신의 의식을 확장하고 더 높은 상태에 달성할 수 있도록 하는 더 높은 주파수를 드러냅니다.

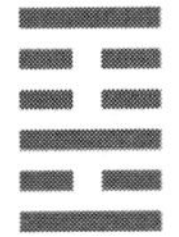

비너스 시퀀스는 인간 고통의 위대한 과학입니다. 그것은 모든 인간이 우리가 수태되는 시점에서 유전적으로 새겨짐으로써 카르마 또는 성스러운 상처를 세상에서 어떻게 공유하는지 정확하게 보여줍니다. 비너스 시퀀스를 풀 때, 우리는 우리의 고통 뒤에서 깨어남으로 가는 내면의 길을 발견합니다. 이것은 6가지 필수 핵심 인간 상처 중의 하나를 받아들이는 데서 최고조에 달합니다.

인류의 6가지 핵심 상처

1. 억압
2. 부정
3. 수치심
4. 거절
5. 죄책감
6. 분리

이 6개의 패턴은 DNA에서 독특한 순서로 정리되어 있습니다. 일단 자신만의 순서에 접속하면 결국 특히 관계에 관한 당신 삶의 과정의 대본을 이해하게 되며, 거기에서 당신의 카르마는 대부분 연출됩니다. 카르마가 주로 사용되는 관계에서 상처 자체는 신체, 감정체, 정신체 등 하위 세 몸에 직접 연결됩니다. 분명한 정신적 이해와 자기용서의 온화한 정서적 과정을 통해 인간을 고통스럽게 하는 바로 그 패턴이 실제로 우리를 상위의 세 몸을 통해 해방으로 이끌어 줍니다. 이것이 진화evolution의 과정(55번째 유전자 키에서 더 깊이 설명되어 있음)이며 동시에 은총이라는 대행을 통해서 당신의 DNA 안에서 더 높은 주파수가 활성화되는 퇴화involution의 과정입니다. 그러나 비너스 시퀀스의 가장 중요한 가르침은 관계를 통해서 다른 인간들에게, 자신의 감정을 타인에게 투사하는 대신에 어떻게 스스로가 책임지는지를 보여줍니다. 이 능력은 22번째 자애로움의 선물의 본질이며, 55번째 선물인 '자유Freedom'로의 도약을 위해 인류를 준비시키고 있습니다.

22번째 시디

은총Grace

일곱 가지 성스러운 인장과 생물학적 대재앙

계시록에서 성 요한은 유명한 대재앙에 대해 기술했습니다.—즉 모든 세계의 카르마가 마침내 구원 받고 모든 인간의 고통이 끝장나는 소위 심판의 날입니다. 종교에서는 이 대재앙에 대해 오랜 세월 동안 오해를 해 왔습니다. 그럼에도 불구하고 요한 계시록은 일찍이 기록된 것 중에서 가장 위대한 초기 비밀 중 일부를 포함하고 있습니다. 이런 비밀스러운 가르침 중 하나가 일곱 가지 성스러운 인장으로 알려져 있습니다. 우화적인 형식으로, 성 요한은 천사에 의한 일곱 인장의 개봉 순서와 그 다음에 일어나는 종말의 일곱 단계의 전개 과정을 기술합니다. 마지막 일곱 번째 인장이 열리고 나서야 악은 정복되고 인류는 더 높은 차원으로 상승합니다.

이 우화를 해독하면 7개의 인장과 그에 수반되는 천사가 은총—높은 매체에서 내려와 인간의 DNA에 직접 영향을 주는 관련된 영적 힘, 또는 시디—의 대리인을 나타내는 것을 볼 수 있습니다. 대재앙은 정말로 하나의 생물학적 현상입니다.—새로운 인종이 태어나기를 준비함에 따라 우리 유전자 내에서 일어나는 심판의 날인 것입니다. 64개의 유전자 키의 매트릭스 안에는 이 은총과 관련된 힘을 직접적으로 반영하는 6개의 유전자 키가 있으며, 일곱 번째가22번째 은총의 시디입니다.

일곱 가지 성스러운 인장과 그들 각각의 시디

첫 번째 인장—신의 의지(Divine Will, 40번째 시디)
두 번째 인장—전지(Omniscience, 17번째 시디)
세 번째 인장—보편적 사랑(Universal Love, 25번째 시디)
네 번째 인장—에피파니(Epiphany, 직관, 통찰 43번째 시디)
다섯 번째 인장—용서(Forgiveness, 4번째 시디)
여섯 번째 인장—진실(Truth, 63번째 시디)
일곱 번째 인장—은총(Grace, 22번째 시디)

22번째 은총의 시디는 항상 이 6가지 시디 또는 신의 속성의 필드를 통해 작동합니다. 따라서 우리는 이 성스러운 인장 각각이 신성한 상처의 특정한 면을 치유하기 위해 더 높은 의식에서 내려온 신성한 코드라는 것을 알 수 있습니다. 신성한 상처에 6가지 측면이 있는 것과 똑같이 그 상처를 치료할 책임이 있는 6가지의 신성한 측면이 있습니다. 이 과정은 개별적으로나 집합적으로 이루어지며 아래와 같이 설명됩니다.

첫 번째 인장의 개봉 – 신의 뜻Divine Will

첫 번째 인장은 '신의 뜻'이라는 시디에 의해 열리며 인간의 억압을 치유합니다. 억압은 인류의 가장 중요한 상처입니다. 왜냐하면 그것은 신체의 DNA에 있는 카르마의 저장고 바로 그것이기 때문입니다. 더 높은 미묘체들이 당신의 인식으로부터 가려져 있는 것은 당신의 DNA 안에 있는 겹겹의 카르마 때문입니다. 카르마는 두려움으로 표현되는 깊은 육체적인 긴장이며, 당신 몸의 모든 세포에 서식합니다. 이 카르마는 40번째 시디 '은총Grace'을 통해서만 변형될 수 있습니다. 40번째 시디는 신의 뜻을 나타내며, 그것은 모든 층층의 긴장을 변화시킬 만큼 강력한 유일한 힘입니다. 신의 뜻은 실제로 완전한 이완을 의미합니다. 따라서 이 인장이 인류 전체에 열리면 육체는 마침내 완전한 이완을 하게 됩니다. 점차 더 깊고 깊은 상태로 이완되면, 더 높은 미묘체는 자신을 온전히 표현할 수 있습니다. 결국, 당신의 몸은 신의 뜻의 완전히 이완된 도구가 될 뿐입니다. 이 인장은 육체로부터 핵심적인 긴장을 풀어 놓아야 하기 때문에 집단적 차원에서 결국 우리 행성의 모든 질병을 근절하게 될 것입니다.

두 번째 인장의 개봉 – 전지Omniscience

두 번째 인장은 17번째 시디 '전지Omniscience'에 의해 열리며, 그 목표는 거부의 상처입니다. 거부는 두려움이 외적으로 분노와 공격으로서 표현된 것입니다. 핵심적인 상처가 거부되면 자신의 부정적 행동을 볼 수도 없고 그것을 책임질 수도 없습니다. 누군가가 당신에게 당신의 거부를 보여

주려고 할수록 거부는 더 강력해집니다. 인류 전체에서 이 상처는 근본주의, 폭력, 성욕을 통해 그 자신을 표현합니다. 거부를 깨뜨릴 수 있는 유일한 힘은 전지입니다. 그것은 아주 짧은 순간일지라도 당신의 비전이 열리고 상위의 몸이 글자 그대로 당신의 정신체와 아스트랄체를 내려다보게 될 때 일어나는 일입니다. 꿰뚫어 본다는 개념은 그것을 받는 사람에게 깊은 충격으로 오는데, 받는 사람은 대개 사건 이후에 완전하고 영구적인 거듭남을 경험합니다. 일단 당신이 자신이 거부하는 볼 수 있게 되면, 그것은 더 이상 거부가 아닙니다. 어떤 사람들이 갑작스러운 개종이나 천상의 부름을 받는 경험을 하는 것은 이 두 번째 인장의 열림을 통해서입니다. 집단적 차원에서 이 인장은 인간의 성에 큰 치유를 가져다 줄 것이며 결국에는 폭력을 진압할 것입니다.

세 번째 인장의 개봉 – 보편적 사랑Universal Love

세 번째 인장은 25번째 시디 '보편적 사랑Universal Love'를 통해 열립니다. 이것은 신의 은총의 가장 보편적인 형태 중의 하나이며, 인간에게 도달하면 마치 긍정적인 바이러스처럼 사람에게서 사람으로 퍼질 수 있는 엄청난 파장을 촉발시킵니다. 이 인장은 수치심의 상처를 치유합니다. 수치심은 무가치함의 엄청난 느낌에 의해 초래됩니다. 계층구조와 경쟁력의 세상이 생겨난 것은 바로 이 깊은 수치심의 감정에서부터입니다. 보편적 사랑의 시디가 인류에게 내려올 때, 이기심과 탐욕을 통해 우리 자신의 수치심을 피하고자 하는 충동은 커다란 기쁨과 자기 사랑의 감정에 길을 비켜 줍니다. 경쟁보다는 이타주의와 자선 활동으로 안내하는 것이 바로 이 자기 사랑입니다. 수치심은 감추는 것에 집착하지만 보편적 사랑은 당신이 어디에 숨어 있더라도 사랑이 여전히 거기에 있음을 보여줍니다. 이 세 번째 인장을 열면 당신은 이상적인 미래를 쫓아다니는 것보다 삶을 즐기기 시작합니다. 인류가 이 개방을 경험할 때, 돈을 사용하는 방식에서 완전한 돌파구를 가져다 줄 것이며 인간의 탐욕에 종지부를 찍게 할 것입니다.

네 번째 인장의 개봉 – 에피파니(Epiphany, 신의 출현, 자기 계시, 직관, 통찰)

네 번째 인장은 43번째 시디 '에피파니Epiphany'에 의해 열리는데, 그것은 평화의 비둘기가 출현하는 것으로 상징됩니다. 에피파니는 거절의 상처, 인간이 서로 완전히 자신들의 가슴을 열지 못하게 하는 상처를 치료합니다. 에피파니는 실제로 상위 세 개의 몸(기독교에서 동방박사의 선물로 상징 됨)이 낮은 몸으로 폭발하여 내면에서 가슴을 열어주는, 산산조각 부서지는 경험입니다. 이 인장이 열리면 인류가 세워 놓은 많은 장벽들이 떨어져 나가기 시작합니다.—나라, 국경, 군대, 그리고 서로 자신을 보호하고 방어하려는 모든 측면 말입니다. 개인적인 차원에서 네 번째 인장은 당신이 누군가에게 아무것도 숨길 필요도 없는 진정으로 낭만적인 삶을 이끌 수 있는 잠재력을 열어 줍니다. 거기에서 당신은 모든 감정을 그대로 드러냅니다. 일단 외부의 거부에 대한 두려움을 극복하고 나면, 그들은 우정, 개방성, 정직함을 통해 순수한 은총의 대리자가 됩니다. 집단적 차원에서 이 인장은 인류의 심장 중심을 열고 친절로서 나타납니다. 이 시디는 세계의 빈곤을 종식시킬 것입니다.

다섯 번째 인장의 개봉 – 용서Forgiveness

다섯 번째 인장은 네 번째 시디 용서Forgiveness를 통해 열립니다. 은총의 시디와 관련되어 용서는 특별한 목적을 가지고 있습니다.–인류의 집합 DNA로 거꾸로 들어가 다양한 유전자 풀을 괴롭히는 많은 카르마 장애를 풀어내는 것입니다. 다섯 번째 인장은 카르마가 세워지는 무의식적인 죄의식의 패턴을 치유하는 것에 특별한 목표를 두고 있습니다. 죄책감은 한 사람과 다른 사람 사이에 또는 심지어 한 인종과 다른 인종 사이에 존재하는 일종의 카르마 빚입니다. 용서의 힘이 인간 게놈으로 들어가면서 선조부터 내려오는 많은 저주가 마침내 사라지게 될 것입니다. 이 인장은 특히 개인과 국가가 다른 사람들에게 채무를 면제해 주는 것처럼 세계 평화를 만들어낼 수 있는 역량이 있습니다. 용서와 함께 오는 은총은 전례가 없는 힘을 가지고 있으며 인류에게 진정한 정의의 감각을 다시 돌려줍니다. 용서는 5번째 몸, 즉 붓다체의 직접적인 표현이며, 그것은 문자 그대로 카르마를 우리 DNA로부터 태우는 능력을 갖고 있습니다. 집단적 차원에서 이 모든 세계적인 카르마를 풀어내게 되면 전쟁은 종말에 이르게 될 것입니다.

여섯 번째 인장의 개봉 – 진리Truth

순서의 마지막 단계(7번째는 영광스러운 잔광임)로서, 여섯 번째 인장은 궁극적인 상처, 즉 분리의 상처를 치유함에 따라 결정적인 한 방을 전달합니다. 우리 대부분에게 우리의 진정한 본성의 상위 실체는 이해하기가 어렵기 때문에; 우리 삶의 대부분 동안 우리는 본질적으로 신으로부터 분리되었습니다. 우리는 이 분리를 아주 예리하게 느끼기 때문에 끊임없이 바깥세상에서 성취를 추구합니다. 얄궂게도, 우리가 진정한 본성을 경험하지 못하게 하는 것이 바로 이 추구입니다. 그리고 그것은 우리 자신의 고통 속 깊은 곳에서 발견되어야 하는 것입니다. 여섯 번째 인장의 개봉은 63번째 시디 '진리Truth'를 통해 가능하게 되어 있습니다. 진리는 당신이 바깥 어디에서 찾아내는 어떤 것이 아니라 당신이 그것과 하나가 되는 어떤 것입니다. 이 인장의 개봉을 통해 모든 개인은 그들의 진정한 본성을 하나의 거대한 의식의 한 측면으로서 알게 됩니다. 절대적 진리는 인류 전체가 자신을 하나의 신성한 유기체로 자발적으로 인정할 때 언젠가는 완전히 구체화될 집단적 현상입니다. 바로 그 놀라운 순간, 오직 그때만이 모든 인간의 추구와 노력은 끝나게 될 것입니다. 따라서 이 63번째 시디는 직접적인 실현과 포괄적인 구체화를 통해 인간의 저주의 가장 큰 부분, 즉 무관심에 종말을 가져올 것입니다.

일곱 번째 인장의 개봉 – 은총Grace

계시록에서, 일곱 인장의 개봉은 종말론적인 이미지의 다채로운 층에 겹겹이 둘러싸여 있습니다. 당신이 연금술의 상징주의에 능숙하지 않다면, 이 놀라운 예언적 전송의 진정한 의미를 통찰하는 것은 매우 어려울 것입니다. 더구나 첫 6개 인장의 개봉과 일곱 번째 인장의 개봉 사이에는 경계가 있습니다. 일곱 번째 인장은 인류의 최후의 심판을 알리는 일곱 천사와 일곱 개의 나팔을 포함합니다. 일곱 번째 인장은 은총의 정신(22번째 시디로 대표됨)이며, 은총은 중대한 변형이 있은 후에만 내려옵니다. 그것은 큰 폭풍우가 지나간 후에 나타나는 무지개와 같으며 완전한 변형을 가져옵니다(47번째 시디). 개인적인 수준에서, 일곱 번째 인장은 인간 오라의 이전 6개의 모든 층을 원초적 본질인 모나드체로 최종적으로 흡수하는 것을 나타냅니다. 이 수준에서, 계시록의 홍수와 아트마체의 높은 주파수조차도 신비주의가 일곱 번째 천국이라는 용어로 부르는 공空, void에게 항복해야 합니다.

창세기에서는 신이 창조의 일곱 번째 날에 쉬었다고 말하고 있으며, 이 7 중의 패턴은 다른 많은 문화적 전통에 반영되어 있습니다. 힌두교에서, 사하스라라sahashara로 알려진 일곱 번째 차크라가 꽃을 피울 때, 신성한 본질은 마침내 물질적 차원과 재결합할 수 있습니다. 성 요한은 이 사건을 새로운 천국과 새 땅의 도래로 묘사합니다. 이 일곱 번째 모나드 차원이 분리의 최종 흔적을 흡수함에 따라, 아래의 각 차원과 그 주파수는 분해되어 진정한 모나드 본질로 재통합 됩니다. 이것이 7개의 나팔 소리의 의미이며, 인간 오라의 7가지 주파수 층을 나타냅니다. 집단적인 수준에서, 일곱 번째 인장의 개막은 인간의 마지막 시대가 오고 인류가 원래의 에덴 상태로 돌아옴을 나타냅니다. 그것이 모든 존재의 구원을 선포하는 위대한 트럼펫 팡파르입니다.

영적 입문의 의미

22번째 유전자 키를 통한 전송의 마지막 측면은 개인의 혼 그 자체의 이야기를 따릅니다. 모든 인간의 이야기는 동일한 신화적 과정 또는 스토리라인을 규정합니다. 비록 그것이 무한하고 유일하게 다양한 형태이지만 말이지요. 우리의 육화 과정이 새롭고 다른 형태로 재생될 때마다, 각각의 생애 동안 인간 DNA의 다른 추론을 활성화시키면서, 우리의 세대를 뛰어 넘는 위대한 이야기는 깊어집니다. 모든 위대한 드라마와 마찬가지로 우리는 풍부한 경험의 원단으로부터 다양한 색상, 색조, 빛깔의 다차원 태피스트리(tapestry, 여러 가지 색실로 그림을 짜 넣은 직물. 또는 그런 직물을 제작하는 기술)를 짜고 있습니다. 그러나 모든 육화 이야기 도처에는 우리를 다시 돌아올 수 있게 하는 하나의 불변하는 질문이 있습니다.—우리의 고통에 관한 질문입니다. 시간과 공간을 가로 지르는 여정의 여러 단계를 나타내는 것이 이 질문에 대한 우리의 변화하는 관계입니다. 도중에 9개의 주요 지형지물이 있으며, 이들은 행성 입문의 9개 포털로 알려져 있습니다.

영적 입문은 사람들에게 서로 다른 많은 것을 의미할 수 있습니다. 입문이라는 단어 자체는 당신이 목격하거나 들었을지도 모르는 모든 종류의 신비한 제사를 떠올리게 할 수 있습니다. 종족 사회에서 입문은 확실히 통과의례로 여겨지는데, 특히 젊은 남성의 경우 완전한 남성으로 들어서기 전에 특정한 나이에 일종의 시험을 거쳐야만 합니다. 다른 고대의 가르침 및, 또는 사회는 출세를 열망하는 사람의 삶의 특정 단계에서 정교한 의식으로 수행되는 입문 시스템을 가지고 있습니다. 그러나 사실 영적 입문은 삶의 어떤 시점에서 모든 사람에게 일어나는 자연스럽고 유기적인 과정입니다. 근본적으로 입문은 모든 영적 각성이 자연스럽게 펼쳐지는 단계를 가리킵니다. 입문은 당신의 삶에서 무엇을 하든 당신에게 일어나며, 그리고 일단 그것이 본격적으로 시작되어 당신이 첫 번째 입문을 통과할 때 그것은 돌이킬 수도 없고 피할 수도 없습니다.

행성 입문의 9가지 포털

행성 입문의 9가지 포털은 다양한 문화와 계보의 입문 제식을 종합한 것입니다. 아래에 9단계가 나열되어 있으며 각각에 대해 간략하게 소개되어 있습니다.

1. 출생
2. 침례
3. 견진성사
4. 결혼
5. 수태고지
6. 성찬식, 교감
7. 사제 서품
8. 축성
9. 찬양

첫 번째 입문 – 출생 Birth

첫 번째 입문은 궁극적인 초월과 깨달음을 향한 여행의 시작을 표시합니다. 이 입문은 당신의 의식 내에서 일어난 일을 거의 또는 전혀 인식하지 못한 채 통과할 수 있습니다. 모든 영혼의 삶에는 기본적인 포유류 생존 프로그램을 넘어야 하는 때가 옵니다. 이 문턱을 통과하는 첫 번째 단계는 실제로 정신체의 발달과 관련이 있습니다. 당신의 초기 진화에서, 당신은 단순히 아스트랄체의 욕구 본성에 압도당하며, 이것이 당신의 존재 전체의 핵심 초점으로 남습니다. 우선 그것은 생존에 관심이 있습니다. 그런 다음, 생존을 통달하고 난 다음에는 쾌락에만 관심을 가지게 됩니다. 그리고 모든 가능한 방법으로 쾌락을 추구하는 삶이 이어집니다. 어떤 의미에서, 혼은 쾌락이나 행복이 무엇인지, 그리고 그것을 어떻게 잡을 수 있는지 정의하려고 합니다. 행복을 가볍게 일별함에도 불구하고, 영혼은 외부 감각을 통해 진정한 성취를 찾지 못하고 점차적으로 실질적인 것에 초점을 맞춥니다. —고통에 시달리는 것입니다.

고통의 본질을 들여다보면서 정신체는 먼저 아스트랄체로부터 분리되어야 합니다. 이것은 혼이 생전 처음으로 자신의 본성을 생각해봐야 한다는 것을 의미합니다. 이렇게 내면으로 돌아서는 것은 혼의 삶에서 초점의 거대한 변화가 있음을 의미합니다. 왜냐하면 자신의 본성을 들여다봄으로써 다른 사람의 느낌과 생각을 생각하기 시작하기 때문입니다. 가장 깊은 의미에서 첫 번째 입문은 이기심으로부터 나와 가장 넓은 형태의 봉사가 탄생되는 것입니다. 그것은 개인이 자신의 행동에 책임을 지는 능력과 의지로 나타납니다. 그것이 진정한 도덕의 탄생입니다.—외부 규약이나 일련의 법규를 준수한다는 의미가 아니라 유익하고 무해한 자연스러운 인간 정신의 탄생이라는 뜻입니다. 처음 입문 후에, 혼은 더 큰 즐거움이 받는 것보다 주는 것에서 나오는 것임을 알게 됩니다. 그리고 이것이 더 높은 삶의 기초가 됩니다.

오늘날 우리를 둘러싼 세계에서 많은 사람들이 첫 번째 입문을 통과했습니다. 이 사람들을 하나로 묶어 주는 신념이나 공통의 사명은 미래 세대를 위해 세계를 더 나은 곳으로 남겨 두려는 노력을 제외하고는 없습니다. 그들은 영적일 수도 있고, 무신론적일 수도 있으며, 독선적일 수도 있고 심지어 독단적일 수도 있지만 자신이나 다른 사람의 고통에 무관심할 수는 없으며, 그리고 이것이 그들을 강력하고 매우 소중하게 만듭니다.

두 번째 입문 – 침례Baptism

두 번째 입문은 첫 번째 입문과 매우 다릅니다. 첫 번째 입문은 장기간에 걸쳐 기본적인 인간의 선을 구축하는 반면, 두 번째 침례는 하나의 놀라움으로 다가옵니다. 두 번째 입문에서 은총의 정신은 형태의 층이나 몸을 통해 내려가고 받는 사람에게 더 높은 접촉의 순간을 줍니다. 침례는 당신 자신의 높은 매개체의 높은 주파수로 갑자기 침수되는 것이며, 따라서 언제나 충격으로 나타납니다. 모든 충격과 마찬가지로, 당신에게 일어난 일을 받아들이기까지는 오랜 시간이 걸립니다. 경험이 지속되는 시간은 사람마다 크게 다르며, 높은 주파수가 가라앉을수록 하위의 몸은 새로운 주파수의 유입을 재조정하고 재 측정해야 합니다.

재조정 기간 동안 많은 일이 개인에게 일어날 수 있습니다. 기존의 정신적 틀은 경험을 기존의 패러다임 또는 사회에서 인정하는 패러다임 내에 두려고 합니다. 많은 사람들이 2번째 입문을 위대한 종교 중 하나에 대한 소명으로 경험합니다. 다른 사람들은 그 경험과 계속해서 씨름하고 정신 쇠약 또는 신경 쇠약을 겪을 수도 있습니다. 또 다른 공통적인 반응은 우울증이 장기간 지속되고 높은 주파수 상태로 돌아가려고 갈망하는 것입니다. 아직도 다른 사람들은 거부하고 경험을 완전히 잊어버리려고 할 수도 있습니다. 그러므로 침례는 극도로 도전적일 수 있습니다. 어떤 식으로든 당신을 사회와 떨어뜨려 놓기 때문입니다. 그것은 어떤 의미에서는 일종의 연옥입니다. 당신이 더 높은 삶을 맛보았고 그것을 완전히 잊을 수는 없기 때문입니다.

만일 당신이 상위 몸의 주파수를 처리할 수 있고 삶 속에서 그 경험을 깔끔하게 통합할 수 있다면 은총은 주기적으로 당신을 다시 방문하여 인과체의 더 높은 주파수로 당신에게 침례를 줄 것입니다. 두 번째 입문은 더 높은 실체에서 진행되는 침례이며, 경험이 더 쉽게 소화될수록 더 많은 에너지가 사용 가능하게 됩니다. 우리는 인과체 위의 몸이 당신의 상위 자아를 구성한다는 것을 기억해야 합니다. 그들은 어떻게 그리고 언제 더 높은 주파수를 낮은 매체에 내려 보낼 것인지 정확하게 알고 있습니다. 두 번째 입문 이후의 기간은 인과체가 아스트랄체와 정신체, 즉 성적 기능 및 지적 기능을 넘어서 더 강한 발판을 얻음에 따라 많은 생 동안 지속될 수 있습니다. 따라서 침례는 더 지속적으로 높은 진동을 유지할 수 있도록 더 낮은 본질이 서서히 세련되는 정화 속으로의 입문입니다.

세 번째 입문 – 견진성사(Confirmation, 확인)

어떤 전통에서는 세 번째 입문이 진정한 첫 번째 입문으로 이해됩니다. 왜냐하면 사람이 신성을 추구하는 목적이 안정적이 되는 것은 이 확인이 오기 전에는 안 되기 때문입니다. 견진성사는 은총의 또 다른 선물로 받는 사람에게 일종의 보상으로 주어집니다. 이런 입문이 기독교 전통에서 왔다는 것은 그들의 이름에서 분명합니다. 그들의 신비는 기독교 교회의 원래 배치도를 통해 더 잘 이해할 수 있습니다. 탄생은 높은 존재의 몸인 교회 자체로의 진입을 나타냅니다. 침례는 항상 세례반(세례용 물을 담은 큰 돌 주발)에서 이루어지며, 그것은 대개 교회 뒤쪽, 입구와 신자들 사이에 위치하며, 아이를 교회의 일원으로 소개하는 것을 나타냅니다. 기독교의 견진성사 동안 젊은이는 공식적으로 신도의 일원으로 입문되며 신도들의 무대가 교회의 주된 몸 자체입니다. 견진성사는 청년 회원에게 훨씬 높은 입문, 즉 영성체Holy Communion의 맛을 처음 보여줍니다.

위의 9가지 입문 목록을 보면 그들이 세 종류로 나뉘어져 있음을 알 수 있습니다. 이것은 입문의 위대한 신비 중의 하나이며 삼위일체로의 마지막 몰입에 기초합니다. 세 수준의 각각에서, 구도자는 삼위일체의 삼중 본성과 더 깊은 교감으로 들어갑니다. 따라서 세 번째 입문에서 구도자는 6번째 입문을 맛보며 9번째 입문의 메아리를 아주 희미하게 감지합니다. 그것은 다른 수준의 각각에서도 마찬가지입니다.

확인은 실제로 상당히 높은 진동을 가진 입문입니다. 그것은 당신의 약속이 시험되었고 그 약속이 튼튼한 것으로 인정되었으며 당신의 낮은 본성이 어느 정도 희생될 수 있는 것으로 나타난 안정된 주파수에 도달했다는 것을 나타냅니다. 이 수준에서 희생의 신비는 입문 자체의 가장 깊은 핵심으로 이해됩니다. 여기 견진성사에서 당신은 당신의 낮은 본성이 높은 본성에 희생될 최종 목표의 확실성을 파악합니다. 세 번째 입문 후에는 입문의 길을 벗어나는 것은 더 이상 가능하지 않습니다. 때때로는 필연적으로 입문에서 벗어나게 될 것이지만 말입니다. 이것은 더 높은 매체와 보다 정기적으로 접촉하는 데 익숙해지는 주파수 수준입니다. 당신은 인과체와 정신체 사이의 길을 잘 걸어가고 있습니다. 이는 이제 진심 어린 기도로 은총을 요청할 수 있게 된다는 뜻입니다.

포털 4 – 네 번째 입문 – 결혼Marriage

네 번째 입문은 첫 번째 입문 '출생'의 옥타브를 나타냅니다. 결혼은 더 높은 차원으로의 탄생입니다. 그것은 당신의 존재 안에서 인식의 통로를 크게 넓히는 자발적인 내적 공약입니다. 결혼 또는 결혼의 입문은 집단적 삶의 방식으로 들어가는 첫 번째 단계입니다. 기독교의 신비 전통에서 결혼은 구도자들이 그리스도와의 결혼을 의미합니다.–실제로는 수도원 전통의 입문으로 이어진 아주 깊은 서약의 수준입니다. 현대의 결혼 문화에는 의식의 높은 단계를 나타내는 비밀 입문 의식이 아직도 많이 포함되어 있습니다. 결혼의 기본 상징은 신성한 연합과 신성한 완성의 상징인 결혼반지입니다.

네 번째 입문은 인과체를 육체적인 차원에 완전히 육화시키는 것이 주된 목표인 더 높은 삶의 시작을 나타냅니다. 이것은 당신의 필생의 작업이 이제 전체를 위한 봉사에 제공되고, 당신의 일과 예배 간에 구별이 없다는 것을 의미합니다. 잘 알려진 결혼 서약 '죽음이 우리를 갈라놓을 때까지'는 이제 당신의 살아 있는 현실이 되고, 당신이 유일하게 진실로 사랑하는 자는 당신의 신성한 의식의 상위 자아입니다. 외부적으로, 당신의 인생 이야기는 당신이 당신보다 불우한 사람들의 복지 개선에 많은 관심을 갖고 있는 인류에 대한 깊은 봉사로 특징 지워집니다. 인과체가 인내하는 미덕의 몸이며, 우리에게 좋은 모든 것의 총계임을 상기할 수 있을 것입니다. 네 번째 입문 후, 우리의 낮은 본성은 인과체에 의해 점점 더 조직화됩니다. 특히 우리의 성 에너지는 더 높은 본성의 창조적인 작업으로 방향을 바꿉니다. 육체적인 결혼 생활이 육체적인 가정을 선행하는 것과 마찬가지로, 이 높은 차원의 결혼은 많은 다른 사람들을 참여시키고 깨울 수 있는 창조성을 크게 끌어올릴 수 있습니다

위대한 입문을 통해 움직이는 것은 단지 개인들뿐만 아니라 종족 전체도 포함된다는 사실에 유의하는 것이 중요합니다. 인류는 사실 지난 몇백 년 동안 네 번째 입문을 통과했습니다. 우리의 결

혼은 우리가 살고 있는 세계의 상태를 크게 향상시켰습니다. 글로벌 인식의 꾸준한 성장은 개인의 탐욕을 앞지르고 있습니다. 정치적으로 민주주의와 사회정의의 부상은 행성의 면모를 변화시켰습니다. 점차적으로 인간의 선의가 우리를 앞으로 전진시키고 있습니다. 비록 뉴스 헤드라인이 종종 이 사실을 반영하지는 않지만 말입니다. 입문을 이해하기 위해서는 행간을 읽어야 하며 마음으로 보는 것만큼 가슴으로 진실을 느껴야 합니다. 하나의 종으로서 우리는 하나의 통일된 유기체로서 집단적으로 함께 일한다는 이상에 그 어느 때보다 더 가까워지고 있습니다.

결혼에는 많은 숨겨진 의미가 있습니다. 그것은 동양과 서양, 과학과 종교, 남성과 여성 등 정반대끼리의 결혼을 의미할 수 있습니다. 당신의 DNA 안에서 결혼은 융합을 의미하며, 당신의 존재 안에서 많은 반대편들이 신비하게 함께 모여 이전보다 더 큰 조화를 이루는 강렬한 시기입니다. 교회를 비유하자면, 그것은 당신이 신도들 안에서 선정되어 약혼자와 함께 높은 제단에 다가갈 때입니다. 그것은 교회의 신성 기하학에서 교차점과 큰 측면 창, 즉 신도들과 합창단 사이에 놓여 있는 교회의 열린 팔로 표현됩니다. 그것은 확장의 장소이며, 교회의 몸이 두 개의 펼쳐진 날개처럼 양쪽에서 열리는 곳입니다. 이것이 바로 네 번째 입문이 의미하는 것입니다. 즉, 세상에 당신의 가슴을 열고 은총의 성령의 바람에 당신의 날개를 펼치는 시간입니다.

다섯 번째 입문 – 수태고지Annunciation

다섯 번째 입문은 네 번째 입문부터 자연스럽게 이어지며, 이 확장된 인식 수준에서 입문은 종종 상대적으로 빨리 연이어서, 즉 한 번의 삶 안에서 서로를 쫓아갑니다. 이제 당신이 높은 의식과 결혼했기 때문에, 다음에 일어나는 일은 당신이 임신하게 되는 것입니다. 이것이 수태고지(Annunciation, 受胎告知, 성모영보聖母領報 예수 그리스도의 탄생에 관한 사실을 미리 알린 것)―그리스도의 탄생이 임박했음을 알리는 고지입니다. 이 다섯 번째 입문을 둘러싼 상징의 대부분은 기원이 여성적으로 신성한 삼위일체의 세 번째 측면―성모―에서처럼 흐릅니다. 낮은 차원에서, 여성은 욕망의 본성과 감정의 아스트랄체를 통해 표현됩니다. 더 높은 수준에서, 이 차원은 5번째 몸 붓다체에 관련이 있습니다. 다섯 번째 입문에서, 붓다체에서 나오는 매우 아름다운 에너지와 정제된 흐름이 더 낮은 아스트랄 본성을 뚫고 들어오기 시작합니다. 이것은 성이 순수한 영적 본질로 승화되는 경험을 하는 심오한 탄트라 현상입니다.

수태고지는 당신의 전체 존재를 가득 채우는 화학적 현상입니다. 임신 중인 여자에게 호르몬이 넘쳐 나듯이, 당신은 당신의 몸이 내면에서 일어나는 위대한 사건, 즉 그리스도 의식의 탄생에 대비하여 정화되고 깨끗해진다는 것을 알게 됩니다. 교회의 비유에서, 이 입문은 제단을 주재하고 신에 대한 순수한 경배의 목소리를 대표하는 합창단의 상황과 관련됩니다. 목 센터와 성 센터 사이의 연결 또한 이 입문 도중에 명확해집니다. 사람이 자발적으로 일어나는 것처럼 보이는 높은 황홀경에 들어갈 때, 그들이 수태고지의 5번째 포털에 들어가고 있다는 것은 충분히 공정한 가정입니다. 많은 다른 신비 전통에서는 불사의 태아가 우리의 태양신경총 센터 안쪽에 잉태되어 있는 더 높은 수태의 이 마법 같은 시간에 대해서 말합니다. 그것은 창조의 위대하고 지속적인 신비 중의 하나입니다.

종의 입문이라는 측면에서 인류는 오늘날 다섯 번째 입문의 경계에 서있습니다. 지금도 세상에 들어오기를 기다리는 새로운 형태의 속삭임이 공중에 나돌고 있습니다. 우리는 이 형태가 바로 DNA 내부에 잉태되어 있다는 것을 거의 깨닫지 못합니다. 한 종이 어떤 입문을 통과하는 시간표는 개인과는 분명히 다르며, 인류의 경우 수태고지가 실현되기까지는 수백 년이 걸릴 수도 있습니다. 우리는 위대한 정화의 시기에 막 들어서고 있습니다. 이때 은총의 여성적인 정신이 세상에서 활발하게 작업하게 될 것입니다. 사실 우리는 하나의 종으로서 이미 수정되어 임신 초기 단계에 있습니다. 여성의 몸이 변화를 외부적으로 나타내는 데 몇 주와 몇 달이 걸리는 것처럼, 인류는 상당한 시간 동안 큰 변화가 있음을 일반적으로 알지 못할 것입니다. 물질세계 아래로 이동하는 미묘한 흐름에 민감한 사람들만이 임신을 이제 막 시작한 새로운 인간의 첫 번째 징후를 감지할 것입니다.

여섯 번째 입 – 성찬식(Communion, 영적교감)

여섯 번째 입문은 인간이 가질 수 있는 가장 훌륭한 경험입니다. 그것은 우리의 인간 발달의 정점을 나타내며 지구에서 우리의 진화가 종료됨을 나타냅니다. 성찬식(Holy Communion, 영성체, 성체 성사)의 신비는 희생의 신비입니다. 이것은 인간 안에서 그리스도 의식을 완전히 각성하는 것입니다. 그것은 형태의 원리 자체와 동일시하는 것의 죽음을 요구합니다. 이 단계를 종종 깨달음이라고 합니다. 이와 관련된 빛은 6번째 몸, 즉 아트만체의 순수한 빛입니다. 그것은 붓다체 안에서 태어나고 하위의 세 몸을 밝혀 줍니다. 그렇게 되면 인과체가 해체되어 낮은 세계와 높은 세계 사이의 연결 고리 또는 다리가 절단됩니다. 신비주의 용어로 이것은 계속해서 육화로 이끌리는 인간 의식의 측면인 혼의 해체와 관련이 있습니다. 따라서 깨달음의 시점에 내재하는 인식은 더 이상 육화를 할 수 없고 영원히 삼사라(samsara, 윤회), 또는 환상의 바퀴를 빠져 나갈 수 있다고 합니다.

성찬식의 입문은 또한 45번째 시디와 그 이름을 공유합니다. 45번째 시디는 신성한 성체(성찬식의 빵과 포도주)를 취하는 위대한 신비를 묘사합니다. 성찬식은 제단에서 신 의식을 직접 흡입하는 것을 포함합니다. 이 주파수 영역에 들어서면서, 당신은 다른 사람들과 분리되어 있다는 모든 느낌을 넘어섭니다. 이것은 그리스도의 피로 상징되며 DNA에 있는 카르마의 잔류물이 최종적으로 분산되는 것을 나타냅니다. 그리스도의 은총이 당신에게 들어가기 위해서는 궁극적인 희생을 기꺼이 받아들여야 합니다.—하위 몸들과 그들의 욕망, 감정, 기억, 꿈, 지식을 포기하고 당신 안에서 기다리고 있던 더 큰 존재에게 이끌림을 당하는 것입니다. 이 위대한 입문에 들어가는 것은 신성한 삼위일체의 두 번째 측면, 즉 그리스도 속으로 죽는 것입니다.

고등 진화와 일곱 번째, 여덟 번째와 아홉 번째 입문

나머지 세 입문은 인류와 인간의 이야기를 넘어서는 고등 진화The Higher Evolution라고 불리는 것의 일부입니다. 이와 같이 그들은 말로 설명하기 어렵고 어떤 구속적인 신탁이 위험한 주파수로부터 인간을 방어하기 위해 그들을 둘러싸고 있습니다. 이 주파수는 소리를 통해서나 침묵 속에서 직접 전송하는 방법 외에는 전달될 수 없습니다. 그럼에도 불구하고 고등 진화의 존재는 항상 알려져 있으며 그것에 관한 단편적인 진리가 인간 문화 전반에 걸쳐 발견될 수 있습니다. 기독교 교회에서 이 고등 진화는 사제직과 그 계층구조를 통해 나타납니다.

일곱 번째 사제 서품Ordination 입문은 코디네이션co-ordination의 개념과 많은 관련이 있으며, 이런 육화는 인류를 특정한 새로운 방향으로 인도합니다. 더 높은 입문의 비밀이 풀려날 수 있는 것은 바로 이런 존재들을 통해서입니다. 세상에서 그런 존재들의 현존은 항상 행성 전체의 의식에 큰 변화를 유발합니다. 흥미롭게도, 어떤 순간에라도 지구상에는 항상 5개의 아바타가 있습니다. 그들은 인류의 균형을 파괴보다는 진화 쪽으로 이끌어가는 통합된 힘의 장을 형성합니다.

여덟 번째 축성祝聖, Sanctification 입문은 지구상에서는 매우 드문 사건입니다. 이 수준에서의 입문은 실제로 인간의 이해를 초월합니다. 왜냐하면 일곱 번째 모나드체로부터 아트마체와 붓다체로 본질이 흘러 들어가는 것과 관련이 있기 때문입니다. 비록 가끔씩 개인적 수준에서(극적인 결과) 발생하기도 하지만, 여덟 번째 입문은 인류 진화의 종말을 향해서만 일어날 수 있는 집단 입문입니다.

아홉 번째이자 마지막 입문은 의식 이야기를 종식시킵니다. 개인적인 수준에서, 아홉 번째 입문은 침묵을 통해서만 일어날 수 있습니다. 특정 밀교 전통에서는 그것을 거부The Refusal라고도 합니다. 이 입문 이후에, 내재된 의식은 물질화하는 것을 거부하고 그것이 태어난 태고의 본질로 녹아 사라집니다. 전통에서는 현재까지 오직 극소수의 위대한 입문자만이 아홉 번째 입문에 들어갔다고 말하고 있습니다. 이 마지막 입문 동안에 첫 번째 몸과 일곱 번째 몸이 함께 융합됩니다. 육체적 형태는 그 때 승천하고 최종의 위대한 운명을 완료합니다.

새로운 천국과 새로운 지구

전송의 깊이에서 볼 때 22번째 시디는 말로 표현하기 어렵다는 것을 알 수 있습니다. 그 이유는 그것이 무엇인지 알기 위해서는 그것을 경험해야 하기 때문입니다. 비록 은총이라는 말이 요즘 영적 서클에서 흔히 쓰이는 단어이지만 가볍게 사용해서는 안 됩니다. 오히려 그것은 최대의 존경심으로 다루어야 합니다. 우리는 은총이 자애로움을 통해서 얻어져야 한다고 배웠습니다. 고통에 직면하여 은총을 찾고, 심지어는 더 많은 것, 즉 변장하고 있는 신성함 그 자체까지 발견하는 것, 이것이 22번째 유전자 키의 위대한 메시지입니다. 22번째 유전자 키가 당신의 홀로제네틱 프로파일의 한 측면일 경우, 은총의 테마는 당신의 삶에서 매우 강할 것이며, 당신은 삶이 가져다주는 아픔을 외면해서는 안 됩니다. 우리는 본성에 대한 우리의 신앙을 다시는 결코 잃어버릴 수 없다는 것을 보여줄 때까지 반복해서 시험에 들기 위해 여기에 있습니다.

은총은 인류에 내려오는 현존이며, 모든 시디와 마찬가지로 그것은 우리가 중간에서 그것을 만날 것을 요구하는데, 그것은 우리 인간들에게는 매우 긴 것으로 보일 수 있습니다. 이것은 결국 당신과 당신의 삶에 관한 모든 것이 영원히 바뀌는 완전한 상태입니다. 진정한 은총이 내려올 때, 그것은 당신 과거의 모든 카르마를 순간적으로 지워버립니다. 그것은 또한 당신의 모든 조상과 그 조상의 모든 조상의 카르마를 지워버립니다. 은총은 당신의 거친 모서리를 부드럽게 하고, 두려움을 영원히 종식시키고, 당신의 신성에 대해 의심의 여지를 남기지 않습니다. 그것은 또한 당신이 또 다시 결코 잊지 않을 것이라고 보장해 줄 것입니다. 은총이 우리에게 빛을 비출 때 은총이 주는 축복의 수를 말로 헤아리는 것은 불가능한 일입니다.

은총을 받은 사람은 언제나 은총을 받습니다. 만일 그것이 1천 년 전에 다른 우주에서나 다른 화신에서 당신에게 일어난 일이라고 해도 그것은 결코 당신을 떠나지 않을 것입니다. 그것은 당신을 계속 반복해서 정화시킬 것입니다. 이 시디를 드러내는 누군가와 함께 있다는 것은 그들을 감싸고 있는 사랑의 오라에 넋을 잃는 것입니다. 그것은 결코 잊을 수 없는 것이며, 당신이 그것을 발견할 때까지 당신의 혼을 휘저을 것입니다. 은총은 바로 신의 숨결입니다. 우리가 희생 속에서 우리 자신을 견지한다면 그것은 저 위 높은 곳에서 항상 우리를 기다리고 있습니다. 억압이 있는 곳마다 은총의 가능성이 있습니다. 당신이 자애로운 마음과 용서하는 가슴으로 억압을 마주할 수 있다면, 은총은 조만간 당신에게 올 것입니다. 은총은 여성적인 정신이며, 역경에 직면해 미소 짓는 사람들에게 자신을 내주지 않을 수 없습니다.

우리가 22번째 그림자로 바깥을 바라볼 때, 이 우주에서 숨을 수 있는 곳은 어디에도 없습니다. 모든 것이 들리고 기록됩니다. 은총으로부터 숨을 수도 없습니다. 은총은 당신의 진정한 본성입니다. 그것은 당신의 유산입니다. 그것은 세계의 혼입니다. 그것은 또한 우리 세상의 법칙을 뛰어 넘은 상태이기도 합니다. 은총이 당신을 만지면, 당신은 더 이상 카르마를 만들어내지 않습니다. 은총이 당신을 만지면, 당신은 더 이상 당신의 운명을 갖지 않게 되며, 신들에 의해 조율되고 연주되는 악기가 됩니다. 은총으로 모든 인간의 감정은 즉각적으로 사랑으로 변형됩니다. 그것은 대부분의 인간에게 매우 친숙한 상태가 아닙니다. 그러나 하나의 종으로서, 우리는 은총으로 표시될 새로운 시대로 이동하고 있습니다. 일곱 인장이 각각 열리면 우리가 익숙해진 세상은 사라지기 시작할 것입니다. 그 자리에서 성 요한이 그의 위대한 계시에서 말한 새로운 천국과 새로운 땅이 여름의 태양처럼 빛을 발할 것입니다.

이제 당신이 이 심오한 전송 22번째 유전자 키를 흡수했으므로 당신 존재의 여러 층에서 이것을 소화할 시간을 주는 것이 좋습니다. 은총은 여성적인 정신으로서 우리 각자에게 그녀의 메시지와 축복을 듣고 받아들이라고 요구합니다. 무엇보다도, 이것을 기억하십시오 : 은총을 통해서, 우주는 단 하나의 소망을 가지고 있습니다.—당신은 사랑이며, 당신 안에 오직 사랑밖에 없다는 것을 당신이 기억하는 것입니다.

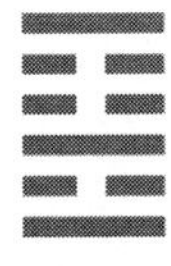

23rd GENE KEY

시디
정수
선물
단순함
그림자
복잡성

단순함의 연금술

프로그래밍 파트너 : 43번째 유전자 키
코돈 고리Codon Ring : 삶과 죽음의 고리
(3, 20, 23, 24, 27, 42)

생리 : 목(갑상선)
아미노산 : 류신

23번째 그림자
복잡성Complexity

세상을 나누기

철학자 루트비히 비트겐슈타인Ludwig Wittgenstein은 말했습니다.
"어떤 것에 대해 이야기할 수 없다면, 그것을 생각할 수 없다."
그가 제시하고 있었던 것은 생각과 언어가 불가분의 것처럼 보인다는 것입니다. 23번째 그림자는 생각과 앎, 그리고 언어를 통해 앎을 경험하는 것 사이의 연관성에 관련이 있습니다. 유전적 특징의 작동 또는 실제로는 오작동으로 64개의 그림자는 인류를 각각 서로 다른 주기로 다스립니다. 이는 역사상 어느 특정 시점에 특정 그림자가 갑자기 인간 종을 지배하는 것처럼 보일 것이라는 말입니다. 반면에 다른 시간에는 같은 그림자가 상대적으로 휴면 상태에 있는 것처럼 보일 것이라고 합니다. 그림자 의식의 각 측면이 두드러지게 나타나면 그에 따라 역사가 기록됩니다. 인류 진화의 전반적인 방향은 이런 정기적인 내적 순환과 우리의 DNA 내에서 발생하는 충동에 의해 지배됩니다.

23번째 그림자는 현재의 포스트모던 시대에 인류를 이끌어가는 가장 강력한 현대적 그림자 중 하나입니다. 그것은 '복잡성Complexity'의 그림자입니다. 복잡성은 인간의 마음이 환경을 통제하려고 시도한 결과입니다. 인간이 세상에서 안전하다는 느낌을 만들기 위해 마음을 사용하려고 하면 할

수록 세상은 더욱 복잡하고 불안해집니다. 개인적인 수준에서 이 그림자는 두 가지 다른 방식으로 오해와 분열을 만듭니다.—잘못된 것을 말하는 개인을 통해서, 그리고 그 말을 잘못된 시간에 말을 함으로써 입니다. 이 인간의 특성은 언어가 나온 이후로 계속 있어 왔으며, 그것은 인류 역사상 가장 끔찍한 사건의 일부에 책임이 있습니다. 우리 행성에서 가장 치열한 전쟁은 몇 가지 간단한 말이 오해됨으로써 시작되었습니다. 부처가 팔정도로 알려진 위대한 가르침을 소개했을 때 그는 옳은 말로 인도하는 올바른 이해에 대해 말했습니다. 그는 위대하고 단순한 진리를 발견했습니다.—언어는 당신의 의식 상태에서 직접 흘러나온다는 것입니다. 당신이 그림자를 더 깊게 이해하고 받아들일수록 당신은 그것으로부터 더 자유롭게 될 것입니다.

23번째 그림자 안에 있는 도전 과제는 프로그래밍 파트너인 43번째 그림자 '귀먹음Deafness'에서 발견됩니다. 23번째 그림자는 자신을 표현하려는 저항하기 힘든 충동을 나타냅니다. 자신이나 다른 사람의 말을 들을 능력이 없다는 것과 합쳐져서 이것은 치명적인 칵테일을 만들어냅니다. 개인에게 커다란 문제 중 하나는 다른 사람들과 명확하게 소통하는 것입니다. 자기 자신을 듣는다는 것은 당신 안에서 일어나고 있는 일을 인식한다는 뜻입니다. 그런 자기 인식이 없다면, 실제로 당신의 바깥에서 일어나고 있는 것도 들을 수 없습니다. 이것은 당신이 다른 사람들과 어떻게 관계를 맺어야 할지를 모르게 된다는 뜻입니다. 언어는 변덕스러운 인간의 정서를 자극하는 매개체로서 대단히 강력합니다. 이 23번째 그림자가 말할 때마다, 그것은 상황을 복잡하게 만들고, 결과적으로 정신적 과정에서 감정적 과정으로 확대될 수 있는 오해의 과정을 기하급수적으로 촉진시킵니다. 이 23번째 그림자 밑에 있는 두려움은 편협함을 마주하는 것과 다른 사람들로부터 격리되는 것에 대한 두려움입니다. 아이러니하게도, 바로 이 두려움이 두려움을 드러내는 행동을 이끌어냅니다.

23번째 그림자의 어려움은 그것이 사람들이 자신이 옳았다고 '알게' 만드는 경향이 있으며, 이는 다른 사람들의 견해에 열려 있는 문을 단단히 닫아 버립니다. 여기에서 귀먹음이 작동합니다. 이 그림자의 영향을 강하게 받은 사람과 대화를 해보면 그들은 고정된 레코드(같은 말만 되풀이하는 사람)처럼 보일 수 있습니다. 그들은 질문에 대한 답을 직접적으로 주지 못할 뿐입니다. 심지어 당신은 그들에게 특별히 한 마디로 대답하도록 요청할 수도 있겠지만, 그들은 그것을 할 수 없습니다! 그들 입장에서는 당신이 어떻게든 그들의 머릿속에 들어와 있고 그들이 생각하고 있는 것을 크리스탈과 같이 명확하게 이해한다는 무의식적인 가정이 있습니다. 이 패턴 때문에 당신은 종종 그런 사람들이 당신'과' 대화하는 것이 아니라 단순히 당신'에게' 말하고 있다는 느낌을 받습니다. 이것은 일반적으로 듣는 사람이 신체적으로 불편함을 느끼고 뒤로 물러나거나 그 흐름을 방해하게 만듭니다. 어느 쪽이든, 오해를 쉽게 피할 수 있었을 상황이 불안하고 복잡해질 수 있습니다.

이 23번째 유전자 키 안에 타이밍의 비밀이 있습니다. 23번째 그림자는 당신의 두뇌가 생각을 언어적 패턴으로 변환시키는 방법에 관련되어 있기 때문에 모든 언어 장애가—언어적 설사(말을 통제하지 못하고 과도하게 쏟아 내는 것)에서부터 벙어리에 이르기까지—이 유전자 키를 통해 이루어집니다. 이런 문제는 말과 언어에 숨어 있는 미묘한 타이밍 메커니즘에 뿌리를 두고 있습니다. 인간의 말은 여러 층의 억양과 사이사이의 공간으로 이루어져 있습니다. 비록 당신의 두뇌가 당신의 머리 안의 언어를 '들을'지라도, 그것을 성대로 변환시키는 것은 또 다른 문제입니다. 이 과정이 얼마나 성공적인지는 당신의 전반적인 주파수에 달려 있습니다. 만일 그림자의 희생양 패턴에 걸리면 코드가 잘못 복사된 것처럼 변환 과정이 약간 불발됩니다. 이로 인해 상황이나 듣는 사람에게 조화를 이루지 못하는 언어 패턴이 생깁니다.

이 타이밍과 미스타이밍(mistiming, 시기를 잘못 맞추는 것)의 과정은 의식적인 인식보다 훨씬 낮은 수준에서 발생합니다. 말하는 사람과 듣는 사람 사이에 정적을 유발하는 것은 단어 자체가 아니라 억양 자체의 미묘한 리듬입니다. 가장 매력적인 언어로 연설을 할 수는 있지만 실제로 관객에게는 전혀 이해되지 않는 사람들이 있습니다. 커뮤니케이션의 선물은 말하는 사람의 언어 기술에 있는 것이 아니라, 훨씬 미묘한 곳, 즉 말하는 사람의 가슴 속에 있습니다. 만일 가장 미묘한 두려움의 흔적이 당신의 연설을 좌우한다면, 그 연설은 결코 청취자에게 완전히 흡수될 수 없습니다. 그러나 누군가가 자신의 가슴에서 말하거나 글을 쓸 때, 그들이 '어떻게' 말하든 상관없이 그들이 말하는 내용의 요지를 이해하게 됩니다. 반대로, 냉랭한 느낌이 들게 하는 어떤 것을 읽거나 들을 때, 당신은 아마도 누군가의 뿌리 깊은 두려움을 듣고 있을 것입니다. 23번째 그림자에 좌우된 사람들은 승인이나 인정을 받기 위해 말합니다.—그리고 그것은 항상 예외 없이 오해를 불러일으킵니다.

집단적 수준에서 인간 언어 패턴의 실패는 편협과 분열을 가져왔습니다. 사실 그것이 조직화된 종교로 이끌었습니다. 모든 주요 종교는 개인들이 말하는 단순한 언어 패턴에서 발전해왔으며, 이 단어가 말해졌을 때, 그곳에 실제로 존재하지 않았던 다른 사람들에 의해서 잘못 번역되었습니다. 예를 들어, 그리스도의 말은 순수한 단순함으로 아름답습니다. 그러나 여러 가지 다른 해석으로 인한 수백 개의 분열이 원래의 단순함을 엄청나게 복잡하고 궁극적으로는 추한 것으로 변형시켰습니다. 누군가가 두려움이나 분노의 주파수에서 말하는 순간, 가장 아름답게 들리는 말조차도 위험하고 분열을 일으키는 말이 될 수 있습니다.

이 그림자에서 우리는 고대 중국인이 '분리Splitting Apart'라는 말로 주역의 23번째 헥사그램을 언급한 이유를 쉽게 볼 수 있습니다. 이 그림자의 주파수가 인간을 서로 불신하게 만들고, 우리를 더 멀리 떨어뜨리고 복잡성과 분열을 더욱더 만들어내는 것은 절대적으로 사실입니다. 이전에 보여주었던 것처럼, 23번째 그림자 '복잡성Complexity'은 우리 행성이 점점 더 불안전하게 되는 데에 책임이 있습니다. 그러나 궁극적으로 이 분열에는 숨겨진 목표가 있습니다.—그것은 인간이 그들 자신이 겪고 있는 고통의 원인이 자기들임을 알게 하고 때가 되면 '올바른 이해'의 선물을 가져오는 것입니다.

억압적 본성 – 귀먹음Dumb

억압적 본성이나 억압적인 사회에서 23번째 그림자의 표현은 거의 용인되지 않을 것입니다. 다른 사람들을 침묵하게 만드는 사회가 있는 곳이라면 어디서나 당신은 이 그림자를 통해 두려움이 작동하고 있는 것을 보고 있는 것입니다. 두려움의 정도가 얼마나 심각한가에 따라 개인이나 집단은 아마도 자기들이 실제로 생각하는 것을 절대로 표현하지 못할 것입니다. 내적인 억압 또는 외적인 압박을 통해 언어가 억제될 것입니다. 귀먹음dumb이라는 단어의 현대적 의미가 지성의 결핍을 뜻한다는 것은 흥미롭습니다. 왜냐하면 흔히 그런 사람들이 그렇게 인식되기 때문입니다. 당신이 두려움에 질식한다면, 당신은 분명하게 말할 수 없게 되며, 따라서 이 사람들은 서서히 자기들이 정말로 생각하는 것을 말하지 않는 법을 배우게 되고, 대신 침묵에 빠지거나 피상적이 됩니다. 이것은 특히 매우 억압적인 부모가 있는 어린이들의 경우에 더 그렇습니다.

반응적 본성 – 분열된Fragmented

이 그림자의 다른 측면은 자기 표출적인 본성입니다. 그것은 종종 말을 멈추지 못합니다. 그러나 그들의 신경에는 일반적으로 잘못된 타이밍이 있기 때문에 그들은 어디를 가든 엄청난 간섭과 분열을 만들어냅니다. 이들은 항상 잘못된 말을 하거나 올바른 것을 말하지만 잘못된 시간에 말하는 사람들입니다. 그러한 사람들의 언어 패턴은 지나치게 복잡하게 하고 사물의 본질적인 의미를 놓치는 경향이 있습니다. 그들은 말을 하려고 엄청남 양의 에너지를 소비하지만 결국은 자신이 끊임없이 밀쳐지는 것을 발견할 뿐입니다. 이 사람들은 훨씬 더 깊은 수준에서 이해되지 못한다는 것에서 일어나는 분노를 무의식적으로 감추려는 시도로 모든 것을 과도하게 설명하면서 같은 말을 반복하는 경향이 있습니다.

23번째 선물
단순함Simplicity

가장 고귀한 진실

대부분의 현대인에게 가장 힘든 일 중 하나는 단순하게 사는 것입니다. 때로는 단순함이 심지어 어리석음과 동의어로 간주되기도 합니다. 실제로, 당신의 유전적 특징의 주파수가 낮으면 낮을수록, 당신은 일을 더욱더 복잡하게 만드는 경향이 있습니다. 그 이유는 인간의 마음 때문입니다. 마음은 단순함을 신뢰하지 않습니다. 왜냐하면 마음은 복잡성에 의존하여 자라기 때문입니다. 뭔가가 더 복잡하면 할수록 마음은 그것에 대해 더 많이 생각할 수 있습니다. 그래서 우리는 이 23번째 선물에서 행복한 삶의 위대한 비밀 중 하나를 배우고 있습니다.—그것은 단순해지는 것입니다.

23번째 선물은 어수선한 것이나 전문 용어를 싫어합니다. 그것은 정확하게, 명확하게 그리고 아주 경제적으로 의사소통합니다. 단순성의 힘은 어디에서나 효율성을 만들어내는 것입니다. 단순함의 선물을 나타내는 사람들은 삶에서 아무것도 낭비하지 않습니다. 그들의 생활공간은 대체로 그들의 생각을 반영하는데, 열린 공간과 숨 쉴 공간이 충분합니다. 그들은 모든 군더더기를 잘라내고 곧바로 핵심으로 들어갈 수 있습니다. 단순함은 존재의 상태이며, 삶에 대한 태도입니다. 따라서 실제로 가르쳐질 수 있는 것이 아닙니다. 이렇게 단순해지기 위해서는 감수성이 뛰어나야 합니다. 그것은 경험으로 익힌 요령이나 오라, 또는 심지어 사랑에 더 가깝습니다. 당신이 단순함을 사랑한다면, 당신은 그것을 당신 주위에 드러낼 것입니다.

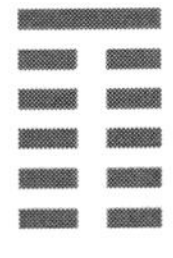

주파수의 선물 수준은 당신이 시디 인식을 깨닫기 위한 준비 과정에 필요한 정보 처리실입니다. 따라서 23번째 선물은 당신 삶의 안팎으로부터 군더더기가 점점 더 많이 사라지는 진행형의 과정입니다. 마음이 깨끗해짐에 따라 당신 안에 넓은 공간이 열리면서 당신은 사물을 아주 선명하게 볼 수 있게 됩니다. 이 주파수가 나타내는 또 다른 모습은 당신의 내부 시스템의 속도가 떨어지고 삶에서 모든 것을 해결해야 한다는 욕구가 점점 더 줄어드는 것입니다. 감정은 자연스러운 과정을 따라가 되고, 생각과 생각 사이의 틈이 더 벌어지기 시작하며, 육체적 충동은 객관적이고 공정하게 관찰되거나 또는 아무 죄책감 없이 충족됩니다. 당신의 본성 안에 있는 모든 것이 분명해지기 시작합니다. 당신 삶의 많은 문제들이 당신의 욕망에 따라 행동하는 마음에 의해 만들어진 환영으로 여겨집니다. 당신은 자연스럽게 몸을 안으로 돌려 자신의 본질을 묵상하게 됩니다.

단순함에 대한 좋은 은유는 비행기를 타고 구름 위를 날아다니는 것입니다. 구름 속에서 마음은 오직 복잡성만을 발견하고 출구를 찾으려고 하면서 맴돌고 있습니다. 이 낮은 주파수 구름에서 당신은 항상 불평만을 선택합니다. 그리고 높은 수준의 주파수에서 당신의 마음은 더 멀리 보고 더 분명하게 봅니다. 구름 너머의 수준에서, 세상의 마음을 밑에 두고 당신은 더 침묵으로 들어가기 시작합니다. 이 23번째 선물과 그 프로그래밍 파트너인 43번째 선물 '통찰Insight'은 소리의 장場과 깊은 관련이 있습니다. 이 두 선물은 뚜렷하게 듣는 것과 그것을 뚜렷하게 해석하는 것에 관한 것입니다. 내면의 수준에서 뚜렷하게 듣는 것은 실제로 아는 것을 말합니다. 우리는 43번째 그림자에서 이 두 개의 유전자 키의 근간이 되는 '귀먹음'이라는 주제가 있다고 말했습니다. 그러나 당신의 주파수가 높아지면서 이 귀먹음은 협조자가 됩니다. 왜냐하면 그것은 진실을 걸러내는 필터 역할을 하기 때문입니다. 23번째 선물을 통해 당신은 오직 본질만을 듣고, 외부의 모든 낮은 주파수 소음은 편집됩니다.

삶과 죽음의 고리Ring of Life and Death로 알려진 놀라운 코돈 고리의 일부로서, 23번째 유전자 키는 고타마 붓다가 인류에게 남긴 바로 그 똑같은 통찰을 포착합니다. 붓다가 남긴 지혜인 사성제(Four Noble Truths, 四聖諦, 4가지 귀한 진리)와 팔정도(Eightfold Path, 八正道, 8가지 바른 길)는 이 코돈 고리의 비밀을 반영합니다. 세 번째 유전자 키를 통해 우리는 모든 삶은 변화이며 따라서 중단될 수밖에 없음을 봅니다. 20번째 유전자 키를 통해 붓다는 모든 진실이 현재의 순간을 인식하는 데에 있다는 것을 발견했습니다. 24번째 유전자 키는 계속되는 재탄생의 과정과 삼사라(samsara, 윤회)의 바퀴를 묘사합니다. 27번째 유전자 키는 인류의 가슴 속에 있는 선량함의 도덕적 윤리 강령을 말하고 42번째 유전자 키는 공평성의 힘을 가르칩니다. 일단 당신이 삶 속에서 이 비밀들 각각을 발견하면, 23번째 유전자 키의 더 높은 수준—정수Quintessence—이 당신의 배와 당신의 존재 속에 중심 중의 중심으로 깊이 자리 잡고 있는 것으로 나타납니다. 깨달음은 오직 삶과 죽음의 수용에 대한 이 깊은 몰입을 통해서만 옵니다.

23번째 선물을 나타내는 누군가의 주변에 있는 것은 아주 멋지고 강력한 경험입니다. 당신이 문제라고 생각했던 것들이 어떻게든 그들의 현존 속에서 그들의 통찰과 명확한 언어를 통해 녹아 사라지고, 어려운 일이 쉬워집니다. 무엇보다도, 당신은 그들의 현존에서 육체적으로 이완하기 시작하고, 이것이 일어남에 따라 마음은 끊임없이 복잡함을 해결하려는 욕구를 놓아 버립니다. 단순함은 물질세계에서 매우 실용적이며 이 사람들은 종종 돈을 다루는 데 매우 능숙합니다. 그들이 돈을 버는 방법을 안다는 뜻이 아닙니다. 단지 그들은 낭비하지 말아야 할 곳이 어딘지를 아는 것입니다. 그들은 어떤 식으로든 까다롭지 않으며 일에 대한 가장 간단한 해결책을 찾습니다. 그들은 생산성에서 양자적 도약을 하는 매우 독창적이면서도 완전히 실용적인 아이디어를 만들어 낸다는 점에서 효율성의 달인입니다.

23번째 선물은 사물을 논리적인 방식으로 보지 않으며, 예술적이거나 추상적으로 묘사하지도 않습니다. 그것은 앎이 어디에서 오는지도 모른 채 사물을 자연스럽게 알 뿐입니다. 그것이 천재의 본질입니다. 이 23번째 선물에 수반되어 가장 자주 나오는 특성은 장난입니다. 이것은 비록 매우 강렬한 선물이 될 수도 있지만 심각한 것은 아닙니다. 이 사람들은 우리가 이해하는 정상적인 방법의 사고가 아니라 매우 수평적인 사고를 합니다. 그들은 해결책이 인식 속으로 뛰어 들어올 때까지 조용히 관찰하고, 해결책이 나올 때 그것을 효과적으로 그리고 아름답게 소통할 수 있습니다. 이런 모든 특성이 결합되어 그들은 매우 훌륭한 교사가 됩니다.

이 23번째 선물에 대해 언급하는 마지막 측면은 믿을 수 없을 정도의 유머 감각입니다. 이 선물이 작동하는 방식은 어떻게든 사람의 본질이나 특정 순간을 포착하는 아주 재미있고 자발적인 표현을 불러올 수 있습니다. 이 사람들은 일이 어떻게 돌아가는지 훤히 알고 있습니다. 그들은 무슨 말을 할지 계획하지 않기 때문에 모든 사람들을 놀라게 하는 경우가 종종 있습니다. 낮은 주파수에서 이 특성은 상처를 주거나 거부감을 불러일으킬 수 있습니다. 그러나 높은 주파수에서 그것은 대체로 웃음이나 경외감을 유발합니다. 그것은 모두 주파수의 문제입니다.

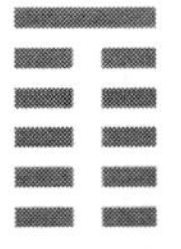

무엇보다, 23번째 선물로 움직이는 사람들은 놀랍도록 명쾌한 커뮤니케이터이자 조언자입니다. 그들의 진정한 천재성은 언어의 경제성과 표현의 독창성에 있습니다. 그들의 선물 '단순함'은 가장 귀한 진리입니다.

23번째 시디
정수Quintessence

붓다 열병

최고 수준에서 23번째 선물은 '정수Quintessence'의 시디에게 길을 내줍니다. 정수는 고대와 중세의 철학에서 유래한 단어입니다. 그것은 모든 것에 내재되어 있다고 믿어지는 소위 마법적인 5번째 요소 또는 에테르aether를 가리킵니다. 64 시디의 수준에서 단어는 하나의 특정한 의미를 지닌 단어라기보다는 진동입니다. 이 정수라는 단어는 이 23번째 유전자 키의 가장 높은 측면에 대한 많은 단서를 제공해 주는 비밀을 담고 있습니다.

23번째 시디에는 연금술의 향이 있습니다. 은유적 수준에서 이것은 비금속에서 금을 추출하는 능력을 나타냅니다.—그것은 모든 연금술의 목표입니다. 따라서 이 시디의 사람들은 다른 사람 안에 숨겨진 금을 만질 수 있습니다. 그들은 각성 상태의 힘을 말이나 외모 또는 몸짓으로 전달할 수 있습니다. 이것은 마이다스의 손Midas Touch입니다. 모든 사람은 더 높은 의식 상태로 그들을 여는 독특한 열쇠를 가지고 있으며, 이 시디의 사람들은 모든 열쇠를 다 가지고 있습니다. 그들은 자신들이 열쇠를 갖고 있다는 것을 반드시 알 필요는 없습니다.—그들은 단순히 각 사람에게 자발적으로 반응하며, 그렇게 함으로써 그 사람의 핵심을 건드립니다.

이들은 예측하기가 아주 어려운 사람들입니다. 이 원형에 대한 고대 중국 이름에서 알 수 있듯이, 이 시디는 사람들을 갈라놓는 것에 관한 것입니다. 시디 주파수에서, 생각은 자신의 본질을 드러냅니다.—원자 에너지입니다. 절대적으로 필요하지는 않은 모든 생각은 순간적으로 원자핵 분열 과정을 거쳐 갈라 쪼개져 존재의 물리적 오라 속으로 순수한 유기적 에너지를 풀어냅니다. 가장 높은 주파수에서, 이 '갈라놓기splitting apart'는 당신이 떨어져 있다는 환상으로부터 당신 내면의 본질을 분리시키는 것을 의미합니다.

시디 상태에 있는 사람은 누구든 연금술적 변형의 과정을 거칩니다. 시디 상태의 초기 단계에서 당신의 생리는 깊은 유전적 돌연변이를 거칩니다. 이 변화는 주로 생각에서 떨어져 나오는 것으로 인해 생기는 결과에 의해 발생합니다. 몸 전체는 종종 때로는 즐거움으로 경험되고 때로는 고통으로 경험되는 깊은 육체적인 감각의 시기를 겪으며, 그러는 동안 사고의 연속성은 파괴됩니다. 일단 먼지가 가라앉으면, 남는 것이 정수입니다.—인격이라는 껍질을 통해서 말하거나 행동하는 의식 그 자체인 것입니다. 이것이 연금술에 의해 암시된 비밀에 대한 진정한 설명입니다.—육체 그 자체에 시디 의식의 씨앗이 들어 있다는 것입니다. 그것은 당신의 DNA에 숨겨져 있으며, 숨겨진 타이밍 메커니즘에 의해 제어되는데 그것은 완전히 자발적이고 개인의 손이 닿지 않습니다. 이 사건을 촉발할 수 있는 방법은 아무것도 없습니다. 왜냐하면 그것은 마음이 닿는 범위를 초월해 있으며, 당신이 그 사건이 일어나도록 시도하는 것은 어떤 것이든 사실 당신의 자연스러운 과정에 방해가 되기 때문입니다. 23번째 그림자가 무의식적으로 부적절한 표현을 불쑥 내뱉는 것과 같은 방식으로 높은 의식은 갑자기 그리고 예기치 않게 당신의 몸 안에서 폭발합니다.

각성은 인과적 관계가 있는 것이 아니기 때문에, 다른 말로 하면 인간이 개입할 수 있는 것을 넘어서 있는 것이기 때문에 깨달음의 기술 같은 것은 절대로 있을 수 없습니다. 깨달음은 고맙게도 영원한 수수께끼의 영역 안에 있으면서 기법이 닿지 않는 곳에 있습니다. 23번째 시디는 우도the right hand path와 좌도the left hand path를 초월하는 것을 나타냅니다. 붓다가 그것을 중도The Middle Way라고 표현한 이유가 바로 그것입니다. 좌도는 과학의 길이며 과학적, 또는 논리적 사고의 절대적인 한계인 역설까지만 갈 수 있습니다. 우도는 예술가 또는 시인의 길입니다. 이 길은 과학자보다 중심에 더 가까이 가지만 그것 역시 항상 모자랍니다. 시인은 마음을 뛰어 넘어 가슴으로 신비에 접근하려고 노력합니다. 그러나 가슴과 혼은 그들 자신의 갈망의 한계에 묶여 있으며, 비록 짧은 기간 동안 중심을 맛볼 수도 있겠지만 궁극에는 미치지 못합니다.

세 번째 길은 신비주의자의 길입니다. 신비주의자는 추구의 길도 취하지 않고 갈망의 길도 취하지 않습니다. 신비주의자는 진리에 대한 갈증에서 행동하지도 않고, 해결책을 찾으려고 하지도 않은 채 몸을 가지고 신비 속으로 들어갑니다. 신비주의자는 신비에 대한 깊은 존경심을 가지고 있어서 의제도 갖지 않고 그것을 이해하려는 욕구도 없으며 단지 궁극의 신비 속에서 흥청거리면서 신비를 자신의 존재의 모공 속으로 들여 마십니다. 오직 신비주의자만이 궁극에서부터 정수를 추출할 수 있습니다. 그 또는 그녀는 단지 경이로움의 상태에 있는 좁은 문으로 들어갈 뿐입니다. 궁극적인 깨달음의 순수한 아름다움은 그것이 항상 어쩌다 실수로 발견된다는 것입니다. 누군가에게 깨달음이 일어난 후에, 그들은 각성을 위한 간단한 조건이 있다는 것을 알 수 있으며, 붓다처럼 그 조건의 정확한 본질을 지적할 수 있습니다. 그러나 각성된 사람은 이런 조건들이 미래의 구도자를 위해 여러 가지를 합성한 목표가 되기보다는 그들 자신의 방식으로 이뤄져야만 한다는 것 또한 알고 있습니다. 여기에 깨달은 자의 딜레마가 있습니다. 얼마나 많은 사람들이 그 가르침으로 인해 옆길로 빠질 것인가? 차라리 아무 말도 하지 않는 것이 낫지 않을까? 그러나 단 한 사람만이라도 법(가르침)을 직관적으로 알아차린다면 길을 헤맨 모든 사람들만큼의 가치가 있을 것이다.

따라서 23번째 시디의 진정한 힘은 육체 안에서의 직접적인 전달에 있습니다. 이 시디에서 나오는 말들은 발음되는 순간 엄청나게 강력합니다. 23번째 시디가 사람 안에서 완전히 시작되면, 그들은 연금술적인 대리인이 됩니다. 수은처럼, 그들은 자신을 사람들과 결탁하여 그들의 정신 구조 내의 균열 속으로 들어가는 길을 찾습니다. 그런 사람 주위에 있으면 그들 오라의 계속되는 현존이 문화와 조건화에 의해 당신 안에 들어온 찌꺼기로부터 정수를 서서히 뽑아내기 시작함에 따라 당신은 일련의 저절로 일어나는 단순화를 겪게 될 것입니다. 이 진동을 받아들이게 됨으로써 당신은 어쩔 수 없이 완전한 해체 작업에 들어가게 될 것인데, 그것은 당신에게 매우 어려운 일일 수 있습니다. 다른 모든 연금술적인 과정처럼, 만일 당신이 그 전체 과정을 완전히 마치지 않는다면 그것은 당신의 정신 건강에 극도로 위험할 수 있습니다.

이 23번째 시디는 신성한 진리의 관리인입니다. : 어떤 외부의 가르침이나 교사보다도 먼저 당신 자신의 내면의 길을 신뢰하십시오. 붓다의 경우, 수백만 명의 불교도들이 그의 가르침을 따랐으며, 그리고 아주 극소수의 사람만이 행간을 읽고 살아 있는 정수를 뽑아낼 수 있었습니다. 그러나 위대한 스승들이 남겨 준 진리는 당신의 마음이 믿고 있는 것보다 구현하기가 훨씬 쉽습니다. 신비의 길을 따라가는 것은 곧 그것이 당신을 어디로 인도하든 당신 안에 있는 것에 완전히 항복하는 것입니다. 중도는 말처럼 양 상대편 사이를 걷는 우아한 길이 아닙니다. 그것은 매 발걸음마다 완전히 포기하는 길입니다. 그것은 무로부터 조각된 길, 당신 전에는 아무도 밟지 않았던 길입니다. 따라서 규칙도 리듬도 이유도 없습니다. 이 길을 걷기 위해서는 당신 자신의 내면을 깊이 파서 오직 당신만이 알아볼 수 있는 진정한 본질 속에서 흥얼거리며 놀아야 합니다. 이것이 바로 붓다의 열기입니다.

24th GENE KEY

시디
침묵
선물
발명
그림자
중독

침묵 – 궁극적인 중독

프로그래밍 파트너 : 44번째 유전자 키
코돈 고리Codon Ring : 삶과 죽음의 고리
(3, 20, 23, 24, 27, 42)

생리 : 신피질
아미노산 : 류신

24번째 그림자
중독Addiction

커다란 유전자 결함

24번째 그림자는 제대로만 이해되면 그림자의 상태 그 자체뿐만 아니라 사람들이 삶 속에서 반복적으로 일어나는 문제를 해결하는 것이 왜 그렇게 어려운지 그 이유를 설명합니다. 이것은 심리학과 관련된 직업이 유지되도록 하는 그림자이며 또한 큰 광고 회사들이 최대한으로 활용하고 있는 그림자입니다. 우리 인간은 중독에 미리 프로그래밍 되어 있으며, 이에 책임이 있는 주범은 우리의 마음입니다. 유명한 도시 괴담에서는 우리가 뇌의 아주 작은 부분만을 사용한다고 합니다. 그러나 어떤 신경 과학자도 이것이 사실이 아니라고 말할 것입니다. 평상시에 우리는 뇌의 거의 전부를 사용합니다. 그것은 우리가 얼마나 많이 사용하느냐의 문제가 아니라 우리가 얼마나 효율적으로 사용하느냐의 문제입니다. 오늘날 현재 상태 그대로 인간의 뇌는 아직도 의식으로 탐구되지 않는 영역으로 남아 있습니다.

당신이 두뇌를 사용하는 방식은 유전적 특징에 의해 결정됩니다. 그래서 어떤 사람들은 더 논리적으로 생각하고 다른 사람들은 더 수평적으로 생각합니다. 뇌의 회로를 피아노의 88개 건반과 비교해 봅시다. 피아노 건반은 음악과 멜로디를 만들 수 있는 거의 무한한 잠재력을 제공한다고 말할 수 있습니다. 그러나 우리의 두뇌의 경우, 우리는 우리가 좋아하는 선율을 찾아 그것을 계속 반복해서 재생하는 경향이 있습니다. 많은 사람들은 정말로 전혀 자신의 힘으로 생각하지 않습니다. 부모와 환경으로부터 조건화된 패턴을 배우고 평생 동안 그 패턴을 따릅니다. 물론 모든 사람들은 항상 자신의 뇌를 사용합니다. 하지만 누군가가 완전히 새로운 사고방식을 찾는 것은 비교적 드문 일입니다. 뇌의 신경절 내 시냅스 경로는 사람들이 많이 다니는 길처럼 익숙하고 잘 다져져 있으며 24번째 그림자는 그 상태를 유지하기 위해 열심히 일을 합니다.

인류의 대중 의식은 아직도 아주 오래된 두려움과 우리 두뇌의 생존 기반 측면에 의해 지배됩니다. 이 두려움은 인체의 화학 내에서 곳곳에 강력하게 배어 있는 힘입니다. 24번째 그림자는 당신의 존재 전체에 낮은 주파수의 리듬을 만들어내며, 이 주파수는 당신이 안전지대 밖에서 생각하지 못하도록 방해합니다. 그 안전지대는 신체적, 감정적, 정신적 수준 어디에나 존재합니다. 우리는 일반적으로 외적인 삶에서 우리의 두뇌가 신경학적으로 예측 가능한 경로를 따르는 것과 똑같은 경로를 따릅니다. 이것이 중독성 행동으로 알려진 현상을 일으킵니다. 우리가 중독에 대해 말할 때, 우리는 특정한 심리적 장애에 대해 이야기하는 것이 아니라, 인간 행동의 규범 전체에 대해서 말하고 있습니다. 그것은 너무도 자기 제한적이기 때문에 자신의 중독성을 인식하지 못합니다. 사실 모든 사고방식은 중독성이 있습니다. 당신은 좌뇌 중독자이거나 우뇌 중독자일 수 있으며 그 어느 쪽이든 똑같이 중독될 것입니다. 중독적인 사고를 깨는 유일한 것은 침묵—진정한 침묵입니다. 우리가 곧 보게 되겠지만, 24번째 선물 '발명Invention'—완전히 독창적인 방식으로 사고하고 행동하는 기술—을 낳는 것이 바로 침묵입니다.

중독의 모든 주기에는 자연스러운 틈이 있으며 인간은 인식 속에서 이런 틈을 경험합니다. 그들은 언제든지 발생할 수 있으며 고통과 함께 당신에게 직접 정면으로 부딪칩니다. 그런 때에 당신은 일반적으로 심히 불편한 공허감을 느낍니다. 이런 인식 속의 틈에 대한 우리의 일반적 반응은 자신을 마비시키거나 자신을 산만하게 함으로써 그것을 피하려고 하는 것입니다. 중독의 그림자는 사람들이 정말로 변하지 않는다는 것을 확실히 보장해 줍니다. 비록 우리가 새로운 존재의 길을 모색 할지라도, 우리는 대개 겉으로는 중독을 따르고 안으로는 결코 변화하지 않는 것으로 끝나 버립니다. 사람들이 중독 상태에서 살아가고 있는지 아니면 발명의 높은 상태에서 살아가고 있는지를 알려면 세상 사람들의 행동을 지켜보기만 하면 됩니다. 만일 그들이 그림자 상태에 영향을 받는다면 그들에게는 결코 가라앉을 것 같지 않아 보이는 불안한 부분이 항상 있습니다. 비록 그들이 외형적인 삶에 화장품으로 가리는 정도의 표면적인 변화를 가져올지라도, 그들은 절대로 정말로 독창적인 어떤 것도 창조하지 않습니다. 이 패턴은 또한 그들의 인간관계에서도 마찬가지가 되는 경향이 있습니다. 그들은 종종 이유도 모른 채 반복적으로 같은 시나리오를 살고 있는 자신을 발견합니다. 그들이 바깥 관계를 바꾸어 완전히 달라지겠다고 약속한다고 해도 똑같은 전술이 다시 나타나 도망칠 수 없을 것처럼 보이는 내적인 신경학적 패턴을 보여줍니다.

인간의 가장 깊은 고통의 뿌리를 찾기 위해서는 중독의 그림자의 역학을 이해하는 것이 중요합니다. 이 신비에 들어갈 수 있는 한 가지 방법은 22번째 유전자 키에서 언급한 코퍼스 크리스티(Corpus Christi, 성체축일)의 모델을 사용하는 것입니다. 코퍼스 크리스티는 인간의 일곱 가지의 몸, 층, 또는 덮개를 말합니다. 고통의 역학을 실제로 이해하기 위해서는 세 개의 가장 밀도 있는 몸과 그들 서로의 관계—육체, 아스트랄체, 정신체—를 고려해야 합니다. 인간의 고통의 뿌리는 일곱 몸 중에서 가장 밀도가 높은 육체 DNA에 연결되어 있습니다. 그것은 인류 전체에 있는 원시적인 신성한 상처이며, 그것의 유일한 목적은 결국 당신의 각성을 촉발시키는 것입니다.

진동의 관점에서 육체 다음의 몸이 아스트랄체입니다. 그것으로부터 성욕, 감정, 갈망, 감정 등 당신의 모든 욕망이 나타납니다. 육체에는 단순히 음식과 따뜻함과 같은 필수적인 욕구만 있을 뿐이지만, 아스트랄체는 생존에 필수적이지 않은 갈망을 가지고 있습니다. 원시적인 상처는 우리가 인지하고 있는 전체로부터의 분리이며, 아스트랄체는 욕망을 통해 이 상처에 반응합니다. 모든 욕망은 사실 단 하나의 욕망에 뿌리를 두고 있습니다.—원초적인 상처로 인한 고통에서 벗어나 순수한 통합의 상태로 돌아가고자 하는 욕망입니다. 만약 당신이 욕망에 따라 행동하지 않은 채 그 욕망을 충분히 깊이 들여다 볼 수 있다면, 욕망은 실제로 스스로를 태워 버릴 것입니다. 그리고 그것이 바로 명상의 근본 목적입니다.

고통에 관한 이야기에서 다음 측면은 정신체—마음에서 발견됩니다. 당신의 마음은 아스트랄체의 욕망에 반응하고 고통으로부터 벗어나는 길을 생각해내려고 합니다. 중독은 이 세 가지 하위 몸체의 상호작용에서 시작됩니다. 마음은 아스트랄체의 욕망 주변에 이미지와 이야기와 계획을 만들며, 아스트랄체는 고통을 덜어주는 것을 목표로 하는 중독적인 행동 과정을 설정합니다. 마음은 시간이 지남에 따라 기능하기 때문에 현재의 실제 상황을 받아들이는 것보다는 미래의 행복에 대한 희망에 기초하는 것이 주된 경향입니다. 인류가 설계한 외형의 문명은 고통을 피하고 미래에 행복을 찾으려는 마음의 전략을 키웁니다. 그것은 그림자에 의해 설계됩니다. 일상생활에서 그림자 의식을 뛰어 넘는 것이 그렇게 어려운 이유가 바로 이것입니다.

바깥에 있는 어떤 것도 당신의 고통을 끝내지 못합니다. 왜냐하면 그것은 당신의 DNA 깊숙이 자리 잡고 있기 때문입니다. 오직 당신이 안으로 돌아서서 고통의 근원을 찾으려고 할 때만 마침내 당신 자신의 마음속에 있는 중독성 있는 특성에 마주하게 될 것입니다. 24번째 그림자의 프로그래밍 파트너는 44번째 그림자 '간섭Interference'입니다. 그것은 우리 행성 도처에서 발생하며 현재의 규범인, 제대로 기능을 하지 않는 관계에 책임이 있습니다. 이 기능 장애는 인류의 유전적 운영체계에 있는 보편적 결함의 부산물이며 24번째 그림자에 의해 강화됩니다. 중독은 프레임들 사이에서 멈춤 없이 똑같은 지각적 프레임을 끊임없이 재생하는 것이며, 일반적인 인간의 뇌 화학 내의 시냅스 수준에서 발생합니다. 다람쥐 쳇바퀴 돌듯이 우리는 단지 우리가 하고 있는 것을 깨닫지 못한 채 동일한 시나리오를 반복해서 재연하고 있는 것입니다.

이때 나오는 질문은 이렇습니다. : 어떻게 중독의 바퀴에서 빠져 나오고, 어떻게 프로그램을 결함없이 작동하도록 재설정합니까? 이 질문에 대한 완전한 대답은 24번째 선물 안에 있습니다. 그러나 간단히 말해서 중독성 패턴에 있다는 것을 깨닫는 것만으로도 24번째 그림자의 프로그래밍이 바뀌기 시작합니다. 당신의 마음에 맞서려는 당신의 의지가 프레임들 사이에 필요한 멈춤을 만들어 정신체가 자신을 아스트랄체과 구별할 수 있게 합니다. 이런 일이 생기면 처음으로 아스트랄체와 그 갈망은 더 이상 마음의 통제에 휘둘리지 않을 것이며, 당신은 고통의 근원으로 훨씬 더 깊숙이 들어가게 됩니다. 당신은 아스트랄체에 외적인 자극을 주지 않음으로써 아스트랄체를 정화하고, 따라서 당신은 순수한 욕망의 거룩한 땅에 들어섭니다.—그것은 당신의 진정한 근원으로 돌아가려는 욕망입니다.

억압적 본성 – 얼어붙은Frozen

억압적 본성이 그들의 인식 안에서 틈을 만나게 될 때, 그들 안에 있는 두려움은 그들을 얼어붙게 만듭니다. 이 얼어붙음은 여러 방식으로 나타날 수 있습니다. 물리적으로는 완전한 에너지 부족으로, 정서적으로는 우울증으로, 그리고 정신적으로는 소심하고 조심스러운 현실 인식으로 나타납니다. 모든 중독의 비밀은 우리의 인식이 기능함에 있어 이런 틈에 대해 어떻게 반응하느냐에 있습니다. 중독의 위험은 우리가 이 소중한 순간에 우리의 운명을 봉인한다는 것입니다. 우리가 그런 일을 하고 있는지도 깨닫지 못한 채 말입니다. 그림자 주파수에서 우리는 인식의 변화에 앞서 일어나는 공허를 경험하도록 허용하지 않습니다. 억압적 본성은 그런 침묵의 텅 빈 상태를 느끼는 것으로부터 움츠러듭니다. 우리가 움츠러들거나 반응하지 않으면서 우리 삶에서 그런 시간에 직면하게 된다면 정말로 놀라운 어떤 것이 우리 안에 씨를 뿌릴 것입니다.

반응적 본성 – 불안한Anxious

24번째 그림자의 반응적인 면은 억압적인 면과 마찬가지로 공허감을 완전히 경험하지 않으려고 합니다. 공허감은 삶의 여러 시점에서 모든 인간에게 일어납니다. 우리 앞에 열린 틈은 우리를 극심한 공포에 빠뜨릴 수 있습니다. 우리가 수동적이 아니라 적극적으로 반응할 때도 불안감 때문에 그렇게 합니다. 밑바닥이 없는 구덩이로 떨어지는 느낌을 피하기 위해 우리는 우리의 두려움을 활동으로 바꾸고, 그 활동은 우리 안에서 일어날 수 있었던 잠재적인 마술을 보지 못하게 합니다. 본질적으로 중독자에는 두 가지 종류가 있습니다.—자신을 감각이 없게 만드는 사람(억압된 본성)과 자신을 자극하는 사람(반응적 본성)입니다. 반응적 본성은 전형적으로 일 중독 또는 도박 유형이며, 억압적 본성은 알코올 중독 같은 유형의 중독을 나타낼 수 있는데, 이 사람들은 가만히 앉아 있지 못하고, 자신의 안에서 일어나고 있는 강력하고 절대적으로 자연적인 화학과정을 피함으로써 오는 걱정으로 넘쳐 납니다.

24번째 선물
발명(Invention, 창의력, 독창성)

틈에서 휴식하기

24번째 그림자에 대해 토론하면서, 우리는 그 본성 자체가 자신의 패턴을 감추는 일련의 중독성 행동 패턴에 휘말리는 개념에 대해 살펴보았습니다. 이에 덧붙여 우리는 개인이 반복되는 신경계 경로 사이의 틈을 알아차린다면 그런 중독이 다른 패턴으로 돌연변이 될 수 있음을 보았습니다. 아주 짧게는 1초에서부터 길게는 일주일이나 그 이상 지속되는 이런 틈은 실제로 모든 사람들에게 자연스럽게 일어납니다. 이런 틈새는 전체적인 형태 변화가 일어나게 하는데, 그것은 만일 당신이 그들에게 완전히 항복하지 않으면 매우 불안정하게 느껴질 수 있습니다. 그들에 대한 당신의 반응은 그들이 다른 수준의 인식으로 가는 다리가 될지, 아니면 당신이 단지 친숙한 생각과 행동 방식으로 나자빠지는지를 결정합니다. 24번째 선물의 경우에서는 인식의 틈이 완전히 포용되며, 따라서 마술을 드러냅니다. 이 선물을 가진 사람들은 그 틈을 피하면서 자신을 붙잡거나 또는 그런 순간이 올 때 그것을 완전히 알아차립니다. 어느 쪽이든, 그들은 이런 순간에 앞서는 두려움 앞에서 웅크리지 않으며 따라서 의식의 이런 틈들이 전혀 두렵지 않다는 것을 발견합니다.

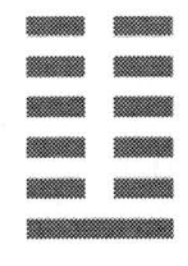

그렇다면 틈을 포용할 때 그 틈에는 어떤 일이 일어나는가? 답은 이렇습니다. 절대적으로 아무 일도 일어나지 않습니다. 24번째 선물은 진정으로 마법적이고 천재의 비밀을 담고 있습니다. 천재는 수평적 사고보다 훨씬 더한 것입니다.—그것은 양자 도약을 할 수 있는 능력입니다. 예를 들어, 아주 훌륭한 테니스 선수와 진정으로 위대한 테니스 선수의 차이는 24번째 선물에서 찾을 수 있습니다. 위대한 선수는 상대방이 무너뜨릴 수 있고, 대응할 수 있고, 이겨낼 수 있는 정해진 패턴을 따르지 않습니다. 그들은 완전히 예상치 못한 공격을 가장 강렬한 순간에 날릴 것입니다. 이것이 발명Invention의 선물, 새로운 것을 세상에 가져오는 선물입니다. 24번째 선물은 독창성의 산도産道이며 다른 사람들을 놀라게 하는 만큼 스스로를 놀라게 합니다.

뇌는 회백질(white matter, 대뇌의 겉 부분, 뉴런의 신경세포체가 모여 있음)과 백색질(white matter, 대뇌의 속 부분, 뉴런의 신경섬유가 모여 있음)로 대충 나눌 수 있습니다. 전자는 주로 정보 처리에 주로 관여하고, 후자는 정보의 소통에 관여합니다. 24번째 선물은 뇌의 깊은 회색 영역에서 일어나는 신비스러운 과정을 수반하며, 이 선물은 이 영역에서 독창적인 생각이 일어나게 하는 일종의 신경 자극제 역할을 하는 것 같습니다. 곰곰이 생각하는 행위는 이 선물을 통해 일어나는 일에 대한 적절한 묘사일 수 있습니다. 당신이 어떤 주제를 묵상할 때, 당신은 그 마술적인 틈 중 하나에 도착할 때까지 먼저 그 주제에 익숙한 신경 경로를 돌아다닙니다. 당신이 틈에 도달하는 순간, 그것은 마치 신경 기어를 바꾸어 갑자기 새롭고 더 효율적인 시냅스 네트워크가 당신의 뇌에서 열리는 것처럼 됩니다. 이렇게 하면 당신은 갑자기 완전히 새로운 빛 속에서 사물을 보게 됩니다.

아이러니하게도, 당신의 두뇌가 더 효율적이 되면, 당신은 뇌를 더 많이 사용하는 것이 아니라 오히려 더 적게 잘 사용할 수 있습니다. 뇌의 신경 발사 양을 단순화할 수 있다면 아이디어와 통찰은 실제로 더 날카롭고 명확해질 수 있습니다. 우스운 일은 당신이 사용하는 뇌의 비율이 적을수록 당신은 더 지능적이 될 수 있다는 것입니다. 틈을 찾아내는 가장 좋은 방법 중 하나는 묵상입니다. 삶과 죽음의 신비, 변화와 고통의 본질에 대한 묵상은 당신을 순식간에 높은 의식 상태로 인도할 수 있습니다. 묵상한다는 것은 신비가 갑자기 예기치 않게 깊은 통찰의 과정을 통해 자신을 당신에게 드러낼 때까지 당신 자신을 위대한 신비에 내어 맡기는 것입니다.

당신의 통찰을 성공적으로 소통할 수 있는지 여부는 23번째 선물의 문제입니다. 그것은 24번째 선물처럼 삶과 죽음의 고리Ring of Life and Death로 알려진 유전 계열의 한 부분입니다. 삶과 죽음의 고리는 인간을 형태의 안팎으로 가져오는 많은 과정을 관장하는 복합 유전 코돈 그룹입니다. 그것의 주요 상징 중 하나가 바퀴입니다. 그것은 별자리와 은하계의 바퀴를 우리 몸 안에 있는 원자 구조의 회전과 연결시키는 기계적 과정에 대해 이야기합니다. 이것은 주기 사이의 틈, 즉 삶과 삶 사이의 간격, 원자와 원자 사이의 공간, 음과 음 사이의 침묵에 관한 것입니다. 마술과 돌연변이는 그런 틈에서 일어납니다. 인간에게서 이 코돈은 인식의 진화라는 관점에서 양자 도약을 하도록 허용합니다.

24번째 선물은 인간 창조 과정의 핵심입니다. 24번째 선물의 비밀은 실제로 창조성 자체의 비밀 중 하나입니다. 그것은 사실 당신의 유전적 특징을 통한 진동 주파수 상승을 수반한 음장(音場, 소리의 장)입니다. 이 마법 같은 틈에 닿을 때마다 주파수의 옥타브를 올리거나, 아니면 같은 루프(loop, 영상과 음향이 계속 반복되는 필름)에 머물 수 있는 기회가 있습니다. 중독에 대한 진실 중 하나는 그것이 당신의 주파수를 올리는 데에 창조적으로 사용될 수 있다는 것입니다. 발명은 정말로 독창적인 중독입니다. 당신은 단지 원으로 빙빙 돌면서 같은 생각을 반복하는 경향을 가진 마음의 주파수가 저절로 상승하는 것을 경험할 뿐입니다. 중독은 원 안에서 생각하지만 발명은 나선으로 생각합니다. 예술에서 과학에 이르기까지 인간의 진화를 이끌어 낸 위대한 통찰은 모두 24번째 선물의 다리를 건너 왔습니다. 오직 자신의 무지를 기꺼이 마주하는 사람만이 이 다리를 건너 수 있습니다. 그것은 당신이 알지 못한다는 것과 결코 알지 못할 수도 있다는 것을 인정하려는 의지가 있을 때 시작됩니다. 이 내면의 정직이 발명이 일어날 수 있는 환경을 조성합니다. 그것이 언제 일어날지 예측할 수 없는 경우일지라도 말입니다. 그것은 보통 당신이 휴식을 취할 때, 조용히 앉아 있거나, 잠을 자거나, 꿈을 꾸거나 아니면 그저 아무것도 하고 있지 않을 때 그 틈을 드러내면서 일어납니다.

24번째 시디
침묵Silence

바퀴에서 빠져 나오기

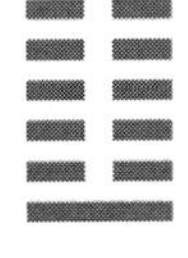

24번째 시디는 설명하기가 매우 어려운 시디입니다. 침묵을 도대체 어떻게 묘사할 수 있겠습니까? 그것은 분명히 할 수 없는 일입니다. 당신이 할 수 있는 것은 이 시디의 드러난 모습을 고려하여 그 주위에 맥락을 구축하는 것입니다. 지금까지 우리는 중독의 본질과 이것이 어떻게 창조적 발명으로 상승되거나 변형될 수 있는지 살펴보았습니다. 우리는 두뇌가 패턴을 따르는 방식과 이런 패턴이 어떻게 더 새롭고 더 효율적이며 더 독창적인 패턴으로 변형될 수 있는지에 대해 논의했습니다. 시디 수준에 도달할 때, 우리는 정말로 마음을 완전히 버려야 합니다. 침묵은 인간의 모든 의식의 자연스러운 배경 상태이며, 생각이 완전히 끝날 때만 일어날 수 있습니다.

수세기 동안 인간은 마음이 생각하는 것을 중지시킬 수 있는 모든 기술을 시도해 왔습니다. 생각은 실제로 어떤 기법들로 가려질 수는 있습니다. 하지만 그 일시적인 조용함은 24번째 시디의 순수한 침묵과 같은 것이 아닙니다. 24번째 시디의 침묵은 이미 당신 안에 있지만, 당신에게 내려오는 침묵입니다. 그것은 인간 인식의 내적 지형이 변화된 결과로서 일어납니다. 진정한 침묵은 당신의 인식을 제어하는 메커니즘이 머리에서 태양신경총으로 움직여 내려올 때 군림하게 됩니다. 당신은 침묵이 경험된다고 말할 수 없습니다. 왜냐하면 침묵은 경험을 하는 경험자가 더 이상 거기에 있지 않다는 역설을 환기시키기 때문입니다. 침묵은 모든 것을 무효화하며 주체와 객체 모두를 완전히 융합시킵니다. 이런 식으로 인식이 바뀌려면 인체 내부에서 어떤 종류의 물리적 돌연변이가 일어나야 합니다. 정상적인 청각적 사고 과정을 방해하는 특정 화학물질이 내분비 시스템에 의해 생성되어야 합니다. 당신은 더 이상 생각하지 않으며, 삶이 생각합니다. 이것은 설명할 수 있는 것이 아닙니다. 시디 수준에서는 더 이상 생각은 없지만 앎과 모름이 동시에 있습니다. 인식이 휴식을 취할 때 거기에 모름이 있고, 인식이 외부 세계와 어떤 형태의 소통을 할 때 거기에 앎이 있습니다. 이 두 가지 표현은 모두 본질적으로 같은 말입니다.

마음이 생각을 멈출 때, 모든 중독성 행동 또한 멈춥니다. 당신 자신이 삶으로부터 분리되어 있다고 믿는 궁극적인 중독이 뿌리째 뽑힙니다. 이런 의미에서 침묵은 반드시 물리적인 침묵만을 의미하지 않습니다. 이 시디의 침묵은 영구적인 내면의 침묵입니다. 중독이 인지 기능에 있는 자연스러운 틈을 통해 변형될 수 있는 것처럼, 시디 상태는 이 틈을 기하급수적으로 확대합니다. 인식 그 자체는 이 틈의 진정한 본성을 모호하게 하는 베일로 보이며, 순수 의식의 본성으로 들어가는 창입니다. 순수 의식은 침묵 또는 공허함입니다.—그것은 일시적으로 세상이 시작되기 전의 시간으로 나타납니다. 오직 진정한 내면의 침묵만이 당신이 분리되었다는 마야 또는 환상을 종식시킬 수 있습니다. 명상 시스템이 유도하려고 하는 것이 바로 당신의 사고 활동 사이에, 그리고 그 뒤에 있는 이 침묵입니다.

24번째 시디에게도 다른 놀라운 일이 있습니다. 고대 중국 현자는 주역의 이 24번째 헥사그램을 '복귀Returning'로 명명했습니다. 그것은 매우 많은 해석과 의미를 가진 이름입니다. 우리는 이미 이 유전자 키의 끊임없이 회전하는 본성이 어떻게 전개되는지 보았습니다. 선물 수준에서 그것은 필름 릴이 일련의 똑같은 프레임에서 계속 돌아가는 것을 지켜보는 것과 같다고 할 수 있습니다. 회전이 계속되기 전에 새로운 프레임 세트가 이어질 때까지 말이지요. 삶의 원 운동은 침묵의 틈으로 돌아옵니다. 그곳은 진화와 돌연변이가 일어나는 바로 그 마법의 장소입니다. 이것이 생명의 말 사이의 침묵입니다. 또는 우리가 이미 언급했던 원자들 사이의 틈입니다. 이것은 생명의 말이나 우리가 이미 언급한 원자들 사이의 틈, 현대 물리학에서 소위 규정하기 어려운 암흑 물질(우주에 존재하는 물질 중 아무런 빛을 내지 않는 물질)이라고 하는 것입니다. 인간의 운명이라는 측면에서 볼 때, 우리의 현자들은 형이상학적 수준에서 이 복귀 운동을 설명하려고 시도해 왔으며, 복귀 운동은 위대한 신비 이론을 낳았습니다. 그 중에 가장 오랫동안 지속된 이론은 카르마와 환생의 이론입니다.

이 시디와 특히 관련이 있는 것은 윤회의 교리입니다. 현자들은 오랫동안 인간 혼의 더 커다란 운명을 이렇게 이야기해 왔습니다. 혼은 형태의 세상으로 육화되고 자신의 카르마적 사이클을 살다가 다시 윤회하고 이 모든 형태를 초월할 때가지 계속 윤회한다는 것입니다. 그것은 마치 인간이 형태 그 자체에 일종의 우주적인 중독이 있는 듯이, 그리고 이 중독이 완전히 깨질 때까지 인류는 진정으로 자유로울 수 없다는 듯이 말입니다. 물질적 형태와의 연결이 깨지는 이 마지막 단계에서 혼은 깨달음을 얻어 존재의 바다, 또는 신의 바다로 돌아갑니다. 인간의 마음이 삶을 이 24번째 유전자 키를 통해 해석하는 방식에서 그런 교리가 어떻게 출현했는지를 쉽게 볼 수 있습니다. 포스트모던 시대에서 서양은 윤회라는 동양적인 개념을 익혀 뉴 에이지 교리의 주류로 채택했습니다. 더 잘 알려진 현대의 교사들과 구루들은 윤회의 '사실'을 공개적으로 말합니다. 사실, 그것은 22번째 유전자에서 상당히 깊이 논의됩니다. 그러나 24번째 시디가 증명하는 것처럼, 윤회는 아주 단순한 진리의 한 가지 해석일 뿐이며 적어도 이 시디의 관점에서는 하나의 환상에 불과합니다.

교사들의 말에도 불구하고, 대부분의 사람들은 윤회라는 개념을 좋아합니다. 왜냐하면 죽음 이후에 매달릴 수 있는 뭔가가 있다는 느낌을 주기 때문입니다. 그것은 우리에게 모든 창조의 기초가 되는 연속성과 정의의 감각을 줍니다. 그러나 24번째 시디의 관점에서, 윤회는 단순히 마야 그 자체의 언어에서 태어난 또 다른 인간적 개념일 뿐입니다. 이 주제는 이 24번째 시디의 프로그래밍 파트너인 44번째 시디에서 깊이 탐구됩니다. 이 두 시디는 인간의 이야기를 가장 순수하고 가장 단순한 형태로 벗겨냅니다. 거기에서 인간들은 의식이 연기할 수 있는 유전적 장비로 아주 냉정하게 간주됩니다. 장비 하나가 죽을 때, 그것은 사라진 것이지만 위대한 초월적인 대본을 쓰는 데에 한 역할을 맡았습니다. 속담에서 말하듯이 장비는 죽었지만 연극은 계속 진행되어야 합니다.

그러므로 형태의 세상으로 계속 돌아가는 것처럼 보이는 것은 실제로 결코 사라지지 않습니다. 몸은 태어나고 죽으며 그들의 구체적인 인식 기능은 그들과 함께 죽습니다. 하지만 그 밑에 있는 전반적인 의식은 계속됩니다. 그것은 말이 없고 죽지 않으며, 만질 수 없고, 형태를 초월합니다. 따라서 당신이 과거의 삶, 또는 심지어 미래의 삶을 동일시하거나 기억해낼 때, 당신은 단순히 프랙털 라인 안에 있는 정보를 읽고 있는 것일 뿐입니다. 그것은 당신의 피 속에 들어 있지만, 의식 그 자체의 침묵을 제외하고는 나의 어떤 측면도 죽음에서 생존하지 못합니다. 진정한 침묵이 인식의 존재를 부인할 때, 어떻게 침묵 이외의 것이 있을 수 있습니까? 윤회의 개념과 깨달음 속에서 윤회가 절정을 이룬다는 개념 안에 실제로 상대적인 진리가 있습니다. 그러나 인식의 연속성과 동일시하려는 모든 시도는 물에 탄 듯이 약화된 진리입니다. 정말로 윤회하는 유일한 것은 침묵 그 자체뿐입니다.

22번째 유전자 키에서 당신은 윤회에 대한 모든 것을 읽을 수 있습니다.—다양한 미묘체가 형태로 환생하고 삶과 삶 사이의 바르도 상태를 통해 들어갔다가 다시 돌아오는 점진적인 깨달음인 것입니다. 당신은 또한 인과체에 대해서도 배울 수 있습니다. 그것은 당신의 진화의 정수를 다음 생으로 나르기 위해 죽음에서도 생존하는 당신 존재의 미묘층입니다. 그러나 인과체는 그 과정의 어느 시점에서 환각으로 간주되며, 그것이 녹아 사라지거나 흩어지면서 깨달음이 시작됩니다. 이 시점에서 당신이 거대한 바퀴에 있는 틈을 발견하고 전체 드라마를 영원히 끝낼 때 윤회는 끝납니다. 이 모든 놀라운 설명은 사실 천계 드라마 대본의 일부이며, 그들의 진정한 목적은 당신의 마음을 진정시키고 마음에게 논리적인 연속성의 감을 주는 것입니다. 그럼에도 불구하고, 시디 수준에서 만나게 되는 광대한 역설의 본질에 대한 인식을 계속 유지하십시오. 이런 모든 설명은 본질적으로 마야 안에 있는 장치이며 그것은 마야 안에서 당신이 이완하도록 도울 수도 있고 돕지 못할 수도 있습니다. 핵심은 항상 이완하는 것입니다. 왜냐하면 이완할 때만이 당신은 마술의 틈을 발견하고 진리를 직접 경험할 수 있기 때문입니다.—마음을 통해서가 아니라 내면의 가장 중심부의 존재를 통해서 말입니다.

유전자 키의 여러 가지 풍부한 이야기 속에서 24번째 시디는 깨달음의 경험을 위한 위대한 방아쇠입니다. 모든 유전적이고 카르마적인 프랙털 라인이 진화하는 어느 특정 시점에서, 특정 유전자 장비가 그 라인의 절정을 나타내는 세상으로 들어옵니다. 그리고 그것이 완전히 꽃이 만발하게 폭발하면서 인간 이야기의 전체적인 신화적 측면을 종식시킵니다. 이 사람들이 점점 더 많이 태어날수록 인류의 전반적인 이야기는 천천히 끝나게 될 것입니다. 모든 이야기를 다 들었을 때, 남는 것은 오직 침묵뿐일 것입니다. 그것은 모든 인간들의 원자, 음표, 말과 삶 사이의 마술적인 틈에 항상 있었습니다.

25th GENE KEY

시디
보편적 사랑
선물
수용
그림자
수축

성스러운 상처의 신화

프로그래밍 파트너 : 46번째 유전자 키
코돈 고리Codon Ring : 인간애의 고리
(10, 17, 21, 25, 38, 51)

생리 : 심장
아미노산 : 아르기닌

25번째 그림자
수축(Constriction, 압축, 조이는 느낌, 속박)

수축 훈련

만일 64개의 유전자 키 중 전체 작업의 본질을 포착하는 단 하나의 유전자 키가 있다면 그것이 바로 이 25번째 유전자 키입니다. 남자들과 여자들이 항상 추구해 왔던 비밀이 여기에 있습니다. 사랑의 비밀입니다. 여기에는 또한 사랑을 돋보이게 하는 것, 25번째 그림자 '수축Constrictio'이 있습니다. 수축은 사랑이 부재하는 곳에는 어디에나 존재하며, 모든 인간적인 고통의 저변에 있는 근원입니다. 그것은 자체적으로 끊임없이 지속됩니다. 왜냐하면 자기 자신이나 다른 사람의 삶을 수축시키는 것은 자신의 삶에 더 많은 고통을 불러들이는 것이기 때문입니다.

수축의 그림자는 사회의 모든 수준에서 작용합니다. 개인에게 있어서 수축은 호흡에서 가장 먼저 일어납니다. 그것은 가슴 주위에 긴장감을 만들고 복부로 긴장을 압축합니다. 우리 대부분은 아주 어린 나이에 수축 훈련에 들어갑니다. 우리가 아직 자궁 안에 있을 때에도 부모의 호흡 패턴을 통해 수축을 배웁니다. 그것은 심지어 수태하는 시점에도 있습니다. 조상들이 태어나면서부터 죽을 때까지 투쟁하면서 느꼈던 수축의 유전적 청사진을 담고 있는 하나의 코드로서 정자로부터 난자에게로 미세하게 전해지는 것입니다. 여기 25번째 그림자에서 우리는 신성한 상처 신화의 기초를 발견합니다.—그것은 모든 고통의 원천이며 모든 인간 DNA의 나선 주위에 문자 그대로 상처를 입은 트랜스 유전 변이입니다.

25번째 그림자는 구도의 거대한 터빈입니다. 어디를 가든 당신은 이 수축을 함께 가지고 다닙니다. 그것을 당신의 몸에 조율하면 당신은 그것을 내면 깊숙이 느낄 것입니다. 그리고 그것이 가져오는 불편함에 대한 당신의 반응이 당신의 삶의 모양을 규정합니다. 그 아픔에 움츠리면, 당신은 거절과 방황의 삶을 살게 될 것입니다.—그것은 평범함의 희미한 그림자 나라에서 길을 잃은 절반의 삶입니다. 그 아픔을 안쪽으로 더 세게 밀어 넣을수록 그 아픔은 당신을 더 단단히 에워쌀 것입니다. 그러나 내면의 상처를 존경하고 귀 기울여 들을 용기가 있다면 모든 것이 당신에게 호의적으로 변할 것입니다. 무언가가 당신 주위에서 상처를 입고 당신을 압박한다면 거기에는 반드시 어떤 목적이 있을 것이고, 그 목적은 곧 '푸는 것'임을 발견하게 될 것입니다. 따라서 '수용Acceptance'의 선물을 통해 당신의 아픔을 마주할 때, 상처는 풀리기 시작하고 다른 더 높은 운명이 당신 앞에 열리게 됩니다.

수축은 우리 공동체에서도 법률, 영토, 가시철조망을 두른 담장, 여권, 돈 등에 대한 욕구를 통해 발견됩니다. 무엇보다도 어쩌면 우리는 시간을 재는 무의식적인 행동을 통해 우리 자신을 엄청나게 속박하고 있을 것입니다. 시간에 대한 우리의 전체적인 의존은 지구적 수준에서의 긴장과 압박의 엄청난 에너지장을 만들어냅니다. 25번째 그림자의 다른 거대한 대리인은 인간의 마음입니다. 거의 모든 사고 시스템이 당신의 진정한 본성을 더 깊이 받아들이도록 이끌어주는 것들을 제외하고는 당신 안에 더 많은 수축을 만듭니다.

25번째 선물이 모든 창조 수준에서 길을 열어 주는 것과 똑같이, 25번째 그림자는 그 길을 닫습니다. 25번째 그림자의 프로그래밍 파트너는 46번째 그림자 '심각함Seriousness'이며, 그것은 당신이 어떤 것을, 그것이 의견이든, 사람이든, 또는 물건이든 관계없이 꽉 잡으면 잡을수록 그것은 당신을 더 수축시킨다는 것을 가르쳐줍니다. 25번째 그림자는 시디의 보편적 사랑을 물질에 대한 욕망으로 왜곡합니다. 이것은 물질주의에 집착하는 것으로 나타납니다.—그것은 수축된 두려움의 흐름이 취하는 가장 명백한 방향입니다. 두려움을 완화시키려는 충동은 우주를 물건으로 축소시키고 가능하면 단단히 붙잡아 두려는 욕구가 됩니다. 주위에 있는 물건에 매달리는 사람은 25번째 그림자의 영향을 깊이 받고 있는 것입니다. 이는 관계에도 적용될 수 있습니다. 인간관계에서 육체적인 닻으로 다른 사람들을 붙잡으려고 노력하는 경향은 사람들 사이의 자연스러운 사랑의 흐름을 왜곡하고 제한합니다. 사랑은 자유를 통해 자라고 수축을 통해 죽습니다.

25번째 그림자를 이해하는 것은 매우 중요합니다. 왜냐하면 그 그림자가 당신이 형태로 가는 여행의 시작을 나타내기 때문입니다. 육체에서 살아가는 것은 궁극적인 수축으로 경험될 수 있습니다. 특히 당신의 현실이 두려움에 뿌리를 두고 있는 경우 더욱 그렇습니다. 두려움은 모든 낮은 주파수 에너지장의 부산물입니다. 수축은 개인적인 수준과 보편적인 수준에서 두려움이 물리적으로 드러난 표현입니다. 또한, 두려움은 생존을 보장하는 매우 효과적인 생체자기제어 루프입니다. 그것은 당신이 그것에 대해 생각할 때 정말 영리합니다.—두려움은 스스로를 두려워합니다. 그것은 자기 자신을 결코 받아들이지 않는다는 것을 확실히 하며, 그것이 자신이 항상 살아남는다는 것을 확실히 합니다. 두려움에는 여러 종류가 있습니다. 하나는 모든 물리적인 창조물에 직접 연결된 두려움입니다.—그것은 개인이나 집단 또는 종족으로서의 우리의 생존을 보장하는 유전적 두려움입니다. 그리고 더 나아가 더 만연된 두려움이 있습니다.—그것은 전쟁이나 혼돈, 또는 대격변에 대한 두려움이며, 인간 무의식 안의 집단적인 수준에 존재합니다. 가장 깊은 두려움은 존재하지 않음에 대한 두려움입니다.—개인적인 차원에서의 죽음에 대한 두려움, 또는 집단적 차원에서의 멸종에 대한 두려움입니다. 그런 두려움은 우리 행성의 일반적인 배경 인식의 장을 형성합니다. 그 다음으로 순수한 두려움이 있습니다. 그것은 심지어 어떤 목표도 없습니다. 순수한 두려움은 단순히 우리 세상 전역에 회색 안개처럼 떠 있는 집단적 사고 형태입니다.

이것이 25번째 그림자입니다.—이해를 넘어서 있는 상처, 아래쪽으로 내려가는 끝없는 틈, 당신의 삶을 질식시키는 엄청나게 수축하는 압박감, 이 모든 것이 궁극적으로는 순수한 환상에 불과합니다. 이 그림자는 신성한 목적을 가지고 있습니다.—그 안에 훌륭한 계획이 있으며, 25번째 시디에 있는 당신의 피할 수 없는 운명을 향해 당신을 이끌고 있습니다. 25번째 그림자가 실제로 무엇인지 파악하기 위해서는 25번째 시디가 스펙트럼의 다른 쪽 끝에서 얼마나 급진적인지 보아야 합니다. 그것은 어떤 종류의 경계선이나 수축 없이 생명을 옹호합니다. 신성한 상처에 들어가는 과정은 따라서 우리의 삶과 인간관계를 동반하여 함께 오는 카르마의 매듭과 끝을 푸는 과정입니다. 우리가 상처를 마주하는 것을 배울 때, 우리의 여정은 점차 명확해지고 쉬워집니다. 이것은 25번째 유전자 키—두려움에서 사랑으로 가는 길—를 통한 여행의 완벽한 본보기입니다.

억압적 본성 – 무지한Ignorant

25번째 그림자는 우리에게 무지의 본질에 대해 심오한 것을 가르쳐줍니다. 실제로 그것은 억압의 한 형태입니다. 모든 억압적 본성은 본질적으로 무지의 상태를 유지하기 위해 에너지를 사용합니다. 이런 맥락에서 무지는 자신의 고통을 볼 수 없다는 것을 의미합니다. 개인적인 상처가 내면에서 더 깊이 억류되어 있을수록 당신의 더 높은 능력은 더 많이 닫힐 것입니다. 무지는 지복이 아닙니다. 무지는 불행입니다. 하지만 어떤 중대한 일이 발생하지 않는 한 무지는 그것을 인식하지 못합니다. 그림자 주파수의 만연으로 무지는 여전히 우리 세상에서 가장 큰 질병 중의 하나입니다.

우리 몸에서 폭발하기를 원하는 생명력을 위축시키기 위해서는 대규모의 집단적인 노력이 필요합니다. 무언가가 당신의 고통을 풀어버리는 방아쇠를 당기는 순간, 수축의 그림자가 힘을 잃으면서 당신의 가슴 주위에 안도감과 해방감이 넘쳐 납니다. 그런 사건 이후에 이 고통을 다시 억누를지 여부는 완전히 별도의 문제입니다.

반응적 본성 – 냉정한Cold

억압적 본성이 내부의 성스러운 상처의 깊이를 소유할 수 없는 것처럼, 반응적 본성은 그것을 소유하기를 꺼려합니다. 이 사람들은 투사를 통해 고통을 표현합니다. 따라서 그들은 다른 방식으로 그들의 가슴과 연결이 끊어집니다. 억압적 본성은 그것이 어떻게 느끼는지를 알지 못하는 반면 반응적 본성은 그 느낌을 싫어합니다. 그것은 그 증오심을 냉담한 마음으로 표현합니다. 우리가 64개의 그림자를 반복적으로 지켜볼 때, 모든 반응적 본성은 두려움을 분노를 통해 표현합니다. 따라서 이 사람들은 자기들의 고통을 세상에 퍼붓는데, 특히 가장 가까운 사람들에게 더 합니다. 사실상 누구든 이 사람들에게 아주 가까이 다가서는 것은 불가능합니다. 그들의 변덕스런 본성은 어떤 진실한 따스함을 재빨리 밀어냅니다. 왜냐하면 그것이 그들 자신의 고통을 상기시키기 때문입니다. 모든 반응적 본성과 마찬가지로 이것은 종종 가학적인 관계, 또는 매우 일시적인 관계로 이어집니다.

25번째 선물
수용Acceptance

사랑을 받아들임

25번째 선물에서 우리는 가장 위대하고 가장 강력한 모든 인간의 선물에 도달합니다.—'수용Acceptance'의 선물입니다. 이 25번째 선물은 우주의 진정한 본성으로 가는 포털로 사랑을 대표하기 때문에 모든 인간들과 엄청난 관련이 있습니다. 사랑의 개화를 뒤이어 수용이 급격히 늘어납니다. 수용은 25번째 선물의 프로그래밍 파트너인 46번째 '기쁨Delight'의 선물이 증언하는 것처럼 삶에 부드럽게 접근하는 방식을 기반으로 합니다. 사랑의 길은 수용의 길입니다. 그것은 어떤 기술이 아니라 보는 것에 더 가깝습니다. 자신에 대한 무언가를 받아들이려면, 특히 불편한 것을 받아들이려면 먼저 그것이 인지되어야만 합니다. 이런 종류의 수용은 당신이 자신의 그림자를 들여다볼 용기를 쌓을 때 일어납니다.

25번째 그림자에서 우리는 두려움이 어떻게 생체자기제어 루프를 만드는지 보았습니다. 그것은 당신 안에 생명력의 수축을 유지합니다. 이 루프를 깨는 유일한 방법은 용기를 가지고 그냥 두려움을 느끼는 것입니다. 두려움을 축소시켜 그 본질에 이르게 되면—그것은 당신 몸의 화학 안에 깊이 자리 잡고 있는 신체적인 감각입니다.—수용의 위대한 비법을 발견하게 됩니다. 당신은 더 이상 두려움을 두려워할 필요가 없습니다. 두려움은 성스러운 상처의 진동 바로 그것입니다. 진동은 더 깊은 수준에서 두려움을 성지로 만듭니다. 그것이 이 태곳적 상처의 진정한 수축을 경험하게 함으로써 당신은 가슴 주위에 미묘한 부드러움을 느끼기 시작하고 천천히, 거의 눈에 보이지 않게 호흡이 깊어집니다. 어떤 순간에라도 당신이 무엇을 느끼든 그것을 받아들이는 이 완화 과정은 당신의 삶에서 그 자신의 탄력을 구축하고, 일정 기간 후에 당신은 정말로 다른 느낌을 갖게 될 것입니다. 당신은 희생자 의식의 낮은 주파수 영역에서 벗어나 삶 그 자체를 더 많이 경험하고 있는 것입니다.

25번째 그림자 수축이 영향력을 완화할 때, 당신은 또한 훨씬 더 많은 에너지와 낙관론에 접근합니다. 낙관론은 비관론의 반대가 아니라 수축에서 벗어났을 때의 진정한 기본 본성입니다. 수용의 상태는 영적인 봄철과 비슷합니다.—당신 삶의 모든 것이 더 자유롭고 쉽게 흐르기 시작하면서 모든 것이 다시 가능한 것처럼 보입니다. 보편적인 동시성이 25번째 선물을 통해 활성화됨으로써 이것은 당신의 바깥에 드러나게 됩니다. 그러나 선물의 주파수 수준에서도 고통은 여전히 존재하며, 당신의 수용 수준을 테스트하기 위해 계속해서 돌아옵니다. 그림자와 선물과 시디 수준 사이에는 여러 층의 주파수대역이 있습니다. 시간이 지남에 따라 당신이 마침내 상처를 완전히 피하려는 욕구를 놓아 버릴 때까지 당신의 수용은 더욱더 깊어집니다. 이 높은 단계에서 당신의 수용은 완성되고 당신은 저절로 자연스럽게 시디 수준으로 도약합니다. 이 모든 것이 하나의 과정이라는 것을 이해하는 것이 중요합니다. 비록 처음에는 기술로 시작할 수도 있지만 거기에는 정말로 기술이라는 것이 없습니다. 당신의 본성을 받아들이려고 노력하는 시도는 미묘한 받아들이지 못함의 수준을 드러냅니다. 그러므로 당신이 정말로 받아들이는 것은 당신 자신의 완전한 무력함입니다.

당신의 홀로제네틱 프로파일에 수용의 선물이 있거나 그것과 강한 연관성이 있는 것으로 느껴진다면, 당신은 아마도 당신이 어디에나 속해 있는 것처럼 느끼는 사람일 것입니다. 당신은 대부분의 사람들이 하는 것과 같은 방식으로 다른 사람을 판단하지 않을 것입니다. 수용은 쉽게 배울 수 있는 것이 아닙니다. 그것은 종종 당신이 태어날 때부터 갖고 있는 것입니다. 그리고 더 많이 받아들일수록 삶은 당신을 더 많이 시험하려 할 것입니다. 당신은 아마도 순수함과 신뢰의 감각을 시험하고 심화시키는 도전을 받게 될 것입니다. 25번째 선물은 삶에 대해 원한을 품거나 너무 많이 걱정하는 것을 어렵게 만듭니다. 당신은 주변에 다른 세상의 공기로 숨을 쉬는 것 같은, 그리고 동시에 다른 사람들에게 깊이 뿌리 내리고 열려 있는 삶을 살아갈 것입니다. 간단히 말해서, 당신은 사랑의 씨앗을 간직하고 있습니다.

25번째 유전자 키는 인간애의 고리Ring of Humanity라고 알려진 유전자 코돈 그룹 내의 마스터 키입니다. 25번째 유전자 키는 인간애의 핵심입니다. 그것은 진주가 만들어지도록 촉발하는 굴 내부의 자극입니다. 그리고 진주는 수용입니다 .수용은 당신이 찾고 있는 성배입니다. 당신이 결국 당신 삶의 모든 것을 있는 그대로 받아들일 수 있을 때, 당신은 인간의 상처를 받아들일 것입니다. 수용은 층으로 겹겹이 옵니다.—단단히 감긴 유전자의 이중 나선 그 자체와 정확히 유사합니다. 당신은 당신의 존재 속 깊은 곳에서 이 층들을 이완시켜서 사랑의 흐름이 더욱더 당신의 존재 속으로 움직이는 것을 느낄 수 있어야 합니다. 당신이 당신 자신과 다른 사람들을 받아들이면 받아들일수록 당신의 삶에서는 더 많은 사랑이 피어날 것입니다. 그것은 그만큼 아름답고 간단합니다.

25번째 시디
보편적 사랑Universal Love

장미와 성배

25번째 시디는 당신의 홀로유전자 프로파일에 있든 아니든 간에 특수한 시디입니다. 모든 유전자 키는 우리 각자 안에 있으며, 25번째 유전자 키는 사랑의 기본 원형입니다. 25번째 선물의 신비 뒤에는 고통의 신비가 있습니다. 우리가 25번째 그림자를 보았던 것처럼 그것은 인간 의식의 진화에 필수적인 주제입니다. 고통과의 연결로 인해 25번째 유전자 키는 22번째 유전자 키와 밀접한 관계를 갖게 되며, 22번째 유전자 키의 '은총'에 의해 수용과 사랑을 찾을 수 있습니다. 신성한 상처는 25번째 시디 '보편적 사랑Universal Love'을 통해서만 진정한 목적을 드러냅니다.

64개의 시디 안에는 사랑의 다양한 변형이 있으며, 실제로 모든 시디는 보편적 사랑의 프랙털 측면입니다. 그 예로서 46번째 시디의 황홀한 관능적 사랑, 29번째 시디의 헌신적인 가슴의 사랑, 56번째 시디의 도취Intoxication, 36번째 시디의 '연민Compassion'이 있습니다. 25번째 시디는 사랑 자체로서 모든 것의 근원이며, 이런 의미에서 보편적 사랑이라고 부를 수 있습니다. 모든 문화권에서 이 사랑은 위대한 신화를 통해 표현되며 이런 신화 중 많은 부분에서 피의 거룩한 상징으로 표현됩니다. 피의 상징은 많은 의미와 수준을 가지고 있습니다. 그것은 신성한 상처 그 자체를 위한 연결 관, 오랜 세월 동안 인간에서 인간으로 전해지는 피, 그리고 우리의 궁극적인 치유의 코드를 담고 있는 피를 나타냅니다. 보다 보편적인 수준에서, 그것은 모든 형태의 뒤를 관통해서 흐르며 거대한 우주적 패턴을 짜는 의식을 상징합니다.

아마도 피에 관한 모든 신화 중에서 가장 잘 알려진 것은 그리스도의 신화입니다. 그의 피는 모든 인류를 위하여 흘린 것으로 알려져 있습니다. 이 신화에는 깊은 비밀이 숨겨져 있습니다. 각 인간 안에 숨어 있는 신성한 상처는 의식의 세 가지 주요 수준에서 이해될 수 있습니다.—그림자의 주파수에서 상처는 인간의 고통을 유지하고, 선물 주파수에서 상처는 인류의 진화를 자극하고, 시디 주파수에서 상처는 인류의 참된 본성을 보편적 사랑의 표현으로서 드러냅니다. 오직 의식의 시디 수준에서만 당신은 그리스도의 피의 진정한 의미를 이해할 수 있습니다. 당신의 주파수가 시디 수준까지 올라갈 때 모든 것은 우주적 차원이 되어 당신은 모든 존재들의 고통을 자신의 존재 속으로 받아들일 수밖에 없습니다.

우리의 유전적 특징의 측면에서 볼 때, 그리스도의 피는 모든 남성과 여성의 고통을 시간이 시작되는 태초부터 절대적으로 수용하는 것을 나타냅니다. 이 모든 것은 인간 게놈에 코드화되어 있습니다. 이것이 가장 높은 주파수에 있는 사람이, 그들을 그리스도라고 하든 또는 보살이라고 하든 인류의 죄악과 고통을 떠맡는다고 말해지는 이유입니다. 이것이 보편적 사랑의 가장 높은 상태를 달성할 수 있는 유일한 방법입니다. 선물 주파수 수준에서, 당신은 자신의 고통에 대한 책임을 지기 시작합니다. 고통의 경험이 깊어짐에 따라 그것은 끝이 없는 것처럼 경험되며, 당신은 당신 이전에 왔던 선조로부터 내려오는 상처를 변형시키기 시작합니다. 당신이 수용 속으로 더 깊이 들어갈수록, 당신은 인간의 고통에 가슴을 더 열어야 하며, 당신이 고통을 더 많이 변형시킬수록 더 많은 사랑을 느끼게 됩니다. 특정 수준에서 그 과정은 개인적인 취향을 잃고 보편적 차원을 취합니다. 25번째 시디의 수준에서, 모든 것이 수용이 되고 보편적 사랑의 장미가 피어나는 영구적인 도약이 이루어집니다. 이것이 모든 고통의 진정한 아름다움이며 목적입니다.

피의 상징을 둘러싼 또 하나의 수수께끼가 있습니다. 그것은 피를 담는 그릇으로 상징됩니다. 이 그릇은 많은 문화권에서 다양한 이름을 부여 받았습니다. 때로는 그것은 묘약을 담는 가마솥이나 유리병으로 간주되며, 다른 경우에는 단순히 컵이나 성배로 간주됩니다. 성배 전설에서 그리스도의 잔으로 마시는 사람은 영원히 살 것이고, 왕이 마실 경우 땅을 되찾을 것이라고 합니다. 25번째 시디는 모든 구도자들의 궁극적인 성배입니다. 우리가 추구하는 것은 우리 원래의 본성이며, 그것은 우리 안에 있으며, 그림자와 상처 속에 숨어 있습니다. 당신의 삶 속에 있는 모든 사람들은 당신 자신의 상처의 일부이며 그 상처의 치유의 일부입니다. 자애로운 수용을 통해서 당신은 당신 안에 있는 모든 고통의 범위를 느끼기 시작할 것입니다. 당신은 이 고통을 두려워할 필요가 없습니다. 그것은 당신 가슴의 중심으로 인도하는 직접적이고 유일한 경로이기 때문입니다. 우리 모두는 이 가장 큰 진리로부터 용기를 낼 수 있습니다.

이 25번째 유전자 키에서 나오는 또 다른 진실은 찾는 일에 대해서 케케묵은 이야기가 주는 해결책입니다. 깨달음에 가장 큰 걸림돌은 그것을 찾는 것이라고 합니다. 모든 영적인 길은 개인적인 고통을 종식시키려는 충동으로 시작됩니다. 당신을 찾게 만드는 것은 당신의 불수용이며, 당신이 찾는 과정에서 결국 그 찾는 행위가 당신의 상처를 피하려는 충동에 기초하고 있다는 것을 깨닫게 됩니다. 이 계시는 의식의 시디 수준으로의 도약을 낳습니다. 따라서 성배를 찾는 모든 희망이 사라질 때, 오직 그때만이 비로소 성배가 발견될 수 있다고 합니다.

이 25번째 시디를 통해 깨달음을 얻은 존재들은 어떤 형태로든 전설이 됩니다. 그들의 삶은 익숙한 신화적 패턴을 따릅니다. 그들은 그것이 붓다가 초월한 이중성의 상처이든 아니면 십자가에 매달린 그리스도 상처이든 상처와의 싸움을 반영하는 삶을 사는 사람들입니다. 그들은 다른 이들이 결코 가지 않은 길을 택하고 그렇게 함으로써 세상의 고통을 스스로 감수합니다. 그런 사람의 오라는 수세기 동안 빛처럼 빛나고 모든 미래 세대의 혈통 속에서 느껴집니다. 누군가가 25번째 시디에 도달할 때마다 커다란 유전적 수축이 인류 전역에서 제거됩니다. 그런 사람들 안에서 발산되는 사랑은 다른 세상의 특질을 가지고 있습니다.—이것은 우리가 알고 있는 인간의 사랑이 아니라 보편적인 사랑입니다. 이 사람들의 몸은 순수 의식을 받아들이는 사람이나 성배가 되기 위해 급격한 변형의 과정을 겪었습니다.—오염되지 않은 우주의 피인 것입니다.

26th GENE KEY

시디
불가시성
선물
교묘함
그림자
자부심

신성한 사기꾼

프로그래밍 파트너 : 45번째 유전자 키
코돈 고리Codon Ring : 빛의 고리
(5, 9, 11, 26)

생리 : 흉선
아미노산 : 트레오닌

26번째 그림자
자부심Pride

의지를 휘두름

육체의 하부 구조 안에는 빛의 파동을 에너지로 포착, 저장, 변환하는 방법을 결정하는 궁극적인 역할을 하는 4가지 화학 코드 세트가 있습니다. 이 화학 계열(5, 9, 11, 26번째 유전자 키 포함)은 총칭하여 '빛의 고리The Ring of Light'로 알려져 있으며 유전적 특징에서는 아미노산 트레오닌을 암호화합니다. 당신이 어떤 빛의 주파수를 DNA 안으로 들어오게 하느냐에 따라서 이 코드를 수단으로 사용하여 신체 내에서 다른 생화학적 과정이 시작되고, 영향 받으며, 예방됩니다. 태양광선 내의 자외선 주파수가 신체를 어떻게 촉매하여 신체 건강의 필수 요소인 비타민 D를 생산하는지는 과학적으로 이미 잘 알려져 있습니다. 빛은 그 스펙트럼 내에 신체 건강뿐만 아니라 정서적, 정신적, 그리고 궁극적으로는 영적 안녕을 결정하는 많은 촉매 코드를 담고 있습니다. 유전자 키 계시의 핵심 메시지는 인간으로서의 당신이 의식적으로나 무의식적으로 몸에 들어가는 빛의 주파수를 높이거나 낮춤으로써 DNA라는 매개체를 통해 당신의 현실을 변화시키는 힘에 관한 것입니다.

두려움에 지배되는 낮은 주파수에서, DNA는 개인의 생존을 기반으로 하는 지시를 신체 전체에 전달합니다. 이 매우 좁은 일련의 매개 변수가 오늘날 우리 행성을 지배하는 기본 패러다임입니다. 26번째 유전자 키는 트레오닌threonine 그룹 내에서 독특합니다. 그것은 개인의 의지를 통해 빛의 파동을 이용하는 것과 관련이 있기 때문입니다. 다른 말로 하면, 당신은 당신의 의지로 빛을 구부릴 수도 있고 그것을 유리하게 활용할 수도 있습니다. 이 유전자 키는 그러므로 의지의 정확하고 조화로운 사용과 많은 관련이 있습니다. 이 행성에는 거대한 조건화 필드가 있어 당신이 손을 뻗어서 잡아 내지 않으면 삶에서 당신에게 올 것은 결코 아무것도 없을 것이라고 말합니다. 그림자 주파수에서 무의식적인 두려움이 삶의 자연스럽고 쉬운 흐름을 불신하게 만듭니다. 이 두려움으로부터 당신은 개인의 의지가 전체를 대항하여 싸우게 함으로써 삶을 통제하려고 합니다. 따라서 26번째 그림자 '자부심Pride'이 당신의 삶을 지배하게 됩니다.

의지의 힘은 실제로 마술적인 힘입니다.—그것은 문자 그대로 빛의 힘을 활용하고 당신의 몸을 통해 행동과 생각과 말로 빛을 투사하는 능력입니다. 그것은 물질적 차원에서 꿈을 실현하는 키입니다. 의지력이 충분하다면 당신은 거의 모든 것을 얻을 수 있습니다. 이것은 26번째 그림자의 언어이며, 이 신념에는 아무런 문제가 없음을 기억하는 것이 중요합니다. 그것은 훨씬 더 높은 주파수로 가는 필수적인 발판입니다. 그러나 의지에는 두 가지 유형이 있습니다.—하나는 당신의 의지your will입니다. 그것은 우리가 곧 보게 되겠지만 하나의 착각입니다. 다른 하나는 신의 의지thy will입니다. 이것은 우리가 이 26번째 유전자 키의 더 높은 주파수를 조사할 때 보게 될 것입니다. 당신의 의지는 인간의 자부심의 기초입니다.—개인으로서의 당신이 자연의 힘을 통제하고 이길 수 있다는 믿음입니다. 고집스러운 자부심의 그림자가 비즈니스 영역보다 더 지배적인 곳은 우리 사회의 어느 곳에도 없습니다. 모든 현대 비즈니스는 개인의 의지력을 기반으로 구축됩니다. 당신이 26번째 그림자에 좌우된다면 다른 많은 사람들처럼 당신도 개인의 이익과 인정을 받기 위해 당신의 의지력을 사용합니다. 이것은 비즈니스에서 정상에 오르기 위해서는 의식적으로나 무의식적으로 다른 사람들을 밀어내야 한다는 것을 의미합니다.

26번째 그림자의 에너지와 효과를 설명하는 데 가장 일반적으로 사용되는 단어는 에고입니다. 영적 서클에서 에고는 더 높은 자아의 최대의 적으로 널리 인식되고 있지만, 26번째 선물을 통해 그것을 탐구하게 될 때 우리는 그것에 더 높은 목적이 있음을 알게 될 것입니다. 당신이 두려움에 지배되도록 허용할 때, 당신은 자신의 에고를 수단으로 다른 사람이나 당신의 환경에 대한 통제를 확립하고 유지하기 위해 DNA에 지시를 내리고 있는 것입니다. 그렇게 함으로써, 당신은 당신의 환경뿐만 아니라 다른 사람들로부터 효과적으로 벗어날 수 있습니다. 그림자 주파수에서는 이것이 당신의 삶에서 성공과 안전을 만들어 낼 수 있는 유일한 방법이기 때문에 26번 유전자 키는 당신에게 주변의 다른 모든 사람들과 마찬가지로 경쟁력의 사다리를 타라고 말합니다.

현대 사회에서 계층구조와 경쟁력과 에고는 정상적이고 심지어 건강한 것으로 간주됩니다. 불행히도, 이 행성에서 건강에 대한 현재의 정의는 매우 좁은 범주에 기초합니다. 진정한 건강은 당신의 내면이 삶의 고유한 불확실성에서도 완전히 편안하게 될 때에만 발견됩니다. 26번째 유전자 키는 면역 체계에 아주 중요한 흉선의 기능과 밀접한 관련이 있습니다. 사회적 조건화는 만일 당신이 정말로 간절하게 뭔가를 원한다면, 당신은 그것이 일어나게 만들게 된다고 말합니다. 당신의 삶을 이런 전제를 기반으로 한다면 26번째 그림자의 주파수는 점차적으로 면역 반응을 저하시키고 스트레스 증가와 조기 노화로 이어지게 됩니다. 면역계의 약화와 관련된 잠재적인 문제나 질병은 말할 것도 없습니다. 당신의 삶이 당신의 의지에 따르도록 강요한다면, 당신은 목표를 성공적으로 달성할 수 있겠지만, 그 대가가 무엇이겠습니까? 자연에 대항하여 움직임으로써 당신은 자신의 진정한 행복을 부인하고 스트레스에 중독됩니다. 26번째 그림자를 가진 사람은 쉽게 식별할 수 있습니다. 왜냐하면 그들은 단 한 순간도 긴장을 풀지 못하기 때문입니다.

그러나 만일 DNA 내에 잠복해 있는 가능성을 충분히 깊이 살펴본다면, 성공과 안전을 위한 다른 모델이 존재한다는 것을 알게 될 것입니다.—그것은 현대인의 현실과는 거리가 너무도 멀어 이 행성의 대부분의 사람들은 현실적인 것으로 거의 받아들이지 못하는 모델입니다. 이 상위 모델은 빛의 스펙트럼 내에 있는 높은 주파수에 의해 DNA 내부에서 활성화되기를 기다리고 있습니다. 우리가 높은 주파수에서 보게 되겠지만, 26번째 유전자 키는 시간과 공간을 통해 모든 존재를 연결하는 양자 망 내의 많은 숨겨진 경로를 보여줍니다.

빛의 고리 내에서 5번째 유전자 키는 당신이 당신 개인의 생체 리듬을 더 넓은 우주 패턴 또는 그리드와 동기화할 수 있게 허용합니다. 하지만 매트릭스를 통해 모든 지름길을 찾는 것은 26번째 유전자 키입니다. 이런 지름길이나 웜홀(wormhole, 우주공간에서 블랙홀과 화이트홀을 연결하는 통로)은 더 높은 주파수에서 움직이는 인간이 물질적 수준의 정상적인 법칙을 어기는 것을 허용합니다. 그러나 그림자 주파수에서는 이런 지름길을 사용할 수 없으며 원하는 것을 얻기 위해 사용할 수 있는 유일한 자원은 의지의 완력입니다. 26번째 그림자의 철학은 '각자 제 일은 제가 알아서 하기'이며, 누군가는 항상 지게 되어 있습니다. 우리는 또한 이것이 26번째 유전자 키의 프로그래밍 파트너인 45번째 유전자 키 '지배Dominance'에 반영되어 있음을 볼 수 있습니다.

앞서 본 것처럼, 26번째 그림자는 에고와 자부심에 관한 것입니다. 이 그림자의 근본적인 두려움 중 하나는 무력감으로 인식되는 것입니다. 그것은 성공과 자신감의 이미지를 투사하는 것과 관련이 있습니다. 낮은 주파수에서 이 유전자 키를 활성화하면 당신은 정체성의 안전을 갈망하게 되고, 이 불편함에 대한 자연스러운 반응은 의지의 행위를 통해서 자신을 다른 사람보다 높은 곳에 설정하여 안전을 추구하는 것이 될 것입니다. 심지어 더 깊은 곳에는 비존재에 대한 인간의 핵심적인 두려움이 있습니다. 우주적인 아이러니는 당신이 강력한 에고와 정체성의 감각에 더 단단히 집착하게 될수록 이 두려움은 당신에게 깊이 영향을 주고 기반을 약화시킨다는 것입니다. 당신의 삶을 되돌아보고 지금의 위치에 오기 위해 얼마나 많은 사람들을 정복시켜야 했는지 생각해 보십시오. 가장 큰 슬픔은 이 26번째 유전자 키에 그런 힘도 들지 않는 마술이 들어 있지만, 그것은 순전한 의지의 힘이 없이는 어디에도 갈 수 없다는 뿌리 깊은 거짓 믿음에 사실상 없는 것으로 무시된다는 것입니다.

억압적 본성 – 조작하는Manipulative

26번째 그림자는 정말 비열할 수 있습니다. 자부심이 억압적인 인간 본성을 통해 나타날 때 그것은 조작이 되지만 명백히 드러나지는 않습니다. 이것은 은밀한 조작입니다. 이 사람들은 다른 사람들을 조종할 때, 그들을 깎아 내리거나 교묘한 무기로 죄책감과 수치심을 이용합니다. 종종 이런 패턴은 무의식적으로 나옵니다. 그것은 그런 사람들이 자신의 행동이나 다른 사람들에게 미치는 영향에 대해 거의 책임을 느끼지 못한다는 뜻입니다. 26번째 그림자는 타고난 교활함을 이용하여 다른 사람들이 스스로 악하거나 열등하게 느끼게 만들고 두려움에 뿌리를 둔 패턴으로 행동하게 만듭니다. 두려움에 뿌리를 두고 있는 자부심은 항상 조작으로 가게 됩니다. 그것은 간단하고 치명적인 방정식입니다.

반응적 본성 – 자랑하는Boastful

자부심의 더 눈에 띄는 버전은 자랑입니다. 이것은 우리 모두가 에고로 잘 알고 있는 자부심입니다. 낮은 주파수는 모두 본질적으로 고립적입니다. 자랑하는 것은 자신에게 주의를 끌려는 것입니다.–자신을 더 잘 보이게 하려는 것입니다. 누군가 자랑스러워 할 때, 그들은 자신들의 행동이나 말이 자신들의 의도에 반대되는 효과를 갖고 있다는 것을 깨닫지 못합니다. 자랑하는 데에는 많은 방법이 있습니다. 의식적일 수도 있고 무의식적일 수도 있습니다. 가장 두드러진 것 중의 하나는 개인의 부와 권력과 재산을 과시하는 것입니다. 26번째 유전자 키의 높은 주파수가 자연스럽게 긍정적인 인정을 끌어들이는 반면, 26번째 그림자와 그의 모든 과시는 질투와 분개를 끌어들이고 최악의 경우에는 탐욕을 자극합니다. 이 사람들은 큰 분노를 억누르며, 그것이 불가피하게 폭발할 때, 그것은 가장 추악한 형태의 자부심으로 나타나며 다른 사람들에게 강한 반발심을 일으킵니다.

26번째 선물
교묘함Artfulness

가슴 마케팅

26번째 유전자 키의 선물 수준에 도달하면 삶의 매우 큰 비밀을 알게 됩니다. 의지와 의도의 차이점을 배우는 것입니다. 낮은 주파수에서, 26번째 그림자는 삶에서 당신의 꿈을 실현하기 위해서는 엄청난 의지력을 발휘해야 한다고 믿도록 유도합니다. 여기서 문제는 그림자 주파수에서 당신은 자신의 꿈이 실제로 무엇인지 알 수 없다는 것입니다. DNA의 고리 안에는 당신의 높은 목적이 숨겨져 있습니다. 당신은 의지의 강력한 힘으로 그 목적을 세상에 강제로 나오도록 할 수 없습니다. 당신의 높은 목적은 당신이 개인의 의지를 자연에 모두 포기할 때에만 나타납니다. 이 항복의 과정은 당신의 높은 목적이 세상에 강요하기보다는 조율해야 하는 것임을 이해하는 것으로 시작됩니다.

삶에서 높은 목적을 처음으로 접하게 되면 당신은 그것을 당신 안에서 감지하기 어려운 의도로서 경험하게 될 것입니다. 당신이 내면에 더 많이 귀 기울일수록, 당신은 이 의도가 당신이 삶에서 행하고 말하는 모든 것의 이면에 있다는 것을 깨닫게 될 것입니다. 이 의도에 대한 당신의 태도는 세상에서 그것이 성공적으로 드러나느냐의 여부를 결정합니다. 그림자 주파수에서 당신은 자부심을 통해 이 의도에 반응하고 따라서 선수를 치고 그것을 강제함으로써 그것의 발현을 왜곡시킵니다. 선물 주파수에서, 당신의 태도는 더 높은 파장의 빛을 DNA에 초대합니다. 이 더 정교한 주파수는 몸 안의 새로운 미세 프로세스를 촉매합니다. 우선 첫 째로는 면역 체계가 강해지고 전반적인 건강 수준이 상당히 향상된다는 것입니다. 26번째 선물이 활성화되면 흉선이 더 높은 수준에서 작동하고 당신 존재 전체에 특이한 일이 일어납니다. 당신이 처음으로 알아차릴 수 있는 것은 당신이 몸 안에서 육체적으로나 감정적으로 더 따뜻하게 느끼기 시작한다는 것입니다. 흉선의 기능이 좋아짐에 따라 가슴 부위 전체에 부드러운 진동이 발생하여 가슴이 열리는 멋진 느낌과 온기를 느끼게 됩니다.

당신은 몸 안에서 더 높은 주파수를 활성화시키기 위해 당신이 하고 있는 일이 무엇인지 궁금해 할 수 있습니다. 그 대답은 간단합니다.—당신은 자신의 의도에 귀를 기울이고 있는 것입니다. 당신은 자신의 높은 목적에 귀를 기울이고 있습니다. 아무것도 할 필요 없이 이 방법으로 귀 기울여 듣기 만함으로써 당신은 더 높은 주파수의 빛을 흡수하기 시작합니다. 시간이 지남에 따라 이런 주파수에 오랫동안 조율하게 되면 DNA 내에서 프레임시프트(frameshift-DNA에 하나 또는 그 이상의 뉴클레오티드가 부가되거나 혹은 결실缺失됨으로써 유전 암호의 해독틀이 이동하여 어긋나 일어나는 돌연변이) 돌연변이가 일어납니다. 이 자발적인 변화는 유전자 코드가 번역되는 방식을 완전히 재구성하고 또 다른 숨겨진 코드가 당신의 삶에서 처음으로 발현됩니다. 당신의 높은 목적에 부합하는 것이 바로 이 숨겨진 코드입니다. 일단 잠금이 해제되면 삶은 돌이킬 수 없이 바뀔 것입니다.

26번째 선물은 자기 판단 없이 충분한 인식 속에서 당신의 에고를 찬양합니다. 이 선물이 깨어날 때 당신은 자부심에는 절대적으로 아무런 문제도 없다는 것을 깨닫습니다. 자부심은 단지 '교묘함Artfulness'이라고도 불릴 수 있는 똑같은 에너지가 낮은 주파수에 있을 때 일어나는 것입니다. 자부심을 창조적으로 사용하는 법을 배울 때, 그것은 강력하게 되고 심지어 아름답게 됩니다. 26번째 선물은 관심을 사랑합니다. 그것은 관심을 끌도록 설계되었습니다. 이 선물은 누군가에게 뭔가를 판매하는 것을 사랑하는 것에 관한 것입니다.—제품이든, 당신 자신이든, 아니면 진실이든 말입니다. 26번째 선물은 다른 사람들이 구매할 수 있도록 무언가를 꾸미는 마케팅에 대한 사랑을 나타냅니다. 제품이나 진실을 팔기 위해서는 당신 자신이 주목받아야 합니다. 당신은 모든 인간 안에 있는 자부심과 에고의 에너지를 받아들여야 하며 그것을 더 높은 목적을 위해 사용해야 합니다.

26번째 선물에는 타고난 약삭빠름이 있습니다. 이 선물을 통해 당신은 에고의 힘을 사용하여 당신의 메시지를 전달할 수 있습니다. 그렇게 하려면 완전히 포용해야 합니다. 우리는 많은 영적 서클에서 에고에 부정적인 의미가 있다는 것을 보았습니다. 그들은 에고를 정복되고 초월되어야 할 것으로 봅니다. 사실 정복으로는 아무것도 초월할 수 없습니다. 오직 흡수와 수용, 그리고 심지어는 즐김을 통해서만 에고는 초월될 수 있습니다. 이것이 에고를 즐기는 선물입니다. 교묘함의 선물을 통해, 에고는 실제로 예술 형태가 됩니다. 이 선물에서 인종적인 기억을 조작하는 능력이 나타납니다.—다른 말로 하면, 당신은 본능적으로 당신 앞에 있는 사람의 말을 정확하게 말하는 법을 알고 있습니다. 당신의 말을 듣는 사람을 조종하는 이 능력은 낮은 주파수에서 엄청나게 파괴적일 수 있습니다. 왜냐하면 그것은 두려움에 뿌리를 두고 있으며 두려움을 통해 자신을 팔기 때문입니다. 그러나 높은 주파수에서, 두려움에서 벗어난 26번째 선물은 사랑을 통해 자신을 팝니다. 이것이 가슴 마케팅입니다.

조작manipulation이라는 단어는 영적 영역에서 특히 질색하는 또 다른 단어입니다. 그러나 조작은 그것이 열려 있고 정직하다면 아름다운 것이 될 수 있습니다. 예술은 음악이 그런 것처럼 조작의 미묘한 형태입니다. 인간은 조작을 통해 낮은 주파수에서 높은 주파수로 이동할 수 있습니다. 바로 이것이 26번째 선물이 탁월한 점입니다. 그것은 당신이 조종당하고 있다는 것을 알게 하고, 그래서 당신이 항복하고 그것에 휩쓸리도록 허용하거나, 아니면 제공된 것을 거절할 수 있도록 합니다. 그것은 26번째 선물에게는 하나의 게임입니다. 이 선물을 통해 당신은 다른 사람의 에고를 조작하기 위해 당신 자신의 에고를 조작합니다. 그림자 주파수와 선물 주파수의 차이는 26번째 그림자로부터 움직일 때 당신은 성공과 인정과 지배력을 얻으려는 게걸스러운 욕구와 당신 자신의 에고에 의해 사실상 소모된다는 것입니다. 26번째 선물을 드러낼 때 당신은 자신의 에고와 동일시하지 않습니다.—그것은 단지 당신이 이용하는 어떤 것일 뿐입니다. 쇼를 하기 전에 입는 의상처럼 말이지요.

26번째 시디
불가시성Invisibility

위대한 진사장

신비의 길에는 이런 말이 있습니다. 그것은 대충 이렇게 번역됩니다. : 에고를 초월하기 위해서는 우선 포기할 가치가 있는 에고가 있어야 한다. 이 기분 좋은 말이 26번째 유전자 키의 모든 가르침을 아름답게 압축하고 있습니다. 원래 중국 주역에서 이 헥사그램의 이름은 '위대한 것을 길들이는 힘The Taming Power of the Great'이었습니다. 그것은 선물 수준에서 자신의 에고를 길들이는 과정을 잘 나타내고 있습니다. 에고가 낮은 주파수에서처럼 우리 삶에서 거칠게 달릴 때, 혼란이 초래됩니다. 당신이 자신의 에고를 알게 될 때, 그것은 당신의 속박을 풀어 주고, 당신은 그것으로 노는 방법을 배울 수 있습니다. 그러나 당신의 DNA 안에는 일어나기를 기다리는 더 높은 차원의 돌연변이가 있습니다. 그중 하나인 이 '위대한 것을 길들이는 힘'은 26번째 시디를 통해서만 일어나는 마법의 과정입니다. 당신이 삶에게 가슴을 더 많이 열수록 흉선은 정제되고 강렬한 진동을 일으켜 자발적으로 송과선의 기능에 불을 붙입니다. 대부분의 비전秘傳 시스템이 증언하듯이 송과선은 당신의 두뇌 내에 화학 경로를 열어 우주 의식에 접근할 수 있도록 합니다. 이런 식으로 우리는 위대한 것을 길들이는 힘을 당신의 육체 깊은 곳에서 대우주와 소우주가 만나는 것을 가리키는 것으로 이해할 수 있습니다.

26번째 시디 '불가시성Invisibility'은 높은 의식 상태가 매우 드물게 발현하는 현상입니다. 이 수준에서 불가시성은 여러 가지 다른 것을 의미할 수 있습니다. 고대 중국의 도교에서는 이 26번째 유전자 키에 대한 또 다른 특별한 이름이 있는데, 이를 위대한 진사장(The Great Cinnabar Field이라고 부릅니다. 도교 신자들에게 진사(辰砂, 수정과 같은 결정구조를 가지는 육방정계에 속하는 광물로, 주사·경면주사·단사·광명사라고도 한다.)는 연금술에서 수은을 대표하는 물질이었습니다. 수은의 특성이 곧 26번째 시디의 특성입니다. 이런 측면에서 수은은 당신의 주변 환경과 하나가 되어, 보이지 않도록 자신을 위장할 수 있는 능력을 나타냅니다. 이것은 앞에서 언급한 '나의 의지'와 '당신의 의지' 사이의 전형의 차이입니다. 이 26번째 시디는 개인의 의지의 모든 감각을 녹입니다. 우주에 있는 모든 것은 하나의 터빈에 의해 움직이며 이 자극에 항복하는 것이 개인의 에고를 보이지 않게 만듭니다.—단지 당신 자신의 에고만이 아니라 다른 모든 사람들의 에고 또한 그렇게 합니다. 게임 전체가 그냥 무너져 버리는 것입니다.

이 시디를 발현하는 사람은 어디에도 서 있지 않습니다. 이 존재들은 하나의 개념으로 고정될 수 없습니다.—어디를 보더라도 그들은 거기에 있으며, 그들을 고정시키려고 시도할 때마다 그들은 사라져 버립니다. 이 맥락에서 이것이 불가시성의 의미입니다.—그것은 실존과 하나가 된 사람을 의미합니다. 위대한 진사전은 실존의 모든 측면을 연결하는 에너지 격자입니다. 그것은 변동이 거듭되는 상호교환 가능한 에너지이자 물질의 양자 대양이며, 이 대양 위에서 놀고 있는 실존의 파동입니다. 이 바다의 주인이 되는 사람은 별도의 실존 없이 격자 안에서 움직일 수 있는 사람입니다.—신이 그 안에서 놀고 있는 사람인 것입니다.

놀이는 26 시디의 큰 부분입니다. 우리 인류는 항상 시디의 비밀을 감지했지만, 그런 신성한 발현이 우리 자신의 유전 암호 내에 숨겨져 있다는 것은 거의 생각하지 못했습니다. 인류 역사 내내 시디는 의인화되어 우리 몸 밖에서 우리의 신, 원형, 신화로 투영되었습니다. 26번째 유전자 키의 신은 장난꾸러기 신들—북유럽의 로키(Loki, 파괴와 재난의 신) 신, 아메리칸 인디언의 코요테 신 또는 힌두교의 원숭이 신 하누만Hanuman입니다. 이들은 변신의 위대한 원형입니다. 켈트족 멀린(Merlin, 아더 왕 이야기에 나오는 예언자·마법사)은 불가시성의 또 다른 원형이며, 26번째 시디는 확실히 마법사와 같은 장난스러운 특성을 공유합니다. 이런 원형을 통해 신성은 장난스럽고 때로는 말썽꾸러기처럼 여겨집니다. 이 시디를 드러내는 사람들은 인류에게 삶을 덜 진지하게 받아들이도록 가르칩니다. 그들은 속임수로 우리를 위대한 진리로 데려갑니다.

앞서 본 것처럼 26번째 유전자 키는 그 안에 에고의 특성을 담고 있으며 마케팅에 능합니다. 시디 수준에서 이 선물들은 신성한 재미라는 유일한 목적을 위해 연출됩니다. 이 사람들은 창조에 대한 사랑의 느낌을 전하기 위해 그들이 갖고 있는 능력을 무엇이든 사용할 것입니다. 보편적 양자장의 언어를 폭넓은 이해하면서 그들은 대답을 찾으려는 마음의 중독성을 이용해 마음을 유인하기 위해 매우 복잡한 가르침을 만들 수도 있습니다. 당신을 끌어들이기 위해 사용하는 속임수, 지름길, 웜홀이 무엇이든지 간에 그들은 당신이 아무것도 진정으로 문제가 될 것은 없다는 높은 차원의 진리에 주의를 기울이도록 끌어들이기 위해 그렇게 합니다. 의식을 바꿀 수 있는 것은 아무것도 없습니다. 이 단순한 진리를 진정으로 통합하는 것은 곧 모든 인간의 삶이 본질적으로 아무 의미도 없다는 것을 깨닫는 것입니다. 그러나 이 의미 없는 것이 실존의 경이로움을 손상시키지는 않습니다. 오히려 그것은 우리 주변의 아름다움을 향상시킵니다. 무엇보다도, 그것은 우리가 놀 수 있도록 살아 있는 상태로 남겨 둡니다.

26번째 시디와 춤을 추는 것은 모든 의제를 놓아 버리는 것입니다. 그런 사람들은 대부분이 이해할 수 없는 방식으로 우리 눈에 보이지 않습니다. 그들은 다른 사람들이 그들에게 투사하는 것을 신경 쓰지 않기 때문에 보이지 않습니다. 그들은 누구도 깨우려고 하지 않습니다. 그들은 정말로 누구에게도 영향을 미치기를 원치 않습니다. 그들은 진정으로 의제가 없습니다. 그들은 단순히 실존의 기계 장치 속의 느슨한 톱니바퀴로서 여기에 있을 뿐입니다. 그들은 우리 인간이 집착하는 법률을 거역하는 것을 좋아합니다. 그들은 존재의 흐름을 왜곡하고 돌려놓기를 좋아하는 장난꾸러기 요정입니다. 아이러니하게도 그런 의제 없는 사람들이 종종 우리 의식의 역사에서 가장 큰 족적을 남겼습니다. 우리가 그들을 고정시킬 수 없고, 우리가 우리의 마음으로 그들을 이해할 수 없기 때문에, 우리는 그들을 거부하거나 비웃을 수밖에 없습니다. 웃음은 26번째 시디의 진정한 유산입니다. 위대한 진사장의 실존 전체에 걸쳐 종소리가 끊임없이 이어지는 것처럼 그들의 웃음소리가 울려 퍼집니다.

시디
사심 없음
선물
이타주의
그림자
이기심

신들의 음식

프로그래밍 파트너 : 28번째 유전자 키
코돈 고리Codon Ring : 삶과 죽음의 고리
(3, 20, 23, 24, 27, 42)

생리 : 태양신경총
아미노산 : 류신

27번째 그림자
이기심Selfishness

사랑과 이기심의 수학

27번째 유전자 키는 행성 수준에서 정말로 광대한 의미를 가지고 있습니다. 그것은 먹이사슬의 구조, 인간과 동물 둘 모두의 유전자 풀의 보전을 지배합니다. 그리고 우리 행성의 서로 다른 종 사이의 전반적인 균형을 유지하는 정확한 수학 법칙을 이해하는 열쇠입니다. 그것은 심지어 지구 기후와 날씨의 근본적인 변화와 미세한 변화를 제어합니다. 고대 중국인들이 주역의 27번째 헥사그램을 '자양분Nourishment'이라고 부른 데에는 충분한 이유가 있었습니다. 그것은 모든 지각 있는 생명체를 지배하는 '주는 것이 곧 받는 것이다'라는 행성의 법칙을 나타냅니다.

높은 수준의 주파수에서 볼 때, 27번째 그림자 '이기심Selfishness'은 이 근본적인 법칙이 왜곡된 것입니다. 거시적 렌즈를 통해 자연을 바라볼 때, 우리는 이 행성의 모든 각양각색의 시스템이 서로 연결되어 있는 것을 볼 수 있습니다. 모든 생명체와 물질은 유기물이든 무기질이든 모두 아원자 수준에서는 본질적으로 구멍이 많은 다공성입니다. 이 행성에는 모든 형태를 하나로 묶어 주고 주로 먹이를 기반으로 하는 주고받기의 전체적 수학이 있습니다. 가능한 가장 넓은 의미에서 우리는 여기서 먹이라는 단어를 사용합니다.—예를 들어 만일 당신이 박테리아라면 당신이 정의하는 먹이는 가솔린에서 나무에 이르기까지 모든 것이 될 수 있습니다. 요점은 삶이란 탄생과 소멸의 살아 있는 사슬이라는 것입니다.—생명체가 서로를 의지해서 살아가며 한 생물체의 죽음이 다른 생물체의 탄생으로 변환됩니다. 가장 심오한 수준에서, 만일 어떤 것이 다른 어떤 것의 먹이가 될 수 없다면 아무것도 존재할 수 없습니다.

우리는 27번째 유전자 키 내에서 이 원리를 홀로제네틱이라고 말할 수 있습니다. 그것은 유전자 수준에서 모든 생물체에 존재합니다. 하지만 그것은 모든 생명 체계를 지배하는 일련의 법칙으로 복제될 수도 있습니다. 예를 들어, 인간의 경우 이 법칙은 우리가 선과 악으로 생각하는 우리의 도덕성의 기본 요소를 형성합니다. 특히 이 27번째 이기심의 그림자는 도덕적으로 악하거나 바람직하지 않은 것으로 분류됩니다. 그러나 64개의 유전자 키를 통해 모든 도덕성은 단순히 특정 원형을 통한 주파수의 움직임으로 이해될 수 있습니다. 이런 객관적인 방식으로 볼 때, 도덕적 의제는 없습니다. 64개의 그림자는 외적인 발현이 그렇게 분류되어 있더라도 나쁜 것은 아닙니다. 우리 지구상의 모든 형태는 끊임없이 주파수가 진화하고 있습니다. 그래서 우리는 인간들 중에 어떤 곳에서는 높은 주파수의 사람들이 지배하고 있으며 다른 곳에서는 낮은 주파수의 사람들이 지배하고 있는 것을 봅니다.

이기심은 이 27번째 유전자 키가 진화의 여정을 시작하는 곳입니다. 소위 이기적 유전자selfish gene는 우리가 살아남는 데 필요한 요건이었습니다. 특히 혈연관계와 가까운 유전 그룹이 필요했습니다. 그러나 이기심은 다음 형태가 기존의 호모 사피엔스 형태로부터 돌연변이를 일으키기 위해 초월되어야 합니다. 이것이 자연의 수학이 작동하는 방식입니다. 한 종 안에서 주파수가 정점에 도달하면, 그것은 양자 도약을 이루기 위해 그 형태를 밀고 당깁니다. 아이러니하게도 새 형태가 궁극적으로 기존 형태를 뿌리째 뽑아 버린다고 할지라도 새로운 형태는 잠시 동안 이전 형태의 보살핌이 필요합니다. 이기심은 집단적 수준에서 초월되는 과정에 있는 우리의 진화 단계입니다. 그것이 아니라면, 인간은 죽을 것입니다. 이것은 도덕성의 문제가 아닙니다. 이것은 진화의 문제인 것입니다.

오늘날 우리가 세상을 바라볼 때, 특히 세상 언론을 통해 바라볼 때, 우리는 삶의 부정적 측면에 집중하는 경향이 있습니다. 그것은 일반적으로 대중 의식의 낮은 주파수 때문입니다. 그러나 집단적 몸으로서 우리 인간은 이미 개인적 또는 종족적 이기심을 훨씬 뛰어 넘었습니다. 우리가 구축한 사회구조는 그 어느 때보다도 많은 사람들이 먹을 것을 얻고 영양을 공급받는 기회를 창출합니다. 엄청나게 많은 사람들이 여전히 빈곤 속에 살고 영양실조로 고통을 받는 것은 사실입니다. 그리고 이기심이 일차적인 책임이라는 것도 사실입니다. 그러나 총체적으로 우리는 원숭이로부터 먼 길을 달려왔습니다. 그럼에도 불구하고 현재의 인간은 여전히 이기심을 위해 설계되었으며 높은 주파수에 쉽게 적합하지 않습니다. 인간이 시디 수준은 말할 것도 없고 선물 수준까지 유전자 주파수를 높이는 일은 아직까지도 상대적으로 드문 일입니다. 따라서 우리 종족은 유전적 양자 도약을 위해 스스로 준비해야만 합니다. 왜냐하면 그것만이 진정으로 내장된 이기심을 초월할 수 있는 유일한 방법이기 때문입니다.

이기심을 이런 방식으로 봄으로써, 아마도 우리 인간은 27번째 유전자 키의 높은 주파수를 보기 시작할 수 있을 것입니다. 이기적 행위는 퇴화devolution를 일으키는 반면 사심 없는 행위는 진화evolution를 일으킵니다. 여기에 자연의 수학에서 나온 방정식에 더하면, 우리는 27번째 그림자 '이기심'이 목적 없음(무의미함)이 된다는 것을 알게 될 것입니다. 이 방정식은 27번째 그림자와 그 프로그래밍 파트너인 28번째 그림자 '목적 없음Purposelessness'의 쌍둥이 이진법에서 생성됩니다. 이 이진법 코딩은 막다른 골목으로 끌고 갑니다. 이기심은 이문이 적습니다. 왜냐하면 그것은 우리를 구멍이 많게 하는 것이 아니라 구멍이 없게 만들기 때문입니다. 장기적으로 그것은 음식이나 사랑의 영양분을 받을 수 있는 가능성을 닫아버립니다. 이기심은 우리를 집단으로부터 단절시킵니다. 비록 그것이 개인의 생존을 보장할지라도, 우리의 종들이 다음의 진화적 도약을 하기 위해서는 생존은 절대적으로 공동체적이 되어야 합니다.

삶과 죽음의 고리Ring of Life and Death로 알려진 화학 계열의 한 측면으로서, 27번째 그림자는 우주적 창조와 파괴의 힘을 상기시켜 줍니다. 모든 그림자는 파괴적이며 죽음으로 끌고 갑니다. 반면에 모든 선물은 생명으로 끌고 갑니다. 삶과 죽음이 마침내 초월되는 것은 최고의 시디 수준에서 뿐입니다. 각 코돈 그룹은 유전자 풀 전체에 걸쳐 집합적으로 기능하여 전체 행성에 퍼져 영향을 주는 주파수 필드를 만듭니다. 27번째 그림자가 이 코돈 고리의 다른 유전자 키와 결합되어 있기 때문에 이기심의 본질을 보는 것은 쉬운 일입니다. 우리는 24번째 그림자를 통해 그것이 얼마나 중독성이 있는지, 3번째 그림자를 통해 그것이 어떻게 혼돈을 만들어내는지, 그리고 20번째 그림자를 통해 어떻게 그것이 기본적인 인간의 인식을 비우도록 요구하는지 알 수 있습니다. 23번째 그림자를 통해 우리는 얼마나 이기심이 삶을 복잡하게 만드는지, 그리고 마지막으로 42번째 그림자를 통해 그것이 고통에 종지부를 찍을 것이라는 잘못된 기대에 뿌리를 두고 있는지 알 수 있습니다.

억압적 본성 – 자기희생Self-Sacrificing

이 그림자의 억압적 본성은 가슴으로부터 주는 것이 아니라 당신의 개인적인 힘을 버린다는 의미에서 자기희생으로 나타납니다. 당신은 다른 사람에게 주지만 경계에 대한 감각이 없으며, 그것은 받는 사람에게 이용당하거나 또는 억울함을 느끼게 합니다. 삶의 법칙은 관계가 건강하게 유지되기 위해서는 서로에게 이익이 되는 교환이 있어야 한다고 말합니다. 억압적 본성은 자신의 어두운 면을 두려워하고 다른 사람에게 모든 에너지를 쏟아 부음으로써 그것을 얼버무리려고 합니다. 이런 자기희생에는 미묘한 죄책감이 담겨 있습니다. 주는 주파수는 진정한 가슴으로부터 오지 않으며 주는 식으로 진정한 감사함이 없이 받게 될 수 있습니다. 이런 방식으로 주는 것은 좋은 것이 아니라 오히려 해가 됩니다. 필연적으로 자신의 자원을 고갈시키고 점차적으로 자신의 건강을 해치기 때문입니다.

반응적 본성 – 자기중심적Self-Centred

이 그림자의 반응적인 측면은 의제와 함께 주는 것이며, 당신의 에너지를 억제한다는 의미에서 순전히 이기적인 것은 아닙니다. 이 사람들은 뭔가를 받기 위해서 다른 사람들에게 줍니다. 이런 종류의 정치적 기부는 조작의 오라를 만들어내며 불신을 조장합니다. 그런 사람들이 다른 사람들에게 주고 그들이 기대했던 것을 되돌려 받지 못할 때, 그들의 반응적 본성의 잠재된 분노가 갑자기 표면으로 폭발합니다. 모든 반응적 본성은 다른 사람들을 혹평하는 능력을 가지고 있으며 그중에서 27번째 그림자가 가장 충격적으로 보일 수 있습니다. 왜냐하면 처음에는 너무나 관대하고 베푸는 것처럼 보이기 때문입니다. 이런 식의 주는 행위는 전적으로 가슴에서 오는 것이 아니라 마음에서 오는 것입니다.

27번째 선물
이타주의Altruism

포드 마인드Pod Mind

27번째 선물은 동물계를 살펴보면 가장 명확하게 이해될 수 있습니다. 64개의 유전자 키 중에는 다른 종과 밀접한 관계가 있는 선물이 있습니다. 27번째 선물은 다른 포유동물과 연결됩니다. 이 선물은 포유동물 가족이나 집단 구성원 사이에 있는 공동 유대감을 나타냅니다. 예를 들어, 돌고래 포드(pod, 작은 떼)에서, 27번째 선물은 포드 마인드에 반영되어 있습니다.–이 생물들을 하나로 묶어서 함께 유지하는 보이지 않는 정신력입니다. 포드 마인드는 포드 전체의 안전을 감시합니다. 그것은 각각의 돌고래를 통해 작동하지만 즉시 포드의 모든 구성원에게 소통됩니다. 이 포드 마인드의 본질은 한 개인 구성원이 위험에 처하면 모든 돌고래가 도움을 줄 것이라는 뜻에서 이타주의입니다. 때때로 포유동물에서 나이가 많은 구성원은 더 어린 구성원을 구하기 위해 심지어 자기 자신을 희생하면서 혈통이 이어지도록 합니다.

더 높은 주파수에서, 가족 집단 간에 존재하는 이 공동체적 이타주의는 전체 종으로까지 확장됩니다. 인간들에게 이타주의는 종으로서의 우리의 생존을 보장합니다. 그것은 더 행복하고 더 건강한 삶을 보장합니다. 비록 그것이 항상 기대했던 삶은 아닐지라도 말입니다. 가슴으로부터 베풀어주는 것은 예기치 못하게 우주의 힘을 흔들어 당신에게 호의적으로 작용하도록 할 수 있습니다. 단지 주기 위한 목적으로 다른 사람에게 주는 것은 당신의 몸 안 깊은 곳에서 건강한 흐름을 활성화시킵니다. 당신은 이기심을 통해서 자신을 위해 많은 것을 얻을 수도 있겠지만, 더 높은 목적의 진정한 의미는 얻지 못할 것입니다. 목적은 샘물처럼 이타주의로부터 흘러나오며, 당신 안에서 거품처럼 터져 나와 당신을 따뜻하게 느끼게 할 뿐 아니라 다른 사람들에게도 이 느낌을 퍼트립니다.

이타주의의 또 다른 측면은 사심 없이 거리를 둘 수 있는 능력입니다. 우리는 이미 삶과 죽음의 고리를 통해 27번째 선물이 42번째 선물 '공평성Detachment'과 얼마나 밀접하게 연결되어 있는지를 보았습니다. 27번째 그림자와 27번째 선물의 가장 큰 차이점은 이타주의가 아무것도 기대하지 않으면서 주는 것뿐만 아니라 그렇게 줌으로써 결과가 풍성해질 것임을 알게 되는 원인을 제공한다는 것입니다. 27번째 그림자—자기희생—의 억압적인 측면은 잘못된 사람들에게 주는 것에 관한 것입니다. 그것의 한 예는 농부의 씨앗이 불모의 땅에 떨어지는 것에 대한 그리스도의 비유에서 잘 나타납니다. 이타주의는 실제로 집단정신과의 연결을 통해 누구에게 주는 것이 가치가 있는지 알 수 있는 지성의 한 형태입니다. 그것은 희생자 의식을 지지하지 않습니다. 본질적으로 그것은 깊은 공동체적 결속 과정을 통해 개인에게 권한이 부여되는 것을 지지합니다.

사심 없이 베풀어주는 27번째 선물의 능력은 또한 이 사람들이 다른 사람들에게 필요한 지원을 제공하기 위해 법률이나 도덕적 규범을 변용하거나 심지어 깰 수도 있음을 의미합니다. 보살핌은 가슴에서 나올 때 도덕성의 흔적이 없습니다. 이런 종류의 보살핌은 자식을 돌보는 부모와 비슷합니다. 실제로 이 27번째 선물은 자녀 교육이나 양육과 관련이 있습니다. 자녀가 있는 사람들은 유전적 수준에서 그들의 자녀를 보호하려는 이런 충동을 이해합니다. 그것은 우리 행성에 있는 힘 중에서 가장 강력한 힘 중의 하나입니다. 이 선물은 모든 생명체와 긴밀하게 공명하고 있기 때문에, 또한 자연의 7년 주기와 관련이 있습니다. 7년 주기는 교육과 양육 과정의 기초입니다. 인간의 경우, 이 선물은 최소한 7년 동안 자녀와 함께 있어야 하는 엄청난 유전적 압력을 조성합니다. 만일 당신에게 이 선물이 홀로제네틱 프로파일의 일부로 있는 경우에 당신이 처음 7년 동안 자녀에게 필수적인 부분이 아니라면, 당신은 당신 자신에게 부모로서 신체적, 정서적, 정신적 손상을 초래할 수 있습니다. 이 유전적 압력은 본질적으로 가족에게 건전한 것입니다. 어머니와 아버지가 더 이상 친밀하지 않더라도, 아이가 우선적인 초점이 되어야 합니다. 모든 어린이는 생후 첫 7년 동안의 아주 중요한 시기에 남성과 여성의 오라의 균형이 지속적으로 필요합니다.

모든 것이 처음 7년 동안 아이의 정신에 구축됩니다. 이 7년을 넘어선 다음에는 다른 주기의 각인이 존재하지만 그 단계는 이미 설정되어 있습니다. 첫 7년 동안 남성과 여성 모두로부터 참된 양육을 받는 아이는 육체적, 정서적, 정신적으로 강한 체질을 갖게 될 것입니다. 사실상, 그들은 항상 자신의 내적인 힘을 찾을 수 있는 능력을 가지고 있을 것입니다. 그런 아이는 이기적인 성향보다는 이타적인 성향으로 자랄 것입니다. 물론 운명은 어머니와 아버지를 갈라놓을 수 있는 모든 방식의 사건을 준비하지만 잃는 것은 아무것도 없습니다. 이 첫 7년 사이의 결별을 치유할 수 있는 기회는 나중에 인생에서 언제나 반복될 것입니다. 당신 스스로가 부모가 됨으로써 자신의 유년기 상처를 치유해야 할 수도 있습니다. 모든 관계는 우리에게 끊임없는 양육을 통해 오래된 상처를 치유할 수 있는 기회를 줍니다. 이것은 사실 행복한 관계의 비밀입니다. 당신이 당신의 관계에 만족하지 않으면 그것은 당신 자신을 완전히 키우지 않았기 때문일 수 있습니다. 모든 관계가 이 거울을 제공합니다.

27번째 선물의 진정한 본성은 관대함입니다. 이것은 주로 다른 사람들을 돌보는 것이나 일반적으로 자연을 돌보는 것에 관한 것입니다. 이 사람들은 멋진 정원사가 될 수도 있습니다. 삶의 주기와 자연의 리듬의 흐름에 자연스럽게 연결되어 있기 때문입니다. 이 선물에는 약하거나 고통 받는 사람들에게 특별히 부드러운 면이 있습니다. 홀로제네틱 프로파일에 이 선물을 가진 사람들이 다른 사람들을 양육할 수 있는 봉사에 관련된 직업에 종사하는 것은 지극히 당연한 일입니다. 매우 높은 주파수에서 27번째 선물은 강력한 신뢰의 오라를 발산하는데, 그것을 다른 사람들은 즉시 느끼게 됩니다. 이런 신뢰의 오라는 종종 다른 사람들이 자신의 경계를 내려놓고 자신을 열어놓게 합니다. 때로는 그것이 생전 처음으로 일어나는 일일 수도 있습니다. 깊은 유전적 차원에서, 이 27번째 선물의 존재는 집단정신에 대한 강한 공명을 통해 공동 안보의 느낌을 갖게 합니다. 따라서 그것은 전체 유전자 매트릭스 중에서 가장 강력한 치유의 선물 중 하나입니다.

27번째 시디
사심 없음Selflessness

사랑 – 새로운 슈퍼 푸드

27번째 시디는 당신이 얻을 수 있는 만큼 충분히 신비로운 시디입니다. 이 원형을 일반적인 언어로 설명하는 것은 매우 어려운 일입니다. 64 유전자 키를 구성하는 지식은 유전적 수준에서 생명의 하부 구조에 반영됩니다. 프랙털의 과학을 완전히 이해할 때까지 우리는 우주의 본질을 실제로 파악하지는 못할 것입니다. 우리가 보는 모든 것은 다른 모든 것에 대한 청사진을 담고 있는 홀로그램입니다. 현재 인류의 진화 전체는 64 그림자의 주파수에서 64 선물 주파수로 전환하도록 설정되었습니다. 64 시디의 가장 높은 주파수는 우리 종의 현재 단계와는 관련이 없고 우리 의식의 미래와 더 관련이 있습니다. 몇 되지 않는 특정 인간들에서 시디 상태가 자발적으로 피어날 것이지만 아직 전체적으로 꽃을 피울 수 없는 이유가 바로 이것입니다. 시디가 드러나게 된 사람들은 실제로 현재의 호모 사피엔스Homo sapiens 버전을 위해 설계되지 않은 상태를 나타냅니다. 이런 의미에서 모든 시디 상태는 정상이 아닌 기형으로 보입니다.

우리 유전자의 특정 장소에서 우리의 미래에 대한 놀라운 정보가 숨겨 있다는 것을 곰곰이 생각해보는 것은 대단히 흥미로운 일입니다. 27번째 시디는 이런 비밀 장소 중의 하나입니다. 현재 주기에서 우리 게놈의 이 부분은 휴면 상태이며 때를 기다리고 있습니다. 그것은 전체 용량 중에서 극히 일부분에서만 작동합니다. 우리의 현재 주기에서 그것은 우리 안에서 조화에 대한 일종의 깊은 무의식적인 갈망으로 발현합니다. 이 갈망이 겉으로 드러난 상징은 음식입니다. 이 원형의 원래 중국 이름이 '양육nourishment'인 이유가 바로 그것입니다. 우리 행성의 진화가 생존을 위해 한 피조물이 다른 피조물을 물리적으로 먹어야 하는 구조 위에 세워졌다는 사실은 우리의 깊은 한계를 보여줍니다. 우리는 음식 없이 생존할 수 있는 종이 아닙니다. 하지만 앞으로는 그렇게 될 것입니다. 우리의 진화에서 아득히 먼 단계에서 27번째 시디의 진정한 본성이 완전히 드러날 것입니다.

그러나 우리의 진화 안에는 우리의 유전적 특징이 변이되고 64개 시디 각자가 미묘하게 자신의 역량을 바꾼 단계가 있습니다. 우리는 지금 이런 변화 중 가장 위대한 변화 중 하나의 가장자리에서 있습니다. 앞으로 몇백 년 동안, 사심 없음Selflessness의 시디는 우리 행성 전체에 널리 퍼질 것입니다. 비록 현재의 탄소를 기반으로 하는 삶의 형태는 높은 대역의 주파수를 유지할 수 없겠지만 결국 이 시디는 지구상의 모든 생명체를 휘어잡아 하나의 생물체로 묶을 것입니다. 이것이 음식으로 연명하는 시대가 끝나고 우리가 지금 불멸로 알고 있는 시대의 시작을 예고할 것입니다. 그것이 27번째 시디의 프로그래밍 파트너인 28번째 시디입니다. 우리가 지금 서 있는 진화의 사다리에서, 미래의 무대는 공상과학 소설처럼 보입니다. 인류가 어떤 자아의 감각도 없이 진리 안에 설 때, 진정한 행성 의식이 시작될 것입니다. 오스트레일리아의 원주민 같은 고대 문화에서는 동물과 인간 안에 있는 의식이 서로 구별될 수 없었고 하나의 통일된 의식의 장으로 작동되던 시절에 대한 이야기가 존재합니다. 이것이 우리 인간 종이 지향하고 있는 방향입니다. 실재의 높은 수준에서 우리는 본질적으로 사라지게 될 것입니다. 우리는 더 이상 우리 자신을 서로 떨어져 있는 종으로 경험하지 않을 것이며 가이아, 즉 지구를 위한 신경 네트워크와 같이 기능할 것입니다.

64 시디 각각을 통해 걸어 봄으로써 우리는 신성한 본성을 만나고자 하는 인류의 영원한 탐구 패

턴을 볼 수 있습니다. 그동안 신을 향한 여러 가지 다양한 길이 있었습니다. 이런 길 중 가장 위대한 것 중 하나는 인도에서 박티 요가Bhakti Yoga로 알려진 연민의 길입니다. 또한 무해의 교리doctrine of harmlessness라고도 알려진 이 27번째 시디 '사심 없음Selflessness'은 역사를 통해 많은 성자들의 삶에 나타났습니다. 이것은 실제로 공상적 박애주의자dogooder가 되는 것이 아닙니다. 부적절한 이유로, 인정을 받으려는 가장 미묘한 욕망에서, 또는 자신의 깊은 고통을 은폐하기 위해서 다른 사람들을 도우려고 하는 사람들이 있습니다. 사심 없음은 다른 사람들에게 도움을 주려는 절대적으로 순수한 열망입니다. 거기에는 자의식의 흔적이 없습니다. 그런 사람들은 양자 도약을 이뤘으며, 그들이 이용 가능한 시디 에너지는 엄청나게 큽니다. 그들은 정상적인 사람들이 불가능하다고 보는 상황에서 일을 해낼 수 있습니다. 끊임없이 다른 사람들에게 자신을 내어 주지만, 고갈되지 않으며 그들을 둘러싼 사랑의 오라의 정제된 흐름에 의해 계속해서 양분을 얻습니다.

사랑의 수학은 모든 삶의 구조에 내장되어 있습니다. 하지만 우리가 이런 법칙을 발견할 때, 오직 그때만이 최고의 잠재력을 실현하게 될 것입니다. 27번째 시디에 내재된 것은 박애philanthropy, 즉 인간애의 신성한 법칙의 실현입니다. 박애는 자유 에너지의 비밀을 열어 줍니다. 왜냐하면 그것은 자발적으로 자신을 내어 주고, 지능적으로 베풀어 주기 때문입니다. 인식하지 않고 주는 것은 자선charity이지만 인식을 가지고 주는 것은 박애philanthropy입니다. 27번째 시디는 살아 있는 것과 썩어 가는 것을 구별할 줄 알며, 살아 있는 것에 끊임없이 베풀어 줍니다. 시디 수준에서 27번째 유전자 키는 기적적인 치료를 할 수 있게 됩니다. 어떤 것에 먼지만큼의 생명력이라도 있다면 27번째 시디를 통해 오는 거대한 사랑이 그것을 되살릴 수 있습니다. 이 시디가 가이아의 생체 에너지장 전체를 끌어들이기 때문에, 내재하는 인식이 죽음보다 삶에 더 강하게 맞춰져 있는 한 어떤 병이든 치료할 수 있는 능력이 있습니다.

이 시디에 접근하는 또 하나의 방법은 음악의 비유를 통해서입니다. 모든 생명의 이면에서 구속력으로서 음악과 깊은 관계가 있는 특정한 시디가 있습니다. 이 27번째 시디는 서로 결합하고 재결합하면서 끊임없이 서로를 먹기 때문에 원소의 음악과 관련됩니다. 사실 우리 행성의 원소 주기를 지배하는 정확한 프랙털 수학 법칙이 있습니다. 지구적인 날씨 패턴과 모든 생물체의 소화기와 호흡기 시스템을 통해 물과 공기가 결합되는 방식은 우리가 들을 수는 없지만 절묘한 조화를 만들어냅니다. 옛날의 비유를 뒤집어 말하자면, 우리 행성에서 사랑은 음악의 음식이며, 어디에서나 발견될 수 있습니다. 27번째 시디의 귀를 통해 듣는 사람들에게 이 사랑은 그들이 듣는 모든 것입니다. 언젠가 당신도 역시 이 음악을 듣게 될 것입니다.

시디
불사
선물
전체성
그림자
목적 없음

어두운 면을 감싸 안기

프로그래밍 파트너 : 27번째 유전자 키
코돈 고리Codon Ring : 환상의 고리
(28, 32)

생리 : 폐
아미노산 : 아르기닌

28번째 그림자
목적 없음Purposelessness

공포의 에그레고르Egregor[17]

목적이라는 주제는 64 유전자 키에 대한 전체 작업의 중심에 있는 개념입니다. 당신의 진정한 목적을 따름으로써 당신은 특정 선물이 발현되려는 힘을 풀어 줍니다. 그러나 세상에는 당신의 목적을 찾아내는 능력에 직접적으로 도전하는 힘이 있습니다. 28번째 그림자 '목적 없음Purposeelessness'이 이와 관련하여 당신의 잠재적인 천적입니다. 왜냐하면 그것은 당신이 목적을 결코 찾지 않거나 목적을 결코 따르지 않도록 만들 수 있기 때문입니다. 이 그림자는 인간의 모든 두려움 가운데 가장 깊은 두려움인 죽음에 대한 두려움의 핵심을 파고듭니다. 모든 두려움은 이 두려움 하나로 축약될 수 있습니다. 그것은 인간의 두려움 중에서 가장 중요한 소멸에 대한 두려움입니다. 인간은 그것을 피하기 위해 모든 것을 할 것입니다. 우리는 이 28번째 그림자에서 나오는 두 가지 주요 패턴 중 하나를 갖는 경향이 있습니다. 우리는 죽음이 결국 우리를 잡을 때까지 죽음을 모두 거부하거나, 아니면 죽음이 우리를 먹어 치우도록 허락합니다. 그리고 그렇게 함으로써 우리는 우리의 두려움에 끊임없이 반응하면서 삽니다.

인간 본성의 어두운 측면에 대한 우리의 무의식적인 상징은 이 유전자 키에서 생겨났습니다. 이

17 한군데 집단적으로 모인 정신의 응집체 혹은 장.

와 같이 이 유전자 키는 전체 유전자 매트릭스에서 가장 어두운 코딩의 일부를 포함합니다. 전 세계의 모든 악마 원형들은 인간 안에 있는 죽음에 대한 무의식적인 두려움의 직접적인 화신으로 등장합니다. '가장 어둡다'는 단어를 사용하는 것이 꼭 부정적으로 해석될 필요는 없습니다. 28번째 그림자는 우리를 단순히 선한 세력과 악한 세력이 살고 있다는 허구의 현실에 사는 인간으로 설정합니다. 28번째 그림자는 인간 종의 지속적인 계승을 이끈 유전 생존 장비의 주요 측면입니다. 죽음을 두려워하는 이 그림자는 수천 년 동안 우리의 개인적인 본능을 날카롭게 했으며, 우리를 선사 시대의 어두운 시대에서 개인의 생존이 이전보다 더 보장된 현재의 시대로 이끌었습니다.

죽음이라는 사실은 개인의 삶의 목적에 대한 문제로 직접 끌고 갑니다. 신체적인 수준에서 가장 중요한 목적은 가능한 한 오랫동안 건강을 유지하는 것입니다. 그러나 우리 안에는 진화를 위한 또 다른 핵심 목적이 있습니다. 인간에게 진화란 창조적인 독특함을 의미합니다. 우리는 각각 다른 인간이 갖고 있지 않은 창조적인 목적을 갖고 태어났습니다. 진정한 창조성을 세상에 풀어내려면 자신만의 어둠을 직면해야 합니다. 다시 말해, 어느 시점에서 죽음에 대한 가장 깊은 두려움에 직면해야 하는 것입니다.

당신이 죽는다는 사실은 사실 당신의 삶을 부각시킵니다.—그것은 삶의 목적을 찾고 개인적인 꿈을 따르는 데서 오는 위험을 감수해야 한다는 압박감을 줍니다. 당신이 느끼는 삶의 양은 당신의 꿈을 위협하는 두려움에 직면하려는 당신의 의지에 직접적으로 비례합니다. 사실, 두려움은 결코 당신의 꿈을 위협하지 않습니다. 오직 당신의 마음이 그런 식으로 볼 뿐입니다. 대부분의 사람들이 그러 하듯 당신이 마음의 지배하에 있다면, 두려움을 피하려는 시도 때문에 두려움의 본질을 보지 못할 것입니다. 우리의 모든 위대한 신화가 증언하듯이, 우리는 빛으로 다시 태어나기 위해 지하세계를 거쳐야 합니다. 우리는 바깥세계에서 우리의 무의식적인 두려움에 직면해야 합니다.

죽음의 두려움을 피하는 가장 보편적인 방법은 고정된 철학을 채택한 다음 두려움과 함께 살지 않고 그 철학 안에서만 살아가는 것입니다. 이 철학이 우리의 종교이고 신념이며 과학이고 시스템입니다.—당신에게 교리가 되고 당신의 두려움을 무감각하게 하는 모든 것입니다. 인간의 마음은 놀라움을 좋아하지 않습니다! 죽음을 지속적으로 받아들이는 삶은 산다는 것은 예기치 않은 위협이 계속되는 삶을 산다는 것을 의미합니다. 마음은 삶의 목적이 지금 여기보다는 미래에 있다고 믿게 만들 것입니다. 그래서 결국 당신은 모든 두려움을 마주칠 때까지 삶을 계속 연기하는 것입니다. 당신의 목적을 발견하기 위해서는 당신의 두려움을 깊이 들여다봐야 합니다. 왜냐하면 당신의 목적은 사실 당신의 두려움 안에 있기 때문입니다. 위대한 신비 전통에서 말하기를 살기 전에 반드시 죽어야 한다고 하는 이유가 바로 이것입니다.

목적 없음이라는 주제는 실제로 인류가 물질세계를 지배하는 것을 배움에 따라서 점점 더 회자되고 있는 요즘의 주제입니다. 생존은 당신에게 강력한 목적을 제공합니다. 서양에서는 더 이상 생존을 두려워하지 않습니다. 왜냐하면 우리는 집단적인 수준에서 모든 사람들을 지지하는 사회를 만들었기 때문입니다. 부유한 선진국에서는 기아로 사망하는 사람은 거의 아무도 없을 것입니다. 이 때문에 우리의 두려움은 목적 없음에 대한 두려움으로 옮겨갔습니다. 이제 사람들은 죽는 것을 두려워하는 것이 아니라 사는 것을 더 두려워합니다. 당신의 목적을 찾지 못하는 것에 대한 두려움은 아직도 사실 죽음에 대한 두려움이 변장한 모습입니다. 대다수의 사람들은 자신의 진정한 목적을 달성하고 있는지 여부를 생각하고 싶지도 않습니다. 왜냐하면 그런 생각을 한다는 것은 자신의 가장 깊은 두려움을 직접 바라보는 것이기 때문입니다. 대다수의 사람들은 타협하고 자기들이 돈, 책임, 세금 등의 시스템에 갇혀 있다는 집단적인 믿음을 따라갑니다. 이와 관련하여 28번째 그림자의 프로그래밍 파트너인 27번째 그림자 '이기심Selfishness에 대해 깊이 생각해보는 것은 흥미로운 일입니다. 사람들은 이기적으로 보이는 것이나 자신들의 꿈을 따르는 것을 두려워합니다. 그 꿈이, 만일 그것들이 진정한 꿈이라면, 자기들이 행하고 있는 그 어떤 것보다 이 행성에 더 훌륭한 도움이 될 것임에도 불구하고 말입니다.

28번째 그림자는 음향 장에 깊이 조율하는 것을 나타내며 주파수와 소리에 뿌리를 두고 있습니다. 이 그림자에서 모든 두려움은 진동으로 인식될 수 있습니다. 이런 진동은 많은 문화권에서 악마 또는 원 주인과 별개로 존재하는 독립체entity로 인격화되었습니다. 이 매우 흥미로운 현상은 샤머니즘에서 정신분석에 이르기까지 인간 본성의 어두운 무의식적 측면을 탐구하는 많은 시스템의 기초를 형성합니다. 샤먼(shaman, 무당)은 진동의 세상에서 활동하며, 두려움의 패턴을 독립체와 동일시하는데, 그 독립체는 내면의 존재에서 떨어져 있거나 변형되어야 합니다. 이것이 진정한 무속 예식의 기초입니다. 정신분석은 당신의 정신적, 감정적 세계를 조사하고 이 똑같은 두려움 패턴을 신경증이라고 부릅니다. 다른 시스템은 이런 두려움 주파수에 다른 이름을 부여합니다. 진정한 샤먼이나 테라피스트는 다른 사람의 두려움을 결코 빼낼 수 없다는 것도 알고 있습니다. 그들은 단지 그 사람이 그런 두려움이 무엇인지 알아차려 그것을 받아들일 수 있도록 도울 수 있을 뿐입니다. 당신의 가장 깊은 두려움이 모두 포용될 때 온전함이 따라옵니다. 따라서 악마를 죽이는 유일한 방법은 그것을 당신 안에 있는 빛으로 흡수하는 것이라고 합니다.

모든 내면의 악마는 한 곳에서 나옵니다. —에그레고르(Egregor, 한군데 집단적으로 모인 정신의 응집체 혹은 장) 또는 모든 두려움의 집합체가 하나로 합쳐진 집단입니다. 이것이 우리 각자 안에 있는 우두머리 악마, 적그리스도 또는 도플갱어입니다. 28번째 그림자는 사실 당신의 마음속에 당신이 받아들이고 싶지 않은, 존재하지 않음에 대한 핵심 두려움을 나타냅니다. 오직 당신의 내면 존재의 이런 어두운 측면 각각을 교화시킬 때만, 삶의 진정한 목적을 한 곳으로 모아 밖으로 드러낼 수 있습니다. 이것이 28번째 그림자의 마술이며 진정한 목적입니다.

억압적 본성 – 깊은Hollow

당신 본성의 어두운 면을 억누를 때, 당신의 삶은 공허하고 진정한 정수가 빠진 것처럼 보입니다. 당신의 두려움을 피하는 것은 곧 깊이 있는 목적의식도 없이 재미없는 삶을 사는 것입니다. 당신의 인생은 화려하고 성공적일 수도 있고 아니면 지루하고 평범할 수도 있으나, 거기에는 중심이 없습니다. 그런 사람들은 종종 자신에게까지 행복하고 태평스럽게 보이기 위해 열심히 노력하지만, 자신의 어두운 면을 아는 사람에게는 아무것도 숨기지 않습니다. 두려움에 더 깊이 빠지면 빠질수록 다른 사람들의 진정성이 더 많이 느껴집니다. 자신의 악마와 마주하지 않는 사람들은 그 악마들이 얼마나 투명한지를 모른 채 절반의 삶만을 살게 될 것입니다. 이 사람들은 종종 행복하거나 진화된 척하지만 깊이가 없으며, 과감히 자신의 영혼의 깊고 어두운 거울을 들여다 본 사람들에 대한 깊은 이해가 부족합니다.

반응적 본성 – 도박Gambling

이 28번째 그림자의 반응적인 면은 위험을 감수하는 것입니다. 이 사람들은 두려움을 활동으로 바꾸어 자기들이 느끼는 두려움에 반응합니다. 이것은 두려움을 일시적으로 숨기는 성급하고 무모한 행동을 낳습니다. 그런 사람들은 이 위험을 감수하는 패턴에 빠르게 중독되어 다른 극단에서, 즉 너무도 빠르고 예측할 수 없는 속도로 움직이기 때문에 도중에 멈춰 서서 그렇게 자기들을 몰아가고 있는 두려움이 어떤 것인지 살펴볼 수도 없는 삶을 살아야 합니다. 이 사람들은 어떤 목적에 대한 느낌을 갖기 위해 이것저것 모든 것을 시도하지만 움직임을 멈출 수가 없습니다. 그들에게 가장 무서운 공간은 내면의 침묵과 고요함입니다.

28번째 선물
전체성Totality

모든 삶의 무대

전체성의 선물은 멋진 선물이며, 삶을 어떻게 신뢰해야 하는지를 정말로 아는 사람의 것입니다. 전체성이란 두려움과 나란히 사는 것, 예상할 수 없는 삶을 살고 열성적이지만 계속되는 변화에 열린 채 사는 것을 의미합니다. 전체성은 28번째 그림자의 두 극단 사이의 균형입니다.—한 극단은 변할 수 없는 것이고 다른 한 극단은 충실할 수 없는 것입니다. 전체성의 선물은 당신의 본성 전체와 삶 전체, 즉 즐거움과 고통 모두를 품어 안는 것을 의미합니다. 이 선물의 느낌 안에서 전체적이 된다는 것은 마음이 당신의 삶을 지시하도록 허용하지 않으면서 사는 것을 의미합니다. 이것은 삶의 목적이란 멀리 있는 미래보다는 현재의 순간에서만 발견될 수 있다는 것을 완전히 알면서 순간순간 사는 삶입니다.

전체성의 선물을 받는다는 것은 신화적인 길을 따르는 것입니다. 인생이 가져오는 다양한 도전을 꾸준히 받아들이면서 당신은 융Jung이 개별화individuation의 상태라고 불렀던 것에 도달할 때까지 정신의 다양한 측면을 수집하고 합성합니다. 샤먼은 이와 똑같은 과정을 충만한 영혼의 회복이나 화신이라고 부를 것입니다. 전체성의 상태는 위험을 연속적으로 감수하는 상태로 보입니다.—그것은 28번째 그림자의 근거 없는 위험이 아니라 완성될 때까지는 그것이 무엇인지 실제로 볼 수 없는 무언가를 만드는 위험입니다. 당신이 구축하고 있는 것은 물론 당신의 진정한 운명의 길입니다. 이것은 삶의 신비와 숨겨진 리듬에 자신들의 전체 존재를 내어 맡기면서 자신의 길에서 독립해 나오는 깊은 신뢰의 길입니다. 전체적이 된다는 것은 모든 감각이 살아 있는 것을 말합니다. 그것은 다가오는 매순간의 활력에 청각적으로 주의하는 것입니다. 매순간 공명하는 그릇 안에서 두려움은 생존할 수 없습니다. 따라서 당신은 안에서 자연스럽게 자라 나오는 깊고 조용한 고요를 경험하게 됩니다.

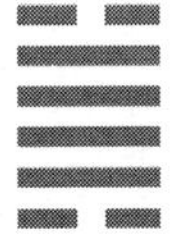

전체성의 선물을 통해 삶을 만날 때, 당신은 삶을 하나의 게임이나 연출할 무대로서 만납니다. 이런 삶은 코미디와 비극이 모두 포함되어 있는 하나의 소설 같은 삶입니다. 당신의 내면의 악마와 계속 마주하는 동안 어떤 깊은 전율이 있습니다. 우리가 배웠듯이 당신의 악마는 사실은 변장한 천사입니다. 당신 삶의 모든 상황은 당신을 있는 그대로 머물게 하거나 진화하게 하는 입문의 형태로 설계되었습니다. 개인적인 수준에서 이 선물은 외부 세력이 당신을 방해하거나 도전하거나 얽어매는 것처럼 보이더라도 자유에 대한 깊은 느낌을 줍니다. 내부의 차원에서 전체성은 모든 상황에 그 자신을 적용하여 아무런 기대도 없이 절대적인 확신을 가지고 게임을 하도록 합니다. 이런 직관적인 방식으로 살 때, 삶은 당신에게 다가오는 모든 것에 근본적인 목적이 있음을 보여줍니다. 그것이 당신 앞에 펼쳐질 때, 당신은 그저 드라마 같은 줄거리에 자신을 맞추기만 하면 됩니다. 28번째 선물에 맞춰진 사람들은 역경을 가볍게 다루는 훌륭한 요령을 가지고 있습니다. 각각의 두려움의 느낌을 더 깊이 받아들일수록 그들은 더 가볍게 성장하고 삶에 대해 더 많은 사랑을 느낍니다.

삶의 목적이 당신 밑에서 파도처럼 움직이는 것을 느끼기 시작할 때, 이 유전자 키의 프로그래밍 파트너인 27번째 선물 '이타주의Altruism'가 더 큰 영향력을 갖게 됩니다. 당신 자신의 문제가 배경으로 가라앉기 시작하면서 삶의 에너지는 다른 사람들을 향하기 시작합니다. 존재의 위대한 신비 중 하나는 삶의 유일한 진정한 목적의식은 자신보다 더 큰 것을 제공하려는 충동에서 온다는 것입니다. 이들은 자신이 하는 행동과 행위가 자신들을 불멸하게 만드는 사람들입니다. 왜냐하면 그들의 삶이 깊은 목적의식의 불로 너무도 밝게 타오르기 때문입니다. 죽음에 대한 두려움을 극복하면서 당신은 삶에서 영원히 지속되는 것들 중의 하나가 인간의 영혼 자체임을 깨닫기 시작합니다. 영혼의 본성이 영원하다는 깨달음이 인간 의식의 궁극적인 개화—불사의 시디를 위한 길을 닦아줍니다.

28번째 유전자 키와 32번째 유전자 키는 환상의 고리Ring of Illusion로 알려진 이원적인 유전 코돈 그룹을 구성합니다. 이 두 개의 유전자 키는 죽음에 관련된 두려움에 대한 공통적인 주제를 공유합니다. 28번째 그림자가 죽음 자체를 두려워하는 반면, 32번째 그림자는 성취되지 않은 채 죽는 것을 두려워합니다. 환상의 고리는 사람들이 목적의식을 찾아다니면서 자신들의 삶을 지연시키도록 만듭니다. 그때 당신의 생각은 지금이 아니라 성취에 기초를 두고 있습니다. 그러나 이 코돈 안에 있는 선물은 환상이 간단한 이해를 통해 쉽게 깨질 수 있다는 것입니다. : 진정한 목적은 어떤 종류의 업적에 연연하는 것이 아니라 매순간에 자신을 100퍼센트 쏟아 붓는 것에서 발견됩니다. 당신의 성취가 매순간 삶의 전율 속에서 그저 살아 있음으로부터 올 때, 오직 그때만이 당신은 전체적입니다. 당신이 삶의 게임 안에서 어떤 역할을 하든—연인, 악당, 스승, 제자 또는 구도자—당신이 전체적으로 전념하는 한, 당신은 역할 그 자체 밑을 흐르는 신비스러운 초연함을 발견하게 될 것이며, 이 초연함은 당신의 용감한 전체성에 대한 보상입니다.

28번째 시디

불사Immortality

짐승의 진정한 본성

시간이 시작된 이래로 인류는 불사의 가능성에 대해 궁금해 했습니다. 연금술사들은 오랫동안 소중한 젊음을 되찾을 수 있는 영적인 정수인 귀중한 비약을 추구했습니다. 현대 의학은 결국 인간의 수명을 연장시켰고 아마도 계속 그렇게 할 것입니다. 새로운 유전 과학의 약속과 함께, 많은 과학자들은 이미 인간의 생명을 무기한 연장시킬 수 있다는 것에 대해 이야기하고 있습니다. 불사를 생각할 때 우리는 또한 혼soul의 관점에서 생각합니다. 물론 세상의 위대한 종교들의 꿈은 우리의 혼이 죽음에서 살아남아 영원의 차원이나 천국에서 살아갈 것이라는 것입니다. 28번째 유전자 키의 낮은 주파수에 심어진 두려움은 또한 이 이원성의 반대편인 지옥의 개념과 지하세계에서의 영원한 저주를 만들어냅니다.

그러나 28번째 시디는 그런 것들과 거의 관련이 없습니다. 그것들은 대부분이 유전자 키와 그 그림자의 낮은 주파수가 투사된 것입니다. 그러나 현재의 생물 물리학적 운반체가 이런 변형을 제대로 지원하지는 않지만 인간의 유전체 매트릭스에는 물리적인 불사의 씨앗이 들어 있다는 것이 사실입니다. 심지어 이 현재의 운반체를 불사로 만들기 위해 우리의 유전적 특징을 바꿀 수도 있지만 그 결과는 그리 즐겁지 않을 것입니다. 28번째 그림자의 두려움에서 새로운 몸을 창조한다는 것은 내재된 인식이 그런 몸에 맞게 자연적으로 진화되지 않을 것임을 의미합니다. 그런 존재는 유전적 괴물이 될 것이며 몸은 결코 죽지 않을지 몰라도, 그 안에 있는 인식은 죽음에 대한 두려움에 뿌리를 둔 채로 그런 개념에 대처하지 못하게 될 것입니다. 몸이 유전적으로 계속 살아갈 수 있다고 해서 다른 원인으로 인한 사망의 가능성을 없애지는 못합니다. 그런 상황은 죽음에 대한 두려움을 없애는 대신 죽음에 대한 두려움을 강박적으로 증가시킬 가능성이 높습니다. 당신의 어두운 측면을 수용하는 것을 기초로 하지 않는 한, 그런 사건의 결과는 대단히 치명적일 수 있습니다.

인간의 마음은 불사라는 개념을 자신의 한계 내에서 상상합니다. 마음은 오직 시간 안에서만 무언가를 개념화할 수 있습니다. 그래서 불사를 그저 영원히 미래로 확장되는 시간으로만 봅니다. 마음이 정말로 불사가 무엇을 의미하는지를 파악할 수 없는 이유가 바로 이것입니다. 진정한 불사는 실제로 시간의 완전한 정지입니다. 이것만이 죽음을 피할 수 있는 유일한 방법입니다—죽음이 존재할 수 없는 현재의 순간에 완전히 전적으로 사는 것입니다. 전체성의 선물이 결국에는 그런 상태로 인도해야 하는 이유가 바로 이것입니다. 전체성은 최대한으로 삶을 사는 것을 의미하지만, 불사는 영원한 순간 속으로 죽는 것을 의미합니다. 이렇게 하기 위해서는 정체성과 분리의 감각이 먼저 사라져, 삶을 원래의 위치에 놓아두어야 합니다. 인식에 국지적인 중심이 없게 되면 죽음도 없게 됩니다. 왜냐하면 죽을 것이 아무것도 없기 때문입니다. 오직 의식만이 남아 끝없이 한 형태에서 다른 형태로 옮겨갑니다.

기독교 신화에서, 두려움의 전형은 악마의 화신인 적그리스도, 루시퍼Lucifer를 통해 표현됩니다. 이 신화 속에는 몇 가지 은밀한 비밀이 숨어 있습니다. 신화적 차원에서 루시퍼의 운명은 실제로 신과 하나가 되는 것입니다. 루시퍼는 원래 천사 중에서 신이 가장 좋아했고, 가장 힘이 센 천사였습니다. 신화에서 가장 강한 자는 언제나 타락하고 자신의 진정한 본성을 잊어버리도록 되어 있습니다. 이것은 배신의 배후에 있는 높은 차원의 신화적 의미입니다. 이 놀라운 의인화된 형태는 악의 의미와 어두운 측면 자체의 위대한 비밀을 담고 있습니다. 악이란 삶에서 아직 받아들여지지 않았고 포용되지 않은 모든 것입니다. 전설에 대한 잘못된 해석은 선이 승리하는 선과 악의 전투에서 나타납니다. 죽임을 당하는 용의 고대 상징과 이미지는 28번째 그림자로부터 나온 투사입니다. 결국 선을 대표하는 천사장 미카엘은 루시퍼를 죽이는 것이 아니라 품에 안아주어야 합니다. 오직 이런 식으로만 루시퍼의 진정한 본질을 자신보다 더 위대한 힘으로 변모시켜, 루시퍼를 신그 자신으로 드러냄으로써 신화는 완성될 수 있습니다. 그것이 바로 기독교 신화를 제대로 읽는 방법입니다! 다른 문화에서 비롯된 다른 많은 고대 신화들 또한 아주 똑같은 역학을 묘사합니다.

불사Immortality의 시디는 개인이 자신의 가장 깊은 두려움에 항복하고, 죽을 때 순수한 의식으로 다시 태어날 것을 요구합니다. 그런 존재는 자신들의 진정한 목적을 삶 자체의 목적으로 실현합니다.—즉 시간과 형태를 넘어 자신이 불사라는 진리 속에서 사는 것입니다. 어떤 존재가 28번째 시디를 통해 이 상태에 이르면 그들은 특정한 신화를 만듭니다. 그들의 특별한 선물은 가는 곳마다 다른 사람들의 두려움을 두드러지게 비춰 줍니다. 이것은 단순히 유전적 특징을 통해 작동하는 각성의 한 측면일 뿐입니다.—따라서 그들은 악마를 쫓아내는 재능을 가지고 있다고 말합니다. 이것은 정확하게 그들의 오라가 하는 일이기 때문입니다. 은총을 통해 자신의 본성의 어둡고 받아들여지지 않은 측면들을 부각시켜 죽음이 없는 의식의 상태로 흡수합니다. 모든 시디 상태가 실제로 하나이며 똑같은 상태이므로 이것은 모두에게 공통적인 측면이지만, 28번째 시디의 운명 안에는 특정한 신화적 힘이 있습니다.

마지막으로, 28번째 시디의 미래 역할에 대한 몇 마디 하겠습니다. 이전에 언급했듯이, 이 시디는 불사가 형태로 발현될 씨앗을 간직하고 있습니다. 모든 시디가 인류 안에서 시작되고 우리의 집단적 몸이 미래의 형태로 돌연변이 하기 시작한 후에, 60번째 시디는 꽃을 피우고 우리의 세상을 함께 묶어 놓는 법칙은 해체될 것입니다. 그때 우리 미래 운반체의 요소들은 합체되어 인류에 대한 더 높은 의식을 수용하기 위한 또 다른 종류의 운반체를 형성하기 시작할 것입니다. 이 운반체에서 28번째 시디는 마침내 결실을 맺을 것이고 그렇게 함으로써 가이아의 동물 혼을 인간의 혼과 합성하여 불사의 몸을 만들 것입니다. 여기에는 인간과 짐승이 하나로 결합되는 신화 속의 모든 코드의 비밀이 있습니다. 우리 행성의 동물계는 이미 불사의 장에서 작동하고 있으며 자신들의 희생이 우리보다 훨씬 더 높은 진화를 일으킨다는 인식을 구축합니다. 육체적인 수준에서, 인간은 진정한 목적을 나타내기 위해 자신의 모든 동물적 본성을 흡수해야 합니다. 그래야만 비로소 처음으로 짐승의 본질을 알게 될 것입니다.

29th GENE KEY

시디
봉헌
선물
헌신
그림자
건성

무로 뛰어듦

프로그래밍 파트너 : 30번째 유전자 키
코돈 고리Codon Ring : 통합의 고리
(4, 7, 29, 59)

생리 : 태양신경총
아미노산 : 발린

29번째 그림자
건성(Half-Heartedness, 진심을 다하지 않음)

미지근한 삶

29번째 그림자 건성Half-Heartedness은 프로그래밍 파트너인 30번째 그림자 '욕망Desire'과 함께 그림자 쌍들 중에서 가장 큰 감정적 혼란을 일으킬 수 있습니다. 이것은 인간 안에 있는 깊고 아주 오래된 유전적 프로그래밍입니다. 무엇보다 그것은 욕망에 대한 신뢰의 근본적인 부족에 관한 것입니다. 욕망은 30번째 그림자와 그의 선물 '가벼움Lightness'에서 배울 수 있듯이 단순히 감정적인 혼란을 일으키는 것보다 더 큰 목적을 가지고 있습니다. 완전히 받아들여진 욕망은 항상 유익한 결과를 가져옵니다. 그것은 결국 우리 안에 있는 순수한 생명 에너지입니다. 욕망과 관련되어 생기는 문제는 29번째 그림자와 그 역학을 통해 일어납니다. 본질적으로 이 그림자는 궁극적으로 동일한 근원에서 유래한 두 가지—과도한 헌신과 헌신 부족입니다.

모든 헌신의 비밀은 당신이 시작하는 방식에 있습니다. 그것은 행동 자체보다는 미래를 창조하는, 행동 뒤에 있는 에너지입니다. 절대적인 헌신으로 행하지 않는 한 삶에서 할 만한 가치가 있는 것은 아무것도 없습니다. 당신이 그것을 좋아하든 싫어하든, 그것을 건성으로 하든 아니면 전혀 하지 않든 그것은 아무 상관도 없습니다. 헌신이 없다면, 행동은 힘이나 방향이 결여되며, 무엇보다도 운이 없어집니다. 이 마지막 말은 약간 이상하게 들릴지 모르지만, 완전한 헌신으로 행해진 모든 일은 그 안에 행운의 씨앗을 간직하고 있다는 보편적인 법칙이 존재합니다. 마찬가지로, 완전한 헌신이 없이 행해진 모든 일은 불행의 씨앗을 간직하고 있습니다. 모든 삶은 연속체이며 당신이 취하는 모든 행동은 당신을 어떤 길로 인도합니다. 이 보편적 헌신의 법칙의 배후에는 도덕성이 없다고 말해야만 합니다. 그것은 단순히 삶을 신뢰하도록 당신에게 보낸 초대장일 뿐입니다.

미지근함은 삶의 신비에 참여할 수 있는 기회를 빼앗아 갑니다. 마법과 심오함을 향한 삶의 자연스러운 경향을 멈추게 합니다. 이 그림자는 당신을 훌륭한 놀이에서 플레이어가 되는 것이 아니라 운명의 희생자가 되게 합니다. 그것은 당신을 방관자가 되게 하며, 단조롭고 지겹거나 또는 감정적인 고뇌로 가득 찬 역할을 하는 쪽으로 유도합니다. 간단히 말하면, 무언가에 진심이 아닌 건성으로 들어갈 때 당신은 당신의 삶에 불행을 불러오는 것입니다. 이 29번째 유전자 키는 인간의 감정에 관한 것입니다. 그것은 섹스와 관계, 실패와 성공, 욕망과 기대에 관한 것입니다. 당신이 누구이던 간에, 당신의 삶은 이 유전자 키의 법을 어떻게 존중하느냐에 달려 있습니다. 건성으로 미지근하게 행동할 때 당신은 실제로 정직하지 않게 행동합니다. 글자 그대로 다른 사람들에게 정직하지 않은 것이 아닐 수도 있지만, 자신과 자신의 삶에 정직하지 않을 것이며 이는 항상 불쾌한 결과를 가져옵니다.

29번째 그림자는 모든 인간을 깨우는 모닝콜입니다. 메시지를 얼마나 분명히 듣느냐는 당신이 얼마나 깊이 잠들어 있는지에 달려 있습니다. 헌신은 어떤 주기 안에서 작동하며 주기가 끝나는 시점에 자동적으로 스스로를 갱신하거나 다른 곳으로 가서 다른 어떤 것에 헌신하게 합니다. 이런 주기는 그 길이가 다양할 수 있습니다. 세포의 주기는 7년 동안 지속되는데, 그 이유는 신체가 재생 가능한 모든 세포를 대체하는 데 걸리는 시간이 그만큼 걸리기 때문입니다. 그러므로 한주기 안에서 진정한 헌신은 7년 이상 지속됩니다. 욕망의 주기는 훨씬 적은 시간 동안 지속될 수 있습니다. 하지만 각각 자신만의 타이밍 메커니즘이 내장되어 있습니다. 인간은 본연의 완성에 이르기까지 자신의 욕망 주기에 따라 일해야 합니다. 불행히도 무언가가 언제 끝나게 될지를 알 수 있는 간단한 방법은 없습니다. 연극이 저절로 끝날 때까지 당신은 계속 헌신해야 할 필요가 있습니다. 다 되기도 전에 미리 주기를 깨뜨려 버리면 당신의 삶은 당신이 실제로 주기를 끝내고 당신을 위해 준비된 교훈을 배울 때까지 똑같은 경험 패턴을 재구성할 것입니다.

29번째 그림자는 대부분의 사람들이 계속 패턴을 반복하도록 합니다. 왜냐하면 사람들은 자연스러운 결말에 이르기까지 잘 따라가지 않기 때문입니다. 진정한 헌신은 장애물과 역경을 극복하는 에너지를 포함합니다. 열의가 없다는 것은 문제 또는 불편함이 처음 나타날 때 포기하는 것입니다. 궁극적으로 열의 없는 마음은 받아들여지지 않은 깊은 두려움에 뿌리를 두고 있습니다. 29번째 그림자에서 오는 교훈은 정말 간단합니다. 어떤 것을 너무 일찌감치 끝내면 똑같은 낡은 고리에 머물게 될 것입니다. 그러나 경험을 쌓으며 끝까지 따라가면 행운과 성취의 측면에서 양자적인 도약을 하게 됩니다. 이 그림자는 모든 그림자와 마찬가지로 장기적으로는 유익한 목적이 있음을 알 필요가 있습니다. 뒤늦게 얻은 지혜로 그들을 돌아볼 때 그것은 당신이 겪은 경험의 가치를 가르쳐줍니다. 뒤를 돌아보고 삶에서 반복되는 똑같은 낡은 감정적 트라우마를 계속 보게 되면, 결국 이런 패턴을 유발하고 있는 어떤 것을 당신이 하고 있었고 어떤 것을 당신이 하고 있지 않았는지를 배우게 될 것입니다.

고대 중국인은 이 29번째 유전자 키 또는 헥사그램에 대해 멋지면서도 다소 충격적인 이름을 붙였습니다. 그들은 그것을 '심연Abysmal'이라고 불렀습니다. 그것은 삶의 경로에서 위험을 예견하는 주요 상징 중 하나로 간주되었습니다. 당신의 헌신을 시험하는 매우 도전적인 상황에 당신을 계속 던져 놓는 것, 이것이 바로 29번째 그림자가 하는 일입니다. 일단 당신이 어떤 특정한 길에 들어서면, 당신은 정말로 눈을 감은 채로 날고 있는 것입니다. 당신은 심연을 통과할 수 있는 헌신의 힘만을 가지고 있습니다. 당신은 진심을 다하지 않은 채, 이 길이 당신을 어디로 데려갈지, 그리고 처음부터 당신이 올바른 결정을 내렸는지에 대해 끊임없이 염려합니다. 두려움은 당신을 내면으로부터 방해하고 당신의 헌신을 훼손할 것이라고 협박합니다. 만일 그들에게 굴복한다면, 당신은 실제로 불운의 조건을 만들어내는 것입니다. 그러나 특히 그 중요한 순간에 당신의 의심을 헤쳐 나갈 수 있다면, 당신은 초월의 조건을 창조하는 것입니다.

이 29번째 그림자에는 일반적으로 성공으로 간주되는 것의 비밀이 있습니다. 삶에서 성공은 헌신과 행운이라는 두 가지 측면에 달려 있습니다. 헌신은 실제로 운을 불러옵니다. 실패란 당신이 똑같은 낡은 주기에 고정되어 있었다는 것을 의미하며, 이 그림자는 인간관계에 가장 크게 관련이 있습니다. 그것은 30번째 욕망의 그림자와 짝을 이루기 때문에 많은 인간적 유대와 동맹의 시작으로 끌고 갑니다. 이 결합을 통해 관계 속에 너무도 많은 혼란이 들어옵니다. 모든 욕망은 명확한 주기로 작동하며 이 주기는 비록 충족되지 않는다고 해도 반드시 존중되어야 합니다. 욕망이 솔직하게 받아들여지면 그 주기는 곧 그 자신을 드러낼 것입니다. 그것은 하루 동안 지속되든 아니면 1년 동안 지속될 수도 있지만 그 주기가 잘못될 수는 없습니다. 이것은 사회적 도덕이 아니라 삶의 에너지에 관한 것입니다. 결혼(공식화되었거나 내부적이든)에서 헌신은 기본적인 필수 사항입니다. 다른 사람에 대한 성적 욕망이 머리를 들어 올리면 그것은 둘 중의 하나를 상징합니다.—결혼 생활에서 헌신의 주기가 끝나가거나 아니면 욕망의 주기는 물론 그것이 수반하는 것과 정직하게 협력함으로써 헌신이 강화되어야 할 때인 것입니다. 29번째 그림자는 두려움으로부터 일어나는 대부분의 성적 욕망에 반응합니다. 그것은 일반적으로 죄책감이나 수치심에 뿌리 내린 행동으로 나타납니다. 이런 의미에서 진심을 다하지 않는 것은 당신의 진정한 감정을 숨기거나 그 감정을 은밀히 따르는 것을 의미합니다. 따라서 이 29번째 그림자는 모든 방식의 불행한 감정적 상황과 인간관계의 재앙으로 이어질 수 있습니다.

옛 사람들이 말하듯이 "두려움 속에서 산 삶은 반쪽만 산 삶입니다." 이 말은 29번째 그림자에 적절한 말입니다. 29번째 그림자는 인간들에게 모든 종류의 감정적 트라우마를 유발할 수 있습니다. 특히 인간관계나 물질적인 성공의 영역에서는 더욱 그렇습니다. 건성으로 산다는 것은 당신의 결정을 결코 완전히 받아들이거나 신뢰하지 않는다는 것을 의미합니다. 이 그림자는 당신의 결정에 대해서, 그리고 그 결정이 가져올 수 있었던 것과 가져 올 수 없었던 것에 대해서 끊임없이 걱정하게 만듭니다. 실패와 성공이란 것이 단지 거대한 환영에 불과한 것은 그것이 그저 당신 자신에 대한 당신의 믿음에 연결된 내적인 태도일 뿐이기 때문입니다. 이 29번째 그림자의 영역을 넘어서려면 이런 모든 생각을 놓아 버리고 삶이 당신을 알려지지 않은 심연 속으로 내던지도록 허용해야 합니다. 당신은 아무것도 붙들고 있어서는 안 되며, 자신과 다른 사람 모두에게 완전히 정직해야 합니다. 만일 당신이 결정을 고수하고 그 결정을 따라 자연스럽고 유기적인 결과에 도달할 수 있다면 많은 보상과 결실이 당신을 기다릴 것입니다.

억압적 본성 – 과도한 헌신Over-Committing

이 사람들은 약속을 하는 것뿐만 아니라 어떤 일이 일어나더라도 그 약속을 지키도록 만들어져 있습니다. 다른 말로 하면, 이 사람들은 자연적인 주기가 언제 끝나는지를 인식할 수 없거나 인식하려 하지 않습니다. 그런 성격은 자기가 다룰 수 있는 것보다 훨씬 더 많은 것을 떠맡으며 그 헌신의 강도에 따라 서서히 탈진됩니다. 이 사람들은 종종 다른 사람들의 희생자가 되거나 큰 조직의 노예가 됩니다. 그들 본성 안에 있는 두려움 때문에 무언가를 끝내야 할 때 그것을 인정할 용기가 없고, 의식적으로나 무의식적으로 다른 사람들이 계속해서 자신을 남용하도록 허용합니다.

반응적 본성 – 신뢰할 수 없음Unreliable

29번째 그림자가 반응적 본성을 통해 나오면 헌신에 대한 깊은 두려움을 숨기는데, 그것이 다른 사람들에게는 신뢰성 부족으로 보입니다. 진정으로 헌신하지 않은 채 뭔가를 할 때, 자신감과 역량을 갖고 행동이나 주기를 따라가기가 매우 어렵습니다. 그 결과는 일반적으로 주기를 깨고 결과적으로 실망감과 실패 또는 부끄러움을 느끼는 것입니다. 이것들은 모든 것들에게 "예스"라고 말할 수 있는 성격이지만, 그런 다음에는 약속을 철회함으로써 그 압력에 반응합니다. 그들의 본성에 내재하는 분노는 대개 다른 사람의 기대에 의해 촉발되며, 따라서 약속을 지킬 수 있는 능력이 부족한 상황에서 부풀려 말하는 경향이 있습니다.

29번째 선물
헌신Commitment

행운의 비즈니스

주파수가 더 명료해지고 더 정제될수록 의사 결정 과정은 더 깔끔하고 더 빨라집니다. 29번째 선물은 다른 사람들의 조건화와 기대감에 대한 압박을 받지 않으며, 그 안에 있는 생명력이 가는 방향과 깊은 관련을 맺습니다. 이 선물은 본질적으로 삶의 주기적인 흐름에 맞추어져 있습니다. 29번째 선물을 가진 사람들은 삶의 방식에서 빠져나오는 요령이 있으며, 이 선물을 통해 강력하고 신화적인 방식으로 삶이 풀려 나가는 것을 지켜볼 수 있습니다. 명명백백한 결정을 내리는 능력이 있는 29번째 선물이 없으면 삶은 숨이 막히고 혼란스러워집니다. 특히 감정적이고 성적인 차원에서 더욱더 그렇습니다.

헌신은 신뢰와 유사합니다. 그것은 강요되거나 의지로 될 수 있는 것이 아닙니다. 그것은 당신 존재 안의 깊은 곳에서부터 행동으로 큰 강처럼 흐릅니다. 헌신할 때 당신은 미래나 목표점을 생각할 필요가 없습니다. 헌신은 그 안에 목표점의 씨앗이 포함되어 있기 때문입니다. 오직 시간만이 경험의 각 사이클의 강물이 어디로 가게 될 것인지를 보여줄 것입니다. 따라서 29번째 선물에게 목표는 중요한 것이 아닙니다. 정말로 중요한 것은 끝날 때까지 여정을 계속 따르는 헌신입니다. 삶은 주기 안에서 주기로 격자 모양으로 짜여 있습니다.—어떤 여정은 5분밖에 지속되지 못하고 어떤 여정은 평생 지속됩니다. 궁극적인 여정은 당신의 삶 전체이며, 당신의 삶의 모습은 삶의 과정에서 이루어지는 수백만 개의 작은 결정에 의해 형성됩니다. 이 깊은 수준의 헌신으로 평생을 살아가는 것은 당신이 섹스를 하는 것에서부터 접시를 닦는 방식까지 똑같은 헌신으로 모든 결정을 내리는 것을 의미합니다!

29번째 선물은 통합의 고리Ring of Union로 알려진 화학 계열의 핵심 부분으로서 4번째, 7번째 및 59번째 유전자 키와 공통된 주제를 공유합니다. 이 코돈 고리는 현재 DNA에서 자발적인 돌연변이를 수도 없이 일으키고 있으며, 특히 우리의 성sexuality과 성별gender을 통해 우리 인간이 관계하고 있는 방식의 거대한 변화를 직접적으로 담당합니다. 이런 유전적 변화에 대한 많은 자극은 59번째 유전자 키와 그의 프로그래밍 파트너인 55번째 유전자 키를 통해 오고 있습니다. 성sexuality의 역할 바로 그것이 바뀌려고 하고 있습니다. 그것은 곧 현재 세상이 결혼과 같은 오래된 제도와 도덕성의 가치에 대해 깊이 혼동하고 있음을 의미합니다. 29번째 선물을 통해 우리는 헌신이라는 단어에 대한 새로운 정의를 경험할 수 있습니다. 그것은 사회적 기대와 관련이 없고, 삶에 예스라고 말하는 것과 관련이 있습니다. 유일하게 진정한 헌신은 현재 내면의 인도에 대한 헌신(7번째 선물)입니다. 이 인도를 찾는 것은 당신 안의 생명력에 대한 항복에 달려 있습니다. 그리고 그것은 헌신의 자연스러운 주기를 완전히 신뢰하는 것을 포함합니다. 오늘날 이 세상으로 나아가는 것이 바로 이 신뢰이며, 그 신뢰가 찾아올 때, 우리의 모든 거짓된 도덕성은 산산이 부서집니다.

진정한 헌신은 사회적인 요구 사항이 아닌 존재 전체 안에서 느껴지는 에너지의 역동성입니다. 많은 사람들이 헌신을 도덕성을 통해서 바라봅니다. 이런 현상은 특히 인간관계에서 보입니다. 그곳에서 헌신은 일반적으로 사회적 압력으로 강요됩니다. 예를 들어, 관계가 깨지거나 이혼하게 되면, 그것은 아직도 종종 실패로 간주됩니다. 진정한 헌신은 도덕적인 것이 아닙니다. 헌신은 지속되는 데 까지 지속됩니다. 주기가 끝나면 그것으로 끝입니다. 그리고 양측 모두가 이것을 동시에 느낄 것입니다. 진정한 헌신으로부터 동맹 관계를 시작하는 사람은 누구나 이 진리를 알고 있습니다. 이런 종류의 깔끔한 헌신으로 시작하는 관계는 일반적으로 깨끗한 방식으로 끝납니다. 깨지는 것으로 결말이 나는 일상적인 감정적 소용돌이도 없이 말입니다. 일부 관계의 주기는 실제로 하룻밤만 지속되고 다른 일부는 영원히 지속됩니다. 주기의 길이는 성공이나 실패와는 관련이 없습니다. 29번째 선물의 주파수 단계에서 모든 관계는 삶의 진화하는 줄거리의 일부분을 형성하며 따라서 실패나 성공이라는 측면에서 보지 않고 삶에 풍성함과 깊이를 더하는 것으로 평가받게 됩니다.

홀로제네틱 프로파일에서 29번째 선물을 가진 사람들은 아주 운이 좋은 사람일 수 있습니다. 그들의 명확하고 헌신적인 결정은 그들 자신에게 행운을 불러오는 조건을 만듭니다. 이 사람들은 다른 사람들에게 끌려갈 수 없습니다.—그들은 교사, 구루, 신탁 또는 시스템의 말을 귀 기울여 들을 수 없습니다. 그들은 또한 다른 사람들의 압력이나 기대에 굴복할 수도 없습니다. 그들의 결정은 뱃속 깊은 곳에서 흘러나오며 어떤 논쟁도 용납하지 않습니다. 29번째 선물에서는 분명한 결정이 당신의 존재 전체를 통해 흐르는 조용하고 강력한 따뜻함으로 느껴집니다. 이것들은 감정적인 결정이 아니며, 흥분을 일으키거나 신경질적이거나 폭발적인 것도 아닙니다. 헌신은 건전한 에너지입니다. 자연 자체가 당신의 운명을 지배하고 앞으로의 길을 보여주고 있는 것처럼 말입니다. 이 단계에서 헌신하는 것이 또한 내려놓는 것임을 이해하기 시작합니다. 당신의 헌신을 지속시키기 위해 엄청난 노력을 기울이기보다는 자신을 내려놓기만 하면 됩니다. 때때로 헌신이 부족하다고 느낀다면, 그것은 당신이 당신의 과정에 더 깊이 내려놓을 필요가 있기 때문입니다.

29번째 유전자 키를 홀로제네틱 프로파일의 측면으로 가지고 있든 없든, 여기에서 행운이 있든 없든, 당신은 삶 속에서 항상 분명한 결정을 내립니다. 이것은 특히 비즈니스에서는 사실일 수 있습니다. 삶의 소우주처럼, 비즈니스는 오르막과 내리막이 있는 여행입니다. 비즈니스가 번창하는 것은 당신의 관계와 일상생활에서 분명한 헌신에 직접적으로 연결됩니다. 비즈니스에는 시작하고 끝나고 다시 시작하는 여러 가지 주기가 있습니다. 재정적인 성공은 단 하나의 주기로 측정될 수 없으며, 의사결정에 대한 지속적인 헌신과 확실성으로 측정될 수 있습니다. 예를 들어 성공적이지 않은 것으로 보이는 방향에 계속 전념할 때 나중에 성공할 수 있는 기회가 열리기도 합니다. 당신은 평생을 통해 당신의 길이 어떻게 될지 생각하지 못합니다. 단지 진정으로 당신의 내면의 방향에 일치키시고 그것이 무엇이든 그것을 신뢰하고 나머지는 자연이 떠맡도록 허용할 수만 있을 뿐입니다. 그것이 29번째 선물의 순수한 마술입니다.

29번째 시디
봉헌Devotion

탄트라 전염

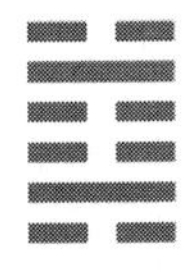

헌신commitment의 선물이 보편적인 수준에서 기능할 때, 그것은 봉헌Devotion의 시디로 변환됩니다. 이 의식으로부터 동양에서 박티Bhakti 요가로 알려진 모든 위대한 길이 생겨났습니다. 박티 요가는 봉헌의 길 또는 가슴heart의 길을 가리킵니다. 봉헌의 길은 다른 것 안에서 자기 자신의 자아 감각을 완전히 잃어버리는 자기 항복의 길입니다. 다른 하나는 테레사 수녀의 가난한 사람들에 대한 봉헌의 경우 같은 임무mission일 수 있으며, 다른 하나는 신 또는 구루와 같은 이상이나 상징일 수 있습니다. 봉헌의 길은 사회에서 멀리 떨어져 있습니다. 봉헌은 미친 헌신입니다. 그것은 마음의 질서를 떠나 가슴의 무모함 속으로 들어간다는 의미에서 미친 것입니다.

선물 수준에서, 헌신은 이기심을 내려놓았음에도 불구하고 여전히 이기심의 흔적을 가질 수 있으며 거대한 힘을 갖고 있을 수도 있습니다. 그러나 이 29번째 유전자 키를 통해 주파수가 높아질수록 당신은 당신의 헌신이 더욱더 다른 사람에 대한 봉사로 향하고 있는 것을 발견하게 됩니다. 주파수가 점점 더 높아짐에 따라 당신의 헌신은 봉헌의 특성을 취하고 가슴 센터를 활성화시키기 시작합니다. 이 과정의 어떤 특정 단계에서, 당신은 더 높은 원인이나 존재에 봉헌하는 사람이 될 수밖에 없으며, 그럼에도 불구하고 그 과정은 계속됩니다. 사랑의 에너지가 봉사를 향해 밖으로 쏟아질 때, 당신은 바깥의 존재 또는 상징으로 보이는 당신의 정체성을 내려놓아야 합니다. 가슴의 진정한 문제를 이해하지 못하는 사람들에게는 그런 봉헌이 잘해 봐야 잘못 인도된 것으로 보입니다. 이 시디에 접근하는 사람들은 자신을 돌보지 않으면서 구루나 우상을 경배하는 것처럼 보일 수 있습니다. 그러나 봉헌하는 사람에게 존재하는 유일한 것은 그들이 봉헌하는 대상입니다. 봉헌의 에너지가 구루를 향하면 그때 그 구루는 어디에서나 어느 것에서나 보입니다. 만일 그것이 선교를 향한 것이라면, 그 선교는 당신의 삶에서 가장 중요한 것이며 그 밖의 모든 것들은 그

한 방향으로 향해야 합니다.

29번째 선물에서 29번째 시디로 양자 도약이 발생하면 특별한 일이 일어납니다. 봉헌의 대상에 부어졌던 모든 사랑이 갑자기 우주의 모든 것에서 봉헌하는 사람에게로 다시 쏟아져 돌아오기 시작합니다. 이 시점에서 시디를 나타내는 사람은 종종 자기 자신을 포함해서 모든 것을 연인Beloved이라고 부릅니다. 따라서 그런 사람들은 바위들과 나무들이 연인을 향해 자신들의 사랑의 피를 흘린다고 말합니다. 그런 사람들이 가는 곳마다, 그들의 가슴은 만나는 모든 사람과 모든 것으로 끊임없이 녹아내립니다. 이 사람들은 종종 시인이나 신에 취한 사람, 또는 다른 사람들의 봉사자가 됩니다. 이 시디의 프로그래밍 파트너는 30번째 시디 '황홀경Rapture'이며 이 두 단어 ─ 봉헌과 황홀경 ─ 은 서로 떨어질 수 없습니다. 이 사람들은 말 그대로 사랑에 사로잡힙니다. 그런 존재의 오라는 너무도 부드러워서 거의 모든 사람들을 신자로 끌어들일 수 있습니다. 이 주파수를 육체의 모습으로 만날 때 그런 존재에게 "노"라고 말하는 것은 거의 불가능합니다.

이 시디의 또 다른 측면, 사실 이 시디로부터 부분적으로 태어난 측면이 탄트라의 길입니다. 탄트라Tantra란 성 에너지sexual energy 또는 고밀도 주파수 에너지가 신성 에너지로 변형되는 것을 의미합니다. 29번째 유전자 키의 선물 수준에서도 당신은 탄트라의 흐름 속으로 들어갑니다. 헌신의 에너지가 세상 속에서 자신을 드러내도록 허용할 때, 당신은 몸에서 분리되어 있는 에너지가 당신을 통해 움직이고 있음을 깨닫기 시작합니다. 이 높은 주파수의 에너지는 실제로 당신의 상위체로부터, 특히 붓다체로 알려진 다섯 번째 몸으로부터 당신의 몸속으로 움직이고 있습니다. 주파수가 더 세밀해질수록, 당신은 이 에너지 또는 활력이 당신을 통해 움직이는 것을 더 많이 감지할 수 있습니다. 이 상위 수준에서 사람들은 종종 몸 안에 있는 생명의 흐름을 더 민감하게 감지하도록 도움을 주는 요가 같은 수행에 관심을 갖게 됩니다. 생명의 흐름이 가슴과 심장의 방을 통과해 움직이기 시작하면 봉헌의 에너지가 활성화됩니다. 이것이 탄트라의 핵심입니다. ─ 당신의 존재가 더 높은 진화에 자발적으로 항복하는 것입니다.

이 29번째 시디는 인간관계에 깊숙이 젖어 있습니다. 많은 탄트라 수행에서, 신봉자는 신성한 배우자(남신, 여신)와 성관계를 하는 것을 시각화하거나, 또는 다른 사람과의 사랑 행위를 통해 자신들의 몸 안에서 화학적 변화를 경험합니다. 규율에 기초를 두고 있는 요가와 반대되는 길로서, 탄트라는 당신을 생명이 원하는 곳이면 어디로든 데려가도록 하는 것입니다. 이런 길은 본질적으로 초超도덕적이기 때문에 사회로부터 많은 도덕적 비판을 받습니다. 그리고 이 유전자 키에 내재된 성적 에너지의 본성을 감안할 때 타부taboo는 종종 파괴됩니다. 그러나 그런 길을 절대적인 헌신을 통해 따른다면 결국 의식을 봉헌의 측면으로 끌어 올리게 됩니다. 기억할지 모르겠지만, 고대 중국인들은 이 원형을 심연The Abysmal이라고 불렀습니다. 삶을 온전히 가슴으로부터 사는 것보다 더 심연 속으로 다이빙하는 상징은 없습니다.

봉헌의 길은 신을 만나는 가장 간단한 방법 중 하나입니다. 많은 위대한 종교에서 봉헌을 발견할 수 있는 이유가 바로 그것입니다. 여기서 그것은 신성한 관계의 개념에 기반을 두고 있으며 그 방법은 예배와 기도입니다. 예배에는 숭배자와 숭배 대상이 항상 있기 때문에 어떤 안전함이 있습니다. 그러나 선물의 영역과 시디의 영역 사이에는 거대한 심연이 있습니다. 예배에 마침표를 찍는 것이 이 심연입니다. 신봉자가 마주치는 커다란 도전은 그 자신을 완전히 파멸시키고 완전한 화신으로 크게 도약하는 것입니다. 신봉자가 심연을 넘어설 때, 그는 절대로 건너편에서 나타나지 않습니다. 오직 신성만이 남을 것입니다. 이것이 시디 영역의 딜레마입니다.—그런 사람이 말을 하면, 그들은 신의 겸손한 숭배자로 들리는 것이 아니라 마치 신이 말하고 있는 것처럼 들릴 것입니다. 여기가 대부분의 종교가 끝나는 곳입니다. 일단 29번째 시디가 나타나면 모든 삶은 기도가 되고 더 이상 기도하는 의미가 없어집니다. 당신이 곧 신의 화신인데 누구에게 기도하겠습니까?

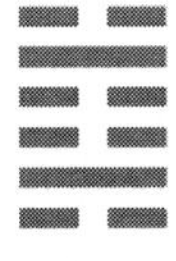

29번째 시디 '봉헌'은 절대적으로 전염성이 강한 시디입니다. 가는 곳마다 다른 사람들에게 봉헌을 불러일으킵니다. 이 전기적이고 거의 성적인 오라는 세상에 나타날 때 상당한 파장을 일으킵니다. 이들은 도덕이나 타부에 전혀 관심이 없는 마스터입니다. 그들은 오직 한 가지에만 관심이 있습니다.—가슴에 내맡기는 것입니다. 그것이 처음으로 당신 안에 쏟아질 때, 이 29번째 시디는 종종 어떤 틀이나 리듬이 없는 혼란스러운 에너지처럼 보입니다. 당신의 봉헌이 깊어짐에 따라 당신은 당신의 내적 존재를 가슴의 유기적인 본성에 맞추어 조절하게 됩니다. 가슴의 유기적인 본성은 규칙을 알지 못하고 자신만의 방식으로 이상하게 뒤틀리곤 합니다. 외부인에게 카오스로 보이는 것은 정말로 정상적인 실재의 경계가 완전히 녹아버린 거칠고 조화로운 초월의 깊은 상태입니다. 이것이 삶에 대해 '예스'라고 말하는 시디입니다.—그것은 자신의 길에서 마주치는 무엇이든 누구이든 절대적으로 자신을 그들에게 줍니다. 29번째 시디의 메시지는 정확하게 이것입니다.—무엇보다도 당신의 가슴을 신뢰하라. 그리고 결과를 결코 걱정하지 마라. 봉헌한다는 것은 신의 무릎에 영원히 놓여 있음을 의미합니다.

30th GENE KEY

시디
황홀경
선물
가벼움
그림자
욕망

천상의 불

프로그래밍 파트너 : 29번째 유전자 키
코돈 고리Codon Ring : 정화의 고리
(13, 30)

생리 : 태양신경총 / 소화
아미노산 : 류루타민

30번째 그림자
욕망Desire

자연의 가장 큰 사기

DNA 분자의 매트릭스 안에는 인간 문명의 건설에 크게 기여하는 중요한 코드가 있습니다. 이것이 30번째 그림자 '욕망Desire'입니다. 우리는 욕망을 생각할 때 종종 성적 욕망을 먼저 떠올립니다. 그것이 사실은 욕망이 취할 수 있는 유일한 방향입니다. 이 30번째 그림자를 이해하기 위해서는 욕망을 본질의 수준으로 끌어내려야 합니다. 이것은 욕망에게서 세상으로 투사하는 힘을 분리시키는 것을 의미합니다. 하나의 순수한 현상으로서, 욕망은 단순히 유전적인 굶주림일 뿐입니다. 그것은 육체적으로 먹으려는 욕구와 깊은 관련이 있지만, 욕망 혼자만이 우리의 생존에 책임이 있는 것은 아닙니다. 유전적 특징의 이런 측면은 개성에 전혀 영향을 미치지 않습니다. 만일 있다고 하면, 욕망은 우리를 보호하는 것보다 우리를 죽이려는 쪽입니다. 그러나 집단적인 유전 수준에서 바라볼 때 욕망은 훨씬 더 넓은 목적을 수행합니다.

욕망의 진정한 목적은 인간이 실수하도록 만들어 진화할 수 있게 하는 것입니다. 이 말을 확실히 하도록 합시다. ―욕망은 개인에게 도움을 주지 않으며 집단적 수준에서 가치 있는 어떤 것을 가르쳐 줍니다. 이 30번째 그림자에서 오는 진짜 굶주림은 경험 그 자체에 대한 굶주림입니다. 인간이 환경을 마스터하기 위해서는 주변 환경의 모든 측면을 맛봐야 합니다. 즉, 밝은 측면뿐만 아니라 어두운 측면도 경험해야 한다는 것을 의미합니다. 개인이나 심지어 많은 사람들이 이 과정에서 죽임을 당한다는 사실은 전체 인간 유전자 풀 전반에 걸쳐 작용하는 인식의 결과가 아닙니다. 인간은 집단에게 소모될 수 있습니다. 전체 인종조차도 소모될 수 있지만 인류 자체는 소모될 수 없습니다. 우리는 30번째 유전자 키를 통해 경험을 통해서 배우고 진화되도록 프로그래밍 되어 있습니다. 따라서 피할 수 있는 경험은 아무것도 없습니다. 인류에 의해 아직도 시도되지 않은 것이 남아 있다면, 누군가의 안의 어딘가에서, 30번째 그림자 '굶주림Hunger'은 그것을 시도하도록 밀어붙일 것입니다. 그것이 아무리 엉뚱하거나 타락한 것이라 할지라도 말입니다.

의식이 형태 속으로 들어가기 위해서는 그 자신을 형태 안에 깊숙이 담가야 합니다. 인간에서 의식은 매우 강력하고 민감한 인식 체계를 마음대로 사용할 수 있습니다. 그 인식은 가이아 정신에 의해서만 가려지는데, 인간은 본질적으로 감각 기관입니다. 여기에 우리가 이해해야 할 아주 심오한 것이 있습니다.—인류를 인도하는 유전적 지침은 별도로 분리된 실체로서 인류에게서 오는 것이 아니라는 사실입니다.—비록 우리에게는 그렇게 보이지만 말입니다. 우리는 자체의 유전적 명령을 지닌 더 넓은 유기체의 일부일 뿐입니다. 그리고 욕망은 감각 기관의 원동력으로서 인류의 진화에 없어서는 안 될 요소가 되었습니다. 그것은 마치 인류가 두뇌 내의 모든 종류의 신경망을 열어 주는 힘을 제공하는 욕망을 가진 자연의 두뇌처럼 작동하는 것과 같습니다. 일부 신경 연결은 합선을 일으키는 반면 다른 것들은 우리에게 인식의 거대한 도약을 열어줍니다. 모든 가능한 연결은 전체에게 가장 훌륭한 도움이 되는 것이 무엇인지 발견하기 위해 시도하고 테스트해야 합니다.

인간이 경험하는 것의 대부분은 실제로 우리 미래에 필수적인 것은 아니지만 여전히 탐구되어야 합니다. 정화의 고리The Ring of Purification로 알려진 화학 계열의 일부로서, 이 30번째 유전자 키는 그림자 주파수가 강력한 역동적인 불화와 비관의 에너지장을 만드는 13번째 유전자 키와 자연스럽게 결합합니다. 따라서 인류는 점진적으로 정화되는 방대한 진화의 주기를 거치도록 설계되었습니다. 이런 정화는 그림자 주파수를 통해서만 일어날 수 있는데, 이는 높은 의식 상태를 위한 원료를 제공하기 때문입니다. 이 놀라운 유전자 과정에서 일어나는 좋지 못한 결과 대부분은 때로는 아스트랄 차원이라고 알려진 인간의 감정적인 차원에서 발견됩니다.

아스트랄 차원은 인간의 모든 욕망과 감정의 합계에서 나오는 미묘한 전자기장입니다. 아스트랄 차원의 더 낮은 주파수대역에서 전반적인 음색은 13번째 그림자 '불화Discord' 중의 하나입니다. 불화는 집단적 주파수로, 인간이 개인의 욕망이라고 생각하는 것을 가차 없이 표현한 결과로서 나오는 소리입니다. 아스트랄 차원의 높은 수준에서, 인간의 욕망과 감정은 그 가장 순수한 형태인 황홀경으로 경험되기 전에 정화의 진보적인 수준을 거치면서 자신의 근원을 찾기 위해 내면으로, 그리고 위로 향하기 시작합니다.

이런 대우주적인 방식으로 볼 때, 마치 자연이 인간에게 사기를 친 것처럼 보입니다. 마치 우리가 진화 자체를 위한 실험동물로 설정된 것처럼 말입니다. 바로 그겁니다. ―욕망 그 자체는 자연의 순수한 충동이지만, 그것은 인간을 미치게 몰아붙이는 경향이 있습니다! 동양의 불교 사상에서, 욕망은 모든 인간 고통의 근원이라고 말합니다. 사실 고통을 만드는 것은 욕망 그 자체가 아니라 욕망에 대한 당신의 반응입니다. 모든 인간 존재에서 욕망의 힘은 다르게 해석되고 독특한 방식으로 세상에 투영됩니다. 따라서 어떤 사람들은 그것을 성욕을 통해 경험하고, 다른 사람들은 부유해지거나 유명해지려는 열망을 통해서, 또는 사랑하거나 영적으로 깨달으려는 열망을 통해 경험합니다. 요점은 욕망 자체는 순수하다는 것입니다. 그것은 어떤 것을 위한 수단이 아닙니다. 인간은 갈망을 느끼기로 설계되어 있는 단순한 피조물일 뿐입니다. 30번째 그림자 '욕망'이 하는 일은 마음에 감정의 연료를 공급하여 열망을 피하거나 적어도 어떤 식으로든 분출시키는 방법을 시도하고 찾아내는 것입니다. 그러나 모든 인간이 배우게 되는 것처럼, 욕망의 순환은 영원합니다. 굶주림을 채우는 순간, 열망은 새로운 주기를 시작하는 것처럼 또 다시 비어 있는 자신을 발견합니다.

주역의 30번째 헥사그램에 대한 원래 중국 이름은 문자 그대로 달라붙은 불Clinging Fire를 의미합니다. 이것은 이 30번째 유전자 키를 떠올리게 하는 멋진 이름입니다. 그것은 당신을 갈망과 욕망으로 타오르게 하지만 그 욕구를 성취하려고 무엇을 시도하든 간에 그것은 당신에게 계속 달라붙습니다. 그것은 지속적으로 당신을 경험의 세상으로 몰고 갑니다. 물론 그것은 정확히 의도된 대로입니다. 우리 인간은 무엇을 하든 상관없이 욕망의 불을 피할 수 없다는 것, 바로 그것이 자연의 사기입니다. 그것은 언젠가는 죽어야 하는 우리 본성의 일부로서 받아들여져야 합니다. 더욱이, 욕망을 영적이지 않다고 생각할수록 그것이 곧 욕망을 더욱더 강력하게 만듭니다. 많은 위대한 종교와 영적 전통은 이 거대한 사기로 인해 받아들여졌습니다. ―우리가 어떻게든 욕망을 극복하거나 싸울 수 있다고 믿게 만들면서 말이지요. 욕망처럼 강력한 진화의 힘과 싸우는 것은 처음부터 인간을 너무나도 고통스럽게 만드는 원흉입니다. 욕망에 대한 위대한 이단적 아이러니는 신과 하나가 되고자 하는 열망과 적을 죽이려는 욕망이 같은 욕망이라는 점입니다. 둘 다 은유적인 지옥으로 끌고 갑니다.

프로그래밍 파트너인 29번째 그림자 건성Half-heartedness과 함께, 욕망의 그림자는 세상을 깊은 무의식적 비관주의로 만듭니다. 모든 인간의 깊숙한 곳 어디에선가 매우 불편한 진리가 존재합니다. ―우리는 욕망을 결코 초월할 수 없다는 것입니다. 이 진리를 거부함으로써 우리는 건성으로 살게 됩니다. 우리는 너무 무서워서 우리의 욕망을 완전히 탐닉하지 않습니다. 바깥으로 욕망에 탐닉하는 사람들이 대개 자신을 파괴하는 것으로 끝납니다. 반면에 욕망을 억제하는 사람들은 안에서 스스로를 파괴합니다. 결국 욕망이 인간을 갖고 노는 것처럼 보입니다. 우리가 무슨 일을 하든, 우리는 미로 속의 쥐처럼 잡히고야 맙니다. 가장 정교한 비전의 전통조차도 우리가 욕망을 초월할 수 있다고 약속하지만, 초월하려고 하는 우리의 바람 바로 그것이 처음부터 초월을 막을 것이라고 경고합니다. 이런 정보로 우리가 무엇을 해야 할까요? 욕망 그 자체가 우리가 욕망을 뛰어넘어 진화하는 것을 방해한다면 그런 역설에 걸린 인류의 미래는 무엇입니까? 대답은 이 30번째 유전자 키의 높은 주파수 안에 있습니다.

억압적 본성 – 과도하게 심각한Over-Serious

욕망이 억압될 때, 생명력 또한 억압되며 이것은 신체적, 정신적, 그리고 심리적으로 자신의 전존재를 경직시키는 결과를 낳습니다. 우리는 삶을 진지하게 생각하기 시작합니다. 앞서 보았듯이 욕망은 불이나 열정과 동일시합니다. 우리 안에서 태우는 것이 허용되지 않으면 내면의 불은 꺼지고 맙니다. 많은 사람들이 욕망을 이런 식으로 다룹니다. 특히 억압적인 사회와 종교에서는 더욱 그렇습니다. 지나치게 심각함은 종교를 통해 자신을 드러냅니다. 이는 거의 항상 자연의 욕망 위에 도덕적인 법칙을 올려놓습니다. 심지어 인간 문명의 대다수가 욕망을 억압했고 지나치게 심각해졌습니다. 그것이 우리 현대 세계의 특징입니다. 30번째 그림자의 거대한 두려움은 감정에 의해 불타버리는 것에 대한 두려움입니다. 그것은 집단적 수준에서 억압되어 온 집단적 두려움입니다. 집단적 수준에서 풀려나온 진정한 감정은 무정부 상태로 이어질 수 있으며, 이는 30번째 그림자 측면에서 억제되는 두려움입니다.

반응적 본성 – 경솔한Flippant

경솔하게 자신의 욕망에 탐닉하는 사람들은 항상 사회로부터 배척당할 위험이 있습니다. 그들은 어떤 도덕적 틀에도 동의할 수 없고 모든 형태의 종교나 부과된 통제를 싫어합니다. 그런 다음 그들은 사회에 대한 반응으로 삶에 대해 경박해집니다. 그 결과 그들은 종종 세상의 투영에 불만을 갖게 되고 자기 자신을 욕망 속으로 더 맹렬히 던져버립니다. 억압된 본성이 욕망을 통제함으로써 욕망에 종지부를 찍기를 원하는 것과 마찬가지로, 반응적 본성은 욕망을 다 소진시킴으로써 욕망을 끝내기를 원합니다. 그 결과, 그런 사람들은 종종 어린 시절부터 자신을 태워버립니다. 당신의 모든 욕구를 완전히 외부로 표출함으로써, 실제로 당신은 그들의 희생자가 됩니다. 이런 종류의 경솔함은 조직화된 종교와 정반대편 끝에 있는 이교異教와 유사합니다. 어느 한 편이 억압이듯이 다른 한 편은 반응입니다.

30번째 선물
가벼움Lightness

최종적인 욕망

역설에 대한 인간의 반응에는 두 가지 가능성이 있습니다.—역설에 긴장하거나 아니면 역설에 항복하는 것입니다. 마음은 역설을 크게 어려워합니다. 왜냐하면 마음은 역설을 다룰 수 있도록 만들어지지 않았기 때문입니다. 마음은 오직 논리적인 이유를 통해서만 문제를 해결할 수 있습니다. 상위의 마음은 실제로 뇌와 몸의 바깥에서 작동하는 인식과 유사한데, 역설이 진리를 나타낸다는 것을 알고 있기 때문에 역설을 숭배합니다. 당신이 정상적인 인간일 수밖에 없다는 무력감에 항복할 때, 놀라운 일이 일어납니다.—존재 전체의 주파수에 변화가 일어나는 것을 경험하게 되는 것입니다. 당신은 밝아지기 시작합니다. 인간의 마음은 삶에 대해 엄청나게 심각합니다. 왜냐하면 마음은 존재를 이해하고 통제하기를 너무도 원하기 때문입니다. 그러나 30번째 선물은 인류에게 새로운 파장이며, 실제로 강요되거나 위조될 수 없는 내면의 항복을 포함합니다.

우리가 이 30번째 선물에 관련하여 가벼움에 대해 이야기할 때, 우리는 삶을 가볍게 여김으로써 삶으로부터 도망쳐 나오는 것에 대해 이야기하는 것이 아닙니다. 반대로, 우리는 그 어느 때 보다 더 깊숙이 삶의 고통 속으로 들어가는 것에 대해 이야기하고 있습니다. 우리는 그저 창조주에게 손을 들어 항복하면서 "좋습니다. 제가 항복합니다. 멋대로 하십시오!"라고 말하는 것처럼 일종의 자살하는 듯한 경향에 대해 이야기하고 있습니다. 실제로 자살하는 것은 당신이 삶을 불신하는 것, 또는 일부 전통이 에고라고 부르는 것입니다. 진정한 힘이란 단순히 신뢰하는 것에 있음을 깨닫기 위해서는 당신 자신이 죽을 운명이라는 것과 당신의 무력함을 깊이 깨달아야 합니다. 삶은 당신을 통해 게임을 하고 있으며 당신은 단순히 그 게임의 유전적인 노리개입니다. 당신은 완전히 무력해져야 합니다. 희생자 느낌으로 무기력해지라는 것이 아니라 당신이 도움을 필요로 하는 단계를 넘어서 있음을 깨달아야 한다는 것입니다. 그때 마술이 일어납니다.—당신은 게임 전반을 이끌고 있는 확장된 의식 상태로 들어갈 수 있음을 발견합니다. 이것은 당신에게 더 높은 수준의 기능에 접근하게 하며, 당신은 당신의 삶을 너무 어려워 보이게 만들고 있었던 것이 단지 당신의 불신이었다는 것을 깨닫게 됩니다.

가벼움의 선물은 당신의 운명을 바꾸어 주지 않습니다. 그것은 단지 당신이 다른 수준의 인식으로 운명을 볼 수 있게 해줍니다. 그러나 이 상위 인식으로의 전환은 당신 삶의 대본에서도 변화가 있게 됨을 의미합니다. 그것은 하나의 돌파구입니다. 또는 하나의 붕괴로 묘사하는 것이 더 나을 수도 있습니다. 모든 삶은 신화적인 대본이나 스토리를 따릅니다. 그리고 당신이 삶의 희생자라는 느낌에서 벗어날 때 당신은 이 확장된 인식으로부터만 당신의 삶을 볼 수 있습니다. 삶은 있는 그대로가 되어야 한다는 농담을 보게 되는 순간, 당신은 전체 대본에서 자신의 위치를 보게 되며 즉시 편안함을 느끼게 됩니다. 이보다 더한 것은 당신의 몸이 계속해서 고통을 겪을지라도 당신의 존재 전체가 밝아진다는 것입니다. 그러면 당신의 모든 행동에는 가벼움이 들어가게 됩니다. 가벼움의 선물로 무엇을 하든지, 당신의 눈에는 항상 반짝임이 있습니다. 왜냐하면 당신은 그것이 어떤 깊은 수준에서는 모두 게임일 뿐이며, 쉽게 저지를 수 있는 최악의 일은 그것을 너무 심각하게 생각하는 것임을 알게 되기 때문입니다. 인생을 가볍게 사는 척하는 사람과 정말로 존재의 가벼움이 있는 사람 사이에는 큰 차이가 있습니다. 이 차이는 항상 감정적인 본성에서 발견됩니다. —즉 진정한 가벼움을 가진 사람은 압도당하는 것을 두려워하지 않는 반면, 가벼운 척하는 사람은 자신의 진정한 감정을 두려워합니다.

가벼움의 선물은 당신으로 하여금 욕망의 영향을 받지 못하게 하지 않지만 그렇다고 해서 당신이 욕망에 반응하게 만드는 것도 아닙니다. 가벼움은 당신의 욕망이 신비가 되게 합니다. 이것은 욕망이란 반드시 따라야하는 것이 아니며, 그것을 느낌으로 느껴야 한다는 것을 아는 선물입니다. 때때로 욕망은 무언가를 배우기 위해서는 따라야 하지만, 일반적으로 이 선물이 알고 있는 것은 욕망의 성취가 곧 가짜라는 것입니다. 인간의 인식이 이 정도 깊이의 감정 시스템에 스며들 때, 거대한 자유의 감각이 나타납니다. 이것은 욕망을 넓은 시야의 각도로 보는 자유입니다. 당신이 욕망을 통해 따라가든 그렇지 않든, 그것이 지속적인 평화의 감각으로 이어지지 않을 것임을 당신은 압니다. 이것은 욕망이 더 이상 중독성을 갖지 않음을 의미합니다. 사실, 욕망은 당신이 차를 대접하기 위해 초대하는 손님처럼 됩니다. 그들은 그들의 때가 되면 떠나거나 아니면 머물러 있으면서 따라오기를 주장합니다. 이런 의미에서 진정한 가벼움은 욕망 그 자체를 피하려는 욕구를 놓아버리는 것으로 볼 수 있습니다.

가벼움의 선물이 가진 또 다른 중요한 특징은 유머 감각입니다. 비록 모든 것이 여전히 깊고 감각적으로 느껴질지라도 모든 것을 거리를 두고 보기 때문에 모든 것이 가볍게 보입니다. 이 선물에서 오는 유머는 교묘하거나 냉소적인 유머가 아니며 개인적으로 어느 누군가를 겨냥하지도 않습니다. 그것은 무엇보다도 먼저 자기 자신에 대해 웃을 수 있는 능력으로 나타납니다. 당신 자신의 삶이 거대한 희비극이 됩니다. 왜냐하면 경험적인 스펙트럼의 양면을 통합하기 때문입니다. 당신은 모든 인간 행동을 꿰뚫어 보는 법을 배웁니다. 당신은 당신의 욕망이 성취될 수 있다는 잘못된 믿음에 놓여 있는 고통의 깊이와 당신의 욕망을 쌓았다가 다시 놓아버리는 데서 오는 커다란 기쁨을 봅니다. 이 30번째 선물을 통해 오는 유머는 매우 자비로운 유머입니다. —어떤 특정한 대상에 대해 웃는 것이 아닙니다.—그것은 단순히 상위 자아에게 굴복한 인간의 진정한 반응일 뿐입니다.

30번째 유전자 키의 더 높은 주파수로 이동하게 되면 마침내 욕망의 순환에 있는 신비를 이해하기 시작합니다. 매일 감정적인 시스템을 통과하는 수천 가지의 욕망 아래에서 당신은 차츰차츰 더 강해지는 하나의 기본적인 욕망을 밝혀내기 시작합니다.—이것은 곧 당신 자신의 고통을 끝내려는 욕망입니다. 당신 자신의 고통을 종식시키고자 하는 욕망은 모든 인간을 영성과 내적 탐구의 길로 인도하는 욕망과 똑같은 욕망입니다. 탈출하려는 욕망, 상승하려는 욕망, 또는 자유로워지기를 바라는 이 욕망은 인간 안에 있는 마지막 거대한 욕망입니다. 그것은 형태를 초월하고자 갈망하는 진화 그 자체의 충동입니다. 이 갈망의 순수한 장으로 온전히 들어설 때, 당신은 의식을 정화시키는 불 속으로 들어갑니다. 이 코돈 그룹, 정화의 고리Ring of Purification는 당신의 존재 전체가 욕망을 포기하기 시작하는 여정을 안내합니다. 당신은 초월하려는 욕망을 암묵적으로 신뢰해야 할 것입니다. 바로 그 욕망 자체가 당신이 초월하는 것을 방해한다는 것을 이해하면서도 말입니다. 이 마지막 욕구는 추종되고, 추적되고, 포용되고, 허용되어야 합니다. 그렇게 될 때, 당신의 갈망의 불이 강렬하게 밝아집니다. 이것이 30번째 선물의 맥락에서 '밝음'의 다른 의미입니다.—하위의 몸과 미묘체가 갈망의 힘으로 정화될 때 당신의 몸이 정말로 빛으로 채워지기 시작하는 것입니다.

30번째 시디
황홀경Rapture

박티Bhakti[18]에서 샥티Shakti[19]까지

30번째 시디는 신성한 황홀경의 상태 중 하나로 드러나는 특이한 시디입니다. 프로그래밍 파트너인 29번째 시디와 함께 이들은 인간의 대다수를 정말로 두렵게 만드는 유전적 특징의 측면입니다. 특히 우리 서구 문화에서 이런 종류의 황홀경 상태는 깊이 불신되고 있습니다. 왜냐하면 우리에게는 황홀경에 대한 명확한 문화적 환기구가 더 이상 없기 때문입니다. 이미 지나간 과거에는 이런 의식 상태에 들어갈 수 있었던 사람은 고대 샤먼이었습니다. 요즘 우리가 그것에 가장 근접한 것은 급증하는 마약과 춤 문화를 통해서입니다. 우리는 봉헌의 문화로부터 너무도 멀리 떨어져 성장했기 때문에 그것을 더 이상 이해할 수 없게 되었습니다. 이슬람과 같은 특정 종교는 이런 봉헌의 코드에 뿌리를 두고 있어 그것을 더 쉽게 인식할 수 있습니다. 비록 그들 또한 그것을 쉽게 잘못 해석할 수도 있지만 말입니다.—요즘의 자살 폭탄 테러의 광신도들은 분명히 30번째 그림자의 낮은 주파수에 뿌리를 두고 있습니다.

---

18 박티 : 최고의 인격신에게, 육친을 대하는 것 같은 사랑의 정감을 담으면서도 절대적으로 귀의하는 것이며, 보통 '신애(信愛)'라고 번역된다.

19 샥티는 철학적 측면에서는 우주의 여성적 창조력을 뜻하는 개념이며, 인격화 또는 의인화된 신으로서 신앙과 숭배의 대상이라는 종교적 측면에서는 '위대한 신성한 어머니(Great Divine Mother)'라고도 불린다.

30번째 시디와 29번째 시디는 내분비 시스템에서 강력한 돌연변이를 일으키는 DNA 내의 전형적인 줄기를 나타냅니다. 이로 인해 송과선의 뇌 화학 내에서 일정한 희귀 호르몬이 지속적으로 생산되어 위대한 봉헌과 신성한 황홀경의 상태를 초래합니다. 30번째 시디 황홀경Rapture은 당신이 소멸의 불 속으로 기꺼이 들어설 때에만 일어납니다. 주역의 30번째 헥사그램의 고대 이름이 매달리는 불Clinging Fire이라는 것을 기억할 것입니다. 시디 수준에서, 당신은 불 속으로 완전히 녹아들어갑니다. 이 30번째 시디의 모든 것은 보통의 깨어 있는 의식에게는 비정상으로 보입니다. 그것은 신비한 자살을 포함합니다.—즉 신성한 갈망의 불 속에 완전히 몰입됩니다. 마침내 당신은 모든 것을 포기하고, 초월하려는 욕망조차 포기합니다. 모든 욕망은 하나의 원초적인 욕망—아무런 목표도 없는 것, 모든 피조물의 본질과 생명력 자체의 중심에 있는 순수한 갈망—속에서 하나로 합쳐집니다. 여기에 belonging(소유물, 재산, 속함)이라는 우리의 영어 단어에 새겨진 신비가 있습니다. 우리가 완전히 우리의 갈망이 될 수 있을 때, 오직 그때만 우리는 진정으로 세상에 속할 수 있는 것입니다.

신성한 황홀경의 상태는 지복의 불에 거듭 태워지는 것과 정말로 비슷합니다. 이들은 너무도 불이 붙기 쉬워 아주 작은 일로도 폭발하는 사람들입니다. 그리고 그들 가까이에 오는 사람들은 누구라도 그들의 봉헌적인 에너지를 포착하게 될 것입니다. 이 30번째 시디가 있는 돌연변이된 태양신경총 시스템의 본질은 오라를 통해 인식을 신체 외부로 전달하는 것입니다. 따라서 프로그래밍 파트너인 29번째 시디 '봉헌'을 만드는 것이 30번째 시디입니다. 이 두 시디는 그들의 힘과 샥티를 황홀경에 빠진 사람의 형태형성形態形成, morphogenetic 필드를 통해 방사합니다. 이런 이유로 특정 교사와 마스터는 문자 그대로 자신의 헌신적인 추종자들의 가슴을 영원히 변형시킬 수 있습니다. 그런 존재의 오라는 위험할 정도로 뚜렷합니다. 그런 현상을 이해하지 못하고 통제하려는 시도를 놓아버리지 않는 사람들에게 그것은 위험합니다. 이 30번째 생명소는 신성한 주파수의 원초적인 혼돈 속으로 녹아들어가는 것에 관한 것입니다.

이 시디는 세상에서 그렇게 흔한 현상이 아닙니다. 그들이 분출하는 곳마다, 그들은 종종 오해를 받습니다. 만일 이것이 서양인에게 일어난다면, 그들은 과하게 안정제가 투입되고 격리될 것입니다. 인도에서는 신성한 신비주의자들과 광인들이 전통적으로 같은 대우를 받았고 존경받았습니다. 왜냐하면 두 상태 사이에는 아주 미세한 경계만이 있기 때문입니다. 이 시디와 29번째 시디의 초기 발현은 인체에 모든 종류의 어려움을 초래할 수 있습니다. 왜냐하면 우리는 아직도 극도로 높은 감정 주파수를 완전히 전달할 수 있을 정도로 진화되지 않았기 때문입니다. 이 점에서 30번째 시디는 55번째 유전자 키에서 설명된 대로 다가오는 태양신경총 시스템의 진화 과정에서 특별한 역할이 있습니다. 30번째 시디의 역할은 문자 그대로 우리 DNA의 모든 인간적 욕망을 태워 버리는 것입니다. 이것은 이 시디를 달성한 인간은 집단을 대신하여 중요한 유전적 작업을 실제로 수행하고 있음을 의미합니다. 그들은 의도적으로 자신들의 운반체가 단락되는 것을 허용하고 과거의 집단적 욕망을 태워 버리고 있습니다. 이 역할에 따르는 특전은 그들이 신성한 황홀경을 경험한다는 것입니다!

22번째 유전자 키에는 인간 오라의 일곱 가지 미묘한 몸에 대한 자세한 설명이 있습니다. 이 30번째 유전자 키를 통한 초월 과정은 두 번째 아스트랄체의 정화와 더 높은 붓다체로의 동화(5번째 몸)를 직접 반영합니다. 상위 자아 안에서 더 높은 은총의 흐름을 촉매하는 충분한 박티를 창조하는 것은 30번째 유전자 키에 대한 인간의 갈망입니다. 박티는 인간의 갈망의 정화에서 일어나는 미묘한 유체 방출입니다. 그것은 붓다체로 올라가고 샥티로 알려진 대응물을 활성화시키는 방출입니다. 샥티는 신의 정수로서 입문과 동시에 강림하며 황홀경의 상태를 만들어냅니다. 30번째 시디를 특징짓는 것이 박티와 샥티의 교류입니다. 바크 티로 표현된 신성한 갈망은 진화의 힘이며, 반면에 샥티로 표현된 신의 은총은 퇴화의 힘입니다.

인류의 미래의 유전자 운반체에서, 이 30번째 시디는 고의로 자신을 태워버리면서 존재하기를 멈출 것입니다. 이런 점에서 그것은 불필요해질 것입니다. 신성한 황홀경의 경험은 인류를 위한 진화적 프로그램 내에서 유전적으로 이례적인 것입니다. 그것은 하나의 목적만을 갖고 있습니다.

새로운 인식이 시작될 수 있도록 욕망을 죽이는 것입니다. 흥미롭게도 29번째 시디 '봉헌'은 30번째 시디와 같은 운명을 공유하지는 않지만 인간관계의 기반을 형성하고 따라서 공동체 전체를 형성할 것입니다. 그러는 동안, 이 30번째 유전자 키와 깊은 친화력을 가진 모든 사람들은 자신의 삶에서 어느 정도의 이런 불타오름을 경험할 것입니다. 우리는 그것이 봉헌과 황홀경을 외적인 파괴와 광신으로 바꾸어 해석하는 모든 사람들을 통해 낮은 주파수로서 일하고 있는 것을 쉽게 볼 수 있습니다. 그러나 주파수가 높아질수록 당신은 더 높은 의식 상태로 타들어가기를 기다리고 있는 신성한 흐름에 더 많이 항복해야 합니다.

시디
겸손
선물
리더십
그림자
오만

당신의 진실을 울림

프로그래밍 파트너 : 41번째 유전자 키
코돈 고리Codon Ring : 돌아오지 않는 고리 (31, 62)

생리 : 목/갑상선
아미노산 : 티로신

31번째 그림자
오만Arrogance

말의 World Wide Web

이 31번째 그림자와 그것의 다양한 주파수대역은 인간의 근본적인 개념을 거꾸로 뒤집습니다. 이 주파수대역은 인간의 진화과정을 따라 오만한 상태에서 겸손한 상태로 옮겨갑니다. 당신 또한 다른 사람들처럼 거만함과 겸손을 일정한 방식으로 생각하도록 조건화되어 왔습니다. 일반적인 조건화는 오만함이 부정적 특성이며 겸손은 긍정적인 특성이라고 말합니다. 이 31번째 선물은 리더십과 영향력에 직접 관련이 있기 때문에 이 두 단어의 진정한 정의를 찾아내야 합니다. 31번째 선물 리더십Leadership은 그들 둘 사이에 있는 시소의 축처럼 앉아 있기 때문입니다.

돌아오지 않는 고리Ring of No Return로 알려진 이진수의 유전 코돈의 한 측면으로서, 31번째 유전자 키는 62번째 유전자 키에 화학적으로 결합되어 있습니다.—둘 다 티로신Tyrosine으로 알려진 아미노산을 암호화합니다. 이 유전적 결합은 조금 더 탐구해 보면 아주 흥미롭습니다. 62번째 그림자는 지능Intellect의 그림자이며 우리의 주변 환경을 이해하기 위해 언어를 조작하는 정신적 기술에 관련되어 있습니다. 실제로, 이 그림자는 당신이 실재를 인지할 때 정신적 신경언어학적 지도를 그 실재에 투사하면서 어릴 때부터 언어와 단어의 세계로 당신을 둘러쌉니다. 나무를 볼 때, 나무라는 단어가 무의식적으로 마음속에 형성되는 것은 62번째 그림자 때문입니다. 31번째 그림자는 이 인지 능력을 현실에 대한 단순한 신경학적 지도의 창조 이상으로 확장합니다.–다른 사람을 통제하고 조작하기 위해 이 기술을 사용하는 것입니다. 이것을 우리는 리더십이라는 말로 좋게 표현합니다. 이 두 그림자 사이의 화학적 연결 때문에 인류는 언어와 사실과 단어를 가장 잘 조작할 수 있는 사람들을 따르도록 미리 프로그래밍 되어 있습니다.

리더십에 관련해서 인간은 동물과 매우 다르게 작동합니다. 동물은 알파 유전자를 가진 한 마리의 동물을 본능적으로 그들의 지도자로 선택합니다. 인간 세계에서는 언어를 통해 다른 사람을 가장 잘 조종할 수 있는 사람에게 알파 유전자가 존재합니다. 그런 사람들은 강한 도덕성을 가질 수도 있고 그렇지 않을 수도 있습니다. 그것은 비물질적인 것입니다. 여기서 중요한 것은 언어가 인간의 리더십을 드러내주는 매개체라는 것입니다. 더 나아가서 언어는 주파수가 전달될 수 있는 수단이기 때문에 높은 수준의 주파수에서는 절대로 거짓말을 할 수 없습니다. 그러나 그림자 주파수에서는 언어가 궁극적인 프로그래밍 도구이며, 예를 들어 인류 전체를 특정 수준의 주파수로 고정시켜 진실에 눈이 멀게 하는 데에 사용될 수 있습니다.

우리가 이 언어의 개념을 프로그래밍 도구로서 더 확장시키면, 우리가 언어를 통제하는 것이 아니라 언어가 우리를 통제하는 것이라고 말할 수 있습니다. 리더십과 권위에는 큰 차이가 있습니다. 21번째 유전자 키의 선물인 권위Authority는 의지력을 통한 권력의 통제에 기초합니다. 이들은 말을 통해 이끌지는 않으며, 그들의 순수한 존재가 다른 사람들의 의지를 통제하는 사람들입니다. 31번째 그림자의 경우에는 말이 훨씬 더 깊은 효과를 낼 수 있습니다. 말은 영원히 지속되기 때문입니다. 수천 년 전에 말해졌던 개념들이 아직도 모든 나라와 모든 사람들의 내적인 현실 모두에 영향을 미칠 수 있습니다. 거대한 종교를 보게 되면 이것이 아주 분명하게 드러납니다. 어떤 특정한 한 사람이 잘못 발음하거나 잘못 번역한 단어 하나가 어떻게 수천 년 동안 수백만 명의 사람들을 죽음으로 몰아갈 수 있는지는 정말로 믿기 어려운 일입니다. 그것이 31번째 그림자의 힘입니다.

인간이 언어를 통제하는 것이 아니라 언어가 인간을 통제하는 것이 사실이라면, 왜 31번째 그림자가 '오만'이라고 불리는가? 그 이유는 집단적 그림자 주파수 자체가 오만하기 때문입니다. 인간의 오만함은 우리가 현실을 독립적으로 통제한다는 믿음에 뿌리를 두고 있습니다! 우리는 선물 주파수에 도달할 때 인간의 진정한 지도자는 우리가 우리 자신의 지능에게 얼마나 깊이 프로그램되어 있고 제한되어 있는지를 이해하는 사람들임을 알게 될 것입니다. 그림자 주파수에서 인간은 우리가 살고 있는 사회의 대량 프로그래밍과 집단적 역사, 신념 및 문화에 의해 완전히 설득됩니다. 언어 패턴을 만들어내는 것은 항상 주파수입니다. 언어가 주파수를 만들어내는 것이 아닙니다다. 우리의 오만함은 우리가 그림자 주파수에서 생각하고 말하고 행동할 수 있다는 우리의 믿음에 기반을 두고 있습니다. 사실은 바로 그 주파수가 우리의 지능에 의해 만들어졌는데도 말입니다.

진정한 오만함은 신성한 근원으로부터 단절되는 데에서 옵니다. 심오한 경이로움에 뿌리를 두고 있지 않은 말은 항상 어느 정도 오만합니다. 오직 인간의 마음만이 실존의 신비에 대한 진정한 답을 줄 수 있습니다. 그리고 당신의 말이 어디엔가 사랑의 향기를 간직하고 있지 않는 한, 그들은 여전히 그림자 주파수에서 헤매고 있는 것입니다. 그림자 주파수에서 인간은 마치 자신이 자연의 한 기관이 아니라 자연으로부터 분리되어 있는 것처럼 생각하고, 말하고, 행동합니다. 자연이 인간을 통제합니다. 자연이 우리의 지능을 진화시켰습니다. 그리고 자연이 우리의 잘못된 정신적 실체 속에 우리를 빠뜨렸습니다. 왜냐하면 자연은 우리가 진화의 현재 단계에 머물러 있기를 바라기 때문입니다. 자연은 심지어 우리를 오만하게 만들어 우리가 자연을 통제한다고 믿게 만들었습니다!

이런 진리는 개인의 자유에 정신적으로 깊이 투자하고 있는 우리 인간들에게는 어려운 것처럼 보일 수 있습니다. 앞으로 보겠지만, 진정한 겸손은 행동에 근거를 두는 것이 아니라 이해에 근거를 둡니다. 언어를 벗어났을 때—당신이 더 이상 자신의 정신적 구조와 말의 희생자가 아닐 때, 오직 그때만 당신은 자유로워질 수 있습니다. 가슴이 드디어 말하기 시작할 때, 가슴이 단어를 체계화합니다. 당신이 그 의미를 생각할 필요도 없이 말입니다. 진정한 의미를 전달하는 것은 가슴의 높은 주파수입니다. 돌아오지 않는 고리Ring of No Return는 비록 말을 진동하는 소통 수단으로 사용할지라도 말을 훨씬 뛰어 넘는 의식 상태를 설명합니다. 따라서 오만함은 말과 말 사이, 그리고 말의 뒤에 숨어 있는 의도의 주파수가 아니라 말과 언어에 일종의 중독이 된 것입니다.

우리가 주변에서 보고 있는 세계는 수십억 개의 단어로 만들어진 정신적 구조일 뿐입니다. 그림자 주파수에서 우리는 말의 범세계 통신망(월드 와이드 웹)에 사로잡혀 있습니다. 물질 자체는 촉감을 통해서 단단하다고 느껴질 수도 있지만, 이제 우리는 그것이 덧없다는 것을 알고 있습니다. 뉴스 헤드라인은 매우 중요하게 보일지도 모르지만, 심지어 그들조차도 인류가 하나의 작은 구성요소에 지나지 않는 진화론적 계획에서 만들어진 작업일 뿐입니다. 그러므로 31번째 그림자는 인간을 자신의 환상이나 마야 속에 너무도 깊숙이 끌어 들여 우리는 우리가 실제로 얼마나 작은 영향을 미치는지 알지도 못하게 됩니다. 환경에 대한 우리의 새로운 집착과 멈출 수 없는 진보의 속도를 늦추려는 시도는 헛된 것으로 판명될 것입니다. 환경과 우리 사이에 구별이 없다는 것을 보지 않고 우리가 환경에 영향을 미치고 있다고 가정하는 데에서 우리의 오만함은 계속됩니다. 어쩌면 환경은 그것이 우리를 돌연변이 시킬 수 있도록 우리가 환경을 돌연변이 시켜주기를 바랄지도 모릅니다. 어쩌면 자연은 우리가 가고 있는 방향으로 우리를 몰고 가고 있는지도 모릅니다. 왜냐하면 자연은 우리가 아직 보지 못한 생각을 가지고 있기 때문입니다.

인간이 그 안에서 살아가고 있는 거짓된 정신적 구조를 이해하지 못한 채로 말할 때마다, 그들은 31번째 그림자로부터 말을 합니다. 마야는 우리의 생각과 말을 통해서 자신을 강화시키는 데에만 관심이 있습니다. 말 자체가 얼마나 거짓된 것인지를 이해하는 사람으로부터 나오는 말은 정말로 드뭅니다. 31번째 그림자의 프로그래밍 파트너는 41번째 그림자 '환상Fantasy'이며, 아마도 이것이 모든 것을 말하고 있는 단어일 것입니다. 당신이 자신의 것이라고 동일시하는 모든 말과 의견과 생각은 분리된 존재의 거대한 환상을 나타내는 대리인입니다.

억압적 본성 – 미루기Deffering

오만에는 근본적으로 두 가지 형태가 있으며 억압적인 형태는 거짓된 겸손으로 드러납니다. 이들은 자신의 힘을 다른 사람에게 맡기고, 의도적으로 자신을 그 아래에 두는 사람들입니다. 이들은 다른 사람들이 자신에 대해 생각하는 것을 정말로 깊이 걱정하며, 무엇보다도 오만하다고 여겨지는 것을 두려워하는 사람들입니다. 아이러니하게도 이런 행동은 관심을 끌어들이도록 디자인되어 있습니다. 비록 자기는 그와 정반대로 관심을 끌어들이지 않는다고 주장하지만 말입니다. 여러 면에서 이 사람들은 반응적인 성향의 사람들보다 훨씬 더 오만합니다. 겸손은 사회에서 높은 평가를 받고 고귀한 칭찬으로 여겨지지만 이런 종류의 거짓 겸손은 두려움만을 감추고 있을 뿐입니다.

반응적 본성 – 경멸하는Scornful

오만함에 대한 반응적인 측면은 두려움보다는 분노에 바탕을 두고 있으며, 일종의 거만한 경멸로 발현됩니다. 이 오만함의 전통적인 브랜드는 자신이 다른 사람들보다 높다고 추정합니다. 왜냐하면 그것은 사람들이 얼마나 쉽게 조건화되고 마음대로 조종할 수 있는지 알기 때문입니다. 그런 사람들은 그들 스스로가 똑같은 조건화에 얼마나 깊이 붙잡혀 있는지를 보지 못하고 있습니다. 왜냐하면 그들은 뿌리 깊이 인정받기를 원하고 있기 때문입니다. 불행하게도, 당신이 열등하다고 여기는 사람들로부터 인정을 받을 때 아무리 인정을 받는다고 해도 그것은 기분 좋게 느껴지지 않습니다. 그래서 이 사람들은 자기들이 영향을 미치고 있는 바로 그 사람들을 경멸합니다. 이것은 결과적으로 그들을 더 화나게 하고 사람들을 멸시하게 합니다.

31번째 선물
리더십Leadership

가슴 브랜딩

리더십의 선물은 본질적으로 지도자 자체가 되는 타고난 성향보다는 영향력의 선물입니다. 64개의 선물 매트릭스에서 진정한 리더는 유전자 수준에서 7번째 선물 '안내Guidance'가 강력하게 활성화된 사람들입니다. 31번째 선물은 리더십의 선물로 알려져 있습니다. 왜냐하면 이것이 바로 이 유전자 키에 대한 집단의 투영이기 때문입니다. 그런 사람 내부 깊숙한 곳에는 리더의 성향이 거의 또는 아예 없으며 리더처럼 느껴지지도 않습니다. 그러나 그런 사람들을 지도자로 세우는 것이 바로 이 마지 못한 태도입니다. 앞서 보았듯이 대중의식은 이끌어지도록 프로그래밍 되어 있지만 리더를 선별하는 방법을 알지 못합니다. 대부분의 경우 대중의식은 정책이나 신념이 아닌 스타일로 지도자를 선택합니다. 31번째의 선물은 선천적으로 언어에 대한 이해와 지배력을 가지고 있기 때문에 동향과 패턴에 관한 모든 것을 알고 있습니다. 따라서 이 사람들은 집단의 마음이 열려 있음과 영향 받고 인도되려고 하는 욕구를 이해합니다.

31번째 선물과 31번째 그림자의 차이점은 31번째 선물은 자신들이 내세우는 선전을 믿지 않는다는 것입니다. 이 선물은 다른 사람들이 자기를 어떻게 생각할까에 더 이상 매여 있지 않습니다. 그래서 어떤 특정 방향으로 사람들에게 영향을 주고 싶다면 이것은 명백한 장점입니다. 요즘에는 이것을 가리켜 공보 비서관spin doctor이라고 합니다. 공보 비서관은 어떤 식으로든 청중에 맞게 진실을 회전시킵니다. 그림자 주파수에서, 이것은 모두 사람들로부터 개인적으로 더 많은 인정과 더 많은 통제 또는 부를 얻는 데 뿌리를 두고 있습니다. 선물 수준에서 높은 주파수는 이미 사람들을 지배자와 피지배자 또는 목자와 양의 긴밀한 공동 의존적 역동성을 넘어가도록 움직여 놓았습니다. 이 수준에서 당신은 아직도 게임을 하고 있지만 목적은 다릅니다.—이제 당신이 미치고 있는 주된 영향력은 다른 사람들이 당신 자신이 한번 붙잡혀 있었던 동일한 매트릭스로부터 벗어나도록 돕는 것입니다.

31번째 선물은 모든 선물과 마찬가지로 지능을 뛰어 넘어 가슴속으로 뛰어드는 큰 걸음을 나타냅니다. 오직 가슴만이 그림자 주파수에서 지능 속에 고립되어 있는 데서 오는 집단적인 고통을 실제로 감지합니다. 따라서 당신의 자연스러운 충동은 다른 사람들이 그 고통에서 어떤 식으로든 도망치도록 돕는 것입니다. 또한, 31번째 선물은 그림자 주파수의 언어와 대중을 이해하는 선물이기 때문에, 이 선물을 자연스럽게 사용하여 다른 사람들을 낮은 주파수의 공동 의존적 희생자 패턴과 관계로부터 빠져나오도록 돕습니다. 31번째 선물은 여전히 의제를 가지고 있지만 그

의제는 사람들이 갖고 있는 조건화의 좁고 신경과학적인 한계에서 벗어나도록 돕는 것입니다. 어느 누구도 31번째 선물처럼 조건화의 특성을 이해하는 사람은 없습니다. 62번째 선물 '정확성 Precision'은 우리가 이미 보았던 것처럼 이 선물과 화학적으로 연결되어 있어서 이 주파수에서 작동하는 사람이 매우 특정한 프로그래밍 언어를 사용하여 다른 사람들의 조건화를 해체할 수 있게 합니다.

31번째의 선물은 인류의 집단적 패턴의 맥박을 감지하고 있기 때문에 많은 사람들에게 엄청난 영향력을 행사할 수 있습니다. 이 선물을 통해 자신을 표현하는 예술가나 작가는 그 내용물보다 훨씬 큰 영향을 미치는 예술작품을 창조할 수 있습니다. 현대 세계에서 우리는 특정 시간에 특정한 책이나 영화가 전체 행성의 의식에 어떻게 거대한 영향을 미치는지를 볼 수 있습니다. 현대의 커뮤니케이션이 풍부한 글로벌 문화에서 31번째 선물은 자신의 진정한 잠재력을 더욱더 넓혀가고 있습니다. 31번째 선물에서 작동하는 어떤 사람들은 말 그대로 집단의 목소리가 될 수 있습니다. 그림자 주파수에서 그들은 우리의 두려움의 목소리가 됩니다. 반면에 선물 수준에서 그들은 미래 진화의 메신저뿐만 아니라 우리의 창의력의 목소리가 됩니다. 프로그래밍 파트너인 41번째 선물 '기대Anticipation'와 함께 31번째 선물은 자연스럽게 미래와 밀접한 관계가 있으며 항상 최첨단의 의식을 형태로 표현합니다.

31번째 선물의 비밀은 브랜딩의 비밀입니다. 이들은 자기들이 사용하는 매체가, 그것이 음악이든 예술이든, 과학, 문학 또는 단순히 인간의 다듬어지지 않은 목소리든 단지 말을 넘어선 것을 표현하는 수단일 뿐이라는 것을 본질적으로 알고 있는 사람들입니다. 예술 자체가 그 안에 암호화된 주파수를 전달하지만 주파수는 단어, 색 또는 음색 자체를 뛰어 넘습니다. 다른 말로 표현하자면, 모든 인간의 표현은 실제로 브랜딩일 뿐입니다. 역사 속에서 올바른 시기에 올바른 브랜드를 출시하면 큰 영향을 끼치게 됩니다. 이것이 바로 31번째 선물이 기대의 암반 위에 세워진 이유입니다.—그것은 항상 다음 세상에 무엇이 들어오는지를 감지해야 합니다. 그리고 이렇게 하려면 오래된 조건화에서 자유로워져야만 합니다. 그림자 주파수와 선물 주파수를 분리하는 것이 바로 가슴입니다. 그리고 진화의 현재 단계에서 가슴은 가장 뜨거운 주파수입니다. 물질 차원에서의 성공의 본질을 정말로 보고 싶다면 가슴이 곧 오늘날 최첨단을 대표합니다. 가슴 수준에서 성공은 이제 새로운 정의에 이르고 있습니다. 삶은 이제 더 이상 개인적인 성공에 관한 것이 아니라 집단 유기체로서의 성공에 관한 것입니다. 이것이 진화가 현재 우리를 이끌어가고 있는 방향입니다.

그러므로 31번째의 선물로부터 우리는 인류 앞에 새로운 시대가 열리고 있다는 것을 알 수 있습니다. 그리고 그 새로운 시대는 개인적인 리더십이 쇠퇴하고 있고 반면에 우리가 이전에 보지 못했던 무언가가 일어나고 있는 시대입니다.—집단이 스스로를 이끌기 시작하고 있는 것입니다. 집단의 가슴을 실제로 잡고 있는 주파수는 비록 개인에 의해 전달되지만 집단적인 목소리와 표현으로 나타나고 있습니다. 여기서 핵심은 그 개인이 거의 또는 전혀 사욕이 없다는 것입니다. 우리가 향해 나아가고 있는 시대는 참으로 놀라운 시대이며, 우리 모두에게 오는 커다란 이점을 이어받을 사람들은 가슴 속으로 도약할 준비가 되어 있는 사람뿐입니다.

31번째 시디
겸손Humility

돌아오지 않는 고리 Ring of No Return

31번째 선물에서 나오는 말에 흥분하게 되면 31번째 시디로 뛰어들 때 충격을 받을 수 있습니다! 앞으로 살펴보겠지만 겸손은 용기 없는 사람을 위한 것이 아닙니다. 그러므로 겸손이 성자 같거나 도덕적인 용모를 하고 있는 사람들과 관련이 있는 단어가 되었다는 것은 매우 아이러니합니다. 여기에서 말하는 아이러니는 겸손이 행동과 관련이 있다는 오해에 있습니다. 왜냐하면 사실은 그렇지 않기 때문입니다. 그런 종류의 겸손은 대개 가면을 쓴 오만입니다. 진정한 겸손은 시디 주파수에서만 일어날 수 있습니다. 왜냐하면 개인성을 완전히 없애야 하기 때문입니다. 겸손과 오만이라는 말은 사람들에게서 발견되는 행동의 이중성을 반영하지만, 또한 매우 높은 도덕적인 책임을 지닌 말입니다. 시디 수준에서, 그런 모든 도덕성은 끝이 납니다. 왜냐하면 당신이 존재로부터의 분리가 이제 끝났기 때문입니다.

이 두 단어를 더욱 깊이 살펴보면 오만은 전형적인 남성의 특성을 나타내고 겸손은 전형적인 여성의 특성을 나타낸다는 것을 알 수 있습니다. 이런 용어는 특별히 남자와 여자를 묘사하는 것이 아니라 보편적인 양극성을 묘사합니다. 우리는 심지어 모든 에너지는 오만하고 진실을 캐는 방식으로 행동하는 반면, 모든 물질은 겸손하고 복종적이라고도 말할 수 있습니다. 어떤 도덕성도 없이 이런 방식으로 삶의 형태를 바라보면 두 표현 모두 자신의 진실성과 아름다움을 표현하고 있음을 알 수 있습니다. 31번째 시디가 겸손하다고 불리는 것은 이런 의미입니다. 여성적인 극성처럼 그것은 비존재를 나타내기 때문입니다. 비존재로부터 존재가 탄생합니다. 인간의 지능이 이 수준에서 언어를 초월할 수 없기 때문에 우리는 이중성의 언어를 사용하여 이중성을 초월한 무언가를 표현합니다. 여성적인 극성은 이런 초월을 묘사하는 데 가장 근접합니다.

31번째 시디에게는 삶으로부터 독립적으로 어떤 것을 얻을 수 있는 가능성이 더 이상 없습니다. 따라서 많은 인간의 말과 표현은 진정한 의미를 잃습니다. 만일 인간이 다른 사람들이 오만한 태도라고 묘사하는 방식으로 행동한다면, 31번째 시디는 이것을 이해할 수 없습니다. 31번째 시디에게 모든 행동은 전체성의 비인격적인 표현으로 보이며, 독립적인 실행자와 같은 개념은 없습니다. 오만이 실제로 의미하는 것이 바로 이것입니다.—당신은 당신의 개별성을 잘못 동일시하고 있는 것이며 당신이 삶을 지배하는 힘이 있다고 추정하는 것입니다. 오만함은 다른 사람들이 생각하는 것에 정말로 관심이 있는 반면, 겸손은 정말로 그런 것에 상관하지 않습니다. 이것이 오만이 항상 겸손해지려고 하는 이유입니다. 그러나 진정으로 겸손해진다면 당신은 다른 사람들이 당신이 오만하다고 생각하는 것에 신경을 쓰지 않을 것입니다!

만일 이것이 당신의 골치를 아프게 한다면, 바로 그것이 시디 주파수가 지능에게 항상 하고 있는 일입니다. 시디 영역 밖에 있는 사람은 31번째 시디를 이해하지 못합니다. 그것은 빈약한 인간의 마음에게는 너무도 단순하여 도덕에 대한 인간의 개념을 뿌리 깊이 흔듭니다. 31번째 시디는 수준과 움직임, 그리고 가슴 속에 있고 싶어 하는 욕구까지 포함하여 모든 개념을 초월했습니다. 당신이 지금 하고 있는 것 외에는 아무것도 할 필요도 없고 어느 곳에 있을 필요도 없습니다. 진정한 겸손은 당신이 그 어느 잘못도 할 수 없다는 진리에서 나옵니다.

의식은 당신의 삶을 통해 자신의 게임을 즐기고 있습니다. 당신이 무엇을 믿고, 무엇을 성취하고, 무엇을 행하든 당신이 그것을 얻는 것이 아닙니다. 왜냐하면 당신은 거대한 환상이기 때문입니다. 31번째 시디를 드러내는 사람은 인간들을 깨어있는 자와 잠들어 있는 자로 구분하여 보지도 않습니다. 그런 사람에게는 깨달은 자와 깨닫지 못한 자 같은 것은 없습니다. 만일 그렇게 분류된다면 그것은 의식의 고리가 하나로 연결되어 있는 실재의 존재를 인정하는 것이 아니라 분리된 존재가 존재한다는 것을 인정하는 것입니다.

31번째 시디는 진정으로 겸손하기 때문에 의제가 없습니다. 그것은 사람들을 환상으로부터 자유롭게 하는 일에 반드시 관심을 가지는 것은 아닙니다. 비록 무의식적으로는 그렇게 하고 있을 수도 있지만 말입니다. 그런 존재는 이 세상의 어떤 사람들에게 영향을 미친다는 것이 불가능하다는 것을 깨닫습니다.

그런 사람이 삶 속에서 무엇을 하든 그것은 중요하지 않습니다. 그들은 세상을 정확히 있는 그대로 놔두는 것에 만족합니다. 그럼에도 불구하고 그런 사람은 여전히 의식의 최첨단에서부터 말하기를 요구하는 똑같은 유전 암호를 가지고 있습니다. 선물과 시디의 유일한 차이점은 선물 수준은 아직도 자신을 진화와 동일시한다는 것입니다. 그들은 여전히 게임에 휩싸여 있습니다. 이미 두려움을 초월한 수준에 있으면서 말입니다. 31번째 시디는 말해야 할 것은 무엇이든 말합니다.

그리고 그 말이 집단에서 왔고 집단으로 돌아간다는 것을 알고 있습니다. 그것은 그 말의 결과에 관심이 없습니다. 왜냐하면 말이 진정한 의미를 전달한다는 개념이 없기 때문입니다.

31번째 시디는 신탁의 고대 전통에 뿌리를 두고 있습니다. 신탁은 단순히 신의 소리가 나오는 상자일뿐입니다. 그것은 자신이 말하는 것에 애착을 갖지도 않고 관심을 갖지도 않은 채 말합니다. 신탁이 말한 것은 그것이 무엇이든 간에 완벽하고 그 해석도 완벽합니다. 말과 언어는 아주 다양한 방식으로 해석될 수 있습니다. 이 신비스럽게 이름 붙여진 코돈 '돌아오지 않는 고리'는 네 번째 인과체에서 5번째 붓다체로의 도약을 의미합니다(자세한 내용은 22번째 유전자 키를 참조하십시오). 일단 이 의식의 도약이 이루어지면 돌아올 가능성은 없습니다. 당신의 정체성이나 에고가 지워질 것이기 때문입니다. 당신의 정체성으로 모든 언어와 모든 단어, 개념, 사실, 이름이 만들어집니다. 궁극적으로 이것은 당신의 이름이 해체되는 위대한 단계입니다. 일단 시디 주파수가 당신의 목소리를 통제하도록 허용하면, 당신은 신성한 화신의 첫 번째 단계에 들어선 것입니다. 이 순간 이후부터 당신이 '나I'라는 단어를 사용할 때마다 그것은 신의 음성 그 자체가 말하고 있는 것입니다. 그런 말은 순수한 전달입니다. 그것은 말을 넘어선 길을 가리키기 위해 말을 사용합니다. 그것이 바로 이 역설의 아름다움입니다.

32nd GENE KEY

시디
존경
선물
보존
그림자
실패

조상 전래의 숭배

프로그래밍 파트너 : 42번째 유전자 키
코돈 고리Codon Ring : 환상의 고리
(28, 32)

생리 : 비장
아미노산 : 아스파라긴산

32번째 그림자

실패Failure

실패의 신화

인류를 괴롭히는 가장 큰 두려움 중 하나는 32번째 그림자—실패의 두려움에서 발견됩니다. 이 두려움은 바로 당신의 DNA에 내장되어 있기 때문에 생물학적으로 뿌리가 깊습니다. 우리 인류의 조상들은 오늘날 우리가 갖고 있는 것과 똑같은 두려움을 가지고 있었습니다. 비록 그것이 다른 방식으로 나타나기는 했지만 말입니다. 당신이 갖고 있는 개인적인 실패에 대한 두려움은 종種, species으로서 생존하지 못하는 것에 대한 집단적 두려움에 뿌리를 두고 있습니다. 조상들이 처음으로 깨달은 사실 중 하나는 우리가 함께 모여 무리를 이루면 더 나은 생존 기회를 얻을 수 있다는 것입니다. 무리나 종족은 서로 다른 기술과 책임을 지닌 개인과 가족의 네트워크로 구성되어 있으며, 그것이 함께 모이면 생존의 기회가 크게 향상되었습니다. 선사 시대에서 개인이 집단에서 격리되거나 배척당하면, 그것은 거의 확실하게 죽음을 의미했습니다.

종족 집단으로 함께 머물러 있으려고 하는 유전적 반사의 핵심에는 또 다른 두려움이 있습니다. —당신의 유전 물질을 전달하지 못하는 것에 대한 두려움, 다시 말하면 종족이나 가족 자체가 소멸될지도 모른다는 두려움입니다. 여성의 경우에는 출산을 하지 못한다거나 배우자를 찾지 못하는 것에 대한 두려움이며, 남성의 경우에는 생식력이 없는 것에 대한 두려움입니다. 이 오래된 두려움을 잠시 동안 현재로 번역해 봅시다. 분명히, 세상 대부분의 사람들에게 이 유전적 두려움은 여러 종족의 계통과 전통을 유지시켜야 할 책임이 있습니다. 그러나 서구와 개발도상국에서 우리는 다른 일이 일어나고 있는 것을 볼 수 있습니다.—종족적 가족 구조가 더 이상 강하지 않다는 것입니다. 이제 대부분의 젊은 남녀들은 가족을 떠나 옛 가족 구조의 밖에서 기회를 찾고 있으며, 그것은 그 오래된 구조와 지원의 해체로 이어집니다. 이런 추세의 원인은 현대 사회가 돈을 중심으로 움직이고 있기 때문입니다.

생존에 대한 우리의 집단적 두려움은 우리가 가진 돈의 양에 거의 전적으로 투영됩니다. 몸 안에서 느끼는 실패에 대한 두려움은 돈과 밀접한 관계가 있습니다. 32번째 그림자는 이 두려움을 수단으로 현대 사회와 사람들이 낮은 주파수 수준에서 움직이도록 몰아가고 있습니다. 우리는 유전 계통을 유지하려는 욕구에 따라 개별 그룹이 서로 독립적으로 경쟁하고 운영되는 세상을 만들었습니다. 그렇게 보이지 않을지도 모르지만 두려움은 똑같은 오래된 두려움입니다.—더 큰 집이나 더 빠른 차를 갖고 싶다는 욕구는 실제로 두려움과 경쟁이라는 거대한 집단 에너지장에서 태어나며 아주 오래된 두려움에 뿌리를 두고 있습니다. 은행 잔고가 많으면 많을수록 실패할 확률은 적어진다는 것, 그것이 당신이 그림자 주파수에서 생각하는 방식입니다. 이런 식으로 돈은 현대 사회에서 성공의 가장 거대한 상징이 되었습니다.

그러나 돈이 엄청난 것이기는 하지만, 돈 게임 전체는 환상이며 가짜입니다.—그것은 32번 그림자가 만든 상징적인 신기루일 뿐입니다. 돈이라는 존재와 관념은 고대의 유전적 두려움과 동일한 두려움을 키웁니다. 그리고 그 오래된 두려움은 우리가 수백만 달러를 벌든 상속을 받든 상관없이 우리 삶의 배경 어딘가에 항상 존재합니다. 돈은 지구상의 대부분의 사람들에게 하나의 큰 문제로 남아 있습니다. 왜 이런 일이 생길까요? 대답은 두려움이 항상 먹을 것을 필요로 한다는 것입니다. 우리가 우리 문명에서 돈을 근절한다고 해도 두려움은 숨을 수 있는 또 다른 곳을 찾아낼 것입니다. 우리가 정복해야 할 것은 돈이 아니라 두려움입니다! 진정한 성공은 더 이상 성공과 실패의 개념에 지배되지 않는다는 것을 의미합니다. 따라서 32번째 그림자는 인간이 항상 작은 엘리트 그룹, 가족, 기업, 영지에 스스로를 한정시키면서 이기적으로 남게 만듭니다. 우리가 인류 전체의 의식을 고양시킬 수 있을 때까지 우리 인간은 항상 우리 자신의 유전자 풀과 자신의 작은 종족과 파벌에 스스로를 국한시키면서 근본적으로 인색한 영혼으로 머물러 있게 될 것입니다.

우리의 선조들이 발견했듯이, 실패는 사실 한 가지를 의미합니다.—고립되는 것입니다. 당신이 종족 지원의 네트워크에서 벗어난 순간, 당신은 당신을 지원하고 양육하는 살아 있는 사슬을 잃게 됩니다. 오늘날 우리는 생존에 매우 능숙해져 충분한 돈이 있다면 누구도 보지 않고 고립된 채로도 성공할 수 있습니다! 그러나 32번째 그림자는 사람들에 관한 것만이 아닙니다. 그것은 또한 삶 전체에 관한 것입니다. 우리 인간은 이제 지구라는 그 자체로부터 고립되어 살고 있습니다. 우리는 여전히 우리 자신만의 가족의 생존과 기껏해야 우리 문화의 생존이라는 관점에서 생각하며, 우리 종의 관점에서 생각할 정도로 집단의식을 키우지는 않았습니다. 그렇습니다. 그러나 앞일을 생각하는 사람들도 있습니다. 요즘에는 그런 사람들이 더 많이 있지만, 우리는 여전히 32번째 그림자와 그 실패의 신화를 바꾸지 않았습니다.

이 그림자의 두려움은 인간의 면역 체계에 깊이 뿌리를 두고 있지만, 그것에 반응하고 그것을 먹고 사는 것은 마음입니다. 당신이 마음을 통제하지 못하거나 그 힘을 알지 못한다면, 마음이 당신의 삶을 움직이게 될 것이고, 그것은 곧 두려움이 당신의 삶을 움직일 것이라는 뜻입니다. 마음의 의식을 높이려면 모든 두려움의 손아귀로부터 벗어나십시오. 이것은 우리가 오래된 두려움을 결코 느끼지 않을 것임을 의미하지는 않습니다.—선물 주파수에서는 어쩌면 그럴 것입니다. 왜냐하면 그들은 아직도 우리 행성 의식의 일부이기 때문입니다.—그러나 우리는 더 이상 그들에게 반응할 필요가 없습니다. 바로 그것이 열쇠입니다. 이런 두려움은 실제로 목적을 달성했습니다.—그들은 인간 종의 생존을 유지시켰고 우리가 번성하도록 했습니다. 32번째 그림자의 프로그래밍 파트너인 42번째 그림자에서 우리는 재정적으로뿐만 아니라 생각에서도 인색하고 경쟁적이도록 얼마나 강하게 조건화되었는지 볼 수 있습니다. 42번째 그림자는 놓아버리지 못하는 것을 나타내며 죽음 자체의 주제에 연결되어 있습니다. 바로 이 코돈 그룹—환상의 고리Ring of Illusion—는 동맹자인 28번째 유전자 키를 통해 죽음이라는 환상에 기반을 두고 있습니다. 죽음과 돈(또는 옛 속담처럼 죽음과 세금)의 주제 사이에는 직접적인 유전적 연계가 있습니다. 그러므로 우리가 우리 자신의 작은 삶을 넘어서 전체로 훨씬 더 넓게 생각할 때까지 우리는 우리 자신의 작은 은행 계좌와 함께 작은 상자 안에 격리되어있을 것입니다.

실패는 당신이 전체로부터 스스로를 단절시킬 때 생기는 결과일 뿐입니다. 성공과 실패 같은 개념이 미치는 범위를 넘어서 주파수를 상승시킬 때, 삶의 모든 것은 거대한 우주의 패턴 속에서 움직인다는 것을 기억하게 됩니다. 이 패턴 속으로 들어가면 그 안에는 언제나 당신을 본질적으로 받쳐주는 것이 있음을 발견하게 됩니다. 인류 중에서 더 진화된 사람은 이 진리가 개인적인 재정이 운영되는 방식에 반영되어 있다는 것을 발견했습니다. 당신이 더 큰 패턴에 항복하고 두려움을 넘어서 의식을 높이면 돈은 언제나 필요할 때 정확하게 도착합니다. 돈은 실제로 두려움을 놓아버리는 데 훌륭한 교훈을 제공하며, 여러 측면에서 우리 지구상의 새로운 영적 교사가 되어 있습니다. 그것이 여기에 있는 동안(영원한 것은 아닙니다), 우리는 더 높은 형태의 의식에 항복할 수 있는 능력의 외적 상징으로 그것을 최대한 활용해야 합니다. 당신이 돈을 걱정하고 있다고 느껴질 때마다 미소를 짓고, 숨을 쉬고, 조상에게 감사하고, 긴장을 푸십시오. 당신이 정말로 돈을 필요로 할 때, 돈은 언제나 당신을 찾아옵니다.

억압적 본성 – 근본주의자Fundamentalist

32번째 그림자의 억압적인 측면은 보수주의의 극단적인 형태입니다. 32번째 그림자는 그 자체 안으로 깊이 수축하는 에너지로, 억압적이고 두려워하는 본성을 통해 나타날 때 그것은 매우 엄격한 근본주의자가 됩니다. 그런 사람들은 말 그대로 자기 자신을 육체적으로나 감정적으로나 재정적으로 숨이 막히게 합니다. 그들은 스스로 숨도 제대로 쉬지 못하게 하고 다른 사람들의 도움도 받지 못합니다. 그런 사람들의 경향은 엄격하고 작은 공동체에 스스로를 고립시키고 더 넓은 세계와 접촉하지 않습니다. 그런 공동체, 그룹 또는 광신적 집단은 자기들 외의 다른 사람들에 대해 쉽게 피해 망상적이 되며, 대개 그들이 집단 자살을 하는 것은 단지 시간문제일 뿐입니다.

반응적 본성 – 연결이 되지 않는Disjointed

32번째 그림자의 반응적 본성은 연속성에 대한 모든 감각을 잃어버리는 것입니다. 이것은 당신을 지지하는 것은 오직 당신 자신뿐이라는 분노에 바탕을 둔 상태입니다. 이것은 당신의 분노가 당신을 자멸적인 삶의 패턴으로 몰아갈 것이며, 그것이 아주 빠르게 진행될 수 있음을 의미합니다. 만일 당신이 삶의 흐름에 연결을 잃게 되면, 정말로 아무것도 부드럽게 진행되지 않습니다.–당신은 근원에서부터 스스로를 단절시킨 것입니다. 그렇게 진정한 리듬이나 목적 없이 연결이 끊어진 삶을 사는 사람들은 육체적으로 큰 위험에 처하게 됩니다. 그들이 내리는 결정은 건강과 부로 이끌어주는 자연스러운 흐름을 따라갈 수 없습니다. 우리가 삶 속에서 내리는 모든 결정은 우리를 우리 자신보다 더 큰 것으로 연결시키거나, 아니면 우리의 진실하고도 중요한 유산으로부터 우리를 단절시켜 외롭고 소외된 느낌이 들게 합니다.

32번째 선물

보존Preservation

접목의 기술

32번째 선물은 '보존Preservation'의 선물이라고 불립니다. 그것은 진정으로 고귀한 선물입니다. 왜냐하면 그것은 당신 자신만의 작은 세상을 넘어서서, 즉 이기심을 넘어서서 세상을 보는 것을 의미하기 때문입니다. 32번째 선물은 사물을 살아있도록 유지시키는 것에 관한 것입니다. 그러나 그것은 단지 사물을 살아 있도록 유지시키는 것에 대한 것이 아니라, 무엇을 살아 있게 하는지를 아는 것입니다. 우리가 32번째 그림자의 억압적인 측면을 보았을 때, 이 유전자 키는 근본주의와 같이 인류에게 실제로 도움이 되지 않는 것들을 보존하는 것으로 쉽게 이끌어갈 수 있습니다. 그러나 이 유전자 키의 주파수를 높인 사람은 두려움에 기반을 둔 사고의 한계를 넘어서서 볼 수 있으며, 자신이 투자에 대한 본능적인 선물을 갖고 있음을 발견하게 됩니다.

투자는 여러 가지 차원에서 이해될 수 있습니다. 만일 32번째 유전자 키가 당신의 홀로제네틱 프로파일의 주요 측면이라면, 당신은 모든 상황에서 장기적인 그림을 감지할 수 있는 강력한 잠재적 본능이 있습니다. 이 선물을 가진 사람들은 또한 종종 깊은 자제력을 가지고 있습니다. 그들은 유혹적으로 보이지만 장기적으로는 도움이 되지 않는 상황에서 에너지(또는 돈)를 억제하는 힘이 있습니다. 같은 이유로 이 선물은 종종 전혀 논리적으로 보이지 않지만 결국에는 그들 자신과 다른 많은 사람들에게 매우 유익하게 되는 본능을 신뢰하게 합니다(특히 다른 사람들에 대해).

이 선물의 비밀은 규제(무엇을 유지할 것인지)와 위험(무엇을 변화시킬 것인지) 사이의 균형을 잡는 본능적인 능력입니다. 이들은 당신이 삶에서 꾸준히 성공하기를 원한다면, 당신이 원래 투자했던 것을 끊임없이 업데이트하고, 변혁을 일으키고, 확장시키려는 욕구와 아울러 일련의 굽히지 않는 원칙들을 가지고 있어야 한다는 것을 선천적으로 알고 있습니다. 신약 성서에 나오는 달란트의 우화는 32번째 선물을 아주 훌륭하게 표현한 비유입니다. 그것을 느슨하게 해석하자면 다음과 같습니다. 땅 주인이 세 명의 소작인에게 각각 10, 5, 1달란트를 주었고(달란트는 고대의 통화 단위) 그들에게 투자를 하도록 했습니다. 첫 번째 사람(10 달란트를 받은 사람)은 20달란트를 가지고 돌아왔고, 두 번째 사람(5달란트를 받은 사람)은 10달란트를 가지고 돌아 왔으며, 세 번째 사람(1달란트를 받은 사람)은 그것을 잃을까 두려워 땅 속에 묻어 두었다가 그 1달란트만 가지고 돌아왔습니다. 땅주인은 앞의 두 사람에게는 상을 주었지만 세 번째 사람은 그가 가진 1달란트마저 빼앗았습니다.

위 우화의 교훈은 실패에 대한 두려움을 극복하는 것에 관한 것입니다. 32번째 선물은 자기 보존에 관한 것이 아니라 생명을 보존하는 것에 관한 것입니다. 스스로 적응하는 사람만이 살아남을 수 있고 번성할 수 있습니다. 32번째 선물은 과거를 평가하고 약점을 솎아내고 힘을 키울 수 있는 능력이 있습니다. 이 사람들은 계절의 흐름과 자연의 리듬을 자연스럽게 이해합니다. 그들은 무언가가 죽어 가고 있을 때 그것을 본능적으로 알아보며, 그것을 가지치기할 필요가 있는지 아니면 모두 처분해야 하는지를 올바로 결정할 수 있습니다. 이 선물의 프로그래밍 파트너인 42번째 선물이 초연함(Detachment, 공정성, 무심함)의 선물이기 때문에 우리는 이 선물의 또 다른 장점을 볼 수 있습니다.—즉 32번째 선물의 확장하는 비전에 더 이상 도움이 되지 않는 것은 어떤 것이든 놓아버릴 수 있는 능력입니다.

이 32번째 선물은 접목의 선물입니다. 그것은 진정한 보전의 정수입니다. 당신은 강인한 뿌리를 붙잡아야 합니다.—그리고 당신은 거기에 강한 새로운 것을 접목해야 합니다. 이런 식으로 당신은 항상 당신의 에너지를 극대화할 수 있습니다. 이 접목의 선물은 인간이 기울이는 노력의 모든 분야에 적용될 수 있습니다. 초연함Detachment은 또한 이 과정에서 필수적인 부분입니다. 당신 자신이 갖고 있는 실패라는 개념을 버려야 하기 때문입니다. 대개 실패에 대한 두려움이 새로운 시스템에 적응하는 것을 방해합니다. 보존의 선물은 자연 속 어디에서나 반영됩니다. 우리가 자연과 조화를 이룰수록 우리는 하나의 종種으로서 더욱더 성공하게 될 것입니다. 선물 수준에서의 성공은 경제에 관한 것이며, 경제는 경쟁보다는 조화로부터 오는 것입니다.

환상의 고리를 깊이 이해할 때, 당신은 인류가 현재 직면하고 있는 딜레마를 볼 수 있습니다. 우리는 32번째 그림자의 이미지로 현대의 세상을 창조했습니다. 우리가 갖고 있는 두 가지 큰 두려움은 죽음과 실패입니다. 우리가 하나의 종으로서 32번째 선물로 옮겨갈 때, 우리는 다시 한 번 자연으로 돌아갈 것입니다. 자연은 오래된 뿌리를 나타냅니다. 그 야생성이 바로 그것의 힘입니다. 그리고 우리 인류는 초월의 꿈을 품은 활기찬 어린 가지입니다. 우리가 다시 한 번 우리의 뿌리를 공경하는 법을 배울 때, 이 땅은 우리에게 자연의 리듬과 주기에 맞춰 조화롭게 움직이는 법을 가르쳐 줄 것입니다. 우리가 조상들과 고유한 종족 문화의 위대한 지혜에 귀를 기울일 때, 우리는 다시 한번 올바른 내면의 정신을 발견하게 될 것입니다. 우리가 이것을 닻으로 삼을 때, 우리는 현대 기술을 오래된 지혜에 접목할 수 있으며 그 결과는 진정으로 탁월할 것입니다. 이것이 보전의 위대한 비밀입니다.

32번째 선물의 또 다른 위대한 영역은 관계입니다. 홀로제네틱 프로파일에 이 선물을 가진 사람은 누가 좋은 동지가 될 것이고 누가 그렇지 않을지를 알게 되는 본능을 갖고 있습니다. 그들은 단지 개인들만을 보지 않습니다.—그들은 많은 사람들 사이의 상호 관계 또한 봅니다. 따라서 그들은 계층구조와 계층구조 내에서의 이런 관계의 연속성을 자연스럽게 이해합니다. 이 때문에 그들은 어떤 비즈니스나 공동체에서 매우 가치 있는 존재가 될 수 있습니다. 자제의 선물을 감안할 때 때로는 언뜻 보기에는 꽤 보수적인 것처럼 보일 수도 있습니다. 그러나 64개의 선물 각각은 본질적으로 그림자의 두 극단 사이에서 균형을 잡는 행위입니다.—따라서 이 선물을 가진 사람은 너무 보수적이지도 않고 너무 위험하지도 않습니다.—그들은 단지 언제 둘 중의 하나가 될 것인지를 아는 선물을 갖고 있을 뿐입니다. 이런 점에서 그들은 실제로 지구의 미래를 손에 쥐고 있습니다. 만약에 이 사람들이 개인적인 실패와 이기심에 대한 두려움을 극복하지 못한다면 우리 인류는 모두 위험에 처하게 됩니다. 그러나 만일 그들이 두려움을 뛰어 넘고 그림자 주파수의 이기적인 경향을 뛰어 넘는다면, 그들은 지구의 가장 열성적인 수호자이자 보호자가 될 수 있습니다.

32번째 시디
존경Veneration

의식의 향기

시디 상태에 도달한다는 것은 두려움을 완전히 초월한다는 것을 전제로 합니다. 두려움은 완전히 떠났습니다! 32번째 선물을 통해 우리는 단순히 유전자 키의 주파수를 높이고 전체를 위해 봉사하게 함으로써 두려움이나 분노와 같은 부정적인 패턴이 어떻게 유익한 힘으로 변형 될 수 있는지를 볼 수 있습니다. 결국 32번째 시디 '존경Veneration'이라는 더 높은 상태로 이끌어주는 것이 바로 이 변형입니다. 64개의 유전자 키 각각은 두려움이나 분노가 전체를 위한 봉사에 잘 사용됨으로써 점차적으로 변형되는 과정입니다. 그러나 어느 시점에서는 오래된 유전적 두려움이 모두 극복될 수 있습니다. 당신의 삶을 다른 사람들을 위한 봉사에 바칠 때 이것은 미묘체 안에서 점진적으로 주파수를 구축해 갑니다. 극복해야 할 첫 번째 장애물은 과거의 카르마입니다. 당신의 헌신이(보통 여러 생에 걸쳐) 충분히 일관성이 있다면, 결국 당신은 오래된 DNA에 축적된 모든 카르마를 태워 버릴 것입니다.

봉사의 힘은 절대로 과소평가되어서는 안 됩니다. 봉사는 사랑의 표현이며, 우리 모두가 알고 있듯이 사랑은 산을 옮길 수 있습니다. 오래된 카르마의 점진적 변형은 천천히 끓는 냄비를 보는 것과 같습니다. 상당한 시간 동안 아무 일도 일어나지 않는 것처럼 보이지만, 어떤 시점에서 당신은 냄비 안에 거대한 압력이 쌓여가는 것을 감지하고 어떤 큰 일이 일어날 것이라는 숨길 수 없는 표시를 보게 됩니다.—수증기가 올라오기 시작하고, 열기가 올라가는 것이 느껴지기 시작하며 작은 공기방울이 부글거리기 시작합니다. 마침내 폭발이 일어날 때, 그것은 한꺼번에 일어나고 멈출 수 없는 것처럼 보입니다. 이것이 당신의 DNA 속에 숨어있는 상위의 신성 의식인 시디의 시작 과정을 묘사합니다.

인간의 진화도 마찬가지입니다. 언젠가 당신은 무엇인가가 다가오고 있다는 거대한 느낌이 당신을 둘러싸게 되는 육화에 이르게 됩니다. 당신의 삶은 위대하고 불가능하게 들리는 꿈의 표시와 약속들로 가득 차게 됩니다. 당신은 이 다른 실재의 압박을 그 어느 때보다도 더 크게 느끼게 되며, 마지막 단계에서의 마지막 시험은 가장 강렬합니다. 가장 오래된 카르마의 흔적이 당신의 DNA에서 하얗게 타버리기 때문입니다. 당신 안에서 마침내 초신성이 발생하면 당신의 정체성과 심지어 당신의 선물까지도 부서지게 됩니다. 당신을 통해서 새로운 봉사의 장이 드러나기 때문입니다. 이것이 시디 상태입니다. 물리적인 매체와 그 화학적 유전자 코딩은 특정한 신성의 원형의 표현을 결정하고 제한합니다. 하지만 당신이 분리되었다는 느낌을 종식시킨 빛 주파수의 순수한 전압은 말 그대로 당신의 DNA에 있는 기억을 깨끗이 씻어 버립니다. 오직 그때에만 당신의 진정한 시디가 출현합니다.

32번째 시디는 '숭배Veneration'의 상태입니다. 그것은 두려움이 타버렸을 때 남게 되는 모든 것입니다. 숭배란 삶의 위대한 살아 있는 사슬 안에서 당신의 위치를 보고 알게 될 때 일어나는 상태입니다. 당신은 진화의 나선을 내려다보고 당신보다 덜 진화된 것들을 볼 수 있으며, 위를 올려다보고 당신을 훨씬 넘어서 있는 것들을 볼 수 있습니다. 자신의 개인적인 정체성에 대한 감각 없이 당신의 자리를 보기 때문에 당신이 할 수 있는 모든 것은 그저 경이로움을 경험하는 것입니다. 당신은 모든 생명의 공동 의존성을 보고, 당신 자신의 작은 형태를 포함하여 모든 생명에 동기를 부여하고 움직이게 하는 한 가지 힘을 알게 됩니다. 숭배는 작은 것과 거대한 것을 동시에 느끼는 것에 관한 것입니다!

시디 상태에서, 죽음이 지나가지 못하는 고리가 뚫려 당신은 불사(28번째 시디)의 진정한 경험을 하게 됩니다. 빛줄기 하나One Light가 이제는 당신의 영혼을 관통해 전적으로 집중되기 때문입니다. 당신이 보는 것은 모두 무수한 실재의 사슬을 통과하는 진화의 아름다운 나선형 원호입니다. 이 수준에서 당신은 개별적인 운반체와 동일시하는 성격을 초월합니다. 당신은 심지어 혼이나 인과체조차도 넘어서며, 시간이 지남에 따라 다중의 운반체를 통해 계속해서 육화합니다. 혼의 결정체 표면 자체가 흩어져 버립니다. 그것은 즉 당신의 유전자 사슬 안에 있는 의식이 그것의 운반체를 초월했거나 능가했다는 것을 의미합니다. 거기에는 분리라는 것이 조금도 남아 있지 않습니다. 그래서 더 이상 환생할 것이 없습니다. 당신에게 진화의 개념 전체가 이제 끝났습니다. 이 위대한 신비는 22번째 유전자 키에 더 자세히 설명되어 있습니다.

모든 시디 상태는 존재의 차원을 떠나 무형의 상태로 돌아가기 전에 신의 메시지를 남깁니다. 이 메시지는 오히려 그 특별한 삶의 사슬에서 모든 삶과 경험을 통과한 의식의 자서전과 같습니다. 따라서 위대한 현자는 이전의 현인들의 지혜 위에서 만들어진 어떤 독특한 것을 우리에게 남겨 줍니다. 숭배의 시디에 도달한 사람들은 항상 어떤 영적 계보의 형태로 육화되었습니다. 형태를 한 의식은 항상 계보의 한계를 통해서 움직여야 합니다. 이 혈통은 독특하게 유전적이거나 사회적인 계보가 아니라 원형적인 계보입니다. 유전자 키의 언어에서는 프랙털 계보 또는 프랙털 라인이라고 합니다. 예를 들어 그리스도의 프랙털 계보는 기독교의 종교와 아무런 관련이 없습니다. ─그것은 진동과 관련이 있습니다. 따라서 예를 들어, 인도의 성자 라마나 마하리시Ramana Maharshi는 예수의 삶이나 가르침에 대해서 거의 알지 못했지만 그리스도 계보의 계승자입니다. 티베트 문화의 위대한 계보는 진동(붓다 계보)뿐만 아니라 사회 및 유전적 계보의 프랙털 라인의 예입니다. 왜냐하면 이 계보는 여러 세기 동안 의도적으로 단일 문화에 국한되어 있었기 때문입니다. 이제 이런 강력한 가르침이 확산됨에 따라 많은 진화된 라마와 툴쿠(tulku, 자신의 환생을 선택할 수 있는 높은 지위의 라마)가 서양인의 육체로 육화되고 있습니다. — 그럼에도 불구하고 프랙털 계보는 계속 남아 있습니다.

숭배는 나선형 사다리 위에 있는 것에 관한 것입니다. 당신은 당신보다 먼저 온 사람들의 어깨 위에 서서, 당신의 어깨를 밟고 올라 당신을 넘어설 사람들을 허용합니다. 이것이 상위 의식이 확장되고 자신을 인류에게로 확대시키는 방법입니다. 당신이 숭배하는 것은 사슬 그 자체뿐 아니라 당신의 위와 아래에 있는 모든 존재입니다. 당신은 가장 열등한 곤충조차도 자신의 의식 어깨 위에 당신이 설 수 있게 허용한다는 것을 깨닫습니다. 이것이 감각을 가진 모든 생명에 대한 끝없는 경외심을 불러일으킵니다. 숭배는 창조의 이면에 있는 하나의 의식의 모든 측면과 형태에 대한 존경과 경외심과 감사에 뿌리를 두고 있습니다. 그것은 의식 자체에 의해 부여되는 강렬한 향기입니다. 이 시디를 경험하는 사람에게는 이 향기가 모든 곳에서, 모든 사물에서, 그리고 항상 감지됩니다.

이 32번째 시디에 대한 위대한 비밀은 가장 단순한 상징인 물에서 발견됩니다. 인간 생리학에서 32번째 유전자 키는 몸 안에 있는 액체의 조절을 나타냅니다. 이것이 유전적 기억과 깊은 연관이 있는 것은 물이 기억을 유지하기 때문입니다. 수소 원자 내에는 의식을 기억으로 전달하는 특이성이 있습니다. 우리의 행성과 우리 몸은 주로 물로 만들어졌기 때문에 물은 우리의 집단의식이 진화하는 매개체입니다. 우리 행성에서 물이 순환하는 과정은 실제로 우리가 깨어나는 과정과 일치합니다. 죽어가는 모든 형태는 수분을 물의 순환으로 되돌려 놓습니다. 이것은 모든 형태가 유한한 수의 진화된 수소 원자를 다시 세상으로 방출한다는 것을 의미합니다. 따라서 우리가 먹는 모든 채소의 수소 원자는 몸을 통과하여 땀이나 소변을 통해 몸 안으로 들어갔을 때보다 더 진화되어 방출됩니다. 이 진화하는 의식의 사슬은 먹이 사슬에서 물이라는 매개체를 통해 지구상에 존재하는 모든 생명체 안에 존재하고 계속 발생하고 있습니다. 진화의 열쇠는 소화입니다!

이 32번째 시디를 더 깊이 생각하면 할수록 모든 생명에 대해 필연적으로 더 큰 존경심이 느껴집니다. 그것이 당신의 가슴 속 깊숙이 파고듦에 따라, 그것이 생명의 모든 형태 사이를 오가며 움직이면서 당신은 의식의 신성한 향기를 맡기 시작할 것입니다. 결국, 당신 앞에 있는 것이 무엇이든 간에, 당신이 보는 것은 당신의 눈 바로 앞에서 완벽하게 장난치며 놀고, 엮어 만들고, 진화하는 대아Self이며 아트만Atman이며 신성한 존재입니다.

시디
계시
선물
마음 씀
그림자
망각

최후의 계시

프로그래밍 파트너 : 19번째 유전자 키
코돈 고리Codon Ring : 시련의 고리
(12, 33, 56)

생리 : 목/갑상선
아미노산 : 없음
(종결자의 고리)

33번째 그림자
망각Forgetting

마야(Maya, 환상)의 진흙탕

인간이 이 행성에서 육화할 때마다, 그들이 가져오는 것은 오직 하나 뿐입니다.—기억입니다. 여기서 우리는 우리가 이해하는 통상적인 기억에 대해서 말하고 있는 것이 아닙니다. 기억에는 많은 종류가 있습니다. 예외적인 경우를 제외하면, 우리는 과거생의 기억이나 우리가 태어나기 전의 어떤 존재에 대한 기억을 갖고 있지 않습니다. 그러나 우리가 이전의 일을 회상하지 못한다고 하더라도 우리는 여전히 우리의 미묘체나 오라의 층 속에 그 기억을 가지고 있습니다. 이 지구상에는 우리가 어떻게 육체 안에 들어가고 육체를 떠나는지, 과학적이고 주관적인 연구의 전 분야를 육화 과정에 바친 문화가 있습니다. 몇 가지만 예를 들자면 이집트, 티베트, 중국 도교 등에서는 이런 주제에 관해 많은 지식을 남겼습니다. 그러나 아마도 가장 위대하고 확실히 가장 오래된 문화는 인도 문화, 특히 베다의 위대한 지혜일 것입니다.

베다의 지혜는 리시Rishis들 덕분입니다.—그들은 수억 겁 전에 자유를 얻은 위대한 교사이며, 우리가 자유를 얻고 소위 마야, 또는 환상의 세계로부터 벗어날 수 있도록 도움을 주는 일련의 심오한 지도와 가르침을 남겼습니다. 베다 전통의 초석 중의 하나는 카르마Karma라는 개념입니다.—그것은 모든 행동과 생각 또는 의도는 어떤 책임을 간직하고 있으며 시간이 지나면 도미노 효과를 만들어 나중에 우리에게 되돌아오게 된다는 개념입니다. 우리 대부분이 이 원리에 친숙해져 있습니다. 그러나 어쩌면 잘 알려지지 않았을 수도 있는 것은 산스카라(sanskaras, 전생기억) 교리입니다. 산스카라는 당신이 짊어진 카르마에 따라서 생을 거듭하면서 가지고 다니는 특정한 기억입니다. 이것들은 실제로 단순한 기억 이상의 것입니다.―의식의 덮개에 저장된 운동 에너지이며, 시간이 지남에 따라 당신의 삶의 모습과 운명을 결정합니다. 산스카라는 인간의 모든 욕망을 일으키고, 결과적으로 더 많은 산스카라를 만들어냅니다. 따라서 고대인들은 말하기를 당신은 자신이 만든 바퀴 또는 그물에 걸려들어 역설적으로 당신이 계속 만들어내고 있는 기억들 때문에 당신이 진정으로 누구인지 기억할 수 없게 된다고 합니다.

33번째 그림자는 망각이라는 거대한 그림자입니다. 이 그림자를 12번째 그림자와 56번째 그림자와 함께 보게 되면, 이 그림자는 이 행성에서 우리의 진화 과정에서 직면해야 하는 세 가지 커다란 시험 중의 하나입니다. 33번째, 12번째, 56번째 그림자는 모두 인간 게놈의 3개의 정지 코돈과 유전적으로 관련되어 있습니다. 당신을 망각의 상태에 빠지게 하는 것이 당신의 기억이기 때문에, 삶에서 가장 큰 도전은 당신 자신의 환상을 간파하고 그물 그 자체를 빠져나가는 것입니다. 그렇다면 우리가 갖고 있는 모든 욕망이 우리 주변의 그물을 단단히 조이기만 하는데 이 미치광이의 역설적인 거울의 홀을 우리가 어떻게 피할 수 있겠습니까? 자, 여기에는 예외가 되는 욕망이 하나 있습니다.―당신 자신을 기억하려는 욕망입니다. 이것은 33번째 그림자가 감추고 있는 욕망입니다. 마야를 탈출하고자 하는 욕망으로 당신은 깨어남의 과정을 시작하고 처음으로 산스카라에 먹이를 주는 것이 아니라 산스카라를 풀어내기 시작합니다.

당신의 산스카라는 진정으로 상처 입은(감겨 있는) 기회입니다. 그것은 당신을 어떤 특정한 사람들을 향해 끌어당기고 다른 사람들에게서 당신을 멀어지게 만드는 카르마 웜홀(karmic wormholes, 블랙홀과 화이트홀을 연결하는 우주 시공간의 구멍)과 같습니다. 33번째 그림자의 프로그래밍 파트너는 19번째 '공동의존Co-dependence'의 그림자입니다. 따라서 당신의 관계가 상처를 풀(감긴 것을 풀) 수 있는 가장 좋은 기회를 제공합니다. 상처wound라는 말은 우리가 어떻게 유전 코드 주위에 문자 그대로 감겨 있는wound 무언가에 묶여 있는지를 분명히 보여줍니다. 이런 추억이나 산스카라의 가장 깊은 것들이 삶에서 가장 도전적인 관계를 낳습니다. 공동의존은 심히 불편하고 파괴적인 느낌을 주는 방식으로 다른 사람 주변에 강력하게 감겨 있는 것에 관한 것입니다. 그렇다고 하더라도 망각의 베일을 꿰뚫는 가장 직접적인 방법을 제공하는 것이 그런 관계입니다. 결국 당신 자신과 당신의 사랑, 그리고 삶의 근본적인 이유에 대해 질문하도록 당신을 몰아가는 것이 이 어려운 관계들입니다.

산스카라의 숨겨진 비밀을 해제하려면 당신 자신의 삶과 당신 존재의 다양한 층 안에 있는 고통을 온전히 마주하기 시작해야 합니다. 3종의 정지 코돈은 DNA 안에 있는 유전자 마커(marker, 표시)로서 활성화되면 외부 감각의 환상 세계로부터 당신을 뽑아내기 시작합니다. 이 코돈 고리는 정당한 이유로 시련의 고리Ring of Trials라고 불립니다. 모든 인간의 각성은 당신 안의 남주인공이나 여주인공을 자극해야 하며, 그 내면의 존재는 신화적인 시련에 직면해야 합니다. 마야의 잠자고 있는 장으로부터 당신의 인식을 건드릴 수 있는 능력이 있는 것은 당신 자신의 강렬한 불만뿐입니다. 이 모든 것이 33번째 그림자와 함께 시작되며, 그것은 대중 의식을 감각의 매트릭스 속 깊은 곳에 봉인합니다. 대중적인 여러 믿음과는 달리 당신이 육체 안에 가지고 있는 특정한 카르마는 당신의 과거 행동이나 전생과 직접적인 관련이 없습니다. 당신의 산스카라는 당신이 육화를 할 때마다 정화되고 재설정되는 집단 에너지장의 일부입니다. 이 신비를 깊이 이해하기 위해서는 22번째 유전자 키와 그 신비스러운 구속의 주제를 탐구하는 것이 좋습니다.

당신의 산스카라가 어떻게 작동하는지를 정말로 이해하기 위해서는 당신의 관계를 어느 정도 깊이 있게 생각해야 합니다. 때로는 너무도 강하게 끌려 어디선가 본 것처럼 느껴지는 사람들이 항상 있습니다. 사람들 사이의 세포 기억의 느낌은 카르마 끈의 표시이며 모든 카르마 끈은 산스카라에서 형성됩니다. 그런 관계는 항상 강렬하며 매우 힘들 수가 있습니다. 그들은 애증의 관계입니다. 그런 관계에 깊이 관여하고 그 과정에 계속 몰두하게 될 때 당신은 은총의 현존을 구하고 있는 것입니다. 시련을 받아들이는 것은 관계의 공동 의존적 패턴을 보다 높은 주파수로 변형시키는 것이고 이것은 큰 사랑과 포기를 필요로 합니다. 지구상에는 당신의 주파수를 높이고 당신의 내면에 있는 신성에 마음을 여는 수단으로 사용될 수 없는 상황은 아무것도 없습니다.

그러므로 33번째 그림자는 이 지구상의 존재와 육화의 끝없는 순환을 관장합니다. 그것은 당신으로부터 과거를 숨김으로써 당신이 계속 깊이 잠들게 만듭니다. 우리 행성의 에너지와 에테르 경계 주위에는 '통과하지 못하는 고리ring-pass-not'라고 불리는 커다란 베일이 있습니다. 통과하지 못하는 고리는 높은 차원을 낮은 차원과 연결시켜주는 에너지 격자입니다. 당신의 DNA를 통과하는 주파수가 이 거대한 대기와 같은 베일의 수준 이상으로 상승하기 전까지는 당신의 진정한 보편적이고 영원한 본질은 당신에게 드러날 수 없습니다. 만일 당신이 이 오래된 이야기를 수십억 번이나 다른 뉘앙스로 계속 살아 왔으며, 그리고 그것이 아직도 당신에게 똑같은 고통을 유발시키고 있다는 것을 기억한다면, 당신은 그 오래된 인간의 패턴에서 즉시 벗어나 그 고통을 초월할 것입니다. 33번째 그림자는 계속해서 우리를 이 더 큰 삶으로부터 숨기고, 이 고통의 행성에서 계속 후퇴하게 만듭니다. 그것은 당신의 의식이 자발적으로 저절로 각성하기 시작할 때까지 인류를 이 물질적 형태에 계속 고정시켜 놓습니다. 33번째 그림자는 우리를 하나로 통합시키는 것이 아니라 우리가 분리되어 있고 혼자라는 환상에 남게 만듭니다.

억압적 본성 – 내성적인Reserved

이들은 매우 극단적으로 숨어 있는 사람들입니다. 이들은 다른 사람들과 의사소통을 하기가 매우 어려우며 종종 침묵에서 벗어나지도 못합니다. 그들은 세상으로부터 잊힌 경험이 있을 수 있습니다. 그들의 자연스러운 경향은 단순히 사람들로부터 숨는 것이고, 강제적인 규율이나 일생일대의 선택을 통해, 고립되어 살거나 다른 사람들로부터 멀리 떨어져 삶으로써, 또는 그들을 무기력하거나 무감각한 상태로 만드는 심리적으로 불안정한 상태를 유지함으로써 사람들로부터 숨을 수 있는 모든 종류의 방법을 찾아냅니다. 이 사람들은 관계 속에서 머무는 것이 매우 어렵습니다. 왜냐하면 친밀해지기 위해서는 자신의 껍질에서 나와야 하기 때문입니다. 그들이 마침내 깨어나기 시작할 때, 그들은 자신들의 현생과 전생의 과정에서 흡수한 엄청나게 많은 지혜로 그들 자신과 다른 사람들을 놀라게 할 수 있습니다.

반응적 본성 – 매우 비판적인Censorious

분노에 뿌리를 둠으로써, 33 그림자의 반응적인 측면은 혼자 있다는 느낌을 받지 않기 위해서 무의식적으로 다른 사람들의 반응을 촉발하는 공격적인 행동 패턴으로 자신을 표현합니다. 이 패턴의 본질은 검열입니다. 이 사람들은 다른 사람들을 망각의 상태로 유지시키는 감정적인 자물쇠를 이해하는 데 능숙할 수 있습니다. 따라서 그들은 때때로 다른 사람들의 부정적인 패턴을 지적함으로써 관심을 얻으려고 노력하며, 때로는 그들을 돕는 듯한 모습으로 가장합니다. 이것은 거의 항상 상대방으로부터 원하는 반응, 즉 분노를 얻어 냅니다. 그러나 주의를 끄는 이 방법은 분명히 극도로 자기 파괴적이고 만족스럽지 않습니다. 그것은 분개를 쌓게 만들고 더 많은 분노를 만들어 결국에는 피할 수 없는 폭발이 일어나게 합니다. 이 사람들은 자신의 분노를 다른 사람들에게 투사하는 패턴을 깨뜨리는 법을 배우면 마침내 사랑하는 것과 사랑받는 것이 어떤 것인지를 기억하기 시작합니다.

33번째 선물
마음 씀Mindfulness

에고의 죽음

33번째 그림자의 주파수를 33번째 선물로 높이면 마음 씀(Mindfulness, 주의 깊음)이라고 하는 다소 마술적인 특성을 가진 어떤 것이 됩니다. 마음 씀은 불교에서 자주 사용되는 단어로서 명상의 위대한 속성 중 하나로 이해됩니다. 유념한다는 것은 주의를 한다는 뜻이지만 또한 그 이상의 것을 말합니다. 마음 씀의 선물을 드러내는 사람은 33번째 그림자의 양쪽 극단에 대한 통제를 느슨하게 한 사람입니다.—그들은 더 이상 자신의 무의식적인 욕망과 두려움과 반응에 사로잡히지 않습니다. 마음 씀의 수준에서, 그들은 여전히 숨거나 반응할 수도 있지만, 이제는 자신이 그것을 하고 있는 것을 볼 수 있습니다. 자기를 기억하는 과정이 시작되면, 당신은 어떤 의미에서는 일종의 연옥에 들어가는 것입니다. 적어도 그림자 주파수에서 잠들어 있었을 때, 당신은 당신의 산스카라와 당신 자신의 고통의 원인과 그 범위를 모르고 있었습니다. 그러나 이제는 당신 자신의 고통을 초래하는 바로 그 패턴을 보기 시작하고, 더 주의할수록 더 많은 고통과 허무감을 마주하게 됩니다. 그러나 일정한 시간이 지난 후에는 마음 씀이 당신 자신의 산스카라 안의 운동 에너지를 변형시키기 시작하고 당신 앞에는 삶에 대한 새로운 시각이 열리게 됩니다.

또한 당신이 부정적인 카르마를 더 이상 만들지 않도록 자신의 본성을 정화하고 정제하는 방법을 발견한다는 것도 마음 씀을 통해서입니다. 이 정화 과정은 산스카라를 푸는 필수적인 부분이며 당신의 관계 안에서의 작업을 통해 엄청나게 가속화될 수 있습니다. 시련의 고리Ring of Trials를 통해 당신은 당신을 올가미에 매어두는 것과 당신에게 자유를 가져오는 것을 어떻게 구별하는지(12번째 선물)를 생각과 감정과 말과 행동을 조절함으로써 배우게 됩니다. 유사하게, 다른 연합된 종결 코돈인 56번째 선물 '풍요로움Enrichment'를 통해 당신은 감각에 의해 당신의 진정한 본성으로부터 얼마나 쉽게 벗어나 있는지를 보게 됩니다. 따라서 당신은 당신의 감각을 단순히 자극하거나 지나치게 자극하는 경험과 중독보다는 정신을 풍요롭게 하는 경험 쪽으로 끌리기 시작합니다. 그와 같은 마음 씀은 매우 풍요로운 과정입니다. 당신의 DNA 바로 그 안에 있는 카르마는 다시 체계적으로 순수한 본질로 변형됩니다. 이 본질은 너무 멋져서 더 많은 것을 경험하고 싶어 합니다. 당신은 인간의 모든 욕망의 비밀을 발견합니다.—일단 그것이 신성한 갈망의 자연스러운 상태로 정화되면, 그것은 당신을 당신의 진정한 중심으로 되돌려주는 바로 그 연료가 됩니다.

불교에서는 위빠사나vipassana라고 하는 잘 알려진 명상 기법이 있습니다. 그것은 여러 가지로 번역될 수 있지만, 자기 인식을 주시하는 것을 가리킵니다. 어떤 의미에서, 64가지 선물 각각은 일종의 위빠사나입니다. 그것은 자신의 그림자의 부정적인 패턴을 떨쳐 버리는 서곡입니다. 진정한 초월은 시디 수준에서만 일어납니다. 그러나 이 상위 수준으로 가는 다리는 64가지 선물의 무수히 많은 기술과 테마입니다. 선물 주파수에서 기술은 여전히 아주 유효하며, 명상이나 묵상이 그토록 유용한 이유가 바로 그것입니다. 대부분의 사람들에게 더 높은 차원으로 가장 접근하기 쉬운 경로가 곧 선물입니다. 사실 그림자가 씨앗이고 선물이 꽃이며 시디가 열매라고 말할 수 있습니다. 한 단계가 자동으로 다음 단계로 이어집니다. 마음 씀은 비록 처음에는 기법일 수 있지만 실제로는 기법이 아닙니다. 마음 씀은 자기 인식이나 자기 기억이 유기적으로 꽃을 피우는 것입니다.

당신이 마야에서 깨어날 때, 마음 씀의 선물은 당신의 본성의 자연스러운 측면으로서 당신의 마음에서 솟아나옵니다. 당신이 하는 행동의 카르마 패턴을 주시하기 시작하자마자, 당신의 산스카라가 풀리기 시작합니다. 마음을 쓴다는 것은 뜨거운 논쟁의 한가운데서 당신 자신을 견지하고 당신이 자신의 진정한 본성을 잊어 버렸다는 것을 깨닫는 것입니다. 즉, 당신 자신의 희생자 의식을 보는 것입니다. 오랫동안 당신의 본성을 몰아붙이고 있었던 이런 무의식적인 성향을 보기 시작하면서 당신 내면에서 새로운 인식이 자라나옵니다. 선물의 주파수 수준에서는 당신이 아직 패턴으로부터 자유롭지는 않지만 그 패턴을 점점 약하게 만들고 있음을 이해하는 것이 중요합니다. 이 수준에서 또 다른 흥미로운 현상이 발생합니다.—양자 도약에 더 가까워질수록, 당신의 패턴이 점점 더 도전적이고 강렬해지는 것처럼 보입니다. 사실, 그들은 더 단단해지는 것은 아니지만, 당신이 잠들어 있다는 것을 점점 더 많이 알게 되고, 그것이 당신을 점점 더 불편하게 만듭니다. 그러나 깨달음을 가속하기 위해 할 수 있는 것이 아무것도 없다는 것을 알게 되었으므로, 당신은 자신의 환상이 깨지기 시작하는 것을 목격하기 시작합니다. 신비주의자들이 에고의 죽음이라고 부르는 것이 바로 이것입니다. 당신의 마음 씀은 이 단계에서 당신이 의지할 수 있는 유일한 것입니다.—그리고 결국에는 그것도 해체되어야 합니다.

흥미롭게도, 마음 씀은 천재의 필수 전제조건입니다. 선물 수준은 천재의 수준입니다. 당신이 당신의 주관적인 생각과 감정과 열정과 욕망을 객관적으로 볼 수 있을 때, 오직 그때만이 당신은 그것으로부터 예술을 창조할 수 있습니다. 과학적 천재라면 감정을 생각하거나 아니면 생각을 느낄 수 있어야 합니다. 이것이 천재가 세계로 나오는 방법입니다.—천재는 목격되는 것입니다. 많은 천재들이 인정받는 데에 무관심한 이유가 바로 그것입니다. 그들은 자신들이 천재성을 만들어 내지 않았다는 것을 알고 있습니다. 천재는 당신이 거기에 없을 때만 일어나는 것입니다! 천재는 우리의 주파수를 높이는 특정 단계, 하나의 의식 상태입니다. 진정한 마음 씀은 뭔가 다른 것이 당신의 눈을 통해 보고, 당신의 마음을 통해 생각하고, 당신의 행동을 통해 살아가기 시작한다는 것을 알게 될 때 일어납니다. 우리가 그것을 천재라고 부르든, 아니면 명상이나 기도라고 부르든 상관없이, 바로 이 뭔가 다른 것이 우리를 통해 자신을 기억하는 더 큰 실재입니다.

33번째 시디
계시Revelation

신성한 종결

인간이 깨어나는 커다란 세 단계는 DNA 안에 있는 시련의 고리Ring of Trials와 3종의 정지 코돈에서 이루어집니다. 이 33번째 망각의 그림자로 대표되는 첫 번째 단계는 당신이 지옥에, 또는 모든 삶은 고통스럽다고 하는 붓다의 첫 번째 고귀한 진리인 '고苦' 안에 있다는 것을 깨닫는 것입니다. 56번째 그림자 산만함Distraction으로 대표되는 두 번째 단계는 고통을 점차적으로 초월하는 과정입니다. 세 번째이자 마지막 단계는 12번째 그림자 허영심Vanity으로 대표되는데 자아의 진정한 본질과의 대립입니다. 당신이 더 높고 더 순수한 주파수로 상승함에 따라 상위 영역의 비밀이 당신의 낮은 본성 속으로 산발적으로 방출되고, 시간이 지남에 따라 몸의 DNA가 이 높은 주파수 파장에 적응하기 위해 새로운 형태로 변형되기 시작합니다. 일단 DNA가 이런 높은 주파수를 영구적으로 다루기에 충분한 정도로 변형되면, 시디 영역의 완전한 힘을 받아들일 준비가 됩니다.

33번째 시디가 시작될 때, 당신의 본 모습 모든 것은 잊혀지고 당신이 될 수도 있었던 것이 모두 기억됩니다. 온전한 시디 상태는 시간과 기억을 해체시킵니다. 당신이 육체적 기억을 잃는다는 뜻이 아닙니다. 오히려 당신의 마음은 의식의 순수함에 더 이상 개입할 수 없으며, 그것은 당신의 존재 전체로부터 산스카라를 씻어 없애줍니다. 과거나 미래에 직접적으로 연결되지 않은 채, 이제는 오직 무한한 시간만이 있습니다.—그것은 말로 이해될 수 없는 개념입니다. 계시는 하나의 홍수입니다. 인간 문화가 시작될 때부터 인간들은 한때 '황금시대'라고 하는 문명이 존재했었고 그때는 완벽한 조화가 지배하고 지구상에 평화가 있었다는 믿음과 신화가 있었습니다. 그 신화는 또한 그 시대가 끝났을 때 인류는 삶을 사랑하고 삶과 조화를 이루는 방법을 잊었다고 합니다. 따라서 우리의 존재는 세계를 깨끗이 휩쓸어 버린 대홍수로 인해 소수의 생존자만을 남긴 채 지워졌습니다.

신화에는 많은 비밀이 숨겨져 있습니다. 무엇보다도, 그런 신화들은 그림의 형태로 숨겨진 삶의 코드를 은폐합니다. 모든 신화는 인간의 유전 암호에서 직접적으로 일어납니다. 이 암호는 원초적 연결 고리에 모든 신비를 담고 있습니다. 이것이 위대한 현자들이 하늘의 왕국을 보기 위해서는 우리 자신의 내면을 들어다보아야 한다고 안내를 해준 이유입니다. 대홍수나 홍수에 관한 신화는 그것이 부분적으로 역사적 사실에 기초한 것이든 아니든, 인간의 정신 속에 있는 깊은 상징, 즉 계시Revelation의 상징입니다. 홍수 후에는 언제나 새로운 세계의 상징인 비둘기나 무지개 같은 표식이 있습니다. 홍수 그 자체는 우리 자신의 미래의 기억입니다. 그 존재는 우리 각자가 언젠가는 의식의 압도적인 쓰나미로 깨끗하게 씻길 것이며, 분리된 개별적 창조물로서의 존재는 언젠가는 끝날 것임을 증명합니다. 따라서 계시는 결말을 종식시킵니다. 그것은 모든 신화를 끝냅니다. 그것은 진화를 끝내고 인류를 종식시킵니다. 계시가 올 때, 우주 자체는 사라질 것입니다. 새로운 세상이 옛 세상으로부터 나타날 것이라고 말할 수 없게 됩니다. 왜냐하면 시간 자체가 사라지기 때문입니다. 그러므로 모든 말, 생각, 상징 또한 사라질 것입니다. 왜냐하면 그것들의 존재는 시간에 의존하기 때문입니다.

계시로부터 진정한 침묵이 나옵니다. 이 시디를 드러내는 존재들은 말할 것이 아무것도 없습니다.—그리고 만일 그들이 말을 한다면, 그것은 곧 말할 것이 아무것도 없다는 말일 것입니다!(이런 식으로 그들의 말에 대해 말하는 재미있는 방법이 많이 있습니다.) 물론 이 시디 또한 기억에 관한 것입니다. 그것은 기억remembering이라는 글자 그대로—다시 일원이 됨re-membering—오직 하나만이 존재한다는 것을 깨달을 때까지 육체의 모든 별개의 구성원들 모두의 안으로 들어간다는 것입니다. 진정한 기억은 당신 안에서 일종의 폭발이 일어나는 것입니다.—섬광이 홍수처럼 몰려와 당신의 과거를 지워 버리고 가장 큰 신비—영원한 현재Now의 신비를 드러냅니다.

의식의 모든 시디 상태와 함께 오는 명백한 깨달음과는 별개로, 이 시디에는 다른 자연스러운 드러남이 있습니다. 33번째 시디에 의해 휩쓸린 사람 또한 세상에 종말이 온 듯한 느낌을 가져옵니다. 이 시디의 존재는 시대의 종말을 나타냅니다. 진정한 계시는 인류 역사의 자연스러운 마지막 때 항상 나타나며, 다음 시대에 대해 이상하게 들리는 예언을 종종 남깁니다. 이 시디는 숨겨진 비밀을 폭로하는 사람으로 알려져 있습니다. 그것은 고유한 비밀을 자신의 운반체를 통해서 집단의식에게 발산합니다. 이 비정상적인 상태 때문에 천사의 왕국과 같은 인간의 의식을 초월한 진화와 원형적으로 연관되어 있다고 할 수 있습니다. DNA에 있는 모든 종결 코돈은 상호 연결된 코드의 다른 가닥의 시작 코돈을 선행합니다. 우리가 진화가 끝나는 것에 대해 이야기할지라도, 우리의 진화 개념을 넘어서서 존재하는 왕국이 있습니다. 33번째 시디는 당신, 곧 인간 존재가 끝나는 곳에서 시작하는, 이런 더 높고 더 넓은 실재로 접속하는 포털입니다.

시디 의식에 대해 토론할 때마다 우리는 우리 자신이 역설로 가득한 세상에 있다는 것을 발견합니다. 궁극의 관점에서 볼 때 세계도 없고. 진화도 없으며, 관점도 없습니다. 그러나 시디 수준으로 깨어나는 인간이라는 운반체는 죽기 전에 항상 인류의 집단의식에 어떤 독특한 것을 풀어놓습니다. 그리고 이 무언가는 항상 인간 의식의 진화에 기여합니다. 다시 말하자면, 그런 존재에 대한 이야기가 끝났음에도 불구하고, 그들의 각성은 인류의 이야기에 들어맞고 그것에 기여합니다. 그들은 또한 위대한 드라마의 배우들이며 떠나기 전에 자신들의 역할을 해야 합니다. 비록 떠나는 사람도 없고 갈 곳도 없다는 것을 그들이 잘 알고 있지만 말입니다. 이것이 64개의 시디의 증거입니다.—각각의 시디는 아직도 무한의 제한된 표현인 것입니다.

33번째 시디는 실제로 깨달음의 개인적이고 집단적인 신화를 드러내줍니다. 깨달음 그 자체가 진화합니다. 비록 그 상태가 절대적으로 남아 있더라도, 인류가 전체로서 깨어나는 수단은 마야 내에 자체의 스토리를 가지고 있습니다. 우리를 육체적 DNA 너머에 있는 더 높은 실재와 천사의 주파수까지 열어줌으로써, 33번째 시디는 인간 의식의 진화를 가속화합니다. 그러나 이것은 사실 역설입니다! 왜냐하면 시디 의식은 상위 의식이라든가 주파수와 같은 개념조차도 환상이라는 것을 알고 있기 때문입니다. 인간의 DNA는 시디 주파수에 의해 활성화되는 내부에 숨겨진 기적적인 특성을 가지고 있지만, 그것들 또한 한계가 있습니다. 다른 운반체들은 DNA의 이진 코드를 넘어서 존재하며, 우리가 미묘체라고 부르는 더 높은 차원에서 존재합니다.

따라서 위대한 우주 드라마가 펼쳐지고, 모든 개인은 궁극의 계시에 도달하기 전에 점진적인 계시를 통해 움직입니다. 형태 안에 있는 의식은 항상 따라야 할 스토리가 있습니다. 그 속임수는 당신 자신의 이야기와 사랑에 빠져 아무것도 제지하지 않고 따르는 것입니다. 그때 두 가지가 확실해집니다.—먼저, 당신은 이야기의 종점에 도착하게 될 것이고 둘째로, 당신 자신의 이야기는 완전히 독특할 것이며 다른 누구의 이야기와도 다를 것입니다. 다른 사람들이 깨달음의 상태에 어떻게 도달하였는지, 또는 그런 상태에 도달하기 위해 어떤 규율이나 어떤 가르침을 따랐는지에 대한 다른 사람들의 이야기를 듣는 것이 당신에게는 오히려 정신을 산만하게 만들 수 있는 이유가 바로 이것입니다. 진실은 당신이 하는 일이나 하지 않는 일이나 그 어느 것도 당신이 궁극에 언제 어떻게 도달할지를 바꾸지 않는다는 것입니다. 당신은 그저 당신 자신의 스토리에 대한 믿음을 가지기만 하면 됩니다. 사람들이 이런 상태에 도달하는 경우가 그렇게 드문 이유가 바로 그것입니다.—따라야 할 사람도 없고, 가는 길은 생전 처음이고 야생이며, 당신의 계시가 마침내 시작될 때, 그것은 당신이 거기에 있지 않은데도 그렇게 시작하는 것입니다!

34th GENE KEY

시디
위엄
선물
힘
그림자
포스

짐승의 아름다움

프로그래밍 파트너 : 20번째 유전자 키
코돈 고리Codon Ring : 운명의 고리
(34, 43)

생리 : 폐
아미노산 : 아르기닌

34번째 그림자
포스(Force, 물리적인 힘, 강압적인 힘, 세력)

시도의 파멸

34번째 그림자는 개인의 능력에 관한 개념과 관련이 있습니다. 그것은 주로 개인의 생존을 기반으로 하는 우리의 유전 모체의 아주 오래된 부분, 즉 적자생존을 나타냅니다. 이 원초적인 힘의 근원은 우리의 유전적 과거에 뿌리를 깊숙이 두고 있으며, 최초의 식물이 지구에 나타날 때부터 시작되었고 파충류의 진화 단계에서 강하게 나타났습니다. 중생대의 공룡 시대는 34번째 유전자 키 안에 있는 힘의 원형입니다. 인간의 진화에서, 초기의 인류 조상들의 척추가 사실상 더 세워지는 자세를 취하도록 강제한 것은 생존하기로 결정한 이 힘이었습니다. 바로 이 힘이 우리를 다른 모든 포유류와 다르게 만들었습니다. 왜냐하면 우리가 똑바로 서는 순간 우리의 두뇌가 다르게 발달하기 시작했기 때문입니다.

지성이 급격히 성장함에도 불구하고 34번째 그림자는 삶 속에서 일들이 일어나도록 힘을 쓰려는 충동으로서 여전히 우리 안에 있으며, 낮은 주파수 진동의 영향을 받으면 매우 파괴적이 될 수 있습니다. 34번째 그림자는 원초적인 특성을 지니고 있습니다. 그것은 동물도 아니며 그보다 훨씬 더 오래전의 것입니다. 그것은 단지 순수한 진화적인 힘입니다. 그가 내려주는 최우선적인 지시는 생존이며, 그것의 유일한 특권은 특정 유기체 안에서 생명을 유지하는 것입니다. 당신은 그것을 이기적이라고 부르지도 않을 것입니다. 왜냐하면 이기적이라는 말에는 다른 생명도 존재한다는 인식이 있기 때문입니다. 이 그림자는 일종의 강렬한 자기도취를 만들어내는데, 그것이 현대인에게 적용될 때 자의식도 없는 짐승 같은 힘을 이끌어줍니다. 따라서 모든 인간은 낮은 주파수에서 집단에 파괴적이 된다는 기본적인 인간의 법칙이 이 34번째 그림자로부터 만들어집니다. 현대 사회의 본질은 DNA가 이런 아주 오래된 규칙에 따라 행동할 때 필연적으로 자기 자신을 파괴하게 된다는 것을 의미합니다.

인간이 다른 형태의 생명체, 특히 다른 포유류를 넘어서 생존하고 진화하기 위해서는 이 34번째 그림자의 오래된 지성이 한때는 절대적으로 필요했었다는 것을 쉽게 알 수 있습니다. 이 유전자 키 안의 힘은 시행착오를 통해 우리 몸에게 다른 종보다 앞서는 법을 가르쳐 주었습니다. 그러나 오늘날의 현대 세계에서 이 맹렬한 경쟁력은 실제로 우리의 집단 생존에 가장 큰 위협입니다. 그것은 단지 우리 자신만의 생존뿐만 아니라 전체 행성의 생존에 가장 큰 위협입니다. 34번째 그림자의 프로그래밍 파트너는 억압적인 면이 '부재Absence'인 20번째 그림자 '피상Superficiality'입니다. 이것은 우리가 인간적이라고 부르는 것이 절대적으로 부족함을 나타냅니다. 34번째 그림자가 작동하게 될 때, 그것은 자신이 무엇을 하고 있는지 전혀 알지 못합니다. 생각이나 배려 없이 그저 행동할 뿐입니다. 행동을 마친 후에 인식이 다시 기어 들어올 수도 있지만 행동하는 중에는 순수하게 기계적인 몰입만 있을 뿐입니다.

현대의 인간과 그들의 행동 측면에서, 34번째 그림자는 '시도'라는 개념으로 가장 잘 이해될 수 있습니다. 시도는 뭔가가 쉽게 갈 수 없을 때 그것을 특정한 방식으로 가도록 강제하는 것을 의미합니다. 누군가가 어떤 것을 흐름에 어긋나도록 만들려고 할 때마다, 그들은 이 그림자 주파수의 영향을 받고 있는 것입니다. 그런 사람들은 자신들이 설정한 방향으로 움직이는 것을 멈출 수 없는 것처럼 보이고, 외부로부터 도움이나 안내를 받으려는 시도를 무시합니다. 운명의 고리Ring of Destiny 코돈의 측면으로서 34번째 그림자는 43번째 그림자 '귀먹음Deafness'과 화학적으로 연결되어 있습니다. 이 그림자의 영향으로 당신은 당신을 통해 움직이는 힘에 완전히 자신을 잃어버리고 빠져 듭니다. 그것이 당신이나 다른 사람들에게 해를 입힐지라도 말입니다. 낮은 주파수에서 작동할 때 이 34번째 원형은 외부의 영향력을 사용할 수 없습니다. 결과적으로 당신은 이 에너지가 극단의 상태에서 어떻게 가장 끔찍한 인간 이하의 행위를 일으킬 수 있는지를 알 수 있습니다.

이 34번째 유전자 키를 홀로제네틱 프로파일의 주요 측면으로 갖고 있으면 다른 사람들의 반응을 통해 그림자 측면과 정면으로 맞서게 됩니다. 이 그림자는 당신이 외부의 영향력에 어떻게 그렇게 눈이 멀 수 있는지를 도저히 이해할 수 없기 때문에 다른 사람들을 극도로 화나게 하는 경향이 있습니다. 다른 사람들에게는 종종 당신이 비인간적이거나 바보같이 행동하는 것처럼 보입니다. 이로 인해 다른 사람들로부터 일종의 도전이나 불만이 일어나 당신이 놀라게 될 수 있습니다. 주파수를 일정 수준으로 유지할 수 없는 경우, 다른 사람들로부터 이런 종류의 간섭은 반갑지 않은 변덕스런 상황을 만들어낼 수 있습니다. 당신이 무언가를 시도하거나 강요한다면, 당신은 계속해서 다른 사람들의 저항을 만나게 될 것입니다. 34번째 유전자 키는 가장 높은 수준에서도 자기 자신을 인식하지 못합니다. 따라서 그것은 당신 자신을 변화시키는 문제가 아닙니다. 그것은 단지 올바른 때에 올바른 활동을 하는 것에 관한 것입니다.

34번째 유전자 키는 아이들에게서 가장 순수한 측면으로 나타날 수 있습니다. 아이들에게서 그 유전자 키는 어떤 경계선이나 다른 사람들을 인지함이 없이 끝없는 움직임의 흐름으로 나타납니다. 물론 아이들은 경계의 중요성을 배울 필요가 있습니다. 하지만 34번째 그림자는 종종 당신의 성격에 무의식적으로 하나의 아이로 각인됩니다. 홀로제네틱 프로파일에 34번째 유전자 키를 가진 아이들은 충분한 공간과 자유는 물론 적절한 경계선이 필요합니다. 비록 결국에는 살아가면서 자기 자신의 경계선을 찾게 될 것이지만 말입니다. 그런 아이들은 정상적인 아이들과 비교될 수 없으며 자연스럽게 성장하도록 허용되어야 합니다. 그들 안에는 강압force과 힘strength을 구별하는 법을 배우는 능력이 있으며, 외부로부터 과도한 도움이나 훈련 없이도 자신만의 방식으로 이것을 발견하게 될 것입니다. 더 높은 주파수에서 보게 되겠지만 이 유전자 키에는 엄청난 이익과 재능이 숨어 있습니다. 당신이 누구이든, 또는 당신의 홀로제네틱 프로파일이 무엇을 말하든 상관없이, 모든 인간은 DNA의 이런 측면을 이용하고 무한한 내적 힘을 발견할 수 있는 능력을 가지고 있습니다.

우리는 이 유전자 키가 생리적으로 어디로부터 연결되어 힘strength이 천골신경총 내면 깊은 곳에서 발견되는지 볼 수 있습니다. 그것은 당신의 배꼽 아래와 그 주위에서 나타납니다. 이 부위는 오랫동안 인간의 거대한 힘power의 센터로 알려져 왔으며 그 진정한 힘은 거기에 확실한 인식이 없다는 사실에 있습니다. 그러나 천골과 태양신경총 사이에는 거대하고 복잡한 신경망이 있습니다. 현대 사회가 지성의 센터로서 뇌의 중요성을 강조하고 있지만 신체의 진정한 지성은 배에 모여 있습니다. 34번째 그림자는 이 배를 중심으로 한 지성을 거치지 않고 뇌 안의 무의식적인 정신 고리로 연결시키는 경향이 있습니다. 포스(force, 강제적인 힘)는 항상 마음속에 뿌리를 두고 있으며, 반면에 힘power은 배에서 나옵니다. 힘은 자연스럽고, 기초가 있으며, 모든 삶에 보편적으로 연결되어 있고, 당신 존재 안에 있는 배꼽 중심에서 나오는 것처럼 흘러나옵니다. 뱃속의 인식은 자각을 넘어서 있습니다. 왜냐하면 자아를 넘어서 있기 때문입니다. 따라서 그것은 순수 인식이라고 부를 수 있습니다. 포스는 이 순수 인식의 진정한 중심을 신뢰하는 것을 잊어버릴 때 발생합니다.

억압적 본성 – 자기를 내세우지 않음Self-Effacing

억압적인 성향을 지닌 이들에게 34번째 그림자는 본질적으로 자기 자신의 파워로부터 숨어 있습니다. 그것은 자기 자신을 두려워합니다. 이들은 자신을 낮추고 다른 사람을 자신의 권위자로 받아들입니다. 자신을 내세우지 않은 본성이란 다른 사람들이 자신을 짓밟도록 놔두는 것을 말합니다. 그런 사람들은 실제로 다른 사람들의 원칙이나 일반적인 사회가 지시하는 것에 순종하는 노예가 됩니다. 이 원형 안에 있는 엄청난 각각의 파워는 모두 저지되고 있습니다. 이유는 종종 어린 시절에 겪은 어려움 때문입니다. 따라서 이 사람들의 모든 에너지는 정체되어 피곤함과 에너지 부족으로 이어져 지칠 줄 모르는 에너지와 힘인 34번째 선물을 자연스럽게 표현하지 못합니다. 궁극적으로 이들은 자신이 있는 상황에서 벗어나야만 하는 사람들입니다. 만일 그렇게 한다면, 그 순간 그들은 그들의 진정한 힘이 돌아오는 것을 알게 될 것입니다.

반응적 본성 – 억지 부리는Bullish

이 그림자의 반응적이고 분노하는 측면은 남들을 괴롭히거나 쥐고 흔드는 본성으로 나타납니다. 이들은 포스를 다른 사람들을 괴롭히는 데 쓰는 사람들입니다. 그들에게 주요 문제는 의사소통과 부적절한 행동입니다. 그들은 자기들이 다른 사람들을 괴롭힌다는 것을 일반적으로 인식하지 못하기 때문에 도전을 받을 때 극도로 화를 냅니다. 그런 사람들은 경고를 받거나 도전을 받은 후에도 계속 황소고집을 부릴 것이며, 이런 문제는 대개 자신에게 나쁘게 끝이 나게 됩니다. 그들이 비록 괴롭히는 사람으로 종종 인식되지만, 그들은 크게 오해받고 있는 것입니다. 그들은 이런 식으로 행동하도록 조건화되어 있으며 그들이 정말로 무엇을 하고 있는지 알지 못하고 있습니다. 그들에게 필요한 것은 끊임없이 다른 사람들을 괴롭히는 것이 아니라 분노를 표출할 수 있는 건전한 활동을 찾는 것입니다.

34번째 선물

힘Strength

위엄 있는 사람, 올림픽 선수

34번째 그림자가 34번째 선물에게 길을 내줄 때, 진정으로 아름다운 원형이 나타납니다.—그것은 곧 인간의 힘strength입니다. 그림자와 선물 사이의 관계에서 흥미로운 점은 동일한 필수 에너지 코드의 이 두 가지 활성화 사이에 있는 엄청나게 미세한 선입니다. 포스force의 그림자와 힘의 선물 사이의 차이는 아주 작기도 하고 또한 거대하기도 합니다. 34번째 선물은 똑같은 근본적 생명력을 지니고 있지만 그림자와는 달리 적절한 활동과 정확한 타이밍을 통해 활동합니다. 그 결과 항상 다른 사람들의 관심과 찬사를 끌어내는 잘 조율된 생명력을 창의적으로 나타냅니다.

개인들의 힘은 모든 인간에게 절대적으로 자연스러운 것입니다. 이 선물을 가진 사람들이 종종 육체적으로 강할 수는 있지만 여기에서 우리는 체력에 대해 이야기하고 있는 것이 분명히 아닙니다. 우리는 본성의 힘과 조화를 이루어 행동하는 능력에 대해 말하고 있습니다. 그것이 곧 힘의 진정한 정의입니다. 신체적 활동에 적용할 때, 그것이 곧 34번째 선물의 모든 것이겠지만, 힘은 그 안에 시도하거나 강요하는 요소가 없습니다. 그것은 단순히 당신으로부터 흘러나오는 것이며 당신은 힘들이지 않고 그 활동과 하나가 되는 것입니다. 이 맥락에서 힘들이지 않는다는 것은 거기에 아무런 노력이 없다는 의미가 아닙니다. 거기에는 커다란 노력이 있을 수 있지만 거기에 아무런 저항이 없다는 뜻입니다. 이 유연한 효율성이 34번째 선물의 주요 특징 중의 하나입니다.

34번째 선물의 또 다른 핵심 측면은 전시display입니다. 우리는 이미 이 유전자 키가 지구상의 초기 생명주기와 오래된 연결 관계를 가지고 있으며 식물의 왕국과 가장 오래된 연결 고리를 갖고 있다는 것을 이미 알고 있습니다. 식물들은 번식을 위해 곤충과 새와 벌에게 의존합니다. 이런 다른 매개체를 유인하기 위해 꽃들은 모든 종류의 아름다운 모양과 색과 향기로 꽃을 피웁니다. 인간에게 있어서 34번째 선물은 이 원초적인 전시의 욕구를 공유합니다. 비록 어떤 종류의 에고를 통해서 전시하는 것은 아니지만 말입니다. 우리는 34번째 선물이 어느 수준에서도 자기 자신을 인식하지 못한다는 사실을 기억해야 합니다. 관심을 끌려는 경향은 분명히 그림자 주파수에서는 부정적인 관심을 끌어들이지만 더 높은 주파수에서는 긍정적인 관심을 끌어들입니다. 인간의 모든 종류의 힘이 바로 이 34번째 선물에서 발생됩니다.

34번째 선물은 영웅들의 선물입니다. 이것은 가장 오래되고 가장 거대한 인간 원형입니다. 진정한 영웅적 행위는 아무 인식도 없이 일어나며 전적으로 개인적인 행동입니다. 살아 있는 모든 인간이 신화의 영웅들과 현대 문화의 영웅들에게 깊은 공감을 느끼는 이유가 바로 그것입니다. 영웅적 행위는 힘strength을 의미합니다. 그러나 아이러니하게도, 진정한 힘은 자기 자신을 전혀 알지 못합니다. 믿을 수 없이 용감한 행위를 한 많은 사람들이 나중에 그 경험을 자신이 의도하지 않은 것으로 묘사했습니다. 이런 종류의 영웅적 행위는 전적으로 우연한 것입니다(전적으로 다른 원형인 21번째 시디 '대담함Valour'의 가장 높은 주파수와는 다릅니다). 영웅들은 칭찬받는 것에 대해 불편함을 느끼기도 합니다. 왜냐하면 그들에게는 모든 것이 자신의 손을 떠나서 나온 것으로 보이기 때문입니다. 그러나 그것이 비록 우발적이라 할지라도, 영웅적 행위는 다른 사람에 의해 그렇게 해석되지 않고 떠받들어지고 미화됩니다.

이와 같이 34번째 선물은 물리적인 원형이기 때문에, 스포츠나 춤과 같은 신체적인 움직임과 관련된 활동과 깊은 관련이 있습니다. 그러나 이 선물은 팀 스포츠와는 그렇게 크게 관련되지 않습니다. 오히려 개인적인 재능으로 표현됩니다. 이들은 움직임 자체가 다른 사람들로부터 존경을 불러일으키는 최면적인 품격을 가진 사람들입니다. 그들은 일반적인 잣대를 넘어선 개인적인 힘과 침착함을 전달하고 방출하는 듯한 스포츠 영웅들과 올림픽 선수입니다. 인간의 움직임에 대한 통달은 실제로 자각이 없을 때만 나타나며, 20번째 선물의 프로그래밍 파트너인 자기 확신Self Assurance을 남깁니다. 34번째 선물은 인간이 노력하는 무수한 분야에서, 즉 개인이 공동보다 높이 올라가는 모든 영역에서 나타날 수 있습니다. 이 사람들은 비즈니스, 스포츠, 전쟁, 때로는 정부에서 우리의 아이콘이 되고 지도자가 됩니다. 그런 사람들에게는 일종의 원초적인 힘이 작용하며, 다른 사람들이 그것을 놓치는 것은 불가능합니다. 낮은 주파수가 지배적인 세상에서 진정한 내면의 힘은 결코 눈에 띄지 않습니다.

43번째 유전자 키와 함께 34번째 유전자 키는 운명의 고리Ring of Destiny를 형성합니다. 그것은 당신의 외형적인 삶이나 운명에 커다란 영향을 미치는 특이한 유전적 조합입니다. 사람들은 운명에 대해 말할 때 종종 인간의 손이 닿지 않는 곳에 있는 힘을 가리킵니다. 그러나 운명의 비밀은 주파수와 관련이 있습니다. 진화와 퇴화의 거대한 두 힘이 함께 오는 것은 바로 이 코돈을 통해서입니다. 여기에 커다란 신비가 있습니다. 당신은 자신의 DNA 주파수를 높이고 운명을 바꾸고 있나요? 이것이 진화의 관점입니다. 아니면 외부의 더 높은 힘이 당신 DNA의 주파수를 높일 수 있게 하나요? 그것이 퇴화의 관점입니다. 역설은 또 다른 역설을 통해서만 해결될 수 있습니다. 둘 모두가 사실이며 둘 모두가 공동 의존적입니다. 영웅들은 지구상에서도 만들어지고 하늘에서도 만들어집니다.

34번째 시디
위엄Majesty

통찰Epiphany이 위엄을 만나는 곳

이미 언급했듯이, 34번째 유전자 키는 자신의 모든 주파수 수준에 머무른다는—즉 자각하지 못한다는 특이한 특성을 가지고 있습니다. 포스는 그 자체를 인식하지 못하고 파멸로 이끌고 가며, 반면에 힘은 그 자체를 알지 못하며 존경으로 이끌고 갑니다. 여기 그 정상에서 위엄Majesty의 시디가 꽃을 피웁니다. 이것은 인간의 움직이고 있는 형태의 위엄이며, 형태 그 자체는 순수한 인식이며, 이것이 뭔가의 인식일 수 없는 이유가 바로 그것입니다. 그것은 그저 의식이 형태를 이루는 진정한 아름다움을 드러낼 뿐입니다. 위엄은 실제로 존재의 상태가 아닙니다. 그것은 움직이고 있는 모든 본성의 진리입니다. 존재의 시디 수준에서, 살아 있는 모든 것은 위엄을 나타냅니다. 심지어 낮은 주파수들의 투쟁조차도 그들 자신의 왜곡된 방식으로 위엄을 드러냅니다. 그러나 이 34번째 시디는 실제로 인류를 DNA에 있는 다른 측면보다 더 중요시합니다.—그것은 벌거벗은 원숭이(인간)의 시디, 아담과 이브의 시디, 인간의 형태를 통해 끊임없이 움직이는 신성한 에너지의 시디입니다.

우리가 '신으로서의 인간'이라는 개념을 얻는 것이 바로 34번째 시디를 통해서입니다. 이 개념은 신들이 지구상에 나타나고 육체적인 형태를 취하는 신화에서, 또는 역사를 통해 선택된 특정인들에 대한 신성한 권위를 부여하려는 인간의 시도를 통해 영원성이 부여되었습니다. 여기에서 위대한 역설은 신들이 인간의 형태를 취하려 했다면 그들은 자신들이 신이라는 것을 결코 알지 못했을 것이라는 점입니다! 이것이 이 34번째 시디의 진정한 의미입니다 : 창조의 신성한 본질은 정체성이 사라졌을 때 비로소 자유롭게 몸 안에서 움직일 수 있습니다. 이런 사람들은 매혹적으로 움직입니다. 이 시디에서 더 높은 의식을 목표로 하는 육체적인 수련이 생겼습니다. ; 예를 들어, 요가의 무드라와 아싸나, 또는 태극권 등입니다. 이들 모두는 34번째 시디가 시작된 사람의 형태를 통해서 신성이 움직이는 것을 자발적으로 드러내는 표현입니다.

이런 성스러운 움직임과 몸짓과 춤은 더 높은 의식의 코드를 포함하고 있습니다. 그러나 이런 수련들은 높은 의식으로 가는 길이 존재한다는 생각을 계속 갖게 만드는 위대한 속임수일 수도 있습니다. 그런 길은 존재하지 않습니다. 높은 의식은 그저 갑작스러운 도약일 뿐입니다. 성스러운 움직임을 통해 실제로 더 높은 의식 상태에 접근할 수는 있지만 그것이 도약으로 데려가지는 않습니다. 성스러운 움직임의 문제는 그들이 원래는 높은 의식의 자발적인 표현이었다는 점입니다. 그런 자발적인 표현을 모방할 때 그것은 더 높은 의식을 일별하도록 인도할 수는 있을지라도 더 이상 자발적이지 않습니다. 그렇다고 해서 신성한 움직임이나 수련이 쓸모없는 것이라고 말하는 것은 아닙니다. 이들은 초월을 향해 가는 많은 사람들에게 자연스러운 단계입니다. 우리는 그저 그 기원을 알기만 하면 됩니다.

또한 34번째 시디로부터 진정한 힘은 공空, emptiness에 있다는 개념을 가진 최고 수준의 무술이 나옵니다. 예를 들어 기공의 가장 높은 기술은 '공空의 힘'으로 알려져 있습니다. 그 안에서 수련자는 정체성의 모든 겉모습을 완전히 해체하고 삶의 지성 그 자체를 위한 통로가 됩니다. 이것은 또한 선종Zen Buddhism 최고의 기술에서 무심의 개념을 얻는 곳이기도 합니다. 이 시디가 사람에게 나타나면, 그들은 단어나 언어로 의사소통을 하지 않고 행동과 움직임을 통해 의사소통을 합니다. 이들 중의 많은 사람들이 서예, 음악, 무용, 예술과 같은 신성한 예술의 창시자였습니다. 34번째 시디를 가진 사람의 예술 작품은 언제나 비할 데 없는 천재성과 독창성이 담긴 작품으로 간주됩니다. 그럼에도 불구하고, 시디 예술가에게 있어서 예술 자체는 행위 중에 있는 것이며 그 결과는 의미가 없습니다. 이 진리는 티베트의 모래 예술에서 아름답게 상징됩니다. 몇 달에 걸쳐 엄청나게 복잡한 만다라가 만들어지고, 작품이 완성되면 바람 부는 곳에 놓여 몇 시간 만에 날아가 버립니다.

34번째 시디는 각성에 관한 또 하나의 위대한 비밀을 담고 있습니다. 프로그래밍 파트너인 20번째 시디 현존Presence과의 유전적 연결을 통해 34번째 시디는 각각의 순간에 자신의 현존을 온전히 가져옴으로써 생존에 대한 유전적인 두려움을 초월할 것을 요구합니다. 개인이 마주해야 할 도전은 자신의 본질처럼 느껴지는 개별성을 놓아 버리는 것입니다. 실제로, 당신의 생존은 현존의 바다 속으로 해체되는 위협을 받고 있는 것처럼 보입니다. 사실, 이것이 핵심입니다.—당신은 시디 수준으로의 도약에서 살아남을 수 없습니다! 시디 주파수로 죽어 들어가기 전에 당신에게 요구되는 마지막 포기는 당신의 육체와 그 움직임의 진동을 포기하는 것입니다. 일단 당신이 시디 주파수에 들어서게 되면 모든 두려움은 당신의 시스템에서 제거되고 당신 몸의 물리적 지성에 대한 순수한 인식이 드러납니다. 그것은 마치 우주 전체가 당신의 몸을 통해 움직이고 있었던 것처럼 보입니다.

34번째 시디는 삶 그 자체의 핵심적인 속성 중의 하나를 보여줍니다.—효율성의 속성입니다. 운명의 고리Ring of Destiny에서 더 높은 차원의 통찰은 낮은 차원에 있는 육체의 위엄을 만나 영향을 미칩니다. 결과는 영혼이 물질에 들어가고 물질을 신성으로 가득 채우면서 순수한 융합이 이뤄지는 것입니다. 어찌 되었든 삶은 방해받지만 않으면 매우 유동적이고 효율적이 됩니다. 삶을 당신이 원하는 방향으로, 삶이 원하는 방향의 반대 방향으로 흘러가도록 강요하면 할수록 당신은 효율성이 떨어지며 에너지는 더 많이 소모됩니다. 34번째 시디의 이런 측면에 대해 가장 통상적으로 사용되는 비유는 생명력을 물과 비교하는 것입니다. 위대한 현자 노자老子, Lao Tzu의 말을 반복하자면

"모든 것 중 가장 부드러운 것이 질주하는 말처럼 가장 단단한 것들 사이를 달릴 수 있다. 마치 물처럼, 바위를 뚫는 물처럼 말이다. 보이지 않는 것이 그렇게 들어온다. 그런 이유로 나는 행함이 없이 행하는 것이 지혜롭다는 것을 안다. 그리고 이것을 아는 사람이 얼마나 적은지!"[20]

20 Kwok, Man-Ho; Palmer, Martin; Ramsay, Jay (2003). Th e Illustrated Tao Te Ching. Vega.

35th GENE KEY

시디
무한함
선물
모험
그림자
배고픔

웜홀과 기적

프로그래밍 파트너 : 5번째 유전자 키
코돈 고리Codon Ring : 기적의 고리
(35)

생리 : 흉선/부갑상선
아미노산 : 트립토판

35번째 그림자
배고픔, 굶주림Hunger

종種의 배고픔

모든 인간의 내면에는 영원히 지속되는 타고난 배고픔이 있습니다. 이 배고픔은 당신 존재 안에서 여러 수준에서 작동하며, 35번째 그림자에 의해 생성된 화학작용으로 인해 일어나고, 당신의 DNA를 통해 굴절됩니다. 주역의 35번째 헥사그램은 고전적으로 진보Progress라는 단어로 번역되는데 이는 매우 적절한 번역입니다. 왜냐하면 35번째 유전자 키가 모든 인간의 진보를 이끌어가기 때문입니다. 그림자 주파수에서 진보는 외부의 진화 과정으로 표현되며, 예를 들어 인류의 최근 기술 혁명에서 구현됩니다. 그러나 진정한 진보는 물리적으로 드러난 것과는 거의 관련이 없으며 인간 의식의 진보와 관련이 있습니다. 간단히 말해서, 35번째 그림자가 하는 일은 진정한 진보를 형태의 세계로 전환시키는 것이며, 그럼으로써 자신의 잠재력을 희생시켜 인류 자체의 내부 구조를 변형시키는 것입니다. 따라서 이 그림자 때문에 외부 세계는 내부를 희생하는 대가로 진화합니다.

35번째 유전자 키는 아미노산 트립토판을 통해 신체 내의 세로토닌 분비와 연결되어 있습니다. 세로토닌은 만족감과 깊은 성취감을 유도하는 화학물질로 잘 알려져 있습니다. 이 코돈을 통과하는 그림자 주파수가 간섭함으로써 인체 내의 세로토닌 생성이 억제되어 인간은 끊임없는 배고픔을 느끼게 됩니다. 인체 내의 이 깊은 불안은 본질적으로 유전적인 굶주림을 종식시킬 수 있는 무언가를 찾기 위해 인간을 세상으로 몰아넣습니다. 이 굶주림은 마약, 음식, 섹스(이들은 세로토닌 수치를 간단히 증가시킬 수 있음)로 시작하여 비즈니스, 종교, 과학, 심지어 전쟁에 이르기까지 모든 인간의 경험을 이끌어냅니다. 그러나 바깥세상에서 굶주림을 채우려고 노력한다면 그 노력이 어떤 것이든 간에 결코 충분하지 않을 것입니다. 우리의 운명은 35번째 그림자로 봉인됩니다. 왜냐하면 외적인 방법은 신체의 자연스럽게 균형을 이룬 화학을 대체할 수 없기 때문입니다.

5번째 그림자 '조급함Impatience'은 이 35번째 그림자의 프로그래밍 파트너이며 배고픔과 함께 작동하여 삶의 내면의 자연스러운 리듬으로부터 멀어지게 합니다. 굶주림에 부채질하는 것이 바로 조급함이며 조급함에 부채질하는 것이 바로 굶주림입니다. 인간을 그림자 주파수에서 움직이게 하는 것이 전형적인 생체자기제어 루프입니다.

인간의 모든 외적인 진보는 특히 현대에 이 35번째 그림자로 인해 나타났습니다. 우리는 배고프고 충족되지 않은 종입니다.—우리는 우리가 무엇을 원하는지 모릅니다. 그러면서도 지금 그것을 원합니다. 굶주림의 이 끝없는 물결은 당신 유전자의 개별 프로그래밍 기능이 아니라는 점을 이해하는 것이 중요합니다. 결과를 생각하지도 않고 우리를 둘러싼 세상을 탐구하고 정복하도록 우리를 밖으로 내모는 것이 우리 전체의 종에게는 보편적인 일입니다. 이것이 우리 인류의 지금 현재 모습입니다. 정말로 배가 고프다면, 당신은 먹는 행위의 결과에 대해 생각할 수 없습니다.
당신은 단지 자신을 충족시키려는 충동에 사로잡힐 뿐입니다.

35번째 그림자의 커다란 파괴적인 면 중 하나는 자신을 일시적으로 충족시킬 때마다 나타납니다. 가득 채워지면 다시 서서히 비어가는 느낌이 들기 시작합니다. 그런 식으로 사이클이 계속됩니다. 그리고 우리가 가장 큰 실수를 저지르는 것이 바로 그 순간입니다.—우리는 충족의 외적 수단에 집착하여 중독의 사이클에 들어서거나, 아니면 우리의 굶주림을 채워주지 못한다고 외적인 수단(자주 사람)을 비난하고 다른 것이나 다른 사람에게로 옮겨 갑니다. 인간의 영혼이 영원히 지속되는 평화를 찾을 수 없는 이유가 바로 이 실망과 비난의 기본적인 패턴 때문입니다. 위에 언급된 파괴적인 경향은 당신이 당신에게 성취를 약속하는 사물이나 사람과 동일시하기 때문에 옵니다. 그것에 중독되면, 당신은 자신의 일부를 파괴합니다. 왜냐하면 당신은 성장을 멈추었기 때문입니다. 당신이 실망한 것을 다른 사람 탓으로 비난한다면 그것이 사람이든, 종교이든, 마약이든 관계없이 다른 사람을 파괴하려는 성향이 생기게 됩니다.

현대 사회의 너무도 많은 것들이, 그 좋은 점과 나쁜 점을 망라하고 인간 뇌 안의 근본적인 화학적 불균형으로 인해 생겨났다는 사실은 아주 흥미로운 일입니다! 삶 속에서 모든 일은 이유가 있기 때문에 발생합니다. 이제 현대 과학은 심지어 신체 내의 세로토닌 수치가 낮을 경우 우울 상태가 온다는 것을 확인했습니다. 그런데 거의 모든 사람의 세로토닌 수치가 낮다는 것을 과학자들은 깨닫지 못하고 있습니다. 왜냐하면 과학자들이 정상이라고 여기는 것이 사실은 낮은 주파수이기 때문입니다. 35번째 그림자의 가장 큰 딜레마는 외부에서 세로토닌의 수준을 높이기 위해 시도하는 것이 배고픔을 더욱 부추긴다는 것입니다. 예를 들어 세로토닌을 증가시키는 약을 복용하면 잠깐 동안 높은 주파수의 느낌을 경험할 수 있지만, 그런 경험은 당신을 더 배고프게 하고 따라서 모든 종류의 다른 문제가 더불어 발생하게 됩니다.

35번째 유전자 키 내의 기본적인 화학 불균형을 바로 잡는 유일한 방법은 그림자 주파수에서 완전한 도약을 하는 것입니다. 이것은 당신이 화학적인 딜레마를 먼저 이해해야 하며 그런 다음 존재의 모든 요소에 직면해야 한다는 것을 의미합니다. 결국 그림자 주파수의 통제력을 깨뜨리는 것은 문제에 대한 인식입니다. 당신은 유전적인 갈망 속에 아주 깊이 빠져들어가 그 힘을 깨뜨려야 합니다. 실제로, 당신은 자신을 굶기거나 배불리 채울지라도 문제를 해결하지는 못할 것이라는 것을 깨달아야 합니다. 자신의 인간성과 굶주림에 직면하게 될 때, 당신은 자신이 그것에 얼마나 무기력하게 매여 있는지를 보게 될 것입니다. 그리고 그것이 당신의 모든 행동을 얼마나 미묘하게 끌어가고 있는지를 보게 될 것입니다. 당신이 이 화학에 어떻게 갇혀 있는지를 보게 될 때, 오직 그때만이 자유의 새로운 느낌이 당신 안에서 일어나기 시작합니다. 당신은 에너지가 세상 밖으로 나가는 것을 멈추게 하고 그것을 다시 안으로 몰아넣습니다. 이때가 도약이 일어날 때입니다.—당신의 인식 속에 내적인 교차점이 있으며—35번째 선물의 위대한 모험은 당신을 깨워 새로운 수준의 인식으로 이끌어줍니다.

억압적 본성 – 지루한Bored

35번째 그림자의 억압적인 버전은 지루함에 관한 것입니다. 이것은 깊은 배고픔이 무의식 속에 쏟아져 내려올 때입니다. 그런 사람들은 배고픔이 자신의 방향을 지시하도록 허용하면 자신의 삶이 어떻게 될지 두려워하여, 배고픔을 표면 밑으로 누르는 방법을 찾습니다. 이것은 필연적으로 지루함으로 이어집니다. 왜냐하면 배고픔이 끊임없이 거품처럼 표면으로 떠올라오고 그들을 새로운 방향으로 유혹하기 때문입니다. 이 사람들은 본인들이 지루하면서도 자기가 지루하다는 것을 알지 못할 수도 있습니다. 그런 유전적 힘을 억제하기 위해서는 엄청난 내면의 힘이 필요합니다. 그리고 그런 압박의 일반적인 결과는 활력과 삶에 대한 사랑이 크게 감소되는 것으로 나타납니다. 얼굴은 빛이 없고, 눈은 생기가 없으며 삶은 공허하고 모험이 없습니다.

반응적 본성 – 미친 듯한(Manic, 정신없는, 조증의)

반응적인 35번째 그림자는 너무 바빠 심심할 수가 없습니다. 이들은 자신의 삶이 비어 있는 것을 두려워하여 계속 자신을 활동으로 채우는 사람들입니다. 그들은 굶주림을 채우기 위해 끊임없이 외부의 자극을 찾습니다. 따라서 그들은 미친 듯이 욕정에 가득 차 이 꽃에서 저 꽃으로 계속 움직입니다. 그런 사람들은 자신들의 상황에 대해 다른 사람들을 엄청나게 비난하며, 지속적인 헌신의 느낌을 유지하는 것이 매우 어렵습니다. 그들은 삶에서 여러 가지 다른 것들을 시도할 것이지만, 연속성을 만들기 위해 그것들을 함께 짜 맞추지는 않을 것입니다. 또한 다양한 경험으로부터 진정한 지혜를 얻지도 못할 것입니다. 왜냐하면 항상 자신들의 기대에 실망하고 있기 때문입니다. 광적인 본성은 자신의 과거를 벗어나 꿈을 실현하기에 완벽한 장소나 사람 또는 상황을 찾아야 한다는 깊은 충동에 이끌립니다. 그런 상태를 희망하면서 진짜 금을 놓치는데, 진짜 금은 바로 모험 그 자체입니다.

35번째 선물
모험Adventure

내부 공간 – 최전선

굶주림의 장벽을 뚫고 나가려면 가슴속을 뚫고 들어가야 합니다. 선물 주파수의 전형적인 특징은 항상 사랑이 관련된다는 것입니다. 사랑은 35번째 그림자의 굶주림을 종식시킬 수 있는 유일한 힘입니다. 사랑이 있을 때 세로토닌은 두뇌의 화학 안에서 증가되고 안정됩니다. 사랑이 있을 때 35번째 그림자 속에 저장된 에너지는 세상에서 낭비되는 것이 아니라 인간 존재 안으로 풀려납니다. 그런 내면에서의 에너지 폭발은 결국 외부 세계가 아니라 내면의 인간이 진화하도록 합니다. 인류에게 있어서 진보란 인식 안에서 진화해야 하며, 정신적 인식을 넘어서는 다음 단계는 가슴이 더 높은 인식으로 도약하는 것을 의미합니다.

우리가 가슴이라고 지칭하는 것은 사실 태양신경총 시스템의 복잡한 신경절 내에 그 뿌리가 있습니다. 당신이 진정으로 사랑이 무엇인지를 경험할 수 있는 것은 바로 태양신경총의 더 높은 기능을 통해서입니다. 사랑은 따로 떨어져 있는 다른 사람과는 아무 관련이 없으며 모든 피조물의 근본에 깔려 있는 연결 조직입니다. 일단 태양신경총의 더 높은 유전 기능이 진화되면(55번째 유전자 키에서 자세히 설명되는 과정), 사랑은 당신이 살고 있는 현실이 됩니다. 대부분의 사람들이 현재 사랑으로 여기고 있는 것은 외부 자극이나 사람을 통해 35번째 그림자의 굶주림이 잠시 동안 충족되는 것입니다. – 그것은 진정한 사랑이 무엇인지 멀리서 힌트를 얻는 것일 뿐입니다. 35번째 선물의 주파수가 높아지면 모든 인간의 진보는 마침내 바깥쪽으로 향하는 것이 아니라 안쪽으로 향하게 됩니다. 모험을 갈구하는 인간들의 굶주림의 최전선은 외부에 있지 않으며 우리의 본성과 존재 바로 그 안에 있습니다. 우리가 탐험하기를 열망하는 것은 외부의 공간이 아니라 내면의 공간인 것입니다.

35번째 유전자 키는 인간 게놈 안에서 하나의 섬처럼 홀로 서 있습니다. 왜냐하면 오직 하나의 코돈에 의해 형성되기 때문이며, 그것이 아미노산 트립토판을 활성화시킵니다. 이런 의미에서 35번째 유전자 키는 모든 인간의 유전 과정을 시작하는 시작 코돈을 나타내는 41번째 유전자 키와 유사합니다. 그러나 35번째 유전자 키는 41번째 유전자 키와 같은 유전적 중요성이 없습니다. 이것이 유전자 키를 변칙적인 것으로 만들고, 유전학에서 변칙은 항상 신비를 감춥니다. 35번째 선물의 수수께끼는 그 이름 안에 담겨 있습니다.—모험의 선물인 것입니다. 41번째 유전자 키와 마찬가지로, 그것은 인간 내면에서 스위치가 켜지기 전에 어떤 특정한 시간을 기다리는 한 측면입니다. 그러나 41번째 유전자 키와 달리 특정 유전자를 켜고 끌 수 있는 능력이 항상 당신의 손아귀를 벗어나 있는 것은 아닙니다. 35번째 선물은 모든 인간의 DNA 안에서 인간이 자신의 현실이 어떻게 구성되는지를 선택할 수 있는 권한이 있는 유일한 곳입니다. 당신이 상상하듯이, 이것은 인간 진화에 있어서 중요한 코돈입니다!

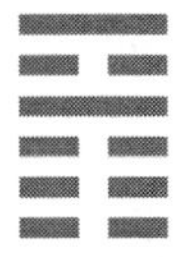

유전학자들, 진화론자들, 신학자들 및 신비주의자들 사이에는 '자유의지' 같은 것이 있는지에 대한 많은 논란이 있습니다. 모든 사람은 마야나 마음의 이중성 안에 자신들의 견해를 가지고 있습니다. 시디 상태에 들어갈 때까지는 이 수수께끼에 대한 해답이 있을 수 없기 때문에 당신은 어떤 관점을 선택하거나 중립을 유지해야 합니다. 그때 35번째 선물의 관점에서 인간은 실제로 자신의 DNA에 직접적으로 영향을 줌으로써 자신의 운명에 영향을 미칠 수 있습니다. 그 비밀은 모험이며, 진정한 모험은 오직 사랑에만 근거할 수 있습니다. 모험은 인간의 영혼이 마음으로부터 자유로워질 때 일어나는 일입니다. 모험은 모든 존재의 하나 됨이 실현됨으로써 오는 존재 상태입니다. 모험은 아직 그 하나 됨에 몰입하고 있지는 않지만 그 하나 됨 안에서 헤엄치고 있는 것처럼 느껴지는 것입니다. 하나 됨은 논리적으로 추론될 수는 있지만 정신적으로 알려질 수는 없습니다. 하나 됨은 우리 몸에서 충분한 세로토닌이 만들어질 때만 느껴질 수 있는 것입니다.

더 높은 주파수의 경험을 만드는 것은 단순히 몸 안에 더 많은 세로토닌을 퍼붓는 일이 아닙니다. 세로토닌은 상호 연결된 화학물질의 사슬 전체 안에 있는 하나의 연결고리입니다(예 : 피놀린[pinoline] 및 하르민[harmine—하르말라 알칼로이드의 하나] 등). 높은 의식은 이 모든 화학물질이 고도로 특정한 양과 비율 안에서 이뤄지는 정교한 균형으로부터 나옵니다. 이 균형은 각 사람 안에서 너무도 정확하고 정교하게 조율되어 있어 자연스러운 내면의 유기적 과정을 통해서만 가능합니다. 이것이 당신의 내면에서 35번째 선물이 일어남으로써 당신이 취하는 위대한 모험입니다.—당신은 당신 자신의 몸 안에서 연금술적인 공동 창조의 과정에 들어갑니다. 당신이 사랑을 통해 자신의 의식을 키울 때, 이 섬세한 화학적 매트릭스들이 당신의 생리 안에서 자발적으로 형성되기 시작합니다. 그것은 내분비 시스템을 통해 내면의 본질을 정제하고 증류시키는 자연적인 진화 과정입니다.

열려 있는 가슴으로 살아가는 것은 끊임없는 모험의 상태에서 살아가는 것입니다. 모험이란 당신 안에 아직도 어떤 두려움이 있기는 하지만, 그 공포를 따돌릴 만큼 충분히 높은 주파수에 도달했다는 것을 의미합니다. 모든 인간은 사랑의 길을 택할 수 있습니다. 그것이 35번째 선물의 신비입니다.—만일 당신이 사랑을 위해 위대한 도약을 하고 위험에 맞설 준비가 되어 있다면 진보가 이뤄질 수 있습니다. 물론 대부분의 사람들에게 그림자 주파수 장에 대한 두려움은 너무도 크며, 그들은 자신들의 욕구를 충족시키려는 끝없는 사이클에서 사로잡혀 있습니다. 그러나 때때로 인간은 35번째 선물로 가는 중대한 단계를 밟으며, 거기에서 다른 차원으로 가는 웜홀을 발견합니다. 당신이 다른 사람에게 무조건적으로 줄 때, 실제로 당신은 세로토닌의 분비를 자극하는 것입니다. 이것은 당신을 행복하게 만들 뿐만 아니라 또한 전체 우주와 조화를 이루는 깊은 신뢰의 상태를 유발합니다.

우리가 현재 살고 있는 세상에서, 무조건적으로 주는 것은 아주 과격한 행위이기 때문에 문자 그대로 다른 사람들의 두뇌에 단락이 일어나게 합니다. 그것은 다른 사람들에게 어떤 멈춤의 순간을 주어, 그들은 당신의 행동을 거울처럼 비추어 자신들의 삶을 보게 됩니다. 그것은 사람들이 더욱더 깊은 두려움의 패턴에 빠지게 할 수 있습니다. 35번째 선물은 전체 64개의 유전자 키 중에서 인간이 자신의 주파수를 높이기 위해 실제로 뭔가를 의식적으로 할 수 있는 유일한 곳입니다.—그들은 사랑의 모험을 시작할 수 있으며 자신의 진화의 유전적인 속도를 높이도록 촉진시킬 수 있습니다. 이것은 본질적으로 인류의 진화에 막대한 영향을 미칠 것입니다.

만일 당신이 이 35번째 유전자 키를 읽게 된다면, 당신은 인간 DNA 전체에 숨겨진 가장 큰 비밀을 발견한 것입니다. 비밀로 가득 찬 책에서, 당신은 가장 간단하고 쉬운 것을 발견한 것입니다. 실제로 원래 주역의 어떤 번역본은 이 진화론에 대한 35번째 헥사그램을 그저 진보Progress가 아니라 쉬운 진보Easy Progress라고 명명했습니다. 더 나은 삶을 위해 당신의 삶을 변화시키는 가장 쉽고 빠른 방법은 삶의 많은 부분에서 당신이 할 수 있는 만큼 무조건적으로 당신의 사랑을 전하는 것입니다. 이 모험은 실제로 DNA의 미세한 작용에 영향을 미칠 것입니다. 당신은 유전자에서 유전자로 전달되는 새로운 화학적 메시지를 자극할 것이며, 대부분의 사람들이 환상의 세계라고 생각하는 전혀 새로운 모험의 세계로 들어설 것입니다.

35번째 시디
무한Boundlessness

지복으로 들어가는 뒷문

64개의 유전자 키를 모두 읽으면 인간 DNA 구조에 쓰여 있는 것이 인류가 궁극적으로 인간의 형태 자체를 초월하게 될 위대한 진화론적 계획임을 서서히 깨닫게 될 것입니다. 모든 개인, 가족, 인종 그룹 및 유전자 풀은 이 마스터플랜에 따라 잡혀 있으며, 이는 자신만의 감춰진 타이밍을 가지고 있는 것으로 보입니다. 그러나 이 유전의 마스터플랜 내에서 35번째 유전자 키는 하나의 변칙으로 눈에 띄는데, 마치 기계를 설계한 신들이 어떤 개인이라도 기계 자체에 내장된 타이밍의 법칙을 우회할 수 있는 감춰진 지름길을 집어넣은 것 같습니다. 바로 그것이 35번째 유전자 키입니다.—그것은 우리의 이해를 넘어선 광대한 영역으로 인도하는 감춰진 웜홀입니다. 그것은 35번째 시디—무한Boundlessness의 시디—의 중심으로 바로 연결됩니다.

35번째 유전자 키의 흥미로운 점은 그것이 모든 유전법칙을 파괴한다는 것입니다. 그것은 인간이 자기 자신의 진화를 책임지고 전 지구적인 유전자 프로그램보다 더 앞서는 것을 허용합니다. 35번째 선물이 법칙을 어기듯이 35번째 시디도 마찬가지입니다. 그것은 진화의 영역을 완전히 벗어나는 정도까지 아주 멀리 의식을 확장하도록 유도합니다. 이미 보았듯이 35번째 선물에는 여전히 두려움의 흔적이 있습니다. 왜냐하면 두려움은 인생의 모험을 부추기는 것이기 때문입니다. 35번째 시디 수준에서 두려움은 사라집니다. 왜냐하면 당신이 사라졌기 때문입니다. 이제 모험은 끝났습니다. 무한은 곧 의식입니다. 이 35번째 시디에 대해 더 이상 말할 수 있는 것은 없습니다. 그러나 마음의 마야 안에서 35번째 시디에 관해서 말할 수는 있습니다. 35번째 시디 '무한'은 그저 개념만으로도 끌어당기는 힘이 거대합니다. 당신의 일상생활에서 무한의 개념을 품을 수 있다면, 그때 당신은 자동적으로 낮은 주파수로부터 자신을 끄집어내고 있는 것입니다.

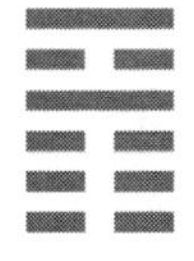

무한의 개념을 다룰 수 있는 인간은 거의 없습니다. 왜냐하면 그것은 당신의 마음을 분산시키기 때문입니다. 그것은 당신을 마음에서 나와 가슴 속으로 들어가도록 유도합니다. 사실 가슴은 한계를 모릅니다. 의식이 사랑과 같은 단어인 이유가 바로 그것입니다. 35번째 시디는 그것의 상대극성인 5번째 시디 '영원함Timelessness'과 함께 무한의 원호를 만듭니다. 삶에는 경계가 없으며 시작도 끝도 있을 수 없습니다. 비록 64개의 유전자 키를 통해 우리는 인간의 진화가 언젠가는 끝날 것이라는 것을 알지만, 그럼에도 불구하고 그것은 다른 형태로 진보하고 그런 다음 또 다른 형태로 진보될 것입니다. 우리의 현대 과학적 세계관 안에서 천체 물리학자들은 우주의 크기를 측정할 수 있으며 우주는 유한한 나이를 가지고 있다고 말합니다. 우리의 DNA에 있는 35번째 선물과 시디를 통해서 우리는 이것들이 절반만 진리라는 알고 있습니다. 왜냐하면 어찌 되었든 우리 안의 깊은 곳에 무한의 개념이 심어져 있기 때문입니다.

어떤 마음도 우주의 신비, 즉 시간과 공간의 신비를 풀지 못할 것입니다. 왜냐하면 마음은 단지 그 신비 속에 있는 작은 단면에 불과하기기 때문입니다. 가슴, 또는 어떤 사람들이 가슴—마음heart-mind이라고 부르는 것이 인간 내면에서 무한의 신비를 풀 수 있는 유일한 측면입니다. 그러니 35번째 시디가 우리에게 무엇을 말할 수 있겠습니까? 그것은 단지 한 가지만을 말할 수 있습니다. —그것은 순수하게 무조건적인 사랑이 우주의 모든 법칙을 깨뜨릴 수 있다는 것입니다. 이런 종류의 사랑을 일부만이라도 맛볼 때, 모든 것은 가능해집니다. 우리는 어떤 형태를 가지고 마법이 불가능해 보이는 세상에서 살고 있기 때문에 점점 더 많은 사람들이 우주의 모든 것이 가능하다는 진리에서 멀어지고 있습니다. 무한의 시디가 세상에 들어올 때, 그것은 의식이 물질의 중심부로 직접 들어가게 하며, 그것이 물질의 법칙을 굴절시킵니다. 그런 시디의 존재는 진화 자체를 통과하는 지름길을 나타내며, 많은 사람들은 그런 존재 주변에서 거대한 각성과 기적을 경험할 수 있습니다.

기적의 고리Ring of Miracles의 하나뿐인 가슴으로서 35번째 시디는 세상에 기적을 가져옵니다. 그것은 마음이 어린아이와 같은 사람들에게 모든 종류의 가능성을 열어줍니다. 아이들에게는 무엇이든 가능해보입니다. —이것이 '무한'의 상태입니다. 이런 기적의 흐름을 활성화하려면 세상과 주변 사람들이 당신의 마음에 심어진 신념과 한계로부터 뚫고 나와야 합니다. 35번째 시디는 마음에 심어진 모든 경계와 한계를 없애버립니다. 우리의 역사 도처에는 사람들이 사람들의 눈 바로 앞에서 승천하고 비물질화된 사실이 기록되어 있습니다. 35번째 시디의 수준에서는 무엇이든 가능합니다. 64개의 시디 중에서 어쩌면 60번째 시디를 제외하고 이 35번째 시디에는 오직 한 가지 목적만 있습니다. —사람들이 자신들의 인식을 넓히고 더 큰 존재의 방식에 마음을 열 수 있도록 형태의 법칙을 깨고 기적을 나타내는 것입니다.

35번째 시디 때문에 '시디'라는 단어에 영적인 힘이라는 전통적인 의미가 세상에 들어 왔습니다. 동양 전통에서는 여러 다른 신들과 시스템이 여러 다른 시디를 나타냅니다. 시디는 일반적으로 해방의 길을 방해하는 것으로 보입니다. 그러나 35번째 시디의 경우, 그들은 자유 그 자체의 자연스러운 발현으로서 어떤 상태의 앞에서 일어나는 것이 아니라 그 상태로부터 일어납니다. 진정한 기적의 현존 안에 있는 것만으로도 완전히 새로운 지평에 눈을 뜨는 것입니다. 그것은 단 하나의 환각적이고 현실을 부수는 경험 속에서 당신의 삶을 바꾸고 눈을 뜨게 할 수 있습니다. 이런 측면에서 35번째 시디는 22번째 시디 '은총Grace'과 강한 유대 관계를 맺고 있습니다. 왜냐하면 어떤 기적이 언제, 어디서, 누구에게 일어나게 될지를 결정하는 것은 은총이기 때문입니다. 35번째 선물과 35번째 시디의 존재 자체가 은총의 힘을 나타내는 증거입니다. 우리는 우리 각자의 DNA 안 깊은 곳에서 35번째 시디가 사랑이라는 이름으로 사는 삶의 무한한 가능성을 지속적으로 상기시켜 주면서 살아가고 있다는 사실로부터 커다란 위안을 얻을 수 있습니다.

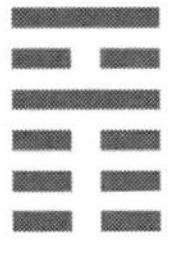

36th GENE KEY

시디
연민
선물
인간애
그림자
격동

인간되기

프로그래밍 파트너 : 6번째 유전자 키
코돈 고리Codon Ring : 신성의 고리
(22, 36, 37, 63)

생리 : 태양신경총
아미노산 : 플로라인

36번째 그림자
격동Turbulence

영혼의 어두운 밤

64개의 유전자 키 그림자는 모든 고통의 원인을 제공해 줍니다. 각각의 그림자는 인류가 개인적인 수준에서 몸의 물리적 전쟁터에서 싸우는 신화적인 도전을 제공합니다. 36번째 그림자는 삶의 어떤 특정한 시점에서 모든 개인이 싸워야만 하는 감정적 전투입니다. 이 그림자는 우리 행성의 길이와 폭에 걸쳐 느껴지는 진동으로서 집단적인 감정적 격동으로 드러납니다. 이 격동은 불확실성이 존재하고 언제든지 재앙이 발생할 수 있음을 모든 사람들이 알고 있기 때문에 존재합니다. 이 36번째 그림자에게는 특히 현대 대중매체를 통한 중대한 선전이 있습니다. TV와 언론을 통해 계속되는 부정적인 소식은 대부분의 인간이 불안과 격동의 무의식적인 배경이 깔리도록 설정합니다.

역사의 어떤 시점에 이르러서 주역의 64개의 패턴 또는 헥사그램은 점술과 시간 안에서 이뤄지는 사이클을 예측하는 목적으로 각색되었습니다. 주역을 하나의 신탁으로 사용하는 것이 현대인들에게 너무도 널리 알려져 있습니다. 고대의 현자들은 특정한 헥사그램이 나오면 심각한 위기의 시기가 왔음을 시사했습니다. 36번째 헥사그램은 그런 예지를 보여주는 헥사그램 중 하나였기 때문에 '빛의 어둠The Darkening of the Light'이라는 어둡고 불길한 이름이 붙여졌습니다. 이 이름에는 많은 진실이 있습니다. 그리고 가장 깊은 수준에서 이해할 때, 36번째 그림자에는 엄청난 양의 의식이 있습니다.

우리의 유전자에 외삽된 36번째 유전자 키는 인간이 경험의 한계를 뛰어 넘도록 부추기는 화학작용의 일부를 나타냅니다. 집단적인 차원에서 이것은 무엇이 위험하고 무엇이 그렇지 않은지를 배우는 인간 생존의 중요한 측면입니다. 이런 의미에서 진화는 훨씬 더 넓은 맥락에서 바라볼 수 있습니다. 진화는 의식의 외부 한계를 조사하기 위해 우리 인간을 '경험의 눈'으로 사용하고 우리가 어둠을 들여다보고, 두려움을 옆으로 제쳐두고, 무작정 뛰어들 것을 요구합니다. 이 그림자 때문에 감정적 격동이 없는 인간의 삶은 있을 수 없습니다. 그것은 우리의 신화 속에 깊이 새겨져 있습니다. 현대의 TV 드라마 현상은 모든 인간이 여러 삶의 과정에서 겪어야 하는 감정적 혼란을 공통적으로 인식하는 대표적인 예입니다. 우리의 주파수를 결정짓는 가장 큰 요인 중 하나는 우리가 감정적으로 어려운 상황을 어떻게 다루느냐 입니다.

36번째 그림자는 인간관계의 영역에서 가장 파괴적입니다. 이 유전자 키의 프로그래밍 파트너는 그림자가 '갈등Conflict'인 6번째 유전자 키임을 명심하십시오. – 그것은 개인 또는 그룹 간의 의사소통의 붕괴입니다. 인간이 가진 가장 깊은 인간적인 열망 중의 하나는 완벽한 사랑의 관계입니다. 그것은 시간이 시작된 이후로 우리와 함께하고 있었던 열망이며, 우리의 궁극적인 꿈을 향한 여정이 여기 36번째 그림자에서 시작됩니다. 여행은 우리 신화의 많은 부분과 마찬가지로 성행위라는 도전과 그에 따르는 죄책감으로 시작됩니다. 낮은 주파수에서 36번째 그림자는 성적 욕망이 되는 성을 통해 가장 강하게 나타납니다. 성적 욕망은 경험의 또 다른 경계를 뛰어 넘는 진화론적 충동이 낮은 주파수로 표현된 것일 뿐입니다. 성욕 자체는 몸 안에 느껴지는 놀라운 화학적 격동입니다. 그것이 자신을 드러낼 때, 당신의 삶에서 모든 방식의 감정적 교란을 만들어낼 수 있습니다. 도덕적인 의미를 제외하고 볼 때, 성욕은 매우 순수한 에너지입니다. 당신이 그것에 저항하려고 하든 아니면 그것에 항복하려고 하든 상관없이, 그것이 하는 것 중 한 가지는 당신의 인생을 당신의 경험 측면에서 보다 재미있게 만들어주는 것입니다! 이것이 바로 36번째 그림자의 목적입니다. 당신의 삶에 흥미로운 스토리를 만들어 냄으로써 당신을 앞으로 나아가도록 몰고 갑니다. 그러나 이 그림자의 낮은 주파수에서 인간들은 마침내 진화를 시작하기 전까지 계속 고통에 고통을 겪을 수 있습니다.

모든 낮은 주파수 수준의 문제는 그 패턴들이 영원히 지속된다는 것입니다. 36번째 그림자로 인해 성욕은 억압되어 질병을 일으키거나, 또는 표현되어 죄책감이나 기만을 유발할 수 있습니다. 성욕 자체는 부정적인 에너지가 아니지만 인간의 도덕성에 얽히게 됨으로써 더럽혀집니다. 조만간 모든 인간들은 이 그림자의 희생자가 되는 것을 피하기 위해 주파수를 높여야 합니다. 이런 일이 일어날 때, 성욕과 같은 문제는 더 이상 문제가 되지 않습니다. 성욕 같은 문제들은 열린 커뮤니케이션으로 솔직하고 깔끔하게, 죄책감 없이 다뤄집니다. 우리 안의 느낌은 그 어느 것도 틀리거나 나쁜 것이 아닙니다. 모든 인간은 자신의 화학적 특성과 그것으로 인해 느껴지는 것에 대해 무죄입니다. 우리는 두려움이나 분노에서 일어나는 느낌에 반응하거나 억누르면서 우리 자신과 우리와 가장 가까운 사람들 안에서 엄청난 격동을 만들어냅니다.

신비가들 사이에서 36번째 그림자는 오랫동안 '영혼의 어두운 밤Dark night of the Soul'으로 알려져 왔습니다. 그것은 미지의 세계로 우리를 끌어당기고 미지의 세계를 우리에게로 끌어오는 인간 내부의 원형입니다. 그렇게 함으로써 이 그림자는 당신의 주파수를 시험하고 고통을 초월할 수 있는 기회를 제공합니다. 그것은 마치 자석처럼 위기를 끌고 오는 경향이 있습니다. 당신이 자신의 희생양 패턴을 벗어나지 않고 자신의 진정한 본성에 계속 저항한다면, 배움을 얻을 때까지 반복해서 동일한 교훈을 보게 될 것입니다.

이 유전자 키로 인한 잠재적인 고통은 '신성의 고리Ring of Divinity'로 알려진 유전적 가계의 일부입니다. 이것은 아주 아름다운 계시입니다. 이 코돈 그룹 내의 4 개의 유전자 키 각각은 당신 내부에 있는 가장 높은 의식을 깨우는 능력을 가지고 있습니다. 22번째 유전자 키의 '은총Grace'에 연계된 이 4가지 원형은 당신의 삶에 강렬한 감정적 경험과 도전을 가져옵니다. 그들은 또한 자기 의심(63번째 그림자)으로 가득 차 있는 깊은 어두운 밤 속으로 빠져 들게 하는 경향이 있습니다. 그러나 궁극적으로 이 코돈 그룹의 주제는 구원입니다. 당신 자신의 고통의 힘으로 당신 자신을 깨끗이 정화할 당신은 더 높은 완전한 지복의 상태를 깨닫게 될 것이며 자신의 거대한 행운을 인식하게 될 것입니다. 앞으로 보게 될 것이지만, 이 코돈 그룹은 여러 측면에서 진정한 의미의 그리스도 의식과 깊이 연관되어 있습니다. 당신이 그것에 강한 연관성을 느끼거나 홀로제네틱 프로파일의 주요 측면으로 갖고 있다면, 당신은 정말로 운이 좋은 인간이며, 당신의 여행은 필연적으로 이것을 현실화시키는 것으로 당신을 인도할 것입니다.

억압적 본성 – 신경과민Nervousness

감정적 격동이 저항을 받을 때, 그것은 당신의 몸 전체와 오라를 통해 파문을 일으키는 긴장이 됩니다. 이들은 변화를 두려워하고 어떤 대가를 치르더라도 겉으로 평온을 유지하려고 시도하는 본성입니다. 그 대가로 격동이 내면으로 들어가 신경계 안에 갇히게 됩니다. 그런 사람들은 이완하지 못하며 자기가 안정시키려고 하고 있는 바로 그것을 안정시키지 못하면서 과민한 파장을 다른 사람에게는 물론 자신의 주변에 퍼뜨립니다. 이들은 또한 변화에 대한 뿌리 깊은 두려움에서 자신들의 성욕을 억누르는 경향이 있는 사람들입니다. 그들은 가까이 접근하거나 친해지기가 매우 어려울 수 있습니다. 그럼에도 불구하고 성이라고 하는 거대한 원초적 힘은 무한정 억압될 수 없으며, 그 결과로 신경쇠약이나 일종의 암 질환이 발생합니다.

반응적 본성 – 위기 경향 Crisis Prone

감정적 격동이 명확하지 않게, 또는 솔직하지 않게 표현될 때, 반복적으로 파괴적인 감정적 상황이 초래됩니다. 이들은 드라마 같은 삶을 살아가는 사람들입니다. 반응적 본성은 성관계를 갖고 죄책감으로 그 일을 숨기는 경향이 있습니다. 그러나 억압적 본성처럼 항상 자신의 진정한 본성을 받아들이지 않는 경향이 있습니다. 따라서 삶은 언제나 그런 사람의 삶에 기대하지 않은 방향에서 다양한 감정적인 위기를 끌어오는 경향이 있습니다. 이 사람들은 자신의 감정과 성적 취향을 깨끗하고 정직하게 다루지 못하는 것이 겉으로는 관련이 있지 않은 것으로 보이는 다른 삶의 영역에서 혼란을 일으킨다는 것을 깨닫지 못합니다.

36번째 선물
인간애Humanity

성령의 강림

성욕과 감정적 난기류에 대한 당신의 투쟁이 마침내 공개적으로 그리고 솔직하게 받아들여질 때, 놀라운 선물이 태어납니다. –드디어 당신이 인간으로서 졸업하는 것입니다! 36번째 선물은 '인간애의 선물Gift of Humanity'이며, 이것이 곧 인간이 겪는 고통의 모든 것입니다. 우리 모두를 연결시키는 것이 바로 우리의 고통입니다. 고통은 자기 집착을 넘어서도록 당신의 눈을 열어 이기심을 넘어 진화하도록 몰고 갑니다. 완전히 통합된 인간이 된다는 것은 자신의 고통을 변형시키고 삶에 가슴을 열기 시작한다는 것을 의미합니다. 인간애의 선물을 가진 사람은 인간의 감정을 진정으로 이해하고 결과적으로 모든 사람을 이해하는 사람입니다. 여기에서 당신은 이 선물의 프로그래밍 파트너인 6번째 선물 '외교Diplomacy'가 이 36번째 선물이 성숙함에 따라 어떻게 동시에 성숙하는지를 볼 수 있습니다. 당신이 어떻게든 운명의 희생자라는 개념을 놓아버리는 순간, 당신은 마침내 다른 사람들과 깔끔하게 소통하기 시작합니다.

인간애의 선물은 진정으로 노력으로만 얻을 수 있는 선물입니다. 이들은 자기 자신의 그림자를 깊이 바라보고 자신의 성적 취향과 감정의 도전에 맞붙어 싸웠던 사람들입니다. 이들은 자신의 고통을 받아들이고, 그럼으로써 그 고통을 다른 주파수로 경험하는 과정에 있는 사람들입니다. 오직 가장 높은 수준에서만 고통은 순간적으로 황홀경으로 변형됩니다. 그러나 선물 수준에서 고통은 여전히 고통입니다. 하지만 그 고통은 사람들을 떠밀어내는 것이 아니라 함께 모이게 합니다. 이 선물은 인간애에 관한 것입니다.—그것은 당신의 가슴으로부터 작업하는 것에 관한 것입니다. 당신이 당신의 가슴으로 살기 시작할 때 갑자기 당신은 두려움을 없애는 해독제를 갖게 됩니다.

36번째 선물은 36번째 그림자와 같은 충동—새로운 느낌과 새로운 상황을 경험함으로써 배우려는 진화론적 충동—에 의해 움직이게 됩니다. 열린 가슴으로, 36번째 선물은 자신과 타인의 감정을 고려하면서 도전적이고 잠재적으로 격변하는 감정적 상황을 성숙함과 외교로 다룰 수 있습니다. 그러므로 다른 사람들은 절망에 빠졌을 때 36번째 선물을 가진 사람들을 돌아보게 되는데, 그것은 그들의 오라가 고통이라는 인간의 공통된 주제에 강하게 공감하기 때문입니다. 이 수준에서 이 사람들은 더 이상 감정에 사로잡히지 않습니다. 왜냐하면 그들은 그림자 수준에 있지만 가혹한 경험을 통해서 자신을 삶에 열어 놓고 확장시켰기 때문입니다. 이것은 그들이 모든 방식의 트라우마 경험을 감정적으로 다룰 수 있는 능력을 갖게 만듭니다.

36번째 선물은 '살아 있는 전송'으로서 세상에 위대한 가르침을 전달합니다.—그것은 곧 인간애의 찬양입니다. 그것은 신성보다 인본주의적인 자연스러운 영성을 포함합니다. 이런 의미에서 이것은 모든 유전자 키 중에서 가장 기본이 되는 것 중 하나입니다. 그것은 인류의 높은 몸이 더 낮은 차원으로 내려가서 낮은 차원의 몸을 변형시키는 다리입니다. 그것은 그리스도의 이미지를 지옥으로 끌어내려 그 주파수를 온전히 자신의 존재 속으로 흡수합니다. 모든 인간은 홀로제네틱 프로파일에 두드러지게 나타나 있든 그렇지 않든 상관없이 이 유전자 키의 특성을 취합니다. 당신에게 다가오는 모든 감정적 어려움은 DNA 안에 있는 이 측면과 직접 대화합니다. 선물 수준에서 36번째 유전자 키는 고통에서 도망치기보다는 고통을 받아들이는 법을 배웠습니다. 고통을 받아들임으로써, 사실 당신은 자신의 힘과 인생을 신뢰하고 있는 것입니다. 당신이 고통스러울 때, 그 고통은 당신에게 무언가를 가르쳐 주기 위해 거기에 있는 것입니다. 그것은 당신의 인간성을 더 깊이 수용하고, 언젠가는 반드시 죽는 형태 속에서 살아 있음의 겸손을 느끼게 초대하는 것입니다.

유전적 구성에 36번째 선물이 존재하면 어떤 종류의 삶을 살게 될지에 대한 깊은 통찰력을 얻게 됩니다. 홀로제네틱 프로파일에서 36번째 선물이 두드러진 사람들은 자신의 삶을 통해 감정적 치유의 주제를 강하게 갖게 될 것이며, 이를 반영하는 경험과 사람들을 그들의 삶에 끌어들이는 경향이 있을 것입니다. 그들이 자신의 주파수를 높이면 높일수록 감동적인 경험은 더 명확해지고 심오해집니다. 새로운 영토를 탐구해 나가려는 진화적 충동은 이 사람들이 결코 지루한 삶을 영위하지 못하게 할 것이며, 높은 수준에서 가장 심오하고 가슴이 열리는 경험을 할 수 있게 할 것입니다. 36번째 선물은 모든 인간들이 겪는 고통의 진정한 목적의 원형입니다. 이 사람들은 삶이란 풍미가 넘치는 것이며, 즐거움과 고통은 항상 함께 온다는 것을 우리에게 가르쳐 주기 위해 여기에 있습니다. 36번째 선물의 가장 심오한 역할은 극단적인 희생정신에 끌려가는 것이 아니라 다른 사람들을 존중하고, 자신의 고통을 그것이 어떤 모습을 하고 있든 품어 안음으로써 사람들이 겸손해지도록 돕는 것입니다. 이 용기와 삶의 과정에 대한 깊은 수용 결국 모든 인간적인 표현 중에서 가장 높은 것, 즉 연민의 표현을 낳습니다.

36번째 시디
연민Compassion

지복至福, Beatitude

36번째 그림자에서부터 36번째 시디에 이르는 모든 여정에서 그리스도의 생애보다 더 좋은 상징은 없을 것입니다. 64개의 시디를 조사해 보면 특정 유전자 키가 어떤 특정한 신비의 혈통이나 인물과 매우 밀접한 관계가 있는 것으로 나타난다는 것을 알 수 있습니다. 그리스도의 신화는 이 반복하여 나타나는 핵심적인 혈통 중의 하나입니다. 그러나 그 혈통은 예수 자신이 대표하는 주파수만큼 예수의 역사적 인물과는 그다지 관련이 없습니다. 십자가 위의 그리스도 상징은 이 36번째 유전자 키에 내재된 진리를 강하게 상기시켜줍니다. 그것은 우리 각자가 필멸의 존재이며 우리 인간성에 커다란 아름다움이 있음을 상기시켜주는데, 이것은 자신이 인간의 아들이라는 그리스도의 주장에서 되풀이되고 있습니다.

십자가 위의 그리스도가 갖는 상징의 진정한 타당성을 이해하지 못하는 사람들은 이것을 신에 대한 불명예스러운 묘사라고 볼 수도 있습니다. 대부분의 종교에서는 선지자나 신들이 강력하고 아름답거나 대단한 것으로 묘사되는 반면, 십자가에서 무력하게 죽어가는 사람의 모습은 의식의 희생적 상태를 깊이 묘사한 것으로 보입니다. 그러나 그리스도의 이런 측면이 그를 많은 사람들에게 아주 친숙한 인물로 만듭니다. 그가 고통당하고 있는 바로 그 사실이 그를 더 인간적으로 만듭니다. 이 접근 가능성이 36번째 시디를 시디 수준에 있는 다른 많은 의식의 표현과는 멀리 떨어져 있는 것으로 설정합니다. 이것은 사람과 신 사이의 틈새, 희생자와 깨달은 자 사이의 틈새를 가로지르는 시디입니다. 그것은 모든 인간에게, 그리고 우리 각자에게 스스로 한 가지 질문을 묻도록 요구합니다. : "왜 나는 고통을 받아야합니까?"

고통의 질문에 대한 대답은 36번째 시디 안에 있습니다. 그것은 25번째 시디가 우리에게 준 대답과 동일합니다. —그것은 사랑에 관한 모든 것입니다. 그러나 25번째 시디를 통해 나타나는 보편적인 사랑Universal Love은 이 36번째 시디를 통해 표현된 연민Compassion과는 매우 다릅니다. 보편적인 사랑은 마치 신들에게서 온 것처럼 거의 멀리 떨어져 있는 것 같은 반면에 36번째 시디는 사람의 언어로 말합니다. 왜냐하면 그것은 강렬한 고통을 수반한 여행을 통해서만 꽃을 피울 수 있기 때문입니다. 그것이 36번째 유전자 키의 길입니다. 이것은 고통 그 자체의 개화이며, '고통'이라는 단어를 통해서는 더 이상 이해될 수 없습니다. 그것은 폭풍우가 지나간 후에 풍겨 나오는 향기이며, 36번째 선물 '인간애Humanity'처럼 이것은 노력으로 얻어져야 하는 시디입니다.

이 시디를 통해 궁극적인 자유를 얻은 예수와 같은 존재는 지상에 사는 사람들의 소금입니다. 그들은 삶이 그들에게 가져다주는 시련을 거듭함으로써 빛이 나며, 일단 고통을 부정적인 것으로 보는 데에서 벗어나는 마술적인 걸음을 걷게 되면 고통은 더 이상 부정적인 것이 되지 않습니다. 그것은 실제로 그들의(작가나 화가 등에게 영감을 주는) 뮤즈가 됩니다. 시디 수준에서, 당신의 고통은 너무 보편화되어 모든 인류를 끌어안습니다. 자아의 모든 경계가 녹아 버립니다. 고통과 연민은 당신의 인간적인 가슴이 모든 인간 존재의 감정, 즉 쾌락과 고통, 아픔과 갈망, 악과 선과 함께 폭발할 때 하나로 합쳐집니다. 이 시디 수준에서, 6번째 시디의 프로그래밍 파트너가 증언하는 것처럼 평화가 최고로 군림합니다.

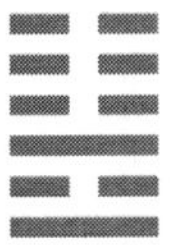

모든 신화의 여행에는 예수가 십자가에 매달린 채로 자신의 신에게 몸부림치며 울부짖는 것처럼 마지막 시험이 항상 있어야 합니다. 이 순간들—이 빛의 어둠들—은 삶을 사는 동안 우리를 시험하는 것이 아니라, 우리 자신의 인간성으로 우리를 아주 깊이 잘라내어 모든 동료 인간들에 대한 우리의 연민의 놀라운 힘을 상기시켜 주기 위해 찾아옵니다. 그런 시련은 우리에게 그림자 상태로부터 벗어나 더 높은 주파수로 거대한 진화적 도약을 할 수 있는 기회를 줍니다. 이 시디를 완전한 공포와 완전한 항복의 순간에 그림자 상태에서 곧바로 시디 상태로 도약하게 하는 정말로 사악한 존재에 의해 만들어진 기적적인 변형이라는 측면에서 말하는 전통들이 많이 있습니다. 이것은 이런 기적적인 의식의 도약을 가능하게 하는 아주 드문 유전자 키 중 하나입니다.

이 시디가 깨어난 사람들은 빛이 가장 어두워진 삶의 영역으로 계속 움직이는 경향이 있습니다. 그들은 대개 위기나 전쟁 동안에 빛이 나며, 가난하고 불행한 사람들과 함께 살면서 일합니다. 36번째 시디는 형태 안에서 의식의 경계선을 탐구하기를 계속 갈망하며, 어떤 시점이 지나면 전혀 자신의 안전을 돌보거나 동일시하지 않게 됩니다. 36번째 시디를 드러내는 사람은 어느 시점에서는 무력감의 어두운 공간에 침몰하여 다시는 강렬한 경험을 하는 것이 불가능합니다. 이것은 그들의 시스템에서 모든 두려움을 소멸시켜 그들 안에서 진정한 평화가 발산되는 결과를 낳습니다. 그런 사람들이 그저 존재하는 것, 그리고 그들의 눈을 들여다보거나 그들의 부드러운 목소리를 듣는 것만으로도 그들이 만나는 사람들에게 소위 기적이라고 하는 모든 방식의 기적을 일으킬 수 있습니다. 이들은 지구의 표면을 걷는 사람들 중 가장 가슴을 녹여 주는 사람들입니다. 그들이 가는 곳마다 인간의 고통 속에 숨어 있는 진정한 주파수가 즉각적으로 풀려나고, 연민의 눈물이 사람들의 가슴을 열어주고 그들 가슴 속에서 폭발합니다. 심지어 가장 어두운 본성조차도 이 36번째 시디의 존재를 통해 즉각적으로 눈물을 흘리게 될 수 있습니다.

위의 내용을 가슴 속에 부드럽게 담을 때, 어쩌면 산상수훈에서 나온 예수의 유명한 말 '지복至福, Beatitude'[21]의 진정한 의미에 대해 더 직관적으로 이해할 수 있게 될 것입니다.

"심령이 가난한 자는 복이 있나니 천국이 그들의 것임이요
애통하는 자는 복이 있나니 그들이 위로를 받을 것임이요
온유한 자는 복이 있나니 그들이 땅을 기업으로 받을 것임이요
의에 주리고 목마른 자는 복이 있나니 그들이 배부를 것임이요
긍휼히 여기는 자는 복이 있나니 그들이 긍휼히 여김을 받을 것임이요
마음이 청결한 자는 복이 있나니 그들이 신을 볼 것임이요
화평하게 하는 자는 복이 있나니 그들이 신의 아들이라 일컬음을 받을 것임이요
의를 위하여 박해를 받은 자는 복이 있나니 천국이 그들의 것임이라."

21 Matthew: 5. The Bible. New International Version.

37th GENE KEY

시디
부드러움
선물
평등
그림자
나약함

가족 연금술

프로그래밍 파트너 : 40번째 유전자 키
코돈 고리Codon Ring : 신성의 고리
(22, 36, 37, 63)

생리 : 폐
아미노산 : 아르기닌

37번째 그림자
나약함Weakness

진정한 극성 변화

인류가 서서히 점성학의 물고기자리 시대에서 벗어나 새로운 물병자리 시대에 들어서면서 우리는 우리에게 종種으로 각인된 전 세계적인 원형의 변화를 경험하고 있습니다. 37번째 유전자 키와 특히 그 그림자 주파수는 이제 우리가 떠나고 있는 시대를 나타내고 있습니다. 오컬트에 대한 지식을 갖고 있는 사람들은 어쩌면 37이라는 숫자를 고대 히브리의 알파벳 수비학 체계인 게마트리아Gematria에서 말하는 그리스도의 숫자로 기억해 낼 것입니다. 우리는 그리스도를 둘러싼 특정 신화의 영역에서 신성한 삼위일체의 세 번째 측면의 영역으로 이동하고 있습니다. 그 새로운 신화는 통합이라는 위대한 여성적 원형에 근거합니다. 이것은 우리가 진화의 새로운 단계에 접어들면서 그리스도 신화의 배후에 있는 힘이 어떤 식으로든 감소한다는 것을 의미하지는 않습니다. 앞으로 바뀌게 될 것은 그 신화의 숨겨진 측면이 마침내 드러남에 따라 그 신화에 대한 우리의 이해와 해석입니다. 이 과정은 새로운 신화적인 여성의 이미지와 원형이 집단의식 속에 흘러넘치게 합니다.

37번째 그림자는 나약함Weakness의 그림자입니다. 앞으로 살펴보겠지만, 나약함이란 서양에서 여성들이 최근까지 더 약한 성으로 여겨져 온 것처럼 남성의 마음을 여성의 마음에 투사한 것일 뿐입니다. 그러나 인간에게 약한 것으로 보이는 것은 실제로는 우리가 아직 이해하지 못하는 어떤 것입니다. 우리는 그리스도 신화 그 자체의 외형에서도 이것을 볼 수 있습니다. 결국 사람은 압도하는 힘에 굴복하게 됩니다. 당연히 신화의 내적인 의미가 진정한 열쇠를 지니고 있습니다. 우리가 예수의 행동에 숨겨진 본질을 이해하게 되는 것은 결국에는 희생과 부활에서만 가능하기 때문입니다. 따라서 이 37번째 유전자 키의 많은 부분은 약한 것으로 인식되는 힘의 본성에 관한 것이지만, 그것이 결국에는 정반대라는 것을 보여주게 됩니다.

37번째 그림자는 지구의 음과 양의 불균형을 나타냅니다. 자연스러운 진화의 경향은 육체적으로 더 강한 것을 선호하는 편이었습니다. 낮은 주파수에서 우리 유전자는 적자생존 외의 다른 실재를 알지 못합니다. 그러나 우리는 이제 신체적인 힘이 더 이상 미래의 방향을 지배하지 않는 진화의 단계에 도달했습니다. 그 미래의 방향은 성이나 힘에 관계없이 누구에게나 열려 있습니다. 우리가 약한 것으로나 강한 것으로 인식하곤 했던 것은 완전히 변하고 있으며 심지어는 반대로 뒤집어지고 있습니다. 무자비한 힘과 파괴를 통해 계층구조의 정상으로 자신들의 몸을 던진 사람들은 힘을 잃고 있으며, 자기 초월에 기반을 둔 통합의 비전을 가지고 있는 사람들은 더 많은 힘을 얻고 있습니다. 이런 식으로 세상은 변화하고 있습니다.

37번째 그림자는 인류 전체에 걸쳐 거대한 돌연변이를 겪고 있으며 그 돌연변이는 우리가 이전의 경계와 정의를 뛰어 넘음에 따라 속도와 주파수를 더 높여가고만 있습니다. 우리 문명의 전체 사회 구조가 무너지고 있는 것이 바로 이 돌연변이 때문입니다. 여기 서양에서는 전통적인 가족 단위가 자연스러운 종말을 겪고 있으며, 그런 시기에는 커다란 사회 변화와 불안이 소요가 두드러지게 많아집니다. 인간 심리의 내적 재조정으로 인해 우리 사회의 구조가 변화를 강요받고 있습니다. 인류의 억압된 여성적 측면은 다시 한번 표면으로 떠오르고 있으며 이것이 남성과 여성에 대한 전통적인 역할의 기본 패턴을 변화시키고 있습니다. 음의 힘의 봉기는 실제로 성을 넘어서 있지만 한편으로는 성이 뒤섞이고 있습니다. 오늘날 많은 여성들이 여성들을 위한 시간이 다가오고 남성들의 시간은 끝났다는 느낌을 받고 있습니다. 이런 경향은 단순히 37번째 그림자의 또 다른 형태이며, 극성의 한 측면을 항상 과도하게 강조합니다.

'나약함Weakness'의 진정한 정의는 여성적 원리가 남성적 원리에 봉사하는 데에서 볼 수 있습니다. 바로 그것이 이 순간까지 세상이 진화하고 생존해왔던 방식입니다. 여성이 남성에게 복종하는 것을 볼 때, 당신은 37번째 그림자가 작동하고 있는 것을 보고 있는 것이며 그 결과로 37번째 유전자 키의 프로그래밍 파트너인 '고갈Exhaustion'이라는 현상을 일으킬 수 있습니다. 우리 사회가 현재 구성되어 있는 방식에서 많은 여성들은 집에서 머물러 아이들을 양육해야 하기 때문에 무력하고,

남성들에게 재정적으로 의존해야 한다고 느낄 수도 있습니다. 물론 예외는 항상 있지만, 이것이 일반적인 진리입니다. 우리에게 닥쳐온 극의 전환은 이런 경향의 역전을 보게 될 것이고, 따라서 남성이 여성을 섬기게 될 것입니다. 선진 사회에서 최근의 반응 중 하나는 많은 여성들이 아이들을 돌봐주는 기관에 맡기고 집에서 나와 일을 하러 나가야 하는 경우에서 볼 수 있습니다.

그런 현상은 세상에서 더 많은 분열을 일으키기만 할 수 있습니다. 왜냐하면 여기에서 고통을 겪는 쪽은 항상 아이들이기 때문입니다. 37번째 그림자 '나약함'은 전체적으로 보지 못하는 남성과 남성의 계층과 경쟁 세계에 뛰어들면서 그들이 아는 유일한 방법으로 문제를 다시 치장하려고 하는 여성들 둘 다를 통해서 나타납니다. 이들과 같은 모든 사회적 쟁점들은 그와 똑같은 쟁점이 종교와 연결될 때처럼 남성과 여성 모두로부터 강한 감정적 반응을 불러일으킵니다. 인간의 마음에는 이런 불균형에 대한 해답이 있을 수 없습니다. 그것들은 그저 우리가 살고 있는 과도기적 시기의 신호일 뿐입니다. 음과 양 사이, 남성과 여성 사이의 감정적인 부담으로 인해 그런 문제를 논의하는 것조차 그동안 숨어 있었던 긴장과 견해 차이를 불러일으킵니다. 이런 측면에서 37번째 그림자의 거대한 신호 중 하나는 처음에는 성별에 대한 동일시입니다. 진짜 문제는 음과 양 중 하나입니다. 그들이 외적으로 발현된 것 사이에서가 아니라 원형적인 힘 사이에서의 불균형인 것입니다. 일반적인 규칙에는 항상 예외가 있습니다. 따라서 개별적인 독특성의 여지는 항상 있습니다.

이 37번째 유전자 키를 통해 움직이는 돌연변이 에너지는 또한 오랫동안 인류 문명의 일부가 되어 온 많은 다른 구조를 종식시키고 있습니다. 이 구조들 중 하나는 조직화된 종교입니다. 그것은 근본적으로 분열과 경배에 기초한 남성 지향적 현상입니다. 남성적인 좌뇌는 이해하기 위해 구분하는 반면, 여성적인 우뇌는 항상 존재하고 이미 존재하고 있는 근본적인 통합체를 이해합니다. 이렇게 경배로부터 화신으로의 이동은 인류에게 아주 심오한 변화입니다. 왜냐하면 그것은 마음을 통해서는 쉽게 이해될 수 없기 때문입니다. 나약함의 그림자는 실제로 완벽하게 마음이 만들어낸 것입니다. 우리가 목발이 없는 우리 자신을 약하다고 여기는 한 우리는 이런 외적인 목발이 필요합니다. 우리가 목발을 내버리는 순간, 우리는 항상 강한 다리를 갖고 있었음을 알게 될 것입니다.

37번째 그림자가 가진 딜레마의 본질은 사람들 내면의 이런 불균형을 통해 가장 분명하게 드러납니다. 우리가 37번째 그림자를 통해 가장 깊이 두려워하는 것은 지원이 부족하다는 것입니다. 우리는 무언가를 돌려받을 것이라는 확신이 있을 때만 주게 됩니다. 왜냐하면 우리의 주파수는 우리가 전체의 일부로서 전체로부터 지지받는다는 느낌을 받지 못하게 하기 때문입니다. 이것이 사회 경제의 기초이며 그 뿌리는 바로 두려움입니다. 우리가 이 그림자 주파수수준에서 접근하지 못하는 것은 집단에 대한 깊은 신뢰감입니다. 우리는 가슴으로부터 우러나와 베풀어 줄 때, 집단 에너지장의 어딘가로부터 훨씬 더 많은 것을 받게 될 것이라는 사실을 알지 못합니다. 우리는 이 에너지가 어떻게 우리에게 돌아오게 될지를 예측할 수 없기 때문에 그것을 신뢰하지 않습니다. 결국 당신은 마음이 당신의 삶을 이끌도록 허용할 때, 모든 존재들 사이에 자연스럽게 존재하는 지원의 고리를 끊어버림으로써 나약함을 만들어내게 된다는 것을 알 수 있습니다. 따라서 우리의 진정한 집단의 미래는 가슴 안에 있으며 전체적인 본질을 파악하는 능력에 있는 것입니다. 개개인에게서 이 변화가 일어날 때, 그것은 곧 가슴이 마음의 우위에 있는 것으로 해석됩니다.

억압적 본성 – 지나치게 감상적인Over-Sentimental

37번째 그림자가 억압될 때 그것은 진정성이 없는 베풂으로 나타나는 경향이 있습니다. 이들은 자신의 가슴보다는 감정에 의해 지배받는 사람들이며, 이들은 이 둘이 같은 것이라고 믿는 경향이 있습니다. 그들은 인류에 대해서 위대한 말을 하기도 하지만 스스로 설 수 있는 내면의 힘이 결여되어 있는 공상적인 사고방식을 통해 자신의 두려움을 억누릅니다. 이들은 자신의 감정의 희생자로서 인간의 가슴에 오명을 씌우는 사람들입니다. 가슴은 강하고 두려움이 없는 반면에, 감정은 변덕스럽고 사람을 압도할 수 있습니다. 그런 사람들은 그 안에 있는 더 깊은 진리를 보지 못하게 하는 감정의 뒤와 안으로 숨어 들어갑니다. 그들은 감정적인 수준에서 과장하는 경향이 있으며, 그것이 주변 사람들의 기운을 빠지게 합니다. 가장 깊은 아이러니는 이런 유형의 사람들이 실제로는 자신의 깊은 두려움을 억누르는 수단으로 감정적인 상태에 중독되어 있다는 것입니다.

반응적 본성 – 잔인한Cruel

반응적 본성은 자신의 두려움을 오직 불평등밖에 보이지 않는 세상에 투사합니다. 이 확고하고 핵심적인 신념으로부터 이 사람들의 가슴은 단단히 굳어져 결국 사랑이 어떤 느낌인지를 완전히 잊어버립니다. 억압적 성향의 극단에서 이 사람들은 다른 사람들을 지나치게 감상적으로 보고 그들의 선한 본성을 이용하는 경향이 있습니다. 이 두 가지 패턴으로부터—억압적 본성과 반응적 본성—현재의 문명이 만들어지고 있습니다. 자신이나 타인의 감정에 더 이상 희생자가 되지 않는 사람들만이 우리 공동체의 중심에 놓여있는 희생자/학대자 패턴을 깨뜨릴 수 있습니다. 우리가 잔인한 사람으로 여기는 사람들은 공동체 안에서 자리 잡고 일어서기 위해 자발적인 희생자를 필요로 합니다. 일단 누군가가 가슴 속에 단단히 닻을 내리고 일어서게 되면 이 잔인한 학대자들은 흔들려 무너지게 될 것입니다.

37번째 선물
평등Equality

가족의 상승

37번째 선물 '평등Equality'에서 인류에게 큰 희망이 일어나고 있습니다. 평등은 아주 쉽게 이해할 수 있는 용어입니다. 모든 인간은 동일한 유전 암호를 공유하면서 평등하게 태어났습니다. 그러나 우리가 성장하여 사회로 들어가면서 우리가 그렇게 평등하지 않다는 것이 명백해집니다. 실제로 평등은 인식의 문제이며 주파수에 달려 있습니다. 인간을 힘과 나약함이라는 측면에서 보는 37번째 그림자의 수준에서 평등은 하나의 꿈에 불과합니다. 그러나 의식의 선물 수준에서 평등은 사람들을 희생자와 승자의 게임에서 끌어올리는 살아 있는 이상입니다. 37번째 선물에서 행동할 때, 당신은 직접 가슴으로부터 살고 있으며 그 나머지는 모두 부수적입니다.

인간의 가슴의 관점에서 볼 때, 모든 인류는 한 가족입니다. 이것은 단순한 감상적인 꿈이 아니라 힘과 사랑의 광대한 내적 흐름에 뿌리를 둔 아주 강력한 진리입니다. 사랑이 없다면, 당신은 항상 그림자 주파수에서 움직이고 있는 것이며, 당신이 보고 창조하는 모든 것은 불평등일 뿐입니다. 55번째 유전자 키에 의해 촉발된 위대한 돌연변이가 인류를 휩쓸게 될 때, 우리 문명의 핵심 구조가 이 의식의 전환에 자신을 다시 적응시킬 것입니다. 현재 모든 문화권에 있는 사회적 구조의 결함은 다림질하듯 깔끔하게 수리될 수 있는 것이 아닙니다. 단지 단계적으로 사라질 수만 있을 뿐입니다. 새로운 세계는 예전의 잿더미로부터 일어서서 성장해야 할 것이고, 그것은 37번째 선물 '평등'의 바위 위에 세워질 것입니다. 인간의 정신에 균형이 다시 만들어지게 되면 종교는 필요하지 않게 될 것입니다. 부계사회도 없어질 것이며 심지어는 모계사회도 되지 않을 것입니다. 우리는 가족이라는 단어의 진정한 의미를 경험하는 단일한 의식의 흐름을 갖게 될 것입니다.

이 37번째 선물로부터 가족이라는 개념에 새로운 비전이 탄생합니다. 가족 단위는 사랑이 겪게 되는 가장 강력한 시련의 장이며 인류는 이 시련을 통해서 변형하게 될 것입니다. 가족 안에 담긴 순수한 사랑의 힘은 누구에게도 뒤지지 않습니다. 자녀의 부모에 대한 사랑, 그리고 부모의 자녀에 대한 사랑은 우주의 그 어느 것보다 강력합니다. 우리가 이 사랑이 속박으로부터 풀려나는 새로운 사회를 창조할 때, 이 세상은 참으로 빠르게 변할 것입니다. 지금까지 문제가 되었던 것은 가족이 항상 유전자 풀이나 종족에만 제한되어 왔으며 항상 계층적 구조에 갇혀 있었다는 것입니다. 우리 행성의 현재 사회적 구조, 그리고 정부와 교육 구조는 가족을 먼저 생각하지 않습니다. 개인의 성공을 지나치게 강조함으로써 가족 간의 경쟁을 조장하며, 이것이 가족 안에서 경쟁을 일으킵니다. 37번째 선물을 통해 인류는 모든 인간을 평등하게 만드는 것이 가족임을 알게 될 것입니다. 우리는 국지적으로나 전 세계적으로 새로운 가족의 비전을 발견하게 될 것이며, 이 비전을 곧 인류의 가족 전체를 포함하는데 까지 확대시킬 것입니다.

55번째 유전자 키를 통해서 움직이는 거대한 돌연변이는 우선 우리 아이들의 DNA가 새롭고 더 고차원적으로 활성화된 채 태어나면서 우리 아이들에게 나타나는 변화로 드러나게 될 것입니다. 이 아이들은 곧 자신들의 집단적 인식을 뒷받침하는 새로운 가족 구조가 필요하게 될 것입니다. 그들의 오라 수준에서 나오는 강한 영향력이 이 새로운 구조가 드러나게끔 할 것입니다. 지금도 높은 인식을 가진 공동체들은 이 모델을 인지하고 구현하는 새로운 방법을 이해하기 시작하고 있습니다. 가족은 인류의 생명의 피며 건강한 가족은 창의력과 사랑의 강력한 힘을 드러내는 하나의 운반체입니다. 우리가 다가오는 새로운 세대가 전하는 새로운 인식의 힘을 인지할 때 새로운 가족은 집단적 상승의 그릇이 될 것입니다. 우리가 새로운 아이들의 관점을 토대로 문명을 구축하기 시작할 때, 우리는 진정으로 마법과 같은 세상을 창조할 것입니다.

아이와 부모 간의 사랑은 무조건적인 사랑의 전형적인 모습입니다. 그러나 그림자 주파수에서 모든 사랑은 조건적입니다. 그것은 곧 그런 사랑이 본질적으로는 사랑이 아니라는 뜻입니다. 진정한 사랑은 보상을 바라지 않고 주는 것입니다. 반면에 그림자 주파수는 받기 위해서 주는 거래의 원칙에만 근거합니다. 바로 이런 물물교환 의식이 현대 문명의 중심에 놓여 있습니다. 그것은 경제와 정부, 특히 인간관계에서 볼 수 있습니다. 물물교환은 모든 인간관계의 역동성 안에서 태어났으며, 그 바탕에는 충분히 갖지 못하는 것에 대한 두려움이 있습니다. 37번째 선물을 통해 우리는 거대한 경제의 비밀을 발견할 수 있습니다.—더 많이 주면 줄수록 더 많이 받게 된다는 것입니다. 많은 사람들이 이 진리를 오랫동안 잘못 해석해왔으며 그것이 진리가 아닌 것처럼 보이는 이유가 무엇인지 의아해 했습니다. 주는 것은 흉내 낼 수 있는 것이 아닙니다. 당신은 마음으로부터 줄 수도 있고 가슴으로부터 줄 수도 있습니다. 마음으로부터 주는 것은 그것을 아무리 미묘하게 꾸민다고 해도 항상 조건적입니다. 왜냐하면 거기에는 항상 은근한 기대가 있기 때문입니다. 진정으로 주는 것은 마음의 입장에서 보면 미친 짓입니다!

가슴으로부터 주는 것은 평등으로 이어집니다. 왜냐하면 그것은 평등에 기초를 두기 때문입니다. 인간의 가슴은 어디를 가든 이 평등한 힘을 간직하고 있습니다. 그리고 모든 사람들을 공경으로 대함으로써 다른 사람들 안에 있는 분열이 드러나게 비춰줍니다. 마음은 평등이 모든 사람이 똑같게 되는 균일화된 세상을 만들게 될 것을 두려워하지만 진정한 평등은 개인의 독특함에 대한 존중을 기반으로 합니다. 사실 거기에서 진정한 평등은 더 번창합니다. 이런 종류의 평등은 당신 자신으로부터 시작됩니다. 주는 것은 그림자 주파수가 숨어서 당신을 끌어내리는 또 다른 장소입니다. — 때때로 당신은 사람들의 인정이 필요해서, 또는 당신 자신이 갖고 있는 문제와 두려움을 감추고 주의를 돌리기 위해 다른 사람들에게 줄 수도 있습니다. 무엇보다도 당신은 당신 자신에게 주는 것을 배워야 합니다. 앞으로 알게 되겠지만, 다른 사람들에 대한 당신의 사랑은 당신 자신에 대한 사랑을 통해 발견하게 될 것입니다. 다른 사람을 뒷받침하기 위해서는 먼저 가슴에게 자신을 가장 잘 뒷받침할 수 있는 방법을 물어봐야 합니다. 그러면 가슴은 주는 사람과 받는 사람이 모두가 만족할 수 있는 방법을 대답해 줄 것입니다. 이런 방식으로 자기 자신에게 주는 것, 이것은 곧 당신 가슴의 지혜를 완전히 신뢰한다는 것을 의미합니다.

37번째 선물은 교우관계로 경험되며 인류를 모두 하나로 묶어주는 접착제입니다. 사실, 진정한 우정은 선물 주파수의 보편적인 특징입니다. 지금의 시대는 살아 있는 것이 즐거운 진정으로 흥미로운 시간입니다. 이 37번째 선물이 우리 지구 전체에 새로운 사회적 패러다임을 탄생시키고 있기 때문입니다. 그것은 비즈니스와 교육과 가족을 서로 분리시키는 것이 아니라 하나로 통합시키는 새로운 사회적 틀을 만들어 낼 것입니다. 그것은 또한 네트워킹을 통해 지리적으로나 전 세계적으로 고립된 가족 집단과 공동체에 종지부를 찍을 것입니다. 이 활기 넘치는 교우관계의 형태는 또한 외부의 신이나 권위에 대한 숭배에 기초한 서로 떨어진 별개의 공동체라는 개념을 종식시킬 것입니다. 37번째 선물의 각성을 통해 각 공동체는 다른 공동체들과 똑같은 핵심 원칙, 즉 대지의 지지, 인류 전체의 권한과 자양과 같은 핵심 원칙을 갖고 있음을 알게 될 것입니다.

37번째 시디
부드러움Tenderness

희생양

37번째 시디의 신비에 완전히 들어가기 위해서는 그리스도의 신화적 모습에 더 깊이 들어가야 할 것입니다. 비록 나무에 매달렸던 노르웨이의 오딘(Odin, 북유럽 신화에 나오는 주신, 창조주, 신들의 우두머리)이나 육체가 갈기갈기 찢긴 이집트의 오시리스(Osiris, 풍요를 상징, 사후세계의 신)와 같은 그리스도와 유사한 신화적인 인물들이 있었지만 그리스도의 형태와 그의 신화는 세계정신 속으로 너무도 깊이 들어와 우리가 살고 있는 시대와 특별한 공명을 하고 있습니다. 그러나 우리가 여기서 말하고 있는 그리스도는 그리스도교에 대해 일반적으로 이해하고 있는 것이 아니라는 것을 처음부터 분명히 할 필요가 있습니다. 우리는 그리스도라고 하는 이 인간의 삶을 사람들의 믿음이나 문화와 상관없이 모든 인간을 지배하는 깊은 원형적 과정의 상징으로 보고 있습니다. 신비에 쌓인 삼위일체의 두 번째 측면으로서, 그리스도는 남성적인 아버지(최고의 양)와 여성적인 성령(최고의 음)이라는 양 극단을 하나로 합쳐줍니다. 예수가 신의 아들이면서 인간의 아들이라고 하는 이유가 바로 그것입니다. 그는 음과 양의 자식이며 따라서 그들 사이의 균형을 이루는 위대한 평등의 힘입니다.

우리는 37번째 유전자 키가 이제 막을 내리고 있는 진화 단계를 나타내는 것을 보았습니다. 이것은 곧 새로운 뭔가가 그로부터 태어나야 한다는 것을 의미합니다. 그리스도 신화 그 자체는 또 다른 차원을 만들어내야 하며, 이 차원은 여성의 역할에 관한 것입니다. 그리스도의 이야기가 현재 이해되고 있는 것처럼, 예수는 처녀의 자궁에서 태어났으며 성에 의해 더렵혀지지 않은 신성한 사람의 구현으로 여겨지고 있습니다. 널리 알려진 이야기에서 예수는 어떤 성적인 접촉이나 여성에 대한 애착이 전혀 없습니다. 그는 그의 삶에 대한 이런 개념이 조각된 가부장제의 자랑스럽고 강력한 상징으로 홀로 서 있습니다. 그러나 예수 이야기의 대중적인 버전을 손상시키지 않는다는 측면에서 예수에 대한 이런 해석은 인간의 성과 연관시킬 때 다소 척박한 것이 사실입니다. 그리스도의 신화에서 예수는 악마의 형태를 한 성에 반대되며, 악마는 초기 이브의 신화와 에덴동산의 뱀을 통해 여성과 명백하게 연결되어 있습니다.

37번째 시디는 '부드러움Tenderness'의 시디이며, 부드러움은 부모와 자녀 사이에서 주고받는 사랑과 가장 자주 연결되는 특성입니다. 부드러움은 특히 전형적인 모성의 정수입니다. 예수 자신은 보편적으로 어린 양의 형태로 연결되어 있으며, 그 본질은 이 37번째 시디로 표현됩니다. 이 어린 양은 압도적인 내적 힘에 항복하는 정신을 표현하기 때문에 우리의 다가오는 시대와 깊은 상징을 가지고 있습니다. 어린 양의 희생은 시대에 뒤떨어진 모습과 동일시하는 것을 버리고, 현재의 견해를 뛰어넘는 더 넓은 현실을 받아들이는 것입니다. 우리 인류는 어린 양이며 보편적인 영은 어머니가 아이를 부드럽게 안고 있듯이 우리를 부드럽게 잡아줍니다. 개인으로서 우리 각자는 머리를 숙이고 악마를 우리 정신 속으로 깊숙이 밀어 넣는 것이 아니라 악마를 우리 안으로 받아들여야만 합니다. 우리가 그것을 신뢰할 수만 있다면 우리를 가장 두려워하게 하는 바로 그것이 우리를 완전히 변형시킬 것입니다.—우리가 누구이고 우리가 어느 날 무엇이 될 수 있는지의 가장 커다란 신비를 담고 있는 것이 우리 성의 근원이며 모든 인간 각자 안에 있는 어두운 여성의 그림자 공간입니다.

37번째 유전자 키는 결혼의 성스러운 성찬례를 통해 우리의 세상 속으로 모습을 드러냈습니다. 그것은 사회 계약적 협약으로 나타남으로써 더럽혀졌고 침체되었습니다. 오늘날 우리가 세상에서 보고 있는 결혼은 결혼의 진정한 내적인 이상의 그림자일 뿐입니다. 개인적인 차원에서, 결혼은 각 인간의 내면의 균형과 음과 양의 결합에 관한 것입니다. 그러므로 그리스도의 신화는 그리스도가 막달라 마리아로 표현된 그의 신성한 신부와의 결혼을 통해 이 내적 합일을 반영해야합니다. 최근에 들어서 막달라 마리아라는 인물과 그리스도의 관계를 탐구하는 노력은 억압받은 신성한 여성의 부활을 반영하는 것으로 볼 수 있습니다. 부드러움의 시디는 이 신비스러운 합일이 깨어난 오라입니다. 왜냐하면 부드러움은 긴장이나 성이 없는 에너지이기 때문입니다. 그것은 사실성을 초월하는 것입니다.

이 37번째 시디를 통해 커다란 역설이 생겨나고 있습니다.—신성한 여성이 어머니의 힘을 통해, 주로 남성들을 통해 세상으로 들어올 것입니다. 여성적 원형의 집단적 불균형은 여성이 아니라 남성에서 발견될 것입니다. 이것에 대한 반대급부적인 균형은 여성들에게서 남성적인 독립의 힘이 일어나는 것입니다. 여성의 독립을 통해 이 세상에 새로운 사회 구조가 태어나 다른 모든 요인보다 조기에 자녀를 양육하는 것을 우선하게 될 것입니다. 어머니와 아버지 둘 다가 자녀를 양육하고 사회적 긴장으로 인해 허물어지는 것이 아니라 적절히 지원될 때 아이들은 정서적으로 균형 잡힌 채로 세상에 나올 것입니다. 이 37번째 시디 '부드러움'은 모든 부모와 아이들을 둘러싼 자연스러운 분위기입니다. 소년들이 이 지지와 부드러움으로 둘러싸인 세상으로 나올 때, 그들의 여성적인 측면은 더 이상 손상되지 않을 것이며, 세상은 이 소년들이 감정적으로 균형 잡힌 남성으로 자라면서 변화하기 시작할 것입니다.

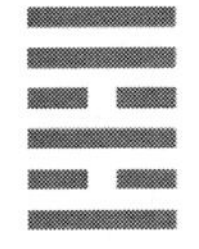

반대로, 세상에 커다란 변화를 불러오는 것은 미래의 어린 소녀들을 통해서입니다. 에너지적으로 말하자면 통합의 비전을 갖는 것은 여성이며 그것을 현실로 이루는 것은 남성입니다. 이것이 미래 사회의 일반화된 청사진입니다.—남성적인 원칙이 여성적의 원칙에 봉사하는 세상이 될 것입니다. 그러므로 지금 우리가 보고 있는 것은 가족 단위의 쇠퇴가 아니라 가족이 실제로 의미하는 것이 무엇인지를 완전히 재정의하는 것입니다. 가족은 행성 전체에 부드러움의 오라를 만들어내는 구조입니다.—개인에게 권한을 부여하고 동시에 공동체를 지원하는 것입니다. 미래에서 가족은 더 이상 고립된 종족 현상이 아니라 모든 인간을 하나로 묶는 집합적인 호흡 패턴이 될 것입니다. 이것이 앞으로 다가오는 미래입니다. 그것은 그리스도가 인류의 자연스러운 상태라고 주장했던 것과 똑같은 비전입니다. 그것이 곧 그가 천국이라고 부른 것입니다.

37번째 시디는 한 개인을 통해 나타나지 않는다는 점에서 시디들 중에서도 독특한 시디입니다. 그것은 모든 개인을 무한히 부드럽고 사랑스러운 포용으로 이끌어주는 가족의 핵심입니다. 그것은 우리가 아주 오랫동안 생각해온 것처럼 인류의 바깥에 있는 힘이 아니라 우리의 집합적인 내적인 본성입니다. 신성의 고리Ring of Divinity로 알려진 유전자 코돈계의 중요한 측면으로서, 37번째 유전자 키는 22번째 시디 '은총Grace', 36번째 시디 '연민Compassion' 그리고 63번째 시디 '진리Truth' 등 아주 강력한 유전적 프로그래밍 동지들을 갖고 있습니다. 이 코드 각각은 결국 완전한 신성의 존재가 세상에 나타나게 합니다. 우리가 전통적인 라이프스타일에게 오랫동안 좌지우지해온 부족과 혈족의 정의를 넘어 설 때, 우리는 가족에 대한 우리의 현재의 정의가 얼마나 제한적인지를 보게 될 것입니다. 37번째 시디는 55번째 유전자 키가 우리를 희생자 의식으로부터 자유롭게 함으로써 서서히 인간을 통합시키게 될 의식의 상승입니다. 부드러움은 무시할 수 없는 힘이며, 프로그래밍 파트너—40번째 시디 '신성한 의지Divine Will'가 확증하듯이 그것은 우리 모두를 자신의 시야 안에 두는 힘입니다. 바로 그 부드러움으로 인해 그것은 이길 수 없고, 무적이며 피할 수도 없는 것입니다.

38th GENE KEY

시디
명예
선물
인내
그림자
투쟁

빛의 전사

프로그래밍 파트너 : 39번째 유전자 키
코돈 고리Codon Ring : 인간애의 고리
(10, 17, 21, 25, 38, 51)

생리 : 부신
아미노산 : 아르기닌

38번째 그림자
투쟁Struggle

목적 없는 싸움

38번째 그림자는 프로그래밍 파트너인 39번째 그림자와 연결되어 매우 두터운 짝을 이룹니다. 이것은 개인의 생존을 기반으로 한 고대의 유전자 프로그래밍입니다. 이 두 그림자는 초기 인류 역사 속에서 그 역할을 통해 동물계와 강하게 연결되어 있습니다. 이 38번째 유전자 키의 어두운 측면을 탐구하기 전에, 우리는 다음과 같은 관점을 유지해야 합니다. : 이 그림자 중 어느 하나라도 없다면 오늘날 이 지구상에는 인간이 없을지도 모른다는 것입니다. 이곳은 유전자 매트릭스 안에 있는 매우 어두운 장소일 수 있습니다. 왜냐하면 이것은 외부로부터 위협을 받을 때 본능적으로 공격적이 되는 원초적인 에너지를 나타내기 때문입니다. 동물의 경우, 이 자연스러운 격렬함은 새끼가 위협을 당할 때 어미가 하는 행동에서 나타납니다. DNA의 이런 측면이 인간들 안에서 발달함에 따라 그것은 적자생존이라는 진화 법칙의 기초가 되었습니다. 이 유전자 키는 또한 개인의 건강과 행복에 깊은 관련이 있습니다.

이와 똑같은 유전적 연결이 오늘날 이 그림자와 얼마나 밀접하게 관련이 있는지에 관계없이 여전히 모든 인간에게 영향을 미칩니다. 그것은 인류의 집단 에너지장 안에 있으며 특히 어떤 집단이 다른 집단에게 위협 받아 공격적인 반응을 강하게 드러낼 때 강하게 나타납니다. 이 38번째 그림자는 싸움을 좋아하고 또 필요로 하며, 이 싸움의 본질은 그것의 주파수에 달려 있습니다. 낮은 주파수에서 이 그림자는 다른 사람들과 싸우고 자기 자신과 싸우며, 아니면 삶 그 자체와도 싸웁니다. 그것은 결국 '투쟁의 그림자Shadow of Struggle'라고 불립니다. 이런 종류의 투쟁은 싸움의 대상자들에게나 그 싸움에 묶이게 된 다른 사람들 모두의 힘을 빠지게 합니다. 여기에서 '묶였다locked'는 단어는 이 38번째 유전자 키의 본성에 매우 적합한 단어입니다. 이것의 선물 수준을 '인내Perseverance'라고 부르는 것을 보아도 알 수 있습니다. 그러나 낮은 주파수에서 이것은 결과가 어떻게 되든 상관없이 완고하게 싸움을 고집하는 것으로 나타납니다. 프로그래밍 파트너인 39번째 그림자 '도발Provocation'과 결합하면 38번째 그림자는 단순히 어떤 사람이든 아니면 어떤 것이든 그것이 물러날 때까지 그것을 물고 절대로 놓지 않습니다. 낮은 주파수에서 이것은 항상 일종의 파괴적인 상황을 일으킵니다.

종종 이 그림자는 어느 한 사람이나 아니면 둘 다가 자신들의 삶에서 성취감을 느끼지 못하는 관계에서 나타납니다. 38번째 그림자는 삶의 목적을 찾는 전쟁이며, 이런 의미에서 28번째 그림자 '목적 없음Purposelessness'과 아주 강한 연관성이 있습니다. 어떤 존재 안에 목적이 맞춰져 있지 않다면, 도발provocation은 그 관계에서 매우 파괴적인 역학 관계를 수반하는 주파수를 가져옵니다. 세상에서 흔히 볼 수 있는 이런 종류의 역학 관계는 점차적으로 관계 속에 있는 사랑을 갉아먹고 결과적으로 싸움이 중독적인 욕구가 되어 버립니다. 모든 관계에는 자신만의 내적인 목적이 있지만 두 사람의 목적이 처음부터 일치하지 않으면 그 관계의 진정한 본질은 절대로 자신을 드러낼 기회가 없게 됩니다. 이 38번째 그림자에는 많은 슬픔이 있습니다. 당신의 삶에 진정한 목적의식이 없다면, 이 슬픔을 털어낼 수 있는 주요한 방법 중의 하나는 당신에게 가장 가까운 사람들, 보통 가족 구성원들에게 공격적으로 채널을 돌리는 것입니다.

진정한 목적을 갖고 살아야 한다는 절대적인 필요성 외에도, 이 38번째 유전자 키로 구현된 중독적인 투쟁 패턴을 깨뜨리는 훌륭한 비법이 있습니다. — 그저 숨을 쉬는 것입니다. 투쟁은 당신이 당신 자신을 완전히 잊게 만드는 특정한 호흡 패턴에 당신을 묶어 놓을 뿐만 아니라 외부의 모든 영향에 귀 먹게 하는 하나의 패턴입니다. 그것은 마치 외부의 힘이 당신을 사로잡아 당신이 머리를 벽에 계속 박게 만드는 것과 같습니다. 호흡을 하고 잠시 멈추는 순간 그 패턴은 깨지고 에너지가 흐르는 방향을 다시 정렬할 수 있는 공간이 생깁니다. 낮은 주파수에서는 어떤 것에 더 단단히 매달릴수록 저항이 더 많이 생깁니다. 패턴에 틈을 만들게 되면 변형이 일어나게 할 수 있으며, 일반적으로 투쟁의 답이 풀어지는 것은 바로 이런 틈에서 일어납니다. 실제로 이 세 가지 그림자(28번째, 38번째, 39번째)로부터 투쟁과 저항을 통해 당신이 삶의 진정한 목적을 충족시키고 있는지 여부를 진단할 수 있습니다. 그런 의미에서 그들은 매우 유용할 수 있습니다.

집단적인 차원에서 이 38번째 그림자는 세상에서 다른 식으로 발현합니다. 인간의 투쟁과 폭력에 대한 중독은 38번째 그림자와 39번째 그림자의 결합을 통해 더욱 복잡해집니다. 이 그림자는 모든 것을 개인적인 차원에서 봅니다. 즉, 매우 편협한 시각을 갖고 있다는 뜻입니다. 역사적으로 보면 대규모의 많은 전쟁들이 권력을 가진 어떤 특정 개인의 개인적인 문제로부터 다른 개인이나 종족에게 공격적으로 반응했기 때문에 일어났습니다. 38번째 그림자는 생각하는 타입이 아닙니다. 어떤 식으로든 위협 받고 있다고 느껴지면, 누가 상처 받을지 생각하지 않고 극단적으로 공격적인 방식으로 반응합니다. 많은 무고한 사람들이 38번째 그림자가 잠시 멈추어 자신이 하고 있는 행동에 어떤 논리나 정당성이 있는지를 고려하지 않고 즉각적으로 행동함으로써 죽임을 당했습니다. 이 개인적인 투쟁의 욕구는 무의식적인 차원에서 살펴볼 때만 진정으로 이해될 수 있습니다. 가장 깊은 수준에서 투쟁은 당신이 분리된 정체성을 갖고 있다는 환상을 유지시킵니다. 당신은 싸움을 할 수 있는 동안에만 주변 환경에 대한 통제를 유지할 수 있습니다. 이것이 인간이 갖고 있는 가장 큰 두려움을 반영합니다.—즉, 싸울 대상이 아무것도 없게 된다면, 당신은 존재하지 못할 수 있는 것입니다.

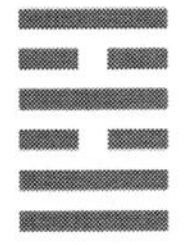

인간이 자신의 개별성을 초월하지 못하도록 방해하는 것은 죽음에 대한 무의식적인 두려움입니다. 38번째 선물은 당신 자신을 뛰어 넘는 목표를 제공함으로써 당신의 개별성을 통해 당신이 분리되어 있음을 뛰어넘도록 합니다. 그러나 두려움의 수준에서 우리는 결코 호흡을 멈추지 않습니다. 그러므로 이 훌륭한 생명력을 창조적인 방식으로 사용하는 것이 우리의 인식 속으로 들어오지 못합니다. 따라서 이 유전자 키의 고집스럽고 남의 말을 듣지 않은 데에 사용되는 모든 에너지는 대부분의 세상 사람들이 생존을 위해 투쟁해야 하는 결과를 가져옵니다. 동시에, 바깥세상과 투쟁하지 않는 소수의 사람들, 즉 선진국들은 강한 목적의식 없이 삶을 사는 스트레스를 통해 내부적으로 계속 투쟁하고 있습니다. 이 38번째 그림자의 억압적 본성은 패배주의자이며, 서구 사회 또는 선진국의 대다수가 이런 태도를 유지합니다. 사람들은 큰 이슈(예를 들어 세계의 빈곤)를 해결하려는 진득한 인내심이 없을 뿐이며, 이 집단적 패배주의는 우리가 시도조차 하지 않는다는 것을 의미합니다.

억압적 본성 – 패배주의자Defeatist

패배주의자의 태도는 이 원형의 한쪽 극입니다. 그것은 이 유전자 키 안의 에너지가 붕괴될 때 일어나는 일입니다. 이런 종류의 본성을 가진 사람들은 몸에 엄청난 긴장감을 담고 있습니다. 이런 긴장은 자신들의 거대한 생명력을 자기 자신의 목적보다 더 큰 목적을 달성하는 쪽으로 방향을 잡지 못함으로써 발생합니다. 이들은 내면의 어느 정도 깊은 곳에서 포기한 사람들로 인생에 대한 모든 열정을 잃어버리게 됩니다. 그것이 극단적으로 가게 되면 깊은 우울증이 됩니다. 이 사람들은 자신의 불행을 바깥쪽으로 투사하지 않고 안으로 투사하여 스스로를 비난하는 경향이 있어 자신의 몸 안 더 깊은 곳에 에너지를 묶어 놓습니다. 불행하게도 이렇게 침체된 상황에 있는 사람을 끌어낼 수 있는 방법은 없습니다. 그들 자신의 내면에 있는 악마로부터 벗어나도록 하는 데에는 그들의 내면에 거대한 동기부여가 필요합니다. 그러나 일단 그들이 싸울 만한 가치가 있는 원인을 찾게 되면 갑자기 그 숨어 있던 에너지가 모두 세상으로 풀려 나와 긴장은 사라집니다.

반응적 본성 – 공격적Aggressive

억압적 본성이 싸움을 위한 배짱이 부족한 것처럼, 반응적 본성은 싸움을 하지 않을 수 없으며, 결과적으로는 항상 잘못된 물건이나 잘못된 사람들과 싸우게 됩니다. 반응적 본성은 투사에 관한 것입니다. 이들은 모든 분노와 공격성을 다른 사람들에게 투사하는 사람들입니다. 그들은 투쟁의 정의, 즉 목적 없이 싸우는 바로 그것을 구체화하는 사람들입니다. 목적의식이 없기 때문에, 그들은 그들의 몸에 갇혀 있는 긴장을 풀기 위해 다른 사람들과의 싸움에 끊임없이 묶여 있습니다. 그들은 실제로 그들이 느끼는 긴장을 푸는 수단으로 싸움에 중독됩니다. 확실히 이 사람들은 성공적인 관계나 사랑하는 관계를 갖고 있지 않습니다. 그들은 폭군처럼 굴고 통제하려고 할 수 있습니다. 반면에, 만일 그들이 이 공격성을 일종의 더 높은 목적으로 돌릴 수 있다면, 그들은 즉시 공격성을 놓아버리고 그림자를 인내Perseverance의 선물로 변형시킵니다.

38번째 선물
인내Perseverance

약자의 불굴의 정신

38번째 그림자와 38번째 선물의 유일한 차이점은 싸움의 본질입니다. 당신은 올바른 싸움을 찾기만 하면 됩니다. 그러면 이 유전자 키의 모든 경험이 바뀝니다. 당신이 성취감을 주는 싸움에 마음과 몸과 영혼을 쏟을 때, 그것은 더 이상 투쟁이 아닙니다. 여기서 당신은 장애물을 만나는 것과 저항에 맞서 싸우는 것의 차이점을 배우게 됩니다. 저항은 보편적인 흐름에 거스를 때 발생합니다. 그것은 곧 모든 그림자 상태의 특징이기도 합니다. 그러나 장애물은 삶의 리듬에 자연스러운 일입니다. 장애물은 당신의 헌신과 양보를 시험하여 새로운 기술을 익히게 해주고 당신의 탁월한 능력을 갈고 닦아줍니다. 장애물은 항상 변장을 한 선물입니다. 38번째 선물은 장애물을 위해 설계되었습니다.—사실 그것은 장애물을 사랑합니다. 만일 당신이 홀로제네틱 프로파일에서 38번째 선물을 가진 사람이라면, 모든 장애물은 더 살아 있음을 느끼고 더 높은 운명을 성취할 수 있는 아주 멋지고 중요한 기회입니다.

38번째 선물은 인내Perseverance의 선물입니다. 이것은 당신이 강한 저항을 무릅쓰고 일어설 때 정말로 번창하게 되는 선물입니다. 이 선물을 가진 사람들은 불가능한 것을 있는 힘껏 노력할 때조차 힘을 들이지 않는 것처럼 보이게 만듭니다. 이 사람들은 극도로 활동적이며 육체적입니다. 그들은 자신의 몸을 움직여 아주 활발하게 움직이는 것을 좋아하는 유전적 욕구가 있습니다. 우리가 38번째 그림자에서 보았던 것처럼, 이들은 생각하는 타입이 아닙니다. 이들은 행동하는 사람들입니다. 그들에게 필요한 유일한 요령은 행동해야 할 때와 행동하지 않을 때를 아는 것입니다. 그리고 이것이 인내의 선물이 나오는 곳입니다. 그것은 언제 에너지를 멈춰야 하는지 알고 있습니다. 다른 말로 하면, 이들은 새로운 행동으로 돌입하기 전에 호흡하는 법을 배운 사람들입니다. 이 호흡은 생각할 수 있는 것이 아닙니다.—그것은 단지 그들이 두려움이나 분노에서 반응하는 것이 아니라 진리에 응답하고 있는지를 확인하는 것입니다.

39번째 선물과 마찬가지로, 38번째 선물은 전사의 원형과 강하게 연결되어 있습니다. 현대 세계에서 전사의 길은 예전과 다릅니다. 이 유전자 키가 지금 작동하고 있는 곳에 모든 종류의 새로운 영역이 나타났습니다. 비즈니스 세계에도 전사가 있고, 정부와 교육뿐만 아니라 과학이나 예술에도 전사가 있습니다. 특히 극복할 수 없는 역경에 맞서서 더 높은 목적을 위해 투쟁할 때마다, 거기에 38번째 선물이 한계까지 자신을 펼치고 있는 것을 발견할 것입니다. 38번째 그림자가 항상 두려움에서부터 싸우고, 대개는 생존을 위해 싸울 때, 38번째 선물은 사랑을 위해 싸웁니다. 현대 사회에서, 38번째 선물이 나타나는 유일한 영역은 그림자 주파수와 맞서는 전쟁입니다. 그것은 곧 집단적인 두려움의 주파수에 맞서 싸우는 전쟁입니다. 38번째 선물은 자신이 하고 있는 일에 대해 생각하지 않습니다. 자신의 행동이 얼마나 어리석게 보일지를 생각하기 위해 멈추는 일은 하지 않습니다. 그것은 무엇이 옳은지를 그저 알 뿐입니다. 그리고 일단 부여된 임무에 모든 에너지를 쏟은 후에는 결코 뒤로 물러서지 않습니다. 그렇다고 해도 그런 사람들이 두려움을 넘어서 있다는 뜻은 아닙니다. 왜냐하면 그들은 두려움을 넘어서 있다는 뜻은 아닙니다. 그러나 선물 수준의 주파수는 사랑이 항상 두려움을 이긴다는 것을 보장합니다.

38번째 선물은 인간애의 고리The Ring of Humanity로 알려진 유전 코돈계의 일부입니다. 이 그룹의 6개의 유전자 키 각각은 인류의 이야기의 원형적 측면을 나타냅니다. 이 이야기에서 38번째 유전자 키는 모든 인간의 투쟁 패턴, 즉 영spirit에 이르고자 하는 모든 형태의 투쟁 패턴을 설정합니다. 인간에게는 그것이 낮은 본성의 어두운 힘에 대항하는 내면의 빛의 전사가 낮은 본성의 어두운 힘에 대항하여 탐구하는 것으로 나타납니다. 인간의 모든 외적인 갈등 뒤에 서 있는 것이 바로 이런 탐구 또는 투쟁입니다. 인내는 인간의 내면의 전사에게 가장 본질적인 속성입니다. 왜냐하면 인간 본능의 어두운 힘이 우리 본성에 너무도 깊이 묻혀 있기 때문입니다. 따라서 인간은 종종 패배를 통해서 더 강해지는 법을 배웁니다. 시간이 지남에 따라, 인내와 사랑과 신뢰를 통해 당신은 결국 승리를 얻고 당신 자신의 신성을 경험하게 될 것입니다.

38번째 선물을 가진 사람들은 우리의 영웅이 됩니다. 이런 사람들은 우뚝 서서 가는 길에 놓여 있는 모든 장애물을 흡수하여 약자인 것처럼 보임에도 불구하고 결국에는 싸움에서 승리합니다. 38번째 선물로 최종적인 승리가 확실하게 찾아옵니다. 유일하게 필요한 것은 올바른 싸움을 찾는 것입니다. 그들에게 올바른 싸움이란 다른 사람들이 대중적인 선전의 희생자가 되는 것이 아니라 그들 스스로 일어설 수 있도록 힘을 부여해 주는 것입니다. 이 38번째 선물의 출현으로 인해 집단에게 두 가지 큰 이점이 생깁니다. 첫 번째는 집단적인 두려움에 대한 거대한 도전입니다. ―그것은 당신이 믿는 것을 위해 일어서면 불가능한 것은 없다고 말합니다. 38번째 선물을 가진 사람들의 삶은 이것에 대한 살아 있는 증거입니다. 두 번째 이점은 38번째 선물이 또한 폭력과 부패에 의지하지 않고도 싸울 수 있다는 것을 증명한다는 것입니다. 그렇다고 해서 38번째 선물이 어떤 식으로든 부드럽기만 하다는 의미는 아닙니다. 오히려 더 높은 목표 달성을 위해 치열하게 공격적일 수도 있습니다.

38번째 그림자에서 부정적인 것으로 인식될 수 있는 많은 특성들은 우리가 더 높은 열망을 갖기 시작할 때 엄청나게 강력해집니다. 완고함은 더 강력한 적을 쓰러뜨리는 데에 이용될 때 어마어마한 자질이 될 수도 있습니다. 공격성은 특정 시점에 적절한 힘으로 전용되거나 특수한 전술로 사용될 수 있습니다. 귀먹음조차도 다른 사람들의 부정적인 선전을 선별해야 할 때 훌륭하게 사용될 수 있습니다. 이런 모든 자질들이 '인내'라고 하는 한 단어로 융합됩니다. 더 나아가서 그림자 수준에서 빠져 있는 것, 즉 전율이라는 측면이 선물 수준에서 발생합니다. 역경에 맞서서, 하지만 더 높은 목적을 위해 싸우는 경험은 스스로 자생하는 불굴의 정신으로 더욱더 강해지게 만듭니다. 어떤 특정한 수준에서, 이 정신은 극도로 순수한 주파수의 영역 속으로 들어가는데, 그것이 38번째 시디 '명예의 영역realm of Honour'입니다.

38번째 시디
명예Honour

"더 큰 사랑에 인간은 없다…"

명예는 스스로 역동적이고 활기에 찬 에너지장입니다. 전사의 원형이 궁극적인 잠재력에 도달할 때 시작되는 것이 이 시디입니다. 명예는 사람들이 자신의 개인적인 진실로 살아가고 있을 때 만들어지는 에너지장입니다. 이런 의미에서 명예는 역설적입니다. 비록 그것이 인간 개성의 절정인 것처럼 보이지만, 그것 또한 모든 인간을 높은 자아의 차원에서 묶어놓습니다. 명예의 장에서, 모든 인간은 하나가 됩니다. 이것이 가장 높은 전사 코드의 진정한 의미입니다. 명예는 전투를 춤으로 바꿔놓습니다. 그것은 사랑 그 자체의 검술입니다. 명예로 인해 죽음은 초월되고 모든 인간의 행동은 불멸할 수 있습니다. 진정한 명예의 에너지장 안에서 행해지면 다른 사람을 죽이는 행위조차도 명예로울 수 있습니다. 그런 극단적인 경우에, 죽임을 당하는 사람은 진정으로 명예스런 계약이 그들을 하나로 통합시키기 위해 정복자에게 항상 죽임을 허락해 주어야 합니다.

그렇다면 명예로운 행위는 무엇인가? 명예는 너무나 순수한 사랑에 뿌리를 두고 있어 더 높은 열망을 위한다는 생각 없이 자신을 희생합니다. 모든 명예로운 행위는 세상에 분열의 힘이 아니라 평등의 힘을 가져다줍니다. 바로 이것이 그 행위가 진실인지 아닌지를 구분할 수 있는 방법입니다. 행위가 사람들을 높은 주파수 장으로 인도해 준다면 그것이 명예로운 행위입니다. 명예는 항상 자비와 양보의 주파수를 가지고 있습니다. 그런데 끔찍한 행위들이 명예라는 이름으로 많이 행해지고 있습니다. 그 행위가 모든 사람들을 통합시키는 결과를 가져오고 자비가 있다면 그것은 존경받을 만합니다. 이런 의미에서, 명예의 본질은 '다른 사람을 존중'한다는 표현에 모두 담겨 있습니다. 누군가를 존중하는 것은 그들의 현재 주파수가 무엇이든 관계없이 그들을 가장 높은 주파수에 있도록 유지시켜 주는 것입니다. 따라서 명예를 나타내는 사람은 명예롭지 못한 사람들의 손에서 모든 방식의 희생을 당할 수 있지만 그 사람은 여전히 그런 사람들의 수준으로 내려가지 않을 것입니다. 오히려 그는 계속해서 그들을 공경하고 깊이 존경할 것입니다.

명예Honour의 시디는 그 안에 일정한 유형의 신화를 가지고 있습니다. 우리는 이 유전자 키를 통해서 투쟁으로부터 인내와 명예로 이어지는 의식의 여행을 기억할 필요가 있습니다. 명예가 얻는 최종적인 포상은 모든 투쟁을 완전히 초월하는 것입니다. 그러나 동시에 그것은 여전히 전투의 언어로 말을 합니다. 이것은 38번째 시디가 투쟁과 공격, 그리고 인간 본성의 가장 어두운 면들과 깊은 신화적 연관성을 유지한다는 것을 의미합니다. 이 시디가 나타나는 사람들은 최고의 전사입니다. 그들은 우리의 성스러운 전사가 됩니다. 이들은 세상에 의해 더럽혀질 수 없으며, 가장 큰 장애물을 극복하는 사람들입니다. 우리가 반복적으로 보아왔듯이, 38번째 유전자 키는 싸움을 좋아합니다. 이 사람들은 싸움의 주파수를 춤으로, 신성한 연극으로 상승시키며 그 무대에서 완전히 항복하는 역할을 합니다. 어떤 사람에게 시디 상태가 일어나면 그 사람은 분리된 자아에 대한 감각을 모두 잃어버리게 됩니다. 여러 면에서, 그들은 단순히 껍질에 불과하며 그 껍질을 통해서 유전자는 계속 기능하고 있는 것입니다. 당신은 그들이 비어있다고 말할 수 있습니다. 또는 더 정확하게 말하자면 그들은 삶 그 자체의 정수 또는 신성으로 가득 차 있다고 말할 수 있습니다. 모든 시디 상태는 아주 강력한 진동을 간직하고 있어 누군가의 가슴 속에 있는 두려움을 세게 두드리거나 또는 그 두려움에게 영감을 주어 그것을 고귀하게 만듭니다. 어느 쪽이든 명예는 항상 사람의 진정한 본성이 드러나게 합니다.

38번째 시디는 죽음의 주제와 밀접하게 연관되어 있습니다. 이는 최상의 명예가 다른 사람을 위해 당신의 생명을 바치는 것이기 때문입니다. 그리스도 자신이 말한 것처럼 : "친구들을 위해 목숨을 버리는 것보다 더 큰 사랑은 없다." 과거 우리 조상들의 시대에는 이 시디가 오랫동안 갈등과 전쟁에 깊이 관련되어 왔습니다. 그러나 시디 수준에서 이 연관성은 글자 그대로가 아니라 상징적인 것인데, 이는 38번째 시디가 모든 인간들의 갈등에 종지부를 찍기 위해 싸우기 때문입니다. 때때로 이 시디는 갈등을 끝내기 위해서 인간의 갈등 속에 들어와 자신을 희생시킬 수도 있습니다. 그럼에도 불구하고 진실로 이 시디는 다른 모든 시디와 마찬가지로 모든 지각 있는 생명을 온전히 존중하는 데에 기반을 두고 있습니다. 최종적인 싸움은 두려움과의 싸움입니다. 이것은 어둠의 세력에 대항해서 싸우는 빛의 힘에 의해 영원히 상징되었습니다. 진정한 빛의 전사로서, 38번째 시디는 낮은 본성과 싸우지 않습니다. 오히려 그 시디는 자신의 행동을 통해 어둠의 힘을 안으로 깊숙이 흡수하며, 그렇게 함으로써 세상에서 무한한 순수함으로 빛을 비춥니다.

명예는 이기거나 지는 것이 아닙니다. 어떤 면에서 명예의 역할은 이기고 진다는 개념 전체를 조롱하는 것입니다. 명예는 더 강한 힘이 고의적으로 약한 힘에 항복할 때 자주 구현됩니다. 다른 말로 하자면, 빛의 존재가 어둠의 힘에 스스로 항복하는 것입니다. 이런 인간 규범의 반전은 모든 인간적 갈등의 무모함을 부각시키는 경향이 있으며, 종종 약한 힘이 변형되거나 전향하는 결과를 가져옵니다. 그런 것들이 진정으로 명예로운 행위의 역설적인 힘입니다. 그것은 항상 항복을 승리로 변하게 합니다. 이 항복은 죽음 자체로 상징됩니다. 왜냐하면 진정한 항복이란 분리된 자아에게 죽음을 의미하기 때문입니다. 죽음 이후, 명예로운 행동은 점점 더 그 힘이 커지기만 해서 결국은 신화가 됩니다. 이것의 가장 명백한 사례 중 하나가 십자가에서 일어났던 그리스도의 항복입니다.

시디가 인간 안에 등장할 때마다 프로그래밍 파트너도 동시에 활성화됩니다. 따라서 38번째 시디와 함께 우리는 39번째 시디 해방Liberation이 발현되는 것을 보게 됩니다. 이는 명예의 진정한 본질을 보여줍니다.—연쇄 반응을 일으켜 여러 세대에 걸쳐 지속되는 역동적인 자유 에너지의 흐름을 가져오는 것입니다. 그림자 수준에서 우리는 또한 38번째 유전자 키가 우리의 유전자를 통해 어떻게 28번째 유전자 키와 연결되는지를 보았습니다. 따라서 우리는 명예와 불사(Immortality, 28번째 시디)의 주제가 서로 연결되는 것을 볼 수 있습니다. 진정으로 명예로운 행위는 영원히 인내합니다. 사람들은 진정으로 위대한 삶을 결코 잊지 못합니다. 그리고 그들의 이야기가 오랜 세월동안 이야기되고 또 다시 이야기가 거듭되면서 원래의 시디 에너지는 그저 다른 사람들에게 영감을 주고 자유롭게 해줄 뿐입니다. 이것은 모든 인간 내면에 있는 가장 높은 잠재력이 명예의 장에 공명하기 때문입니다. 우리가 위대한 행위 또는 위대한 삶에 대한 이야기를 들을 때, 그것이 지금 시대의 이야기이든 아니면 과거로부터 내려오는 신화든 상관없이 우리가 진정으로 누구인지를, 즉 우리가 개인적이고 집단적인 두려움을 극복하고 불식시키기 위해 싸우고 있는 전사라는 것을 상기시킵니다.

시디
해방
선물
역동성
그림자
도발

초월의 긴장

프로그래밍 파트너 : 38번째 유전자 키
코돈 고리Codon Ring : 추구함의 고리
(15, 39 52, 53, 54, 58)

생리 : 부신
아미노산 : 세린

39번째 그림자
도발Provocation

태도와 높이

비록 인간의 유전 매트릭스 안에는 믿을 수 없을 정도로 다양한 풍미와 너무도 많은 가능성이 있지만, 인류를 지배하는 주제는 상대적으로 비교적 적습니다. 21개의 코돈 고리는 쉽게 인지될 수 있는 특정 경로를 따라 이동하도록 우리를 집단적으로나 개별적으로 프로그램합니다. 따라서 우리의 텔레비전 화면과 소설과 신화에 나타나는 모든 원형이 우리의 DNA에 나타납니다. 39번째 유전자 키와 프로그래밍 파트너인 38번째 유전자 키는 우리의 집단 우주론에서 진정으로 독특한 위치를 차지합니다. 다른 모든 원형들 중에서도 이 두 가지는 전사의 신화를 나타냅니다.

전설과 신화는 우리의 서로 다른 문화를 지배하는 특별한 힘을 가지고 있습니다. 모닥불을 피워 놓고 나누던 이야기가 거실의 스크린으로 대체된 오늘날에도 전사의 신화는 여전히 우리를 사로잡습니다. 우리는 왜 그렇게 열심히 우리가 이 39번째 유전자 키의 가장 높은 주파수를 얻기를 열망해야 하는지를 보게 될 것입니다. 한편, 똑같은 힘을 가진 39번째 그림자의 낮은 주파수는 매우 불길한데, 그 이유는 현재 인류의 대부분을 자신의 속박 안에 붙잡고 있기 때문입니다. 39번째 그림자는 행성의 진동이 폭력이라는 단일 특성에 지배되고 있는 원인입니다.

아드레날린 시스템에 뿌리를 두고 있는 이 39번째 유전자 키는 매우 역동적인 코드로서 모든 것이 행동에 관한 것입니다. 그것은 거칠고 폭발적이며 원시적인 특성이 있습니다. 이 선물과 그림자를 가진 사람들은 머리를 따라가는 것이 아니라, 현명하든 어리석든 관계없이 원시적인 충동을 따라 행동합니다. 스펙트럼의 억압적인 면과 반응적인 면 모두에서 이것이 위험한 그림자임을 알 수 있습니다. 그것은 덫에 걸리는 것을 두려워하는 데에 뿌리를 두고 있습니다. 그것은 곧 본질적으로 당신이 개별적으로 행동할 수 있는 자유를 잃을 것을 두려워하는 것입니다. 우리 모두는 동물들이 덫에 걸릴 때 그것이 얼마나 위험한지 알고 있습니다. 우리 인간도 조상으로부터 내려오는 DNA 안에 그와 똑같은 두려움을 가지고 있습니다. 인간이 폭력에 선동될 수 있는 데에는 많은 이유가 있겠지만 우리는 여기서 가장 오래된 이유 중 하나를 발견합니다.—그것은 바로 개인의 자유에 대한 위협입니다.

39번째 그림자는 공격을 기다리는 코브라와 같습니다. 이 폭력은 개인적인 것이며, 정확하게 겨냥하면 목표물을 거의 놓치지 않습니다. 우리는 종종 우리의 개인적인 관계에서 그것이 나타나는 것을 봅니다. 이것이 도발Provocation의 그림자이며, 일상 언어로는 버튼 누르기입니다. 당신은 당신의 파트너, 부모 또는 자녀가 당신의 분노를 유발하는 정확한 코드와 말투와 단어를 어떻게 알고 있는지 궁금한 적이 있습니까? 폭력은 여러 형태로 나타나며 반드시 물리적이어야만 하는 것은 아닙니다. 감정적인 폭력은 청각적이며 결과를 얻기 위해 억양을 사용합니다. 도발은 그들이 하는 말이 아닙니다. 그것은 그들이 사용하는 말투에 있습니다! 말투는 일반적으로 완전히 무의식적이지만 절대로 거짓말을 하지 않습니다. 당신을 짜증나게 하는 정확한 음 높이로 징징대는 아이처럼, 모든 도발에는 음색이 있습니다. 예를 들어 누군가가 당신에게 죄책감을 들게 만들려고 할 때, 그들은 무의식적으로 당신의 죄가 위치한 정확한 지점을 건드리는 자기 연민에 빠지는 어조를 이용합니다. 이 모든 것이 소리에 뿌리를 두고 있습니다.

지금까지 이 책에서 보았듯이 유전자는 쉽게 변형될 수는 없지만 조정될 수는 있습니다. 그것은 주파수의 문제이며, 주파수는 소리에 관한 것입니다. 당신의 태도가 바뀌면 당신의 주파수도 바뀝니다. 어떤 상황의 부정적인 측면에만 초점을 맞춘다면 주파수는 떨어집니다. 긍정적인 것에 초점을 맞춘다면, 주파수는 올라갑니다. 그것은 당신이 어떤 옥타브에 맞추고 있느냐에 따라 달라집니다. 이런 의미에서 태도는 항상 청각적입니다. 정보가 귀로 들어올 때 그 정보는 어떤 과정을 통과하게 됩니까? 주변으로부터 오는 무수히 많은 소리의 높낮이에 대응하기 위해 당신은 당신의 생각과 감정을 어떻게 연결시켰습니까? 낮은 주파수를 듣지 않고 높은 주파수에 귀를 기울이기 위해 내부 변압기를 만들 때까지 낮은 주파수는 DNA를 건드리고 비슷한 낮은 주파수에 뿌리를 둔 반응으로 튕겨 나옵니다.

39번째 그림자는 하나의 목표를 가지고 있습니다.—당신을 자극하자는 것입니다. 당신이 어떤 사람에게 쉽게 자극을 받는다면, 당신은 이 그림자의 낮은 주파수의 영향을 받고 있는 것입니다. 도발에 반응하자마자 당신은 덫에 걸리게 됩니다. 도발하는 사람과 도발되는 사람은 그저 학대자와 희생자의 오래된 체스 게임을 하고 있을 뿐입니다. 우리 대부분은 서로 다른 시간에, 그리고 서로 다른 사람들과 함께 이 두 가지 역할을 하고 있습니다. 39번째 그림자의 프로그래밍 파트너는 38번째 그림자 '투쟁Struggle'입니다. 당신이 감정적 도발에 폭력적으로(감정적으로나 육체적으로) 반응하는 순간, 당신은 투쟁과 노력의 에너지에 참여하고 있습니다. 이 경우 폭력은 개인적이고 직접적으로 한 사람을 대상으로 합니다. 이것은 특별히 어떤 특정한 사람을 향하지 않고 보다 건강한 방법으로 방출되는 분노와는 다릅니다.

39번째 그림자가 인간에게 미치는 힘은 우리가 모든 것을 개인적으로 취하는 경향에 있습니다. 이렇게 하는 놀라운 이유는 우리가 개인으로서 존재한다고 생각하기 때문입니다. 그러나 사실 우리는 끊임없이 변화하는 에너지 망 안에 있는 양자 패턴입니다. 다음에 누군가가 당신을 감정적으로 도발할 때, 당신에게 정말로 무슨 일이 일어나는지를 이해하려고 노력해 보십시오. 당신이 그것을 아주 기본적인 핵심으로 줄여나가면, 일어났던 모든 일은 누군가가 성대를 통해 어떤 음성 코드를 울린 것이고, 이 단순한 음색의 모음이 당신을 폭력적인 무의식적 감정적 방식으로 반응하게 만든 것입니다. 옛날에는 그렇게 당신을 통제하는 사람을 마법사라고 불렀을 것입니다.

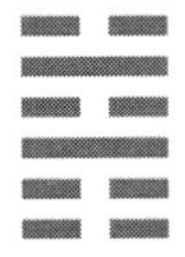

위의 견지에서 모든 폭력은 개인이 사전에 조건화된 패턴에 따라 말의 코드에 자동적이고 개인적으로 반응하는 소리의 장으로 이해될 수 있습니다. 다른 말로 하면 폭력이란 지구상에 있는 대부분의 사람들에게 하나의 중독이며, 그것이 바로 우리가 TV 화면에서 폭력을 끊임없이 보고 있는 이유입니다. 그럼에도 불구하고 우리 대부분은 세계 뉴스나 우리 주변 세계에서 벌어지고 있는 많은 잔혹 행위들이 우리와는 거의 관련이 없다고 생각합니다. 우리는 이런 상황들이 다른 사람들의 잘못이라고 생각하는 경향이 있습니다. 그러나 가장 깊고 가장 충격적인 사실은 우리가 감정적으로 폭력적인 방식으로 누군가를 도발하거나 또는 도발당할 때마다 우리가 세계의 폭력 에너지장을 퍼뜨리고 있으며 바로 이런 뉴스 헤드라인을 공동으로 만들어내고 있다는 것입니다.

낮은 주파수에서 유지되고 있는 모든 패턴은 몸 안 깊은 곳에서 인간의 생명력을 올가미에 가둬 놓고 있습니다. 39번째 그림자는 숨을 깊게 쉬지 못하게 만듭니다. 호흡을 충분히 하지 않으면 에너지는 고갈되고 용량이 줄어듭니다. 39번째 그림자의 확실한 징후 중 하나는 피로감입니다. 삶에서 역동성이 결여된 사람들은 어떤 식으로든 덫에 걸린 느낌을 받는 사람들입니다. 아이러니한 점은 그 해결책이 그들의 외적인 삶을 바꾸는 데에 있는 것이 아니라 그들의 태도를 바꾸는 데 있다는 것입니다. 태도가 바뀌면 외적인 삶이 이것을 반영하기 시작합니다. 태도를 바꾸지 않고 외적인 주변 환경만을 바꾸려 한다면 다시 덫에 걸린 듯한 느낌만을 갖게 될 것입니다.

이 39번째 그림자에 대한 아주 흥미로운 통찰 중 하나는 그것이 몸매에 영향을 미친다는 것입니다. 몸매는 주로 먹는 음식의 대사 방식에 따라 결정됩니다. 낮은 주파수에서 작동할 때는 음식을 적절하게 대사할 수 없기 때문에 당신은 실제보다 더 배고픔을 느낍니다. 그러나 배고파하는 것은 당신의 몸이 아니라 정신이며, 당신이 음식을 얼마나 많이 먹든지 관계없이 당신은 결코 만족을 느끼지 못할 것입니다. 당신의 정신은 사실 창조성에 굶주려 있습니다. 그것은 내면의 아름다움을 표현하려는 시급한 욕구가 있습니다. 따라서 세상은 전 지구적 인식이 패턴을 통해 39번째 그림자를 반영합니다. 서양에서는 가장 커다란 건강 문제가 비만이며, 반면에 동양에서는 영양실조입니다. 이것들은 집단 유전자 수준에서 작동하는 39번째 그림자의 힘이 외적으로 반영된 것입니다. 우리 인간들이 우리 자신의 독창적인 창조성을 세상에 발휘할 때까지 우리는 이 두 가지 불편한 극단 중 하나에 걸려 있을 것입니다.

억압적 본성 – 덫에 걸림Trapped

64개의 그림자 각각의 기초는 억압적 본성, 즉 두려움의 상태에서 발견됩니다. 두려움은 분노보다 더 깊은 곳에, 즉 반응적 본성의 근원에 놓여 있습니다. 두려움이 표현될 때 그것은 분노가 됩니다. 그러나 두려움이 표현되지 않으면 그것은 우리를 덫에 가둬놓습니다. 모든 억압은 덫에 갇힌 것에 그 뿌리를 두고 있습니다. 가장 완벽한 덫은 우리가 알지 못하는 덫이며 이것이 39번째 그림자의 경우입니다. 진정으로 갇혀 있는 것은 우리의 생명력과 창조력의 무한한 저장소입니다. 인류의 대부분은 실제로 64개의 유전자 키 중 가장 낮은 주파수에 갇혀 있습니다. 우리를 잠들게 하는 것은 두려움입니다. 본질적으로 39번째 그림자를 가진 사람들은 생명 에너지가 종종 거의 얼어붙어 있습니다. 습관적인 감정 패턴에 묶여서, 그들의 어마어마한 잠재력은 잠들어 있는 것처럼 완전히 움직이지 않고 있습니다. 인간의 각성이 그렇게 강력한 사건일 수 있는 이유가 바로 이것입니다. 우리가 각성할 때 우리의 생명력은 밖으로 풀려 나오고 우리 안에 잠재하고 있던 창조성이 탄생하기 때문입니다.

반응적 본성 – 도발적인Provocative

각성의 첫 번째 단계는 사실 화를 내는 것입니다! 각성은 무기력함과 억압된 두려움의 겹겹이 쌓인 층을 부수기 위해 분노의 에너지를 필요로 합니다. 우리가 두려움을 느끼기 시작할 때, 그것은 분노로 변하고, 우리는 그것을 행동으로 옮기거나 다른 사람들에게 투사하기 시작합니다. 이것이 도발의 에너지입니다. 이것은 사실 두려움이 역동적이 된 것이지만, 그 안에 아직 자유가 없습니다. 우리는 다른 사람들의 고통을 유발함으로써 여전히 우리의 분노와 우리의 두려움을 표출하려는 욕구에 갇혀 있습니다. 본성적으로 도발적인 사람들은 대개 이 사실을 의식하지 못합니다. 다른 사람들을 도발함으로써 그들은 단지 스스로를 비참하게 만들고 있을 뿐입니다. 그런 사람들은 정말로 깊은 수준에서 사랑을 찾고 있지만 부정적인 방향에서 그렇게 하고 있습니다. 그것은 학대입니다. 대부분의 인간은 이 39번째 유전자 키의 낮은 주파수에 잡혀 있으며, 다른 사람들에게 고통을 일으키는 의도를 근본에 깔고 있는 말을 할 때마다 그것이 드러납니다.

39번째 선물

역동성Dynamism

창조성의 압력

이 유전자 키의 높은 주파수가 활성화되면 모든 아이들을 움직이는 에너지의 본질을 알기 시작합니다. 우리가 아는 것처럼, 아이들은 끝없는 에너지를 가지고 있는 것 같습니다. 많은 부모들은 아이들이 깨어있는 순간마다 얼마나 에너지가 넘치는지를 보면서 글자 그대로 할 말을 잃어버립니다. 이것이 39번째 선물의 원초적인 에너지—역동성의 선물입니다.

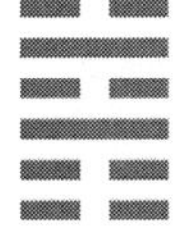

당신이 아이에서 어른으로 옮겨가면서 당신의 개인적이고 문화적인 조건들이 서서히 당신을 사로잡기 시작할 때, 당신이 자연스러운 역동성 속에서 내리막길을 경험하는지를 살펴보는 것은 흥미로운 일입니다. 7세가 되면 당신의 타고난 패턴 대부분이 이미 고정됩니다. 아이들의 자연스러운 역동성은 아무런 방해도 받지 않고 흘러가야 할 필요가 있기 때문에 처음 7년 동안에는 엄청난 시간과 공간을 허용하는 것이 아주 중요합니다. 물론 아이들에게는 경계선이 필요합니다. 하지만 기본적으로 첫 7년 동안 그들이 정말로 해야 할 일은 노는 것입니다. 놀이는 역동성의 전형적인 예입니다. 그것은 삶의 기본적인 에너지가 아무런 제약 없이 표현되는 것입니다. 슬프게도 많은 문화권에서, 주로 서양에서는 아이들이 처음 7년 기간 안의 어느 시점에 학교에 보내어져 7년 주기의 조직화되지 않은 자연스러운 놀이가 중단됩니다. 이른 시기에 정신적인 학습을 강조하는 것은 마음이 아니라 몸을 통해서 자신의 역동성을 표현하려는 아이들의 기본적인 유전적 욕구를 방해합니다.

현대 사회가 조기 학습을 주장하는 이유 중 하나는 지식과 천재성의 차이를 잘못 이해하고 있기 때문입니다. 게다가 천재는 기괴한 사건이라는, 어떤 면에서는 정상이 아니라고 하는 집단적인 믿음이 있습니다. 또한 천재성은 지성이 아닌 지식과 관련이 있다는 집단적인 믿음도 있습니다. 그러나 진실한 지성은 비록 마음을 통해서 드러날 수는 있지만 마음과는 아무런 관련이 없습니다. 천재성은 그저 간섭받지 않은 자연스러운 지성의 열매일 뿐입니다. 지식은 강요될 수 있지만, 천재성은 유기적으로 발전하는 데 많은 시간과 공간이 주어져야 합니다. 아이들의 첫 7년은 나중의 천재를 위한 자연스러운 파종 시기입니다.

그렇긴 하지만 그것이 나쁜 일인 것만은 아닙니다. 당신이 받은 교육이 좋든 나쁘든 간에 모든 조건화는 되돌릴 수 있습니다. 그러나 이 탈조건화는 당신 자신의 주파수를 원래 상태로 상승시켜야 하는 각성의 여행을 포함합니다. 이런 일이 일어나면 본래의 역동성이 돌아오고 그 역동성은 창의성으로 되돌아옵니다. 어린 아이에게 놀이가 되는 똑같은 에너지가 성인이 되어 창의성과 천재성으로 성숙합니다. 주파수를 높이는 가장 간단하고 빠른 방법 중 하나는 당신이 삶 속에서 좋아하는 것을 하는 것입니다. 당신이 진정으로 사랑하는 것을 한다면 당신은 당신의 창조적인 역동성을 발휘할 것이며 더 창조적이 될수록 더 많은 에너지를 얻을 수 있게 될 것입니다. 이것이 바로 너무도 많은 사람들이 놓치고 있는 간단한 방정식입니다. 이 코돈 고리(탐색의 고리, The Ring of Seeking)의 일부인 각각의 유전자 키와 마찬가지로 39번째 선물은 각 개인들과 그들의 주변 환경에 어마어마한 압박을 가합니다. 그리고 이 압력이 너무도 많은 창의력을 불러일으킵니다.

낮은 주파수에서 도발적이었던 것이 높은 주파수에서도 역시 도발적이지만, 그것은 무엇을 도발시키느냐의 문제입니다. 낮은 주파수에서 두려움은 두려움을 불러일으키고 분노는 분노를 불러일으킵니다. 39번째 선물의 높은 주파수에서 역동성은 전염될 수 있습니다. 누군가 잠재되어 있던 천재성을 표현하는 사람을 만나게 되면 당신은 그 안으로 끌려들어갑니다. 그런 사람과 함께 있는 자리에서 당신은 훨씬 더 많은 것을 할 수 있다고 느끼게 되며, 다시 한 번 깊이 호흡을 시작하면 당신의 시야가 확장되기 시작합니다. 천재적인 사람들이 창조성의 측면에서 얼마나 많은 것을 창조할 수 있는지에 사람들은 놀랄 것입니다. 그들은 마치 자신을 넘어서 있는 힘이 몰아붙이는 듯이 절대로 에너지가 고갈되는 것처럼 보이지 않습니다. 이것은 39번째 선물이 작동하고 있는 것입니다. 그것은 행동과 에너지에 관한 것입니다. ―그것은 기다리지 않고 먼저 시작하며, 밀어붙이고, 불꽃을 일으키고, 촉매 작용을 합니다. 39번째 선물의 차원에 사는 사람은 어디를 가든 창조적인 활기가 해일처럼 일어납니다.

39번째 선물의 다른 측면은 두려움을 모른다는 것입니다. 이것이 전사의 진정한 정신입니다. 전사에도 여러 가지 등급이 있습니다. 어쩔 수 없이 무의식적으로 싸우기만 하는 사람들이 있습니다. 이런 사람들은 그들에게 자극을 주는 것이 무엇이든 그것에 저항하지 못하는 사람들입니다. 이들보다 더 높은 유형의 전사들도 있습니다. 그들 또한 도발된 사람들이지만 분노를 통제하고 조절하는 사람들입니다. 이런 사람들은 높은 주파수의 인식에서부터 움직이기 때문에 분노를 조절할 수 없는 사람들을 물리칠 것입니다. 이들조차 뛰어 넘어 시디 수준에 있는 사람들은 전혀 도발되지 않는 아주 희귀한 전사들입니다. 그들은 실재의 본질을 이미 보았습니다. : 즉 처음부터 개인은 없다는 것을 안 것입니다. 따라서 갈등의 게임을 한다는 것이 더 이상 가능하지 않게 됩니다.

결론적으로 우리는 선물 주파수 수준에서 폭력을 유발하는 에너지와 똑같은 에너지가 창조적인 행위가 된다는 것을 알 수 있습니다. 이 유전자 키의 도발적인 에너지는 더 이상 반응적 데에 사용되지 않으며, 이제는 다른 사람들 안에 있는 창조성과 자유를 도발시키는 데에 사용됩니다. 39번째 선물의 에너지는 낮은 주파수 에너지 패턴에서 벗어나는 것이 목적일 때, 다른 사람의 감정을 상하게 하는 것을 두려워하지 않습니다. 역동성의 압력은 더 많은 역동성을 창출할 수밖에 없습니다. 따라서 이 39번째 선물의 진정한 본질은 다른 사람들이 올가미에서 빠져나와 높은 수준의 자유와 에너지로 올라가도록 그들의 영혼을 건드리는 것입니다.

39번째 시디
해방Liberation

핵심 포인트

이 39번째 유전자 키에 대해 읽고 묵상하면 이 동일한 에너지가 가장 높은 주파수 차원에 부딪힐 때 일어나는 일에 대한 감각을 갖기 시작할 수 있습니다. 선물이 갑자기 시디로 양자 도약을 하고 꽃이 과일이 되는 지점이 항상 있습니다. 39번째 선물의 경우, 마침내 자신을 완전히 잊어버릴 때 역동성은 해방Liberation이 됩니다. 39번째 유전자 키는 아주 개인주의적입니다. 현재의 상황에 휩싸이지 않기 위해서 그렇게 할 수밖에 없습니다. 독특한 창조성은 천재성의 높이까지 상승하기 위해 모든 조건화된 패턴을 벗어나야 합니다. 탐색의 고리Ring of Seeking는 사람들이 결국 자신을 초월하도록 몰아붙입니다.

시디 수준에서 재미있는 일은 이 모든 유전적 압력이 더 높은 차원으로 뚫고 들어갈 때 일어납니다. 의식이 전체로 다시 합쳐집니다. 그것은 곧 가장 커다란 선물인 개인의 자유를 포기해야 한다는 것을 의미합니다. 여기에 큰 아이러니가 있습니다. 개인의 자유라는 환상을 포기할 때만이 훨씬 더 큰 선물인 존재의 해방을 얻을 수 있습니다. 창조적인 천재성을 신성으로 전환시킬 수 있는 사람은 거의 없습니다. 왜냐하면 자신의 창의성에 연료를 공급하는 것처럼 보이는 바로 그것, 즉 당신의 개성을 포기해야 하기 때문입니다. 천재에게 개성의 포기는 죽음과 비슷하게 보입니다. 그러나 시디 상태에 도달하기 위해서는 의식의 선물 수준을 통과해야 하며 추구하는 것을 포기해야 합니다. 즉, 64개의 유전자 키 모두를 통해 마지막 차원으로 도약하기 위해서는 힘들게 얻은 선물을 당당히 포기해야 합니다.

우리가 본 것처럼 역동성은 그 스스로에게 양분을 줍니다. 역동적이 된다는 것은 행동을 통해 더욱더 많은 가능성을 창조한다는 것입니다. 역동성의 부산물은 그것이 많은 사람들에게 봉사하는 것이며, 그것은 반대급부로 진동을 일으킨다는 것입니다. 당신이 더 많은 사람들에게 봉사할수록 당신의 주파수는 점점 더 정화되어 언젠가는 핵심 포인트에 도달합니다. 핵심 포인트는 설명하기가 쉽지 않습니다. 그것은 예측할 수 없으며 미리 준비할 수도 없습니다. 신비주의자들은 보통 그것을 죽음과 그 이후의 부활로 묘사했습니다. 39번째 시디의 경우 그것은 마치 물리적인 죽음처럼 느껴집니다. 왜냐하면 그것은 물리적이고 역동적인 유전자 키이기 때문입니다. 당신은 당신의 존재 전체를 걸어야 합니다. 모든 계획, 창조성, 일, 의도 및 봉사는 하나의 소실점(실제로는 평행하는 직선을 투시도상에서 멀리 연장했을 때 하나로 만나는 점) 속으로 투항해야 합니다. 이 사건이 일어날 때, 실수하는 일은 없습니다. 당신은 확실하게 초월하게 될 것입니다. 이런 의미에서 실패는 없습니다. 당신은 고통이 엑스터시가 될 때까지 그저 고통의 터널을 지나갈 수만 있을 뿐입니다.

해방은 가장 이상한 현상 중 하나입니다. 그것은 해방되지 않은 자에 의해 하나의 경험으로서 인지됩니다. 비록 그것을 경험하는 사람이 없기 때문에 경험이라고 할 수 없지만 말입니다. 해방은 종종 사건으로 묘사되지만 그것은 사건이 아닙니다. 비록 그것이 시간 안에서 발생하는 것으로 보이지만 사실은 그렇지 않습니다. 그것은 시간 밖에서 발생합니다. 이 현상과 함께 공명하여 진동할 수 있는 소리는 없습니다. 해방을 설명할 단어도 없습니다. 왜냐하면 설명에 필요한 어떤 과정이라는 것이 없기 때문입니다. 그것은 어쩌면 죽는 것과 유사한 것으로 가장 잘 이해될 수 있을 것입니다.

해방은 전사의 죽음이라는 은유로 아름답게 표현됩니다. 전사의 삶은 준비, 역경, 에너지 그리고 마침내 죽음입니다. 전사에게 완벽한 죽음은 전쟁터에서 죽는 것입니다. 고대 사회에서는 전사가 전쟁터에서 죽는 것이 큰 영광이었습니다(38번째 시디는 명예의 시디입니다). 이 모든 것은 우리가 일반적으로 깨닫는 것보다 훨씬 높은 수준에 존재하는 것을 은유로 표현한 것입니다. 물론, 전사는 당신, 곧 독립적인 인간입니다. 당신의 전쟁터는 세상이고, 전쟁은 삶입니다. 진정한 전사는 가장 높은 대의를 위해 기꺼이 죽은 사람입니다. 그것이 나라이든, 당신 자신이든, 아니면 당신의 형제자매나 자식이든 상관없습니다. 은유에 있어서 중요한 부분은 전사가 다른 사람을 위해 자신의 삶을 바쳐야 한다는 점입니다. 마치 그리스도가 인류를 위해 십자가에서 죽은 것처럼 말입니다. 모든 위대한 전설과 이야기에서 보는 것처럼 전사가 더 높은 대의를 위해 자신의 삶을 바친 후에는 언제나 부활이 있습니다. 이 부활이 해방입니다. 그리고 그것은 많은 노력과 많은 시련이 있은 후에야 일어납니다. 이것이 39번째 유전자 키의 길입니다. 그리고 그 보상은 작은 자아의 죽음을 통한 두려움의 소멸입니다. 이것이 전사의 진정한 의미와 상징이며, 우리 모두가 그것을 열망하는 이유가 바로 그것입니다.

해방Liberation은 자유Freedom와 비슷하게 들릴지도 모릅니다. 하지만 거기에는 미묘하고 중요한 차이가 있습니다. 자유는 55번째 유전자 키를 나타냅니다. 실제로 55번째와 39번째 유전자 키 사이에는 깊은 연관성이 있습니다. 시디 수준에서 각 단어의 공명은 정확하고 구체적입니다. 해방은 도발적인 에너지입니다. 그것에 끌려온 사람들을 시험하고 어려움에 빠지게 만듭니다. 해방의 시디를 나타내는 사람 주위에 있는 것은 아주 위험합니다. 물리적으로 위험하다는 의미가 아니라 그림자 패턴의 의미에서 그렇습니다. 이것은 당신 주위를 가볍게 밟고 지나가는 사람이 아닙니다. 이것은 당신의 낮은 주파수 패턴의 핵심으로 바로 들어가서 당신의 진정한 존재의 뼈가 드러나게 만드는 힘입니다. 이들은 당신의 갑옷의 가장 약한 틈에 사랑의 힘을 보내는 교사들입니다. 이 유전자 키의 낮은 주파수가 반응에 의해 버튼을 누르는 것처럼, 39번째 시디를 나타내는 현자는 당신의 항복의 한계를 테스트하기 위해 어떤 기법이든 자기들이 원하는 대로 사용합니다. 만일 당신이 어떤 것이든 개인적으로 취한다면, 당신은 아직도 항복의 한계를 넘지 못한 것입니다.

39번째 유전자 키는 스프링 메커니즘이 폭발적인 에너지를 방출하는 것과 같은 방식으로 55번째 유전자 키와 연관되어 있습니다. 모든 인간의 탐구가 스스로 고갈되었을 때, 행동하고자 하는 큰 욕구가 일어납니다. 그리고 이 압력이 지금 모든 인간의 DNA 안에서 만들어지고 있습니다. 삶 그 자체는 인간을 통한 투쟁을 초월하려고 애쓰고 있으며, 39번째 그림자는 39번째 해방의 시디처럼 인간 게놈을 통해 풀려나올 때까지 변화의 긴장감을 조성합니다. 그러므로 55번째 유전자 키의 돌연변이가 일어나기 전일지라도 돌연변이 자체를 일으키는 이 에너지의 역동적인 폭발을 듣게 될 것입니다. 따라서 우리는 해방의 에너지가 어떻게 궁극적으로 자유의 실현을 촉발하는지 보게 될 것입니다.

시디
신성한 의지
선물
결의
그림자
고갈

항복의 의지

프로그래밍 파트너 : 37번째 유전자 키
코돈 고리Codon Ring : 연금술의 고리
(6, 40, 47, 64)

생리 : 위장
아미노산 : 글리신

40번째 그림자
고갈Exhaustion

힘과 의지의 에너지론

40번째 유전자 키와 그 그림자는 인간의 의지의 힘을 정확하게 사용하는 지에 대한 것입니다. 이 유전자 키의 비밀은 에너지energy와 포스force라는 단어의 차이에서 발견됩니다. 이 맥락에서 에너지란 당신의 행동으로 흘러가는 자연스러운 활력을 의미합니다. 당신의 행동이 우주와 일치할 때마다 필요한 에너지는 당신의 존재 깊숙한 곳으로부터 공급됩니다. 그러나 당신의 행동이 당신의 진정한 근원으로부터 흘러나오는 것이 아니라 억지로 강요당할 때, 당신의 에너지는 고갈될 것입니다.

40번째 그림자의 기능 장애는 위장을 통해 음식과 액체가 에너지로 전환되는 것과 관련이 있습니다. 오래된 동양의학의 전통에서 인체의 전반적인 건강은 활력이나 기의 관점에서 보고 있습니다. 이 전통에 따르면, 기에는 두 가지 형태가 있습니다. 그것은 당신이 태어날 때 함께 태어나서 당신의 궁극적인 수명을 지배하는 선천적인 기와 음식과 본성에서 나오는 후천적인 기입니다. 건강에 대한 동양적인 접근은 가능하면 선천적인 기를 보존하고 동시에, 후천적인 기를 북돋는 데에 기반을 둡니다. 40번째 그림자 '고갈Exhaustion'은 음식과 음료를 후천적 기로 비효율적으로 전환시킴에 따라 귀중한 선천적 기를 사용해야 하는 데에서 나옵니다. 프로그래밍 파트너인 37번째 그림자 나약함Weakness과 짝을 지어 이 두 개의 낮은 주파수 에너지 패턴은 서서히 인간을 뼈까지 닳게 만듭니다. 32개의 그림자 짝처럼, 이 과정은 악순환입니다.

높은 수준의 주파수에서, 40번째 유전자 키는 사실상 개인이나 공동체나 심지어는 나라 전체 사이에서 유익한 동맹, 튼튼한 경계, 상호 이득이 되는 교류를 통해서 우리 문명과 사회를 변화시키는 책임을 맡고 있습니다. 그러나 40번째 유전자 키에는 해결의 선물Gift of Resolve이 있습니다. 그것은 홀로제네틱 프로파일에 이 유전자 키를 가진 사람은 엄청난 의지력(엄청나게 잘못 이해되고 있는 인간의 능력)을 갖고 태어났다는 뜻입니다. 우리는 일반적으로 의지력을 내부에 힘이 있는 한 모든 인간이 접근할 수 있는 것으로 보고 있습니다. 서양에는 우리가 뭔가를 아주 열심히 원한다면 그것을 항상 얻을 수 있으며, 그것은 단지 의지력의 문제일 뿐이라는 믿음이 있습니다. 이것이 40번째 그림자가 먹고 사는 일종의 조건화입니다.

잘못된 방향으로 사용된 의지력이 포스force가 됩니다. 그리고 여전히 노력을 계속한다고 해도 결과적으로 몸은 완전히 망가져 회복되기 어렵게 될 것입니다. 누군가가 자신의 삶을 자연스러운 방향에서 벗어나게 강요하기 시작하면 위와 소화에 관련된 문제가 일어납니다. 음식에서 나오는 에너지가 제대로 변환되지 않기 때문에 위산이 축적되어 시간이 지남에 따라 궤양에서 암에 이르기까지 모든 종류의 심각한 문제가 발생할 수 있습니다. 당신의 의지를 잘못 사용할 때, 몸은 우주의 흐름에 어긋나게 에너지를 공급하려고 애씀으로써 신장과 부신에 막대한 긴장을 주게 될 것입니다. 결국 그 결과는 조로나 질병, 그리고 고갈입니다. 대부분의 인간에게는 이것이 정상적인 방식입니다. 그럼에도 불구하고, 인체는 믿을 수 없을 정도로 단단한 유기체이며 엄청난 양의 심한 취급을 견딜 수 있습니다.

40번째 그림자가 당신을 압도할 수 있는 방법에는 두 가지가 있습니다. ㅡ다른 사람들로부터 충분한 도움을 받지 않고 자신의 의지력을 억지로 강요하거나 다른 사람들이 당신의 약한 의지력을 악용하여 타협하도록 허용하는 것입니다. 이 후자의 시나리오는 비즈니스 공동체에서 아주 흔한 일입니다. 거기에서 사람들은 거의 또는 전혀 해결되지 않은 일을 하고 너무 낮은 급여를 받고 있습니다. 문제는 당신의 영혼의 방이 숨을 쉬지 못하는 직장에서 타협하고 일할 때 당신의 낮은 주파수가 실제로 당신의 낮은 자긍심을 더 강화시켜 얼마를 받든 그것을 받아들이게 됩니다.

40번째 그림자가 작동하는 또 다른 방법은 개인의 의지력을 통한 것입니다. 이들은 같은 역동성의 반대편에 있는 사람들입니다.ㅡ약한 의지력을 가진 사람들을 이용하는 노예 감시인(혹독한 고용자)입니다. 그런 사람들은 자신을 다른 사람들과 격리시키고, 자신의 야망과 직장에 중독된 상태에서 어디로 가야할 지를 모른 채 길을 잃습니다. 활력에 꾸준히 에너지가 소모됨으로써 주파수는 낮아지고 다른 사람들을 향한 가슴은 닫힙니다. 그럼에도 불구하고, 그런 사람들은 종종 자신의 순수한 의지력으로 방향을 유지하지만, 그들의 인간성 자체를 대가로 치릅니다. 앞으로 보게 되겠지만, 이 유전자 키의 가장 중요한 비밀은 휴식의 예술입니다. 40번째 그림자의 영향을 받는 사람들에게 휴식은 사실상 불가능합니다. 사실 진정한 휴식은 오늘날의 문명에서 가장 결핍된 특성 중의 하나입니다.

40번째 그림자는 고독 또는 고립이라는 인간의 또 다른 낮은 주파수 상태에 부분적으로 책임이 있습니다. 에너지를 조화롭게 사용하면서 당신이 사랑하는 일을 할 때, 당신은 자동적으로 다른 사람들의 지지를 활성화하게 되며, 따라서 외로움을 느끼지 않게 됩니다. 그러나 당신이 흐름에 저항하거나 다른 사람의 흐름에 굴복할 때는 외로움이 언제나 머리를 들어 올립니다. 당신이 당신의 에너지를 다른 사람들이 잘못 사용하게 놔둘 때(그것이 이 유전자 키의 억압적 본성임), 당신의 자연스러운 지원 네트워크가 철회되고, 이런 상태를 유발한 것이 사실은 당신의 행동이거나 또는 당신의 행동 부족일 때, 당신이 삶으로부터 끊어져 나가는 듯한 느낌을 받습니다.

이 그림자 주파수의 또 다른 표현은 다른 사람들의 도움을 거부하거나 또는 자기를 먹여주는 주인의 손을 물어뜯음으로써 스스로를 고립시킬 때 찾아오는 일종의 외로움입니다. 이것은 이 그림자의 반응적 본성의 전형적인 행동 패턴입니다. 이 후자의 외로움은 덜 명확한데 그 이유는 그런 고집스러운 사람들이 힘이 강하고 독립심이 있는 것처럼 보이지만, 사실 더 무의식적인 수준에서는 그들이 억압적인 측면처럼 약하고 외로울 뿐이기 때문입니다. 40번째 그림자는 거부에 능숙하며 대부분의 거부는 주로 감정에 대한 것입니다.―이 그림자가 활성화된 사람들은 종종 자신이 감정을 가지고 있다는 사실을 부인합니다. 그리고 궁극적으로 그들을 몰락하게 만드는 것이 바로 이 부정입니다.

사람이 감정적으로 자신을 다른 사람들과 격리시킬 때마다 그들은 큰 위험에 처하게 됩니다. 아스트랄 차원으로 알려진 미묘한 양자장은 자신을 다른 사람들과 분리하는 것을 불가능하게 만들 뿐입니다. 이런 종류의 거부는 부정적인 주파수를 자신들에게 돌아가게 하며 몸 깊숙한 곳으로 몰고 들어가 점점 더 산성화되어 당신을 갉아 먹습니다. 40번째 그림자는 우리 지구상에서 암 질환의 가장 뿌리 깊은 원인 중 하나입니다. 그것은 누군가가 감정적 고통의 깊이를 직면하고 그 깊이를 느끼지 못하거나 느끼려 하지 않으려 할 때마다 뿌리를 내립니다. 바로 이 유전자 키를 통해 모든 수준에서 건강에 대한 책임이 당신 혼자에게 있다는 사실을 다루어야 합니다. 다른 사람들이 당신에게 도움을 주고 때때로 당신의 손을 잡을 수는 있지만, 당신의 삶과 그것이 가져오는 모든 것을 마주해야 하는 것은 당신 혼자입니다.

억압적 본성 – 묵인Acquiescent

이들은 인생에서 확고한 경계선이 없는 사람들입니다. 이런 성격의 사람들은 다른 사람들에 조종당하는 것을 쉽게 묵인하며 스스로 일어서겠다는 의지가 부족합니다. 이렇게 허용만 하는 습관은 자기 자신의 욕구를 거부하는 데에 뿌리를 두고 있으며 일반적으로 어린 시절에 개발된 패턴 및 대처 전략에서 발생됩니다. 이 사람들은 자기 자신에 대해 결코 관심을 주지 않는 사람들이나 조직에게 끊임없이 자신의 것을 줍니다. 이 40번째 그림자는 자기 자신과 자신의 에너지에게 가치를 두지 않는 사람들의 에너지를 빼내갑니다. 그런 사람들이 거부로부터 벗어나고 스스로 혼자서 일어서게 될 때, 그들의 삶은 극적으로 향상될 수 있습니다.

반응적 본성 – 경멸하는Contemptuous

이 그림자의 반응적인 측면은 분노를 부정하는 것입니다. 억압적 성향의 두려움처럼, 이 분노는 어려웠던 어린 시절에 뿌리를 두고 있습니다. 이런 종류의 부정은 분노를 왜곡하여 다른 사람들을 모욕하게 만듭니다. 이 사람들은 극도로 오만할 수 있습니다. 그들은 자신의 이익을 위해 다른 사람들의 약점을 잡아먹습니다. 그렇게 지속적으로 무시하는 태도는 누구도 자기들에게 너무 가까워지는 것을 허용할 여유가 없다는 것을 의미합니다. 이 반응적 거부는 다른 사람들을 무시하는 것을 먹고 삽니다. 따라서 이런 반응적 본성을 가진 사람들은 모든 도움을 끊어버림으로써 에너지를 점차적으로 침식시킵니다. 그들의 강한 의지가 무의식적인 분노에 의해 촉발되기 때문에, 그들은 종종 탈진된 것처럼 보이지는 않지만 안에서는 결국 공동체로부터 자신들을 고립시키고자 하는 욕구가 끊임없이 일어납니다.

40번째 선물
결의, 의지Resolve

아무것도 하지 않는 잃어버린 기술

40번째 유전자 키를 높은 주파수에서 활성화시킬 때, 탈진은 과거의 일이 됩니다. 당신의 생명력이 올바르게 정렬되면, 당신이 사용할 수 있는 에너지가 엄청나게 많이 있다는 것을 발견하게 될 것입니다. 그림자를 몰아가는 힘과 똑같은 힘이 선물을 몰아가지만 그 결과는 완전히 다릅니다. 이 40번째 유전자 키의 모든 것은 경계를 갖는 것이며, 경계를 만들기 위해서는 다른 사람들이 당신의 에너지에 접근하는 것을 거부할 수 있어야 합니다. 아니라고 말할 수 있어야 하는 것입니다. 이런 종류의 격리를 올바르게 사용하면 당신의 에너지나 자원이 고갈되는 일은 없습니다. 고립으로 들어가는 에너지는 올바르게 사용된다면 인생에서 훌륭한 동맹자가 될 수 있습니다. 당신의 에너지와 결의의 선물을 일어나게 하는 것이 당신의 에너지와 시간의 주변에 개인적인 경계를 설정하는 능력입니다.

40번째 선물 '결의Resolve'는 자기 자신에게 주는 것에 익숙해지는 것에 관한 것입니다. 궁극적으로 그것은 깊은 육체적 이완에 관한 것입니다. 그것은 세상에 봉사하는 것과 자기 자신이 즐기는 것을 돕는 것 사이의 훌륭한 균형입니다. 이완하는 법을 알지 않는 한 진정한 결의는 불가능합니다. 바쁜 현대 사회의 많은 사람들은 휴식이라는 말을 이완으로 착각합니다. 우리 모두는 휴식이 필요합니다. 그러나 어쩌면 우리는 이완을 더 필요로 할지 모릅니다. 휴식은 몸을 재충전시켜 주지만, 이완은 우리의 모든 미묘체 또한 재충전시켜줍니다. 우리가 완전히 이완할 때, 우리의 육체적 건강뿐만 아니라 감정적 건강 및 정신적 건강이 보장됩니다. 40번째 선물은 우리 각자에게 삶에서 이완이 매우 중요하다는 것을 상기시켜주는 유전적 신호입니다. 삶은 결코 우리 인간이 때때로 만들어내는 것처럼 단단하게 설계된 적이 없습니다. 우리는 편안하고 자연스러운 것을 넘어선 것에 우리의 의지를 소비하도록 강요하는 세상도 설계했습니다. 40번째 선물은 모든 단계에서 에너지를 절약하는 방법을 아는 선물입니다. 그것은 무위無爲, 아무것도 하지 않는 영원한 기술의 신비스러운 중요성을 알고 있습니다.

결의의 선물을 가진 사람에게는 그 어느 것도 사실은 노력이 아닙니다. 왜냐하면 아무것도 강요될 필요가 없기 때문입니다. 이 사람들은 엄청나게 열심히 일하고 엄청나게 많은 양의 에너지를 사용하지만 그림자와는 달리 자기 자신을 소진시키지는 않습니다. 그들은 언제 멈추어야 하는지 알고 있으며, 더 중요한 것은 언제 '노'라고 말할지를 안다는 것입니다. 자신의 진정한 본성과 조화를 이루는 일은 사실 일도 아닙니다. 이런 의미에서 그것은 의지력을 필요로 하지 않습니다. 결의는 의지력이 처음부터 활동 안에 내장되어 있어 억지로 강요해야만 되는 것이 아니라 아무 노력 없이 흘러나온다는 것을 의미합니다. 이 외에도 40번째 선물은 다른 사람들로부터 많은 존경과 지지를 얻습니다. 그림자 주파수와 달리 선물 수준에 살고 있는 사람들은 지원에 대한 불신을 느끼지 않으며 항상 자신의 공간을 완전한 상태로 유지할 것입니다. 이 사람들은 실제로 다른 사람들이 지원과 도움을 주도록 영향을 줍니다. 그들은 자신의 순수한 결단력으로 인해 종종 팀이나 프로젝트의 중추가 됩니다.

이 40번째 선물의 또 다른 측면은 유전적 성향에 관계없이 모든 사람에게 적용될 수 있는 진정한 마법의 통찰력입니다. 때로는 옳은 일에 반대하는 말은 긍정하는 말 만큼의 커다란 힘을 가져오고 어떤 경우에는 더 많은 힘을 가져옵니다. 40번째 선물을 가진 사람들은 자연의 대리인으로 행동합니다.—자신의 결의가 누군가에게 어떤 일을 하지 못하게 하거나 자신의 자원을 제공하지 못하게 한다면 그때 그 사람은 거대한 계획 속에서 다른 곳에 속해 있는 사람입니다. 그 상대방은 처음에는 실망하거나 화를 낼 수도 있지만, 결국 그들은 흐름이 당사자 모두에게 옳았다는 것을 알게 될 것입니다. 올바른 사람이나 일에 확고하고 단호하게 '노'라고 말을 하는 것은 당신의 진정한 존재에 뿌리를 내리고 서 있는 것입니다.

결의는 단순히 의지력이나 결단 그 이상의 것입니다 : 그것은 홀로 있음의 꽃입니다. 이 40번째 선물은 고독을 바탕으로 번창합니다. 모든 힘의 원천은 홀로 있는 것에 대한 당신의 사랑에 있습니다. 그렇다고 해서 홀로제네틱 프로파일에 이 유전자 키를 가진 사람이 항상 홀로 있어야 한다는 뜻은 아닙니다. 그들의 생명력은 끊임없는 창조의 과정에 있기 때문에 외로움으로 고통을 겪지 않는다는 것을 의미합니다. 이 내적인 풍요로움은 당신의 오라에 대단한 힘을 주며 다른 사람들이 당신을 많이 찾도록 만듭니다. 40번째 선물은 프로그래밍 파트너인 37번째 선물 평등Equality과 유전적 균형을 이룹니다. 37번째 선물의 본질은 끝없이 다른 사람들에게 도움을 제공하는 것이지만, 40번째 선물은 항상 자기 자신을 위한 충분한 시간과 공간과 즐거움을 보장함으로써 균형을 유지합니다.

모든 인간은 결국 이 선물로부터 배워야 합니다. 그것은 우리의 홀로 있음의 진정한 힘을 상기시켜 줌으로써 우리의 삶에 균형을 가져다줍니다. 시인 릴케Rilke는 이렇게 말합니다.

"자신의 홀로 있음을 느끼는 사람은, 그리고 오직 그 사람만이 깊은 우주 법칙을 따르는 것과 같다. 어떤 사람이 새벽 속으로 들어가나 사건으로 가득 찬 저녁을 들여다본다면, 그리고 거기에서 어떤 일이 일어나는지를 느낀다면, 모든 상황은 죽은 사람처럼 그에게서 떨어져나간다. 비록 그는 삶의 중심에 서 있지만."[22]

22 Rilke, Rainer Maria; Burnham, Joan M., translator(2000). Letters to a Young Poet. New World Library.

40번째 시디
신성한 의지Divine Will

완벽한 신체적 이완

가장 높은 주파수에서, 결의의 선물은 순수한 신의 의지로 변형됩니다. 많은 신비의 신들에게서, 신의 특성은 세 개의 주요 우주적 장기, 즉 신성한 마음, 신성한 가슴, 신성한 의지로 나뉩니다. 이 세 가지 중에서 신성한 의지는 그로부터 다른 두 가지가 나오는 우선적인 기능으로 간주됩니다. 신성한 의지의 존재에 대한 전체적인 개념은 우주를 통제하는 일종의 이로운 힘이 있다는 것을 알고자 하는 인류의 욕구의 측면입니다. 다른 말로 하면, 이 40번째 시디는 실제로 신의 존재에 대한 우리의 인식에 관한 것입니다.

유전학의 두 극성—37번째와 40번째 유전자 키—은 더 높은 힘의 존재에 관한 우리의 신념과 경험의 기반을 형성합니다. 우리가 37번째 시디 '부드러움'을 살펴보면, 37번째 시디를 통해 깨달음에 도달한 모든 사람들은 인류의 집단정신 속에 신성의 본성에 관한 흔적을 남겼으며 이 흔적은 모든 창조의 기초가 되는 깊이 부드럽고 사랑스러운 힘을 반영한다는 것을 알 수 있습니다. 이 부드러움은 신성한 힘을 어머니나 아버지의 형상으로 보는 모든 신화나 세계 종교 안에 반영되어 있습니다. 이 관점에서 우리 인간은 신의 자녀로 간주됩니다. 그러나 40번째 시디를 살펴보면 완전히 다른 그림을 볼 수 있는데, 그것은 수천 년 동안 신비주의 구도자들 사이에서 큰 혼란을 야기했습니다. 40번째 시디를 달성한 마스터는 신을 부정한 사람들입니다. 40번째 그림자가 자신이나 다른 사람들의 욕구를 부인하는 것처럼, 40번째 시디는 처음부터 인류가 신을 필요로 함을 부인합니다. 이것은 시디 상태의 아주 강력한 표현입니다. 왜냐하면 그것은 세상에 나타날 때마다 근본적으로 구도자들을 공황 상태에 빠뜨리기 때문입니다!

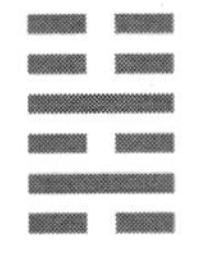

남자 또는 여자가 깨달음으로 알려진 궁극적인 시디 상태에 도달했을 때, 그들로부터 부인할 수 없는 에너지가 생겨납니다.—그것은 의식 자체의 순수한 에너지입니다. 그런 사람들은 큰 힘을 가지고 말합니다. 신이 존재한다는 것을 알려고 하는 인류의 집단적 욕구는 사실 우리의 가장 깊은 두려움, 즉 우리는 신이 없는 우주에 홀로 있다는 두려움에 근거한 욕구입니다. 40번째 시디가 그 신성을 표현할 때, 그것은 아이러니하게도 인간과 신성 사이의 분리가 존재한다는 것을 부정합니다. 이 과정에서 40번째 시디는 인간으로 하여금 구도자들의 큰 문제 중 하나, 즉 추구함 그 자체는 궁극적인 깨달음의 길 안에 있음을 직면하게 합니다. 누군가가 이 40번째 유전자 키를 통해 신성 상태에 이르면 그들은 신도 모르게 그렇게 할 것입니다. 이것은 신의 도움에 대한 욕구를 거부하는 길입니다. 그런 사람들은 다른 가르침이나 스승을 따르지 않을 것이고 절대적으로 혼자서 그들의 길을 떠날 것입니다. 그들이 가장 높은 상태에 도달할 때, 그들은 그 상태에 관해서 종종 부정의 관점에서 말할 것입니다.

40번째 시디가 말을 할 때, 그것은 신으로 가는 길이라는 것은 없다고, 그리고 그 이유는 당신의 홀로 있음aloneness 이외에는 어떤 신도 없기 때문이라고 말할 것입니다. 그들은 신을 찾는 모든 신성한 행위나 방법은 헛된 것이라고 말할 수도 있습니다. 그들은 어쩌면 자신들의 상태를 신비롭거나 영적이라고 말하지 않을 수도 있습니다. 이들은 종종 영성과 신성함의 개념 전체에 대해 이의를 제기하는 사람들입니다. 그들의 급진적인 입장 때문에 그런 마스터들은 대개 대중이나 심지어는 대부분의 구도자들에게도 잘 알려지지 않고 있지만 그들의 말 뒤에서 나오는 진동은 그들 가까이에 오는 사람들에게는 거부할 수 없는 것입니다. 40번째 시디는 장려한 홀로 있음의 오라를 뿜어내며 인간들의 정상적인 욕구로부터 아름답게 홀로 서 있음을 보여줍니다. 그들의 말은 단순하고 논리적이며 마음속을 꿰뚫어 보는 듯하고 때로는 매우 충격적입니다. 이것은 신과 같은 의식 상태에 도달하기를 바라는 인간의 모든 희망을 파괴함으로써 다른 사람들을 더 깊은 진실성으로 안내하는 수단으로서 '부정denial'을 사용하는 방식입니다. 아이러니하게도, 당신이 그런 상태를 경험할 수 있을 만큼 충분히 비어 있게 되는 때는 당신의 희망이 파괴되었을 때뿐입니다. 이것들은 아주 역설적인 가르침입니다.

신성한 의지Divine Will의 시디는 역설로 가득합니다. 시디 상태의 밖에 있는 사람들에게는 신성한 의지가 "모든 것의 배후에는 이유가 있으며 궁극적으로 모든 것은 더 높은 힘의 손 안에 남아 있다"처럼 아주 강력한 개념으로 보입니다. 이 40번째 시디에 푹 빠진 사람에게 "신은 당신이 거기에 있지 않을 때만 당신을 찾아올 수 있다"라는 말은 매우 멋진 역설입니다. 그런 경험이 일어날 때, 역설은 모든 영광 속에서 드러납니다. 모든 인간 존재는 신의 의지의 한 점點, point이지만 인간 외에는 아무것도 존재하지 않습니다. 이 관점에서 당신은 절대적으로 자유롭게 원하는 대로 할 수 있지만 동시에 당신이 행하고 있는 일은 실제로는 그 어느 것도 당신 손 안에 있지 않습니다.

이 시디 안에 자유의지의 위대한 신비와 신비주의자들이 무선택의 인식choiceless awareness으로 간주한 상태가 있습니다. 시디 수준에서는 어떤 개념도 의미가 없습니다. 왜냐하면 이런 인식 상태에서는 선택을 하는 자도 선택을 하지 않는 자도 없기 때문입니다. 그런 것이 40번째 시디가 노는 게임이며 그런 것이 40번째 그림자가 싸워 이기려는 공포감입니다. 40번째 시디는 일반적으로 깨달음으로 가는 부정적인 접근이라고 불리는 것이며, 반면에 프로그래밍 파트너인 37번째 시디 부드러움Tenderness은 신을 찾는 참된 구도자의 길을 나타냅니다. 두 경로 모두가 인간의 유전적 스토리라인에 깊게 감겨 있으며 두 길은 모두 진정한 깨달음의 상태가 꽃을 피우도록 결국에는 초월되어야 할 것입니다.

역설에도 불구하고, 40번째 시디는 인간 진화에 있어서 신비스러운 체스 조각 중 하나입니다. 일곱 개의 봉인(Seven Seals, 22번째 유전자 키에서 상세히 설명됨)으로 알려진 가르침에서, 40번째 시디는 육체적인 차원에서 인류를 변형시킬 DNA 코드를 나타냅니다. 개인적인 차원에서, 40번째 시디는 신체 안의 DNA 분자가 모두 최적의 주파수로 기능하는 신체적인 휴식을 완성시키는 열쇠를 가지고 있습니다. 이것은 카르마로부터 해방되는 거대한 절차를 요구하는데, 이것이 연금술의 고리 Ring of Alchemy로 알려진 코돈 고리의 일입니다. 연금술의 고리에 있는 네 개의 유전자 키가 DNA를 변화시켜서 육체에 더 이상 개입하지 않게 합니다. 22번째 유전자 키를 읽으면서 이해할 수 있듯이, 이것은 당신의 가장 높은 미묘체가 당신의 신체를 통해 직접적으로 나타날 수 있음을 의미합니다. 이것이 완전한 육체적 이완의 진정한 의미입니다. 그것은 당신의 마음이 이해할 수 있는 차원을 넘어선 상태입니다. 그것은 신성한 의지의 직접적인 표현입니다.

41st GENE KEY

시디
발산
선물
예지
그림자
판타지

최상의 발산

프로그래밍 파트너 : 31번째 유전자 키
코돈 고리Codon Ring : 근원의 고리
(41)

생리 : 부신
아미노산 : 메티오닌

41번째 그림자
판타지Fantasy

삼사라(윤회)의 유전자 바퀴

41번째 유전자 키와 그의 다양한 주파수는 정말로 놀라운 원형을 구성합니다. 그것은 인간 유전체 매트릭스 내에서 매우 중요한 기능을 가진 독보적인 존재입니다. 유전학에서 '시작 코돈start codon'으로 알려져 있는 것과 관련이 있습니다. 이것이 매우 중요한 유전자 키이기 때문에 그 의미를 정확히 이해하는 것이 도움이 될 수 있습니다.

아래는 문자로 옮겨진 유전 코드 단면의 예입니다. 유전자 코드는 A, T, C 및 G라는 글자 4개만의 조합으로 구성됩니다. 이 글자들은 기본 코드라고 불리며 전체 코드의 기본 구성 요소를 나타냅니다. 이 수십억 개의 글자에는 신체가 따라야 할 특정한 지시 사항이 숨겨져 있습니다. 생명의 코드를 해독하는 과정에서 과학자들은 서열 안에 몸이 항상 언제 창조를 시작해야 하는지를 아는 것으로 보이는 장소가 있음을 발견했습니다. 그들은 몸이 atg라는 글자들을 연속적으로 볼 때마다 항상 그것에 수반되는 지시에 따라 행동한다는 것을 발견했습니다. 그것은 코드 자체를 여는 현관문 열쇠처럼 작동하기 때문에 그들은 이것을 시작 코돈이라고 불렀습니다.

caattgtcatacgacttgcagtgagcgtcaggagcacgtccaggaactcc
tcagcagcgcctccttcagctccacagccagacgccctcagacagcaaag
cctacccccgcgccgcgccctgcccgccgctgcgatgctcgcccgcgccc
tgctgctgtgcgcggtcctggcgctcagccatacaggtgagtacctggcg
ccgcgcaccggggactccggttccacgcacccgggcagagtttccgctct

위의 설명에서 이 41번째 유전자 키가 얼마나 중요한지 알아야 합니다. 인간 의식 안에서 기능하는 유전자 원형으로서, 그 메시지는 우리 모두에게 매우 중요합니다.

의식의 그림자 수준에서 41번째 유전자 키는 판타지와 꿈의 문제에 중심을 두고 있습니다. 41번째 그림자 판타지Fantasy의 노예가 되는 것은 꿈으로 가는 열쇠를 손 안에 쥐고 있지만 결코 열쇠를 돌리지 않는 것과 같습니다. 홀로제네틱 프로파일에 이 41번째 그림자가 있든 없든 당신은 의심할 여지도 없이 그것의 영향을 받고 있습니다. 왜냐하면 모든 그림자와 마찬가지로 그것은 지구의 집단 주파수를 통해서 가장 강력한 힘을 발휘하기 때문입니다. 우리 지구가 더 나은 삶을 꿈꾸면서도 어떤 이유에서든 이 꿈을 현실로 만들 수 없는 사람들로 가득 차 있는 이유가 바로 이 41번째 그림자 때문입니다.

41번째 그림자는 인간 안에 지속적으로 압박을 줍니다. 그것은 진화를 위한 압박입니다. 이 압박이 인류의 현재 상태와 같이 낮은 주파수 장에 의해 뒤틀리면 행복감을 느끼려는 압박으로 왜곡됩니다. 따라서 인간들이 욕망을 충족시키려는 욕구에 갇히게 되는 끝없는 순환이 시작되는데 그것을 고대인들은 '삼사라의 바퀴Wheel of Samsara'라고 불렀습니다. 41번째 그림자가 크게 왜곡됨으로써 그것은 마치 인류의 몸이 집단 DNA 내에 남겨진 지시를 잘못 읽은 것처럼 보입니다. 이 모든 것이 이 유전자 키에서 시작됩니다. 문제가 되는 것은 욕망 그 자체가 아닙니다. 왜냐하면 욕망(30번째 그림자)은 판타지 이후에 오는 것이기 때문입니다. 판타지는 욕망의 연료를 발화시키는 불꽃입니다.

그렇다면 우리 본성 안에 있는 그렇게 중요한 코드를 잘못 읽은 것은 어떻게 된 일입니까? 우리가 그것을 해결하기 위해 할 수 있는 일이 있습니까? 앞으로 보게 되겠지만 이 유전자 키의 높은 주파수 안에는 많은 답변이 있습니다. 잠시, 이 그림자가 어떻게 작동하는지, 그리고 얼마나 효과적으로 인간의 의식이 꽃 피게 하는지를 살펴봅시다. 문제의 핵심은 언제나 그렇듯이 당신의 마음 속에 있습니다. 인간에게 급증하는 진화적 압력은 그 안에 우리의 유전적 역사 전체를 다 가지고 있습니다. 즉 아메바에서 호모 사피엔스Homo sapiens에 이르는 우리의 진화 모든 것을 갖고 있는 것입니다. 당신의 유전 암호의 절반 이상은 이전 진화에서 다른 생물체로부터 유래합니다. 이 모든 역사가 당신 안에 엄청난 무게를 지니고 있습니다. 어떤 의미에서 그것은 당신을 맥 빠지게 하지만 다른 의미에서는 당신이 자유롭기를 바라도록 독촉합니다. 당신 안에 있는 이 모든 과거의 압력에 직면하기 위해서는 엄청난 용기가 필요합니다. 그리고 당신이 용기를 낼 때, 가능하면 어떤 식으로든 그것으로부터 멀리 달아나기를 원하게 됩니다.

이 그림자가 짊어지고 있는 선조로부터의 무게 때문에, 그것은 인간의 식욕과 에너지와 깊은 관련이 있습니다. 41번째 그림자로부터 곧장 나오는 이 심히 불편한 압력은 말 그대로 우리에게 더 나은 미래를 갈구하게 합니다. 같은 이유로 그것은 먹는 것과 먹지 않는 것, 그리고 우울증과도 연관이 있습니다. 41번째 그림자의 왜곡은 만성 피로에서 과다활동까지 모든 유형의 체중 문제와 에너지 문제로 이어질 수 있습니다. 이런 모든 문제는 궁극적으로 마음에 뿌리를 두고 있으며, 미래에 대해 판타지를 가질 수 있는 능력과 또는 그렇게 할 수 없는 무능력에 뿌리를 두고 있습니다. 이 그림자는 가득 채워지려는 꿈과 비워지려는 충동 사이에서 끊임없이 이리저리 움직입니다. 눈금이 비어 있는 것으로 나타나면 당신은 가득 채워져 있는 판타지에 잠깁니다. 그것이 당신의 완벽한 소울메이트를 만나는 것이든, 많은 돈을 벌어들이는 것이든, 아니면 초콜릿을 먹어 치우는 것을 꿈꾸는 것을 의미하든 간에, 그것은 당신의 개별적인 마음과 그 마음의 조건화에 달려 있습니다. 반대로 눈금이 꽉 차 있는 것으로 나타나면 당신은 당신의 과거의 무게에 짓눌리는 느낌 속으로 빠져들 수 있으며 정화를 시키고 싶은 충동을 경험할 수 있습니다.

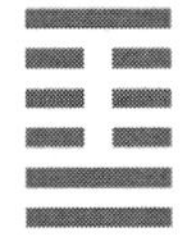

판타지Fantasy의 그림자는 당신이 완벽하다는 느낌이 들지 못하게 방해합니다. 왜냐하면 마음은 지금 휴식을 취하지 않으면서 미래를 꿈꾸는 일과 과거를 반복하는 일 사이에서 왔다 갔다 하기 때문입니다. 그러나 이 그림자의 가장 큰 문제점은 그것이 실제로는 당신이 꿈을 성취하는 것을 방해한다는 것입니다. 당신은 실제로 꿈을 꾼 방향으로 일을 시작하는 것이 아니라 꿈이 당신의 마음에 가져다주는 희망에 중독되게 됩니다. 사람들이 가장 최근에 만들어진 위대한 판타지 중독이 된 기술과 인터넷을 통해 만들어진 영화나 가상현실 등 그들의 문화가 제공해준 판타지로 살아가는 주된 이유가 바로 이것입니다.

41번째 유전자 키는 또한 리더십 문제에도 항상 관련되어 있습니다. 판타지를 다루는 방법을 알고 있는 지도자는 다른 사람들에게 엄청난 영향을 미칠 수 있습니다. 41번째 유전자 키에 대한 프로그래밍 파트너는 31번째 유전자 키이며 그것의 그림자는 교만Arrogance입니다. 이 31번째 유전자 키의 리더십 주제는 그림자 수준에서 잘못된 겸손으로 손상되었습니다. 그것은 사실 오만 같은 것입니다. 진정한 지도자는 굴욕에 대한 깊은 두려움을 극복해야 합니다. 왜냐하면 41번째 유전자 키가 꿈을 크게 선언하고 뒤에 물러서 있을 때 그들은 쉽게 오해 받을 위험에 놓이기 때문입니다. 세상에 새로운 것을 가져오는 사람들은 항상 이 도전에 직면했습니다.

결론적으로, 41번째 그림자 판타지는 대부분의 인간이 살아가는 거대한 마야나 환상을 유발시킵니다. 주요한 진화적 압력으로서 그것은 당신 삶의 심적 표상(mental representation, 물체, 문제, 일의 상태, 배열 등에 관한 지식이 마음에 저장되는 방식)에 잘못된 시작을 촉발하여 현재 순간에 살 수 있는 능력을 단락시킵니다. 판타지 그 자체는 아름다운 것이지만, 만일 그것이 당신이 정말로 살아가는 것을 방해한다면, 그것은 삶에서 마음속으로 도피하는 것이 되어 버립니다. 일단 이런 중독성 정신 패턴에 갇히게 되면, 그것들을 인식하고 그것들로부터 벗어나는 것은 매우 어렵습니다. 그러나 판타지의 바퀴가 한 바퀴를 돌 때마다 당신의 삶이 주기적으로 재설정되는 것처럼 다음번에 코드가 올바르게 해석될 가능성이 있습니다. 이것이 당신에게 일어날 때, 당신은 그 그림자보다는 진정한 시작 코돈을 사용할 것입니다. 판타지와 희망의 악순환으로 돌아가는 대신, 당신의 더 높은 목적이 촉발되어 세상에 드러나게 될 것입니다.

억압적 본성 – 꿈을 꾸는Dreamy

41번째 그림자의 억압적 본성은 꿈을 통해 삶을 탈출하는 것입니다. 이 사람들은 판타지에 의해 좌우되는 의제를 가지고 있습니다. 그들은 실제로 현실세계에 살고 있지 않습니다. 그런 사람들에게 무슨 말을 하든, 그들은 자신들의 꿈을 통해 해석할 것입니다. 그런 사람들은 실제로 꿈을 실현시키고 싶어 하지 않으며 마음이 만들어낸 내면세계에 중독되어 있습니다. 그들은 적절한 인간관계를 갖지 못하게 하는 뿌리 깊은 두려움에 지배받습니다. 이 몽상은 종종 신체 내의 에너지 시스템, 특히 혈관 시스템과 소화 시스템의 점진적인 붕괴를 야기하는 일종의 무기력 상태입니다. 이 사람들이 이런 정신적 순환으로부터 탈출할 수 있는 유일한 방법은 자신들의 꿈을 물질적인 차원에 드러내기 시작하는 것입니다.

반응적 본성 – 과민 반응Hyperactive

이 그림자의 반응적 본성은 순수한 신경과민의 에너지 덩어리일 수 있습니다. 이 사람들은 항상 자신보다 앞서 있으며, 자신들의 꿈에 도취되어 완전히 넋을 잃고 있습니다. 이런 종류의 본성은 그들이 세상에 가져오려고 하고 있는 판타지의 힘이 물질적 차원의 한계를 능가하기 때문에 소진으로 이어집니다. 그들의 채워지지 않는 갈망은 그들을 더 깊고 깊은 문제로 밀어붙이며 신경계에 엄청난 압력을 가합니다. 그런 본성의 피할 수 없는 붕괴는 종종 관련된 다른 사람들에게 매우 극적이며 파괴적입니다. 이 사람들에 대해 가질 수 있는 희망은 다른 사람들이 자신들의 내면의 삶으로 들어오도록 허용하고, 마음속에 나타나는 것과 똑같이 자신의 꿈을 드러내려는 편집적인 강박관념을 포기하는 것에 달려 있습니다.

41번째 선물
예지anticipation

근원의 고리

41번째 그림자에서 본 것처럼, 이 유전자 키는 새로운 환경과 새로운 경험을 추구하는 진화의 기본 압력을 나타냅니다. 이 진화적 충동이 41번째 선물 '예지Anticipation'의 비밀입니다. DNA를 들고 나는 주파수를 더 높이 올릴수록 일어나는 재미있는 현상이 있습니다. 그것은 주변 세계의 숨겨진 특성에 점점 더 민감해지는 것입니다. 당신이 특히 의식하게 되는 것들 중 하나는 형태발생장morphogenetic fields의 존재입니다. 형태발생장은 과학자 루퍼트 셸드레이크Rupert Sheldrake에 의해 처음으로 거론되었습니다, 하지만 오래된 수많은 문화는 역사를 통해 그런 에너지장을 이야기해 오고 있습니다. 본질적으로 형태발생장은 시간과 공간을 가로질러 특정 정보를 전달하는 보이지 않는 에너지 그리드입니다. 당신의 민감도에 따라 당신은 그 장으로부터 과거 또는 미래에 대한 정보를 꺼낼 수 있습니다.

41번째 선물은 아주 특별한 선물입니다. 높은 주파수가 이 유전자 키를 통해 작동하기 시작하면 형태발생장morphogenetic field에서 매우 구체적인 정보를 얻습니다. 64개의 유전자 키는 모두 특정 형태발생장에서 작동합니다. 예를 들어,이 선물의 프로그래밍 파트너인 31번째 선물 리더십Leadership은 지구상의 모든 높은 주파수의 지도자들, 심지어는 우리의 집단적 과거로부터 오는 영감을 주는 지도자들에게 자신을 조율합니다. 각각의 유전자 키는 이전에 왔던 사람들로부터 힘을 이끌어 내는 동시에, 아직 태어나지 않은 사람들에게도 조율합니다. 어떤 사람들이 미래에 대해 예지력이 있는 것처럼 보이는 이유가 바로 이것일 수도 있습니다. 이 두 가지 선물 – 예지(41)와 리더십(31)은 함께 작동하며, 서로가 서로를 보강합니다. 가장 위대한 지도자는 과거에 기반을 두고 앞으로 올 일을 예상하는 사람들입니다. 마찬가지로, 예지의 선물을 가진 사람들은 자연스럽게 지도자로 받들어집니다.

41번째 선물은 하나의 유전적 의제를 가지고 있습니다. – 그것은 언제나 형태의 세계로 내려가기를 기다리고 있는 다음번 진화의 에너지 그리드에 맞춰져 있습니다. 그 배후에는 진화 그 자체의 청사진이 숨겨져 있습니다. 그것이 어떤 청사진을 고르느냐는 주파수 수준과 사람의 문화적 조건화와 지리에 따라 결정됩니다. 우리는 각각 다른 장소에서 서로 다른 청사진을 선택하며, 우리의 주파수가 높아지면 우리는 세세한 것을 더 많이 볼 수 있습니다. 예감은 때때로 사람들이 충격을 받거나 매우 강한 형태발생장이 있는 특정 장소에 있을 때 몸이 갑자기 급증한 주파수를 받아들일 때 일어납니다. 대부분의 오컬트 현상은 41번째 유전자 키를 통한 갑작스러운 전자파 서지(surge, 전류나 전압이 순간적으로 급격히 높아지는 것)의 결과입니다. 이런 충동은 서지가 신속하게 사라지고 그림자 주파수가 다시 주도권을 잡을 때 종종 잘못 해석됩니다. 마음은 방금 경험한 것에 자신만의 환상을 색칠하고 사람들은 유령이나 전생 등 다양한 방식으로 이런 감각과 느낌을 해석할 수 있습니다.

이 41번째 선물을 통해 높은 주파수를 유지할 수 있다면 글자 그대로 형태발생장에서 모든 아름다운 것들을 다운로드할 수 있습니다. 천재의 모든 작품들이 이 장에서 나옵니다. 모차르트는 41번째 선물이 강력히 활성화된 아주 좋은 예입니다. 이전에는 이런 종류의 언어로 기술되지는 않았을지라도, 그의 모든 훌륭한 작품에서 완벽한 악보를 형태발생장에서 바로 읽어 들이는 그의 능력은 기록으로 잘 남아 있습니다. 모차르트는 음악의 세계 안에서 태어났고 유럽에서 앞서가는 음악의 장인 중의 한 사람인 아버지에 의해 집중적으로 교육을 받았습니다. 그러므로 모차르트가 지금은 클래식 스타일로 알려진 그의 시대의 급증하는 음악적 형태발생장을 이해했던 것은 놀랄 일이 아닙니다. 그는 그 장이 숙성되는 것을 예견했고 그것을 물질적인 차원에서 표출시켰습니다. 이것이 41번째 선물과 41번째 그림자 사이의 진정한 차이입니다. 그것이 천재와 천재가 아닌 사람의 차이입니다. 천재가 아닌 사람들은 꿈을 꾸고 있는 동안 천재는 그것을 표출시킵니다.

시작 코돈과 그 아미노산 메티오닌은 이 단일한 41번째 유전자 키에 의해서만 코딩되기 때문에 코돈 고리로 알려진 화학적 고리 시스템 내에서 주목할 만한 위치를 차지합니다. 21 개의 코돈 고리는 서로 간에 생물학적 정보를 프랙털 방식으로 전달하는 화학적 체인으로 함께 연결됩니다. 이 정보 중계 방식은 신체가 본질적으로 내부 및 외부 환경으로부터의 자극에 대한 반응으로 여러 수준의 정보를 조합하는 양자 생체 컴퓨터처럼 작동할 수 있음을 의미합니다. 이렇게 서로 연결된 고리 시스템 안에서 20개의 아미노산은 신체 내에서 모든 형태의 화학을 생성하기 위해 결합하고 또 재결합할 수 있습니다. 41번째 유전자 키—원점의 고리Ring of Origin—는 링 매트릭스의 핵심에 둥지를 틀고 소스 코드와 함께 진동하면서 코돈 고리의 네트워크로 전송시킵니다. 비록 DNA가 4개의 염기가 코드 행을 따라 길게 이어진 이중 나선으로 보일지라도 몸 안에서 실제로 전체로서 기능하는 것은 결코 선형이 아닙니다.

위에서 의미하는 바는 아주 놀랍습니다. 몸의 모든 단일 세포 안에 있는 모든 단일 시작 코돈은 서로 전자기적으로 연결되어 있습니다. 이것이 홀로그램 몸의 기초이며, 홀로그램 몸은 다시 순차적으로 홀로그램 우주와 전자기적으로 연결됩니다. 따라서 전체 안에 있는 각각의 모든 진동이 당신의 DNA에 화학적으로 반영되는 것처럼, 당신 내부의 모든 진동은 전체와 교류합니다. 일단 당신 자신의 DNA에 영향을 미칠 수 있는 요령을 발견하면 당신은 문자 그대로 신체의 모든 세포를 다시 프로그램할 수 있습니다. 그러나 몸 안에서 의식의 가장 높은 상태를 수반하는 비밀스러운 화학 공식을 활성화하기 위해서는 인류의 무기력함을 전체적으로 극복하는 법을 배워야 합니다. 이것이 41번째 시디의 영역입니다.

41번째 시디
발산Emanation

우로보로스(Ouroboros, 자신의 꼬리를 물어서 원형을 만드는 뱀이나 용)

41번째 유전자 키를 살펴봄으로써 우리는 몸이 우주의 홀로그램 거울로 보일 수 있게 되는 인식에 이르렀는데, 그 근원이 바로 이 유전자 키입니다. 이 모델을 거시적 수준에서 극한의 주파수까지 확장하면 우리는 아주 장관이면서도 동시에 공포감을 주는 어떤 것에 도달하게 됩니다.

질문 : 우주의 시작 코돈은 어떻게 생겼으며, 모든 존재의 근원에 도달한다는 것은 무엇을 의미하는가? 존재의 근원으로서 41번째 시디는 발산Emanation의 시디입니다. 발산은 많은 고대의 형이상학적이고 신비주의적인 시스템이 정말로 접근 불가능한 어떤 것을 이해하는 수단으로 사용해온 단어입니다. 이 시스템 중 가장 잘 알려진 것 중 하나가 어쩌면 카발라Kabbalah일 것인데, 그 중심이 되는 교리는 발산의 교리로 알려진 지도입니다.

아주 간단히 말하자면, 발산의 교리는 우주의 프랙털 모델을 가리키며, 그 안에서 모든 것은 그 자체의 거울 이미지로 무한히 나타납니다. 카발리스트들은 물질로 하강하는 다양한 차원의 정신을 나타내기 위해, 하나가 다른 하나를 발산하는 열 가지의 구체 또는 세피라sephira의 상징을 사용했습니다. 아인 소프ain soph로 알려진 궁극적인 근원은 그로부터 모든 다른 것들이 발산되는 명명할 수 없고, 인지 불가능하며, 한계가 없는 빛을 나타냅니다. 카발라는 다양한 용도와 차원을 지닌 우주의 놀라운 모델이지만 또한 결함이 있는 모델로 남아 있습니다. 왜냐하면 모든 모델은 언어의 한계라는 결함이 있기 때문입니다. 어떤 언어도 발산emanation이라는 이 단어에 접근할 수 없습니다. 그것은 무한의 개념을 담고 있는 단어입니다.

고대 중국에서는 주역의 41번째 헥사그램을 감소Decrease라고 명명했습니다. 이것은 다소 심오한데 이유는 41번째 시디가 다름 아닌 블랙홀이기 때문입니다. 그것에 접근하게 되면 그것은 당신을 조각내버리기 시작합니다. 그것은 말 속에서, 시간 속에서, 심지어는 공간 속에서 빨아들입니다. 그것은 모든 것을 무無로 축소시켜 버립니다. 그것은 모든 것의 근원을 나타냅니다. 이 근원은 사람들이 그것을 이해하려고 시도한 만큼 수많은 전통에서 수많은 이름으로 불렸습니다. 이 41번째 시디는 모든 진정한 근본적 시디 상태의 근원이라는 점에서 아주 매혹적입니다. 우리의 유전자를 통해 어떤 것이 드러나든 상관없이, 그들은 결국 시디가 아닌 이 시디에 기반을 두고 있습니다. 여러 면에서 이것은 이름 없는 시디이지만, 우리는 접근할 수 있는 다른 방법이 없기 때문에 그것을 발산이라고 부릅니다.

41번째 시디에 대한 깊이 묵상해보면 또 다른 흥미로운 점이 나옵니다. DNA 깊은 곳 어딘가에 우리는 깨달음이라고 부르는 상태를 촉발시키는 것이 유일한 목적인 코드가 있습니다. 어떤 특정한 운반체에는 신체가 비밀 유전자 지침의 특정 세트를 선택하고 깨달음의 신경 과정을 유발합니다. 이 과정이 우리가 표면 위에서 하는 일에 의해 촉발될 수 없다는 사실은 많은 신비주의적 구도자들에게 충격으로 다가올 수 있습니다. 우주의 홀로그램 안에서 깨달음은 자발적으로 일어나는 비인과관계의 사건입니다. 은총이 이 과정을 촉발시킨다고 말할 수도 있겠지만 요점은 그것이 화학적 과정이며 왜, 언제, 그리고 누구에게 그 일이 일어날지를 아무도 모른다는 점입니다. 그것은 단순히 알려지지 않은 근원에서 나오는 발산일 뿐입니다.

몸으로 진정한 깨달음의 과정을 겪은 사람은 그것이 어떻게 일어났는지 알 수 없습니다. 그것이 누구에게 일어났는지도 알 수 없습니다. 왜냐하면 어떤 것을 경험할 주체가 아무도 없기 때문입니다. 이 시디는 경험 그 자체의 죽음을 촉발합니다. 그리고 그것은 이 상태의 밖에서는 이해하는 것이 불가능합니다. 이 상태에서부터 근본적인 의제는 존재하지 않습니다. 소위 말하는 의식의 고조 상태에 대한 어떤 징후도 무의미합니다. 지복이 무의미하고 엑스터시가 무의미하며 신이 무의미합니다. 다른 모든 63개의 시디 상태는 모두 주요한 발산의 미묘한 표현이기 때문에 의미가 있습니다. 41번째 시디의 관점에서는 모든 것이 단순한 생리학으로 축소됩니다. 이 유전자 키가 인간에게 너무 두려운 이유가 바로 이것입니다. 그것은 삶을 이해하기 위한 노력과 명상, 도덕성 또는 시스템 모두를 조롱합니다. 이 시디 안에는 '어떻게'라는 것이 없습니다. 이것은 우리에게 무서운 형벌입니다. 왜냐하면 그것은 우리가 이 상태를 유발하기 위해 절대적으로 아무것도 할 수 없다는 것을 의미하기 때문입니다. 이것은 곧 우리가 완전히 무력하다는 것을 의미합니다.

41번째 시디가 드러나게 되는 사람은 끔찍한 딜레마에 빠지게 됩니다. 그들이 말하면, 그들은 어떤 의제를 가지고 말하게 될 것임을 압니다. 그들이 말을 하지 않더라도 사람들은 이것을 다른 의제로 해석할 것입니다. 그런 사람들은 자기들이 덫에 걸려 있다는 것을 압니다. 그들은 자신들의 상태가 절대로 교류될 수 없으며 그들이 누군가를 도울 수 있다고 말할 수 있는 것은 아무것도 없다는 것을 알고 있습니다. 사실, 그들이 하는 말은 어쩌면 모두 잘못 해석될 것입니다. 그런 사람들에 대해 말할 수 있는 한 가지는 그들의 상태가 다른 사람들에게 큰 배고픔을 유발한다는 것입니다. 그것이 좋은 것인지 아닌지는 알 수 없습니다! 그들이 아는 것이라고는 그들에게는 더 이상 배고픔이 없다는 것입니다. 그들은 어떻게든 삼사라의 바퀴에서 떨어져 나갔고, 그렇게 됨으로써 진화해야 한다는 더 이상의 어떤 압력도 없습니다. 의식에는 진화가 없습니다. 모든 진화는 상상의 산물이며 삼사라 자체의 영역 안에 속합니다. 거대한 마지막 뒤틀기에서, 41번째 시디조차도 의식의 영원한 뱀 우로보로스가 끊임없이 자신의 꼬리를 삼켜 버리는 것처럼, 그것이 나오는 바로 그 공 속으로 빨려 들어갑니다.

42nd GENE KEY

시디
찬양
선물
무심함
그림자
기대

삶과 죽음을 놓아버림

프로그래밍 파트너 : 32번째 유전자 키
코돈 고리Codon Ring : 삶과 죽음의 고리
(3, 20, 23, 24, 27, 42)

생리 : 태양신경총
아미노산 : 류신

42번째 그림자
기대Expectation

기대 역Expectation Station에서 기다림

거의 모든 인간이 기대 역에서 기다리고 있습니다. 기대는 인류를 나타내는 가장 중대한 표시입니다. 그것은 미래가 지금보다 더 나아질 것이라는 큰 약속을 지니고 있는 꿈입니다. 우리 안의 어딘가에 우리는 모두 우리의 삶이 더 나아질 것을 기다리고 있습니다. 미래의 언젠가 결국에는 모든 것이 우리가 꿈을 꿔왔던 대로 정확하게 똑같이 될 위대한 날을 기다리는 것입니다. 어떻게든 우리는 우리가 필요로 하는 모든 돈을 받을 것이며, 사랑이 완벽해질 것이며, 항상 하고 싶어 했던 모든 일을 할 수 있는 절대적인 자유를 누리게 될 것입니다. 그러나 지금은 아닙니다. 우리가 정말로 행복해지기 전에 먼저 정리할 것이 몇 가지 있습니다. 그런 식으로 우리는 늙을 때까지 계속 연기하고 또 연기하고 또 연기합니다. 그리고 물론 그것은 거의 이미 너무 늦었습니다. 사실 지금이라는 순간에 존재하는 것은 너무 늦었다고 할 것이 전혀 없습니다. 당신은 그저 당신의 개인적인 기대가 헛되다는 것을 간파해야만 합니다. 만일 이 일을 전적으로 그리고 절대적으로 정직하게 수행할 수 있다면, 인간이 되는 비밀, 행복해지는 비밀 중의 하나를 발견하게 될 것입니다.

42번째 그림자는 당신의 유전체 내에서 항상 기대 역에 앉아 있게 하는 역할을 담당하는 측면입니다. 그것은 이 일을 당신의 욕망을 당신의 마음과 얽히게 함으로써 수행합니다. 30번째 유전자 키를 읽고 욕망의 본질에 대해 더 많이 알게 되면, 욕망 그 자체는 당신의 적이 아니며, 그것이 순수함을 유지하는 한 당신을 높은 곳으로 이끌어 줄 수 있다는 것을 알게 될 것입니다. 그러나 욕구가 마음의 투영과 얽히게 되는 순간, 그 결과는 단지 실망뿐일 수밖에 없습니다.

42번째 그림자는 실제로 인간의 정신적 두려움의 근원에 있는 그림자 중의 하나입니다. 왜냐하면 42번째 그림자는 죽음을 걱정하기 때문입니다. 글자 그대로 우리를 죽게끔 프로그램하는 것이 바로 이 유전자 키이며 모든 살아 있는 세포 안에 소멸하기로 디자인 된 채로 존재하고 있습니다. 신피질은 삶을 시간의 흐름으로 인지하기 때문에 그것은 시간이 지나가는 것에 대해 우리가 불안해하는 것의 근원입니다. 시간에 대한 개념과 시간이 지나가는 것에 대한 당신의 반응은 모든 자연의 생명주기를 마감시키는 42번째 유전자 키에 깊이 뿌리를 두고 있으며, 특히 성장과 소멸의 7년 주기에 깊이 뿌리를 두고 있습니다. 7년 주기는 수천 년 동안 전 세계의 문화에 언급되었습니다. 그러나 가장 강력한 7년 주기는 인체 내에서 세포의 생성을 통제하는 것으로 보이는 것입니다. 우리는 학교에서 우리의 몸이 7년마다 새로운 몸을 갖는다는 오랜 격언을 배웠습니다. 그 7년 동안 대부분의 세포가 완전히 대체되기 때문입니다. 이것은 7년마다 우리는 일종의 포털에 도착하고 무엇인가는 새로운 주기가 시작되기 위해서 죽어야 한다는 것을 의미합니다. 그 전환이 일어나는 방식이 곧 42번째 선물이나 42번째 그림자의 영역입니다.

42번째 유전자 키는 생명과 죽음의 고리Ring of Life and Death로 알려진 DNA에서 복잡한 코돈 그룹을 형성하는 6개의 유전자 키 중 하나입니다. 육체적인 세포 돌연변이의 모든 주기에서 생명은 이 6개의 유전자 키로 대표되는 원형 과정에 따라 프로그램되어 있습니다. 모든 세포 생명체는 3번째 유전자 키로 시작하여 이 42번째 유전자 키로 끝납니다. 3번째 유전자 키는 혁신Innovation의 선물과 순결Innocence의 시디를 통해 삶의 시작의 본질을 포착합니다. 모든 생명은 순수함에서 시작하여 경험을 통해 혁신하고 적응해야 합니다. 42번째 유전자 키를 통해 삶은 초연함Detachment의 선물과 찬양Celebration의 시디로 끝납니다. 따라서 영적 본질은 자신을 형태로부터 분리시킵니다. 우리가 앞서 세상을 떠난 자들로부터 우리 자신을 분리시켜야 하는 것처럼 말입니다. 이 유전자 키의 가장 높은 주파수를 탐구하게 될 때 우리가 보게 되겠지만, 최상의 수준에서 모든 죽음은 정말로 찬양을 받을 이유가 됩니다.

이 그림자를 통해 인간의 삶은 당신의 삶과 당신 주변에 대한 당신의 기대를 중심으로 돌아가도록 프로그램되어 있습니다. 기대 자체를 나쁜 것으로 여겨서는 안 됩니다. 그것은 당신이 당신의 자신의 기대에 어떻게 반응하는지에 달려 있으며, 당신이 삶을 얼마나 신뢰했는지를 측정하는 척도입니다. 주변 환경이 당신의 통제로부터 벗어나 움직인다는 것을 느낄 때마다, 당신은 즉시 당신이 얼마나 집착하고 있었는지 아니면 얼마나 무심하고 있었는지를 볼 수 있습니다. 자기 자신을 기대와 동일시할 때마다 당신은 스스로를 실망하도록 설정하는 것입니다. 기대를 하되 그것에 집착하지 않는 것이 실제로 가능합니다. 그것은 42번째 선물 '초연함Detachment'으로 인해 아주 자연스럽게 일어납니다. 자신의 의식을 넓히고 그림자 주파수를 높일 수 있다면 당신은 더 거대한 자연 순환의 한 부분이며 모든 사건은 일반적으로 이해할 수 있는 것보다 훨씬 더 넓은 그림에 꼭 들어맞는다는 것을 기억하게 될 것입니다. 기대와 실망은 당신의 시야가 더 넓은 그림 안에서 자신의 위치를 보는 것이 아니라 당신이 붙들려 있는 사건에 한정되어 좁아져 있을 때에만 당신을 괴롭힙니다. 우리 인간들이 종종 삶에서 배우고 있듯이 많은 실망이 실제로는 엄청난 축복이 됩니다.

42번째 그림자의 프로그래밍 파트너는 32번째 그림자 실패Failure입니다. 이 두 그림자가 당신이 실패로 인식하는 것에 빠뜨리기 위해 서로를 어떻게 보완하는지는 쉽게 알 수 있습니다. 사실, 당신이 성공과 실패의 관점에서 생각하는 순간, 당신은 이미 실패한 것입니다. 왜냐하면 당신이 기대에 휩싸이기 때문입니다.

그렇게 순수하게 들리는 그 단어 때문에 기대는 실제로 우리 삶을 엉망으로 만들어 놓습니다. 마음은 단지 당신이 보도록 프로그램된 것만을 봅니다. 그것은 어느 수준에서는 실제로 당신의 현실을 공동으로 창조하고 당신 주변의 사건들의 흐름에 영향을 미친다는 것을 의미합니다. 만약 당신이 뭔가 나쁜 일이 일어나기를 기대하고 있다면 실제로 당신 주위에서 일어나는 좋은 일을 알아차리지 못할 수도 있습니다. 그것은 당신이 그것을 활용하거나 심지어는 즐기지도 못할 수 있다는 것을 의미합니다. 마찬가지로, 만약 당신이 어떤 놀라운 일이 일어나기를 기대하고 있는데 그런 일이 일어나지 않는 것처럼 보인다면, 당신은 당신 앞에 일어나고 있는 그 일에 포함된 잠재력을 놓치고 있는 것입니다. 기대는 당신을 현재 순간으로부터 너무도 효과적으로 끌어내어 당신은 우주의 더 큰 흐름 속에 있는 당신의 자리를 잃게 됩니다. 당신의 기대가 낙관적이든 아니면 비관적이든 상관없이 기대는 시야의 폭을 좁히고 각각의 현재 순간 안에 존재하고 있는 무한한 가능성을 닫아버립니다.

억압적 본성 – 욕심 많은Grasping

기대가 억압적 본성을 통해 나타날 때, 그것은 있는 그대로 흘러가도록 놓아두지 못하고 끊임없이 삶을 붙잡으려 합니다. 이 사람들은 단순히 일이 끝나기를 원하지 않으며, 모든 것을 그대로 유지하기 위해 무슨 일이든 합니다. 이것은 변화에 대한 두려움에 깊이 뿌리를 내리고 있습니다. 분명히 이 삶의 모든 것은 어떤 새로운 것이 태어날 수 있도록 종말을 고해야 합니다. 사람들이 변화에 저항하는 방법에는 여러 가지가 있습니다. 젊어지려고 노력하고, 사랑하는 사람이 자신의 길을 가지 못하게 하고, 그리고 어떤 식으로든 과거에 매달리는 것을 통해서 말입니다. 그러나 이 집착은 사실 이 사람들을 점점 더 시들게 만듭니다. 우리가 변화를 받아들이지 않고 사물이 자연스럽게 소멸하도록 허용하지 않을 때, 우리는 삶이 우리 건강에 에너지와 활력을 넣어주어 스스로를 재생하는 것을 막고 있는 것입니다.

반응적 본성 – 신뢰할 수 없는Flaky

반응적 본성은 삶 속에서 어떤 것을 완전히 완성시키지 못하게 합니다. 이것은 기대가 미묘하게 우리를 갉아 먹는 또 다른 방법입니다. 이 사람들은 우선 실제로 어떤 형태의 약속을 하지 않음으로써 실망을 피하려고 합니다. 그들은 자연의 생명주기가 스스로를 완성시키는 것을 허용하지 않으면서 어느 하나에서 다른 하나로 옮겨갑니다. 여기에서 딜레마는 계속해서 똑같은 오래된 패턴에 붙잡혀 있게 된다는 것입니다. 그것이 자연스러운 결말에 도달하기 전에 주기를 끊음으로써 그저 똑같은 주기를 다른 형태로 다시 시작하기만 하면 됩니다. 부정적인 패턴을 피하기 위해 그들이 무엇을 하든지 간에, 그들은 계속해서 자신들의 삶에 다시 나타나게 됩니다. 이것은 인간관계와 재정에 재앙이 될 수도 있습니다. 신뢰할 수 없는 사람들은 일을 완수하지 못하는 뿌리 깊은 무능력의 소유자입니다. 그들은 자신들의 기대가 비관적인지 낙관적인지에 관계없이 무의식적인 기대의 희생자입니다.

42번째 선물
초연함Detachment

독자와 작가

초연함은 서방세계가 이해하기 아주 어려운 것으로 여기는 개념입니다. 초연함은 불교의 위대한 목표 중 하나로서 처음에는 감각 세계에서 진정한 몰입의 느낌을 부정하는 반유물론의 철학으로 보입니다. 그러나 초연함의 선물은 완전히 이해되었을 때 당신에게 많은 면에서 삶을 탐구할 수 있는 가장 커다란 자유를 줍니다. 그 말이 어떻게 들릴지 모르겠지만, 거리를 둔다는 것은 느끼지 않는 것을 의미하지 않습니다. 사실, 당신이 진정으로 분리된다면, 당신은 다른 사람들보다도 훨씬 더 강렬하게 느끼게 될 것입니다. 왜냐하면 긍정적이든 부정적이든 당신의 기대가 당신이 실제로 경험하는 사건을 제한하는 것을 허용하지 않기 때문입니다. 초연함으로 당신은 실망이라는 경험을 즐기게 될 수도 있습니다!

초연함은 사람들이 생각하는 것과 정반대되는 방식으로 발생합니다. 진정한 초연함은 규율을 통해 강제될 수 없습니다. 초연함을 강요하려는 시도는 단순히 더 많은 집착을 만듭니다. 이것이 종종 오랜 기간의 독신이나 승려가 성행위를 통해 타락하는 이유입니다. 자연스러운 충동을 무한정 억제할 수는 없습니다. 진정으로 초연할 때 사람은 모든 감정에 절대적으로 굴복합니다. 이것은 행동을 취해야 한다는 의미가 아니라 받아들여지고 허용되고 인정되어야 함을 의미합니다. 오스카 와일드Oscar Wilde는 유혹 이외에는 어떤 것에도 저항할 수 있다고 말했고, 이것이 초연함의 본질입니다.—유혹에 저항하는 것이 아니라 그것이 내면화된 경험이든 외적인 표현이든 과감하게 그 안에 빠져드는 것입니다.

초연함은 삶에 대한 커다란 사랑과 신뢰를 전제로 합니다. 그것은 당신의 기대에 희생자가 되는 것이 아니라 기대와 함께 일하는 것입니다. 초연함은 당신이 양보하고 삶을 신뢰할 때 아주 자연스럽게 저절로 일어납니다. 42번째 선물은 당신 주위에서 일어나는 사건들의 변화를 신뢰하고 우리 몸과 삶의 성장과 소멸을 받아들이게 합니다. 이 선물은 삶을 일련의 이야기로, 또는 복합하게 얽힌 태피스트리로 봅니다. 비록 주어진 상황의 결과를 즉시 볼 수는 없지만 당신은 그것이 이전의 상황에 연결되어 있고 미래의 다른 상황에 다리가 되고 있음을 알게 됩니다. 초연함의 관점으로 볼 때, 당신은 당신의 삶이 한 권의 책처럼 느껴지기 시작합니다. 그리고 비록 이야기를 쓰는 동안 당신이 이야기의 주인공이지만, 당신은 또한 그 이야기에 매료되고 흠뻑 빠져 있으면서도 결코 말이나 세세한 사건에 길을 잃지 않는 독자이기도 합니다.

42번째 선물의 초연한 관점은 삶이 당신과는 상관없이 계속 진행되는 동안 당신이 기대를 아주 빨리 놓아버릴 수 있게 합니다. 그것은 또한 당신이 여전히 약간의 통제권을 행사하고자 하는 스토리 라인 속의 장소를 명확하게 볼 수 있음을 의미합니다. 당신은 당신이 빨리 놓아버리지 않으면 감정적이고 정신적인 홍수가 당신의 머리 위를 감싸고 후회와 불안과 자기 연민의 급류로 빠뜨릴 것임을 깨닫습니다. 초연함의 선물은 감정과 마음 사이의 분리 과정을 나타내며, 이 유전자 키를 통과하는 주파수가 상승함에 따라 자연스럽게 일어납니다. 초연하게 되면 이해와 치유가 함께 따라옵니다. 거기에 자신의 삶에 충분히 깊이 항복하는 모든 인간에게 오는 커다란 이해와 자유가 있습니다. 당신은 자신이 언젠가는 죽어야 한다는 것과 주변의 복잡한 사건의 흐름을 받아들이는 법을 배웁니다. 초연하게 되면 당신은 자신의 존재에 진정으로 중심을 잡게 됩니다. 당신은 당신 자신의 인성과 삶의 평범함에 굴복함으로써 초연함의 선물을 발견합니다. 그때 당신은 당신의 감각을 통해 삶을 감사하게 되고 폐 깊숙이 숨을 들이 마시고 고통이나 역경에 멈칫거리지 않게 됩니다. 42번째 선물 초연함은 육체적으로나 정신적으로나 감정적으로나 당신의 삶을 통제하는 것을 놓아버리는 과정을 나타냅니다. 그것은 삶에 대한 기대치가 점차적으로 뒷배경으로 떨어져 나가면서 DNA 속으로 깊숙이 파고드는 훌륭한 놓아버림letting-go의 여행입니다. 당신이 있는 그대로의 자신을 받아들일수록, 당신은 더욱더 초연하게 되고 삶은 더 단순해집니다.

42번째 시디
찬양Celebration

펀치 라인

42번째 시디는 죽음을 초월하는 것에 관한 것입니다. 이들은 인류에게 죽음의 환상에 대해 가르치는 현자들입니다. 그들은 지식을 통해서가 아니라 자신들의 태도를 통해서 우리에게 가르침을 줍니다. 이것은 초연함을 넘어선 상태입니다. 초연함은 절대로 존재의 핵심에 바로 도달할 수 없습니다. 왜냐하면 그것은 관찰자와 대상의 이중성을 기본으로 하기 때문입니다. 초연함에서 관찰자는 관찰되는 대상을 바라봅니다. 42번째 시디가 폭발할 때—그리고 그것은 정말로 폭발합니다. —관찰자가 관찰의 대상이 됩니다. 내재하는 의식은 그 근원인 순수의식으로 합쳐집니다.

42번째 시디에는 단 한 개의 발현만이 일어나며 이것이 찬양의 상태입니다. 초연함으로 있을 때 모든 것은 죽음으로 경험됩니다. 그러나 이제 달라진 것은 운반체 속의 깊은 어딘가에서 뭔가가 웃기 시작한다는 것입니다. 이 웃음은 운반체 전체를 흔듭니다. 왜냐하면 웃음은 창조의 원천에서 나오기 때문입니다. 42번째 시디는 인간이 된다는 것이 무엇을 의미하는지 그 핵심을 봅니다. 누군가가 자기 자신 안에서 죽음의 출입구 깊숙이 들어갔을 때, 그들은 존재의 심오한 무의미함을 발견하게 되고, 이 위대한 진리가 그들 내부로부터 밖으로 퍼지기 시작하면서 문자 그대로 자신이 무엇인가라는 정체성의 모든 측면을 죽여 버립니다.

모든 창조물의 중심에 있는 농담은 오직 직접적으로만 경험될 수 있습니다. 그것은 당신 존재의 모든 세포의 중심부에 살고 있습니다. 당신은 끊임없이 죽어가는 상태에 있습니다.—당신의 몸 안에 있는 모든 세포는 창조되는 순간부터 죽어가고 있습니다.—그러므로 본질적으로는 당신은 사실 살아 있는 것이 아닙니다.—당신은 물질이 끊임없이 에너지로 전환되는 통로일 뿐입니다. 당신의 인식이 이 모든 움직임과 동일시하는 것을 멈추고 마침내 휴식을 취하게 될 때, 당신은 실제로 사라져 버립니다. 오히려 그것은 강가에 앉아서 눈으로 강물의 흐름과 소용돌이가 시야에서 사라지는 것을 따라가는 것과 같습니다. 강을 지켜보는 것을 멈추고 그저 주변 시야로 응시하면 종종 '영원함timelessness'의 기이한 경험을 하게 됩니다. 강은 더 이상 방향이 없게 됩니다. 강은 단지 당신에게 왔다가 당신 존재의 모든 부분에서부터 빠져나갈 뿐입니다. 사실은 이 삶의 움직임 아닌 움직임이 찬양Celebration의 소리입니다. 당신은 뭔가가 태어나고 있는지 아니면 죽어가고 있는지 알지 못합니다. 거기에는 단지 끊임없는 진동만이 있을 뿐입니다. 마치 강물이 모든 것의 무의미함을 조롱하고 있는 것처럼 말입니다.

그림자에서 시디로의 이행, 기대에서 찬양으로의 이행은 시간 속에서 일어나지 않습니다. 그림자 패턴을 받아들이면서 시간이 지남에 따라 일어나는 초연함 과정은 사실 환상입니다. 당신은 어떤 한 상태에서 다른 어떤 상태로 진보하고 있는 것처럼 느낄 수도 있지만 사실은 아무것도 일어나지 않습니다. 인식이 그저 혼자서 놀고 있는 것입니다. 어떤 의미에서는 그것은 진지해지는 놀이를 하고 있습니다. 인식은 탐구하는 진지함, 당신 삶의 드라마 속에서 주인공이 되는 진지함을 즐기고 있습니다. 그러나 시디 상태를 경험하면 당신이 항상 잠들어 있었다는 커다란 깨달음이 시작됩니다. 당신이 진화하고 있었고, 초연해지는 것을 아주 잘하고 있었다고 생각하고 있었다고 해도 당신은 여전히 잠들어 있었습니다. 절반만 깨어 있을 수는 없습니다! 당신은 잠들어 있거나 혹은 깨어 있거나 둘 중의 하나입니다. 영적 주기에서 우리는 종종 각성이라는 단어를 마치 어떤 한 상태에서 다른 한 상태로 꾸준히 점진적으로 일어나는 것처럼 사용합니다. 그러나 사실 그것은 갑작스럽게 일어나는 것입니다. 그것은 심지어 어떤 사건도 아닙니다. 그것은 모든 사건의 종말입니다!

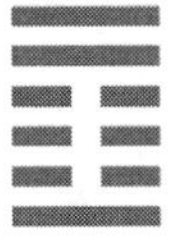

42번째 시디는 농담의 핵심을 어느 순간 갑자기 파악하는 사람과 비슷합니다. 그 시점에 이르기까지 전체 스토리 라인은 이 마지막 통찰을 이끌어내는 설정이었습니다. 그리고 모든 위대한 농담이 그런 것처럼, 어떤 의미에서는 자신이 남의 꾀에 넘어가는 것을 허용했기 때문에 웃을 수밖에 없습니다. 이 진리를 거울로 비추듯이 그대로 반영한 것을 인간의 DNA에서 찾을 수 있습니다. DNA 나선은 인간의 형태를 사용하여 끊임없이 모양을 바꾸고 재창조합니다. 그것은 끝없이 껍질을 벗어버리는 어떤 우주의 뱀과 같습니다. 우리 몸이 그 껍질입니다. 당신이 이 진리를 깨뜨릴 수도 없으며, DNA의 사슬은 부서질 수도 없습니다. 그것은 오히려 당신이 마치 실수한 것처럼 그물망에서 미끄러져 나와 갑자기 우리가 그 껍질이 아니었다는 어이없는 농담을 보는 것과 같습니다. 우리는 뱀입니다. 영원하고 예측할 수 없으며 유동적이고 장난스럽습니다.

이 시디의 깨달음이 시작된 사람은 웃음으로 가득 차 있으며, 그들이 하고자 원하는 것은 이 웃음을 다른 사람들에게 나눠주는 것입니다. 그들은 이것이 어떻게 또는 왜 자신들에게 일어났는지 알지 못합니다. 그리고 그것이 다른 사람에게도 일어날지 안 일어날지 알지 못합니다. 시디 상태는 인간의 마음 바깥에서 일어나며 모든 소음을 무음으로 가라앉힙니다. 그 일이 일어날 것을 보장하는 수행은 없으며, 누군가가 이 상태를 유발할 수 있는지도 전혀 보장할 수 없습니다. 그것은 단지 운명에 따라 일어나는 일일 뿐이며 그것이 일어나지 않은 사람들의 마음에 분노를 일으킵니다! 그렇기 때문에 찬양 외에는 아무것도 할 것이 없습니다. 그것 외에 할 일이 무엇이 남아 있겠습니까? 찬양은 인간의 몸 안에서 살아 있고 죽어가는 것이 무엇을 의미하는지를 알지 못하는 완전한 무력감에 뿌리를 두고 있는 진정한 각성의 직접적인 표출입니다.

43rd GENE KEY

시디
출현
선물
통찰
그림자
귀먹음

돌파구

프로그래밍 파트너 : 23번째 유전자 키
코돈 고리Codon Ring : 운명의 고리
(34, 43)

생리 : 폐
아미노산 : 아르기닌

43번째 그림자
귀먹음Deafness

생존 – 봉사 – 항복

인간의 삶 속에는 자연스러운 과정이 있으며, 이 과정에는 기본적으로 생존, 봉사, 항복의 세 단계가 있습니다. 이 세 가지의 전형적인 단계는 인간 의식의 스펙트럼을 형성하는 3개의 수준 또는 대역을 대략적으로 나타내는데 그것을 기반으로 하여 64개의 유전자 키가 만들어집니다. 그림자 수준에서 당신은 항상 유전적 생존 모드에서 작동하고 있으며 그것은 두려움의 주파수에 맞추어져 있습니다. 선물 수준에서는 봉사 모드로 들어가며, 그곳에서 변형이 이루어져 당신은 전체 속에서 훨씬 더 효율적으로 움직일 수 있습니다. 최종 단계는 개별화된 인식이 항복하고 마침내 DNA가 안에서부터 절대적으로 아무런 간섭 없이 작동하도록 허용되면서 완전한 변형이 이뤄집니다. 이 세 단계의 공통점은 변환 과정 자체입니다. 각 수준에서 그것은 갑작스럽게 도약합니다. 우리는 오랜 기간 동안 움직이는 경향이 있으며, 그때 우리에게는 변화가 거의 없고, 그러다가 갑자기, 때때로, 우리의 삶을 완전히 변화시키는 경험이나 사건이 일어납니다.

이런 변형의 사건은 삶에서 결코 예측될 수 없으며 우리에게 영향을 미칠 수도 없습니다. 고대의 문헌들이 항상 증명해 왔듯이 삶에서 유일하게 확실한 것은 변화입니다. 그림자 수준의 의식에서 당신이 정말로 원하는 것들은 모두 변화이지만, 진정한 변화는 당신에게 거부당하고 있습니다. 그 이유는 당신이 바꿀 수 없는 것을 바꾸고 싶어 하기 때문입니다. 43번째 그림자 귀먹음 Deafness은 이 가장 간단한 진리를 듣지 못하게 하는 것입니다. 이런 의미에서 귀먹음이란 당신 안에서 일어나는 일을 듣지 못하는 것입니다. 그림자 주파수는 인간이 만들어 내는 두려움의 장이기 때문에 인간의 아음속(음속보다 느린) 오라에서 생성된 백색 잡음으로 인해 당신은 내면의 진실을 들을 수 없습니다. 43번째 유전자 키는 음향과 내면의 소리를 듣는 것에 관한 것입니다. 통찰 Insight의 선물은 고요한 내부 환경을 필요로 하지만 낮은 주파수는 너무도 귀가 먹어 있기 때문에 명료하고 안정된 오라를 가진 사람을 찾는 것은 드문 일입니다. 높은 주파수로부터 오는 명료한 통찰력은 당신의 삶을 완전히 변화시킬 수 있습니다. 왜냐하면 진정한 통찰은 DNA 구조 내에서의 돌연변이이기 때문입니다. 43번째 그림자는 당신을 순수한 소음을 낮은 차원의 주파수로 조율함으로써 내부에서 일어나는 일을 일어나지 못하도록 차단합니다.

43번째 유전자 키는 놀라움에 관한 것이며, 팽팽히 긴장된 마음에게 자신의 비밀을 드러내지 않습니다. 삶의 맥박은 예기치 않은 변동을 주기적으로 겪는, 깊이 초점이 맞춰진 리듬을 따릅니다. 은하계의 움직임으로부터 아원자 세계의 미세한 작용에 이르기까지 이것은 사실입니다. 우리는 이 리듬을 어디에서나 볼 수 있지만, 충분히 길게 보면 패턴을 어기는 변형 또한 볼 수 있습니다. 예를 들자면, 과학이 우주의 모든 것을 설명할 수 없었던 이유가 바로 이것입니다. 왜냐하면 골대가 계속 변하고 있기 때문입니다! 인간의 마음은 그런 불확실한 우주에서 살면서 불행해 합니다. 우주의 한 측면으로서, 우리의 몸은 이와 똑같은 오르내림에 예속되어 있으며, 우리는 그것을 기분이라고 부릅니다. 그림자 주파수에서 개인들은 내면의 작용과 기분을 제어할 수 없다는 사실을 받아들이려 하지 않습니다. 우리는 안도감security과 안정성stability이라는 환상을 만들려는 노력으로 평생을 보냅니다. 세상의 많은 부분들이 여전히 생존 수준에 존재하여 자기들이 어떻게 느끼는 것에 대해 걱정할 여유가 없습니다.—그들은 그저 생존에 매달려 있을 뿐입니다. 그러나 원초적인 생존 주파수에서 벗어난 사회에서도 두려움은 여전히 지속됩니다. 속담에서 말하듯이 우리는 하나의 전사로부터 또 다른 전사로 옮겨가고 있을 뿐입니다.

43번째 유전자 키는 의식이 형태로 진행하는 것에 관한 것이며, 이 진행은 그 형태의 기능에서 효율성을 높임으로써 측정됩니다. 예를 들어 부유한 사회에서 사회 전반에 걸쳐 더 큰 수준의 효율성과 자율성이 일어나게 하는 것은 기술적인 돌파구입니다. 결국 이런 돌파구들은 의심할 여지없이 인간 문명 모두에게 퍼질 것입니다. 그러나 그것조차도 우리를 더 행복하게 하지 않을 것입니다. 여러 측면에서 개인적인 자유를 더 많이 갖게 되면 자신이 갖고 있는 불만의 깊이를 깨닫게 됩니다. 이 깨달음은 인간 진화에서 아주 중요한 단계를 구성합니다.

그림자 주파수를 관장하는 두려움은 몸이 느끼는 방식에 특히 집착합니다. 이것은 당신 내면에 거대한 딜레마를 만들어 냅니다. 왜냐하면 그것은 당신이 행복을 찾도록 만들기 때문입니다. 우리 인간이 행복이라고 부르는 것은 우리의 자연스러운 화학의 한 측면일 뿐입니다. 때로는 그것을 경험하고 때로는 그것을 경험하지 못합니다. 우리는 엄청나게 많은 시간 동안 행복을 느끼지 않습니다. 왜냐하면 우리는 미래에 행복을 만들어내려고 많은 시간을 소비하기 때문입니다. 현대 사회는 외적인 안전을 만들려는 노력에 사로잡혀 있습니다. 우리는 행복이 재정적인 안전이나 결혼생활의 안전에서 온다고 생각하지만, 사실 그것은 바깥의 어떤 것에 달린 것이 아닙니다. 집단적 유전자 수준에서 43번째 그림자의 진정한 목적은 더 효율적인 사회를 조성하여 외부의 그 어떤 것도 우리에게 행복을 사줄 수 없다는 사실에 도달할 수 있게 하는 것입니다! 우리가 두려움을 들으려 하지 않는 것이 결국에는 그것을 직면하게 만듭니다. 이것이 진화의 원동력인 그림자 주파수의 힘입니다.

이 43번째 그림자는 순수하게 개인적인 수준에 영향을 미칩니다. 당신은 사실 당신 자신의 불확실성을 없애는 데에만 관심이 있습니다. 따라서 당신은 완벽한 인간관계를 찾으려고 하고, 충분한 돈을 벌어 휴식을 취하려고 하거나, 아니면 당신 자신에게 만족감을 느끼기 위해 체형을 바꾸거나 라이프스타일을 바꾸려고 합니다. 현대 사회는 우리가 느끼는 방식에서 벗어나려는 필사적인 노력 위에 세워졌습니다. 사실 우리는 전혀 귀가 먹지 않습니다. 우리는 단지 듣기가 너무 바빠서 듣는 것을 챙길 수 없거나, 너무 바빠서 듣기 위해 무엇을 해야 하는지를 알지 못하고 있을 뿐입니다. 우리의 딜레마는 성취감을 느끼지 못하는 올가미에서 벗어나려고 노력하는 것이며 그렇게 함으로써 우리는 사실 그 고리에 확실히 머물러 있게 됩니다. 성취에 도달하기 위해 당신이 하고 있는 모든 일이 사실은 당신의 삶을 더욱 복잡하게 만듭니다(이것의 프로그래밍 파트너는 23번째 그림자 복잡성Complexity입니다). 당신의 청력은 정말로 훌륭합니다―그것은 단지 당신의 머리 안에 있는 내부의 소음에 익사당하고 있을 뿐입니다! 현대 사회에서 모든 사람들은 삶 속에서 무엇을 해야 하는지를 알아야 한다는 기대를 받고 있습니다. 마치 모든 것이 절대적으로 확실하다는 듯이 말입니다. 진실을 말하자면 아무것도 확실한 것은 없으며, 내면의 깊은 곳에서는 당신이 당신의 라이프스타일을 어떻게 조정하고 어떻게 향상시키든 상관없이, 당신의 몸은 항상 되돌아와서 당신에게 이 사실을 상기시켜줍니다.

이 43번째 헥사그램의 원래 중국 이름은 돌파구Breakthrough이며, 우리가 이미 보았듯이 삶은 산발적으로 발생하는 돌파구에 관한 것입니다. 당신이 계급 구조에서 반란을 일으킬 때, 당신은 개인의 자유나 부富가 당신 내부의 빈 공간을 채울 수 없다는 것을 깨닫습니다. 당신이 결국 이것을 깨달을 때, 오직 그때만이 첫 번째 거대한 돌파구가 찾아옵니다. 이 돌파구는 당신이 그저 세상에서 편치 않음을 느끼고 있다는 사실에 직면할 때 일어납니다. 어떤 사람도 사회 안에서 진정으로 편안함을 느끼지 못합니다. 왜냐하면 사회는 변화가 없고 상대적으로 안정적인 것을 추구하는 경향이 있는 반면에 개인은 그렇지 않기 때문입니다. 의식 속에서 이 거대한 돌파구를 촉발시키기 위해서는 당신의 가장 깊은 두려움 중의 하나, 즉 사회로부터 거절당하는 것에 대한 두려움을 솔직하게 바라보아야 합니다. 모든 개인 안에는 반항 정신이 고동치고 있습니다. 이 정신은 당신이 사회와 문화와 심지어 역사가 당신에게서 기대하고 있는 것 때문에 당신이 얼마나 귀 먹은 상태로 있었는지를 깨닫게 될 때 마침내 깨어나기 시작합니다.

억압적 본성 – 걱정하는Worried

43번째 그림자의 두 가지 측면은 모두 소음에 관련되어 있습니다. 이 억압된 측면은 내부의 소음 또는 인간의 걱정하는 성향에 뿌리를 두고 있습니다. 걱정은 어떻게 하면 걱정을 피할 수 있는지를 알아내려고 노력하면서 빙글 빙글 맴도는 마음에 기초하고 있습니다. 그것은 우리가 걱정을 종식시킬 것으로 기대하는 온갖 종류의 일을 하도록 압력을 넣습니다. 물론 하나가 끝나면 곧바로 다른 걱정거리가 뛰어올라 매우 불편한 정신적 고리가 계속 이어집니다. 모든 걱정은 두려움에 근거합니다. 억압된 43번째 그림자는 세상에 적응하지 못하고 버려지는 것에 대한 두려움입니다. 본질적으로 이것은 순수한 두려움이지만, 억압될 때 그것은 괴물이 되어 어떤 종류의 외부적인 성취를 통해 그 느낌을 끝내려고 노력하도록 우리를 몰아붙입니다. 우리가 그런 두려움에 직접 마주할 때, 오직 그때만이 우리는 마침내 얼마나 많은 창조력이 우리 각 개인 안에 있는지를 깨닫게 됩니다.

반응적 본성 – 시끄러운Noisy

이 그림자의 반응적인 측면은 바깥으로 드러나는 소음으로 나타나거나, 또는 그저 말을 계속하는 성향으로 나타납니다. 이들은 의사소통을 위해 말을 하는 사람들이 아닙니다. 이들은 다른 사람들이 말하는 것에 조금도 관심이 없습니다. 그들은 자신이 실제로 느끼는 방식을 듣지 못하도록 무의식적으로 자신을 귀먹게 만들고 있습니다. 사실 그것은 불행한 일입니다. 이에 덧붙여, 이 사람들은 다른 사람들에게 받아들여지고 이해받고 싶어 하는 깊은 욕구가 있습니다. 그리고 이들은 스스로의 말을 듣지 않기 때문에 종종 부적절하게 또는 적절하지 못한 때에 말하기도 합니다. 따라서 이들은 받아들여지는 것이 아니라 일반적으로는 오해받는다고 느끼고 종종 완전히 거부당한다고 느낍니다. 이 역학은 고정된 관점을 더 증가시킬 수 있으며 그렇게 오해를 당하는 것에 대해 피해 망상적이고 분노하게 만듭니다. 극단적인 경우, 그런 성격은 너무 배척되는 듯한 느낌을 갖게 되어 자신에게 가장 가까운 사람들이나 사회 전반에 분노를 폭발시킬 수 있습니다.

43번째 선물

통찰Insight

창조적 반란

반역의 정신이 태어난 것은 43번째 선물을 통해서입니다. 모든 인간은 세상 안에서 다른 것이 복제할 수 없는 공간을 채운다는 의미에서 반역자로 태어납니다. 인간이 경이로운 것은 이 예측할 수 없는 자발적이고 유동적인 천재성입니다. 한 개인으로서, 우리가 진정한 창조적 잠재력에 눈을 뜰 때, DNA 속에 숨어 있던 것이 일어나 우리를 생존 주파수에서 끌어내기 시작합니다. 우리가 봉사의 단계로 들어서는 것이 바로 그때입니다. 봉사라는 단어를 생각하면 우리는 그 의미에 대해 선입견을 가질 수 있습니다. 그러나 전체에 대한 봉사는 사회에 대한 봉사와 같은 것이 아닙니다. 43번째 선물이 세상에 가져오는 봉사는 반역입니다. 개인의 창조적인 열정과 통찰력이 없다면, 인생은 따분할 뿐만 아니라 어쩌면 완전히 멈추게 될 것입니다. 자발적이고 예기치 못하고 위험한 것이 없다면 우리는 진화를 못하게 될 뿐입니다.

그림자 주파수에서 잡혀 있는 사회는 반역하는 정신을 전혀 좋아하지 않습니다. 그런 사람들은 통제될 수 없고, 인간이 창조하려고 많은 시간과 에너지를 써왔던 바로 그 안전을 위협하는 것으로 보입니다. 인간 정신의 본성은 일종의 로맨스입니다.—우리는 진실로 모두 시인이며 해적이고 연인입니다. 우리는 범주화되거나 사회 안에서 고정된 역할로 판에 박히는 것을 거절합니다. 따라서 살아 있는 모든 인간이 잠재적으로는 그런 주인공일지라도, 우리가 그런 사람들이 아웃사이더로 분류되는 세계를 창조해 냈다는 것은 엄청나게 아이러니합니다. 우리는 이 영웅들을 숭배하지만 안전한 거리를 둔 상태에서만 그렇게 합니다. 따라서 깨어난 사람의 창의적인 기여는 우리 사회에 직접적인 도움이 되지 않습니다. 그것은 다른 사람들에게 똑같은 위험을 감수하게 하고 그들 안에 있는 잠재적인 천재성을 발견하도록 영감을 줌으로써 사람들에게 도움을 줍니다. 이런 봉사는 궁극적으로 전체에 다시 돌아옵니다. 왜냐하면 그것은 시스템을 지속적으로 흔들어주기 때문이며, 모든 시스템은 정기적으로 흔들어 줄 필요가 있기 때문입니다. 그렇지 않으면 시스템은 얼어붙고 정체됩니다.

주파수의 선물 수준에서, 낮은 주파수의 핸디캡인 귀먹음이 실제로는 훌륭한 협력자가 됩니다. 당신은 이제 자신의 말을 듣지 않는 대신에 현재의 상황에 귀를 기울이는 것을 멈춥니다. 이것이 반역의 첫 번째 법칙입니다.—결과가 어떻게 되든 내면의 소리를 신뢰하는 것입니다. 이것이 통찰의 선물Gift of Insight의 진정한 의미입니다. 그런 통찰은 반역을 파괴적인 힘으로 만들지 않습니다. 그는 외부에 대한 좌절감을 가지고 있거나, 다른 사람들을 탓하고 비난하는 데에 시간을 낭비하는 반응적인 사람이 아닙니다.—그것은 그림자 주파수의 게임입니다. 43번째 선물을 통한 반역적인 각성은 무한히 창조적입니다.—그는 가고 있는 길을 걱정하지 않으면서 새로운 길을 닦을 뿐입니다. 이것은 천재의 귀먹음입니다.—미래를 잊고 그저 창조적인 통찰의 통로가 되는 것입니다. 진정한 통찰은 단순함(Simplicity, 23번째 선물) 안에서 기뻐하며, 이는 결과적으로 효율성을 가져옵니다.

43번째 선물은 모든 것을 당신에게 되돌려 비춰줍니다. 당신은 지혜 또는 지식을 주장하는 외부의 소스를 신뢰할 만한 여력이 없습니다. 그런 것들을 듣지 않는다는 것이 아니고 그것들에 의해 영향을 받지 않게 된다는 것입니다. 당신이 자신 안의 핵을 신뢰할 때, 오직 그때만이 당신의 세포 안 깊은 곳에서, DNA 그 자체로부터 돌파구가 나타납니다. 이 43번째 선물이 소리 장에 뿌리를 두고 있기 때문에 통찰은 보이는 것이 아니라 아음속적으로 들리며, 몸의 세포 내부에서 일어나는 앎의 홍수로 경험됩니다. 통찰의 과정은 당신의 핵을 바로 건드리는 매우 변형적인 경험입니다. 당신이 그것을 일어나게 할 수는 없습니다. 통찰을 경험할 수 있는 유일한 방법은 예기치 않게 발생하기 때문에 그것을 찾으려는 노력은 포기해야 합니다. 그것은 오히려 노래나 시를 쓰는 과정과 비슷합니다.—하려고 하면 할수록 더 힘들어집니다. 그것은 때가 되면 자신의 방식으로 일어나도록 허용되어야 합니다. 일단 그것이 일어나면, 당신은 거대한 내면의 자유를 경험하게 됩니다. 왜냐하면 모든 통찰이 당신을 더 넓은 경험의 인식으로 열어주기 때문입니다.

일본 문화에서, 통찰의 핵심 단어 중 하나는 사토리satori입니다. 이것은 안에서 갑자기 터져 나오는 것을 의미합니다. 어떤 교사나 시스템도 당신을 사토리의 경험으로 인도할 수 없습니다. 이런 순간들은 당신이 내면의 본성 속으로 더욱 깊이 이완할 때 더 자주 일어납니다. 당신의 주파수가 더 높아질 때, 마치 삶의 신비가 바로 당신 안에서 깨어나고 있는 듯이, 어떤 깊은 신뢰의 정신이 퍼지기 시작하고 당신의 존재를 채우기 시작합니다. 당신은 비록 이런 돌파구를 만들어 낼 수는 없지만 그런 것이 일어날 수도 있는 환경을 확장시킬 수 있다는 사실을 깨닫기 시작합니다. 이 환경은 일종의 깊은 이완과 고독입니다. 그런 고독은 당신이 세상에서 물러나야한다는 뜻이 아니라, 그림자에서 나오는 똑같은 귀먹음을 사용하여 당신의 삶에서 본질적이고 아름다운 것을 제외한 모든 것을 걸러낸다는 것을 의미합니다. 당신은 더 명상적인 존재가 될 것이고, 세상을 걸어가는 당신의 걸음걸이는 어떤 방향을 갖기보다는 더 한가롭게 어슬렁거릴 것입니다. 이런 식으로 당신의 인식은 세속적인 모든 것을 잃지 않고 내면으로 방향을 돌리면서 당신을 독특하지만 통합적이고 심오하면서도 다가갈 수 있게 만들 것입니다.

43번째 유전자 키는 34번째 유전자 키에 DNA로 결합되어 있습니다. 이 화학적 결합은 함께 운명의 고리Ring of Destiny라고 불리는 코돈 고리를 만듭니다. 인간의 진화는 이 두 가지 유전자 키의 양극성, 즉 진화와 발전에 대한 인간의 충동을 나타내는 34번째와 형태의 세계로 뛰어들고자 하는 신성한 충동을 나타내는 43번째 사이에 잡혀 있습니다. 이 코돈 고리의 비밀은 '타이밍'의 비밀이며, 오랜 세월 동안 통찰력이 충분히 발달된 사람들의 귀에 삶이란 기회와 사랑이 함께 춤을 추고 있는 신비라는 거대한 진리를 속삭였습니다. 사랑을 더 많이 허용하면 할수록 더 많은 기회가 당신에게 유리하게 작용하는 것처럼 보입니다. 그리고 전체적으로, 무조건적으로 사랑할 때, 기회조차도 환상으로 보이며 근본적인 우주 기하학 또는 우주론이 모든 것의 배후에서 드러납니다. 당신의 타이밍이 완벽해지고 무작위적인 것처럼 보이는 것들이 당신의 삶을 통해 신화를 펼치고 있는 홀로그램 우주의 한 측면으로 이해됩니다. 운명은 인간의 힘과 통찰이 합쳐진 것에 지배를 받습니다. 오직 가장 높은 시디 수준에서만 당신은 운명의 힘을 완전히 초월합니다.

43번째 시디
에피파니(Epiphany, 출현, 자기 계시, 직관, 통찰, 구세주의 공현)

별과 동방박사

우리는 우리 행성의 진화가 어떻게 개인의 자유가 증진되는 쪽으로 우리를 꾸준히 움직이게 하는지 알 수 있습니다. 우리의 기술적 진보는 우리를 더욱더 효율적으로 만들어 점점 더 많은 사람들이 삶의 배후에 있는 의미를 실제로 묵상할 시간을 갖게 되었습니다. 우리의 진화 과정에서 이 단계는 단지 깊어질 수만 있으므로, 통찰의 선물로서 우리 종에게 더 영적인 본성의 돌파구를 준비시키는 것은 사람들의 삶 속에서 평범한 일이 되고 있습니다. 인간의 반역 정신이 살아나면서 DNA는 더 높고 세련된 주파수에 조율하고 있습니다. 이것은 개별적 진리의 시대가 불안정에 기반을 둔 집단적 유사 진리에 대한 욕구의 필요성을 대체할 것임을 의미합니다. 64 유전자 키에 대한 이 작업은 다가오는 시대가 시작되는 대표적인 예입니다. 왜냐하면 그것은 의식의 각 코드를 설명하지만 구체적인 지시 없이 나오기 때문입니다. 따라서 어떤 진리를 견지하라고 주장할 수 없는 것입니다. 진리는 우리 각자 안에 있습니다. 그것을 보거나 읽거나 들을 때, 그것은 실제로 DNA 안에서 인지 과정을 유발할 수 있습니다. 참된 통찰은 모든 외부의 명령이 제거되었을 때, 이런 식으로만 나옵니다.

우리가 이 유전자 키의 초반에 배웠듯이, 모든 인간은 진화의 세 단계를 거칩니다.―그림자 수준에서의 생존, 선물 수준에서의 봉사, 그리고 마지막으로 시디 수준에서의 항복이 그것입니다. 43번째 시디는 출현Epiphany에 대한 것입니다. 그것은 인간 안에서 가능한 의식의 마지막 돌파구를 나타냅니다. 명백한 기독교 유산에도 불구하고, 출현이란 단어는 내적인 발현을 의미하는 그리스어에서 파생된 말입니다. 출현의 의미 중 하나는 신성한 존재의 현현과 관련이 있습니다. 그것이 아기 예수의 신성한 본성을 인정하는 것과 관련을 맺게 된 이유입니다. 출현의 시디는 어떤 특정한 사람에게 일어나는 내적인 포기입니다. 그것이 일어날 때, 그 사람들은 자기 자신과 동일시하는 것을 중단하고 신성한 존재의 발현이 됩니다. 여기에서 한 사람의 신성한 존재a divine being의 발현과 신성한 존재divine being의 발현 사이에는 커다란 차이가 있습니다. 출현이란 어떤 특별하게 고귀한 존재가 있는 것이 아닙니다. 그것은 오직 존재하는 것은 의식뿐인 그런 출현입니다.

여러 가지 면에서 43번째 시디 '출현'은 만일 당신이 견뎌내기는 했지만 결과가 낙담뿐이라면 큰 실망이 될 것입니다. 그것은 내면으로부터의 갑작스러운 계시입니다. 그것을 당신은 신을 찾기 위해, 심지어 당신 자신 안에 있는 신을 찾기 위해 시간을 낭비해왔습니다. 출현은 붓다의 깨달음에서 아름답게 표현됩니다. 붓다는 수년 동안 진리를 찾아 명상을 해왔지만 결국 너무도 힘이 들어 포기하고 말았습니다. 그가 갑작스러운 출현을 경험한 것이 바로 이 깊은 포기의 순간이었습니다. 그는 이미 자신이었던 것을 찾아 헤매던 평범한 사람에 불과했다는 것을 깨달은 것입니다. 당신이 이 이야기를 듣고 그 진리를 감지할 수는 있을지라도 당신이 당신 자신의 출현을 서두르려고 할 수 있는 것은 여전히 아무것도 없습니다. 그것은 오직 기대하지 않은 상태에서만 올 수 있습니다. 출현의 시디를 경험한 사람들은 모두가 너무도 다른 경험을 합니다.—붓다는 극심하게 낙담해야 했지만 다른 사람들은 여러 가지 독특한 방식으로 그것을 경험했습니다. 에스키모 샤먼 우바브누크Uvavnuk는 어느 날 밤 별빛 아래에서 오줌을 누는 동안 출현을 경험했다는 이야기가 있습니다! 아무도 출현이 언제 누구에게 일어날 것인지 알 수 없으며 그것이 바로 출현의 놀라운 신비입니다.

그와 관련된 기독교 상징을 통해 출현은 또한 세 명의 동방박사라는 매개체와 그들이 주는 선물을 통해서 그리스도를 인정하는 것과 연결됩니다. 동양에서 별을 따라 예수의 탄생에 찾아온 이 세 명의 현자에 대한 이 흥미진진한 이야기는 전형적인 신비로 가득 차 있습니다. 그리스도교의 출현에 대한 전설을 하나의 내적인 신화의 코드로 이해한다면, 그것이 인류의 마지막 진화에 관련된 거대한 숨겨진 진실을 간직하고 있음을 알게 될 것입니다. 세 명의 동방박사와 그들이 준 선물은 여러 가지로 해석될 수 있습니다. 왜냐하면 너무도 많은 비전의 신화들이 신성의 세 가지 속성에 기초하고 있기 때문입니다. 우리가 보는 것은 천상의 힘인 별에 의해 모인, 그리스도 아이의 형상을 둘러싼 이 세 가지 본질의 결합입니다. 별은 우리 인간의 이해를 넘어서 있는 운명의 상징 또는 우주 에너지의 움직임으로 볼 수 있습니다. 동방박사와 그들의 선물은 그리스도의 형상에 의해 하나로 모아지고 결합된 우리 자신의 세 가지 측면이나 수준으로 볼 수 있습니다.

43번째 시디는 은총Grace이 형태의 세계로 들어가는 문을 제공하는 7개의 유전자 키 중 하나라는 점에서 특별합니다. 22번째 유전자 키에서 우리는 일곱 가지 성스러운 봉인의 신비한 열림에 대해 배웠습니다. 그것은 인간의 DNA 안에 있는 특정한 코드로서 인간이 가진 상처의 중요하고 구체적인 측면을 치유하는 것이 주된 목적입니다. 43번째 시디는 네 번째 봉인의 개봉을 나타내는데, 그것은 거부에 대한 깊은 두려움을 풀어주고 모든 사람들의 마음을 열어줍니다. 이 시디는 인간 게놈 내에 강력한 운명을 가지고 있습니다.—즉 유전자 풀 전체에 거대한 돌파구를 만들어 우리의 공동체와 국가를 구분하는 경계를 여는 것입니다. 궁극적으로 출현은 인간 가슴 안에서의 폭발이며, 다른 사람에게 자신을 열어 놓고 다른 사람들을 받아들이는 것이며, 모든 인간의 핵심에 있는 친절함이라는 신성한 정신입니다.

개인의 수준에서, 43번째 시디는 그것이 나타나는 각각의 사람에게 유일무이하며 또한 항상 그렇게 유지되어야 합니다. 그것은 우주와 인간의 마음이 작동하는 배후를 볼 수 있게 합니다. 그것은 당신이 세상에 대해 알고 있다고 생각하는 모든 것을 멈추게 하기 때문에 당신이 예상하거나 상상할 수 없는 그런 돌파구입니다. 출현은 당신을 모든 시대에서 가장 커다란 역설의 한 가운데에 정확하게 내려놓습니다.—즉 당신은 있는 그대로의 당신이며 당신이 어떤 경험을 하든 상관없이 그 어느 것도 당신의 본성에 덧붙여지거나 빼앗아갈 수 없다는 것, 바로 이것 때문에 이 시디에는 엄청난 웃음이 쌓여 있습니다. 43번째 시디가 세상에 나타날 때, 그것은 종종 깊은 신비로운 방식으로 어리석은 행동을 합니다. 이들은 자신이 하는 일이나 자신이 하는 말은 중요하지도 않고 적절하지도 않다는 것을 알고 있습니다. 따라서 그들은 그저 자기들이 좋아하는 대로 행동하고 자기들이 좋아하는 것을 말할 뿐입니다. 이 모든 것의 결과로서, 그렇게 깊이 깨달은 사람들은 깨달은 사람들이 어떻게 행동해야 하는지에 대한 모든 규칙을 어쩔 수 없이 어기게 됩니다. 그것은 마치 자기 자신과 끊임없이 사적인 농담을 나누는 것과 같습니다. 43번째 시디에서 당신이 아는 유일한 것은 당신이 절대적으로 아무것도 모른다는 것입니다. 이 앎은 당신에게 너무도 즐거운 것이어서 당신은 그 경이로움과 아름다움을 안에만 담고 있지 못하게 될 것입니다. 당신은 신성을 제외한 모든 것에 귀머거리가 된 것입니다!

44th GENE KEY

시디
공동지배
선물
팀워크
그림자
간섭

카르마 관계

프로그래밍 파트너 : 24번째 유전자 키
코돈 고리Codon Ring : 일루미나티의 고리 (44, 50)

생리 : 폐
아미노산 : 아르기닌

44번째 그림자
간섭Interference

인간 프랙털

44번째 유전자 키와 그 모든 주파수 스펙트럼은 육화의 과학뿐만 아니라 인간 사회의 구조를 실제로 뒷받침하는 조금은 이해되는 주제에 관한 것입니다. 이 유전자 키를 통해 간략하게 소개될 이 주제는 인간 프랙털human fractal의 존재와 그것의 본질입니다. 프랙털이라는 용어는 자연계에서 발견되는 현상으로서 패턴들이 홀로그램으로 끝없이 자신을 반복하는 것을 말합니다. 프랙털 이미지를 확대하면 할수록 그 안에 자기 유사self-similar 패턴이 더 많이 숨어 있음을 발견하게 될 것입니다. 인간 프랙털이라는 용어는 이 개념이 인간관계로 확대된 것이며 특정 그룹의 사람들을 묶는 보이지 않는 패턴의 망을 가리킵니다. 고전적인 인도의 가르침에서 사람들 사이의 그런 유대 관계는 카르마 관계로 알려져 있습니다. 인간 프랙털의 언어에서 당신이 삶 속에서 만나는 모든 사람들은 당신 운명의 전반적인 프랙털 패턴의 일부입니다.

프랙털 이미지, 특히 컴퓨터로 생성된 프랙털 이미지를 보면 프랙털 기하학이 어떻게 특정한 홀로그램 선과 패턴을 따르는지 알게 될 것입니다. 프랙털 안에서는 어디를 가든 내면의 공간으로 무한히 반복되는 동일한 패턴을 발견하게 됩니다. 우주 기하학의 유전적 대응물로서, 인간관계 프랙털이 그와 유사한 패턴을 따릅니다. 당신은 항상 당신의 현재 의식을 진화시키기 위해 당신이 알아야 할 필요가 있는 것을 정확히 가르치는 관계의 기하학적 구조를 당신 쪽으로 끌어당길 것입니다. 64 유전자 키의 배후에 있는 점성술적 프로파일 시스템인 홀로제네틱을 통해 당신은 당신 평생의 이런 프랙털 관계를 추적할 수 있습니다. 홀로제네틱 프로파일 어디를 들여다보든, 반복되는 동일한 주제를 보게 될 것입니다. 이 모든 것이 의미하는 바는 당신 삶 속에 있는 사람들, 즉 당신과 가장 가까운 사람들이 당신의 운명과 당신의 높은 삶의 목적에 대한 비밀을 가지고 있다는 것입니다.

삶 속에 있는 각각의 관계로부터 배우고 시간이 지남에 따라 각각의 교훈을 숙달하게 되면 전체 홀로제네틱 프로파일의 주파수가 높아지며 높은 주파수의 프랙털을 끌어들이기 시작합니다. 더 높은 주파수의 인간 프랙털은 당신의 삶 속으로 새로운 사람들을 끌어들이며, 그들 대부분의 사람들은 훨씬 더 초월적인 인식으로부터 움직입니다. 당신이 당신의 삶에 더 높은 주파수의 프랙털을 끌어들이고 있다는 확실한 신호는 봉헌devotion입니다. 당신의 인간관계는 그들 안에 봉헌의 특성을 지니기 시작할 것입니다. 어떤 특정한 관계에서 교훈을 배우지 않으면—당신이 그 관계에서 떠난다고 해도 똑같은 패턴이 다른 사람을 통해 당신의 삶 속으로 곧바로 돌아올 것입니다. 모든 관계가 서로를 향하게 되고 그 관계가 선조로부터의 카르마와 육화의 주제에 그렇게 강력하게 연결되는 이유가 바로 44번째 유전자 키 때문입니다.

고대 중국인들은 44번째 헥사그램을 만나러 옴Coming to Meet이라고 불렀습니다. 이 44번째 유전자 키는 사람들이 서로를 어떻게, 언제, 왜 만나는지에 관련이 있으며, 그룹이나 가족의 역학 관계로부터 나오는 결과와 관련이 있기 때문에 그렇게 불리는 것은 아주 적절합니다. 인간 프랙털은 인간관계, 가족, 지역 공동체, 심지어 전체 부족의 유전자 풀 등 다양한 수준에서 작동하는 것으로 보입니다. 인간 프랙털을 실제로 이해하려면 삶을 전체적으로나 홀로그램으로 바라보아야 합니다. 우리가 별개의 인간들을 더 큰 유기체 안에 있는 세포들처럼 바라본다면, 우리는 어떤 세포들은 서로 다른 시간에 서로 다른 목적으로 서로 다른 장소에서 함께 결합한다고 말할 수 있습니다. 다시 말해서, 인간들의 움직임과 이동을 연출하는 일종의 마스터 프로그램이 있는 것입니다. 비록 우리가 개인으로서 자유로운 선택을 하고 있는 것으로 보일지라도, 그것은 사실 우리를 통해 작동하고 있는 마스터 프로그램입니다.

44번째 그림자는 이 마스터 프로그램의 운영 체제에서 바이러스처럼 작동하여 집단적인 연출이 동시에 일어나지 못하게 합니다. 이것이 지역적인 간섭과 우주적인 간섭을 만들어냅니다. 결국 기능을 제대로 하지 못하는 가족, 균형보다는 불균형을 만들어내는 기업, 부적절한 리더십 팀으로 된 정부, 그리고 결코 쉽지 않은 인간관계를 마주하게 됩니다. 전반적인 결과는 전 지구적인 혼돈입니다. 그것이 바로 정확히 오늘날 우리가 보고 있는 것입니다. 그러나 한 가지 이해해야 할 중요한 것이 있습니다. 마스터 프로그램이 잘못될 수는 없다는 것입니다. 만일 마스터 프로그램이 뭔가 혼란스러운 것을 하고 있는 것처럼 보인다면 그것은 문제를 진단하고 바이러스를 찾아 전체 시스템을 재부팅하기 위한 것입니다.

이것은 정확히 지구적인 차원에서 발생하기 시작한 것입니다. 마스터 프로그램은 가장 작은 구성 요소인 개인으로부터 간섭 패턴을 평가하고 제거하기 시작하고 있습니다. 우리 지구의 현재 상태는 위로부터 고쳐질 수 없습니다. 만일 프로그램이 그렇게 거대하고 복잡한 방식으로 잘못되어가고 있다면 뿌리 차원에서 수정해야 합니다. —기본 구성 요소, 즉 개인들 각각을 재설정하고 그런 다음 관계의 재설정이 뒤따라야 합니다. 우리가 세상에서 인간관계가 간섭 패턴 없이 나타나는 것을 보기 시작하는 순간, 우리는 핵심적인 인간 프랙털이 바닥에서부터 재구축되고 있다는 것을 알게 될 것입니다. 일단 명확한 관계가 형성되면 나머지 프랙털을 조합하는 것은 상대적으로 쉬운 작업입니다. 모든 깨끗한 인간 프랙털은 이진법으로, 즉 관계로 시작됩니다. 이것이 가족에서 어머니와 아버지로 상징되는 보편적인 인간의 청사진입니다. 비록 이 프랙털의 기초 관계가 이 두 사람이 반드시 이성이 되어야 한다는 것을 요구하지는 않지만 말입니다.

프로그래밍 파트너인 24번째 그림자 '중독Addition'과 함께 44번째 그림자 '간섭Interference'은 사람들이 건강하고 사랑스러운 관계를 찾지 못하게 만드는 매우 강력한 바이러스를 나타냅니다. 44번째 그림자는 과거로부터 많은 유전적 앙금을 가져옵니다. 많은 사람들은 그런 관계를 카르마로 해석합니다. 왜냐하면 그 관계가 너무도 강하고 그 인생 수업이 너무도 힘들어 보이기 때문입니다. 그들이 트랜스 유전자만큼이나 크게 카르마적이 아닐 수도 있습니다. 즉, 이 관계는 두 개의 분리된 프랙털이나 유전자 풀에 걸쳐 있습니다. 중독Addiction의 그림자는 당신이 그런 관계에서 벗어나더라도 동일한 프랙털 네트워크를 따라 조금 더 멀리 있는 어딘가로 즉시 확실하게 끌려가도록 만듭니다. 그런 관계가 만들어지는 진정한 이유는 선조로부터의 기억이 되살아나도록 하기 위함입니다. DNA를 통해 전송되는 간섭 패턴은 프랙털이 깨끗하게 지워지기 위해 반드시 해결되어야 합니다. 이 집단적 유전적 기능 장애를 제거하는 데 적극적으로 관여하는 커플이나 파트너는 다가오는 새 시대의 개척자입니다. 그러나 대다수의 경우 기능 장애가 일반적이며, 관계에 있는 두 개인이 전체 프랙털의 조상 전래의 간섭 패턴을 떠맡을 준비가 될 때까지 그 프랙털은 제대로 작동하지 않은 채로 남게 될 것입니다.

억압적 본성 – 불신하는Distrustful

44번째 그림자의 억압적 성격은 불신에 기반을 두고 있습니다. 이 불신은 상속된 특성과 조건화된 특성 모두에 해당됩니다. 그것은 어린 시절의 이른 경험에 대한 두려움에 근거한 반응이며 모두와의 관계에 악영향을 미칩니다. 이들은 단 한 번의 비참한 관계를 갖고 난 후에 똑같은 일이 일어날 것을 두려워하여 자신을 닫아 버리는 사람들입니다. 겉으로는 그렇게 보이지 않을 수도 있지만 이 두려움은 무의식적으로 모든 관계를 불신하도록 만듭니다. 그런 사람들은 종종 다른 사람들과 일하고 함께 살고 있지만, 교묘하게도 사람들과의 거리를 유지합니다. 그들은 자신의 과거 때문에 괴로워하며 사랑이나 고통을 다시 경험하지 않도록 스스로를 단단히 방어합니다.

반응적 본성 – 오판Misjudging

44번째 그림자의 반응적인 면은 오판의 달인입니다. 이 사람들은 억압적인 측면처럼 폐쇄적이지는 않지만 그들의 관계에서 똑같은 실수를 계속 반복합니다. 44번째 선물은 사람들을 보는 날카로운 본능을 가지고 있지만, 기본 주파수가 최적의 상태 밑에서 작동하면 본능이 제 기능을 하지 못합니다. 따라서 이 반응적 본성을 가진 사람들은 그들을 진정으로 존중하지 않는 사람들, 그들에게 등을 돌린 사람들, 또는 비즈니스에서 자원을 고갈시키고 그저 자주 무능한 사람들 등 그런 사람들과 관계를 맺습니다. 전형적인 예를 들자면, 특정 인물과의 관계를 계속 끊어버리지만 다음 사람에게서 또다시 유사한 패턴을 발견하는 사람입니다. 여기서 일어나는 일은 그들의 본능이 자신의 프랙털 밖에서 작동하지 못하는 것이며, 따라서 어려움으로 가득 찬 관계를 형성합니다.

44번째 선물

팀워크Teamwork

육체와 혈통

이 44번째 유전자 키의 주파수가 올라감에 따라 팀워크의 선물이 탄생합니다. 이것은 매우 매혹적인 선물입니다. 왜냐하면 매우 깊은 수준에서 그것은 인간의 후각과 관련이 있기 때문입니다. 특정 포유류의 매우 민감한 후각 능력에 대해 많은 연구가 이뤄졌지만 대부분의 사람들은 이 후각이 인간 안에서 높은 주파수에서 어떻게 작동하는지를 모르고 있습니다. 이들은 다른 사람들을 읽는 천재성이 있는 사람들입니다. 그들은 말 그대로 악수 한 번으로 당신의 모든 것을 가늠할 수 있습니다. 이것은 예를 들어 전화로 목소리의 톤을 읽을 수 있는 57번째 선물 직관Intuition과 같은 청각적인 선물은 아닙니다. 44번째 선물에게는 후각 본성의 더 높은 측면이 효과적으로 작동하기 위해 긴밀한 개인적 접촉이 필요합니다. 누군가의 진정한 본성을 읽기 위해서는 그의 냄새를 맡을 수 있어야 합니다.

44번째 선물을 가진 사람들은 단순히 코를 통해 냄새를 맡는 것보다 더 넓은 차원에서 후각을 사용합니다. 사실 이 사람들은 자신들의 면역계 전체와 피부에 있는 모든 숨구멍을 통해 냄새를 맡습니다. 이들은 만나는 사람에게서 페로몬과 같은 감지할 수 없는 냄새는 물론 심지어 더 미묘한 호르몬 신호까지도 포착할 수 있습니다. 더 깊은 수준에서, 이 선물은 자신의 프랙털과 일치하고 있는 사람에 대한 것입니다. 일단 주파수가 충분히 높아지면 44번째 그림자의 집단적 간섭을 극복하고 당신에게 진정한 동맹군의 냄새를 골라내기 시작합니다. 당신은 당신을 위해 올바른 사람들을 알아차릴 뿐만 아니라 더 높은 본능이 정확하게 기능하기 시작하면서 남들과 다르게 움직이기 시작할 것입니다. 44번째 선물에게 있어서 삶은 미묘한 냄새를 포착하는 것입니다. 삶 속에서 각각의 냄새를 따라갈 때, 그것은 더 높은 프랙털을 따르고 있는 것이며, 그때가 바로 진정한 팀워크의 기적을 경험할 수 있는 때입니다.

이 팀워크의 선물을 정말로 이해하려면 육화incarnation의 메커니즘에 대해서도 이해할 필요가 있습니다. 44번째 선물은 자신만의 더 높은 차원의 육화를 냄새 맡을 수 있으며 주변 사람들의 삶의 목적을 맡을 수 있습니다. 그들이 그룹의 역학관계에 대해 많은 것을 알고 있는 이유가 바로 그것입니다. 수천 년 동안 여러 문화들이 환생reincarnation에 대한 믿음을 가지고 있었으며, 이런 믿음은 현대의 뉴 에이지 혁명에서 아주 많이 유행하고 있습니다. 그러나 인간 프랙털에 대한 과학은 환생을 믿는 사람들에게 흥미롭고 도전적일 수 있는 몇 가지의 계시를 포함하고 있습니다. 이 주제에서 가장 먼저 언급할 필요가 있는 것은 44번째 그림자와 관련하여 앞서 언급한 마스터 유전자 프로그램에 관한 것입니다. 이 마스터 프로그램은 시간뿐만 아니라 공간을 통해 작동합니다. 이 프로그램이 집단 유전자 풀을 매개로 하여 인간의 상호작용을 조율하기 때문에, 의식의 가장 순수한 수준에서, 프랙털 라인 자체를 제외하고는 환생하는 것은 아무것도 없다고 말하는 것이 사실입니다.

실제로 육화를 여러 가지 다양한 차원에서 보는 것이 가능합니다. 22번째 유전자 키의 깊이를 연구하고 묵상할 때 무지개 몸rainbow body인 코퍼스 크리스티Corpus Christi로 알려진 인간 오라의 미묘한 층에 대해 배우게 될 것입니다. 육화를 인과체causal body의 관점에서 볼 때, 그것은 여러 전통에서는 영혼이라고 지칭하는데, 의식의 아주 미묘한 측면이 계속해서 반복적으로 나타나고 점점 더 명료해지고 아주 선명해지는 것을 볼 수 있습니다. 인과체는 매우 드문 주파수로 진동하는데 공간과 시간을 가로 질러 다른 사람들의 인과체를 일종의 우주적 관계의 춤으로 여행합니다. 이런 진화의 프랙털 라인은 항상 고대의 카르마의 법칙으로 이해되어 왔습니다. 그러나 더 높은 차원에서 볼 때, 모든 창조의 기초가 되는 오직 하나의 단일 의식만이 있으며, 그것은 분리될 수 없습니다. 따라서 억겁에 걸쳐 함께 여행하는 그 인과체—당신의 가까운 친구들, 가족, 남편, 아내, 연인 그리고 심지어 원수까지도 실제로는 모두 진화의 놀라운 이야기를 펼치기 위해 분열을 계속하는 단일한 몸의 여러 측면들입니다.

이 더 높은 차원에서 볼 때 죽음에서 살아남고 앞으로 나아가는 개별 영혼의 개념은 의식이 프랙털 선을 사용하여 육화하는 방식을 단순화한 것입니다. 오직 의식 그 자체만이 죽음에서 살아남습니다. 그러나 조상 전래의 기억은 혈액에 저장되어 있으며 DNA를 통해 프랙털 혈통을 따라 전달됩니다. 어떤 사람들이 전생을 회상 할 때, 그들은 실제로 그들의 혈통 계보를 읽고 그 프랙털의 하나의 전형적인 측면과 동일시하고 있습니다. 어떤 사람들은 전생에 대해 믿을 수 없을 정도로 세세한 사항을 기억할 수 있었지만, 이것은 다시 44번째 선물의 한 측면으로 그 목적은 프랙털 라인에 공감하는 사람들을 상기시키는 것이 전부입니다. 전체 프랙털 혈통의 정보는 실제로 모든 프랙털의 근원까지 거슬러 올라갈 수 있지만, 이것은 신비한 의식 수준에서 공명하는 아주 맑은 운반체를 필요로 합니다.

그러므로 팀워크의 선물은 당신의 삶 속에 누가 속해 있는지를 인지하는 것입니다. 누군가를 처음 만났는데 그 사람이 당신에게 익숙한 것처럼 보일 때, 그것은 그들의 운반체가 당신의 프랙털 라인에 속하기 때문입니다. 큰 몸 안에서 당신의 세포들은 함께 일을 합니다. 이 점을 더 생각해 보면, 만일 당신 주변에 당신 자신 만의 진정한 프랙털을 만들 수 있다면 이 팀의 역학관계는 아주 엄청날 것입니다. 그룹 안에 전체적인 신뢰가 있을 것이며, 또는 가족 안에 전체적인 사랑이 있을 것입니다. 세상은 아직 44번째 선물의 전형을 많이 보지 못했습니다. 이 선물을 가진 사람들은 집단 역학에 대한 요령이 있고 사람들을 알아보는 재능을 가지고 있지만, 여전히 전체의 파괴적인 간섭 패턴을 다루어야 합니다. 그러나 우리가 44번째 시디에서 보게 될 것처럼, 모든 것은 변화의 첨단에 있습니다.

44번째 시디
공동지배Synarchy

여왕국의 도래

44번째 시디는 정말 놀랍습니다. 그것은 인간 운명의 역학과 인류 전체의 이야기에 대한 완전한 이해와 관련이 있습니다. 이 시디의 프로그래밍 파트너는 24번째 시디 침묵Silence인데, 그것은 이것이 어떻게 작동하는지를 이해하는 키입니다. 하나의 개념으로서, 공동지배는 무정부 상태의 반대입니다. 접두사 syn은 협력하여 행동하는 것을 의미하고 archy는 통치하는 것을 의미합니다. 그러므로 문자적인 의미는 집단 통치의 개념과 관련이 있습니다. 역사적으로 공동지배라는 개념은 정치적으로 크게 남용되었습니다. 즉, 히틀러의 파시스트 체제가 그랬던 것처럼 공산주의가 자신들을 공동지배라고 주장했습니다. 우리는 다양한 오컬트 학파 내에서 사용했던 것을 통해서 그 진정한 의미에 조금 더 가까워지기 시작하고 있습니다. 여러 오컬트 작가들은 공동지배를 마스터들의 비밀스런 사회가 이끄는 세계로 표현했습니다. 이 44번째 유전자 키는 50번째 유전자 키와 함께 일루미나티의 고리Ring of the Illuminati라고 불리는 유전 코돈 고리를 형성하며, 50번째 시디가 더 높은 조화의 특성을 활성화한다는 것을 고려한다면, 우리는 이 원형이 인간 신화에 얼마나 깊이 관여되어 있는지를 알 수 있습니다.

비밀 집단에 관한 신화는 지난 100년 동안 엄청난 유행이 되다가 사라지기를 반복했습니다. 뉴에이지 운동의 등장과 함께 지금 그것은 다시 유행이 되고 있으며 수많은 책들이 비밀리에 회동하여 세계의 사건들을 조작하는 숨겨진 일루미나티illuminati의 존재를 언급하고 있습니다. 그런 음모론은 샴발라(Shambhala, 티베트 오지에 존재한다는 불교의 유토피아), 메루산(Mt. Meru, 수미산, 힌두교 최고의 신 쉬바를 비롯한 여러 신들의 거처) 또는 아가타(Agartha, 스리랑카의 지하성도) 등 다양하게 알려진 세계의 숨겨진 센터와 그곳에서부터 승천한 마스터들 또는 천상의 존재들의 비밀 집단이 높은 차원에서 세상을 지배한다고 말하는 비전적秘傳的 전통에 뿌리를 두고 있습니다. 그런 모든 신화와 이야기들은 각각 존재하고 있지만 본질적으로는 44번째 시디 공동지배가 악의 없이 왜곡된 것입니다. 진정한 공동지배의 광대한 비전을 완전히 이해하기 위해서는 인간 프랙털을 이해할 필요가 있습니다.

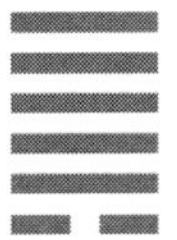

공동지배의 개념을 탐구하기에 가장 좋은 곳은 어쩌면 곤충의 왕국일 것입니다. 공동지배 시스템으로 잘 알려진 집단으로는 두 가지 곤충 그룹이 있습니다.－개미와 꿀벌입니다. 이 중에서 아마도 꿀벌이 더 좋은 예일 것입니다. 오래된 비전의 전통들은 위대한 존재, 즉 세상의 왕the King of the World에 대해서 말합니다. 그 존재는 때로는 멜기세덱Melchizedek 또는 사나트 쿠마라Sanat Kumara로 알려지기도 하는데 모든 창조의 중심에 앉아서 우리 행성계의 모든 생명을 다스립니다. 이것은 벌들의 공동지배 체제 안의 여왕벌의 힘과 비슷합니다. 벌집 안에서 모든 꿀벌들은 여왕을 섬기고 그들의 공동지배는 여러 수준의 일꾼들과 수벌들로 나뉩니다. 벌집 안에는 집단 전체에 하나의 정신이 퍼져있는 것처럼 보입니다. 여왕은 상징적으로나 화학적으로 모든 각각의 구성원들의 초점과 방향을 유지합니다. 여왕이 죽으면 벌집은 혼란에 빠지며 또한 죽기도 합니다.

어떤 사람에게 44번째 시디가 있을 때, 그들은 시간과 공간을 통한 인간 상호작용의 태피스트리 전체를 봅니다. 그들은 그것을 보기만 하는 것이 아니라 그 안에 녹아들게 됩니다. 그런 사람 안에 있는 의식은 우주 안에 있는 모든 단일 프랙털 라인을 따라 여행할 수 있습니다. 그들의 몸에는 저항이 없기 때문에 그들의 의식은 우주의 과거와 미래 모두의 프랙털 팔을 따라 파동을 일으킵니다. 이것의 비밀은 침묵Silence입니다. 그런 사람들은 존재의 거대한 벌집 안에 있는 모든 세포의 움직임을 듣기 위해 완벽한 침묵에 빠져야 합니다. 그러나 이 44번째 시디는 그저 인간들의 운명의 비밀과 시간의 프랙털 패턴을 이해하는 것을 훨씬 뛰어넘어 있습니다. 44번째 시디를 통해 깨달음을 얻기 위해서는 당신이 코어 프랙털core fractal이라고 알려진 것을 차지하는 것이 전제되어야 합니다.

빅뱅에서 인간의 모든 패턴을 자신들의 근원으로 되돌릴 수 있다면, 세 가지 소스 코드Three Source Codes라고 불리는 것에 도달하게 될 것입니다. 빅뱅이 폭발했을 때, 의식은 기본적인 삼중 패턴으로 물질 안에 심어졌습니다. 즉, 압축된 에너지가 3개의 소스 코드로 알려진 3개의 주요 프랙털 라인 또는 갈래로 폭발되었습니다. 우주를 통해 갈라져 나오는 이 셋으로 된 프랙털은 현대의 혼돈이론에서 잘 알려져 있습니다. 이 3개의 문어 같은 팔은 더욱더 복잡한 프랙털 패턴으로 바깥쪽으로 나선형으로 나타나기 시작했고 점차적으로 합쳐져 물질세계의 기초를 형성하게 되었습니다. 오늘날 살아 있는 모든 인간은 이 세 가지 원본 코드 중 하나에 속하거나 공명하는 프랙털 조각을 가지고 있습니다. 시간이 지남에 따라 이 원래의 삼중 패턴 또는 삼위일체는 거의 모든 주요 세계 종교와 신비 체계의 기초가 되었습니다.

모든 컴퓨터 프로그램에는 소스 코드라고 불리는 것이 있습니다. 소스 코드는 주 프로그래밍 매트릭스에 접속을 허용하는 프로그램에 의해 작성된 숨겨진 코드를 말합니다. 원본 프로그램에 영향을 줄 수 있는 유일한 방법은 이 코드에 접속할 수 있는 경우입니다. 우리 우주의 경우에는 3개의 소스 코드가 있으며 44번째 시디가 그 중 하나에 대한 접속을 허용합니다. 또한 우리가 인간의 역사라고 부르는 것 안에서 프로그램이 변이하게 될 특정한 지점이 우주의 전반적인 프랙털 패턴의 마스터 프로그램에 기록되어 있습니다. 다른 말로 하면, 그것은 그 자신을 넘어서 진화하는 내장된 디자인이 있습니다. 다시 한 번 꿀벌의 공동지배를 고려해 본다면, 우리는 일종의 계층구조의 존재를 보게 되는데, 그것은 선형이라기보다는 원형입니다. 공동지배 안에서는 누구도 다른 누구의 위에 있지 않습니다. 왜냐하면 언제나 그룹의 내재된 단일성에 대한 인식이 있기 때문입니다. 각 단위는 전반적인 기하학에 완벽하게 들어맞으며, 만일 개별적인 형태에 아무런 저항이 없다면 전체는 하나로 기능할 수 있습니다. 이 거대한 태피스트리 안에는 코어 프랙털(core fractals, 핵심 프랙털)이라고 알려진 힘 센터가 있습니다. 코어 프랙털은 우리가 깨달은 존재나 마스터라고 부르는 것입니다. 인간의 코어 프랙털이 깨어날 때마다 그 프랙털의 팔 전체가 천천히 깨어나기 시작합니다. 따라서 어떤 존재나 아바타가 대중들의 죄를 떠안기 위해 이 땅에 온다는 말이 있습니다. 이것은 코어 프랙털의 각성과 조상 전래의 유전 사슬을 통한 도미노 효과를 의미합니다.

따라서 44번째 시디를 표현하는 존재는 돌연변이가 인류 전체에 연쇄 반응을 야기하는 특정 유전 운반체를 갖고 있습니다. 이것을 본질적 차원으로 축소한다면 사실상 공동지배에는 아무런 매력이 없습니다. 인간의 코어 프랙털의 각성은 단순히 전체 프로그램 내에서 이전에 휴면 상태인 코드의 활성화를 나타낼 뿐입니다. 코어 프랙털이 활성화됨에 따라 그림자 주파수를 나타내는, 유전적 혈통 주위를 감고 있는 바이러스가 제거됩니다. 코어 프랙털의 각성은 본질적으로 개별성이라는 환상의 죽음을 포함합니다. 독립성을 포기하는 순간 그것은 의식이 혈통을 따라 계속될 수 있는 깨끗한 도관導管이 됩니다. 코어 프랙털은 정확히 144,000개가 있습니다. 이 숫자가 오랫동안 지구를 각성시키는 역할을 하는 비밀 집단과 오랫동안 연관되어 온 이유가 바로 그것입니다.

공동지배에 관해 마지막으로 알려진 새로운 사실은 그것이 시간의 시작부터 존재해왔다는 것입니다. 그것은 역시 처음부터 항상 존재해 온 간섭 패턴에 의해 간단하게 왜곡됩니다. 이 왜곡 또는 성흔(신성한 상처, sacred wound)는 문자 그대로 모든 단일 프랙털 라인의 팔에 감겨 있습니다. 그것은 인간이 고통을 받는 이유이기도 하지만 우리가 진화라고 부르는 것의 이유이기도 합니다. 우주가 깨어날 때, 간섭은 점차적으로 제거되고, 밑에 깔려 있는 공동지배가 드러납니다. 흥미롭게도 인류는 항상 공동지배의 존재를 감지해오고 있었습니다. ―그것은 과거의 황금시대나 미래의 천국, 또는 지상의 낙원 등의 신화에 들어 있습니다. 우리 종족의 공동지배적 본성을 깨닫는 것이 우리의 운명 안에 쓰여 있습니다. 비록 그것이 오게 될 때 개인으로서의 우리는 모두 사라진다는 것이 가장 커다란 아이러니이지만 말입니다.

45th GENE KEY

시디
성찬식
선물
시너지
그림자
지배

우주적 공감

프로그래밍 파트너 : 26번째 유전자 키
코돈 고리Codon Ring : 번영의 고리
(16, 45)

생리 : 갑상선
아미노산 : 시스타인

45번째 그림자

지배Dominance

도미노의 집

이 행성의 주요 문제에 대한 핵심 이유를 살펴보면 모두 하나의 문제에 집중한다는 것을 알 수 있습니다.—음식입니다. 인간은 살아남기 위해서 먹어야 하기 때문에 음식은 진정한 힘의 상징입니다. 모든 다른 것들은 이 한 가지 사실에서부터 시작됩니다. 오늘날의 현대 사회에서 음식은 돈으로 상징됩니다. 충분한 돈이 있는 한 당신은 살아남을 수 있습니다. 그러나 만일 당신이 알래스카 북부의 황무지로 옮겨진다면 돈은 아무 의미가 없게 될 것입니다. 이는 돈이 실제로는 식량 자원을 통제하는 사람이 힘이 있다는 더 깊은 이슈에 가로 놓인 허식인 것을 보여 줍니다. 주역의 45번째 헥사그램을 고대 중국식 이름으로는 함께 모이기Gathering Together라고 부릅니다. 다른 고대의 이름들과 마찬가지로 여기에도 여러 차원의 많은 지혜가 있습니다. 진화의 아주 초기에, 인간은 함께 모여 있을 때 생존의 기회가 더 크게 증가된다는 것을 발견했습니다. 사냥꾼들이 팀으로 함께 일할 때 그들은 사냥할 수 있는 더 좋은 기회를 가졌습니다. 우리의 문명 전체가 탄생한 것이 바로 이 먹을 것을 둘러싼 모임에서 부터였습니다.

인간 진화의 가장 초기 단계 중 하나는 사냥꾼—수집가였습니다. 이 초창기 사람들은 순전히 유목민이었으며, 여기 저기 장소를 옮겨 다니고, 먹이를 찾아다니며 수집하고, 야생 동물을 죽였습니다. 초기에 인간들이 한 곳에서 머물러 작물을 재배하고 동물을 사육함으로써 생존이 더욱 확실해짐에 따라 진화적 도약이 이루어졌습니다. 식량의 생산과 분배를 통제하는 수단으로서 영토의 통제에 기반을 둔 보다 효율적인 농촌 생활양식으로의 전환은 우리 현대 사회와 국가가 탄생하는 시련의 장이었습니다. 이 변화와 함께 또 다른 발전이 나타났습니다.—문명화된 계층구조가 생긴 것입니다. 종족 그룹이 늘어남에 따라 연장자들의 네트워크나 하나의 알파 리더 주위에 자연스러운 계급이 형성되었습니다. 계층적 사회에서 개별 구성원들은 더 이상 평등하지 않습니다. 권력은 기술과 유용성과 같은 다른 필요에 따라 분배되거나 세습을 통해 상속되었습니다. 서양에서는 식량과 영토가 돈과 부에 대체되었지만 이 기본 계층구조 모델은 오늘날에도 여전히 존재합니다.

45번째 그림자 지배Dominance는 계층구조로부터 작용하는 이 모든 진화적 경향의 중심에 있습니다. 그것은 지금 우리의 뇌가 프로그램 된 방식입니다. 비록 이제는 그 자체가 시대에 엄청나게 뒤떨어져 있지만 말입니다. 그런데 사실은 우리의 현대 기술과 인프라는 우리가 계층구조가 없는 세상에 살 수 있게 해줄 것입니다. 그것이 우리의 이상적인 꿈입니다. 그러나 인간 DNA는 아직 업데이트되지 않았습니다. 그래서 오래된 두려움에 기초한 사고방식이 여전히 우세합니다. 우리는 여전히 지배의 그림자의 희생자입니다. 왜냐하면 우리는 각자의 삶보다도 공동의 삶을 위해 살기 때문입니다. 생존은 직계 가족이나 대가족에게만 국한됩니다. 우리가 7번째 유전자 키에서 배울 수 있듯이, 인류는 실제로 계층구조를 만드는 성향이 있습니다. 왜냐하면 우리 중 일부는 다른 사람들에 의해 지도자가 되고 그와 같이 인정되도록 유전적으로 프로그램되어 있기 때문입니다. 이것이 동물의 왕국에서 알파 수컷이라는 개념의 기본입니다. 그러나 이렇게 혈족으로 격리되는 것은 새로운 사고와 생활의 방식이 세상에 나타날 때 인간들이 깨뜨려야 할 경계입니다. 팀워크와 기업 문화를 강조하는 현대 사회의 비즈니스에서도 당신이 우선적으로 해야 할 일은 당신과 당신의 가족을 먹이는 것입니다. 부족적인 사고는 여전히 집단적인 사고를 지배하며 가족에 대한 충성도는 기업의 의지를 훨씬 능가합니다.

이곳이 두려움이 있는 곳입니다—45번째 그림자 안입니다. 이 그림자는 인간이 혈통을 뛰어 넘는 것을 허용하지 않습니다. 우리의 충성심은 주로 직계 가족에게 국한됩니다. 물론 항상 그렇지는 않습니다. 왜냐하면 세계적인 변화가 현재 진행 중이며 가족에 대한 충성도를 뛰어 넘어 새로운 패러다임에 대한 인식이 넓어지고 있기 때문입니다. 특히 서구에서는 가부장제 계급이 내장되어 있는 전통적인 가족 모델이 점차 사라지는 것을 목격하고 있습니다. 가족 세대의 모델이 너무나 오랜 동안 일반적인 규범이었기 때문에 많은 사람들에게 지금은 매우 무서운 시간입니다.

계층적 사슬에서 안전한 장소를 찾으려는 인간의 욕구는 지배에 기반을 두고 있습니다. 말하자면, 당신은 올라서기 위해서 항상 누군가를 밀어 내려야만 합니다. 그것은 다른 사람들을 억압하고 다른 사람의 명예를 실추시키는 것에 초점을 맞춘 두려움에 근거한 시스템입니다. 비록 비즈니스에서 일하는 사람들의 대다수가 무의식적으로 이 모델에 참여하고 있지만 이것은 현대 비즈니스 모델의 본질입니다. 45번째 그림자의 프로그래밍 파트너는 26번째 그림자 자부심Pride이며, 자신이 중요하다고 느끼는 것을 즐기는 사람들은 자신들의 권위에 대한 환상을 포기하고 싶지 않습니다.

우리가 만든 시스템은 우리를 계층구조 내에서 계속 일하게 합니다. 왜냐하면 계층구조가 우리를 먹여주기 때문입니다. 당신은 시스템을 위해서 일해야 할 뿐만 아니라 세금과 월세를 내야 합니다! 어떤 개인도 비난받아서는 안 된다는 것을 이해하는 것이 중요합니다. 거대 다국적 기업을 통해 세계를 운영하는 소수의 억만장자도 역시 비난받아서는 안 됩니다. 우리가 생각하는 것처럼 정치인들도 또한 비난을 받아서는 안 됩니다. 정말로 비난을 받아야 할 것은 우리의 유전자입니다. 왜냐하면 우리가 이 문명 전체를 만들어 낸 것은 충분히 갖지 못하는 것에 대한 가장 오래된 두려움에서였기 때문입니다. 각각의 인간 모두가 우리가 지금 주위에서 보고 있는 세상에 무의식적으로 참여하고 있습니다. 진화를 되돌리고 사냥꾼-채집자의 뿌리로 돌아가기로 결정하지 않는 한 아무도 그 계층구조를 벗어나지 않습니다. 그렇다면 우리는 여기서 어디로 가야 합니까?

우리는 편치 않은 과도기 시대에 살고 있습니다. 낡은 가족 중심의 부족 시스템이 가까이서 무너지기 시작하고 오래된 가치가 힘도 의미도 잃어버리면서 우리는 깊은 사회적 불안감을 느끼고 있습니다. 동시에 지배하려고 하는 조상 전래의 충동은 지속되어 완전히 새로운 영역, 즉 글로벌 금융을 발견했습니다. 이제 우리의 계층적 투쟁은 돈을 중심으로 전개됩니다. 건강, 교육, 식량, 정부 등 모든 것이 돈을 기반으로 하며, 우리가 그것에 대해 할 수 있는 것은 아무것도 없습니다. 그렇다고 해서 우리가 혁명을 일으켜 낡은 시스템의 방식을 개선하지 못한다는 말은 아닙니다. 바로 이것이 정확히 지금 일어나고 있는 일이며 필요한 것입니다. 그러나 궁극적으로 두려움의 바탕 위에 구축된 시스템은 그 특성상 허물어질 것입니다. 우리는 성공할 가망이 없는 불안전한 틀 속에서 살고 있습니다. 인간에게 급속히 확산되고 있는 인식은 결국 인간의 두뇌가 고안한 시스템의 필요성을 넘어설 것입니다. 그런 일이 일어날 때 계층에 대한 모든 개념은 훨씬 전에 해체될 것입니다.

억압적 본성 – 소심한Timid

45번째 그림자의 억압적인 측면은 권위자에게 머리를 숙이는 모든 사람들로 구성됩니다. 이 사람들은 자신의 영혼이 계층 안에서 자신보다 높은 사람들에게 자신을 지배하도록 허용합니다. 그런 소심함은 소란을 일으키지 않기 위해 자신의 자유를 양보합니다. 그것은 무의식적인 두려움에 뿌리를 두고 있기 때문에, 이런 본성은 더 높은 자리에 있는 사람에게 저항하거나 도전함으로써 얻을 수 있는 좋은 일은 없다는 것을 받아들입니다. 불행히도 대부분의 사람들이 비록 무의식적인 수준이라 할지라도 이 범주에 속합니다. 우리 중 대부분은 개인의 정신이 계층구조의 머리에 있는 사람들에 의해 쉽게 조작되는 글로벌 체스 게임에 기꺼이 참여합니다.

반응적 본성 – 거만한Pompous

이 그림자의 반응적인 측면은 권위자에게 머리를 숙이는 것이 아니라 계층구조 안에서 위로 올라가는 것에 집착함으로써 경쟁 속으로 들어가며 따라서 높은 지위에 오르려는 충동에서 다른 사람들을 밀어내야 합니다. 이들은 다른 사람들보다 높은 권력의 위치를 차지하고 다른 사람들에 대한 통제를 유지하기 위해 그들이 소심한 상태에 있는지 확인하는 거만한 사람들입니다. 따라서 45번째 그림자의 양면은 계층구조의 게임에서 붙잡힙니다.—한 사람은 희생자이고 다른 한 사람은 희생을 강요하는 사람입니다. 계층구조의 전체 게임에서 탈출하는 유일한 방법은 시스템 자체에 대항하는 것이지만 그 대항이 반응이나 분노에 뿌리를 두어서는 안 됩니다. 반응적 또는 억압적 본성을 벗어나기 위해서는 큰 위험을 감수하고 가족, 비즈니스, 정부, 사회 내에서 상호작용의 패턴을 깨뜨려야 합니다. 우리는 개인의 정신이 무엇보다 존중받는 새로운 종류의 시스템의 살아있는 모델로서 홀로 서 있어야 합니다.

45번째 선물
시너지Synergy

계층구조에서 헤테라키Heterarchy[23]로

계층구조 너머에는 훨씬 더 포괄적인 개념이 있습니다. 그것은 헤테라키Heterarchy 라고 알려져 있습니다. 헤테라키는 이미 많은 계층구조 내에서 어느 정도 존재하는 자기 조직self-organization의 수준입니다. 계층구조는 본질적으로 수직적인 정보의 흐름을 요구하는 반면, 헤테라키는 정보를 수평적으로 분배합니다. 계층구조에서는 권위와 정보의 흐름이 항상 상위에 있는 누군가의 허가 또는 승인에 달려 있습니다. 그러나 헤테라키에서는 책임과 의사 결정은 시스템 전체에 균등하게 분

23 국가, 시민, 시장이 권력을 공유하고(共治), 협력적으로 통치하는(協治) 합의주의형(consensual) 민주주의로, 웹 2.0시대의 소셜 미디어 민주주의보다 한 단계 진화한 민주주의다. 헤테라키 민주주의를 실현하는 기반이 바로 빅 데이터다.

배됩니다. 헤테라키 시스템을 통해 처리되는 정보의 흐름은 계층구조에서보다 더 효과적입니다. 그것은 종종 인간의 두뇌 내에서 뉴런 연결이 작동하는 방식과 비교되어왔습니다. 헤테라키는 45번째 선물인 시너지에 기반을 두고 있습니다. 계층구조와 달리 그것은 개인 및 그룹 권한 부여의 필요성을 인식합니다. 그래서 계층적 모델보다 훨씬 더 높은 주파수로 작동합니다.

비즈니스 세계에서는 헤테라키 모델에 더 많이 강조되고 있습니다. 하지만 그것은 아직도 기존의 계층적 모델 내에서 활용되고 있습니다. 상부의 간섭을 거의 받지 않고 움직이는 부서가 매우 유능하고 책임감이 있음을 보여주고 있는 것이 하나의 예입니다. 45번째 선물 시너지는 두려움에 근거하고 단 한 사람에 의해 통제되는 신념에서부터 도약해 나오기를 요구합니다. 그것은 민주주의의 핵심, 즉 의사 결정은 집단적이어야만 한다는 것과 여러 면에서 유사합니다. 이보다 더하여 비즈니스 세계에서는 시너지와 헤테라키는 우리가 더 나아가 이전에 경쟁을 했던 비즈니스가 이제는 교차 수분을 하여 시스템 전체에 걸쳐 더 많은 에너지가 움직이는 네트워크로 들어가기를 원하고 있습니다. 낡은 두려움에 기초한 영토적 사고에서의 도약은 또한 헤테라키 모델 비즈니스에서는 클라이언트와 고객이 네트워크를 구성하는 다양한 비즈니스들 사이에서 공유된다는 것을 의미합니다. 그러나 이것은 또한 권력과 권위를 가진 사람들이 자신들의 권위를 포기할 위험을 감수해야 한다는 것을 의미하기도 합니다.

진정한 권력의 지위에 있는 누군가가 다른 사람에게 완전히 권위를 넘겨준다는 것은 순수한 연금술적 행위를 수행하는 것입니다. 이것이 바로 45번째 선물의 모든 것입니다. 이런 희생과 권한 부여가 올바른 그룹에서 이루어질 때, 그 보상은 경이로운 것일 수 있습니다. 초기에는 비즈니스가 이런 방식으로 다른 비즈니스와 연계하여 돈을 잃는 것처럼 보일 수 있지만, 인적 네트워크를 통해 이동하는 시너지와 선의는 기하급수적으로 증가합니다. 이 새로운 종류의 비즈니스는 상급자에게 끌려가는 것이 아니라 자신만의 자기 조직적인 지성을 발견하도록 허용됩니다. 45번째 선물은 장기적인 분별력에 관심이 있기 때문에 진정한 힘을 가진 것은 수익성 자체가 아니라 이 선의의 프랙털 에너지입니다. 생성된 선의는 동시성과 입소문을 통해 세상에 영향을 미치는 끊임없이 증가하는 나선형으로 바깥으로 퍼져나갑니다. 결과적으로 점점 더 많은 사람들이 이 비즈니스나 제품에 관심을 갖게 됩니다. 45번째 선물의 핵심은 장기적으로는 경쟁으로 에너지를 낭비하는 대신 시너지로 함께 움직이는 것이 더 효율적이라는 것입니다.

45번째 선물은 현대 금융 세계에 주된 영향을 미칠 것입니다. 왜냐하면 그 뿌리가 식량과 자원의 전반적인 통제와 분배에 있기 때문입니다. 앞으로 다가오는 인간 인식의 변화가 우리 안에 뿌리를 내리게 되면 현대 금융의 모든 본질이 개인보다는 집단을 돕는 것으로 바뀔 수 있습니다. 세계적인 빈곤과 굶주림은 45번째 선물을 통해 마침내 종말을 고하게 됩니다. 45번째 유전자 키와 16번째 유전자 키 다재다능Versatility의 선물은 번영의 고리Ring of Prosperity를 형성하는데, 그것은 유전자 풀 전체에 광대한 풍요를 만들어내는 수단입니다. 이 두 가지 유전자 키가 지적하는 것은 자원을 더욱더 다변화하고 그것들을 통합시킬수록 더 성공적이고 효율적이 될 수 있다는 것입니다. 비즈니스에 대한 현재의 계층적 접근 방식에서 네트워킹은 여전히 대부분 한 비즈니스가 다른 비즈니스를 매입하고 이를 기존 계층에 통합하여 컨트롤을 유지하는 것을 통해 나타납니다. 진정한 권력이 네트워크나 조직을 통해 움직이기 시작하는 것은 책임감과 권위를 이타적이고 무조건적으로 양도함을 통해서만 가능합니다. 당신은 당신이 신뢰하는 사람들을 모은 다음 그들에게 자신들의 재능을 추구할 수 있는 자유를 주어야 합니다.

45번째 선물은 교육에도 깊은 관심을 갖고 있습니다. 세계의 빈곤이 끝나기 위해서는 사람들은 구조받기 보다는 스스로 권한을 부여받아야 합니다. 이것은 모든 수준에서 자급자족할 수 있는 방법을 교육받아야 한다는 것을 의미합니다. 그들은 스스로 공급할 수 있게 하는 기술을 사용해야 합니다. 전 지구적인 에너지의 관점에서 볼 때, 역시 같은 진리가 적용됩니다. 우리는 화석 연료와 같은 하나 밖에 없는 우물에서 모든 물을 끌어내기보다는 다양한 자원에서 에너지를 끌어내기 위해 16번째 선물 다재다능Versatility을 활용하는 법을 배워야합니다. 시너지는 자원의 거래보다는 세계 자원의 공유를 포함합니다. 미묘한 수준에서, 대부분의 거래는 두려움에 근거합니다. 선의와 자주권의 에너지가 45번째 선물을 통해 풀려날 때, 돈의 목적 전체가 서서히 변화하기 시작합니다.

45번째 선물의 중요한 영향력은 가족을 통해 나타날 것입니다. 서양에서는 이미 전통적인 가족 단위의 붕괴를 볼 수 있습니다. 사실 추락하는 것은 가족의 가치가 아니라 가족의 정치입니다. 가족 사업에 대한 아이디어는 이 점에서 중추적인 역할을 할 것이지만 그것은 새롭고 다른 방식이 될 것입니다. 현재의 모델에서 가족과 비즈니스는 직접적으로 조화를 이루지 못하고 있습니다. 오늘날 비즈니스는 핵가족을 분열시키는 경향이 있습니다. 왜냐하면 한 파트너 또는 두 파트너가 아이들을 너무 어린 나이에 보호시설이나 학교로 떠나보내야 하기 때문입니다. 앞으로 비즈니스는 건강한 가족의 후견인이 되는 것을 가장 큰 책임 중 하나라고 생각할 것입니다. 45번째 선물을 통해서 시작된 것처럼, 미래 사업은 가족 사업이 아니라 함께 네트워크를 이루는 비즈니스의 가족을 포함하게 될 것입니다. 이런 방식으로, 인간의 서로 다른 혈통과 프랙털은 헤테라키적 비즈니스 모델을 중심으로 통합될 것입니다. 이것은 또한 부모와 자녀들이 서로를 소외시키는 동시에 동질화시키는 기관으로 아이들을 보내는 대신에 네트워크화된 교육과 지원 기반을 제공할 수 있습니다. 따라서 아이들은 놀이를 통해, 그리고 그들이 성장함에 따라 다양한 창조적 사업 가능성을 멘토링함으로써 다른 가족과 함께 교차 수분할 수 있습니다. 이런 방식으로 교육, 재정 및 가족 지원은 모두 단일 통합 네트워크에서 함께 모여지기 시작됩니다. 이것들은 45번째 선물 시너지Synergy의 상승 주파수를 통해 가능해질 수 있는 놀랄 만한 통찰과 돌파구의 일부에 지나지 않습니다. 시너지는 완전히 새로운 사고방식을 포함하는데, 이 사고방식은 현재의 문화와는 너무나 낯설기 때문에 현재는 대중 의식이 그것을 상상하는 것조차 어렵습니다.

45번째 시디
성찬식(Communion, 교감, 영성체)

돈의 종말

45번째 그림자를 음식이라는 이슈로 시작했기 때문에 가장 높은 주파수에서도 똑같은 이슈를 검토하는 것으로 끝낼 것입니다. 성찬식의 전통적 개념은 그리스도의 최후의 만찬을 기념하여 빵과 포도주를 나누어 먹는 기독교의 의식에 뿌리를 두고 있습니다. 성찬식의 진정한 의미에는 커다란 수수께끼가 있습니다. 궁극적으로 최후의 만찬에서 그리스도의 행동은 45번째 시디에 담긴 위대한 계시를 깊이 상징하고 있습니다. 어떤 한 수준에서 빵은 돈을 나타내고 포도주는 DNA, 즉 우리의 피를 통해 모든 인간이 통합되는 것을 나타냅니다. 포도주를 마시는 것은 인간 의식의 황홀경 수준과 개성의 초월을 상징적으로 활성화시킵니다. 이 두 가지 주제, 즉 피와 돈은 성찬식에서 만들어진 상징의 핵심입니다. 주파수의 시디 수준에서, 인간은 돈의 초월을 통해 물질 차원에서의 하나 됨을 인식할 것입니다. 인간이 진정한 화폐이며, 주요한 상호작용의 수단입니다. 왜냐하면 돈은 우리의 주파수를 직접 반영하기 때문입니다. 만일 당신이 두려움에 뿌리를 둔 주파수에서 행동한다면, 항상 돈으로 삶을 통제하려고 노력할 것입니다. 그러나 돈은 또한 우리 각자에게 보편적인 법칙을 시험할 수 있는 기회를 제공합니다. 만일 당신이 무엇보다 선의의 에너지를 신뢰한다면, 당신은 돈이 당신의 삶 안팎으로 움직이는 방식을 바꿀 것입니다.

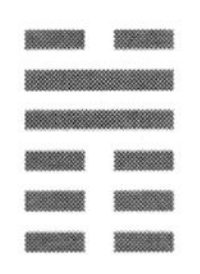

그리스도가 "이것은 내 몸이니라"라고 말할 때, 그는 집단적 수준에서 말하고 있었습니다. 인류는 혈통을 통해 공통의 조상으로 합쳐진 집단체입니다. 45번째 시디 수준에서, 우리는 서로의 음식입니다. 돈은 이 계시의 법규를 여는 열쇠입니다. 우리는 이미 선물 주파수 수준에서 세계 경제를 통한 돈의 재분배가 더 높은 목적을 위해 어떻게 변화해야 하는지를 보았습니다. 이것은 그룹 시너지를 기반으로 하는 새로운 헤테라키적 모델을 통해 나타납니다. 그러나 시디 수준에서 성찬식은 인류 본래의 완성된 의식을 나타내기 때문에 돈의 완전한 종말을 수반합니다. 우리는 대부분의 거래가 미묘한 두려움에 바탕을 두고 있으며 조건부로 주는 것에 뿌리를 두고 있음을 보았습니다. 무조건적으로 주는 것은 돈의 필요성을 완전히 부인합니다.

45번째 시디에서는 인간 DNA의 여러 가닥들이 마침내 합쳐집니다. 그것은 더 높은 의식이 우주적으로 모이는 지점입니다. 그것은 또한 개인, 가족, 집단이 합쳐지는 곳이기도 합니다. 이 합병이 일어나는 방식은 인간 조직과 신성 조직의 궁극적인 모델인 공동지배를 통해서입니다. 인간 유전자 매트릭스에는 다양한 유전자 키를 서로 다른 방식으로 상호 연결시키는 많은 웜홀이 있습니다. 여기에는 자기를 띤 다리와 극성이 있고 화학적인 코돈 링크가 있습니다. 여기서 우리는 원래의 주역에서 배치된 유전자 키 사이의 순차적인 링크를 볼 수 있습니다. 다른 유전자 키 옆에 있는 유전자 키 사이에는 심대한 전형적인 링크가 있습니다. 이 예에서 우리는 44번째와 45번째 유전자 키 사이의 강한 연관성을 볼 수 있습니다. 이 전형적인 링크는 원래 주역에서 다른 헥사그램의 의미를 배웠을 때 이야기 형식으로 전달되었습니다. 이 경우에서 우리는 44번째 시디인 공동지배가 45번째 시디인 성찬식과 어떻게 유대를 형성하는지를 볼 수 있습니다. 우리는 다음 순서에 있는 46번째 시디 엑스터시Ecstasy가 신성한 포도주의 상징으로 생성된 황홀한 상태를 어떻게 다시 불러들이는지 볼 수 있습니다.

이 45번째 유전자 키를 통한 의식의 여행에서, 우리는 계층구조가 헤테라키에게 굴복하는 것을 보았습니다, 그리고 이제 우리는 그들의 융합과 초월이 공동지배를 통해 나타남을 봅니다. 공동지배는 44번째 시디에서 개괄적으로 묘사되고 설명되었듯이 그것이 정체성으로부터 자유로워질 때 근본적인 신성한 인간 의식이 형성되는 것입니다. 모델로서의 헤테라키에 있는 문제는 공통된 초점이 없으면 특정 시스템 내의 모든 측면들 사이에 시너지를 창출할 수는 있지만, 그것은 자신만의 시스템을 넘어선 것을 보지는 않을 것이라는 것입니다. 헤테라키와 계층구조는 서로 융합될 때 시너지 속에서 초월됩니다. 아름답게 꼬아서 말하자면 계층구조는 실제로 공동지배로 이끌고 가는 실현되지 않은 구성 원리입니다. 즉 인류가 신비스러운 교감의 상태에 도달했을 때, 그것은 무수히 많은 인간의 바퀴와 가지에 배열된 인간 기하학의 광대한 프랙털 패턴으로 조직되어 있음을 발견합니다. 이것이 공동지배The Synarchy이며 그것을 말로 묘사하는 것은 실제로 아주 어려운 개념이라는 것을 이해해야 합니다.

공동지배는 하나의 의식으로 작동하는 인류의 전반적인 패턴입니다. 그것은 성찬식Communion의 신비스러운 상태의 역학입니다. 그리스도의 성찬식이 중심에 신비한 열세 번째가 있는 열두 명의 집단으로 대표되는 것처럼, 모든 인간의 공동지배는 그런 종류의 여러 프랙털 가족으로 만들어집니다. 이 12명의 존재들 각각은 안에 그들 자신만의 원을 가지고 있으며 따라서 프랙털이 계속됩니다. 공동지배 안에서 중심 되는 축의 지위를 갖고 있는 각각의 존재들은 따라서 성찬식의 대리인입니다. 각자의 행동, 말, 행위 및 비전이 본질적으로 공동지배를 구축하면서 인류 속으로 직접 흘러 들어갑니다. 그리스도 그 자신이 더 큰 공동체를 위해 자신을 희생시키는 선의의 도관으로서 하나의 중심 프랙털hub fractal의 신성한 예입니다. 우리 각자가 이 예를 따르기 때문에 우리는 더 큰 인류의 몸을 맛보고 우리의 삶 속에서 성스러운 성찬식의 신비를 연출합니다.

공동지배의 리더들은 정상적인 의미에서의 리더가 아닙니다. 왜냐하면 그들은 개인으로 구성되지 않고 단 하나의 인식으로 작동하는 작은 그룹의 사람들로 구성되기 때문입니다. 여러 면에서 공동지배는 인간 두뇌의 뉴런과 시냅스의 상호 연결된 네트워크에 비유될 수 있습니다. 45번째 유전자 키를 통해서 움직이는 주파수들이 점점 더 많아짐에 따라 이것은 정확하게 지금 인류에게 일어나고 있는 일입니다. 우리는 점점 더 높은 수준의 자기 조직self-organisation을 발견하고 있습니다. 그러나 크게 웃기는 일은 우리가 의식적으로 이 패턴들을 창조하는 것이 아니라 발견하고 있다는 것입니다. 다른 말로 하면, 공동지배는 이미 계층구조 내에 숨어 있는 청사진, 즉 45번째 그림자로 존재합니다. 두려움이 인간 게놈을 떠나게 되면, 우리는 이미 우리가 공동지배 체제로 편성되어 있음을 발견하게 될 것입니다. 그러나 그것은 시간을 기본으로 움직이는 뇌에 한정된 채로 서서히 발견해 가는 과정입니다. 의식이 시디 수준에 있는 사람들에게 시간은 더 이상 존재하지 않습니다. 그리스도 의식의 눈으로 보면 천국은 항상 우리 주위에 있습니다.

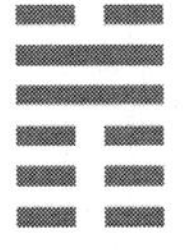

22번째 유전자 키의 대규모 전송에는 공동지배를 위해 특별히 고안된 미래의 신비학교의 뼈대가 윤곽의 형태로 존재합니다. 이것의 핵심에는 행성 입문의 9개 포털The 9 Portals of Planetary Initiation로 알려진 비밀스러운 가르침이 있습니다. 이런 입문은 현재의 유전형을 통해 그것을 넘어서서 진화하는 인간 의식의 경로를 따릅니다. 이 체계 안에서, 인간 의식의 절대 정점을 나타내는 개시는 성찬식의 6번째 입문Sixth Initiation of Communion입니다. 22번째 시디의 말로 하면:

성찬식의 입문은 또한 그 이름을 45번째 시디와 공유하는데, 그것은 신성한 성찬식을 취하는 위대한 신비를 묘사합니다. 성찬식은 제단에서 신성한 의식을 직접 흡수하는 것을 포함합니다. 이 주파수의 장에 들어서면서, 당신은 다른 사람들과 분리되어 있는 것으로 느끼는 모든 감각을 초월하고 있습니다. 이것은 그리스도의 피와 당신의 DNA에 들어 있는 카르마 잔류물의 최종적인 파괴로 상징화됩니다. 그리스도의 은총이 당신 안으로 들어올 수 있도록, 당신은 낮은 육체와 그들의 욕망, 감정, 기억, 꿈 및 지식을 포기하고 당신 안에서 계속 기다려 오고 있었던 더 큰 존재에 의해 이끌어지도록 궁극적인 희생을 기꺼이 감수해야 합니다. 이 위대한 입문을 통해 들어가는 것은 곧 신성한 삼위일체의 두 번째 측면, 즉 그리스도 안으로 죽어 들어가는 것입니다.

먼 미래에, 적어도 우리의 현재 의식의 관점에서 볼 때, 45번째 시디는 인류 전역에 꽃을 피울 것입니다. 이것은 돈에 종지부를 찍을 뿐만 아니라 서서히 음식에도 종지부를 찍을 것입니다. 우리의 집단적 주파수가 우리의 생물학적인 몸을 돌연변이 시키듯이 인류의 몸은 빛의 주파수로 살도록 진화할 것입니다. 이것은 6번째와 47번째 시디에 개략적으로 설명되어 있으며 연금술의 고리 Ring of Alchemy로 알려진 코돈 고리를 통해 인류의 미래에 프로그램되어 있습니다. 우리의 생물학적 돌연변이는 우리가 알고 있듯이 우리가 전체적으로 우주 안에서 더 큰 교감으로 합쳐지면서 인류의 종말을 예고합니다.

46th GENE KEY

시디
엑스터시
선물
기쁨
그림자
심각함

행운의 과학

프로그래밍 파트너 : 25번째 유전자 키
코돈 고리Codon Ring : 물질의 고리
(18, 46, 48, 57)

생리 : 피
아미노산 : 알라닌

46번째 그림자
심각함Seriousness

기우사(사업을 잘 하는 사람)

때때로 무언가를 묘사하는 가장 좋은 방법은 이야기를 통해서입니다. 사실 이것은 고대의 원형에 대한 설명 같은 이야기는 아닙니다. 그것은 기우사에 초점이 맞춰져 있습니다. 그는 지역의 날씨 패턴에 영향을 주고 마술적인 수단을 통해 비가 오도록 하는 특별한 재능을 가진 마법사입니다. 아주 옛날에는 (그리고 오늘날에도 많은 곳에서는) 어떤 지역이 장기간 가뭄을 겪게 되면 기우사를 찾아갑니다.

우리의 이야기에서 기우사는 약간 나이가 든 사람입니다. 그리고 그가 마을에 도착하면 그가 필요로 하는 것은 무엇이든 제공됩니다. 어쨌든 마을 사람과 그들 가족의 미래의 삶은 그의 성공에 달려있습니다. 비가 없으면 작물은 자라지 않을 것이고 먹을 것이 아무것도 없게 될 것입니다. 그러나 기우사는 그에게 필요한 것은 그저 잠을 자고 며칠 동안 혼자 있을 수 있는 오두막이라고 말합니다. 호기심 많은 마을 사람들이 그의 모든 행동을 지켜보고 있음을 잘 알면서 노인은 어떤 것이든 자신의 용품들을 준비합니다. 그것은 어쩌면 어떤 이상하게 보이는 장치일 수도 있고, 아니면 해당되는 신들에게 바칠 일련의 공물일 수도 있습니다. 어떤 기우사는 오두막집 속으로 사라져 기다리면서 아무것도 하지 않는 것처럼 보이기도 합니다.

며칠 후, 만일 기우사가 진짜라면 비가 오기 시작할 것입니다. 마을 사람들은 그와 그의 마법의 힘에 대해 칭찬을 늘어놓습니다. 그가 가는 곳마다 그가 비를 내리는 것처럼 보이기 때문에 그의 평판은 더 올라갑니다. 그러나 그의 명성에도 불구하고 기우사는 자신만이 알고 있는 위대한 비밀이 있습니다. 그는 사실 자기에게 날씨를 조종하는 특별한 힘이 없다는 것을 알고 있습니다. 그의 비밀은 그가 삶에서 진정한 목적을 발견했다는 것입니다.—그는 기우사이며, 그가 가는 곳은 어디나 비가 내리게 됩니다. 그가 비를 내리는 것이 아닙니다. 그는 단지 비가 내리기로 되어 있는 곳에 자신을 맞추는 것입니다. 그가 아무것도 할 것이 없고 단지 자신이 가고 싶은 느낌이 드는 곳에 나타나기만 하면 되는 이유가 바로 그것입니다.

이 간단한 이야기는 46번째 유전자 키의 놀라운 점 모든 것을 요약하고 있으며 이 전체 작업의 진정한 의미의 본질을 간직하고 있습니다. 당신의 높은 삶의 목적이 당신의 DNA 속에 숨어 있습니다. 그리고 그 높은 목적을 발견하면 모든 것은 신성한 은총의 영혼에 의해 당신을 위해 펼쳐집니다.

46번째 유전자 키의 그림자 원형은 심각함Seriousness입니다. 심각함은 지구상에 있는 모든 질병 중에서 가장 널리 퍼져 있으며 많은 질병을 유발하는 으뜸이 되는 원인입니다. 당신이 이 그림자의 수준에서 삶을 살 때, 가는 곳마다 당신의 머리 위에 검은 구름이 따라다닙니다. 당신이 원하지 않을 때 항상 비가 내리는 것처럼 보입니다. 왜냐하면 당신은 전체와 일치되어 있지 않기 때문입니다. 당신은 미래나 과거에 너무 초점을 맞추게 될 때 스스로 장애물을 만들어 냅니다. 심각함은 지금 당장의 삶보다 다른 삶을 걱정하거나 기대하거나 바라는 것입니다. 심각함은 당신을 삶과 사랑으로부터 벗어나게 하고 통제와 분열의 쟁점에 데려다 놓습니다.

46번째 유전자 키는 당신의 육체에 대한 관계를 관장합니다. 그것은 물질의 고리Ring of Matter로 알려진 코돈 그룹의 일부입니다. 그것은 수태가 되는 시점에서부터 21살이 되는 시점까지 육화의 발달과정을 프로그램합니다. 특히, 46번째 유전자 키는 당신의 모든 그림자 패턴이 당신의 자세, 호흡 패턴, 그리고 접촉을 통한 물리적인 세상과의 관계 등 당신의 신체적인 구조에 접선되는 첫 번째 7년 주기에 관계됩니다. 어린이가 신체적 차원에서 완전히 육화되는 데에는 7년이 걸립니다. 이 기간 동안 특정 유전자는 스위치가 켜지고 다른 어떤 유전자는 스위치가 꺼집니다. 따라서 신체 건강의 모든 미래 패턴은 초기에 결정됩니다.

이 기간 동안의 신체적 상황에 관계없이 미래의 삶은 주변 사람들의 주파수 장과 그들이 삶을 다루는 방법으로 만들어집니다. 아이에게 줄 수 있는 가장 큰 선물은 사랑스럽고 촉각적이며 도덕적으로 키우는 것입니다. 이것은 부모에게 막중한 책임을 부과합니다. 왜냐하면 자녀가 육화되는 살아 있는 오라를 만드는 사람이 부모, 보호 관리자 또는 교사이기 때문입니다. 아이가 신체적인 오라를 통해 인생이 안전하고 사랑스럽다는 것을 알게 되면, 몸은 자연스러운 내면의 조화로 이완됩니다. 많은 사람들이 깨닫지 못하는 것은 안전함을 느껴야 하는 것이 마음이 아니라 몸이라는 것입니다. 거의 모든 인간의 건강 문제는 이 첫 번째의 각인되는 기간으로 거슬러 올라갑니다. 만일 당신에게 어떤 진행 중인 건강 문제가 있다면 처음 7년 동안 어느 시점에서 몸이 안전하지 못함을 느꼈고 DNA 안의 어느 곳에선가 어느 한 유전자나 유전자 세트의 스위치가 켜졌거나 꺼졌던 것입니다. 46번째 그림자 심각함에게 양분을 주는 것은 이 초기의 생리학적 배선입니다. 부모가 스스로를 신뢰하지 못할 때, 그들은 삶에 대해 너무 심각하게 되고, 이 주파수를 자녀의 오라에 전해줍니다.

46번째 시디가 엑스터시의 장으로 들어갈 수 있게 하는 것처럼 46번째 그림자는 당신이 고통의 장에서 살도록 요구합니다. 낮은 주파수에서 당신은 마치 물질에 잠겨 있고 영의 기쁨과 아름다움에 접근할 수 없는 것처럼 삽니다. 더 높은 차원의 사랑에 대한 지식이나 기억이 없이 사는 것은 당신이 삶을 너무 심각하게만 받아들일 수 있다는 것을 의미합니다. 영적인 길을 너무 심각하게 받아들이는 사람들이 있습니다. 그리고 그들이 성취한 것이 아무리 감명 깊은 것이라 해도 당신은 그들의 얼굴에서 더 가볍고 더 평온한 삶을 살 때 나오는 진정한 빛이 부족하다는 것을 볼 수 있습니다.

앞서 보았듯이, 46번째 그림자는 부모가 신체에 대해 느끼는 방식으로 당신의 몸이 느끼는 방식을 프로그램합니다. 부모들이 자기 사랑의 정신에 확고하지 않다면, 그들은 자신들의 심각함을당신에게 전달할 수밖에 없습니다. 낮은 주파수로 양육하는 것은 항상 의식적이든 무의식적이든 통제를 통한 조건화가 필요합니다. 우리는 자녀들이 행복하기를 원하지만 우리 스스로가 어떻게 행복해야 하는지 모릅니다. 사실, 우리 아이들의 자유와 자발성은 우리 자신의 조건화와 불행의 깊이를 끊임없이 상기시켜줍니다. 이것이 현대의 부모들이 부모가 되기가 그렇게 어려운 이유 중 하나입니다. 그들은 자신의 몸 안 깊은 곳에서 행복해지는 법을 잊어 버렸습니다. 사실, 그들은 어떻게 놀아야 하는지 잊어 버렸습니다.

멋진 삶을 위한 공식은 너무 간단합니다. 가볍게 걷고 너무 걱정하지 않는 것입니다. 삶은 삶이 원하는 곳으로 당신을 데려다 줄 것입니다. 그러나 우리 인간은 현재의 각각의 순간보다는 우리의 마음속에서 살고 있는 경향이 있으며, 우리의 마음은 항상 시간 속에서 살고 있습니다. 우리는 46번째 그림자와 억압적인 표현이 무지Ignorance인 25번째 그림자의 짝을 이루기 때문에 과도하게 심각하도록 코드화되어 있습니다. 무지는 속담에서 말하듯이 지복이 아닙니다. 우리는 우리의 삶에 대해 너무 진지할 때만 무지를 드러냅니다. 우리는 삶을 신뢰하지 않으며 우리에게 일어나는 사건을 의식적으로 통제하려고 노력합니다. 앞으로 배우겠지만 삶이 얼마나 쉬운지를 모르는 우리의 무지가 46번째 선물의 열매를 즐길 수 없도록 방해합니다.

억압적 본성 – 불감증Frigid

모든 억압적 본성은 어떤 의미에서건 얼어붙어 있습니다. 여기서 불감증이란 성적인 의미에서 사용되는 것이 아니라 감각이 얼어붙음을 묘사하는 훨씬 더 광범위한 맥락에서 사용됩니다. 이 사람들은 자신의 몸에 대한 두려움 때문에 삶으로부터 자신을 감춥니다. 만일 당신이 당신의 몸을 좋아하지 않는다면 당신의 활력은 시들게 됩니다. 그런 사람들은 삶의 정수와 접촉을 잃습니다. 이것이 그들의 생활 방식, 옷, 특히 얼굴에 반영되는 것을 볼 수 있는데, 그것은 초췌한 표정을 통해서 두려움을 나타냅니다. 그런 사람들이 자신의 모습을 염려하지 않고 몸속에 있는 것의 아름다움을 즐기기 시작하면 깊은 안쪽에 묻혀 있는 내면의 온기가 풀어지고 전체가 녹기 시작합니다.

반응적 본성 – 경박한Frivolous

경박함은 심각함에 대한 과도한 반응입니다. 이 사람들은 실제로 삶을 즐기는 척하고 겉으로는 아무것도 심각하게 여기지 않는 것처럼 보입니다. 그러나 그런 사람의 표면을 살짝 긁어보면 그들이 사실은 매우 감정적으로 반응하며 엄청난 분노를 품고 있다는 것을 곧 발견하게 될 것입니다. 이 분노는 조만간 폭발할 것입니다. 왜냐하면 이 사람들은 가볍고 느긋하고 아주 쾌활한 것처럼 보이게끔 노력해왔기 때문입니다. 그 허울이 부서질 때, 누군가가 그들에게 숨김없이 정직하게 대할 때, 그들은 자신들이 실제로는 삶을 얼마나 심각하게 여기는지를 드러냅니다. 하나의 패턴으로서, 경박함은 진실에서 멀어지고, 그런 사람들은 일반적으로 이것을 관계 속에 반영하며, 그 관계는 일반적으로 많기는 하지만 오래가지 못합니다.

46번째 선물

기쁨Delight

"비 물질의 고리"

심각함의 낮은 주파수를 피하려면 하나의 단순한 특성, 즉 수용만 있으면 됩니다. 25번째 선물 수용Acceptance이 46번째 선물 기쁨Delight의 프로그래밍 파트너입니다. 이 두 선물은 서로로부터 성장합니다. 자신에 대해 무언가를 받아들이려면 먼저 자신의 무지에서 벗어나야 합니다. 수용은 소유권과 동일하며 기쁨으로 연결됩니다. 기쁨은 살아 있는 풍요로움에 대한 인식에서 비롯되는 자유의 감각입니다. 이 선물은 물질의 영역 안에서 살아 있다는 느낌을 주는 것입니다.

문제matter라는 우리의 영어 단어가 '그것은 중요하다.It matters' 또는 '그것은 중요하지 않다.It doesn't matter'라는 표현과 연관되어 있다는 것은 재미있습니다. 왜냐하면 바로 이것이 기쁨의 선물이 기초를 두고 있는 것이기 때문입니다. 즉 삶과 사랑을 제외하고는 아무것도 중요하지 않다는 것을 내재적으로 이해하고 있기 때문입니다. 따라서 더 높은 주파수에서 물질의 코돈 고리Codon Ring of Matter는 비물질의 고리Ring of No Matter로 알려질 수도 있는 것입니다! 높은 주파수에서는 삶을 살아가는 동안 당신의 태도가 훨씬 더 가벼워집니다. 당신의 주변 환경이 어떠하든, 당신은 그들을 은총의 일부로 인정하고 받아들일 수 있습니다. 바꾸어 말하면, 당신이 삶 속에서 무언가를 볼 때—일단 당신이 그것을 보았고 놓아 버렸다면—당신의 에너지는 기뻐하는 데에 더 사용될 수 있습니다. 이 유전자 키를 이해하는 것은 64 유전자 키의 핵심을 이해하는 데 핵심적입니다. 이 전송을 가볍게 접근하여 마술 같은 방법이 DNA의 미로에 잘 들어가게 할 수 있어야 합니다. 그것을 덜 심각하게 생각하고, 가슴을 열고 마음을 열면, 스스로 자신의 삶에 더 멀리 더 깊숙이 퍼져 나가는 기쁨을 경험할 수 있습니다.

64가지 선물 각각은 서로 다른 천재성을 나타내며, 홀로제네틱 프로파일에 46번째 선물을 가진 사람들은 믿을 수 없을 정도로 부드럽게 세상을 헤쳐 움직입니다. 그들은 적시에 적당한 장소에 있는 데에 천재성을 갖고 있는 것처럼 보이며, 다른 사람들은 종종 그들을 운이 좋은 것으로 봅니다. 그러나 행운이 무엇인지를 이해하는 사람은 거의 없습니다. 우리가 앞서 이야기 한 기우사와 마찬가지로, 행운은 당신이 삶을 방해하지 않을 때 일어나는 일입니다. 행운은 당신이 전체와 조화를 이루고 있다고 자연이 말하는 방식입니다. 46번째 선물은 행운이 당신에게 일어나도록 허용하는 뜻밖의 선물이기도 하지만, 그것은 당신의 태도가 더 경쾌하고 덜 욕심을 부릴 때만 일어날 수 있습니다.

주파수가 자신의 선물 수준까지 올라간 사람을 만날 때 거기에는 항상 어떤 두드러진 것이 있습니다. 46번째 선물의 경우, 그들은 과거를 놓아버리고 현재의 순간을 타는 특별한 능력을 가지고 있습니다. 이들은 결코 삶 속에서 어떤 걱정도 하지 않는 종류의 사람들이며, 이것은 그들에게 끌려가게 하는 분명히 실재하는 자성을 만듭니다. 그들은 마치 삶 자체가 그들 안에서 다소 더 증폭되는 것처럼 물리적 차원에서 미묘하게 매력적입니다. 무엇보다도, 그들은 부드럽고 감각적입니다. 기쁨의 에너지는 몸이 매우 편안함에서 오는 깊은 요염함에 뿌리를 두고 있습니다. 편안함을 느끼는 것은 겉으로 보이는 것과는 아무런 관련이 없습니다.—그들은 뚱뚱할 수도 있고 마를 수도 있으며 추할 수도 있고 아름다울 수도 있습니다. 그것은 세상의 그 어떤 것보다 삶을 더 많이 사랑하는 데서 오는 것입니다.

46번째 유전자 키는 또한 그 안에 물질적 성공과 실패의 싹을 담고 있습니다. 많은 사람들이 추구하는 이 비밀은 동시성synchronicity의 원리—시공간을 자유롭게 움직이는 모든 물체를 하나로 묶는 법칙—에 기초합니다. 여기에서 말하는 자유 이동free-moving이란 자기 수용self-accepting입니다. 기쁨과 열린 태도로 자유롭게 삶을 살아갈 때 어떤 일이 일어나든 그것은 올바른 일입니다. 왜 그 순간에 그런지를 알고 말고는 중요한 것이 아닙니다. 성공은 일이 다 지나고 나야만 명확하게 이해됩니다. 당신의 태도가 열려 있고 수용적이면, 당신은 우주가 당신 안에서 작동하고 있다는 것을 보게 될 것입니다. 예를 들어, 올림픽에서 금메달을 따기 위해 인생의 절반을 훈련에 전념하다가 시합이 있는 바로 전날에 병이 납니다. 그리고 그 후에는 병원의 간호사와 사랑에 빠져 결혼하고 행복한 삶을 삽니다. 여기서 핵심은 만일 당신이 금메달을 놓치지 않았다면, 당신은 인생의 진정한 목적을 보지 못했을 것입니다. 선물 수준에서 당신은 성공과 실패에 대한 모든 표준적인 정의를 다시 생각하게 될 것입니다.

동시성Synchronicity은 프로파일에 46번째 유전자 키를 갖고 있는지의 여부와 관계없이 절대적으로 모든 사람이 사용할 수 있는 에너지장입니다. 동시성을 도출하기 위한 유일한 전제 조건이 바로 이 기쁨입니다. 다른 말로 하면, 당신은 놀라움에 열려 있어야 하며, 삶이 당신을 데리고 가기를 원하는 욕심을 놓아버리고, 당신의 통제를 넘어서 있는 힘을 신뢰해야 합니다. 기쁨은 은총을 불러옵니다. 이것은 흐름을 타는 것을 즐기는 것입니다. 이것은 인생에서 아무 목표도 없어야 한다는 뜻이 아니며, 어떤 종류의 목적 없는 표류자로 생을 마쳐야 한다는 뜻도 아닙니다. 필요에 따라 어디서든 놓아버릴 수 있도록 목표를 가볍게 잡고 있으라는 것입니다. 삶 속에서 당신의 꿈이 이루어지기 위해서는 이 한 가지만 기억하면 됩니다.—심각하지 말라!

46번째 시디
엑스터시Ecstasy

절정의 내면 세상

46번째 시디는 말로 표현하기가 정말로 힘든 시디 중 하나입니다. 엑스터시는 대부분의 사람들이 자신과 자신의 삶을 생각할 때 고려하는 단어가 아닙니다. 그리고 당신으로 하여금 엑스터시에서 멀리 떨어져있는 주파수를 유지하게 하는 것이 이 정신 수준의 걸림돌입니다. 그것은 시디들에게 속임수입니다. 만일 당신이 그들이 나타내는 주파수를 받기 위해 가슴을 열 수 있다면, 그 주파수가 당신을 찾아 나서기 시작합니다. 시디 상태는 모두 자성magnetism의 문제입니다. 당신은 에너지장의 한쪽 극이 될 만큼 당신 자신을 충분히 멀리 확장시켜야 합니다.—음극이 되거나 또는 끌어당기는 자가 되어야 합니다. 이것이 바로 우리 인간이 모습입니.—보편적인 주파수를 받는 접시 안테나인 것입니다. 만일 당신이 의식을 충분히 확장시킬 수 있다면, 가장 높은 주파수가 실제로 당신에게로 내려옵니다.

엑스터시는 46번째 유전자 키 중 가장 높은 주파수이며 오직 가슴을 통해서만 일어납니다. 그것은 사실 인류의 본질입니다. 사실 모든 수준을 넘어선 이 의식 수준에서 당신의 진정한 본성의 황홀한 실현은 너무 강해서 마음이 더 이상 필요하지 않는 순간 마음을 침묵시킵니다. 평범한 사람이 세상에서 엑스터시 상태로 살면서 제 기능을 발휘하는 것은 불가능하다고 생각할 수도 있습니다. 그러나 그것은 전혀 사실이 아닙니다. 엑스터시는 마음이 완전한 휴식을 취하게 될 때의 상태입니다. 다시 말해, 세상이 마음을 요구하자마자 엑스타시 상태는 배경으로 희미해지고 활동이 전면으로 이동합니다. 그런 다음 활동이 완료되자마자 엑스타시 상태가 다시 돌아옵니다. 이 상태에서 마음은 당신의 인생길이 지시하는 것처럼 고요합니다.

이 시디를 드러내는 사람들은 세상에서 주목을 안 받을 수가 없습니다. 대부분의 사람들이 의식하지 못하게 감춰질 수 있는 시디들도 있지만, 46번째 시디는 그런 데에 속하지 않습니다. 이 사람들 주위에서 소용돌이치는 사랑의 자쿠지(Jacuzzi, 거품욕조)는 너무도 눈에 띄는 것이어서 가장 조밀한 주파수의 사람들에게조차도 느껴질 수 있습니다. 당신의 주파수가 고도로 발달되어 있다면, 당신은 몇 마일 떨어져 있는 사람의 오라를 물리적으로 느낄 수 있습니다. 과거에 이 엑스타시의 시디를 드러낸 사람들은 수백 수천 년 전에 사라졌을지라도 그들이 살았던 곳에 그 흔적을 남겼습니다. 이 시디가 다른 어떤 시디보다 강력하다는 것은 아닙니다. 왜냐하면 본질적으로 그들은 모두 동일하지만 이 신의식의 표현은 육체적 영역에 매우 가깝고 물리적 신체를 통해 아주 강력하게 나타나기 때문입니다.

물질의 고리Ring of Matter의 목적은 정신에 의해 완전히 꿰뚫어지는 것입니다. 이것이 발생할 때 엑스터시는 유기적인 결과입니다. 기쁨의 에너지로 둘러싸여 이 세상에 온 아이들은 엑스터시 상태에서 떠날 필요가 없는 아이들입니다. 엑스터시는 또한 우리가 살고 있는 인간의 지적 영역이나 보편적인 양자 장을 오고가는 오르가슴 속에서 파도를 타고 옵니다. 더 높은 몸을 통해 그런 오르가슴 에너지를 경험하는 사람들이 많을수록 우리의 행성은 더욱 변형될 것입니다. 언젠가 아주 빠른 시일 안에 전 세계의 모든 공동체는 이 오르가슴적인 방식으로 집단 각성을 경험할 것입니다. 오르가슴 에너지는 실제로 인류의 프랙털 라인을 통해 물결처럼 전달될 것입니다.

이 지구상에서 놀이보다는 더 중요한 일은 없습니다. 우리가 진정으로 장난스럽게 될 때, 우리는 집단적 현실의 본질을 바꿉니다. 이것이 46번째 시디의 위대한 진리이며 오늘날의 지나치게 심각한 세계에게 아주 중요합니다. 오직 엑스터시만이 마음을 침묵시킬 수 있고, 엑스터시만이 세계의 문제를 해결할 수 있으며, 엑스터시만이 세계 평화와 보편적 사랑으로 이끌어 갈 수 있습니다.

46번째 시디에게 스스로 압도당하도록 허용한 사람들은 자신의 엑스터시로 너무 흘러 넘쳐 자신들의 경험을 설명한 말을 찾지 못했습니다. 그나마 말을 발견한 사람들은 거의 항상 시로 말을 했으며, 시는 곧 사랑의 언어입니다. 그런 남성과 여성—신비주의자—들은 세상을 떠날 필요성을 발견하지 못했으며, 평범한 삶의 세계에서 그들의 사랑을 발견했습니다. 46번째 시디는 장터와 가족과 세상의 평범함을 한껏 경험하고 즐깁니다. 이 사람들은 그들에게 일어나는 일에 정말로 관심이 없습니다. 왜냐하면 가슴은 마음이 만드는 구분을 만들지 않기 때문입니다. 하늘을 쏜살같이 나는 제비처럼 가슴은 깨어나는 순간마다 놀고 기뻐하며 모든 생각할 수 있는 경험을 실험해 보면서 삶을 순간순간 즐깁니다. 가슴은 성공이나 실패, 과거나 미래, 삶 또는 죽음을 신경 쓰지 않습니다. 그것은 단지 바로 지금 자신이 살아 있고 맥박이 뛰고 있다는 것만을 알고 있으며, 그 깨달음이 엑스타시의 달콤한 와인으로 흘러넘친다는 것만을 알고 있습니다.

당신 몸의 엑스타시적인 본성에 조율하는 능력은 마음을 놓아 버리고 가슴을 여는 능력에 달려 있습니다. 그것은 당신에게 이 몸과 살아 있는 경험을 주는 존재에 대해 당신이 얼마나 감사함을 느끼느냐에 달려 있습니다. 당신이 삶 속에서 한 번이라도 이 황홀한 느낌을 느꼈다면, 당신은 그것을 다시 만들 수 있습니다. 그리고 비록 당신이 그것을 느껴 보지 않았더라도, 당신은 자신을 그것에 열어 놓을 수 있습니다. 그것은 지금 당장, 이것을 읽는 바로 그 순간에 당신 안에 있습니다. 그것은 항상 당신의 육체적 심장의 심실 안에서 조용히 기다리면서 당신과 함께 남아 있을 것입니다, 당신이 해야 할 일은 단지 그것을 다시 당신의 삶에 초대하는 것뿐입니다.

47th GENE KEY

시디
변형
선물
변성
그림자
억압

과거를 돌연변이하다

프로그래밍 파트너 : 22번째 유전자 키
코돈 고리Codon Ring : 연금술의 고리
(6, 40, 47, 64)

생리 : 신피질
아미노산 : 글리신

47번째 그림자
억압Oppression

마법의 거울

47번째 그림자는 인간에게 고통의 신비에 대한 가장 큰 열쇠 중 하나를 제공합니다. 이 47번째 유전자 키 안에는 어둠의 거대한 저장고가 조상 전래로부터 내려오는 유전적 고뇌의 형태로 숨어 있습니다. 47번째 그림자는 카르마의 창고입니다. 카르마라는 용어는 실제로 기억을 의미하지만, 우리가 일반적으로 이해하고 있는 기억을 의미하지는 않습니다. 47번째 그림자의 기억은 우리의 피 속에 들어 있는 유전적인 기억입니다. 그러나 이는 논리적 전개를 통해 해독될 수 있는 기억이 아닙니다. 유전학에서 47번째 그림자는 비코딩 DNAnon coding DNA라고 불리는 것을 말합니다. 더 일반적으로는 정크(유전자 기능이 없는) DNA로 알려진 것인데, 이 화학기호는 우리의 집단적 조상 전래의 혈통을 통해 전달되어 내려오는 진화적 유물입니다. 비록 명확한 기능이 아직 이 DNA에 할당되지는 않았지만, 그것이 놀랍게도 우리 게놈의 98퍼센트를 차지합니다. 이 조상 전래의 창고는 실제로 아직은 과학에 의해 밝혀지지 않은 거대한 목적을 제공합니다.-그것은 바로 인간 진화의 터빈(turbine, 물, 가스 등 유체가 가지는 에너지를 유용한 기계적 일로 변환시키는 기계)입니다. 이 DNA에 숨겨진 이유와 기능이 이 47번째 유전자 키를 통해 전체적으로 밝혀집니다.

과학이 47번째 그림자를 해독하지 못하는 이유는 역사가 직선으로 된 것이 아니고 무작위적이기 때문이며, 무작위적 패턴은 논리적인 방법으로 풀 수 없기 때문입니다. 무작위적 패턴은 프랙털 기하학을 통해서만 해석하거나 읽을 수 있는데, 그것은 혼돈 상태의 패턴을 전체론적 법칙을 사용하여 읽습니다. 사실 모든 인간은 자신의 몸 안에 모든 인류의 진화적 기억을 간직하고 있습니다. 이것은 또한 우리가 이 기억에 의해 무의식적으로 움직인다는 것을 의미합니다. 사람이 깊은 무의식에 접속하는 길을 찾을 때, 그들은 사실 집단 무의식에 접속하고 있는 것입니다. 그들이 만일 정신적으로나 영적으로 이 사건에 준비되어 있지 않으면 심히 혼란스럽거나 망상에 빠질 가능성이 큽니다. 이 세계를 이해할 수 있는 유일한 언어는 융 심리Jungian 심리학에서 사용된 언어, 연금술사들의 불가사의한 상징, 또는 고대 샤먼의 토템 언어와 같은 원형의 언어입니다. 64개의 유전자 키가 기반으로 하는 원형의 언어는 우리 인간이 우리 본성의 숨겨진 면을 보도록, 그리고 우리가 보는 것에 개인적으로 동일시되지 않은 채로 집단 무의식의 위험한 샤머니즘 세계로 들어서게 합니다.

샤먼이 무의식의 지하 세계로 들어갈 때, 그는(또는 그녀는) 이 영역을 자신만의 토템 언어를 이용하여 탐색합니다. 그렇게 함으로써 그는 사람의 고유한 유전 암호의 특정 그림자 양상을 직관적으로 찾아내고 이를 밝혀낼 수 있습니다. 그가 이런 측면을 악마나 동물 또는 다른 어떤 것으로 해석하는지 여부는 상관이 없습니다. 중요한 것은 그것이 어떤 개인의 특정한 두려움 패턴을 나타낸다는 것입니다. 진정한 정신 분석가는 이와 같은 방식으로 작업합니다. 우리의 어린 시절 안에 있는 정신병과 두려움에 대한 이유를 찾으려고 시도하는 것이 아니라, 그들은 그런 것들이 실제로 하나의 보편적인 원초적 두려움의 전형적 양상이라는 것을 이해합니다. 우리 각자는 두려움을 나타내는 원초적인 원형을 가지고 세상에 옵니다. 그리고 이것에 덧붙여 우리의 삶의 이야기는 우리가 세상에서 우리의 운명을 따를 때 다루어야 할 다른 원형을 제시합니다. 47번째 그림자는 이런 깊은 두려움이 우리의 깨어 있는 의식 속으로 흘러 들어가는 접속 포털입니다. 이런 이유로 고대 중국인들은 이 헥사그램을 억압Oppression이라고 명명했습니다. 왜냐하면 우리가 그런 두려움을 직접적으로 대면하지 않으면 그것이 우리 삶의 주요한 부담이 되기 때문입니다.

삶 속에서 그림자 원형을 기꺼이 대면하려는 사람은 거의 없습니다. 그들은 47번째 그림자를 들여다보고 싶어 하지 않습니다. 왜냐하면 깊이 들여다보면 볼수록 토끼굴이 더 깊어 보이기 때문입니다. 따라서 그들은 그저 이 무의식적인 두려움 패턴을 거부하거나 반응적 삶을 살 뿐입니다. 자신들의 삶이 이 억압을 직접적으로 반영한다는 것을 깨닫지 못하면서 말입니다. 당신의 두려움을 정말로 깊이 들여다보려면 중요한 변형을 겪어야 합니다. 그 변형은 앞으로 보게 될 것처럼, 결국은 시디 수준에서 우주적이고 신화적인 차원으로 변하는 것입니다. 그러나 의식이 그림자 수준에 있는 사람들에게는 변형이 편안한 일이 아닙니다. 왜냐하면 그런 연금술 과정을 거치려면 당신이 누구이고 무엇이라고 하는 모든 정의를 놓아 버려야 하기 때문입니다. 우리 인간들이 깨닫지 못하는 것은 우리가 찾고 있는 성배가 바로 우리의 두려움 밑에 숨어 있다는 것입니다. 당신을 두려움에 떨게 만드는 것이 바로 진화로 가는 길입니다. 모든 주류 종교가 선과 악의 이중성에 기초를 둔 이유가 바로 이것입니다. 악을 선과 구별함으로써 우리는 실제로 신성을 직접 체험할 수 있게 해주는 본성의 일부를 부정하고 있습니다. 악이란 세상에 드러난 우리의 두려움에 불과한 것입니다.

47번째 그림자의 프로그래밍 파트너는 22번째 그림자 불명예Dishonour입니다. 당신 자신의 그림자를 거부하는 것은 자신을 불명예스럽게 할 뿐만 아니라 삶 그 자체를 불명예스럽게 만듭니다. 자기 자신을 존중할 수 없다면, 분명히 다른 사람 또한 존중할 수 없습니다. 즉, 당신은 당신 자신만의 의제를 통해 누군가의 말을 들으며, 따라서 당신이 듣고 싶은 말만을 듣는다는 뜻입니다. 당신은 자신 안에서 보고 싶지 않은 정크 DNA를 모두 조심스럽게 편집합니다. 이 두 가지 그림자 사이의 과정 전체는 점점 더 억압된 기억을 감추는 생체자기제어 루프를 만듭니다. 우리는 그야말로 자신을 제한하는 패턴을 강화하고 있습니다. 고대인들은 이것을 카르마의 축적이라고 불렀습니다. 이것은 우리가 선행을 하여 긍정적인 카르마를 축적함으로써 이 부정적인 카르마를 상쇄시킬 수 있다는 믿음을 가져 왔습니다. 그러나 그런 관행은 결코 진정한 자유를 가져오지 않았습니다. 왜냐하면 당신의 무의식적인 그림자가 받아들여지지 않고 억눌린 채로 있기 때문입니다. 가톨릭 같은 종교는 고해의 과정을 통해 억압을 완화하는 방법을 발견했습니다. 아직도 고해는 자신의 깊은 내적인 과정에 대한 책임을 떠맡기보다는 그림자의 책임을 겉으로 드러난 것에 돌리기만 할 뿐입니다. 따라서 자신을 변모시키려는 삶의 욕구 그 자체가 효과적으로 억제됩니다.

47번째 그림자의 핵심은 자신만의 고유한 두려움 원형에 직면하지 않으면, 47번째 선물인 내면의 변형Transmutation으로 가는 관문을 열 수 없다는 것입니다. 자신의 역경을 똑바로 바라보지 않고 그것이 자신의 원형의 발현임을 깨닫지 못한다면, 당신은 삶의 핵심 전체와 목표를 놓치게 됩니다. 세상의 대부분은 여전히 이 과정을 시작할 수 있게 되기를 기다리고 있습니다. 그것을 이미 시작한 많은 사람들은 자신들의 책임을 떠맡는 어떤 치료적 시스템에 갇히게 되어 그 과정을 더 지연시킵니다. 그림자를 직면하는 것은 외로운 일이며 자연스러운 운명의 과정을 통해 일어납니다. 당신이 가장 피하려고 하는 것은 바로 당신의 코앞에 있는 것입니다. 그것은 고쳐지려고 하지 않을 것입니다. 그것은 당신의 마음을 통해 해결되지 않을 것이며 계속해서 다시 당신에게 돌아올 것입니다. 그것은 피하거나 다른 사람에게 넘겨질 수 없습니다. 당신의 고통은 마법의 거울입니다. ─그것은 당신이 소유하고, 감사하고 받아들여야 할 당신의 것입니다. 마침내 당신이 고통을 피하려는 것을 그만 두었을 때, 오직 그때에만 그것은 당신에게 마법을 보여줄 수 있습니다.

억압적 본성 – 희망 없는Hopeless

47번째 그림자는 억압적인 성향이 있는 사람들에게 일종의 정신적 붕괴를 불러옵니다. 이것은 마음이 자신의 삶에 완전히 압도되어 있는 내적인 억압입니다. 억압의 패턴이 깨질 기미가 보이지 않기 때문에, 이 사람들은 그저 특정 시점에서 삶을 포기합니다. 그들은 억압에 굴복하고 그것을 정상인 것으로 받아들입니다. 즉, 그들은 삶이 더 나아질 수 있다는 희망을 모두 포기합니다. 그런 사람들은 두려움을 직면할 능력이 없거나 마음이 내키지 않는 상태에 고정된 채 폐쇄된 순환고리 안에서 조용한 타협의 삶을 살아갑니다.

반응적 본성 – 독단적인Dogmatic

반응적인 기질을 가진 사람들은 자신들의 억압을 다른 사람들에게 투사함으로써 밖으로 표출합니다. 이 사람들은 마음을 이용하여 환경을 통제하고, 자신들의 관점에 매우 독단적이게 됩니다. 그런 사람들은 밑바닥에 두려움이 흐르고 있기 때문에 안전함의 환상을 얻기 위해 정신적 패턴을 단단히 굳히려고 노력합니다. 도그마가 과학적 견해이든 종교적 견해이든 상관없이 그들은 사실상 얼어붙어 교착상태에 빠지게 됩니다. 이런 종류의 본성은 다른 사람들이 이 사람들의 독단적인 견해를 믿지 않는 한 그들과 관계를 맺는 것이 매우 어렵습니다. 마찬가지로, 어떤 종류의 자유로운 생각 또는 다른 사람의 마음이나 영혼의 독립은 그런 사람들에게 엄청나게 위협적입니다.

47번째 선물
변성Transmutation

왕궁의 예술Royal Art

47번째 선물 변성Transmutation을 통해서 당신의 숨겨진 유전 프로그래밍의 진정한 목적, 즉 정크 DNA가 드디어 드러나게 됩니다. 좌뇌형 과학자들이 혼돈으로 잘못 읽은 것의 밑에는 창조의 위대한 비밀 중 하나가 숨겨져 있습니다. 유전학자들이 알고 있는 것은 모든 생명체가 돌연변이를 통해, 즉 유전자의 긴 가닥이 복제될 때 실수가 만들어지는 무작위적인 유기체 과정을 통해 진화한다는 것입니다. 입자 물리학이 나타날 때까지, 변성이라는 단어는 전적으로 고대의 연금술과 관련되어 있었습니다. 변성은 한 원소를 다른 원소로 완전히 바꾸는 것을 포함하는데, 그것은 원자 수준에서 방사성 과정을 포함합니다. 따라서 돌연변이는 돌연변이를 초래할 수도 있고 그렇지 않을 수도 있는 점진적인 변화 과정이라고 말할 수 있습니다.

인간이 자신의 그림자를 직면할 때, 그림자들은 변성의 과정이 일어나도록 문을 열어 줍니다. 지구상의 생명체 전체의 역사에 대한 대본(script 원고, 컴퓨터 명령체계)이 우리의 비코딩 DNA의 방대한 프로그래밍에 숨어 있습니다. 이 대본들은 서로 뒤죽박죽으로 뒤틀려 있으며 현재의 패턴 인식 형태로는 해독할 수 없습니다. 그러나 이 대본들은 개별적인 인간의 내부에 거대한 팽창을 만들어 냅니다.—자기 자신의 삶을 통해서 삶의 보편적인 스토리라인을 계속 유지해야 한다는 압박입니다. 모든 인간이 자신의 운명을 감지하는 타고난 감각을 지니고 있는 이유가 바로 이것입니다. 당신이 그 운명을 실행하고 있는지 여부는 내면에서부터 오는 이 광대한 무의식적인 힘의 압력에 기꺼이 굴복하는 당신의 의지에 달려 있습니다. 이것이 변성의 힘이며, 그것은 당신이 자신을 능가하기를 원합니다. 만일 당신이 가장 큰 두려움인 죽음에 대한 두려움을 놓아 버린다면, 변성의 선물을 발견하게 될 것입니다. 인간들은 실제로 고정된 정체성이 없는 의식의 파도입니다. 우리는 한계의 기슭에 계속 부딪치고 다른 어떤 것 속으로 녹아 들어가도록 프로그램되어 있습니다. 분리의 환상 속에서 안심하고 있는 대다수의 사람들에게는 이것이 가장 큰 두려움입니다.

이 47번째 선물 변성Transmutation은 연금술의 고리Ring of Alchemy로 알려진 화학적 유전 계통에서 아주 중요한 성분 중의 하나로서 위험합니다. 고대의 연금술사들은 변성의 원형을 발견하고 그 과정 안에 있는 각 단계의 상징으로 종종 다양한 색깔을 이용하여 이름을 붙였습니다. 이들 중 많은 사람들이 연금술을 비금속을 금으로 만들 수도 있는 물리적인 실험으로 생각했으나 그 중 일부는 연금술이 실제로 무엇인지 정확하게 이해했습니다. 연금술, 즉 왕궁의 예술은 모든 것을 포용하고 아무것도 억제하지 않으면서 전체적으로 삶을 살아가는 인간의 자연스러운 운명입니다. 그것은 위험하게 살아가는 기술입니다. 이것은 외부의 위험을 반드시 감수해야 함을 의미하지는 않습니다.—그것이 위험하다는 것은 당신에게 고정된 것이 있다는 환상에게 그렇다는 것입니다. 진정한 인간은 정의할 수 없습니다. 왜냐하면 그들은 끊임없이 모든 정의를 넘어서기 때문입니다. 연금술은 삶입니다. 변성은 인간들로 하여금 자신의 가장 거친 꿈을 계속 넘어가라고 밀어붙이는 원동력입니다. 변성의 과정에 있다는 것은 진정으로 살아 있다는 것입니다.

변성의 과정은 실제로 연금술사들이 매우 잘 묘사하였습니다. 그것은 제한된 개수의 변성으로 이어지는 작고 해독할 수 없는 돌연변이의 끝없는 시리즈로 이루어져 있습니다. 이런 변성은 당신 삶에서 커다란 전환점입니다. 변성한다는 것은 완전히 새로운 차원으로 양자 도약하는 것입니다. DNA에 숨어 있는 대본을 따라 가면 당신의 내적인 삶과 외적인 삶에서 이런 차원의 변화가 일어납니다. 이것은 보편적인 것이기 때문에 많은 문화의 신화와 신비주의 체계가 이 영적 진화 과정을 묘사했습니다. 이 과정이 계속 움직일 수 있는 유일한 전제 조건은 계속해서 두려움에 굴복하는 것입니다. 어떤 한 가지 두려움이 포용된 순간, 다른 두려움이 자신을 드러내고 당신의 삶은 새로운 두려움에 맞서도록 당신을 몰고 갑니다. 우리 각자는 판도라의 상자에서 뚜껑을 열어야 하며 이렇게 함으로써, 우리 안에 있는 억압의 층들을 발견하게 될 것입니다. 이 억압의 층들이 하나씩 해체될 때, 당신은 자신을 해체하지 못하게 막고 있다고 생각하는 환상을 하나씩 버리게 됩니다.

이 계속 진행되는 변성의 과정을 통해서 점차적으로 정크 DNA를 채로 걸러내듯 추려내고, 이렇게 함으로써 당신은 훨씬 더 넓은 차원의 현실에서 당신의 삶을 보게 됩니다. 이 코드를 읽는 유일한 방법은 그것들을 경험하는 것입니다. 그렇게 할 때, 그들은 당신이 생겨져 나온 의식의 근원으로 당신을 돌아가게 하는 그들의 진정한 목적을 풀어내고 드러냅니다. 홀로제네틱 프로파일에 47번째 선물을 갖고 있는 사람은 인간들의 연금술적 과정을 깊이 알고 있는 사람들입니다. 고통을 뛰어 넘는 유일한 방법은 당신에게 다가오는 모든 느낌과 사건을 품어 안으면서 그 안으로 더 깊숙이 들어가는 것입니다. 이것이 삶의 흐름에 깊이 침잠하는 방법입니다. 그것은 항복의 길입니다.

47번째 시디

변형Transfiguration

십자가형의 참된 의미

47번째 시디는 47번째 유전자 키의 절정을 인간의 형상으로 나타냅니다. 변성은 실제로 끝나는 일이 없습니다. 그것은 단지 껍질을 깨고 자라나오는 것이며, 이것이 47번째 시디 변형Transfiguration을 통해 일어나는 일입니다. 변형이라는 말은 그리스도의 승천과 부활에 거의 전적으로 관련이 있습니다. 그것은 그리스도가 십자가형을 당한 이후 다시 나타났을 때 그의 빛나는 얼굴을 나타냅니다. 예수 그리스도의 생애는 사실 이 변형 상태에서 막을 내리는 연금술적 변성의 모든 단계를 완벽하게 신화적으로 재연한 것입니다. 만일 우리가 예수의 형상을 둘러싸고 있는 끝도 없는 교리와 견해로부터 빠져나올 수 있다면, 모든 인간들의 삶의 위대한 비밀을 볼 수 있을 것입니다. 그리스도의 삶은 아무것도 붙들지 않고 모든 것을 포용할 때 일어나는 모든 사람의 삶을 상징적으로 보여줍니다.

이 세상 전역에 걸쳐 이와 비슷한 변형에 대한 설명이 있어왔습니다. 특히, 티베트 사람들은 무지개체Rainbow Body에 도달한 사람들에 대한 기록을 많이 갖고 있습니다. 중국의 고대 도교 또한 변형의 경지에 도달한 마스터들에 대한 긴 역사적 기록을 가지고 있습니다. 이 47번째 시디는 인체 안에 있는 비코딩 DNA의 궁극적인 목적을 보여주는데, 그것은 결국 실제 신체 내의 과정을 코드화합니다. 변성의 힘은 결국에는 당신 몸의 물리적인 물질 단계에 이르는 정도까지 감정적으로나 정신적으로 당신을 해체시킵니다. 그러면 신화의 힘이 이어 받아 당신 몸의 세포가 원래 자기들이 만들어진 근원인 순수한 빛의 주파수로 변성하기 시작합니다. 당신의 몸을 이루는 요소들은 별 안에서 만들어졌고, 당신은 당신 자신의 미니 초신성 안에 있는 별 속으로 되돌아갑니다. 모든 구성 요소가 서로 용해되고, 기본적인 물질로부터 상징적인 금이 형성되는 신비의 통합unio mystica 또는 신성한 결혼, 이것이 연금술사들이 묘사한 마지막 상태입니다.

모든 시디 상태와 마찬가지로 변형은 일반적인 현상이 아닙니다. 당신은 예수가 삶을 마치는 시점에서 그 현현을 통해 온 세상에 얼마나 큰 영향력을 끼쳤는지를 볼 수 있습니다. 그것이 일어난 다른 문화는 대개 편협하여 일반적으로 그것은 전설로 여겨졌습니다. 사람들은 왜 그것이 널리 보고되거나 심지어 영상으로 촬영될 수도 있는 좀 더 최근의 어디선가 발생하지 않았는지 질문할 수 있습니다. 그 질문에 대한 답은 우리 몸 안에 있는 대본에 있습니다. 확실한 사실은 그것은 다시 그리고 어쩌면 이전에 보아 왔던 것보다 훨씬 더 큰 규모로 발생할 것이라는 점입니다. 인류는 거대한 변화의 문턱에 서 있습니다. 하나의 종種으로서, 우리는 십자가형의 상징적인 시간을 통해 움직이고 있으며, 십자가형은 변형을 선행합니다. 십자가형은 새로운 빛이 나올 때 낡은 모든 것은 세상을 떠나야 한다는 것을 의미합니다. 앞으로 수세기 동안 희생되어야 할 것은 덫으로 뒤덮인 현대 사회입니다. 이 모든 변성과 함께 지금은 거대한 불확실성, 거대한 두려움과 거대한 흥분의 시대입니다.

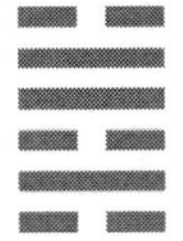

우주적 수준에서, 변형은 끝나지 않습니다. 우리 지구 전체, 즉 인간과 모든 생물과 지구 그 자체는 결국 변형될 것입니다. 사회적 차원에서의 변형은 행성 유기체 전체를 포함해야 합니다. 왜냐하면 현재의 관점에도 불구하고 우리는 실제로 지구로부터 분리되어 있는 존재가 아니라 지구의 마음과 눈이기 때문입니다. 우리가 알고 있는 세상이 진동하는 빛의 장 속으로 사라질 만큼 우리 행성을 구성하는 모든 요소들이 높은 주파수로 진동할 때가 올 것입니다.

우리가 측정하는 시간 속에서는 아주 먼 미래에 있는 이 전례 없이 환상적인 사건이 일어나기 전에, 개인들의 변형의 현상이 더욱 일반적이 될 것입니다. 이것은 47번째 시디의 프로그래밍 파트너인 22번째 시디 은총Grace이 활성화되기 때문입니다. 이 두 시디는 하나로서 작동합니다. 그것은 즉 개인이 변형의 상태에 도달하기 위해서는 신성한 은총이 관여해야 한다는 것을 의미합니다. 은총이 언제, 어디서, 또는 누구에게 일어날지 아무도 말할 수 없지만, 그것은 현재의 육화주기의 일부인 신성한 여성의 원리의 한 측면입니다. 신의 은총은 47번째 시디를 통해 일하는 사람들만을 건드릴 수 있습니다. 왜냐하면 이 사람들은 인류 전체의 카르마를 떠안아야 하기 때문입니다. 이것은 십자가형을 통해 실행된 마지막 중대한 변성입니다. 십자가형은 인간이 지옥 속으로, 즉 집단 무의식의 지하세계로 내려가는 것과 조상 전래의 고통 속으로 완전히 잠기는 것을 나타냅니다. 그것은 모든 인간의 DNA의 중심 안에 있는 인류의 집단적 두려움을 직면하는 것입니다. 이 수준의 자기 희생에 도달한 사람은 부활과 최종적인 변형을 앞서가고 그것을 가능하게 만드는 성령이나 신성한 은총을 요청합니다.

48th GENE KEY

시디
지혜
선물
자원이 풍부함
그림자
부적절함

불확실성의 경이로움

프로그래밍 파트너 : 21번째 유전자 키
코돈 고리Codon Ring : 물질의 고리
(18, 46, 48, 57)

생리 : 림프계
(비장)
아미노산 : 알라닌

48번째 그림자
부적절함Inadequacy

EQ와 IQ

인간의 DNA에서 48번째 그림자보다 더 어둡게 나타난 곳이 없습니다. 이 그림자는 우리가 본질적으로 부적절하다는, 인간이 갖고 있는 가장 깊은 두려움 중의 하나를 낳습니다. 일반적으로 인간은 자신의 진정한 능력을 모릅니다. 주변을 둘러보면 놀라운 재능을 보여준 사람과 때로는 기적을 이룬 위대한 사람들의 개별적인 사례를 볼 수 있습니다. 그러나 오늘날의 인류는 어두운 꿈에서 깨어나지 않았습니다. 우리는 진화의 역사에서 가장 큰 전환점 중 하나의 정점에 서 있습니다. 그리고 우리 각자가 지금 우리 앞에 놓여 있는 위대한 도약을 이루려면 이 태고의 두려움을 깊이 들여다보아야 합니다.

48번째 유전자 키의 잠재력은 거대한 집단적 위기가 있을 때만 볼 수 있습니다. 인간을 하나로 묶기 위해서는 위기라는 매개체가 필요한 것으로 보입니다. 우리는 단결력을 전쟁 기간 동안 보게 됩니다. 전쟁은 이 유전자 키의 높은 주파수를 활성화하고 집단을 하나의 독립체로 작동하여 역경을 이겨내고 평시에는 거의 볼 수 없었던 놀라운 업적을 수행하게 합니다. 이 현상은 근원적으로 친교와 봉사에 뿌리를 둔 48번째 유전자 키의 본질에 대해 많은 것을 말해줍니다. 인류가 현재 환경 파괴라고 하는 가장 큰 위기에 직면하고 있기 때문에 이 48번째 유전자 키의 잠재력은 집단적이고 실천적인 해결을 위해 우리로 하여금 영혼 속 깊숙이 파고들도록 촉구합니다. 앞으로 몇 년 동안 우리는 이 48번째 유전자 키를 이해하고 그 그림자 주파수가 우리를 압도하고 있는 영향력을 이해해야 할 것입니다.

물질의 고리Ring of Matter로 알려진 코돈 그룹 내에서 담당하는 역할 때문에 48번째 유전자 키는 아이들의 발달주기를 관장하는 4개의 유전자 키 중 하나입니다. 48번째 유전자 키는 7세에서 14세 사이의 두 번째 7년 주기 동안 우리를 각인시킵니다. 이 두 번째 주기는 정서 발달과 관련이 있으며 부적절한 느낌이 어디에서 왔는지를 정확하게 설명합니다. 우리가 감정체 또는 아스트랄체 속으로 육화할 때, 우리의 부모와 세계에 널리 퍼져 있는 감정적 패턴이 대체적으로 우리의 오라 안에 내에 미세하게 각인됩니다. 48번째 그림자는 우리를 약화시키기 위해 감정적 부적응의 깊은 감각을 통해 우리의 유전자로 스며듭니다. 우리가 사춘기의 연약한 시기를 통과할 때, 사회의 조건화는 우리에게 감정적, 성적 본성을 다루는 방법에 관해서 매우 혼란스럽고 모순적인 메시지를 보냅니다. 대부분의 사람들은 젊은 사람들에게 이 발달 단계가 얼마나 깊고 섬세한 지에 대해 거의 알지 못하고 있으며, 대부분 자신들이 스스로 그것을 처리하도록 맡겨놓습니다. 그 결과로 상처가 없는 사람이 거의 없게 됩니다.

아주 최근까지 감정은 일반적으로 합리적인 사고와 동등한 것으로 이해되는 지성을 약화시키는 것으로 여겨졌습니다. 고맙게도 많은 사람들이 감성 지능(EQ라고도 함)을 점점 더 인식하고 있습니다. EQ는 IQ에 완벽한 균형을 이루고 있으며, 그들은 함께 전인격을 갖춘 지성인을 형성합니다. 대부분의 사람들은 자신들의 감정에 대해 전적으로 책임지는 법을 배운 일이 없었습니다. 그들은 자신의 감정 상태를 다른 사람들에게 투사하는 드라마에 사로잡혀 있습니다. 48번째 그림자는 감정에 눈이 먼 세대를 만든 책임이 있습니다. 만일 우리가 감정적인 상태를 평정심, 진실성, 명료함으로 다루는 법을 모른다면, 우리는 결코 성인으로 완전히 들어가지 못하며 아이와 똑같은 수준에 머물게 됩니다.

48번째 그림자가 당신 몸의 세포로 방출하는 주파수는 미래와 이에 대처하는 당신의 능력에 대해 아주 깊은 불확실성으로 나타납니다. 프로그래밍 파트너인 21번째 그림자 통제Control와 함께 이 두 개의 그림자는 우리 삶의 모든 영역을 통제하려고 노력하도록 프로그램합니다. 우리는 세부사항, 일정 및 시스템 등 모든 것은 우리를 더욱더 안전한 느낌이 들도록 설계된 거짓된 현실을 만듭니다. 아이러니한 점은 바깥에 있는 그 어떤 것도 부적절함에 대한 두려움을 없앨 수 없다는 것입니다. 이 그림자의 더 어두운 면은 다른 사람들을 통제하는 수단으로서 이 두려움을 조종하는 것에 관심을 갖는 것입니다. 그림자 주파수에서 경험한 공허감은 지식 습득을 통해 이 내적인 공백을 채우려고 노력하게 몰아붙입니다. 그러나 지식이 두려움을 없앨 수는 없습니다. 지식에는 어두운 면과 밝은 면이 모두 있습니다. 밝은 면이 지식을 지혜(더 높은 대응관계에 있는 것)로 변형시키는 반면, 어두운 면은 기분전환과 거짓된 안전의 수단으로서 지식에 중독되게 됩니다.

인간은 안전의 꿈을 파는 데 능숙해지고 대중들의 두려움은 그 꿈을 사들입니다. 논리에 기초한 모든 지식 체계는 안전을 약속하고 체계가 복잡할수록 사람들은 그것을 더 많이 믿는 경향이 있습니다. 이것은 종종 현대 과학에서 발생합니다. 문제는 과학 그 자체가 아닙니다. 과학은 진리의 정신을 추구하는 데 사용되는 한 훌륭한 도구입니다. 문제는 종종 자신의 연구 결과와 이론을 자신의 개인적인 안건과 감정적인 부적절함을 강화시키는 데 사용하는 과학자들입니다. 그런 사람들은 우리가 살고 있는 우주를 설명하려고 하면서 현실을 덮어 버리는 환상에 불과한 보안 스크린을 권장합니다.

48번째 유전자 키는 아주 단순하게 말하자면 인간의 이해를 넘어서 있습니다. 그것은 무한으로 가는 포털이며, 인간의 마음속에 부적절함의 불안을 일으키는 데에는 무한만한 것이 없습니다! 이 원형의 원래 중국 이름은 우물The Well입니다. 우물을 내려다 볼 때, 당신은 그것이 얼마나 깊은지 또는 바닥에 무엇이 있는지 전혀 알지 못합니다. 48번째 그림자는 바닥이 없는 블랙홀과 같습니다. 그것은 여성들의 원초적인 두려움이며, 중세 시대에 유럽 전역에서 일어난 거대한 마녀 사냥에서 전형적인 형태로 실행되었습니다. 48번째 그림자로부터 인류의 깊은 편집증이 태어납니다.—이들은 우리의 삶을 조작하는 것으로 보이는 외계인, 신 또는 정부 등입니다. 그것은 누군가가 당신을 통제하는 데 사용될 수 있는 지식을 소유하고 있을지도 모른다는 두려움입니다. 물론, 그 두려움의 진정한 원천은 안에 있습니다. 그러나 인간들은 그것을 계속 우리 밖의 모든 사람들과 현상에 투영합니다.

현대 과학은 우리의 가장 깊은 두려움으로부터 우리에게 안전을 약속하는 유일한 무대입니다. 체계화된 종교, 경제, 교육은 모두 우리 지구인들에게 집단적인 안도감을 조성하려고 노력합니다. 사람들이 일종의 시스템에 관여되는 동안 깊은 두려움은 배경으로 이동합니다. 이 48번째 그림자의 또 다른 주된 모습은 더욱더 많은 부를 창출해야 한다는 충동입니다. 이 충동 또한 부적절함에 대한 두려움에 뿌리를 두고 있습니다. 물질의 고리는 불쾌감 자체의 원천으로 들어가기보다는 물질적 영역을 통해 두려움을 피하려고 노력하도록 우리를 프로그램합니다. 그러나 물질적인 재물은 아무리 많다고 해도 우리를 안전하게 할 수 없습니다. 왜냐하면 두려움 자체가 우리 DNA의 물리적 구조에 뿌리를 두고 있기 때문입니다.

궁극적으로 우리 인간은 우주의 신비의 일부이며, 마음이 여행하도록 운명 지어지지 않은 곳이 있습니다. 모든 인간은 마침내 내면으로 돌아와서 우리의 가장 깊은 두려움, 즉 공허함의 두려움을 들여다봐야 합니다. 우리가 용기를 모아 그런 도약을 하면 멋진 것을 발견할 것입니다. 공허함은 비어 있고 차가운 것이 아니라 따뜻하고 사랑스럽고 빛과 경이로 가득 차 있습니다.

억압적 본성 – 단조로운Bland

집단적인 그림자 주파수에는 두 가지 유형의 사람들이 있습니다. – 머리를 숙이고 두려움에 굴복하는(억압적인) 사람과 자신들의 두려움을 바깥의 다른 사람에게 투사하는(반응적) 사람들입니다. 48번째 그림자의 억압적 본성은 대중의식의 집단적인 단조로움을 형성합니다. 이들은 시스템이 그들에게 무엇을 말하든지 두려움을 표면 아래에 묻고 있는 양입니다. 지구상의 대다수의 사람들이 이 범주에 속합니다. 이 의식은 너무 두려워서 몸 안에 있는 두려움을 들여다보지 못하여 사회가 마련해 준 고정된 패턴에 정착합니다. 물론 삶은 모든 사람들의 삶에서 각각의 사건들을 배열하여 자신들의 두려움에 직면하도록 강요합니다. 그러나 그런 사건이 큰 각성을 촉발하지 않는 한, 억압적인 성향은 그런 시기가 지나가고 나면 모래 속 더 깊숙이 머리를 묻어 버리는 경향이 있습니다.

반응적 본성 – 무원칙의, 부도덕한Unscrupulous

48번째 그림자의 또 다른 면은 다른 사람들에게 부적절함의 일반적인 느낌을 조장하는 사람들에게서 나타납니다. 이들의 분노는 자기들 또한 두려워한다는 사실을 인정하지 못하게 하므로 다른 방식으로 시스템의 희생자가 됩니다. 이 사람들은 시스템 뒤에 숨어서 자신의 지식을 사용하여 다른 사람들의 두려움을 조종합니다. 그들은 자신의 두려움을 표면으로 드러냄으로써 두려움이 일어나는 것을 저지합니다. 그리고 부도덕한 행동으로 두려움의 일반적인 수준을 높입니다. 이런 행위는 그림자 주파수를 크게 강화시킵니다. 인류가 일반적인 피해망상증을 느끼는 것은 이 사람들 때문입니다. 우리는 시스템 전반에 걸쳐 다른 사람들을 전혀 신경 쓰지 않는 권력의 지위에 있는 사람들이 있음을 압니다. 그러나 우리가 항상 그들을 식별할 수 있는 것은 아닙니다. 이것은 모든 사회가 비개인적이며 우리의 통제를 벗어난 느낌을 줍니다.

48번째 선물
자원이 풍부함Resourcefulness

우물 바닥에 있는 빛

모든 어둠과 두려움 때문에, 48번째 유전자 키는 인류에 대한 커다란 희망을 가지고 있으며, 이 희망은 주로 부모의 손에 달려 있습니다. 우리는 이미 48번째 유전자 키가 어린 시절의 감정적 발달 주기를 관장한다는 것을 보았습니다. 모든 인간의 정서적 문제는 이 단계에 뿌리를 두고 있습니다. 그러므로 7세에서 14세 사이의 어린이들에게는 정서 발달에 안정적인 정서적 환경이 조성되어야 하는 것이 아주 중요합니다. 감정체emotional body 또는 아스트랄체astral body는 인간 오라의 미묘한 층이기 때문에 주로 부모의 아스트랄체를 통해 학습합니다. 아이의 부모가 그림자 의식 이상으로 DNA 주파수를 높여주지 않으면, 그들의 제대로 기능하지 않는 감정 패턴이 어린이의 아스타랄체에 각인됩니다. 거의 모든 청소년들이 십대가 되기 훨씬 전에 부모의 미묘체subtle body에 상처를 입습니다. 심리학에서 우리는 조건화를 행동에 관련지어 생각하는 경향이 있습니다. 그것은 사실이지만 대부분의 심리학적 인식보다 훨씬 더 미묘한 수준에서 발생합니다. 14세에 강력한 십대 사이클로 들어서게 되면 당신은 자연스러운 지혜, 감정적 지성, 내부 안정감으로 가득 차 있는 모습으로 나타나거나 십대를 특징짓는 깊은 부적절함으로 나타납니다.

그러나 우물의 바닥에는 빛이 있습니다. 부모가 자신의 감정적 문제를 치유하고 DNA 주파수를 높이면 건강한 감정 패턴을 자녀에게 전달하게 되고, 자녀는 이를 자기들의 자녀에게 전달합니다. 지난 50년 동안 이 패턴으로 인해 세상에는 건강한 성인들이 점점 더 많아졌습니다. 부모가 되는 것보다 인류에게 더 큰 중요한 역할이나 봉사는 없습니다. 그것은 당신 자신의 치유에 가장 빠른 길일뿐만 아니라 온 세상의 치유에 가장 빠른 길입니다. 건강한 성인 모두가 우리 지구의 치유에 강력한 자원입니다. 왜냐하면 그런 사람들은 자신들의 진정한 느낌과 두려움을 두려워하지 않기 때문입니다. 우리 지구 전체의 아스트랄체는 선물 주파수에서 활동하는 이 사람들의 증가하는 파동에 의해 치유되는 과정에 있습니다.

48번째 그림자가 미치는 곳을 넘어가는 비법은 단 한 단어 속에서 발견할 수 있습니다.—신뢰입니다. 삶을 더 넓은 범위에서 신뢰하는 법을 배울 때 우물은 그 비밀의 일부를 드러내기 시작합니다. 삶은 그림자 주파수 그 자체를 신뢰하는 것부터 시작하도록 초대합니다. 그것은 곧 당신이 두려움 속으로 들어가야 함을 의미합니다. 48번째 그림자는 몸 안 깊은 곳에서 울리는 신체적인 두려움이기 때문에 매우 불편할 수 있습니다. 이 두려움은 왔다 갔다 하는 것이 아니라 항상 당신 안에 초점이 맞춰진 채 고정되어 있습니다. 이 두려움의 장에 들어가면 두려움을 아예 없앨 수는 없지만 실제로 정신적인 불안을 덜어줍니다. 그것은 당신이 서서히 두려움 그 자체를 무서워하는 것을 그만 두는 것을 배우는 과정입니다. 그것은 마치 당신 내면의 어둠을 피해 숨어 있는 대신에, 마침내 우물 속으로 들통을 내려놓고 다시 끌어올려 그 안에 무엇이 들어 있는지를 들여다보는 것과 같습니다. 그때 당신은 아주 멋지고 놀라운 것을 얻게 됩니다. 우물로부터 주변 세상의 모든 종류의 도전에 대한 모든 종류의 해결책이 나옵니다. 당신은 그런 어두운 곳에서부터 그렇게 많은 빛이 나올 수 있다는 사실에 놀랄 것입니다. 이것이 자원이 풍부함Resourcefulness의 선물의 본질입니다.

항상 올바른 순간에 원하는 대답이 나올 것이라고 신뢰하는 법을 배울 때, 두려움과 불안감은 서서히 사라지기 시작합니다. 자원이 풍부함의 선물의 놀라운 점은 그것이 스스로 실현된다는 것입니다. 들통이 우물에서 나올 때마다 들통은 특정한 순간에 정확히 필요한 것을 담고 있습니다. 이런 식으로 신뢰는 더 깊은 신뢰로 이어지고, 반복을 통해 내면의 안전을 강화합니다. 서서히 부적절함에 대한 두려움은 환상이었음이 드러납니다. 투사된 두려움이 어디에 숨어 있는지는 중요하지 않습니다.—그것은 혼자 있는 것에 대한 두려움, 돈이 충분히 없는 것에 대한 두려움, 또는 시간이 흘러가는 것에 대한 두려움이 될 수도 있습니다.—당신 내면 깊은 곳에는 당신이 상상한 두려움에 대한 해결책을 제공할 수 있는 무제한적이고 자급자족하는 자원이 있습니다. 이런 해결책은 두려움이 알지 못하는 사이에 방어도 못한 채 열리는 순간에 이를 때 당신을 찾아옵니다. 당신이 모르고 있는 사이에 진주가 당신에게 전달됩니다. 그러므로 두려움을 억누르거나 반응해서는 안 됩니다. 당신은 그저 그것과 함께 있어야 합니다.

대답을 알지 못하는 것에 항복하는 이 상태는 그 정직함이 대단히 강력합니다. 그것은 당신의 평범한 감각을 초월해 있는 위대한 힘의 장을 신뢰하는 것입니다. 힘의 장은 항상 거기에 있지만 당신의 몸은 항상 그림자 주파수의 집단적 두려움을 통해 오는 조건화된 프로그래밍에 따라 반응합니다. 당신이 알지 못하는 것을 신뢰하는 것을 배울 때, 삶은 힘들이지 않고 아름답게 스스로 해결하고, 당신 안에서는 자연스럽게 탈조건화의 과정이 일어납니다. 일반적으로 말할 때 최소 7년이 걸리는데 그것은 몸이 세포 패턴을 배우거나 잃는 데에 그만큼이 걸리기 때문입니다. 당신의 진정한 자원은 당신의 재능 안에, 즉 당신의 DNA 속으로 배선이 깔려 있는 타고난 재능 안에 있는 것입니다. 금상첨화인 것은 당신의 풍부한 자원이 당신 삶의 모든 문제와 이슈에 대해 매우 우아한 해결책을 제공하는 내면의 창의력의 커다란 조류를 촉발시킨다는 것입니다. 우리가 말한 힘의 장은 삶 전체의 패턴에 불과합니다. 삶을 신뢰하고 이 패턴의 더 큰 그림 안에 있는 당신의 위치를 신뢰하기 시작할 때 본성의 선물이 자발적으로 나타납니다. 당신은 당신이 꿈꿔 왔던 것보다 훨씬 더 능력이 있다는 것을 깨닫기 시작합니다. 당신이 삶과 리듬을 맞춰 움직일 때, 삶은 항상 완벽한 자신의 숨겨진 타이밍을 드러냅니다. 그것은 당신의 삶이 어떻게 될지 또는 어떻게 되지 않을지에 대한 당신의 정신적인 꿈에 항상 부합하지 않을 수도 있지만, 그것은 깊은 성취감을 느끼게 만듭니다.

삶 그 자체가 번성하는 것이기 때문에 모든 인간은 번성하도록 설계되어 있습니다. 번영은 부와는 완전히 다른 현상입니다. 번영하기 위해서는 인간이 필요로 하는 모든 것은 충분한 것보다 조금 더 많은 것입니다. 반면에 부자가 된다는 것은 충분한 것보다 훨씬 더 많은 것을 가지는 것을 의미합니다. 이 정의에 따른 부는 안전에 대한 욕구에서부터 형성되었으며, 이미 환상인 것으로 나타났고 그림자 주파수의 두려움에 뿌리를 두고 있습니다. 당신의 운명이 무엇이든 삶은 당신이 필요로 하는 것보다 조금 더 가질 수 있도록 준비할 것입니다. 어떤 사람들에게는 그것이 아주 적은 것을 의미하고 다른 어떤 사람들에게는 아주 많은 것을 의미합니다. 왜냐하면 서로 다른 사람들이 서로 다른 인간의 신화를 살고 있기 때문입니다. 우리는 어떤 사람이 삶 속에서 언제 성취되었는지를 알 수 있습니다. 왜냐하면 그들은 거짓된 안정감을 만들기 위해 비축하는 것이 아니라 그것을 필요로 할 때 필요한 지원을 정확하게 찾아내기 때문입니다.

자원이 풍부함Resourcefulness의 선물의 또 다른 중요한 측면은 통합 능력입니다. 당신 내면의 재능과 자원 모두는 궁극적으로 내장된 프로그래밍 의제, 즉 전체에 봉사하는 것으로 설계되어 있습니다. 이런 의미에서 모든 진정한 재능은 전체적입니다. 내면의 우물은 다른 사람들에게 봉사하기 위해서만 존재합니다. 우물 아래로 들통을 던져 '당신'의 자원을 끌어내는 사람들이 그들입니다. 은유적으로 모든 인간은 서로의 갈증을 해소시키도록 설계되었습니다. 그것은 곧 번영을 위해 정직하고 사심 없이 상호작용해야 한다는 뜻입니다. 전체에 봉사함으로써 당신은 가장 효과적인 방법으로 당신 자신에게 봉사하는 것입니다. 풍부한 자원이 가장 큰 적조차 융합시키는 힘을 갖는 이유가 바로 이것입니다. 사람들이 자신들의 자원을 모으면 그들은 정말로 강력해집니다. 우리는 공통된 위기나 전쟁 중에 연합하는 인간들의 그림자 주파수에서 이것을 보았습니다. 대중 의식의 주파수가 점차 증가함에 따라 우리는 세상에서 비즈니스의 새로운 방식을 창조하기 시작할 것입니다. 앞으로 우리는 탐욕에 기초한 문화보다는 서비스에 기초한 문화의 성장을 보게 될 것이며, 이런 문화가 나타나면 인류는 높은 차원의 보편적인 리듬에 완벽한 조화를 이루는 단일 실체로서 작용하기 시작할 것입니다.

이 48번째 선물에서 나온 마지막 통찰은 인간이 현재 에너지를 이해하는 방식에 관련되어 있습니다. 우리는 폭발의 역학을 기반으로 현대 세계를 창조했습니다. 내연 기관은 인류 역사상 가장 큰 성장 곡선을 만들어 낸 발명품입니다. 이제 우리는 피크오일(Peak Oil, 석유 생산이 최고점에 이르는 시점)의 한계를 지나 에너지 위기에 직면하고 있으며 우리의 석유 매장량과 화석 연료는 줄어들고 있습니다. 48번째 선물이 인류 전체에서 깨어날 때, 또 다른 돌파구가 가능해질 것입니다.—내파implosion의 역학을 통해 에너지를 활용하는 것입니다. 우리는 이 48번째 유전자 키의 원형적 본성이 남성적이거나 바깥을 향하는 것이 아니라 여성적이고 안으로 향하는 것임을 보았습니다. 물리학에서는 동이 트기를 기다리는 완전히 새로운 이해의 장이 있습니다. 그리고 우리가 세상을 다르게 보게 될 때, 우리는 점화할 필요 없이 에너지를 열 수 있는 방법을 발견하게 될 것입니다. 그런 돌파구는 중력의 새로운 이해를 통해 올 가능성이 가장 높습니다. 우리가 48번째 선물의 눈을 통해 보는 법을 배울 때, 우리는 창조의 핵심에 있는 무한한 자원인 자유 에너지(free energy, 어떤 화학반응이 계속 진행할 때 유효한 일을 하는 에너지)의 비밀을 풀 것입니다. 이것이야말로 진정으로 새로운 지구적 시대를 예고할 돌파구입니다. 왜냐하면 그것은 우리의 모든 에너지 요구를 간단하고 신속하게 해결할 것이며 모든 가정이나 지역 사회를 깨끗하고 자급자족하게 만들 것이기 때문입니다.

48번째 시디
지혜Wisdom

존재와 비존재의 저편

48번째 시디 지혜Wisdom은 정말로 위대한 시디 중의 하나입니다. 지혜는 태곳적부터 모든 문화에서 존경받고 추구되었습니다. 지혜에 대한 정의는 많이 있습니다. 그 중 대부분은 정상적인 인식으로 간주되는 범위를 넘어서 보도록 해주는 일종의 내면의 지식이라는 개념을 기반으로 합니다. 총체적으로, 64 유전자 키는 인간의 연속체 내에서 64개의 원형 또는 코드의 백과사전을 나타냅니다. 그러나 시디 수준에서 이 구분된 연속체는 사라집니다. 각 시디는 말을 넘어서서 자신만의 역설적인 언어를 사용합니다. 이런 맥락에서 48번째 시디는 넘어섬 그 자체의 위대한 원형입니다. 그것은 모든 인간이 열망하는 어떤 것이며, 동시에 그것은 우리를 두려워하게 하는 어떤 것입니다. 48번째 시디는 당신 안에 있는 빈 공간을 열어줍니다. 인간의 경우, 그것은 앎이 없는 원초적인 상태입니다.

지혜가 앎보다는 앎이 아닌 것을 통하여 우리에게 다가온다는 것은 정말로 가장 즐거우면서도 가장 짜증나는 역설입니다. 앎(knowing 즉, 지식knowledge)은 우리가 삶과 경험에서 항상 모을 수 있는 어떤 것입니다. 안다는 것은 커다란 노력을 필요로 하는 반면, 알지 못한다는 것은 이미 당신 안에 있습니다. 지혜에 관한 모든 것은 안전하지 않은 것에 관한 것입니다. 확신이 없는insecure 것과 불안전한unsecure 것 사이에는 큰 차이가 있습니다. 확신이 없는 것은 두려움에 사로잡힌 채 최종적으로 구원을 약속하지만 결코 이뤄질 수 없는 환상 속의 여행을 하는 것입니다. 그 여행은 인간의 여행이고, 그것은 궁극적으로 의미 없는 것으로 판명됩니다. 거기에 답이 없는 것은 처음부터 문제라는 것이 없기 때문입니다. 반면에 불안전한 것은 가능한 모든 방법을 써서 두려움을 피하려는 충동을 포용하는 것입니다. 그것은 몸 자체가 죽음을 두려워하지 않는다는 것을 깨닫는 것입니다. 몸이 죽는 것은 아주 당연한 일입니다. 마음 또한 정말로 죽음을 두려워하지 않습니다. 왜냐하면 마음은 단지 당신 몸의 기능의 한 측면일 뿐이기 때문입니다. 그렇다면 우리 인간 안에서 죽음을 두려워하는 것은 무엇일까요?

이 질문에 대한 답이 진정한 지혜의 원천입니다. 지혜는 인간의 모든 질문과 문제에 대한 궁극적인 해답입니다. 오로지 삶만이 이 질문에 대답할 수 있습니다. 어떤 말도 우리 존재의 거대한 환상을 가리킬 수 없습니다. 몸이 죽을 때, 그 구성 요소들은 삶의 거대한 거미줄 망으로 되돌아 갈 것이며 우주 전역에서 끊임없이 재생될 것입니다. 그러면 당신에게서는 무엇이 남습니까? 그런 종류의 모든 질문에 대한 대답은 또 하나의 질문이며, 그 질문이 무엇이든 관계없이 돌아오는 질문은 항상 똑같습니다. 어떤 우리를 말하는가? 어떤 당신을 말하는가? 어떤 나를 말하는가? 거기에 나가 없고 당신도 없고 우리도 없습니다. 불안전하다는 것은 상상할 수 있는 것보다 더 안전하다는 것입니다. 불안전하다는 것은 당신 내면의 모든 질문을 무한 속으로 돌려보내는 것입니다. 인도의 현자 보디달마Bodhidharma가 중국 황제 앞에 신발을 머리에 이고 나타났다는 멋진 이야기가 있습니다. 황제가 신발의 의미를 물었을 때 그는 황제가 그가 어떤 종류의 사람인지를 즉시 알기를 바란다고 대답했습니다. 이 이야기는 진정한 지혜의 불안전한 본성을 상징합니다. 그것은 마음으로는 이해할 수 없고 이해하지도 못하게 될 것입니다.

태곳적부터 인간은 지혜가 본질적으로 여성적이라는 사실을 직관적으로 파악했습니다. 많은 문화권의 위대한 여신들은 이런 사실을 나타냅니다. 그러나 지혜 그 자체는 반대편을 넘어서 있습니다. 여성의 본질은 이런 상징을 단순히 가리키고 있을 뿐입니다. 지혜를 묘사하는 데 사용된 이미지는 따라서 본성적으로 여성적입니다. 물, 우물, 샘, 계곡, 어둠 등이 모두 그 예입니다. 물은 지혜의 본질을 나타내는 가장 위대한 상징 중의 하나입니다. 그 본질이 역설적이기 때문입니다. 그것은 비어 있으면서 꽉 차 있고, 약하면서 강하며, 저항하면서 항복하고 있습니다. 궁극적으로, 그것은 자신을 담고 있는 그릇의 모양에 맞추고, 그 그릇이 지나간 후에는 모양은 사라지지만 그것은 계속 존재합니다. 진정으로 현명한 사람은 이런 식으로 물과 같습니다.—당신은 당신이 현명하다는 것을 모르기 때문에 현명하고, 권력에 관심이 없기 때문에 강력하며, 당신이 사실은 존재하지 않기 때문에 두려움이 없는 것입니다.

지혜를 구하는 모든 사람들의 질문은 지혜를 달성하는 방법입니다. 이것은 모든 신비와 모든 위대한 종교와 과학의 중심에 있는 질문입니다. 현대 과학은 우주에 관한 모든 문제를 해결할 단 하나의 통일된 이론을 찾으려고 계속 시도하고 있습니다. 인류는 이 질문에 대한 답이 우주의 비밀을 풀지 못할 것이라는 것을 아직도 깨닫지 못하고 있습니다.—그것은 우주를 해체시키기만 할 것입니다! 그 답은 질문이 각 개인 안에 있는 것처럼 질문 자체 안에 있습니다. 진정한 지혜의 표현은 오직 완전한 평범함일 뿐입니다. 이 시디가 한 개인 안에서 나타날 때(이것은 그 자체로 역설적인 문장임), 그 개인은 존재하지 않게 되고 전체의 한 측면이 되어 자발적이고 순수하게 기능합니다. 여기서 아이러니한 것은 이것은 지혜가 일어나기 전에 개인이 바로 그것이었다는 점입니다. 다시 말해서, 지혜는 우리 안에서 아무것도 변화시키지 않습니다. 지혜를 불러일으키는 것이 바로 이 깨달음입니다!

인간에게서 물리적인 몸보다 더 현명한 것은 하나도 없습니다. 인간들이 이 비밀을 발견할 때 그들은 보편적인 지혜의 근원을 두드리기 시작합니다. 지혜는 당신의 몸에 대한 완전한 신뢰에 뿌리를 두고 있습니다. 지혜의 눈을 통해 보면 인간들이 경험하는 영역 내의 모든 것은, 심지어 생각조차도 단순한 육체적 감각으로 축소될 수 있습니다. 몸은 그것이 느끼는 방식으로 느끼도록 허용되어야 하고 그것이 생각하는 방식으로 생각하도록 허용되어야 하며, 그것이 행동하는 방식으로 행동하도록 허용되어야 합니다. 몸이 하는 일은 결코 잘못될 수 없습니다. 조화롭게 될 수 있는 방법이 있고 모든 딜레마의 뿌리가 되는 조화롭지 못하게 되는 방법이 있다는 개념은 잘못된 것입니다. 조화만이 있으며 지혜만이 있습니다. 몸이 따르는 어떤 경험을 통해서든 당신의 행동과 생각과 움직임은 독립적인 원천이 있는 것이 아니라 전체로부터 나타난다는 것을 깨달아야 합니다. 우리 삶에는 개별적인 선택이 없을 뿐만 아니라 선택하는 자도 없습니다. 따라서 자유 또는 결정론이라는 개념 전체가 사라져 버립니다.

우리는 우리 각자가 삶에서 많은 어려움을 겪었을 때 어떻게 부적절함을 느낄 수 있는지를 보면서 이 48번째 선물을 시작했습니다. 우리는 이 부적절함을 느끼도록 설계되어 있습니다. 왜냐하면 그것이 우리 여행의 시작이기 때문입니다. 그러나 이런 부적절함 속에도 지혜가 있습니다. 몸으로 느껴지기 때문입니다. 당신이 정신적으로 느끼는 불안 또한 당신의 욕망, 환상, 분노, 모욕, 욕망과 마찬가지로 육체적 지혜의 한 측면입니다. 모든 것은 몸으로 시작하여 몸으로 끝납니다. 만일 모든 감각을 허용하고 완전히, 그리고 신뢰 속에서 누리게 되면, 당신 안에 있는 두려움의 깊은 내적 진동은 결국 흐지부지되어 버리고 맙니다. 두려움은 실제로 두려움에 대한 두려움이며, 그것을 정면으로 바라보면 다른 모든 두려움은 단지 계속해서 일어났다 다시 사라지는 신체적 감각으로 축소됩니다. 이런 깊은 지혜의 단계에서, 당신은 더 이상 육체적인 감각을 차별할 수 없습니다. 예를 들어 강렬한 지복의 느낌은 정욕이나 심지어 육체적 고통의 느낌과 다르지 않습니다. 몸은 단순히 자신의 지혜를 따르며, 이 지혜는 감각이라고 하는 것을 해체시킵니다. 앞서 말했듯이, 48번째 시디가 남겨놓는 것은 절대적으로 평범한 인간입니다.

49th GENE KEY

시디
재탄생
선물
혁명
그림자
반응

내면으로부터 세상을 변화시킴

프로그래밍 파트너 : 4번째 유전자 키
코돈 고리Codon Ring : 소용돌이의 고리
(49,55)

생리 : 태양신경총
아미노산 : 히스티딘

49번째 그림자

반응Reaction

회오리바람을 수확하기

49번째 그림자에서 우리는 더 높은 의식으로 집단적 상승을 시작하는 과정을 위한, 잠자고 있는 유전적 방아쇠를 발견합니다. 더 많은 비율의 사람들에게 이 방아쇠는 잠자고 있으며 우리의 유전자를 통과하는 주파수가 일관되고 안정적이 되게, 즉 잠자도록 만듭니다. 인간이 더 높은 실재로 깨어나기 위해서는 49번째 그림자에 있는 이 방아쇠 또는 스위치가 활성화되어야 합니다. 이런 일이 일어나면, 진화의 첫 번째 단계는 당신 안에서 감정적 패턴의 급격한 변화로 시작됩니다. 49번째 유전자 키를 살펴보면서 우리는 이 초기 각성 과정을 더 깊이 검토할 것입니다. 그러나 그 시점까지 여행하기 전에 먼저 우리를 진화하지 못하게 하는 것이 무엇인지, 그리고 이런 현상이 얼마나 널리 퍼져 있는지를 이해해야 합니다.

49번째 그림자 반응Reaction은 인간 행동을 다스리는 방법에 있어서 64개의 그림자 전체 중에서 가장 강력한 것 중 하나입니다. 이 그림자 안에 약간이라도 인식이 있지 않는 한, 당신의 원초적인 감정들은 당신의 삶을 지배하고 당신의 삶을 만들어가는 결정들을 절대적으로 지배할 것입니다. 많은 세대주기 동안, DNA의 이 부분은 서서히 그리고 꾸준히 진화해 왔습니다. 그것은 가장 원초적인 형태에서 감정적으로 다른 사람들과의 관계를 끊는 능력으로 나타납니다. 그러나 우리가 더 높은 주파수에서 배우는 것처럼, 당신이 다른 사람과 감정적으로 분리될 수 있다는 이 개념은 인간이 가진 거대한 환상 중의 하나입니다. 원래 그것의 더 오래된 목적은 서로를 죽이고 주변의 생물을 죽일 수 있게 만드는 것이었습니다. 상대적으로 최근까지 우리는 생존을 위해 동물을 죽일 필요가 있었습니다. 인간의 생존은 일반적으로 효율성에 기반을 두고 있으며, 특히 초기 유목문화에서 식량을 구할 수 있는 가장 빠른 방법은 주변에 있는 동물을 죽이는 것이었습니다. 그러나 공동체 사회로 정착되고 농경 생활 방식 쪽으로 더 발전하게 되자, 우리는 장기간에 걸쳐 보다 안정적으로 식량을 구할 수 있는 다른 방식을 찾아냈습니다. 요즘에는 인간이 순전히 채식으로만 무한정 살아남는 것이 완벽하게 가능합니다. 농경 생활 방식에 더 치중하는 공동체로 정착하면서 49번째 유전자 키는 계속 진화했습니다. 여러 면에서 그것은 우리를 주변 환경과 서로에게 더 민감해지게 만들었습니다.

그러나 이 유전자 키는 지금까지 진화하기만 했습니다. 공동체가 더 종족적이 될수록 안전에 대한 두려움은 더 커집니다. 종족 유전자 풀은 자립적이며 다른 유전자 풀에 의해 위협을 받습니다. 49번째 그림자의 더 어두운 면은 위협을 주는 인간들을 죽이는 성향입니다. 당신의 사고방식이 종족적일수록 다른 사람들로부터 감정적으로 분리하는 것이 더 쉬워집니다. 그러므로 우리가 이 그림자에서 보는 것은 아웃사이더들을 죽일 수 있기 위하여 그들을 비인간적인 것으로 간주하는 인간의 경향입니다. 오늘날 세상의 일부는 종족 유전자 풀의 사고방식을 넘어서 발전해 왔지만, 대부분은 그렇지 않습니다. 현재 세계 무대에서 글로벌 의식과 낡은 전통적 종족 방식 사이에 급속히 번지고 있는 전쟁은 주로 이 49번째 유전자 키 안에서 일어나는 집단적 돌연변이에 기인합니다. 삶에 민감한 사람들이 있는 반면에 그렇지 않은 사람들도 있습니다. 그리고 그 두 유전 그룹 사이의 격차는 점점 더 커지고 있습니다. 벽의 양면에 무감각함이 있음을 분명히 보는 것이 중요합니다. 글로벌 의식은 종족적 의식에 아주 무감각할 수 있으며 그 반대도 마찬가지입니다.

이 49번째 그림자에 묶여 있는 사회적, 정치적, 경제적 문제는 극도로 복잡합니다. 한 가지 이유는 이 그림자 또한 우리의 가장 오래된 영적 신앙과 관습의 원인이기 때문입니다. 영성에 대한 우리의 가장 기본적인 욕구가 생기게 된 것은 우리의 살육하는 능력에서입니다. 종족 사회의 원칙, 토템, 터부는 우리가 다른 사람을 살육하는 것을 정당화하는 방법을 통해 진화했습니다. 이런 모든 문제는 다른 사람들에 대한 우리의 반응으로부터 일어납니다. 반응이 곧 핵심입니다. 어느 한 종족은 감정적인 종족적 정체성에서부터 다른 것에 반응하고 그 결과는 전쟁입니다. 반응은 여전히 세계의식을 지배하고 있는 오래된 종족적 반사입니다. 강력한 서구 정부의 지도자들조차도 여전히 그런 감정적인 반사작용에 지배를 받고 있습니다. 그 근원에서, 모든 반응은 선과 악의 기준에 기초한 일방적인 주관적 믿음에서 나옵니다. 자기편을 선으로 보고 상대편을 악으로 보는 한, 당신은 49번째 그림자의 포로로 남아 있는 것입니다.

49번째 그림자와 그 주파수 스펙트럼은 유전적으로 지극히 중요한 55번째 그림자와 직접적으로 관련이 있습니다. 이 두 유전자 키는 소용돌이의 고리Ring of The Whirlwind라고 알려진 동일한 유전 코돈 그룹을 공유하며, 그것은 화학적 수준에서 이들을 복잡하게 묶어 놓습니다. DNA의 이런 측면을 통해 현재 일어나고 있는 강력한 돌연변이 과정을 이해하기 위해서는 이들 유전자 키 또한 모두 이해해야 합니다. 55번째 유전자 키를 통한 돌연변이는 개인을 통해 나타나지만, 49번째 그림자를 통과하는 동일한 에너지는 사회정치적, 경제적 혁명을 일으킵니다. 이 관점에서 이 49번째 그림자를 통한 돌연변이의 결과를 보는 것이 55번째 그림자를 통해 보는 것보다 훨씬 쉽습니다. 전자는 우리 공동체와 세계 헤드라인 속의 변화와 위기를 통해 볼 수 있는 반면, 후자는 자신의 개인적인 삶에서 경험해야 하는 더 조용한 내적 혁명입니다.

49번째 그림자의 돌연변이 본성은 당신의 관계를 통해 가장 분명하게 볼 수 있습니다. 모든 관계는 우리를 지구의 종족의식에 연결시킵니다. 당신이 이 세계의식의 측면에서 어떤 일이 일어나고 있는지 알고 싶다면, 멀리 볼 것 없이 가장 친밀한 관계를 보십시오. 49번째 그림자는 반응의 그림자이며, 관계가 없으면 반응이 일어나지 않습니다. 그것은 외부 자극에 대한 자동적인 반응입니다. 49번째 그림자의 기초는 결혼한 부부입니다. 법적으로 결혼했는지 여부는 상관이 없습니다. 중요한 것은 거기에 친밀한 정서적 성적 연결이 있느냐는 것입니다. 49번째 그림자의 힘은 남녀 간에 일어나는 계속되는 반응 패턴을 통해 개인 차원에서 가장 분명하게 볼 수 있습니다. 동성 간에도 마찬가지입니다. 이 패턴들은 관계의 매트릭스에 내장되어 있습니다. 그렇지 않으면 애초부터 관계를 촉발시키는 성적인 불은 존재하지 않았을 것입니다. 반응을 촉발하는 것은 거절에 대한 두려움입니다. 이 두려움은 무의식적인 수준에서 모든 정서적 성적 패턴을 관장합니다. 두려움은 민감할수록 표면에 더 가깝게 나타나며, 그것은 축복이 될 수도 있고 저주가 될 수도 있습니다. 당신이 어떤 의식을 가지고 있다면, 파트너와 의견이 일치하지 않을 때마다 자신의 반응 패턴이 작동하고 있는 것을 볼 수도 있습니다. 인식이 더 많다면 심지어 당신의 몸에 감정적인 부담을 느끼면서도 당신은 전혀 반응이 일어나지 않도록 자신을 방어할 수도 있습니다.

유전적 차원에서, 하나 됨은 우리의 대가족, 공동체 또는 심지어 신과의 연결을 통해 나타납니다. 우리의 가장 큰 두려움 중 하나는 이 하나 됨의 느낌으로부터 단절되는 것입니다. 그것은 출생 시 어머니로부터 분리되는 무의식의 기억 속에 반영되어 있습니다. 그것은 모든 거절 중에서 가장 깊은 것입니다. 모든 무의식적 반응 패턴은 이런 두려움에 영향을 받으며, 당신은 이것이 이 49번째 그림자의 프로그래밍 파트너인 4번째 그림자 편협함Intolerance의 그림자로 이어지는 것을 볼 수 있습니다. 편협함은 반응을 불러일으키고 반대의 경우도 마찬가지입니다. 왜냐하면 우리는 다른 사람이 감정적 두려움을 촉발시킬 때 그것을 다루지 못하기 때문입니다. 이 49번째 그림자는 공동체가 서로 떨어져서 생존을 두려워하며 살았던 시대의 흔적입니다. 당연히 세상의 많은 부분이 오늘날에도 여전히 이와 같이 작동합니다. 그러나 우리가 지금 보고 있는 것은 글로벌 의식의 초기 형태이며, 그것은 궁극적으로 점점 더 정교하고 통합적이 될 것입니다. 종족 그룹의 다양함 뒤에서 우리 모두는 사실 하나의 미토콘드리아 이브(mitochondrial Eve, 사람의 미토콘드리아 DNA를 분석하여 추정한 인류의 모계조상)에 유전적으로 연결이 된 하나의 단일한 세계 종족입니다. 우리의 인식이 이 수준으로까지 스며들 때, 우리는 주목할 만한 현상을 보게 될 것입니다. 즉 집단적 관점과 종족적 관점이 하나로 통합되는 것입니다.

개인적인 차원에서 49번째 그림자를 통과하는 현재의 돌연변이는 인간관계의 겉모습을 변화시키고 있습니다. 우리의 관계가 거울이라고 항상 말했지만, 그 관계가 항상 세계의 거울이라는 것을 의미하는 것으로 이해되지는 않았습니다. 태양신경총의 새로운 인식 센터가 초기의 꽃잎을 열기 시작할 때, 우리는 오래된 반응 패턴을 멈추기 시작할 것입니다. 우리는 거절에 대한 두려움에 반응하지 않는 것을 배우고 있으며, 이 두려움은 우리를 통제하지 못하고 있습니다. 다가오는 새로운 인식은 우리가 오라 장을 통해 서로 연결되어 있으며 거절이나 버림받을 가능성이 없다는 육체적, 감정적 앎을 줄 것입니다. 우리의 감수성은 엄청나게 세련될 것입니다. 이것이 우리 사회와 우리의 개인 생활에서, 그러나 무엇보다도 서로에 대한 관계에서 모든 것을 바꿀 것입니다. 일단 49번째 그림자 안에서 각성의 방아쇠가 활성화되면, 이 과정은 연쇄 반응을 일으킬 것입니다. 그것은 이미 시작되고 있으며 인간 문명의 근본을 뿌리까지 뒤흔들 유전적 회오리바람을 촉발할 것입니다.

억압적 본성 – 기력이 없는Inert

반응Reaction의 그림자의 억압적인 면은 전혀 반응이 없는 것입니다. 많은 사람들이 초기 어린 시절의 조건화나 어떤 충격적인 사건으로 인해 적절한 감정 기능이 약화되어 결과적으로 감정적인 화학 작용이 멈추거나 감퇴됩니다. 이것은 감정적인 무기력함이나 건조함의 일종으로 나타나며, 거절에 대한 두려움에 너무 깊이 파묻혀있어 마치 존재 자체가 없는 것처럼 보입니다. 이들은 감정적인 삶이 모든 사람 중에서 가장 안정적으로 보일 수도 있지만, 원기가 부족하여 성생활이 건조해지고 서로 싸울 것도 남아 있지 않습니다. 모든 감정적인 열정은 잘못된 조화를 만드는 타협에 소모되었습니다. 많은 관계가 파트너들이 서로 의사소통을 하지 않는 이런 패턴을 따릅니다. 그들은 거의, 최소한 심도 있게 의사소통을 하지 않으며 자신들의 취약성을 노출시키지 않습니다. 그런 관계는 삶의 표면에만 존재하며 거의 인정받지 못하는 큰 실망을 감춥니다.

반응적 본성 – 거절Rejection

모든 반응적 본성은 본질적으로 이런 거절에 대한 두려움에 기초합니다. 49번째 그림자의 이 측면은 거절 받은 느낌을 받기 전에 거절합니다. 이 사람들은 누군가가 자기에게 너무 가까이 다가오는 낌새가 느껴지자마자 그들을 멀리합니다. 그들의 관계가 더욱 친밀해지면 두려움은 더욱더 커집니다. 이 사람들은 대개 상처를 입기 전에 관계를 끊어버립니다. 따라서 그들은 상처 받는 위험을 감수하지 않으려고 결국은 혼자가 됩니다. 물론 그런 사람들은 원하든 원하지 않든 자신의 삶을 혼자 보내면서 삶에서 진정한 성취를 결코 느끼지 못합니다. 왜냐하면 그들은 어떤 형태의 헌신적인 관계에 있기로 설계되어 있기 때문입니다. 그런 사람들이 가질 수 있는 유일한 안정적인 관계는 두 사람이 서로를 거의 보지 않는 관계입니다. 그들은 함께 살 수도 있지만 실제로는 서로 의사소통을 할 필요가 없이 그렇게 할 수 있습니다.

49번째 선물

혁명Revolution

조용한 혁명

높은 주파수가 49번째 그림자를 통과할 때, 우리는 전례 없는 변화와 격동의 시기를 거치게 될 것입니다. 이것은 혁명Revoluion의 선물입니다. 49번째 그림자는 유전자 수준으로까지 변이하는 그림자의 첫 번째 측면일 것입니다. 이것이 내포하는 의미는 아주 큽니다. 왜냐하면 감정적 반응의 희생자가 적으면 적을수록 폭력이 급속히 줄어들 것이기 때문입니다. 우리는 또한 모든 문화권에서 발생하는 이 돌연변이의 환경적 영향을 고려해야 합니다. 평화로운 남자와 여자들이 전보다 더 모든 종족 속에 스며들고 있습니다. 혁명은 전 세계적입니다.–그것은 우리 관계를 통해서 개인으로서의 우리에게 계속 영향을 미칠 것이며, 그것은 우리 가족, 공동체, 국가, 종으로서의 모든 정체성에 영향을 줄 것입니다.

혁명은 정체된 에너지가 인지될 때마다 발생합니다. 그것은 당신이 병들어 있다는 것을 깨달을 때 일어나는 직접적인 결과입니다. 49번째 그림자 안에 있는 폭력과 편협함을 감안할 때, 싸움이 없을 수 없다는 것을 확신할 수 있습니다. 현재 진행 중인 유전 혁명이 있으며, 그것이 할 첫 번째 일 중의 하나는 오래된 유전 물질을 버리는 것입니다. 이것을 해석하는 한 가지 방법은 49번째 그림자에서 썩어 있는 모든 것이 표면으로 드러날 것이라는 것입니다. 유전학의 수준에서 인류를 볼 때, 우리는 조건화와 편견 없이 객관적으로 사물을 바라볼 수 있습니다. 그것은 우리가 세상에서 무슨 일이 일어나고 있는지를 볼 수 있으며 그런 일들이 왜 일어나는지를 이해할 수 있음을 의미합니다. 4번째 선물의 프로그래밍 파트너로부터 온 이 이해는 우리로 하여금 반응적인 경향을 극복할 수 있게 해줍니다. 그러나 49번 유전자 키 내에는 출구를 계속 찾아야만 하는 아주 강력한 힘이 잠재되어 있습니다. 낮은 주파수에서 살생을 유도하는 동일한 에너지가 높은 주파수에서 그 파괴력을 유지합니다. 높은 주파수에서 그 목적은 더 낮은 주파수에 있는 모든 것들을 파괴하는 것이 됩니다. 이것이 혁명의 이상적인 원형입니다.

사회적 정치적 차원에서 혁명은 그들에게 꿈을 가져다 주며 그 꿈은 항상 정부에 급진적인 형태의 변화를 구현하는 것입니다. 불행하게도 이것은 언제나 이전에 온 모든 것의 파괴를 포함하며 대개 오래된 시스템에서 좋았던 모든 것들도 파괴됩니다. 49번째 선물의 목적은 이 폭발적인 새로운 에너지와 인식을 세계에 가져오는 것입니다.—55번째 선물의 역할인 개인적 수준이 아니라 집단적이고 문화적인 수준에서 말입니다. 49번째 선물과 함께 사회가 운영되는 비효율적인 방식을 개혁하려는 거대한 갈망이 일어납니다. 이 선물에 강력하게 영향을 받는 사람들은 인종 사이의 사회적 개혁에 자주 관여합니다. 49번째 선물은 역사가 흔히 볼 수 있는 종류의 혁명을 일으키지 않습니다.—그것은 반동주의자가 아니라 혁명가를 낳습니다. 세상을 개선하려는 이 충동은 세상에 대한 깊은 이해에 깊게 결부되어 있습니다.

자신의 홀로제네틱 프로파일에 49번째 유전자 키를 가진 사람은 우리 종족의 신조 이상의 것을 볼 수 없는 우리의 감정적인 무능력으로 인해 문명에 부과된 한계에 대해 깊이 이해하고 있습니다. 그들의 역할은 두려움과 영토를 기반으로 한 이런 오래된 시각을 끌어내리는 데 도움을 주는 것입니다. 그러나 이 선물이 옛날 방식을 버리고자하는 반면에 그것은 또한 과거의 어떤 면은 그대로 유지되어야 하며 그것의 실현을 위해 지원을 받아야 한다는 것을 이해합니다. 49번째 선물은 전 세계의 많은 사람들의 인식을 이미 쇄도하고 있는 힘입니다. 반동주의자와 진정한 혁명가의 차이는 쉽게 구분할 수 있습니다. 반동주의자들은 분노와 두려움에 개혁의 기반을 두는 반면에 49번째 선물을 가진 사람들은 오래된 감정적 편견의 희생자가 아닙니다. 그들은 더 이상의 반응을 불러일으키지 않으며 오히려 갈등의 해소를 추구하고 동시에 미래의 웅장한 비전을 바탕으로 급진적인 변화와 아이디어를 구현합니다. 선물 주파수의 본성은 두려움을 넘어서 있으며 모든 생물에 대한 깊은 선의에 견고한 뿌리를 내리고 있습니다.

무엇보다도 49번째 선물은 현재 시스템의 작동 방식을 이해합니다. 그것은 변화를 가져오는 데 걸리는 시간도 이해할 수 있다는 뜻입니다. 49번째 선물을 통해 전달되는 비전은 집단 무의식에서 비롯된 각인이며, 이 깊은 신비로운 진실은 선물 수준에서 일하고 있는 모든 사람들을 하나로 묶어주는 것입니다. 점점 더 많은 사람들이 자연스럽게 주파수를 높이거나 49번째 그림자가 탄생하면서부터 중립화된 미래의 유전적 운반체로 태어날 때, 세계 문화는 우리 사회 전반에 개혁의 모습이 퍼지는 것을 보게 될 것입니다. 그러나 우리 세계 DNA의 이 부분은 현재 발생하고 있는 전지구적 돌연변이가 금방이라도 일어날 것 같은 가장 불안한 전쟁터일 것입니다. 우리의 DNA 속에는 너무도 많은 두려움이 축적되어 있어 결국에는 모두 터져 나와야만 될 것입니다. 우리의 시간 척도에서 세계 문화가 침착함을 찾기 시작할 때까지 어느 정도 시간이 걸리겠지만 유전적 진화 수준에서 볼 때 이런 변화는 눈 깜짝할 사이에 일어납니다.

49번째 시디
재탄생Rebirth

종의 포킹(Forking, 기술이 여러 개의 호환 불가능한 버전으로 분리되는 과정)

49번째 시디는 의식의 거대한 도약을 나타냅니다. 왜냐하면 그것은 신비로운 이혼mystical divorce의 상태를 조성하기 때문입니다. 49번째 그림자에서 49번째 선물로의 관점 변화는 광대하지만, 49번째 선물에서 49번째 시디로의 차원 변화는 초공간(招空間: 4차원 이상으로 이뤄진 공간)으로 이동하는 것과 같습니다. 인간이 다른 생명체를 죽일 수 있게 해주는 우리 DNA 안의 동일한 에너지 구성은 실제로 우리의 완전한 자유를 탄생시킬 추진력을 간직하고 있습니다. 이것은 55번째 시디와 49번째 시디 사이의 깊은 화학적 연결입니다. 이들은 모두 자유의 재탄생 또는 재탄생의 자유를 만들어냅니다. 이 두 개의 유전자 키는 회오리바람의 고리Ring of Whirlwind로 알려진 코돈 그룹에 함께 결합되어 있습니다. 49번째 선물이 그것을 분해하기 시작한 후에 우리의 세계를 재건하는 것이 49번째 시디입니다. 이것이 어떻게 작동하는지 이해하기 위해서는 의식의 선물 상태가 갖고 있는 한계를 알아야 합니다. 선물 수준에서 49번째 선물 혁명Revolution은 여전히 원 안을 순환하는 경향이 있습니다. 일단 우리가 두려움의 진동을 피하게 되면 우리의 세계는 실제로 달라질 것입니다. 그것은 너무나 거대하고 너무나 빠르게 향상되어 시간 자체가 어지러움을 느끼게 만들 것입니다.

그러나 당신의 DNA 안에 비밀이 더 숨어 있으며, 그 씨앗은 바로 지금 당신 안에 있습니다. 그 비밀은 '신비로운 이혼'이라는 표현에 있습니다. 혁명은 그들 이름의 본질에 따라 계속 다가옵니다. 앞으로 의식에 전환이 있은 후에 인류는 새로운 패턴과 완전히 새로운 사이클에 정착하게 될 것입니다. 막 시작된 유전자 필터링 과정은 여러 세대 동안 계속될 것입니다. 새로운 돌연변이가 인류를 휘어잡기 위해서는 엄청나게 복잡한 과정이 필요합니다. 유전학에서 특정 유전자는 행동이나 표현형질(phenotype, 유전자와 환경의 영향에 의해 형성된 생물의 형질)에 명백한 영향을 미치는 것처럼 보이지만 다른 유전자들은 그렇지 않습니다. 이런 유전자는 침투 유전자penetrant genes로 알려져 있습니다. 49번째와 55번째 시디와 관련된 코돈의 돌연변이 침투는 엄청날 것이며 인간의 행동 패턴은 극적으로 바뀔 것입니다. 그러나 돌연변이가 단일 종의 유전자 풀 전체에 퍼지는 방식은 여러 요인에 의해 제한됩니다. 그들 중에는 열성劣性 유전자가 있는데 이들은 돌연변이의 확산을 효과적으로 줄이는 유전자입니다.

이것은 그런 돌연변이가 전체 인간 종을 추월할 가능성이 거의 없다는 것을 암시합니다. 가장 가능성 있는 일은 그것이 현재의 종을 분리시킬 것이라는 점입니다. 비유를 하자면 4만 년 전 이 세상에는 네안데르탈인과 크로마뇽인이라는 서로 아주 다른 두 인류가 살고 있었다는 것을 상상하는 것이 도움이 될 수 있습니다. 크로마뇽인은 호모 사피엔스의 가장 최초의 가지를 형성하는 데 반해, 네안데르탈인은 35만 년 전이라는 훨씬 더 오래전에 살고 있던 종의 가지로부터 나왔습니다. 알려지지 않은 이유로 인해 더 오래된 종인 네안데르탈인은 멸종되었습니다. 49번째 시디는 모든 인간 진화의 일부, 재탄생Rebirth의 일부인 것처럼 보이는 원형을 감추고 있습니다. 바꾸어 말하면, 진화론적 사슬을 따라 어쩌다 한 번 새로운 종이 오래된 종에서부터 태어납니다. 고인류학古人類學, paleoanthropology에서는 이를 이브 이론Eve Theory 또는 단일 근원 가설single origin hypothesis이라고 합니다. 그러나 그것의 기원에도 불구하고, 신화 속의 피닉스 같은 새로운 종은 부모와 공통점이 없습니다. 그것은 옛것의 유전 물질에서 나와서 완전히 새로운 방향을 취합니다. 이것이 49번째 시디의 핵심입니다. 그리고 그것이 신비로운 이혼이라는 용어의 의미입니다. 혁명은 특정한 주파수 수준에서 계속 진행되지만, 진화는 갑작스러운 도약을 요구하는 나선형입니다. 그럴 때마다 혁명은 재탄생에 길을 내줍니다.

우리는 49번째 선물이 우리 문명의 사회 정치적 인프라에 깊이 관련되어 있음을 보았습니다. 49번째 시디는 여기에 더 깊은 통찰을 가져옵니다. 첫 번째 통찰은 혁명이 아무리 엄청나거나 지대한 영향을 가져온다고 하더라도 현재 형태의 세계는 고칠 수 없다는 것입니다. 현대 사회의 근본 자체가 항상 두려움에 뿌리를 두고 결정을 내리는 종에 기초합니다. 이런 측면에서 전체 문명은 중심에서부터 썩어 있습니다. 새로운 미래를 창조하는 유일한 길은 처음부터 다시 시작하는 것입니다. 49번째 시디는 이 점에서 가혹하지만 그 시야는 아주 먼 목표에 설정되어 있으며 그 목표는 새로운 시작, 재탄생으로만 달성될 수 있습니다. 이 시디가 시작될 때 오래된 문명이 계속 무너짐에 따라 새로운 문명이 세워질 것입니다. 두 종류의 인간이 공존할 것이며 그 둘은 서로 완전히 다른 인식에서 살아갈 것입니다. 인류의 오래된 유전자 프랙털은 여전히 두려움으로 살게 될 것이며 따라서 주위에서 일어나는 모든 변화를 의심의 여지없이 두려워할 것입니다. 우리는 지금도 이 패턴의 초기 형태를 볼 수 있습니다.

이 모든 것이 정말로 사실이라면, 우리는 개인으로서 무엇을 해야 할지 의아해 할 것입니다. 만약 그런 재탄생이 실제로 발생하려는 정점에 있다면, 그리고 미래가 집단적인 진화적 욕구에 의해 이미 유전적으로 미리 결정된다면, 우리 각자가 하는 일이 정말로 중요한 것일까요? 만일 가장 혁명적인 충격으로도 현재의 세계를 고칠 수 없다면 선물을 따르는 목적은 무엇인가요? 여러 면에서 이것은 이 책에서 제기된 가장 큰 질문 중의 하나입니다.

그 대답은 심오한 만큼 간단합니다. 완전히 새로운 방식으로 기능하는 이 진화적인 도약은 우리가 우리의 선물을 따르는 데에 따라 달라집니다. 만일 우리가 사회의 모든 수준에서 새로운 혁명의 물결을 만들 수 없다면, 시디의 영역에서 의식의 정점에 일어나는 재탄생은 일어나지 않을 것입니다. 재탄생은 혁명의 유기적인 꽃입니다. 우리가 세상을 있는 그대로 고칠 수 없기 때문이라는 것은 세상을 더 좋은 곳으로 만들 수 없다는 뜻이 아닙니다. 완벽한 미래에 대한 우리의 비전은 정확히 우리 종의 유전적 포킹을 유발할 필요한 주파수 변화를 만드는 것입니다. 그것은 일어나야만 하기 때문에 일어날 것입니다, 그러나 우리는 아직도 그것을 일어나게 만들어야 합니다. 이것이 역설입니다.

모든 물질 안에 위로 움직이는 진화적 힘이 있는 것처럼, 정신의 영역에서 물질적 차원으로 내려오는 퇴화적인 힘도 있습니다. 우리는 이 태화적인 힘을 49번째 시디의 프로그래밍 파트너인 4번째 시디 용서Forgiveness에서 명확하게 볼 수 있습니다. 용서는 형태로 내려오는 에너지 주파수이며, 그 길에 있는 모든 것을 치우고 풀어 줍니다. 이 유전적 정화는 새로운 종의 재탄생을 가능하게 합니다. 시디의 영역 전체는 재탄생의 영역입니다. 당신이 완전히 새로 태어나지 않은 채 의식의 시디 상태에 도달할 수는 없습니다. 진실한 깨달음에 도달한 모든 사람들은 그런 재탄생을 경험했습니다. 시디 상태는 근원에 있는 신비스럽고 유전적인 이혼을 요구합니다. 그런 상태에 도달한 사람들이 이 현재의 진화 단계에서 유전적으로 기형인 이유가 바로 그것입니다. 그들은 인간의 형태로 내려가는 우리 미래에 있을 작업의 이른 반향으로서 일어나는 의식의 희귀한 개화입니다. 그들은 인간의 형태가 미래의 인식에 적응할 수 있도록 물리적 DNA가 조기에 돌연변이되도록 합니다. 그런 것이 그들의 힘입니다. 당신이 지금 이 말을 읽고 있기 때문에, 당신은 이 이른 개화 중의 하나일 수 있습니다. 묵상할 만한 아름다운 것이 아니겠습니까?

50th GENE KEY

시디
조화
선물
평형
그림자
부패

우주질서

프로그래밍 파트너 : 3번째 유전자 키
코돈 고리Codon Ring : 일루미나티의 고리
(44, 50)

생리 : 면역계
아미노산 : 글루타민산

50번째 그림자

부패Corruption

전사에서 잃어버림

수천 년 동안 모든 인간 문화의 지혜는 소우주가 대우주를 정확하게 반영하고 그 반대 또한 마찬가지라는 놀라운 가능성을 제시해 왔습니다. 유명한 신비주의적 금언에서는 이렇게 말합니다. "위에서와 같이, 아래에서도" 전체적인 마음이 볼 때 논리적인 것처럼 보이는 이것이 사실이라면, 인체의 깊은 곳에서 우리는 존재 자체에 대한 해답을 찾을 수 있어야 합니다. 실제로 유전자 키 자체는 이런 명제에 기초를 두고 있습니다. – 이 64개의 유전적 빌딩 블록 안에서 개인으로서나 하나의 종으로서 우리가 누구이고 어디로 향하고 있는지를 설명하는 원형 코드를 발견할 수 있습니다. 이 명제의 결과로서, 인간 게놈 내의 특정 원형 역시 유전학의 다른 측면에 강력한 연결고리를 갖고 있는 것처럼 보일 것입니다. 왜냐하면 그것이 생명이 창조되고 유지되는 내적 과정을 관장하기 때문입니다. 50번째 그림자는 전사(transcription, 복사)로 알려진 유전 과정을 반영하는 원형으로 특히 두드러집니다.

50번째 그림자는 부패Corruption의 그림자입니다. 종종 우리는 권력의 지위에 있는 사람들이 개인적 이익을 위해 권력을 남용하고 오용하는 정치적이거나 사회적인 부패를 생각합니다. 그러나 이 50번째 그림자를 살펴볼 때, 우리는 이 부패라는 단어를 다른 맥락에서, 즉 데이터 손상이라는 측면으로 고려해야 합니다. 데이터 손상이란 데이터 전송 또는 검색 중에 컴퓨터 데이터의 잘못된 변환을 나타내는 표현입니다. 비록 이 50번째 그림자가 인간의 사회적 가치와 관련이 있지만, 이렇게 비개인적인 방식으로 부패를 생각함으로써 우리는 이 단어를 훨씬 더 깊고 더 객관적인 수준에서 이해할 수 있습니다.

삶에는 인간을 지배하는 자연의 법칙이 있습니다. 한 가지 예를 들자면, 우리는 포유류 조상으로부터 나온 계층구조 안에서 작동하려는 경향이 있습니다. 이런 자연 법칙뿐만 아니라 우리 사회에서 일정 수준의 질서를 유지하려는 인위적인 법칙도 있습니다. 우리의 계층구조를 지배하기 위해 그런 사회적 법률이 필요한 것은 우리가 여전히 계층적 의식에서 작동하고 있기 때문입니다. 그러나 사회 습성인 계층구조 인간 사이의 깊은 분열의 분위기를 조성합니다. 왜냐하면 비교를 낳기 때문이며, 그것은 결국 탐욕, 욕망, 시기, 그리고 불가피하게 사회 부패를 가져옵니다. 인간이 계층구조에서 작동하려는 경향은 서로 경쟁하려는 욕구에서 비롯됩니다. 이는 개인의 생존이나 더 나아가서는 종족의 생존을 우선으로 생각하는 뇌의 오래된 부분에서 유래합니다. 그림자 주파수는 두려움에 바탕을 둔 인간 의식의 오래된 측면에서 만들어집니다. 그러나 인간의 두뇌가 고맙게도 계속 진화함에 따라 다른 가능성이 존재합니다. 선물 주파수 수준에서 이 50번째 유전자 키는 인간의 사회적 상호작용에 대한 완전히 새로운 현실을 봅니다. 그리고 그것은 현재 우리 주변의 세계에서 가장 초기 단계에 있습니다.

그림자 주파수에서 인간의 두뇌에 의해 처리되는 데이터는 두려움이라는 매체를 통해 번역됩니다. 이런 상황이 발생하면 데이터가 손상되어 전 세계에 편파적인 데이터가 발생합니다. 유전학에서 이 50번째 그림자는 RNA가 DNA를 복제하는 방식과 많은 관련이 있습니다. RNA는 새로운 단백질이 형성될 수 있도록 유전자 코드의 양상을 전사하는 역할을 하는 DNA와 유사한 화학 물질입니다. 즉, RNA는 생명에 대한 지침을 읽고 복사하는 메신저입니다. 전사로 알려진 과정에서 메시지는 번역되기 전에 잘못 해석될 수 있습니다. 이것이 인간 사회에서 일어나는 것과 정확히 같습니다.—두려움이 어느 한쪽의 반응을 이끌어내는 잘못된 해석을 야기하며, 이는 다른 당사자에게서 똑같은 두려움과 반응을 촉발시킵니다. 결과는 이 50번째 그림자의 프로그래밍 파트너인 3번째 그림자 혼돈Chaos입니다.

주역에서 이 50번째 헥사그램에 대한 고대 중국 이름은 일반적으로 우주 질서Cosmic Order로 해석되며 그 상징은 가마솥입니다. 옛날의 현자들은 가장 높은 주파수에서 50번째 그림자의 원형적인 역할을 분명히 이해했습니다. 전체 사회를 통과하는 주파수가 낮아지면 혼란과 부패가 우세를 차지합니다. 높은 주파수에서 살았고 평화로운 존재를 즐겼던 고립된 사회와 종족 집단의 많은 예가 있습니다. 그러나 서로 다른 인종, 가족 및 관습이 모여들어 같은 영토에 살려고 할 때 문제가 발생합니다. 그런 다음 한 번 더 생각하는 오래된 두려워하는 두뇌가 작동하게 됩니다. 이 두려움은 데이터를 잘못 해석하고 손상시킵니다. 따라서 부패는 집단적으로 창조된 실재의 증상으로 이해될 수 있습니다. 부패는 존재하기 위해 계층구조를 요구하며, 계층구조는 공동체 내에서 순서를 유지하려는 낮은 주파수입니다. 일반적으로 당신이 법을 만드는 순간, 당신은 반역자도 만들고 있는 것이라고 말할 수 있습니다.

우리가 DNA와 RNA의 비유에서 보았듯이, 이 모든 부패 문제는 자연 법칙의 잘못된 번역에서 비롯된 것입니다. 높은 주파수에 있는 50번째 선물은 모든 조화의 청사진을 가지고 있지만, 우리 뇌의 오래된 부분에 뿌리를 둔 결함 있는 전사 과정을 통해서는 이 평형이 발생할 수 없습니다. 이 과정은 44번째 그림자 간섭Interference을 통해 훨씬 더 깊게 이해될 수 있습니다. 그것은 50번째 그림자와 함께 우리 DNA 안에서 일루미나티의 고리Ring of the Illuminati로 알려진 코돈 그룹을 형성하는 화학적 다리를 만들어 냅니다. 44번째 그림자는 사회적 오해로 직접 이어지는 간섭 패턴을 설정합니다. 우리는 이 50번째 그림자가 오늘날 우리 주변에서 보고 있는 복잡한 세계와 얼마나 깊이 관련되어 있는지 확인할 수 있습니다. 빠른 속도로 진화하는 기술로 인해 서로 다른 법칙과 신념을 지닌 다양한 인종이 집단적인 가마솥에 던져집니다. 기술 혁명의 속도에도 불구하고 오래된 계층적 의식은 여전히 대륙과 문화 전반에 걸쳐 널리 퍼져 있어 부유한 국가들이 지배하는 일종의 국제 계층구조를 형성합니다. 그림자 주파수에서 이 엘리트 계급은 종종 세계를 통제하려는 신비한 세계 정부, 즉 일종의 어둡고 음산한 일루미나티로 인식됩니다.

뉴스 헤드라인을 통해 보는 세계는 실제로 50번째 그림자를 넘어서려고 노력하는 세계입니다. 우리 지구 전역에 걸친 사회 정치적이고 경제적 시스템 전반에 걸쳐 부패가 만연되어 있습니다. 가장 부유한 국가들은 계층적 통제를 통해 세계 균형을 유지하려고 노력하고 있으나, 동시에 스스로는 부패로 구멍이 가득 나 있습니다. 거의 모든 곳에서 우리는 50번째 그림자의 두려움에 근거한 사고가 진행 중임을 보고 있습니다. 그러나 우리 인간이 결국 배우겠지만 개인이나 개별 그룹 또는 심지어 개별 국가를 목표로 하여 부패와 씨름할 수는 없습니다. 이 지구에 평형을 회복하기 위해서는 부패 그 자체보다 더 깊이 보아야 합니다. 부패는 심히 결함이 있는 세계관의 부산물일 뿐이며 핵심이 되는 문제, 즉 계층구조 자체가 건드려지기 전까지 부패는 계속되고 번성할 것입니다.

억압적 본성 – 과부하Overloaded

50번째 그림자 부패는 두 가지 유형의 인간을 만들어냅니다. – 반응이나 복종을 통해 계층구조의 희생자가 되는 인간과 개인 이익을 위해 그것을 이용하는 인간이 그것입니다. 계층구조에 복종하는 사람들은 그것을 두려워하는 사람들이며, 그런 사람들에게서 이 두려움은 억압을 만들어냅니다. 이 사람들은 그들에게 가장 가까운 사람들을 보호할 책임과 세상의 무게로 압도됩니다. 그들은 계층구조 자체의 희생자이며, 시스템에 걸려든 대부분의 사람들을 형성합니다. 시스템을 탈출할 수 없거나 탈출할 의도가 없는 사람들은 대개 자신들이 인지하는 사회적 책임으로 인해 꿈이 절충된 삶을 살아갑니다. 이 낮은 주파수는 교착상태를 만들어 내는데, 그것은 그들의 창의성이 있는 곳이 꿈속이기 때문입니다. 깊은 두려움에 직면할 때만 그들의 창의성은 시스템을 초월할 수 있는 배출구를 만들 수 있습니다.

반응적 본성 – 무책임한Irresponsible

계층구조로부터 이득을 취하는 사람들은 그들의 대상이 되는 사람들만큼이나 시스템의 희생자입니다. 그런 사람들에게 두려움은 무의식적인 분노로 나타나며, 그것은 상위 계급이나 하위 계급 모두로 표현될 수 있습니다. 이 사람들은 자신이 한 행동의 결과에 대해 책임이 없다고 생각한다는 점에서 무책임합니다. 그들은 오직 얻는 것과 지위에만 사로잡혀 있는 제국의 창조자, 산업가, 경쟁하는 사업가들입니다. 그들은 또한 사회의 모든 수준에서 반란군, 범법자, 부패한 공무원들입니다. 집단적으로 이 사람들은 비록 대부분 무의식적으로 그런 삶을 살지만, 모든 계층구조에 내재된 추악함의 표현입니다.

50번째 선물

평형Equilibrium

자기 조직 지성Self-Organizing Intelligence의 본질

50번째 선물을 이해하게 되면 장차 올 인류에게서 커다란 희망을 보게 됩니다. 50번째 그림자 안에는 계층을 초월해야 하는 새로운 사회 모델의 형태에 대한 희망이 암시되어 있습니다. 인간의 두뇌를 통과하는 데이터가 50번째 그림자를 통해 손상되면 “손상되지 않았을 때의 모습은 어떤 것일까?”라는 질문을 해야 합니다. 그 대답은 모든 인간 내에는 개인적인 수준이나 글로벌한 수준에서 조화를 창조하는 내재된 코드가 있다는 것입니다. 여기 50번째 선물에서 우리 삶의 질과 세계 평화를 위한 미래의 가능성 사이에서 균형을 이루는 내면의 버팀목이 발견됩니다. 평형Equilibrium의 선물로서, 이 50번째 선물은 또한 깊은 내적 평화의 열쇠를 가지고 있습니다.

어떤 유전자 키도 다른 모든 유전자 키를 이해하지 않고서는 진정으로 이해할 수 없습니다. 각 키의 핵심을 아는 것이 중요한 이유가 바로 그것입니다. 단일한 DNA의 분자는 원형적 화학 형태로 64개 선물의 모든 것을 포함하고 있습니다. 따라서 그들 모두는 당신의 존재 내에 어느 정도 공명을 가지고 있습니다. 50번째 선물 평형Equilibrium과 59번째 선물 친밀감Intimacy 사이의 관계를 주목하는 것은 흥미롭습니다. 어떤 의미에서는 50번째 선물이 평형의 청사진을 가진 반면에, 59번째 선물은 그것을 구현한다고 말할 수 있습니다. 또한 이 연결을 그림자 의식으로 따라가면 59번째 그림자 부정직Dishonesty과 50번째 그림자 부패Corruption 사이의 깊은 연관성을 발견할 수 있습니다. 친밀감은 세상에 평형을 나타내는 열쇠입니다. 이 맥락에서 친밀감이란 다른 사람들과의 상호작용 속에서 정직함을 의미합니다. 정직함의 중요한 역할은 숨겨진 모든 의제를 탁자 위에 꺼내 놓는 깨끗한 그룹의 오라를 조성하는 것입니다. 이것이 없으면 진정한 평형에 결코 도달할 수 없습니다.

칼 융Carl Jung은 이렇게 말했습니다. "자신들의 환경과 특히 자녀들에게 심리적으로 영향을 주는 것으로서 부모의 경험하지 않은 삶보다 더 강한 것이 없다."

이 말은 50번째 선물과 매우 관련이 있으며 한 세대에서 다른 세대로 가치가 전달되는 방식과 아주 큰 관련이 있습니다. 부모들 사이에 있는 억압된 비밀이나 감정은 양 부모가 스스로의 표현을 책임지지 않는 한, 자녀의 삶을 통해 불안정한 분위기를 조성하면서 나타납니다. 분명히, 대부분의 부모는 정반대로 하고 있으며, 교정이나 도움이나 훈육이 필요한 것은 자신들이 아니라 자녀라고 생각합니다. 이 보편적인 법칙은 특히 생후 첫 7년 동안의 아이들에게 적용됩니다. 이 단계를 지나면 행동은 완전히 각인되고 아이들은 무의식적으로 자신의 어깨에 부과된 감정적 짐을 없애기 위해 정말로 어떤 깊은 이해가 필요하게 될 수도 있습니다. 7세 미만의 자녀를 둔 부모는 자녀의 행동에 주의를 기울임으로써 자신들의 관계에 있는 오라를 깨끗이 지워내고 자신들의 가족에게 뿌리 깊은 평형을 가져다줄 수 있는 황금 같은 기회를 갖고 있는 것입니다.

이 똑같은 법칙이 더 큰 사회적 집단, 비즈니스, 그리고 공동체 전체에도 적용될 수 있습니다. 높은 주파수에서 50번째 유전자 키는 그룹에 평형을 가져다주는 놀라운 효과를 갖는 강력한 파동과 전자기류를 생성합니다. 어떤 사람에게서 50번째 선물이 발견되는 곳마다 가족이나 사업장 또는 심지어 전체 종족 전반에 걸쳐 사회 집단의 조직 내에 평형의 포인트가 존재합니다. 50번째 선물을 주요 유전자 키로 갖고 있는 사람들은 세상에 커다란 책임이 있습니다. 50번째 선물의 가마솥이 특정한 공동체나 가족의 사회적 가치를 나타내는 경우, 50번째 선물의 역할은 평형 상태를 만들기 위해 솥 안에 있는 재료들의 균형을 맞추는 것입니다. 이 사람들은 어떤 그룹의 욕구와 요구

사항을 읽고 그에 따라 재료를 조절하는 법을 정확히 알고 있는 요리사와 같습니다. 이 선물은 많은 대인관계 기술을 필요로 하는 복잡한 것처럼 들리지만 사실 이 사람들은 그런 것을 생각조차 하지 않으면서도 그룹 사이의 조화를 만들 수 있습니다. 그들의 진정한 힘은 그들의 오라를 통과해서 움직이는 높은 주파수에 뿌리를 두고 있습니다.

우리는 50번째 선물이 사회적 평형을 위한 일종의 유전적 청사진을 가지고 있음을 보았습니다. 이 때문에 그것은 매우 복잡한 원형입니다. 사회적 평형을 유지하는 것은 개인과 집단 모두의 욕구를 충족시키는 것을 포함합니다. 이 역량에서, 50번째 선물이 가지고 있는 비전은 계층구조를 넘어선 사회 모델인 헤테라키heterarchy의 개념에 기반을 두고 있습니다. 그것은 45번째 유전자 키에서 보다 심도 있게 논의되었습니다. 간단히 말해서, 헤테라키는 개인이 균형이 맞지 않으면 그룹이 균형을 찾을 기회가 없다는 원칙에 근거합니다. 따라서 헤테라키는 개인적인 평형을 다른 모든 것보다 우선합니다. 그것은 개인에게 특별한 선물, 즉 신뢰가 부여되는 개인의 창조적인 권한 부여의 과정을 장려함으로써 이뤄집니다. 그룹에게 자신이 기여하는 바의 책임을 각자 개인이 지도록 개인을 신뢰함으로써 매우 강력한 에너지장이 그 그룹 내에 구축됩니다.

헤테라키 모델 내에서, 50번째 유전자 키의 프로그래밍 파트너와 코돈 그룹 또한 중요한 역할을 하게 됩니다. 3번째 선물 혁신Innovation은 헤테라키가 스스로 자신에게 힘을 실어 줄 수 있는 장난기와 창의적인 자유의 정신을 불러일으킵니다. 개인이 자기 자신의 자유를 신뢰받을 때, 오직 그 때만이 공동체는 진정으로 건강을 발산하기 시작합니다. 3번째 유전자 키는 실제로 인체 내의 개별적인 세포 돌연변이를 관장합니다. 사회적 수준에서 이는 한 번에 세포 하나씩 전체 그룹의 권한 부여 및 조화로 해석됩니다. 그룹의 평형은 44번째 유전자 키 팀워크Teamwork를 통해 강화되며 그것은 50번째 선물과 함께 헤테라키 모델의 기본을 이룹니다. 진정한 평형과 팀워크는 항상 외부의 통제를 통해서는 결코 성공적으로 구현될 수 없는 자기 조직화 현상입니다. 여기에는 인류의 미래의 집단적 조화에 대한 위대한 비밀이 있습니다.—그것은 개인의 자유와 그 자유로부터 나타나는 자기 조직화 지성에 대한 신뢰를 통해서만 성취될 수 있다는 것입니다.

50번째 시디

조화Harmony

일루미나티의 모임

50번째 시디는 50번째 선물 안에서 일어나는 과정의 자연스러운 절정입니다. 평형을 만드는 것은 상반되는 것들 사이의 균형을 유지하는 과정이며, 한쪽에서 다른 쪽으로의 이동은 결국 완벽한 균형이 이루어질 때까지 점점 더 작아집니다. 이것이 진정한 조화입니다.—어떤 시스템이든 그 안에 있는 모든 요소를 완벽하고 영구적인 공명 상태로 만드는 진동 코드입니다. 평형은 상실될 수 있지만, 조화는 꾸준하고 무한합니다. 조화는 우주와 우주 안에 있는 모든 것의 진정한 본질입니다. 이것은 기존에 존재하는 장으로서 새로 창조되기보다는 단순하게 그 안으로 들어가기만 하면 되는 것입니다. 선물 수준에서 의식은 개인의 평형을 더 넓은 사회적 평형의 일부로서 경험할 수 있습니다. 그룹에서 진정한 소속감을 느끼는 것은 세포 수준에서 내적인 깊은 균형 상태를 유도할 수 있습니다. 그러나 시디 수준에서 이 균형은 훨씬 더 잘 만들어집니다.

50번째 시디는 인간의 인식을 천상의 의식 또는 보편 의식과 조화를 이루게 하는 경험을 만들어 냅니다. 인체 내에서 진정한 조화를 경험하려면 먼저 모든 분리되는 느낌을 해체시켜야 합니다. 오직 그때만이 당신은 소위 천체의 음악(harmony of the spheres, 천체의 운행에 의해 생기는 인간에게는 안 들리는 미묘한 음악) 속으로 녹아 들어갈 수 있습니다. 우리가 가마솥으로 상징되는 더 높은 차원의 의미를 정말로 이해하게 되는 것은 오직 이 50번째 시디에서만입니다. 많은 문화권에서 가마솥은 더 높은 의식을 받아들이는 형태 또는 그릇의 상징이었습니다. 시디 수준에서 신체의 가마솥이 진공 상태가 될 수 있도록 미묘체 내에 있는 모든 불균형은 파괴되어야 합니다. 이것이 인간의 DNA 안에서 일어날 때, 몸은 가장 높은 우주의 주파수가 공명하는 깊은 울림방resonant chamber이 됩니다. 그런 주파수는 실제로 진정한 가마솥이 우주로 경험될 수 있도록 몸 자체를 용해시키는 효과를 가지고 있습니다. 일부 문화권에서 가마솥은 또한 커다란 드럼이며 행성과 별의 움직임은 이 드럼으로 연주되는 리듬이라고 여겨졌습니다.

우리가 우리 인간은 근본적으로 음악의 요소라는 인간 사회의 진정한 근본적 본질을 보는 것 또한 50번째 시디를 통해서입니다. 50번째 시디의 수준에서 모든 것은 음악으로 경험됩니다. 개개인의 삶은 진화가 점점 더 깊고 깊은 조화를 드러내면서 서서히 더 달콤해지는 우주의 악보에 따라 엮어지는 음표입니다. 이 더 높은 사회적 조화는 인간이 그림자의 영역을 뛰어 넘어 모든 인간 문명의 근원이 되는 조화로운 청사진을 실현함에 따라 점차적으로 자신을 드러낼 것입니다. 이것이 실현되고 44번째 시디에서 언급된 신성한 공동지배Divine Synarchy로 발현됨에 따라 이 코돈은 인간 게놈 전체에 걸쳐 깨어나고 우리 인간은 더 높은 진화의 조화로운 기하학을 알게 될 것입니다. 인류의 더 높은 차원의 미묘체는 자각하는 존재의 강력하고 일관된 형태로 자가 조직하도록 디자인되었습니다. 이것이 일루미나티의 고리Ring of the Illuminati입니다.

인류는 항상 일루미나티 또는 선택된 사람들의 존재를 감지해 왔습니다. 우리는 그것들을 우리의 전설, 꿈, 심지어는 음모론으로 엮어냈습니다. 그러나 일루미나티는 일반적으로 오해된 이상理想입니다. 이 용어는 실제로 천상의 존재들이나 승천한 마스터들의 높은 진화를 말하는 것이지만, 그런 존재들이 우리와 별개인 것은 아닙니다. 그들은 우리의 더 높은 차원의 본성이 인격화된 것입니다. 상위 몸체가 낮은 본능과 감정을 변형시킴에 따라 당신은 그들의 더 높은 조화의 주파수 장으로 들어갑니다. 이 장은 당신을 그 자체 안으로 끌어들여 점차적으로 세포 DNA를 최고 수준의 기능으로 변형시킵니다. 우리는 지금 일루미나티가 모이는 시기, 전례 없는 행성계 변화의 시기에 살고 있습니다. 각성이 점차적으로 널리 퍼짐에 따라, 개인들의 각성된 상위 몸체가 인류 전체의 주파수를 빠르게 만드는 고조된 공동 집단의 조화로 나아갈 것입니다. 결국 일루미나티는 모든 인간들을 자신의 계급에 동화시킬 것이며, 인류는 마침내 그 자체를 단일하게 통합된 우주 존재로서 경험하게 될 것입니다.

50번째 시디가 인간 속으로 침투하기 시작하면, 전능한 조화의 흐름이 자신들의 편이 된 사람들에게 쏟아져 내려오기 시작합니다. 사회적 평형이 일어날 수 있도록 깊이 숨겨진 쟁점이 밝혀집니다. 시디가 한 인간에게 일어나면 그것은 그들 주위의 모든 사람들 안에 선물을 촉발합니다. 왜냐하면 천상의 주파수의 힘이 그림자 수준의 낮은 발현에서 의식을 끌어내기 때문입니다. 이 50번째 유전자 키를 통해 인류는 우주의 조화에 도달하도록 예정되어 있습니다. 비록 그런 개념이 결국 더 높은 조화를 활성화시키기 전에 평형이 계속 지속되는 것을 요구할지라도 말입니다. 우리는 이 더 높은 조화가 신과 하나 되는 것임을 압니다.

50번째 시디는 또 다른 비밀을 지니고 있습니다. 그것은 모든 변형의 근원으로서 모든 종에서 DNA의 세포 돌연변이와 특히 관련이 있습니다. 이 50번째 유전자 키는 모든 변형 과정에서 티핑 포인트(tipping point, 작은 변화들이 어느 정도 기간을 두고 쌓여, 이제 작은 변화가 하나만 더 일어나도 갑자기 큰 영향을 초래할 수 있는 상태가 된 단계)를 나타냅니다. 그것의 존재는 항상 한 상태에서 다른 상태로의 양자 도약을 의미합니다. 따라서 홀로제네틱 프로파일에 이 유전자 키를 가진 사람은 주변 사람들의 상당한 의식 변화에 촉매작용을 할 수 있습니다. 이 시디를 드러내는 단 한 사람이 인간 전체의 진화의 전환점이 됩니다. 3번째 시디와의 유전적 짝짓기로 인해 50번째 시디가 세상에 나타날 때마다 인류의 세포 돌연변이가 발생합니다. 그런 변화를 예견하는 한 가지 방법은 계층구조의 제한

없이 창조적으로 함께 일하는 자급자족하는 사람들의 집단인 사회적 헤테라키의 출현이 증가되는지를 살펴보는 것입니다. 이것은 50번째 시디가 이미 세계에 나타나고 있는 중이라는 초기 징조입니다. 주역의 50번째 헥사그램의 원래 중국 이름은 우주의 질서Cosmic Order였으며, 바로 이것이 정확히 50번째 시디가 인류에게 가져다 준 것임을 기억하십시오.

모든 인간들은 이 50번째 시디에 포함된 메시지에서 자신감을 얻어야 합니다. 평화Peace의 6번째 시디와 함께 그것은 인간의 운명을 지배하고 보호하는 진정한 마스터키 중의 하나입니다. 외적인 삶의 층 바로 아래에 조화가 만연해 있습니다. 비록 당신이 그것을 보거나 느끼지 못할지라도 말입니다. 당신이 깨어나는 청사진은 이 50번째 시디의 금고 안에 안전하게 보관되어 있습니다. 이 50번째 시디가 전형적으로 보여주는 깊은 우주의 법칙이 가장 비참한 희생부터 가장 비열한 행위에 이르기까지 우리 인간이 세상에서 하는 모든 일들을 관장합니다. 당신이 누구이든지 당신의 행위는 당신 삶의 과정에서 서서히 신성한 조화로 나아가게 합니다. 우리 중 대부분은 우리 안의 깊숙한 곳에 있는 거대한 조화의 메아리를 건드리는 순간이 항상 있을 것입니다. 일부 사람들에게는 조화가 자유에 대한 사랑과 협력의 비전에서 탄생한 습관이 될 것입니다. 이 50번째 시디에 대해 당신이 말할 수 있는 것이 있다면 그것은 시디의 힘이 커짐에 따라 인간 집단과 공동체를 아름다운 교향곡으로 조화를 이루게 할 것이며 그 안에서 우리는 악기가 되고, 의식 그 자체는 우리를 통해 연주되는 음악이 될 것이라는 점입니다.

51st GENE KEY

시디
각성
선물
주도권
그림자
동요

개시로의 결단

프로그래밍 파트너 : 57번째 유전자 키
코돈 고리Codon Ring : 인간애의 고리
(10, 17, 21, 25, 38, 51)

생리 : 담낭
아미노산 : 아르기닌

51번째 그림자
동요Agitation

두려움의 포털

51번째 유전자 키와 주파수 스펙트럼에는 인간의 행동에 관한 몇 가지 놀랄 만한 비밀이 포함되어 있을 뿐만 아니라 각성으로 불리는 과정이나 경험으로 인도합니다. 우리의 유전학을 통해 가장 잘 드러나는 인간의 특성 중 하나는 타고난 경쟁력입니다. 51번째 시디에서 최고 수준의 주파수에 도달할 때까지 인간은 서로 경쟁해야 합니다. 이 에너지를 어떻게 전달하는지에 따라, 그것은 화합으로 이어지거나 분열로 이어질 수 있습니다. 프로그래밍 파트너인 불안함Unease의 57번째 그림자와 함께 이 51번째 그림자 동요Agitation는 인간 안에 엄청난 교란과 불안정을 만들어 냅니다. 당신은 의식 수준을 선물 수준의 높은 주파수 너머로 높일 수 있을 때까지는 어느 정도 이 동요의 감정을 느낄 것입니다.

51번째 그림자가 인간의 에너지장에서 그런 교란을 일으키는 이유는 삶이 우리의 통제를 벗어나 있기 때문입니다. 예상치 못한 사건이 때때로 생길 것이며 이런 사건들은 당신의 운명을 근본적으로 바꿀 수 있습니다. 그림자 주파수에서 인지된 삶의 무작위성은 무언가 나쁜 것이 언제든지 발생할 수 있다는 저변에 깔려 있는 두려움 때문에 인간에게 깊은 불안감을 안겨줍니다. 이 불안정은 우리 주변 사람들에게 일어나는 것을 직접 목격할 때 직접적인 증거를 통해 복잡해집니다.

예를 들어, 제2차 세계대전 당시 런던에서 대대적인 공습 중에 폭탄은 밤새 무작위로 떨어졌습니다. 런던 중부의 대부분의 거리는 얼마 동안 폭격에 타격을 입었고 가족 전체가 즉각적으로 살해 당했지만 반면에 인접한 건물들은 상대적으로 손상되지 않았습니다. 삶에 있어서 어떤 집이 타격을 입느냐는 질문은 모든 인간을 괴롭힙니다. 우리는 그것이 다른 사람들에게 일어나는 것을 보기 때문에 다음에는 우리에게 일어날 수도 있다는 무의식적인 두려움을 일으킵니다.

충격은 모든 인간의 삶의 한 부분이지만, 두려움이 지배하는 그림자 수준에서, 충격의 가능성과 두려움은 우리를 지속적으로 불안하게 만듭니다. 모든 그림자 주파수의 특징은 삶 자체에 대한 깊은 신뢰 부족입니다. 그리고 삶을 신뢰하는 것은 지적인 쟁점도 정서적인 쟁점도 아닙니다. 그것은 사실 순전히 신체적인 것입니다. 신뢰는 신체의 세포 안에서 느껴지기도 하고 느껴지지 않기도 하는 어떤 것입니다. 신뢰가 없다면 인간은 동요 상태에 머무르게 됩니다.—우리는 조마조마하고 긴장하며 스트레스를 받는 경향이 있습니다. 우리는 두려움으로 인해 삶을 피하기도 하고 분노와 두려움으로 인해 삶에 돌진하기도 합니다. 당신의 주파수는 충격을 보는 방법뿐만 아니라 충격을 받았을 때 신체적으로나 감정적으로 어떻게 대처하는지를 결정합니다. 더 높은 주파수에서 충격은 새롭고 잠재적으로 더 높은 차원의 웜홀과 같습니다. 충격은 현실의 기반과 그 현실에 대한 당신의 애착에 직접적으로 도전합니다. 이런 의미에서, 충격의 진정한 역할은 삶과 분리된 느낌을 없애고 그림자 의식의 잘못된 안정감으로부터 당신을 해방시키는 것입니다.

51번째 그림자는 불가피한 것을 피하려고 시도하는 데에 모든 에너지를 쏟습니다. 그것은 궁극적인 충격, 즉 육체적인 죽음이라는 사실을 부정하는 삶을 삽니다. 그리고 죽음을 부정하면서 사실은 삶을 목 조르고 있습니다. 죽음의 확실성을 완전히 받아들인 사람만이 진정으로 살아 있습니다. 죽음에 대한 관점이 없으면 삶은 진정한 가치를 상실하게 됩니다. 그것은 진정으로 인간을 둔감하게 만드는 것입니다. 51번째 유전자 키가 인간의 경쟁심에 대해서도 책임이 있다는 것을 감안할 때, 우리는 인간이 더 높은 목적의식 없이도 자기 자신과 자신의 이익만을 위해 싸우는 것을 봅니다. 51번째 그림자의 경쟁력은 자신을 더 낫게 만들기 위해서가 아니라 다른 사람들보다 우월감을 느끼기 위해서 첫째가 되려는 욕구에 대한 것입니다. 인간의 경쟁심은 그림자 주파수에서 매우 추악한 것일 수 있습니다. 왜냐하면 그림자 주파수는 맨 위로 향하려는 무자비한 힘으로 다른 사람을 너무도 쉽게 쓸어낼 수 있기 때문입니다. 말 그대로 그것은 다른 모든 사람들을 더 높이 올라가기 위해 이용하는 수단으로 보며, 그런 의미에서 다른 사람들을 자신의 발전을 위한 목적으로만 이용합니다. 이런 의미에서, 우월함은 피할 수 없는 것을 누그러뜨리려는 미약한 시도입니다. 역사를 통해 계층구조의 최상위로 올라온 모든 사람들은 결국 죽음에 맞닥뜨려 겸손해집니다.

유전자 원형으로서 51번째 유전자 키는 다소 특별합니다. 그것은 포털을 나타낸다는 점에서 독특합니다. 이 포털이 어디로 인도하는지는 전적으로 당신의 유전자 안에 프로그램된 주파수에 달려 있습니다. 51번째 그림자의 동요하는 상태에는 엄청난 양의 에너지가 있습니다. 내부 목적이나 방향에 대한 이해가 없으면 이것은 위험한 유전자 키가 될 수 있습니다. 동요는 결코 당신을 혼자 내버려 두지 않으며 어떤 종류의 반응을 얻기 위해 무언가를 하도록 계속 촉구합니다. 그것은 불안정한 전기 에너지를 방출하기 위해 무엇이든 할 것입니다. 이것은 단지 동요를 풀기 위해서 모든 종류의 무모하고 어리석은 행위로 이끌어갈 수 있습니다. 51번째 그림자는 다른 사람들이 결코 꿈꾸지 못하는 일을 하도록 사람들을 몰고 갈 수 있습니다. 이것은 이 그림자에 강하게 영향을 받는 사람들에게 일어날 수 있는 이상한 현상을 일으킵니다.—그들은 실제로 겁 없는 상태를 경험할 수 있습니다. 그러나 이 겁 없음은 신뢰에 바탕을 둔 진정한 용기가 아닙니다. 그것은 이 동요의 상태가 너무 강해져서 스스로를 소멸시키기를 원할 때 일어나며, 그렇게 함으로써 몸 안에 있는 두려움을 빼냅니다.

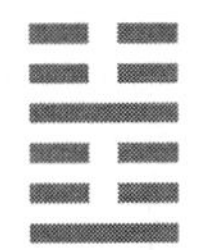

51번째 그림자는 매우 독특하고 종종 위험한 개인들을 통해 집단에 충격을 줍니다. 51번째 그림자에 강하게 영향을 받는 사람은 누구나 깊은 우울증에 빠지거나 세상에서 골칫거리가 될 위험이 있습니다. 이 사람들 중 많은 사람들이 삶을 거의 또는 전혀 존중하지 않을 수 있습니다. 따라서 그들은 모든 희망을 잃거나 극단적인 방식으로 헛된 행동을 합니다. 이 사람들은 세상에서 충격 요원이 되어 세상 어느 곳이나 그 어느 것도 안전하지 않다는 두려움을 대중 의식 속에 심화시킵니다. 어떤 순간에 무언가 끔찍한 일이 일어날지도 모른다는 두려움은 그런 사건들에 대해 끊임없는 보도하는 대중매체에 의해 더욱더 복잡해집니다. 이 그림자의 극단을 살고 있는 소수의 사람들이 어떻게 세계 전역에 커다란 영향을 미칠 수 있는지를 보는 것은 놀라운 일입니다. 우리가 말했듯이, 51번째 그림자는 포털이며, 그림자 주파수에서 이 포털은 두려움의 렌즈를 통해서만 세상을 인식하게 합니다.

억압적 본성 – 겁 많은 Cowardly

내향적인 성격을 통해 굴절될 때, 51번째 그림자는 일종의 겁쟁이로 드러납니다. 이들은 꾸준히 삶에 대한 희망을 잃어버리고 반응적인 본성처럼 몰아세우는 것이 아니라 서서히 멈추고 안으로 들어가는 사람들입니다. 이들은 삶에서 어떤 것에 대해서도 열정이 거의 없거나 전혀 없는 아주 우울한 사람들일 수 있습니다. 여기서의 겁쟁이는 매우 강력하게 본성을 억압하는 데에 있습니다. 이 사람들은 스스로를 두려움으로부터 끌어낼 수 있는 힘을 갖고 있음에도 불구하고 그저 두려움이 자신을 지배하도록 허용합니다. 진정한 두려움은 두려움 그 자체에 직면하는 것입니다. 아이러니하게도, 두려움을 직면함으로써 그것은 환상이었음을 보게 됩니다. 그러나 그런 성격은 그 환상을 깨기 위한 용기를 거의 찾지 않으며 자기 연민의 반복적인 주기에 빠져 있는 것을 선호합니다. 이 우울증 주기를 벗어나기 위해서 이 사람들은 오직 그들만이 자신을 구조할 수 있다는 사실을 깨우쳐야 합니다.

반응적 자연 – 적개심Hostile

이 그림자의 외향적인 버전은 적개심으로 나타납니다. 이 적개심은 두려움 없는 분노와 깊은 어리석음이 위험한 짝을 이룬 결과입니다. 이런 본성은 분명히 다양한 각도로 세상에 충격을 가져옵니다. 감정적인 수준에서 이 사람들은 인간에 대한 진정한 존경심이 없습니다. 그들은 비즈니스에서 스포츠에 이르기까지 경쟁이 숭배되는 사회의 모든 영역에 이끌리는 경향이 있습니다. 그들은 일반적으로 깊이 자리 잡은 감정적 경계를 가진 외로운 사람들입니다. 그들은 종종 죽음을 마주할 수도 있는 극도로 위험한 상황에 자신을 내던집니다. 반응적 본성을 지닌 이 51번째 유전자 키의 근간이 되는 깊은 동요감은 스스로를 다른 사람들에게 투사합니다. 따라서 이 사람들은 다른 사람들에게도 적대감을 불러일으키지만, 실질적인 의제는 없습니다. 그들은 단지 스스로도 어쩔 수가 없고 그것을 상관도 하지 않기 때문에 그렇게 할 뿐입니다. 이런 패턴을 깨뜨리는 유일한 방법은 이런 사람들이 궁극적으로 성취감을 느끼게 하는 창의적인 프로젝트에 자신의 동요를 연결시키는 것입니다.

51번째 선물

주도권(Initiative, 진취성, 주도권)

행운을 불러일으키기

51번째 그림자를 통과하는 포털이 지옥으로 이끌어가는 반면, 51번째 선물은 위대한 개인적 권한 부여 및 천재의 장소로 이끌어갑니다. 51번째 선물은 인간의 경쟁심이 창의력의 서비스에 투입될 때마다 사용됩니다. 자신만의 독립적이고 창조적인 힘을 따라갈 용기를 가질 때마다 당신은 51번째 주도권Initiative의 포털에 발을 디딘 것입니다. 이 51번째 선물은 인간 유전체 매트릭스 내의 핵심 장소입니다. 왜냐하면 그것은 개인적인 권한 부여를 위한 활성화 코드를 포함하고 있기 때문입니다. 당신의 주도권을 따르는 것은 잘 다져진 선로를 벗어나 자신의 내면의 지시를 따르는 것입니다. 이런 식으로 자신의 운명을 따르는 데에는 안전망이 없습니다.–그것은 다른 누구도 여행하지 않은 길로의 거대한 도약입니다. 대중 의식은 삶에서 이 길을 따르는 사람들을 두려워하고 무서워합니다. 집단의 길은 안보의 길이지만, 개인의 길은 알려지지 않고 불확실성으로 가득 차 있습니다. 우리가 보게 될 것이지만, 그것은 또한 진정한 각성으로 가는 유일한 길입니다. 인간이 먼저 창조적인 독립성 속으로 온전히 발을 들여놓지 않으면 깨어나는 것은 불가능합니다.

이 포털을 통해 51번째 선물에 발을 들여 놓은 사람들은 의도적으로 그들 앞에 온 모든 사람들에게 등을 돌리고 있습니다. 그들은 이전의 모든 가르침과 지혜에 대한 책을 덮어 놓고, 다른 누가 아닌 자기 자신의 개인적인 진실이 무엇인지 알아내려고 밖으로 나갑니다. 이것은 신화적인 길입니다.—그것은 많은 도전과 시험에 직면하게 될 지하 세계로의 여행으로 종종 여겨지는 길입니다. 그것은 또한 결국에는 집에 도착하는 길입니다.—그것은 가슴으로 인도하는 가슴의 길입니다. 38번째와 39번째 선물이 전사戰士의 원형인 것처럼, 51번째 선물도 마찬가지입니다. 그러나 이것은 다른 종류의 전사입니다. 이것은 집단적 두려움과 싸우는 것과는 관계가 없으며 명예와도 거의 관련이 없습니다. 이것은 자신의 두려움과 싸우는 전투이며 다른 두 개의 유전자 키와 달리 이 전투는 투쟁을 포함하지 않습니다.—그것은 도약과 관계가 있습니다. 51번째 선물로의 도약은 높은 자아로의 도약입니다. 그것은 어느 한 단계에서 다른 한 단계로 각성하는 충격입니다.

51번째 선물은 인간의 경쟁심의 최상층의 표현입니다. 이 수준에서 당신은 더 이상 다른 사람과 경쟁하지 않고, 자신과 경쟁합니다. 경쟁하는 곳에서, 그것이 정치적이거나 재정적이거나 레크리에이션이거나 상관없이 당신은 당신이 더 높은 곳으로 오르기 위해 다른 사람들을 밀어내는 것이 아니라 당신 자신의 우수성을 비춰주는 거울로서 다른 사람들을 이용합니다. 예를 들어, 스포츠에서 51번째 선물은 다른 사람들과의 차이점을 깨달음으로써 자신만의 타고난 천재성과 힘을 발견할 것입니다. 이 51번째 선물은 다른 사람들을 게임에서 이기려고 하는 것이 아니라 다른 사람들과의 차이점을 활용하는 것에 대한 것입니다. 당신이 진정으로 당신 자신이 될 때, 당신과 다른 사람이 아닌 당신에게 있는 천재의 마법 같은 힘을 풀어낼 수 있습니다. 자신만의 주도권을 잡는 것은 당신이 이미 배웠거나 들었던 모든 것을 무시하는 것입니다. 진정한 천재로 가는 방법은 이것 외에는 없습니다. 이것은 두려움을 통한 길이며, 두려움은 피할 수 있는 것이 아닙니다. 두려움이 일어나는 구체적인 맥락은 그 사람에 대한 완전하고 깊은 두려움입니다. 당신의 가장 깊은 두려움이 무엇이든, 당신은 51번째 선물에서 두려움을 만날 것이고, 그 두려움을 초월할 것입니다.

51번째 유전자 키는 인간애의 고리Ring of Humanity라고 알려진 유전 계열의 핵심 구성요소입니다. 창조적인 주도권은 모든 인간 정신의 길입니다. 우리 각자는 모두 삶의 어느 시점에서 군중을 떠나 우리 가슴의 미지의 황무지로 향해야 합니다. 이것이 인류의 진정한 길이며 운명입니다. 주도권 속의 활력과 용기는 양자 장에서 강력한 반응을 불러일으킵니다. 따라서 당신이 자신을 더 믿고, 이 믿음으로부터 행동하면 할수록 더 많은 생명이 당신을 지지할 것입니다. 무의미함의 느낌을 극복하고 경쟁을 뛰어 넘는 것은 더 높은 차원의 마법을 포용하는 것입니다. 주도권을 취하는 사람들은 행운과 동시성의 힘을 사로잡습니다. 이런 의미에서 51번째 유전자 키는 당신이 당신 자신의 가슴을 신뢰할 때 당신의 인내에 항상 보상을 줄 것입니다. 그것은 행운으로 당신을 놀라게 할 것입니다!

주도권의 선물을 가진 사람들은 세상에서 가장 먼저 일을 합니다. 그들이 과거에는 다른 사람들을 따라갔을지 모르지만, 도약에 관해서는 항상 자신의 길을 따라갈 것입니다. 이런 방식으로, 역사를 통해 개인들은 서로의 어깨 위에 서서 인간 영혼이 진화를 계속 유지하게 합니다. 51번째 그림자가 세상에 낮은 주파수 충격을 주는 에이전트를 만드는 것처럼, 51번째 선물은 온 세상에 긍정적인 충격을 주는 에이전트를 만듭니다. 이 사람들은 두려움에 근거한 측면에서 집단의식을 깨우기 위해 옵니다. 사람들이 길을 잃는 곳마다, 51번째 선물을 가진 사람들은 그들에게 자신의 길을 걷도록 도전 의식을 북돋울 것입니다. 51번째 선물을 가진 사람들은 지도자가 아니라는 것을 이해하는 것이 중요합니다. 그들은 선도자들입니다. 그들은 인류의 새로운 과정에 촉매 역할을 하거나, 다른 사람들이 똑같이 하고 싶어 하도록 영감을 주는 독특하고 용기 있는 삶을 살아갑니다.

51번째 선물은 조직 내에서 경쟁력 있는 추진력을 제공함으로써 비즈니스 세계에서 특히 중요한 역할을 합니다. 대규모 그룹이나 조직에서 64개의 유전자 키는 각각 다른 유전적 역할을 수행합니다. 51번째 선물은 개인의 성취 차원보다는 비즈니스 전체 문화를 통해 작동합니다. 이 유전자가 활성화된 사람이 많을수록 회사의 정신은 더욱더 경쟁력이 있게 됩니다. 대부분의 사람들은 그림자 주파수에서 살아가는 것에 국한되어 있으며, 그것은 회사를 과도하게 경쟁하도록 만들고, 모든 종업원, 특히 경영진들이 느끼는 집단 동요를 일으킬 가능성이 높습니다. 그러나 64 유전자 키에서 배울 수 있듯이 비밀은 양에 관한 것이 아니라 질에 관한 것입니다. 따라서 51번째 선물을 나타내는 한 사람이 그 회사의 집단 형태 형성의 장을 통해 조직 전체를 뒤바꿀 수 있습니다. 그런 사람이 중추적인 위치에 존재하면 조직은 완전히 새로운 수준의 기능을 수행할 수 있습니다. 이 수준에서 개인은 통제되거나 끌어 내려지기 보다는 권한을 부여받습니다.

51번째 시디
각성Awakening

주는 것의 천둥

각성Awakening의 현상은 수천 년 동안 인간을 사로잡아 왔습니다. 우리는 특정한 사람들이 자신을 영구적으로 변화시키고, 우리가 볼 수는 없지만 여전히 느낄 수 있는 실재를 만나는 경험을 하는 것처럼 보입니다. 물론 영성의 홀 안에는 각성이라는 단어에 대해 많은 해석이 있습니다. 그것이 많은 것으로 보이는 것은 각성에 등급과 수준이 많기 때문일 수 있습니다. 각성에 대한 많은 새로운 해석은 의식을 한 계단씩 올라갈 수 있는 사다리로 보고 있습니다. 64 유전자 키에 대한 이 작업조차도 의식의 진화를 당신의 유전자를 통한 활기찬 주파수의 상승으로 보여줌으로써 몸의 운영 시스템과 인식의 변화를 가져옵니다. 진정한 교사나 거짓된 선지자 둘 다의 입에서 나온 영적 차원에는 또한 거대한 단서가 있습니다. 그 이야기에 또 다른 층을 얹기 위해 인류는 현재 우리의 유전적이고 영적인 진화에서 가장 강력한 교차로 중 하나에 있습니다. 그럴 때마다 각각 진실을 선포하는 운명의 목소리와 희망의 목소리는 두텁고 빨라집니다.

51번째 시디는 이런 모든 요구 사항과 시스템을 옆으로 쓸어버립니다. 모든 것을 간단하고 명확하게 만듭니다. 51번째 시디에게 의식은 두 가지 상태뿐입니다.―깨어 있는 의식과 잠들어 있는 의식입니다. 물론 시디 상태에서 깨어 있거나 잠들어 있다는 구분은 단순히 수사학의 문제일 뿐이지만 물질 차원에서도 사실입니다. 사람들이 시디 상태에 들어가기 전에 뭔가가 일어납니다.

예측할 수 없고 아무런 원인도 없는 어떤 순간적인 것입니다. 시디 상태에 들어갈 때 일어나는 일을 말로 표현할 수는 없습니다. 항상 신비로 남아야 할 것들이 있습니다. 심지어 과학도 그렇습니다. 깨어나기 전에는 각성의 과학이 있을 수도 있습니다. 그러나 깨어난 후에는 거기에 어떤 과학도 없습니다. 거기에 역설이 있습니다. 51번째 시디는 영적인 용어와 시스템 너머에 있습니다. 그것은 자체의 언어를 가지고 있으며, 그 언어는 간단하고 충격적입니다. 그것은 이렇게 말합니다. 당신은 깨어나기 전까지 잠들어 있다고. 깨어남에는 아무런 단계가 없습니다. 51번째 시디에게 의식의 단계를 구분하는 것은 어리석은 짓입니다. 그런 것은 자신의 잠자는 패턴에 등급을 매기는 사람들이 하는 일일 뿐입니다.

그렇다면 각성이란 무엇이며 누가 깨어 있고 누가 그렇지 않은지를 어떻게 구분합니까? 이것들은 잠자고 있는 세상에서 나오는 큰 질문입니다. 만일 깨어 있는 사람에게 이와 똑같은 질문을 한다면, 그들은 그것이 중요한 일이 아니라고 말할 것입니다. 그리고 깨어나기 전까지 당신은 그것이 왜 중요하지 않은지 결코 알지 못할 것입니다. 그런 것들은 깨어 있지 않은 사람들에게만 중요합니다. 사실 각성은 당신을 다르게 만듭니다.―가장 깊은 의식의 관점에서가 아니라, 당신의 육체적 유전적 운반체와 그 기능면에서 그렇습니다. 마찬가지로 당신은 각성이 언젠가는 과학에 의해 유전적으로 조작될 수도 있다고 주장할 수 있습니다. 이론적으로 이것은 정말로 가능할 수도 있습니다. 그러나 인간이 잠들어 있는 한, 그들은 그런 영적인 열망에 자신들의 귀중한 자원을 쏟는 일에 신경 쓰지 않을 것입니다. 낮은 주파수는 자기 이익에 기초하며 각성은 그 방향으로는 아무것도 하지 않습니다. 이에 덧붙여, 각성은 아주 섬세한 진화 과정입니다. 그것은 개인적인 노력의 결과가 아니며 우주 전체에 작용하는 더 넓은 진화의 힘에 의해 가능해진 자발적인 진화적 도약입니다. 간단히 말해 각성은 자신의 본성이 해결되거나 복제되는 것을 막는 신비입니다.

우리의 깊은 수면 속에서, 우리는 각성의 현상을 필사적으로 이해해야 합니다. 그러나 51번째 시디의 언어에서 그것은 압력에 굴복하지 않는 신비입니다. 우리는 과연 어떤 사람이 각성에 가까워 간다는 징후가 있는지 궁금해할 수 있습니다. 우리는 각성으로 가는 길을 만들어 내려고 노력했습니다. 그러나 그런 징후는 없습니다. 각성은 좋은 사람에게도 일어났고 아주 못된 사람에게도 일어났습니다! 심지어 깨어난 존재가 우리를 위해 길을 말해주고 우리 앞에 길을 펼쳐주었음에도 불구하고, 거기에 그런 길은 없습니다. 깨어난다는 것은 큰 딜레마입니다. 당신이 무슨 말을 하든 그것은 오해받을 것입니다. 그래서 결국 당신이 무슨 말을 하든 그저 그 밑에 깔려 있는 진동을 신뢰하라고 말할 뿐입니다. 각성은 또한 위조하기도 쉽습니다. 강력한 오라를 가진 사람은 각성을 주장할 수도 있고 심지어 자기들이 깨어 '있다'고 믿을 수도 있습니다. 신비로운 경험 또한 각성으로 착각될 수 있습니다. 인간에게 항상 발생하는 신비한 만남과 환각 상태는 너무도 다양하게 많습니다. 그러나 각성은 이 모든 것과는 완전히 다른 것입니다. 가장 위대한 신비적 환영과 심지어 그들에게 오는 많은 위대한 계시들이나 체계들조차도 여전히 각성의 진정한 영역을 건드리지 못합니다.

진정한 각성은 단순히 모든 것을 꿰뚫어 보며, 어떤 행동이나 경험과는 아무런 관련이 없습니다. 각성은 왔다가 가는 것이 아닙니다. 그것이 올 때, 그것은 영원히 머물러 있습니다. 이 책에서 설명한 각각의 64개 시디를 읽으면서 당신은 각성의 행동 패턴이 실제로 얼마나 다양한지에 대한 개념을 갖기 시작합니다. 51번째 시디는 이런 시디들 중의 기초이며 진정한 각성 없이는 그 누구도 이 상태에 도달할 수 없습니다. 말로 표현하자면 각성은 분리된 자아가 영구적으로 녹아 버리는 것이며 몸 안에서 물리적인 돌연변이를 통해 일어나는 것입니다. 명상이나 영적인 수련을 아무리 많이 한다고 해도 이런 돌연변이를 일으킬 수 없습니다. 비록 그것이 각성 전에 선행될 수도 있고 그렇지 않을 수도 있더라도 말입니다. 그것이 이 돌연변이에 영향을 주는 것은 불가능한 일입니다. 왜냐하면 그것은 당신의 경험이나 행동과 아무 관련이 없기 때문입니다. 이것이 그들 모두의 가장 커다란 영적 환영입니다.

인간은 '노no'라는 대답을 받아들이기를 거부합니다. 우리는 뭔가 할 수 있다고 느끼기를 좋아합니다. 그러나 이것은 자기 자신이 되는 것 외에 다른 것은 할 수 없는 영역입니다. 각성은 너무도 자기 자신이 되어 있어 그저 그것이 일어날 수밖에 없는 사람에게 일어납니다. 여기서 아이러니는 당신 자신이 되기 위해 뭔가를 할 수 있는 것은 없다는 것입니다. 그것은 그저 타고난 선물일 뿐입니다. 당신은 가장 높은 수준의 유전자 키를 통해 동요의 그림자가 어떻게 피를 흘리는지 확인할 수 있습니다. 당신이 깨어 있을 때조차도, 당신의 존재가 다른 사람들에게 영적인 동요를 일으키는 것을 여전히 볼 수 있습니다! 사실 시디 상태는 모든 수준에서 도약이며, 그것은 무로 뛰어드는 도약입니다. 그 도약을 위해 당신을 준비시킬 수 있는 것은 아무것도 없습니다. 그리고 그 도약에 앞서 선행되는 어떤 결정적인 것은 아무것도 없습니다. 이 도약은 당신이 하는 도약도 아닙니다. 도약이 당신을 택한다는 것이 더 맞는 말일 수도 있습니다.

51번째 시디는 다른 많은 비밀을 포함하고 있습니다. 그 중에는 개시의 비밀이 있습니다. 우리가 살고 있는 우주는 끊임없이 모든 형태를 일으킵니다. 형태의 세계는 끊임없이 스스로에게 충돌하고 있습니다. 원자는 원자와 충돌하고, 소행성은 행성과 충돌하며, 인간은 인간관계에서 서로 충돌합니다. 그것은 모든 것이 다른 모든 것에 침투하려고 하는 침투의 게임입니다. 모든 침투는 어떤 의미에서는 충격이고 그 결과로 어떤 종류의 돌연변이 또는 변형을 가져옵니다. 죽음이란 그 자체는 하나의 형태를 그것의 구성 성분의 형태로 다시 변형시키는 것입니다. 각성되기 전에 형태는 여전히 형태이므로 우리는 항상 어떤 충격을 받을 위험이 있습니다. 그런 충격은 정말로 당신의 세계의 경계가 흔들리는 시작입니다. 깨어난 후에는 모든 형태가 서로 상호 침투하는 것으로 경험되기 때문에 더 이상 충격은 없습니다. 충격이 발생하기 위해서 몸에서 어떤 지점이 인지되는 것도 없습니다. 개시는 항상 환경을 요구하며 각성은 환경이라는 개념을 종식시킵니다.

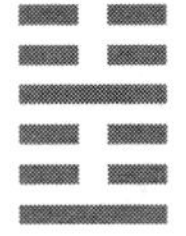

앞서 보았듯이 각성의 개념에 관해서는 많은 혼란이 있습니다. 그것은 육체의 지각 기관에 근본적인 변화를 가져오는 물리적 차원에서의 영구적 돌연변이입니다. 고대 중국인은 이 51번째 헥사그램을 천둥의 상징을 통해 표현했고, 그것은 실제로 우리를 놀라게 합니다. 깨어남은 항상 놀라운 일입니다. 그것은 딱 한 번만 오며, 그것이 온 후에는 영원히 머물러 있습니다. 일단 깨어나면 다시 잠들 수 없습니다. 이 유전자 키 안의 천둥은 생명의 천둥 그 자체입니다.—그것은 베풀어 주는 천둥입니다. 깨어난 사람은 오직 자신을 주는 것만을 아는 그릇이 됩니다. 거기에 생명이 흘러가는 것을 막는 마찰은 없습니다. 이 주는 것은 사랑이지만, 애정 어린 사랑으로 나타날 수도 있고 그렇지 않을 수도 있습니다. 사실 그것은 우주적이고 보편적인 사랑입니다.

51번째 시디에 대해 마지막으로 해야 할 한 마디가 있습니다. 그것은 우리의 진화에서 아주 중요한 것입니다. 지금까지 우리는 51번째 시디를 단지 개인 수준으로만 생각했습니다. 그러나 그것은 또한 훨씬 더 넓은 수준에서도 작동합니다. 인간애의 고리Ring of Humanity의 한 측면으로서 이 유전자 키는 언젠가 인류 모두가 깨어날 것을 보장합니다. 사실, 그런 날이 올 때 시디는 유전자 풀 전체를 깨우기 시작할 것입니다. 관계가 깨어나고, 그런 다음 가족이, 그런 다음에는 공동체 전체가 깨어나 최종적으로 인간 게놈 전체에서 천둥소리가 들릴 때가 올 것입니다. 이 단계에서 인류는 개별적인 우주 존재로서 각성될 것이며 그 자신의 진정한 본성을 보게 될 것입니다. 개인적인 각성이 그러하듯이 이것은 점진적으로 일어나는 현상이 아닙니다. 비록 그렇게 보일 수도 있지만 말입니다. 그것은 세포와 DNA를 통한 돌연변이 연쇄반응이 선행된 예기치 못한 갑작스러운 의식의 충격입니다. 인류가 깨어나면 인류는 시간을 넘어설 것입니다. 인류가 처음으로 진정한 눈을 뜨게 되는 그 한 순간은 의식의 역사 그 자체에서 가장 큰 사건이 될 것입니다.

52nd GENE KEY

시디
고요함
선물
규제
그림자
스트레스

정지점

프로그래밍 파트너 : 58번째 유전자 키
코돈 고리Codon Ring : 추구함의 고리
(15, 39 52, 53, 54, 58)

생리 : 회음
아미노산 : 세린

52번째 그림자
스트레스Stress

두려움의 표현형

52번째 그림자는 현대 세계의 거대한 현상 중 하나인 스트레스에 책임이 있습니다. 스트레스는 주된 영향이 당신 몸 안의 신체적인 차원에서 발생하지만 여러 수준에서 작용합니다. 이 52번째 그림자와 프로그래밍 파트너 58번째 그림자 '불만Dissatisfaction'은 인간의 건강을 해치는 가장 깊은 2개의 유전자 패턴을 대표합니다. 이것은 집단적 차원에서 특히 더 그렇습니다. 그런 이유로 우리는 스트레스에 대해 매우 중요한 것을 이해할 필요가 있습니다. 스트레스는 집단적인 압력이며 개인적인 압력이 아닙니다. 어떤 특정한 개인적 문제에 뿌리를 두고 있기 보다는 모든 살아 있는 인간이 만들어 낸 에너지장입니다. 이것은 또한 스트레스가 우리 환경과 우리 주위에 있는 사람들과 깊게 연관되어 있음을 의미합니다.

우리의 실제 환경은 인간 오라의 경계에 의해 형성됩니다. 평균적인 인간 오라는 보통 크기의 방 절반을 채우는 정도로 확장됩니다. 즉, 일반적으로 말해서, 다른 사람과 같은 방에 있을 때 우리는 서로의 오라를 공유합니다. 같은 장소에 사람들이 많이 있을수록 집단적인 오라체는 더 커집니다. 도시 같은 인구 밀집 지역에서는 자신의 집에 마련된 성소에서도 다른 사람들의 집단적 오라를 벗어난다는 것이 사실상 불가능합니다. 농촌으로 가면 갈수록 지역 오라의 압박감은 훨씬 적으므로 따라서 스트레스 정도가 훨씬 적습니다. 그러나 현재 지구에 존재하는 거대한 인구 때문에 인류의 거대한 집단 에너지장을 완전히 벗어난다는 것은 더 이상 가능하지 않습니다. 수십억 개의 오라가 서로 연동하여 이 세상을 덮는 커다란 덮개를 형성합니다. 이 덮개는 인간이 모든 의식의 진정한 통합을 보고 경험하는 것을 막습니다. 그것이 동양에서는 커다란 환영을 의미하는 마야maya로 알려진 구조입니다.

인간의 DNA는 매혹적인 물질입니다. DNA 안에 담긴 화학 코드는 비록 출생 시부터 고정되어 있지만 진동 에너지장에 매우 민감합니다. 유전학자들은 개인의 유전적 구성을 유전자형genotype이라고 부르는 반면, 그 구성이 표현된 것을 표현형phenotype이라고 부릅니다. 따라서 유전자형을 통과하는 에너지의 주파수는 어느 정도까지는 표현형의 발현을 결정합니다. 이것은 당신의 환경이 당신이 느끼고 행동하는 방식에 큰 영향을 미친다는 것을 의미하며, 무엇보다도 중요한 것은 당신이 당신이라고 생각하는 사람에게 영향을 미친다는 것입니다. 가장 미묘한 수준에서, 당신의 환경은 아원자 진동 세계에 의해 만들어집니다. 실제 지리적 위치와 관계없이 당신에게 맞춰진 주파수가 실제로 이 환경을 결정합니다. 52번째 그림자의 경우, 인류의 집단적 또는 확장된 표현형은 두려움에 의해 형성되며, 이는 물리적 유기체에 큰 스트레스를 가하는 환경을 조성합니다.

이 집단 프로그래밍 장을 피할 수 있는 유일한 방법은 에너지 차원에서 그 위로 상승하는 것인데, 쉬운 일은 아닙니다. 어떻게든 당신은 유전자형을 따라 움직이는 에너지의 주파수를 높여야 합니다. 이것이 발생하면, 표현형—당신의 본성이 경험되고 표현되는 방식—도 바뀔 것입니다. 대부분의 인간은 짧은 시간 동안 이 에너지장의 위로 상승한 다음 다시 그 에너지로 되돌아 갈 것입니다. 스트레스 장 위로 영원히 올라가는 일은 극히 드뭅니다. 그 비밀은 당신의 내면의 환경, 즉 당신의 감정과 생각을 변화시키고, 따라서 당신이 보고 듣는 것을 바꾸는 것입니다. 당신이 듣는 모든 것이 소음이고, 당신이 보는 모든 것이 혼돈이라면, 그것이 당신의 경험을 결정할 것입니다. 그러나 자신을 높은 주파수에 고정시키면 똑같은 삶이라도 완전히 다른 세상에 살고 있는 것처럼 경험할 수 있습니다.

스트레스는 당신의 주파수를 낮춤으로써 초래되는 신체적 압박의 상태입니다. 스트레스의 주요 증상 중 하나는 정신적 불안을 피할 수 없다는 것입니다. 그때 일어나는 일은 당신이 스트레스를 끝내주기를 원하는 결정을 내릴 수 있는 권한을 마음에게 부여하는 것입니다. 그러나 거의 항상 재앙으로 끝이 납니다. 왜냐하면 마음의 활동이 실제로 스트레스 자체의 징후이기 때문입니다. 이 고전적인 생체자기제어 루프는 당신이 도망가려고 하고 있는 바로 그 상태를 더 강화시킵니다. 이 52번째 그림자는 부신과 인간의 고전적인 도주 또는 투쟁flight or fight 반응과 깊은 연관이 있습니다

(내분비 시스템의 활동은 유전자형을 통과하는 주파수와 직접적으로 관련이 있으며, 52번째 시디에서 보게 될 것이지만, 인간의 내분비선 시스템은 생존과 두려움에 뿌리를 둔 아드레날린과 같은 호르몬 생성에만 국한되지 않습니다).

52번째 그림자를 이해하는 키 중 하나는 52번째 선물—규제Restraint의 선물입니다. 52번째 그림자의 낮은 주파수 표현은 두려움에 반응하지 못하게 하는 데서 비롯됩니다. 때로는 이 유전자 키를 몰고 가는 두려움이 무의식 속에 너무도 깊숙이 박혀 있어 당신은 전혀 알지 못한다는 것입니다. 그럼에도 불구하고 이 두려움은 우리의 주변에 퍼져 있으며 당신의 반응은 두 가지 응답 중 하나를 만들어 냅니다.—당신은 붕괴하거나 도망칩니다. 부신 시스템과의 화학적인 연관성을 고려할 때, 이 그림자는 신체 활동 또는 활동 부족이라는 스트레스에 대한 인간의 두 가지 반응에 깊이 연관되어 있습니다. 52번째 그림자에 관련되는 한, 두 가지 유형의 사람들이 있습니다.—가만히 앉아 있을 수 없는 사람과 자리에 꼭 붙어 있는 사람. 현대 사회에서 우리는 스트레스를 혼란스럽고 정신없이 바쁘게 돌아가는 에너지 역학으로 생각하는 경향이 있지만, 거기에는 또한 이러한 더 억압된 측면도 있습니다.

자연스러운 삶의 리듬은 계절적 패턴을 따릅니다.—삶은 언제 일해야 할지를 알고 언제 휴식해야 할지를 알고 있습니다. 그러나 52번째 그림자의 집단적 힘은 이 삶의 흐름을 신뢰하지 못하도록 계속 방해하고 있으며 이 52번째 유전자 키의 그림자 주파수는 어떤 한 극단이나 다른 극단을 부추깁니다. 우리는 이것이 오늘날 이 세상에 나타나고 있는 것을 분명히 볼 수 있습니다. 서양은 목적에 대한 집단적 감각이 거의 없거나 전혀 없는 불안한 활동과 확장, 개선의 극단을 향해 나아가고 있으며, 동양은 전통적으로 활동과 개선에서 멀리 떨어져 종교와 영적 영역으로 가는 방향으로 나아가고 있습니다. 오늘날 역할이 역전되어 동양은 서구와 더 비슷해지고 서양은 동양과 더 비슷해졌지만 인류의 근본적인 표현형은 여전히 두려움에 바탕을 두고 있으며 이 그림자의 두 극성이 계속 나타나고 있습니다. 인간이 모든 피조물과의 통합을 경험할 때까지는 이 근본적인 스트레스—우리의 가장 깊고 가장 감춰진 두려움의 물리적인 표—를 만들어 내고 그것에 끌려 다니게 될 것입니다.

억압적 본성 – 갇혀 있는Stuck

억압적 본성은 52번째 그림자에 의해 만들어진 스트레스의 압력 아래에서 육체적으로, 감정적으로 그리고 정신적으로 붕괴되는 경향이 있습니다. 이 사람들은 결코 땅에서 벗어나지 않습니다. 구속Restraint의 선물은 이 극단적인 그림자의 징후에 고착된 상태로 남아 있어 갇혀 있는 깊은 느낌으로 이어집니다. 이런 감정은 몸에 너무도 퍼져 있어 깊은 우울증과 무감각의 상태로 들어갑니다. 이 사람들이 스스로 포기함에 따라 부신 시스템이 실제로 위축되어 그들은 어떤 식으로든 육체적으로 원활하지 않게 될 수 있습니다. 이 상태에 빠지면 빠져 나가기가 매우 어려울 수 있습니다. 그런 상태에서 벗어나 자신을 상승시키는 유일한 방법 중 하나는 다른 사람들에게 봉사하는 길을 찾는 것입니다. 52번째 선물에는 다른 사람들을 돕는 깊은 유전적 욕구가 있으며, 이 욕구가 시작되면 점차적으로 자신의 생명력이 돌아오는 것을 발견할 수 있습니다.

반응적 본성 – 가만히 있지 못하는Restless

이들은 가만히 앉아 있지 못하는 사람들입니다. 반응적 본성은 천성적으로 활동을 통해 두려움을 피하려고 노력합니다. 이 사람들은 좌절과 분노를 다른 사람들에게 투사함으로써 두려움을 가립니다. 스트레스의 불안한 측면은 부신이 필요 이상으로 에너지를 생성하는 과도한 자극에 기초합니다. 그러나 아드레날린이 신체에 지속적으로 분비되면 시간이 지남에 따라 실제로 큰 피해를 입힙니다. 따라서 이 사람들은 종종 자신을 태워 버립니다. 그런 사람들을 위한 비법은 그들 자신의 정신적 역동성을 관찰하고 그들을 몰고 가는 깊은 두려움을 발견하는 것입니다. 이 두려움에 직면하고 포용함으로써 그들은 점차적으로 두려움이 그들을 지배하는 것을 서서히 무너뜨리고 구속의 선물을 활성화시키는 법을 배웁니다.

52번째 선물

규제(Restraint, 통제, 제한, 자제, 저지)

생태적 회전력

사람들은 52번째 선물을 그 소리가 주는 느낌 때문에 평가 절하하는 경향이 있습니다. 규제는 특별히 흥미진진하거나 역동적으로 들리지 않습니다. 그러나 아이러니하게도 이것은 전체 인간 게놈에서 가장 놀라운 선물 중 하나입니다. 이 선물은 모든 다른 선물처럼, 두 극단적인 에너지—이 경우에는 활동성과 수동성의 에너지—사이의 균형을 유지하는 것입니다. 실제로, 이 52번째 유전자 키보다 인간의 삶에 더 근본적인 것은 없습니다. 그것은 세상의 모든 활동의 원천적인 특징을 결정합니다. 만일 당신이 두려움으로부터 뭔가를 시작한다면, 두려움의 씨앗은 그 활동이 펼쳐질 때 그 모든 측면을 감염시킬 것입니다. 인간의 가장 작은 행동이 때로는 거대한 제국의 창조로 이어질 수도 있지만, 두려움의 씨앗이 시작부터 거기에 있다면, 그때는 바이러스 같이 그 구조 전체에 퍼져 결국 그 구조를 무너뜨릴 것입니다.

52번째 선물은 생태계의 비밀을 담고 있습니다. 모든 진정한 노력은 모든 생명체에 자연스러운 현상인 규제에 대한 깊은 이해를 필요로 합니다. 시스템이 지속되려면 성장하는 동안 스스로 먹이를 얻는 법을 배워야 합니다. 만일 시스템이 빠르게 확산된다면 그것은 끊임없이 확장되는 영양분의 원천을 다양화하고 받아들이는 법을 배워야 합니다. 그러나 시스템이 정말로 성공하려면 처음부터 그 핵심에 필수적인 요소가 하나 있어야 합니다. 52번째 선물 규제는 자연 속의 모든 것이 자신만의 속도로 움직인다는 것을 이해하고 많이 인내할 것을 요구합니다. 특히 처음에는 모든 것이 천천히 움직이는 것처럼 보입니다. 우리가 아이디어를 서두르려는 순간, 우리는 그것이 뿌려지는 땅을 어지럽힙니다. 그때 우리는 여기에서 인간이 얼마나 쉽게 스트레스를 받게 되는지 알 수 있습니다.

직감으로 감지하고 있었을지도 모르겠지만 52번째 선물은 인간 조직에 대한 선물입니다. 가장 깊은 수준에서, 그것은 언젠가 모든 인간을 완전한 조직적 통일체로 인도할 씨앗을 포함합니다. 현재 이 선물은 우리 자신의 삶에 대한 신뢰와 관계가 있습니다. 무엇이든 시작하려면 먼저 명확한 의도가 있어야합니다. 당신의 의도에 사심이 없을수록, 당신은 더 많은 힘을 갖게 될 것입니다. 당신이 올바른 의도로 시작한다면, 모든 것이 뒤따라올 것이지만 두려움 때문에 그 과정을 간섭하려는 유혹에 반드시 저항해야 합니다. 그 의도는 씨앗이며, 씨앗은 앞으로의 여정에 필요한 모든 성분과 특성을 담고 있습니다. 씨앗에는 적절한 시기에 적절한 협조자를 끌어들이는 특정한 향도 담겨 있습니다. 힘이 크면 클수록 발아하는 데 시간이 더 오래 걸린다는 것 또한 사실입니다. 유칼립투스 나무의 씨앗과 해바라기 씨앗은 그 크기는 비슷하지만 해바라기가 몇 달 이내에 최대 크기로 자라는 동안 유칼립투스 나무는 더 깊고 복잡하여 다른 속도로 시작하여 자신의 타이밍을 따를 것입니다. 해바라기의 높이에 도달하는 데 10년이 걸릴 수도 있지만 유칼립투스는 5천 년이나 살 수도 있습니다. 모든 인간의 생각과 행동 또한 마찬가지입니다.

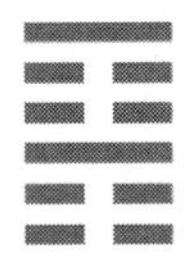

살아 있는 모든 인간은 의도를 가지고 있습니다.—그것이 당신의 개인적인 운명의 씨앗입니다. 당신의 의도를 분명히 하기 위해, 당신은 스스로 이렇게 물어야 합니다. “어떻게 하면 인류에게 최고의 봉사를 할 수 있을까?” 그런 다음 그 대답대로 살아야 합니다. 우리 인간은 앞으로 전개되는 여행의 세세한 내용을 볼 수 없기 때문에, 우리의 의도가 취하는 방향을 신뢰해야 합니다. 비록 그 당시에는 이해가 되지 않더라도 말입니다. 당신의 삶이 아무런 다급함 없이 저절로 펼쳐질 수 있도록 허용하는 것, 이것이 규제의 힘입니다. 우리는 또한 52번째 그림자 분석을 통해 이 유전자 키의 다른 측면이 우리가 고착되어 있는 믿음이나 느낌임을 알았습니다. 당신이 진정으로 어떤 것에 고착될 수 있는 것은 당신의 가장 깊은 핵심과 접촉을 잃을 때뿐입니다. 진정한 의도의 씨앗과 접촉을 유지하는 한, 잠깐 멈추는 경우는 있겠지만 그것에 고착되어 있을 수는 없습니다. 씨앗 내부 깊은 곳에, 또는 식물 내부 깊은 곳에 새로운 싹이 태어나고 있습니다. 인간이 불안해하고 진행하는 방향을 억지로 틀면서, 자신이 갖고 있는 진화의 의도에서 다음 단계를 형성하게 될 섬세한 싹을 손상시키는 때가 바로 이 단계입니다. 아이러니하게도, 가장 커다란 성장이 일어나는 것은 바로 모든 에너지가 정지된 것처럼 보이는 잠깐 멈춤의 순간입니다.

한 인간 안에 축적되어 있는 에너지와 잠재력은 무한합니다. 그러나 이런 잠재력은 경제적으로 관리되어야 하며 유기적으로 성장하고 확장되도록 해야 합니다. 이런 측면에서, 규제의 선물은 비간섭non-interference에 관한 것입니다. 이것을 당신 자신의 삶에 적용할 때, 당신은 당신이 볼 수 있는 것보다 훨씬 더 큰 흐름의 일부로 자신을 받아들여야 합니다. 그리고 그렇기 때문에 깊이 억눌리는 느낌을 받을 때가 있다는 것을 받아들여야 합니다. 이 규제를 수용하는 인내는 정말로 강력한 선물입니다. 아이들의 발달 과정에 이와 유사한 것이 있습니다. 아이들은 각자 자신의 미래의 씨앗을 갖고 있으며, 그리고 너무 많은 간섭 없이 자신만의 속도로 발전하도록 허용된다면, 그들은 결국 번창하게 될 것입니다. 모든 부모는 건강의 한계선을 규정하는 것과 자녀를 통해 움직이는 생명력을 신뢰하는 것 사이의 정교한 균형을 찾아야 합니다.

인간의 힘은 규제를 통해서 창조적인 방식으로 이용될 수 있습니다. 52번째 유전자 키는 탐구의 고리Ring of Seeking로 알려진 코돈 계열의 구성원입니다. 이 코돈의 6개의 유전자 키 각각을 여행하면서 그것들 모두가 압력과 관련이 있다는 것을 알게 될 것입니다. 진화를 촉구하는 것이 이 내부의 압력입니다. DNA의 이런 측면에서 모든 인류가 글자 그대로 터져 나오기를 원하는 방대한 양의 생명력이 있습니다. 이 코돈 고리에 있는 선물의 이름을 스캔하면 자력(15, Magnetism), 역동성(39, Dynamism), 규제(52, Restraint), 확장(53, Expansion), 열망(54, Aspiration), 활력(58, Vitality) 등 당신 안에 저장된 힘의 개념을 얻게 될 것입니다. 52번째 선물 규제는 이들 중에서 이 모든 압력을 억제하는 유일한 것으로 두드러지게 나타납니다. 그것은 당신의 삶을 조절하고 내부 리듬과 구조의 정도를 유지하는 데 매우 중요합니다. 실제로 모든 시스템이 돌아가고 진화할 수 있도록 토르크(torque, 회전력)를 만들어내는 것이 바로 이 유전자 키입니다.

52번째 시디

고요함Stillness

파동의 고요함

홍미로운 현상이 가장 높은 주파수에서 일어나는데 그것은 시디 상태가 모든 주파수를 완전히 초월하는 이유를 이해하는 데 도움이 될 수 있습니다. 주파수가 진정으로 무엇인지, 즉 주파수란 서로 다른 속도와 간격에서 일어나는 에너지 파동임을 고려한다면, 주파수를 양 극으로 몰고 갈 때 역설이 있다는 것을 알게 될 것입니다. 낮은 주파수에서 진동하는 에너지 파동은 결국에 가서는 모두 멈추게 되며 당신은 무(無, nothingness)를 경험할 것입니다. 스펙트럼의 다른 쪽 끝에서, 높은 주파수에서 진동하는 에너지 파동들은 결국 서로 너무 가깝게 되어 서로 합쳐져 다른 종류의 무(無, nothingness)를 창조합니다. 이 무가 시디 상태를 나타냅니다. 분명히 이 상태를 설명하는 데 사용되는 단어는 많이 있습니다. : 지복(Bliss, 지극한 행복), 보편적 사랑Universal Love 또는—52 시디의 경—고요함.

고요함Stillness의 시디는 주파수를 초월하는 개념을 이해하는 데 큰 도움이 될 수 있습니다. 역설적으로, 스펙트럼의 양쪽 끝은 같은 상태로 끌고 갑니다. 두 극단의 스펙트럼에서 우리는 고요함을 경험하는 것입니다. 많은 영적 체계들 또는 위대한 교사들은 궁극적인 깨달음의 상태를 무nothingness라고 언급했습니다. 붓다는 특히 이 용어를 좋아했습니다. 실제로 이 52번째 시디에는 붓다의 진짜 맛이 있습니다. 고대 중국인은 주역의 52번째 헥사그램을 고요한 산을 유지함Keeping Still Mountain이라고 이름 붙였습니다. 여기서 우리는 보리수나무 밑에서 모든 현상이 사라지고 깨달음의 진정한 실재가 빛나기를 기다리면서 절대적인 고요함으로 앉아 있는 붓다의 이미지를 떠올리게 됩니다.

한 존재가 52번째 시디를 통해 깨달음을 얻었을 때, 흥미로운 일들이 일어납니다. 모든 주파수와 에너지 패턴이 멈추는 것처럼 경험되기 때문에, 당신은 자신이 모든 창조의 중심에 앉아 있는 것을 발견하게 됩니다. 당신이 존재 자체의 정지 포인트가 될 때, 모든 현상은 당신 주위를 돌고 있는 것처럼 경험됩니다. 세상의 오라에 의해 생성된 두려움과 스트레스의 엄청난 껍데기는 더 이상 당신을 건드릴 수 없습니다. 왜냐하면 당신이 모든 진동 밖의 공간을 차지하기 때문입니다. 신비주의자들이 이 상태를 기술하기 위해 공간 없는 공간spaceless space과 같은 용어를 사용하는 이유가 바로 이것입니다. 고요함과 함께 52번째 시디의 프로그래밍 파트너인 58번째 시디 지복Bliss의 경험이 따라옵니다.

이 두 위대한 시디 52번째와 58번째는 기하학과 물리학의 가장 보편적인 개념 중 하나인 토러스(torus, 원환체 : 하나의 원을 그 회전 중심으로부터 같은 거리에서 회전하였을 때 생기는 부피나 입체)를 반영합니다. 토러스는 모든 시공간의 중심에 있는 다차원 기하학적 형태입니다. 토러스는 토크(torque, 회전력)와 나선형 힘에 기초한 에너지 역학의 보편적인 법칙을 보여 줍니다. 토러스의 한쪽 끝에는 모든 에너지와 물질을 빨아들여 수축시키고 감싸는 음의 극성을 나타내는 블랙홀이 있습니다. 토러스의 다른 끝에는 시공간 자체를 창조하기 위해 모든 에너지와 물질을 방출하고 생성하고 확장하는 양의 극성을 나타내는 화이트홀이 있습니다. 토러스는 원심력과 구심력을 결합하는 참으로 아름다운 형태로 내파력과 폭발력을 동일한 시스템 속으로 가져옵니다. 인간 DNA 내에서 모든 존재의 심장부에 있는 토러스는 깨달음을 통해 직접적으로 경험됩니다. 깨달음의 상태는 고요함(블랙홀)과 지복(화이트홀)을 통합합니다.

완전한 고요함과 지복의 경험은 당신의 유전자가 보다 잘 기능함으로써 일어납니다. 내분비 시스템은 본질적으로 화학 물질과 호르몬이 결합되어 생성되는 연금술의 공장입니다. 우리가 52번째 그림자를 보았듯이 이 그림자가 두려움으로 활성화될 때마다 몸의 선腺, glandular 기능이 아드레날린 호르몬을 분비합니다. 낮은 주파수의 환각 속에 사는 사람들은 실제로 그 환각을 만드는 이 호르몬과 두려움에 중독되어 있습니다. 그러나 시디 수준의 주파수에서(또는 주파수가 부족할 때) 몸은 실제로 매우 적은 양의 호르몬과 신경전달 물질을 만듭니다. 모든 시디는 독특한 분비선을 가지고 있으며, 52번째 시디의 경우 몸 전체에 지복과 고요함을 유도하는 호르몬이 분비됩니다.

수천 년 동안 인간은 이 마법과 같은 분비물을 찾아다니고 그것을 화학적으로 창조할 수 있는 만병통치약으로 신화화했습니다. 최근에 이 호르몬 분비물을 모방하거나 활성화시키는 특정 물질과 약물이 만들어졌습니다. 그 중의 한 예가 마약 엑스터시입니다. 우리가 이해할 필요가 있는 것은 그런 호르몬 분비를 이끄는 돌연변이 과정은 아주 섬세한 유기적 과정이며, 이것은 에너지 차원에서 일어나는 훨씬 더 미묘한 과정이 촉매 작용을 한다는 것입니다. 이 과정이 아무런 간섭 없이 많은 유기적인 단계를 거치면서, 몸은 그 미묘한 과정에 물리적 대응물을 만듭니다. 52번째 시디의 경우, 정지하고 있는 시간의 경험은 커뮤니케이션에 인식이 필요치 않을 때 생각을 효과적으로 멈추게 하는 신경 전달 물질을 통해 반영됩니다.

55번째 유전자 키에 대해 이미 읽었다면 조만간 곧 파동의 고요함stilling of the wave으로 알려진 세계로 들어오는 집단 현상에 대해 읽었을 것입니다. 이 현상은 물리적인 유전적 돌연변이의 결과로서 2027년경에 인류를 휩쓸고 지나갈 것으로 예상됩니다. 이 돌연변이는 집단적 수준에서 64개 유전자 키의 개화는 물론 선물과 시디가 이 세상에 확장되어 출현하는 것을 포함하는 일련의 과정을 촉발할 것입니다. 파동의 고요함이라는 표현은 현재 지구를 지배하고 있는 혼돈의 감정적 에너지장의 고요함을 나타냅니다. 우리가 이 세상으로 점점 더 많이 들어오는 것을 보게 될 시디 중의 하나가 바로 52번째 시디입니다. 이 52번째 유전자 키는 씨앗의 원형이며 봉사를 통해 의도가 개개인의 운명 속으로 펼쳐지는 것과 관련이 있다는 것을 기억하십시오. 모든 시디는 본질적으로 집단적이기 때문에 52번째 시디는 위대한 새로운 창조의 씨앗과 인류가 본래 가지고 있었던 의도와 꿈, 즉 창조 그 자체의 고요한 중심에 서 있는 우리의 위치를 깨닫는 것 또한 담고 있습니다.

52번째 시디는 그 안에 인류를 하나의 통합된 패턴으로 초점을 맞추는 힘을 가지고 있습니다. 그것은 결국 인간의 감정적 체계를 진정시킬 집합적 에너지장을 일으킵니다. 52번째 그림자 스트레스Stress는 시간과 밀접한 관련이 있습니다. 많은 스트레스가 만들어지는 원인은 사람들이 시간이 너무도 빨리 움직이는 것을 경험함으로써 공황 상태에 빠져 그것을 붙잡으려고 노력하기 때문입니다. 이 52번째 시디를 드러내는 존재의 오라는 문자 그대로 주변에 있는 모든 사람들의 생각을 멈추게 할 것입니다. 그것은 아원자 세계의 분자들 사이의 파장을 증가시키고, 그렇게 함으로써 인지된 시간을 늦추게 하는 시디입니다. 모든 시디는 인류의 에너지장을 본질적으로 홍수처럼 쏟아 붓습니다. 그래서 이 의식 수준에 있는 적은 수의 존재만으로도 모든 인간의 감정이 작동하는 방식을 바꾸게 될 것입니다. 이런 종류의 고요함이 우리의 행성의 오라에 쏟아져 들어오면 수백만 명의 사람들이 올바른 운명을 따라 훨씬 더 널리 봉사를 할 수 있게 될 것입니다.

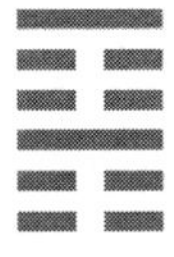

53rd GENE KEY

시디
과다함
선물
확장
그림자
미성숙

진화를 넘어선 진화

프로그래밍 파트너 : 54번째 유전자 키
코돈 고리Codon Ring : 추구의 고리
(15, 39 52, 53, 54, 58)

생리 : 비뇨생식가로막
아미노산 : 세린

53번째 그림자
미성숙Immaturity

개인의 거짓 숭배

우리 모두가 이전에 여러 번 들었던 오래된 격언이 있습니다.—"계속 나아갈 의도가 있을 때 시작하라." 진부한 표현이지만 53번째 그림자에 매우 적합한 지혜이며 본질적으로 모든 시작 속에 내재되어 있는 에너지와 관련이 있습니다. 삶 속에서 새로운 것을 시작하기 전에 자신에게 이렇게 물어볼 필요가 있습니다. "이 시작의 진정한 본질은 무엇인가?" 대다수의 사람들은 대부분의 시작에는 미묘한 두려움의 흔적이 있다는 것을 깨닫지 못합니다. 이 두려움이 당신의 노력의 원천에 있다면, 당신은 자신도 모르게 종말의 씨앗을 심은 것입니다. 그림자 주파수에서 두려움은 인간의 의도와 불가분의 관계에 있는 내면의 멍에이고, 의도는 행동의 활에 장착하는 화살과 같습니다. 당신이 어떤 일에 아무리 많은 노력을 기울이더라도 화살이 구부러져 있다면 당신이 의도한 표적을 결코 맞추지 못할 것입니다. 이 유전자 키의 맥락에서, 우리가 미성숙immaturity이라고 부르는 것은 실제로 활에 구부러진 화살을 장착하는 성향에 불과합니다. 이 때문에, 아무리 좋은 의미라도 낮은 주파수에서 이뤄진 행동은 부조화만을 만들어 낼 뿐입니다.

53번째 그림자는 프로그래밍 파트너인 54번째 그림자 탐욕Greed과 매우 밀접하게 연결되어 있기 때문에 미성숙에 대한 가장 흔한 표현은 종종 힘과 돈을 포함합니다. 따라서 우리는 상거래의 세계에서 두려움은 거의 모든 비즈니스의 근원에 있음을 발견합니다. 서비스에 기초하고 있다고 주장하는 경우에도 마찬가지입니다. 세상은 비즈니스가 생존보다 봉사를 앞세울 때 무슨 일이 일어날 수 있는지를 아직 정말로 보지 못했습니다. 비록 오늘날 드러난 몇 가지 초기 사례가 있기는 하지만 말입니다. 너무 많은 성장이 유지되지 못하고 환경에 피해를 주고 있음에도 불구하고 그림자 주파수에 있는 비즈니스에서 성장은 다른 모든 것보다 더 높이 평가받고 있습니다. 그러나 53번째 그림자는 비즈니스에만 신경을 쓰는 것이 아닙니다. 그것은 우리의 모든 문명의 근원에 있는 유전자적 반사입니다. 우리 안에 있는 이 두려움 반사 때문에 우리는 자연의 위대한 법칙, 특히 풍요의 법칙을 이해하지 못합니다. 본성만이 남게 되면 본성은 전체적인 그림과 접촉을 잃지 않은 채 번창합니다. 자연에서 한 종의 서식지가 너무 많아지면 대응하는 세력이 불균형에 반응하여 균형을 회복합니다. 사람도 역시 자연의 일부이며, 우리가 자연 밖에 있는 것처럼 행동할지라도, 이 같은 법칙의 적용을 받습니다.

추구Seeking의 코돈 고리를 구성하는 6가지 내부 압력 중 하나인 53번째 유전자 키는 그림자 주파수에서 많은 스트레스를 유발합니다. 53번째 유전자 키가 현대 사회에서 일으키는 스트레스는 물질적으로 부자가 되고자 하는 욕구에 직접적으로 반영됩니다. 개인의 거대한 자산은 그 재산을 필요로 하는 더 높은 목적이 없으면 지속될 수 없습니다. 번영과 부 사이에는 큰 차이가 있음을 명심하십시오. 부는 두려움과 탐욕에 기초한 돈의 축적인 반면, 번영은 보편적인 리듬으로 팽창하고 수축하는 흐름입니다. 번영은 당신의 더 높은 목적에 대한 욕구에 맞추어 스스로를 자동으로 조정합니다. 부는 절대로 성취와 같은 것이 아닙니다. 사실 그것은 보통 정반대가 됩니다. 추구의 고리의 본질은 당신에게 욕망과 탐욕과 두려움의 진정한 본질을 보여줌으로써 미성숙에서 벗어나게 하는 것입니다. 따라서 우리는 때가 되면 우리가 추구하는 성취가 바깥에 있는 것이 아니라 우리 안에 있다는 것을 배우게 됩니다.

미성숙의 그림자는 우리 자신을 자연과 별개로 보는 경향에 뿌리를 두고 있습니다. 인간의 마음은 그 자신을 자연과 지구에 깊숙이 심어진 하나의 집단 유기체로 보는 데 엄청난 어려움을 겪고 있습니다. 우리 중의 어떤 한 사람이 이기적인 행동을 하거나 두려움에 뿌리를 둔 행동을 한다면, 그것은 전체적으로 그 행동을 강화시키며, 이는 세상의 진동을 강화시킵니다. 이것이 바로 미성숙입니다.—그것이 전체라는 것을 아직 깨닫지 못하는 전체의 한 측면입니다. 그러나 인간은 항상 창조 속에 내재된 균형 잡는 힘을 감지해왔습니다. 예를 들자면 그것은 불교와 힌두교의 카르마 교리에 반영되어 있습니다.—그것은 곧 모든 원인은 우리 자신의 미래에 직접적인 영향을 미치는 결과를 가져온다는 법칙입니다. 여기에서 공통적으로 간과하는 것은 우리의 미래에 영향을 미치는 것은 개인으로서의 우리뿐만 아니라 집단으로서의 우리라는 것입니다.

인간이 진화하기 위해서는 우리가 그 유기체에 끼치는 피해를 목격함으로써 우리가 단일한 통일된 유기체라는 사실을 배우는 발달 단계를 거쳐야 합니다. 우리는 어머니가 아이를 훈련시킬 때까지 어머니를 못살게 구는 아이와 같습니다. 우리는 무엇보다 원초적 죽음에 대한 두려움을 버려야 합니다. 환생하는 영혼이나 분리된 영적 존재의 형태로 우리 자신을 이번 생을 넘어서 정신적으로 투영하려는 영적 열망조차도 순수한 의식으로 다시 해체되는 것에 대한 두려움에 미묘하게 뿌리를 두고 있습니다. 그것은 그것에 집착하는 것이 아니라 앞으로 나아가는 진화의 프랙털 패턴입니다. 죽음은 개성에 대한 우리의 애착을 깨끗하게 잘라냅니다. 그러나 수천 년 동안 인류는 너무도 두려워하여 진정으로 이것을 보지 못했습니다. 우리는 진정으로 삶의 연속성을 느낍니다. 그러면서도 우리는 또한 우리의 개별성을 그것에 투사하려고 노력합니다. 우리는 개인을 바탕으로 훌륭한 컬트를 만들었습니다. 비록 개인 그 자체가 환상이긴 하지만 말입니다,

왜 우리 인간은 죽음을 피할 수 없다는 것을 받아들이지 못하는 것일까요? 대답은 간단합니다. 그러면 삶이 너무 무서운 것처럼 보이기 때문입니다. 삶에는 도덕이라는 것이 없습니다. 삶에는 개별적 정의라는 개념이 없습니다. 비록 환생하는 더 높은 인과체causal body의 존재가 마야의 틀 안에서 상대적인 진리를 가지고 있지만(22번째 유전자 키 참조) 절대의 수준에서는 죽음에서 살아남는 개별적인 영혼은 없습니다. 순수 의식에 함몰되기에는 부족함이 있는 신비로운 경험은 계속 존재하려고 하는 개별적 욕구의 미묘한 투사입니다. 사실은 53번째 미성숙의 그림자가 이 모든 환상을 우리 마음속에 심어 놓는다는 것입니다. 삶은 단순하고 순수하며 우리의 투사를 필요로 하지 않습니다. 거기에는 오직 그것의 혈통, 그것의 프랙털 라인, 그리고 그것의 집단적 진화의 신화를 따르는 의식의 연속성만이 있을 뿐입니다. 이 진리는 종종 마음과 두려움에 근거한 신념과 투사의 복잡한 체계에 충격을 줍니다.

인류는 탐욕과 미성숙의 그림자를 통해서 마침내 단일 유기체로서의 본성에 눈을 떠야만 합니다. 아이처럼 우리는 결국 자기 집착에서 벗어나서 성숙해야 합니다. 주역에서 이 53번째 헥사그램의 원래 중국 이름은 발전Development이며 사실이 그렇습니다. 어린 아이와 마찬가지로 인류 역시 너무도 자신에게 집착하여 그 행위의 결과를 알지 못하는 유기체입니다. 비록 우리가 아직도 성숙하지는 않았지만, 그것은 DNA에 기록되어 있어 우리는 우리의 행위가 결과를 담고 있다는 것을 서서히 발견하게 될 것입니다. 비록 그 결과들이 미래의 세대들에 의해 실현될 수 있을 뿐이지만 말입니다. 그러므로 악으로 판단되는 사람들은 미성숙을 나타내는 전체의 측면으로서 이해되어야 할 필요가 있습니다. 어떤 개인을 처벌하려는 우리의 욕망은 그림자 주파수에서는 자연스럽게 보일 수 있지만 집단적 수준에서 볼 때 자기 망상의 수준을 나타냅니다. 스스로를 처벌하는 대신, 우리 유기체는 스스로를 더 잘 이해하는 법을 배워야 합니다.

그렇다면 53번째 그림자는 개인인 당신에게 무엇을 의미합니까? 그것은 붓다가 말한 것이 절대적으로 사실임을 의미합니다.—모든 것은 끊임없이 사라지고 또다시 시작됩니다. 삶에게 외부의 시각이나 교리를 강요하려고 할 때 그것은 당신이 미숙함을 나타내는 것입니다. 그림자 주파수에서 하는 모든 일은 존재하지 않는 것에 대한 두려움에 뿌리를 두고 있습니다. 이 두려움은 당신의 정신 속 깊숙이 파고드는 마리화나처럼 의식이 당신의 형태를 완전히 꿰뚫지 못하게 합니다. 53번째 그림자에게 감사해야 할 것은 그것이 당신의 행동과 생각과 말이 이 두려움에 얼마나 깊이 뿌리 내리고 있는지를 이해하기 시작할 때까지 당신이 미성숙하다는 것을 보여 준다는 것입니다. 이 광대하고 포괄적인 통찰을 이해하게 될 때, 당신은 있는 그대로의 삶에 가슴을 열고 삶을 다시 신뢰하기 시작합니다.—아무런 견해도 없고, 판단도 없고, 애착도 없고, 무엇보다도 두려움 없이 말입니다.

억압적 본성 – 엄숙한Solemn

새로운 것을 시작하는 엄청나게 활기찬 에너지가 억압될 때, 그것은 매우 엄숙한 인간을 만듭니다. 이 사람들은 일반적으로 평생 동안 한 가지 활동에만 고정됩니다. 그런 사람들에게는 어느 순간에라도 안으로 폭발할 것처럼 깊은 슬픈 느낌이 있습니다. 삶 속에서 심각해진다는 것은 엄청남 압박이 있다는 것이며 무의식적인 두려움을 드러내는 것입니다. 이 사람들은 또한 삶에서 새로운 것을 받아들이는 것이 거의 불가능하다는 것을 알게 됩니다. 그들은 모든 것을 정확히 있는 그대로 유지함으로써 계속 통제하려고 합니다. 그런 사람들은 변화에 잘 대처하지 못하고 스스로를 세상으로부터 담을 쌓고 자신들 속 더 깊은 곳으로 몰아가는 경향이 있습니다. 이 사람들은 종종 큰 슬픔으로 둘러싸인 채 인생을 마감합니다.

반응적 본성 – 변덕스러운Fickle

이 53번째 그림자의 반응적 측면은 사람이 진화할 수 있도록 충분히 오래 앉아 있는 일이 없습니다. 그들은 무엇이든 끝을 내지 않고 어느 한 가지에서 다른 것으로 옮겨갑니다. 이 사람들은 항상 새로운 일을 시작하지만 그것을 계속 발전시키는 일에는 어떤 사명감도 없습니다. 그런 사람들이 새로운 것을 시작하는 유일한 이유는 가장 큰 두려움을 피하는 것입니다.—즉 자기 자신을 대면해야 하는 어떤 사이클에 갇히는 것을 두려워하는 것입니다. 아이러니하게도 그들은 결국 아무데도 가지 않는 반복적인 시작의 사이클에 갇혀 있습니다. 그런 사람들의 삶은 때로는 흥미진진한 것처럼 보일 수도 있지만 실제 깊이나 성취가 결여되어 있습니다. 반응적 본성은 자신의 두려움을 무의식적으로 분노로 표현하는 것입니다. 이 사람들은 자신이 누구인지에 대해 정직하지 않기 때문에 어디를 가든 화를 불러일으키며 더 나아가서 자신들의 변덕스러운 충동을 정당화합니다.

53번째 선물
확장Expansion

단순성 이론

53번째 그림자를 읽고 묵상함으로써 아마도 이 유전자 키가 실제로 얼마나 영적인지를 느낄 수 있을 것입니다. 그것은 사실 의식이 물질적 삶 속으로 더 깊숙이 파고드는 진화의 원동력을 나타냅니다. 삶 자체는 팽창만을 알고 있습니다. 삶이 수축하기로 선택할 때조차도 새로운 방향으로 또는 다른 방향으로 더 확장하기 위해서만 그렇게 합니다. 53번째 선물 주파수의 관점에서 볼 때, 존재하는 모든 것은 확장하려는 이 영구적인 진화론적 충동입니다. 결과적으로 인류는 궁극적으로 스스로를 뛰어 넘어서 확장하는 운명을 타고났습니다. 물론, 인류가 스스로를 파괴할 수도 있지만, 그렇다고 해도 그것은 삶이 새로운 방향으로 더욱 확장하기 위해서 그렇게 하는 것입니다. 이전에 오는 모든 것은 앞으로 올 일의 원천입니다.—그것이 이 53번째 선물의 법칙이며 인과의 법칙의 기초입니다.

진정한 확장은 항상 진화를 필연적으로 수반합니다. 53번째 선물의 높은 주파수를 받아들인 사람에게는 확장이 전부입니다. 삶이 정기적으로 자신의 형태 이상으로 성장하는 것처럼 당신의 노력은 정기적으로 자신의 형태 이상으로 성장합니다. 비즈니스 세계에는 단순히 확장하기만 하는 조직이 있을 뿐만 아니라 확장하고 진화하는 조직도 있습니다. 비즈니스에서의 과도한 팽창은 그림자 의식이 작동하는 신호입니다. 당신이 한 방향으로 너무 많이 팽창하면 보편적 원리는 정반대로 수축 효과를 일으킬 것입니다. 제국과 독점이 궁극적으로는 무너지는 이유가 바로 이것입니다. 진정한 확장은 또한 프랙털 성장의 개념을 품고 있습니다. 비즈니스에서 프랙털 성장은 조직의 의식을 대표하는 비즈니스 내부의 사람들이 진화할 때만 일어납니다. 진정한 성장은 편안함을 주는 영역을 넘어서서 확장됩니다.—이는 계속해서 마지막 단계를 뛰어넘습니다. 이것이 일어나도록 허용되면 비즈니스는 단일한 방향보다는 여러 방향으로 동시에 성장합니다.

진화론은 복잡성 이론(Complexity Theory, 수많은 요소들이 얽히고설킨 가운데 상호작용하면서 어떻게 변해갈지를 예측하는 이론)이라는 현대 과학 용어를 따릅니다.—그것은 생명체가 진화함에 따라 점점 더 복잡해진다는 이론입니다. 더 많은 요소가 시스템에 통합될수록 더 복잡해지는 것처럼 보인다는 것은 정말로 사실입니다. 그러나 마음에게 복잡해 보인다는 것이 덜 효율적이 된다는 것을 의미하지는 않습니다. 실제로 진화는 시스템이 보다 효율적으로 되기를 요구하며 효율성은 복잡성보다는 단순성에 기반을 둡니다. 통합은 낮은 수준의 주파수에 고착되어 지능적으로 이해하려고 할 때만 복잡해 보일 뿐입니다. 확장Expansion의 선물은 개인들이 자신의 개인적인 견해와 시각을 초월하여 지금 무슨 일이 일어나고 있는지를 이해하려는 시도를 하라고 요구합니다. 당신의 삶이 진정으로 확장되도록 허용하는 데에는 엄청난 신뢰가 필요합니다. 왜냐하면 그것이 마음에게는 더 복잡해지는 것처럼 보이기 때문입니다. 하지만 사실 그것은 더 거대한 통합으로 움직여 가고 있는 것입니다. 확장의 특정 시점에서 당신의 의식 자체가 통합을 이루게 하는 도약을 하게 됩니다. 이런 도약이 일어날 때까지는 그저 과정을 고수하고 신뢰해야만 합니다.

반면에, 그림자 주파수는 욕망에 이끌려 스스로는 확장하지 않은 채 확장을 원합니다. 진정한 확장이 실제로는 비교적 드문 이유가 바로 그것입니다. 확장은 초월하고 품어 안는 과정입니다. 확장이 놀라운 것은 각각의 새로운 수준의 통합이 이전의 수준에 기초하여 만들어졌으며 따라서 통합 그 자체 안에 포함되어 있다는 점입니다. 이것은 컴퓨터 과학에서 비즈니스에 이르기까지, 그리고 영성에 이르기까지 삶의 모든 측면에 적용될 수 있습니다. 확장은 의식이 보다 깊게 형태 속으로 스며들도록 허용될 때 일어납니다. 그것은 침투에 관한 것입니다.—확장하면 할수록 형태는 느슨해지며, 따라서 당신은 그 뒤를 맴돌고 있는 의식을 엿보기 시작합니다. 물론, 궁극적인 확장은 인간의 인식 그 자체의 확장인데, 그것은 다른 모든 형태의 확장의 기초가 됩니다.

인간의 경우 주파수의 확장은 오직 한 방향으로만 일어날 수 있습니다.—가슴을 통하는 것입니다. 이 53번째 선물은 인도의 박티bhakti 또는 봉헌의 에너지라는 개념을 통해 아름답게 설명될 수 있습니다. 진화의 중심에 있는 이 박티bhakti는 계속해서 자신의 형태보다 더 커지고 있습니다. 선물 주파수는 마음의 초월을 시작하게 합니다. 인식이 확장될 때, 가슴이 열립니다. 의식의 선물 수준에서 보이는 모든 것은 진화적 충동이 태어나고 살고 죽는 것처럼 보입니다. 나무에 있는 인식과 인간 안에 존재하는 인식에는 차이가 없습니다. 유일한 차이점은 각각의 안에 있는 인식의 운영체계입니다. 나무는 수액과 뿌리와 잎을 통해 삶을 경험하며, 우리 인간은 몸과 마음을 통해 삶을 경험합니다. 이런 식으로 보면, 모든 삶은 더 높은 진화를 향해 똑같은 길을 따르고 있습니다. 죽음은 우리가 인식하는 것처럼 수축이 아니라 안으로 들어가는 또 다른 확장입니다.

그러므로 53번째 그림자 미성숙Immaturity에 대해 말할 수 있는 것은 그것이 아직 주변 환경을 인식하지 못한다는 것입니다. 아직 자기를 인식하지 못하고 있는 아이처럼, 그것은 자신이 어떻게 세상에 영향을 미치는지 알지 못합니다. 자기 인식이 성숙이며, 인류는 자신이 하나의 통합된 유기체임을 자각할 때만 성장하게 될 것입니다. 따라서 이 53번째 선물의 비밀은 박티, 즉 생명 그 자체의 영원히 확장하고, 초월하고 품어 안는 에너지에게 굴복하는 것입니다. 당신은 자신이 누구인지, 어디로 가고 있는지에 대한 모든 정의를 놓아버리고 삶에게 휩쓸리도록 해야 합니다. 일단 당신 가슴속에 이 변화가 만들어지면 당신의 삶이 훨씬 더 간단하다는 것을 발견하게 될 것입니다. 당신은 보편적인 진화적 충동과 자신을 일치시킴으로써 진정한 번영의 주파수를 활성화시키고, 이런 방식으로 굴복함으로써 당신은 지속적으로 다시 채워지고 확장됩니다. 이것이 자연의 단순성 이론입니다. 복잡성 이론과 달리 그것은 전혀 이론이 아니라 스스로 증명하는 보편적 법칙입니다.

53번째 시디
과다함Superabundance

진화의 끝

53번째 시디는 영성의 역사에서 재탄생과 카르마라는 가장 큰 오해 중 하나를 일으켰습니다. 영혼이 태어나고 죽고 다시 다른 몸으로 계속 반복해서 거듭나는 것은 동양의 신비 전통 가운데 널리 퍼져 있습니다. 개개인의 영혼은 선행을 축적함으로써 결국 카르마를 뛰어넘고 해방되거나 깨달음을 얻습니다. 그 시점에서 영혼은 다른 화신을 취할 수 없으며 무한한 근원으로 돌아갑니다. 이것이 환생 또는 영혼의 환생에 대한 기본적인 교리입니다. 붓다의 말에 이런 것이 있습니다.

"자아라는 것이 없기 때문에 자아의 윤회라는 것은 없다. 행위가 있고 행위로 인해 계속되는 결과가 있을 뿐이다. 카르마의 재탄생이 있고, 환생이 있다. 이 재탄생, 이 환생, 이 형태의 재현은 계속되고 인과의 법칙에 달려 있다."[24]

붓다의 이 말로부터, 그가 수세기에 걸쳐 크게 잘못 전해진 것이 아주 분명합니다. 그는 여기에서 다시 태어날 개별적 자아나 혼이라는 것은 없으며, 윤회하는 것은 행위의 카르마라고 분명히 말하고 있습니다. 이것은 곧 개인적인 카르마 같은 것은 없다는 것을 의미합니다. 당신의 행동은 집단의 무의식 속에 들어가며, 거기서 거울의 반향을 일으킵니다. 이기적인 본성의 모든 행위는 집단의 그림자 주파수를 강화시키고 통합을 가져오는 모든 행위는 집단의 높은 주파수를 강화시킵니다. 환생의 과정은 24번째 시디 침묵Silence에서 어느 정도 깊이 탐구됩니다. 53번째 시디를 통해 오는 위대한 진리는 삶은 끝없는 시작들로 이루어져 있지만 끝은 없다는 것입니다. 이것이 과다함Superabundance의 진정한 의미입니다. 삶은 미래 형태의 본질과 운명을 결정짓는 새로운 형태를 계속 창조합니다. 형태들 간에는 형태를 만드는 유전 메커니즘 이외에는 아무런 연속성이 없습니다. 계속되는 것, 그리고 과다한 것은 의식 그 자체입니다. 그것은 끝없이 집단을 꿰뚫고 진화의 이야기를 씁니다.

---

24 The Gospel of Buddha. Compiled from ancient records by Paul Carus (1894). Web publication, Mountain Man Graphics, Australia.

이런 맥락에서, 과다함의 시디는 그럴 듯하게 들리는 느낌만큼 매력적이지 않을 것입니다. 물질적인 풍요는 선물 주파수에서 훨씬 더 많이 발생하는 것 같습니다. 그 수준에서는 당신 개인의 운명과 다른 사람들의 운명에 여전히 기본적인 관심이 있기 때문입니다. 다른 사람들에게 베풀어 주는 박티의 에너지는 집단 에너지장에서 엄청나게 고조되며, 모든 종류의 유익한 에너지를 자극하여 당신에게 돌아갈 수 있도록 합니다. 이런 측면에서 53번째 선물이 물질적 풍요의 궁극적인 비밀을 감추고 있다고 말할 수 있습니다. 그러나 시디 수준에서 당신의 몸과 운명과 자아와 동일시하는 것은 완전히 녹아 사라져서 당신을 순수한 비어 있음과 가용성의 신비한 상태로 남겨둡니다. 사실 여러 면에서 과다함은 비어 있음emptiness의 개념에 더 가깝습니다. 그것은 더 이상 확장이 없는 곳입니다. 왜냐하면 거기에 진화가 없기 때문입니다. 만일 당신이 세상의 형태와 동일시하고 있다면, 당신은 변화와 동일시된 것입니다. 왜냐하면 모든 생명은 진화하도록 프로그램되어 있기 때문입니다.

53번째 시디의 눈을 통해 깨어난 사람에게 인류는 있음being이면서 되어감becoming입니다. 형태는 끊임없이 진화하고 확장되지만 의식은 결코 변하지 않습니다. 그리고 여기서 우리 인간은 기본적인 오류를 만들었습니다.—우리를 우리가 인식하는 도구와 동일시한 것입니다. 그것은 진화의 법칙에 따라 확장됩니다. 우리는 실제로 인간의 인식이 확장이라는 측면에서 거대한 양자 도약을 준비하는 것처럼 보이는 새로운 진화 단계에 접어들었습니다. 그러나 비록 인식awareness은 확장될 수도 있지만, 의식consciousness은 확장하지도 않고 확장할 수도 없습니다. 왜냐하면 의식은 이미 모든 곳이고, 모든 것이며, 심지어 모든 때이기 때문입니다. 이것은 반드시 이해해야 할 아주 중요한 진리입니다. 형태 아래에서 의식은 절대로 변화하거나 진화하거나 팽창하거나 수축하지 않습니다. 의식은 그저 있을 뿐입니다.

과다함Superabundance은 풍요abundance를 넘어서는 개념입니다.—즉 삶이 삶에 의해 냉정하게 목격되는 공간을 의미합니다. 선물 수준에서 우리는 진화의 흐름을 탑니다. 그것은 항상 흥미진진하고 전율이 있습니다. 왜냐하면 당신이 인식의 최첨단에 있기 때문입니다. 그러나 시디 수준에서 모든 흥분과 책임은 사라집니다. 모든 것이 시간과 공간 안에 있는 게임으로 경험되기 때문에 더 이상 가장자리는 없습니다. 더 이상 개인적인 의견도 없습니다. 운명이나 진화 또는 확장에 관심이 없습니다. 왜냐하면 그런 모든 개념들은 진실을 은폐하는 동일시의 장소로 간주되기 때문입니다. 여기 53번째 시디에서 우리는 재탄생의 우화적 의미를 발견합니다. 당신은 또 다른 탄생을 택할 수 없습니다. 왜냐하면 당신이 태어난 적이 없었다는 것을 깨닫기 때문입니다. 마음은 더 이상 진화의 호를 따르지 않지만 마침내 과다하게 넘치는 존재로서 자신의 진정한 본성 안에서 휴식을 취합니다.

53번째 시디로 태어난 사람들은 시작을 죽이거나 결말을 죽입니다. 어느 쪽을 보더라도 그들은 인간 사이클의 역설을 종식시킵니다. 과다함Superabundance은 주파수를 넘어서는 공간이지만 우리는 그것을 세상에서는 할 것이 아무것도 남겨지지 않은 아주 높은 주파수라고 설명할 수 있을 뿐입니다. 53번째 시디는 순수의식으로 알려진 인식을 넘어서고 그 인식의 배후에 있는 상태를 나타냅니다. 그러므로 움직이는 의식은 확장과 진화로 나타나는 반면에 휴식을 취하는 의식은 모든 것의 진정한 근본적인 본질이라고 말할 수 있습니다. 53번째 시디의 사람들은 의심할 여지없이 한때는 구도자들이었습니다. 왜냐하면 이 유전자 키는 인간 의식의 점진적인 확장을 포함하기 때문입니다. 그러나 특정 시점에서는 추구하는 것을 놓아 버려야 합니다. 왜냐하면 내부의 인식이 형태 밖으로 확장하기 때문입니다. 이 지점까지는 확장이 점진적이었습니다. 비록 더 높은 상태로 종종 작은 도약과 시도를 하지만 말입니다. 이 마지막 단계, 깨달음으로 알려진 단계에서 위대하고 최종적인 도약이 일어납니다.—그것은 순수의식으로의 충격적인 도약이며 진화 자체의 끝입니다.

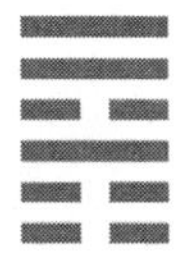

54th GENE KEY

시디
승천
선물
열망
그림자
탐욕

뱀의 길

프로그래밍 파트너 : 53번째 유전자 키
코돈 고리Codon Ring : 추구의 고리
(15, 39 52, 53, 54, 58)

생리 : 미저골
아미노산 : 세린

54번째 그림자

탐욕Greed

사랑과 돈을 위해

54번째 그림자는 인류를 몰아붙이는 커다란 압력 중의 하나입니다. 더 많은 것을 원하는 충동이며, 그림자 주파수에서 이 유전자 키는 눈먼 탐욕이 됩니다. 이 시점에서 이들 그림자 주파수 중 어느 것도 실제로는 부정적이 아니라는 것을 기억하는 것이 중요합니다. 욕심에는 잘못되거나 나쁜 것이 없습니다. 그것은 인간 본성의 한 측면일 뿐이며, 나름대로 진화의 목적을 가지고 있습니다. 탐욕의 목적은 인간 종족 집단과 개인에게 물질적으로 성공하도록 압력을 가하는 것입니다. 현대의 앞선 선진국들을 보면 탐욕이 우리 문명을 얼마나 발전시켰는지 알 수 있습니다. 54번째 그림자 뒤의 원초적 에너지는 초기 부족 문화의 생존에 필수적이었으며 실제로 우리는 그것이 개발도상 국가들 안에서 여전히 작동하고 있는 것을 볼 수 있습니다. 그런 나라들에서 생존은 물질적인 계층구조에서 당신이 어디에 위치하고 있느냐에 직접적으로 기초하고 있습니다. 당연히 당신은 또한 탐욕이 결국 다른 모든 것에 해를 끼치며 어떻게 한 개인, 공동체 또는 인종에 집중하는 경향이 있는지를 볼 수 있습니다. 이것은 어떤 특정한 진화적 시점에서 탐욕이 목적을 달성했으며 이제는 초월해야 할 필요가 있다는 것을 의미합니다. 탐욕이 열망이 되는 것, 바로 이것이 선물 주파수 수준에서 일어나는 일입니다. 이런 의미에서 탐욕은 더 많은 물질을 축적하고자 하는 열망을 말하며, 반면에 열망은 좀 더 영적인 본성을 얻기 위한 욕망을 의미합니다.

탐욕이 초월 없이 끝까지 추구된다면 그것은 자기 파괴적이 됩니다. 우리는 오늘날 현대 사회에서 이런 현상이 일어나는 것을 봅니다. 욕심이 절정에 이르면 그것은 개인과 지구 모두에게 파괴적이 되거나, 아니면 개인에게 새로운 시각을 줍니다. 사람들이 진정한 부와 안정을 얻었을 때, 그들은 종종 그것을 지속적으로 유지하기 위해 보다 영적인 무대로 방향을 돌립니다. 이것은 이 두 유전적 프로그래밍 파트너 54번째 유전자 키와 53번째 유전자 키가 함께 작동하는 방식입니다. 사회가 성숙하지 않으면 오늘날의 거대한 다국적 기업 조직과 마찬가지로 상부가 너무 무겁게 됩니다. 조직이 이런 식으로 풍선처럼 부풀면 필연적으로 스스로 생명을 갖고 지구상에서 자원을 소모하게 됩니다. 자연의 법칙은 물질의 축적에만 헌신하는 조직은 결국 자체의 무게를 못 이겨 무너지게 되며, 불행하게도 엄청난 파국을 초래하게 된다는 것을 보여줍니다.

54번째 그림자과 함께 실행되는 53번째 그림자 '미성숙'은 모든 조직, 그룹 또는 개인이 자기 잇속만 챙기는 주파수에 고착되게 만들 것입니다. 53번째 그림자는 높은 수준의 주파수에서 과거의 낡은 사이클로부터 새로운 사이클로 에너지가 양자 도약하는 것을 막습니다. 그것은 절대로 배우는 일이 없기 때문에 미성숙이라고 불립니다. 이 두 그림자는 모두 돈과 부의 창출에 깊이 관여합니다. 54번째 그림자는 계층구조의 패턴을 통해 작동하는, 유전적으로 아주 긴요한 것을 덧붙였습니다. 즉, 54번째 그림자는 계층구조의 상위로부터 인정을 받으려고 합니다. 오늘날의 사회에서 이것은 번쩍이는 새 차나 거대한 집 또는 최신의 것을 갖는 지위의 겉으로 보이는 상징에 대한 욕구가 되었습니다. 이 그림자의 특징 중 하나는 그것이 단지 성공하는 것만이 아니라 또한 성공한 것으로 보이는 것에 관한 것입니다.

물질 축적에서 54번째 그림자의 성공의 핵심은 물질적인 자원을 더 많이 가진 관계를 만드는 능력에 있습니다. 현대 사회에서 이것은 비즈니스에 관한 것입니다. 비즈니스에서 성공은 종종 유익한 관계의 발전을 통해 이루어지며,—그것은 미디어 같은 다른 에이전시나 고객과 함께 비즈니스 자체 내에 있을 수 있습니다. 입소문은 여전히 비즈니스의 성공적인 변화를 보장하는 가장 강력한 도구 중 하나이며, 54번째 그림자가 만들어 내는 커다란 문제는 전송 주파수와 관련이 있습니다. 탐욕이나 절망은 다른 사람들이 감지할 수 있는 에너지장으로서, 그것은 불신을 조장하고 결실을 맺을 수도 있는 기회를 막아버립니다. 탐욕과 54번째 선물 열망Aspiration 사이에는 미세한 선이 있습니다. 탐욕은 정말로 신뢰가 없는 열망입니다. 모든 주파수가 비슷한 주파수를 끌어들이기 때문에 탐욕은 자신의 동료를 신뢰하지 못합니다. 그들 또한 똑같이 자기 잇속만 챙길 것이 확실하기 때문입니다.

54번째 그림자는 계층구조 내에서 필요한 관심을 끄는 방법을 알지 못합니다. 자기는 그것을 알고 있다고 생각하더라도 말입니다. 탐욕은 자기가 원하는 것을 얻기 위해 눈 깜짝할 사이에 자신의 진실성을 타협하는 에너지이며, 이것이 곧 탐욕이 몰락하는 이유입니다. 인정받기 위해서, 탐욕은 야망이 되기에 충분할 만큼 성숙해야 하는데, 야망에는 탐욕에 있는 절망감 같은 느낌이 없습니다. 야망 또한 자기 잇속만을 차릴 수도 있지만, 순수한 탐욕의 함정을 깨달을 수 있을 정도로 충분히 진화했습니다. 탐욕은 밀어붙이고 또 밀어붙이게 되면 물질적인 성공을 가져올 수 있습니다. 그러나 그런 성공은 더 높은 차원의 열망으로 진화할 수 없으며, 따라서 결국에는 역효과를 낳는 물질 축적에 기초한 낮은 주파수의 고리에 머물고 맙니다. 우리 모두는 "돈은 당신에게 행복을 사줄 수 없다"라는 구절을 알고 있습니다. 이것은 과도한 탐욕으로 만들어진 생체자기제어 루프를 전형적으로 보여 줍니다. 모든 유전자 키와 마찬가지로 진정한 행복은 끊임없는 초월 안에 있습니다.

진정한 야망에는 계속해서 초월하려는 유전자 충동이 내장되어 있습니다. 이것이 바로 서구 세계의 풍요로움이 자연스럽게 더 영적인 열망으로 변화하기 시작한 이유입니다. 그러나 탐욕 그 자체는 두려움에 기반을 두고 있으며, 두려움은 물질적인 소유와 축적의 욕구를 촉진시킵니다. 그 뿌리에 있는 두려움 때문에, 탐욕은 눈앞에 보이는 지지 범위를 벗어나 있는 사람을 인정할 여력이 없습니다. 그것은 다른 그룹이나 조직과 직접 경쟁하며, 성공할 경우 이미 자원이 충분히 있더라도 다른 사람들로부터 자원을 끌어옵니다.

54번째 유전자 키는 추구의 고리Ring of Seeking로 알려진 코돈 그룹의 구성원인데, 그것은 인간 DNA 내부의 큰 압력 코돈입니다. 이 그룹 내의 6개의 유전자 키 각각은 우리 인간의 진화적 움직임의 한 측면을 주도합니다. 주파수의 변화가 DNA를 통해서 에너지의 흐름을 어떻게 재조정하는지 주목하는 것은 흥미로운 일입니다. 예를 들어, 낮은 주파수에서 이 모든 유전적 압력은 54번째 그림자를 통해 물질적인 부를 찾아 축적하려는 충동으로 나타납니다. 그러나 높은 주파수에서는 바로 그 똑같은 역학이 승화되고 내면화되어 의미와 목적을 찾으려는 충동이 됩니다. 물질적인 부를 찾으려는 충동에는 본질적으로는 아무런 잘못도 없지만, 그것은 필연적으로 실망과 외로움과 불행으로 가는 길입니다. 물질적인 성공을 이룬 많은 사람들에게 그것은 더 높은 것을 추구하는 방아쇠 역할을 하지만, 다른 많은 사람들에게는 미래에 성취하겠다는 약속이 현재의 순간에 그들을 둘러싸고 있는 아름다움을 누리지 못하게 하는 중독으로 남게 됩니다.

억압적 본성 – 야심이 없는Unambitious

이 그림자의 억압적인 측면은 아주 단순하게 야망의 억압에 관한 것입니다. 이 사람들은 야망과 열정으로 일을 시작할 수 있지만 종종 환멸을 느껴 포기합니다. 따라서 이 유전자 키 뒤에 있는 멋진 동력은 좌절되고 수동성으로 이어집니다. 이것은 목표를 결코 달성할 수 없다는 두려움에 사로잡힌 본성이기 때문에 차라리 여행을 시작도 하지 않는 것이 낫다고 결정합니다. 결과는 대개 깊은 우울증입니다. 이것의 다른 측면은 물질적인 욕구를 부정하고 그들의 육체적인 본성에 해를 끼치는 영적 본성을 추구하는 사람들에게 반영됩니다. 이것은 아주 깊은 육체적인 유전자 키이며 육체적 영역과 육체의 기초로부터 변형의 여정을 시작해야 합니다.

반응적 본성 – 탐욕스러운Greedy

이 유전자 키의 반응적 측면은 물질 축적에 대한 강박관념으로 드러납니다. 이들은 자신들이 갖고 있는 분노를 탐욕으로 표현하는 사람들입니다. 그들의 탐욕은 계속해서 자신을 살찌우며, 낮은 수준의 주파수를 벗어나지 않는 만족할 줄 모르는 충동입니다. 그것은 이 사람들을 완전히 소유할 수 있기 때문에 그들은 더 많은 것을 소유하고 더 많은 돈을 벌려는 욕구에 눈이 멀게 됩니다. 그런 사람들은 삶 속에서 아주 중요한 한 가지가 부족합니다.—즉 그들의 삶이 다른 사람들에게 유익하다는 느낌입니다. 그들의 탐욕은 가슴을 닫아버려 스스로 진정한 관계가 불가능하게 만듭니다. 따라서 그들은 종종 물질적으로 성공하지만 다른 사람들을 소유의 측면으로만 볼 수 있습니다. 필연적으로 그런 본성은 자신의 힘과 분노를 통해 다른 사람들을 통제하려고 하며, 따라서 진정으로 성취된 삶을 영위하지 못합니다.

54번째 선물

열망Aspiration

물질적 및 영적 유동성

고대 중국인들은 지금 우리가 유전자 키로 알고 있는 64가지 원형을 문화적 환경을 매개로 명명했습니다. 54번째 유전자 키의 경우, 그들은 혼인하는 처녀The Marrying Maiden라는 이름을 붙였습니다. 이 헥사그램에 관한 주역의 정확한 표현은 이미 아내가 있는 남자와 결혼하는 첩을 가리킵니다. 그 결과는 기존의 가족 계층구조 안에서 화목하게 조화를 이루는 방법을 이해하려는 욕구와 관련되어 있습니다. 가장 높은 수준에서, 이 이미지는 54번째 시디의 전형을 보여줍니다. 당신은 지속적인 열망을 통해 더 높은 힘의 신뢰를 얻어야 합니다. (54번째 유전자 키에 자연스러운) 지속적인 노력을 기울인 후에야 더 높은 의식의 폭발과 상승이 저절로 일어납니다.

54번째 그림자가 더 높은 주파수로 변하면 54번째 선물 열망Aspiration이 탄생합니다. 여기서 열망이란 물질적 차원을 넘어선 뭔가를 열망하는 에너지를 의미합니다. 열망에는 모든 높은 의식의 씨앗이 들어 있습니다. 선물 수준에서 열망은 다른 사람들의 이익을 위해 다른 사람들과 협력하는 것과 관련이 있습니다. 이 선물은 에너지가 투자되는 방식에 관한 것입니다. 그림자 수준에서 축적된 에너지는 실제로는 아무런 목적도 없이 더 많이 축적하는 데로 돌아갑니다. 이 높은 수준의 주파수에서는 축적된 에너지가 재활용되어 계층구조가 낮은 사람들을 지원하는 데에 사용됩니다. 이런 식으로 진정으로 건강한 모델이 만들어집니다. 뿌리는 가지와 꽃을 지원하고 과일은 뿌리를 비옥하게 합니다. 54번째 선물은 자연계의 모든 시스템이 상호 연결되어 있으며 따라서 어떤 한 영역에서 에너지를 차단하면 궁극적으로 자신의 자원이 고갈된다는 것을 알고 있습니다.

54번째 선물은 더 높은 번영의 비전을 열망합니다. 그것은 여전히 자신의 공동체 또는 조직 내에서 작동하지만, 진정한 성장과 확장의 비밀(53번째 선물)은 서로 다른 그룹이나 조직 간에 상호 협력하는 모델에 있음을 알고 있습니다. 열망은 모든 사람에게 번영을 일으키는 방법에 대해 훨씬 더 넓은 비전을 제시합니다. 여기서 우리는 야심이 개인적 차원을 넘어 공동체 속으로 나아가는 것을 봅니다. 이 사람들은 더 낮은 주파수의 자기 파괴적인 패턴에서 벗어나 더 많은 사람들을 계층구조 위로 끌어올릴 수 있도록 전체 공동체가 번성하기를 원합니다. 다른 공동체와의 이 교차 시험의 부산물은 모두에게 기하급수적인 성장이 일어나는 것입니다. 오늘날 54번째 선물은 점점 더 높은 수준의 사업가와 여성이 새로운 전체론적 비즈니스 측면에서 생각하기 시작할 때 더 확실해집니다. 그러나 이 새로운 현상은 이제 막 세상에 나타나고 있는 중입니다. 사람들은 이제야 전체론적 관점의 비즈니스가 탐욕에서 출발한 비즈니스보다 훨씬 더 성공적일 수 있다는 것을 깨닫고 있습니다.

자기 잇속만을 챙기는 것으로부터 공동체를 우선적으로 봉사하는 관점으로의 전환은 비즈니스 자체에 완전히 새로운 패러다임을 탄생시키고 있습니다. 산업혁명 이후 처음으로 사람들은 비즈니스의 진정한 목적이 무엇인지 묻고 있습니다. 비즈니스는 그 자체로 목적이 아니라 더 낫고 더 지속 가능한 세상을 창조하는 수단으로 간주되고 있습니다. 높이가 비슷한 주파수에서 다른 비즈니스와 네트워킹을 통해 우리 세계에 엄청난 변화가 가능합니다. 이렇게 소위 말하는 문화적 창조성이 함께 일을 하기 시작하고 에너지와 자원이 서로 딱 들어맞음으로써 잠재적으로 지구 전체를 변화시킬 수 있는 완전히 새로운 전망이 펼쳐지고 있습니다. 열망을 가진 충분한 사람들이 개인적인 두려움과 경쟁심리를 극복하면 세계 경제에 깊고 지속적인 평형이 만들어지게 될 것입니다. 열망의 배후에 있는 진정한 욕구는 이 높은 조화를 추구하는 것이며, 물질적인 세계에서 이것은 너무 많은 곳에서 부족한 곳으로 돈이 이동하는 것을 의미합니다.

열망의 선물Gift of Aspiration은 에너지를 좀 더 희귀한 주파수로 변환시키는 것과 관련된 몇 가지 매혹적인 특성을 가지고 있습니다. 유전자 수준에서, 54번째 선물은 기억이 세포의 액체를 통해 전달되고 저장되는 방식과 관련이 있습니다. 기억 자체는 주파수의 영향을 많이 받습니다. 54번째 그림자는 계층구조에서 상승하지 못하면 멸종될 것이라는 고대로부터 내려오는 유전적 두려움만을 기억합니다. 이 두려움은 그림자 주파수의 마법에 따라 모든 사람이 방출하는 미묘한 페로몬을 통해 물리적으로 전달됩니다. 누군가가 그림자 수준에서 더 성공할수록, 더 많은 세상 사람들이 두려워하게 됩니다. 당신이 두려움이나 탐욕에서 작동하는 순간, 당신의 냄새가 바뀌고 당신은 그 관계에서 신뢰를 잃게 됩니다. 54번째 선물 또한 물리적인 매체를 통해 높은 주파수를 전달하지만, 그렇게 함으로써 즉시 다른 사람들을 편안하게 만들어 줍니다. 당신은 두려움을 냄새 맡을 수 있는 만큼 쉽게 도움이 되는 에너지의 냄새를 맡을 수 있습니다. 따라서 54번째 선물에는 어디를 가나 신뢰를 창출하는 자신만의 생체자기제어 루프가 있습니다.

54번째 선물은 더 높은 공동체의 비전에 조율하기 때문에 이 똑같은 미묘한 주파수에 공감하는 사람들만을 끌어들입니다. 그러므로 이 선물을 가진 사람들이 관계를 시작하는 시점에 사람들을 직접 만나고 살을 맞대며 비즈니스를 하는 것이 아주 중요합니다. 54번째 선물은 기억의 액체적 특성에 유전적으로 공명함으로써 돈과 에너지를 본능적으로 깊이 이해합니다. 에너지나 돈이 액체 상태로 유지되고 사람들과 조직 사이에서 흘러가도록 허용되는 곳마다 번영을 일어납니다. 그것이 너무 오랫동안 동결되거나 축적되면 더 이상의 확장이 방해됩니다. 인체 내에서 적용되는 것과 동일한 법칙이 사회와 경제에도 적용됩니다.

열망의 선물 에너지가 더 높은 주파수에 도달할 때, 그것은 더 영적이 됩니다. 따라서 이 사람들은 또한 다양한 요가 시스템과 수련에서 가르치는 것처럼 에너지의 흐름과 변형을 이해합니다. 풍수라는 중국 시스템 같은 고대 모델은 54번째 선물에 본능적이며 공부할 필요조차 없습니다. 번영의 흐름은 자신의 몸으로 시작하여 인생의 모든 단계에서 에너지의 흐름에 직접 비례합니다. 이것은 더 높은 의식으로 가는 모든 여행의 기초입니다. 54번째 선물은 낮은 주파수의 상태에서 더 높은 의식 모드로 가는 연금술적 변형의 모든 시스템을 위한 기본 판이며, 따라서 아주 강력하고 영향력 있는 선물입니다.

54번째 시디

승천Ascension

육체적 연금술

54번째 시디는 다른 시디들과 비교하면 비교적 잘 문서화된 시디입니다. 이 시디는 지속적인 열망의 압력을 통해 유발되는 시디 중의 하나입니다. 이것은 구도자의 시디입니다. 64개의 유전자 키와 그에 연관된 홀로제네틱의 과학을 조사한 결과, 신비가들과 깨달은 현자들이 54번째 시디를 그들의 주요 선물 중 하나로 꼽는다는 것이 발견되었습니다. 이들 중 가장 잘 알려진 사람은 20세기의 위대한 신비가 중의 한 사람인 파라마한사 요가난다(Paramahansa Yogananda, 1893~1952)일 것이며, 그는 이 시디를 자신의 평생 작업으로 삼았습니다. 54번째 시디는 물질이 영적 본질로 지속적인 연금술적 변형을 하는 승천Ascension의 개념에 관한 것입니다. 여기서 야망의 기본 에너지는 가장 높은 주파수에서 경험되며 계속해서 계층구조를 따라 올라가는 지속적인 압력이 됩니다. 그러나 이 수준에서 우리는 더 이상 사회적인 계층이나 물질적인 계층에 대해 이야기하지 않으며 의식 자체가 자신의 원천으로 돌아가는 영적 진화의 사다리에 대해 이야기합니다.

54번째 시디에 대한 일반적인 암시 중 하나는 힌두교의 쿤달리니kundalini 개념과 관련이 있습니다. —척추 기저부에 감겨 있는 소위 뱀의 힘이라고 불리는 것입니다. 대부분의 변형적인 요가 시스템의 목표는 이 원초적 에너지의 각성입니다. 그것은 인체를 통과하여 위로 올라갈 때 각각의 더 높은 센터 또는 차크라를 활성화시키는 것으로 알려져 있습니다. 많은 사람들이 자신들을 해치면서 쿤달리니의 조기 각성 또는 강제적 각성이 인간의 신경계에 얼마나 위험한지를 발견했습니다. 지속적인 요가 수행이 풀어낼 수 있는 엄청난 에너지 흐름으로 인해 어떤 사람들은 실제로 심각한 정신적 장애를 겪었습니다. 대부분의 요가 시스템은 일찍부터 많은 양의 신체적 준비와 정화를 통해 그런 명상으로 가는 단계별 지침을 제공함으로써 오랜 세월 동안 이 위험에 적응해 왔습니다. 이 54번째 시디에는 우리가 모든 수준에서 보았듯이 물질적 영역 안에서 깊은 기초 교육이 필요합니다.

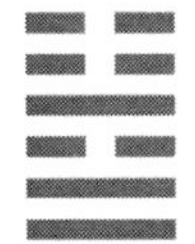

이 시디에서 매우 흥미로운 것은 매우 문서화가 잘 되어 있는 그것의 발현이 아니라 그것이 그렇게 많은 사람들을 영적으로 조건화시킨 방식입니다. 영적인 길에 관해서 이 세상에는 엄청난 혼란이 있습니다. 특히 지금 서양은 모든 위대한 신비 문화와 전통의 용광로가 되었습니다. 각각의 사람에게 맞는 특별한 길이 있으며, 자신의 것이 아닌 다른 길은 특히 상위 수준에서는 망상을 유발할 수 있으며 위험할 수도 있습니다. 깨달음의 시디 상태에 도달한 각각의 사람들은 모두 자신만의 특정한 시디를 통해 말합니다. 그러나 만일 현자가 당신 자신만의 유전체 구성의 일부가 아닌 시디를 통해 말하고 있다면, 당신은 쉽게 혼란스러워질 수 있습니다. 깨달음의 상태에 도달한 사람은 누구나 이 딜레마를 알고 있습니다. 그것을 깨닫지 못한다는 것은 불가능한 일입니다. 따라서 위대한 현자들은 눈에 보여주는 것보다는 자신들의 상태 배후에 있는 에너지를 전달하려는 시도를 합니다.

54번째 시디 승천Ascension은 매우 특별한 길입니다. 그것은 몸 안의 거친 흐름을 더욱더 세련된 흐름으로 변형시키는 것과 관련이 있습니다. 그것은 여러 위대한 탄트라 요가나 연금술적 요가 시스템의 배후에 있는 정수입니다. 그러나 이런 시스템을 사용하려면 필수적으로 열망이 있어야 합니다. 이것은 강제되어야 하는 것이 아닙니다. 열망은 그 안에 최종적인 개화의 씨앗을 운반하는 예정된 에너지입니다. 다른 어떤 에너지도 이것과 똑같은 씨앗을 갖지 않을 것입니다. 이것은 그런 시스템을 통해 사람들이 의식의 경험을 높일 수 없다고 말하는 것이 아닙니다. 그들은 그렇게 할 수 있습니다. 그러나 당신이 유전자 수준에서 이미 이 시디의 씨앗을 가지고 있을 때, 오직 그 때만이 이런 종류의 기법을 통해 마지막으로 영구적인 개화를 얻을 수 있습니다.

진정한 승천은 낮은 열망의 주파수를 통해 자동적으로 활성화됩니다. 어떤 특정한 시점에서 자발적인 신체적 변형이 몸을 망가뜨리기 시작합니다. 이 단계에서 기법은 끝났고 역할을 다 했습니다. 승천 과정이 시작되고 당신은 그것을 멈추거나 개입할 수 없습니다. 개인적, 문화적, 유전적인 모든 유체 기억은 지워져야 합니다. 모두 몸에서 태워져야 합니다. 쿤달리니 에너지는 종종 불에 비유되었습니다. 실제로 그것은 액체로 된 불에 더 가깝습니다. 왜냐하면 몸 안의 물 분자가 영적 본질이 정제되는 증열 과정을 만들기 위해 기화되기 때문입니다. 어떤 때는 강렬한 육체적 고통에 소요되는 일정한 시간이 지나면 고요함이 몸 전체에 가득하고, 당신은 아무 생각이 없는 순수한 의식을 경험하게 됩니다. 이 단계에서도 증열 과정은 지속되고 물리적인 신체는 점점 더 투명해집니다.

승천은 믿을 수 없을 만큼 신체적인 일련의 사건입니다. 시각화나 뇌 명상을 포함하는 현대 시스템과는 아무런 관련이 없습니다. 대개는 높은 차원을 추구하고 열망하는 길을 가는 사람이 여러 해 동안 추구한 후에 일어나는 일입니다. 많은 사람들이 이런 종류의 경로를 통해 더 높은 의식을 추구하도록 조건 지어졌지만 그들은 사실 거기에 속하지 않습니다. 추구하는 것 자체가 승천 과정을 활성화시키지도 않습니다. 왜냐하면 이것은 단순히 더 많은 것을 알려고 하는 완전히 불가사의하고 강렬하게 느껴지는 충동의 발현일 뿐입니다. 이 길에 속하지 않은 사람들에게는 정말 위험한 길입니다. 이 길에 속하는 사람들에게, 그것은 힘도 들지 않고 자발적으로 일어납니다. 어떤 사람이 열망하고, 조만간에 그 사람은 승천합니다.—정말로 이런 것처럼 간단합니다.

55th GENE KEY

시디
자유
선물
자유
그림자
희생시킴

잠자리의 꿈

프로그래밍 파트너 : 59번째 유전자 키
코돈 고리Codon Ring : 소용돌이의 고리
(49,55)

생리 : 태양신경총
둥근신경절
아미노산 : 아르기닌

제1부 – 위대한 변화

55번째 유전자 키 소개

당신은 당신의 진정한 본성의 전개를 지시하는 독특한 유전적 서열을 가지고 있다는 것을 알고 있었습니까? 이 책의 목적은 제목에서 보여주듯이, DNA에 숨겨진 높은 목적을 풀어내는 것입니다. 더 큰 자아—죽음을 피할 수 없는 몸을 초월하는 우리 각자의 우주적 부분—는 비밀리에 억겁 동안 인류의 내부에 숨겨져 있었습니다. 그것이 당신 몸속, 바로 코 밑에 있기 때문에, 대부분의 인류는 평화와 성취의 지속적인 감각이 있는, 그렇게 명백한 곳을 들여다 볼 생각을 해본 적도 없었습니다. 지금까지 내적 여정은 내면의 차원을 추구하는 대담한 모험가들과 용기 있는 개척자 소수만을 위한 것이었습니다. 이 때문에 우리의 진정한 신성은 평범한 사람과는 거리가 먼 것처럼 보였습니다. 평범한 사람들의 더 즉각적인 관심사는 외부 세계에서 생존하고 삶을 영위하는 것이었습니다.

이 모든 것이 지금 바뀌려고 하고 있습니다. 이 책에서 주파수의 여러 층을 거쳐 여행하면서 당신은 각성의 여행이 얼마나 풍요롭고 얼마나 아름답고 얼마나 다양한지를 알기 시작할 것입니다. 모든 문화의 신화에는 위대한 변화The Great Change가 도래하는 시기에 대해 말해주는 열쇠가 있습니다. 인류는 지금 이 변화를 느끼고 있습니다. 지금 일어나고 있기 때문입니다. 상대적으로 짧은 진화의 기간 내에 우리가 살고 있는 세상은 우리 대부분이 순수한 환상fantasy으로 여길 세상으로 변모될 것입니다. 당신은 아주 낭만적인 순간에 살아 있습니다.—왕자가 잠자는 숲속의 미녀에게 키스를 하고 갑자기 그녀가 완전히 깨어나는 그런 순간입니다. 그리고 그녀가 깨어나면 세상은 변형됩니다. 이 위대한 변화는 이 책의 모든 문장 각각에 엮여있는 중심 주제입니다. 만일 당신이 이 말을 읽고 있다면, 당신 내면의 안내자가 당신 자신의 개인적인 각성의 과정을 확인하거나 촉발시킬 수 있는 이 놀라운 예지적인 사건을 상기시켜주기로 결정한 것입니다.

그러므로 이 말을 읽고 있는 바로 지금 당신 자신의 여행을 확인해 보십시오.—이 여행은 당신을 정확한 시점으로 이끌었습니다. 우리 인간들은 시간과 공간을 통해 서로 다른 벡터(vector, 크기와 방향으로 정해지는 양)를 따라 가고 있으며 우리의 경로는 각각 어느 시점에서는 몸의 깊숙한 곳에서 이 단일 지점에 수렴해야 합니다. DNA의 내부에는 이 각성을 유발하는 것이 유일한 목적인 곳이 있습니다. 바로 55번째 유전자가 이 장소를 묘사합니다. 그러나 그보다도 55번째 유전자는 당신을 묵상하게 하고 각성의 실제 과정이 빨라지도록 촉진시킵니다. 55번째 유전자 키와 그 자매 전송자 22번째 유전자 키는 이 책에서 가장 강력하고 깊은 메시지를 구현합니다. 55번째 유전자 키는 물질에서 정신으로 이동하는 진화적인evolutionary 힘을 묘사하고, 22번째 유전자 키는 정신에서 물질로 이동하는 퇴화적인involutionary 힘을 묘사합니다. 이 두 가지 유전자 키는 함께 위대한 변화의 본질을 포착합니다.

이 유전자 키의 배후에 있는 말과 아이디어를 읽으면서, 그것들이 당신 존재의 가장 깊은 곳으로 파고들게 하십시오. 이 전송에 의해 활성화되고 각성될 수 있도록 특별히 설계된 잠자고 있는 메모리 코드가 당신 안에 있습니다. 그것이 침투하도록 허용할 때, 당신은 당신의 내면을 흔드는 감정과 생각과 충동을 주목하고 싶을 것입니다. 이 유전자 키에 저항감이 들지라도, 그것은 또한 허용되고 존중되어야 합니다. 각성은 그 자체의 신비한 타이밍과 순서를 갖는 과정입니다. 그러므로 나는 당신이 깊이 호흡하고, 때로는 깊은 한숨을 쉬도록 허용하기를 권합니다. 그리고 무엇보다도 로맨스가 현실로 되는 이 멋진 세상으로의 비행을 즐기십시오. 유전자 키 전송의 중심에 오신 것을 환영합니다!

55번째 그림자
희생시킴Victimisation

인드라 망

55번째 유전자 키와 그 그림자에서 시디로까지의 신화적인 여행은 진정으로 64개의 유전자 키에 행해지는 이 전체 작업의 핵심을 형성합니다. 전체 유전자 매트릭스 내에서 희생정신이 펄펄 끓는 지하세계를 통과하여 순수하고 맑은 자유의 공기로 들어가는 이 오디세이보다 더 가슴 아프거나 더 동시대적으로 들리는 것은 없습니다. 모든 유전자 키 중에서, 이것은 우리 인간이 가장 오랫동안 갈망했던 것이며, 조만간 집단적 차원에서 주어질 선물입니다. 64개의 유전자 키에 대한 이 작업의 타이밍 뒤에 있는 모든 이유가 바로 여기 55번째 그림자 안에 있습니다. 그것은 인간에게 신피질의 발달이 자기반성적(self-reflective, 내성적, 성찰적) 의식 능력을 부여한 이후로 인류에게 커다란 주제였습니다. 그것은 곧 희생자의 주제입니다.

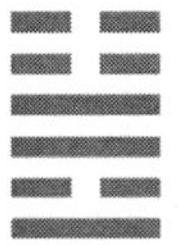

55번째 그림자 희생시킴Victimisation과 그 프로그래밍 파트너인 59번째 그림자 부정직Dishonesty은 세포 수준에서 모든 인간을 단일한 결과로 프로그램하여 모든 사람이 자신의 최악의 적이 되게 만듭니다. 일반적으로 "남에게 한대로 되받게 되는 법"으로 알려진 보편적인 법칙이 있습니다. 그리고 이것이 55번째 그림자가 보지 못하는 법칙입니다. 이 보편적인 법칙의 본질은 유명한 성서의 격언을 통해 이렇게 표현됩니다. "뿌린 대로 거두리라." 세월이 흘러도 변치 않는 이런 진부한 문구는 일반적으로 더 깊은 에너지보다는 삶의 표면에만 적용되는 것으로 해석됩니다. 실제로 인생에서 성공하는 많은 사람들이 종종 주변 사람들에게 해를 끼치고 그렇게 성공하는 것처럼 보입니다. 마찬가지로, 가장 순수하고 열린 가슴을 가진 사람들은 아무런 해명도 없을 것처럼 보이는 끔찍한 시련에 괴로움을 당할 수 있습니다. 따라서 "뿌린 대로 거두리라"는 표면적으로는 거의 또는 아무런 중요성이 없는 것처럼 보일 수 있으며 일반적으로 평범한 지혜로 격하됩니다.

겉모습만 보는 경향 때문에 인류의 대중 의식은 삶의 가장 깊은 비밀 중 하나를 놓치고 있습니다. —에너지 수준에서는 진실로 항상 정확하게 뿌린 대로 거둔다는 것입니다. 물질적인 차원에서 이것이 확실해지기까지는 그저 더 오랜 시간이 걸릴 뿐입니다. 59번째 시디의 가장 높은 표현은 투명함Transparency이며 투명함이 증언하듯이 결국 자신을 감출 수는 없습니다. 따라서 55번째 그림자와 그것을 초월하는 열쇠는 한 가지 요인, 즉 당신의 태도에 달려 있습니다. 그것은 당신에게 일어나는 일에 대한 것이 아닙니다. 그것은 당신이 그것을 어떻게 다루는가에 관한 것입니다.

태도를 잃음

태도라는 개념에는 실제로 두 가지 차원만 있습니다.—어떤 상황의 희생자인 것처럼 행동하거나 자신의 상황에 대해 완전히 책임을 지는 것입니다. 이것은 간단하게 들리지만, 몇 가지 복잡한 단계가 있습니다. 우리가 55번째 그림자를 검토하고 있기 때문에, 우리는 먼저 당신이 상황의 희생자 역할을 할 때 어떤 일이 일어나는지 살펴볼 것입니다. 55번째 그림자는 태양신경총의 등신경절 깊숙이 자리 잡고 있으며, 감정에 관련된 것입니다. 인간은 낮은 주파수에서 감정적인 고점이나 저점을 경험할 때 자신이 아닌 외부를 바라봅니다. 우리는 감정적인 상태에 이유를 붙일 필요가 있습니다. 감정적 스펙트럼의 고점에서 우리는 진정한 기쁨이 원인이라기보다는 결과라고 믿습니다. 이 깊숙이 자리 잡은 믿음으로 인해 우리는 대부분의 삶을 기쁨의 원인으로 생각되는 모든 것을 쫓아다는 데에 허비합니다. 그것은 완벽한 인간관계, 많은 돈, 명성, 완벽한 거주지, 심지어 신일 수도 있습니다. 감정적인 스펙트럼의 최저점에서 우리가 하는 게임은 비난입니다. 우리는 우리가 방금 먹는 음식에서부터 파트너, 정부에 이르기까지 무엇이든 우리가 기분이 나쁘다는 이유로 비난합니다.

기분의 원인을 밖에서 찾는 인간의 경향은 지구상에서 가장 중독적인 것입니다. 그것은 우리가 물질적인 현실의 희생자라는 근본적인 핵심 믿음에 뿌리를 두고 있습니다. 이 핵심 믿음은 반복적으로 강화되는 낮은 주파수 패턴을 만듭니다. 다른 말로 하면, 이 내적인 태도를 앞세워 우리는 우리 자신이 만든 거미줄에 잡힌 것입니다. 우리를 함정에 빠뜨리는 것은 우리의 갈망입니다. 밑에 있으면, 높아질 것을 갈망하고, 높이 있으면, 그 느낌을 붙잡기를 갈망합니다. 따라서 우리가 추구하는 바로 그 감정은 결코 얻을 수 없는 성취에 대한 영원한 굶주림을 만들어냅니다. 중독은 성취하는 것 그 자체가 아니라 성취를 찾아다니는 것입니다. 따라서 천국을 발견하는 것에 대한 오래된 속담이 있는 것입니다.—"일단 그것을 발견하고 나면 그것을 싫어하게 될 것이다. 왜냐하면 당신이 사랑한 것은 천국의 상태 그 자체가 아니라 성취에 대한 희망이었기 때문이다."

여기서 우리는 주파수 자체의 비밀을 발견합니다.—그것은 삶에 대한 무의식적인 태도에 뿌리를 두고 있습니다. 당신의 진정한 태도는 무의식적으로 남아 있기 때문에, 그 자체로는 당신의 주파수를 높이는 기법이 없습니다. 당신의 유전 이탈 속도genetic escape velocity에 도달하는 데 필요한 모든 것—그림자 상태에서 선물로 당신을 끌어내는 주파수—은 이해입니다. 이해는 순수한 존재의 수준에서 당신 안에서 시작되어야 합니다.—당신이 자신도 모르게 무의식적인 신념 패턴의 희생자가 되었다는 것을 이해해야 하는 것입니다. 이런 이해가 시작되면 당신은 즉시 그림자 상태를 뛰어넘기 시작합니다. 위대한 영적 교사 구르지예프(Gurdjieff, 20세기의 대표적인 신비주의자 조지 이바노비치 구르지예프 1872~1949)는 다음과 같이 너무도 간단하고 아름답게 말했습니다.

"감옥에서 탈출하기 위해서는 먼저 자신이 감옥에 있다는 사실을 이해해야 한다."

가짜 자유

앞서 언급했듯이, 55번째 그림자 희생시킴Victimisation에는 많은 차원이 있습니다. 낮은 주파수에서 우리를 붙들고 있는 거미줄은 그 안에 미세한 왜곡이 있습니다. 속담처럼, 악마의 가장 큰 속임수 중 하나는 사람들로 하여금 신을 찾게 만드는 것입니다. 55번째 그림자의 가장 교묘한 측면은 영성에 관한 것이며, 이것은 현재의 역사적 시대에 특별한 의미가 있습니다. 영성 그 자체는 피해자 의식의 중심이 될 수 있습니다. 왜냐하면 영성은 당신이 자신의 그림자와 감정적 고통으로부터 벗어나기 위해 뭔가를 할 수 있다는 생각을 너무도 쉽게 줄 수 있기 때문입니다. 이 개념이 모든 환상 중에서 가장 큰 환상, 즉 우리의 경험 영역 밖에 있는 또 다른 영적 실재의 환상을 가져 왔습니다. 우리가 이 개념을 명료하게 바라보면, 성취를 찾는 갈망의 패턴과 매우 흡사하다는 것을 보게 됩니다. 만일 당신이 실현 불가능한 실재를 창조하게 된다면, 당신은 그것을 직접 경험할 필요도 없이 그 현실을 갈망하는 데에 평생을 허비할 수도 있습니다.

종교적이거나 영적인 많은 사람들에게 이것은 견디기 어려운 진실일 수 있습니다. 진정한 깨달음은 우리가 정말로 원하는 것이 전혀 아닙니다. 그것은 조금도 흥미롭지 않은 완전히 평범한 것입니다. 이럼에도 불구하고, 대부분의 영성은 비범한 것을 추구하는 데에 기초를 두고 있습니다. 높은 수준의 주파수가 당신을 반드시 영적 경험으로 인도하는 것은 아닙니다. 사실, 높은 수준의 주파수는 영적 경험 같은 것이 있다는 환상을 갈기갈기 찢어 버립니다. 현대의 새로운 시대 문화에는 영적 유물론spiritual materialism이 널리 퍼져 있습니다—말하자면 사람들은 지금 진리 추구라는 아주 새로운 마약을 갖고 있는 것입니다.

이런 것들 어떤 것에도 잘못된 것은 없다는 것을 이해하는 것이 중요합니다. 당신이 더 높은 무언가를 추구하도록 이끌려 간다면, 그것은 무언가가 당신을 밀어붙여 당신을 어딘가로 이끌고 있는 것입니다. 당신이 그것을 따라가 자연스러운 결론에 이른다면 결국 당신의 진정한 길이 드러날 것입니다. 어떤 사람들에게는 추구가 초월로 가는 직접적인 길이지만, 다른 사람들에게는 단지 자신의 진정한 본성으로부터 더 멀어지게 하는 방해물로 작용할 뿐입니다.

55번째 그림자는 영적 탐구자가 그들의 자연스러운 결론에 이르기까지 충동을 따르는 것을 방해합니다. 그것은 가르침의 형식이나 교사, 또는 길 그 자체와 자신을 동일시함으로써 그렇게 합니다. 그러므로 우리는 영적인 길을 가는 사람들의 세 가지 기본 범주를 봅니다.—특정한 가르침의 구조에 갇혀 있는 사람들, 특정한 교사의 자력에 갇혀 있는 사람들, 그리고 영적 관광객이 되려는 끊임없는 강박에 갇혀 있는 사람들입니다. 이 세 가지 영적 함정은 모두 결국 진정한 자유로 이끌어주는 모든 길의 진정한 단계이지만, 이 세 가지 모두가 자신을 자유라는 것으로 가장합니다. 이것들이 희생양 그림자의 가장 미묘한 수준 중 일부입니다. 우리가 자유의 선물과 시디를 검토할 때 알게 되겠지만, 진정한 자유는 우리가 물질적인 차원에서 시간을 어떻게 보내는지와 아무런 관련이 없습니다. 진정한 자유는 결과가 아닙니다. 그것은 당신이 당신 자신의 핵심 신념에 얼마나 깊이 희생되었는지를 이해하게 될 때 당신 내부에서 자발적으로 일어나는 일종의 영원히 팽창하는 거대한 공간입니다.

드라마의 죽음

인류의 가장 위대한 외침 중 하나는 낭만적인 사랑의 이상理想, ideal입니다. 이 맥락에서 우리는 한 사람의 가슴이 다른 사람의 가슴을 갈망하는 것뿐만 아니라 더 넓은 맥락에서 로맨스의 이상을 의미합니다. 이것은 삶을 하나의 로맨스로 생각하는 것입니다. 낭만적인 사랑의 근본은 그것이 결코 진정으로 성취될 수는 없지만 급격한 추락으로부터 황홀한 팽창으로 끊임없이 흘러가면서 인간의 감정과 드라마의 멋지고 풍부한 교향곡을 만들어내야 합니다. 가장 숭고한 연극에서부터 가장 평범한 TV 드라마에 이르기까지 모든 인간의 공연 예술은 삶 자체를 은유적으로 표현합니다. 55번째 그림자 때문에 우리는 모두 삶의 드라마의 희생자입니다. 우리는 한 편에는 고통의 줄과 다른 한편에는 즐거움의 줄로 엮인 엄청나게 복잡한 그물에 걸려 있습니다. 우리는 실제로 그물을 사랑하는 동시에 싫어하지만, 무엇보다도 마치 우리가 모든 고급 드라마에 중독되어 있듯이 그 그물에 중독되어 있습니다.

당신의 꿈의 세계 안과 그물 밑에서, 당신의 가장 큰 갈망은 표현입니다. 그물 밑에서의 당신은 꿈을 펼칠 수 있습니다.—날아오르고, 춤추고, 울고, 고통스러워하고, 무엇보다도 사랑할 수 있습니다. 그러나 그물 속에서의 당신의 사랑은 아주 깊이 제한된 사랑입니다. 결코 그 환상의 한계를 벗어나지 않는 사랑입니다. 그물 아래서, 당신은 사랑에 빠지거나 사랑에서 빠져 나오게 됩니다.
어느 쪽으로든, 당신은 당신의 투사, 기대, 그리고 필연적으로 실망의 희생양이 됩니다. 55번째 그림자가 던진 그물은 당신이 삶의 멜로디에서 올라가고 내려가는 호흡 패턴의 흐름을 연출합니다. 때로는 우울증에 빠져 당신의 생명력 전체가 멈춰 있는 것처럼 보입니다.—호흡 자체가 가늘어집니다. 때로는 갑작스럽게 기분이 날아오르고 당신의 심장 박동은 더 빨라지며 호흡이 터질 것 같이 가슴을 가득 채웁니다. 이것이 우리가 자유라고 믿는 것입니다. 극단과 극단 사이에서 멜로디는 리듬으로 바뀝니다. 템포의 전환은 악구, 노트, 떨림, 일시 정지, 그리고 생각할 수 있는 모든 종류의 느낌으로 변합니다. 우리는 이런 파도 속에 함몰된 채 삶을 살아갑니다. 그리고 우리의 감정적인 과정에는 끝이 없습니다.

55번째 그림자와 관련하여 다가올 돌연변이는 삶의 드라마에 대한 중독의 끝과 진정한 자유가 실제로 무엇을 의미하는지에 대한 발견의 시작을 촉발할 것입니다. 그 핵심에서, 55번째 그림자는 자신의 통합체로 돌아가도록 의식의 갈망을 감춥니다. 비록 그것이 가장 일반적으로 완벽한 소울메이트에 대한 낭만적인 갈망으로 표현되기는 하지만 말입니다. 인드라 망Indra's Net으로 알려진 멋진 힌두교 신화가 있습니다. 이 신화에서 우주는 그물의 모든 교차점에 보석이 있는 무한 격자로 보입니다. 보석 하나 하나마다 모든 다른 보석들이 완벽하게 반영됩니다. 55번째 그림자는 이 보석들에 베일을 씌워 인류가 그물 안에 갇혀 모든 것의 통합체를 경험하지 못하게 합니다. 다가올 변화로 인해 우리의 인식은 마침내 우리를 오랫동안 희생 상태로 만들었던 감정적인 그물의 가닥을 빠져 나갈 수 있게 될 것입니다. 그렇게 함으로써 인드라의 끝없는 보석 하나 하나에 빛나고 있는 우리의 집단적 통합의 진실을 처음으로 엿보게 될 것입니다.

태양신경총 – 두 번째 뇌

55번째 그림자의 감정 매트릭스는 인체의 태양신경총 영역 안에 있습니다. 이 영역에서 신경절의 대형 복합체는 종종 두 번째 뇌라고도 불립니다. 그것은 신체 내에서 혈관과 내장 기능의 지속적인 지배를 통해 두개골의 뇌와 독립적으로 작동합니다. 우리의 감정적인 상태의 전압, 특히 극단에서의 전압은 두개골의 뇌에서 나오는, 우리가 그렇게 높이 평가하는 이성의 미묘한 인지 과정보다 훨씬 큽니다. 상대적으로 태양신경총 내의 신경회로의 정확한 특성이나 그 역학과 실제 능력에 대해서는 거의 알려져 있지 않습니다. 우리가 알고 있는 것은 우리가 최선의 노력을 기울임에도 불구하고 우리의 감정은 우리의 마음보다 더 강하다는 것이며, 우리 주변의 세상은 계속해서 이 사실을 증명하고 있다는 것입니다.

태양신경총의 재각성 – 이온Aeon의 수수께끼

55번째 유전자 키 전송의 많은 부분은 우리 종의 미래가 거대한 변화를 통과할 때 우리의 미래와 관련되어 있으며, 그 자체로서 그것은 하나의 중대한 예언서입니다. 그러나 퍼즐의 가장 큰 부분 중 하나는 실제로 우리의 먼 과거에서 발견됩니다. 오랜 세월 동안 신화학자, 민속학자, 고고학자, 신비주의자 및 역사가들은 현대의 기록된 역사 이전에 존재했던 또 다른 인종에 대해 이야기해 왔습니다. 사실 우리의 위대한 신화와 동화는 광대한 대격변이나 대홍수로 소멸되거나 잃어버린 황금시대에 관한 정보로 암호화되어 있습니다. 심리학자들에게 이런 신화는 항상 자궁의 안전함으로 돌아가려는 은유적이고 원형적인 마음의 동경으로 여겨져 왔습니다. 그러나 만일 그들이 실제로 우리의 조상 전래의 DNA 안에 있는 기억이라면 어떨까요? 55번째 유전자 키는 이것에 관해 할 말이 많이 있습니다.

비록 많은 고대 문화가 시간의 광대한 범위와 주기를 발견하는 방법을 고안했지만 한 패턴, 즉 삼중 패턴이 가장 단순하고 가장 신화적인 수준에서 사실성을 유지하고 있습니다. 예술이나 우화의 모든 위대한 작품은 이 전형적인 삼중 시간 흐름을 핵심으로 하는데, 그것은 모든 인간의 내적이거나 외적인 서술을 삼등분합니다. 이런 기본적인 패턴에 대한 깊은 공명이 인간 정신 구조에 짜여 있습니다. 거기에는 항상 초기에 은총으로부터의 추락이 있으며, 그 다음에 발견과 시련의 여정이 뒤따르며, 최종적으로 구원의 승리로 막을 내립니다. 우리가 인간 진화의 전체에 이 함수를 적용할 때 우리는 인간의 이야기가 의식에서 네 개의 주요 도약이 있는 세 개의 큰 이온으로 묘사된 것을 볼 수 있습니다.

3개의 이온과 그들의 진화 단계

3개의 이온과 4개의 전환점은 우리의 전체 행성 의식의 진화적 호弧, arc를 묘사합니다. 본질적으로, 이 세 가지 패턴은 네 번째 초월 단계(의식의 사면체 기하학)에서 막을 내리는 세 가지 별개의 진화 단계를 묘사합니다.

퇴화Involution 이론과 일곱 뿌리 인종

유전자 키에 따르면, 생명은 진화의 흐름과 퇴화의 흐름이라는 두 가지 주요 세력 사이의 상호작용입니다. 우리가 서구에서 사고하도록 훈련받는 방법은 주로 내부의 주관적 실재보다는 객관적 외부 세계에 초점을 맞추고 있습니다. 이런 이유로 우리는 진화적 흐름에 더 중점을 두는 경향이 있으며, 그것이 현대 과학의 접근 방법의 기초가 되었습니다. 그러나 전 세계의 많은 신비적이고 비밀리에 전수되는 전통은 삶을 다른 측면에서도 고려했습니다.—그것은 삶을 퇴화 과정으로 보며 그 안에서 의식은 점차적으로 더욱더 깊이 형태 속으로 육화하면서 진화의 형태를 갖추게 됩니다. 이런 관점(Emanationism 〈발산〉으로 알려짐)은 우리의 행성과 개인의 각 진화 단계에는 스스로를 연속적인 단계로 드러내는 숨은 목적이 있다고 주장합니다. 신성한 생명이 퇴화하듯이 인간과 지구의 생명체는 진화합니다. 그리고 더 높은 주파수를 향해 우리의 의식을 상승시키려고 애쓸 때, 우리는 신성을 물질적인 차원에서 우리의 삶에 끌어들일 수 있습니다.

세 이온의 더 큰 패턴 안에는 7개의 뿌리 인종Root Races으로 알려진 7개의 하위 단계를 기반으로 한 또 다른 패턴이 있습니다. 이 퇴화 이론에서 각각의 뿌리 인종은 우리 행성 발달의 주요 단계를 나타냅니다. 비전 전통에서 뿌리 인종은 종종 문자 그대로 우리 현대인보다 앞서 있었던 인종으로 간주됩니다. 유전자 키의 통합에서 뿌리 인종들은 지구인 가이아Gaia의 살아 있는 정신의 미묘한 층을 벗겨낸 것으로 간주됩니다. 다른 말로 하면, 퇴화적 관점에서 우리의 행성과 우주 형태의 모든 측면은 가장 조밀한 미네랄에서 가장 미세한 가스에 이르기까지 의식의 수준에 스며들게 되는 것으로 보입니다. 가장 초기의 뿌리 인종은 따라서 육체의 발현으로 들어가기 위해(첫 번째 이온) 주파수를 줄일 때 신성 의식의 가장 미세한 형태를 나타냅니다. 우리 행성의 진화적 이야기의 어느 시점에서, 의식은 물질적 영역에 너무 깊숙이 들어가 자신을 완전히 잊어버립니다(두 번째 이온). 그런 다음 기억이 돌아오고 신화는 의식이 물질적 영역을 변형시키고 모든 차원을 자기 자신에게 통합시켜 서사시적인 진화의 호를 완성함에 따라 천국으로 돌아옵니다(세 번째 이온).

일곱 가지 뿌리 인종과 그들이 상응하는 실재의 차원

일곱 가지 뿌리 인종들은 또한 실재의 일곱 가지 면과 오라의 일곱 가지 미묘체와 직접적으로 관련이 있으며, 따라서 우리에게 의식의 퇴화적 단계에 대한 서술과 타임 라인을 제공합니다(일곱 개의 신성한 몸체와 그에 상응하는 차원에 대한 더 자세한 정보를 알고 싶다면 22번째 유전자 키를 읽으십시오).

첫 번째 뿌리 인종—폴라리아인Polarian —모나드 차원Monadic Plane
두 번째 뿌리 인종—하이퍼보리아인Hyperborean, 北方人—아트마 차원Atmic Plane
세 번째 뿌리 인종—레무리아인Lemurian—붓다 차원Buddhic Plane
네 번째 뿌리 인종—아틀란티스인Atlantean—원인 차원Causal Plane
다섯 번째 뿌리 인종—아리아인Aryan —정신 차원Mental Plane
여섯 번째 뿌리 인종—트리비아인Trivian—아스트랄 차원Astral Plane
일곱 번째 뿌리 인종—판가이아인Pangaian—물리적 차원Physical Plane

첫 번째 이 – 가이아의 정원 준비하기

폴라리아인과 하이퍼보리아인으로 알려진 첫 두 개의 뿌리 인종은 지구 자체의 형태가 결정체를 이룬 것을 표현합니다. 즉, 우리 행성이 실제로 모양을 갖춘 시기입니다. 모나드체(Monadic Body, 궁극적인 신성의 근원)에 해당하는 폴라리아인 뿌리 인종은 그것이 형태로 내려오기 이전의 신의 아이디어 또는 의지를 나타냅니다. 두 번째 뿌리 인종인 하이퍼보리아인은 빛의 몸인 아트마체Atmic Body와 관련이 있습니다. 이것은 태양의 미네랄과 원소들로부터 우리 행성이 덩어리로 합쳐지는 것을 의미합니다. 이 단계에는 우리 지구가 생명을 뒷받침해줄 수 있을 때까지 대기의 형성과 아울러 원소와 가스의 점진적인 정제가 포함됩니다. 지구 생명의 모든 구성 요소가 미묘한 형태의 의식을 부여받은 것이 이 첫 번째 진화 단계 기간 동안이었습니다. 일부 전통에서는 이것들이 미네랄 영역의 요소와 천신의 천사로 알려져 있습니다.

두 번째 이온 – 개화와 몰락

레무리아인으로 알려진 세 번째 뿌리 인종은 물속에서 출현하고 지구에 거주하는 살아 있는 생명의 탄생을 의미합니다. 이것은 신성한 본질이 자연의 모든 왕국처럼 자신의 과다함을 드러내는 에덴Eden 단계였습니다. 우리 행성의 레무리아 의식은 여전히 엑스터시의 차원으로 알려진 붓다 차원에 존재하는 단일의 통합된 존재였으며 여전히 그렇게 남아 있습니다. 이것은 또한 많은 천신Devic 영역의 차원이기도 합니다.–모든 살아 있는 형태에 내재하는 의식의 발현입니다. 최초의 인간이 잉태되어 태어난 것이 레무리아 단계 기간 중이었습니다.

네 번째 뿌리 인종인 아틀란티스인은 몰락하기 이전의 인류를 대표합니다. 때로는 아담인종Adamic race으로 알려진 이 인종은 현대인에게는 희미한 기억에 지나지 않습니다. 우리 현대의 인간들은 일련의 대격변에 의해 진정한 근원으로부터 분리되었는데, 그것이 신화적으로 몰락The Fall으로 알려지게 되었습니다. 이 몰락의 진실은 토착 문화에 의해 그들의 이야기와 창조신화를 통해 전해 내려왔으며, 우리의 현대 문화와 신앙 속으로 들어왔습니다. 아틀란티스인 뿌리 인종과 그들의 문화와 환경은 완전히 지워졌고 진화는 문자 그대로 재부팅되어 다시 다른 새로운 방향으로 시작되었습니다. 그러나 아틀란티스 의식은 인과차원에 존재했고 아직도 존재하고 있는데, 그것은 원형의 차원, 즉 논리적인 마음을 초월한 양자 언어입니다. 원래의 아틀란티스 의식은 현대의 인간들과 달리 태양신경총에 중심을 잡고 있으며 자신을 모든 생명의 원천과 떨어진 존재로 경험하지 않았고, 가이아의 가슴과 마음 그 자체였습니다.

세 번째 이온 – 다섯 번째 인종과 칼리 유가Kali Yuga

모든 위대한 이야기에는 몰락이 있어야 합니다. 인도 베다 전통에서 진화 단계는 유가Yugas로 알려져 있으며, 그중 가장 어두운 단계는 칼리 유가Kali Yuga, 칼리Kali 후대, 시간과 변화의 어두운 여신The Dark Goddess of Time and Change 등으로 알려져 있습니다. 우리의 현재 뿌리 인종인 아리아인Aryan은 이제 칼리 유가Karali Yuga의 끝, 몰락 이후의 시대를 향해 오고 있습니다. 아리아 의식은 정신적 차원에 존재하며, 우리의 주요 인식 도구는 계속 진화하고 있는 우리의 두뇌입니다. 아이러니하게도 우리의 가장 위대한 재능인 추론할 수 있는 능력은 우리가 서로에게서 그리고 우리의 환경으로부터 분리되어 있다는 환상을 줍니다. 그러나 세 번째 이온은 길고 긴 귀가 길에 대한 것입니다. 우리가 은총으로부터 몰락한 이후로 우리 인간은 집으로 가는 길을 찾고 있었습니다. 과학을 통해서, 종교를 통해서, 그리고 무엇보다도 사랑을 통해서 말입니다.

위대한 변화와 여섯 번째 인종

중대한 변화의 시간이 이제 우리에게 닥쳐왔습니다. 다섯 번째 뿌리 인종이 여섯 번째 뿌리 인종인 트리비아인Trivian에 길을 내줄 준비를 하는 동안 시간 자체가 속도를 내는 것처럼 보입니다. 여섯 번째 인종은 신비주의자들과 현자들이 오랫동안 예언해왔습니다. 감성과 욕망의 영역인 아스트랄 차원으로 신성한 본질이 퇴화하는 것에 상응하여 여섯 번째 인종은 우리의 전체 행성에 변형을 가져올 것입니다. 신의 의식이 계속해서 더 깊고 깊게 형태 속으로 내려감에 따라 그 본성이 드러납니다. 다가오는 시대는 인간의 성욕과 욕망이 무조건적인 사랑으로 승화되는 것을 보게 될 것입니다. 여섯 번째 인종은 55번째 유전자 키와 감정의 자리인 태양신경총 센터 안에서 일어나는 돌연변이를 통해 촉발될 것입니다. 트리비아인은 이 센터가 다시 깨어날 것을 예고하고 모든 존재를 연결하는 보편적인 양자장을 인간들이 다시 한번 경험하도록 할 것입니다. 이런 다시 깨어남은 과거의 황금시대로 역행하는 움직임이 아니라 신체 차원, 아스트랄 차원, 정신 차원 등 하위의 세 개 차원이 인과 차원, 붓다 차원, 아트만 차원으로 새롭게 통합되는 것입니다. 일곱 번째이자 마지막 뿌리 인종 판가이아인Pangaian은 말을 넘어서 있습니다. 그것은 모든 가이아 왕국을 하나의 진동하는 존재로 통합하는 것을 나타냅니다. 바로 그곳이 영혼과 물질이 하나가 되고 신성한 모나드 본질이 육체적 차원을 통해 빛나는 곳입니다. 그것은 지상에 오고 있는 천국입니다.

3부작의 종말과 에덴으로 돌아가기

인류와 행성 의식 전체는 가장 큰 문턱—3부작의 마지막 단계와 이온의 수수께끼의 궁극적 해결—에서 있습니다. 이것은 의식의 전개에서 너무도 드문 사건으로 모든 삶의 수준에 엄청난 변화를 가져옵니다. 다가오고 있는 것이 너무도 환상적으로 보여 우리의 마음은 그런 현실을 아우를 수 있을 만큼 충분히 멀리 확장될 수 없습니다. 우리의 동화가 말해 주듯이, 세 번째 시기는 매력적인 것이며 언제나 구원을 가져옵니다. 실제로 우리의 모든 위대한 신화나 영화, 로맨스나 드라마는 어떤 형태의 통합으로 막을 내립니다. 이 통합이 없다면 우리의 가슴은 완전하지 못하다고 느낄 것입니다. 언제나 끝에 도달해서야 우리는 해방이 온다는 구원의 희망을 거의 포기하게 됩니다. 그것은 조수처럼 밀려와 우리에게 너무도 친숙하게 시험과 해방의 3부작 패턴으로 극을 마쳐 우리는 항상 그 해피엔딩을 갈망하는 자신을 발견하게 됩니다. 우리는 그것을 너무도 깊이 갈망합니다. 왜냐하면 그것은 우리 은하계 안의 모든 생명체의 유전적 구조 안에 도장처럼 찍혀 있기 때문입니다. 그리고 그것이 우리의 DNA 안에 있기 때문에, 우리의 마지막 운명은 에덴의 재탄생을 목격하고 영원히 정원에서 평화롭게 살 수 있어야 하며 또 그렇게 될 것입니다.

55번째 그림자의 억압 및 반응 패턴

억압적 본성 – 불평하는Complaining

55번째 그림자 희생시키기Victimsation에는 두 가지 주요 표현 형식이 있습니다. 억압적 본성은 불평으로 발현됩니다. 불평은 자신의 드라마 안에서 스스로를 중심이 되는 희생자로 만드는 무의식적 사고방식입니다. 사람은 밖으로나 안으로나 불평할 때마다 사실상 자신의 힘을 약화시킵니다. 억압적 본성은 삶에 대한 비관적인 견해를 가지고 내면에서 불평하는 경향이 있는 반면 반응적 본성은 비난할 특정한 표적을 밖에서 찾는 경향이 있습니다. 불평의 주파수에 잡히면 삶의 드라마 그물, 마야에 잡히는 것입니다. 불평의 에너지 자체는 삶이 너무 힘들다는 환상을 강화시키는 역할을 합니다. 이런 방식으로 스스로를 강화하는 것 외에도, 불평은 또한 우리 몸의 유기체를 지속적으로 마모되게 합니다. 자유는 우리가 이 에너지의 핵심까지 가장 깊은 무의식 패턴을 꿰뚫어 볼 때 생겨납니다.

반응적 본성 – 비난하는Blaming

55번째 그림자가 취하는 다른 일반적인 형태는 비난입니다. 반응적 본성은 특별히 무언가 또는 다른 누군가를 비난함으로써 불만을 밖으로 표출합니다. 우리가 다른 사람을 탓할 때 우리는 우리 상황에 대한 자기책임감을 제거하는 화살을 발사합니다. 이런 의미에서 우리는 우리의 진정한 힘과 존재를 포기하면서 다른 존재들 속에서 자신의 양상을 투자합니다. 모든 비난은 외적으로 투사된 분노의 표현이며, 이 점에 있어서 그것은 순수하지 않습니다. 순수한 분노는 외적인 원천에 의해 촉발될 수 있지만 그 원천을 목표로 하지 않는 두려움의 원초적 에너지가 방출되는 것입니다. 누군가가 다른 사람을 비난하는 순간, 그 누군가는 다시 자신이 쓰는 드라마의 희생자입니다. 자신의 운명에 대해 다른 사람을 비난하면서 동시에 자신이 단순히 연극 속의 배우라는 것을 깨닫는 것은 불가능합니다. 삶의 심각함을 보는 바로 그 행위가 비난의 에너지를 방출합니다. 반응적 측면에서 진정한 자유는 비난의 화살이 목표에 도달하기 전에 중간에서 잡힐 때 발생합니다.

55번째 선물과 시디

자유Freedom

미래의 시대의 정신

55번째 선물에 대해 묵상하다 보면 필연적으로 인류와 지구의 미래를 생각하게 됩니다. 다음 페이지에서 우리는 인류에게 지금 무슨 일이 일어나고 있는지, 그리고 우리 앞에 놓여 있는 거대한 변화의 시기에 무슨 일이 일어날 것인지를 살펴볼 것입니다. 64개 유전자 키에 들어 있는 암호를 읽는 데 있어서, 이 거대한 변화가 전개되는 세세한 사항은 그리 중요하지 않습니다. 세부사항에 대한 고려는 기껏해야 추측과 의견에 근거할 수 있을 뿐입니다. 그러나 64개의 유전자 키에 대한 이 작업의 뒤에 있는 핵심 주파수와의 깊은 공명을 통해 다가오는 시대의 정신을 포착하는 것은 가능한 일입니다. 다음 페이지에서부터 예측을 시작할 때, 이 돌연변이의 물결은 우리 행성에 있는 생명의 모든 구석구석에 영향을 미칠 것입니다.

다가오는 변화와 관련하여 염두에 두어야 할 또 다른 요소는 그것이 우리를 따라 잡을 속도입니다. 진화적 관점에서 그것은 하룻밤 사이에 일어날 것입니다. 비록 실제적인 시간의 측면에서는 서서히 거의 인지할 수 없는 상태에서 일어날 것이지만 말입니다. 우리는 우리 종을 서서히 식민지로 만들 유전적 돌연변이에 대해서 이야기하고 있습니다. 다른 말로 하자면, 옛 인간은 말 그대로 품종이 개량될 것입니다. 이것은 아주 가까운 미래에 완전한 돌연변이를 가지고 유전자 풀 곳곳에 그것을 퍼뜨릴 아이들이 우리 가운데서 태어날 것을 의미합니다. 이 아이들은 우리와 다를 것입니다. 그들은 희생자 수준에서 우리와 감정적으로 엮이지 않을 것이며 높은 주파수를 유지하면서 시간이 지남에 따라 그들이 태어난 가정을 변화시킬 것입니다. 우리는 이 유전자 키가 끝날 무렵에 그들의 역할을 더 완전히 살펴볼 것입니다.

고차원 의식의 방출 코드

수세기에 걸쳐 고차원 의식의 본성에 관해 많은 말과 글과 가르침이 있었습니다. 우리는 이제 점점 더 많은 사람들이 진정한 고차원 의식의 경험에 직접적으로 접근할 수 있는 시대로 들어서고 있습니다. 결국 21세기에 일어나는 일들은 전체 집단에 퍼져 나갈 것이고 아직도 꿈을 꾸기만 할 수 있는 시대의 촉매 역할을 할 것입니다. 지금까지 깨어남의 과정은 극소수의 경우를 제외하고는 개인적인 차원에서 이해되고 설명되었습니다. 교사와 현자와 구루는 개인에게 적합한 스타일로 진리를 전달했습니다. 여기서 강조되는 것은 거의 항상 이것이었습니다. : 내가 어떻게 깨어날 수 있는가?

이 질문 안에 있는 두 가지 주요 요소는 현재 유통기한이 빠르게 흘러가고 있습니다. 첫 번째 질문은 방법에 관한 것입니다. 앞으로 보게 될 것처럼, 55번째 유전자 키는 방법에 대한 질문을 종식시킬 것입니다. 두 번째로 '나'라는 개인적인 요소는 인류에게 다가오는 변화에 의해 점차적으로 사라질 것입니다. 우리는 '우리' 시대로 들어서고 있습니다. 인류가 하나의 집단적인 우리라는 진리를 완전히 흡수했을 때, 오직 그때만이 우리는 또 다시 깊이 신비스러운 '집단적인 나'가 되면서 최종적인 아이러니를 보게 될 것입니다.

유전적 세포의 돌연변이 형태에서 광대하고 역동적인 변화가 인간에게 다가오고 있습니다. 이것은 이 55번째 유전자 키와 그에 관련된 아미노산 히스티딘에 의해 촉발되고 있습니다. 화학적인 수준에서, 당신의 몸은 당신이 이 글을 읽을 때 이 돌연변이를 준비하는 과정에 있습니다. 이 과정은 집단적 수준에서도 진행되고 있으며, 단 한 사람도 그것을 피할 수 없습니다. 최고 수준에서 55번째 유전자 키는 고차원 의식의 방출 코드입니다. 이 과정에는 여러 가지 중대한 의미가 있으며 그 전개는 특정한 순서가 있습니다. 이 유전자 키를 더 깊이 조사하면서 우리는 우리가 직면하고 있는 변화의 종류와 그것들이 개인과 사회 전반에 어떻게 영향을 미칠 수 있는지 미리 살펴보도록 할 것입니다.

인식의 중심축

64개의 유전자 키를 떠받들고 있는 언어 매트릭스인 의식의 스펙트럼Spectrum of Consciousness 내에서 55번째 선물은 독특합니다. 각 선물과 시디의 주파수를 나타내는 단어의 열을 보면 55번째 선물의 단어 '자유Freedom'가 시디의 단어와 동일하다는 것을 알 수 있습니다. 스펙트럼 안에서 이런 일이 일어나는 것은 이것이 유일하며 매우 중요한 의미가 있습니다. 55번째 선물은 인간의 인식이 새로운 기능, 즉 물리적 공간을 통해 여행할 수 있는 능력을 시작하는 중심축입니다. 이 발전은 우리가 알고 있는 세상의 모든 것을 바꿀 것입니다. 인식이 이런 식으로 자유로워지면 이전에 고차원의 의식으로 보았던 것이 평범한 상태가 될 것입니다. 시디와 선물에 대한 단어가 같은 이유가 바로 이것입니다. 의식의 스펙트럼 그 자체가 이 시점에서 열리게 될 것이며, 하나씩, 선물들 각각은 그 그림자에서 벗어나 시디에서 가장 높은 잠재력과 합쳐질 것입니다. 그림자의 에너지가 선물까지 올라감에 따라 시디 에너지는 선물로 내려갑니다. 그것은 행운의 유전자 바퀴가 그것의 경로에 있는 특정한 톱니바퀴에 도달하는 순간 완전히 새로운 기어에 걸리는 것과 같습니다. 이 톱니바퀴가 55번째 선물입니다. 그 순간부터 새로운 힘이 세상으로 들어오고 새로운 법칙과 함께 새로운 파문이 일어날 것입니다.

지금까지 인류 역사에서 인식은 개인의 인간적 형태에 국한되어 왔습니다. 우리는 인식을 움직임으로, 감정으로, 그리고 생각으로 경험합니다. 누군가가 높은 상태나 시디 상태에 도달하지 않는 한, 그들은 몸 밖에서 인식에 접근할 수 없습니다. 그러나 역사 전반에 걸쳐 확장된 인식은 특정 인간에게 자발적으로 개화되면서 우리에게 미래의 맛을 보여줍니다. 의식의 시디 상태에서, 인식은 유기체들 사이의 결합 조직입니다.—그것은 의식 자체와 형태의 세계 사이의 접점입니다. 형태는 피부이고, 과일은 인식이며 씨앗은 의식입니다. 가장 간단한 용어로 인식은 우리가 신이라고 부르는 것과 인간 사이의 문을 여는 열쇠입니다.

천상의 수리학Hydraulics

다가오는 각성의 진정한 본질을 이해하기 위해 우리는 잠자리의 수명 주기에서 아름다운 유사점을 발견할 수 있습니다. 잠자리는 어린 시절의 대부분을 물 밑에서 삽니다. 수중 곤충으로서 그들은 유충으로 알려져 있으며, 대부분의 연못 벌레와는 달리 공기를 들이마시기 위해 물 표면에 올라올 필요가 없습니다. 유충들은 삶의 대부분을 완전히 수중에서 사는데 그곳에서 그들은 매우 성공적인 포식자로서 잎 찌꺼기에서부터 작은 물고기까지 먹으면서 성장합니다. 이 삶의 단계에서 유충들은 일련의 성숙단계인 탈바꿈 단계를 거칩니다. 이 단계에서 유충들은 껍질을 벗지만 아직도 유충으로 남아 있습니다. 이런 곤충의 삶의 단계는 수년 동안 지속될 수 있으며, 이 시기에 유충들은 어떤 종류의 미래가 앞에 놓여 있는지 전혀 알 수 없습니다. 일련의 숨겨진 돌연변이를 겪고 있는 것입니다. 그러던 어느 날 갑자기 잠자고 있던 유전자가 작동되고 유충은 완전히 바뀌게 됩니다.—즉 가까운 곳에 있는 식물의 줄기를 발견하고 물 위로 올라갑니다. 생애 처음으로 유충은 공기와 직사광선을 맛보게 되는 것입니다.

일단 유충이 안전했던 수중 환경을 벗어나게 되면, 햇빛이 유충에게 촉매 작용을 하기 시작하여 유충은 마지막 탈바꿈을 하게 됩니다. 진정한 마법이 일어나는 것이 바로 이 단계입니다. 유충 안에 숨겨져 있던 진보된 생물이 유충의 껍질을 깨고 나오는 것입니다. 몇 시간이 지나면 네 개의 구겨진 날개가 나타나고 특유의 가느다란 가슴이 풀려나기 시작합니다. 이 단계의 중대한 은유적 관련성은 물의 요소와 관련이 있습니다. 이제 막 만들어진 잠자리가 물의 요소로부터 생겨나 공기의 요소에서 새로운 삶으로 다시 태어나기를 준비하는 동안 몸 안에 아직도 남아 있는 물이 변형 과정의 열쇠가 됩니다. 수리학의 과정을 통해 유충의 몸 안에 있는 물은 날개와 가슴으로 처음으로 튀어나와 펼쳐집니다. 다시 말해, 잠자리는 물이라는 수단을 이용하여 과거의 삶에서 벗어나 공기역학적인 형태를 취하는 것입니다. 이 물이 유충에서 잠자리로의 돌연변이를 일으키는 원동력입니다. 모든 물이 사용되고 잠자리가 완전히 펼쳐지자마자 그것은 공기에 들어가 새로운 삶을 시작합니다.

잠자리의 수명주기는 55번째 선물과 그 시디가 깨어나는 완벽한 은유입니다. 감정의 원초적 에너지가 당신의 미래에 있을 인식을 펼치는 수단이 되며, 일단 그 인식이 태어나면, 당신의 삶은 더 높은 차원에서 영원히 존재하게 됩니다. 이 은유는 하나의 종으로서의 우리가 감정의 영역으로 깊이 들어가 우리가 일반적으로 알지 못하는 일련의 돌연변이를 거쳐야 한다는 것을 보여줍니다. 감정의 세계에 있는 동안 우리는 우리 앞에 놓여있는 삶에 대해 거의 눈치 채지 못할 것입니다. 55번째 그림자가 마침내 완전히 돌연변이를 일으킬 때, 집단적 각성이 본격적으로 시작될 것입니다.

각성 순서의 초기 단계

우리는 이 절의 마지막 부분에서 각성의 구체적인 타이밍과 순서를 검토할 것입니다. 잠자리와 비유한다면 현재 우리는 물에서 나와 줄기를 타고 햇빛으로 기어 올라오는 단계에 있습니다. 세계의 유전 단계는 이 드라마가 완전히 동요하는 단계에 있으며, 이 때문에 아주 혼란스러운 시기가 될 수 있습니다. 당신은 이미 당신의 몸과 마음이 이 돌연변이 과정의 전장戰場이 될 때 무엇이 올 것인지 언뜻 어떤 예감을 하고 있을 수도 있습니다. 특히 55번째 선물을 주된 선물 중 하나로 간직하고 있다면 당신의 정상적인 리듬, 에너지 패턴, 감정의 거친 변동에 매우 민감할 수 있습니다. 이것은 상당 시간 동안 지속될 수 있는 깊은 통합 과정이지만 서서히 점차 안정될 것입니다.

각성의 초기 단계(2012 년까지)는 그 과정에서 가장 변덕스러운 단계입니다. 우리의 감정적 체계가 글자 그대로 완전히 무너지는 단계가 바로 이 때입니다. 두 개의 유전자 키가 55번째 선물과 강하게 연결됩니다.—그 프로그래밍 파트너인 59번째 선물 친밀감Intimacy와 39번째 선물 역동성Dynamism입니다. 그들은 또한 이 각성 과정에서 매우 활동적입니다. 39번째 선물과 그것의 시디 해방Liberation은 우리 본성의 모든 감정적인 면에 도전할 것입니다. 당신은 여기에서 해방과 자유Freedom라는 두 상위 상태 사이의 직접적인 관계를 볼 수 있습니다. 39번째 시디는 실제로 자유Freedom의 마지막 상태를 촉발시킵니다. 해방이 역동적인 과정인 반면 자유는 하나의 풀려남입니다. 55번째 시디와 동시에 깨어나는 59번째 시디 투명성Transparency도 똑같이 강력합니다. 우리는 이 시디의 각성 과정 밑에 숨겨진 의제가 있는 것을 볼 수 있습니다.—우리 인간은 잠자리의 날개와 같이 투명해지도록 강요받고 있습니다. 친밀감Intimacy의 59번째 선물은 이 길을 따라 걷는 첫 걸음입니다. 우리는 관계를 통해 우리의 가슴을 열 수 있도록 허용해야 합니다.

우리는 55번째 유전자 키가 로맨스에 관한 것임을 이미 알고 있습니다. 55번째 선물의 각성이 관계에 관한 것인 이유가 바로 이것입니다. 이 각성이 일어난 후에, 사람은 더 이상 개인으로서 존재하지 않을 것입니다. 인식은 집단적으로 작동할 것입니다. 분리되어 있다는 느낌은 친밀한 관계를 통해 초기에 흩어져버릴 것입니다. 이제부터는 다른 사람들로부터 자신을 숨기려고 하면 할수록 더 많은 고통을 겪게 될 것입니다. 숨겨진 모든 의제는 모두에게 알려져야 하고 파괴되어야 합니다. 분리를 놓지 않으려는 마음의 강박적 태도도 파괴되어야 합니다. 이것은 이기심의 시대의 끝입니다. 이 변화에 저항하는 사람들이 많이 있을 것이며 그래야만 합니다. 그들은 앞으로 올 일의 일부가 아니며 존중되어야 합니다. 이 사람들을 통해 낡고 오래된 에너지가 세상을 떠날 것입니다. 여기에 선택은 없습니다.—그것은 미래의 인간을 위한 적절한 유전 물질의 집단적 선택의 문제입니다.

희생 의식의 증발

앞서 본 것처럼, 55번째 그림자는 희생자라는 개념, 특히 자신이나 다른 사람의 감정의 희생자라는 개념에 뿌리를 두고 있습니다. 55번째 선물이 각성되고 나면 누군가에게 속해 있는 감정이라는 개념은 터무니없게 됩니다. 감정은 파동 주파수로 작동하며, 집단적 수준에서는 우리 모두를 연결하는 단 하나의 파동이 있습니다. 어떤 사람들은 이 물결을 일으킬 수 있고 다른 어떤 사람들은 그것을 받을 수 있는 것은 단지 기계적인 일일 뿐입니다. 잠자리의 상징처럼, 우리의 새로운 인식은 희생자 의식의 어두운 물 위에서 우리를 들어 올릴 것입니다. 그러나 이것은 단순한 초월이 아닐 것입니다. 우리는 이 과정에서 덜 인간적이 되지 않을 것입니다. 실제로 이 과정은 우리의 인간적인 상처 속으로 아주 깊이 들어가 그것이 초월의 촉매가 되어야만 촉발될 수 있는 것입니다.

각성 과정은 오랫동안 알려져 온 과정입니다. 그것은 연금술의 비전 과학을 통해 가장 정확하게 묘사됩니다. 전통적인 도교 연금술에서는 칸Kan, 坎과 리Li, 離로 알려진 비밀 공식이 있습니다. 칸은 물을 의미하고 리는 불을 의미합니다. 이 연금술 공식에서 태양신경총은 가마솥으로 보이고, 감정 에너지는 가마솥 안의 물입니다. 가마솥 아래에 있는 불은 인식(氣, 기, chi)이며, 이 인식이 감정 에너지(정, 精, jing)를 요리한다고 합니다. 결과는 그 과정을 통해 세 번째 초월의 힘이 일어나는 찌는 과정입니다. 중국인들은 이 세 번째 힘을 신神, shen이라고 부르는데, 그것은 정신을 의미합니다. 서양 연금술은 비슷한 원형을 사용하지만 그 문화적 방식은 다릅니다. 서양에서는 두 힘을 우리 안에 있는 남자와 여자, 즉 아니무스(animus, 여성의 무의식에 있는 남성성)와 아니마(anima, 남자의 무의식에 있는 여성성)로 보는 경향이 있습니다. 이 둘이 결합하여 종종 수은으로 여겨지는 마술적인 아이를 탄생시킵니다.

64개의 유전자 키의 언어에서 그림자 상태는 궁극적인 초월의 원료입니다. 그림자 속으로 깊숙이 뛰어들어 그 뿌리로부터 인식을 자유롭게 하지 않으면 우리 안에 있는 희생자 의식의 증발을 결코 경험하지 못할 것입니다. 그런 지복의 증발에서만 우리는 감정적 깊이를 넘어서 집단적 파동을 서핑할 수 있습니다.

인간애의 선물의 상승

55번째 선물로 촉발되는 각성에는 두 개의 주요 단계가 있습니다. 첫 번째 단계는 대중 의식이 희생자 의식의 그림자에서 상승하는 것으로 나타납니다. 이런 일이 발생하면 우리는 현재 우리가 알고 있는 것처럼 세상이 서서히 변화하는 것을 보게 될 것입니다. 지금까지는 소수의 사람들만이 그림자 상태에서 나와 자신들의 선물을 세상에 전해주었고, 아주 극히 소수만이 시디 의식 수준에 도달했습니다. 이것은 정확하게 그렇게 되어야 하는 일입니다. 각 주파수대역은 주파수대역의 아래와 위에 달려 있습니다. 다시 말해, 그림자 상태를 초월하는 사람들이 많으면 많을수록 상위 수준의 누군가가 시디 수준으로 도약할 가능성은 더 커집니다. 한 사람이 시디 수준으로 도약하기 위한 가속도를 얻기 위해서는 10만 명의 사람들이 선물 수준에 살고 있어야 합니다. 같은 맥락에서, 시디 수준에 있는 한 사람은 수천 명의 사람들이 그림자의 낮은 주파수를 피하고 그들의 선물을 살기 시작하는 집단적 주파수를 제공합니다.

어떤 사람이 그림자 상태에서 벗어나 자유를 얻으면 그들은 삶 그 자체를 위해 창조적인 통로가 됩니다. 그들은 또한 전체 안에서 자신의 진정한 운명을 실현하기 시작합니다. 전체의 마지막 운명은 50번째 시디와 6번째 시디—조화Harmony와 평화Peace로 대표됩니다. 이것은 사람들이 하고 싶은 일을 하기 시작하면서 물리적 차원에서 이런 조건들을 공동창조하기 시작한다는 것을 의미합니다. 하나의 과정으로서 최종 단계에 도달하는 데에는 수백 년 또는 수천 년이 걸릴 수도 있습니다. 잠자리처럼 그렇게 될 때, 우리 전체 행성은 진화의 다음 단계로 돌연변이 하여 28번째 불사Immortality의 시디로 대표되는 또 다른 실재가 될 것입니다.

이 자유Freedom라는 단어는 진실로 크기가 없는 무한한 단어입니다. 우리가 그림자를 초월하는 과정을 시작할 때, 우리 삶에 기적이 일어날 수 있습니다. 자유는 55번째 선물의 정신입니다.—그것은 인류의 정신입니다. 당신의 인식이 팽창함에 따라, 자유의 정신은 당신 삶에 있는 장벽을 무너뜨립니다. 프랙털 라인은 당신의 온 사방에서 열리고 특정 차원에서 목이 졸린 채 있었던 에너지가 갑작스럽게 예기치 못한 유익한 환경을 촉발시킵니다. 당신의 삶의 모든 면은 서로 연결되어 있습니다. 따라서 존재의 근원에서 돌파구가 모든 영역으로 퍼져 나갈 것입니다. 일부는 아마도 존재했는지조차 기억하지 못했을 수도 있습니다.

각성의 세 가지 순서

이 유전자 키의 제 1부에서 우리는 모든 보편적 리듬에 내재된 3가지 패턴을 보았으며, 이것을 3개의 이온의 진화 단계와 이온을 종식시키기 위한 마스터 유전자 서열을 쥐고 있는 333으로 알려진 현재의 하위 단계를 통해 도표화했습니다. 지난 20여 년 동안 세상은 그 내부 구조에 정말로 엄청난 변화를 겪어왔습니다. 우리가 이 놀라운 포털을 통해 이동하면서 우리는 행성의 각성과 융합 과정의 궤적을 설정하는 3개의 뚜렷이 구별되는 날짜 또는 마커를 확인할 수 있습니다. 이 마커는 우리 진화의 진동 점수에 기록된 변화의 지점입니다. 그들은 1987년－조화로운 수렴Harmonic Convergence, 2012년－멜로디 공명Melodic Resonance, 2027년－리듬 심포니Rhythmic Symphony입니다. 하모니, 멜로디, 리듬의 이 세 단계는 지구상의 모든 진동하는 생명을 완전히 재구성하기 위한 각인 필드를 형성합니다.

1987년 – 조화로운 수렴Harmonic Convergence

조화로운 수렴에 대해 많은 이야기가 있었습니다. 그것은 전례 없는 사건이 발생한 의식의 교차점을 나타냅니다. 이웃 은하계의 초신성에 의해 유발된 1987년은 통합의 시대Age of Synthesis가 시작됨을 증언합니다. 전례 없는 일련의 천체 정렬은 인간의 두뇌 화학에 변화를 일으켜 우리가 마침내 모든 시대의 위대한 가르침 뒤에 있었던 통합의 진리를 인식하게 만들었습니다. 이런 마커 포인트가 어떤 사건이 아니라 지속적인 발전 과정임을 이해하는 것이 중요합니다. 이전에 따로 떨어져 있었던 엄청난 양의 인간 노력의 층이 함께 모임으로써 조화로운 수렴이 오늘날에도 여전히 여러 수준에서 일어나고 있습니다. 우리는 지금 모든 과학과 예술, 남성과 여성, 좌뇌와 우뇌, 동양와 서양의 통합이 시작되는 것을 보고 있습니다. 조화는 위대한 현자 헤라클리투스Heraclitus가 말한 것처럼 숨은 조화hidden harmony이지만 그것이 지금은 점점 더 분명해지고 있습니다.

2012년 – 멜로디 공명melodic resonance

최근에 가장 많이 언급된 날짜로서, 2012년에 대해 언급되지 않은 것은 별로 없을 정도입니다. 이제 이 세 가지 각성 순서의 맥락에서 설명하도록 하겠습니다. 은유적으로 말한다면 1987년은 잉태 기간이었고, 2012년은 탄생이며, 2027년은 새로운 질서의 결실입니다. 멜로디의 진정한 의미는 로맨스에 대한 이해에 있습니다. 멜로디는 감정적인 호흡을 포착하고 인간을 꿈꾸게 하는 음악의 측면입니다. 2012년은 호흡과 태양신경총 센터의 다시 깨어난 인식을 통해 인류가 하나의 유기체로 정렬한 것을 나타냅니다. 우리가 아틀란티스/에덴 인식의 다시 깨어남을 통해 인류의 가슴과 공명하는 동안 우리 안에 어떤 깊은 꿈과 갈망을 갖고 있든 우리는 이날까지 씨앗이 심어지고 고정될 것입니다.

2012년은 또한 인간 진화에 있어서 구분선을 표시합니다. 이날까지 당신이 형태로 만들어지는 꿈에 공명하지 않는다면, 당신의 DNA는 그 이야기에서 제외될 것입니다. 이것은 사실 완벽하게 자연스러운 일입니다. 현재 인간 DNA의 대부분은 새로운 형태가 만들어지기 위해서 단계적으로 제거되어야 합니다. 따라서 여러 세대 동안 우리는 수많은 오래된 패턴이 우리 세상을 떠나는 것을 보게 될 것입니다. 이것은 상당 기간 동안 우리가 두 개의 별개의 실체가 동시에 존재하는 모습, 즉 이전의 시스템 안에 여전히 살고 있는 사람들과 새로운 시스템을 구축하고 있는 사람들의 모습을 보게 될 것임을 의미합니다.

2027 – 리듬 심포니Rhythmic Symphony

여러 신비주의자들과 고대의 달력 체계는 이 현재의 시대에 인간 진화의 거대한 전환점이 절정에 이를 것이라고 오래 전부터 예견했습니다. 이 작업을 64개의 유전자 키에 토대를 마련한 위대한 시스템 중의 하나인 휴먼디자인 시스템은 인간의 DNA에서 미래의 잠재적인 돌연변이의 타이밍을 측정하기 위해 고대 주역의 64개 코드를 일종의 유전 시계로 사용합니다. 유전 시계로서 휴먼디자인은 거대한 유전적 돌연변이가 2027년에 인류의 태양신경총 시스템을 통해 휘몰아치기 시작할 것으로 예측합니다. 따라서 2027년은 말로 표현하기 어려운 해입니다. 앞으로 오는 의식의 변화는 극도로 높은 주파수의 시디 의식이 안에서 폭발하는 것이 될 것입니다. 확실히 이날 이후에는 그 어느 것도 다시는 전과 같지 않을 것입니다.

2027년부터 우리 행성은 경이로운 상태 속으로 조용히 빠져들게 되는 점진적 과정을 시작할 것입니다. 2012년과 2027년 사이에 인류의 핵심 각성 프랙털은 여러 세대에 걸쳐 이 행성의 안팎을 뒤집어 재구성할 새로운 세계의 기반을 마련할 것입니다. 새로운 질서가 오래된 시스템 안에서 흠집 하나 없이 일어남에 따라 오래된 시스템은 붕괴될 것입니다. 이번에는 결코 이 행성을 떠난 적이 없이 에너지 청사진으로 남아 있던 에덴을 재창조하는 단계가 될 것입니다. 하모니와 멜로디는 여기에서 신성한 보편적 리듬으로 통합될 것입니다. 처음으로 인류는 천체의 위대한 교향곡을 들을 것이며 그 교향곡의 뛰어난 솔리스트가 될 것입니다. 2027년 이후의 어느 시점에서 우리는 마침내 단순히 존재한다는 것의 경이로움을 발견하게 될 것입니다. 지구상에서 할 일은 정원을 즐기는 것밖에 아무것도 남아 있지 않을 것입니다.—그것은 우리 종족이 아직까지 한 번도 해보지 못한 것입니다.

신성한 부부의 결혼

우리가 이전에 살짝 건드려본 것처럼 다가오는 변화는 개인적인 '나'의 시대의 종말과 집단적인 '우리'의 시대의 시작을 촉발할 것입니다. 이 과정에는 여러 단계가 있으며, 첫 번째 단계는 우리 지구의 관계 주파수에서의 주요 변화에 관한 것입니다. 각성은 많은 새로운 현상을 이 세상에 가져다 줄 것입니다. 그 중 하나는 우리가 항상 꿈꿔 왔지만 아직 성취되지 않은 것입니다. 즉, 신성한 결혼의 이상입니다. 요즘의 결혼 제도는 물리적 차원에서 이 이상을 포착하려는 시도입니다. 그러나 지금까지 결혼과 인간관계는 심지어 가장 명확하고 순수한 것조차도 결혼의 원리, 즉 동일한 오라를 실제로 공유하는 것을 완전히 구현하지 못했습니다.

신성한 부부의 이상이 물리적 차원에 존재하기 위해서는 먼저 의식의 융합이 있어야 합니다. 이것이 연금술사가 말한 신비적 합일unio mystica 또는 합coniunctio입니다. 깨달음은 항상 개인 안에서 꽃을 피우는 것이었고, 역사적으로 세상에는 진정한 의미에서 깨달은 부부가 존재한 적이 없었습니다. 우리는 상징적인 예를 보았을 수도 있으며, 물론 짧은 기간 동안 이 상태들을 함께 경험한 커플도 확실히 있습니다. 그러나 이런 인간 형태들 사이의 장벽을 무너뜨리는 첫 번째 단계는 남성과 여성 사이의 양과 음의 분리를 치유하는 것이 될 것입니다. 남녀 간의 오래된 압력은 너무도 커서 지금까지 진정한 융합을 방해해왔습니다.

첫 번째 관계가 이중의 깨달음을 경험할 때, 우리는 모든 사람의 가장 깊은 상처가 마침내 치유되었음을 알게 될 것입니다.—그 상처는 아담과 이브의 분열과 타락으로 상징된 상처입니다. 이 신성한 결혼은 그 주위에 믿을 수 없는 에너지장을 가질 것입니다.—사실, 그들은 완전히 새로운 공동체의 핵심에 놓이게 될 것입니다. 그런 경험은 우리가 오늘 알고 있는 성의 종말을 알릴 것입니다. 왜냐하면 성을 물리치는 똑같은 유전적 힘이 짝짓기를 맡고 있는 힘이기 때문입니다. 다시 말해, 인간의 성력은 점차 창의력과 높은 의식으로 승화될 것입니다. 이것은 시간이 지남에 따라 지구의 인구가 꾸준하고 일관되게 감소될 것임을 의미합니다.

55번째 유전자 키의 고대 상징은 풍요의 잔 또는 성배입니다. 의식의 그림자 수준에서 이 컵은 절대로 가득 차지 않습니다. 인간관계에서 한쪽은 항상 잡아당기고 다른 쪽은 항상 밀어내며, 한쪽은 갈구하고 다른 쪽은 거절합니다. 이 상황은 인간의 비난하는 성향으로 인해 발생하며, 이는 두 파트너가 서로를 소진시키는 일정한 역동성을 만들어 냅니다.

다가오는 시대의 인간관계에서 컵은 반만 찬 것도, 반만 빈 것도 아닙니다. 관계 속에는 오직 하나의 인식만 있습니다. 따라서 컵은 항상 넘치게 됩니다. 우리는 더 이상 사랑 속에 빠지지 않을 것이며 사랑 속으로 일어날 것입니다. 음과 양 사이에 존재하는 위대한 사랑은 마침내 우리가 서로 분리되었다는 환영을 깨뜨릴 것이며 창조의 핵 그 자체로부터 끝없는 에너지의 샘을 흘려보낼 것입니다. 궁극적으로, 새로운 인식의 확산은 이런 신성한 결혼의 대가족과 공동체를 통해 일어날 것입니다.

변화의 음악

많은 과학자들이 DNA 구조와 음악 사이에 유사점을 발견했습니다. DNA와 단백질 서열의 일부는 종종 아주 사소한 변화를 반복합니다. 이 불완전한 반복은 종종 음악의 구성 구조에, 특히 클래식 음악과 동양음악에 비유되었습니다. 인체 자체가 음악적이라는 개념은 억지로 꾸며댄 것이 아닙니다. 우리는 리듬과 멜로디의 섬세한 구조입니다.—뇌파, 혈액 순환, 심장 박동, 내분비 순환, 그리고 세포들의 유동성이 모두 일관된 리듬에 따라 숨을 쉬고 있습니다. 더 깊은 아원자 수준에서 우리의 분자와 그 원자 구조는 매우 높은 주파수에서 진동하고 보편적인 기하학에 맞춰 설계되어 있습니다. 이런 식으로 볼 때, 인간은 짜여진 리듬과 박자와 소리의 교향곡일 뿐입니다.

55번째 선물은 소리에 깊이 연결되어 있으며 우리의 몸과 감정이 소리에 반응하는 방식과 깊은 관련이 있습니다. 인간의 감정적 스펙트럼과 음악 사이의 영원한 연결은 이 유전자 키에 뿌리를 두고 있습니다. 아마도 DNA와 음악의 구조 사이의 유사점 중의 하나는 트리플렛(triplet, 3전자 결합, [음악] 셋잇단음표)에 관한 것입니다. DNA는 염기쌍의 조합으로 구성된 3전자 결합으로 구성됩니다. 트리플렛은 전체 유전체 나선의 핵심적 구조의 기초입니다. 음악에서, 셋잇단음표(트리플렛)는 아주 특별한 것을 나타냅니다.—그것은 삶의 순수한 갈망을 나타냅니다. 음악의 셋잇단음표는 항상 다른 음표로 분해되려고 시도하며, 이 의미에서 인간의 마음을 미결 상태에 있게 만듭니다. 이 갈망은 정확하게 55번째 선물을 통해 표현되는 것입니다.—그것은 더 많이 창조하고자 하는 갈망입니다. 이원성과 달리 삼원성은 직선이 아닙니다. 그것은 쉬지 않고 반복됩니다. 항상 자유롭고 언제나 신선합니다.

인간에게 커다란 변화가 오면서 우리 안에 있는 고대로부터의 두려움은 가라앉을 것이고 우리는 새로운 종류의 음악을 들을 것입니다. 우리는 오래된 유전적 두려움으로부터 자유롭도록 화학적으로 우리를 들어 올릴 높은 주파수로 진동할 것입니다. 우리는 삶의 음악과 하나가 되어 두려움과 수치심 없이 빛에서 어둠까지 모든 감정의 스펙트럼을 경험할 것입니다. 이것은 새로운 종류의 음악입니다. 우리가 따라야만 하는 길은 없고 우리를 안전하게 지켜야 할 시스템이나 구조는 필요가 없습니다. 그 오래된 방법들이 세상을 떠나고 있습니다. 새로운 인간은 더 이상 삶의 순수한 갈망으로부터 벗어나려고 하지 않을 것입니다. 우리는 더 이상 진정한 자유를 두려워하지 않을 것입니다. 왜냐하면 우리는 마음을 초월하고 미래에 대한 걱정을 초월한 인식으로 작동할 것이기 때문입니다. 궁극적인 자유는 당신의 삶의 환경과는 아무 상관도 없습니다.—그것은 자아가 바다의 파도 속으로 녹아들어가도록 하는 자유입니다. 그것은 삶에 대한 절대적인 신뢰를 통해 태어난 자유입니다.

시적 유전학

인간이 사용하는 언어의 가장 높은 표현은 시입니다. 진정한 시는 말로 표현할 수 없는 숨겨진 본질을 포착합니다. 그 비밀은 리듬과 억양과 음조의 주파수에 있습니다. 시인이 되기 위해서는 상상력이 언어의 구조에서 해방되어야 합니다. 마찬가지로, 인류의 진정한 본성은 논리적 체계 속에 붙들려 있을 수 없으며 균질화될 수 없습니다. 우리의 진정한 본성은 야생입니다. 그리고 사람들에게 두려움을 심어주는 것이 이 야생성입니다. 당신이 삶을 분명하게 이해했다고 생각하는 순간, 그것은 변합니다. 우리 인간은 삶을 이해하려는 정신적 게임을 초월하는 깊은 과정에 있습니다. 고대 인도의 현자들은 우리가 살고 있는 세상을 마야, 즉 환상이라고 불렀습니다. 우리의 문제는 진정한 이해를 방해하는 법칙으로 묶여있는 도구(마음)를 통해 이 마야를 이해하려고 노력한다는 것입니다. 마야를 이해하기 위해 마야 안에서 도구를 사용할 수는 없는 일입니다.

이런 인간에 대한 새로운 인식은 아주 많은 것을 종식시킬 것입니다. 우리가 목격하게 될 결말 중 하나는 '어떻게?'라는 물음의 종식이 될 것입니다. 하나의 종으로서 우리는 더 이상 지적 이해라는 강박관념에 시달리지 않을 것입니다. 이것은 또한 영적 구도자의 종식을 표시합니다. 우리는 더 이상 우리의 인식을 구조와 시스템에 고정시키지 않을 것입니다. 우리는 더 이상 어떤 수준을 갈망하지 않을 것입니다. 시인이나 음악가처럼 우리는 신비 그 자체 안으로 들어갈 것입니다. 인류는 실제로 유전학을 뛰어 넘는 초기 단계에 있습니다. 우리의 의식이 감정 체계의 순수한 인식으로 상승하기 시작할 때, 우리는 오랫동안 우리를 붙잡고 있었던 베일을 마침내 간파하게 될 것입니다. 이런 방식으로 마음에서 벗어나면, 우리는 진정으로 위대한 삶의 시를 창조할 수 있습니다. 우리는 아주 아름다운 시대에 들어서고 있습니다.—창의성이 지배하고 삶 자체가 예술로 경험될 초월의 시대가 될 것입니다.

미래에 있을 수 있는 일

유전적 돌연변이

우리가 이 단계로 나아갈 때, 특히 2027년 이후에는 이 세상에는 많은 것들이 변하게 될 것입니다. 돌연변이의 본질 때문에 갑자기 양자 도약이 일어나고 장기간의 통합이 뒤따를 것입니다. 사회적인 수준에서 일어나는 모든 변화는 시간이 걸리고 이 단계 중 일부는 수백 년이 걸릴 수도 있습니다.

신체적 변화

생리학적 수준에서 일어나는 55번째 선물의 비밀은 단일 원소—소금에 있습니다. 소금은 몸에서 독소를 걸러내는 능력과 정화능력으로 오랫동안 알려져 왔습니다. 몸 안에 있는 모든 단일 세포에는 소금이 들어 있으며 몸 안에서 소금의 균형은 건강에 중요한 열쇠입니다. 이 55번째 선물과 관련된 모든 것은 물에 대한 직접적이고 은유적인 관계에 뿌리를 두고 있습니다. 우리가 32번째 유전자 키를 통해 배웠던 것처럼 물에는 기억이 있습니다. 당신의 감정이 정말로 강렬해지면, 당신은 눈물이나 또는 땀 속의 소금을 통해 기억을 방출합니다. 지금 인류에게 일어나기 시작하는 것, 그리고 점점 더 강렬해지고 있는 것은 고대의 기억들이 우리 몸으로부터 화학적으로 방출되는 과정입니다. 감정적인 인식이 높아지면 점차적으로 유독한 유전적 기억은 인간에게서 떨어져 나올 것입니다. 육체적 수준에서 이것은 땀이나 눈물 또는 소변을 통해 일어날 것입니다.

바닷물이 증발하여 소금을 남기는 것과 같은 방식으로 인간은 증발과 증류 과정을 거치고 있습니다. 화학적 수준에서 우리는 변화하기 시작했습니다. 태양신경총의 새로운 신경 회로망은 오래된 뇌에 있는 두려움에 기초한 파충류의 신경회로를 대신하고 있습니다. 59번째 시디가 증언하듯이 인간은 점점 더 투명해질 것입니다. 왜냐하면 두려움에 의해 만들어진 예전의 화학물질을 더 이상 만들지 않기 때문입니다. 후뇌와 관련된 특정 화학공정이 종결되면서 신체의 욕구가 급격히 변할 것입니다. 두려움에 의해 만들어지는 독소가 없으면 몸에는 소금이 훨씬 적게 필요하게 될 것이며 밀도는 훨씬 낮아질 것입니다.

다이어트

소금에 대한 인체의 욕구가 감소함에 따라 우리의 소화 시스템이 돌연변이되기 시작할 것입니다. 이것은 결국 태양신경총의 돌연변이입니다. 우리의 소화기관이 DNA를 통과하는 더 높은 주파수에 적응하기 위해 돌연변이를 일으키면서 우리의 식습관 역시 바뀔 가능성이 있습니다. 몸은 짠 음식을 갈망하지 않을 뿐만 아니라 실제로 그것을 거부할 것입니다. 인간이 점차적으로 고기를 먹지 않게 될 수도 있으며 현대식 가공식품이 제공하는 높은 소금 섭취량을 견디지 못하게 될 것입니다. 우리 아이들이 DNA를 통해 돌연변이를 물려받음에 따라 짠 음식이나 고기에 생리적인 알레르기를 가지고 태어날 수도 있습니다. 이런 모든 변화는 돌연변이의 결과이며 때가 되면 나타나게 될 것입니다. 현재의 과도기 동안 인간은 과거의 독성을 집단적으로 정화시키기 위해 실제로는 평소보다 더 많은 소금을 필요로 합니다. 이것이 가공식품에서 일어나는 현재 전 세계적인 혁명의 숨겨진 이유입니다. 자연은 자신이 하는 일을 정확히 알고 있으며, 우리는 이로부터 핵심을 취해야 합니다.

소화는 신체가 음식과 물로부터 미량 원소를 사용하고 용해시키는 방식으로 미네랄 영역에 뿌리를 두고 있습니다. 미래에 우리는 완전히 새로운 방식으로 식품에서 요소를 추출하고 합성시키는 데 매우 효율적이 될 것입니다. 이를 위한 기계적 수단은 우리의 기분을 통해 이루어질 것입니다. 다시 말해서, 우리 몸은 우리가 무엇을 언제 먹어야 할지를 우리의 기분을 통해서 우리에게 알려줄 것입니다. 돌연변이의 가장 큰 영향 중 하나는 우리가 지금처럼 자주 배가 고프지 않을 것이고, 결과적으로 우리는 훨씬 적게 먹을 것입니다. 이에 덧붙여, 우리 몸은 공기와 햇빛을 통해 주파수가 높은 음식을 흡수하는 다른 수단을 발견하기 시작할 것입니다. 결국, 우주 체스 게임의 마지막 조각이 자리를 잡을 때까지 장차 언젠가는 6번째 시디가 꽃을 피워 우리의 피부를 완전히 투명하게 만들 것이며, 따라서 우리는 순전히 빛으로 살 수 있게 될 것입니다.

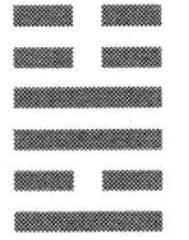

감정과 결정 – 파도의 가라앉음

인류에게 일어나는 가장 급격한 변화 중 일부는 감정체계와 관련이 있습니다. 현재 사람들은 감정의 변덕스러움의 희생자입니다. 그들의 결정은 본성과 조화를 이루지 못하고 혼돈의 집단 에너지장을 만듭니다. 돌연변이가 일어나면 우리가 지금 감정이라고 부르는 것은 완전히 다른 역할을 갖게 될 것입니다. 그것은 더 이상 감정으로 경험되지 않을 것입니다. 그것은 의사소통의 수단이 될 것입니다. 이 돌연변이가 나타난 사람들은 삶의 감정적 드라마에 붙잡히지 않을 것입니다. 그들은 여전히 몸 안에 일어나는 감정적 환경의 모든 뉘앙스를 느낄 것입니다. 그러나 그들의 인식은 그 파도 속에서 길을 잃는 것이 아니라 파도의 꼭대기에 올라탈 것입니다. 그 결과 그들은 매우 고요함을 느낄 것이며, 우리는 그것을 그들의 평온한 눈을 통해서 알아차리게 될 것입니다.

돌연변이를 가지고 있는 모든 사람은 자신의 환경에서 파도를 가라앉힐 것입니다. 점점 더 많은 사람들이 이런 인식으로 태어나면서 그들의 집단적 존재는 나머지 인류를 서서히 다른 차원으로, 즉 끝없는 명료함과 고요함의 차원으로 조율할 것입니다. 이것은 또한 인간이 결정을 내리는 방식에 깊은 영향을 미칠 것입니다. 지구상의 집단 화학이 고요해지면서 결정은 즉각적이고 명확하게 나타날 것입니다. 그리고 그런 결정은 더 이상 개인에 속하지 않을 것이며 집단 자체의 조화로운 결합으로부터 직접 나타날 것입니다.

파도가 잠잠해지는 과정은 궁극적으로 세계 평화의 시대로 이어질 것입니다. 하나의 은유로서, 이 과정은 콘서트가 시작되기 전에 워밍업을 하는 오케스트라와 비슷합니다. 이때 우리는 서로 다른 악기에서 무작위로 들려오는 다양한 톤의 불협화음을 듣습니다. 이것이 인류의 현재 상태입니다. 돌연변이가 시작되면 지휘자는 모든 악기가 조용해질 때까지 지휘봉으로 지휘대를 두드립니다. 침묵에 도달하게 될 때, 오직 그때만이 우리는 진정한 우리 인류의 본질인 숨은 조화를 들을 수 있습니다.

환경

많은 사람들은 오늘날 우리 지구의 환경과 거대한 세계화의 압력으로 인해 일어나고 있는 커다란 피해를 매우 우려하고 있습니다. 우리 앞에 놓여있는 좋은 소식을 보기 전에, 우리는 인류가 현재 왜 자신에게 그와 같은 피해를 끼치고 있는 것처럼 보이는지 이해하는 것이 중요합니다. 그런 것들을 이해하기 위해서는 더 큰 그림을 보아야 합니다. 지구는 우리의 더 큰 몸이며, 인간의 몸이 유전적 돌연변이를 겪고 있는 것처럼 모든 생명체도 마찬가지입니다. 모든 생명체는 섬세한 네트워크입니다. 한 종이 다른 모든 종에게 영향을 미치지 않으면서 주요한 돌연변이를 일으키는 것은 불가능한 일입니다.

우리의 현재 세대는 희생의 세대입니다. 우리의 집단적 몸체는 인류에게서 오래된 독소를 제거하고 있는 중입니다. 식이습관의 수준에서 우리는 특히 서양에서 소금 섭취량이 많아짐으로써 아주 많은 사람들이 비만이라는 사실을 알았습니다. 지방은 돌연변이의 연료이며, 이 돌연변이는 인류의 집단적인 그림자를 걸러내고 있습니다. 스트레스는 태양신경총의 활동이 증가되는 또 다른 증상입니다. 돌연변이는 육체에 큰 스트레스를 가하게 합니다. 사회의 모든 수준에서 고대로부터 내려온 인류의 상처가 비즈니스, 정부 및 환경 자체를 통해 표현되고 있습니다. 이것이 홍수 신화의 진정한 의미입니다. 홍수가 오고 있는 중이며, 그것이 선물 의식과 희생자 의식을 구분시킬 것입니다.

지구 온난화와 공해는 더 넓은 차원에서 보이는 인간의 상처에 대한 전형적인 표현입니다. 이런 종류의 현상은 지구가 희생자의 역할을 수행하면서 희생자 의식의 마지막 격렬한 모습을 나타냅니다. 우리가 우리의 환경에 무슨 일을 하고 있는지에 대한 광범위한 집단적 두려움이 있지만, 아이러니한 것은 만일 인류가 이 세계적 돌연변이를 이해하지 못한다면 필연적으로 우리 자신을 파괴할 것이라는 점입니다. 육체적인 유전적 돌연변이로서의 55번째 선물의 등장은 말 그대로 새로운 종을 만들어내고 있습니다. 우리의 영혼이 자리를 잡고 우리의 인식이 서로의 통합을 경험하게 할 때, 우리는 또한 모든 피조물과의 통합을 경험할 것입니다. 새로운 인식은 특히 동물들과 직접적으로 연결시켜줍니다. 왜냐하면 그들의 인식은 이미 집단적으로 기능하기 때문입니다. 그들은 우리와 다른 유전 장비를 가지고 있지만, 그들의 진정한 본성은 55번째 선-자유Freedom입니다. 우리는 동물을 먹지 않게 될 뿐만 아니라, 처음으로 우리 자신이 그들과 하나가 되는 경험을 할 것입니다. 우리가 하는 모든 일에서 자유가 핵심 역할을 할 것입니다.

미래를 여는 주요 열쇠는 감정적/성적 기관의 주파수의 변화로 인해 발생하는 인구의 엄청난 감소가 될 것입니다. 우리가 요즘 보고 있는 바쁜 세상은 조용해질 것입니다.-거대한 대지가 황무지로 돌아갈 것입니다. 우리 행성의 본질인 공간과 자유의 감각이 돌아올 것입니다. 앞서 보았듯이 자유의 본질은 야생입니다. 우리는 지구를 치유하기 위해 어떤 조치도 취할 필요가 없을 것입니다. 자연에 해를 끼칠 정도로 인간의 수가 충분하지 않기 때문에 자연은 본래의 균형을 찾을 것입니다. 동물들은 자유롭게 돌아다니고, 식물과 숲은 자유롭게 번식하고 꽃을 피울 것이며, 사람은 그저 살아 있음을 자유롭게 누리게 될 것입니다. 사람을 지금의 이 상태로 몰아붙였던 바로 그 힘, 즉 두려움의 힘은 사라질 것입니다.

앞서 말했듯이, 우리의 미래의 삶이 어떻게 될지 그 세세한 사항을 예측하는 것은 항상 어려운 일입니다. 우리가 볼 수 있는 것은 시대의 정신입니다. 인간은 지금까지 창조해낸 놀라운 기술을 계속해서 활용할 것이며, 우리 고유의 선물이 상승함에 따라 우리는 급격하게 그 기술을 향상시키게 될 것입니다. 미래는 원시적인 뿌리로 돌아가는 퇴행의 시기가 아닙니다. 그것은 자연과 합동하여 창조적으로 관리하는 시기가 될 것입니다. 본질적으로 인간은 항상 정원사였으며, 우리 자신의 영혼을 자연에 덧붙이면서 자연의 아름다움을 완성하는 것, 그것이 정말로 이 지구에서의 우리의 역할입니다.

행성 차원에서의 돌연변이의 실제 작업은 바다에 의해 수행될 것입니다. 인간이 만들어 낸 모든 독소는 물의 순환 속으로 들어가는 길을 찾을 것이고 시간이 지남에 따라 바다의 소금에 의해 정화될 것입니다. 다시 한번 우리는 이 55번째 선물의 뒤에 있는 근본적인 힘뿐만 아니라 다가오는 물병자리 시대의 신비한 의미를 알 수 있습니다.

미래 기술과 새로운 합성 과학

인류의 잠재적인 미래 기술과 그것의 사용과 영향에 대해 생각할 때 다가오는 돌연변이가 우리가 생각하는 방식에 직접적으로 영향을 미칠 것이라는 점을 명심해야 합니다. 우리의 일차적인 인식이 태양신경총 영역으로 이동하고 있기 때문에, 과학에서의 모든 미래의 통찰과 돌파구는 논리적 사고보다는 이 인식에서부터 나올 것입니다. 이것은 과학적 접근 방식을 완전히 바꿀 것입니다. 의심으로 시작하여 과학적 방법을 통해 의심을 해결하는 노력하는 것이 아니라 확신으로부터 시작하여 그 확신을 확인하고 심화시키기 위해 논리를 이용하게 될 것입니다. 이것은 과학과 기술의 새로운 시대를 탄생시킬 것이며, 미래의 과학은 합성의 과학이 될 것입니다. 과학은 예술, 음악, 신화, 심리학과 손을 잡고 작업할 것이며, 특히 중요한 것은 몸의 물리적 구조와 이해에 뿌리를 두게 될 것입니다.

이 멋지고 새로운 통합에 관련된 미래의 모든 논리적 시스템의 중심축은 신성 기하학sacred geometry 입니다. 기하학은 사람의 마음이 홀로그램 우주 내의 모든 패턴을 상호 연결시키게 해주는 중심이 되는 구성 모델입니다. 예를 들어, 지금 진보된 물리학에서 64의 기하학은 DNA의 사면체 구조 내에 존재할 뿐만 아니라 시공간 자체를 뒷받침하며 아울러 음악의 기초이기도 합니다. 우리는 지금 첨단 컴퓨터 기술의 도움으로 프랙털 기하학의 법칙을 사용하여 우주의 매우 복잡한 모델을 만들어낼 수 있습니다. 이 기하학을 사용하게 되면 모든 과학과 예술을 하나의 응집력 있는 전체로 통합하는 것이 가능해질 것입니다. 이런 통합은 광범위한 전문 분야의 많은 협력을 통해서만 가능해질 수 있습니다.

태양신경총 내에서 우리의 인식이 열리면 새로운 물리학은 완전히 새로운 방향으로 출발할 것입니다. 우리의 가장 풍부한 천연자원은 태양이며, 그것은 우리 에너지의 진정한 원천이 될 것 같습니다. 지난 세기의 위대한 현자 중 한 명인 미카엘 아이반호프(Mikael Aivanhov, 1900~1986, 불가리아 철학자, 신비가, 카발라로 진리를 깨우친 근세의 영적 스승)는 미래의 인류가 태양 문명이 된다고 말했습니다. 우주의 홀로그램에서 태양신경총에 있는 내면의 태양에 대한 재각성이 우리의 기술에 반영될 것입니다. 우리가 밖에서 발견하는 것들이 우리의 내면의 발전을 반영한다는 것은 보편적인 법칙입니다. 이 말은 우리의 미래에 더 큰 영향을 미칩니다. 우리가 우리 자신의 DNA 구조를 초월할 때, 우리는 낮은 주파수의 중력에서 벗어나게 될 것입니다. 과학에서 이것은 플라즈마 물리학(plasma physics, 전기적인 방전으로 인해 생기는 전하를 띤 양이온과 전자들의 집단을 플라즈마라고 하고 그 물리적인 성질을 연구하는 것이 플라즈마 물리학이다)과 같은 새로운 기술에 반영될 것이며, 우리는 곧 물리적인 중력을 초월하고 시간과 공간을 구부릴 수 있게 될 것입니다.

새로운 과학은 인류를 지금은 공상과학 소설로 보일 수도 있는 미래로 끌고 가기 시작할 것입니다. 중력의 힘을 이용하는 기술을 갖게 되면, 태양계 바깥을 여행하고 우리 은하와 우주를 탐험하기 시작할 수 있습니다. 이것은 지구가 마침내 우리가 현재 이해하고 있는 것보다 훨씬 더 넓은 지능의 장에서 활약하게 되는 단계를 나타낼 것입니다. 이 모든 돌파구는 우리 대부분이 꿈꾸는 것보다 훨씬 더 가까이에 있습니다. 바로 이번 세기의 전반기에 인류 역사의 완전히 새로운 시대를 위한 기술적 토대가 확실히 마련될 것입니다.

정부, 빈곤, 돈

미래의 인류 사회구조를 파악하려면 프랙털의 본질을 명확하게 이해할 필요가 있습니다(이 주제에 대해서는 44번째, 45번째, 49번째 시디를 철저히 묵상하면 더 많은 것을 배울 수 있습니다. 이들 각각은 인간이 집단적 수준에서 상호작용하는 방식에 혁명을 일으킬 다양한 변화 수준에 관한 것입니다). 인류는 궁극적으로 우리가 인터넷을 통해 물질적 차원에서 서로 연결되어 있는 것과 같은 방식으로 하나의 널리 퍼져있는 정신에 의해 서로 연결될 것이 확실합니다. 전자 월드 와이드 웹World Wide Web의 창설은 앞으로 유전적 수준에서 나타나게 될 것의 선구자입니다. 이 인간 정신의 본질은 자유입니다. 그것은 즉 자유가 유일한 진정한 인간의 의제가 될 것이라는 뜻입니다.

인간의 영혼이 자유롭게 됨에 따라 또 하나의 결정적인 유전자 키가 집단적으로 꽃을 피울 것입니다.－50번째 선물 평형Equilibrium입니다. 이 선물은 인간이 서로 봉사하고 지원하는 측면에서 가장 중요한 선물 중 하나입니다. 50번째 선물을 통해 인류는 서서히 우주적인 조화의 상태에 이르게 되었습니다. 사회적 차원에서 이 선물의 존재는 서로 다른 사회와 인종 그룹에 새로운 종류의 질서를 가져올 것입니다. 이 선물은 부패와 범죄의 점진적 퇴보를 촉발시킬 것입니다. 이는 선진국과 미개발국 사이에서 적절한 지원이 이루어지며 궁극적으로 빈곤 문제가 극복될 것이라는 뜻입니다.

돈의 미래는 특정 선물과 시디, 특히 45번째 시디에 대한 이해를 통해서도 매우 분명하게 볼 수 있습니다. 돈은 본질적으로 희생자 의식의 물리적 표현입니다. 그것은 인간의 두려움을 나타냅니다. 그러므로 우리의 돈에 대한 관계는 두려움에 대한 관계입니다. 돈의 주제보다 더 빨리 숨겨진 의제를 드러내는 것은 없습니다. 거의 모든 돈은 주어진 돈이든 받은 돈이든 숨겨진 채무가 있습니다. 무조건적으로 주고받는 돈에만 부여된 채무가 없습니다. 돈은 더 깨끗한 방식으로 다뤄지기 때문에 에너지적으로 세탁될 것이며, 주는 것은 받는 것이라는 위대한 우주 법칙을 드러낼 것입니다. 미래의 가장 성공적인 비즈니스는 45번째 선물 시너지Synergy에 기반을 둘 것입니다. 이런 종류의 비즈니스는 더 이상 경쟁과 두려움에 기반을 두지 않을 것이며, 투명하고 매우 효율적이 될 것입니다. 욕심과 두려움은 실제로 매우 비효율적입니다.

45번째 시디의 가장 높은 측면이 나타나기 시작하면 결국 돈 자체가 끝나게 됩니다. 마침내 이런 일이 발생할 때, 그것은 우리 행성이 보여준 자유의 상징 중에서 가장 큰 상징일 것이며, 이제껏 알려진 적이 없었던 전 세계적인 축하를 불러일으킬 것입니다. 앞서 보았듯이, 이 55번째 유전자 키는 회오리바람의 고리Ring of whirlwind라고 불리는 코돈 그룹의 일부입니다. 49번째 유전자 키와 함께 우리 사회의 모든 수준에서 극적인 변화를 일으킬 것입니다. 흥미롭게도 이 코돈 고리는 육체적인 오르가슴이 일어나는 동안에 방출되는 히스티딘이라고 불리는 아미노산을 암호화합니다. 인간 게놈을 통해 움직이는 회오리바람은 실제로 집단적인 오르가슴으로 비유될 수 있습니다.—그것은 인류의 몸을 통해 파문을 일으키는 의식의 소용돌이치는 힘이며, 우리를 보다 높은 수준의 통합과 황홀경으로 이끌어줍니다.

죽음, 약, 시디 초신성

자유는 미래의 유일한 진정한 약입니다. 자유에는 많은 수준이 있지만 궁극적인 자유는 당신이 삶과 별개라고 믿는 것으로부터의 자유입니다. 55번째 유전자 키를 통해 다가오는 인식은 죽음에 대한 두려움의 절대적인 종말을 예고합니다. 사실, 55번째 유전자는 이 두려움을 끝내는 것에서 더 나아가 죽음 같은 것은 없다는 것을 증명합니다. 이 죽음에 대한 두려움은 실제로 28번째 그림자 안에 있는데, 그것은 55번째 선물과 깊은 연관이 있습니다. 55번째 유전자 키가 돌연변이를 일으키는 것처럼, 28번째 유전자 키 또한 적어도 완전성Totality의 선물 수준으로 변할 것입니다. 최상의 건강을 유지하는 비밀이 여기 28번째 선물에 있습니다. 왜냐하면 그것은 육체를 통한 생명력의 자유로운 흐름에 관한 것이기 때문입니다. 우리 인간이 오래된 두려움을 뛰어 넘을 때, 생명력은 다시 한번 우리 몸을 통해 아무 막힘없이 흐를 것입니다. 이 에너지의 순수한 힘과 생명력은 엄청난 치유의 잠재력을 지니고 있으며 글자 그대로 인류를 온통 질병의 벌집으로 만드는 모든 질병을 뿌리 뽑아 버립니다.

질병의 진정한 본질은 이 핵심적인 죽음의 두려움에 뿌리를 두고 있습니다. 이 두려움을 뿌리 뽑으면서 우리는 약이 더 이상 필요치 않고 서서히 소멸되는 시대에 들어서게 될 것입니다. 물론 오래된 질병들이 정화되면서 그 중 일부는 돌연변이를 일으켜 어느 정도의 기간 동안 더 널리 퍼질 수도 있습니다. 이 과정은 아마도 수백 년 동안 지속될 것입니다. 진정한 치유는 조상 전래의 DNA와 관련이 있으며, 한 사람이 완벽한 건강을 유지하기 위해서는 그의 유전적 혈통 전체가 깨끗이 타버려야 합니다. 이 정화작용은 시디가 세상에 발현될 때 시디의 현존을 통해 일어납니다. 시디가 누군가를 통해 나타날 때마다, 그것은 전체 유전적 프랙털 라인 아래로 정화의 충격파를 보냅니다. 이 세상에 시디 주파수를 가져오는 사람들은 조상 전래의 집합적 라인의 그림자를 자기들 안으로 가져갑니다.

우리는 시디 초신성의 첨단에 서 있습니다. 시디가 나타나는 사람들의 숫자는 위대한 화신이 물리적인 차원에서 일어남에 따라 아주 단기간에 늘어날 것입니다. 이 화신은 성 삼위일체의 세 번째 측면인 신성한 여성 정신Divine Feminine spirit을 나타냅니다. 그러나 이 화신은 단일한 존재가 아니며, 각각 코어 프랙털을 차지하고 있는 특정 별자리를 사용하는 집단정신이 될 것입니다(코어 프랙털의 역할에 대한 더 자세한 정보는 44번째 시디에서 읽을 수 있습니다). 신성한 여성의 화신 과정은 많은 세대 동안 지속될 것입니다. 그러나 그 최종 결과는 인류 전체의 모든 프랙털 라인의 정화가 될 것이며, 인간 DNA에 저장된 집단적 카르마가 모두 타버리고 육체적인 차원에서 모든 질병이 궁극적으로 박멸될 것입니다.

아이들과 교육

우리가 살펴볼 마지막 부분은 여러 면에서 가장 중요한 부분입니다. 미래를 손에 쥐고 있는 것은 우리의 자녀들입니다. 오늘날 세상에 들어오고 있는 많은 어린 아이들은 피 속에 미래의 돌연변이의 씨앗을 가지고 있습니다. 그들의 자녀들이 2027년경부터 새로운 인식을 낳을 것입니다. 아이들에 관한 놀라운 점 중의 하나는 그들이 감정적인 파도를 처리하는 명확하고 순수한 방법입니다. 현세대의 아이들은 정말로 앞으로 오게 될 화학적 변화를 반영하고 있으며, 이런 의미에서 그들의 감정적 본성은 아주 독특합니다. 이들은 감정적인 기복이나 육체적 표현을 개인적인 차원이 아니라 집단적인 차원에서 봐주어야 하는 아이들입니다. 물론 이 아이들은 부모들이 평소에 주는 일상적인 경계가 주어질 필요가 있지만, 더 큰 의미의 자유 또한 필요합니다. 돌연변이는 우리의 감정 체계에 오고 있으며 우리의 화학을 통해 움직이기 때문에 엉뚱한 행동 패턴과 예측할 수 없는 감정적 현상을 일으키는 경향이 있습니다. 따라서 자기 자녀들에게 잘못된 것이 있다고 생각하지 말고 자녀들에게 더 많은 사랑을 주며 극도로 인내심을 갖는 것이 부모들에게 필요한 진정한 열쇠입니다.

미래 세대의 자녀들 중 일부는 돌연변이를 갖고 있을 것이고 일부는 그렇지 않을 것입니다. 돌연변이는 온 세상에 나타날 것입니다. 새로운 인식을 가진 사람들을 찾아내는 것은 어렵지 않을 것입니다. 왜냐하면 그들은 우리가 성장하는 아이들과 연관시키는 감정 증상을 나타내지 않기 때문입니다. 부모들은 이런 아이들 중 한 명을 둔 것만으로 가족 내에서 새로운 종류의 평화를 발견하게 될 것입니다. 이 아이들은 모두 자신의 홀로제네틱 프로파일과 프라임 선물에 따라 이른 나이부터 독특한 재능을 보여줄 것입니다. 이 아이들이 가져올 커다란 변화 중 하나는 교육 시스템에 대한 변화일 것입니다. 그들의 인식의 주된 중심은 뇌의 바깥에 있기 때문에 그들은 극도로 밝게 보일 것입니다. 일단 마음이 초월되면 진정한 천재가 나타납니다. 그들의 학습 방법은 반복보다 삼투에 더 가깝고 그들의 기억력은 비범할 것입니다. 이 모든 것을 고려할 때 우리는 이 아이들이 기존 사회에서 매우 상처받기 쉽다는 인상을 가질 수 있습니다. 그러나 이것은 사실이 아닙니다. 그들의 재능으로 인해 그들은 특별한 관리나 학교 교육이 필요하지 않을 것입니다. 반대로, 그들은 정상적인 삶으로 통합되어야 합니다. 어디를 가든 그들은 자신들의 재능을 더욱 향상시킬 수 있는 경험을 끌어당길 것입니다. 그들의 힘은 바로 그들의 투명성에서 비롯됩니다. 그들은 우리가 현재 이해할 수 있는 범위를 넘어서는 너무도 강력한 힘에 의해 움직일 것입니다. 그런 아이들이 외로움을 느끼거나 희생당한 느낌을 받는다는 것은 불가능한 일입니다.

이 아이들이 사회에 존재함으로 인해 기존 교육 시스템의 한계가 드러날 것입니다. 복귀할 가능성이 있는 과거의 관례 중 하나는 도제 제도일 것입니다.—여기에서 특별한 재능을 가진 아이들은 특정 교사에게 도제가 되고 책상에서보다는 세상을 통해 삶에 대해 배우게 될 것입니다. 모든 단계에서 55번째 선물 자유Freedom는 그 자신을 알릴 것입니다. 아이들에게 자유는 놀이입니다. 아이들은 놀이를 통해 자신의 세상을 배웁니다. 따라서 미래의 아이들은 더 이상 이른 나이에 학교로 보내지지 않을 것이며, 진정으로 잘 성장할 수 있도록 공간이 주어질 것입니다.

이 아이들이 자라면서 새로운 시대의 첫 번째 거대한 진동을 세계로 가져올 것입니다. 그러므로 그들이 기존의 사회 구조에 완전히 통합되어 있어야 하는 것이 아주 중요합니다. 그들 중 다수는 교사나 의사, 변호사, 사업가나 기타 일반 전문가가 될 수도 있습니다. 그들은 전체적인 차원에서 삶을 느낄 수 있기 때문에 사회의 모든 수준에서 파급 효과를 창출하는 미묘한 개혁을 도입할 수 있습니다. 그들이 만지는 모든 것이 더 효율적이 될 것입니다. 이들은 자신의 시스템 안에서 전혀 두려움을 갖지 않지만 다른 모든 사람들의 두려움을 느낄 수 있는 사람들일 것입니다. 이런 감정이입의 수준이 그들을 인간관계의 달인이 되게 만들 것입니다. 천천히 그리고 눈에 띄지 않게, 이 아이들과 아이들의 아이들은 우리 지구를 변화시킬 것입니다. 앞서 언급했듯이 높은 의식은 문자 그대로 인류로부터 희생자 의식을 제거할 것입니다.

결론

위의 모든 것은 55번째 유전자 키의 렌즈를 통해 본 64개의 유전자 키에 포함된 원형 코드에 대한 직관적인 탐구입니다. 따라서 구체적인 것보다는 우리의 일반적인 미래 주파수를 담고 있습니다. 가장 중요한 것은 64개의 유전자 키에 대한 전체 작업의 배후에 있는 주파수입니다. 이 주파수들을 완전히 공명하는 사람들과 그렇지 않은 사람들이 있습니다. 이 책은 그런 높은 주파수에 공명하는 사람들을 위한 책입니다. 모든 사람들은 자신의 존재 안에 진리의 측정기를 지니고 있으며, 이것은 서로 다른 사람들 안에서 서로 다른 방식으로 나타납니다. 만일 이 말들 속에서 진리의 숨결을 느꼈다면 당신은 당신 자신의 그림자 속 깊이 잠수해 들어가 그들을 완전히 소유할 준비가

된 사람입니다. 자유에는 대가가 따르고, 그 대가는 투명성입니다. 당신은 당신 안에 있는 모든 부정적인 느낌과 성향을 인정하고 그것을 전적으로 책임져야 합니다. 당신은 비난의 미묘한 화살을 거두어야 하며, 당신의 존재 속에서 두려움의 모든 숨겨진 흔적을 찾아내고 그것을 두려움 없이 품어 안아야 합니다.

일단 당신이 자신과 타인에게 투명하고 진실하게 되면, 미래 인식의 씨앗이 당신 안에 뿌리를 내릴 수 있습니다. 그것이 물리적인 돌연변이로서 당신의 유전자 안에 존재하지 않을지라도, 그 배후에 있는 에너지장에 여전히 공명할 수 있습니다. 더 나아가서 만일 당신이 충분히 개방적이고 겸손하다면, 이 인식은 필연적으로 당신 안에서 깨어날 것입니다. 그리고 당신의 삶을 자유의 하늘로 날아오르는 발사대로 이용할 것이며, 높은 로맨스의 진정한 세계를 위한 기초를 마련할 것입니다.

56th GENE KEY

시디
도취
선물
풍요로움
그림자
산만함

신성한 사치

프로그래밍 파트너 : 60번째 유전자 키
코돈 고리Codon Ring : 시련의 고리
(12, 33, 56)

생리 : 갑상선/부갑상선
아미노산 : 없음
(종결자 코돈)

56번째 그림자
산만함Distraction

세계 가면

64개의 유전자 키를 더 깊이 파고들면, 이 코드들이 서로 다른 다양한 차원에서 어떻게 짜여있는지 알게 될 것입니다. 우리가 살고 있는 우주의 홀로제네틱 반영으로서, 64 유전자 키는 당신의 내면에 있는 우주의 무한한 영역을 여행할 수 있게 합니다. 21개의 코돈고리Codon Rings—몸 안에 있는 다양한 유전적 그룹—는 DNA 구조 내에서 가장 큰 신비 중 하나입니다. 화학적으로, 코돈은 64개의 유전자 트리플렛(triplet, 3전자 결합)을 21개의 주요 아미노산을 체계화하는 그룹으로 통합합니다. 그러나 전형적으로 코돈 고리는 전체적으로 우주에서 나타나는 신비한 대칭을 반영합니다. 이 뒤얽힌 기하구조 내에서 12번째, 33번째, 56번째 유전자 키를 포함하는 시련의 고리Ring of Trials는 진화 자체의 극적인 대본을 보여줍니다. 이 3개의 유전자 키는 어떤 아미노산에도 유전 정보를 지정하지 않으며, 대신에 정지 코돈stop codon으로 알려진 일련의 특정 지시와 관계합니다.

당신 자신의 DNA를 추적하려고 한다면, 당신 존재의 구조를 구성하는 코드화된 정보의 묶음 안에 있는 이 특별한 장소에 가끔씩 오게 될 것입니다. 이 3개의 유전자 키와 41번째 유전자 키(시작 코돈으로 알려짐)는 당신의 내부에서 중요한 유전적 역할을 공유합니다. 그리고 거기에는 생물학자들이 생각하거나 볼 수 있는 지시 사항보다 더 많은 것이 있습니다. 생명체의 구성요소인 DNA는 진화를 계속하기 위해 돌연변이가 생기도록 설계되었습니다. 유전 코드 자체는 모양을 바꾸고 오랜 시간에 걸쳐 상황에 맞춰 기능을 조정합니다. 그리고 유전자 키 또한 기능을 변경합니다. 35번째 유전자 키가 그 한 예입니다. 그것은 비슷한 방식으로 게놈에 홀로 앉아 코돈을 멈추게도 하고 시작도 합니다. 그러나 그것의 특이한 성질을 탐색할 때 발견하게 되겠지만 그것은 매우 독특합니다. 사실 35번째 유전자 키는 훨씬 더 원시적인 진화 단계에서 정지 코돈으로 기능하곤 했습니다. 그러나 DNA의 이런 측면은 진화 과정에서 돌연변이가 발생했으며, 이제는 가장 높은 주파수에서 인간이 유전자를 통해 지름길로 가게 만들어 우리가 일반적으로 기적으로 간주하는 현상이 일어나게 합니다.

시련의 고리Ring of Trials는 또한 그런 가능성에 도움을 줍니다. 즉, 우리는 그것들이 각성되었을 때 그것의 유전자 키가 무엇을 할 수 있는지 알지 못한다는 뜻입니다. 그러나 그림자 주파수에서 당신은 그들이 무엇을 하는지, 그리고 그들이 당신에게 어떻게 영향을 미치는지 정확히 알 수 있습니다. 세 개의 거대한 시련 중 첫 번째인 33번째 그림자는 망각의 패턴을 설정하고 당신의 진정한 보편적 본성을 감춰버립니다. 이 시련은 대아大我의 기억으로 돌아올 때까지 시간과 공간 속에서 많은 윤회를 걸쳐 여행해야 한다는 것을 의미합니다. 56번째 그림자에 의해 내려진 두 번째 시련은 오감을 통해 집중을 방해함으로써 개별성의 환상을 유지하는 것과 관련이 있습니다. 자신에 대해 더 많은 것을 기억할 때, 당신은 외부 세계에 대한 중독의 정도를 깨닫게 될 것이며, 시간이 지남에 따라 당신은 에너지를 내면으로 돌리고 이 강력한 중독을 깨뜨릴 것입니다. 마지막으로, 12번째 그림자 허영심Vanity은 당신의 진화가 끝날 때 찾아옵니다. 그것은 마지막으로 있는 거대한 시련이고 당신이 궁극에 얼마나 깊이 항복하는지를 시험합니다. 이 시련에서 당신은 셀 수 없이 많은 여정 속에서 당신이 획득한 모든 것을 포기해야만 하며, 그렇게 함으로써 당신은 최종적인 초월을 이룰 것입니다.

이 56번째 유전자 키에 대한 더 명확한 배경을 알게 되었으므로, 이제 그것이 전송되는 장에 좀 더 깊이 들어가 이 그림자 테마 산만함Distraction이 얼마나 파괴적인지를 배울 수 있습니다. 이 산만함의 힘을 예를 들면서 시작합시다. 인류의 50퍼센트 이상이 전화를 사용한 적이 없습니다. 그 통계에 담긴 의미가 잠시 동안 당신의 의식 속에 빠져들게 하십시오. 만일 세상의 그렇게 많은 사람들이 아직도 생존 문제에 정신이 분산되어 있다면, 더 운이 좋은 나머지 50퍼센트의 사람들은 전화로 무엇을 하고 있습니까? 대답은—'거의 없다'입니다. 그들은 대출, 전화, 레스토랑, 텔레비전, 정치, 전산화 및 당신이 상상할 수 있는 다른 모든 것 등 삶의 세세한 일로 인해 너무도 산만해져 있습니다. 산만함은 진화에 크게 방해가 되지만 결국에는 당신이 겪고 있는 불행의 진정한 의미를 이해하도록 이끌어 줍니다. 현대 사회에서 우리는 우리가 정말로 누구인지를 알아보지 못하도록 정신을 분산시키는 데에 거의 필사적인 것처럼 보입니다. 그와 동시에 우리는 지금 우리를 산만하게 만드는 것들을 너무도 많이 갖고 있어 우리의 중독 정도를 점점 더 깨닫고 있는 중입니다.

56번째 그림자의 반응 특성은 과도한 자극이라는 것을 아래에서 보게 될 것입니다.—이것이 산만함의 본질입니다. 곧 감각을 통해 과도한 자극을 받으면 자신의 불편을 느끼지 않아도 되는 것입니다. 과도한 자극 또는 과소한 자극은 당신의 감각을 무디게 만듭니다. 산만함의 그림자는 온 세상에 가면을 씌워 당신이 삶의 진정한 모습을 보지 못하게 방해합니다. 우리가 끊임없이 중심을 떠나 오감을 통해 여행할 때, 우리는 물질적인 삶의 희생자가 됩니다. 64개의 그림자 중에서 당신 자신의 생각을 희생하게 만드는 많은 그림자들과는 달리 56번째 그림자는 당신이 다른 사람의 생각에, 즉 환경의 조건화에 희생자가 될 수 있다는 것을 확인시켜 줍니다. 정부, 텔레비전, 언론을 통해서, 또는 단순히 당신의 종교, 문화, 교사, 부모 또는 동료의 믿음 체계를 통해서 세상은 끊임없이 당신이 어떻게 생각해야 하는지를 말해줍니다. 다른 사람들의 믿음 체계에 휩싸이면서 실제의 꿈과 이상에서 쉽게 산만해지는 것은 놀라운 일이 아닙니다.

산만함은 두 가지 방법 중 하나로 작동합니다. 산만함의 가장 일반적인 유형은 외적인 산만함입니다. 다른 말로하면, 감각 바깥의 세상은 감정의 내면세계와 상위 영역의 실재에 집중하지 못하게 만듭니다. 이런 측면에서 우리는 우리에게 일어난 일에 대해서 우리의 주변 환경이 우리 내면의 상태를 반영한다는 것을 깨닫는 것이 아니라 외면 세계와 그 안에 있는 사람들을 비난하는 경향이 있습니다. 잘 알려진 뉴 에이지의 대명사 "당신이 당신 자신의 현실을 창조한다"는 사실 반쪽에 불과합니다. 당신은 당신 삶의 실제 사건을 만들어 내지는 못하지만, 당신의 태도를 통해 그들의 행동에 영향을 미칩니다. 당신 주위에 있는 사람들을 비난할 때, 당신은 당신 자신의 삶에서 계속해서 반복되는 희생자 주파수 패턴을 만듭니다. 반면에, 만일 당신에게 일어나는 모든 것을 당신이 그것을 즐기든 그렇지 않든 관계없이 받아들일 수 있다면, 당신은 삶 속에서 큰 유연함과 아름다움으로 움직일 수 있는 항복 주파수 패턴을 만드는 것이며, 당신의 삶은 그것을 반영하게 됩니다.

덜 일반적인 형태의 산만함은 내적인 산만함입니다. 내적인 산만함은 당신이 내면에 너무도 집중하여 바깥세상을 잊을 때입니다.—물질세계에서 진정한 닻을 내리지 않고 자신이 만들어낸 환상의 세계에 사는 것입니다. 이런 의미에서 당신은 렌즈를 통해 모든 것이 당신이 만든 환상의 기준에 맞는지 바라봅니다. 당신은 보고 싶은 것을 보며, 진실은 보지 않습니다. 바로 이것이 56번째 유전자 키의 프로그래밍 파트너인 60번째 그림자 한계Limitation의 힘을 볼 수 있는 곳입니다. 60번째 유전자 키는 구조와 형식의 중요성에 관한 것이며, 일부 사람들에게는 이것이 자신들의 환상을 통해서 볼 때 산만한 것으로 보일 수 있습니다. 60번째 유전자 키의 선물은 현실주의Realism입니다. 그것은 즉, 투사된 정신적 덮개 없이 현재의 순간을 있는 그대로 받아들여야만 한다는 것을 의미합니다. 실제로 일어나고 있는 일에 집중하지 못하고 산만할 때, 당신은 현재 순간에 일어나고 있는 사건의 결과물을 심하게 제한하게 됩니다.

60번째 그림자 한계Limitation가 산만해지려고 하는 인간의 욕구를 어떻게 충족시키는지 보는 것은 쉬운 일입니다. 당신이 제한되어 있다고 느낄 때마다 그것은 당신의 마음이 당신을 가두어 놓았다는 것을 의미합니다. 그것을 마주하고 받아들임으로써 이 불편함에서 벗어나는 대신에, 당신은 가능하면 빨리 그 느낌으로부터 벗어나려는 경향이 있습니다.—그것은 냉장고를 열거나 TV를 켜거나 전화를 받는 일일 수도 있습니다. 세상의 가면은 우리 주위에서 뿐만 아니라 우리 내면에서 계속 진행되고 있는 드라마들에 빠져들어 정신없이 바쁘고 산만하게 만들고 있습니다. 그리고 어쩌면 가장 슬픈 것은 세상의 가면이 우리를 계속 빈곤하게 만든다는 것입니다.—왜냐하면 우리를 단지 무기력한 상태에 머물게만 하는 어떤 것에 의해서 정신이 산만해질 때, 우리는 정말로 빈곤해지기 때문입니다.

억압적 본성 – 시무룩한Sullen

56번째 그림자의 억압적인 방식은 시무룩함입니다. 시무룩하다는 것은 자극이 모자란 상태라는 뜻입니다. 그것은 우리 정신이 일종의 무감각으로 무너지는 것입니다. 이 상태는 종종 십대들과 관련이 있습니다. 이들은 종종 이런 식으로 오랫동안 시무룩해 있곤 합니다. 어린 절에 어려움을 겪은 많은 성인들 역시 자신들이 이런 죽은 공간의 희생자가 되는 것을 발견합니다. 그것은 내분비계통과 신경계통의 패턴으로 확고해집니다. 이것이 시간이 지남에 따라 육체가 화학을 통해 감정적 패턴을 나타내는 방식입니다. 56번째 그림자를 지닌 성인의 경우, 이 억압적인 면은 종종 사람들이 자신들의 진정한 열망을 잃어버리고 평범한 삶의 지루함에 노예가 되는 레밍 신드롬(Lemming syndrome, 자신의 생각 없이 남들이 하는 행태를 무작정 따라하는 집단행동 현상)증으로 나타날 수 있습니다. 그런 그림자가 이 사람들의 눈에 비춰지는 것은 쉽게 볼 수 있는 일입니다.—그들은 활기가 없고 모든 기쁨이 다 빠져버린 것처럼 보입니다.

반응적 본성 – 과도하게 자극받은Overstimulated

56번째 그림자의 반응적인 면은 과도한 자극입니다. 이것은 모든 단계에서 움직임을 유지하려는 끊임없는 욕구로 나타납니다. 이 그림자 안에는 책을 읽는 일부터 텔레비전을 시청하는 일, 여행을 상상하는 일에 이르기까지 눈을 만족시키고 눈을 자극하는 것에 특별한 욕구가 있습니다. 이 사람들은 완전히 내적인 삶을 살 수 있습니다. 겉으로는 완벽하게 정상으로 보일지 모르지만 안에서는 온갖 종류의 환상을 품고 있습니다. 반면에, 이 사람들은 내적인 세계를 모두 부인하면서 바깥세계에만 초점을 맞추는 삶을 영위할 수도 있습니다. 56번째 그림자는 우리가 누구인지, 현재 우리가 어떻게 느끼고 있는지 그 현실을 느끼지 않으려 하는 모든 행동 패턴에 반영됩니다. 우리는 계속 움직이거나 관계를 바꾸거나 새로운 경험을 시도합니다. 우리는 단지 어떻게 멈출지 모르고 있을 뿐입니다.

56번째 선물

풍요로움Enrichment

안으로 돌아오기

64개의 유전자 키의 모든 선물과 마찬가지로 풍요로움Enrichment은 당신을 그림자로부터 더 높은 주파수의 빛으로 끌어냅니다. 풍요로움은 삶의 모든 것입니다. 산만함(Distraction, 기분전환)은 괜찮은 것이지만 우리를 풍요롭게 할 때만 그렇습니다. 56번째 선물을 나타내는 사람들은 인간의 영혼에 양분을 주는 것과 그렇지 못한 것의 차이를 배웠습니다. 이것은 그들이 더 이상 산만함의 희생자가 아니며 자기 수련의 기술을 배웠음을 의미합니다. 만일 당신이 이 글을 읽고 자신이 산만함의 희생자가 아니라고 생각한다면 매우 간단한 리트머스 테스트가 있습니다. 당신은 삶에서 '노'라고 말할 수 없는 것이 있습니까? 만일 그런 것이 있다면, 그것이 무엇이든지 상관없이 당신은 어느 정도 희생자 수준에 있는 것입니다. 56번째 선물은 절제하는 것과 관련이 없으며, 오감을 통해 삶 속에 들어가면서 삶을 분배할 수 있는 능력에 관한 것임을 기억하십시오.

풍요로움의 선물은 단순히 의지력을 갖는 것에 관한 것이 아닙니다. 풍요로움은 즐거움이나 오락과는 다릅니다. 예를 들어 당신이 어떤 초콜릿 케이크를 정말로 즐겨 먹는다는 것을 알지만, 어떤 특별한 경우에는 그것이 당신의 영혼을 풍요롭게 만들지 않을 것이라고 결론을 내릴 수도 있습니다. 다른 날에는 그 똑같은 케이크가 당신의 영혼을 풍요롭게 할 수도 있습니다. 요점은 당신이 감각의 희생자가 아니라는 것입니다. 56번째 선물은 선과 악, 방탕과 책임 사이에서 미세한 균형을 잡는 것입니다. 이 선물을 가진 사람들은 절제에도 중독되지 않으며 지나치게 탐닉하는 것에도 중독되지 않습니다. 그들은 무엇보다도 삶을 최대한 활용하는 방법을 알고 있을 뿐입니다.

이 56번째 선물은 정원 가꾸기의 즐거움을 맛보고 아무것도 아닌 일에 멈칫거리기를 좋아합니다. 그것은 당신을 불쾌한 장소와 관계로 이끌 수도 있습니다. 그러나 56번째 선물에는 연금술적인 풍미가 있습니다. 연금술은 우리가 악이라고 부르는 것을 초월의 수단으로 사용하는 방법을 아는 것입니다. 악마는 56번째 선물이 알고 있는 것처럼 낮은 주파수에 존재하는 에너지의 배열 형태일 뿐입니다. 그 똑같은 에너지가 더 높은 주파수에서는 전체에 도움이 되는 엄청난 잠재력을 가지고 있습니다. 그러므로 56번째 선물은 기쁨과 목적으로 에너지를 변환하는 방법을 알고 있기 때문에 모든 형태의 낮은 주파수를 취합니다. 이 56번째 유전자 키가 홀로제네틱 프로파일에서 두드러진 위치에 있다면, 당신은 다른 사람들에게 그들의 문제가 실제로 얼마나 훌륭한 기회인지를 보여줄 수 있는 아주 드문 재능이 있습니다. 이 유전자 키에는 엄청난 밝음과 유머가 있습니다.

56번째 선물은 커다란 진실을 알고 있습니다.—진정한 즐거움은 바깥보다는 당신의 존재의 내부에 뿌리를 두고 있다는 것입니다. 당신이 이 진리를 구현하기 시작할 때, 당신의 인식은 자연스럽게 안쪽으로 방향을 바꿉니다. 바깥세계에서 산만함이 되었던 똑같은 에너지가 당신 자신의 원천을 향해 안으로 향하게 됩니다. 그렇게 되면 내면의 변형을 일으키게 됩니다. 어느 정도 시간이 흐르면 56번째 선물은 실제로 명상하는 법을 당신에게 훈련시킵니다. 외형상으로는 명상을 하지 않을 수도 있지만, 감각적 욕구가 있는 그대로 보이는, 즉 환상이 성취하려는 모습이 보이는 명상 상태로 들어선 것입니다. 이것은 당신이 어떤 종류의 탁발승이나 수도자가 된다는 뜻이 아닙니다. 그것은 바깥세상에서 성취를 추구하는 중독을 깨뜨린다는 뜻입니다. 이런 일이 발생할 때, 감각을 통해 살아온 삶은 고도로 정제됩니다. 당신은 심지어 신체적, 정서적, 정신적 세계 너머에 있는 미묘체의 더 높은 속성인 초감각을 개발하기 시작합니다.

이 선물을 가진 사람들의 훌륭한 성격적 특성 중 하나는 그들이 삶에서 배운 것을 통해 다른 사람들을 풍성하게 한다는 것입니다. 필요할 때 자신을 훈련시키는 능력은 당신의 존재를 다른 사람들에게 잠재적인 롤 모델로 보이게 합니다. 만일 당신이 자신을 사랑할 힘이 있다면, 다른 사람들은 자동적으로 당신에게 끌려옵니다. 근본적으로 56번째 선물은 균형에 관한 것입니다. 만일 당신이 이 선물을 가지고 있다면, 당신은 언제나 즐거움과 심각함의 균형을 맞출 수 있습니다. 당신은 그들과 함께 최고의 파티를 할 수 있지만 차이점은 당신이 언제 멈출지를 정확히 안다는 것입니다. 이것은 우리 각자 안에 있는 정지 코돈stop codon의 힘입니다. 그것은 우리의 에너지가 새나가는 곳을 막는 봉인처럼 행동합니다. 사실, 고대 중국의 비전에서 오감은 5명의 도둑으로 비유되었습니다. 그들은 우리의 생명력이나 기가 몸에서 빠져 나가는 곳으로 이해되었습니다. 감각을 통해 자신을 잊어버리는 인간의 경향을 막는 법을 배울 때, 당신은 내면의 불이 당신 안에서 타오르는 것을 경험합니다.

풍요로움은 골수에서 생명을 빨아 먹는 것을 의미합니다. 56번째 선물은 감각과 관능과 활력의 선물입니다. 즉, 다른 사람들이 따분하게 여기는 곳에서 경이로움을 발견하고 다른 사람이 추함을 보는 곳에서 아름다움을 발견하는 것을 의미합니다. 그것은 감사에 관한 것입니다.—매순간마다 당신이 더 감사하면 할수록, 당신 안에 살아 있는 순간이 더 많이 찾아옵니다. 무엇보다도 56번째 선물의 가장 큰 잠재적 천재성은 의사소통에 있습니다. 그것은 다른 사람들을 즐겁게 하고 다른 사람들의 주의를 돌릴 수 있습니다. 낮은 주파수 범위에서 이 유전자 키는 광고나 정치적 해석에서 발견될 수 있으며 더 높은 주파수에서는 코미디언, 연예인 또는 영감을 주는 연사에게서 볼 수 있습니다. 더 높은 주파수대역에서, 그것은 스토리텔링이나 신화 만들기의 위대하고 오래된 예술입니다.—그것은 자신의 마음을 건들고 열어준 개인적인 경험을 공유하는 것입니다. 이런 높은 수준에서, 이 56번째 선물 풍요로움은 사랑의 선물입니다. 다른 사람들의 삶을 풍부하게 하면 할수록 이 선물은 당신의 가슴을 통해 더 많이 부어 주기 때문입니다.

56번째 시디

도취Intoxication

신성한 엔터테인먼트 비즈니스

56번째 시디는 실제로 아주 재미있습니다. 이것은 산만함과 반대되는 예술입니다. 이 시디를 나타내는 사람들은 오직 신성에 의해서만, 오직 행복감을 주는 것에 의해서만, 오직 가장 빛나는 흐름과 발산에 의해서만 산만해지도록 스스로를 단련한 사람들입니다. 이것은 도취Intoxication의 시디입니다. 이 단어의 근원은 독소toxic/toxin라는 단어에서 파생되었습니다. 그것은 거슬러 올라가면 화살을 뜻하는 그리스어에서 나왔습니다. 궁극적인 독소는 사랑입니다. 그리고 이것은 큐피드의 신화와 사랑의 화살이 나오는 곳입니다. 이 시디에 푹 빠져 있는 사람들은 풍요로움의 선물을 최고의 정점까지 취한 사람들입니다.—그들은 계속해서 사랑의 화살을 맞도록 자신을 열어놓았습니다. 이런 의식 수준의 아이러니는 풍요로움이 수련을 필요로 하는 데에 반해, 도취는 그것을 유지하기 위해 아무런 수련도 필요로 하지 않는다는 것입니다! 시디는 의식에서 커다란 돌파구가 일어난 다음에야 나타납니다. 어떤 의미에서는 보상입니다. 도취의 시디가 주는 보상은 영구적인 산만함의 상태—순수한 사랑의 산만함—에서 당신 자신을 발견하는 것입니다!

신화적으로 말하자면, 56번째 시디는 많은 전형적 평행선을 가지고 있습니다. 우리 인간의 모든 신들은 64개의 유전자 키에서 나왔습니다. 이 56번째 유전자 키에서 모든 위대한 쾌락주의 신들이 나옵니다.—몇 가지 예가 그리스 판테온Pantheon에서 나온 디오니시우스Dionysus, 바커스Bacchus, 팬Pan 등입니다. 56번째 시디는 어떤 일이든 기쁨과 시련과 깊이 모두를 알고 있습니다. 그러나 그것은 물질적인 탐닉에 관한 것이 아니라 신성한 탐닉에 관한 것입니다! 56번째 시디는 인류가 풍요로움을 경험하기를 원합니다. 따라서 그것은 종종 영성과 물질적 타락의 통합을 만들어 냅니다. 순수한 56번째 시디에게 있어서 타락은 더 높은 차원에서 유사한 도취를 유발시키는 데에 물질적 차원에서 단 한 모금만의 와인만을 요구합니다. 56번째 시디를 가진 사람들은 물질적인 즐거움을 즐기는 것에 멈추지 않습니다. -그들은 동종요법으로 흥청거리며 놉니다! 이 때문에, 56번째 시디는 거룩함이나 영성의 일반적인 감각과는 맞지 않습니다. 그것은 결국 신성하게 된다는 것이 감각적인 즐거움을 포기한다는 뜻이 아니라는 것을 인류에게 가르쳐줄 것입니다. 그것은 어떤 식으로든 무엇을 요구하지 않으며, 따라서 진정으로 삶의 모든 측면을 누릴 수 있는 것입니다.

56번째 시디는 매우 전염성이 있는 시디입니다. 컴퓨터를 보거나 텔레비전을 보거나 마약을 먹거나 술을 마시는 것처럼 그림자 주파수의 산만함이 전염성이 있는 것과 마찬가지로 시디의 최고 수준 또한 똑같이 전염성이 있고 중독성이 있습니다. 이것은 사랑의 가장 높은 주파수에 중독되는 것입니다. 바깥세상에서 큐피드의 악명 높은 화살을 쫓고 있는 사랑의 낮은 주파수 표현과는 달리, 56번째 시디는 독소 자체의 원천, 즉 자기 자신의 넘치는 가슴을 발견합니다. 도취는 자신의 사랑에 통째로 먹히는 것입니다. 그런 도취감을 나타내는 사람들은 다른 사람들을 자기 파괴적인 패턴으로부터 멀어지게 하고 사랑을 통해 더 높은 주파수로 올려주는 재능을 가지고 있습니다. 이 시디는 산만함의 그림자에 깊이 뿌리를 두고 있기 때문에, 이 사람들은 또한 인간을 지배하는 법을 빈틈없이 이해하고 있습니다. 풍요로움의 선물을 통과한 사람들은 사람들이 넘치는 것을 더 좋아한다는 것을 알고 있습니다. 그들은 당신과 이야기하는 법을 알고 있으며 사랑과 유머로 당신을 감염시키는 법을 알고 있습니다. 높은 차원에 취한 사람처럼, 이 사람들은 단순히 자신들만의 사랑의 오라 속에서 한껏 즐기며, 그래서 저항할 수 없게 되는 것입니다. 그들은 가는 길에 만나는 누구에게나 무엇에게나 자신의 행운을 나누는 것 이외에는 아무런 의제가 없습니다.

64개의 시디는 대부분의 사람들이 거룩하고 신성하다고 묘사하는 속성의 백과사전입니다. 56번째 시디는 우리가 미친 것이나 취한 것으로 보는 것에 가장 가깝습니다. 이들의 개화는 연속성의 감각을 너무도 놀라울 정도로 지워버렸기 때문에 사람들이 웃음을 터뜨리지 않게 하는 것은 막대한 에너지가 소비됩니다. 그들은 삶으로 넘쳐흐릅니다. -그들은 당신의 영혼을 간질이고 자극합니다. 그들은 어떤 형태의 논리로도 이해되거나 담을 수 없습니다. 이들은 가끔씩 형태의 세계 속으로 비틀거리며 나오는 신성한 주정뱅이입니다. 그런 사람들은 삶이 사랑과 아름다움과 즐거움을 위한 것이라는 원천을 상기시켜주는 사람들입니다. 삶은 바보가 하는 게임이며, 우리 각자는 우리 자신의 어리석음을 보고 그것을 웃음과 인정으로 품어 안아야 합니다.

56번째 시디는 직접 가슴을 통해 흘러갑니다. 이것은 엔터테인먼트와 웃음의 최고 예술입니다. 그것은 위대한 시적인 시디 중의 하나입니다. 이 56번째 시디는 우리가 이해하는 의미에서의 규율과는 아무 관련이 없습니다. 이 상태를 드러내는 드문 존재들은 그들 스스로가 법칙입니다. 당신은 당신의 마음으로 그들을 이해할 수 없습니다. 그러나 그들과 함께 앉아서 그들과 함께 웃게 되면 그들의 절묘한 주파수에 취할지도 모릅니다. 그들은 완벽하게 숙성된 포도주와 같으며 그들의 유일한 소망은 가슴 속에서 끝없이 흘러나오는 사랑을 계속 마시는 것입니다. 이 시디에 취한 사람은 존재에 대한 놀라운 사실, 즉 존재에는 아무런 목적이 없다는 것을 깨달았습니다. 그들의 믿음과 탐색은 모두 끝났습니다. 이제 남아 있는 상태는 놀라움이나 기쁨 둘 중의 하나입니다. 이 사람들에게 삶은 그저 오락일 뿐입니다. 왜냐하면 배우거나 행하거나 성취할 것이 더 이상 없기 때문입니다. 도취가 더 높은 차원에서 터져 나올 때, 모든 배움은 경이로 바뀝니다. 당신은 계속해서 삶의 기쁨을 빨아들이지만 배움은 더 이상 없습니다. 왜냐하면 배움은 진화를 의미하며, 이 시디는 진화의 게임을 종식시키기 때문입니다.

이것은 주역의 코딩 순서에서 55번째 시디 뒤에 나오기 때문에 55번째 유전자 키에서 설명한 것처럼 56번째 시디는 인류가 집단적 각성을 경험한 후 어디로 나아가야 할 것인지 약간의 단서를 제공합니다. 본질적으로 인류는 엔터테인먼트 비즈니스로 움직입니다. 일단 우리가 성취를 이루게 되면 우리는 존재에 의해 즐거움을 선사받는 관객 이외의 다른 역할이 없습니다. 진정한 오락은 웃음, 영감, 경외, 그리고 궁극적으로는 도취를 포함합니다. 이 시디의 프로그래밍 파트너인 60번째 시디 정의Justice는 56번째와 같은 시기에 각성하기 시작할 것입니다. 그렇게 되면 세상은 자신의 불균형을 시정하기 시작할 것입니다. 우리가 오랫동안 당연한 것으로 생각해왔던 규범은 무너지기 시작할 것입니다. 경제, 법과 지배의 체제와 제도, 그리고 현대 세계를 만들어낸 죽음에 대한 두려움, 이 모든 것들이 부서지고 부패하기 시작할 것입니다. 오래된 시스템에 균열이 생길 때, 더 높은 주파수대의 사람들은(그리고 그들의 숫자는 매일 매일 늘어날 것입니다.) 인류의 집단 태양신경총을 통해 엄청난 사랑과 도취를 풀어낼 것입니다.

탈무드로 알려진 고대 유대인의 성스러운 책에 기이하고 신비한 예언이 있습니다.

"그리고 앞으로 오게 되는 때에, 거룩하신 분은 의인에게 레비아단(leviathan, 성서에 나오는 바다 속 괴물)의 살로 잔치를 베푸실 것이며, 그 가죽은 연회가 열리는 장막을 덮는 데 사용될 것이다."[25]

이 예언은 인류의 중심에 있는 공동지배Synarchy의 깨어남에 관한 것입니다. 의인은 더 높은 가슴의 주파수를 나타냅니다. 그림자 의식의 독소에서 벗어나 내면에서 변형이 일어난 사람들은 더 높은 의식의 비밀을 풀 것입니다. 이것이 레비아단의 살을 먹는 것입니다. 그리스도 의식은 낮은 주파

25 The Talmud, Baba Bathra, 74b.

수를 자신 안으로 받아들여 그것을 다시 빛으로 변환시켜야 합니다. 마지막은 큰 잔치 또는 연회로 묘사되며, 그곳에서 레비아단의 가죽은 축하 행사가 진행되는 텐트로 사용됩니다. 이 경이롭고 신비한 비유는 인류가 더 높은 본성을 알 수 없도록 방해하는 마야 또는 환상이 깨짐을 나타냅니다. 이것이 가죽입니다.—그것은 우리에게서 진리를 숨기는 우리의 정신적 인식입니다. 더 나아가서 우리는 그 가죽을 축하의 수단으로 사용할 것입니다. 이것이 바로 정확히 시디가 하는 일입니다. 그것은 더 이상 정신적 구조로 받아들여지지 않기 때문에, 마음과 그 창조의 경이로움으로 취하게 됩니다.

만일 당신이 이 56번째 시디를 자신의 홀로제네틱 프로파일에 갖고 있는 사람을 안다면, 그들의 행동 뒤에 깊이 숨겨진 이 가장 높은 수준을 보는 연습을 하십시오. 이 사람 안에는 누구도 상상할 수 없는 어마어마한 사랑이 숨겨 있습니다. 이 시디를 당신의 홀로제네틱 프로파일에 가지고 있다면, 당신의 삶은 세상의 고통을 통해 사랑을 당신에게 가르치기로 되어 있습니다. 당신은 절대로 고통을 무서워하여 피해서는 안 됩니다. 왜냐하면 고통은 당신이 도취되기 위해 여기에서 사용하는 독소이기 때문입니다. 삶의 화살이 당신을 계속 관통하도록 허용할 때, 당신은 결국 완전히 패배한 당신을 발견하고는 웃기 시작할 것입니다. 당신은 삶을 끌고 가려는 노력을 멈추고 항복할 것입니다. 이런 일이 일어나는 영광스러운 순간에 당신의 의식 전체는 수평에서 수직으로 바뀔 것입니다. 이 수준에서 당신은 삶 속의 모든 것이 풍요로워질 수 있음을 알게 될 것입니다. 그것은 모두 태도의 문제입니다.

"그것이 당신을 그 자신에게로 끌어올 때, 당신의 고통은 어떤 즐거움이 되겠습니까? 그 불은 물과 같으니 얼굴을 긴장시키지 마십시오. 영혼 속에 존재하는 것이 그의 일입니다. 복잡한 기술로 당신의 서약을 깨뜨리기 위해 이 원자들은 가슴 속에서 떨고 있습니다."
— 루미Rumi[26]

26 Rumi, Jelaluddin; Helminski, Kabir Edmund, translator(2005). The Rumi Collection. Shambhala.

시디
명확함
선물
직관
그림자
불안함

부드러운 바람

프로그래밍 파트너 : 51번째 유전자 키
코돈 고리Codon Ring : 물질의 고리
(18, 46, 48, 57)

생리 : 두개골 진경절
(배)
아미노산 : 알라닌

57번째 그림자
불안함Unease

두려움 밴드 주파수

57번째 유전자 키의 관점에서 말하면, 삶의 모든 것들은 음향입니다. 빛조차도 음의 신호로 축소될 수 있습니다. 그럼에도 불구하고 우리 인간이 접근할 수 있는 음의 스펙트럼은 실제로 매우 좁습니다. 대부분의 민감한 포유동물은 우리의 능력을 훨씬 뛰어 넘는 소리를 들을 수 있습니다. 예를 들어 개들은 아주 높은 소리를 들을 수 있고 고래나 코끼리와 같은 동물들은 우리의 스펙트럼보다 훨씬 낮은 소리의 주파수를 들을 수 있습니다. 곤충과 같은 다른 생물체는 몸 전체 또는 다리를 통해 소리를 순순한 진동으로 해석합니다. 물론 소리는 정확히 진동 입니다. 64개의 유전자 키에 대한 이 전체 작업은 우리를 통과하고 우리 주위에 있는 우주의 서로 다른 주파수 그림을 그리는 인간의 시도입니다. 우리가 곧 보게 되겠지만 가장 높은 수준에서 우리 인간은 아주 간단하게 말해서 번갈아 깜박거리는 음파의 층으로 이루어져 있습니다.

64개의 그림자는 두려움에 지배되는 모든 의식 상태입니다. 두려움이라는 단어를 사용할 때 우리가 의미하는 바를 보다 정확하게 이해하기 위해서는 그것을 특정 범위의 주파수로 축소시키는 것이 도움이 될 수 있습니다. 두려움에 기초한 상태가 특정 파장대역에 떨어지면 우리는 우리 자신의 주파수를 조정하고 이 두려움 대역을 뛰어 넘는 것이 얼마나 쉬운지 알 수 있습니다. 이것은 실제로 쉽게 들립니다. 그러나 무엇보다 우리가 기억해야 할 것이 하나 있습니다. 인류는 두려움 대역 주파수 내에서 집단적으로 진동한다는 것입니다. 그러므로 우리는 인간으로서 각각 이 같은 주파수 내에서 공명해야 한다는 엄청난 압력을 받고 있습니다. 모든 인간은 소리굽쇠와 같습니다. 만일 우리가 강력한 오디오 출력 소스 옆에 놓이게 되면, 오래지 않아 우리는 그 오디오의 출력과 동일한 파장에 따라 자동적으로 진동하기 시작합니다. 지구상에서 이 과정은 우리의 어린 시절의 조건화를 통해 반드시 일어나게 되어 있습니다. 두려움에 근거한 표준적인 인간의 출력 소스는 57번째 그림자 불안함Unease으로 알려져 있습니다.

주역에서 57번째 헥사그램에 대한 고대의 상징은 바람입니다. 하나의 상징으로서 바람에는 많은 차원이 있습니다. 그것은 또한 영혼이 충만함을 상징하는 것이기도 합니다. 왜냐하면 그것은 보이지 않게 세상을 돌아다니며 모든 사람을 건드리기 때문입니다. 그림자 의식에서 볼 때, 바람은 어디로 가든 모든 것을 뿌리째 흔들고 파괴하는 잔인하고 심지어 무서운 것일 수 있습니다. 바람이 불 때, 그것은 종종 불안한 느낌을 전달합니다. 이 57번째 그림자는 매우 깊고 오래된 두려움 무엇이 올지 모를 것에 대한 두려움, 바람에 무엇이 있는지 모르는 것에 대한 두려움을 나타냅니다. 인간은 미래를 두려워하도록 유전적으로 프로그램되어 있습니다. 이것은 이 57번째 그림자를 통해 DNA에 심어져 있습니다. 초기 선사 시대의 인간은 주파수에 대한 개별적인 조율을 통해 거의 전적으로 기능했습니다. 그들의 직감이 바람 속에서 어떤 위험한 것을 감지하면 본능은 즉각적으로 달리거나 몸을 숨기거나 무기를 손에 쥐는 등 몸을 움직이게 만들었습니다.

오늘날 현대인은 다른 방향으로 발전해왔습니다. 우리는 이제 우리 몸에서보다 두뇌에서 훨씬 양극화되어 있으며 대부분의 사람들은 직관보다는 이성을 통해 결정을 내립니다. 이 발전이 57번째 그림자 불안Unease을 변화시켰습니다. 불안은 더 이상 두려움을 생존에 필요한 순간에만 국한된 조기 경보 시스템으로 기능하지 않습니다. 이제 마음이 불안을 번역합니다. 그것은 계속 지속되고 걱정으로 나타납니다. 더욱이, 이 때문에 불안은 모든 인간을 하나로 연결하는 보편적인 형태 발생론적 영역을 통해 더 향상됩니다. 마음은 본능보다 강해졌으며 바깥에 안전장치를 만듦으로써 불안감을 종식시키려 합니다. 그래서 현대 문화의 극심한 생존경쟁이 탄생했습니다. 사람들이 마음 중심적이 되면 될수록 사람들은 자신을 위해 더 많은 안전장치를 만들고 편집증에 더 많이 빠지게 됩니다. 안전장치와 방어는 그것이 완전한 환상임에도 불구하고 전 지구적인 강박관념이 되었습니다. 삶은 항상 그랬듯이 불확실하며 심지어는 가장 부유하고 가장 보호받는 인간에게도 불안은 여전히 남아 있습니다.

오늘날 인류는 두려움의 시청각 잔치 속에 살고 있습니다. 그림자 주파수는 우리가 도망칠 수 없는 커다란 압력처럼 우리 마음을 향해 돌진합니다. 우리는 진화의 시계를 되돌릴 수도 없습니다. 뇌는 이미 발달되어 있으며 우리의 마음에는 아주 강력한 진동이 있어 그것을 멈추게 할 방법이 없습니다. 우리는 전 지구적인 두려움의 거미줄에 잡혀 있습니다. 그것은 너무도 커서 우리의 두려움은 집단적이 되었고 우리는 우리 종의 미래를 두려워합니다. 두려움에 대한 현대의 상징은 돈입니다. 큰 부를 축적한 사람들을 제외하고, 대다수의 인간은 미래에 대한 두려움을 돈에 투사합니다. 아이러니하게도 돈을 아주 많이 갖고 있는 사람들은 돈이 두려움을 없애 주지 않는다는 것을 발견했습니다. 두려움은 단지 다른 곳으로 자리를 옮길 뿐입니다. 이 모든 두려움과 걱정은 인간을 머리에 고정되게 만듭니다. 그런데 그곳은 도망가기가 매우 어려운 곳입니다. 어떤 형태의 생각도 두려움을 없앨 수 없습니다. 왜냐하면 두려움은 바로 그 생각 때문에 존재하기 때문입니다.

우리의 초기 조상들은 최근에 발전된 신피질이 없는 상태로 우리가 더 이상 쉽게 상상할 수 없는 현실 속에서 순간순간을 살았습니다. 비록 우리 몸을 포함하여 모든 삶이 절대적인 현재 속에서 살고 있다고 하더라도 우리의 마음은 우리가 현재 속에서 삶을 경험하도록 절대로 허용하지 않습니다. 각 개인의 마음속에 있는 정신적인 극한의 생존경쟁이 오늘날 우리 주변에 보이는 세계를 형성했습니다. 이런 맥락에서 두려움은 매우 창조적인 힘이지만 하나의 종으로서의 우리가 특정 주파수대역 이상으로 올라가지 못하게 방해합니다. 우리는 이런 비교적 낮은 주파수대역에서 가능한 한 멀리까지 왔습니다. 우리가 이 상태에 훨씬 더 오래 머무르게 된다면, 우리는 실제로 우리를 가장 두려워하게 하는 바로 그 자기 파괴의 단계에 들어설 것입니다. 한 가지 확실한 점은 마음은 개별적으로나 집단적으로 우리의 현재 상황에서 벗어나는 방법을 찾아낼 수 없다는 것입니다. 그러나 좋은 소식은 우리 인간은 질병에 걸린 것이 아니라 단순히 진화의 특정 발달 단계를 통과하고 있다는 것입니다.

프로그래밍 파트너인 51번째 동요Agitation의 그림자와 결합되고 강화된 57번째 그림자는 우리가 단순히 이 세상에서 편안함을 느낄 수 없게 만듭니다. 이것은 인체에서 간섭과 질병을 일으키는 커다란 그림자 쌍 중 하나입니다. 모든 육체적인 질병은 두려움의 주파수에 뿌리를 두고 있습니다. 인류가 현재의 단계를 넘어서 진화함에 따라 결국 인류는 모든 두려움을 뛰어 넘을 것이고, 결과적으로는 질병의 종말을 초래할 것입니다.

흥미롭게도 57번째 그림자는 임신 기간 동안 엄마의 자궁에서 태아로 형성될 때 당신의 삶을 가장 강력하게 조절합니다. 두려움의 진동은 실제로 수태하는 시점에 당신 안으로 들어갑니다. 그런 다음 부모의 오라장, 특히 어머니의 오라장에 의해 더욱 강화됩니다. 이 9개월 동안, 출생에서 21세까지 주요 발달주기의 본질이 당신의 DNA에 강하게 심어집니다. 18번째, 46번째, 48번째 및

57번째 유전자 키를 포함하는 물질의 고리Ring of Matter로 알려진 화학 계열을 연구하고 묵상하면 이 사실을 더 깊이 이해할 수 있습니다. 선물 수준에서 배우게 되겠지만, 57번째 유전자 키는 우리 종이 두려움을 뛰어 넘어 더 높은 주파수로 변형하는 데에 아주 중요한 역할을 합니다.

이 유전자 키를 통해 우리는 모든 두려움이 인간의 마음에 의해 만들어진 불안으로 크게 악화된다는 것을 알 수 있습니다. 51번째와 57번째 그림자는 우리가 미래에 대해 계속 걱정하게 하며, 우리는 우리를 끝없는 정신적 순환 고리 속에 머물게 하는 좁은 주파수대역에 맞춰진 채로 있게 됩니다. 다행히도 이 순환 고리에서 빠져나갈 수 있는 방법이 있습니다. 두려움이 우리를 훨씬 덜 속박하는 새로운 경계로 이동하는 방법이 있습니다. 이것은 인류가 지금 진화하기 시작하는 방향입니다. 직감을 통해 주의 깊게 듣는 사람들은 새로운 것이 오고 있는 것을 바람에서 들을 수 있습니다. 그리고 그렇습니다. 우리는 항상 바람에 들리는 것을 신뢰해야 합니다.

억압적 본성 – 주저하는Hesitant

주저함은 직감이 마음의 힘에 의해 억압될 때 발생합니다. 몸은 모든 세포에서 무엇이 옳은 것인지 압니다. 그러나 마음은 즉각적으로 의심, 불안 또는 의견을 부과하여 옳은 인식을 무력하게 만듭니다. 이런 식으로 힘에 대한 지금의 모든 참된 조화는 잃어버리고 본래적이고 타고난 명료함이 몸 안에서 억압됩니다. 자연스러운 명료함은 마음 바깥에 존재하는 상태이며 존재의 순수성을 통해서만 알 수 있는 상태입니다. 순수하게 살아 있는 명확하고 즉각적인 앎은 진정한 내면의 빛과 건강의 초석입니다. 결정을 내리지 못하고 주저하는 것은 그림자 주파수의 전형적인 특징입니다. 이들은 자신의 걱정으로 덫에 걸리는 경향이 있으며 즉각적인 명료함을 확신하지 못하는 사람들입니다.

반응적 본성 – 성급한Impetuous

성급함은 불안감이나 두려움에 대한 반응으로 발생합니다. 그 유일한 목적은 빠른 결정을 내림으로써 두려움으로부터 도망치거나 두려움을 끝내려고 하는 것입니다. 그런 결정은 위에서 설명한 명료함의 상태에서 나온 것이 아니라 두려움에 뿌리를 두고 있습니다. 성급한 결정의 본질 때문에, 그들은 단지 더 큰 불행을 가져올 수 있을 뿐입니다. 그들은 불안의 감정을 끝내지 못할 뿐만 아니라 겉으로 드러난 삶에서 그보다 더한 혼란을 일으킵니다. 반응적으로 내려진 결정은 진화의 반대 방향으로, 즉 자연의 흐름에 어긋나게만 움직일 수 있습니다. 그런 결정이 반드시 잘못되었다는 뜻은 아닙니다. 삶은 자신의 각성 과정의 일부로 혼란을 일으킬 필요가 있습니다. 그런 결정이 필연적으로 만드는 순환고리를 벗어나는 열쇠는 자신의 두려움을 감지하고, 먼저 반응하지 않으면서 그것을 온전히 경험하는 것입니다. 이것을 지켜보는 것이 정확하게 패턴을 해체합니다.

57번째 선물
직관Intuition

신필드Synfield에 들어가기

64개의 유전자 키 중에서 57번째 유전자 키만큼 개인 건강과 깊은 관련이 있는 것은 거의 없습니다. 물질의 고리Ring of Matter의 기본적인 측면으로서, 57번째 유전자 키는 임신 주기를 지배하며, 이는 어린 시절 전반에 걸쳐 발달의 패턴을 나타냅니다. 이 주된 사이클 동안 모든 유전적 프로그래밍이 설정됩니다. 당신의 유전자는 당신의 어머니가 살고 있는 에너지장에서 당신의 몸을 만듭니다. 따라서 모든 어머니는 자녀의 생물학적, 감정적, 정신적 구조에 결정적인 역할을 합니다. 어머니는 실제로 육화 중인 아이의 공동 창조주이며, 그녀의 존재를 통해 움직이는 모든 생각과 느낌과 충동이 태아의 DNA를 지휘할 것입니다. 이것은 명백하게 임산부에게 엄청난 책임감을 부여하며, 임산부의 역할에 대한 깊은 존중과 그녀의 역할에 대한 중요성을 통해 우리 종의 변형과 관련하여 중요한 의미를 갖고 있습니다.

성장 중인 태아는 주파수의 세상에 살고 있습니다. 태아는 문자 그대로 자신을 둘러싼 환경의 음조, 색, 소리, 감정, 생각, 의도 안에서 헤엄을 치고 있으며 그 모든 것을 흡수합니다. 그렇다고 하더라도 태아는 어머니의 반응을 통해 이런 주파수를 해석합니다. 따라서 어머니의 주파수는 미래 인간의 운명을 직접 총괄합니다. 임신 기간 동안 매 3개월은 각각 3회에 걸친 아동 발달의 7년 주기와 관련됩니다. 첫 번째는 육체적인 발달이고 두 번째는 감정적인 발달이며 세 번째는 정신적인 발달입니다. 다른 말로하면, 처음 9개월 동안, 당신의 인생의 처음 21년이 완전히 정해집니다. 물론, 누구도 전적으로 어머니의 주파수의 희생자는 아닙니다. 발달주기의 어느 단계에서든 쟁점은 받아들여지고 정화되고 치유될 수 있도록 표면으로 올라옵니다. 당신의 주파수가 올라감에 따라 내면의 많은 층을 점진적으로 치유할 것입니다. 그렇다고 하더라도, 임신 기간 중 어머니의 고양된 주파수로부터 아이가 얼마나 훌륭한 시작을 할 수 있는지를 아는 것이 중요합니다.

57번째 선물 직관Intuition은 근본적으로 바깥 세계와 조화롭게 상호작용하기 위한 신체 시스템입니다. 그것은 나중에 당신의 직관의 명확한 조작을 방해하는 태아기의 낮은 주파수 프로그래밍입니다. 임신 기간 동안 모든 질병이 각인되었지만 DNA의 주파수를 직접 높임으로써 질병은 치유될 수 있습니다. 이것은 전체 유전자 작동 시스템을 본질적으로 재설정하거나 재부팅합니다. 그런 과정이 자연스럽게 빛을 가져다 준다고 그림자 상태에 대해 말하는 것처럼, 당신은 당신 안에서 당신 주변의 세상에 있는 모든 것과 모든 사람들에게 깊은 감성을 느끼는 것을 지켜보게 될 것입니다. 이것이 바로 57번째 선물 '직감'의 모든 것입니다.—그것은 곧 모든 인간 존재의 본질적인 안내 시스템입니다.

현재 시점까지 인간 의식의 진화를 살펴보면 미래의 진화가 좌우될 중요한 통찰을 발견할 수 있습니다. 이 통찰은 내면의 남성적, 여성적 원리의 역할에 관한 것입니다. 우리가 진화에서 원시인으로 되돌아간다면, 우리의 본능적인 인식, 즉 직감이나 예감이 얼마나 깊이 발달하였는지 알 수 있습니다. 우리의 개인적인 생존은 우리 몸을 통해, 즉 5가지 주요 감각과 신화적인 육감(우리의 신체적인 감각이 실제로 그것을 감지하기 전에 어떤 것이 오고 있는 것을 감지할 수 있는 능력)을 통해 기능하는 본래의 동물적인 본능에 달려 있습니다. 오늘날 살아 있는 모든 인간들은 이 육감을 물려받았습니다. 물론 우리가 그것을 신뢰하는 법을 알기만 한다면 말이지요. 즉, 당신의 가장 강력한 내면의 나침반은 직관입니다.

정신의 여성적 측면인 직관을 발달시킨 후에 인류는 남성적인 측면인 마음을 계속 발전시켰습니다. 직관은 듣고 받아들이는 반면 마음은 탐구하고 정복합니다. 우리의 현 시대가 너무 매혹적인 이유가 바로 이것입니다. 우리 인간은 이제 과거를 기억하고 직관의 힘에 다시 연결해야 합니다. 이렇게 함으로써, 우리의 정신적인 능력 위에 있는 직관을 신뢰하는 법을 배워야 할 것입니다. 이런 식으로 우리는 자연을 반영하는 자연적으로 구조화된 내부의 정신을 창조할 것입니다. 직관이란 자연이 인간에게 말하고, 인간을 통해서 말하는 방식입니다.—그것은 전체가 자신의 많은 부분과 소통하고 조율하는 이도耳道입니다. 우리 인간이 부드럽고 섬세한 내면의 목소리에 조율할 수 있다면 우리는 마침내 신체적으로 편안함을 느낄 것입니다. 또한, 우리 내부의 계층구조가 자연스럽게 이런 방식으로 형성될 때, 마음의 천재성이 마침내 활동을 시작해 자연 자체가 지시하는 것을 따를 수 있게 됩니다.

인간의 마음은 참으로 놀라운 도구입니다. 마음은 또한 적절한 내부 지침이 없는 매우 위험한 도구이기도 합니다. 우리 모두는 마음이 전체에 연결되어 있다는 느낌 없이 자유롭게 허용될 때 얼마나 파괴적일 수 있는지 알 수 있습니다. 인류가 다시 한번 깊은 여성적인 측면을 신뢰하는 법을 배우고, 그렇게 하기 시작할 때, 마음은 자연스럽게 자신의 리듬에 빠지게 됩니다. 이 혁명은 이미 개인들에게 진행되고 있는 중입니다. 직관은 전체에서 나옵니다. 따라서 자연스럽게 통합으로 이어지며, 지능에 의해 뒷받침된 직관은 특별한 것을 할 수 있게 됩니다. 사실 당신이 직관을 더 신뢰하면 할수록 당신의 삶은 더 통합됩니다. 당신의 관계가 열리고 더 부드러워집니다. 당신의 운명은 점점 더 분명해지고 모든 우주가 당신을 지원하는 것처럼 모든 일이 더 부드럽게 움직입니다. 이것이 정확히 지금 일어나고 있는 일입니다.

직관을 신뢰하는 것을 다시 배우는 과정은 당신이 삶과 분리되어 있다는 환영을 해체하는 것에 불과합니다. 그것은 당신이 어머니의 자궁에서 가지고 있었던 높은 감수성으로 돌아가는 것입니다. 자신의 내면에서 이 통로를 넓히면 넓힐수록 삶이 더 쉬워집니다. 두려움과 불안은 처음부터 계속될 것이지만 어느 정도 시간이 지나면 직관이 당신 안에서 더 자연스럽고 강렬해질 것입니다. 마치 보이지 않는 힘이 예전의 조건화된 프로그래밍을 짓밟고 있는 것처럼 말입니다. 또한 직감을 신뢰할 때나 직감에 근거하여 결정을 내릴 때마다 전체적인 오라의 주파수가 높아집니다. 당신의 인식 운영 체제는 기어를 바꾸게 되고 당신의 몸은 삶과 함께 콧노래를 부릅니다. 이 새로운 인식에 깊이 들어가면 갈수록 내면의 두려움은 더 초월됩니다. 더 높은 수준에서 당신은 몸 전체로 진동을 감지하기 시작할 것입니다. 57번째 선물을 통해 얻을 수 있는 위대한 계시 중 하나는 두려움이 당신 안에 있지 않다는 것입니다. 그것은 당신이 그 안에 살거나 통과하거나 아니면 넘어서서 올라갈 수 있는 하나의 장입니다. 소위 육감의 진화는 진동이 상승하는 과정의 첫 단계입니다. 왜냐하면 그것은 보편적인 양자 장 또는 집단 무의식에 접근할 수 있기 때문입니다.

일단 몸이 더 가벼워지고 더 높은 주파수로 진동하면, 당신은 여러 다른 전통에서 여러 가지 이름으로 알려진 놀라운 세계로 들어서게 됩니다. 이것은 신들과 여신들의 세계, 또는 신지론자들이 인과 차원causal plane으로 부르는 세계입니다. 이 수준에서 더 높은 마음이 기능하기 시작합니다. 그것은 우리가 낮은 주파수에서 경험하는 마음과 유사점이 거의 없습니다. 더 높은 마음의 본질은 투청透聽, clairaudience입니다.—그것은 오라를 통해 진동을 감지하고 그것을 두뇌로 해석할 수 있는 능력입니다. 모든 위대한 계시와 영적 지식이 인간에게 내려오는 것은 이 인과 차원 또는 신필드synfield로부터입니다. 분명히 그런 계시는 선물 수준 내에서 다양한 주파수대역에서 발생하며, 그 메시지의 순도는 메시지를 받는 오라의 주파수에 달려 있습니다. 그러나 주파수의 스펙트럼이 더 높이 올라갈수록 전송은 더욱더 통합됩니다. 그러나 결국에는, 이 선물이 인간에게 제공할 수 있는 잠재적인 높이에 관계없이 이 57번째 직관의 선물은 두려움의 그림자를 넘어서는 가장 명확하고 단순한 길 중의 하나를 보여줍니다.

57번째 시디
명료함Clarity

부드러움의 기술

57번째 유전자 키의 높은 고도에서 당신은 투청을 시간의 경계를 넘어 조율시키는 능력에 접근하기 시작합니다. 따라서 이 경이로운 선물은 시간을 구부려 미래를 직시할 수 있게 해줍니다. 그리고 당신의 삶의 방식을 변화시키며, 그 어느 때보다도 당신의 존재 속으로 더 깊이 이완하게 만듭니다. 그러나 이 믿을 수 없을 정도로 높은 의식 수준에서도, 그림자 주파수의 아주 미묘한 흔적은 여전히 남아 있을 수 있습니다. 당신의 능력은 당신에게 무엇이 다가오고 있는지를 감지하게 해주지만, 당신은 여전히 이원성의 영역 안에서 기능하고 있습니다. 미래를 보면서 당신은 미래가 존재함을 알아차립니다. 그리고 그것이 존재하는 한 당신은 현재 안에서 완전히 기능하지 않습니다. 이 수준에서의 인식은 현재 대부분 안정되어 있지만 현재의 순간을 넘나들면서 여전히 깜박입니다.

고대의 현인들이 시디나 특별한 힘을 해방으로 가는 길에 놓인 잠재적인 장애물로 이야기했을 때, 그들은 아마도 57번째 유전자 키의 위쪽에 있는 영역을 의미했을 것입니다. 당신의 주파수가 이 수준에서 고도로 정제되기 때문에, 당신의 직관은 인간을 포함한 모든 것을 관통합니다. 미래를 감지하거나 사람의 오라를 이런 식으로 읽을 수 있음으로써 느끼게 되는 순수한 힘의 감각은 이 수준에서 움직이는 사람에게 하나의 중독이 될 수 있습니다. 가장 미묘한 두려움은 여기에서 더 나아감으로써 모든 것을 잃어버리지 않을까 하는 두려움이 됩니다. 물론, 베일이 걷혀 57번째 시디를 드러내게 될 때, 당신은 실제로 이런 능력을 잃어 버리지만, 그것은 정상적으로 이해할 수 있는 수준에서 그런 것이 아닙니다. 당신이 잃는 것은 힘에 대한 감각 그 자체입니다. 당신이 분리된 존재로서의 정체성을 잃기 때문에 개별적인 힘이라는 개념 전체는 끝이 나는 것입니다.

57번째 시디는 명료함Clarity의 시디입니다. 51번째와 57번째 시디는 프로그래밍 파트너이기 때문에 항상 함께 시작됩니다. 따라서 우리는 완전히 깨어날 때만 현실을 분명하게 봅니다. 당신의 존재로부터 두려움을 완전히 없애는 유일한 방법은 그 존재를 모두 없애는 것입니다. 의식의 시디 영역에서 일어나는 일이 바로 그것입니다. 그림자 수준에서 우리는 각각의 인간이 일종의 소리굽쇠 역할을 하여 자신이 위치한 출력 소스의 주파수를 포착한다는 개념을 탐구했습니다. 마찬가지로 우리는 당신의 인식이 확대되어 현실의 더 넓고 더 통합된 비전을 택함에 따라 이것이 선물 수준에서 어떻게 작용하는지를 볼 수 있습니다. 실제로 모든 수준을 종식시키는 시디 레벨에서 출력 소스와 리시버는 서로를 제거합니다. 당신은 또한 그들이 너무도 완벽하게 조화를 이루어 그것을 침묵으로 경험하게 된다고 말할 수도 있습니다. 이 상태는 이제 영원입니다. 그것은 불사의 진실 바로 그것을 포착하고 전달합니다. 거기에 두려움은 없습니다. 왜냐하면 내일은 없으며 따라서 거기에 죽음도 없기 때문입니다. 이것이 명료함입니다.

우리는 이 원형의 원래 상징이 바람이라는 것을 배웠습니다. 주역에서 그것은 대개 온화한 바람gentle wind으로 번역됩니다. 온화함의 본질은 삶에서 가장 큰 비밀 중 하나입니다. 의식은 가장 부드럽고, 가장 미묘한 현상입니다. 고대의 현자들이 그것을 아주 빈번하게 물이나 바람처럼 너무도 미세하고 부드러워 모든 것에 스며들 수 있는 요소로 비유하는 이유가 바로 이것입니다. 명료함이란 모든 것의 핵심에서 이 부드러움을 보는 것입니다. 삶의 소리 장에서는 모든 것이 부드러움에서 일어나서 다시 똑같은 부드러움으로 돌아갑니다. 당신이 이 부드러움과 조화를 이루며 살아갈 때, 당신은 고대인들이 도道,Tao라고 부르—양극의 초월과 조화를 이루게 됩니다. 또한, 당신이 이 부드러움에, 그리고 이 명료함에 자신을 열 때, 그것은 계속해서 당신의 삶 속에서 자신을 드러냅니다.—나무 꼭대기를 가로 지르는 바람 소리, 또는 하늘을 가로 질러 떠다니는 구름을 통해서 말입니다. 그것은 삶의 정신 그 자체이기 때문에 그와 똑같은 부드러움이 어디에서나 발견됩니다. 당신이 그것을 허락한다면 그것은 즉시 당신을 영원한 지금의 세계로 데려다 줄 것입니다.

인간들 사이에서 온화함의 예술은 잃어버린 예술 중에서 가장 큰 것입니다. 우리는 무언가를 더 부드럽게 대할수록 그것이 우리에게 자신을 더 열어주고 우리는 그것에 더 깊이 다가갈 수 있다는 것을 깨닫지 못하고 있습니다. 우리의 마음은 그와 정반대의 말을 합니다. 이 57번째 시디는 모든 시디와 마찬가지로 이중성 자체를 뛰어 넘은 것이긴 하지만 여성적 원리의 신비를 담고 있습니다. 진정으로 치유의 의미를 이해하는 사람들은 그것이 부드러움의 본질에 관한 것임을 알고 있습니다. 이 57번째 시디는 물리적인 DNA의 미세함에 조율하는 특별한 능력을 통해 기적적인 치유의 비밀을 지니고 있습니다. 그런 온유함은 가슴을 열어주고 초월로 인도합니다. 우리의 마음은 그렇게 생각하지 않겠지만 부드러움은 절대로 약하지 않습니다. 그것은 단지 자신만의 법칙과 타이밍에 따라 움직일 뿐입니다. 약함과 강함을 넘어서 움직이면서 모든 것에 스며듭니다. 명료함은 모든 것이 온유함을 통해 서로 연결된다는 것을 깨닫는 것입니다.

누군가가 이 57번째 시디를 통해 깨달음을 얻을 때, 이 시디는 비범하고 아름다운 방식으로 나타납니다.—그들은 신성한 존재Divine Presence를 위한 소리굽쇠가 됩니다. 만일 당신이 그들과 함께 앉아 있다면, 그들의 오라의 놀라운 부드러움이 당신의 주파수를 매우 빠르게 상승시키기 시작합니다. 그런 사람과 함께 있는 자리에서 많은 사람들은 갑자기 시디를 더 높은 의식의 청각적 현상으로 경험할 수 있습니다. 그런 사람 옆에 오랜 기간 동안 머물러 있는 것은 결국 당신이 따로 떨어져 있다는 느낌을 완전히 녹여버릴 것입니다. 그러나 이런 종류의 오디오 출력 장치 앞에 앉을 때는 조심해야 합니다! 당신은 항상 올바른 태도로 이런 사람들에게 다가가야 합니다.—무한히 부드러운 태도로 말입니다. 57번째 시디는 위대한 스승이나 깨어 있는 존재에 접근하는 방법을 정확하게 알려줍니다. 그것은 삶의 모든 측면에 어떻게 접근해야 하는지를 알려줍니다. 당신이 평생 이 부드러움의 정신을 받아들인다면, 당신이 스승과 함께하든 그렇지 않든 명료함은 결국 스스로를 드러낼 것이며 당신은 존재의 진정한 본질을 깨닫게 될 것입니다.

58th GENE KEY

시디
지복
선물
활력
그림자
불만족

스트레스에서 지복으로

프로그래밍 파트너 : 52번째 유전자 키
코돈 고리Codon Ring : 추구의 고리
(15, 39 52, 53, 54, 58)

생리 : 회음
아미노산 : 세린

58번째 그림자
불만족Dissatisfaction

신성한 불만

64개의 유전자 키의 영감으로 만들어진 원래 중국의 주역에서는 각각의 기호 또는 헥사그램이 천둥, 바람, 흙, 불 등 자연 현상의 8가지 유형이 결합하여 표현되어 있습니다. 58번째 선물은 호수가 겹쳐진 그림으로 상징됩니다. 호수는 명상하기에 아름답고 단순한 상징입니다. 왜냐하면 고요함의 본질을 즉각적으로 보여주기 때문입니다. 호수는 감정적인 고요함과 정신적인 고요함 둘 다를 나타냅니다. 또한 58번째 유전자 키의 프로그래밍 파트너인 52번째 유전자 키를 살펴보면 그것의 가장 높고 가장 자연스러운 발현이 정적이라는 것을 발견하게 될 것입니다. 그러므로 이 기쁨과 정적의 주제는 유전적으로, 그리고 직접적으로 연결되어 있습니다. 그와 반대로 58번째 그림자—불만족Dissatisfaction—는 매우 불특정합니다. 그것은 58번째 그림자의 프로그래밍 파트너인 52번째 그림자 스트레스Stress에 뿌리 내리고 있는 성취의 부족입니다. 그것은 슬픔, 지루함 또는 좌절과 같은 특정한 감정 상태나 불안, 걱정과 같은 정신 상태를 직접적으로 지칭하지는 않습니다. 그것은 그저 기쁨이 부족하고 불안함이 깊은 것을 의미합니다.

52번째 그림자 스트레스가 당신 안에 있는 고요한 내면의 호수 면을 깨뜨릴 때마다 당신의 자연스러운 존재 상태가 상실됩니다. 이 58번째 그림자에 담긴 질문은 다음과 같습니다. : 어떻게 이런 일이 발생하는가? 인간은 어떻게 그리고 왜 자연스러운 상태와의 접촉을 그렇게 쉽게 잃어버리는가? 대답은 단 하나의 개념—미래에 있습니다. 이 64개의 유전자 키에 대해 묵상해 보면 '현재 속에서 사는 것'으로 알려진 경험에 온전히 전념하는 유전자 키(예 : 10번째와 20번째)가 있음을 알 수 있습니다. 이 간단한 표현이 거의 모든 위대한 신비주의적인 영적 체계와 길의 핵심 원리입니다. 그러면 도대체 어떻게 이 현재의 순간 속에서 살아가는가? 이 수수께끼를 높은 의식으로 바라보는 한 가지 방법은 당신 삶에서 왜, 어떻게, 그리고 언제 현재의 순간을 떠나 있는지를 이해하는 것입니다. 이런 측면에서 58번째 그림자와 선물은 당신에게 상당한 통찰을 줄 수 있습니다.

이 책을 읽게 된 대부분의 사람들은 이미 인간 안에 있는 주 범인이 마음이라는 것을 알게 될 것입니다. 만일 당신이 영성이나 자기 계발에 관심이 있다면, 아마도 마음이 문제라는 말을 여러 번 반복해서 들어봤을 것입니다. 이 사실로부터 마음을 초월하고 내면의 성취를 찾도록 도우려는 단 한 가지 목적을 위해 명상, 수련, 확언 등 수없이 많은 시스템이 태어났습니다. 마음이 문제의 뿌리라는 것이 참으로 사실임에도 불구하고 마음을 직접적으로 마주하는 것은 매우 위험합니다. 왜냐하면 마음은 아주 다루기 힘든 기재이기 때문입니다. 마음의 문제는 58번째 그림자의 핵심인 자기 계발을 갈망한다는 것입니다. 그것은 기쁨을 가져오기 위해 무언가를 할 수 있다는 느낌을 주는 것을 무엇보다 더 원합니다. 불행히도, 이 점에서 당신이 하는 것은 그것이 기술이든, 어떤 시스템이든, 어떤 전략이든 계속 불만족만을 가져올 수 있을 뿐입니다.

58번째 그림자는 인간 내부에 무언가를 향상시키거나 어떤 식으로든 도움이 되어야 한다는 커다란 유전적 압력을 불러일으킵니다. 불만족은 전적으로 미래에 목표를 맞춘 에너지 주파수입니다. 동요되지 않을 때, 이 유전자 키는 자연스러운 활력과 기쁨을 나타냅니다. 이것이 58번째 그림자가 갖고 있는 너무도 큰 아이러니입니다. 그것은 바깥세상에서 행복을 추구하도록 당신을 부추기지만 그것은 결국 기쁨을 만들어 내지 못한다는 결론에 이르게 할 뿐입니다. 왜냐하면 그 기쁨은 이미 당신 안에 있기 때문입니다. 58번째 그림자는 미래에 대한 환영을 만듭니다. 정말로 우스운 일은 성취를 위해 바깥으로 내몰려질 때, 우리 인간은 실제로 세상을 발전시키고 서서히 더 통합되도록 돕고 있다는 것입니다. 다시 말해, 전체를 위한 가장 큰 봉사가 곧 당신에게는 불만인 것입니다.

우리는 58번째 그림자 불만족과 함께 52번째 그림자 스트레스를 검토할 때 이 두 코드가 인간을 유전자 전이 수준에서 프로그래밍한다는 것을 알게 됩니다. 다른 말로 하자면 그들은 집단 형태 발생장collective morphogenetic field을 통해 서로를 강화시키는 것입니다. 우리 지구에 불만이 있는 사람이 많으면 많을수록 이 그림자 주파수는 더 강력해집니다. 아이러니하게도, 인구 폭발이 우리 삶의 질을 크게 향상시키는 이유가 바로 이것입니다. 오늘날의 현대 사회에서 개인적인 만족과 성취에 대한 추구는 실질적으로 보편화되었습니다. 성취에 대한 우리의 추구가 우리가 끝내 버리려고 하는 바로 그 스트레스를 창조하고 조합하고 있다는 것은 놀라운 일입니다. 이것이 바로 진화가 작동하는 방식입니다.—진화는 우리를 비참하게 만들고, 불행을 끝내기 위한 탐구에서 우리는 자신도 모르게 진화하는 것입니다.

개인에게는 58번째 그림자가 훌륭한 도움을 줍니다. 그것은 내면의 고요한 호수를 휘저어 당신이 평온을 찾으려고 노력하게 만듭니다. 결국 당신은 당신이 손에 잡으려고 하는 미래의 꿈이 바깥 세상에 존재하지 않는다는 것을 깨닫게 되고, 그래서 당신 자신으로 다시 돌아오게 됩니다. 대부분의 사람들이 영적 탐색을 시작하는 것이 바로 이 단계입니다. 그것은 세상을 개선하려는 노력에서부터 자신을 개선시키려는 노력으로의 기어 변속입니다. 그럼에도 불구하고 영적 탐구는 또 하나의 헛된 일입니다. 왜냐하면 그것 또한 미래의 환영에 기반을 두기 때문입니다. 그럼에도 불구하고 그 과정은 피할 수 없습니다. 압력은 압력이며, 이 58번째 그림자는 당신이 내면을 탐색하는 일을 다 끝내기 전에는 당신을 쉬게 하지 않을 것입니다. 압박감은 당신이 그 압박감을 덜기 위해 무언가를 하도록 계속 압력을 가합니다. 여기에 덧붙여 신비를 탐색하는 과정에서 당신은 압박의 종식을 약속하는 많은 시스템과 교사와 길을 발견합니다. 필연적으로 당신은 이들 중 하나 이상을 시도할 것입니다. 우리 중 많은 사람들이 이 과정을 넘어서지 못하고 않고 남은 삶 동안 완벽하고 평화로운 미래에 대한 생각에 중독된 상태에 머물러 있습니다.

불만족의 그림자는 행복을 가져다 줄 수 있는 뭔가가 있다는 거짓된 약속에 근거합니다. 이 지식에 대한 반응으로 아무것도 하지 않는 것조차도 당신의 입장에서 미묘한 행위가 될 수 있습니다. 그러므로 이 그림자가 인간 안에서 하는 일은 우리의 상황이 진실로 얼마나 절망적인지를 깨닫게 하는 것입니다! 그것이 어떤 식으로 들리든지 간에 이 그림자는 전혀 부정적이지 않습니다. 이 그림자는 당신이 결국은 무릎을 꿇을 때까지 당신을 지치게 만듭니다. 이런 의미에서 불만은 참으로 신성하며 은총의 비밀을 담고 있습니다. 일단 당신이 당신의 존재 속 깊은 곳에서 이 진리를 이해하기 시작하면, 당신이 잡고 있었던 미래는 서서히 부서지기 시작할 것이며, 당신은 생전 처음으로 놀라운 활력의 선물이 당신 안에 솟아오르는 것을 보게 될 것입니다.

억압적 본성 – 없음 None

58번째 그림자는 유전적 구성에서 억압될 수 없는 유일한 것입니다. 그 이유는 그것이 활력, 즉 생명력 그 자체를 의미하기 때문입니다.—그것은 우리의 통제 밖입니다. 그것이 인간에 의해 억압될 수 있다면, 우리는 우리 자신의 죽음을 초래할 것이고 종으로서 절대로 진화할 수 없었을 것입니다. 그러나 다행히도 생명은 인간보다 훨씬 강하며 거부되지 않을 것입니다. 우리는 불만에 직면하도록 운명으로 정해졌으며 그것에 반응만 할 수 있을 뿐입니다.

반응적 본성 – 간섭하는 Interfering

생명력의 힘이란 그런 것이므로 우리 인간은 단지 의식적이든 무의식적이든 그것에 반응할 수만 있을 뿐입니다. 이 반응은 우리가 자연의 자연스러운 흐름을 방해함으로써 가장 자주 표현됩니다. 이런 간섭으로 인해 불편함과 불만족이 더욱 커집니다. 가장 큰 어려움은 우리가 때때로 우리 자신의 내제된 기쁨의 자연스러움을 맛볼 때 발생합니다. 우리 모두가 이 경험을 맛보았기 때문에 우리는 그것을 갈구하고 끊임없이 그것을 재창조하려고 노력합니다. 불만이란 단지 우리가 진화하도록 압력을 가하는, 생명력이 낮은 주파수에서 발현되는 것임을 깨달을 때, 오직 그때만이 우리에게 커다란 기적이 일어납니다.—우리가 드디어 삶에 간섭하는 것을 중단하고 우리의 진정한 즐거운 본성을 경험하는 것입니다.

58번째 선물

활력Vitality

봉사의 기쁨

당신이 역경을 미래에 성취를 추구하도록 영원히 끌려가는 인간으로 받아들이는 순간, 인생의 모든 것이 바뀝니다. 이 깊은 이해는 당신 안에 있는 생명력이 기어를 새로운 단계로 바꿀 때 다음 과정을 촉발시킵니다. 이 과정은 당신이 지적 수준에서 자신의 딜레마의 깊이를 파악할 때 본격적으로 시작됩니다. 그때 이해는 지능에서 직관으로 넘어가고 마침내 당신의 심장 속으로, 당신의 DNA 속으로 깊숙이 들어갑니다. 당신이 이 정도까지 내면 깊숙이 받아들일 때, 그것은 원자 폭발로 밖에 묘사될 수 없는 것을 일으킵니다. 당신의 불만을 통해 세상으로 나가는 출구를 찾고 있었던 에너지는 다시 자신에게로 돌아가고 몸의 원자 구조 속으로 들어가게 됩니다. 그 결과 당신의 생체 내에서 극도로 미세한 과정의 촉매 작용을 하는 내부 생명력의 폭발이 일어납니다. 간단히 말하자면, 당신은 다시 한 번 자신이 되기 시작하는 것입니다.

선물 주파수에서, 불만족으로 경험했던 그 같은 에너지가 선물 주파수에서는 기쁨으로 바뀌기 시작합니다. 이 즐거움은 모든 인간 안에 있으며 삶이 아무 저항 없이 자신을 표현하는 데에 부족함이 없게 됩니다. 이 개별적인 진화 단계에서 어떤 기이한 것이 당신 내부에서 터져 나옵니다.—자신을 인식하려는 진화적 충동이 일어나는 것입니다. 삶은 경계와 구속으로부터 풀려 나와 자신을 알고 싶어 합니다. 따라서 그것은 당신 안에 정체성 해체의 과정을 시작합니다. 미래가 사실은 존재하지 않는다는 것을 깊고 또 깊은 수준에서 깨달으면서, 당신은 생명력이 자신을 미래로 투사하는 것을 막습니다. 당신의 마음은 마치 생각과 생각 사이의 공간이 더 많이 열리는 것처럼 더 조용해집니다. 미래와의 관계 또한 변합니다. 당신은 그것이 과거에나 지금에나 결코 당신의 손에 있지 않으며 집단적 힘에 의해 유지되고 있고 그 집단에서 당신은 그저 하나의 작은 면에 불과하다는 것을 깨닫습니다. 이 깊은 깨달음은 비록 당신에게 일어나는 일에 당신의 일부가 여전히 매료되어 있다고 해도 그 일에 대한 당신의 관심을 느슨하게 만듭니다.

당신의 내적 태도에 대한 이런 모든 변화는 당신을 살아 있도록 지키고 있는 원자적 활력의 방향 전환 때문에 발생합니다. 활력이 증가된다 함은 실제로 자유가 증가됨을 의미합니다. 당신의 몸이 아무리 오래되고 노쇠하다고 해도, 당신은 당신 안에서 솟구쳐 오르기 시작하는 기쁨으로 다시 젊어지는 것을 느끼기 시작합니다. 당신은 전혀 아무 이유도 없이 행복해지는 자신을 발견합니다. 그런 힘은 세상에서 출구를 찾을 필요가 있으며 그것의 가장 자연스러운 길은 다른 사람들에게 도움이 되는 길을 찾는 데에 있습니다. 그러나 58번째 그림자와는 달리, 58번째 선물은 자신의 불만을 가라앉히기 위해 자연스러운 유기적인 과정을 방해하면서 다른 사람들을 도우려고 하지 않습니다. 반대로, 활력의 선물은 방해가 되지 않는 방식으로 삶의 과정을 다루는 방법을 공감적으로 알고 있습니다. 활력은 항상 활력을 알아보며 차단된 생명 에너지를 자유롭게 풀어주는 데 특히 능숙합니다. 사실, 그런 사람들의 존재 자체가 증가된 에너지 흐름을 시스템을 통해 촉진할 수 있습니다. 이런 원칙들은 몸을 치유하는 것으로부터 다리를 건설하는 것까지, 심지어는 비즈니스의 이익을 증대시키는 데까지 우리가 기울이는 노력의 모든 분야에 적용될 수 있습니다.

58번째 유전자 키는 아미노산 세린을 암호화하는 복잡한 코돈인 추구의 고리Ring of Seeking로 알려진 유전적 가계의 일부입니다. 이 그룹 내의 각 유전자 키는 당신 안에서 여러 가지 압력을 만듭니다. 이 6가지 압력은 모두 함께 당신 안의 갈망을 끝낼 수 있는 해답을 찾도록 당신을 끌고 갑니다. 따라서 모든 추구는 부분적으로 불만에 뿌리를 두고 있으며, 결국에는 당신을 내면으로 인도할 것입니다. 당신이 긴장을 충분히 풀 때 사용할 수 있는 활력의 거대한 저장고를 여는 것이 바로 이 안으로 방향을 돌리는 것입니다. 추구란 단지 삶이 자신을 찾는 것임을 보게 되면서, 당신은 추구하는 것을 멈추기 시작합니다. 내면의 압력이 떨어져 나가면서 생명 에너지가 당신 안에서 더욱더 분명해지고 더욱더 빛이 납니다. 이런 방식으로 각성하는 많은 사람들은 미묘체의 에너지 매트릭스가 일렬로 되돌아옴에 따라 일종의 치유의 위기를 실제로 겪습니다. 이것은 강렬한 물리적 변형의 시간일 수 있습니다.

무엇보다 58번째 선물은 일단 움직이면 되돌릴 수 없는, 중단이 불가능한 힘입니다. 58번째 그림자는 유일하게 억제가 불가능한 것이기 때문에, 이 유전자 키의 주파수가 선물 수준에 도달하면 상황이 매우 빠르게 일어나는 경향이 있습니다. 당신의 삶이 새로운 형태를 취할 뿐만 아니라 훨씬 더 깊은 과정이 당신을 사로잡습니다.—가슴속으로 들어가는 과정이 일어나는 것입니다. 이것은 당신이 환경과 조화롭게 움직이는 것을 배우는 전염성이 있는 단계입니다. 집단적 차원에서 이 선물은 매우 강력합니다. 왜냐하면 어느 날엔가는 인류를 더 높은 목표를 향해 일하도록 하나로 묶을 것이기 때문입니다. 어떤 측면에서는 이미 세계 곳곳에서 이런 일을 하고 있으며, 세계화를 향한 현대의 추세가 그 예입니다. 인간 진화의 미래는 진실로 봉사의 이상理想에 있습니다. 언젠가는 봉사가 모든 비즈니스와 경제와 정부의 뿌리에 있게 될 것입니다. 왜냐하면 그것이 우리 모두를 위해 정말로 더 좋은 것임을 인류가 깨달을 것이기 때문입니다. 우리가 개인으로서 추구하는 즐거움은 집단의 즐거움과 밀접하게 연결되어 있습니다. 58번째 선물이 그 방향으로 지칠 줄 모르고 즐겁게 일하는 이유가 바로 그것입니다.

58번째 시디
지복Bliss

초점을 넘어서

선물 수준에서 당신이 미래와 동일시하는 것이 점진적으로 느슨해지면 현재 순간 속으로 점점 더 깊이 들어가게 됩니다. 당신의 주요 불만족이 활력으로 바뀌고, 그것은 다시 당신의 몸속으로 되돌아옵니다. 당신의 활력의 주파수가 점점 더 높은 음조에 올라감에 따라 특정 지점에서 그것은 정점에 오르고 의식의 자발적인 상승을 촉매 작용합니다. 앞에서 설명한 것처럼, 이 생명력은 당신의 존재에 너무도 깊숙이 파묻혀 깨달음으로 알려진 DNA 내의 과정을 촉발시킵니다. 이 사건이 일어나기 전에 당신의 인식은 마치 접착제처럼 당신의 DNA에 붙어있으면서 삶이 오직 당신 안에만 있다는 인상을 줍니다. 그런 다음 티핑 포인트(tipping point, 어떤 사회에서나 일어날 수 있는 급격한 변화 또는 놀라울 정도로 급속하게 사람들의 반응들이 일어나는 상태)에서 인식은 마침내 DNA에 대한 집착을 놓아버리고 당신은 일종의 죽음을 경험하게 됩니다.

그림자 주파수의 마지막 흔적은 바위에 붙은 이끼처럼 우리에게 달라붙어 심지어 선물 주파수 속으로 우리를 밀어붙입니다. 그러나 깨달음 직전에 주파수의 집중된 힘은 당신 안에 있는 이 마지막 덩어리를 풀어주는 놀라운 효과가 있습니다. 갑자기 생명력은 더 이상 당신 안에서 집중하지 못하며 당신은 당신 안에 어떤 중심을 느끼지 못하게 됩니다. 집중이 풀어짐으로 인해 모든 것은 순수하고 깨끗한 상태로 되돌아가고 당신의 존재는 다시 한번 순수하고 고요한 호수가 됩니다. 그 호수의 물은 순수한 의식의 물이고, 순수한 의식의 본성은 전혀 초점이 맞춰져있지 않기 때문에 다시는 흔들리지 않을 것입니다. 의식이 올 때, 그것은 홍수처럼 당신에게 들어와 당신을 순식간에 깨끗이 닦아 냅니다. 그것은 존재의 가장 큰 신비 중 하나입니다.

존재가 이 58번째 시디를 통해 깨달음을 얻게 되면, 그들은 완전히 초점이 없어지게 됩니다. 그들의 인식은 무한으로 뻗어가며, 시선은 고정되어 있지 않고 꿈을 꾸는 것 같으며, 가슴은 너무도 꽉 차서 모든 창조물에 대한 사랑으로 폭발합니다. 그런 존재의 인식은 보편적으로 초점이 없지만, 그들의 몸은 지복으로 알려진 과정의 강렬한 초점이 됩니다. 지복은 이런 일이 발생한 사람 안에서 하나의 부산물로서 일어납니다. 육체적으로 지복의 경험은 뇌 안의 특정 화학 물질이 자발적으로 방출됨으로써 발생하며, 이제는 DNA 활성화로 인해 지속적으로 생성됩니다. 이런 활동을 통해 당신은 끊임없이 깨어나는 생명의 물결이 당신 안에서 솟아나는 것을 목격하게 됩니다.

그런 고조된 상태의 경험은 우리가 알고 있는 세상에서는 여전히 드문 사건입니다. 평균적으로 어쩌면 지구 전체의 모든 세대에 걸쳐 단 한 사람만이 그런 변형을 경험했습니다. 시디 상태는 어떤 특정한 수련이나 활동에 의해 오는 것이 아니라 이해와 은혜로부터 나오기 때문에 이런 경험은 특별한 종교적 또는 영적 수련을 하지 않은 사람들에게 종종 발생합니다. 58번째 시디의 자연 발생에 대한 오래 지속된 예 중 하나는 20세기에 인도에 살았던 유명한 현자 라마나 마하리시 Ramana Maharshi입니다. 라마나는 그런 현상에 대한 사전의 이해 없이 16세에 자연 발생적인 죽음을 경험했습니다. 지복의 시디는 어떤 식으로든 감추거나 담을 수 없으며, 자신의 존재의 모공에서 방사됩니다. 우리는 아직도 라마나 마하리시의 눈 사진만 보고도 지복의 본질을 파악할 수 있습니다.

깨달음이 실제로 무엇이며 그것이 어떻게 일어나는지에 대해 '전문가'들이 표현한 많은 관점이 있습니다. 각 시디 상태는 본질적으로 의식이 유전적 구성을 통해 저항 없이 자신을 표현하는 것과 정확히 똑같은 경험입니다. 구도자나 심지어 교사들조차도 깨달음의 많은 징후에 대해 엄청난 혼란이 있습니다. 지복의 경험은 심지어 그림자 상태에 있는 동안에도 발생할 수 있습니다. 왜냐하면 제한된 시간 동안 이 화학 물질을 활성화시키는 약이 존재하기 때문입니다. 고양된 영적 상태에는 종종 수일 또는 수개월 동안 지속될 수도 있는 지복의 기간도 포함됩니다. 이 경험들 중 어느 것도 실제로 깨달은 상태 그 자체와 비교될 수는 없습니다. 어떤 사람들은 깨달음이 지복의 경험과는 아무런 관련이 없으며 그런 상태는 심지어 실제 깨달음을 방해하는 함정이라고 말합니다. 그러나 64개의 시디를 통해 우리는 깨달음의 표현이 얼마나 다양할 수 있는지를 알 수 있습니다.

구도자들 사이에서 가장 큰 문제 중 하나는 깨달음의 발현을 식별하고 이것이 무엇을 의미하는지 또는 그것이 어떻게 생긴 것인지를 추측하는 일입니다. 실제 일어나는 현상은 사실 중요하지 않습니다. 어떤 한 운반체는 계속되는 지복의 파도를 겪도록 코드화되고 다른 운반체는 명예나 미덕의 모범이 되도록 코드화되어 있습니다. 요점은 거기에 핵심이 없다는 것을 깨닫는 것입니다! 우리가 무엇을 생각하고 무엇을 행하고 무엇을 말하든 깨달음의 경험은 추구를 통해서 얻어질 수 없습니다. 비록 추구가 깨달음의 이전에 있었을지라도 말입니다. 마지막 상태는 우리가 이해할 수 있는 영역을 벗어나 있습니다. 구도자는 계속해서 다시 또다시 이 난관에 부딪쳐야 합니다. 당신은 자신의 상황 속에서 느슨해지고 유머를 찾기 시작할 때까지 끊임없이 일어나는 불만을 들여다보아야 합니다. 이런 식으로 당신은 꽃이 씨앗 안에 항상 존재하고 있는 것처럼, 시디가 그림자 안에 존재하고 있다는 사실을 마침내 깨닫게 될 것입니다.

59th GENE KEY

시디
투명성
선물
친밀감
그림자
부정직

게놈 속의 용

프로그래밍 파트너 : 55번째 유전자 키
코돈 고리Codon Ring : 통합의 고리
(4, 7, 29, 59)

생리 : 태양신경총
(성기)
아미노산 : 발린

59번째 그림자
부정직Dishonesty

유전자 세탁하기

59번째 그림자를 보면서 우리는 우리 세상의 사회구조를 뒷받침하는 모든 문제의 본질을 봅니다. 인간 게놈 전체에 시사적인 이슈는 더 이상 없습니다. 59번째 유전자 키, 55번째 유전자 키, 그리고 어느 정도까지 49번째 유전자 키는 DNA 안에서 현재 완전한 돌연변이가 진행 중인 곳입니다(이 변화의 시기와 그것의 장기적인 의미는 55번째 유전자 키에서 더 자세히 논의되어 있습니다). DNA 내의 원형에 대한 가장 큰 통찰 중 하나는 그림자와 선물, 시디를 잘 이해하는 데서 나옵니다. 인간은 바이너리(binary, 이진법) 프로그램되어 있는 것처럼 보이고 모든 그림자에는 파트너가 있는 것으로 우리는 알고 있습니다. 55번째 유전자 키가 현재 우리 종에서 유전적 변화를 일으키고 있기 때문에 그의 프로그래밍 파트너인 59번째 유전자 키도 똑같은 일을 하고 있습니다. 55번째 유전자 키가 우리 행성에서 개별적인 각성을 촉발시키는 반면, 59번째 유전자 키는 유전자 수준에서 행성의 돌연변이를 일으키는 역할을 하고 있습니다.

59번째 유전자 키는 그 기초 수준에서 성과 생식에 관련되어 있습니다. 그것은 인간이 번식하도록 몰아가는 추진력을 나타냅니다. 이와 같이 그것은 우리의 잠재적인 짝을 선택하는 비인격적인 힘입니다. 어떤 특정한 사람에게 끌리는 이유는 복잡하지만, 근본적으로 우리 유전자가 마음속에 생존을 염두에 두고 있음을 확신할 수 있습니다! 따라서 대부분의 관계는 설계상 쉽지 않습니다. 인간이 서로에게 끌리는 이유로서 더 영적인 영역에 뿌리를 두고 있는 것도 있습니다.—예를 들어 카르마입니다. 그러나 보편적인 관점에서 볼 때, 어떤 힘이 우리를 끌어당기든 그것은 우주적 차원에서 우리의 유전학과 생물학을 통해 작동해야 하며, 그래서 이 모든 다른 관점들이 궁극적으로 합쳐져야 합니다.

59번째 그림자 뒤에는 다른 사람들에 대한 깊은 불신과 관계에 대한 핵심적인 두려움이 숨겨져 있습니다. 이 그림자는 세상을 외로운 곳으로 만드는 그림자입니다. 왜냐하면 많은 사람들이 대부분의 시간 동안 우리 주위에 있음에도 불구하고, 우리는 서로 진정으로 깊이 있게 소통하지 않기 때문입니다. 59번째 선물과 시디를 탐구할 때, 우리는 그것이 실제로 무엇을 의미하는지 보게 될 것입니다.

59번째 그림자의 특이한 점은 두려움이 개인에게 있지 않다는 것입니다. 두려움은 우리 사이의 오라에 있습니다. 당신이 혼자 있을 때 두려움은 거기에 있지 않습니다. 그러나 다른 사람이 당신이 있는 방에 들어서자마자 59번째 그림자의 두려움이 미세한 암류처럼 거기에 존재하게 됩니다. 이 두려움이 존재하는 이유는 훨씬 더 놀라운 일입니다. 왜냐하면 이것이 성적인 매력의 기초이기 때문입니다. 이것은 많은 사람들에게 충격으로 다가올 수 있습니다. 그러나 진실은 당신이 누군가를 두려워하는 것을 그만두면 그들에 대한 당신의 성적인 매력을 초월한다는 것입니다. 두려움은 매력을 가능하게 하는 데에 필요한 마찰을 제공합니다. 59번째 그림자가 부정직Dishonesty의 그림자인 이유가 바로 그것입니다. 우리가 우리 자신의 어떤 것을 다른 사람들로부터 숨겨 놓은 한, 거기에는 항상 그들이 두려워할 만한 것이 있습니다. 그것은 반드시 의식적인 부정직을 의미하는 것은 아닙니다. 우리는 유전적으로 부정직합니다. 이 59번째 그림자를 묵상할 때 오는 놀라운 계시는 우리의 유전자가 실제로 우리가 부정직하기를 원한다는 것입니다. 이것은 삶 자체가 인간으로 하여금 자신의 높은 본성을 깨닫지 못하도록 붙잡고 있음을 의미합니다. 이 마지막 문장을 소화하려면 약간의 시간이 필요합니다. 생명은 인간이 진화의 현재 단계에서 유전적 잠재력을 성취할 수 있도록 하기 위해 인간들이 서로를 두려워해야 할 필요가 있습니다.

이 59번째 그림자에서의 놀라운 깊이를 완전히 이해하기 위해서는 더 넓은 관점에서 인간의 진화를 관찰해야합니다. 인간으로 하여금 공통적인 유전적 조상을 깨닫지 못하게 만드는 두려움이 우리 지구 전체에 고립된 종족 유전자 풀의 현상을 이끌었습니다. 우리가 서로를 두려워하지 않는다면, 우리는 어디를 가든 즉시 잡종을 만들었을 것입니다. 거기에는 사회적, 정치적, 또는 지리적인 경계가 없을 것이고 나라도, 국경도, 전쟁도 없을 것입니다. 그것은 엄청난 일입니다. 하지만 거기에는 유전적 차별성도 없을 것이고, 예술이나 종교, 또는 문화적 색채도 없을 것입니다. 간단히 말해서 우리는 하나의 무정형 덩어리가 되어 아마도 살아남지 못했을 것입니다. 진화하는 모든 것은 자신의 목적이 있으며 자신의 시간이 있습니다. 한 단계가 다음 단계를 위해 길을 비켜줍니다. 우리가 오늘날 우리 주위에서 보는 세계는 우리 서로의 유전적 두려움이 직접 만들어 낸, 서로의 아름다움과 두려움을 지닌 산물입니다. 이제 다음 변화가 올 시간이 되었습니다. 55번째 유전자 키의 돌연변이가 진행됨에 따라 59번째 그림자가 심각하게 훼손되고 있습니다. 여러 면으로 서로에 대한 우리의 두려움은 그것이 모든 사람이 볼 수 있는 표면으로 올라올 때 증가하는 것처럼 보일 수 있습니다.

이 59번째 그림자에 내재된 부정직에 관한 모든 것이 이제는 표면으로 올라와야 합니다. 59번째 유전자 키는 인종, 믿음 또는 신조보다 더 깊숙합니다. 그것은 가족의 개인적 혈통보다 더 깊습니다. 그것은 인간을 하나의 상호 연관된 유전자 가족으로 묶습니다. 차별화된 종족, 사회, 국가 및 경계를 지닌 오늘날의 세계는 완전히 변형되는 초기 단계에 있습니다. 이 변형은 사회혁명이나 경제혁명을 통해서는 오지 않을 것입니다. 그것은 카리스마가 있는 위대한 지도자들의 사랑을 통해서 오지도 않을 것입니다. 이 모든 일들이 어쩌면 세상의 변화의 열쇠일지도 모르지만 그 기초는 여기 59번째 그림자에 있습니다. 두려움은 서서히 인간으로부터 번식되어 나갈 것입니다. 우리에게 서로에 대한 두려움이 없으면 세계는 극적으로 변할 것입니다. 모든 것 중에서 가장 큰 변화는 인간의 성욕에 있게 될 것입니다. 우리는 따로 떨어진 성적인 극성이 개인 안에서 하나로 합쳐지는 양성의 특징을 가진 종이 되는 과정에 있습니다.

55번째 그림자가 보여 주듯이, 우리는 성욕과 동물적 본성의 덫에 잡혀 있습니다. 우리는 두려움에 의해 발생된 집단적 화학을 감정적으로 다루지 못하는 무능력의 덫에 빠져 있습니다. 이 두려움이 우리의 관계와 개인생활뿐만 아니라 정부와 교육시스템을 지배합니다. 59번째 그림자는 서로 깨끗한 상태로 만날 수 없는 우리의 무능력에 뿌리를 두고 있습니다. 그것은 모든 숨겨진 의제의 원천입니다. 이 순간 우리가 이해해야 할 필요가 있는 것은 우리 세계가 유전적 돌연변이를 겪고 있으며 우리는 전 지구적인 유전 실험실에서 실험대상이라는 점입니다. 모든 유전 물질이 현재 선별되어 분류되고 있습니다. 오래된 조상 전래의 두려움에 뿌리를 둔 행동 특성은 버려질 것입니다. 그들은 그저 인간 게놈에서 사라질 것입니다. 이것은 이제 세상을 떠나 결코 돌아오지 않을 성격 유형이 있다는 뜻입니다. 옛날 방식은 이제 이 세상에서 마지막을 불태우고 있습니다. 그리고 우리는 이것을 미래의 집단적 방식과 과거의 옛 종족적 방식 사이의 전쟁에서 볼 수 있습니다. 이것은 과거의 모든 요소가 없어진다는 것을 의미하지 않습니다. 그것은 단지 두려움이나 숨겨진 의제에 뿌리를 둔 행동의 모든 요소가 우리 DNA의 더 높은 기능 속으로 융합된다는 것을 의미합니다. 우리는 세상의 헤드라인을 읽을 수 있어야 합니다. 지금은 정치인들이 우리가 믿도록 꾸며놓은 것처럼 나쁜 사람들과 좋은 사람들이 싸우는 시간이 아닙니다. 이것은 더 이상 유전자 풀에 관한 것이 아니라 행동의 진실성에 관한 것입니다.

우리가 현재 지구적인 수준에서 경험하고 있는 유전적 정화는 수세기 동안 계속될 것으로 보입니다. 그것은 우리의 혈통을 통해 우리의 DNA로부터 밖으로 빠져 나가야 합니다. 그러나 변화하고 있는 성 풍습과 전 지구적인 두려움의 감소로 인하여 인구가 감소함에 따라 세상은 자연스럽게 더 조용하고 더 평화로운 곳이 될 것입니다. 이른바 심판의 날Judgment Day이 실제로 우리 유전자 내에서 일어나고 있습니다. 어떤 개인도 처벌되거나 보상받지 않습니다. 세상에 전체론적 관점이 도입되면서 유전물질이 단순히 증가하고 있으며, 자기 파괴적이고 고립주의적인 유전물질이 점진적으로 박멸되고 있을 뿐입니다.

이 모든 것을 읽고 나면 다음 질문을 하게 될 수 있습니다.
"자, 그러면 이 정보로 무엇을 해야 하는가? 이것이 이미 진화론적인 양자 도약으로 일어나고 있다면, 이 모든 것을 적용하려는 노력에 무슨 의미가 있는가?"
이것은 우리를 흥미로운 역설로 끌고 갑니다. 우리의 집단행동이 유전적 패러다임의 변화에 영향을 주는가? 아니면 유전적 변화가 우리의 행동에 영향을 미치는 것인가? 과학자가 후자를 선택하는 반면 진화론적 운동가나 영적 운동가들은 전자의 견해를 선택합니다. 언제나 그렇듯이 역설의 양면은 둘 다 진실입니다. 각각이 그 반대를 낳습니다. 거기에 우리의 유전자가 돌연변이를 일으키는 형태로 들어가는 영적인 힘이 있습니다. 그리고 거기에 상향으로 진화하여 우리의 행동을 더욱더 영적이게 만드는 유전적 힘이 있습니다. 무엇을 해야 하는지에 대한 해답은 59번째 그림자를 묵상하는 데에 있습니다.

세상은 자연스럽게 특정 방향으로 진화하고 있기 때문에, 당신의 행동은 그 방향으로 흐르거나 그 방향을 반대할 것입니다. 진화의 조류를 타고 싶다면 당신의 의제를 프로그램에 잘 맞출 수 있을 것입니다. 당신은 먼저 당신의 두려움을 들여다보고 숨겨진 의제를 깨끗이 치워야 합니다. 이 책을 쓰는 주된 이유 중 하나는 우리 중 더 많은 사람들이 내면의 악마의 눈을 들여다보고 이 고대로부터 내려오는 두려움을 구슬려서 없애도록 격려하기 위함입니다. 지금은 유전적 세탁물을 꺼내야 할 때입니다. 당신이 당신 자신에게나, 당신의 관계 또는 당신의 일에서든 어디서든 부정직한 곳에서 눈을 크게 뜨고 위축되지 않은 채 바라보아야 합니다. 이 59번째 그림자의 더 높은 주파수로 작업하고 그 선물을 열어야 합니다. 한 가지 확실한 점은, 만약 당신이 지금과 같은 때에 진화에 반대한다면, 당신은 불가해한 힘을 가진 반대 세력을 만나게 될 것입니다. 그런 힘은 궁극적으로 당신을 파괴할 것입니다. 왜냐하면 그것은 이기심과 분리에 뿌리를 두고 있는 그런 모든 행동을 파괴하고 있기 때문입니다.

억압적 본성 – 소외된Excluded

59번째 그림자의 억압적 본성은 소외된 느낌에 관한 것입니다. 소외된 느낌은 희생자 상태의 전형적인 예입니다. 왜냐하면 그것은 자신의 느낌에 책임을 지기보다는 다른 사람들을 비난하기 때문입니다. 이 사람들은 통제력을 잃어버릴 것을 두려워하는 뿌리 깊은 두려움에서 자신들을 무의식적으로 소외시킵니다. 당신이 다른 사람들에게 문을 열 때, 당신은 항상 통제력을 상실합니다. 그런 사람들은 실제로 자기를 소외시킴으로써 부정적인 관심을 끌려고 합니다. 또한, 당신이 소외될 때 당신은 기분이 나쁘더라도 방어기재를 그대로 유지할 수 있습니다. 소외되는 느낌은 실제로 중독성 있는 상태가 될 수 있습니다. 그것은 당신이 아직도 당신 자신의 감정적 환경을 통제하고 있다는 환상을 줍니다. 그러나 당신 자신을 포함시키려고 할 때 그 환상 전체가 순식간에 깨집니다.

반응적 본성 – 침해하는Intrusive

59번째 그림자의 다른 한쪽은 분노에 기초하고 있습니다. 소외되는 것에 대한 두려움이 여기에서는 억눌리지 않고 반응적으로 분노로서 표현되며, 그러면 그것은 타인을 침범하게 됩니다. 이 사람들은 문을 두드리면서 육체적으로나 감정적으로 다른 사람의 오라를 침해하려고 합니다. 그러다가 거부당하면 그들은 분노하고 스스로를 소외시킵니다. 그것은 다른 사람들을 비난함으로써 감정적 환경을 통제하려고 노력한다는 점에서 억압적 본성과 같은 전략입니다. 여기에서 차이점은 억압적 본성이 그것을 수동적으로 경험하는 반면, 침해하는 본성은 적극적으로 거부감을 겪는다는 것입니다. 침해하는 사람들은 건강하지 않은 감정적 관계에 중독될 수 있습니다. 그런 사람들은 거절을 피하기 위해 관계를 지배하려고 노력할 것입니다. 그것은 즉 그들에게 도전할 정도로 충분히 정직한 사람을 결코 만날 수 없다는 것을 의미합니다.

59번째 선물
친밀감Intimacy

승화와 독사

59번째 그림자의 59번째 선물 친밀감Intimacy으로의 변형은 많은 고대 전통과 예언의 주제입니다. 59번째 그림자가 동물적인 성적 취향의 억제되지 않은 생식력을 표현하기 때문에 당신은 그 주파수를 높임으로써 섹스의 초월적인 힘을 풀어 열 수 있습니다. 수천 년 동안 인류는 성에 관한 많은 이슈를 해결하려고 노력해 왔습니다. 특히 종교의 경우에는 그것이 지속적인 문제임이 증명되었습니다. 성이 억압되면 궁극적으로 건강하지 못한 왜곡된 행동을 초래하는 소모적인 힘이 될 수 있다는 것을 누구나 알고 있습니다. 이 59번째 유전자 키에 있는 순수한 유전적 압력은 우리 인간에게 커다란 개인적 사회적 딜레마를 일으킵니다. 고대 중국의 주역의 현자들이 59번째 헥사그램을 분산Dispersion이라고 이름 붙였을 때 그들은 이 힘이 할 수 있는 것이 무엇인지 정확히 알고 있었습니다. 그림자 주파수에서의 유일한 관심은 가능한 한 광범위하고 빈번하게 자신을 분산시키는 것입니다.

59번째 그림자는 오랫동안 일부일처제를 시도한 인간의 시도에 혼란을 일으켜 왔습니다. 실제로 여성과 남성은 이 유전자 키에 내재된 두려움에 서로 매우 다르게 반응합니다. 전통적인 남성의 반응은 한 여성의 덫에서부터 탈출하려고 하는 것입니다(이 덫에 걸린다는 두려움은 55번째 그림자의 극성입니다). 여성의 반응은 자식들에 대한 보호의 약속 때문에 남성의 오라를 붙잡으려고 시도하는 것입니다. 여성들은 자신의 유전자를 널리 퍼뜨리겠다는 남성의 충동을 직관적으로 이해합니다. 그림자 주파수에서 여성은 가능한 한 남성을 가까이 유지하려고 노력함으로써 반응하며, 따라서 남성에게서 반대 반응을 일으킵니다. ㅡ즉 남성은 그것으로부터 탈출하고 자유롭게 되기를 원하는 것입니다. 따라서 오랜 세월 동안 성의 전쟁이 계속되고 있는 것입니다.

그러나 더 낮은 주파수를 초월하고 더 높은 형태를 낳고자 하는 진화론적 충동이 59번째 그림자 속에 숨어 있습니다. 아마도 성에 대한 가장 깊은 전형적 상징은 뱀이나 용의 형상이며, 이 연금술적 상징 안에 59번째 선물의 열쇠가 숨어 있습니다. 독사나 용의 에너지는 자신을 변형시키려는 진화적 충동을 나타내며 뱀이 자신의 껍질을 벗어버리는 데에 반영되어 있습니다. 인간의 이런 성적인 힘은 항상 더 높은 의식 상태에 대한 약속을 하고 있으며 우리는 그것을 활용하려는 많은 기법과 시스템을 고안해 냈습니다. 이것은 다양하고 제한된 성공을 거두게 되는데, 그 이유는 변형하고자 하는 진화적 충동이 우리 안에 있기는 하지만 이 기재가 작동하는 시기를 강제할 수는 없기 때문입니다. 정원에서 어떤 특정한 꽃이 먼저 꽃을 피우는 것처럼, 자연은 항상 어떤 특정한 개인 안에서 일찍 꽃을 피웁니다. 그러나 우리의 성적인 개화가 준비되기도 전에 그것을 시도하고 강제하는 것은 위험할 수 있습니다. 그것은 때가 되면 올 것입니다.

55번째 유전자 키가 인간의 태양신경총 시스템을 돌연변이 시킴에 따라 성 기능이 더 높아질 수 있습니다. 이것은 출생 시 타고난 영구적인 기능이 될 것입니다. 이 과정이 어떻게 일어나는지를 이해하기 위해서는 성기능이 선물 주파수에 도달하고 진정한 친밀감을 발현시킬 때 성적인 힘에 무슨 일이 일어나는지를 더 깊이 바라보아야 합니다. 친밀감은 부드럽고 귀여운 상태로 보일 수도 있지만, 59번째 선물 '친밀감'의 실재는 다소 다릅니다. 친밀감이란 정직과 그림자 상태의 수용을 전제로 합니다. 이것은 남녀 간의 두려움의 차이가 인정되어야 하고 이해되어야 하며 존재하도록 허용되어야 함을 의미합니다. 이런 허용이 당신 존재의 기본 구조 자체를 뒤흔들어 놓으면서 성적인 힘의 최대치를 열어주는 밸브와 같은 역할을 할 수 있습니다. 우리를 두렵게 하는 이유가 바로 그것입니다.—왜냐하면 그것은 아주 원초적인 힘이기 때문입니다. 우리가 일반적으로 깨닫지 못하는 것은 우리의 성적인 힘이 완전히 받아들여지면 그 힘이 우리를 더 높은 상태로 열어준다는 사실입니다.

59번째 선물의 성적인 능력은 매우 모순적입니다. 그것은 창조적이면서 동시에 파괴적입니다. 오라 수준에서 그것은 사람을 분리시키는 것처럼 보이는 모든 간섭 패턴을 파괴합니다. 즉, 그것은 당신의 정체성이나 자아를 해체시킵니다. 우리 행성의 성의 핵심으로서 59번째 선물은 깊은 근본적 비선형 패턴을 가지고 있습니다. 현대 과학은 카오스이론을 처음 탐구하면서 59번째 유전자 키를 이해하기 시작했습니다. 성적인 에너지의 본성은 거칠고 유기적이며 통제할 수 없지만 혼돈 속에서도 보편적인 패턴을 따릅니다. 성적인 힘은 나선형의 힘입니다. 모든 생물들이 기본적으로 비슷한 기하학적 나선형의 형태를 가지고 있는 이유가 바로 그것입니다. 이 힘은 자연 전체를 통해 프랙털 기하학으로 알려진 것을 만듭니다.—그것은 모두 서로 연결되어 있지만 동시에 완전히 독특한 자가 유사self-similar 시스템입니다. 이런 창조적 변형 패턴과 기하학은 또한 인간관계에서도 발견됩니다. 친밀함의 힘은 두 개의 오라가 승화되는 과정에서 세 번째 오라를 만들기 위해 상호작용하는 힘입니다. 원래의 오라들이 더 차별화된 것일수록 초월의 가능성은 더 커집니다.

사람은 항상 두 개의 반대 극을 필요로 하며, 태양신경총 시스템의 다가올 돌연변이는 두 개의 극이 서로 만날 때마다 본질적으로 가마솥을 만듭니다. 그 가마솥 안에는 두 상대편의 오라장이 혼돈스럽게 융합되어 있으며, 연금술 과정을 통해 새로운 인식이 태양신경총 센터 위에서 시작됩니다. 이 과정의 실제 정점은 태양신경총 영역에서 발생하는 것이 아니라 가슴에서 일어납니다. 전통적인 비전 시스템에서는 몸 안의 힘의 중심을 단일 시스템의 일부가 아닌 별개로 간주하는 경향이 있습니다. 가슴 센터는 실제로 태양신경총보다 더 높은 선線, glandular 기능을 합니다. 가슴이 열리면 진정한 친밀감이 생겨 두 사람은 하나의 인식 안에서 서로 만나게 됩니다. 따라서 성의 승화로 알려진 과정의 진정한 본질을 파악하는 것이 중요합니다. 그것은 더 높은 출현이 감지되기 전에 혼란이 경험되어야 하는 엄청나게 충격적인 과정입니다. 이 과정이 현재 인간 유전자 풀 전체에 걸쳐 일어나고 있기 때문에, 오늘날 우리가 세상에서 보는 것은 이 세상의 오라가 혼돈스럽게 무너지는 것을 반영하는 것일 수 있습니다. 그것이 결정적인 절정에 이르렀을 때만 우리는 세 번째 인식의 탄생을 보기 시작할 것입니다. 이것은 이 새로운 인식을 수용하는 것이 유일한 목적인 새로운 종류의 인간의 탄생을 통해 물질적 차원에 반영될 것입니다.

59번째 시디
투명성Transparency

케찰코아틀Quetzalcoatl의 귀환

59번째 유전자 키 안에 숨어있는 진화적 충동의 최종 단계는 아마도 집단적 수준에서 수천 년 동안 우리 행성에서 일어나지 않을 것입니다. 그렇긴 해도 시간의 본질 자체가 너무 급격하게 변화하여 사물의 전체 개념이 오랜 시간에 걸쳐 우리에게 어떤 진정한 의미를 갖지 않게 될 것입니다. 태양신경총의 돌연변이는 본질적으로 우리의 행성의 가슴 센터가 열리는 것과 같습니다. 우리 대부분이 알고 있듯이, 사랑에 빠질 때 시간은 멈춥니다! 그림자로부터 선물로의 변형 너머에는 송과선과 뇌하수체의 뇌 화학 내에서 유전적 돌연변이가 일어나게 될 변형이 있습니다. 이 더 높은 과정은 투명성Transparency의 시디인 59번째 시디를 가져올 것입니다.

오늘날 우리가 이해하는 투명성이라는 단어는 시디 수준에서 그것이 의미하는 것과는 거리가 멉니다. 오늘날 투명하다는 말을 할 때, 우리는 다른 사람들과 의사소통에 있어서 개방적이고 정직하다는 것을 의미합니다. 투명성의 시디는 실제로 자아의 모든 측면이 창조의 바다로 되돌아가 분산되는 것을 의미합니다. 신화적인 의미에서 59번째 유전자 키와 55번째 유전자 키는 각각 양과 음의 힘을 나타냅니다. 59번째 선물은 씨앗, 또는 정액이며 55번째 선물은 난자입니다. 이 유전자 키의 주파수가 시디 수준에 도달하면, 이런 종류의 상징은 더 이상 이중성을 통해 기능하지 않으므로 의미가 없어집니다. 59번째 유전자 키의 정액은 모두 소비되고 난자는 더 이상 필요하지 않습니다. 당신이 남기는 것은 묘사할 수 없는 상태이며 진화를 넘어선 상태입니다. 투명성은 진화가 무의미해질 때 남는 것입니다. 유전적 수준에서 59번째 시디는 진화의 배후에 있는 원동력이기 때문에 육체 내에 존재할 수 없습니다. 투명성의 상태는 의제나 목적을 갖고 있지 않습니다. 그것은 단지 인식의 통로 역할을 할 뿐입니다. 따라서 59번째 유전자 키의 유일한 목적은 통합의 길을 가로막고 있는 모든 장벽을 무너뜨리는 것입니다. 이것이 일어났을 때 우리 유전자의 이런 측면은 더 이상 필요하지 않을 것입니다.

59번째 유전자 키는 통합의 고리Union of Ring로 알려진 유전자 코돈 그룹의 마스터 키입니다. 4번째, 7번째, 29번째 및 59번째 등 이 네 가지 유전자 키는 인간관계 패턴(및 그 기능 장애)을 오래 지배해 왔습니다. 그들의 궁극적인 역할은 인류를 더 높은 통합의 실현으로 인도하는 것입니다. 투명성으로 인도하는 순서는 4번째 유전자 키에 의해 촉발되어 용서Forgiveness의 과정에서 시작됩니다. 일단 당신의 인간관계를 하나의 거울로 사용하면서 자신을 용서하게 되면 당신은 덕(Virtue, 7번째 유전자 키)의 진정한 오라를 발견하게 될 것입니다. 일단 내면의 덕을 발견하면, 당신은 만나는 모든 사람에게서 동일한 신성한 근원을 알아보면서 자신을 다른 사람들에게 부어주기 시작합니다. 투명성으로 가는 진정한 출구가 바로 이 봉헌(Devotion, 29번째 유전자 키)입니다. 봉헌은 당신을 텅 비게 하고, 당신이 더 이상 다른 사람이나 다른 사물과 관계를 맺지 않는 정화된 높은 인식 상태로 데려갑니다. 투명성은 안과 밖이라는 개념 자체를 없애고 당신 자신의 존재 속으로 모든 것을 가져옵니다. 그것은 전체 삶의 영역에서 모든 것을 평등하게 만드는 가장 훌륭한 평등자입니다.

자연에서 59번째 선물은 모든 창조물의 근본이 되는 보편적인 기하학적 형태인 중도(中道, 중용中庸)로 나타납니다. 그러나 만일 우리가 이 시디를 전체적으로 표현하기 위해 중도로부터 나선형을 만들려고 시도한다면, 그 즉시 잘 알려진 수학적 난관을 만나게 됩니다. 왜냐하면 그런 도형은 시작도 없고 끝도 없기 때문입니다. 이것이 59번째 시디의 전형입니다.—그것은 자연에 나타날 수도 없고 수학으로 이해될 수도 없습니다. 그것은 단순히 존재하지 않는 것처럼 보이며, 따라서 투명성인 것입니다. 당신은 집단적 수준에 오른 투명성이 우주의 형태를 사라지게 하는 이유를 어쩌면 알 수도 있을 것입니다. 결국 이런 일이 발생할 때, 정말로 그것이 모든 형태를 앗아 간다면 우리 인류가 어떤 형태를 취하게 될지는 말하기가 어렵습니다. 만일 인류가 어떤 종류의 미래형을 택한다면, 그것은 우리가 이해하는 진화의 파생물이 더 이상 되지 않을 것이 확실합니다. 그것은 그 자체를 번식시킬 필요도 없습니다. 왜냐하면 그 존재 자체가 영원할 것이기 때문입니다.

앞으로 오는 시기에—어쩌면 심지어 오늘도—59번째 시디는 목전에 와 있습니다. 존재들은 이 시디의 모든 힘을 발현시키면서 세상으로 들어올 것입니다. 대중의식이 59번째 선물 친밀감을 규범으로 나타내기 시작하는 것처럼, 몇몇은 진동이 가장 희박해지는 상태를 나타내기 시작할 것입니다. 이들은 의제라는 모든 개념을 뛰어 넘은 사람들일 것입니다. 최종적인 의제는 진화입니다.—즉 성장의 여지가 아직 남아 있다는 생각입니다. 우리 세계의 형태가 진화를 계속할지라도, 그 형태의 근원이 되는 의식은 절대로 결코 진화할 수 없으며 진화한 적도 없습니다. 오로지 인식만이 진화할 수 있으며 이 선물과 시디를 통해 오는 변형과 돌연변이를 통해 매우 빠르게 진화하고 있습니다. 그러나 인식이 궁극적인 표현에 이를 때, 그것은 의식을 비추는 맑은 거울이 되며, 이것이 바로 투명성입니다. 그것은 어떤 추가적인 설명 없이 삶을 반영합니다. 그것이 우리 인간이 항상 꿈꿔왔던 상태입니다. 즉 세상을 판단 없이 바라보는 능력인 것입니다.

깃털 달린 뱀으로 상징되는 존재인 케찰코아틀(Quetzalcoatl, 고대 멕시코의 신, 털 있는 뱀, 물이나 농경과 관련된 뱀신)의 귀환을 말하는 고대 마야의 예언이 있습니다. 고대의 달력은 오랫동안 이 사건을 2012년과 일치시켜 연결해 왔습니다. 마야Maya에 따르면 그때 시간은 멈출 것이라고 합니다. 그런 예언은 말 그대로 받아들이지 않는 것이 가장 좋으며 집단 무의식에서 나오는 화학적 마커marker로 간주하는 것이 좋습니다. 59번째 유전자 키를 통한 의식의 여행은 케찰코아틀에 의해 적절하게 상징됩니다. 깃털 달린 뱀은 용의 상징과 동일합니다.—그것은 낮은 본성(뱀)과 높은 본성(새)의 조화를 나타냅니다. 이것은 정말로 우리가 지금 들어서고 있는 새로운 시대입니다.

대부분의 과학자들은 우리의 유전자가 생존을 위한 숨겨진 의제를 갖고 있으며 우리가 무슨 일을 하든 유전자의 생존이 위협받을 경우 돌연변이 할 수 있는 방법을 찾을 것이라는 말에 동의합니다. 유전자는 우리의 의식적 인식 밑에서 작동합니다. 심지어 신이 우리의 유전자 속에 감추어져 있다고도 말할 수 있습니다. 그러나 우리가 주파수를 올리기 전까지 우리는 신을 경험할 수 없습니다. 따라서 우리는 자신은 물론 다른 이들과의 상호작용에서 투명하게 되는 법을 배워야 합니다. 우리의 첫 걸음은 우리의 장벽을 허물고 우리의 두려움을 깊이 들여다보는 것입니다. 심지어 가장 깊은 유전적 두려움—사랑하는 사람들을 잃을 것을 두려워하는 것—은 우리 유전자가 배타적이지 않고 포괄적인 것임을 깨닫지 못하게 하는 미묘한 장벽으로 작용합니다. 모든 남녀는 우리의 유전적 형제이자 자매이며 어떤 한 개인, 가족, 종족 또는 국가도 섬이 아닙니다. 우리는 역사상 거대하고 변형적인 시기를 거치고 있는 하나의 유전적 종족입니다. 그 최종적인 결과는 우리의 통합이 될 것입니다.

60th GENE KEY

시디
정의
선물
현실주의
그림자
제한

파선

프로그래밍 파트너 : 56번째 유전자 키
코돈 고리Codon Ring : 가이아의 고리
(19, 60, 61)

생리 : 결장
아미노산 : 이소류신

60번째 그림자

제한Limitation

폐쇄회로 사고

60번째 그림자는 인류를 진화의 반대 방향으로 끌어당기는 가장 강력한 힘 중 하나입니다. 그것은 탈 진화와 한계의 힘이며 삶 자체에 대한 견제세력입니다. 그림자 주파수에 지속적으로 굴복할 때, 이 유전자 키는 죽음의 촉매 작용을 합니다. 60번째 그림자는 생명을 받아들이는 기능을 멈추게 할 것이며, 시간이 흐름에 따라 기본적으로 생명을 더 굳은 패턴으로 얼어붙게 만듭니다. 현대 세계에서 60번째 그림자는 어디에서나 볼 수 있습니다.– 혁신과 상상력이 금지되는 곳이나, 남성이나 여성이 인간이 된다는 것이 무엇을 의미하는지 잊어버린 것처럼 보이는 곳이면 어디에서나 나타납니다. 선택된 소수는 번창하고 있는 반면에 세계 인구의 더 많은 부분이 여전히 빈곤 속에 살고 있다는 사실이 60번째 그림자 때문입니다.

지금까지 인간의 진화에서 조화로운 세상에 대한 우리의 모든 꿈은 제한의 그림자, 이 힘 하나에 의해 좌절되었습니다. 때로는 우리의 의도가 아무리 좋다고 하더라도, 그들이 발현되는 것을 막고 있는 것처럼 보이는 힘이 있는 것 같습니다. 그러나 이 60번째 그림자는 더 높은 조화를 위한 훌륭한 집단 방출 코드이기도합니다. 그것은 힘에 굴복하지 않고 한 가지를 기다립니다.–시간입니다. 삶의 모든 것은 시간 속에서 순환합니다. 이것이 원래 주역의 배후에 숨겨진 위대한 계시였습니다. 64개의 상징 또는 헥사그램은 자연의 위대한 계획이 풀려 나오는 순차적인 코드를 담고 있습니다. 60번째 그림자의 주파수를 벗어날 수 없는 한, 60번째 그림자는 삶이 자신을 바로잡을 수 있는 내장된 기재를 갖고 있다는 것을 당신이 보지 못하게 할 것입니다. 그림자 주파수에서 이것은 당신으로 하여금 삶의 흐름을 불신하게 만듭니다. 때로는 진화의 흐름이 멈추거나 고착되어 있는 것처럼 보일 때가 있는데, 이것은 고정된 구조와 패턴을 깨고 나오지 못하는 인간의 무능력을 나타냅니다.

60번째 그림자와 선물은 구조에 관한 것입니다. 어떤 구조도 지속될 수 없다는 것이 모든 형태의 법칙입니다.—모든 구조는 쇠퇴하고 죽도록 프로그래밍되어 있습니다. 이것 하나만으로도 인생에서 많은 통찰력을 얻을 수 있습니다. 60번째 그림자는 인간이 구조에 과도하게 의존하는 것에 관한 것이며, 그 결과로 아주 특별한 어떤 것, 즉 마법의 죽음에 관한 것입니다. 마법은 논리적이고 순차적인 법칙을 따르지 않는 사건을 지칭합니다. 마법은 자발적이고, 매우 변화가 일어나기 쉬우며, 예측할 수 없고 통제할 수 없습니다. 그것의 가장 중대한 특성은 그것이 의미나 이해를 넘어선다는 것입니다. 60번째 그림자는 마법에 대한 최고의 비평가입니다. 그것의 유일한 목적은 삶의 흐름을 제어하고 본래의 것에서 벗어나는 일이 일어나지 않도록 막는 것입니다. 우리가 60번째 그림자의 아주 명확한 실례를 볼 수 있는 곳 중의 하나가 법률의 영역입니다. 우리는 우리 사회를 지배하는 법률을 제정하고, 그런 다음 그 법을 시행하기 위한 정교한 제도 속에 우리 자신을 가둬놓습니다. 법률의 원래 목적은 무고한 사람들을 보호하고 법률을 위반한 사람들에게 정의를 보여 주는 것이었습니다. 그러나 구조 자체는 종종 자신의 한계 속에서 너무 느려져 효율적으로 공정하게 작동하지 못하게 됩니다.

오늘날 평화를 기반으로 한 보편적 사회를 만드는 데 있어 단 하나의 가장 큰 한계는 빨간 테이프입니다. 너무도 많은 사회가 너무도 많은 법을 만들어 우리 인간이 우리가 만든 작은 상자 밖을 보거나 그 밖에서 행동하지 못하게 막고 있습니다. 법 자체는 사회적이거나 도덕적, 종교적 또는 경제적일 수 있습니다. 60번째 그림자에 대한 프로그래밍 파트너는 56번째 그림자 산만함Distraction입니다. 이 두 개의 쌍을 이루는 유전자 키가 어떻게 인간의 눈을 멀게 하여 우리가 진정으로 하고 싶은 것을 하지 못하게 하는지 보는 것은 쉬운 일입니다. 우리는 우리 자신이 만든 구조의 수렁 속에 너무 빠져 있습니다. 그리고 이런 구조로 인해 집중을 하지 못하여 실제로 우리 원래의 의도를 잊어버립니다. 세계 경제는 지구상에서 가장 큰 한계의 구조 중 하나입니다. 돈은 인류에게 엄청난 한계입니다. 돈의 존재는 우리를 묶고 우리의 행동을 통제하는 많은 법을 필요로 합니다. 우리 행성에 돈이 존재하는 한, 우리는 계속해서 우리의 종을 궁극적인 물질적 한계 속에 붙잡고 있을 것입니다. 마침내 돈이 사라질 때까지 우리는 진정한 물질적 자유를 결코 경험하지 못할 것입니다.

모든 구조는 결국 흔들리고 해체됩니다. 이 법칙은 역사를 통해 볼 수 있습니다.—모든 위대한 제국의 필연적인 몰락에서 볼 수 있으며, 그것은 하나의 공식이 되었습니다. 그런 몰락이 일어나게 되는 원인은 항상 구조 그 자체라는 것을 이해하는 것이 중요합니다. 구조는 삶의 필수적인 부분입니다. 그러나 모든 구조는 소모용입니다. 몸 자체는 지구와 마찬가지로 소비되는 구조입니다. 의식이 형태의 세계 속에 계속 침투하기 위해서는 형태 자체가 변형될 때까지 구조가 항상 필요할 것입니다. 이것이 우리 인간이 기억해야 하는 열쇠입니다. 60번째 그림자는 내재하는 영혼이나 생각에 초점을 맞추는 대신에 형태에 대한 지나친 애착과 과도한 의존을 만들어냅니다. 이 60번째 선물의 가장 높은 측면은 보편적 정의—60번째 시디의 개념입니다. 사람이 물질적인 구조에서 이 아름다운 개념을 포착하려 할 때 무슨 일이 일어나는지, 그것이 얼마나 쉽게 변태가 되고 사소한 법 안에서 얼마나 자주 질척거리고 있는지 정확하게 볼 수 있습니다.

그림자 제한Limitation의 다른 측면은 과거에 관한 것입니다. 사람들이 오래된 사고방식으로 갇혀 있을 때마다 60번째 그림자가 작동합니다. 이것은 새롭고 혁신적이고 독창적인 것을 극히 혐오하는 그림자입니다. 그것은 변화와 젊음의 천적입니다. 이것은 인간의 DNA 내 깊숙한 원형으로서 세상의 젊은이들을 통제하고 억압하려고 항상 시도해 왔습니다. 현대 학교 시스템의 많은 경직된 구조는 아주 어린 나이부터 젊은이들의 마음을 구조화시키고 균일화시키고 포장합니다. 아이들의 큰 한계 중 하나는 몸이 밖으로 뛰어나가 달리고 삶을 탐구하고 싶어 하는 나이에 실내에서 책상 앞에 앉아 있어야 한다는 것입니다. 아이들의 발달하는 마음과 몸과 감정에 일찍부터 구조를 부과하는 것이 모든 사회 계층의 어린이들로부터 반응적인 행동의 반발을 불러 일으켰습니다. 젊음을 구속하는 것은 결국 당신을 괴롭히는 좋지 않은 심각한 결과를 불러들입니다.

60번째 그림자의 진정한 힘을 볼 수 있는 가장 큰 영역 중 하나는 종교에 있습니다. 종교 제도를 통해 우리 사회에 부과된 도덕률은 지구상에서 가장 오래된 것 중 일부입니다. 우주의 도덕법은 시스템이나 구조가 구현될 필요가 없이 존재합니다. 우리가 법을 강화하면 할수록 더 많은 반응이 일어나며, 결과적으로 우리는 더 많이 그들을 단속해야 합니다. 이것은 60번째 그림자의 전형적인 피드백 고리입니다. 그것은 통제와 반응이 저절로 영원히 계속되는 악몽입니다. 예를 들어, 60번째 그림자는 코란이나 성경의 모든 단어를 글자 그대로 받아들여야 한다고 주장할 것입니다. 이런 종류의 오래된 규범이나 법을 엄격히 준수하는 것은 인간의 정신을 심히 제한하고 구속하는 것입니다. 우리는 무엇이 옳고 무엇이 그른지 누구로부터 들을 필요가 없습니다. 우리는 우리 자신을 위해서 이것을 결정할 수단이 있습니다. 시대에 맞게 의문을 제기하거나 적응하지 못하는 코드나 시스템은 탈 진화적인 힘이며 따라서 결국 쇠퇴하게 되어 있습니다.

물론 모든 것 중 가장 큰 한계는 인간의 사고 그 자체입니다. 이곳은 60번째 그림자가 개인의 수준에서 삶을 목 조르려고 노력하는 곳입니다. 우리의 문화적 조건화로 인해, 마음은 어떤 특정한 정신 구조 안에서 사고하는 데 익숙해지고 그 구조 안에서 편안함을 느끼게 됩니다. 60번째와 61번째 유전자 키는 그들과 관련된 코돈 고리인 가이아의 고리Ring of Gaia가 직접 화학적으로 연결되어 있습니다. 61번째 선물 영감Inspiration은 마음이 순간적으로 습관적인 구조에서 벗어날 때 일어납니다. 예를 들어 대부분의 사람들은 마법처럼 생각하지 않습니다. 말하자면 그들은 영감이 언제든지 들어올 수 있도록 두뇌 안에 문을 열어 두지 않습니다. 마술이 죽어버린 주된 이유는 폐쇄 회로 사고입니다. 거기에서 마음은 익숙한 패턴과 사고 체계를 따라 맴돕니다. 그것을 벗어나 생각하지 못하고 말입니다. 모든 자기 제한적인 형태가 궁극적으로 세상에 들어오게 된 것이 바로 이 폐쇄 회로 사고입니다.

억압적 본성 – 비구조화된Unstructured

60번째 유전자 키가 억압될 때, 그 결과로 삶 속에서 깊은 구조의 결핍이 일어납니다. 세포 수준에서 이런 구조는 실제로 신체적인 문제나 질병을 일으킬 수 있습니다. 왜냐하면 그런 구조는 유기체의 생리 기능을 결합시키기 때문입니다. 그런 사람들의 삶은 진정한 본성과 일치하지 않기 때문에 결코 조화로워 보이지 않습니다. 이 사람들은 삶에 강한 구조가 필요합니다.– 예를 들어 가족, 직업, 방향 감각 같은. 이런 종류의 구조가 없다면, 그들은 세상을 떠돌아다니고 그들의 잠재력은 낭비되는 것처럼 보입니다. 그들은 오래 지속되는 어떤 일에도 관여한 적이 없는 것처럼 보이며 상황을 계속 바꿉니다. 그들은 구조와 헌신을 두려워하며, 이 두려움이 그들로 하여금 자신의 재능이 꽃을 피우도록 도와주는 올바른 협력자나 환경을 찾지 못하게 합니다.

반응적 본성 – 경직된Rigid

60번째 그림자가 분노를 통해 표현되면 깊이 지배적이 되려고 하고 경직됩니다. 이 사람들은 자기들이 말하거나 행동하는 것에 대해 질문하도록 놔두지 않습니다. 그들은 어떤 비난도 허용되지 않는 것처럼 행동하고, 누군가가 그들을 반대하면 분노에 휩싸여 맹렬히 비난합니다. 이 그림자의 반응적 본성은 형태와 구조에 지나치게 의존하여 결국은 구조 안에 있는 본래의 정신이나 아이디어를 해치게 됩니다. 이 사람들은 새로운 아이디어나 일을 하는 방식이 그들의 안전에 위협이 된다고 생각하고 그에 따라서 반응합니다. 그들은 관계를 진정으로 이해하지 못합니다. 왜냐하면 다른 사람들이 자신의 행동 규범이나 의견을 위반하는 것을 허용할 수 없기 때문입니다. 그들이 삶에 대한 목조르기를 놓아버리지 못하는 한, 그들은 결국 위축되고 쇠퇴하게 될 것입니다.

60번째 선물
현실주의Realism

마법의 상식

60번째 선물을 가진 사람들은 세상에서 매우 인기가 많습니다. 한 가지 주된 이유는 그들이 형태의 세계의 한계를 이해하고 따라서 형태의 세계 속에서 표현하는 법을 알기 때문입니다. 이것이 이 60번째 선물의 맥락에서 말하는 현실주의입니다. 그것은 젊음과 지혜의 균형을 맞추는 능력이며 구조가 있는 이상주의입니다. 그것은 모두 세상을 바꿀 멋진 아이디어를 갖고 있지만, 60번째 선물의 현실주의가 없으면 이 아이디어는 어쩌면 아무것도 되지 못할 것입니다. 60번째 선물의 또 다른 동의어는 상식의 선물일 것입니다. 상식은 모든 인간에게 내재되어 있지만, 사람이나 사회가 구조의 수렁에 너무 깊이 빠질 때마다 상실됩니다. 우리 인간이 창조에 효율적이고 조화롭게 진화하고 협력하는 것은 상식을 통해서입니다. 이 60번째 선물에 내제된 힘과 잠재력은 결코 당연한 것으로 여겨서는 안 됩니다.

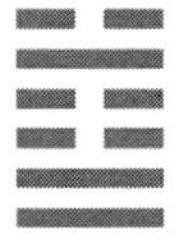

60번째 선물을 가진 사람들은 물질세계에서 뿌리를 내릴 새로운 것은 어떤 특정한 법을 따라야 한다는 것을 이해합니다. 물질세계에서 발현의 주요 법칙은 구조에 기초를 두고 있습니다. 구조가 없는 혁신은 지속되지 않을 것입니다. 씨앗은 자신을 보호하기 위해 단단한 껍질을 필요로 하며, 강은 방향을 잡아 줄 둑이 필요합니다. 60번째 선물은 변화를 위한 에너지가 세상 속으로 들어올 수 있도록 강력한 둑을 만드는 것에 관한 것입니다. 이 60번째 선물의 관점에서 현실적이 된다는 것은 세상에는 빨간 테이프가 많이 있으며 그것과 맞붙어야 한다는 것을 이해하는 것을 의미합니다. 이 선물의 역할에 대한 전형적인 비유는 생기가 넘치는 어린 싹을 오래된 강한 뿌리줄기에 접목시키는 비유입니다. 이 비유에서 60번째 선물은 뿌리줄기이며, 그것은 기존의 법이나 전통과 함께 일하고, 그들과 대적하기 보다는 그들을 통해서 변화를 가져오는 능력을 나타냅니다.

60번째 선물을 가진 사람들은 정신적, 정서적 또는 육체적인 구조를 만드는 달인입니다. 이런 구조 자체는 새로운 아이디어와 에너지를 위한 기지를 가지고 있으며 그와 같은 것들은 그들을 통해서 오는 에너지보다 덜 중요합니다. 이것이 60번째 선물이 알고 있는 것입니다.–그것은 구조가 결국은 돌연변이하거나 심지어 죽을 것이지만 내면의 정신은 계속 나아갈 것이며 필요한 경우 그것을 담을 수 있는 새로운 구조를 찾을 것임을 알고 있습니다. 60번째 선물은 사람을 달에 데려다주는 우주선과 같습니다. 일단 사람이 달에 도착하면, 우주선은 더 이상 필요하지 않습니다. 그러나 그것의 창조물은 다른 더 진보된 구조가 진화하도록 허용합니다. 이 직유를 더 깊이 들어가자면, 현실주의의 선물은 달에 도착한다는 생각과 그 생각을 실제로 실현하는 데 필요한 거대한 물리적 경제적 요구 사항 사이의 균형을 유지하는 것에 관한 것입니다. 그러나 이 유전자 키의 진정한 본질은 아이디어 측면이나 구조 측면에서 균형감을 잃지 않는 것입니다. 우리는 이미 구조적 측면에 과도하게 의존할 경우 대부분의 아이디어가 수렁에 빠져 결코 생겨나지 않거나 원래의 비전에서 멀어지게 된다는 것을 보았습니다.

우리가 또한 보았듯이, 이 60번째 유전자 키에는 위대한 마법 능력이 있으며, 어떤 사람들은 그것이 현실주의의 선물이라고 불리는 것이 아이러니하다고 생각할 수 있습니다. 사실 진정한 의미에서 현실주의는 항상 마법을 포함하고 있습니다. 현대 양자물리학에서 우리는 모든 물질이 진동하는 에너지장으로 만들어져 있다는 것을 알고 있습니다. 그러므로 형태의 세계에 있는 모든 구조물은 실제로 환상입니다. 어떤 예상치 못한 일이 발생할 수도 있는 틀입니다. 마술이 일어나기 위해 필요한 유일한 것은 어떤 형태의 구조와 열린 마음입니다! 이것은 놀라울 정도로 단순한 기준으로 보일지 모르지만 세상에서는 거의 발견되지 않습니다. 우리는 대개 60번째 그림자의 무게로 짐을 지고 있는 사람들을 봅니다. 말하자면 그들은 커다란 인상적인 구조와 체계를 가지고 다니지만 그 구조와 동일시하고 그 구조에 달라붙어 그것이 원래의 아이디어를 질식시키고 있습니다. 우리 인간은 불확실성을 불편해 하며 마술을 신뢰하지 않습니다. 따라서 우리는 시스템, 종교, 법률, 그리고 사고방식에 집착합니다.

가장 미묘한 구조 중 하나는 언어 그 자체입니다. 그러므로 60번째 선물을 가진 사람들은 언어에 매여 있지 않는 한 언어의 달인일 수 있습니다. 언어는 영토가 아니라 변화를 표현할 수 있는 수단입니다. 당신은 변화에 대해서 영원히 이야기할 수 있으며 그 아이디어와 생각 자체에 사로잡힐 수 있습니다. 그러나 어떤 것이 정말로 세상에 새롭게 들어오기 위해서는 언어가 하나의 주파수를 표현하는 수단으로서 장난스럽게 사용되어야 합니다. 그것은 변화의 에너지를 갖고 있는 주파수입니다. 언어는 단순히 음악에 공명하는 수단일 뿐입니다. 우리 모두는 대중적인 마술에서 마술사가 우리의 정신을 산만하게 하고 그런 다음 우리가 다른 곳을 보고 있을 때 속임수를 연출한다는 것을 알고 있습니다. 똑같은 방법으로 60번째 선물은 실제 에너지가 눈에 띄지 않게 사람들에게 들어가는 동안 사람들의 주의를 산만하게 하는 수단으로 언어나 그 밖의 다른 어떤 형태도 사용할 수 있습니다.

이 60번째 선물은 사실상 음악과 관련이 있습니다. 본성이 음향적입니다. 세상으로 들어오는 모든 새로운 형태는 이 유전자 키를 통과해야 합니다. 인간 화학은 가장 깊은 수준에서 음악적이며 인간은 자신의 기분과 에너지의 변화를 통해 음악을 경험합니다. 60번째 선물은 삶의 리듬에 대한 불확실성과 예측 불가능성을 깊이 받아들일 것을 요구합니다. 이 사람들은 아무것도 움직이지 않는 것처럼 보이는 자연스러운 시기가 있음을 이해합니다. 그런 시기는 갑자기 올 수도 있으며 또 갑자기 갈 수도 있습니다. 그들은 우리의 기분 변화와 갑작스러운 징후의 폭발을 일으킵니다. 60번째 선물은 발현되기 이전의 어둠 속에 마법이 있다는 것을 알고 있으며 이 필수적인 생명의 과정을 방해해서는 안 된다는 것을 알고 있습니다. 현실적이라는 것은 형태 안에 존재한다는 것의 자연스러운 한계를 받아들이며 그것의 희생양이 되지 않는다는 것을 의미합니다.

60번째 유전자 키는 아미노산 이소류신isoleucine을 암호화하는 유전자 키(19번째와 61번째) 세 가지 중의 한 부분입니다. 이것은 21 개의 모든 코돈 고리 중에서 가장 매혹적인 가이아의 고리입니다. 가이아의 고리는 인식이 우리 지구의 모든 다른 생명체 사이에서 움직이는 것을 방해하거나 허용합니다. 감수성Sensitivity의 선물을 가진 19번째 유전자 키는 더 높은 유전적 기능으로 열리는 잠재력을 갖고 있으며, 그것은 다른 생물의 내부에서 사는 것이 어떤 것인지를 직접 체험할 수 있게 허용할 것입니다. 감수성의 정상에서 이 코돈은 지구의 생명체 모두가, 감각적이거나 무생물적인 것을 막론하고 양자적 통합을 경험할 수 있게 해줍니다. 60번째와 61번째 유전자 키, 그리고 그들의 선물인 현실주의Realism와 영감Inspiration은 이 행성과 그 유기적 구조 내에서의 우리의 역할에 관한 깊은 비밀을 담고 있습니다. 60번째 유전자 키는 가이아 자신의 형태의 순수한 물질적 밀도를 나타내는 반면, 61번째 유전자 키는 지구의 중심 깊숙이 묻혀 있는 마법을 가리킵니다. 주역의 61번째 헥사그램의 원래 이름은 내면의 진실Inner Truth이며, 이것이 가이아 고리의 아름다움입니다. 가장 작은 나노 입자에서부터 우주 자체에 이르기까지 모든 것은 그 중심에 똑같이 빛나는 보석이 있습니다.

가이아 인식의 최고 정상이 되는 것이 인류의 책임이며 커다란 특권입니다. 우리는 그녀의 눈과 귀입니다. 우리는 그녀의 마음 바로 그것입니다. 진정으로 가치 있는 모든 것은 형태 안에 숨겨져 있습니다.—당신의 몸 안에, 지구의 핵 안에, 당신 내면 존재의 진동하는 구조 안에 있습니다. 그것은 모두 안쪽으로 뿌리를 두고 있습니다. 인류가 내면의 공간을 발견해야 하는 이유, 우리가 영감을 얻기 위해 내면으로 향해야 하는 이유가 바로 이것입니다. 우리의 모든 문제와 도전에 대한 모든 해답은 자연의 생명체와 구조에 숨겨져 있으며, 그 모든 구조와 생명체는 우리 DNA의 각 분자 내부에 소우주 형태로 박혀 있습니다. 상식은 마술에 반대되는 것이 아닙니다. 우주의 모든 것에 열린 마음으로 있는 것이 상식입니다. 왜냐하면 모든 것의 중심에는 똑 같은 경이로운 내면의 빛이 있기 때문입니다.

60번째 시디

정의Justice

머카바Merkaba, 어스십Earthship

60번째 시디는 극도로 희귀한 시디입니다. 삶에는 아주 단순하게 신비일 뿐인 일들이 있습니다. 이 60번째 시디가 그들 중의 하나입니다. 그것은 정의Justice라고 불리지만 시디의 맥락에서 이 단어의 진정한 의미는 우리의 일반적인 해석과는 완전히 다릅니다. 우리가 이미 보았듯이, 60번째 유전자 키는 물질세계를 지배하는 법칙과 한계에 관한 것입니다. 선물 수준에서, 이런 법칙들이 보이는 것과는 아주 다르며(양자물리학의 현대 과학적 견해에 반영됨) 물리적 실재를 관장하는 법칙 밖에서 작동하는 힘이 있는 것처럼 보인다는 지적인 이해가 있습니다. 이 힘은 신, 은총, 마술, 운명 또는 심지어 기회라고 불릴 수 있지만, 사실 그것은 인간의 통제를 벗어나 있습니다.

인간이 시디 상태에 도달할 때, 그것은 희귀한 사건입니다. 우리 모두는 보편적 의식의 장을 통해 서로 연결되어 있기 때문에 이 사건은 지각되는 모든 삶에 영향을 미칩니다. 이 상태에 있는 사람이 다른 사람들을 보는지의 여부는 중요하지 않습니다. 이들의 실현은 인간 의식의 대양에서 큰 파도를 만들어내고, 이 높은 주파수의 서지에서 일어나는 파도는 모든 인간에게 영향을 미칩니다. 시디의 취향, 즉 특정한 코딩에 따른 의식의 급증은 여러 방식으로 우리의 우주에 영향을 미칩니다. 예를 들어 보편적 사랑Universal Love의 25번째 시디를 달성한 누군가는 지구와 그 이상의 차원에 있는 모든 존재와 생물을 둘러싸고 연결시키는 집단적 가슴의 장에 거대한 틈을 열어 활성화시킵니다. 그런 사건은 형태의 세계 속에서 모든 종류의 돌파구로 이끌어줄 것입니다.

어떤 존재가 60번째 시디를 통해 자기실현을 달성할 때, 아주 특별한 일이 일어납니다(그리고 그림자 의식에게는 아주 두려운 일이 일어납니다). 물리적 존재를 지배하는 근본적인 법칙은 느슨해지며 어떤 경우에는 완전히 부서집니다. 집단적 유전의 수준에서, 이런 종류의 사건은 프레임시프트 돌연변이(frameshift mutation, DNA에 하나 또는 그 이상의 뉴클레오티드가 부가되거나 혹은 결실缺失됨으로써 유전 암호의 해독틀이 이동하여 어긋나 일어나는 돌연변이)라고 불립니다. 그것이 일어날 때, 인간 DNA 전체 내의 해독틀이 변하여 유전 암호가 번역되는 방법이 완전히 달라집니다. 거시적 수준에서, 이것은 인류 역사에서 아주 자주 발생하지는 않았으며, 이런 이유에서 이 60번째 시디는 여전히 신비로 남아 있습니다. 신성한 수준에서 실현된 진정한 정의는 인간이 쉽게 이해할 수 있는 현상이 아닙니다. 그러나 정의의 도래는 집단정신 안에 잠복되어 있으며 60번째 유전자 키와 DNA 내의 화학적 상대물질을 통해서 반영됩니다. 따라서 거의 모든 문화에는 어느 날 신이 지구로 내려와 모든 생명체에 대한 심판을 선언할 미래를 약속하는 신화나 종교가 있습니다. 예를 들어, 심판의 날이라는 기독교 개념에서 구체화된 이 신화는 60번째 시디의 힘에 싫증난 인간의 해석입니다.—이것이 우리가 신성한 정의라고 이해하는 것입니다.

우리 인간은 도덕성을 기준으로 생각하기 때문에 일반적으로 정의를 처벌과 보상이라는 측면에서 봅니다. 자주 우리는 정의를 응징이라는 관점에서 봅니다. 심지어 가장 정교한 영적이고 과학적인 체계조차도 삶을 인과관계 또는 카르마의 관점에서 생각합니다. 이것은 이원론적인 현실에 붙잡혀 있는 한계 때문입니다. 그러나 정의의 진정한 개념은 전혀 법에 묶여 있지 않습니다. 그것은 비인과적acausal으로 가장 잘 설명될 수 있습니다. 어떤 것이 비인과적일 때, 그것은 우리가 보거나 이해할 수 있는 어떤 아무런 이유 없이 일어난다는 것을 의미합니다. 비인과적 현실에서 원인은 결과로 이어지지 않으며, 따라서 우리가 이해하는 정의는 있을 수 없습니다. 만일 누군가가 비인과적 세상에서 누군가를 죽인다면, 그들은 결코 처벌받지 않을 것입니다. 거기에는 이중성 같은 것이 없을 것입니다. 따라서 그런 범죄를 저지르는 별도의 사람이 존재하지 않을 것입니다. 그렇다면 우리는 그런 현실을 어떻게 상상해야 할까요? 대답은 '할 수 없다'입니다.

60번째 시디는 정말로 심판의 날을 나타냅니다. 옳고 그름, 좋고 나쁨, 공정과 불공정의 환상이 끝나는 것입니다. 60번째 시디는 시간의 법칙으로 시작하여 우리 현실의 모든 법칙을 깨뜨립니다. 우리가 시간을 하나의 순서로 보는 반면, 60번째 시디는 모든 시간을 현재에 경험합니다. 이는 곧 사상事象의 지평선(event horizon, 블랙홀의 바깥 경계)또는 직선성이라는 것은 없다는 의미이여, 이 시디를 나타내는 사람은 따라서 시간을 통해 이동할 수 있다는 뜻입니다. 60번째 시디가 깨뜨리는 두번째 법칙은 형식 자체를 유지하는 법칙으로서 우리가 중력이라고 부르는 것입니다. 즉, 이 사람들은 시간을 통해서만이 아니라 공간을 통해서도 여행할 수 있습니다. 원자를 잡고 있고 우주 안에서 질서를 유지하는 중력의 법칙은 이 시디에 의해 완전히 박살납니다. 우리의 대중적인 신화에는 날아다니는 사람들의 목격자 이야기나 다른 세계에서 온 존재들에 대한 많은 이야기가 담겨 있습니다. 이 이야기 중 일부는 60번째 시디의 발현에서 나온 것일 수도 있습니다. 많은 비전 학파들은, 그중에 티베트인, 도교주의자, 이집트인 등이 있는데, 빛의 몸body of light이나 무지개 몸rainbow body을 달성한 마스터들에 대한 상세한 설명을 하고 있습니다. 이들은 형태의 세계를 지배하는 법칙이 깨진 사례이며, 이는 신체의 물리적 운반체의 돌연변이를 통해 나타납니다.

인도에는 바바지Babaji로 알려진 신화적인 히말라야 요기가 있습니다. 수세기 동안 때때로 형태로 물질화되어 나타났다가 다시 사라진다는 등 이 사람을 둘러싼 많은 신화가 있습니다. 다른 문화에도 대중적인 상상력에 불을 붙이지만 일반적인 의식으로는 미신으로 여겨지는 유사한 전설과 이야기가 있습니다. 이 60번째 시디에는 엄청난 마술이 숨겨져 있습니다. 그것은 비인과적이기 때문에 진정한 마법입니다. 그것은 배우거나, 통달하거나, 모방할 수 없습니다. 어떤 존재가 60번째 시디를 통해 깨달음을 얻을 때마다, 마법이 이 존재를 통해 쏟아져 나오며, 그들은 형태의 법칙을 깨뜨리는 상징이 됩니다.

집단적인 수준에서, 60번째 시디는 마지막 시디 중 하나가 될 것입니다. 이것이 우리가 그것을 항상 심판의 날Judgement Day이라고 해석하는 이유입니다. 60번째 시디가 여러 존재에서 발화하기 시작하면, 우리가 알고 있는 세상의 마지막이 될 것입니다. 모든 것이 정말로 진정한 의미로 밝혀질 것입니다. 지구를 유지시키고 있던 법칙들이 깨질 것이고 우리 지구는 변모하기 시작할 것입니다. 60번째 시디는 특정한 비전 학파에 의해 머카바(merkaba 신의 전차, 영혼의 전차, 이 전차를 타고 우리는 영혼의 상승과 이동을 할 수 있다고 함), 또는 빛의 전차로 알려져 왔습니다. 진정한 집단적 머카바는 지구 자체, 즉 가이아의 영혼입니다. 지구가 사라질 때, 그것은 갑자기 일어날 될 것이고 우리가 가이아라고 부르는 의식을 가지고 있던 모든 세포는 다른 실재로 이동할 것입니다. 오직 그때만 우리는 신성한 정의가 무엇을 의미하는지 실제로 알게 될 것이며, 그것은 개인적인 차원에서는 아무런 의미가 없을 것입니다. 우리는 이 사건이 어떤 모양이 될지 또는 어떤 느낌일지 전혀 모르지만, 60번째 시디를 가진 사람들은 이 궁극적인 마술적 사건의 열쇠를 가지고 있습니다. 그리고 우리는 60번째 시디의 관점에서 이런 일이 이미 일어났음을 기억해야 합니다. 모든 인간 존재는 이것이 우리의 미래하는 것을 알고 있습니다. 왜냐하면 그것은 우리의 물질적인 DNA의 깊은 한계 속에 비밀리에 암호화되어 있기 때문입니다. 그러나 어떤 신성한 법은 우리 자신의 본성의 더 높은 측면을 우리가 보지 못하도록 은폐합니다. 우리는 마침내 그들을 볼 수 있도록 진화해야 하며, 우리가 넘어서서 진화해야만 하는 두 가지 커다란 법칙은 중력과 시간입니다.

이 두 법칙은 절대적인 것이 아니며 완전히 인식과 상대적입니다. 우리 DNA의 이중 나선은 이 두 법칙에서부터 소우주적으로 구성되어 있습니다. DNA는 기억을 가지고 있으며 그것은 지각적인 삶을 위한 살아 있고 진화하는 지역 구조로 작용합니다. 진화는 시간을 요구하고 위치는 공간을 요구합니다. 인식이 이 두 법칙을 넘어 서면, 그들은 허위가 아니라 더 높은 신의 법칙이 낮은 주파수로 표시된 것으로 간주됩니다. 우리 인간의 형태를 넘어서 다른 실재와 차원이 존재합니다. 우주는 차원 간의 생명 형태로 바글거리고 있습니다. 보다 진보된 삶의 형태에서 DNA의 거울은 더 이상 이중 구조가 아니라 삼중 나선 구조입니다. 삼중 나선은 공간과 시간을 초월하여 모든 존재를 하나로 묶어 인식을 해방시켜 방해받지 않고 우주를 여행할 수 있게 합니다. 그러나 삼중 나선은 탄소를 기반으로 하는 생활 형태를 지원할 수 없습니다. 그것은 훨씬 더 미묘한 구조 또는 운반체—우주 자체의 근본적인 기하학을 필요로 합니다.

61st GENE KEY

시디
성스러움
선물
영감
그림자
정신병

신성 중의 신성

프로그래밍 파트너 : 62번째 유전자 키
코돈 고리Codon Ring : 가이아의 고리
(19, 60, 61)

생리 : 송과샘
아미노산 : 이소류신

61번째 그림자
정신병Psychosis

'왜' 라는 압력

정신병이라는 단어에 대한 사전적 표준 정의는 "모든 종류의 정신적 결함 또는 정신 착란"일 것입니다. 정신병을 일반적으로 화학에 바탕을 둔 정신적 고통이라고 볼 때, 그것은 체계적이지 못한 생각과 망상적인 믿음과 관련이 있습니다. 아마도 그 핵심 특징은 그런 병에 걸린 사람들이 대개 자신의 고통을 인식하지 못한다는 것일 것입니다. 정신병에는 가벼운 것부터 심한 것까지 정도에 따라 여러 단계가 있습니다. 정신병으로 인정되는 것은 인간이 사회에서 자신이나 타인을 위험에 빠뜨리지 않고 기능할 수 없는 더 심한 형태입니다. 그러나 61번째 그림자가 보여줄 것은 현실과의 접촉 상실을 수반하는 정신병이, 질병 자체의 본질을 이해한다고 주장하는 사람들을 포함해서 거의 모든 인간의 배경 의식이라는 것입니다. 심리적 공동체나 또는 실제로 더 넓은 공동체에 충격을 주는 말이겠지만 정신병은 사실 오늘날 세계의 대중 의식의 일상적인 평범한 상태입니다.

61번째 그림자에서 마음의 진정한 본성은 모호하게 되어 있습니다. 마음의 진정한 본성은 61번째 시디 성스러움Sancity에서 말로 표현될 수 있는 한 많이 묘사되어 있는데, 거기에서 마음은 비어 있는 공空으로, 또는 어쩌면 더 명확하게는 무한한 공간으로 간주됩니다. 그러나 오늘날 우리가 알고 있는 마음은 병들어 있습니다. 그리고 그 이유는 단 한 가지입니다.—자기 자신을 찾으러 다니기 때문입니다. 세상 사람들에게 '왜'라는 질문이 만연되어 있는 것은 바로 이 61번째 유전자 키의 좁은 문을 통해서 나온 것입니다. '왜?'라는 이 질문은 사실 우리의 현재 인식의 한계에서 비롯된 일탈입니다. 수천 년 동안, 특히 지난 몇 백 년 동안 인류가 취한 방향을 강화시킨 것도 이 질문입니다. 인간의 두뇌에는 무의식의 가장 깊은 곳에서 계속 솟아오르는 이 질문에 대한 답을 찾으려는 엄청난 압력이 있습니다.

두뇌의 좌우 반구 모두가 이 질문에 대한 답변으로 씨름하지만 궁극적으로는 실패하게 되어 있습니다. 우뇌는 종교를 통해 압력을 끝내는 방법을 찾으려 하는 반면에, 좌뇌는 과학을 통해 압력을 끝내는 방법을 찾으려고 합니다. 그 압박을 덜어내지 못하는 핵심은 61번째 그림자의 프로그래밍 파트너인 62번째 그림자 지능Intellect에서 찾을 수 있습니다. 61번째 그림자로부터의 압력은 신경학적으로나 화학적으로 인간의 지능으로 직접 전달됩니다. 그것은 처음부터 그 압력을 질문으로 바꾸는 것입니다. '왜'라는 단어는 모든 단어의 첫 단어이며, 그것으로부터 인류의 모든 다른 언어가 태어났습니다. 61번째 유전자 키와 62번째 유전자 키의 결합은 매우 신비로운 결합입니다.

인류의 마지막 진화적 도약—55번째 유전자 키를 통해 촉발된 양자 도약—이 일어날 때까지 우리는 정신병의 상태에 머무를 것입니다. 우리의 마음은 질문에 대한 답을 찾기 위해 의식적으로나 무의식적으로 계속해서 우리를 몰아붙일 것입니다. 아니면 질문 뒤에 숨겨진 압력을 벗어나는 방법을 찾으려고 시도할 것입니다. 현대 인간 진화의 원호는 이 질문에 의해 촉발되었습니다. 그래서 당신은 그것이 어떤 숭고한 목적을 가지고 있는지를 볼 수 있습니다. 그럼에도 불구하고 그것은 깊고 깊은 딜레마를 만들어냅니다.—우리가 현실을 실제로 경험하는 것을 방해하는 것입니다. 모든 정신병적 상태와 마찬가지로, 우리는 우리 자신의 정신병을 알지 못합니다. 인간이 필연적으로 자기 파괴로 빠져 들어가는 것을 알고 볼 수 있게 된 민감한 사람들조차도 딜레마에 빠져 있습니다. 딜레마는 정신병 안에서 정신병을 고칠 수는 없다는 것입니다. 고대 문명은 세상에 던져진 이 지각의 덮개를 마야—거대한 환영이라고 불렀습니다.

실재의 진정한 본질에 대한 이슈는 모두 주파수에 관한 것입니다. 64 유전자 키에 대한 이 모든 작업은 주파수에 관한 것입니다. 개별적인 유전자 코딩을 통과하는 주파수가 충분한 수준으로 상승할 때, 오직 그때만이 당신은 실재를 인지하기 시작할 수 있습니다. 윌리엄 블레이크William Blake는 다음과 같은 유명한 말을 남겼습니다.

"지각의 문이 깨끗해지면 모든 것이 있는 그대로 나타난다. 그것은 무한이다."
이것은 선물 주파수 수준에서 61번째와 62번째 유전자 키 사이에서 발생하는 인식의 변화를 통해

적절하게 나타납니다. 그 너머의 최고 수준에서, 실재는 정말로 모든 무한한 찬란함으로 경험됩니다. 그러나 오늘날 인류의 대중의식의 주파수 수준에서는 61번째 그림자가 우세하고 인류는 단지 이 그림자의 압력의 희생자입니다. 우리는 무엇이든 할 것이며, 압력에서 우리를 구해줄 것을 약속하는 사람이나 어떤 것을 믿을 것입니다. 따라서 종교는 지구상에서 가장 큰 비즈니스 중 하나입니다. 왜냐하면 그것은 우리 마음속에 있는 압박으로부터 쉼을 약속하기 때문입니다.

종교에 있는 문제는 대개 창립자가 만든 것이 아닙니다. 과거에 가장 높은 주파수에 도달한 아주 드문 존재들은 시디의 실재로부터 직접 이야기했습니다. 그러나 61번째 그림자는 하나의 큰 결함이 있습니다. 즉 숭배라고 하는 결함입니다. 당신이 다른 사람을 숭배하는 순간, 당신은 희생자의 입장에서 자신을 그들 아래에 위치시킵니다. 그것은 당신이 낮은 수준의 주파수를 유지할 것이고 심각하게 손상될 것임을 보장하는 것입니다. 여기에서 숭배와 봉헌의 차이를 이해해야 합니다. 봉헌에는 개인이 해체되는 씨앗이 들어있는 반면, 숭배에는 당신과 신 사이에 기본적인 이원성이 필요합니다. 61번째 그림자의 압력을 풀 수 있는 유일한 방법은 끊임없이 압력을 없애려고 노력하는 것이 아니라 압력의 핵심으로 바로 들어가는 것입니다. 그러나 61번째 그림자의 압력은 인간의 지능에 끔찍하게 무서운 것입니다. 그것은 그 자신에게 복잡한 정신적 구조를 형성하고 그것을 실재라고 부릅니다. 61번째 그림자에서 순수한 압력에 발을 들여놓게 되면 지능이 완전히 깨질 수 있으며, 영적으로나 정신적으로 붕괴나 돌파구를 겪는 급성 정신병 상태를 유발할 수 있습니다. 이 깨지는 과정이 안전하게 일어나기 위해서는 인간의 지능과 그것의 거짓된 실재가 점차 느슨해지는 유기적인 준비 기간을 거쳐야 합니다. 이것이 바로 정확하게 61번째 선물－영감 Inspiration의 선물을 통해 언급된 과정입니다.

61번째 그림자의 압력은 과학적인 사고를 부양합니다. 따라서 과학적 사고는 압박에서 벗어나는 데 실패하게 되어 있습니다. 왜냐하면 '왜'라는 질문은 대답할 수 없는 수사적인 질문이기 때문입니다. 논리는 생각의 폐쇄회로 시스템입니다(63번째 유전자 키를 통해 더 잘 이해할 수 있는 개념). 논리는 항상 교착 상태로 이어지기 때문에 궁극적인 질문에 대한 답을 제공하지 못합니다. 과학은 '어떻게'라는 질문에도 진정한 대답을 할 수 없습니다. 왜냐하면 '어떻게'는 '왜'에서 파생되었기 때문입니다. 양자물리학에서 가장 진보된 과학적 사고조차도 더 이상 논리의 영역 안에서 해답을 찾을 수 없습니다. 따라서 논리는 자신의 법칙을 왜곡시켜 보이지 않거나 증명할 수 없는 차원을 만들어 냅니다. 오늘날 우리는 지적으로 이해할 수 없는 질문을 이해하려고 시도하는 지능의 마지막 필사적인 모습을 목격하고 있습니다. 궁극적으로 앞으로 우리가 보게 되겠지만 질문은 그것이 당신의 의식과 하나가 되었을 때만 대답될 수 있습니다. 바로 그 지점에서 질문은 역설적으로 해체됩니다.

억압적 본성 – 환상이 깨진 Disenchanted

각성은 61번째 그림자의 압력에서 멀어질 때 일어납니다. 자신의 진정한 기원에 대한 질문을 억압하는 것은 모방적이고 순응적인 행동으로 직접 끌고 갑니다. 미몽에서 깨어남은 어린 시절의 조건화에 뿌리를 두고 있는 내면을 포기하는 것입니다. 그것은 우리 자신의 질문에 숨어 있습니다. 왜냐하면 그것이 우리를 무섭게 하기 때문입니다. 내면의 질문은 우리를 무서워하게 만듭니다. 왜냐하면 만일 우리가 그것을 추구한다면, 우리는 편안함을 느끼는 모든 것에서 벗어나야 하기 때문입니다. 우리는 개인적인 탐구를 시작해야 하고 그것은 우리를 현상 유지에서 멀어지게 할 것입니다. 또한 내면을 탐구하는 것은 위험한 길이며 혼자서만 갈 수 있습니다. 61번째 그림자가 억압적 본성을 통해 굴절되면, 이 사람들은 교육, 종교 또는 과학을 통해 전통적인 길로 나아갑니다. 그러나 그들 내부 깊숙한 곳에서, 문제는 여전히 남아 있으며, 각성은 그들의 진정한 내면의 상태가 됩니다. 그들이 얼마나 열심히 노력하든, 얼마나 많은 돈을 벌고 성공하든, 내적으로는 충족되지 못하고 불안한 상태로 남습니다.

반응적 본성 – 광신적인 Fanatical

반응적 본성은 61번째 그림자를 통해 오는 질문에 사로잡히게 됩니다. 61번째 선물의 도전을 통과하는 것이 아니라, 이 사람들은 그들의 내적 질문에 대한 단 하나의 대답에 고정됩니다. 그런 사람들은 그들이 애착을 갖고 있는 구조, 지도자, 신조 또는 방향에서 안전하고 편안한 장소를 찾아냅니다. 그들이 하는 일은 질문의 맨 위에 지적인 답변을 두는 것이며 그 답변을 중심으로 현실을 구축합니다. 그들의 대답을 견고하게 고수함으로써, 그들은 또한 '존재의 위대한 문제에 대한 유일하고 진정한 대답'을 발견했다는 정신병적 딜레마에 대처해야 합니다. 그들은 자신들의 발견에 광신적이 되며 일반적으로 그것을 세상에 선전하는 어떤 형태의 선교사가 됩니다. 모든 반응적 본성의 표면 아래에는 분노로 표면으로까지 거품을 일으키는 불안정의 샘이 있습니다. 이 분노는 그들 안의 진정한 질문을 다룰 필요가 없도록 자신들을 계속 보호합니다.

61번째의 선물

영감Inspiration

신은 압박이다

영감은 당신이 신을 경배하는 것을 멈추고 스스로 신이 되기 시작할 때 일어납니다. 61번째 선물 영감은 일반적인 속성처럼 들릴 수도 있지만, 이 선물의 실재는 결코 편안하지 않습니다. 영감은 우리가 일반적으로 그 단어를 이해하는 것과는 매우 다른 과정을 의미합니다. 영감이라는 단어는 고대 인도-유럽어에서 호흡을 뜻하는 단어에서 파생되었으며 역시 호흡을 뜻하는 라틴어 스피리투스spiritus와 연결되어 있습니다. 영감의 과정은 당신의 내면의 호흡이 당신의 실재의 구조를 통해 세상으로 점진적으로 풀려나오는 것입니다. 영감은 놀랍도록 창조적으로 보임에도 불구하고 마음이 만들어낸 내적인 실재를 강력하게 해체시키는 것과 관련이 있습니다.

영감은 각각의 인간 안에 있는 내면의 질문의 최전방에 있을 때 시작됩니다. 고대 중국인들은 이 61번째 헥사그램을 내면의 진실Inner Truth이라고 명명했으며 그것은 그림문자의 상징으로서 우리 내면 깊은 곳에 숨어 있는 것을 나타냅니다. 영감의 길은 시스템, 교사 또는 규율을 통해 바깥세상에서 답을 구하는 외적인 탐구로부터 시작됩니다. 처음에는 영감이 당신에게 섬광처럼 산발적으로 다가옵니다. 여기에서 당신은 실재의 본질을 정제된 형태로 가끔씩 감지합니다. 때로는 내면의 진리가 당신에게 오랫동안 모습을 드러낼 수도 있습니다. 그런 충격적이고 강력한 경험은 대체로 사람의 운명을 바꿉니다. 영감이 다른 고양된 경험과 차별화되는 것은 영감을 받은 후에 당신이 영원히 변화된다는 것입니다. 짧은 순간일지라도 진정한 영감은 당신의 인식이 작동하는 방식을 바꿀 것입니다. 영감을 통해 당신은 인식할 수 있는 것보다 훨씬 더 큰 경험을 맞이할 준비를 하게 됩니다.

61번째 선물을 통과하는 길은 매우 창조적인 길입니다. 진정한 영감은 당신의 내면에 있는 환상의 일부를 파괴하고 갇혀 있던 에너지를 크게 방출하기 때문입니다. 그런 에너지는 자연스럽게 창조성을 통해 출구를 찾습니다. 창조성은 대중적인 정신병에서 인류를 끌어내는 단 하나의 가장 중요한 선물입니다. 그것은 당신 안에 있는 영감의 잠재적인 힘을 열어 부당하게 희생당하고 있는 상태에서 벗어나게 합니다. 그러나 영감과 창의력에도 어려움이 있습니다. 그 주된 어려움은 인내심입니다. 영감은 강요되거나 예측될 수는 없지만 올 때가 되면 오고 머물 만큼 머물러 있게 됩니다. 이 고조된 영감 상태 사이에서 당신은 낙담하거나 우울해질 수 있습니다. 그러나 일정 수준의 주파수에서 당신은 정상에 도달하게 될 것이며, 이 단계에서 영감 자체가 당신에게 고조된 상태를 유지할 수 있도록 충분한 에너지를 줍니다. 다시 한 번 말하지만 핵심은 일정 형태의 창조적 과정입니다.

본질적으로 영감의 선물은 영적입니다. 왜냐하면 그것은 당신의 정신적 구조를 느슨하게 하고 사랑의 폭을 넓히고 확장하기 때문입니다. 61번째 선물과 함께 62번째 선물 정교함(Precision, 정확성, 정교성, 신중함)은 말로 표현할 수 없는 영감의 경험을 다른 사람들이 이해할 수 있는 언어로 표현할 수 있게 해줍니다. 62번째 선물 정교함은 삶의 신비를 훌륭한 지성과 아름다움과 경제로 표현하는 데 능숙합니다. 61번째 선물의 특징 중 하나는 표현의 독창성과 끝이 없어 보이는 활동입니다. 그런 과정의 한가운데에 있는 사람의 깊은 곳에서 특별한 일이 일어나고 있습니다.—그들의 실재에 대한 영향력이 빠져나가는 것입니다. 많은 사람들이 이 단계에서 놓아버리지 못하고 자신들이 만들어내기 시작한 형태에 매달립니다. 자신들의 실재의 정의를 계속 놓아버릴 수 있는 사람들은 극히 일부 사람들만 이해하는 영역으로 들어가기 시작합니다. 그들은 영감이 자신의 낮은 마음을 소멸시키기 시작하는 의식의 흐름에 들어갑니다. 이 단계에서는 더 큰 존재가 당신의 삶을 차지하는 것처럼 보일 수 있습니다. 당신은 그것을 알지 못할 수도 있지만 이미 인류에게 알려진 가장 큰 비밀의 문—신으로 가는 문에 접근하고 있는 것입니다.

신성의 본질에 관한 가장 위대한 말 중의 하나는 "신은 압박감"이라는 말입니다. 이 계시는 인간 안에 숨겨진 내면의 진리가 풀리는 과정을 강력하게 묘사합니다. 당신은 압박 기계입니다! 몸 깊숙한 곳에서, 당신 존재의 신비에 대한 압력은 살아 있는 DNA의 모든 분자의 심장에서 뛰고 있습니다. 관련된 코돈 고리인 가이아의 고리Ring of Gaia를 통해 이 61번째 유전자 키는 우주의 모든 물질 단위 안에 숨어 있는 수수께끼를 나타냅니다. 이 신비는 그리스도 의식의 신비입니다. 그것은 모든 것을 하나로 묶어주는 내면의 빛의 본질입니다. 점차적으로 내면의 빛을 드러내는 창조적인 진화의 과정입니다. 가이아의 고리를 통해 우리는 우리의 생태계, 푸른 녹색 행성과 그 모든 생명체가 다양하게 살아 있고 호흡하는 시스템이 어떻게 자신의 내면의 진리가 하나의 실체인 것을 발견하도록 운명 지어졌는지를 알 수 있습니다. 이 코돈 고리는 진화가 우리 내부에서 솟아나오는 힘이며, 그 비밀을 풀기 위해서는 우리가 내면을 들여다보기만 하면 된다는 것을 보여줍니다.

61번째 시디
성스러움Sancity

알 수 없는 것 안으로 들어감

61번째 시디에 도착하면서 우리는 위대한 수수께끼, 삶 자체의 신비에 접근합니다. 61번째 선물의 높은 곳을 통해 쏟아져 내려오는 영감은 내면의 문에 접근하는 모든 인간 안에서 일어나는 커다란 변혁의 불꽃의 흐름입니다. 앞서 보았듯이, 영감의 발현은 진정으로 영감을 받은 사람에게는 중요한 일이 아닙니다. 이런 발현은 단순히 무수히 많은 경험의 색깔 그 자체이며 그 과정을 목격하고 있는 아웃사이더들에게는 아주 멋진 일입니다. 그러나 조만간 영감은 끝나게 됩니다. 당신의 DNA 안에 담긴 모든 신화적인 정체성을 버리는 과정은 스스로를 소진시킵니다. 당신이 61번째 시디의 장으로 들어서자마자, 거대하고 그득한 침묵이 내려오고 당신의 모든 정신 활동이 갑자기 멈추게 됩니다. 여기에 내면의 진리가 있습니다. 서양의 신화적 전통에서 이곳은 언약의 궤Ark of The Covenant, 성배의 성Grail Castle, 성스러운 곳 중의 성스러운 곳Holy of Holies, 천상의 궁전Celestial Palace 등의 많은 이름으로 불리고 있는 곳입니다. 동양에서는 일반적으로 깨달음, 열반, 사마디 상태 등으로 묘사됩니다.

61번째 시디는 어떤 장소도 아니고 어떤 상태도 아닙니다. 그것은 성스러움의 내적인 경험—신성과 하나가 되는 경험입니다. 이 시디 안에서 진정한 실재가 시작됩니다. 인류의 정신병을 일으키는 압력은 더 이상 인간의 두뇌에 직접 전달되지 않으며, 태양신경총 시스템(훨씬 더 진보된 인식 체계가 있는 곳)을 통해 거절되고 경로가 변경됩니다. 일단 인식의 압박이 뇌에서 제거되면, '왜'라는 질문은 멈추게 되며, '어떻게' 그리고 '누가' 라는 다른 형태의 질문 또한 없어지게 됩니다. 그러나 압력은 어딘가로 가야 하며 실제로 그렇게 됩니다. 태양신경총 센터를 매개로 하여 압력은 모든 곳으로 갑니다. 인식이 몸을 넘어서 우주의 모든 구석으로 가게 되는 것은 태양신경총에서 나오는 끊임없이 진동하는 주파수를 통해서입니다. 당신은 즉시 자신이 완전히 비어 있고 그러면서도 끝없이 가득 차 있다는 것을 발견하게 됩니다.

성스러움의 경험은 역설적으로 경험자가 없는 경험이며 진화의 가장 큰 신비 중 하나입니다. 일단 그것이 들어오게 되면, 그것은 끝이 날 수도 없고 다른 모든 신비적 경험이나 더 높은 환영의 상태와도 구별되어야 합니다. 이런 상태는 61번째 선물의 높은 곳에서 발생합니다. 61번째 시디가 계시된 인간은 순수한 보편적 인식을 나타내는 인간 운반체일 뿐입니다. 이 성스러움의 상태는 실재의 근본적인 본질이며, 그 안에서 안식을 얻을 때까지 당신은 항상 잠들어 있는 것입니다. 우리 중에서 이 상태에 이르지 못한 사람들에게는 그런 사람이 신처럼 보입니다. 그들은 신성으로 파문을 일으키며 사람들이 거룩하다고 말하는 이 세상의 것 같지 않은 이상한 본질이 물씬 풍겨져 나옵니다. 그들은 그런 주파수와 동시에 우리가 저항할 수 없거나 두려운 것으로 생각하는 그런 힘을 방출합니다. 이들은 우리가 신성시하고 숭배하는 사람들입니다. 우리는 우리 자신을 해치면서까지 그렇게 합니다. 왜냐하면 우리 가운데서 그런 현존은 모든 인간이 내면에서 신성하다는 사실을 보여주기 때문입니다.

우리 중 누군가가 우리의 고유한 신성을 실현하기 위해서 우리가 해야 할 일은 우리가 이미 이 내적 진리를 깨닫고 있는 또 다른 사람을 즐겁게 해야 합니다. 61번째 시디 안에 있는 존재는 더 이상 당신과 자신 사이의 차이를 모릅니다. 이 의식 상태는 항상 존재했고 우주의 모든 면에서 항상 존재할 것이기 때문에 그런 사람은 어떤 방식으로든 당신을 도울 수 없습니다. 그들은 단순히 당신 자신의 고유한 신성을 비춰주는 거울로서 당신을 돕습니다. 따라서 다른 사람 안에 있는 61번째 시디의 현존 속에 있는 것은 아무것도 보장할 수 없으며 어떤 면에서는 더 큰 혼란을 야기할 수 있습니다. 정말로 일어나야만 하는 것은 당신이 잠들어 있다는 것을 당신 안에서 깊이 이해하는 것이며, 이 이해가 거울에 의해서 크게 촉진될 수 있다는 것입니다. 그러나 그 거울과 함께 머무르는 것은 그 거울을 숭배하는 것으로 이어지며, 그것이 당신 자신의 실현을 방해합니다. 이것이 예를 들어 불교에서 길에서 부처를 만나면 그를 죽여야 한다고 말하는 이유입니다.

61번째 시디는 대답이 없는 삶을 사는 것에 관한 것입니다. 그것은 단순히 당신이 누구인지 수수께끼가 되는 것입니다. 모든 대답이 마침내 없어질 때, 오직 그때만이 내면의 진실이 시작됩니다. 만일 모든 말과 설명과 대답을 무효화하는 시디가 있다면 바로 이 61번째 시디입니다. 삶은 신비입니다. 깨달음은 신비입니다. 내면의 진실은 신비입니다. 신비를 풀기 위해 당신이 무엇을 하든지, 당신은 절대로 그 신비에 가까이 가지 못할 것입니다. 신비에 대한 응답으로 당신이 할 수 있는 태도는 없습니다. 그런 모든 것들은 그것을 해결하려는 미묘한 시도이기 때문입니다. 당신은 단지 당신이 절대적으로 아무것도 모르고 있다는 것을 깨달아야만 합니다. 그러면 이 깊은 계시는 그 자신의 방식으로 그리고 그 자신의 시간에 일어날 수 있습니다.

현재의 진화 단계에 있는 인류에게 61번째 시디는 오직 분노를 조장할 뿐입니다. 우리는 모든 것을 잊어버리고 선물 수준에 초점을 맞추는 것이 더 낫습니다. 거기에서 우리 마음은 적어도 이해할 수 있고 목표로 삼을 것이 있습니다. 일단 당신이 정신병에서 깨끗해지면 시디가 찾아오는 것은 단지 시간 문제일 뿐입니다. 지금 우리가 거주하고 있는 운반체는 마음의 발달만을 선호하는 인식이 작동하는 체계라는 측면에서 극히 제한적입니다. 그러므로 우리는 우리가 지나가고 있는 진화의 단계를 존중해야 하며, 우리 앞에 놓여 있는 것을 즐겨야 합니다. 61번째 시디는 실제로 이 단계에서 행운에 관한 문제입니다. 당신이 앉아있는 운반체가 돌연변이를 일으킨다면 당신은 운이 좋은 것입니다!

그러나 미래에는 다른 이야기가 있습니다. 61번째 시디는 앞으로 수백 년 동안 훨씬 더 평범해질 것입니다. 왜냐하면 인류가 양자 도약을 일으키는 과정에 있기 때문입니다. 이 행성에 오기 시작할 아이들은 뼛속에 이 성스러움의 시디를 담고 있을 것입니다. 그들은 모든 숨구멍을 통해 그것을 방사할 것이며, 세상 밖으로 갖고 나올 것입니다. 그들은 삶의 신비, 즉 삶의 잠재력을 형태로 구현시키는 살아 있는 존재가 될 것입니다. 그들은 마음이 궁극적인 대답을 찾으려는 격렬한 탐구를 멈추게 되는 균형을 이 세상으로 가져올 것입니다. 결국 우리가 그 해답입니다.

62nd GENE KEY

시디
완전무결
선물
정교함
그림자
지능

빛의 언어

프로그래밍 파트너 : 61번째 유전자 키
코돈 고리Codon Ring : 돌아오지 않는 고리
(31, 62)

생리 : 목/갑상선
아미노산 : 티로신

62번째 그림자

지능Intellect

영리해지려는 어리석음

주역에 명시된 64개의 유전자 키의 원래 순서에는 그것의 시작과 끝 모두와 관련된 흥미로운 기하학이 있습니다. 이미 배웠던 것처럼, 유전자 키의 첫 번째와 마지막 쌍—첫 번째와 두 번째 쌍과 63번째와 64번째 쌍—은 창조의 진화적이며 퇴화적 과정의 전체 과정에 대한 우주적인 받침대와 같습니다. 첫 번째 쌍은 프롤로그로 볼 수 있으며, 마지막 쌍은 경계 내에 인코딩된 위대한 드라마의 에필로그로 볼 수 있습니다. 이런 식으로 볼 때, 진화의 드라마의 진정한 순서는 3번째 유전자 키 순수함Innocence으로 시작하고 원래의 주역에서 내면의 진리Inner Truth로 알려져 있는 61번째 유전자 키 성스러움Sanctity으로 끝납니다. 62번째 유전자 키의 프로그래밍 파트너인 61번째 유전자 키는 오케스트라 교향곡의 피날레 느낌을 가지고 있습니다. 그러나 62번째 유전자 키는 완전히 다릅니다. 유전자 키 자체가 생명의 책을 대표하는 곳에서, 62번째 유전자 키는 색인 또는 용어집으로서 마지막에 홀로 서 있습니다.

62번째 유전자 키는 우주의 의미와 목적에 관해 코딩된 정보를 층층으로 담고 있습니다. 내면의 문 뒤에서 62 번 유전자 키는 유전자 키 자체가 무엇이며 무엇을 위한 것인지 밝혀 줍니다. 그것들은 우주의 기초 위에 있는 살아 있는 빛의 언어입니다. 64비트 매트릭스는 모든 예술, 과학 및 자연 현상의 핵심 구조 원리입니다. 모든 언어와 어휘는 이 기본적인 의식의 알파벳에서 나왔습니다. 가장 깊은 수준에서 62번째 유전자 키는 당신에게 창조의 홀로그램 언어를 가르쳐줍니다. 일단 이 내적 언어를 배우게 되면, 당신이 인식하는 모든 것에서 그것이 프랙털 형태로 반복되는 것을 볼 수 있습니다. 그것은 정확하고 무한히 복잡하지만 64개의 유전자 키 각각의 오직 6가지 가능한 순열로부터 형성되어 있어 배우기가 무척 쉽습니다.

많은 사람들이 64가지 그림자 중 하나로 지능intellect이라는 단어가 나타나는 것을 보면 놀라게 될 수 있습니다. 유전자 키의 언어는 모든 수준의 주파수 수준에서 진실이며, 인간의 언어와 달리 지성을 통해서만 학습하고 숙달할 수 있는 언어가 아닙니다. 창조의 언어를 익히려면 지적인 수준뿐만 아니라 모든 수준에서 완벽하게 구현해야 합니다. 그러나 현대 세계에서 지능은 일반적으로 인간 진화를 실제로 방해할 수도 있다는 것보다는 존경받고 추구되는 재능으로 간주됩니다! 따라서 몇 가지 용어를 명확히 하는 것이 중요합니다. 지능은 종종 지성intelligence이나 이해understanding라는 단어와 혼동됩니다. 유전자 키의 맥락에서 지능이란 마음의 사고 능력을 말하며, 두 가지 주요 목표, 즉 사실을 습득하고 언어를 통해 사실을 조작하는 기술에 기초를 두고 있습니다.

지능은 지식을 조작하는 기술이지만 지식knowledge은 이해understanding와 완전히 다릅니다. 이런 의미에 이해는 단순히 마음의 활동이 아니라 체험적 존재 전체를 가리킵니다. 당신은 지능적 수준에서는 지진아일 수 있지만, 당신 존재의 핵심 안에서는 심오한 진실을 여전히 이해할 수 있습니다. 마찬가지로 지성은 지능과는 아무런 관련이 없습니다. 사실, 이 두 속성은 종종(항상은 아니지만) 서로 정반대로 대립합니다. 일반적으로 말하면, 더 지능적일수록 지성을 덜 사용합니다. 유전자 언어의 맥락에서 지성은 마음을 자신을 전달하는 수단으로 사용할 수도 있지만 마음을 이용하지 않은 상태에서 발생하는 것입니다.

우리가 살고 있는 현대 세계는 정말로 위아래가 거꾸로 되어 있습니다. 우리의 학교교육 자체가 우리를 더 지능적이고 덜 지성적이 되도록 설계되어 있습니다. 우리는 이미 아이일 때 지성적입니다. 지성은 놀랍고 활기차며 자연스럽습니다. 당신의 자연스러운 지성은 팔다리를 움직이는 방식, 눈의 밝기, 그리고 자기표현의 자유 속에서 발견됩니다. 그것은 당신의 미래 천재의 저장고입니다. 하지만 그 천재는 학교에 들어온 순간부터 매우 효율적으로 축소됩니다. 머리에 정보를 더 많이 집어넣을수록 당신은 더 조용해집니다. 대부분의 경우, 현대 학교 시스템에서 상급반으로 올라가는 동안 층층의 균질화된 정보가 당신에게 강요됩니다. 당신은 그 모든 것을 기억하도록 요구됩니다! 그것은 인간의 지능을 깊이 억누르는 측면에서는 매우 효율적인 시스템이지만 결론적으로 그것은 우리 모두를 똑같이 만듭니다. 우리는 똑같은 정보를 배웠고 그것을 똑같은 방식으로 배웠기 때문에 우리의 뇌는 비슷한 방식으로 작동하도록 신경학적으로 프로그램됩니다.

그림자와 마찬가지로 62번째 그림자 지능Intellect은 본질적으로 나쁜 것은 아닙니다. 지능은 선천적인 지성을 봉사하는 차원에서 올바르게 사용된다면 훌륭한 자질입니다. 그러나 현재와 같이 지능이 지구를 책임지고 있을 때, 지성은 이 유전자 키를 더 높은 주파수로 상승시킨 소수의 사람들에게서 외에는 보이지 않습니다. 지성은 가슴에 속해 있으며, 지능은 마음에 속해 있습니다. 이것이 핵심입니다. 62번째 그림자는 사실에 사로잡혀 있으며, 사실은 언어와 이름에서 태어납니다. 이름이 없으면 사실을 만들 수 없습니다. 이름과 언어는 마음의 소프트웨어를 만듭니다. 이 소프트웨어가 없으면 마음은 침묵합니다. 사실이 보물로 간주되는 세상에서, 마음은 왕으로서 세상을 통치합니다. 우리의 세계는 62번째 그림자 지능과 프로그래밍 파트너인 61번째 그림자 정신병Psychosis으로 구분됩니다. 이 두 가지 주제가 유전적으로 연결되어 있다는 것은 우리가 마음을 인식하는 방식에 대해 많은 것을 말해주고 있습니다.

62번째 그림자와 61번째 그림자의 결합은 인류 내부의 기본적인 분열을 반영합니다. 62번째 그림자를 통해 인간은 지능, 즉 과학을 통해 삶의 신비를 풀려고 합니다. 한편으로는 61번째 그림자를 통해 마음 없이, 즉 종교를 통해 똑같은 신비를 풀려고 합니다. 이 두 가지 극은 극단에서 과학적 이지주의scientific intellectualism와 종교적 광신론이 되는데, 인류를 낮은 주파수에서 작동하도록 유지시키는 유전자 서브 프로그램입니다. 이 그림자의 특정한 각인을 지닌 사람들은 이 두 가지 근본적인 인간 테마의 집중공격에 잡혀 있습니다. 그런 사람들은 자신의 본성의 다른 숨겨진 측면을 억제하면서 어느 한 관점을 방어하면서 자신의 삶을 보낼 수 있습니다. 62번째 그림자가 지배적이면 여성적인 본성이 억압될 것이고, 61번째 그림자가 우세하면 남성적인 본성이 억압될 것입니다. 당신 내면의 남성적 극성 또는 여성적 극성의 억제가 개인 수준과 집단 수준 모두에서 우리 행성이 겪고 있는 질병의 주요 원인입니다.

62번째 그림자는 언어의 남용을 나타냅니다. 언어를 남용하는 것이 우리가 아니라, 우리를 남용하는 것이 언어입니다. 언어는 우리의 주파수에 달려 있습니다. 낮은 주파수에서, 언어는 우리의 현실을 완전히 통제합니다. 읽고 쓰고 말할 수 있는 지적 능력은 우리에게 가장 큰 축복이자 저주입니다. 문제는 우리가 우리의 삶을 생각과 동일시할 때 일어납니다. 그것은 이미 보았듯이 우리의 양육 전반에 걸쳐 미리 프로그래밍되어 있습니다. 우리가 이 정신적 틀 밖으로 나갈 수 있기 전까지, 우리는 언어를 자유롭게 통제하는 것이 아니라 언어에 의해 통제됩니다. 현대의 양자역학이 아름답게 보여주듯이 모든 사실은 상대적이며, 이것이 언어와 지능의 개념적 틀 전체를 도마 위에 올려놓고 있습니다.

과학이 지능의 기초를 약화시키는 첨단에 있다는 사실은 우리가 현재 살고 있는 특별한 시간에 관해 많은 것을 말해줍니다. 그러나 지능은 자기 자신을 포기하도록 설계되어 있지 않습니다. 그것은 자신의 사실적인 영역을 벗어나는 이론에 반박하면서 계속 싸울 것입니다. 인류가 자신의 주파수를 가슴 속으로 올릴 때, 오직 그때만이 인류는 이 거대한 역설을 해결하는 데에 지능을 사용할 수 있습니다. 다시 말하면, 신이 존재한다는 것을 과학적으로 증명할 수 있는 유일한 방법은 신이 되는 것입니다. 지식은 그때 앎이 되어야 하고, 지능은 지성에 항복해야 하며, 한 때 진정으로 깨달은 사람이 말했듯이, "마지막이 먼저 될 것이고, 첫 번째가 마지막이 될 것입니다." 이것이 실제로 의미하는 것은 마음이 가슴을 끌고 가는 것이 아니라 가슴이 마음을 끌고 갈 것이라는 뜻입니다.

억압적 본성 – 강박적인 Obsessive

62번째 그림자가 안으로 향할 때, 그것은 강박관념이 됩니다. 이 62번째 유전자 키에 관한 모든 것은 작은 일에 집중하는 것입니다. 이 그림자를 통해 두려움이 드러날 때, 그것은 자신의 고통을 피하는 방법으로 세부적인 내용을 이용합니다. 이 사람들은 속세에서 길을 잃고 생명력을 위한 창의적인 출구가 거의 없거나 전혀 없는 끝없는 사소한 삶을 살아갑니다. 스펙트럼의 최하단에서 그런 사람들은 정신적으로 아플 수 있으며, 삶을 대처하는 방법으로 가장 사소한 것에 사로잡힙니다. 그런 사람들은 세부사항 자체보다는 마음에 포로로 잡혀 있습니다. 그러나 대부분의 사람들에게 이 그림자는 사소한 일이 자신의 지주이면서 또한 적이 되는 단조로운 사고방식에 갇혀 있게 함으로써 개인의 자연스럽게 일어나는 불꽃을 억제하는 역할을 합니다.

반응적 본성 – 세세한 것에 얽매이는 Pedantic

이 사람들은 자신의 깊은 불안을 방어하기 위해 자신의 지능을 이용하여 바깥에 있는 모든 것을 공격합니다. 그런 사람들은 끝없이 모든 것에 대해 질문하는 지능의 손아귀에 완전히 매여 있으며, 특히 다른 사람들을 반증하고 배척하는 모호한 세부사항과 사실을 찾는 것을 기뻐합니다. 이 사람들의 지능은 대개 고도로 발달되어 있으며 어떤 경우에는 그것을 통해 큰 인정을 받습니다. 그러나 그런 사람들은 마음의 스위치를 완전히 끌 수 없습니다. 그들은 자신을 들여다보지 않기 위해 다른 사람들에게 초점을 맞춥니다. 이 복합체의 근원은 분노이며, 마음은 무언가 또는 누군가가 그 분노의 방출을 촉발하기 전까지 계속 억누릅니다. 이것은 꽤 자주 발생하는 일입니다.

62번째 선물
정교함Precision

위대한 발걸음

62번째 선물, 정교함Precision의 선물은 지능의 영역을 훨씬 넘어서 있습니다. 그것은 앞서 보았던 것처럼 단순한 지식에 근거한 것입니다. 당신이 이 유전자 키의 더 높은 주파수를 통해 각성하기 시작할 때, 당신은 주변 세상에 질문하기 시작하거나(억압적 본성) 질문하는 것을 모두 중지합니다(반응적 본성). 각성은 당신의 존재 안에서 자연스러운 균형을 이룰 수 있는 능력의 측면에서 마술적입니다. 다른 말로하면, 만일 당신이 억압된 62번째 그림자의 강박적인 행동 패턴에 사로잡히면 누군가가 당신의 지각의 창문을 깨끗이 씻어낸 것처럼 정신력이 갑자기 다시 활기를 찾기 시작합니다. 당신은 자신의 강박적인 행동에 의문을 갖기 시작하며, 그것은 궁극적으로 당신의 태도는 물론 생활 방식에 완전한 변화를 가져옵니다.

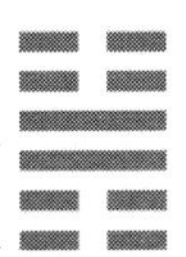

반응적인 62번째 그림자의 경우, 당신의 각성은 당신이 당신 자신의 고통을 제외한 모든 것에 사소하고 무관한 세부사항에 초점을 맞춤으로써 스스로 불행을 불러오고 있다는 것을 깨닫는, 자연스럽게 사람을 겸손하게 만드는 과정을 겪게 할 것입니다. 자신의 본성을 들여다보고 자신의 행동에 전적인 책임을 지기 시작할 때, 자연스러운 여성적 측면이 다시 한 번 전면에 나타나기 시작하면서 당신은 부드러워지는 멋진 과정을 거치게 될 것입니다.

두 경우 모두에서 우리는 정교함의 선물이 다시 태어나는 것을 보고 있습니다. 자연스러운 지성이 가슴과 마음 사이에서 균형을 잡을 때 정교함이 일어나지만 한 가지 주의할 것은 여성적인 원리인 가슴이 삶을 통제하게 됩니다. 남성적인 원리인 지능은 그때 여성적인 원리에 봉사하는 쪽으로 옮겨 갑니다. 그것은 사고와 표현과 전달보다는 직관과 경청과 받아들임에 관한 것입니다.

정교함의 선물이 점점 강해질수록 세상이 점차 다시 살아나는 것처럼 보일 수 있습니다. 지성은 지성을 알아보고, 마음이 제거됨으로써 모든 존재를 연결하는 보이지 않는 본질이 다시 한 번 느껴집니다. 예를 들어, 62번째 그림자를 통해 나무를 볼 때 당신은 나무에 대해 배운 사실만을 기억해냅니다. 이름, 유형, 그리고 그와 연관된 다른 단어, 즉 가지, 나뭇잎 등등을 기억해냅니다. 그러나 실제 나무는 결코 보지 못합니다. 나무는 지성적입니다. 그리고 실제로 나무를 알기 위해서는 당신 자신의 지성을 이용해야 합니다. 이것은 단순히 눈과 마음을 통해 보지 않는 것을 의미합니다. 당신은 나무를 당신의 존재 속으로 가져옵니다. 나무의 살아 있음, 그 신비한 오라를 느끼고, 실제로 그것을 당신 자신 속으로 호흡합니다. 정교함은 지성이 태어났을 때 일어나는 일입니다.

그것은 지능적인 수준에서 정교하고 정확하다는 것이 아닙니다. 그것은 삶을 보는 완전히 새로운 방식입니다.

정교함은 영감을 주며 독창적입니다(61번째 선물이 영감입니다). 그리고 그런 영감은 단어에 의존하지 않습니다. 정교함의 선물은 무언가를 기술할 때 사실을 지루하고 건조한 방식이 아니라 영감을 주고 흥미로운 방식으로 정리합니다. 이 선물이 어떤 사람에게서 생겨날 때, 그들은 경제적이고 정확하게 소통하기 시작함으로써 그들이 말한 거의 모든 것은 아름답고 날카로우며 매끄럽습니다. 그런 사람들은 곧 커뮤니케이터, 연사, 작가, 예술가, 배우 또는 과학자로서 멋진 재능을 발전시킵니다. 이 선물은 세상의 이목을 받도록 설계되었습니다. 가슴이 길을 인도하고 그것이 보고 느낀 것을 묘사하기 위해 논리를 사용할 때, 다른 사람들은 경청할 수밖에 없습니다.

62번째 유전자 키는 31번째 유전자 키와 유전적으로 결합되어 '돌아오지 않는 고리Ring of No Return'로 알려진 코돈을 형성합니다. 이 신비한 이름은 더 높은 의식이 목 센터에 도달할 때 발생하는 진화 과정을 묘사합니다. 목 센터는 가장 거대한 시작이 일어나는 곳입니다. 일단 더 높은 퇴화적인 흐름이 자신의 진실을 전달하기 위해 목소리를 이용하기 시작하면, 당신은 자신의 정체성을 벗어나는 과정을 시작합니다. 62번째 유전자 키는 모든 형태의 배후에 있는 보편적인 빛의 언어에 접속하는 것을 허용합니다. 주파수의 정점이 그것을 허용할 때, 당신이 말하는 단어와 그들의 감화력은 변화하고 더 높은 목적에 봉사하기 시작합니다. 이 목적은 두 가지입니다. 첫째, 그것은 당신을 변형시킵니다. 왜냐하면 그것은 당신이 정말로 가슴을 진동시키고 언어를 통해 당신의 사랑을 전달할 수 있게 해주기 때문입니다. 둘째, 그것은 세상에 더 많은 빛을 가져오고 당신의 각성을 다른 사람들에게 널리 퍼뜨립니다.

언어 속에는 깊은 마법이 심어져 있습니다. 주문spell이라는 단어의 기원이 다른 사람들을 지배하는 힘이 있는 마법을 거는 개념과 관련이 있는 이유가 바로 그것입니다. 모든 단어에는 내면에 영혼이 있습니다. 그것은 우주에서 독립적인 힘을 주는 빛의 암호입니다. 한 단어 또는 단어 그룹에 음성이 주어지면 진동이 우주로 방출됩니다. 돌아올 수 있는 길은 없습니다. 62번째 선물의 수준에서, 당신이 사용하는 단어는 훨씬 더 정교해집니다. 왜냐하면 당신이 이 위대한 진리를 인식하기 때문입니다. 31번째 유전자 키는 진리 자체를 위해 명확한 통로가 되는 이 점진적인 과정을 묘사합니다. 본질적으로, 빛은 당신의 말을 통해 당신을 뚫고 나오고 있습니다. 당신의 언어가 더 순수해질 때 당신은 당신의 가슴을 세상과 다른 사람들에게 드러냅니다. 당신은 가장 큰 걸음을 내딛고 있습니다.—숭배에서 구현으로 도약하는 것입니다. 바로 여기에서 당신은 목소리를 가슴에 전함으로써 굴욕의 두려움에 직면해야만 할 것입니다. 사랑에서 나오는 말은 깊은 치유가 됩니다. 동시에 당신은 그림자 주파수에서 모든 방식의 투사를 불러일으킬 수 있습니다. 일단 진실을 말하기 시작하면 되돌릴 수 없는 이유가 바로 이것입니다.—당신은 영원히 낮은 영역에서 벗어난 것입니다.

62번째 선물은 유전자 키 자체의 배후에 있는 진정한 힘입니다. 처음에는 그림자 의식의 깊은 변형을 시작할 수 있는 사적인 내면의 언어를 제공합니다. 그러나 여행의 특정 단계에서, 당신은 당신 안에 있는 이 언어의 부름을 느끼게 될 것이고 목소리를 통해 세상으로 도망치려는 충동을 느낄 것입니다. 더 높은 주파수와 음색을 사용하여 다른 사람들과 이야기하는 것이 당신을 겁먹게 할 수도 있지만, 이것이 높은 차원으로의 입문의 시작입니다. 일단 시작되면 당신 자신이 상위 자아에 문자 그대로 사로잡히는 것을 느낄 때까지 당신 내부에서 탄력을 모을 것입니다. 당신은 이제 다른 사람들이 자기 자신을 방어하는 단어는 더 이상 사용하지 않을 것이며, 당신 안의 깊은 곳에서 느껴지는 대로 분명하고 아무런 투사도 없이 진실을 말할 것입니다. 사실 주파수가 더 희박해질수록 사용할 수 있는 단어는 더욱더 적어질 것이며, 당신의 언어는 아름답도록 단순해질 것입니다. 시디를 묘사하는 64개의 단어가 창조의 핵심 언어로 당신 안에 심어질 것입니다. 그런 말은 가슴으로부터 깊이 느껴지고 말해질 때 거대한 샥티shakti 또는 변형의 힘을 간직할 수 있습니다.

62번째 시디
완전무결Impeccability

우주기하학Cosmometry – 완벽의 언어

62번째 유전자 키의 시디 상태는 지능으로 이해하기가 불가능합니다. 62 시디가 시작되면서 평범한 삶의 모든 연속성은 깨졌습니다. 진정한 시디 상태에서는, 이전의 유전적 조건의 모든 흔적이 지워집니다. 깨달음은 영적이고 신비로운 사건일 뿐만 아니라 신체의 생화학이 심오한 변화를 겪는다는 점에서 화학적입니다. 당신이 시디 상태 속으로 사라질 때(정확하게 그런 일이 일어납니다) 뒤에 남겨지는 것은 특정 유전자 운반체를 통해 작동하는 순수한 의식뿐입니다. 이것은 일반적으로 에고의 죽음이라고 합니다. 일단 의식이 스스로를 존재하는 것으로 동일시하지 않으면, 인간의 행동은 지능의 이해를 넘어서게 됩니다. 그런 행동을 완전무결하다고 합니다.

진정한 마스터를 언급할 때 완전무결하다는 단어는 종종 오해를 받습니다. 우리가 저지르는 가장 흔한 실수는 시디 상태를 드러내는 사람은 지금 어떤 종류의 성스러운 행동을 해야 한다고 믿는 것입니다. 소위 의식의 신성한 상태가 성스러운 행동 규범과 함께 온다는 전제가 널리 퍼져 있습니다! 62번째 시디 상태 완전무결Impeccability의 본질을 진정으로 이해한다면, 이 개념이 얼마나 우스운지 알게 될 것입니다. 완전무결하다는 것은 죄를 행하는 것으로부터 면제된다는 뜻입니다. 그것은 마치 순결과 미덕의 특정 수준을 수반하는 것처럼 들립니다. 그러나 여기에서 깊이 이해해야 할 것이 있습니다. 시디 상태로 사라진 사람은 진정으로 사라진 것입니다. 진정으로 집에는 아무도 없습니다. 순수한 의식이 이 존재 안에 존재하므로, 그들이 말하거나 행동하는 것은 그것이 무엇이든 탓할 것이 없습니다. 만일 어떤 사람이 시디 상태에서 살인을 저지른다면(실제로는 불가능함), 그는 비난을 넘어서 있습니다. 물론 사회는 그를 처벌할 것이고 사람들은 그의 행동을 악 또는 잘못된 것으로 판단할 것입니다. 그러나 이것이 그가 비난을 넘어서 있다는 사실을 저해하지 않습니다. 왜냐하면 그는 존재하지 않기 때문입니다. 당신은 단지 비어 있는 몸을 처벌할 것입니다! 바로 이것이 완전무결의 의미입니다.

62번째 선물을 통해 보았듯이, 더욱 세련된 수준의 커뮤니케이션은 특히 언어의 매체를 통해 매우 정교해집니다. 62번째 시디는 우리의 이해력을 초월한 수준의 언어 사용에 관한 것입니다. 모든 단어에는 주파수와 진동이 있으며, 당신이 말하는 순서와 문법은 특정한 오라를 만듭니다. 시디 수준에서 단어는 더 이상 마음을 통해 오지 않습니다. 그들은 단어로 표현되는 생각이 아닙니다. 그들은 비어 있고 순수한 것으로부터 직접 나옵니다.

위대한 마스터의 말을 들으면, 그들이 종종 시디 상태에 대해 모순된 말을 한다는 것을 발견할 수도 있습니다. 예를 들어, 깨달음은 강렬한 추구를 통해서만 발견될 수 있다고 말하는 반면, 다른 사람들은 당신이 하는 일은 그 어떤 것도 이 상태를 가져 오지 않는다고 말할 수 있습니다. 현자들이 하는 말에는 일치하지 않는 것이 많이 있는 것처럼 보입니다. 이것은 현자들이 각각 자신의 배경과 언어와 문화를 통해 자신의 경험을 여전히 필터링하기 때문입니다. 그러나 누군가가 62번째 시디를 나타낼 때 그들은 깨달음에 대한 정확한 언어학을 만들어냅니다. 그림자와 시디가 서로 얼마나 밀접하게 관련되어 있는지 주목하는 것은 종종 즐거운 일입니다. 따라서 그런 사람들은 순수 논리를 통해 지능 자체를 패배시키기 위해 지능을 이용할 것입니다. 그들은 또한 언어가 실제로 얼마나 헛된 것인지를 보여주기 위해 언어를 사용할 것입니다. 왜냐하면 처음부터 인간의 환상을 뒷받침하는 것이 언어와 생각이기 때문입니다.

62번째 시디는 고도로 지능적으로 보일 수 있으며, 특히 여성보다 정신적으로 양극화되어 있는 남성에게 특히 흥미로울 것입니다. 이들은 소크라테스와 같은 현자들입니다. 이들은 의식 자체가 완전무결한 정교함으로 좌뇌를 사용하기 때문에 논리적인 논쟁에서 패배할 수 없습니다. 이런 경우에는 언어가 다른 사람으로부터 항복을 끌어내는 수단으로 사용될 수 있습니다. 이 사람들은 인간의 마음이 작동하는 거대한 환영을 돋보이게 하기 위해 특별한 방법으로 언어를 사용하는 데 능숙합니다. 그러나 이것보다 더 나아가서, 62번째 시디는 우주 안의 모든 세포가 곧 신성한 단어라는 것을 이해하게 만듭니다. 이 심오한 진리는 그런 사람들이 신성한 언어의 마스터가 되게 합니다. 신성한 알파벳은 매우 단순하기 때문에 진정한 마스터는 정확한 정교함으로 어디서나 누구에게나 반응할 수 있습니다.

모든 창조의 기초가 되는 과학은 신성기하학sacred geometry입니다. 신성기하학에 담겨진 영원한 진리는 좌뇌와 우뇌 모두를 통해 모든 인간 과학, 예술 및 이해에 대한 접근 방식을 통합합니다. 삶의 배후에는 모든 행동을 연출하는 우주기하학cosmometry이 있습니다. 완전한 각성에 더 가까이 다가갈수록 당신의 삶은 이 우주기하학으로 더 조화롭게 흐르게 됩니다. 마침내 의식의 바다로 합쳐질 때 당신은 신성한 우주기하학과 완벽한 하나가 됩니다. 당신이 생각하고 말하고 행동하는 모든 것이 더 이상 당신에 의해서가 아니라 전체에 의해서 행해집니다. 그러므로 그것은 완전무결하게 행해집니다. 시디와 그림자의 진정한 차이는 두려움이 완전히 없어지느냐의 차이입니다. —그것은 곧 자기 동일시가 없어지는 것입니다.

신성한 우주기하학은 완벽의 언어입니다. 그것은 완전무결함의 발현이며, 그 안에서 당신의 모든 움직임과 호흡이 순수한 빛의 발산이 됩니다. 당신의 존재 전체는 단순히 저항 없이 움직이고 흐르는, 생동감 있고 지성적인 힘의 선으로 이루어져 있습니다. 당신의 존재 속에는 더 이상 제자리에 있지 않은 것이 없습니다. 더 이상 욕구나 의제나 불편함이 없습니다. 당신과 다른 모든 사람의 모든 것이 정확하게 그렇게 되기로 한 그대로입니다. 이 진리의 구현은 궁극적인 평화로 인도합니다. 당신은 목에서 큰 분열을 겪었으며 결코 다시는 분리됨의 환영으로 돌아갈 수 없습니다. 당신은 빛 그 자체의 언어로 들어가서 모든 단어 속에서 한 단어를, 즉 깊이를 알 수 없고, 형언할 수 없으며, 말이 없는 존재의 완전무결한 아름다움을 보게 됩니다.

63rd GENE KEY

시디
진리
선물
탐구
그림자
의심

근원에 도달함

프로그래밍 파트너 : 64번째 유전자 키
코돈 고리Codon Ring : 신성의 고리
(22, 36, 37, 63)

생리 : 송과샘
아미노산 : 프롤린

63번째 그림자
의심Doubt

의심의 역설적인 힘

63번째 유전자 키에 도착하면 사실상 64개의 유전자 키가 끝납니다. 진화의 신비로운 이야기에서, 63번째와 64번째 유전자 키는 에필로그를 표시합니다.—그것은 우리에게 어떤 완성의 느낌을 주는 우주의 텍스트입니다. 그러나 이 완성이 마무리인 것은 아닙니다. 주역과 유전자 키는 보다 더 넓은 호를 끊임없이 순환하는, 무한한 뫼비우스 띠를 형성합니다. 전통적으로 기록된 원래의 주역은 숫자 1에서 시작하여 64로 끝나는 서열입니다. 그러나 거기에는 수비학적 조합만큼이나 많은 서열이 있습니다. 당신 자신의 진화 서열은 당신에게 완전히 독특하고, 다른 누구에게서도 반복될 가능성은 거의 없습니다. 이것이 유전자 키의 역설적인 경이로움입니다.—그들은 완전히 아날로그와 무작위 방식으로만 접속할 수 있고 활성화할 수 있는 의식의 디지털 백과사전입니다.

전통적 서열은 첫 번째와 두 번째 유전자 키로 시작하여 63번째와 64번째 유전자 키로 끝나는 두 세트의 극성에 의해 함께 유지됩니다. 이 4 개의 유전자 키는 유전적으로나 수학적으로 매우 중요합니다. 주역에 깔려 있는 수학적 구성은 많은 훌륭한 논리가들에 의해 논의되었습니다. 유명한 17세기 철학자이자 수학자인 라이프치히Gottfried von Leibniz는 거의 모든 최신 컴퓨터 구조의 토대가 된 이진 수학의 발명에 대해 주역에서 확답을 얻었습니다. 64 유전자 키의 필수 코드가 DNA와 모든 컴퓨터 프로그래밍의 근원에 있다는 사실은 이 64가지 의식 코드가 실제로 얼마나 심오하고 진짜인지를 보여줍니다. 63번째와 64번째 유전자 키에 의해 형성된 극성은 인간의 마음에 좌절감을 줄 수 있는 역설을 포함합니다.

63번째와 64번째 선물 사이의 관계는 논리와 상상력의 관계, 또는 다른 방식으로는 좌뇌와 우뇌의 관계입니다. 우리가 보게 될 것처럼, 그들은 너무도 서로 연결되어 쉽게 분리될 수 없습니다. 아인슈타인은 "상상력은 지식보다 중요하다"라는 유명한 말을 했습니다. 사실 논리의 법칙은 완전히 비논리적인 전제, 즉 무한의 개념에 의존합니다. 무한은 논리적으로 불가능하지만 인간의 두뇌는 이 역설을 개념화할 수 있는 방식으로 설계되었습니다. 인간의 그림자 주파수에서, 이 두 가지 거대한 유전적 원형인 63번째 그림자와 64번째 그림자는 각각 의심과 혼동으로 알려진 두 가지 조건을 낳습니다. 의심은 당신이 상상의 경이로움을 잃을 때 태어납니다. 그리고 혼동은 당신이 논리에 너무 의존할 때 옵니다. 이런 개념을 돌려보면 의심이 곧 논리의 기초이며 반면에 혼동은 상상력을 키우는 기반이라는 것을 쉽게 알 수 있습니다.

63번째 그림자 의심Doubt은 말 그대로 인간의 두뇌에 연결된 거대한 물음표입니다. 논리적인 좌뇌는 반복되는 패턴의 관점에서 사물을 보도록 고안되었으며, 이 능력이 인간 진화의 핵심 요소였습니다. 우리 두뇌의 인지 기능이 발달함에 따라 초기 인간은 자신의 생존을 보장하기 위해 점점 더 효과적인 기술을 배우기 시작했습니다. 오늘날 우리는 도구의 사용에 있어 매우 효율적이 되어 심지어는 DNA에 연결된 논리 패턴을 읽을 수 있을 정도가 되었습니다. 그러므로 의심은 진화를 추진하는 데 있어 매우 긍정적인 힘이 될 수 있습니다. 그러나 의심의 문제는 그것이 사라지지 않는다는 것입니다! 의심은 인간 두뇌의 신경회로 내에 깊숙이 자리 잡고 있으면서 엄청난 무의식적인 압력을 유발합니다. 순수하게 있는 그대로를 볼 때, 의심은 단순히 이 끊임없는 정신적 압력을 일컫는 말입니다. 이 압력은 사람마다 다르지만 일관성 있는 한 가지는 그것이 우리 각각을 압력을 끝내려고 노력하도록 몰아간다는 것입니다. 우리 인간은 깊은 곳 어디선가 정착되지 않은 끝이 없는 느낌을 쉽게 받아들이지 못합니다. 우리 대부분에게 있어서 정신적인 확신에 대한 욕구는 우리 마음속의 의심을 막아주는 장벽을 제공하는 확고한 신념이나 가치를 갖도록 합니다.

의심은 인간의 여행의 시작이자 끝입니다. 그것은 탐구Inquiry의 선물로 이끄는데, 이것은 결국 모든 의심에 대한 최종적인 답인 진리Truth의 시디를 발견하는 것으로 이어집니다. 그러나 이 63번째 선물의 수준을 통과하는 여행은 당신이 예상한 대로 인도하지 않습니다. 논리의 최종 해결책은 논리의 영역 밖에 있습니다. 이런 의미에서 진리는 밖에서의 응답보다는 오히려 안에서부터 하나의 빛(Illumination, 64번째 Siddhi)으로 옵니다. 우리의 수수께끼는 단순히 진화의 회로 문제입니다.—우리의 두뇌는 내면의 압력으로부터 풀려나는 방법을 찾기 위해 진화했습니다. 그러나 어떤 의미에서 우리는 자연에 속아 왔습니다. 왜냐하면 우리의 의심에는 답이 없기 때문입니다. 동시에 우리의 정신적 불안을 끝내려는 시도는 뇌가 더욱 발전하도록 만들었습니다. 이것이 우리의 불안이 진화를 돕는 방법입니다.

의심에 대한 또 다른 중요한 측면은 그것이 진정으로 비인격적임에도 불구하고 우리 인간은 그것을 인격화한다는 것입니다. 의심이 진정한 탐구를 돕는다면 창의적이 되지만, 그것이 인격화되거나 내면화되면 파괴적이 됩니다. 마음을 창조적인 방법으로 사용하지 않으면, 압력은 누군가 또는 외부의 어떤 것에 투사되거나 안쪽으로 붕괴되어 스스로를 의심하게 됩니다. 사람이 자신의 타고난 창의력을 신뢰하지 못하게 하는 것이 자기 의심입니다. 의심은 집단에 속합니다. 개인은 자기 의심이 전체에 봉사하는 더 높은 삶으로 진화하도록 모든 인간에게 압력을 가하는 낮은 주파수의 조건화 장이라는 것을 이해할 필요가 있습니다. 당신이 자기 의심에 빠졌을 때, 당신은 폭풍을 무사히 헤쳐 나가야 합니다. 자기 의심을 다루는 가장 좋은 방법은 그것을 다른 사람들과 공유하는 것입니다. 그렇게 함으로써 당신은 그것을 포용하여 그것이 계속 움직이게 할 수 있습니다. 자기 의심의 기간 동안 할 수 있는 최악의 일은 강제적이거나 너무 이른 시기에 행동을 취하는 것입니다.

만일 사람이 의심의 압력에 굴복한다면, 그 또는 그녀가 그림자 주파수에서 취할 수 있는 다른 방향은 교리와 여론을 통해 그것을 억압하는 것입니다. 63번째 그림자는 과학적 사고의 근원이기 때문에 의심에 대한 대답을 마음에게 주는 잘못된 논리적 실재를 만드는 데 사용될 수 있습니다. 논리적 사고가 의심을 하지 못하게 되면, 진화 또한 멈추게 됩니다. 의심이 없다면 논리적인 마음은 본질적으로 건강하지 못한 것입니다. 왜냐하면 그것은 계속 질문하는 자신의 본성을 단락시키기 때문입니다. 앞서 말했듯이, 논리가 알려질 수 있는 바깥으로 끝까지 이동하면 그것은 역설을 만나게 됩니다. 우리는 수학, 철학 또는 양자물리 분야에서 이것을 볼 수 있습니다. 인간의 논리적 마음은 단순히 역설 이외의 어떤 것도 확신하도록 설계되지 않았습니다! 역설보다 덜한 것은 그림자 주파수 내에서 발생하며, 따라서 논리적으로 거짓일 수밖에 없습니다.

논리의 아름다움은 그 자체가 위대한 역설이라는 점입니다.—논리는 의심을 끝내는 방법을 찾으려 하지만 어떤 대답으로도 결코 만족할 수 없습니다. 유일하게 만족스러운 대답은 논리를 거역하는 것입니다! 그림자 주파수에서 인간의 마음이 원하는 것은 모두 확실성입니다. 그리고 그것을 찾지 못하면 마음은 그것을 만들어 낼 것입니다. 불확실성에 대한 바로 이 두려움으로부터 모든 교리와 단단한 시스템이 탄생합니다. 외부 수단을 통해 불확실성을 종식시킨다고 주장하는 사람이나 무엇도 결국은 거짓을 팔고 있는 것입니다. 그런 사람이나 시스템은 실제로 당신에게 잠재적인 위험입니다. 의심은 적이 아닙니다. 당신은 불확실성에 대한 두려움을 알아차리고 받아들일 필요가 있습니다. 왜냐하면 불확실성을 더 깊이 받아들일수록 초월자에게 더 가까이 다가갈 수 있기 때문입니다.

억압적 본성 – 자기 의심Self-Doubt

의심이 억압되면 그것은 우리를 자기 의심으로 괴롭힙니다. 자기 의심은 비교에 기반을 두고 있으며 우리가 그것을 단순히 정신적 조건화 패턴으로 보는 한 아무런 해를 끼치지 않습니다. 자기 의심은 우리가 그것을 동일시하고 그것이 주장하는 바를 믿을 때, 오직 그때만이 파괴적이 됩니다. 그 자체에 맡겨놓으면 자기 의심은 결국 스스로를 파괴해야 합니다. 우리가 우리의 의심을 완전히 신뢰한다면 우리는 우리 자신의 자기 의심을 의심해야 합니다! 이것은 진화적 힘으로 입증된 역설적인 의심의 힘입니다. 그러나 대부분의 사람들은 자기 의심이 자신의 과정을 완료하는 것을 결코 허용하지 않습니다. 우리는 두려움에 굴복하고 특정한 주파수에 고정시킵니다. 이런 일이 생길 때, 자기 의심은 우리를 불안감으로 계속 갉아먹습니다. 이런 불안은 끊임없이 우리를 괴롭히고 우리의 건강과 일반적인 웰빙에 광범위한 영향을 줍니다. 심지어 우리의 꿈속까지 쫓아들어와 우리가 제대로 잠들지 못하게 합니다. 우리의 인식이 이런 정신적 패턴을 식별하지 못한다면, 우리는 우리가 행하거나 말하는 그 어느 것으로도 충분히 만족하지 못하게 되는 끔찍한 세계로 들어서게 됩니다.

반응적 본성 – 의혹Suspicion

63번째 그림자가 반응 모드로 표현되면 세상에 투영되어 의혹이 됩니다. 이런 종류의 의심은 또한 궁극적으로 자기 의심에 뿌리를 두고 있지만 분노로 변모되어 다른 사람들에게 던져집니다. 가장 일반적인 형태의 의혹은 우리에게 가장 가까운 사람들을 공격합니다. 이 63번째 그림자의 영향을 받아 우리는 파트너, 배우자, 상사, 심지어 우리 아이들에게도 의심을 던집니다. 우리가 개인적인 의심을 품을 때마다 우리는 끊임없이 스스로에게 되돌아가는 파괴적인 파동을 만들기 시작합니다. 우리의 의혹에 대한 다른 사람들의 반응은 격렬하거나 방어적일 수 있으며 그것이 그들에 대한 우리의 의심을 더 증폭시킵니다. 이런 식으로 논리는 다른 사람들에 대한 우리의 의심이 옳다는 것을 증명하는 것처럼 보입니다. 이것은 많은 관계에서 공통적으로 나타나는 전형적인 생체자기제어 루프입니다. 사람들이 창조적인 탐구의 방식으로 자기 의심을 품고 있거나 사회로 되돌려 투사한다면 이것은 쉽게 피할 수 있습니다.

63번째 선물
탐구Inquiry

자기 탐구의 사다리

의심의 에너지가 깨끗하게 사용되면 그것은 탐구Inquiry의 선물이 됩니다. 탐구는 삶에 대한 명확한 답을 찾지 않고 열린 채로 남아 있는 것입니다. 모든 순수한 탐구는 인류에게 큰 도움을 줍니다. 삶을 세부적으로 조사함으로써 자연의 비밀 중 많은 부분을 열어줍니다. 의심의 진정한 목적은 특정 개인과 상관없이 더 높은 선을 위해 봉사하는 것입니다. 만일 누군가가 의심하거나 질문을 하는 유전적 성향이 있다면, 그들은 그 의심을 개인적인 삶으로부터 봉사로 돌림으로써 그들의 삶과 관계의 질을 크게 향상시킬 수 있습니다. 63번째 선물은 단계와 수준의 발전에 관한 것입니다. 이것이 논리적인 이해가 작동하는 방식입니다. 지속적인 의심의 압력은 탐구의 정신을 자극하여 더 깊은 이해 수준을 갖게 합니다. 그러나 어떤 것을 깊이 탐구하면 할수록 그것은 더 복잡해집니다. 그것이 과학적 이론이든 아니면 내연 기관이든 상관없이 당신은 그것을 조각조각 찢어놓아야 합니다. 가장 중요한 것은 그 과정을 통해 무엇을 배우느냐입니다.

주파수의 사다리를 서서히 오르면 탐구의 본질이 바뀝니다. 당신은 주변 세상의 어떤 측면을 탐구하기 시작할 수 있습니다. 이것은 당신이 정말로 알고 싶어 하는 것이거나 아니면 당신이 향상시키거나 도전하고자 하는 세상에 관한 것일 수도 있습니다. 63번째 탐구의 선물에는 하나의 황금률이 있습니다.—당신이 어떤 것을 아주 깊이 탐구한다면, 관찰자인 당신이 결국은 당신이 관찰한 것과 복잡하게 매여 있다는 계시에 이르게 된다는 것입니다. 이 발견은 삶을 객관적으로 평가할 수 있는 능력의 종말을 의미하기 때문에 논리적인 접근법의 종말을 예고합니다. 더 높은 수준의 주파수에서 당신은 모든 현상이 점차 서로 영향을 미치는 종합적인 통합의 영역에 들어가기 시작합니다. 따라서 이 새로운 양자 세계는 당신의 탐구를 훨씬 더 주관적인 영역으로, 즉 당신의 내적 자아로 몰고 갑니다. 어떤 특정 단계에서, 탐구의 선물은 항상 당신을 당신 자신으로 인도해야 합니다.

63번째 유전자 키는 신의 고리로 알려진 DNA에서 유전자 그룹을 구성하는 4개의 유전자 키(36, 37, 22, 63) 중 하나입니다. 중요한 22번째 유전자 키와의 연결 때문에 이 코돈 고리는 고통을 통한 인간 인식의 변화와 많은 관련이 있습니다. 63번째 유전자 키는 이 주제에서 핵심적인 역할을 합니다. 왜냐하면 처음부터 당신을 영적인 길을 따르도록 몰아붙이는 것이 당신의 신성한 의심이기 때문입니다. 당신의 진정한 본성을 기억하지 못하는 것에 대한 깊은 불편함은 당신이 당신의 본성에 대해 더 깊이 탐구할수록 더욱더 분명해집니다. 당신이 당신 안에 있는 의심을 발견할 때, 당신은 다른 모든 인간도 마찬가지임을 알게 됩니다. 이것이 당신을 위대한 진리로 인도합니다.—모든 인간은 이 고통에서 평등하게 만들어져 있다는 것입니다(37번째 평등Equality의 선물). 의심은 우리를 인간으로 만들고(36번째 선물) 인간애는 우리가 다른 사람들을 대하는 태도에서 어떤 자애로움Graciousness을 갖도록(22번째 선물) 인도합니다.

당신의 본성과 목적에 진지하고 정직하게 의문을 갖기 시작할 때, 당신은 동양에서 요가의 길로 알려진 위대한 영적인 길에 들어선 것입니다. 요가는 본질적으로 당신의 육체적, 영적 본질을 당신이 해방 또는 영적 실현에 도달할 정도의 높이로 정제시키는 진보적인 길입니다. 그것은 당신의 생명력을 안으로 돌려 더 높은 주파수에 이르게 하는 시스템입니다. 요가의 다양한 시스템이 개발되었고 전 세계의 여러 문화에 맞추어 조정되었습니다. 어떤 사람들은 육체를 강조하고, 어떤 사람들은 명상이나 기도를 기반으로 하며, 어떤 사람들은 봉사에 뿌리를 두고 있습니다. 요가의 모든 시스템에 공통적인 것은 점진적인 순차 과정으로 진동의 주파수를 낮은 상태에서 높은 상태로 높입니다. 당신이 그 길에 있는 모든 상태를 이해하도록 촉구하는 것이 탐구의 선물입니다.

이런 높은 인식의 수준에서도 항상 당신과 함께 있어왔던 기본적인 의심, 즉 당신 자신의 존재에 대한 의심은 고집스럽게 남아 있습니다. 우리의 가장 중심이 되는 곳에서 우리는 우리가 누구이며 우리가 진정으로 무엇인지 알고 싶어 합니다. 낮은 주파수에 있는 대부분의 사람들에게 이 질문은 단순히 씨앗 형태로만 존재합니다. 그러나 인식의 단계가 높아질수록 당신은 당신 내면의 이 의문에 더 사로잡히게 됩니다. 따라서 당신의 탐구는 진보적인 수준의 인식과 실현을 거치도록 당신을 인도하며, 그 과정에서 기이한 내면의 현상을 경험할 수 있습니다. 그러나 이러는 동안 당신은 63번째 선물의 영역에서 여전히 작용하고 있으며, 그것이 당신이 어딘가로 움직이고 있거나 어떤 것에서 다른 어떤 것으로 진화하고 있다는 느낌을 줍니다. 이렇게 높은 수준에서도 당신의 탐구는 여전히 사고의 논리적 틀에 미묘하게 뿌리를 두고 있습니다. 그러나 모든 논리는 궁극적으로 그 본질상 스스로를 상쇄시켜야 합니다. 모든 요가는 항복의 길인 탄트라로 가는 한 방향으로 인도합니다.

이 두 유전 프로그래밍 파트너인 63번과 64번 유전자 키는 각각 요가의 길과 탄트라의 길을 나타냅니다. 탄트라는 수용에 근거한 길인 반면, 요가는 의심의 길입니다. 왜냐하면 그것은 인간의 위대한 탐구 정신을 이용하기 때문입니다. 요가의 길에서는 기술이 핵심입니다. 그것은 처음부터 인간에게는 기본적인 분열이 있다고 가정하며, 요가의 유일한 임무는 이 분열을 통합하는 것입니다. 이것이 요가라는 단어의 뜻입니다.—통합하는 것, 또는 멍에를 지는 것입니다. 인간이 점차 더 높은 상태를 향해 나아갈 수 있게 해주는 위대한 시스템은 모두 요가에서 태어났습니다. 인간의 마음은 시간을 통한 논리적 진화의 개념에 가장 편안하기 때문에 이런 종류의 길은 항상 신비스럽고 엄청나게 역설적인 63번째 시디 진리Truth를 찾아다니는 가장 진지한 구도자와 탐구자의 관심을 끌었습니다.

63번째 시디
진리Truth

진리는 길의 모든 단계다

요가의 길을 상징하는 탐구의 선물은 그에게 끌리는 사람들에게 깊은 충격을 예비하고 있습니다. 원래 중국의 주역에서 63번째와 64번째 유전자 키에 해당하는 2개의 헥사그램은 매우 흥미로운 이름을 가지고 있습니다. 63번째는 완성 이후After Completion이고 64번째는 완성 이전Before Completion입니다. 당신은 이 이름이 순서가 바뀌었다고 생각할 수도 있습니다. 왜냐하면 63번이 분명히 원래의 순서대로라면 64번 이전에 오기 때문입니다. 그러나 여기 주역의 마지막에서 당신이 발견하게 될 것은 역설과 시와 수수께끼입니다. 우리는 대문자 'T'로 시작하는 진리Truth의 영역에 들어서고 있습니다. 사람들의 인식이 아무리 높아진다고 해도, 또는 사람들의 요가 수련이 아무리 진보한다고 해도, 시디 영역에 도달하기 전에는 결코 궁극적인 역설이 진리라는 것을 깨닫지 못할 것입니다. 그런 상태에 도달하는 유일한 방법은 내면의 항복에 도달하는 것입니다. 진리를 찾기 위해 모든 노력을 기울인 후에 당신은 결국 당신 자신의 의심과 하나가 되어야 합니다.

의심이 곧 진리라는 것, 이것이 63번째 시디의 충격입니다. 이것은 당신의 탐구심에 깊은 실망을 줍니다. 그것은 실패와 낙담의 최악의 상태입니다. 만일 논리가 자유롭게 지배하도록 허용된다면, 그것은 항상 논리를 없애버리고 스스로를 정복할 것입니다. 이런 의미에서 모든 요가는 오직 탄트라로만 이끌어 갈 수 있습니다. 이것은 어떤 식으로든 진리를 추구하는 구도자를 몰고 가는 탐구 정신의 가치를 부정하지 않습니다. 모든 남성의 길은 결국 여성의 바다로 이끌어가야만 합니다. 논리를 더 많이 따를수록 그것은 더 신비스럽고 시적이 되는 것처럼 보입니다.—논리가 넘어설 수 없는 막다른 골목에 도달할 때까지 말입니다. 논리와 그것의 상대가 되는 의심은 관찰자인 당신이 자폭하도록 설계되었습니다. 의심이 그런 심오한 수준에서 신뢰를 얻을 때, 의심하는 사람은 진리만을 남겨놓고 의심 속으로 사라져버립니다. 그러나 여기에 순서대로 일어나는 과정은 없습니다.—진리는 항상 의심 안에 있습니다. 진리는 조개 안에 있는 진주처럼 단지 실현되기만을 기다리고 있을 뿐입니다. 그것은 억지로 알아낼 필요가 없으며 단지 알아차리게 될 뿐입니다. 만일 당신이 이 알아차림이나 깨달음에서 끝나는 순차적이고 직선적인 경로를 따른다면, 길 그 자체는 깨달음에 아무런 관련도 없습니다. 비록 그렇게 보이기는 하겠지만 말입니다.

진리는 여러 가지 다른 방식으로 실현됩니다. 이 시디의 다른 측면은 64번째 시디 빛Illumination인데, 이것은 완전히 다른 방식으로, 즉 무작위의 시를 통해 동일한 결론에 도달합니다. 만일 당신이 논리적인 진보의 길을 즐긴다면 그것이 당신의 길입니다. 많은 면에서 그것은 인간에게 더 안전한 길이라고 느껴집니다. 왜냐하면 그것은 당신이 진리를 준비할 수 있다는 느낌을 주기 때문입니다. 삶 자체의 혼란 외에는 지도나 차트도 없는 우뇌의 왼손 경로에 끌리는 사람은 거의 없습니다. 진리로 가는 요가의 길은 64번째 시디의 야생 정글과 비교할 때 아름답게 다듬어진 정원입니다. 63번째 의심의 그림자는 궁극적인 소진의 길입니다. 붓다와 마찬가지로, 당신은 정상에 올라가기 위해 연구하고, 수양을 쌓고, 노력해서 당신이 시작하기도 전에 이미 답은 항상 함께 있었다는 것을 깨달아야 합니다.

진리의 시디는 어디에나 있습니다. 진리가 아닌 것은 아무것도 없습니다. 당신에게 무슨 일이 일어나든, 매순간 무엇을 느끼든, 그것이 혼란스럽거나 불안감을 주든, 그것은 오로지 진리일 뿐입니다. 진리는 존재하는 모든 것입니다. 그림자 주파수에서 진리 외에는 아무것도 없으며, 선물의 주파수에서 진리 외에는 아무것도 없습니다. 진리는 각각의 걸음마다 있습니다. 이 64개 유전자 키 책은 과거, 현재, 미래를 함께 모아 인간 의식 안에서 생각할 수 있는 모든 원형 속으로 들어가는 요가적 항해입니다. 이것은 존재의 모든 측면에 의문을 제기하려는 욕구와 의심으로 움직이는 탐험입니다. 그것은 우리 DNA의 구석구석에 고정되어 있으며, 우리의 진정한 본성을 이해하려는 충동의 상징입니다. 그리고 진리의 관점에서 볼 때, 이 책은 실패한 것입니다. 그것 외에 다른 것일 수가 없습니다. 이해하려는 모든 시도는 실패하게 되어 있습니다. 64 시디 각각을 온전히 읽어보면 이 실패의 범위를 보게 될 것입니다. 모든 시디는 약간 다른 언어적 각도로 기울어진 동일한 역설을 압축하고 있습니다. 의심에는 답이 없습니다. 패턴들과 그 패턴을 바라보는 환상만이 있습니다. 각각의 단계와 각각의 단어에 진리가 있습니다.

모든 것이 진리임을 깨닫는 것은 주역에서 말하는 '완성 이후'라는 이름으로 잘 표현되어 있습니다. 진리의 실현은 당신의 존재 전체의 완전한 이완과 관련이 있습니다. 탐색은 끝났습니다. 탐색이 질문하는 사람을 삭제했기 때문입니다. 의심하는 자가 질문 속으로 너무도 완전히 들어가 질문이 그의 인식을 삼켜버렸습니다. 따라서 진리로 가는 모든 길은 완전한 조작이며 모든 기술은 정신을 흩트려놓을 뿐이며 모든 시스템과 개념은 궁극적으로 아무런 가치도 없습니다. 이것은 구도자에게 불행한 말입니다. 구도자는 아직도 자신이 찾고 있는 것과 동일시된 상태로 남아 있습니다. 그러나 그것조차도 진리입니다. 왜곡된 진리 또는 숨겨진 진리 같은 것은 없습니다. 진리는 그저 지금 여기에, 매순간마다, 당신 삶의 매 단계마다 있을 뿐입니다. 그것은 영원하고, 죽지 않으며, 순수하고, 부패하지 않으며, 너무도 단순합니다.

진리는 그 어마어마한 편안함 때문에 인간의 표정으로 나타난 시디 중에서 진정으로 가장 고귀하며 아름답습니다. 그것은 마치 하루 종일 걷고 나서 따뜻하고 아늑한 저녁에 나무 아래에서 휴식하는 것과 같습니다. 당신은 해가 지는 바다, 또는 발밑의 나뭇잎 속으로 잦아드는 바람, 또는 시간이 천천히 흐르는 바위 위로 부드럽게 퍼지는 시냇물을 바라봅니다. 진실과 함께, 내면의 여정 ─산 높은 곳에 있는 근원으로까지 의심을 따라가려는 시도─은 끝이 나게 됩니다.

걱정에서 벗어나 휴식을 취할 때마다, 당신은 진리의 주변을 걷고 있습니다. 미소를 짓거나 깊은 한숨을 쉴 때마다, 당신은 진리에 더 가까이 가고 있습니다. 당신의 얼굴에서 날카로움이 사라지고 부드러워질 때마다, 진리에 대한 기억이 되살아나고 있습니다. 진리는 당신의 자연스러운 상태입니다.─복잡함이나 걱정거리가 없는 단순한 상태입니다. 그것은 당신의 존재 속으로 완전히 가라앉는 흐르는 공간입니다. 당신의 유전자에 적힌 이 책의 진정한 결말에서 볼 수 있듯이, 그것은 의미가 필요 없으며 대답에 대한 관심이나 가능성도 없습니다. 단 한 문장으로 말하자면, 진리는 우주의 영원한 순간입니다.

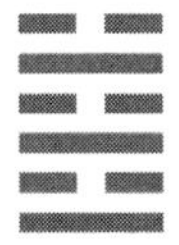

64th GENE KEY

시디
빛
선물
상상
그림자
혼란

오로라

프로그래밍 파트너 : 63번째 유전자 키
코돈 고리Codon Ring : 연금술의 고리
(6, 40, 47, 64)

생리 : 송과샘
아미노산 : 글리신

64번째 그림자
혼란Confusion

요소의 혼돈

64번째 유전자 키로, 우리는 존재의 가장 큰 신비 중 하나인 내면의 빛의 신비에 도달하게 됩니다. 이 빛이 인간 안에서 흐려지면 64번째 그림자인 혼란Confusion이 생깁니다. 혼란은 거대한 그림자 상태입니다. 그것은 거대한 담요처럼 우리 세상을 휩쓸어 실재의 진정한 본성으로부터 대중의식을 질식하게 하고 권한을 빼앗고 차단합니다. 순차적 형태의 64개의 유전자 키 중 마지막으로서 64번째 유전자 키는 몇 가지 마지막 경고를 줍니다. 이것은 결국 혼란의 그림자입니다. 우리가 64개의 유전자 키를 반복적으로 볼 때, 그림자는 본질적으로 사악하다는 의미에서 나쁜 것이 아닙니다. 그것들은 사실 아주 아름다운 다이아몬드를 숨길 수도 있는 석탄 덩어리와 같은 높은 의식의 장의 원료입니다. 혼란이 그 본질을 드러내고 조직화된 에테르 물질로 합쳐지기 시작할 때, 그것은 상상력의 경이로움이 됩니다. 결국 상상력이 가장 높은 주파수에서 스스로를 초월할 때, 모든 창조물의 중심에 있는 내면의 빛은 당신의 존재 안에서 영적인 빛으로 폭발합니다. 이것이 모든 인간이 가고 있는 여정입니다.

혼란은 그 자체가 완벽하게 자연스러운 상태입니다. 고대의 연금술사들은 이 상태를 혼란 덩어리massa confusa, 즉 요소의 혼돈으로 언급하면서 우주의 탄생에 앞서 선행했던 소용돌이에 비유했습니다. 혼란은 질서도 없고 구조도 없는 상태입니다. 그것은 순수한 잠재력으로 진동하는 상태입니다. 인간의 마음이 그것을 해석하려고 할 때, 오직 그때에만 그것은 혼란스러워집니다. 만약 당신이 어떤 식으로든 당신의 마음을 엮지 않고 이 원시 의식 상태를 들여다 볼 수 있다면, 당신은 64번째 시디 빛Illumination으로 드러나는 진정한 본질을 보게 될 것입니다.

64개의 그림자 각각은 인간의 마음이 보는 대로 무엇이든 동일시하는 경향에서 태어납니다. 이런 경향은 각 그림자 상태의 두 극성 사이에 생체자기제어 루프를 생성합니다. 이 경우, 그 루프는 64번째 그림자 혼란Confusion과 그 프로그래밍 파트너인 63번째 그림자 의심Doubt 사이에서 생성됩니다. 다음은 그것이 이루어지는지 방식입니다.

매순간 당신의 생각은 내면의 몸이 느끼는 방식을 반영합니다. 전반적으로 주파수가 낮으면 신체적, 정서적, 정신적 신체 전반에 걸쳐 일종의 불안감을 느끼게 됩니다. 이 불안은 우리 모두가 살고 있는 전 세계적인 주파수에 의해 생성됩니다. —다시 말하면, 모든 인간은 우리 모두를 연결하는 양자장을 통해 온 세상의 고통을 느낍니다. 당신의 몸에 귀를 기울이면 기울일수록 두려움에 뿌리를 둔 이 집단적 불안감에 더 조율하게 됩니다. 대부분의 사람들은 이 광대한 세상의 고통을 피하기 위해 어린 시절부터 패턴을 개발하며 마음이 그 첫 번째 방어선입니다. 우리가 생각에 중독되어 있는 한, 우리는 그것을 온전히 느끼는 것을 피할 수 있습니다.

각 인간 안에 있는 이 고통은 전적으로 과거에 뿌리를 두고 있습니다. 그것은 조상으로부터 내려오는 DNA를 통해 당신 안에 들어와 있으며 부모와 동료들의 대항 전략을 통해 어린 당신에게 전달되었습니다. 이 고통으로부터 도망치고 싶은 근본적인 충동은 당신이 진정으로 무엇인지를 직면하지 못하게 계속 막을 것입니다. 그리고 이 사실은 당신의 세포 깊숙이 자리 잡고 또 다른 거대한 그림자 자기 의심Self-doubt을 낳습니다. 우리 인간은 사실 처음부터 우리 자신이 아니기 때문에 자신을 의심합니다. 우리는 혼란 속에서 살고 있으며, 마음이 이 혼란에 대항하려고 노력하면 할수록 우리는 자기 의심을 더 크게 키우게 됩니다. 그것은 생체자기제어 루프입니다. 지구의 일반적인 낮은 주파수에서, 마음은 스스로 벗어날 수 없으며, 대신에 그 자신의 환상을 계속 크게 키우고 있습니다. 그러면 그 환상은 우리가 삶이라고 부르는 사건을 통해 장난을 칩니다. 따라서 우리의 진정한 잠재력은 결코 삶으로 완전히 경험되지 않습니다. 소로(Thoreau, Henry David Thoreau 1817~1862, 미국 사상가 겸 문학자)가 그것을 이렇게 적절하게 표현했듯이 우리는 "조용한 절망의 삶을 살고 있습니다."

당신이 어떤 인간을 대상으로 하든 그들의 인식의 표면을 긁어보면, 당신은 곧 억압된 고통이 켜켜이 쌓인 층들을 발견할 것입니다. 마음은 영원한 혼란 상태에서 살면서 그것을 없애려고 합니다. 그러나 혼란은 끝이 없는 길입니다. 그것은 마음에 의해 조작된 허상입니다. 마음이 생각이 멈추는 순간, 혼란은 끝납니다. 그 사실은 그것이 얼마나 거짓인지를 보여줍니다. 곧 시디 주파수에서 보겠지만, 우리가 혼란으로 여기고 있는 상태는 사실 가장 성스러운 인식 상태입니다.

이 유전자 키에 대한 논의로 되돌아가자면, 그것은 모두 빛에 관한 것입니다. 모든 64개의 유전자 키는 실제로 빛에 관한 것입니다. 의식의 내적 본질인 이 빛은 모든 형태 안에 내재되어 있습니다. 그것은 진화가 자연스럽게 스스로를 드러낼 때까지 가려진 상태로 있습니다. 이것이 연금술의 과정입니다.―모든 과학 중에서 가장 위대한 과학입니다. 64번째 유전자 키는 연금술의 고리Ring of Alchemy의 필수 요소입니다. 이 고리에는 3개의 다른 위대한 연금술 유전자 키가 있습니다.―인간관계에서 혼란을 야기하는 6번째 유전자 키, 당신 자신의 마음과 쓸데없는 전투에 빠지게 하는 47번째 유전자 키, 그리고 고립이라는 깊은 느낌으로 인도하는 40번째 유전자 키가 그것입니다. 혼란스러울 때, 당신은 혼자입니다. 64번째 유전자 키를 관통하는 빛은 당신을 혼란스럽게 하기 보다는 무엇보다도 영감으로 당신의 마음을 열광하게 만들기를 원합니다. 그러나 그것은 당신의 태도에 달려 있습니다. 그것이 당신의 일반적인 주파수 수준을 측정하는 리트머스 시험입니다. 그러므로 당신이 밑으로 가라앉은 느낌이 들 때, 당신의 생각을 더 높은 차원으로 전환시키는 것이 항상 최선의 방법입니다. 이렇게 할 수 없다면 적어도 그 단계가 끝나기를 기다린 후에 그 스스로 진화하도록 허용할 필요가 있습니다. 만일 당신이 참고 반응하지 않는다면, 빛은 결국 빛을 발할 것입니다.

억압적 본성 – 모방 Imitating

유전되어 내려온 고통을 억누르는 데에는 엄청난 양의 에너지가 필요합니다. 그 정도의 고통을 억누르기 위해서는 아이러니하게 보이겠지만 실제로 다른 사람들로부터 엄청난 도움이 필요합니다. 이런 지원은 세상이 어떻게 느끼는지에 대한 진실을 숨기고 활동과 생각에 자신을 파묻고 있는 수백만 명의 다른 사람들로부터 현상 유지라는 형태로 옵니다. 세상의 절반은 모방을 통해 혼란을 억누릅니다. 부모가 한 일을 그대로 하거나 친구와 교사들이 하는 것을 그대로 합니다. 모방은 상상의 최대의 적입니다. 그것은 세상의 상태를 있는 그대로 느끼지 못하도록 집단에 의해 고안된 거대한 환상의 안전망입니다. 억압적 본성은 다른 사람들을 모방함으로써 자신의 두려움과 싸웁니다. 그 중 일부는 심지어 그것을 하고 있는 동안 자기들이 오리지널인 것처럼 보이려고 합니다.

반응적 본성 – 혼란스러워하는Confused

본성적으로 억압된 감정을 다루지 못하는 사람들이 있습니다. 특정한 생리적 유형은 적어도 상당한 시간 동안은 아니더라도 표면 아래에 유지되는 통증의 지속적인 압력을 처리할 수 있도록 설계되지 않았습니다. 그런 사람들에게는 그들의 DNA에 있는 핵심적인 고통이 겉으로 드러나는 삶을 통해 외적으로 표현됩니다. 그런 삶은 항상 믿을 수 없을 정도로 매우 혼란스럽습니다. 이들은 학대당하지 않는 상태로 관계를 유지할 수 없는 사람들입니다. 억압된 본성은 현상 유지의 희생물이지만, 반응적 본성은 그 현상 유지에 대한 분노의 희생자입니다. 그들은 삶 자체에 대해 무의식적으로 복수하려는 삶을 살고 있습니다. 이 사람들은 종종 공격적이고 예측할 수 없는 방식으로 현상 유지에 대항합니다. 억압과 반응의 기본적인 역학에서 학대하는 사람과 학대받는 사람이 어떻게 태어나는지를 확실하게 볼 수 있습니다.

64번째 선물

상상Imagination

인생의 예술

인류가 느끼고 표현하는 고뇌의 깊이는 64번째 유전자 키와 프로그래밍 파트너인 63번째 유전자 키의 유전적 결합에서 만들어지고 해결됩니다. 우리가 인체에 들어가면서 태어날 때의 고통이 실재함에도 불구하고 좋은 소식이 있습니다. 해결책은 아주 간단합니다. 우리가 느끼는 고통은—비록 우리의 생리적 맥락에서는 사실이지만—그것이 우리의 마음에 관한 한 하나의 환상이며, 우리의 마음은 그것을 해방시키는 열쇠를 갖고 있습니다. 그림자 주파수에서 볼 수 있듯이, 삶의 기저에 깔려 있는 고통에 직면했을 때 마음은 자동적으로 혼란에 빠지게 됩니다. 당신이 일상생활에서 벗어나 단 한 주 동안이라도 독방에 감금된다면 당신은 곧 몸속에 있는 깊은 고통을 느끼게 될 것입니다. 할 일도 없고, 인식을 분산시킬 수 있는 것도 없다면 고통은 재빨리 표면으로 떠오릅니다. 흥미롭게도, 이것이 명상이 하는 역할 중의 하나입니다. 이 고통이 변형될 수 있게 인식의 표면으로 떠오르도록 허용하는 것입니다.

필요한 것은 고통을 기꺼이 느끼는 것입니다. 그러면 기적이 일어나기 시작합니다. 고통이 사라지게 노력하는 것이 아무 의미가 없다는 것을 깨닫게 되면, 마침내 당신은 당신이 잡혀 있었던 고리를 보게 될 것입니다. 고통으로부터 끊임없이 멀어지게 하는 것은 당신의 마음입니다. 내면의 영혼이 당신이 진정으로 누군지를 직면하기로 결정을 내릴 때, 생전 처음으로 마음의 속임수가 목격됩니다. 그것을 목격함으로써 당신에 대한 마음의 오랜 통치가 점차적으로 무너지기 시작합니다. 당신의 마음이 혼란을 이해하거나 피하려고 노력하는 것을 보면 볼수록, 당신 안에서 더 많은 변화가 일어나기 시작합니다. 생각은 엄청난 에너지를 필요로 합니다. 뭔가가 그 뉴런에게 먹이를 주어야 합니다. 따라서 당신이 마음의 먹이를 가져가는 순간—그것이 당신을 도울 수 있다는 당신의 믿음—그것을 먹이려던 모든 에너지가 점차적으로 해방됩니다. 어떤 드문 경우에서는 이 에너지가 갑자기 풀려나와 돈오(頓悟, sudden enlightenment, 갑작스러운 깨달음)라고 불리는 현상을 유발할 수도 있습니다.

모든 자연의 에너지 또는 생명력은 성장하고 진화하는 하나의 내장된 프로그램을 가지고 있습니다. 이것이 삶의 본질입니다. 따라서 당신 안에 숨어 있던 양자 에너지를 방출하면 그것은 솟아오르기 시작합니다. 그것이 올라옴에 따라, 진화적 힘은 당신의 마음을 붙잡고 그것으로 색칠하기 시작합니다. 이것이 진정한 창조성이 태어나고 인간의 상상력이 발휘되는 방식입니다. 상상력은 유전자를 통해 흐르는 방해받지 않은 생명력의 표현입니다. 이것이 64번째 선물입니다. 상상력은 혼란에서부터 태어나지만 그 혼란을 변화시키려 하지 않고 품어 안을 때만 가능합니다. 상상력은 당신의 존재 속에서 연금술이 일어나는 것을 허용합니다. 처음에는 그림을 그리거나, 글을 쓰거나, 노래를 부르거나, 단순히 당신의 고통에 대한 이야기와 그것이 당신에게 어떻게 느껴지는지를 이야기할 수도 있습니다. 고통이 어떤 형태로 나타나는지는 중요하지 않습니다. 중요한 것은 그것이 표현될 수 있고 받아들여질 수 있다는 것입니다. 실제로, 선물 주파수에서 고통은 단순히 표현되는 것 이상일 수 있습니다.—그것이 예술이 될 수도 있는 것입니다.

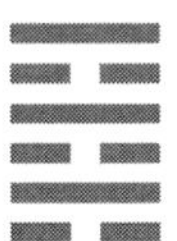

당신의 고통이나 세상의 고통이 예술적 과정을 통해 표현될 수 있도록 허용한다면, 당신은 연금술이 진행되는 것을 보게 될 것입니다. 당신의 예술은 자연스러운 원형의 순서를 따를 것입니다. 당신은 지하세계에 상징적으로 내려가는 것으로 시작하여 거기에 살고 있는 악마와 두려움 주파수에게 목소리와 모양을 줍니다. 주파수가 더 올라가게 하면 당신의 악마는 점점 더 감춰진 본성을 드러낼 것입니다. 빛이 그들 안에서부터 나올 것이고 개구리가 왕자로 변할 것입니다. 모든 진정한 예술은 연금술입니다. 내면의 빛을 내보내지 않는 예술적 과정은 단순히 상상 속으로 길을 찾아가는 그림자 의식의 예술일 뿐입니다. 당신이 용기와 정직함을 유지하는 한, 당신의 표현은 자연스럽게 높은 주파수로 계속 진화할 것입니다. 결국, 우리 모두는 천사들을 그리게 될 것입니다!

상상력의 또 다른 위대한 힘은 그것이 모방의 죽음을 의미한다는 것입니다. 상상한다는 것은 다른 누구도 가본 적이 없는 곳으로 간다는 것을 의미합니다. 정신적, 지적, 문화적 제약을 벗어나 가슴의 날개 위로 마음이 솟아오르게 하는 것입니다. 상상은 추상적이고 비논리적이며 제멋대로입니다. 그것은 세상 사이에 웜홀을 만들고, 너무 빨리 움직여 의미나 이유를 분석하지도 못합니다. 상상한다는 것은 모든 논리와 패턴을 벗어나 즐거움으로 도약하고, 뛰고 기쁨의 함성을 지르는 것입니다. 그것은 모든 예술의 원천입니다.

상상의 선물을 보여주는 사람들은 빛을 이해하고 빛의 속성을 이해합니다. 빛은 이미지를 가능하게 만들고, 이미지image는 단어의 어원이 암시하는 것처럼 상상imagination의 연료입니다. 따라서 상상한다는 것은 모양, 색, 형태, 움직임을 보고 마음속에 그리는 것입니다. 그것은 내부의 시각을 바깥쪽 눈과 연결시킵니다. 그것은 당신의 삶이 진정한 예술 작품이 되도록 해줍니다.

64번째 시디
빛Illumination

깨달은 시

64번째 시디는 빛Illumination의 시디입니다. 이것은 '나I'가 없는 상상입니다. '나'가 존재하려는 욕구를 내려놓을 때, 마술이 빛을 발합니다. 진화적 힘은 형태와의 동일시를 없애버리고 당신의 존재는 빛으로 홍수가 납니다. 시디 상태에 접근할 때, 당신은 종종 그 빛이 당신 안에서 완전히 폭발하기 전에 그 상태를 가끔씩 일별하는 경험을 합니다. 영적, 종교적 경험에는 다양한 유형이 있습니다. 서로 다른 교사들이 서로 다른 상태에 대해서 이야기합니다. 어떤 사람들은 이런 상태에 도달하기 위해 특정한 수련을 해야 한다고 하고, 다른 어떤 사람들은 수련을 완전히 내려놓아야 달성될 수 있다고 말합니다. 시디 상태에서 나오는 모든 말은 똑같은 진리를 담고 있습니다. 그들은 이 64가지 유전적 관점 중의 하나를 통해 온 것입니다. 따라서 당신이 만일 어떤 특정한 마스터가 한 말에 의미를 붙이게 되면 당신은 아마도 방향을 잃고 표류하게 될 것입니다. 당신의 잠재적인 주된 시디와 일치하는 정확한 말을 하는 사람을 만날 기회는 64분의 1에 불과합니다.

시디 상태를 나타내는 사람을 만난 사람에게 가장 좋은 조언은 듣는 것hearing과 경청listening 사이의 차이에 관한 것입니다. 그런 사람의 말을 경청하지 않을 때, 오직 그때만이 비로소 그들의 말이 들릴 것입니다. 이런 맥락에서 우리는 정신적인 경청에 대해서 이야기하는 것이 아닙니다. 마음은 혼란을 끝내기 위해 경청합니다. 그것은 마치 누군가가 당신에게 말을 하고 있는데 당신이 그와 동시에 말하고 있어서 그의 말을 들을 수 없는 것과 같습니다. 그러나 당신이 말의 의미를 놓아버리는 순간, 당신의 진정한 존재는 당신들 사이의 환상에 불과한 공간에서 실제로 소통되고 있는 것을 들을 수 있습니다. 시디는 오직 침묵을 통해서만 전달될 수 있습니다. 그것은 전송되고 있는 단어 사이에 침묵입니다. 만일 어떤 교사가 정말로 재능 있는 사람이라면, 그들이 하는 말의 패턴은 진리가 전달될 수 있는 일종의 가수면 상태를 유도하면서 듣는 사람의 마음을 가라앉힐 것입니다.

수세기 동안, 마스터들은 마음을 멈추게 하고 말 없는 진리를 전달하는 수단으로 혼란을 이용했습니다. 아마도 가장 위대한 사례 중 하나가 선(Zen, 禪)의 방식일 것입니다. 그것은 마음에게 공안(公案, koan)이라고 알려진 풀 수 없는 역설을 명상하도록 던져줍니다. 이 공안은 마음을 너무도 혼란스럽게 만들어 마침내 마음은 멈춰 휴식을 취하고 에너지를 회복합니다. 그 휴식 속에서 사토리satori, さとり[悟り·覚り]라고 알려진 의식의 도약이 일어납니다. 만일 당신이 홀로제네틱 프로파일에서 64번째 유전자 키가 두드러지게 나타난다면, 당신은 이런 갑작스러운 의식의 도약을 경험할 것입니다. 혼란은 어떤 때는 선의 방식과 같이 직접적일 수도 있고, 어떤 때는 간접적일 수도 있습니다. 진리의 간접적인 전달은 마음을 진정시키기 위해 역설이나 시를 이용합니다. 만일 당신이 시를 어떻게 들어야 하는지를 안다면 당신은 항상 진리에 가까이 있는 것입니다. 시는 말로 표현될 수 없는 것에 대한 은유입니다. 시는 침묵의 둑을 따라 춤을 추며, 당신이 들어오도록 유인합니다.

64번째 시디 빛Illumination과 그 프로그래밍 파트너인 63번째 시디 진리Truth는 탄트라와 요가의 두 날개를 나타냅니다. 그들은 똑같은 궁극적인 실재를 향한 정반대의 길입니다. 이들은 각각 높은 주파수의 예술과 과학입니다. 요가는 더 높은 진리의 점진적 달성을 목표로 하는 수련의 길인 반면에, 탄트라는 의식의 갑작스러운 도약을 다루는 항복의 길입니다. 64번째 시디를 나타내는 사람들은 자발적으로 가르치는 사람들입니다. 그들은 진리와 하나가 된다는 것이 무엇을 의미하는지 보여 주기 위해 이용할 수 있겠다 싶은 것은 무엇이든 이용할 것입니다. 그런 사람들이나 그들의 가르침에는 논리나 패턴이 없습니다. 그들은 심지어 논리를 도구로 사용한 다음에는 완전히 모순된 행동이나 말을 할 수도 있습니다. 탄트라 길은 마음을 가지고는 따라갈 수 없고 오직 가슴으로만 따라갈 수 있는 것이기 때문에 오해될 소지가 가장 많습니다. 이 경로를 따르는 사람에게는 어느 정도 광기가 있어야 합니다. 왜냐하면 그것은 미지의 것이기 때문입니다. 그것은 시적인 영혼의 길입니다.—거칠고 자발적이고 역설적인 것을 사랑하는 사람들, 순간을 사랑하는 사람들의 길입니다.

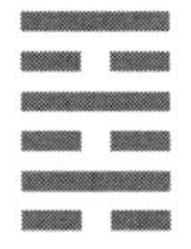

당신의 존재가 빛으로 홍수가 날 때, 빛은 또한 당신의 마음을 가져갑니다. 이런 의미에서 빛이 난다는 것은 신의 생각을 생각한다는 것을 의미합니다. 그런 생각은 우리가 갖고 있는 생각이라는 개념을 넘어서 있습니다. 이 수준에서, 정신체는 인과체(22번째 유전자 키 참조)에게 굴복하며, 그것은 인식이 생각 그 자체와 하나가 되게 합니다. 그런 생각은 마음에게는 아무런 의미가 없으며 당신 자신의 DNA 속에서 자신을 태워버립니다. 신성한 차원에서, 당신의 인과체(때때로 당신의 혼이라고 불리기도 함)는 당신의 물리적인 운반체가 됩니다. 이 위대한 신비는 초기 전통에서 깨달은 후에는 더 이상 형태의 세계로 육화될 수 없다고 말하는 이유입니다. 당신은 미묘한 더 높은 존재로 육화될 수 있지만 탄소 기반의 생명체로는 아닙니다.

일단 내면의 빛의 주파수가 물리적 형태를 비추면, 그 형태는 상승하기 시작합니다. 그 형태는 유전적 성분에 따라 물리적으로 상승할 수도 있고 그렇지 않을 수도 있습니다. 물리적인 상승은 신의 의지(Divine Will, 40번째 시디)에 직접적으로 의존하며, 항상 그렇게 예정되어 있습니다. 오직 특정한 인간만이 이런 목적에 맞게 장착되어 있습니다. 이것이 변형(Transfiguration, 47번째 시디)의 의미입니다. 인과체는 육체를 효과적으로 자신 안으로 끌어 올립니다. 연금술 고리Ring of Alchemy의 상위 코드들만이 그런 희귀한 사건을 수반합니다. 64번째 시디는 또한 후광aureole이 나오게 합니다.—그것은 깨달은 사람들의 머리를 둘러싼 둥그런 빛입니다. 많은 문화권의 종교 예술에서 너무도 흔히 볼 수 있는 이 이미지는 역사 전반을 걸쳐 일어났던 빛의 시디를 직접 반영한 것입니다.

빛의 시디는 신의 마음Divine Mind의 직접적인 표현입니다. 신의 생각은 형태의 세계에서 즉시 나타납니다.—그것이 그들의 힘입니다. 따라서 빛의 시디 상태에 있는 사람은 신의 창조물을 직접 경험합니다. 이 생각들을 자신과 동일시하게 된다면 인식은 자기 자신을 생각을 통해 세상을 끊임없이 창조하는 신 또는 메시야로 보게 될 것입니다. 그러나 가장 높은 빛의 상태는 어떤 형태의 동일시도 무효화합니다. 신의 생각은 이해될 수 없는 것입니다. 그들은 아름다운 아이디어와 시, 단어 또는 이미지로 엮어진 서로 다른 주파수의 통로일 뿐입니다. 그들은 그것을 생성하는 몸이나 뇌와는 아무 관련도 없습니다.—그들은 단지 다른 사람들의 영감을 위한 것입니다. 그런 시디는 상식적으로 이해가 되지 않습니다. 그러나 그것은 또한 모든 것 중에서도 가장 완벽하게 이치에 맞습니다. 64번째 시디로 빛난다는 것은 내면의 오로라의 무지개 색으로 끊임없이 흘러넘치면서 비어 있는 상태로 남아 있는 것입니다.—그것은 우주 자체의 상상력이 펼쳐지는 이젤이 되는 것입니다.

물위의 바람이

잊혀진 단어의

얼굴을 나타낸다.

다음 용어집은 이해를 위한 참고 자료일 뿐만 아니라 묵상을 위한 도구로 디자인되었다. 각 단어에는 설명과 마찬가지로 역량강화가 포함되어 있으므로 이 단어와 그것의 깊은 의미는 물론 삶과의 관련성을 묵상할 때, 시간이 지남에 따라 당신 자신의 주파수를 높이는 데에 도움이 될 것이다. 또한 용어집은 홀로그램 방식으로 작동하므로 하나의 용어가 다른 용어 안에 나타난다. 따라서 당신이 묵상하는 단어가 많을수록 지혜가 더 깊어지고 전반적인 전망을 더 명료하게 보게 될 것이다. 결국 단어 자체와 그 의미는 언어 자체를 초월하는 더 높은 기억의 장으로서 당신 안에 새겨질 수 있다.

Absorption 흡수(통합)—당신의 오라가 자신의 빛을 쏟아내기 시작하는 의식 상태로서, 당신의 존재 전반에 걸쳐 매우 안정된 높은 주파수를 영속시킨다. 흡수 상태로 들어가면 DNA가 내분비 시스템을 촉발하여 지속적으로 특정 희귀 호르몬을 분비시킨다. 이 호르몬은 더 높은 뇌 기능과 연결되며 영적 조명과 초월 상태를 포함한다. 이런 단계에서 당신은 더 이상 어느 정도의 기간 동안 낮은 주파수로 되돌아 갈 수 없다. 묵상으로부터 자연스럽게 일어나 구체화로 이어지면서 흡수는 네 번째 입문 이후에 처음으로 붓다체에 머물기 시작할 때 일어난다.

Activation Sequence 활성화 시퀀스—활성화 시퀀스는 사용자의 홀로제네틱 프로파일의 가장 중요한 유전자 시퀀스이다. 활성화 시퀀스는 DNA 내에서 더 높은 목적을 활성화함에 따라 당신의 삶에서 펼쳐지는 인식의 세 가지 도약을 설명한다. 이 내적 실현을 도전Challenge, 돌파구Breakthrough 및 핵심 안정성Core Stability이라고 한다. 출생 시 태양의 위치로부터 계산되어 활성화 시퀀스는 당신의 천재성의 진동 장을 형성하는 4 가지 특정 유전자 키(네 개의 주요 선물로 알려짐)를 정확히 나타낸다. 그 이름에서 알 수 있듯이, 당신의 활성화 시퀀스는 삶에서 격렬한 변화의 시기를 촉매 작용할 수 있는 방아쇠이다.

Amino Acid 아미노산—단백질을 만들기 위해 몸에서 사용하는 화학 성분. 20개의 주요 아미노산이 있다. 당신은 몸 안에서 아미노산의 다양한 조합에 영향을 줄 수 있는 힘을 가지고 있기 때문에 더 건강한 육체를 만들고 모든 높은 상태의 화학적 기초를 촉매 작용할 수 있다.

Archetype 원형, 전형—의미, 이미지 및 느낌의 다양한 차원을 포함하는 압축된 아이디어. 원형은 인종, 유전 또는 조건화에 상관없이 모든 인간 존재의 무의식 속에서 깊은 보편적 주제와 공명한다. 유전자 키에 따르면 정확히 64가지의 보편적 원형이 있다. 특정 원형을 지속적으로 묵상하고 그것과 동일시하면 의식 상태를 낮은 주파수에서 높은 주파수로 변형시킬 수 있다.

Astral Plane 아스트랄 차원—모든 인간이 기능하는 현실의 7개의 주요 차원 중 두 번째. 아스트랄 차원은 모든 낮은 주파수의 욕망과 감정에 의해 생성된 미묘한 전자기장이다. 현실의 아스트랄 차원에서, 당신의 모든 느낌이나 욕망은 독립적인 존재이며, 고유의 진동 주파수를 가진 실체로서 이해될 수 있다. 친밀감의 법칙을 통해, 당신은 당신의 기분과 욕망의 주파수와 일치하는 아스트랄 실체를 당신의 오라에 끌어들인다. 감정적 본성을 정화함에 따라 아스트랄 실체가 당신의 삶과 감정에 영향을 미치는 것은 점차 불가능해진다. 이 시점에서 당신은 붓다 차원으로 알려진 아스트랄 차원의 더 높은 옥타브에서 작동하기 시작한다.

Astral Body 아스트랄체—아스트랄 차원에 상응하는 오라의 두 번째 주요 미묘층. 모든 미묘체 중에서, 아스트랄체는 물리적 육체와 그 에테르의 대응물의 진동에 가장 가깝다. 이것은 당신의 감정적인 삶이 육체 건강과 활력에 가장 강력하고 직접적인 영향을 준다는 것을 의미한다. 아스트랄체는 8세에서 14세 사이의 두 번째 7년 주기에서 서서히 발전한다. 이 기간 동안 모든 중요한 감정적 패턴이 자리를 잡는다. 그림자 의식의 장과 그것이 당신에게 개인적으로 어떻게 영향을 미치고 지배하는지를 묵상할 때, 당신은 아스트랄체에 도달하고 기본적인 감정을 다시 각인한다. 이렇게 하면 반응이 적어지고 정서적으로 성숙해짐에 따라 모든 관계에서 커다란 변형이 오게 될 것이다.

Atmic Plane 아트마 차원—모든 인간이 기능하는 실재의 일곱 주요 차원 중 여섯 번째 차원. 아트마 차원은 정신 차원의 높은 주파수 옥타브이며 진정한 '높은 자아'의 차원이다. 실재 세계의 아트마 차원에서 우주 전체는 주된 충동이 사랑인 살아있는 마음으로 경험된다. 이 임계 값을 넘어서서(6번째 입문을 통해) 이 차원에 도달하면 모든 독립적인 사고가 즉시 중단되고 순수한 빛으로 대체된다. 아트마 차원에서 당신의 더 큰 존재와 접촉하기 위해서 당신이 해야 할 일은 이 내면의 빛에 지속적으로 집중하는 것이다.

Atmic Body 아트마체—아트마 차원과 그리스도 의식에 해당하는, 오라의 6번째 미묘층이다. 64시디를 통해 발현되는 당신의 아트마체는 매우 광대하여 이해하기가 힘들다. 이 몸에 온전히 들어가기 위해서는 육체적, 감정적(아스트랄), 정신적 육체와의 동일시를 완전히 단절해야 한다. 이런 일이 발생하면 당신의 육화 주기가 종식될 것이다. 아트마체는 빛이 이 낮은 세 몸체를 조명하기 위해 아래로 서서히 필터링하면서 낮은 본성에 압력을 증가시켜 무지개체의 시작으로 알려진 장엄한 현상을 만든다. 시간이 지남에 따라 이것은 아트마 차원의 내면의 빛이 당신의 내부에서 동이 트면서 당신 삶을 완전히 개편하며, 신성의 구현을 완결시킨다.

Aura/Auric Field 오라/오라 장—모든 인간의 진정한 다차원적 몸인 오라는 육체에서 방출되고 육체에 접지되어 있는 넓은 스펙트럼의 전자기장이다. 오라는 다양한 파장대의 빛을 굴절시키는 프리즘과 같은 역할을 한다. 그것은 어떤 순간 당신의 화학 상태가 전자기적으로 표현된 것이다. 이것은 또한 오라를 통해 당신의 생리화학을 바꿀 수 있음을 의미한다. 오라를 명상하거나 집중함으로써 주파수를 정화시키고 육체적, 감정적, 정신적 안녕에 좋은 영향을 줄 수 있다. 오라의 전반적인 주파수가 상승함에 따라 자성 또한 증가하고 당신은 주변 환경과 주위의 모든 것들을 변형시키기 시작한다. 당신의 오라는 항상 당신의 내면의 절대적인 진실을 전달하고, 모든 생각, 감정, 충동 및 숨겨진 패턴을 미묘하게 발산한다. 64개의 유전자 키로 작업함으로써, 당신은 효과적으로 당신의 오라의 많은 조밀한 층을 정화시켜 모든 존재에 대해 더 빛나고, 더 민감하고 더 연민을 갖게 만든다.

Awareness 인식(의식)—모든 생명체에 고유한 의식의 양상. 실제로 인간 인식은 모두 단일 인식이지만 육체적 인식, 감정적 인식, 정신적 인식 등 세 가지 주요 층으로 나눌 수 있다. 낮은 수준의 주파수에서는 인간의 인식이 육체에 국한되어 있다.—육체적 인식은 생존과 두려움에 뿌리를 두고 있고, 감정적 인식은 욕망과 드라마에 뿌리를 두고 있으며, 정신적 인식은 비교와 판단에 뿌리를 두고 있다. 당신이 존재하는 동안 주파수를 높일수록, 당신의 인식은 점점 더 정화되고 국지적 환경에서 우주적 환경으로 변화한다. 육체적 인식은 신성한 존재가 되고, 감정적 인식은 보편적 사랑이 되며, 정신적 인식은 침묵과 지혜가 된다.

Bardo 바르도—육화 사이의 중간 단계. 육체적인 죽음 이전의 어느 시점에서 당신은 바르도 순서로 들어간다. 이 단계에서는 당신의 오라의 미세한 층이 하부 3개의 몸체((육체, 아스트랄체, 정신체)로부터 분리되는 과정을 시작한다. 이 순서는 육체적인 죽음을 가져 오지만 죽음 후에도 계속된다. 사망 후 바르도 단계에서 우리의 미묘체는 일련의 연금술 증류를 거쳐 우리의 육화를 통해 모은 낮은 주파수의 물질이 높은 주파수의 본질과 분리된다. 바르도 주기와 그 순서의 연속성은 여섯 번째 입문에서 인간 진화를 초월할 때까지 우리의 많은 삶들을 상호 연결시킨다.

Bhakti 박티—최고의 선에게 자신을 봉헌할 때 가슴에서 만들어지는 미세한 유체의 발산. 당신은 당신 내면의 빛이 계속해서 커지면서 당신의 오라를 통해 박티를 만든다. 박티는 당신의 낮은 세 몸체(육체, 아스트랄체, 정신체)의 정제된 정수이다. 봉헌과 봉사의 삶을 통해 당신은 자신의 오라와 세계에 박티가 홍수처럼 넘치게 한다. 박티는 항상 위로 올라가며 항상 밑으로 내려가는 샥티의 상대이다. 박티가 인간 안에 선한 모든 진화적인 정수인 반면에, 샥티는 신성의 퇴화적인 정수이다. 가슴을 열어 가슴이 당신 삶에서 말을 하고 살아갈 수 있도록 허용하면 할수록, 더 많은 박티가 만들어지고 더 많은 샥티(신의 은총)가 비처럼 내려온다.

Buddhic Plane 붓다 차원—모든 인간이 기능하는 실재의 일곱 주요 차원 중 다섯 번째. 붓다 차원은 아스트랄 차원의 높은 주파수 옥타브이며 봉헌과 엑스터시의 차원이다. 많은 고대 전통에서 이 실재의 차원은 신과 여신의 영역으로 알려져 있다. 당신이 신성한 존재와 일체가 되면, 당신은 붓다 차원에 직접 참여하고 있는 것이다. 여기에 당신의 개인적인 정체성이 인류의 집합체로 합쳐지고, 더 낮은 차원의 모든 고통과 괴로움이 모든 것을 품어 안는 사랑으로 변형된다. DNA에서 조상의 기억과 그림자 패턴을 정화시킴에 따라 당신은 서서히 붓다 차원의 새로운 삶을 알게 된다.

Buddhic Body 붓다체—붓다 차원에 상응하는 오라의 다섯 번째 주요 미묘층. 당신의 가슴이 완전히 열리면, 오직 그때만이 붓다체에 접근할 수 있다. 모든 진정한 높은 신비로운 경험이나 계시가 당신의 가슴을 통해 오고 따라서 붓다체에 뿌리를 두게 된다. 당신의 인식이 붓다체에 온전히 정착되면, 인과체는 해체되고 정상적인 의미의 환생은 더 이상 가능하지 않게 된다. 붓다체는 또한 흡수의 신비한 상태(네 번째 및 다섯 번째 입문)에 해당한다. 이는 당신의 인식이 높은 주파수에서 안정화될 때 일어난다. 그것은 신성한 삼위일체의 세 번째 여성적 영역, 즉 신성의 활동이나 연민의 행동을 나타낸다.

Causal Plane 인과 차원 – 모든 인간이 기능하는 실재의 주요 차원 중 네 번째. 인과 차원은 육체의 고주파 옥타브이며, 생각과 감정이 하나가 되는 순수 원형의 차원을 나타낸다. 인과 차원은 통합의 영역이며, 모든 인간의 천재성은 우주의 홀로그램 본성을 보기 위해 이 차원으로 올라간다. 비록 인과 차원이 언어를 넘어서 있지만, 그 에너지와 본질은 언어를 통해 주파수로 전달될 수 있다. 64개의 유전자 키 자체는 인과 차원으로부터의 전송이다. 인과 차원은 인간의 진화와 인류를 넘어서는 더 높은 진화를 연결하는 다리를 형성하며, 죽음의 신비를 유지한다. 인과 차원 너머로 주파수를 높이는 것은 곧 죽음을 초월하는 것이다.

Causal Body 인과체 – 인과 차원에 상응하는 오라의 네 번째 주요 미묘층이다. 인과체는 일반적으로 '혼soul'으로 알려져 있는데, 그것은 반복적으로 형태의 세계로 육화하는 의식의 측면을 나타내기 때문이다. 당신의 인과체는 당신의 모든 삶에서 수집된 선의를 빛으로 기록된 기억의 특징으로 저장한다. 사망 후, 당신의 아래 세 몸체(육체, 아스트랄체, 정신체)가 해체되고 오직 정제되고 순수한 것만이 당신의 인과체에서 만들어지고 유지된다. 당신의 인과체가 윤회 과정을 통해 더 많은 명료함을 발전시킬수록 더 높은 몸체는 그 명료함을 낮은 세 몸체를 더 높은 주파수로 향하게 하는 수단으로 사용할 수 있다. 이 점에서, 당신의 인과체는 낮은 차원과 높은 차원 사이의 위대한 다리이다.

Codon 코돈 – 3개의 염기쌍으로 구성되고 특정 아미노산을 암호화하는 DNA 부분. 인간의 DNA에는 총 64 개의 코돈이 있다. 64개의 유전자 키는 공명의 법칙을 통해 육체의 모든 세포의 DNA에 있는 64개의 코돈과 직접 통신 하도록 허용한다. 묵상, 흡수 및 유전자 키의 구현을 통해 64코돈의 진동 주파수를 높여 당신의 더 높은 본성의 비밀을 풀 수 있다.

Codon Ring 코돈 고리 – 한 개 또는 그 이상의 코돈으로 구성된 몸속에 있는 화학 계열. 총 21개의 코돈 고리가 있으며, 각 코돈 고리는 특정 아미노산 또는 종결 코돈과 관련된다. 코돈 고리는 전 유전자 풀 전반에 걸쳐 작동하는 유전자 변형 화학 계열로, 특정한 사람들을 자연스럽게 쌍, 그룹으로 모으고 궁극적으로 전체 사회를 형성한다. 코돈 고리는 고대인이 '카르마karma'라고 부른 것의 배후에 있는 생물학적 기구이다. 그것들이 연동되는 방식은 인류를 뒷받침하는 기하학적 통일장을 형성하며, 대변혁과 함께 오는 더 높은 주파수를 운반하기 위해 인간 DNA가 돌연변이 되면서 21코돈 고리는 인류를 그 본성의 생물학적 실현과 통합으로 인도할 것이다.

Concentration 집중—흡수 및 구현의 더 높은 상태로 끌고 가는 세 가지 주요 경로 중 하나. 집중은 고대 요가의 과학으로 대표된 왼손의 경로이다. 집중력과 의지력을 활용하여 점차적으로 인지 주파수를 높이는 일련의 변화를 가져온다.

Consciousness 의식—의식은 존재하는 모든 것이다. 실재의 근원이자 창조주로서, 그것은 나누어질 수 없고, 전지하고, 편재하며, 전능하다. 의식은 인식을 반드시 포함하거나 필요로 하지는 않는다. 그것은 모든 존재와 비존재의 기초이다.

Contemplation 묵상—흡수 및 구현의 더 높은 상태로 이끄는 세 가지 주요 경로 중 하나. 묵상은 도道, Tao로 대표되는 중심 경로이다. 그것은 주파수를 높이기 위해 집중(노력)과 명상(노력 없음)의 요소를 모두 사용한다. 묵상은 낮은 인간 차원 세 곳 모두에서 일어난다. 육체적인 묵상, 감정적인 묵상, 정신적인 묵상이 있다. 시간이 지남에 따라 묵상은 육체, 아스트랄체 및 정신체를 더 높은 주파수의 대응물, 즉 인과체, 붓다체 및 아트마체로 변형시킨다. 64 유전자 키를 장기간 묵상하는 것은 DNA 내에 잠재된 높은 주파수를 활성화하는 가장 빠르고 쉬운 방법 중 하나이다.

Corpus Christi 코퍼스 크리스티—유전자 키 합성을 구성하는 여정 중 코퍼스 크리스티는 모든 인간의 참된 근본적인 본성인 '무지개체Rainbow Body'의 완전한 과학이다. 코퍼스 크리스티는 64 개의 유전자 키를 뒷받침하는 전송, 가르침 및 기술을 종합한 것이다. 유전자 키의 더 높은 '신비학파Mystery School' 가르침을 대표하는데 일곱 개의 봉인, 일곱 개의 신성한 몸체, 아홉 가지 입문에 대한 가르침이 포함된다. 코퍼스 크리스티의 가르침에 깊이 함몰되면 일상생활에 보다 높은 주파수의 빛을 접지하고 구현하는 데 도움이 된다. 이것들은 오라를 만들어주는 미묘체에 유전자 키 전송을 층층이 끌고 올 수 있도록 해주는 가르침과 기법이다. 문자적으로 '그리스도의 몸'을 의미하는 코퍼스 크리스티는 육체로 시작하여 내면 존재의 여러 차원을 점진적으로 정화시킴으로써 더 높은 진화적 주파수로 작업할 수 있도록 준비한다.

Cosmometry 우주기하학—창조의 근본이 되는 신성기하학에 대한 시각적 과학. 우주기하학의 기초를 이해함으로써 당신의 정신체(마음)는 모든 현상의 완전성의 확실성에 항복할 수 있다. 우주기하학의 법칙을 받아들임으로써 당신의 아스트랄체(감정)는 시간이 지남에 따라 정화되고 충실해질 수 있다. 우주기하학의 원리를 구현함으로써 육체는 전체 우주와 진동 차원의 조화를 이루기 때문에 빛나고 편안해질 수 있다.

DNA—디옥시리보 핵산. 인간 의식의 다차원 프로그래밍 소프트웨어. 당신의 DNA는 육체의 모든 세포에서 발견되는 아주 민감한 물질이다. 어떤 순간에 당신의 태도에 따라 DNA는 육체적, 감정적 및 정신적 실체의(내분비 시스템을 통해) 건축가이다. DNA를 통과하는 에너지의 주파수를 높임에 따라, 내부에 잠재되어 있는 더 높은 프로그래밍 기능을 드러낸다. 이 더 높은 기능은 타고난 천재성을 자연스럽게 불러일으킨다. 가장 정교한 수준의 주파수에서 DNA는 육체 인식이 실제로 DNA 자체를 초월하는 호르몬을 합성하여 마침내 내면의 신성을 구현한다.

Embodiment 구현—집중, 명상 또는 묵상 과정의 자연스러운 정점. 흡수 상태(네 번째 및 다섯 번째 입문)를 달성한 후에 최종적으로 완전한 구현(6번째 입문)으로 크게 양자적 도약을 한다. 구현은 많은 전통이 깨달음 또는 실현으로 알고 있는 것과 관련이 있다. 그것은 상응하는 하부 차원에 더 높은 3 몸체의 완전한 구현을 포함한다. 구현의 과정은 당신이 인간의 몸으로 태어나는 순간부터 시작되며, 진화의 궤적을 따른다. 진화하면 할수록 당신은 더욱 더 구현된다.

Epigenetics 후성 유전학—환경 신호가 어떻게 그리고 왜 인체 내에서 유전자 발현을 돌연변이시킬 수 있는지 연구하는 유전학의 한 분야. 후성 유전학에서 나오는 계시는 이미 주류 과학이 진화에 대해 생각하는 방식을 변화시키고 있다. 오래된 패러다임 사고는 유전자가 이미 갖춰져 있어 우리 행동의 모든 측면을 관장한다는 것이었지만, 후성 유전학은 우리의 환경과의 상호 작용이 어떻게 우리의 DNA에 지속적인 변화를 일으키고 그 중 일부는 여러 세대 동안 자손에게 각인되는지 보여 주고 있다. 후성 유전학의 가장 큰 중요성은 모든 삶이 어떻게 상호 연관되어 있는지를 보여 주며 따라서 우주가 상호 의존적이고 홀로그램적임을 이해할 수 있게 한다. 후성 유전학을 통해서 우리는 인간 태도와 우리의 DNA에 대한 전자기 효과의 진정한 힘을 볼 수 있다. 서로 다른 태도의 주파수는 유전자의 서열이 동일하게 유지될지라도 유전자의 다른 표현을 활성화시킨다. 후성 유전학에 의해 제공되는 가장 큰 통찰, 즉 의식이 현실을 창조한다는 영원한 진리는 과학 세계에서 여전히 동이 트는 단계이다.

Etheric Body 에테르체—때로는 에테르 더블etheric double이라고 알려진 에테르체는 육체와 상반되는 것으로 오라 속으로 확장되어 나간다. 육체와 가장 가까운 미묘체로서 에테르체는 많은 문화권에서, 특히 우리의 육체적인 건강과의 관계에서 잘 이해된다. 침술이나 에너지약과 같은 시스템은 미묘한 통로의 광대한 네트워크로 구성된 에테르체나, 오라의 근본적인 그리드를 만드는 경락이나 나디에 직접적으로 영향을 준다. 육체의 질병은 이런 내면의 에너지 경로의 막힘을 통해 처음 나타난다. 그러나 모든 인간 질병의 뿌리는 에테르체에 있지 않으며, 아스트랄체나 정신체에서 더 깊게 발견된다. 아스트랄체와 정신체를 정화할 때, 에테르체는 직접적으로 영향을 받고 '기'또는 '프라나'의 막힘이 해소된다. 이것은 육체에 엄청난 양의 치유 에너지와 활력을 방출하며, 그것은 시간이 지남에 따라 더 가볍고 건강하고 더 빛나게 된다. 코퍼스 크리스티The Corpus Christi로 알려진 가르침에서, 에테르체는 혼자 분리된 미묘체가 아니라 물리적 육체의 구성요소로 간주된다.

Evolution 진화—모든 물질의 형태에 고유한 모든 자극 또는 더 높은 의지. 진화의 흐름은 모든 물질, 또는 인식이 없는 물질의 진동 주파수를 점차적으로 높이는 역할을 한다. 형태가 진화함에 따라, 그들은 점차적으로 인식을 하고 장차 분리 감각을 초월하여 형태 없는 본질로 돌아간다. 진화의 많은 영역들이 서로 연결되어 있으며, 인간의 진화는 오직 하나이다. 진화는 그의 상대 세력이며 형태 안으로 내려와 새겨지는 영의 정수인 퇴화와 정반대로 물질 내에서 항상 영으로 나아가는 힘을 나타낸다.

Fractal 프랙털—물질세계로 들어가 자신의 진정한 본성을 밝혀주는 빛의 홀로그램적 표현. 프랙털은 규모에 관계없이 우주 전체에 걸쳐 유지되는 끝없이 반복되는 자연스러운 패턴이다. 예를 들어, 인체의 세포막 내부의 미세한 패턴은 우주에서 관찰된 지구의 풍경과 유사한다. 마찬가지로 은하 성운을 지배하는 기하학적 법칙은 과일을 반으로 자를 때 시각적으로 복제된다. 실재의 프랙털 본질을 더 깊게 깨달을수록 당신은 더욱 구현되고 충실해진다. 당신이 삶에서 행하는 모든 행동은 우주의 모든 생물들에게 영향을 미치는 프랙털 웨이브 패턴을 생성한다. 지속적인 진화의 생체자기제어 과정을 통해 우주의 모든 프랙털 양상과 완벽한 공명을 유지할 정도로 삶을 정제시킬 수 있다.

Fractal Line 프랙털 라인—현재의 우주가 빅뱅의 순간에 잉태되었을 때, 우리의 진화의 결정적인 씨앗은 무수한 프랙털 파편이나 조각으로 부서졌다. 이 전체의 프랙털 양상은 프랙털 라인으로 알려진 정확한 기하학적 패턴으로 방사되었다. 모든 프랙털 라인은 3개의 기본 프랙털 라인 중 하나를 거슬러 올라갈 수 있으며, 따라서 홀로그램 우주의 모든 측면 안에 삼위일체의 씨앗을 심는다. 당신이 진정한 본성과 더 깊은 조화를 이룰 때, 당신은 당신의 씨앗 프랙털 라인의 모든 존재들과 일치하게 되며, 이것이 당신의 삶에서 동시성과 은총을 촉매 작용한다.

Frequency 주파수—소리, 빛 또는 인식과 같은 빛나는 에너지의 진동 특성을 측정하는 수단. 유전자 키 합성의 핵심 전제는 DNA를 통과하는 빛의 주파수를 변경하여 진화의 힘 자체를 가속화하거나 감속시킬 수 있다는 것이다. 64개의 유전자 키와 그 가르침에 대한 깊은 묵상을 통해 DNA의 주파수를 높일 수 있고, 나아가서 오라의 진동 주파수를 변화시켜 보편적 장과 조화를 이루는 더 높고 높은 상태로 들어오게 된다.

Frequency Band 주파수 대역—유전자 키 합성에서 오라의 진동율은 그림자, 선물 및 시디로 알려진 세 가지 주파수 대역에서 반영된다. 실제로 주파수에는 층이나 대역폭이 많지만, 이 세 가지는 유전자 키를 이해하고, 묵상하고 궁극적으로 구현하기 쉽게 한다. 세 개의 주파수 대역은 64개의 유전자 키와 그 주파수 대역의 언어 지도인 의식의 스펙트럼 전반에 정확하게 배치된다.

Gene Key 유전자 키—의식의 64가지 보편적 속성 중 하나. 각 유전자 키는 내면 존재로 들어가는 다차원 포털로, 그 목적은 더 높은 목적을 활성화시키고 궁극적으로 자신의 신성을 받아들이는 것이다. 더 높은 목적이 활성화되는 한 가지 방법은 유전자 키와 그 주파수 대역에 대한 지속적인 묵상이다.

Gene Keys Synthesis 유전자 키 합성—세계의 가르침의 새로운 몸체로서 발현되도록 만들어진 유전자 키 전송. 유전자 키 합성은 인간의 영적 가르침과 길의 위대한 혈통과 지류의 많은 부분이 홀로그램으로 합성된 것이다. 유전자 키 합성은 현재 지구상에서 일어나는 막대한 변화를 탐구하고 이해하고 통합하기 위한 가장 포괄적이고 접근 가능한 전체론적 시스템 중 하나이다.

Genetic Code 유전자 코드—모든 알려진 유기적 생명체의 마스터 코드. 유전자 코드는 육체적, 감정적 및 정신적 삶을 위한 프로그래밍 하드웨어를 포함한다. 당신의 유전자 코드는 당신의 생각, 감정, 말 및 행동 등 당신의 태도에 의해 활성화될 수 있는 프로그래밍의 층을 가지고 있다. 낮은 주파수의 신호(무의식적인 두려움에 뿌리를 둔)는 파충류 뇌의 오래된 하드웨어를 활성화시키는 반면, 창의력과 사랑 같은 높은 주파수 신호는 더 높은 의식을 경험할 수 있고 궁극적으로 구현할 수 있게 하는 유전적 하드웨어를 활성화한다.

Genius 천재—모든 인간 존재의 타고난 지성. 진정한 천재성(지능적 천재성과는 대조적으로)은 무조건적인 사랑에 뿌리를 두고 있는 자발적이고 배우지 않고 터득한 창조적 독특함이다. 천재는 강제 없이 확장할 수 있게 허용될 때 나타나는 인간의 삶의 자연스러운 모습이다. 천재는 자기용서가 당신의 가슴을 점진적으로 열어주어 당신의 존재 전반에 걸쳐 창조적인 에너지를 폭발시키는 선물 주파수의 특징이다. DNA의 주파수가 높아질수록 전체를 위한 봉사에 천재성을 사용하려는 더 큰 충동이 일어난다. 점점 더 많은 사람들이 자신들의 천재성과 결합됨에 따라 오늘날 우리가 보는 세상이 변형될 것이다.

Genome 게놈—모든 살아있는 유기체의 완전한 유전체 매트릭스. DNA로 만들어진 게놈은 당신의 삶을 구축하고 유지하기 위한 모든 일련의 유전적 지시 사항을 포함한다. 양자 수준에서 모든 게놈은 홀로그램적으로 연관되어 상호 연결된다. 이는 한 종 또는 한 개체가 게놈을 돌연변이 시키면 모든 다른 종과 개체들이 미묘하게 영향을 받는다는 뜻이다. 모든 게놈은 환경 신호에 따라 자체 프로그래밍을 돌연변이시킬 수 있는 개방형 시스템으로 설계되었다. 당신의 게놈은 산스카라(sanskaras, 전생 기억)의 물리적 저장소이다.—그것은 이번 생의 당신의 카르마의 청사진이다. 당신이 이 카르마에서 살아갈 때, 당신의 게놈은 어느 날엔가 DNA를 완전히 초월하고 여섯 번째 입문에서 완전한 구현 상태가 될 때까지 돌연변이를 만든다.

Gift(Frequency) 선물(주파수)—인간의 천재성과 열린 가슴에 관련된 주파수 대역. 당신의 인식이 그림자 주파수에 더 온전히 파고들 때, 그것은 당신의 DNA 내에서 보유된 잠재 에너지를 열어준다. 이 에너지는 육체, 아스트랄체 및 정신체를 통해 빛으로 방출된다. 육체적으로는 육체 화학의 변화와 활력 증가로 이끌어갈 수 있고, 감정적으로는 기분 고양, 즐거움, 그리고 낙관적인 느낌을 불러일으킬 수 있으며, 정신적으로는 통찰력과 위대한 창의력을 이끌어낼 수 있다. 선물 주파수는 당신의 진정한 높은 본성(시디)이 밝혀지면서 나타나는 점진적인 계시의 과정이다. 선물 주파수 대역 내에는 많은 상태와 단계가 있으며, 그것은 진화와 퇴화의 힘이 모이는 양자 장을 나타낸다. 선물 주파수의 특징 중 하나는 자신의 생각, 감정, 말 및 행동인 자신의 카르마에 대해 전적인 책임을 지는 능력이다. 이 정도의 주파수에서는 자신을 더 이상 인지된 외부 자극의 희생자로 판단하지 않는다.

The Golden Path 골든 패스—그림자에서 선물 주파수로 주파수를 영구적으로 높이기 위한 마스터 유전자 시퀀스. 활성화 시퀀스, 비너스 시퀀스, 펄 시퀀스의 통합인 골든 패스는 그림자 주파수의 희생 패턴을 넘어 성숙하면서 인간 인식의 자연스러운 전개를 설명한다. 조만간 모든 인간은 골든 패스를 따라 가야한다. 그것이 처음 4차례의 시작을 통해 개별화된 '혼'의 통과를 상징하기 때문이다. 낮은 세 개의 몸체(육체, 아스트랄체 및 정신체)가 점차적으로 정화되어 조화로운 공명 속으로 들어감에 따라, 당신은 가슴이 열리고 창조적인 천재성이 세상 속으로 방출되는 경험을 할 것이다. 골든 패스는 높은 주파수 생활의 토대를 제공한다.

The Great Change 위대한 변화—우주 내의 모든 시스템이 더 높은 차원으로 도약할 진화의 단계. 위대한 변화란 인간의 인식이 자기 중심적에서 집단적으로 이동하는 특정 기간을 의미한다. 이런 변화가 일어나기 위해 전 세계적으로 유전적 돌연변이가 인간 종 내에서 진행되고 있다. 이 유례없는 사건은 1987년과 2027년 사이에 인류 내부에 뿌리 두고 있으며, 그 영향은 수백 년 동안 우리 종의 진화와 변형을 계속할 것이다. 위대한 변화의 결과는 새로운 종류의 인간인 호모 상투스Homo sanctus, 성스러운 인간의 점진적인 시작이 될 것이다. 우주의 모든 시스템과 종들이 홀로그램으로 상호 연결되어 있기 때문에, 위대한 변화는 우리 태양계에만 국한된 것이 아니라 거대한 우주 전역에 걸친 광대한 잔물결의 한 부분이다.

Hexagram 헥사그램—주역의 기본을 형성하는 이진 기호. 주역의 64개 헥사 그램은 64개의 유전자 키와 직접적으로 닮아있다. 각각의 헥사그램은 부러진(음) 라인 또는 부러지지 않은(양) 6개의 라인으로 구성된다. 유전자 키는 우리의 핵심 유전 구조와 우주 자체의 기본 구조와 관련된 64개 헥사그램의 현대적인 해석을 제공한다. 각각의 헥사그램 또는 유전자 키는 당신 자신과 우주에서의 당신의 위치에 관한 지식과 통찰을 제공하는 백과사전의 포털이다. 헥사그램의 구조와 상호 의존성에 대한 묵상을 통해 당신은 DNA를 통해 움직이는 빛의 주파수를 높이고 새로운 수준의 인지도로 삶을 경험할 수 있다.

Hologenetic Profile 홀로제네틱 프로파일—개인과 전체 간의 관계를 보여주는 것을 중심 목적으로 하는 보편적 기하학 매트릭스. 당신의 홀로제네틱 프로파일은 천재의 다양한 측면을 열거나 각성시킬 다양한 유전자 서열의 개인화된 지도이다. 유전학에 대한 원형적인 이해로 점성학적 계산을 통합한 당신의 홀로제네틱 프로파일은 당신이 누구이고, 어떻게 움직이며, 무엇보다도 당신이 여기에 왜 있는지를 말해주는 본래의 청사진이다. 그것은 당신 자신의 프로파일과 여러 경로, 시퀀스 및 기하학을 묵상할 때 당신의 살아있는 오라 장 안에서 공명하는 기능을 활성화하고 각성시킬 것이다. 유전자 키 합성의 중앙 경로 작업 도구로서 홀로제네틱 프로파일은 묵상의 힘을 점차적으로 당신의 삶으로 가져올 수 있게 한다. 그것의 홀로제네틱적 특성 때문에, 당신의 프로파일을 인식할 때마다, 동시에 다른 모든 경로를 활성화할 것이다. 이는 곧 프로파일 내의 모든 시퀀스와 경로가 전체 오라의 주파수를 높이고 DNA 내의 더 높은 목적을 활성화한다는 동일한 목적을 위해 작동함을 의미한다.

Holographic 홀로그램적—우주의 근본적인 본질. 홀로그램 관점의 기초는 모든 것이 모든 것의 거울이며 모든 것이 동적으로 상호 연관되고 완벽한 콘서트에서 시공간을 통해 움직인다는 것을 깨닫는 것이다. 마침내 화신으로서의 당신의 진정한 본성을 경험하게 될 때, 당신은 존재의 홀로그램의 중심에 서게 되고, 당신 몸속의 모든 단일 세포는 이 기본적인 홀로그램 진리와 공명한다.

Homo Sanctus 호모 상투스—글자 그대로 '축복받은 인간'인 호모 상투스는 세상에 나타나는 새로운 인간이다. '위대한 변화'에 의해 축매 작용을 받은 호모 상투스는 새로운 유전 인간 운반체이다. 이 새로운 인간은 기존 모델과 동일한 게놈을 갖고 있을 수 있지만, 주로 태양신경총 시스템 내에서 일어나는 미묘한 돌연변이로 인해 출생 시부터 더 높은 주파수로 공명한다. 이 돌연변이는 DNA 내에서 더 높은 코딩 서열의 활성화를 허용하는데, 본질적으로 운반체를 그림자 주파수에 면역성 있게 만든다. 호모 상투스는 많은 신비가들이 '여섯 번째 종족' - 자신의 태양신경총과 가슴을 통해 모든 존재들의 홀로그램적 통합을 직접 경험하는 보편적 인 인간—의 출현이라고 부른 것을 나타낸다. 호모 상투스는 여러 세대에 걸친 세계적인 유전적 돌연변이로서 서서히 세계에 등장할 것이다. 이 새로운 인간의 등장은 시간이 지나면 인간이 진정한 보편적 본성을 잊어 버렸던 현시대를 끝장낼 것이다.

I Ching 주역(역경)—유전자 키 본래의 원본인 주역은 기원전 4세기경으로 거슬러 올라가는 성스러운 중국 서적이다. 많은 주석과 버전이 존재하며 아마도 가장 인기 있는 신탁으로 잘 알려져 있다. 유전자 키는 주역 이전에 존재했던 모든 화신의 자연스러운 정점이다. 그들은 궁극적으로 모든 신성한 텍스트가 우리 내부에 근원을 가지고 있다는 진리를 지적한다. 고대 현자에 의해 직관적으로 파악된 똑같은 진리가 이제는 현대의 유전학에 의해 입증될 수 있다.—우주는 자연스러운 암호 위에 만들어졌으며 이 암호는 해독될 수 있고 열릴 수 있다는 것이다. 원래의 주역은 모든 순간에 살아있는 지혜를 비춰 줄 수 있는 능력을 가진 성스러운 텍스트로서 가장 존경받는다. 마찬가지로 유전자 키는 우리로 하여금 그림자 속의 고통의 원천을 내면에서 찾아내라고 지적하며 그 고통을 창의력과 자유로 변형시키도록 안내한다.

Initiation 입문—의식은 인간의 여정을 통해 여행할 때, 고정된 진화 구조를 따른다. 이 구조는 행성 입문의 9개 포탈로 알려져 있다.(22 번째 유전자 키에서 개략적으로 설명 됨) 우리가 육화의 여정에서 형태를 바꿔서 여행할 때, 우리는 이 의식의 사다리를 따라 점차적으로 나아간다. 우리 여정의 어느 시점에서 우리는 거대한 돌연변이를 겪는 강도 높은 기간인 '입문'을 통해 나아간다. 진정한 입문은 예측하거나 의례화할 수 있는 것이 아니다. 그것은 진화함에 따라 일어나는 삶 자체의 자연스러운 부분이다. 그것은 또한 학습이나 종교 또는 영적인 가입도 필요하지 않다. 진정한 입문은 항상 혼자서 겪는 희귀한 과정이다. 위대한 입문은 우리가 그들을 통과 할 때 우리의 미묘체의 주파수가 급작스럽게 상승하고, 종종 우리 삶에 통합되는 과정이 극적이고 도전적이다. 개인들만이 이 입문을 통과하는 것이 아니라, 인류 자체도 이 똑같은 의식의 사다리를 따라가야 한다.

Involution 퇴화—모든 이해를 초월한 신성한 본질인 은총이 점진적으로 형태로 육화하는 수단. 퇴화는 우리 자신이 진보하고 진화하고 있다는 인상을 주는 흐름인 진화에 대한 상대 세력이다. 퇴화의 관점에서는 모든 것이 이미 예정되어 있으며 개인의 자유 의지는 있을 수 없다. 왜냐하면 모든 사건들은 더 높은 해체과정에 따라 단순히 놀이를 하고 있기 때문이다. 진화가 더 높은 무언가를 향한 열망을 불러일으키듯이, 퇴화는 이미 우리 안에 존재하면서 발견되기를 기다리고 있는 더 높은 어떤 것으로서 영감을 불러일으킨다.

Karma 카르마-카르마는 당신이 평생 동안 변형시키려고 했던 고통의 특정 부분을 말한다. 카르마의 대리인은 당신의 산스카라(전생기억)이며, 그것은 당신의 삶에서 펼쳐지는 카르마의 특정한 발현이다. 유전자 키 합성의 관점에서, 카르마는 전통적인 형태와는 다른 방식으로 이해된다. 예를 들어 카르마는 사적일 수는 없으며, 항상 집단적 현상이다. 이것은 모든 행위가 전체의 목적을 위해 전체에 의해 수행된다는 것을 의미한다. 카르마가 우리 생을 넘어서서 보복이나 보상을 지고 다니는 것도 아니다. 그러나 죽음을 넘어선 바르도 상태에서, 우리는 설명 될 수 없는 너무도 강력한 형태로 업장과 대면하게 된다. 그러므로 평생 동안 우리의 행동에 대한 전적인 책임을 지는 것이 우리의 관심사이다. 카르마는 우리의 미묘체에 나타나는 주파수의 수준과, 우리가 9가지 입문을 통해 움직이면서 도달하는 각각의 단계에 따라 결정된다.

Logoic Body 로고체-코퍼스 크리스티의 8번째 신비체. 로고체는 항상 초월의 개념을 넘어서는 몸체를 나타낸다. 코퍼스 크리스티의 신비한 가르침에서 의식의 궁극적인 상태는 모나드라고 알려진 일곱 번째 몸체로 표현된다. 여덟 번째 로고체는 무 자체의 역설적 표현이다. 진화와 퇴화의 모든 흐름이 우주의 드라마를 연출한 후에, 우리가 알고 있는 우주는 다시 존재를 멈출 것이다. 로고체는 고대 베다 현자들에게 '브라마의 밤'으로 알려진 영원한 우주의 휴식기를 나타낸다.

Maya 마야-인간의 마음에 의해 형성된 환상의 베일로서, 의식이 영원한 본성을 깨닫는 것을 방해한다. 모든 형태는 덮개의 층층 내에 존재한다. 우리의 지각은 또한 우리의 주파수 대역폭의 제한을 받는다. 우리의 인식을 더 높은 주파수에 조율할 때, 그것은 마야의 층과 덮개를 통과한다.

Meditation 명상-흡수와 구현의 더 높은 상태로 이끄는 세 가지 주요 경로 중 하나. 명상은 고대 탄트라 과학에 의해 대표되는 오른손 경로이다. 명상 경로의 진정한 본질은 단순히 지켜보고, 목격하고 허용하는 것이다. 명상을 통해 점차적으로 진정한 본성이 선택이 없는 인식 속에 자리 잡고 있음을 깨닫게 된다. 이 위대한 계시는 시간이 지남에 따라 서서히 당신의 인식의 주파수를 높이는 온화한 전개로 오거나 또는 갑작스런 내파로 와서 당신의 신성한 자아에 대한 영구적인 경험을 가능하게 할 수도 있다.

Mental Body **정신체**—정신체는 감정보다 더 높은 주파수로 존재하며 생각하는 삶으로부터 만들어진다. 정신체는 인류 자신의 집단 정신체에 크게 영향을 받으며, 이는 우리의 사고를 아스트랄체의 충족되지 못한 욕망으로 이끌어가는 경향이 있다. 당신의 생각이 더 높은 충동을 중심으로 돌아가면서, 정신체는 점차 아스트랄체로부터 스스로 떨어져 나와 더 큰 힘을 얻는다. 정신체는 아스트랄체의 본성적 충동을 억압하기 위해 낮은 의식에 의해서도 사용될 수 있으며, 이것은 또한 모든 수준의 건강에 문제를 일으킬 수 있다. 낮은 주파수와 제한적인 정신적 패러다임은 아스트랄체 내의 저주파 감정 패턴을 설정하는 반면, 고주파 정신 패러다임은 정서적인 명료함과 자유를 만든다.

Mental Plane **정신 차원**—모든 인간이 기능하는 실재의 일곱 주요 차원 중 세 번째 차원. 정신 차원은 생각의 에너지에 의해 창조되고 지배되는 주파수 차원이다. 정신 차원에서 모든 생각과 아이디어는 인간 존재가 끌어들이거나 반발하는 독립적인 생명을 가지고 있다. 정신 차원 자체는 다른 주파수에서 공명하는 정신 에너지의 다른 지층들로 구성된다. 예를 들어, 저주파 정신 패러다임은 분리와 분열을 일으키는 자기 제한적인 사고 패턴에 의해 만들어진다. 이런 패러다임은 두려움과 생존을 기반으로 하는 신경 경로를 활성화시킨다. 고주파 정신 패러다임은 높은 인과 차원으로부터의 통찰력과 돌파구를 조장하는 정신적 개방성을 특징으로 한다. 이런 종류의 생각은 통합하고, 긍정적이며, 위협받는 곳보다는 상호 연결된 곳을 보게 된다. 다른 사람과 전체에게 더 큰 봉사를 하는 방법에 기초하여 더 높은 사고방식에 들어가면 모든 방식의 통찰과 선물이 당신의 마음에 나타나기 시작한다. 결국, 당신의 인식은 생각의 주파수를 모두 초월하고 당신은 정신 차원 위에 올라가 진정한 명료함을 경험하게 된다.

Monadic Body **모나드체**—모나드 차원에 해당하는 오라의 7번째 미묘층. 모나드체는 몸이라고 할 수 없으며, 오히려 그것이 현재의 퇴화나 신의 의지의 흐름의 기원 지점을 나타낸다. 인간의 의식이 6번째 아트마체에서 가장 높은 잠재력을 얻었을 때, 무지개체가 시작되었다고 한다. 이것이 꽃이 핌 또는 무지개로 상징되는 모나드체를 가리킨다. 왜냐하면 그것은 단결과 완성의 표현이기 때문이다. 모나드가 인간의 인식을 통해 표현되기 위해서는 육체, 아스트랄체, 정신체 등 하위 3몸체가 인과체, 붓다체, 아트마체 등 그들의 상위 대응체로 흡수되어야 한다. 이런 일이 일어나면 모든 층과 수준이 녹아 사라지고 모든 힘과 시디가 초월되고 항복하며 당신은 다시 한 번 진정한 '평범한' 인간이 된다.

Monadic Plane 모나드 차원—신의 의지인 삼위일체의 첫 번째 측면의 차원. 모나드 차원은 진화와 퇴화의 두 흐름이 자발적으로 시작되는 이벤트 지평선이다. 생명과 법칙의 수레바퀴 축으로 상징되는 모나드 차원은 중앙이 되는 조직 원리이며 그 주위에 모든 생명이 만들어진다. 본질적으로 극미한 모나드 차원은 상상할 수 있는 가장 작은 입자에 이르기까지 존재하며 의식으로 그것을 가득 채운다. 코퍼스 크리스티의 신비주의적인 비유에서, 모나드 차원은 더 낮은 삼위와 더 높은 삼위의 교차점이며, 그 자체로는 실제로는 차원으로 이해되어서는 안 된다. 그것은 모든 수준의 분리와 인간 진화의 절정의 초월이다.

Mutation 돌연변이—우주의 모든 수준에서 선형 시퀀스의 연속성을 깨뜨리는 예측할 수없는 사건. 유전적 측면에서 돌연변이는 세포 복제 과정에서 발생하는 '실수'이다. 돌연변이는 진화론적 충동에서 끊임없는 갈래를 만들어 새롭고 보이지 않는 과정을 낳기 때문에 차이의 모체이다. 일상생활에서 돌연변이는 항상 발생한다. 그들은 당신의 삶에서 기존에 확립된 패턴이나 리듬에 휴식이 있을 때마다 발생한다. 그림자 주파수 필드에 연료를 공급하는 것은 돌연변이에 대한 우리의 두려움이다. 예를 들어, 돌연변이 과정을 통과하고 있을 때, 당신은 자신과 자신의 삶에 대한 깊은 불확실성을 느낄 것이다. 당신이 두려움에서 이 감정을 억누르거나 반응한다면 항상 돌연변이를 수반하는 행운의 과정을 방해하게 될 것이다. 당신의 삶에서 자연스러운 돌연변이 과정에 항복하는 법을 배워 갈 때, 당신은 당신 내부의 강력한 창조적 선물의 잠금을 풀고 당신의 진정한 운명의 동시성에 자신을 맞출 것이다.

Pearl Sequence 펄 시퀀스—골든 패스를 구성하는 세 번째이자 마지막 시퀀스. 펄 시퀀스는 우리의 정신적 인식이 더 높은 차원에서 작동하도록 열어주는 기본 유전자 시퀀스이다. 출생 당시 화성, 목성 및 태양의 위치에서 만들어진 펄 시퀀스는 우주의 초월적인 관점에 당신의 마음을 열어주는 것이 목적인 유전자 키를 이용한 묵상의 여정이다. 그런 견해는 삶에 내재하는 단순성을 보게 하고, 자신의 에너지와 자원을 그것과 일치하도록 움직일 수 있게 해준다. 당신의 개인적 펄 시퀀스는 당신의 삶에서 효율적이고 번영할 수 있는 능력에 직접적인 영향을 미치는 4가지 특정 유전자 키로 구성된다. 이 4가지 유전자 키 각각은 당신에게 번영하고 해방된 삶을 사는 것을 방해하는 그림자 패턴을 보여준다. 당신의 인식이 이런 패턴에 들어가고 숨겨진 선물을 열 때, 당신은 미개척된 천재성과 창조성의 자원을 발견하게 될 것이다. 펄 시퀀스의 또 다른 위대한 비밀은 박애주의적 세계관의 힘이다. 펄 시퀀스는 우리가 가장 가까운 동맹을 찾고 공동체와 더 높은 목표를 위해 봉사하게 한다.

Prime Gifts 프라임 선물—시간, 날짜 및 출생지에 따라 계산되는 프라임 선물Prime Gifts는 삶의 전반적인 목적과 깊은 관련이 있는 일련의 4개의 유전자 키이다. 삶의 일, 진화, 빛, 그리고 목적으로 알려진 프라임 선물은 수태 시점에 DNA에 각인된 천재의 살아있는 장을 나타낸다. 네 가지 프라임 선물에 해당하는 유전자 키의 그림자 측면을 이해하고 수용함으로써 당신은 더 높은 주파수를 활성화하고 DNA 내에서 돌연변이가 일어나도록 촉매작용을 할 것이다. 이 과정이 활성화 시퀀스로 알려져 있다. 4가지 프라임 선물의 가장 높은 주파수를 지속적으로 묵상함으로써 당신은 내면의 진정한 천재성을 엶으로써 당신 삶 속에서 완전한 변형이 일어나는 것을 목격하게 될 것이다.

Programming Partners 프로그래밍 파트너—대립을 통해 홀로그램으로 결합된 두 개의 유전자 키, 즉 그들은 정확히 반대편에 있는 거울이다. 유전자 매트릭스에는 32개의 프로그래밍 파트너가 있으며 각각은 모든 수준의 주파수에서 유전자 키의 주제를 강화하는 생체자기제어 루프를 만든다. 그림자 주파수에서 프로그래밍 파트너는 서로를 보강하는 육체적, 감정적, 정신적 패턴과 복합체를 만든다. 인식이 이 패턴을 관통하고 변형시키면 선물 주파수에서 창조적인 에너지의 물결이 풀려나와 서로 보강되어 진화적 주파수가 계속 상승하게 된다. 시디 주파수에서 프로그래밍 파트너는 더 이상 서로를 반대하지 않고 순수한 의식으로 나타나 너무도 순수한 높은 주파수를 만들어 냄으로써 서로의 차이를 불식시킨다.

Sanskaras 산스카라—모든 조상의 계통을 통해 전달된 개체발생적 기억. 당신의 산스카라는 평생 동안 상속받은 '상처받은 기회'이다. 이런 기억은 마음속에 담긴 단순한 기억 이상이며, 행동 패턴, 신념, 일반적인 견해를 야기하는 운동 에너지의 양이다. 산스카라는 어떤 식으로든 개인적인 것이 아니며 전생에서의 행동의 결과도 아니다. 오히려 그것은 인생에서 직면하게 될 커다란 도전에 대한 구체적인 주제를 결정한다. 그런 패턴이 당신에 의해 의식적으로 야기 된 것이 아니라 변형과 진화를 위한 가장 큰 기회라고 생각한다면, 삶의 어려움을 견뎌내기가 훨씬 더 쉬워진다. 비너스 시퀀스는 당신이 평생 동안 가지고 다니는 특정 산스카라를 추적하고 변형시키는 체계적인 방법을 제공한다.

Seven Seals 일곱 개의 봉인—일곱 개의 봉인은 인류의 각성의 구체적인 패턴을 더 높은 퇴화와 은총의 흐름이 시간이 지남에 따라 우리 종을 통해 움직이는 것으로 묘사한다. 성 요한 계시록에서 우화 형식으로 약술된 일곱 인장의 개봉은 모든 인간 DNA에 연결된 순차적이고 예정된 각성 코드로 이해될 수 있다. 일곱 봉인이 신비하게 '열릴'때, 인간 상처의 모든 면이 개인적으로나 집단적으로나 언젠가 치유될 것이다. 7개의 봉인의 가르침은 22번째 유전자 키의 전송 안에 포함되어 있는데, 가장 중요한 것은 은총이다. 비너스 시퀀스의 가르침에서, 당신은 고통의 정확한 과학과 기본적인 패턴을 배운다. 당신의 인식이 이 그림자 패턴 속으로 더 깊숙이 들어갈 때, 당신은 그들이 당신 자신의 각성에 영향을 미치기 때문에 7개의 봉인의 기능을 인식하게 될 수도 있다. 더 깊은 차원에서, 당신은 어떻게 7개의 봉인이 인류의 몸 안에서 서서히 열리는지 알게 될 수도 있다. 그런 통찰은 당신 안에 있는 연민과 평화가 거대하게 샘솟게 할 것이다.

Shadow(Frequency) **그림자**(주파수)—모든 인간의 고통과 관련된 주파수 대역. 그림자 주파수 대역은 인간 두뇌의 오래된 배선에서 나온다. 이런 배선은 개인의 생존에 기초하며 공포에 직접 연결된다. 우리의 시스템에 있는 무의식적인 두려움의 존재는 우리가 주변 세계로부터 분리되어 있다는 믿음을 계속 강화시킨다. 이 깊이 자리 잡은 신념은 우리가 분리되어 있다고 믿는 순간, 우리가 상처받기 쉽고 외부의 힘에 영향 받기 때문에 '희생자' 정신을 증가시킨다. 그림자 주파수 대역에서 살면 비난과 수치심의 문화 속에 살게 된다. 우리는 우리 외부에 있는 힘과 사람들을 비난한다. 그리고 우리 삶에 대한 책임은 우리 자신에게만 있다고 믿을 때 우리는 수치스러움을 느낀다. 일단 그림자 주파수가 우리 자신을 포함하여 대다수의 세상 사람들을 어떻게 통제하는지 이해하기 시작하면 그림자 주파수의 손아귀에서 벗어나는 것이 얼마나 간단한지 깨닫게 된다. 단지 태도를 바꿈으로써 당신은 그림자 주파수에 숨어있는 창조적인 흐름을 풀어주며 당신의 삶의 목적은 더 높아진다. 당신의 고통 바로 그것이 당신을 구원하는 근원이 된다. 따라서 당신이 희생자라고 믿는 내적인 패턴과 성향에서 벗어나 당신의 진정한 본성인 내재적인 천재성과 사랑을 향해 여행을 시작하라.

Shakti 샥티—은총의 자연스러운 표현에 수반되는 '신성한 비'. 샥티는 상상의 범위 내에서 가장 세련된 주파수의 미묘한 유동적인 방사이다. 그것은 아트마체와 붓다체 같은 가장 높은 미묘체로부터 낮은 몸체로 이동한다. 사람이 봉사와 항복의 삶을 살거나 어쩌다 은총의 수혜자가 될 때, 샥티는 당신이 더 높은 흡수와 구현의 상태를 경험하도록 미묘한 운반체를 통해 쏟아져 나올 것이다.

Siddhi 시디(주파수)—완전한 구현과 영적 실현과 관련된 주파수 대역. 진리가 시디로 실현될 때 주파수와 수준의 개념이 역설적으로 녹아 사라진다. 시디라는 단어는 산스크리트어로 '신의 선물'을 의미한다. 시디 상태는 오직 그림자의 흔적, 특히 집단적 수준에서 모든 흔적이 빛으로 변형되었을 때만 나타난다. 흡수 상태에 들어서면 이 연금술의 변형은 마침내 모든 것이 침묵에 빠지고 당신이 여섯 번째 입문에서 구현의 상태에 들어갈 때까지 가속화되기 시작한다. 시디는 64개가 있으며 각각은 신성한 실현의 다른 표현을 나타낸다. 비록 실현이 각각의 경우에 동일하긴 하지만, 그 표현은 서로 다를 것이고 심지어는 모순된 것처럼 보일 수도 있다. 유전자 키 합성에서 말한 시디는 다른 신비 전통에서 이해되는 방식과 혼동되어서는 안 된다. 64시디는 실현의 길에 장애물이 아니며, 바로 실현의 표현과 결실이다.

The Six Lines 6개의 라—주역의 헥사그램 구조와 관련하여, 6개의 라인은 64개의 유전자 키 각각의 뉘앙스를 설명한다. 우리가 각 유전자 키를 미리 설계된 원형 그림으로 본다면, 각 선은 그 그림의 색깔과 같다. 일단 당신이 색깔을 볼 수 있다면, 전체 그림이 살아서 다가온다. 여섯 개의 라인과 그들의 요지를 아는 것이 마스터하는 데에 필수적인 기술이다. 왜냐하면 이것은 간단하고 접근하기 쉬운 방법으로 홀로제네틱 프로파일의 많은 요소를 해석할 수 있게 하기 때문이다. 여섯 라인 각각에는 많은 요지가 있으며, 배우고 적용하는 것에 유쾌한 즐거움이 있다. 자신의 존재 속에서 여섯 라인의 공명이 더 깊이 느껴질수록 자신의 시퀀스를 이해하고 다른 사람들과 공명을 나누는 것이 더 쉬워진다.

Solar Plexus 태양신경총—회음부를 포함하여 횡격막 아래의 육체 부위. 무지개체의 과학인 코퍼스 크리스티Cosus Christi의 관점에서, 태양신경총은 더 높은 그리스도 의식이 생기고 있는 연금술 실험실이다. 인간 유전자 풀 전체를 통틀어 이 영역에서 큰 변화가 일어나고 있으며, 시간이 되면 새로운 종류의 인간인 호모상투스를 이 세상에 가져올 것이다. 태양신경총의 복잡한 신경절을 통해서 우리의 개인적, 인종적 및 집단적 기억(산스카라)이 변형되고 있는 중이다. 우리의 내장에 있는 유전적 돌연변이는 우리의 생리를 극적으로 변화시킬 것이다.－점차적으로 인간은 높은 주파수 흐름을 우리 몸으로 끌어 들이고 소화시키는 수단을 진화시키고 있다. 이것은 때가 되면 우리가 더 미묘한 종류의 영양소로 살 수 있게 해줄 것이다. 미래의 인간은 덜 조밀한 음식을 먹을 가능성이 있다. 그들은 고기를 먹는 것을 멈추고 식물을 먹는 것조차도 멈출 것이다. 식이습관이 바뀜에 따라 우리의 태양신경총은 새로운 기능을 진화시킬 것이다. - 높은 인식을 위한 장치가 되는 것이다. 배꼽을 통해 인간은 언젠가 모든 창조물과 하나 됨을 깨닫게 될 것이다.

Synarchy 공동 지배－집단 지성이 존재하는 모든 것과 완벽한 조화에 자연스럽게 정렬하는 보편적 원리. 공동 지배는 일단 그림자 주파수에서 나올 때 알려질 수 있는 인류의 근본적인 본질이다. 새로운 집단의식이 우리 지구 전체에 나타날 때, 인류는 창조적인 천재를 스스로 조직하고 DNA에 숨겨진 진정한 높은 목적을 드러낼 것이다. 그림자 의식이 계층 구조의 원리를 통해 물질 차원에서 나타나고, 선물 의식이 헤테라키 원리를 통해 나타나는 반면, 시디 의식은 공동 지배의 원리를 통해 나타난다.

Synthesis 통합－집단 지성이 실재의 홀로그램 본질을 보고 이해하는 보편적 원리. 인류가 점점 더 우리 주변의 세계를 완벽하게 짜여진 프랙털 패턴이며 우리를 그 패턴의 눈으로 이해하기 시작할 때, 우리는 통합의 시대에 진입하게 될 것이다. 통합이 의미하는 바를 알기 위해서는 먼저 DNA 안에 있는 잠재적인 천재를 풀어야한다. 그 천재가 나타남은 어떤 하나의 질서를 넘어서는 것이다. 천재의 수준에서 우리는 모든 패턴과 질서의 상호연관성을 보고 직접 알 수 있다. 인류가 공동 지배로 나아가기 시작할 때, 우리는 통합의 진리를 형체로 나타내기 시작할 것이다.

Syntropy 신트로피－집단 지성이 공동 지배가 되기 위해 스스로를 물리적으로 변형시키는 보편적 원리. 신트로피의 법칙은 우주의 모든 에너지가 가장 혼란스러울 때조차도 복잡하지만 정교하게 정렬되어 있다고 주장한다. 신트로피 법칙의 핵심은 '주면 받을 것'이라는 문구에 포함되어 있다. 신트로피 세계에서 모든 것은 다른 모든 것과 얽혀 있고 모든 것은 다른 모든 것에 책임이 있다. 인간의 용어로, 신트로피의 집단적 구현은 이기심의 종말을 의미한다. 당신이 전체를 위해서 베풀어줄 때, 당신은 은총의 흐름을 활성화하고 전체와 하나가 되어 움직인다. 인간의 천재성이 깨어나면서 우리는 자연과 신트로피의 법칙을 반영하는 살아있는 시스템을 조직할 것이다. 이 법칙에 기초한 세상은 오늘날 우리에게 완전히 생소한 것이 될 것이다. 언제 어디서나 자유로운 에너지를 활용할 수 있는 수단을 제공할 것이며, 결국 세상에서 돈이라는 것을 뿌리 뽑도록 요구할 것이다. 조건부 기부의 거대한 집단적 상징이 바로 돈이다.

Synchronicity 동시성－당신이 더 높은 주파수에서, 즉 무조건적으로 주는 곳에서 생각하고, 행동하고, 이야기할 때마다 활성화되는 행운의 보편적 원리. 동시성은 모든 주파수 수준의 보편적 법칙이다. 당신이 매 순간 우주의 완성을 이해할 때, 그때 당신은 오직 항복하고 삶을 신뢰 할 수만 있을 뿐이다. 동시성이란 "우연인 것은 아무 것도 없다."라는 문구로 요약된다. 당신의 삶에서 일어나는 모든 사건은 당신 안에 숨어있는 더 높은 선물을 진화시키고 풀어주기 위한 초대이다. 당신의 더 높은 기능이 당신에게 공동 지배, 통합, 신트로피의 진리를 볼 수 있게 해줄 때, 당신은 3개의 법칙이 하나이며, 동시성으로 함께 묶여있다는 것을 보게 될 것이다.

Transmission 전송－더 큰 실재를 아직 모르고 있는 자체의 측면에 침투하여 그것을 깨우는 것이 유일한 목적인 높은 의식의 장. 대부분의 전송은 세상이 그들을 받아들일 준비가 되었을 때 세상에 들어가는 하나의 가르침이나 일련의 가르침의 형태를 취한다. 모든 전송은 인류 전역에 퍼져 나갈 때 자연스러운 프랙털 라인을 따라가면서 더 높은 의식을 가져온다. 비록 전송이 말과 행동의 형태를 취할지라도, 그들의 참된 본질은 신비 속에 숨어 있다. 유전자 키 전송은 세상에서 위대한 변화가 느껴질 때 일어난 각성의 물결의 일부이다.

Transmutation 변형－당신이 항복하고 돌연변이를 받아들일 때 오는 역동적이고 영구적인 변화의 과정. 그림자 주파수에서 돌연변이는 항상 기존의 패턴, 리듬 또는 일상에 도전하기 때문에 엄청나게 두려운 것이다. 삶 속에서 돌연변이(자연스러운 격동의 시기)가 포용되고 온전히 받아들여지지 않는다면, 변형은 일어날 수 없다. 변형은 하나의 상태 또는 차원에서 다른 상태나 차원으로 완전히 이동하는 것을 포함한다. 변형이 있은 후에는 그 어느 것도 이전과 똑같이 되지 않는다. 변형은 가장 깊은 세포적 희생자 패턴이 인식을 통해 변형되기 때문에 선물 주파수 대역에서만 발생한다. 당신의 삶에서 강렬한 돌연변이가 일어나는 기간은 항상 변형이 일어날 수 있는 좋은 기회이다. 당신이 열린 가슴과 받아들임의 태도를 유지하고 자신의 상태를 포용하고 책임지는 한, 변형은 당신의 삶 속에서 일어날 것이다. 변형과 함께 커다란 명료함, 자유, 창조성이 찾아온다. 그것은 당신의 천재가 세상에 나오는 과정이다.

Trinity 삼위 일체—모든 드러나는 형태의 근본적인 본질. 형태가 분리되지 않은 무형의 상태에서 나오듯이, 그것은 자발적으로 1에서 3으로 이동한다. 인간의 마음과 현재의 인식에게 우리 주변은 모두 이진법적으로 보인다. 우리의 현재 인식의 한계 때문에, 창조의 중심에 있는 삼위는 쉽게 드러나지 않는다. 삼위는 무한의 반영이며 이진은 유한의 반영이다. DNA의 주파수를 높이고 더 높은 종류의 시야를 통해 보게 되면, 인식하게 될 첫 번째 패턴 중 하나는 삼위일체이다. 홀로그램 우주의 기본 구성요소인 삼위일체의 패턴은 삶이 초월과 진화를 계속하도록 허용한다. 그 어느 것도 일관되고 고정적인 것은 없다. 심지어 상황이 그렇게 나타날 수도 있지만 말이다. 마음과 가슴을 삼위의 비밀의 본질에 맞추기 시작하면 우주의 내재하는 스스로 정리하는 완성의 진리에 점점 더 깊이 들어갈 것이다.

Venus Sequence 비너스 시퀀스—당신의 삶에서 깊은 핵심적 감정 패턴을 열어주는 기본 유전자 서열. 골든 패스의 중심축인 비너스 시퀀스는 조상 전래의 DNA를 통해 계승된 특정 감정적 상처 패턴의 역동성 속으로의 내재적 관조 여행이다. 당신의 탄생 시 지구, 달, 화성, 금성의 위치에서 구축된 비너스 시퀀스는 이 삶에서 모든 감정적인 패턴을 지배하는 6개의 유전자 키의 자연스러운 경로를 설명한다. 당신의 인식이 이 6 개의 유전자 키의 그림자 측면을 이해하고 관찰하기 시작하면서, 특히 관계에서 당신은 낮은 주파수 패턴을 더 높은 주파수의 선물로 변형시키기 시작할 것이다. 이런 식으로, 당신의 아스트랄체(당신의 감정적 본성)는 당신의 가슴을 영구적으로 열어주는 변형의 과정을 거친다. 위대한 변화로 알려진 진화의 현재 단계에서 비너스 시퀀스는 그 기본 목적이 태양신경총에 새로운 인식의 중심을 열어 놓는 것과 관련이 있다.

The 64 Gene Keys
Spectrum of Consciousness

	Siddhi	Gift	Shadow		Siddhi	Gift	Shadow
1	아름다움	신선함	엔트로피	33	계시	마음 씀	망각
2	하나 됨	오리엔테이션	어긋남	34	위엄	힘	포스
3	순수함	혁신	혼돈	35	무한함	모험	배고픔
4	용서	이해	편협함	36	연민	인간애	격동
5	영원함	인내심	조급함	37	부드러움	평등	나약함
6	평화	외교	갈등	38	명예	인내	투쟁
7	분리	안내	미덕	39	해방	역동성	도발
8	절묘함	스타일	평범함	40	신성한 의지	결의	고갈
9	무적	결단	무력함	41	발산	예지	판타지
10	존재	자연스러움	자기 집착	42	찬양	무심함	기대
11	빛	이상주의	막연함	43	출현	통찰	귀먹음
12	순수성	차별	허영심	44	공동지배	팀워크	간섭
13	공감	분별력	불화	45	성찬식	시너지	지배
14	풍부함	능력	타협	46	엑스터시	기쁨	심각함
15	개화	자성	지루함	47	변형	변성	억압
16	숙달	다재다능함	무관심	48	지혜	자원이 풍부함	부적절함
17	전지	선견지명	의견	49	재탄생	혁명	반응
18	완벽함	진실성	전지	50	조화	평형	부패
19	희생	민감함	공동 의존	51	각성	주도권	동요
20	현존	자기 확신	피상	52	고요함	규제	스트레스
21	대담함	권위	통제	53	과다함	확장	미성숙
22	은총	자애로움	불명예	54	승천	열망	탐욕
23	정수	단순함	복잡성	55	자유	자유	희생시킴
24	침묵	발명	중독	56	도취	풍요로움	산만함
25	보편적 사랑	수용	수축	57	명료함	직관	불안함
26	불가시성	교묘함	자부심	58	지복	활력	불만족
27	사심 없음	이타주의	이기심	59	투명성	친밀감	부정직
28	불사	전체성	목적 없음	60	정의	현실주의	제한
29	봉헌	헌신	건성	61	성스러움	영감	정신병
30	황홀경	가벼움	욕망	62	완전무결	정교함	지능
31	겸손	리더십	오만	63	진리	탐구	의심
32	존경	보존	실패	64	빛	상상	혼란